LIBBY의 회계원리

9판
NINTH EDITION

저자 | Robert Libby / Patricia A. Libby
Frank Hodge

역자 | 이은철 / 오명전 / 박석진

FINANCIAL ACCOUNTING

經文社

Financial Accounting, 9th Edition

1 2 3 4 5 6 7 8 9 10 KMS 20 18

Original: Financial Accounting, 9th Edition © 2016
By Robert Libby, Patricia Libby, Frank Hodge
ISBN 978-1-25-922213-9

This authorized Korean translation edition is jointly published by McGraw-Hill Education Korea, Ltd. and Kyung Mun Sa. This edition is authorized for sale in the Republic of Korea.

This book is exclusively distributed by Kyung Mun Sa.

Korean ISBN 978-89-420-0891-9 93320
Printed in Korea

저자 소개

ROBERT LIBBY

Robert Libby 교수는 Cornell University에 재직 중이다. 재무회계 관련 강의를 담당하고 있으며 회계분야의 코디네이터 교수이기도 하다. 이전에는 University of Illinois, Pennsylvania State University, University of Texas at Austin, University of Chicago, University of Michigan에서도 강의한 경력을 갖고 있다. Pennsylvania State University에서 학사를 마치고, University of Illinois에서 석사학위와 박사학위를 취득했으며, CPA(Illinois)시험을 합격하였다. Libby 교수는 우수한 강의와 교재에 대한 업적으로 AAA와 대학으로부터 수차례에 걸쳐 다양한 상을 받은 바 있다. 그는 행동회계학과 관련한 분야에서 활발한 연구를 하고 있으며 *The Accounting Review*; *Journal of Accounting Research*; *Accounting, Organizations, and Society* 등에 많은 논문을 발표하였다. 또한 미국회계학회의 부회장을 역임하였으며 미국공인회계사회의 멤버이자 *The Accounting Review*와 *Accounting, Organizations, and Society*의 편집위원이다.

PATRICIA A. LIBBY

Patricia Libby 교수는 Ithaca College에 재직 중이며 학부 학생들에게 재무회계 과정을 강의하고 있다. 이전에는 Eastern Michigan University, University of Texas에서 학부와 대학원 학생들을 대상으로 재무회계를 강의한 바 있다. 대학에 부임하기 전에는 PWC에서 근무하였다. Patricia Libby 교수는 Pennsylvania State University에서 학사를 마치고 DePaul University에서 MBA를 마친 후 University of Michigan에서 박사학위를 취득했으며 CPA(Illinois)시험을 합격하였다. 그녀는 *The Accounting Review*, *Issues in Accounting Education*, *The Michigan CPA* 등에 논문을 발표하였다.

FRANK HODGE

Frank Hodge 교수는 University of Washington의 Foster경영대학의 교수로 재직중이며 회계학과 학과장을 역임하였다. 그는 Indiana University에서 MBA와 박사학위를 취득하였다. 그는 대학에서 학부와 대학원생을 대상으로 재무회계와 재무제표분석을 주로 강의하고 있다. 그는 투자자들의 재무제표 정보를 이용한 의사결정과 기술의 발달이 정보 선택에 미치는 영향에 대한 연구에 관심이 많다. 그는 Financial Accounting Standards Research Initiative team의 멤버로 활동하였으며 그의 연구는 SEC의 정책결정에 반영되기도 하였다. 그는 *The Accounting Review*; *Contemporary Accounting Research*; *Accounting, Behavior and Organizations*의 편집위원으로 활동하고 있으며, *The Accounting Review*; *Contemporary Accounting Research*; *Accounting, Organizations, and Society*; *Accounting Horizons* 등의 저널에 많은 논문을 발표하였다.

본 교재의 특징과 활용법

이 책의 저자들은 미래의 경영자로 성장할 학생들이 재무제표와 실제 기업 경영과의 연관성을 이해하는 데 도움이 되도록 내용을 구성하고 있다. 이 점이 다른 회계교재와의 차별성이라고 할 수 있다. 이러한 접근법은 회계가 딱딱한 학문이 아니라 실제 현실에서 매우 유용하게 활용되고 있는 실용적인 학문임을 보여줌으로써 학생들을 동기부여시킨다. 각 장별로 학생들에게 익숙한 기업의 사례를 소개하며 기업의 경영자들이 의사결정을 하는 과정에서 회계정보를 어떻게 활용하는지, 의사결정의 결과가 회계정보에 어떻게 반영되는지를 소개하고 있다.

많은 교수자들은 재무회계의 기초를 학습하는 과정에서 학생들이 회계순환과정을 익숙하게 해내는 것이 가장 중요하다고 생각한다. 본 저자들은 회계순환과정이 하나의 장에서 설명되는 것은 학생들이 이해하는 데 방해가 되는 요인이라고 생각하였다. 따라서 회계순환과정이 단계적으로 이해될 수 있도록 여러 개의 장으로 나누어 구성하여 교수자들이 바라는 점을 충족시키고 학생들의 이해에도 도움을 주고자 노력하였다.

또한 요즘 학생들은 모바일 학습환경에 익숙해져 있다. 이러한 학생들에게 효율적이고 효과적인 학습에 도움을 주기 위해 이번 9판에서는 최신 기능인 SmartBook, Connect Insight를 비롯한 새로운 기술을 추가하였다. 또한 9판에서는 다양한 교수법 도구들을 제공하고 있다. 다소 복잡하고 어려운 주제의 내용을 설명하는 데 도움을 줄 수 있는 정보와 팁들을 제공하고 있다. 이러한 다양한 기술을 추가함으로써 교육과 학습환경에 도움이 되고자 노력하였다.

교수자들이 강의를 진행하거나 학생들이 예습과 복습을 하는 과정에서 다음의 내용들을 활용하기를 권한다.

FINANCIAL ANALYSIS Boxes

이 박스는 각 장에서 학습한 의사결정과 관련한 주요 개념을 실제 사례와 연결시킴으로써 실무 적응능력을 갖추는 데 도움을 주기 위해 구성한 것이다. 또한 본문에서 설명한 부분에 대한 대안적인 관점을 제시하고 비판적 사고와 의사결정 능력을 키우는 데 중점을 두었다.

A QUESTION OF ETHICS Boxes

이 박스는 교재 전반에 걸쳐 포함되어 있으며 경영 관행에서 책임감 있게 행동해야 하는 이유를 설명하고 윤리경영의 중요성을 강조하고 있다. 또한 잘못된 의사결정, 비윤리적인 의사결정이 어떤 결과를 초래했는지에 대해서도 소개하고 있다. 이 책을 이용하는 학생들이 윤리의식을 갖춘 경영자로 성장하는 데 도움이 되길 기대한다.

FOCUS ON CASH FLOWS Boxes

이 박스는 제11장까지 예시로 제시한 회사의 현금흐름 변화와 관련하여 토론할 사항과 현금흐름 분석에 대한 내용을 담고 있다. 이 내용을 통해 발생주의와 현금주의의 차이에 대해 더 깊게 이해할 수 있길 기대한다.

KEY RATIO ANALYSIS Boxes

이 박스는 각 장에서 예시로 제시한 회사와 비교대상 회사들에 대한 주요 재무비율 분석을 제시하고 있다. 또한 주의사항을 별도로 기술함으로써 학생들이 재무비율 분석의 한계점을 이해하는 데도 도움을 줄 수 있도록 구성하였다.

INTERNATIONAL PERSPECTIVE Boxes

이 박스에 담긴 내용은 재무회계의 입문과정에 있는 학생들에게 적합한 수준에서 국제회계기준을 소개하고 있다.

PAUSE FOR FEEDBACK and SELF-STUDY QUIZ

연구에 따르면 학생들은 학습과정에 적극적으로 참여할 때 지식을 가장 잘 습득할 수 있다. 적극적인 학습 참여와 상호작용을 제공하고 효과적인 학습을 촉진하기 위해 각 장마다 피드백과 퀴즈를 추가하였다. 이 부분은 학생들이 다음 내용을 학습하기 전에 스스로 요점을 이해하고 핵심을 이해했는지 확인할 수 있도록 하기 위한 것이다. 학생들은 마음이 급하더라도 이 지점에서 잠시 멈춰서 이전의 내용을 돌아보며 복습하길 권한다.

GUIDED HELP

학습과 관련한 연구들에 따르면 핵심 개념을 이해하는 데 어려움을 겪는 경우, 가능한 빨리 확인하고 도움을 주는 것이 가장 효과적이다. 이 부분은 본 교재가 다른 교재들과 가장 차별화되는 부분이다. 학생들이 본문의 설명을 이해했는지를 스스로 가능한 빨리 확인하고 도움을 받을 수 있는 부분이다. 다양한 활동을 하며 바쁜 시간을 보내고 있는 요즘 학생들의 효율적인 학습에 도움이 되길 기대한다.

CHAPTER **TAKE-AWAYS**

각 장의 본문 끝부분에는 각 장별로 핵심적인 사항이 요약되어 있다. 이 부분은 각 장의 초반에서 제시한 학습목표에 대한 요약된 해설이다. 이 요약이 이해가 되지 않는다면 각 장의 해당 부분을 다시 학습하고 다음 장을 계속 학습할 것을 권한다.

COMPREHENSIVE **PROBLEMS**

이 부분은 일부 장에 선택적으로 포함되어 있다. 이 부분은 이전 장에서 다루었던 주제를 포함한 통합적인 이해를 돕고, 본문의 설명에 대한 실무적인 이해를 돕기 위해 구성한 문제들이다. 전반적이고 종합적인 이해력을 평가하는 데 도움이 될 것으로 기대한다.

CASES **AND PROJECTS**

이 부분에는 재무제표 사례, 재무보고 및 분석 사례, 비판적 사고와 재무제표분석 팀 프로젝트 등의 내용 등이 포함되어 있다. 이 부분에서는 American Eagle과 Urban Outfitters 회사의 실제 정보를 연관된 다른 회사들과 비교하는 연습을 할 수 있도록 구성하였다. 이 중의 일부는 학생들에게 팀 과제로 제시하여도 좋을 것으로 기대한다.

CONTINUING **PROBLEMS**

이 문제는 Penny's Pool Service & Supply, Inc.의 최대 공급업체인 Pool Corporation, Inc. 사례를 중심으로 구성하였다. 제5장까지의 사례는 설립, 운영 및 재무보고에 대한 사항으로 구성하였으며, 제6장부터는 각 장별 학습주제와 연관되는 내용으로 구성하였기 때문에 각 장에서 학습한 내용이 실무에서 어떻게 활용되는지를 이해하는 데 도움이 될 것으로 기대한다.

역자 서문

이 책은 전 세계적으로 재무회계 분야에서 대학교재로 많이 이용되는 책이다. 그만큼 책의 내용과 구성이 재무회계의 기초를 이해하는 데 도움이 된다는 의미일 것이다. 번역을 진행하면서 역자들은 이 책의 가치를 다시 한번 느낄 수 있었다. 이 책은 단순히 재무회계에 대한 이론을 단편적으로 전달하기보다 저자들의 다년간의 강의와 실무경험을 통해 습득한 내용을 독자들이 알기 쉽도록 재구성하고 있다. 또한 각 장의 초반에 실제 기업의 사례를 제시함으로써 회계에 대한 이해뿐만 아니라 미래의 경영자를 꿈꾸는 학생들에게 실제 기업에서 벌어지는 일을 간접적으로 체험할 수 있는 기회도 제공하고 있다. 이를 통해 회계정보가 경영의사결정에 어떻게 활용되는지를 소개함으로써 회계라는 학문이 다소 생소하고 어렵지만 극복하며 이겨낼 만한 가치가 있음을 느끼게 해주고 있다.

우리나라에서 출판된 회계학 교재들의 상당수는 자격증(공인회계사, 세무사 등) 준비를 위해 필요한 지식을 전달하는 데 초점을 맞추고 있다. 따라서 처음 회계학을 접하는 사람들에게는 매우 어렵게 느껴지는 책들이 많으며, 강의하는 교수자의 입장에서도 강의준비를 위해 책과는 별도로 강의보조자료를 개발하는 데 많은 시간을 들여야 한다. 그러나 이 책은 다른 보조자료를 이용하지 않고 본문에 있는 내용 그대로를 순서대로 강의하면 될 정도로 논리적인 체계가 잘 갖춰져 있으며 본문에 포함된 많은 도표들도 본문의 내용을 쉽게 정리할 수 있도록 잘 그려져 있다. 또한 각 장별로 많은 연습문제와 사례가 제시되어 있어서 학생들의 이해와 응용에도 큰 도움이 될 것이라 생각한다.

번역하는 과정에서 역자들은 직역보다는 저자들의 의도를 파악하고 그 의미를 전달하고자 애를 썼다. 이런 과정에서 영어와 우리말의 표현방식에 많이 차이가 있는 문장들은 원문의 의미를 최대한 반영하며 의역(意譯)을 하였다. 또한 저자들이 포함시킨 사례 중에서 우리나라의 경영환경과 잘 맞지 않는 내용들은 삭제하기도 하였다. 또한 번역이 힘든 용어들은 원문의 용어를 그대로 이용하기도 했다.

수차례에 걸쳐 수정을 하였으나 아직 미진한 부분이 남아 있다. 원저가 9판에 걸친 수정을 통해 발전해 왔듯이 본 역서도 계속 수정・보완해 갈 것을 약속드린다. 이를 위해 독자 여러분들의 많은 충고를 기다린다. 이 책이 나오기까지 많은 수고를 해주신 McGraw-Hill 한국지사와 도서출판 경문사 관계자 여러분들께 감사드린다.

2018년 8월

역자 일동

차 례

02 투자 및 재무의사결정과 회계시스템 48

Chipotle Mexican Grill

13 재무제표 분석 722

The Home Depot

재무제표 분석 722

■ ■ FINANCIAL ACCOUNTING ■ ■

재무제표와 경영의사결정

Le-Nature's는 비탄산음료시장의 급속적인 성장에 관심을 가지고 이 시장에 진출하는 계획을 수립해왔다. 그리고 그 전략은 큰 성공을 거둔 것이 분명했다. 재무제표에 보고된 수치로 볼 때 최근 3년간 매출액은 $156백만에서 $275백만로 증가했다. 어떻게 소규모의 가족경영 기업이 이렇게 급성장하는 시장에서 Coke, Pepsi 같은 대기업들과 경쟁에서 성공할 수 있었을까? 언론의 경제면에서 분석한 기사를 참고하면 성공의 첫 번째 요인으로 광범위한 제조업 분야에서 가장 빠른 속도로 급성장하고 있는 '건강'이라는 키워드에 맞춘 제품(맛을 첨가한 물, 차, 과일음료 등)을 개발한 것을 꼽는다. 설립자이자 CEO인 Gregory Podlucky는 품질과 효율에 대한 강력한 의지와 추진이 중요하다고 말한다. 환경과 건강한 삶에 대한 고객들의 관심에 맞춰 Le-Nature's는 음료병을 교체하고, 저온살균법을 이용하는 등 친환경 생산과정을 도입하여 좋은 평가를 받았다. 펜실베이니아의 라트로브에 있는 제조공정은 사출성형 페트병부터 최종 포장에 이르기까지 모든 제품 제조과정을 선진적으로 개선하였다. 전체 프로세스를 완벽하게 제어하여 높은 품질을 보장하고 고객의 요구 변화에 신속하게 대응할 수 있는 유연성을 제공한다. 편의점이 대형 사이즈 음료 중심으로 바뀌고, 학교 식당이 탄산음료에서 건강음료로 바뀌면 Le-Nature's는 고객의 요구에 맞게 생산을 변경할 수 있다. 8월에, 회사는 명백하게 증가하는 수요를 충족시키기 위해 애리조나에 두 번째의 새로운 최첨단 제조시설을 열었다.

그러나 불과 3개월 만에 Le-Nature's의 경이로운 매출 성장은 사실보다는 허구에 가깝다는 것이 밝혀졌다. 재무제표에 묘사된 이처럼 성공한 사례가 실제로 역사상 가장 주목할 만한 사기 중 하나일 수 있을까?

제1장에서는 재무제표가 기업의 성과에 대한 평가를 할 때 핵심적인 역할을 하며 투명한 재무제표가 자본시장의 발전에 중요한 역할을 한다는 점에 집중할 것이다. 이러한 점을 설명하기 위해 Le-Nature's의 흥망성쇠 사례를 이용할 것이다.

회계지식을 잘 습득하고 이를 실생활에 적용할 수 있다면 여러분에게 귀중한 지식이 될 것이다.

학습목표

이번 장을 학습한 후, 여러분들은 다음을 할 수 있어야 한다.

1-1 4가지 종류의 기본 재무제표가 담고 있는 정보는 무엇이며 어떻게 다른지를 이해하고, 정보이용자(투자자, 채권자, 경영자)들의 다양한 의사결정에 이 정보들이 이용된다는 점을 이해한다.

1-2 재무제표를 작성하기 위해 일반적으로 인정된 회계원칙(GAAP)이 왜 필요한지를 이해하고, 재무제표의 신뢰성을 높이기 위한 방법을 설명할 수 있다.

01 장

FOCUS COMPANY :

Le-Nature's Inc.

성장을 관리하기 위해 재무제표 정보를 이용함

© James F. Quinn/KRT/Newscom

실생활의 예를 이용하여 학습한다면 이해도 쉬울 것이다. 따라서 본 교재에서는 각 장을 시작할 때 몇 가지 실제 경영 사례와 토론할 이슈들을 제공할 것이다.

경영에 대한 이해

이번 장의 사례인 Le-Nature's는 Gregory Podlucky와 그의 형제인 Jonathan이 설립한 기업으로 이 두 사람이 주인(또는 주주)이면서 경영자인 기업이다. 일찍부터 건강음료, 비탄산음료의 시대가 올 것이라는 믿음을 가지고 있었던 그들은 부모님이 운영하시던 양조장에서 습득한 기술을 이용하여 이 분야로 진출할 준비를 해왔다. 대부분의 사업가들이 그렇듯이 초창기의 성장 계획을 위한 과감한 투자에 많은 자금이 필요했다. 그리고 초기에 필요한 자금은 현재 보유하고 있는 자금보다 훨씬 큰 규모였다. 따라서 그들은 제조설비 증설에 필요한 추가 자금을 조달하기 위해 Wells Fargo 은행을 포함한 채권자들을 이용하였다. Le-Nature's의 자금 필요에 맞춰 지속적으로 자금을 대여해주다 보니 Le-Nature's는 Wells Fargo 은행이 거래하는 기업 중에서 대여금 규모가 가장 큰 기업이 되었다. 은행을 비롯한 채권자는 돈을 대여해준 대가인 이자로 수익을 창출한다. Podlucky 형제는 또한 다른 사람들이 그들 회사의 주식에도 많은 관심을 가지고 주식을 매수해 줄 거라 믿었다. 주식을 매수한 개인은 Podlucky 형제들과 함께 기업의 주인 중 한 사람이 되는 것이다. 이들은 회사가 이익을 많이 내면 이 중의 일부를 현금으로 나누어 받는데 이를 소위 배당이라고 하며, 보유하고 있는 주식의 가격이 매수한 가격 이상으로 상승하면 이 주식을 매도하여 이익을 얻을 수 있기를 기대한다. 회사가 미래에 성공할 것이라고 기대한다면 채권자는 자금을 더 빌려주고, 주가는 상승할 것이다. 투자자와 채권자는 재무제표에 담긴 정보를 기반으로 종종 기업의 미래 성과를 예측하고 이를 통해 의사결정을 한다.

회계시스템

회계시스템

회계실체가 의사결정자들이 의사결정을 합리적으로 할 수 있도록 회계실체에 대한 재무적 정보를 집약하고 가공(분석, 측정, 기록)하여 보고하는 시스템

경영자(내부 의사결정자)는 기업의 영업활동, 투자활동 그리고 재무활동 등의 경영활동을 관리하기 위해 정보를 필요로 한다. 대표적인 외부 정보이용자라 할 수 있는 주주와 채권자는 기업이 경영활동을 통해 벌어들인 돈으로 빌린 돈과 이자를 갚고 배당금을 지급할 수 있는지를 평가하기 위해 정보를 필요로 한다. 모든 기업은 경영활동과 관련한 재무적인 내용을 취합하여 정보로 가공하고 이를 의사결정자들에게 전달하기 위한 회계시스템(accounting system)을 갖추어야 한다. Le-Nature's의 경영활동은 다음과 같이 구분할 수 있다.

- **재무활동**(Financing Activities) : 채권자에게 자금을 차입하거나 상환하는 활동, 그리고 주주들에게 투자를 받고 배당금을 지급하는 활동
- **투자활동**(Investing Activities) : 제품을 생산하기 위해 필요한 공장과 설비를 구입하거나 처분하는 활동
- **영업활동**(Operating Activities) : 공급자에게 원재료를 구매하고, 제품을 생산하고, 고객에게 배달하고, 판매대금을 회수하고, 공급자에게 구매대금을 지불하는 활동

<도표 1.1>은 회계시스템의 두 가지 분류를 제시하고 있다. 기업 내부 경영자들은 매일매일 기업의 경영활동과 관련한 계획과 실행을 관리하기 위해 상세한 정보를 끊임없이 필요로 한다. 내부 경영자들의 의사결정을 위한 정보를 작성하여 제공하는 회계시스템을 관리회계(managerial accounting)라고 하며 관리회계는 별도의 교재와 수업에서 다루게 된다. 본 교재는 외부 의사결정자들의 의사결정을 위한 정기 재무제표와 공시 정보를 작성하고 제공하는 재무회계(financial accounting)를 다룬다.

재무회계를 왜 알아야 하는가?

여러분이 미래에 어떤 진로를 계획하고 있더라도 재무회계 지식을 습득하고 있다면 도움이 될 것이다. 여러분은 기업이 사업에 필요한 자금을 조달하기 위해 찾아가는 투자회사, 은행, 회계법인 등에서 일할 계획을 갖고 있을 수도 있다. 본 교재는 재무제표를 이용하는 투자자와 채권자 그리고 재무제표를 작성하는 기업의 입장에서 필요한 회계 지식에 대해 설명할 것이다. 또한 기업 내부에서 재무제표를 직접 이용하는 경영자 입장에서도 도움이 되는 지식을 제공할 것이다. 예를 들어 마케팅 관리자와 신용 관리자는 고객과의 외상거래와 관련한 결정을 위해 고객의 재무제표를 이용한다. 원재료 공급을 담당하는 관리자는 공급업자가 우리 기업의 미래 재료 수요에 맞춰 재료를 공급할 수 있는 안정적인 회사인지를 확인하기 위해 공급업자의 재무제표를 확인한다. 노조와 기업의 인사담당자는 임금인상과 관련한 협상의 기초자료로 재무제표를 이용한다. 심지어 재무제표 정보는 직원 보너스를 결정하는 기본 자료로도 이용된다.

도표 1.1

회계시스템과 의사결정자들

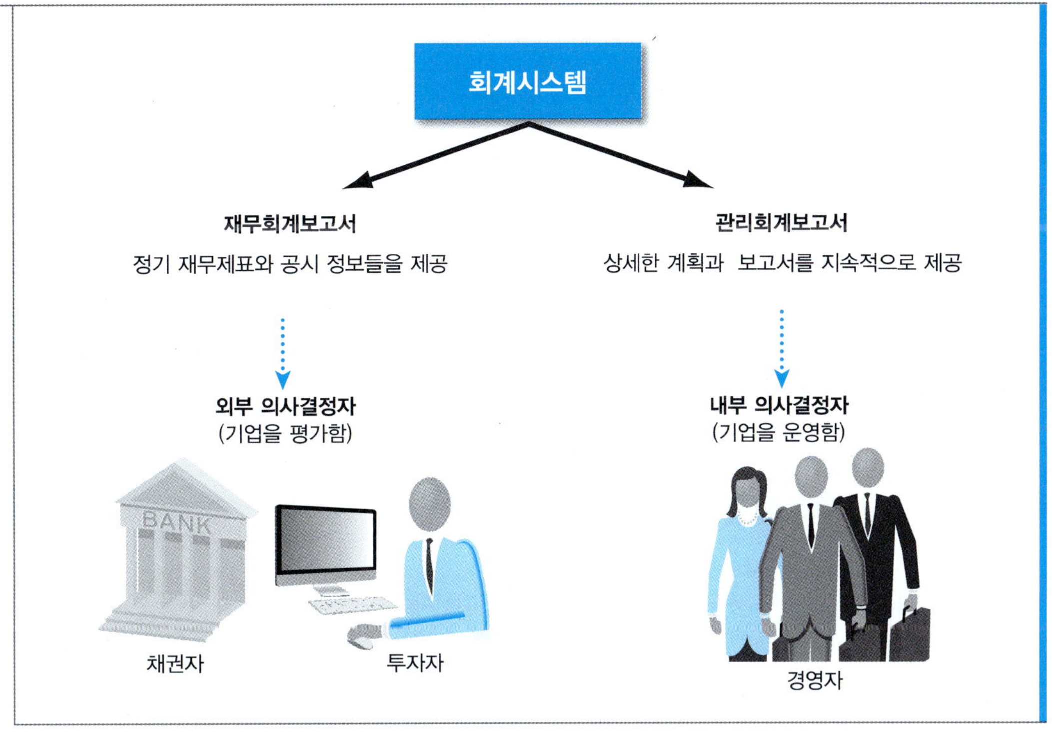

이번 장에서는 이러한 정보들이 4가지 재무제표에 담겨져 보고된다는 점에 대해서 간략하지만 포괄적으로 살펴볼 예정이다. 그리고 이러한 재무제표의 작성과 이용에 많은 사람들과 조직들이 연관되어 있다는 점에 대해서도 살펴볼 것이다. 또한 오류가 포함된 재무제표로 인해 야기되는 문제점과 재무제표에 포함된 오류에 책임을 져야 하는 사람은 누구인지에 대한 이슈에 대해서도 살펴볼 것이다. Le-Nature's의 주주와 채권자들은 투자와 대여에 대한 의사결정을 하기 전에 기업에 대한 정보를 파악하기 위해 재무제표를 이용하였다. 이를 위해 의사결정자들은 재무제표가 Le-Nature's의 재무적인 상황을 정확하게 반영하고 있을 것이라 가정했다.

제1장의 학습목표

투자자와 채권자가 기업의 재무제표를 이용하는 방법에 대해서 본격적으로 학습하기 전에 여러분은 4가지 기본 재무제표에 포함된 정보의 특성이 어떻게 다른지를 먼저 이해해야 한다. 세부적인 용어의 정의에 대해서는 이후에 다시 살펴볼 것이므로 이번 장에서는 각 재무제표가 담고 있는 정보의 내용, 구조, 그리고 이 정보들이 의사결정에 어떻게 활용되는지에 대해 이해하는 것이 중요하다.

- **내용**: 4가지 재무제표에 보고되는 요소들의 분류에 대한 이해
- **구조**: 재무제표에 포함된 요소들의 관계에 대한 이해
- **활용**: 정보가 투자자와 채권자의 투자와 대여 의사결정에 어떻게 이용되는지에 대한 이해

각 장마다 제시되는 자가진단 퀴즈를 통해 여러분이 각 장마다 이해해야 할 학습목표를 잘 이해했는지를 확인할 수 있을 것이다. 이번 장은 제2장부터 제5장까지 상세하게 설명할 재무제표 작성과정에 대한 개괄적인 내용을 담고 있다는 점을 기억하기 바란다.

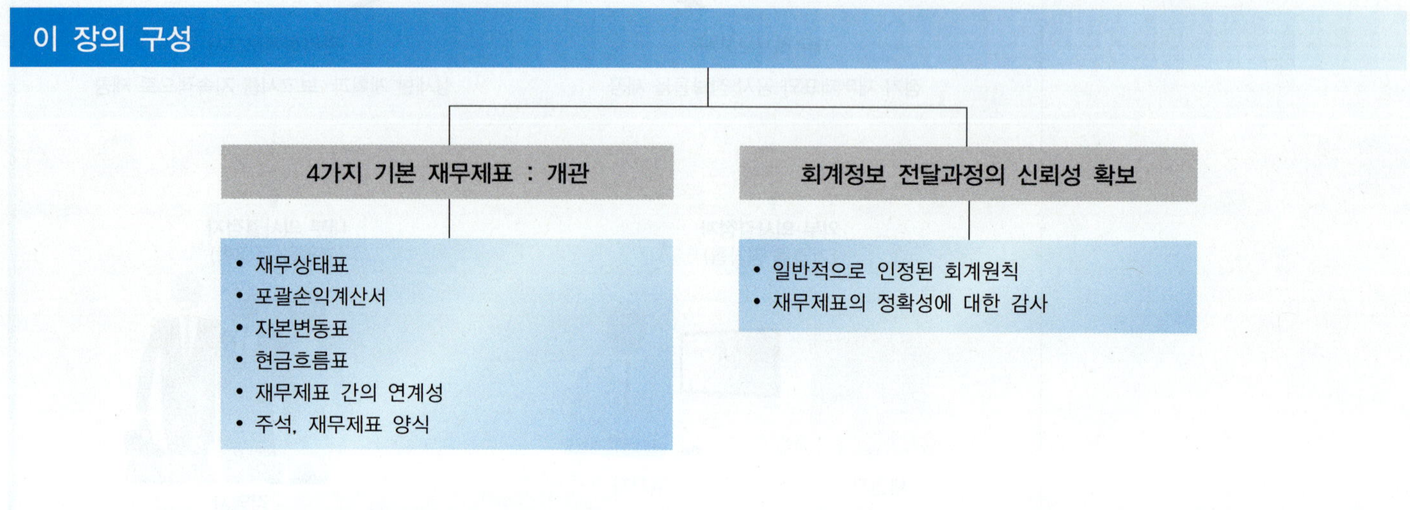

4가지 기본 재무제표 : 개관

학습목표 1-1
4가지 종류의 기본 재무제표가 담고 있는 정보는 무엇이며 어떻게 다른지를 이해하고, 정보이용자(투자자, 채권자, 경영자)들의 다양한 의사결정에 이 정보들이 이용된다는 점을 이해한다.

영리기업들은 투자자, 채권자 그리고 기타 외부 의사결정자들이 의사결정에 이용할 수 있도록 4가지 재무제표를 작성하여 제공한다.

1. **재무상태표** : 기업의 경제적 자원(자산)과 청구권(부채, 자본)에 대한 정보를 제공함.
2. **포괄손익계산서** : 기업이 상품 또는 서비스를 판매하여 벌어들인 돈이 상품 또는 서비스를 생산하는 데 투입한 원가와 판매를 위해 희생한 비용을 초과하는지, 즉 사업을 통해 남은 이익이 얼마인지에 대한 정보를 제공함.
3. **자본변동표** : 주주의 추가출자와 주주에 대한 배당, 그리고 당기순이익 중에서 얼마의 금액이 미래 성장을 위해 재투자되었는지 등 주주의 몫인 자본의 변동에 대한 정보를 제공함.
4. **현금흐름표** : 기업의 현금 창출능력과 현금의 사용에 대한 정보를 제공함.

4가지 기본 재무제표는 어떤 특정 시점과 기간(연간, 분기별, 월별)에 대해서 작성될 수 있다. 일반적으로 외부 정보이용자들에게 정기적으로 공시되는 재무제표는 매 분기말에 제공되는 분기보고서(quarterly reports)와 1년간의 정보를 담은 연차보고서(annual reports)이다.

재무상태표(Statement of Financial Position, Balance Sheet)

재무상태표
특정한 시점의 회계실체의 자산, 부채, 자본에 대한 정보를 제공하는 보고서

재무상태표(balance sheet)의 목적은 특정 시점에 회계실체의 재무상태(자산, 부채, 주주 지분)를 보고하는 것이다. 재무상태표 상단을 확인함으로써 재무상태표가 무엇에 대해 보고하는지를 알 수 있다. <도표 1.2>는 Le-Nature's의 재무상태표의 예를 제시한 것이다.

도표 1.2

재무상태표

LE-NATURE'S INC. **재무상태표** **2012년 12월 31일 현재** **(백만 달러)**		**설명** *실체의 이름(기업명)* *재무제표의 명칭* *보고서 일자* *측정 단위*
자산 :		***기업이 관리하는 자원***
현금	$ 10.6	*기업이 보유한 현금*
매출채권	6.6	*고객에게 아직 회수하지 않은 판매대금*
재고자산	51.2	*판매 목적의 음료수, 원재료*
유형자산	459.0	*토지, 건물, 생산설비 등*
자산 합계	**$527.4**	***기업이 관리하는 자원의 합계***
부채와 자본 :		***기업의 자금 조달***
부채		*채권자로부터의 자금 조달*
매입채무	$ 26.0	*공급업자에게 갚아야 할 외상대금*
차입금	381.7	*채무계약에 의해 은행에 갚아야 할 금액*
부채 합계	407.7	
자본		*주주로부터의 자금 조달*
보통주 자본금	55.7	*주주가 기업에 투자한 돈*
이익잉여금	64.0	*주주에게 분배하지 않은 과거 이익*
자본 합계	119.7	
부채와 자본 합계	**$527.4**	***기업의 자금 조달 합계***
주석은 재무제표의 일부임		

구조

재무상태표
자산 = 부채+자본

재무상태표 상단에서 다음과 같은 4가지 항목을 확인할 수 있다.

1. **회사명**은 Le-Nature's임.
2. **재무제표의 명칭**은 재무상태표임.
3. **작성 기준일자**는 2012년 12월 31일임.
4. **단위**는 백만 달러 단위임.

회계실체
재무자료가 취합되는 범위를 한정하기 위한 조직 (예: 기업, 대학, 병원, 교회 등)

먼저 재무자료를 수집하는 조직이 명확하게 정의되어야 하는데 이를 회계실체(accounting entity)라고 한다. 재무상태표에는 소유주가 아닌 기업실체가 소유하는 자원과 책임져야 하는 부채에 대한 정보를 담는다. 각 보고서의 상단에는 정보의 시점 또는 기간에 대한 정보가 명확하게 제시되어야 한다. 재무상태표는 특정 시점(예를 들어 2012년 12월 31일)의 기업의 재무상태를 나타내는 일종의 재무정보에 대한 스냅샷(snapshot)이라고 할 수 있다. 재무제표는 일반적으로 해당 국가의 통화로 표시된다. 일반적으로 미국기업은 달러로, 한국기업은 원화로 표시한다. Le-Nature's사는 백만 달러 단위로 보고서를 작성하였다. 재무상태표에 표시된 현금 $10.6는 실제로는 $10,600,000를 의미한다.

회계 등식(재무상태표 등식)
자산=부채+자본

Le-Nature's의 재무상태표에 자산, 부채 및 자본이라고 표시되어 있는 부분을 잘 확인하자. 이 3가지는 재무상태표를 구성하는 주요 요소이며, 이 요소 간의 관계를 나타내는 기본적인 회계 등식은 다음과 같다. 회계 등식은 **재무상태표 등식**이라고도 부른다.

자산 (Assets)	=	부채 (Liabilities)	+	자본 (Stockholders' Equity)
경제적 자원 (예 : 현금, 상품, 건물 등)		채권자들로부터 조달한 금액 (예 : 공급자, 종업원, 은행에 갚아야 할 금액)		주주로부터 조달한 금액 (예 : 보통주 자본금, 이익잉여금)

회계 등식은 기업의 재무상태를 표시해주는데, 즉 기업이 보유하고 있는 경제적 자원(자산)과 자금의 원천(부채, 자본)에 대한 정보를 보여준다.

요소

자산(assets)은 기업이 보유하고 있는 경제적 자원이다. Le-Nature's는 자산을 4가지 항목으로 분류하여 나열하고 있다. 회사의 재무상태표에 자산으로 표시되는 구체적인 항목은 회사가 수행하는 사업의 성격에 따라 차이가 있다. 그러나 이 4가지 자산 항목은 대부분의 기업에서 사용하는 일반적인 이름이다. Le-Nature's의 재무상태표에 기재되어 있는 4가지 자산 항목들은 음료를 제조하여 판매하는 이 회사에 필요한 경제적 자원이다. 각각의 경제적 자원은 회사의 미래 경제적 효익에 기여할 것으로 기대할 수 있다. 음료를 제조하는 사업을 진행하기 위해 이 회사는 우선적으로 음료를 제조할 공장과 기계장치 등의 유형자산을 구입하기 위한 현금을 필요로 한다. 그런 다음 원재료를 구입하고 음료를 생산할 것인데 이들 잔액은 재고자산에 기록된다. 생산된 음료를 외상으로 판매한 경우 미래에 현금으로 회수되기 전까지는 매출채권으로 기록되며, 이 매출채권은 미래에 현금으로 회수된다.

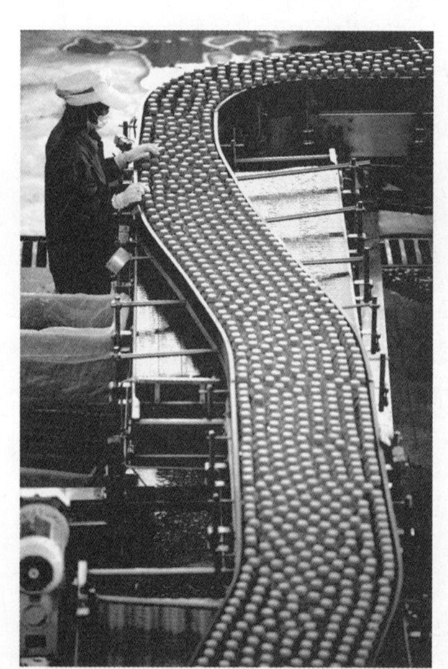
© Adrian Bradshaw/EPA/Newscom

재무상태표상의 모든 자산의 최초 측정은 취득하기 위해 희생한 총원가로 측정한다. 일반적으로 재무상태표에 기재되는 자산은 현재 이 자산을 처분한다면 회수할 수 있는 금액으로 표시하지 않는다는 점을 주의해야 한다.

부채와 자본은 자금의 조달 원천을 나타낸다. **부채**(liabilities)는 채권자로부터 조달한 자금 조달액을 나타낸다. 부채는 회사의 채무 또는 경제적 의무이다. Le-Nature's의 재무상태표에는 2가지 부채를 기재하고 있다. 매입채무는 공급업체에서 재화나 서비스를 외상으로 구입할 경우 발생한다. 차입금은 은행과 부채계약을 맺고 돈을 빌린 경우에 발생한다.

자본(stockholders' equity)은 주주의 몫을 의미하며, 주주가 투자한 금액과 재투자된 이익으로 구성된다. 주주가 회사에 투자한 현금 또는 기타 자산의 금액은 보통주 자본금으로 표시한다. 기업이 창출한 이익 중에서 배당의 형태로 주주들에게 배분되지 않고 재투자된 이익을 이익잉여금(retained earnings)이라고 한다.

<도표 1.2>에서는 자본을 2가지로 보고하고 있다. 창업자 및 기타 주주가 투자한 $5,570만는 보통주 자본금으로 표시하고 있다. Le-Nature's가 설립 이후 창출한 이익에서 그동안 주주들에게 지급된 배당금을 뺀 금액은 $6,400만이며 이는 이익잉여금으로 보고된다. 자본합계는 보통주 자본금과 이익잉여금의 합계이다.

Financial Analysis

재무상태표상의 자산, 부채 및 자본의 해석

Le-Nature's의 자산에 대한 평가는 Wells Fargo 은행과 기타 채권자들 그리고 주주들에게 중요하다. 왜냐하면 회사를 운영할 수 있는 충분한 자원을 보유하고 있는지 여부를 판단하기 위한 근거를 제공하기 때문이다. 또한 자산은 사업을 중단할 경우 현금을 받고 판매할 수 있기 때문에 중요하다.

Le-Nature's의 채권자와 주주들은 회사가 채무를 상환할 수 있을 정도로 충분한 현금을 보유하고 있는지에 대해 염려하기 때문에 부채에 대한 정보도 중요하다. Le-Nature's의 부채에 대한 정보는 Wells Fargo 은행의 회사에 대한 자금대여 의사결정에도 중요하다. 그 이유는 Le-Nature's의 기존의 채권자와 자산에 대한 청구권을 공유하기 때문이다. 만약 기업이 채권자에게 돈을 갚지 않는다면 채권자는 자신의 채권을 회수하기 위해 기업에게 자산의 매각을 강요할 수 있다. 자산을 처분한 금액이 회사의 채무를 모두 상환하기에 충분하지 않은 경우 일부 채권자들은 손실을 입을 수 있다.

Le-Nature's의 자본은 Wells Fargo 은행에게 중요하다. 왜냐하면 법적으로 채권자의 청구권이 소유주의 청구권보다 우선하기 때문이다. 만약 Le-Nature's가 사업을 중단하기로 하고 자산을 매각한 경우 채권자들에게 채무를 먼저 상환한 후 잔여 금액을 주주들에게 배분한다. 따라서, 채권단은 자본을 자신들의 몫을 보호하기 위한 일종의 쿠션(cushion)으로 생각하고 자본이 충분한지를 확인하려고 한다.

STOP PAUSE FOR **FEEDBACK**

지금까지 재무상태표가 회사의 특정 시점의 자산, 부채 및 자본에 대한 정보를 화폐로 보고하는 재무상태에 대한 보고서라고 배웠다. 이 요소는 <자산=부채+자본>이라는 기본적인 회계 등식으로 표현된다. 진도를 계속 나가기 전에 다음의 질문에 대해 답을 할 수 있는지 확인하자.

SELF-STUDY **QUIZ**

1. Le-Nature's의 자산은 하나의 섹션에 나열되어 있으며 부채와 자본은 다른 섹션으로 구분되어 나열되어 있다. 두 섹션은 기본 회계 등식과 일치하여 균형을 유지한다. 다음 장에서는 기본 회계 등식이 재무제표 작성을 위한 전체적인 회계 프로세스의 가장 기본임을 알게 될 것이다. <도표 1.2>에 제시된 부채 및 자본의 합계액이 자산합계($5억 2,740만)와 정확히 일치하는지 확인하고 이를 회계 등식으로 표현해보라.
2. 첫 단계로 재무상태표에 포함되는 항목의 의미와 분류를 이해해야 한다. <도표 1.2>를 참고하지 않고 다음의 재무상태표 항목을 자산(A), 부채(L) 또는 자본(SE) 항목으로 표시하라.

______	매입채무	______	유형자산
______	매출채권	______	재고자산
______	현금	______	차입금
______	보통주자본금	______	이익잉여금

해설

1. 자산($527.4) = 부채($407.7) + 자본($119.7) (단위: $백만)
2. L, A, A, SE, A, A, L, SE (세로로 읽음)

포괄손익계산서(Income Statement)

구조

손익계산서
일정 기간의 회계실체의 수익과 비용, 당기순이익에 대한 정보를 제공하는 보고서

포괄손익계산서(income statement, statement of income, statement of earnings, statement of operations, statement of comprehensive income)[1]는 일정 기간 동안의 수익에서 비용을 차감한 사업의 성과를 보고하는 보고서이다. 수익에서 비용을 차감한 최종 성과는 **당기순이익**(net income, net earnings)이라고 부른다. Le-Nature's의 당기순이익은 상품을 판매하여 얻은 매출이 판매를 위해 희생된 비용을 초과하는지를 측정한다.

<도표 1.3>에 제시된 Le-Nature's의 포괄손익계산서를 통해 포괄손익계산서 작성 목적과 내용을 이해해보자. 상단에는 회사명, 보고서의 제목, 측정 기간 그리고 측정 단위가 표시되어 있다. 주의할 점은 재무상태표 상단에는 특정 일자(2012년 12월 31일 현재)가 표시되어 있는 것과는 달리, 포괄손익계산서에는 일정한 기간(2012년 1월 1일 부터 2012년 12월 31일 까지)이 표시되어 있다는 점이다. 재무제표에 포함되는 정보를 담는 기간을 회계기간(보통은 1년)이라고 한다. Le-Nature's의 포괄손익계산서는 크게 3개의 파트로 구분할 수 있는데, 그것은 수익, 비용 그리고 당기순이익이다. 이들의 관계를 나타내는 포괄손익계산서 등식은 다음과 같다.

회계기간
재무제표에 포함된 정보의 보고기간

손익계산서
수익
− 비용
= 당기순이익

수익	−	비용	=	당기순이익
재화 또는 서비스를 판매하고 즉시 현금을 받거나 받기로 약속한 금액		기간 동안의 수익을 얻기 위해 희생된 자원		수익에서 비용을 차감한 금액

요소

회사는 재화 또는 서비스를 고객에게 판매함으로써 **수익**(revenue)을 얻는다. Le-Nature's의 경우는 음료를 판매하여 수익을 얻는다. 수익은 일반적으로 고객이 재화나 서비스를 제공받은 대가를 현금으로 즉시 지불했는지 여부와 관계없이 고객에게 인도된 재화나 서비스에 대해 수취할 것으로 예상되는 금액을 기록한다. Walmart 또는 McDonald's 등의 소매점들은 종종 판매와 동시에 소비자들로부터 현금을 받기도 한다. 그러나 일반적으로 Le-Nature's는 소매점에 음료를 배달하면서 나중에 현금을 수취하기로 약속하는 증서인 약속어음을 받는다. 현금으로 받든 약속어음을 받든 상품을 판매한 회사는 이 금액을 해당 기간의 수익으로 인식한다. 다양한 형태의 수익원을 표시하기 위해 포괄손익계산서에서는 다양한 용어(예 : 용역매출, 상품매출, 임대료수익)가 사용된다. Le-Nature's는 포괄손익계산서에 매출액이라는 표현을 사용하고 있다.

비용(expense)은 일정 기간 동안 수익을 창출하는 데 사용된 자원을 금액으로 표현한 것이다. 한 회계기간에 보고된 비용은 실제로는 다른 회계기간에 현금으로 지불될 수 있다. 일부 비용은 즉시 현금 지불을 요구하며 일부는 나중에 현금 지불을 요구하기도 한다. 또한 일부 비용은 이

1) 포괄손익계산서는 당기순이익에 기타포괄손익을 가감하여 총포괄손익을 표시하는 보고서를 의미한다. 그러나 기타포괄손익은 중급회계 수준의 내용이므로 회계원리 수준에서 작성하는 포괄손익계산서는 기타포괄손익이 반영되지 않은 손익계산서라고 생각해도 무방할 것이다.

도표 1.3

포괄손익계산서

LE-NATURE'S INC. 포괄손익계산서 2012년 1월 1일부터 2012년 12월 31일까지 (백만 달러)		설명
		실체의 이름(기업명)
		재무제표의 명칭
		회계기간
		측정 단위
수익		
매출액	$275.1	*음료의 판매로 인한 현금매출과 외상매출*
비용		
매출원가	140.8	*판매된 음료의 제조원가*
판매비와관리비	77.1	*기타 영업과 관련한 비용(수도광열비, 운송비 등)*
이자비용	17.2	*빌린 자금에 대한 이자비용*
법인세비용차감전순이익	40.0	
법인세비용	17.1	*당기 이익에 대한 법인세 비용*
당기순이익	$ 22.9	*수익에서 비용을 차감한 이익*
주석은 재무제표의 일부임		

전 기긴에 현금 지불이 이루이겼을 수도 있다. <도표 1.3>에 제시된 Le-Nature's의 포괄손익계산서에는 4가지 유형의 비용이 제시되어 있다. 이들 비용에는 기업의 법인세비용차감전순이익(세전이익)에 대한 일정 비율을 납부해야 하는 법인세비용도 포함된다.

당기순이익(net income)은 총비용을 초과한 총수익을 의미한다. 즉, 총수익에서 총비용을 차감하여 계산한다. 총비용이 총수익보다 클 경우 당기순이익이 음(−)의 값을 가지며 이는 당기순손실(net loss)로 보고한다.[2] 수익과 비용은 현금의 움직임과 일치하지 않는다는 점을 주의해야 한다. 즉, 모든 거래가 즉시 현금의 움직임을 동반하지는 않는다는 점이다. 이로 인해 당기순이익은 일반적으로 영업활동으로 인해 창출된 순현금의 금액과 일치하지 않는다. 이러한 현금의 움직임에 대해서는 이후에 설명할 현금흐름표에 보고된다.

Financial Analysis

포괄손익계산서 분석 : 당기순이익에 대한 이해

Wells Fargo 은행과 같은 투자자와 채권자는 기업의 당기순이익을 꼼꼼하게 확인한다. 왜냐하면 당기순이익은 회사가 제품이나 서비스를 생산하여 판매하는 데 들어간 비용 이상으로 고객에게 판매하고 있는지에 대한 능력을 나타내기 때문이다. 투자자들은 미래 수익이 증가하여 투자자들에게 더 많은 배당을 하고 주가가 상승하여 더 높은 가격에 주식을 매도하여 시세차익을 얻을 수 있는 기업에 투자하고 싶어 한다. 또한 채권자들은 대출해준 돈을 상환할 수 있는 재원으로서 이익 수치에 관심을 갖는다. 포괄손익계산서의 세부적인 사항들도 중요하다. Le-Nature's는 약 $275백만의 매출을 통해 약 $23백만의 당기순이익을 남겼다. 만약 경쟁업체가 판매가격을 10% 낮췄고 이에 따라 Le-Nature's도 동일하게 가격을 조정했다면 당기순이익은 당기순손실로 바뀔 수 있는 상황이다. 이러한 요소들은 투자자와 채권자가 회사의 미래의 이익을 예측하는 데 도움이 되는 정보를 제공한다.

2) 당기순손실은 이익이 음(−)의 값임을 의미한다. 당기순손실이 발행하면 포괄손익계산서에서는 금액에 괄호로 표시한다. 숫자에 괄호가 표시된 것은 음(−)의 값 또는 차감할 숫자임을 의미하는 회계의 약속이다.

STOP PAUSE FOR **FEEDBACK**

앞에서 언급한 바와 같이, 포괄손익계산서에는 일정 기간 동안의 수익, 비용 및 당기순이익을 보고한다. 이러한 개념에 대한 연습을 위해 아래의 질문에 답을 해보자.

SELF-STUDY **QUIZ**

1. 포괄손익계산서에 속한 항목의 의미를 이해하는 것이 중요하다. <도표 1.3>을 참고하지 않고 아래의 각 항목이 수익(R)에 해당하는지 비용(E)에 해당하는지를 표시하시오.

   ________ 매출원가　　________ 매출액

   ________ 법인세비용　　________ 판매비와관리비

2. 2012년 동안 Le-Nature's가 음료를 판매하고 고객에게 현금을 받거나 받기로 약속한 금액은 $275.1백만이다. 같은 기간 동안 고객으로부터 $250백만의 현금을 받았다. <도표 1.3>을 참고하지 않고 2012년 Le-Nature's의 포괄손익계산서에 표시될 매출액은 두 금액 중 어느 것인가? 이 대답을 선택한 이유는?
3. 2012년 동안 Le-Nature's가 생산한 음료의 제조원가는 $142.1백만이다. 같은 기간 동안 회사가 고객에게 판매한 음료의 제조원가는 $140.8백만이다. <도표 1.3>을 참고하지 않고 Le-Nature's의 포괄손익계산서에 표시될 매출원가는 두 금액 중 어느 것인지 답하시오. 이 대답을 선택한 이유는?

해설

1. E, E, R, E (세로로 읽음)
2. 매출액은 $275.1백만이다. 매출액은 재화와 서비스를 제공하고 고객에게 현금으로 받았거나 받기로 한 금액으로 포괄손익계산서에 보고한다.
3. 매출원가는 $140.8백만이다. 비용은 일정 기간 동안 수익을 올리기 위해 사용된 자원을 의미한다. 고객에게 판매된 음료의 원가만 비용으로 기록해야 한다.

자본변동표(Statement of Stockholders' Equity)

구조

자본변동표
회계기간 동안 당기순이익과 배당금 등의 자본에 영향을 미친 항목들을 요약한 보고서

<도표 1.4>는 Le-Nature's의 자본변동표(statement of stockholders' equity)이다. 상단에는 회사명, 보고서 제목, 측정 단위가 표시된다. 포괄손익계산서와 마찬가지로 자본변동표에는 특정 기간(회계기간)이 표시되는데, 이 경우는 1년이다. 자본변동표는 일정 기간 동안 주주의 지분인 자본의 변화를 보고한다.

자본변동표
기초 잔액
\+ 증가
− 감소
= 기말 잔액

Le-Nature's는 이 기간 동안 보통주자본금의 변화는 없다. 이번 기간 중에 보통주를 추가로 발행했다면 이 금액은 자본변동표에 별도로 표시되었을 것이다. 이익잉여금 항목은 이번 기간 중 당기순이익과 배당금이 회사의 재무상태에 미치는 영향을 보고한다. 당기순이익은 1년 동안 이익잉여금 잔액의 증가를 가져오는데 포괄손익계산서와 재무상태표의 관계를 보여준다. 주주에 대한 배당을 선언하면 이익잉여금은 감소한다.

이러한 이익잉여금의 관계를 식으로 표현하면 다음과 같다.

기초 이익잉여금 + 당기순이익 − 배당금 = 기말 이익잉여금

도표 1.4

자본변동표

LE-NATURE'S INC. 자본변동표 2012년 1월 1일부터 2012년 12월 31일까지 (백만 달러)			설명 *실체의 이름(기업명)* *재무제표의 명칭* *회계기간* *측정 단위*
	보통주 자본금	이익 잉여금	
2011.12.31	**$55.7**	**$43.1**	*전기 말 잔액*
당기순이익		22.9	*포괄손익계산서에 보고된 당기순이익*
배당금		(2.0)	*이번 기간에 선언한 배당금*
2012.12.31	**$55.7**	**$64.0**	*재무상태표상의 기말 잔액*
주석은 재무제표의 일부임			

요소

자본변동표는 자본의 각 항목별로 기초 잔액에서 출발하여 당기의 자본의 증감을 반영하여 기말 잔액이 계산되는 과정을 보여준다. <도표 1.4>의 Le-Nature's의 자본변동표에서 이익잉여금 부분은 이 회사의 기초 이익잉여금부터 제시하고 있다. 여기에 포괄손익계산서에 보고된 당기순이익을 가산하고 당기에 선언한 배당금을 차감한다. 2012년 동안 Le-Nature's의 당기순이익은 <도표 1.3>의 포괄손익계산서의 마지막 줄에 제시된 바와 같이 $22.9백만이다. 이 금액은 기초 이익잉여금에 가산된다. 또한 이 회사는 주주들에게 $2백만의 배당을 선언하고 배당금을 현금으로 지급했다. 이 금액은 재무상태표상의 기말 이익잉여금을 계산하는 과정에서 차감되었다. 이익잉여금은 당기순이익 중에서 주주들에게 배당하지 않고 재투자된 금액($22.9백만－$2백만＝$20.9백만)만큼 증가했다. 자본변동표에 표시된 기말 이익잉여금 $64백만는 <도표 1.2>의 재무상태표에 보고된 금액과 일치한다. 자본변동표의 이익잉여금 부분은 포괄손익계산서와 재무상태표의 연관성을 나타낸다.

Financial Analysis

이익잉여금의 해석

이익이 재투자된 금액, 즉 이익잉여금은 Le-Nature's의 자금 조달의 12%를 차지하는 중요한 원천이다. Wells Fargo 은행과 같은 채권자는 회사의 주주에 대한 배당금 지급 정책이 부채 상환 능력에 영향을 미치기 때문에 회사의 자본변동표에 관심을 갖는다. Le-Nature's가 주주들에게 배당금 명목으로 현금을 지급하면 Wells Fargo 같은 채권자들에게 빌린 돈을 상환할 능력이 줄어들기 때문이다. 투자자들은 회사가 미래의 성장을 뒷받침할만한 충분한 이익을 재투자하는지 여부를 판단하기 위해 이익잉여금을 검토한다.

STOP PAUSE FOR **FEEDBACK**

자본변동표는 보고기간 동안 당기순이익 및 배당금으로 인한 이익잉여금 변동을 포함한 자본의 변동을 설명한다. 이에 대한 이해 정도를 확인하기 위해 다음의 질문에 답해보자.

SELF-STUDY **QUIZ**

1. 회사의 재무제표에 다음과 같은 금액이 보고되어 있다고 가정하자. 기초 이익잉여금 $5,510, 총자산 $20,450, 배당금 $900, 매출원가 $19,475, 당기순이익 $1,780. <도표 1.4>를 참고하지 않고 기말 이익잉여금을 계산하시오.

해설

기초 이익잉여금($5,510) + 당기순이익($1,780) − 배당금($900) = 기말 이익잉여금($6,390)

현금흐름표(Statement of Cash Flows)

구조

현금흐름표
회계기간 동안의 현금의 유입과 유출을 영업활동, 투자활동, 재무활동으로 구분하여 작성한 보고서

현금흐름표
+/− CFO
+/− CFI
+/− CFF
현금의 증감

<도표 1.5>는 Le-Nature's의 현금흐름표이다. 현금흐름표(Statement of Cash Flows, Cash Flow Statement)[3]는 회사의 현금흐름(현금유입과 현금유출)을 3가지 경영활동(영업활동, 투자활동, 재무활동)으로 나누어 표시한다. 표의 상단에는 기업명, 보고서 제목 그리고 측정 단위를 표시한다. 현금흐름표는 포괄손익계산서와 마찬가지로 일정 기간(회계기간)에 대한 정보를 포함하며, 이 경우는 1년이다.

앞에서 설명한 바와 같이 포괄손익계산서에 보고된 수익 중에는 외상거래가 포함되어 있기 때문에 고객으로부터 당기에 수취한 현금과 포괄손익계산서상의 매출액은 일치하지 않는 것이 일반적이다. 또한 포괄손익계산서에 보고된 비용 중에는 전기에 이미 현금으로 지급한 부분 또는 아직 현금으로 지급하지 않은 금액이 포함되어 있기 때문에 당기에 지급한 현금과 일치하지 않는 것이 일반적이다. 즉, 포괄손익계산서는 현금과 관련한 정보를 제공하지 않으므로 당기의 현금유입과 현금유출에 대한 정보를 보고하기 위해 별도로 현금흐름표를 작성해야 한다. 현금흐름표 작성 과정은 전기 말 현금 잔액에서 출발하여 어떤 활동으로 인해 현금이 증감하여 당기 말 현금 잔액이 남아 있는지에 대한 정보를 제시한다.

+/− 영업활동 현금흐름(Cash Flow from Operation Activities, CFO)
+/− 투자활동 현금흐름(Cash Flow from Investing Activities, CFI)
+/− 재무활동 현금흐름(Cash Flow from Financing Activities, CFF)
현금의 증감
\+ 기초 현금 잔액
기말 현금 잔액

3가지 활동으로 인한 각각의 현금흐름은 양수 또는 음수일 수 있다.

3) 현금흐름표에 대한 상세한 내용은 제11장에서 학습한다.

도표 1.5

현금흐름표

LE-NATURE'S INC. 현금흐름표 2012년 1월 1일부터 2012년 12월 31일까지 (백만 달러)		설명 *실체의 이름(기업명)* *재무제표의 명칭* *회계기간* *측정 단위*
영업활동 현금흐름	$ 87.5	*당기순이익과 직접 관련있는 현금흐름*
투자활동 현금흐름	(125.5)	*자산의 취득 또는 처분과 관련된 현금흐름*
재무활동 현금흐름	47.0	*투자자와 채권자로부터의 현금흐름*
현금의 증감	9.0	***당기 현금의 변동***
기초 현금 잔액	1.6	*재무상태표상의 전기 말(당기 초) 현금*
기말 현금 잔액	$ 10.6	***재무상태표상의 당기 말 현금***
주석은 재무제표의 일부임		

요소

영업활동으로부터의 현금흐름은 당기순이익을 창출하는 데 직접 연관된 현금흐름이다. 예를 들어, Le-Nature's가 고객에게 음료를 판매하고 수취한 현금은 고객으로부터 유입된 현금으로 보고된다. Le-Nature's가 종업원에게 지급한 급여와 공급자에게 지불한 구매대금은 공급자와 종업원에 대한 현금유출로 보고된다.

투자활동으로부터의 현금흐름은 회사의 설비와 비품 그리고 투자자산에 대한 취득과 처분과 관련한 현금흐름을 포함한다. 이번 한 해 동안 Le-Nature's는 투자활동과 관련하여 한 종류의 현금유출이 있었는데 그것은 제품 수요의 증가에 따라 추가로 구입한 제조설비와 관련한 것이다.

재무활동으로부터의 현금흐름은 기업의 직접적인 자금 조달과 연관된 현금흐름이다. 여기에는 투자자와 채권자에게 수취 또는 지급(단, 공급자에 대한 현금지불은 영업활동으로 분류되므로 제외)한 현금을 포함한다. 이번 한 해 동안 Le-Nature's는 새로운 제조설비를 구입하기 위한 은행으로부터의 차입과 관련한 재무활동 현금유입이 있었고, 또한 주주들에게 배당금을 지급했다.

Financial Analysis

현금흐름표의 해석

채권자들은 기업의 현금흐름표를 분석할 때 3가지 활동으로 인한 현금의 증감 중에서 영업활동 현금흐름에 대해서 가장 중요하게 판단한다. 그 이유는 이 부분은 회사가 영업활동을 위해 현재 필요한 현금을 매출을 통해 창출해낼 수 있는 능력을 나타내기 때문이다. 영업활동에서 남은 현금은 부채를 상환하거나 회사를 확장하는 데 사용할 수 있다. 투자자들은 영업활동을 위해 사용하고 남는 현금이 많아 배당금을 확대하고 회사의 사업을 더 확대할 수 있을 것으로 기대되는 기업에 투자할 것이다.

STOP PAUSE FOR **FEEDBACK**

현금흐름표는 일정 기간 동안 3가지 경영활동(영업, 투자, 재무)과 관련한 현금의 유입과 유출을 보고한다. 이와 관련한 개념들을 잘 이해하고 있는지 아래의 질문을 통해 확인해보자.

SELF-STUDY **QUIZ**

1. Le-Nature's사는 2012년 동안 현금을 지불하거나 지불을 약속한 고객들에게 총 $275.1백만의 음료를 판매했다. 동 기간 동안 고객으로부터 $250백만의 현금을 수취했다. 이 경우 Le-Nature's사의 2012년도 현금흐름표에 표시될 금액은 얼마인가?
2. <도표 1.5>를 참고하여 Le-Nature's의 2012년 동안 증가한 현금 $9백만를 3가지 경영활동(영업, 투자, 재무)으로 구분하여 제시하라. 다음의 식을 잘 이해해야 한다.

+/− 영업활동 현금흐름
+/− 투자활동 현금흐름
+/− 재무활동 현금흐름
현금의 증감

해설

1. 회사는 현금흐름표에 $250백만를 기록해야 한다. 왜냐하면 이 금액이 실제로 고객에게 수취한 현금이기 때문이다.
2.

+/− 영업활동 현금흐름	$ 87.5
+/− 투자활동 현금흐름	(125.5)
+/− 재무활동 현금흐름	47.0
현금의 증감	$ 9.0

재무제표 간의 연계성

지금까지 살펴본 4가지 재무제표에 대한 사항은 각 보고서에 어떤 요소가 보고되는지, 각 보고서 작성과정에서 이 요소들 간의 관계는 어떻게 등식으로 표현되는지 그리고 각 보고서에 담긴 정보들이 투자자, 채권자 그리고 기타 정보이용자들의 의사결정에 왜 중요한지에 대한 것이다. 또한 재무제표에 담긴 수치가 서로 연관이 있다는 점도 학습했다. 특히, 다음과 같은 연계성은 매우 중요하다.

❶ 포괄손익계산서의 최종 수치인 당기순이익은 재무상태표상의 자본 중에서 이익잉여금을 증가시킨다.

❷ 자본변동표상의 기말이익잉여금은 재무상태표상의 자본의 두 가지 구성요소 중 하나이다.

❸ 현금흐름표상의 현금의 증감에 기초 현금 잔액을 가산한 금액은 재무상태표의 기말 현금 잔액과 일치한다.

따라서 포괄손익계산서는 1년 동안 회사의 경영활동의 결과가 재무상태표의 자본에 반영되어 회사의 재무상태가 개선되었는지 또는 악화되었는지에 대해 설명하는 정보를 제공한다고 생각할 수 있다. 현금흐름표는 회사의 1년간의 영업활동, 투자활동, 재무활동이 재무상태표상의 현금 수치에 어떻게 영향을 주었는지를 설명한다. <도표 1.6>은 Le-Nature's의 재무제표를 이용

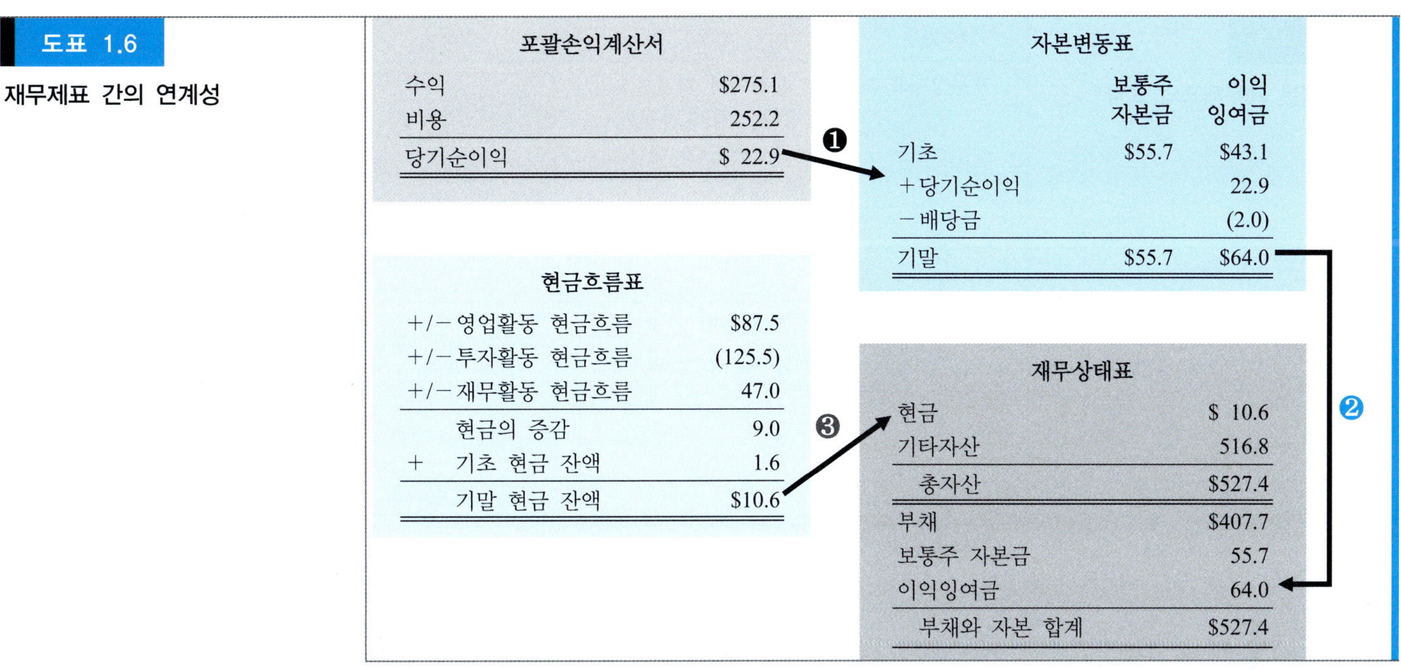

포괄손익계산서

수익	$275.1
비용	252.2
당기순이익	$ 22.9

자본변동표

	보통주 자본금	이익 잉여금
기초	$55.7	$43.1
+당기순이익		22.9
−배당금		(2.0)
기말	$55.7	$64.0

현금흐름표

+/−영업활동 현금흐름	$87.5
+/−투자활동 현금흐름	(125.5)
+/−재무활동 현금흐름	47.0
현금의 증감	9.0
+ 기초 현금 잔액	1.6
기말 현금 잔액	$10.6

재무상태표

현금	$ 10.6
기타자산	516.8
총자산	$527.4
부채	$407.7
보통주 자본금	55.7
이익잉여금	64.0
부채와 자본 합계	$527.4

도표 1.6

재무제표 간의 연계성

하여 재무제표 간의 연계성에 대해 설명하고 있다.

주식(Notes)과 재무제표 양식

주석
재무제표를 통해 완전히 이해하기 어려운 회사의 정보에 대한 보충적인 설명을 제공함.

Le-Nature's의 4가지 기본 재무제표 각각의 하단에는 '주석은 재무제표의 일부이다.'라는 문구가 표시되어 있다. 이는 담배갑에 표시되어 있는 경고 문구와 유사한 역할을 한다. 재무제표의 일부인 주석(notes, footnotes)을 확인하지 않으면 회사의 재무 상황을 온전하게 이해하지 못한다. 회사가 공시한 주석은 회사를 이해하는 데 매우 중요한 부분이므로 교재 전반적으로 주석 공시에 대해 자주 언급할 것이다.

재무제표 작성과 관련한 몇 가지 형식적인 사항에 대해 추가로 살펴보자. 자산은 일반적으로 현금으로의 전환가능성을 고려하여 순서대로 나열한다. 부채는 일반적으로 만기에 따라 순서대로 기재한다. 재무제표에는 각 그룹의 첫 번째 금액(예: 자산의 현금 금액) 앞에 통화 단위의 기호(미국에서는 $, 한국에서는 ₩)를 표시한다. 그리고 그룹의 마지막 항목 아래에는 하나의 밑줄을 표시하고 그 아래에 항목의 총계 또는 부분합을 표시한다. 그룹의 합계(예: 자산합계)에는 통화 단위의 기호를 표시하고 이중 밑줄을 표시한다. 4가지 기본 재무제표 모두에 이러한 규칙이 동일하게 적용된다.

4가지 기본 재무제표에 대한 요약

지금까지 4가지 기본재무제표에 담는 내용과 의미에 대한 기본적인 사항에 대해 살펴보았다. <도표 1.7>은 이를 요약한 것이다. 다음 장을 시작하기 전에 이 내용을 다시 한 번 살펴보기 바란다.

도표 1.7

4가지 기본 재무제표의 요약

재무제표	목적	구조	구성요소의 예
재무상태표	특정 시점에서 회계실체의 재무상태(경제적 자원과 자금 조달원천)에 대한 정보를 제공	재무상태표 자산 = 부채 + 자본	현금, 매출채권, 기계장치, 비품, 장기차입금, 보통주자본금, 이익잉여금
포괄손익계산서	일정 기간 동안의 경제적 성과에 대한 주된 정보를 제공	포괄손익계산서 수익 −비용 당기순이익	매출, 매출원가, 판매비, 이자비용
자본변동표	일정 기간 동안 자본의 변동(보통주자본금과 이익잉여금의 변동)에 대한 정보를 제공	자본변동표 기초 잔액 +증가 −감소 기말 잔액	기초자본, 보통주자본금, 당기순이익, 배당금, 기말자본
현금흐름표	영업활동, 투자활동, 재무활동과 관련한 현금의 유입과 유출에 대한 정보를 제공	현금흐름표 +/−영업활동 +/−투자활동 +/−재무활동 현금의 증감	고객으로부터의 현금유입, 공급자에 대한 현금 지불, 비품 구입을 인한 현금 지불, 은행으로부터의 차입을 통한 현금유입

회계처리절차에 대한 책임

학습목표 1-2
재무제표를 작성하기 위해 일반적으로 인정된 회계원칙(GAAP)이 왜 필요한지를 이해하고, 재무제표의 신뢰성을 높이기 위한 방법을 설명할 수 있다.

Le-Nature's의 재무제표에 담긴 정보를 효과적으로 이용하기 위해서 의사결정자들은 (1) 재무제표를 통해 전달된 정보와 측정에 적용된 규칙, (2) 재무제표에 담긴 수치의 정확성에 대해 알고 있어야 한다. 재무제표에 포함할 내용과 측정 방법을 정한 규칙을 '일반적으로 인정된 회계원칙(Generally Accepted Accounting Principles: GAAP)'이라고 한다.

일반적으로 인정된 회계원칙(GAAP)

GAAP은 어디에서 제정하는가?

일반적으로 인정된 회계원칙(GAAP)
재무제표에 포함될 내용과 측정 방법을 정한 규칙.

현재 이용되고 있는 회계시스템은 오랜 역사를 갖고 있다. 복식부기에 대한 체계적인 기초는 1494년에 이탈리아의 수도자이자 수학자인 루카 파치올리(Luca Pacioli)가 기술한 것으로 알려져 있다. 그러나 1933년 이전에는 각 회사의 경영자가 재무 보고 방식을 결정했다. 따라서 기업 간에 통일된 일관성이 존재하지 않았다. 미국에서는 증권거래위원회(Securities and Exchange

Commission: SEC)를 창설하고 자본시장에서 일반 대중들을 상대로 주식을 상장하는 회사들(상장기업이라고 함)이 재무제표를 작성할 때 지켜야 할 원칙과 측정 기준을 결정할 수 있는 광범위한 권한을 부여했다. SEC는 공인회계사회와 기타 이해관계자 단체와 협력하여 일반적으로 인정된 회계원칙의 세부 규칙을 정하는 일차적인 책임을 맡을 그룹을 구성하였다. 최근에는 재무회계위원회(Financial Accounting Standards Board: FASB)가 이 책임을 맡고 있다. 한편, 최근 국가 간의 통일된 회계기준의 필요성이 대두되면서 국제회계기준위원회(International Accounting Standards Board: IASB)가 설립되었으며, IASB에서 국제회계기준(International Financial Reporting Standards)을 제정한다.

GAAP의 중요성

GAAP은 재무제표를 작성해야 하는 기업, 그들의 외부감사인, 그리고 재무제표를 이용하는 정보이용자들에게 매우 중요하다. 회사와 경영진 그리고 소유주들은 재무제표에 표시된 정보에 가장 직접적인 영향을 받는다. 회사는 재무제표 작성 비용을 부담함은 물론이고 재무제표 공시와 관련한 다음과 같은 중요한 경제적 영향에 대해서도 신경을 써야 한다.

1. 회사 주식의 가격에 미칠 영향
2. 경영진과 종업원이 받는 보너스 금액에 미치는 영향
3. 경쟁사에게 정보가 공개됨으로써의 영향

이러한 우려로 인해 GAAP의 개정은 뜨거운 논쟁의 대상이 되고, 정치적인 로비의 대상이 되는 일도 종종 발생한다. 이로 인해 이해당사자들 간의 절충을 통해 최종 개정되는 경우가 많다. 대부분의 관리자는 이러한 회계기준에 포함된 세부적인 사항까지 꼭 알고 있을 필요는 없다. 회계원리에서는 재무제표에 표시되는 사항들 중에서 경영을 위해 꼭 알아야 할 중요한 사항들과 그 금액의 결정과정에 대한 입문 성격으로 접근할 것이다.

INTERNATIONAL PERSPECTIVE

국제회계기준위원회(IASB)와 국제적으로 통일된 회계기준

재무회계기준과 공시에 대한 규정은 각 국가별로 제정해왔다. 2002년 이래로 IASB에서 제정한 IFRS 채택에 대한 전 세계적인 움직임이 있어 왔다. 현재 130여 개 국가가 IFRS를 수용하였거나 수용할 예정에 있으며 한국은 2011년부터 상장기업을 중심으로 IFRS를 의무도입하였다. IFRS를 도입한 대표적인 국가의 예로는 유럽연합, 호주와 뉴질랜드, 홍콩, 말레이시아, 이스라엘, 터키, 브라질, 칠레, 캐나다, 멕시코 등이다.

미국의 경우 SEC에서는 미국 주식시장에 상장된 외국회사들에 대해서는 IFRS를 사용할 수 있도록 허용하고 있으며, 미국의 국내 기업들에 대한 IFRS 도입의 적절성에 대해 검토하고 있다. 제5장부터는 이해를 돕는 데 필요한 경우 미국회계기준과 국제회계기준 간의 중요한 차이점에 대해 간략히 소개할 예정이다. 제1장부터 제4장까지는 회계처리의 기본 원칙을 설명하기 때문에 회계기준의 차이와 무관하다.

재무제표의 정확성에 대한 보증

재무제표상의 금액이 잘못되었다면?

Le-Nature's는 본 장에서 제시한 재무제표를 공시한 후 얼마 지나지 않아 Wells Fargo 은행의 Wachovia Capital Markets Group과 협력하여 여러 금융회사로부터 $285백만를 조달하였다. 자금을 빌려준 회사들(채권자)은 위험에도 불구하고 이렇게 큰 금액을 빌려주는 데 왜 동의했을까? Le-Nature's의 재무제표는 채권자들의 의사결정에 중요한 역할을 했다. 재무제표에는 회사가 놀라운 미래의 전망을 가지고 성장해나가고 있는 모습이 담겨져 있다. 보고된 바에 따르면 수익은 불과 6년 만에 $40백만에서 $275백만로 무려 600% 성장하였다. 같은 기간 동안 이익은 무려 2,400% 증가했다. Le-Nature's에 대한 자금 대여는 분명히 좋은 선택임을 알 수 있다. 그러나 재무제표상의 이 금액들이 잘못된 정보라면 이 선택은 좋은 선택이 아닐 수 있다.

Le-Nature's에 대한 진실은 소액주주들이 재무제표상의 수치에 대해 의문을 가지고 소송을 제기함으로써 밝혀지게 되었다. 법원의 기록에는 놀라운 이야기가 담겨져 있다. 파산관재인에 따르면 연간 $274백만라고 공시했던 매출액은 실제로는 $32백만에 불과했다. 회사의 CEO인 Gregory Podlucky와 그의 공모자들은 수표, 송장, 수익과 비용 기록을 광범위하게 위조하여 매출과 이익을 과대계상했다. 재무상태표에 $10.6백만를 보유하고 있는 것으로 보고한 현금 잔액은 실제로는 $1.8백만로 밝혀졌으며, 현금 잔액을 초과하여 발행한 수표액은 $2.9백만에 달하는 것으로 드러났다. 또한 재무상태표의 부채는 $200백만를 누락시켜 보고했다. 회사는 절대로 성공한 것이 아니었다. 그것은 모두 허위였다.

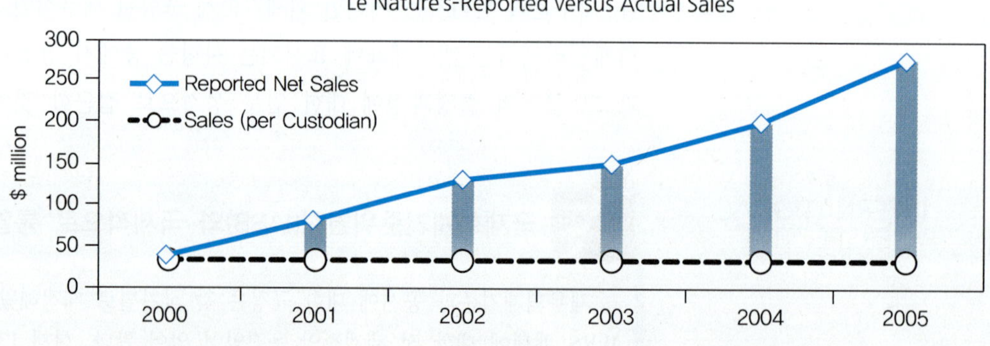

Podlucky는 더 많은 돈을 빌려서 이전의 채권자들에게 돈을 갚는 데 사용[이런 유형의 사기를 **폰지사기**(Ponzi scheme)라고 함]하였다. 동시에 그는 호화로운 생활을 하기 위해 회사의 현금을 횡령하였다. 파산관재인이 도착할 때까지 Podlucky와 그의 보디가드는 과거의 문서들을 파쇄하였다. 연방요원들은 라트로브 공장의 비밀금고에서 $20백만에 달하는 다이아몬드 장식 시계, 금, 은, 백금 등의 보석류를 발견하였다. Podlucky는 건설중인 25,000제곱피트의 저택에 $10백만 이상의 회사 돈을 이용하였다. 이 사건과 관련하여 언론에서는 다음과 같은 헤드라인 제목으로 보도했다.

AP Photo/The Tribune-Review, Sean Stipp

Market Predicts Le-Nature's Is All Washed Up

Grand jury hears LeNature's ex-accountant's testimony

Debt holders sue Wachovia over Le Nature's Loan

Ex-LeNature's exec found guilty of fraud

Le-Nature's Fraud: 2 More Sentenced In $800M Fraud

Ex-Pa. soft-drink CEO gets 20 years in prison

Accountant Guilty of helping CEO Commit Fraud

이러한 범죄는 환상적인 소설처럼 읽혀질지도 모르지만 이러한 회사에 투자한 많은 사람들에게는 심각한 결과를 초래한다. 이것은 서부 펜실베니아 연방 지방법원에서는 가장 큰 사기범죄였다. 이 사건과 관련한 최종 선고된 형량은 다음과 같다.

The Prison Tally	
Defendant	Sentence
Gregory Podlucky, CEO	20 years in federal prison
Robert Lynn, President	15 years in federal prison
Andrew Murin, Consultant	10 years in federal prison
Jonathan Podlucky, COO	5 years in federal prison
Karla Podlucky (CEO's wife)	4¼ years in federal prison
G. Jesse Podlucky (CEO's son)	9 years in federal prison
Donald Pollinger, Businessman	5 years in federal prison
Tammy Jo Andreycak, Bookkeeper	5 years in federal prison

이렇게 형을 선고받았지만 Podlucky와 그의 공모자들이 저지른 사기에 비하면 그들은 대가를 완전하게 지불하지 않았다.

윤리의식

윤리는 옳고 그른 것, 정직과 거짓, 공정과 불공정한 것을 판단하는 기준이다. Le-Nature's 사건에서 재무제표를 의도적으로 허위로 작성하여 공시한 것은 비윤리적이고 불법이다. 그러나 많은 상황에서 특정 개인을 위해 이러한 윤리적인 기준을 낮춰줄 것을 요구(예: 충성심)받는다. 이러한 상황에 돈이 개입되면 사람들은 나쁜 행위를 정당화시키는 바보 같은 행동들을 더 쉽게 하게 된다. 윤리적인 딜레마에 직면했을 때, 아래의 3단계 프로세스를 따르는 것이 좋다.

1. 이러한 결정으로 인해 누가 이익(주로 경영진 또는 종업원)을 보게 될지, 그리고 누가 손해(다른 종업원, 주주, 채권자, 환경)를 입게 될지를 판단한다.
2. 다른 대안들을 찾아본다.

3. 당신이 취한 행동과 관련하여 뉴스를 통해 당신의 가족들과 지인들에게 알려지면 좋을 모습을 선택해본다.

이러한 과정을 통해 내린 결정은 대부분 윤리적인 선택일 것이다. Le-Nature's의 사건에서 Podlucky와 그의 공모자들은 분명히 이 과정을 따르지 않았다. 보석과 라트로브 공장을 제외하고는 $800백만의 부채를 갚을 수 있을 만한 자산은 남아 있지 않았다. CEO의 가족 그리고 공모자들을 제외한 주주들은 대부분의 투자금액에 대해 손해를 보게 되었고, 240명 이상의 공장 근로자들은 일자리를 잃었다. 펜실베니아주의 라트로브시는 이 사건으로 인해 심각한 경제적 타격을 입었다.

책임, 그리고 통제의 필요성

기업의 경영자는 비윤리적인 행동을 방지하고 탐지하기 위한 시스템을 설치할 책임이 있다. 재무제표에 담긴 정보에 대한 주요한 최종 책임은 회사의 최고경영자와 최고재무책임자에게 있다. 회사는 회사의 기록이 정확하다는 것을 주주를 비롯한 외부의 정보이용자들에게 확신시키기 위해 3가지 중요한 조치들을 취해야 한다. (1) 회사의 기록과 자산에 대한 통제시스템을 유지해야 한다. (2) 외부감사인을 통해 재무제표에 대한 신뢰성에 대한 외부감사(audit)를 받아야 한다. (3) 이사회 등의 장치들을 통해 다른 안전장치들에 대한 완전성에 대해 감독하도록 해야 한다. Le-Nature's의 경우 이러한 안전장치들이 작동하지 않고 실패한 것이다. 회사에는 통제시스템이 없었으며 독립된 외부감사인들은 경영진에 속고, 이사회는 Podlucky와 지인들로만 구성되어 있었다. 경영진, 감사인 그리고 이사진의 역할에 대해서는 제5장에서 더 자세히 설명할 예정이다.

외부감사
재무제표의 표시가 일반적으로 인정된 회계원칙(GAAP)에 따라 작성되었는지를 검사하는 것.

재무제표를 허위로 작성한 경영자는 형사 및 민사상의 처벌을 받는다. 앞에서 언급했듯이 Le-Nature's의 책임자들이 선고받은 형량은 총 70년 이상이며, 그들의 모든 자산은 채권자들에게 변제하기 위해 몰수당했다. 분식회계 내용을 발견하지 못한 외부감사인은 채권자에게 $50백만를 지불하기로 합의하였고, Le-Nature's에 대한 대출을 중개한 Wachovia Capital Market은 $80

백만를 지불하기로 합의하였다. Le-Nature's가 대출받는 것을 지원하기 위해 허위 문서를 제공한 음료장비 회사는 $15백만의 벌금과 $110백만의 손해배상금을 지불했다. 이외에도 추가적으로 시민 소송이 진행중이다.

재무제표에 대한 사기는 매우 드문 일이지만 Le-Nature's의 분식회계 사건을 통해 투명한 재무제표 공시가 투자자와 채권자들에게 얼마나 중요한지를 일깨워준다. 대부분의 경영자와 설립자들이 정직하고 책임감 있게 행동하지만, 엔론과 월드콤과 같은 대규모 분식회계 사건들을 통해 재무제표에 담긴 허위 내용으로 인해 경제적 파장이 얼마나 큰지를 다시 한 번 깨달아야 한다. 세 회사 모두 재무제표에 담긴 허위 공시(분식회계)가 부각되면서 파산에 이르게 되었다. 엔론과 월드콤의 외부감사를 맡았던 회계법인인 아더앤더슨(Arthur Andersen)도 파산하고 해산하였다. 이로 인해 수천 명의 직원들이 일자리를 잃었다.

DEMONSTRATION CASE

대부분의 장 끝에는 하나 이상의 종합사례가 제시될 것이다. 이 종합사례에는 그 장에서 논의된 중요한 사항에 대한 개요를 제공한다. 각각의 종합사례 다음에는 모범답안이 제공된다. 종합사례를 주의깊게 읽고 스스로 해결하려는 노력을 수행한 후, 모범답안을 확인할 것을 권한다. 스스로 이해정도를 평가해 볼 것을 강력히 권한다. 여기에 제시된 사례는 포괄손익계산서, 자본변동표, 재무상태표의 요소에 대한 이해와 이 재무제표 요소들의 관계에 대한 이해를 돕기 위한 것이다.

Pier 1 Imports, Inc.는 북미 지역의 1,000개가 넘는 매장을 통해 다양한 가구, 장식용 가구, 식당 및 주방용품, 목욕 및 침구 액세서리, 양초, 선물 및 기타 전문 품목을 판매하고 있다. 이 회사의 상품은 주로 높은 수준의 수작업을 통해 만들어지며 대부분 외국의 공급업체로부터 직접 수입되는 품목으로 구성된다. 다음은 최근의 Pier 1의 포괄손익계산서 및 재무상태표에 기재된 항목 및 금액의 목록이다. 이 수치는 2월 28일에 종료된 당기 회계연도에 대한 것이며 백만 달러로 표시된다. 회사가 연간 배당금을 지급하거나 주식을 발행하거나 자사주를 매입하지 않았다고 가정한다. 기초의 이익잉여금은 $193이었다.

매입채무	$237	비유동부채	94
매출채권	15	당기순이익	100
현금	301	매출액	1,401
보통주자본금	120	순유형자산	92
매출원가	861	이익잉여금	293
법인세비용차감전순이익	103	판매비와관리비	432
법인세비용	3	총자산	744
이자비용	5	총부채	331
재고자산	336	부채와 자본 합계	744
		자본합계	413

▌요구사항 :

1. <도표 1.2, 1.3, 1.4>의 형식으로 당기의 재무상태표, 포괄손익계산서 그리고 자본변동표를 작성하시오.
2. 이 3개의 보고서가 제공하는 정보의 특징을 설명하시오.

3. Pier 1의 재무제표에 포함될 또 다른 재무제표는 무엇인지 설명하시오.
4. 법규에 따르면 Pier 1의 재무제표는 독립된 외부감사인에 의해 감사를 받아야 한다. 이러한 법규가 없더라도 Pier 1이 자발적으로 외부감사를 받을 필요가 있을지에 대해 설명해보시오.

❙ 해설

1.

PIER 1 IMPORTS, INC
재무상태표
X2년 2월 28일 현재
(백만 달러)

자산	
현금	$301
매출채권	15
재고자산	336
순유형자산	92
자산 합계	$744
부채와 자본	
부채 :	
매입채무	$237
비유동부채	94
부채 합계	331
자본 :	
보통주자본금	120
이익잉여금	293
자본 합계	413
부채와 자본 합계	$744

PIER 1 IMPORTS, INC
포괄손익계산서
X1년 3월 1일부터 X2년 2월 28일까지
(백만 달러)

매출액	$1,401
매출원가	861
판매비와관리비	432
이자비용	5
법인세비용차감전순이익	103
법인세비용	3
당기순이익	$ 100

PIER 1 IMPORTS, INC
자본변동표
X1년 3월 1일부터 X2년 2월 28일까지
(백만 달러)

	보통주 자본금	이익 잉여금
X1.2.28(기초) 잔액	$120	$193
＋당기순이익	–	100
－배당금	–	–
X2.2.28(기말) 잔액	$120	$293

2. 재무상태표는 특정 시점의 자산, 부채, 자본 금액을 보고한다. 포괄손익계산서는 일정 기간 동안의 경영성과인 당기순이익을 보고하는데, 수익에서 비용을 차감하는 형식으로 보고한다. 자본변동표는 일정 기간 동안 자본의 변동에 대한 정보를 보고한다.
3. Pier 1은 현금흐름표도 작성하여 공시해야 한다.
4. 전문성과 윤리의식을 갖춘 외부감사인이 재무제표를 감사했다는 것을 정보이용자들이 알게 된다면 재무제표에 담긴 정보의 정확성에 대한 확신을 갖고 정보를 잘 이용할 것이다.

보론 A

기업의 유형[4)]

교재에서는 수익을 창출하는 영리기업에 대한 회계처리를 다룬다. 이러한 영리기업은 일반적으로 3개의 유형(개인회사, 합자/합명회사, 주식회사)으로 나눠진다. **개인기업**(sole proprietorship)은 한 사람이 소유하고 있는 비법인형태로 일반적으로 크기가 작은 서비스업, 소매업 및 농업에서 일반적인 형태이다. 소유자가 경영자와 동일한 경우가 많다. 법적으로 기업과 소유자는 별개가 아니다. 회계상으로는 기업을 별도의 법인으로 간주하여 소유자와 별개의 실체로 회계처리해야 한다.

파트너십(partnership, 합명회사)은 2명 이상의 동업자가 공동으로 소유하는 비법인형태의 기업이다. 동업자 간의 계약서에는 일정 기간 동안 발생한 이익에 대한 분담 및 사업 종료시 자원의 배분과 같은 사항을 포함한다. 파트너십은 소유자들과 법적으로 분리되어 있지 않다. 법적으로 파트너십에 속한 각각의 파트너는 회사의 부채에 대한 책임을 진다. (일반 파트너는 부채에 대해 무한책임을 진다.) 그러나 파트너십은 소유자와 별개의 실체로 회계처리해야 한다.

법인(corporation)은 특정한 법에 의해 설립된 법인화된 사업조직이다. 소유주는 주식을 소유한 **주주**(stockholders, shareholders)이다. 소유권인 주식은 일반적으로 자유롭게 사고팔 수 있다. 주최자가 승인을 위해 설립 신청서를 제출하면 주정부는 심사를 통해 설립을 허가하고 증서를 발행한다. 이 법인인가증서는 법인에게 소유주와 분리된 별도의 법률적 실체로 사업을 운영할 권리를 부여한다. 주주는 유한책임을 부담한다. 주주는 자신이 투자한 돈의 범위 내에서만 책임을 진다. 회사의 정관에는 발행할 수 있는 주식의 종류와 수량을 명시한다. 대부분의 주에서는 설립시 최소 2~3명의 주주와 일정 금액 이상의 자본금을 투자해야 하는 것을 조건으로 규정하고 있다. 주주는 이사회의 이사를 선출하고, 경영자를 선출하고 회사에 대한 총괄적인 감독을 수행한다. 회계상으로는 법인을 소유주인 주주와 별개의 실체 관점에서 회계처리한다. 유한책임회사(Limited Liability Companies, **LLC**)와 유한책임파트너십(Limited Liability Partnership, **LLP**)은 법인 형태의 기업과 유사한 측면이 많다.

경제적인 비중으로 볼 때 법인은 미국 내의 지배적인 경영조직 형태이다. 이렇게 비중이 높은 것은 (1) 주주의 유한책임, (2) 연속성, (3) 소유권 이전의 용이성, (4) 자금 조달의 용이성 등의 장점이 있기 때문이다. 반면에 소득이 이중과세될 수 있다는 점은 단점이 될 수 있다. (법인의 수입에 대해 과세하고, 주주의 배당에 대해서 과세하는 경우도 있기 때문이다. 물론 이는 국가마다 차이가 있다.) 본 교재에서는 법인 형태의 조직, 주식회사를 중심으로 기술한다. 그러나 본 교재에서 기술하는 기본적인 회계 개념과 절차는 다른 유형의 기업에도 적용된다.

---

4) 기업의 유형에 따른 적용 법은 국가마다 다소 차이가 있다. 아래의 내용은 미국의 예이다. 우리나라의 회사의 분류 및 관련 법규는 상법에서 다루고 있다. 구체적인 사항은 상법을 참고하기 바란다.

보론 B

최근 회계전문가의 채용 현황

회계분야는 1900년부터 법률, 의학, 공학 및 건축 분야처럼 전문분야로 인정받으며 관련 전문직의 위상을 갖게 되었다. 다른 분야의 전문직과 마찬가지로 회계도 전문 역량이 요구되며 공적인 서비스를 제공하기 위해 기여하고 높은 수준의 학문적 연구가 요구되며 공통된 지식 체계에 대한 필요성이 제기되었다. 회계전문가는 공인회계사(certified public accountant, CPA)로서 자격을 취득할 수 있다. 미국의 경우 이 자격은 자격증을 발급한 주에서 지정한 요구사항을 완료했을 때 부여된다. CPA 자격에 대한 요구사항은 주마다 차이가 있지만 규정된 회계 학점 이수, 좋은 품성, 실무경험 그리고 전문성을 검증하기 위한 시험을 성공적으로 통과해야 한다. 공인회계사 시험은 미국공인회계사협회(American Institute of Certified Public Accountants, AICPA)에서 주관한다.[5)]

회계전문가(공인회계사 포함)는 일반적으로 회계법인, 기업, 정부기관, 비영리단체 등의 다양한 분야로 진출한다. 공인회계사는 이러한 분야에서 다양한 활동을 수행하며 공인관리회계사, 내부회계감사인 자격도 추가로 취득할 수 있다.

회계법인의 실무

개인적으로 회계와 관련한 사업을 할 수도 있지만 일반적으로는 2명 이상이 모여 감사반을 구성하거나 일정 조건을 충족하여 회계법인 형태를 구성한다. 대부분 유한책임파트너십 형태의 조직으로 운영된다. 회계법인은 1인 사무소부터 전 세계에 수백 개의 사무소가 있는 4개의 대형 회계법인(Deloitte & Touche, Ernst & Young, KPMG 및 PricewaterhouseCoopers)까지 규모가 다양하다. 회계법인이 제공하는 서비스는 일반적으로 3가지(감사 또는 인증 서비스, 경영 컨설팅 그리고 세무 서비스)로 구분할 수 있다.

감사 또는 인증 서비스(Audit or Assurance Services)

감사 또는 인증 서비스는 의사결정자들이 이용하는 정보의 품질을 향상시키기 위한 독립적인 전문 서비스이다. 공인회계사가 수행하여 제공하는 공적으로 가장 중요한 서비스는 재무제표에 대한 감사이다. 감사의 목적은 재무제표에 담긴 주장에 대한 신뢰성을 부여하는 것이다. 감사는 기업의 경영자가 작성한 재무제표가 일반적으로 인정된 회계원칙(GAAP)을 준수하여 작성되었는지를 확인하는 것이다. 인증과 관련한 다른 서비스 영역으로는 전자상거래 및 보안 및 정보시스템 신뢰성 인증 서비스 등이 있다.

경영 컨설팅 서비스(Management Consulting Services)

많은 회계법인들은 경영 컨설팅 서비스를 제공한다. 이러한 서비스에는 일반적으로 회계정

---

5) 한국공인회계사는 금융감독원에서 주관하고 있으며, 시험 응시 자격요건 및 시험제도와 관련한 사항은 금융감독원 홈페이지에서 확인할 수 있다(http://cpa.fss.or.kr).

보를 기반으로 하여 이루어지며 회계시스템 설계, 자료 처리 및 수익 계획과 통제(예산) 시스템, 재정적인 조언, 예측, 재고관리, 비용 효과성, 운영 효율성 분석 등 다양하다. 한편 공인회계사의 독립성을 유지하기 위해 자신이 외부감사를 수행하는 회사에 대해서는 일부 컨설팅 서비스를 동시에 제공하는 것이 금지된다.

세무 서비스(Tax Services)

공인회계사들은 고객들에 대한 세무서비스를 제공한다. 이러한 서비스에는 의사결정 과정의 일부인 세금계획과 법인세 신고와 관련한 세무조정 등이 포함된다. 각 주별 및 연방 세법이 갈수록 복잡해지고 있기 때문에 세금 신고와 관련한 높은 전문성이 요구되기 때문에 공인회계사들이 이와 관련한 서비스를 제공한다. 공인회계사가 세금계획을 수립하는 데 참여하는 것이 중요한 경우가 많다. 대부분의 주요 경영의사결정은 세금에 중요한 영향을 미치는 경우가 많기 때문이다. 사실상 세금과 관련한 고려를 하는 과정에서 경영의사결정이 바뀌는 경우도 많다.

일반 조직으로 진출

CPA, CMA, CIA 등의 회계전문가들은 일반 기업체 및 비영리기관들에서도 많이 필요로 한다. 조직의 규모와 경영환경의 복잡성 등에 따라 수명에서 수백 명의 회계전문가를 고용한다. 기업에서 최고재무책임자(CFO)는 부사장 혹은 최고경영진의 일원인 경우가 많은데, CFO는 일반적으로 광범위한 관리회계와 재무회계 업무에 대한 책임을 지고 있다.

기업에서 회계전문가는 일반직으로 일반 관리, 재무회계, 원가회계, 수익계획과 통제(예산 수립), 내부 감사 및 정보시스템 관리와 같은 다양한 업무를 수행한다. 조직의 회계사의 주요 기능은 내부 경영의사결정 및 경영통제시스템에 유용한 정보를 제공한다. 외부보고, 세금계획, 자산 통제 및 관리 책임 기능은 일반적으로 회계전문가가 수행한다.

공공부문과 비영리부문으로 진출

지방 단위에서 국제 단위에 이르기까지 광범위하고 복잡한 정부조직도 회계전문가를 필요로 한다. 이는 병원이나 대학 등의 비영리조직에서도 마찬가지이다. 공공 및 비영리부문에서 일하는 회계전문가는 민간단체의 회계전문가와 유사한 기능을 수행한다. Government Accountability Office(GAO), SEC, Federal Communications Commission(FCC) 등의 규제기관은 회계전문가의 서비스를 활용하여 각종 규제업무를 수행한다.

CHAPTER TAKE-AWAYS

1-1. 4가지 기본 재무제표가 전달하는 정보가 어떻게 다른지를 이해하고, 이 정보가 정보이용자에게 어떻게 활용되는지 이해해야 한다.

재무상태표는 특정 시점의 기업의 재무상태(자산, 부채 및 자본)에 대한 정보를 제공한다.

포괄손익계산서는 일정 기간 동안 기업의 경영성과에 대한 정보를 수익에서 비용을 차감하여 당기순이익을 보고하는 형태로 제공한다.

자본변동표는 일정 기간 동안 자본(보통주 자본금과 이익잉여금)의 변동에 대한 정보를 제공한다.

현금흐름표는 일정 기간 동안 현금의 유입과 유출에 대한 정보를 제공한다.

이 4가지 기본 재무제표는 투자자와 채권자가 기업의 재무상태와 경영 성과와 관련한 다양한 측면의 평가를 하는 데 유용한 정보로 이용된다.

1-2. 일반적으로 인정된 회계원칙(GAAP)이 재무제표 작성과정에서 어떤 역할을 하는지, 기업이 재무제표의 정확성에 대해 어떤 방식으로 확인을 받는지에 대해 이해해야 한다.

GAAP은 재무제표에 담긴 정보와 금액을 결정하는 과정에서 준수해야 할 원칙이다. 재무제표에 담긴 정보를 정확히 이해하고 해석하기 위해서는 GAAP에 대한 지식이 필요하다.

경영자는 기업의 재무정보의 정확성에 대한 일차적인 책임이 있다. 외부감사인은 기업의 보고서와 기록을 검사한 결과를 바탕으로 기업이 작성한 재무제표가 공정하게 작성되었는지에 대한 의견을 표명하는 책임이 있다.

정보이용자는 재무제표 작성자와 외부감사인 등 재무제표 작성에 관련된 사람들이 엄격한 윤리의식을 갖고 있다는 확신이 있을 때 재무제표 정보에 대해 신뢰할 수 있다. 경영자와 감사인들은 허위로 공시된 재무제표에 대해 법적인 책임을 질 수 있다.

제1장에서는 외부 정보이용자에게 재무정보를 전달하는 역할을 하는 기본 재무제표에 대해 살펴보았다. 제2장, 제3장, 제4장에서는 재무제표를 더 자세히 살펴보고 기업의 거래의 결과가 재무제표에 반영되는 회계처리 과정을 살펴본다. 거래가 재무제표에 반영되는 과정 혹은 반대로 재무제표에 반영된 수치가 어떤 과정을 통해 반영되었는지를 이해하는 것은 재무제표를 이용한 의사결정의 열쇠이므로 매우 중요하다. 제2장에서는 거래에 대한 자료를 수집하고 정기적으로 재무제표를 작성하여 제공하기 위해 자료를 처리하는 방법에 대해 설명한다. 재무제표 중에서 특히 재무상태표에 포커스를 맞추어 설명한다. 이 목적을 달성하기 위해 제2장에서는 주요 회계 개념, 회계모델, 거래 분석 그리고 분석 도구들에 대해 설명한다. 제2장, 제3장, 제4장에서는 용역(서비스)를 제공하는 것을 주된 사업으로 하는 용역제공기업의 경영활동을 중심으로 재무제표 작성과정을 살펴본다.

FINDING FINANCIAL INFORMATION

재무상태표

자산 = 부채+자본

포괄손익계산서

수익
−비용

당기순이익

자본변동표

기초 잔액
+증가
−감소

기말 잔액

현금흐름표

+/−영업활동 현금흐름
+/−투자활동 현금흐름
+/−재무활동 현금흐름

현금의 변동

KEY TERMS

외부감사
재무상태표
현금흐름표
회계실체
일반적으로 인정된 회계원칙
주석
회계
자본변동표
포괄손익계산서
회계 등식(재무상태표 등식)

QUESTIONS

1. 회계의 정의를 서술하시오.
2. 재무회계와 관리회계의 차이점에 대해 간략히 설명하시오.
3. 회계는 내부 및 외부 이용자 모두를 위한 정보를 제공한다. 회계정보이용자들을 구체적으로 나열해보시오.
4. 투자자와 채권자의 차이점에 대해 간략히 설명하시오.
5. 회계실체란 무엇인가? 회계에서는 왜 기업을 별도의 실체로 가정하는지 설명해보시오.
6. 다음 빈칸을 완성하시오.

재무제표 명칭	다른 명칭 (영어)
a. 포괄손익계산서(Income statement)	a. ______________
b. 재무상태표(Balance sheet)	b. ______________
c. 감사보고서(Audit report)	c. ______________

7. 4개의 주요 재무제표 각각의 상단에 반드시 포함되어야 하는 정보를 설명하시오.
8. a) 포괄손익계산서의 작성 목적은 무엇인가? b) 재무상태표를 작성하는 목적은 무엇인가? c) 현금흐름표를 작성하는 목적은 무엇인가? d) 자본변동표를 작성하는 목적은 무엇인가?

9. 재무상태표의 상단에는 "12월 31일 현재"로 표시되는 반면에, 포괄손익계산서와 현금흐름표의 상단에는 "1월 1일부터 12월 31일까지"로 표시되는 이유를 설명하시오.
10. 투자자와 채권자의 의사결정에 있어서 자산과 부채의 중요성을 간략히 설명하시오.
11. 당기순이익과 당기순손실의 정의를 간략히 서술하시오.
12. 포괄손익계산서 등식을 설명하고, 포괄손익계산서에 보고되는 주요 항목 3가지를 설명하시오.
13. 재무상태표 등식을 설명하고, 재무상태표에 보고되는 구성 항목 3가지의 정의를 서술하시오.
14. 현금흐름표 등식을 설명하고, 현금흐름표에 보고되는 구성 항목 3가지를 설명하시오
15. 이익잉여금 등식을 설명하고, 이익잉여금과 관련된 자본변동표에 보고되는 주요 항목 4가지를 설명하시오.
16. 이번 장에서는 주로 외부 정보이용자가 재무제표를 이용하는 목적에 대해 논의하였다. 회사 내부의 관리자(예를 들면, 마케팅, 구매, 인사팀 등 다양한 부서의 관리자)가 타 회사와 그들 자신들 회사의 재무제표 정보를 이용하는 목적에 대해 간략히 설명하시오.
17. 미국의 일반적으로 인정된 회계원칙(GAAP)의 제정과 관련한 기구에 대해 설명하시오.
18. 회계정보 전달과정에서 경영자의 책임과 독립된 감사인의 책임을 간략히 설명하시오.
19. (보론 A) 개인사업자, 합명회사/합자회사, 법인의 차이점을 간략히 서술하시오.
20. (보론 B) 공인회계사가 제공하는 공적인 서비스 3가지를 나열하고, 간략히 설명하시오.

MULTIPLE-CHOICE **QUESTIONS**

1. 다음 중, 재무제표의 기본적인 구성이 아닌 것은?
   a. 재무상태표 b. 감사보고서
   c. 포괄손익계산서 d. 현금흐름표
2. 감사보고서나 독립된 감사인의 보고서에 언급된 것처럼, 회사의 재무제표를 작성하는 일차적 책임은 누구에게 있는가?
   a. 회사 주주 b. 독립된 재무분석가
   c. 감사인 d. 회사의 경영진
3. 다음 설명 중 옳은 것은?
   a. 미국재무회계기준위원회가 미국증권거래위원회를 설립했다.
   b. 일반적으로 인정된 회계원칙(GAAP)이 미국재무회계기준위원회를 설립했다.
   c. 미국증권거래위원회가 미국공인회계사협회를 설립했다.
   d. 미국재무회계기준위원회가 미국의 일반적으로 인정된 회계원칙(U.S. GAAP)을 만들었다.
4. 이익잉여금에 관련된 다음 설명 중 옳지 않은 것은?
   a. 이익잉여금은 당기순이익이 발생하면 증가하고, 당기순손실이 발생하면 감소한다.
   b. 이익잉여금은 재무상태표의 자본 계정 중 하나이다.
   c. 이익잉여금은 재무상태표의 자산 계정이다.
   d. 이익잉여금은 주주에게 배당금 형태로 분배되지 않은 잉여금이다.

5. 다음 중 재무제표의 상단에 표시해야 하는 4가지 항목이 아닌 것은?
   a. 재무제표 작성자의 이름
   b. 재무제표의 명칭
   c. 재무제표의 금액 단위
   d. 회사의 명칭

6. 다음 중 현금흐름표에 관한 설명으로 옳은 것은?
   a. 현금흐름표는 현금유입액과 현금유출액을 영업활동, 투자활동, 재무활동 3가지 주요 항목으로 분류한다.
   b. 현금흐름표에 보고된 기말 현금은 동일한 회계기간에 작성된 재무상태표에 보고된 현금과 동일해야 한다.
   c. 현금흐름표에서 현금의 총증가액 또는 총감소액은 포괄손익계산서에 보고된 당기순이익(또는 당기순손실)과 일치한다.
   d. a와 b가 옳다
   e. 위의 항목 전부 옳다.

7. 다음 중 사업보고서에 포함되는 일반적인 주석에 대한 설명이 아닌 것은?
   a. 경영진의 과거와 미래 재무계획에 대한 감사인의 의견을 설명한 주석
   b. 재무제표에 작성된 특정 항목에 대해 더 자세한 정보를 제공하는 주석
   c. 재무제표에 적용된 회계규정을 설명하는 주석
   d. 재무제표에 없는 항목에 공시 항목에 대해 설명하는 주석

8. 다음 중 포괄손익계산서에 관한 설명으로 옳은 것은?
   a. 포괄손익계산서는 종종 '영업활동에 대한 보고서(statement of operations)'라고 부른다.
   b. 포괄손익계산서는 수익, 비용 그리고 부채를 보고한다.
   c. 포괄손익계산서는 판매시점에 받은 현금만 수익으로 보고한다.
   d. 포괄손익계산서는 특정 시점의 기업의 재무상태를 나타낸다.

9. 재무상태표에 대한 설명으로 옳지 않은 것은?
   a. 재무상태표에 작성된 계정은 특정 기업 실체에 대한 기본 회계 등식을 나타낸다.
   b. 재무상태표에 작성된 이익잉여금 잔액은 자본변동표에 작성된 기말 이익잉여금 잔액과 일치해야 한다.
   c. 재무상태표는 일정 기간 동안 특정 계정의 잔액 변동을 보고한다.
   d. 재무상태표는 특정 시점에 회계실체의 자산, 부채 그리고 자본에 대한 금액을 나타낸다.

10. 일반적으로 인정된 회계원칙(GAAP)에 대한 설명으로 옳은 것은?
   a. 미국 GAAP은 전 세계 모든 국가가 따르는 회계 지식 집합체다.
   b. 일반적으로 인정된 회계원칙(GAAP)의 변경사항은 경영진과 주주의 이익에 영향을 줄 수 있다.
   c. GAAP은 일반적으로 인정된 감사원칙의 줄임말이다.
   d. GAAP의 개정 사항은 상원재정위원회에 승인을 받아야 한다.

MINI-EXERCISES

M1-1. 재무제표와 구성요소 연결하기

구성요소가 해당되는 재무제표의 기호를 빈칸에 넣으시오.

요소	재무제표
___ (1) 비용	A. 재무상태표
___ (2) 투자활동 현금흐름	B. 포괄손익계산서
___ (3) 자산	C. 자본변동표
___ (4) 배당금	D. 현금흐름표
___ (5) 수익	
___ (6) 영업활동 현금흐름	
___ (7) 부채	
___ (8) 재무활동 현금흐름	

M1-2. 재무제표 항목 분류하기

아래에 있는 각 항목을 재무상태표의 요소인 자산(A), 부채(L), 혹은 자본(SE)으로, 또는 포괄손익계산서의 요소인 수익(R) 혹은 비용(E)으로 분류하시오.

___ (1) 이익잉여금
___ (2) 매출채권
___ (3) 매출
___ (4) 유형자산
___ (5) 매출원가
___ (6) 재고자산
___ (7) 이자비용
___ (8) 매입채무
___ (9) 토지

M1-3. 중요한 회계 약어 확인하기

이번 장에서 언급한 중요한 약어는 실무에서 넓게 사용되고 있다. 줄임말의 전체명칭을 표시하시오. 첫 번째는 예시이다.

약어	전체 명칭
(1) CPA	Certified Public Accountant
(2) GAAP	
(3) SEC	
(4) FASB	

EXERCISES

E1-1. 용어와 약어 정리하기

관련된 용어와 약어에 해당되는 정의를 골라 빈칸에 알맞은 기호를 넣으시오.

용어와 약어	정의
___ (1) SEC	A. 조직에 대한 재무적 정보를 수집하고 처리하며, 의사결정자들에게 그 정보를 보고하는 시스템
___ (2) 외부감사	B. 달러 혹은 기타 국가의 통화 단위로 실체에 대한 정보를 측정
___ (3) 개인사업자	C. 2명 이상의 사람이 소유한 비법인회사
___ (4) 법인	D. 재무정보를 수집하는 조직(소유자와 별개인 단체임)
___ (5) 회계	E. 소유의 형태로 주식을 발행하는 법인회사
___ (6) 회계실체	F. 재무보고서에서 주장하는 것과 일반적으로 인정된 회계원칙의 준수 여부를 확인하기 위해 재무보고서를 검토
___ (7) 감사보고서	G. 공인회계사
___ (8) 상장회사	H. 혼자 소유하는 비법인사업
(9) 합명회사/합자회사	I. 재무제표 공시의 적정성에 대한 감사인의 의견과 의견 표명을 위해 수집한 증거를 설명하는 보고서
___ (10) FASB	J. 미국증권거래위원회
___ (11) CPA	K. 미국재무회계기준위원회
___ (12) 측정 단위	L. 증권거래소에서 투자자들이 매수 및 매도할 수 있는 주식을 발행한 회사
___ (13) GAAP	M. 일반적으로 인정된 회계원칙

E1-2. 재무제표의 항목 분류하기

사업보고서에서 따르면, P&G는 $10억의 가치가 있는 브랜드로 Pampers, Tide, Ariel, Always, Pantene, Bounty, Charmin, Downy, Olay, Crest, Vicks, Gillette, Duracell 등과 기타 브랜드를 보유하고 있다. 아래의 항목들은 최근 재무상태표와 포괄손익계산서에 있는 항목이다. (회사들마다 동일한 항목을 조금 다른 명칭으로 사용하는 점을 주의하시오.) 아래에 있는 각 항목을 재무상태표에 보고될 자산(A), 부채(L), 자본(SE), 혹은 포괄손익계산서에 보고될 수익(R), 비용(E)으로 분류하시오.

___ (1) 매출채권
___ (2) 현금 및 현금성자산
___ (3) 순매출액
___ (4) 단기차입금
___ (5) 미지급법인세
___ (6) 이익잉여금
___ (7) 매출원가
___ (8) 판매비와관리비
___ (9) 법인세비용
___ (10) 매입채무
___ (11) 무형자산
___ (12) 유형자산
___ (13) 비유동부채
___ (14) 재고자산
___ (15) 이자비용

E1-3. 재무제표의 항목 분류하기

Tootsie Roll 기업(미국의 유명 제과업체)은 캔디의 생산과 판매를 하고 있다. 주요 제품으로 Tootsie Roll, Tootsie Roll Pops, Tootsie Pop Drops, Tootsie Flavor Rolls, Charms, and Blow-Pop lollipops가 있다. 아래의 항목들은 Tootsie Roll의 최근 재무상태표와 포괄손익계산서에 있는 항목이다. 각 항목을 재무상태표의 자산(A), 부채(L), 자본(SE), 또는 포괄손익계산서의 수익(R), 비용(E)으로 분류하시오.

___ (1) 차입금	___ (10) 기계장치와 비품
___ (2) 판매비와관리비	___ (11) 순상품매출
___ (3) 매입채무	___ (12) 재고자산
___ (4) 미지급배당금	___ (13) 상표권
___ (5) 이익잉여금	___ (14) 건물
___ (6) 현금 및 현금성자산	___ (15) 토지
___ (7) 매출채권	___ (16) 미지급법인세
___ (8) 법인세비용	___ (17) 임차료 및 로열티 비용
___ (9) 매출원가	___ (18) 투자자산(타 회사에 대한 투자)

E1-4. 재무상태표 작성하기

일본의 Honda Motor Corporation은 자동차, 오토바이, 사륜오토바이와 수상 모터사이클을 제조하는 선두 다국적기업이다. 일본 기업으로서, 일본 GAAP을 준수하고 재무제표를 10억엔 단위로 보고한다. 아래의 항목은 최근 재무상태표에 10억엔 단위로 작성된 항목이다. 당해 연도 3월 31일(기말) 기준으로 누락된 금액을 계산하고, 재무상태표를 완성하시오. (**힌트 :** 이번 장에서 학습한 <도표 1.2>를 참고하시오)

현금 및 현금성자산	¥ 1,279
보통주자본금	259
매입채무와 기타 유동부채	3,568
재고자산	900
투자자산	640
장기부채	2,043
순유형자산	1,939
기타자산	6,025
기타부채	1,377
이익잉여금	4,324
자산 총계	11,571
부채와 자본 총계	?
매출채권	788

E1-5. 재무상태표 완성, 당기순이익 추론하기

Carlos Ramirez와 Camila Garza는 사업을 시작하기 위해 각각 $80,000의 현금을 출자하여 보통주 4,000주를 받고, New World 서점을 법인으로 설립했다. 서점은 이번 연도 12월 31일에 첫해의 영업을 종료하고, 아래와 같은 계정과 잔액을 확인하였다. 12월 31일 기준으로 보유중인 현금 $75,600, 책을 판매하고 고객에게 받을 금액 $39,000, 사용하지 않은 비품 $73,000, 출판업자에게 책을 구매하고 지급하지 않은 금액 $12,000, 은행에 지급할 1년 만기 차입금 $3,000가 있다. 이번 연도에는 주주에게 배당을 선언하거나 지급하지 않았다.

요구사항:

1. 이번 연도 기말의 재무상태표를 완성하시오.
2. 이번 연도 당기순이익은 얼마인가? (**힌트:** 당기순이익을 구하기 위해 이익잉여금 등식 '기초 이익잉여금+당기순이익−배당금=기말 이익잉여금'을 참고하시오.)

____

____

____

자산		부채	
현금	$____	매입채무	$____
매출채권	____	단기차입금	____
비품	____	미지급이자	300
		부채 총계	$____
		자본	
		보통주자본금	____
		이익잉여금	12,300
		자본 총계	____
자산 총계	$____	부채와 자본 총계	$____

E1-6. 수익과 비용을 분석하고 포괄손익계산서 작성하기

당신이 학생들이 관심 있는 물품을 전문적으로 판매하는 Campus Connection의 소유자라고 가정하자. 당해 연도 1월말에 당신은 아래의 정보(1월 동안에만 해당)를 확인하였다.

a. 현금을 수취하고 판매한 매출은 $150,000이며, 특수한 상황에 $2,500의 상품을 외상으로 판매했다.

b. 회계학을 전공한 친구의 도움으로, 1월에 판매된 상품의 원가는 $70,000로 확인하였다.

c. 당월에 수표장의 기록을 보면, 급여, 임차료, 소모품비, 광고비 및 기타 비용으로 $37,000를 지급했다. 그러나 매장에서 발생한 1월의 수도광열비 $900는 아직 지불하지 않은 상태이다.

요구사항:

세금을 제외하고 주어진 정보를 이용하여, 1월의 당기순이익 계산과정을 보이시오. 1월의 당기순이익은 얼마인가?

E1-7. 값을 추론하고, 포괄손익계산서 작성하기

Walgreen Co.는 미국의 선두 약품관련 체인점이다. 최근 포괄손익계산서에는 아래의 항목이 백만 달러 단위로 표시되었다. 당해 연도34 8월 31일로 종료되는 회계연도의 포괄손익계산서를 작성하시오. (**힌트:** 먼저 항목이 포괄손익계산서에 제시될 순서대로 정렬하고, 부분합 및 총계의 값을 확인하시오. 이번 장의 <도표 1.3>을 참고하시오.)

매출원가	$51,692
법인세비용	1,580
이자비용	71
당기순이익	2,714
순매출액	72,184
법인세비용차감전 순이익	4,294
판매비와관리비	16,561
기타수익	434
총비용	68,324
총수익	72,618

E1-8. 수익과 비용을 분석하고, 포괄손익계산서를 완성하기

Neighborhood Realty 법인은 3명의 투자자가 소유 중이고 3년 동안 사업을 해왔다. S. Bhojraj가 총 유통 중인 주식 9,000주 중에 60%를 소유 중이며 경영책임자이다. 이번 연도 12월 31일에, 1년 동안 발생한 아래의 계정을 결정했다. 발생한 수수료 수익 중 현금으로 회수된 금액 $150,900, 아직 회수되지 못한 금액 $16,800, 대여서비스 수익이 발생하고 회수된 금액 $20,000가 있고, 급여 $62,740, 수수료 비용 $35,330, 교육훈련비 $2,500, 임차료 $2,475(아직 지급하지 않은 12월 임차료는 제외), 수도광열비 $1,600, 광고선전비 $7,750, 법인세비용 $24,400, 기타 비용 $500를 지급했다. 12월 31일까지 그 외 다른 미지급비용은 없었다. 이번 연도에 회사는 주주에게 현금배당금으로 $12,000를 지급했다. 아래의 포괄손익계산서를 완성하시오.

____

____

____

수익		
수수료 수익	$____	
대여서비스 수익	____	
총수익		$____
비용		
급여	____	
수수료 비용	____	
교육훈련비	____	
임차료	____	
수도광열비	____	
광고선전비	____	
기타 비용	____	
총비용(법인세비용 제외)		$____
법인세비용차감전 순이익		____
법인세비용		____
당기순이익		$____

E1-9. 포괄손익계산서와 재무상태표 등식을 이용하여 계산하기

이번 장에 있는 포괄손익계산서와 재무상태표 등식의 설명을 복습하시오. 등식을 이용하여 각 개별 사례에 있는 빈칸에 들어갈 금액을 계산하시오. 회사의 첫 번째 영업년도 기말시점이라고 가정하시오. (**힌트 :** 재무상태표와 포괄손익계산서의 등식에 있는 대로 아래의 항목을 정렬하고, 값을 계산하시오.)

개별 사례	총수익	총비용	당기순이익 (당기순손실)	총자산	총부채	총자본
A	$93,500	$76,940	$	$140,200	$66,500	$
B		75,834	14,740	107,880		77,500
C	68,120	76,430		98,200	69,850	
D	55,804		21,770		20,300	78,680
E	84,840	75,320			25,520	80,000

E1-11. 포괄손익계산서와 재무상태표 작성하기

이번 연도 1월 1일에 5명이 Painter Corporation을 설립했다. 이번 연도 1월 말 현재의 재무정보는 아래와 같다.

총수익	$305,000
총비용(법인세비용 제외)	189,000
법인세비용(1월 31일 기준으로 모두 미지급)	35,000
1월 31일 현금 잔액	65,150
고객으로부터의 채권(모두 회수가능하다고 간주)	44,700
재고자산(원가로 계산)	94,500
상품을 외상으로 구매하여 공급자에게 지급할 금액 (이번 연도 2월에 지급할 예정)	25,950
보통주자본금	62,400

1월에 배당금을 선언하거나 지급하지 않았다.

요구사항:

아래의 2개의 재무제표를 완성하시오

Painter Corporation
포괄손익계산서
이번 연도 1월동안

총수익	$______
차감 : 총비용(법인세비용 제외)	______
법인세비용차감전 순이익	______
차감 : 법인세비용	______
당기순이익	$______

Painter Corporation 재무상태표 이번 연도 1월 31일 현재	
자산	
현금	$____
매출채권	____
재고자산	____
자산 총계	$____
부채	
매입채무	$____
미지급법인세	____
부채 총계	____
자본	
보통주자본금	____
이익잉여금	____
자본 총계	____
부채와 자본 총계	$____

E1-13. 자본변동표 작성하기

Clint's Stonework Corporation은 2015년 1월 1일에 설립되었다. 첫 사업연도부터 2년 동안의 자료는 아래와 같다.

2015년 당기순이익	$ 31,000
2016년 당기순이익	42,000
2015년 배당금	14,200
2016년 배당금	18,700
2015년 말 총자산	130,000
2016년 말 총자산	250,000
2015년 말 보통주자본금	100,000
2016년 말 보통주자본금	100,000

요구사항:

위의 자료를 이용하여, 2016년의 자본변동표를 작성하고 계산과정을 보이시오.

E1-14. 현금흐름표: 현금흐름표 항목을 분류하기

아래의 항목들은 최근 현금흐름표에 있는 항목이다. (타 회사들은 같은 항목을 조금 다른 명칭으로 사용하는 점을 주의하시오.) <도표 1.5>를 참고하지 말고, 아래의 항목을 빈칸에 영업활동으로 인한 현금흐름(O), 투자활동으로 인한 현금흐름(I), 재무활동으로 인한 현금흐름(F)으로 분류하시오. 현금유출의 경우, 부호를 추가로 표시하시오.

___ (1) 유형자산의 구입
___ (2) 고객으로부터 받은 현금
___ (3) 주주에게 현금으로 지급한 배당금
___ (4) 공급자에게 지급한 현금
___ (5) 지급한 법인세
___ (6) 종업원에게 지급한 현금
___ (7) 타 회사에 대한 투자를 회수하고 받은 현금
___ (8) 차입금 상환

PROBLEMS

P1-1. 포괄손익계산서, 자본변동표와 재무상태표 작성하기

여러분이 'Highlight Construction Company'의 사장이라고 가정하시오. 첫 번째 영업년도 말(12월 31일) 기준으로 회사의 재무정보는 아래와 같다.

현금	$ 25,600
고객으로부터 회수할 채권(모두 회수가능하다고 간주)	10,800
재고자산(실사조사로 수량 파악, 원가로 계산)	81,000
소유하고 있는 장비(취득원가에서 사용한 부분은 차감한 순액)	42,000
공급자에게 지급할 매입채무	46,140
미지급 급여(12월 31일에 종업원들에게 미지급된 금액이지만, 1월 10일에 지급할 예정)	2,520
총매출액	128,400
비용(매출원가는 포함되었으나 법인세비용은 제외)	80,200
법인세비용(30% × 법인세비용차감전 순이익, 이번 연도에 모두 지급함)	?
보통주자본금(12월 31일)	87,000
이번 연도에 선언하고 지급된 배당금	10,000
(주석 : 첫 번째 사업연도이기 때문에 보통주자본금과 이익잉여금의 기초 잔액은 모두 0이다.)	

요구사항 :

이번 장에 있는 재무제표 도표를 활용하고, 계산과정을 보이시오.

1. 이번 연도의 포괄손익계산서를 요약하여 작성하시오.
2. 이번 연도의 자본변동표를 작성하시오.
3. 12월 31일의 재무상태표를 작성하시오.

P1-3. 이익과 현금흐름 비교하기

Huang Trucking Company는 1월 1일에 설립되었다. 사업연도 첫 번째 분기 말에, 소유주가 아래의 표에 있는 항목(a)에 보이는 활동을 요약 정리했다.

	계산	
거래 요약	이익	현금
a. 고객에게 제공한 서비스에 대한 매출 $66,000가 있고, 그 중에 $11,000는 분기 말에 아직 회수되지 않았다.	+$66,000	+$55,000
b. 지방은행에서 빌린 대금 $56,000 (1년 만기 어음)		
c. 이번 분기 말에 구매하여 다음 분기부터 2년 동안 사업에 사용할 소형 서비스트럭 구입 원가; 현금 $12,500		
d. 직원 급여는 $25,000이며 그 중 절반은 이번 분기 말까지 지급하지 않았다.		
e. 사업에서 사용하기 위해 구매한 서비스 소모품을 현금 $3,800를 주고 구입했고, 그 중 $900는 이번 분기 말까지 사용하지 않았다.		
f. 기타 영업비용은 $38,000이고 그 중 $6,500는 이번 분기 말까지 지급하지 않았다.	______	______
g. 위의 거래들만 있다고 할 때, 이번 분기의 아래 항목을 계산하시오. 이익 (또는 손실) 현금유입(또는 현금유출)	______	______

요구사항:

1. 항목 b부터 g까지 알맞은 금액을 넣고, 상황에 적절하게 '0'을 넣으시오. 첫 번째 거래(a)를 참고하시오.
2. 각 거래마다 요구사항 1에 대한 의견의 근거를 설명하시오.

P1-4. 대출을 받기 위한 정보 평가하기

이번 연도 1월 1일에, 3명이 Northwest Company 법인을 설립했다. 한 사람당 사업에 현금 $10,000를 출자했다. 이번 연도 12월 31일에, 지방은행에 $70,000를 대출받기 위해 소유한 자원(자산)과 부채를 목록으로 따로 작성했다. 투자한 3명 모두 회계를 공부하지 않았다. 작성한 2가지 목록은 아래와 같다.

회사의 자원	
현금	$ 12,000
현재 있는 서비스 소모품	7,000
서비스 트럭(4대, 사실상 새 것임)	57,000
설립자의 개인 거주지(집 3개)	190,000
사업을 위해 사용된 서비스 장비(사실상 새 것)	30,000
고객으로부터 받을 돈(서비스는 이미 제공됨)	15,000
총계	$311,000

회사의 부채	
직원에게 지급되지 않은 급여	$ 19,000
미지급 법인세	8,000
공급자에게 지급하지 않은 돈	10,000
서비스 트럭과 장비에 대해 지급해야 하는 돈 (할부판매 금융회사에)	45,000
차입금	10,000
총계	$ 92,000

요구사항:

아래의 항목에 대해 간략하게 답변하시오.

1. 재무상태표에 포함되지 않는 항목은 무엇인가? (회사와 소유주는 별개라는 점을 고려해라)
2. 목록에 있는 항목의 측정에 대해서 추가적으로 어떤 질문을 하겠는가? 각 질문에 대한 근거를 설명하시오.
3. 대출을 해주는 은행에게 대출결정을 내리는 것에 대해서 조언한다면, 특별히 염려되는 부분은 목록에서 어변 금액인가? 염려되는 부분마다 근거를 설명하고 권고사항을 넣으시오.
4. 요구사항 1과 2에 대한 답변을 고려하면, 회사의 자본(즉, 자산－부채)은 어떻게 되는가? 계산 과정을 보이시오.

ALTERNATE **PROBLEMS**

AP1-1. 포괄손익계산서, 자본변동표, 재무상태표 작성하기

여러분이 Influence Corporation의 사장이라고 가정하자. 첫 번째 사업연도 말(12월 31일) 기준으로 회사의 재무정보는 아래와 같다.

현금	$ 13,150
고객으로부터의 채권(모두 회수가능하다고 간주)	10,900
재고자산(실사조사로 수량 파악, 원가로 계산)	27,000
소유하고 있는 장비(취득원가에서 사용한 부분은 차감한 순액임)	66,000
공급자에게 지급할 매입채무	31,500
미지급 급여(12월 31일에 종업원들에게 미지급된 금액이지만, 1월 10일에 지급할 예정)	1,500
총매출액	100,000
비용(매출원가는 포함되었으나 법인세비용은 제외)	68,500
법인세비용(30% × 법인세비용차감전 순이익, 이번 연도 12월에 모두 지급함)	?
이번 연도 말의 보통주자본금	62,000

이번 연도에 배당금을 선언하거나 지급하지 않았다. 첫 번째 사업연도이기 때문에 보통주 자본금과 이익잉여금의 기초 잔액은 모두 0이다.

요구사항:

이번 장에 있는 재무제표 도표를 활용하고, 계산과정을 보이시오.

1. 이번 연도의 요약된 포괄손익계산서를 작성하시오.
2. 이번 연도의 자본변동표를 작성하시오.
3. 연말의 재무상태표를 작성하시오.

AP1–2. 사업을 분석하고 포괄손익계산서 작성하기

Sam List는 고등학교를 졸업하고 지방에 있는 전기수리 대기업에서 전기기사의 조수(견습)로 직업을 구했다. 3년 후에 Sam은 전기기사 자격증을 취득했고 본인의 사업을 하기로 결심했다. 그는 저축한 돈 $12,000를 사업에 투자했다. 먼저, 그는 예금계좌에서 법인으로 설립된 List 전기수리회사의 사업을 위한 법인계좌로 돈을 송금했다. 그의 변호사는 법인으로 사업을 시작하라고 조언했다. 그는 현금 $9,000로 중고 소형 밴 차량을, $1,500에 중고 공구를 구입했다. 소형 건물의 일부를 임차하고, 지역신문에 광고를 게재했으며, 10월 1일에 문을 열었다. Sam은 매우 바빠졌고, 한 달 후에 조수를 고용했다.

Sam이 사실 사업의 재무적인 부분에 대해서 하나도 모르지만, 많은 보고서가 필요하고 원가와 채권회수를 신중히 관리해야 한다는 것을 깨달았다. 이번 연도 말에, 그의 소득세(전에는 급여만 보고했다)에 대해 걱정이 되어 Sam은 재무제표가 필요하다고 인식했다. 그의 아내 Janet은 사업을 위해 몇 가지 재무제표를 작성했다. 12월 31일에 친구의 도움으로 그녀는 3개월 동안의 아래의 정보를 정리했다. 전기수리 서비스에 대한 채권을 회수하여 은행계좌로 입금된 금액은 $32,000이다. 추가적인 기록은 다음과 같다. 조수 급여 $7,500, 근로소득세 $175, 구매하고 작업에 사용된 소모품 $9,500, 오일, 가스, 차량유지비 $1,200, 보험료 $700, 임차료 $500, 수도광열비와 전화요금 $825, 기타 비용(광고비 포함) $600가 있다. 또한 전기수리 서비스를 제공하고 고객에게 회수하지 못한 채권금액 $3,500가 있고, 12월 임차료 $250는 아직 지급되지 않았다. Sam은 3개월 동안 트럭과 연장의 원가(감가상각비)는 $1,200라고 추정했다. 3개월 동안의 법인세비용은 $3,930이었다.

요구사항:

1. 10월부터 12월까지 3개월 동안 List 전기수리회사의 분기 포괄손익계산서를 작성하시오. 이 회사는 법인세 납부 대상이 아니라고 가정한다.
2. Sam에게 추가적으로 1가지 이상의 재무보고서가 필요하다고 생각하는가? 그 이유를 설명하시오.

AP1–3. 이익과 현금흐름 비교하기

Choice Chicken Company는 1월 1일에 설립되었다. 사업연도 첫 번째 분기(3개월) 말에, 소유주가 아래의 표에 있는 활동을 요약 정리했다.

거래 요약	계산	
	이익	현금
a. 고객에게 제공한 서비스에 대한 매출 $85,000가 있고, 그 중에 $15,000는 분기 말에 아직 회수되지 않았다.	+$85,000	+$70,000
b. 지방은행에서 빌린 차입금 $25,000(1년 만기 어음)		

c. 이번 분기 말에 구매하여 다음 분기부터 2년 동안 사업에 사용할 소형 서비스트럭 구입 원가; 현금 $8,000		
d. 직원 급여 $36,000이며 그 중 1/6은 이번 분기 말까지 지급하지 않았다.		
e. 사업에서 사용하기 위해 구매한 서비스 소모품을 현금 $4,000를 지불하고 구입했고, 그 중 $1,000는 이번 분기 말까지 사용하지 않았다.		
f. 기타 영업비용은 $31,000이고 그 중 절반은 이번 분기 말까지 지급하지 않았다.	______	______
g. 위의 거래들만 있다고 할 때, 이번 분기의 아래 항목을 계산하시오. 이익(혹은 손실) 현금유입(혹은 현금유출)	______	______

요구사항:

1. 항목 b부터 g까지 알맞은 금액을 넣고, 상황에 적절하게 '0'을 넣으시오. 첫 번째 거래(a)를 참고하시오.
2. 각 거래마다 요구사항 1에 대한 의견의 근거를 설명하시오.

CONTINUING **PROBLEM**

CON1-1. 새로운 사업계획에 대한 재무제표

Penny Cassidy는 본인의 수영장 관리서비스 및 용품회사 Penny's Pool Service & Supply, Inc.(PPSS)를 설립하는 것을 고려하고 있다. 그녀는 법적 책임을 제한하기 위해 사업을 법인으로 설립하기로 결심했다. 그녀의 예금 $20,000를 출자하면 보통주 1,000주를 받을 것이라고 예상한다. 첫 번째 사업연도에 대한 계획으로 이번 연도 12월 31일에 다음의 금액을 예측했다. 은행 계좌에 있는 현금 $2,900, 고객에게 서비스를 제공하고 아직 회수하지 않은 돈 $2,300, 수영장용품 재고자산 $4,600, 장비 $28,000, 수영장 용품 도매업자 Pool Corporation, Inc.에게 지급해야 할 금액 $3,500, 은행에게 지급해야 할 차입금 $5,000가 있다. Penny는 첫 번째 사업연도에 매출액 $60,000, 급여 $24,000, 사용된 소모품의 원가 $8,200, 기타관리비 $4,500, 법인세비용 $4,000일 것이라고 예측한다. 그녀는 회사의 단일주주로 본인에게 배당금 $10,000를 지급할 것이라고 기대한다.

요구사항:

Penny의 예측이 맞는 경우, Penny's Pool Service & Supply 법인의 첫 번째 사업연도의 재무제표는 어떻게 되겠는가? (<도표 1.2>, <도표 1.3>, <도표 1.4>를 이용하시오)

1. 포괄손익계산서
2. 자본변동표
3. 재무상태표

CASES AND PROJECTS

사업보고서 사례

CP1-1. 재무정보 찾기

이 책의 끝에 있는 부록 B의 American Eagle Outfitters의 재무제표를 참고하시오.

요구사항:

사업보고서는 간략히 보시오. 손익계산서, 재무상태표와 현금흐름표를 유심히 보고, 어떤 종류의 정보를 공시하는지 확인하시오. 그리고 보고서에 근거하여 아래의 질문에 답하시오.

1. American Eagle Outfitters는 어떤 제품을 판매하는가?
2. American Eagle Outfitters가 가장 최근에 공시한 기준 날짜는 언제인가?
3. 아래의 재무제표는 몇 기간이 공시되고 있는가?
   a. 재무상태표
   b. 손익계산서
   c. 현금흐름표
4. 독립된 공인회계사가 이 회사의 재무제표를 감사했는가? 어떻게 확인했는가?
5. 전년도에 비해 총자산이 증가했나 감소했나?
6. 2015년 1월 31일 기준으로 회사가 보유중인 재고자산(기말 잔액)은 얼마인가?
7. 기본 회계 등식(재무상태표 등식)을 2015년 1월 31일 기준으로 회사가 공시한 달러금액으로 값을 포함하여 제시하시오.

CP1-2. 재무정보 찾기

이 책의 끝에 있는 부록 C의 Urban Outfitters의 재무제표를 참고하시오.

요구사항:

1. 가장 최근 사업연도의 당기순이익은 얼마인가?
2. 가장 최근 사업연도에 발생한 수익은 얼마인가?
3. 2015년 1월 31일 기준으로 회사가 보유중인 재고자산은 얼마인가?
4. 가장 최근 사업연도에 현금 및 현금성자산의 변동 금액은 얼마인가?
5. 이 회사에 대한 감사인은 누구인가?

CP1-3. 업계 내 기업 분석하기

이 책의 끝에 있는 부록 B의 American Eagle Outfitters와 부록 C의 Urban Outfitters의 재무제표를 참고하시오.

요구사항:

1. 총자산은 회사의 규모를 확인하는 일반적인 척도이다. 가장 최근 사업연도 말에 총자산이 더 큰 회사는 어디인가?
2. 순매출액도 회사의 규모를 확인하는 일반적인 척도이다. 가장 최근 사업연도에 순매출액이 더 큰 회사는 어디인가?

3. 일정 기간의 성장률은 아래와 같이 계산한다. 가장 최근 사업연도에 총자산의 성장률이 더 높은 회사는 어디인가? 가장 최근 사업연도에 순매출액의 성장률이 더 높은 회사는 어디인가?

$$\frac{\text{기말 금액} - \text{기초 금액}}{\text{기초 금액}} \times 100 = \text{성장률}$$

재무보고서와 분석 사례

CP1-4. 재무보고서를 이용하여 포괄손익계산서와 재무상태표에 있는 오류를 찾아내고 수정하기

Performance Corporation은 2015년 1월 1일에 설립되었다. 2015년 말에 회사는 회계사원을 아직 고용하지 않았으나 "숫자에 능숙한" 직원이 아래의 보고서를 작성했다.

Performance Corporation **2015년 12월 31일**	
상품 판매로 인한 수익	$180,000
2015년에 판매된 상품을 구입한 총원가	(90,000)
판매비	(25,000)
서비스 차량의 감가상각비	(12,000)
서비스를 제공하고 벌은 수익	52,000
지급한 급여	(62,000)

Performance Corporation **2015년 12월 31일**		
자원		
현금		$ 32,000
판매를 위해 보유중인 재고자산		42,000
서비스 차량		50,000
이익잉여금(2015년에 발생한 이익)		32,250
총금액		$156,250
부채		
공급자에게 지급할 돈		$ 17,750
은행에게 지급할 차입금		25,000
고객에게 받을 돈		13,000
합계		$ 55,750
서비스에 사용할 목적으로 보유중인 소모품	$15,000	
서비스차량에 대한 감가상각누계액	12,000	
6,500주 발행한 보통주자본금	65,000	
합계		92,000
총금액		$147,750

** 감가상각누계액은 현재까지 누적된 서비스차량 사용분이다.*

요구사항:

1. 이 보고서에 식별할 수 있는 틀린 사항을 열거하시오. 각각에 대해 간략하게 설명하시오.

2. 정확한 포괄손익계산서와 재무상태표를 작성하시오. (정확한 값은 순이익 $32,250, 법인세비용 $10,750이고, 정확한 총자산은 $140,000이다.)

비판적 사고 사례

CP1-5. 주인으로서 의사결정하기: 외부감사에 대한 결정

여러분은 Mary's Maid Service를 소유하고 운영하는 3명의 파트너 중 1명이다. 회사는 7년 동안 사업 중이며, 파트너 중 1명이 항상 회사의 연간 재무제표를 작성해왔다. 최근에 여러분은 파트너 모두에게 이득이 되고 이익의 분배에 대해서 발생 가능한 의견 불일치를 방지하기 위해 재무제표를 매년 감사받아야 한다고 제안했다. 재무제표를 작성하는 파트너는 재무 경험이 풍부한 그의 삼촌 Ray가 적은 비용으로 그 일을 할 수 있다고 제안했다. 다른 파트너는 침묵을 유지했다.

요구사항:

1. 제안에 대해 여러분의 입장은 무엇인가? 여러분의 주장을 제시하시오.
2. 무엇을 강력하게 추천하겠는가? 추천에 대한 근거를 설명하시오.

CP1-6. 윤리적인 딜레마 평가하기: 윤리와 감사인의 책임

감사인의 중요한 특징은 독립성이다. 미국공인회계사협회(AICPA) 전문가의 직무 규정에서 "회계법인의 회계사는 감사업무나 다른 검증서비스를 제공할 때 실질적으로나 외관상으로 독립성을 유지해야 한다."라고 명시하고 있다.

요구사항:

아래의 상황이 독립성이 부족한 상황이라고 생각하는가? 그렇게 생각하는 이유를 설명하시오. (상상력을 발휘해보시오. 이번 장에서는 이에 대한 구체적인 답변은 배우지 않았다.)

1. Jack Jones는 대형 감사법인의 파트너이고 Ford 감사에 배정되었다. Jack은 Ford 주식 10주를 보유중이다.
2. Melissa Chee는 Sears 회사 주식 500,000주를 보유중인 뮤추얼펀드에 투자했다. 그녀는 Sears의 감사인이다.
3. Bob Franklin은 AT&T를 감사하는 회계법인의 사무원이다. 그는 방금 AT&T 주식 50,000주를 상속받았다. (Bob은 자신의 일을 즐기고 있고, 새로운 자산에 상관없이 일을 계속할 생각이다.)
4. Nancy Sodoma는 친구가 시작한 소규모 사업의 경리부장으로 주말에 일했다. Nancy는 이 일을 그만두었고 이제는 친구 회사와 관련이 없다. 그녀는 대형회계법인의 정규직으로 일하며, 친구 회사의 감사업무에 배정되었다.
5. Mark Jacobs는 First City 국립은행에서 주택담보대출로 $100,000를 빌렸다. 담보대출은 일반적인 대출조건에 따라 승인되었다. Mark는 First City 감사를 담당하는 파트너이다.

재무보고서와 분석 팀 과제

CP1-7. 팀 프로젝트: 사업보고서 조사하기

팀을 구성하여, 분석할 산업을 선택하시오. Yahoo! Finance는 biz.yahoo.com/p/industries.html에서 산업 목록을 제공한다. 기업 목록이 있는 산업을 클릭하시오. 다른 방법으로, 구글 파이낸스 www.google.com/finance로 들어가서 관심있는 기업을 검색하면, 그 회사와 경쟁사를 포함한 목록이 제공될 것이다. 각 팀원은 다른 회사를 고른 팀원과 함께 그 산업에서 상장되어 있는 회사의 사업보고서 또는 연차보고서(10-K)를 찾아야 한다. 미국증권거래위원회(SEC) EDGAR 서비스 www.sec.gov[6]와 각 개별 회사의 IR(Investor Relation) 웹페이지를 참고하시오.

요구사항:

개인별로 각 팀원은 선택한 회사에 대해서 아래의 질문에 답변하는 간단한 보고서를 작성하시오. 팀이 선택한 회사들에 대해 아래의 사항을 논의하시오. 한 팀으로서 회사들을 비교하고 대조하는 보고서를 간략히 작성하시오.

1. 회사는 어떤 제품/서비스를 판매하는가?
2. 회사의 회계연도 기간 말은 날짜가 언제인가?
3. 이번 보고는 몇 번째 보고인가?
   a. 재무상태표
   b. 포괄손익계산서
   c. 현금흐름표
4. 독립된 공인회계사가 이 회사의 재무제표를 감사했는가? 만약 그렇다면, 감사업무를 누가 수행했는가?
5. 작년에 비해 총자산이 어떻게 변했는가(증가 또는 감소)? 몇 % 증감했는가? (기말 잔액 − 기초 잔액) ÷ 기초 잔액으로 계산하고 계산과정을 보이시오.
6. 작년에 비해 순이익이 어떻게 변했는가(증가 또는 감소)? 몇 % 증감했는가?

---

6) 우리나라 상장기업에 대한 공시 정보는 금융감독원 전자공시시스템(dart.fss.or.kr)에서 확인할 수 있다.

투자 및 재무의사결정과 회계시스템

Steve Ells는 요리 세계에서 가장 혁신적인 남성 중 한 명으로 불리는 고전적인 요리사이다. 그는 창업자이자 이사회 회장이며, 현재 급속히 성장하고 있는 레스토랑 업계의 선두주자인 Chipotle Mexican Grill의 공동 CEO이기도 하다. 1993년 그는 덴버, 콜로라도에 위치한 돌리 매디슨 아이스크림 가게를 인수하여 첫 번째 레스토랑을 오픈했다. 그의 비전은 음식을 빨리 제공하면서도 고급 레스토랑에서 제공되는 신선한 재료와 조리기술을 사용하는 레스토랑으로 자리매김하는 것이었다. 2014년 12월 31일 현재, Chipotle 체인은 미국, 캐나다, 영국, 프랑스 및 독일에 1,770개 이상의 레스토랑을 보유할 정도로 성장했다. 또한, 회사는 9개의 ShopHouse Southeast Asia Kitchen과 2개의 Pizzeria Locale 식당을 포함한 비즈니스 모델로 확장했으며 2015년에는 약 200개의 레스토랑을 추가로 개장할 계획이다.

Chipotle는 어떻게 이렇게 빨리 성장했을까? 그것은 두 단계로 나눠볼 수 있다. 첫째, 1999년에 맥도널드사는 Chipotle에 약 3억 6,000만 달러를 투자하여 대주주가 되었다.

이러한 자금 투자를 통해 19개이던 점포가 2005년 말에는 거의 490개가 될 정도로 초기에 급속도로 성장할 수 있었다. 그런 다음 2006년 1월에 Chipotle는 시장에 주식을 공개했다. 즉, 신규상장을 통해 공개적으로 주식을 발행하여 투자자를 추가로 모집했다. Chipotle Mexican Grill의 주식은 CMG라는 코드로 뉴욕증권거래소에 상장되어 있다. 맥도널드사는 보유하던 Chipotle의 주식을 약 14억 달러에 판매하여 10억 달러 이상의 이익을 올렸다. 2005년부터 2014년까지의 재무상태표를 비교해 보면, 회사가 상장기업이 된 이래로 549%의 성장을 기록했음을 알 수 있다.

학습목표

이번 장을 학습한 후, 여러분들은 다음을 할 수 있어야 한다.

2-1 재무보고의 목적, 재무상태표의 요소 및 관련한 주요 회계가정 및 원칙을 이해한다.

2-2 거래의 구성요소를 식별하고 이를 재무상태표의 계정과목으로 표현할 수 있다.

2-3 거래가 회계 등식(자산 = 부채 + 자본)으로 표현되는 기본 논리를 이해한다.

2-4 거래가 재무상태표에 반영되는 과정인 분개와 전기를 이해한다.

2-5 시산표와 간단한 재무상태표를 작성하고 비율분석 중 하나인 유동비율을 이용하여 회사를 분석하는 과정을 이해한다.

2-6 투자활동과 재무활동과 관련한 거래가 현금흐름에 미치는 영향을 이해한다.

02장

FOCUS COMPANY:

Chipotle Mexican Grill

지속가능성을 비전으로 가장 인기 있는 체인으로 확장 성공한 사례

www.chipotle.com

AP Photo/Matt York

(단위: 백만 달러)

	자산	=	부채	+	자본
2014년 말	$2,546		$534		$2,012
2005년 말	392		83		309
변동	+$2,154		+$451		+$1,703

이러한 성장은 Ells의 발전된 비전인 "신선한 것만으로는 더 이상 충분하지 않다"에서 자극을 받은 면이 있다. Ells는 자연에서 자란 돼지고기, 닭고기, 쇠고기를 Chipotle에 제공하였다. 트랜스 지방이 없는 식용유 사용, 성장 호르몬이 없는 치즈 및 사워 크림 제품 제공, 계절에 따라 인증된 유기농 콩과 현지에서 재배된 유기농 농산물을 사용했으며, 방부제가 없는 옥수수와 밀가루 옥수수떡을 제공했다. 2009년 Chipotle는 지속가능성에 대한 더 많은 노력을 통해 미국 그린(Green)에서 최고 등급(LEED Platinum)을 받는 최초의 독립 레스토랑을 만들었다. 그리고 2011년에는 Chipotle Cultivate Foundation을 설립하여 지속가능한 농업을 둘러싼 자선활동으로 확대했다."

Chipotle의 최근 사업보고서에는 "사람들의 패스트푸드에 대한 생각과 먹는 방식을 바꿔놓겠다"는 비전을 제시했다. 이는 좋은 음식과 서비스를 제공하는 것이 좋은 사업이라는 회사의 신념을 강조한 것이다.

경영에 대한 이해

시장 규모가 $2,100억에 이르는 레스토랑 업계의 패스트 캐주얼 부문은 매년 약 $400억의 매출을 창출한다. 일반적인 레스토랑 식당과 패스트 캐주얼 식당은 약간 차이가 있다. 패스트 캐주얼 식당은 패스트푸드점과 같은 방식으로 주문이 이루어지지만 고객의 주문에 따라 음식이 만들어지며 별도의 테이블 서비스가 없다. 그리고 음식의 가격은 $8~$16 수준이지만 실내는 현대적이고 고급스러운 인테리어가 되어 있다. Chipotle Mexican Grill은 이 분야의 선두주자이다.

그리고 프랜차이즈 체인점 형태가 일반적이다. 프랜차이즈를 사용하는 가장 큰 레스토랑은 39,000개 이상의 레스토랑을 보유한 Subway이다. 프랜차이즈 사업에는 제품이나 서비스를 다른 사람에게 사용하거나 판매할 권리를 판매하는 것이 포함된다. 프랜차이즈는 일반적으로 초기 프랜차이즈 투자비용과 (주간 판매량을 기준으로 하는) 로열티 비용을 받고 점포의 위치, 디자인, 마케팅 및 관리 교육을 제공하기 때문에 경험이 없는 사업가가 자신의 사업을 시작할 수 있는 쉬운 방법이다. 로열티 비용은 일반적으로 주간 판매량을 기준으로 책정한다. 예를 들어, Panera Bread의 매장 중 48%만 회사 소유이다.

그러나 대부분의 레스토랑 체인과 달리, Chipotle는 프랜차이즈 사업을 하지 않는다. 즉, 모든 식당은 회사가 직접 운영한다. 새 점포를 개점하기 위한 매장 임대료는 평균 약 $900,000이다. 2014년 Chipotle는 새롭고 개조된 건물 및 장비에 $2억 5천 3백만를 지출했다. Chipotle의 자산과 부채의 변화는 더 건강한 음식에 대한 소비자의 요구를 충족시키기 위한 새로운 레스토랑에 대한 투자가 반영된 것이다. Chipotle Mexican Grill의 성장전략이 재무상태표에 어떻게 반영되었는지 이해하기 위해 다음의 질문들에 답해야 한다.

- 어떤 활동으로 인해 재무상태표 금액이 변동했는가?
- 각 활동이 재무상태표상의 금액에 구체적으로 어떤 영향을 주었는가?
- 재무상태표에 제시되는 금액은 어떤 과정으로 관리되며 추적되는가?

이 장에서는 자산을 취득하기 위해 필요한 현금을 채권자로부터 차입하거나 투자자에게 주식을 발행하는 것과 같은 재무활동과 함께 자산을 취득하는 투자활동에 중점을 둔다. 이번 장에서는 주로 재무상태표에 영향을 미치는 활동을 살펴본다. 손익계산서와 재무상태표 모두에 영향을 주는 영업활동은 제3장과 제4장에서 다룰 것이다. 제1장에서 소개했던 기본 개념을 다시 정리하고 이번 장을 학습하길 권한다.

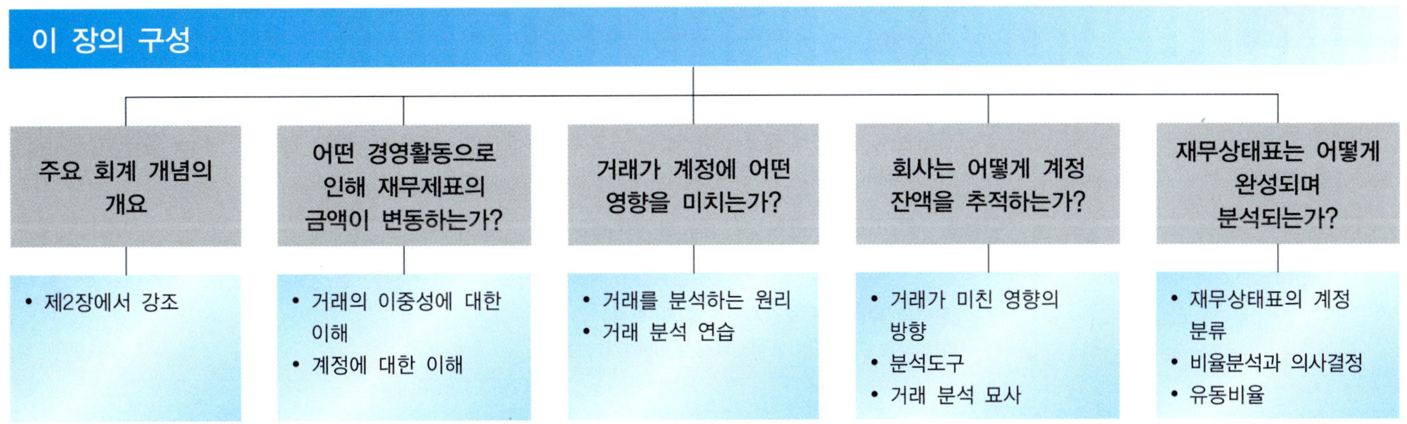

주요 회계 개념의 이해

회계와 관련한 주요 개념을 이해하면 회계처리 절차가 어떻게 작동하는지를 더 쉽게 이해하고 기억할 수 있다. 소개할 내용은 오랜 기간 동안 회계의 표준적인 구조를 제공하기 위해 재무회계기준위원회(FASB, Financial Accounting Standards Board)에서 종합한 재무회계개념체계의 일부이다.

<도표 2.1>은 이후 4개의 각 장에서 논의될 개념체계의 주요 개념에 대한 개요를 요약한 것이다. 회계 개념에 대한 명확한 이해는 회계처리 과정을 이해하는 데 도움이 될 것이며, 후반에 소개될 더 복잡한 경영활동을 분석할 때 도움이 될 것이다.

제2장의 주요 회계 개념[1)]

재무보고의 목적

학습목표 2-1
재무보고의 목적, 재무상태표의 요소 및 관련한 주요 회계가정 및 원칙을 이해한다.

외부 정보이용자를 위한 재무보고의 주요 목적
외부 정보이용자가 합리적인 의사결정을 하는 데 도움이 되는 유용한 재무적 정보를 제공한다.

외부 정보이용자에 대한 재무보고의 주된 목적은 현재 및 잠재적 투자자, 대여자 및 기타 채권자에게 자원 제공에 대한 결정을 내리는 데 유용한 보고기업에 대한 재무정보를 제공하는 것이다. 회계정보이용자는 회계 개념 및 절차에 대한 합리적인 이해가 있어야 한다. 이는 회계를 공부하는 이유 중 하나이다. 물론 제1장에서 설명한 것처럼 공급업체 및 고객과 같은 많은 다른 그룹에서도 의사결정을 위해 외부 재무제표를 이용한다. 대부분의 이용자는 기업의 미래 현금 유입 및 유출과 관련한 금액, 시기 및 불확실성을 평가하는 데 도움이 되는 정보에 관심이 있다. 예를 들어, 현재 및 잠재적 채권자는 (1) 대출에 대한 이자를 지불하고 (2) 만기가 되었을 때 대출금을 상환할 수 있는 능력을 평가해야 한다. 현재 및 잠재적 투자자는 (1) 회사가 미래에

1) 역자 주 : 독자들의 편의를 위해 재무보고를 위한 개념체계의 일부를 인용하여 재구성하였다. '개념체계'는 외부이용자를 위한 재무제표의 작성과 표시에 있어 기초가 되는 개념을 정립한 것이다. 개념체계 원문은 한국회계기준원(http://www.kasb.or.kr)에서 확인 가능하며 개념체계에 대한 자세한 내용은 중급회계에서 학습하게 된다.

도표 2.1

재무보고를 위한 개념체계

외부 정보이용자를 위한 재무보고의 목적: 제2장

현재 및 잠재적 투자자, 대여자 및 기타 채권자가 기업에 자원을 제공하는 의사결정을 하는 데 유용한 재무정보 제공함

→ **유용한 재무보고에 대한 원가 제약**: 보고에 따른 원가가 그 정보로부터 기대되는 효익을 초과한다면 그 정보의 제공은 정당화되기 어려움

유용한 재무정보의 근본적 질적 특성: 제2장

목적적합성(relevance)과 충실한 표현(faithful representation)

정보의 유용성을 보강시키는 질적 특성 :

비교가능성, 검증가능성, 적시성, 이해가능성

재무제표의 요소:

자산, 부채, 자본, 소유주에 의한 투자, 소유주에 대한 배분 (제2장)

수익, 비용, 차익, 차손 (제3장)

포괄이익 (제5장)

인식, 측정, 보고:

가정 : 계속기업(going concern)

원칙 : 다양한 측정기준의 선택 (제2장)

수익의 인식, 비용의 인식 (제3장)

완전 공시 (제5장)

많은 배당금을 지불할 수 있는지 (2) 주식 가격이 상승하여 투자자가 주식을 취득하기 위해 지불한 것보다 더 높은 금액에 팔 수 있을지를 평가하기를 원한다. 회사의 경제적 자원, 청구권 그리고 자원 및 청구권의 변동에 관한 정보는 보고기업의 현금흐름 및 회사의 재무적 강점과 약점에 대한 통찰력을 제공한다.

유용한 정보의 질적 특성

목적적합한 재무정보
의사결정에 차이가 나도록 하는 정보 : 예측가치, 확인가치 또는 이 두 가지를 모두 가지고 있는 정보.

재무정보가 유용하기 위해서는 목적적합해야 하고 나타내고자 하는 바를 충실하게 표현해야 한다. 목적적합한 재무정보(relevant information)란 정보이용자의 의사결정에 차이가 나도록 할 수 있는 정보를 의미하는데, 이러한 정보는 정보이용자가 보고기업의 과거 활동을 평가하고 미래 경영활동의 결과를 예측하는 데 도움을 줌으로써 의사결정에 영향을 줄 수 있다. 정보가 누락되거나 잘못 기재된 경우 특정 보고기업의 재무정보에 근거한 정보이용자의 의사결정에 영향을 줄 수 있다면 그 정보는 중요한 것으로 볼 수 있으며, 해당 정보와 관련한 항목의 성격이나 규모에 따라 중요성에 대한 판단이 필요하다. 재무보고서는 경제적 현상을 글과 숫자로 나타내는 것이다. 재무정보가 유용하기 위해서는 목적적합한 현상을 표현하는 것뿐만 아니라 나타내고자 하는 현상을 충실하게 표현해야 한다. 표현충실성(faithful representation)을 위해서 서술은 완전하고, 중립적이며, 오류가 없어야 할 것이다. 비교가능성, 검증가능성, 적시성 및 이해가능성은 목적적합하고 충실하게 표현된 정보의 유용성을 보강시키는 질적 특성이다. 예를 들어 이후 비율 분석에 대한 설명에서 기업의 기간별 비교와 기업 간 비교의 중요성을 설명할 것이다. 이러한 비교는 정보가 일관되고 비교가능한 기준으로 작성된 경우에만 유효할 것이다. 이러한

충실한 표현
완벽하게 충실한 표현을 하기 위해서는 서술이 완전하고 중립적이며 오류가 없어야 한다.

유용한 정보의 질적 특성은 재무회계기준위원회가 기업들이 어떤 재무정보를 보고해야 하는지를 결정할 때 도움이 된다.

재무제표 요소의 인식(Recognition)과 측정(Measurement)

재무상태표의 요소에 대한 정의를 살펴보기 전에, 정의를 적용하는 데 있어 중요한 기본가정과 다양한 측정 방법에 대해 이해할 필요가 있다.

계속기업 가정(going concern assumption)
재무정보는 일반적으로 기업이 계속기업이며, 예상가능한 기간 동안 영업을 계속할 것이라는 가정하에 작성된다.

기본가정은 재무제표를 작성을 위해 당연히 아무 증명 없이 당연히 받아들이는 명제 또는 전제이며 '재무보고를 위한 개념체계'에서는 계속기업(going concern)을 언급하고 있다. 재무제표는 일반적으로 기업이 계속기업이며 예상가능한 기간 동안 영업을 계속할 것이라는 가정하에 작성된다. 따라서 기업은 그 경영활동을 청산하거나 중요하게 축소할 의도나 필요성을 갖고 있지 않다는 가정을 적용하며, 만약 이러한 의도나 필요성이 있다면 재무제표는 계속기업을 가정한 기준과는 다른 기준을 적용하여 작성하는 것이 타당할 수 있으며 이때 적용한 기준은 별도로 공시하여야 한다. 기업이 파산하지 않고 계속 존속한다는 가정이 다소 비현실적일 수 있으나 앞으로 학습하게 될 역사적원가에 의한 자산 평가, 원가의 배분과정인 감가상각, 유동항목과 비유동항목의 구분 등 정보의 유용성을 높이기 위한 회계처리를 위해서 필요하다.

재무제표 요소를 측정하는 다양한 측정기준
재무상태표의 자산과 부채를 측정하는 다양한 측정기준의 선택.

역사적원가
취득의 대가로 취득 당시에 지급한 현금 또는 현금성자산이나 그 밖의 대가의 공정가치로 기록한다.

측정은 재무상태표와 포괄손익계산서에 인식되고 평가되어야 할 재무제표 요소의 화폐금액을 결정하는 과정이다. 측정은 특정 측정기준의 선택과정을 포함한다. 재무제표를 작성하기 위해서는 다수의 측정기준이 다양한 방법으로 결합되어 사용되며 측정기준의 예로는 역사적원가, 현행원가, 실현가능(이행)가치, 현재가치 등이 있다. 재무제표를 작성할 때 기업이 가장 보편적으로 채택하고 있는 측정기준은 역사적원가(historical cost)이다. 역사적원가는 자산을 취득의 대가로 취득 당시에 지급한 현금 또는 현금성자산이나 그 밖의 대가의 공정가치로 기록한다. 이후 제6장에서 시장가치를 반영한 다른 측정기준에 대해 설명할 것이다.

재무상태표 요소

재무제표는 거래나 그 밖의 사건의 재무적 영향을 경제적 특성에 따라 대분류하여 나타낸다. 이러한 대분류를 재무제표의 요소로 정의한다. 재무상태표에서 재무상태의 측정과 직접 관련된 요소는 자산, 부채, 자본임을 제1장에서 소개하였다. 재무보고를 위한 개념체계에서는 다음과 같이 정의하고 있다.

자산
과거 사건의 결과로 기업이 통제하고 있고 미래 경제적 효익이 기업에 유입될 것으로 기대되는 자원.

유동자산
회사가 보고기간 후 1년 이내에 사용하거나 현금으로 전환될 것으로 예상하는 자산. 재고자산은 기간과 무관하게 유동자산으로 간주함.

자산(assets)은 과거 사건의 결과로 기업이 통제하고 있고 미래 경제적 효익이 기업에 유입될 것으로 기대되는 자원이다. 즉, 미래에 회사를 운영하는 데 사용하기 위해 회사가 보유하고 있는 경제적 자원을 의미한다. <도표 2.2>의 Chipotle의 재무상태표에서 보여주듯이 대부분의 기업은 경영진이 자산을 얼마나 빨리 현금으로 전환하거나 사용할 것인지에 대한 의도를 의미하는 유동성 순서에 따라 배열한다. Chipotle의 자산 중 일부는 유동자산(current assets)으로 분류하였다. 유동자산은 회사가 보고기간 후 1년(12개월) 이내에 사용하거나 현금으로 전환될 것으로 예상하는 자산이다. Chipotle의 유동자산에는 현금, 단기매매금융자산(타 회사의 주식,

사채), 매출채권(고객에 대한 채권), 소모품(음식 재료), 선급비용(미리 지급한 임차료, 보험료, 광고비 등), 그리고 기타유동자산 등이 포함된다. 재화를 제조하여 판매하는 제조기업과 완제품을 매입하여 판매하는 상품매매기업의 경우 판매를 위해 보유하고 있는 재고자산도 유동자산에 포함된다. 재고자산은 1년을 초과하여 판매되더라도 유동자산으로 간주한다. 이러한 항목들이 전형적인 유동자산 항목들이다.

유동자산을 제외한 다른 모든 자산은 비유동자산(non-current assets)으로 분류한다. 즉, 보고기간 후 1년을 초과하여 사용하거나 현금으로 전환될 것으로 예상하는 자산들은 비유동자산으로 분류한다. Chipotle의 비유동자산에는 유형자산(토지, 건물, 비품 등), 장기투자자산(타 회사의 주식, 사채), 무형자산(브랜드명, 특허 등의 물리적 실체가 없는 자산) 등이 포함된다. 무형자산은 제8장에서 설명할 예정이다.

부채
과거사건으로 생긴 현재 의무로서, 미래에 현금, 재화의 이전 또는 서비스를 제공해야 하는 의무.

부채(liabilities)는 과거사건으로 생긴 현재 의무로서, 기업이 가진 경제적 효익이 있는 자원의 유출을 통해 그 이행이 예상되는 의무이다. 기업이 발행한 사채에 투자하거나 자금을 대여해 준 실체를 채권자라고 한다.

유동부채
1년(또는 영업주기) 이내에 현금(또는 다른 유동자산)으로 결제해야 하는 단기 부채.

유동성 순서로 자산을 보고하는 것과 유사한 방법으로 부채는 만기(부채를 상환해야 하는 일자)의 순서에 따라 배열한다. 1년 이내에 결제해야 하는 부채는 유동부채(current liabilities)로 분류한다. Chipotle의 유동부채에는 매입채무(공급자에 대한 채무), 선수수익(용역을 제공하기 전에 미리 수취한 수익으로 향후 용역 제공을 통하여 소멸), 미지급비용(미지급급여, 미지급수도광열비, 미지급법인세, 미지급이자비용 등으로 비용이 이미 발생했으나 지불하지 않음으로 인해 발생한 부채 성격) 등이 포함된다. 유동자산과 유동부채는 외부 정보이용자가 미래 현금흐름의 금액과 시기를 평가할 때 유용한 정보로 활용된다. 1년 이후에 결제일이 도래하는 부채들은 비유동부채로 분류한다. 부채와 관련한 상세한 내용은 이후 장에서 설명할 예정이다.

자본
기업의 자산에서 부채를 차감한 후의 잔여지분. 소유주에 의한 투자와 경영 성과의 결과로 구성됨.

자본(stockholders' equity)은 기업의 자산에서 모든 부채를 차감한 후의 잔여지분이다. 자본은 소유주에 의한 투자와 경영 성과의 결과로 구성된다.

- 소유주가 기업에 투자한 자금을 **납입자본**(contributed capital)이라고 한다. 소유주는 기업에 현금 또는 때로는 현물을 제공하고 소유권을 표상하는 증서인 주식을 받는다. Chipotle Mexican Grill의 가장 큰 투자자는 기관투자자로 불리우는 금융기관들(뮤추얼펀드, 연기금 등)이다. 이사들과 경영진들도 직원이나 일반 대중들처럼 주식을 갖고 있다.

이익잉여금
회사의 이익 누계액 중에서 소유주에게 분배(배당)하지 않고 사업에 재투자된 부분.

- 기업 운영의 결과인 이익 중에서 기업에 재투자된 부분을 이익잉여금(retained earnings)이라고 한다. 회사가 경영활동의 결과로 이익을 남기면 이를 주주들에게 배당하거나 사업에 재투자되기도 한다. 사업에 재투자된 이익을 이익잉여금이라고 한다. 성장전략을 추구하는 회사들은 이익의 대부분을 회사를 확장하는 데 이용하기 위해 배당금을 거의 지불하지 않는 경우가 많다. Chipotle의 재무상태표(도표 2.2)의 이익잉여금($1,721.8백만)을 보면 자금 조달액 중에 상당한 부분이 이익 중에서 재투자되고 있음을 알 수 있다.

도표 2.2

Chipotle Mexican Grill의 재무상태표

CHIPOTLE MEXICAN GRILL, INC.
연결 재무상태표
2014년 12월 31일 현재
(단위 : 백만 달러)

			설명
			"연결"은 모든 종속기업의 재무상태표를 합산한 것임을 의미함
	자산		
	유동자산 :		
유동자산	현금	$ 419,500	
	단기투자자산	338,600	*타기업이 발행한 주식과 사채에 투자*
	매출채권	34,800	*고객에게 수취할 금액*
	소모품	15,300	*음식, 음료, 포장용품*
	선급비용	70,300	*미리 지급한 임차료, 광고비, 보험료*
	유동자산 합계	878,500	
비유동자산	유형자산 :		
	토지	11,100	
	건물	1,267,100	
	비품	442,500	*가구 및 설비 포함*
	유형자산 취득원가 합계	1,720,700	*유형자산의 취득시점의 취득원가*
	감가상각누계액	(613,700)	*과거 기간 동안 사용된 원가*
	순유형자산	1,107,000	
	장기투자자산	496,100	*타기업이 발행한 주식과 사채에 투자*
	무형자산	64,700	*특허권, 상품권, 라이센스 등의 권리*
	자산 총계	$2,546,300	
	부채 및 자본		
유동부채	유동부채 :		
	매입채무	$ 69,600	*공급자에게 지급할 금액*
	선수금	16,800	*판매되었으나 사용되지 않은 상품권*
	미지급비용 :		
	미지급급여	73,900	*종업원에게 지급할 금액*
	미지급수도광열비/통신비 등	85,400	*미지급한 전기/가스/수도/통신요금*
	유동부채 총계	245,700	*1년 이내에 지급해야 할 부채 합계*
비유동부채	기타 부채	288,200	
	부채 총계	533,900	
자본	자본 :		
	보통주자본금(주당 액면 $0.01)	400	*투자자에게 발행한 주식의 액면금액*
	주식발행초과금	290,200	*주주에게 받은 액면금액 초과 금액*
	이익잉여금	1,721,800	*이익 중 배당하지 않고 재투자된 금액*
	자본 총계	2,012,400	
	부채 및 자본 총계	$2,546,300	

* *실제 공시된 재무제표를 요약한 것임*

STOP PAUSE FOR FEEDBACK

우리는 재무상태표(자산, 부채, 자본)의 구성요소에 대해 살펴보았고, 자산과 부채는 일반적으로 유동과 비유동으로 분류된다는 점을 살펴보았다. 유동자산(재고자산 포함)은 향후 12개월(1년) 이내에 사용되거나 현금화될 것으로 예상되는 경제적 자원(자산)을 의미하며, 유동부채는 향후 12개월(1년) 이내 현금, 용역 또는 기타 유동자산으로 지급되거나 제공되어야 하는 경제적 의무(부채)를 의미한다.

SELF-STUDY QUIZ

다음은 Panera Bread Company의 재무상태표 항목들이다.

각 항목이 유동자산(CA), 비유동자산(NCA), 유동부채(CL), 비유동부채(NCL), 자본(SE) 중에서 어디에 속하는지 표시하시오.

____ a. 이익잉여금	____ b. 선급비용	____ c. 매입채무
____ d. 재고자산	____ e. 주식발행초과금	____ f. 유형자산(건물과 비품 등)
____ g. 매출채권	____ h. 장기차입금	____ i. 미지급비용

해설

a. SE; b. CA; c. CL; d. CA; e. SE; f. NCA; g. CA; h. NCL; i. CL

Financial Analysis

기록되지 않는 자산과 부채

상표, 특허 및 저작권과 같이 회사가 (외부에서 구입하지 않고) 내부적으로 개발한 많은 가치있는 무형자산은 재무상태표에 보고되지 않는다. 예를 들어 GE의 재무상태표에는 (외부에서 구입하지 않고) 회사 내부적으로 오랜 기간 동안 연구, 개발 및 광고를 통해 개발된 GE 상표에 대한 가치가 반영되어 있지 않다. 마찬가지로 코카콜라는 자사가 구입한 다양한 상표와 관련하여 65억 달러가 넘는 금액을 보고하고 있음에도 자사의 콜라 제조와 관련한 특허에 대해서는 보고하지 않는다.

거의 대부분의 회사들은 재무상태표에 보고되지 않는 부외 자금조달과 관련한 의무를 갖고 있다. 많은 회사들에서 임대시설 또는 설비가 이 범주에 속할 수 있으며, 이 부분은 상당히 중요할 수 있다. 예를 들어 델타항공은 최근 연차보고서에 포함된 재무제표의 주석에서 항공기 임대 리스와 관련하여 111억 달러 이상의 금액이 부채에 포함되지 않았다고 밝혔다. 이는 재무상태표에 보고된 전체 부채금액의 25%에 해당하는 금액이다. 이러한 점은 기업의 재무제표를 이용하여 재무상태를 파악하고 미래 현금흐름을 예측할 때 주석에 담겨있는 정보도 매우 중요하다는 것을 의미한다.

지금까지 재무상태표의 개념적인 구조 및 기본적인 요소와 관련한 인식 및 측정 개념에 대해 살펴보았다. 이제 이에 기초하여 어떤 경제적 활동이 재무상태표의 보고 금액의 변동을 가져오는지 살펴보도록 한다.

재무상태표 금액의 변동을 가져오는 경제적 활동

학습목표 2-2
거래의 구성요소를 식별하고 이를 재무상태표의 계정과목으로 표현할 수 있다.

거래의 본질

거래
(1) 외부의 다른 실체와의 교환거래 또는 (2) 자산의 사용과 같은 측정가능한 내부사건.

회계는 기업에 경제적 영향을 미치는 사건에 초점을 맞춘다. 이러한 회계 프로세스의 일부로 기록되는 사건을 거래(transaction)라고 한다. 재무제표에 기업의 사건을 반영하기 위한 첫 단계는 기업의 사건 중에서 재무제표에 반영할 사건인지를 결정하는 것이다. 자산과 부채의 정의에 따라 과거 거래의 결과로 인한 경제적 자원과 부채의 변동만 재무상태표에 기록된다. 거래에는 다음과 같은 2가지 유형이 포함된다.

1. **외부사건** : 특정 실체의 자산, 재화 혹은 서비스를 외부의 다른 실체의 자산, 서비스 혹은 지불 약속(부채)과 교환하는 사건들이다. 예를 들어, 외부 공급자로부터 기계를 구매하고, 고객에게 상품을 판매하고, 은행에서 현금을 빌리고, 주주가 기업에 현금으로 투자하는 등의 사건을 포함한다.
2. **내부사건** : 특정 실체가 외부의 다른 실체와 어떤 것을 교환하지는 않았으나 그럼에도 불구하고 특정 실체에 직접적이고 측정가능한 영향을 미치는 사건들을 포함한다. 예를 들어, 미리 지불한 보험료가 시간이 경과하며 소멸되고, 수년간 건물과 장비를 사용하는 등의 사건들이다.

본 교재에서 거래란 이 두 가지 유형의 사건들을 모두 포함하는 광범위한 용도로 사용된다. 그러나 회사의 미래에 중요한 경제적 영향을 미칠 것 같은 일부 사건들은 재무제표에 반영되지 않는다. 예를 들어, 계약만 체결한 경우에는 현금, 상품, 용역 또는 설비 등의 자산이 실제로 교환된 것이 아니라 이를 교환하겠다는 약속만 한 것이기 때문에 회계상 거래로 간주하지 않는다. 예를 들어, Chipotle가 새로운 지역 매니저와 고용계약을 체결했다고 가정하자. 회계의 관점에서는 실제로 재화나 용역의 교환이 이루어지지 않았기 때문에 거래가 발생하지 않은 것이다. 계약의 각 당사자들의 입장에서 새로운 관리자는 Chipotle를 위해 업무를 수행하고 Chipotle는 업무를 수행한 대가를 관리자에게 지불하는 약속을 교환한 것일 뿐이다. 그러나 새로운 관리자가 매일 매일 일을 한다면 임금을 지불해야 하므로 이는 장부에 기록해야 할 거래에 해당한다. 한편 장기고용계약, 리스 및 기타 약정들은 중요한 정보이기 때문에 재무제표의 주석에 공시해야 할 수 있다.

계정(accounts)

계정
각 재무제표 항목에 영향을 미치는 금액을 누적하여 기록하기 위한 표준화된 양식.

각 재무제표 항목에 영향을 미치는 금액을 누적하여 기록하기 위해 기업은 계정(account)이라는 표준화된 양식을 사용한다. 각 계정의 잔액은 재무제표를 통해 보고될 목적으로 별도로 유지된다. 거래의 기록을 수월하게 하기 위해 기업은 계정목록표와 계정별 고유번호를 설정한다. 계정들은 재무제표 요소들로 구성되며, 먼저 자산 계정이 나열되고 이어서 부채, 자본, 수익, 비용 계정들이 순서대로 나열된다. <도표 2.3>은 대부분의 회사에서 이용되고 있는 공통적인 계정의 명칭을 나열하고 있다. 도표에는 계정 명칭을 이해하는 데 도움이 되는 메모도 포함되어

도표 2.3

일반적인 계정 명칭

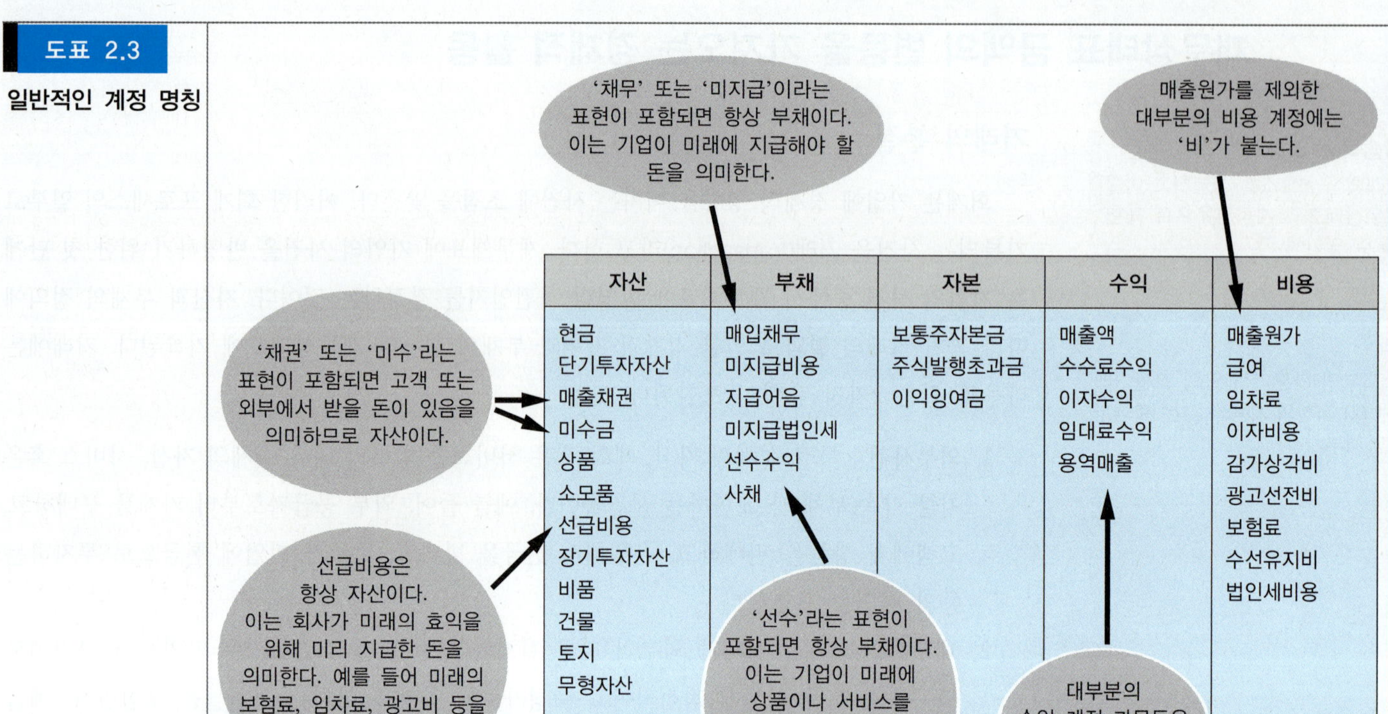

자산	부채	자본	수익	비용
현금	매입채무	보통주자본금	매출액	매출원가
단기투자자산	미지급비용	주식발행초과금	수수료수익	급여
매출채권	지급어음	이익잉여금	이자수익	임차료
미수금	미지급법인세		임대료수익	이자비용
상품	선수수익		용역매출	감가상각비
소모품	사채			광고선전비
선급비용				보험료
장기투자자산				수선유지비
비품				법인세비용
건물				
토지				
무형자산				

있다. 앞으로 학습하는 과정에서 계정 명칭에 확신이 없으면 이 목록을 참고하기 바란다.

모든 기업은 경영활동의 성격에 맞는 자체적인 계정목록표를 작성하여 관리한다. 예를 들어, 소규모의 잔디관리서비스기업의 경우 잔디깎기 장비라는 자산 계정을 이용할 수 있지만 Dell 같은 대기업에는 이런 명칭의 계정을 이용하지 않을 것이다. 이런 계정 명칭의 차이들은 다양한 기업들의 재무상태표를 비교해보면 더욱 분명해질 것이다. 각 기업마다 자체적인 계정목록표가 있기 때문에 계정 명칭을 암기하는 것이 중요한 것이 아니라 전형적인 계정의 성격을 이해하는 것이 중요하다. 계정의 성격을 이해한다면 명칭이 다소 다른 계정을 보더라도 계정이 어떤 재무제표 요소에 속하며 어떤 의미인지를 이해할 수 있을 것이다. 예를 들어, 일부 회사들은 외상매출채권(매출채권과 동일) 또는 상품재고(상품과 동일)라는 명칭을 사용한다. 과제를 수행하면서, 여러분은 제시된 계정 명칭을 사용하거나 <도표 2.3>에 나열된 계정 명칭 중에서 선택할 것으로 예상된다. 중요한 점은, 계정 명칭을 선택했다면 유사한 모든 거래에서 동일한 계정 명칭을 사용해야 한다는 점이다.

대부분 기업의 재무제표에 표시되는 계정은 실제로는 회계정보시스템에서 관리하고 있는 세부적인 여러 계정이 요약(또는 집계)된 것이다. 예를 들어, Chipotle는 식품 포장용기와 음료 포장용기에 대해 각각 별도의 계정을 유지하지만 재무상태표에는 소모품이라는 계정으로 묶어서 보고한다. 기타미지급비용 계정에는 미지급이자, 미지급수도광열비 등의 잔액들이 포함될 수 있다.

거래가 어떻게 계정에 반영되는가?

학습목표 2-3
거래가 회계 등식(자산=부채+자본)으로 표현되는 기본 논리를 이해한다.

경영자의 경영의사결정은 종종 재무제표에 영향을 미치는 거래로 연결된다. 예를 들어, 현금 보유액을 초과하는 매장 확대, 신제품 광고, 직원 복리후생의 변경 등의 결정은 모두 재무제표에 영향을 미친다. 때때로 이러한 결정은 의도하지 않은 결과를 야기하기도 한다. 예를 들어, 시장에서의 우위를 점하기 위해 과다하게 많은 상품을 현금을 지불하며 추가로 구입하는 결정은 상품을 증가시키고 현금을 감소시킨다. 그러나 무리하게 구입한 상품이 판매되지 않으면 기업이 보유한 현금 잔액이 줄어들면서 다른 부채들을 지불할 능력이 떨어지게 된다. 경영의사결정은 종종 위험요소를 포함하고 있기 때문에 경영자는 거래가 재무제표에 미치는 영향을 정확히 이해해야 한다. 거래로 인한 영향을 판별하는 과정을 **거래 분석**이라고 한다.

거래 분석의 원리

거래 분석
회계 등식의 관점에서 기업에 대한 경제적 영향을 결정하기 위해 거래를 연구하는 과정.

거래 분석(transaction analysis)은 회계 등식의 관점에서 기업에 대한 경제적 영향을 결정하기 위해 거래를 연구하는 과정이다. 제2장에서는 이 과정을 개략적으로 설명하고 분석방법을 시각적으로 제시할 것이다. 이번 장에서는 회계 등식과 두 가지 원칙에 대해 이해해야 한다. 제1장에서 학습한 기본 회계 등식은 다음과 같다.

자산(Assets, A) = **부채**(Liabilities, L) + **자본**(Stockholders' Equity, SE)

그리고 거래 분석과정의 두 가지 원칙은 다음과 같다.

- 모든 거래는 최소한 2개의 계정에 영향을 미친다. 영향을 미치는 계정을 정확하게 식별하고 방향(증가 또는 감소)을 결정하는 것이 중요하다.
- 각 거래 후에도 회계 등식은 성립해야 한다.

이 원칙들은 거래 분석을 성공적으로 수행하기 위해 매우 중요하다. 다음에 제시하는 자료들을 잘 이해하자.

거래의 이중성

거래의 이중성(dual effects)이란 모든 거래는 회계 등식에서 최소한 두 가지에 영향을 미친다는 것을 의미한다.[2)] 기업 외부와의 대부분의 거래는 교환의 형식으로 이루어지는데 간단히 설명하면 어떤 한 경영 주체가 상대방에게서 무엇인가를 받고 그에 대한 대가로 무엇인가를 주는 형태이다. 예를 들어, Chipotle가 토마토를 현금으로 구입했다고 가정하자. 이 교환거래에서 Chipotle는 음식재료(토마토)를 받고(자산의 증가), 그 대가로 현금을 지불(자산의 감소)한다.

2) 거래의 이중성을 이용하여 장부를 기록하는 회계시스템을 **복식부기**(double-entry system)라고 한다.

A = L + SE
+/−

거래	Chipotle 수취	Chipotle 지급
토마토의 현금 구매	**소모품** (자산 계정 증가)	**현금** (자산 계정 감소)
	+	−

이 거래를 분석하면서 영향을 받은 계정은 소모품과 현금임을 확인했다. 그러나 기업의 대부분의 거래는 현금이 아니라 신용거래(외상)로 이루어진다. (즉, 구매대가를 미래에 현금으로 갚아야 한다.) 이 경우 Chipotle는 서로 다른 두 개의 시점(구매시점, 대금지불시점)에 대한 거래 분석이 이루어져야 한다.

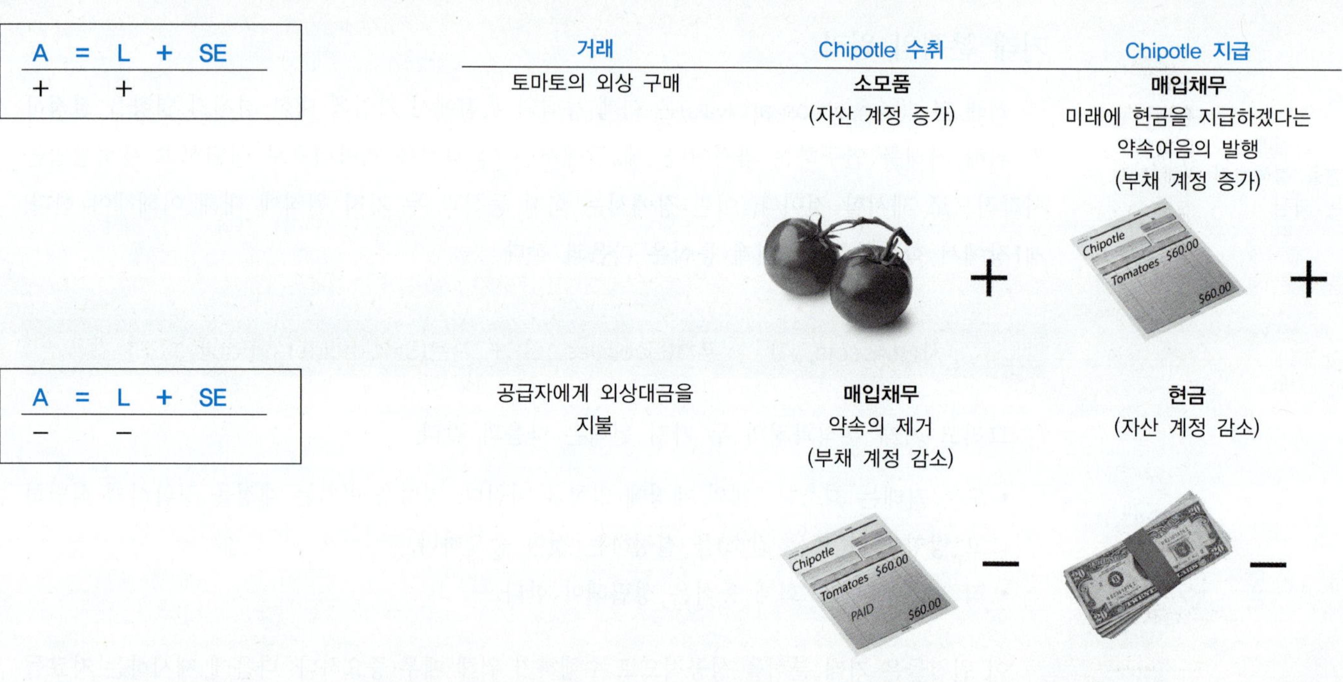

회계 등식의 균형

토마토 구매와 관련한 그림에서 각각에 대한 회계 등식의 균형은 유지된다. 이처럼 각각의 거래 후에도 회계 등식은 유지되어야 한다. 즉, 특정 시점에서 총자산은 부채와 자본의 합계와 항상 일치해야 한다. 모든 계정이 정확하게 식별되고, 영향의 방향이 적절하게 결정된다면 회계 등식은 항상 균형을 유지해야 한다는 점을 명심하자.

> 투자 및 재무활동과 관련한 체계적인 거래 분석은 다음의 단계를 포함한다.
>
> **1단계: 질문 →** 무엇을 받았으며 무엇을 주었는가?
>
> **영향을 받은 계정의 식별** (예: 현금, 매입채무)
>
> 주의 : 최소한 2개 이상의 계정이 영향을 받음
>
> **계정의 요소 분류 :** 자산(A), 부채(L), 자본(SE) (예: 현금은 자산임)

> **영향의 방향 결정 :** 계정이 증가(+)했는가? 또는 감소(−)했는가?
> **2단계: 검증 →** 회계 등식의 균형이 유지되는가? (A = L+SE)

거래의 분석

거래 분석과정에 대한 묘사를 위해 Chipotle의 가상의 사례를 이용할 것이지만 이는 대부분의 기업에 적용되는 일반적인 거래들이다. 이번 장에서는 재무상태표 계정에 영향을 미치는 거래들을 중심으로 설명한다. Chipotle는 <도표 2.2>의 재무상태표(2014년 12월 31일 현재) 이후 2015년 1분기(3개월) 동안 다음과 같은 사건들만 있었다고 가정하자. 계정 명칭은 재무상태표를 참고하고, 단순화를 위해 주당 자료를 제외한 모든 금액은 천달러 단위로 제시한다.[3]

(a) **Chipotle는 주당 액면 $0.01의 보통주 10,000주를 시장에서 주당 $0.37에 발행하면서 투자자들로부터 현금을 수취하였다.**

일반적으로 주식증서에는 금액이 인쇄되어 있는데 이를 액면금액(par value)이라고 한다. 액면금액은 법에서 정한 원칙과 절차에 따라 설정된 금액이며 시장에서는 이 금액으로 거래되는 것이 아니라 시장에서 형성된 가격으로 거래가 이루어진다는 점을 주의하자. 액면금액은 회사 설립시 주주가 기여해야 하는 최소 금액으로서의 중요성을 갖는다.[4] Chipotle의 보통주는 주당 액면금액이 $0.01이며, 이 주식이 시장에서 $0.37의 가격으로 발행되었다. 회사가 보통주를 발행하면서 수취한 현금은 각각의 계정에 영향을 미친다.

액면금액
(1) 기업이 발행한 주식에 기재된 금액
(2) 기업이 사채를 발행한 경우, 액면금액은 만기에 상환할 금액

보통주
기업이 발행한 가장 기본적인 주식이며 의결권이 있음.

주식발행초과금
주주가 납입한 납입자본 중 액면금액을 초과한 금액.

- 보통주자본금(common stock) : 발행한 주식의 액면금액 (10,000주 × 주당 액면금액 $0.01 = $100)
- 주식발행초과금(additional paid-in capital) : 주식을 발행하면서 조달한 금액 중 액면을 초과한 금액 (10,000주 × 주당 액면 초과금액 $0.36 = $3,600)
- 현금 : 주식을 발행하면서 수취한 현금 (10,000주 × 주당 시장가치 $0.37 = $3,700)

1단계 : 무엇을 받았으며 무엇을 주었는가? (계정 명칭, 재무제표 요소, 금액, 방향)

수취 : 현금(+A) $3,700

지급 : 주식 발행
보통주자본금(+SE) $100 (10,000주×주당 $0.01)
주식발행초과금(+SE) $3,600 (10,000주×주당 $0.36)

	자산				=	부채				+	자본		
	현금	투자자산	유형자산	무형자산		미지급금	장기 차입금	미지급 배당금	기타부채		보통주 자본금	주식발행 초과금	이익 잉여금
(a)	+3,700				=						+100	+3,600	

2단계 : 회계 등식의 균형이 유지되는가? 자산 $3,700 = 부채 $0 + 자본 $3,700

---

3) 세부 계정과목은 추후 각 장별로 학습하게 된다. 이번 장에서는 회계 등식을 이해하는 것에 목적이 있으므로 가능한 쉬운 계정 명칭을 이용한다.

4) 구체적인 내용은 상법에서 학습하기 바란다.

(b) Chipotle는 3년 후에 상환하기로 하고 은행으로부터 $2,000를 차입하며 어음을 발행하였다.[5)]

1단계 : 무엇을 받았으며 무엇을 주었는가? (계정 명칭, 재무제표 요소, 금액, 방향)

수취 : 현금(+A) $2,000　　지급 : 장기차입금(+L) $2,000

	자산				=	부채				+	자본		
	현금	투자자산	유형자산	무형자산		미지급금	장기 차입금	미지급 배당금	기타부채		보통주 자본금	주식발행 초과금	이익 잉여금
(a)	+3,700				=						+100	+3,600	
(b)	+2,000				=		+2,000						

2단계 : 회계 등식의 균형이 유지되는가? 자산 $2,000 = 부채 $2,000+자본 $0

기업은 추가 설비를 구입하거나 건설하기 위해 자금이 필요할 경우 거래 (a)처럼 주식을 발행하거나 거래 (b)처럼 채권자로부터 자금을 차입하는 경우가 많다. 주주에게 자금을 조달하는 거래(일반적으로 주식을 발행하고 배당을 지급함)와 은행으로부터 자금을 차입하는 거래(차입과 상환)는 **재무활동**(financing activities)이라고 한다.

(c) Chipotle는 추가로 토지 $10,000, 건물 $8,200, 비품 $33,800, 무형자산 $3,700를 구입하고 $53,400를 현금으로 지불하고 나머지는 단기 어음($2,300)을 발행하였다.

1단계 : 무엇을 받았으며 무엇을 주었는가? (계정 명칭, 재무제표 요소, 금액, 방향)

수취 :		지급 :	
토지(+A)	$10,000	현금(−A)	$53,400
건물(+A)	8,200	미지급금(+L)	2,300
비품(+A)	33,800		
무형자산(+A)	3,700		

	자산				=	부채				+	자본		
	현금	투자자산	유형자산	무형자산		미지급금	장기 차입금	미지급 배당금	기타부채		보통주 자본금	주식발행 초과금	이익 잉여금
(a)	+3,700				=						+100	+3,600	
(b)	+2,000				=		+2,000						
(c)	−53,400		+52,000	+3,700	=	+2,300							

2단계 : 회계 등식의 균형이 유지되는가? 자산 $2,300 = 부채 $2,300+자본 $0

다른 기업이 발행한 주식을 취득하고 처분하거나 비품이나 설비 같은 유형자산을 구입하고 처분하는 활동은 **투자활동**(investing activities)에 속한다. 투자활동과 관련한 거래(c)의 경우에도 2개 이상의 계정이 영향을 받았음을 확인하자.

(d) Chipotle는 위의 (c)의 미지급금과 기타부채 중 일부를 상환하기 위해 $2,300 현금을 지불하였다(이자는 무시함).

---

5) 기업에 미래에 현금을 지급하겠다는 약속(지급할 날짜, 지급할 금액 등)을 표시하여 발행하는 증서를 어음(promissory note, contract note)이라고 한다. 어음을 발행한 회사는 어음을 발행한 원인에 따라 계정이름을 분류한다. 예를 들어, 자금을 차입하면서 어음을 발행한 경우 부채의 계정명은 차입금(1년 이상인 경우 장기차입금)이며, 사용목적의 자산을 구입하면서 어음을 발행한 경우 부채의 계정명은 미지급금이다. 상세한 내용은 추후 각 장에서 다룬다.

1단계 : 무엇을 받았으며 무엇을 주었는가? (계정 명칭, 재무제표 요소, 금액, 방향)

수취 : 다음의 부채 제거 지급 : 현금(−A) $4,600

미지급금(−L) $2,300

기타부채(−L) 2,300

	자산				=	부채				+	자본		
	현금	투자자산	유형자산	무형자산		미지급금	장기 차입금	미지급 배당금	기타부채		보통주 자본금	주식발행 초과금	이익 잉여금
(a)	+3,700				=						+100	+3,600	
(b)	+2,000				=		+2,000						
(c)	−53,400		+52,000	+3,700	=	+2,300							
(d)	**−4,600**				=	**−2,300**			**−2,300**				

2단계 : 회계 등식의 균형이 유지되는가? 자산 −$4,600 = 부채 −$4,600 + 자본 $0

(e) Chipotle는 다른 회사의 주식을 투자 목적으로 구입하면서 $44,000의 현금을 지불하였다. 이 중에서 $9,000는 단기투자목적이고, $35,000는 장기투자목적이다.

1단계 : 무엇을 받았으며 무엇을 주었는가? (계정 명칭, 재무제표 요소, 금액, 방향)

수취 : 단기투자자산(+A) $9,000 지급 : 현금(−A) $44,000

장기투자자산(+A) 35,000

	자산				=	부채				+	자본		
	현금	투자자산	유형자산	무형자산		미지급금	장기 차입금	미지급 배당금	기타부채		보통주 자본금	주식발행 초과금	이익 잉여금
(a)	+3,700				=						+100	+3,600	
(b)	+2,000				=		+2,000						
(c)	−53,400		+52,000	+3,700	=	+2,300							
(d)	−4,600				=	−2,300			−2,300				
(e)	**−44,000**	**+44,000**											

2단계 : 회계 등식의 균형이 유지되는가? 자산 $0 = 부채 $0 + 자본 $0

(f) Chipotle는 배당금을 지급하지 않았다. 대신 이익을 기업의 성장을 위한 경영에 재투자한다. 그러나 설명을 진행하기 위해 Chipotle의 이사회가 다음 분기에 $3,000의 현금배당을 하기로 선언했다고 가정하자.

1단계 : 무엇을 받았으며 무엇을 주었는가? (계정 명칭, 재무제표 요소, 금액, 방향)

수취 : 미처분 이익잉여금(−SE) $3,000 지급 : 미지급배당금(+L) $3,000

	자산				=	부채				+	자본		
	현금	투자자산	유형자산	무형자산		미지급금	장기 차입금	미지급 배당금	기타부채		보통주 자본금	주식발행 초과금	이익 잉여금
(a)	+3,700				=						+100	+3,600	
(b)	+2,000				=		+2,000						
(c)	−53,400		+52,000	+3,700	=	+2,300							
(d)	−4,600				=	−2,300			−2,300				
(e)	−44,000	+44,000											
(f)								**+3,000**					**−3,000**
	−96,300	**+44,000**	**+52,000**	**+3,700**	=		**+2,000**	**+3,000**	**−2,300**		**+100**	**+3,600**	**−3,000**

2단계 : 회계 등식의 균형이 유지되는가? 자산 $0 = 부채 $3,000 + 자본 −$3,000

(a) ~ (f)의 영향 합계 : 자산 $3,400 = 부채 $2,700 + 자본 $700

$3,400 = $3,400

PAUSE FOR FEEDBACK

거래 분석에는 거래를 통해 영향을 받는 계정의 식별(계정 명칭), 영향을 받는 최소 2개의 계정의 파악, 요소의 분류(자산, 부채, 자본), 계정에 미치는 영향의 방향(증가 또는 감소)을 결정하는 내용이 포함된다. 모든 계정과 영향의 방향이 정확하게 파악된다면, 회계 등식(A=L+SE)은 균형을 유지한다. 거래 분석을 이해하기 위해서는 많은 연습이 필요하다.

SELF-STUDY QUIZ

본문의 (a)부터 (f)까지의 분석을 검토하고 다음의 거래에 대한 분석을 완료하고 아래의 양식에 그 영향을 정리하시오. 기업의 입장에서 분석하시오.

(a) Paul Knepper는 스쿠버 사업을 수행하는 법인으로 조직된 Florida Flippers, Inc.를 설립하게 위해 $50,000를 투자하였다. 그리고 25,000주의 주식(주당 액면금액 $0.01)을 받았다.

1단계 : 계정을 식별, 분류하고 영향을 제시하시오.
수취 : ______________ 지급 : ______________
2단계 : 회계 등식의 균형이 유지되는가? (예, 아니오) ______

(b) Florida Flippers는 해안가의 건물을 $250,000에 구입하고 현금 $25,000를 지불하였다. 잔액은 10년 만기 어음을 발행하였다.

1단계 : 계정을 식별, 분류하고 영향을 제시하시오.
수취 : ______________ 지급 : ______________
2단계 : 회계 등식의 균형이 유지되는가? (예, 아니오) ______

답변을 완료한 후 아래의 링크를 통해 확인하기 바란다. 답변이 잘못되었다면 각 사건으로 돌아가서 각각의 거래 분석을 제대로 수행했는지 확인하고 복습하기 바란다.

[GUIDED HELP 2-1] www.mhhe.com/libby9e_gh2a

해설

(a) 1단계 : 수취 : 현금(+A) $50,000; 지급 : 보통주자본금(+SE) $2,500, 주식발행초과금(+SE) $47,500
2단계 : 예, 회계 등식은 성립함. 등식 왼쪽의 자산의 증가 금액과 등식 오른쪽의 자본의 증가 금액은 $50,000로 동일함.

(b) 1단계 : 수취 : 건물(+A) $250,000; 지급 : 현금(−A) $25,000, 장기미지급금(+L) $225,000
2단계 : 예, 회계 등식은 성립함. 등식 왼쪽의 자산의 증가 금액 $225,000와 등식 오른쪽의 부채의 증가 금액은 $225,000로 동일함.

	자산		=	부채	+	자본	
	현금	건물		장기 미지급금		보통주 자본금	주식발행 초과금
(a)	+50,000		=			+2,500	+47,500
(b)	−25,000	+250,000	=	+225,000			

계정의 잔액에 대한 추적

학습목표 2-4
거래가 재무상태표에 반영되는 과정인 분개와 전기를 이해한다.

회계순환과정
기업이 거래를 분석하여 기록하고, 기말 시점에 기록을 수정하고, 재무제표를 작성하고, 차기로 잔액을 이월시키는 회계처리 절차임.

대부분의 조직에서 지금까지 설명한 방식으로 거래의 효과를 기록하고 계정의 잔액을 추적하는 것은 비실용적이다. 기업이 매일매일 수행하는 수많은 거래들을 처리하기 위해 전산화된 회계시스템을 구축하고 활용한다. <도표 2.4>는 일정 회계기간 동안 거래에 대한 회계처리절차(회계순환과정, accounting cycle)를 정리하고 있다.

회계순환과정은 제2장부터 제4장까지 3개의 장에서 설명되는데, 이는 2개의 파트로 나누어진다. 제2장과 제3장에서는 Chipotle의 2015년 1분기 동안의 가상의 거래를 이용한 회계기간중의 회계처리를 설명할 것이다. 그리고 제4장에서는 회계기간의 종료시점인 기말시점에 수행해야 할 회계처리(시산표를 통한 확인, 일부 회계기록의 수정, 재무제표 작성, 임시계정의 마감)를 설명함으로써 회계순환과정에 대한 설명을 완료할 것이다.

회계기간 중에는 기업과 외부 거래 당사자 간의 교환과 관련한 거래로 인해 영향을 받는 계정과 방향(증가 또는 감소)을 결정하여 기록한다. 이 분석 결과는 먼저 분개장(general journal)에 기록되며, 각 거래의 결과를 사건이 발생한 순서대로 나열한다. 계정의 잔액에 대한 정보를 유지하기 위해, 분개장에 나열된 내용을 각 계정별 원장(general ledger)을 찾아 금액을 반영한다.

이러한 공식적인 기록은 회계담당자가 사용하는 두 가지 중요한 도구인 분개장과 T계정(원장)을 기반으로 한다. 회계시스템 설계의 관점에서 볼 때 이러한 도구들은 거래의 영향을 반영하고 계정의 잔액을 결정하여 재무제표를 준비하는 데 도움을 주는 매우 효율적인 방법이다. 미래의 경영자로서 여러분은 이러한 기본적인 회계시스템을 잘 이해하고 재무분석에도 활용할 수 있어야 한다. 회계학을 공부하는 사람들에게 이 지식은 앞으로 학습할 회계시스템과 이후의

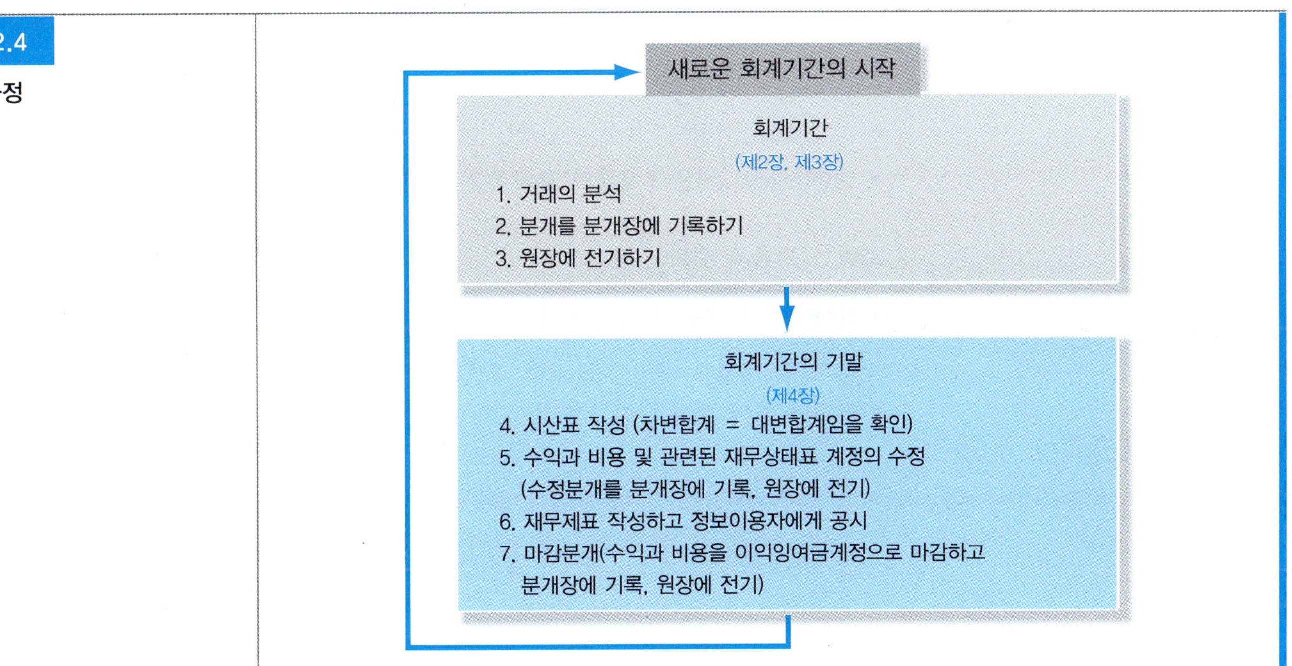

도표 2.4
회계순환과정

도표 2.5

기본적인 거래 분석 모형

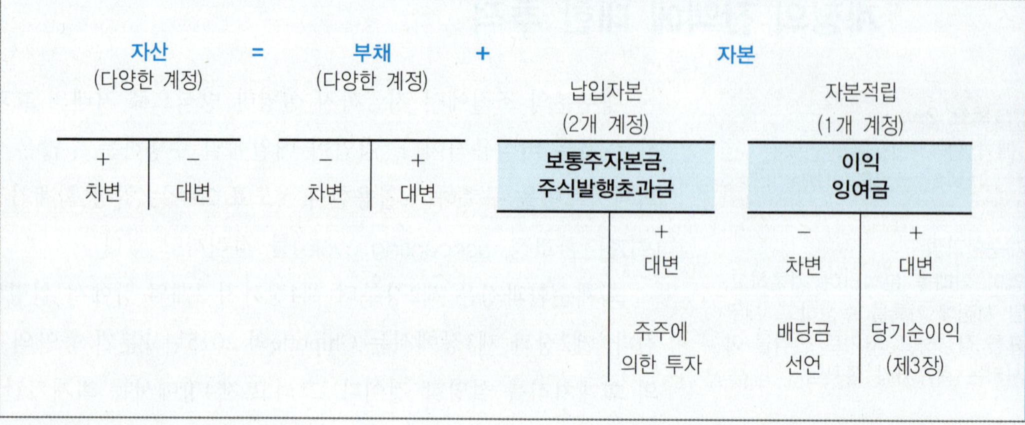

회계 교과목들을 이해하는 가장 기초가 된다. 이 도구를 사용하여 거래 분석을 수행하는 방법을 설명한 다음 이들을 재무분석에 활용하는 방법을 소개할 것이다.

거래로 인한 영향의 방향

이 장의 앞부분에서 학습했듯이, 거래의 영향은 자산, 부채, 자본 계정을 증가 또는 감소시키는 방향으로 나타난다. 이러한 영향을 효율적으로 반영하려면 영향의 방향을 보여줄 수 있도록 거래 분석 모델을 구성해야 한다. <도표 2.5>에서 볼 수 있듯이 각 계정은 T자 형태로 설정된다.

- **자산의 증가는 왼쪽** : 자산은 회계 등식(A＝L＋SE)에서 왼쪽에 있기 때문에 자산이 증가하면 왼쪽에 기록한다.
- **부채와 자본의 증가는 오른쪽** : 부채와 자본은 회계 등식(A＝L＋SE)에서 오른쪽에 있기 때문에 부채와 자본이 증가하면 오른쪽에 기록한다.

차변(debit, dr)
계정의 왼쪽을 의미함.

대변(crdit, cr)
계정의 오른쪽을 의미함.

또한 다음과 같이 약속한다.

- 차변(debit, dr)은 T계정의 왼쪽을 의미하는 회계 용어이다.
- 대변(credit, cr)은 T계정의 오른쪽을 의미하는 회계 용어이다.

결론은 다음과 같다.

- 자산 계정은 증가를 차변(왼쪽)에 기록하며, 일반적으로 차변에 잔액이 남는다. 상품과 같은 자산 계정이 마이너스(대변 잔액)가 되는 것은 매우 드문 경우이다.
- 부채와 자본 계정은 증가를 대변(오른쪽)에 기록하며, 일반적으로 대변에 잔액이 남는다.

이를 요약하면 다음과 같다.

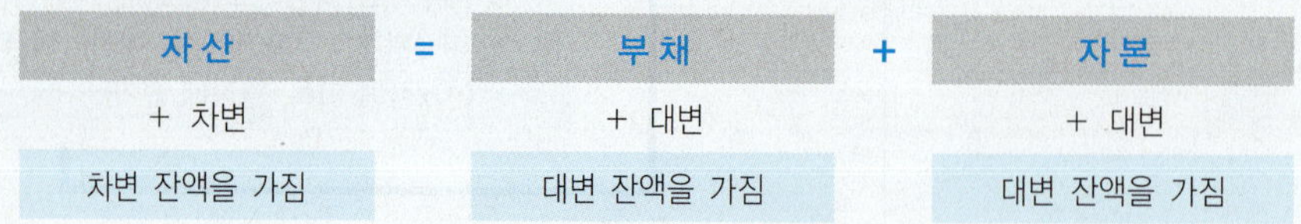

제3장에서는 이 기본 모델에 수익과 비용이 이익잉여금에 미치는 영향을 추가하여 살펴볼 것이다. 그때까지 여러분은 스스로 거래를 분석하여 영향을 받는 계정을 결정하고, 방향을 결정할 수 있도록 많은 연습을 해야 하며, 이 과정에서 <도표 2.5>를 자주 참고하기 바란다.

많은 학생들은 차변이라는 용어가 단순히 계정의 왼쪽을 의미한다는 점, 그리고 대변이라는 용어는 단순히 계정의 오른쪽을 의미한다는 점을 잊는 바람에 회계를 공부하는 데 어려움을 겪는다. 대변에 대한 영어 표현이 credit이라고 하니 마치 신용을 의미하는 것으로 복잡하게 생각하고, 단순히 T계정의 오른쪽이 증가, 감소하는 것을 마치 신용도가 변하는 것처럼 오해함으로써 회계를 이해하는 데 어려움을 겪는다. 대변(credit)은 신용을 의미하는 것이 아니다. 단순하게 차변은 왼쪽을 의미하는 회계 용어이며, 대변은 오른쪽을 의미하는 회계 용어일 뿐임을 기억하자.

거래 분석을 통해 올바른 계정과 방향을 식별했다면 회계 등식은 항상 균형을 유지해야 한다. 즉, 차변 합계 금액과 대변 합계 금액은 항상 일치해야 한다. 앞으로 학습을 진행하는 과정에서 항상 [차변＝대변]임을 확인하는 습관을 기르기 바란다.

STOP PAUSE FOR **FEEDBACK**

<도표 2.5>에서 우리는 각 계정이 증가하거나 감소할 수 있음을 알게 되었다. 거래 분석 모델에서 각 요소에 대한 효과는 한쪽 면에는 증가를 기록하고, 다른 쪽 면에는 감소를 기록하는 T자 형태로 나타낼 수 있다. 회계 등식의 왼쪽에 있는 자산 계정이 증가하면 T계정의 왼쪽에 기록한다. 회계 등식의 오른쪽에 있는 부채와 자본 계정이 증가하면 T계정의 오른쪽에 기록한다. 회계에서는 왼쪽을 차변이라고 하며, 오른쪽을 대변이라고 한다. 대부분의 계정은 잔액은 양(＋)의 잔액을 갖는다. 즉, 증가를 기재한 쪽에 잔액이 남는다.

SELF-STUDY **QUIZ**

다음은 Wendy's사의 재무상태표 계정 목록이다. 각 잔액이 차변 또는 대변인지 표시하시오.

___ 매입채무	___ 유형자산 (토지, 건물, 비품)	___ 현금
___ 이익잉여금	___ 상품	___ 장기차입금
___ 미지급비용	___ 장기미수금 (5년 만기)	___ 매출채권

해설

매입채무 (대변)	유형자산 (차변)	현금 (차변)
이익잉여금 (대변)	상품 (차변)	장기차입금 (대변)
미지급비용 (대변)	장기미수금 (차변)	매출채권 (차변)

분석 도구

분개(journal entry)

부기시스템(bookkeeping system)에서 거래는 **분개장**(general journal, journal)에 사건이 발생한 시간순(chronological order)으로 기록된다. 경영활동에 대한 서류를 분석(구매 송장, 영수증 및 현금등록기 기록)한 후 회계관리자는 분개장의 차변과 대변에 계정과 금액을 입력한다. 분개(journal entry)는 거래로 인한 영향을 계정에 표시하기 위한 회계 절차이다. 이것은 [차변=대변]의 형식으로 작성된다. 이를 표현하기 위해, 앞의 절에서 학습했던 Chipotle의 거래 분석에 대한 사례 중에서 (a)의 예를 다시 살펴보자.

분개
거래로 인한 영향을 계정에 표시하기 위해 [차변=대변]의 형식으로 작성하는 회계 절차.

(a) Chipotle는 주당 액면 $0.01의 보통주 10,000주를 시장에서 주당 $0.37에 발행하면서 투자자들로부터 현금을 수취하였다.

사건 (a)에 대해 Chipotle가 수행해야 할 분개를 묘사하면 다음과 같다.

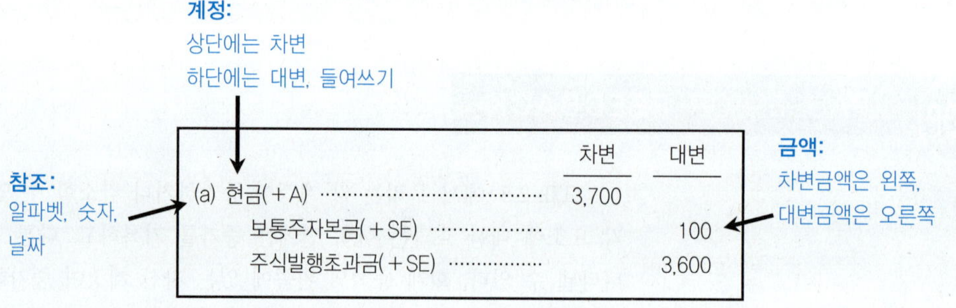

다음을 유의하자.

- 각 거래에 대해 날짜 또는 특정 형식의 참조 표시를 포함하는 것이 유용하다. 차변에 기입될 계정은 윗줄에 쓰여지고, 왼쪽 열에 금액이 기록된다. 대변에 기입될 계정은 아래줄에 쓰여지고, 금액은 오른쪽 열에 기재된다. 계정의 순서는 중요하지 않다. 중요한 점은 차변은 윗줄에, 그리고 대변은 아래줄에 들여쓰기로 표시해야 한다는 점이다.[6)]
- 차변 합계($3,700)는 대변 합계($100+$3,600=$3,700)와 같아야 한다.
- 이 거래의 경우 3개의 계정이 영향을 받는다. 2개 이상의 계정에 영향을 미치는 모든 분개를 **복합분개**(compound entry)라고 한다. 이번 장과 후속되는 장들에서 소개한 많은 거래가 복합분개에 해당한다.
- <도표 2.6>의 공식적인 부기 체계에서 알 수 있듯이 기업에서는 분개 하단에 거래에 대한 요약을 메모해두는 경우도 있다. 설명을 간단하기 하기 위해, 요약 메모에 대해서는 본문에서 별도로 설명하지 않는다.

---

6) 분개를 표현하는 방식은 다양하다. 예를 들어 다음과 같은 방식도 많이 사용한다.
차) 현금 100 대) 보통주자본금 100

거래 분석을 완전하기 익힐 때까지 각 계정 옆에 요소(A, L, SE)를 표시하도록 하자. 특히 계정을 자산(A), 부채(L), 자본(SE)으로 식별하면 거래 분석이 명확해지고 분개장을 보다 쉽게 작성할 수 있다. 예를 들어, 현금이 증가하면 현금(+A)라고 기재하자. 이후 장에서도 재무제표에 대한 각 거래의 효과를 이해하는 데 도움이 되도록 기호와 방향을 함께 표시할 것이다.

위의 거래 (a)로 인해 자산은 +\$3,700의 영향을 받고, 자본은 +\$3,700 영향을 받았다. 회계등식 [A=L+SE]는 균형을 유지함을 알 수 있다.

주의사항 : 많은 학생들은 거래 분석 모델을 이해하거나 사용하지 않고 분개부터 하려고 한다. 앞으로 더 복잡한 거래가 등장할 것이므로 분석 작업은 점점 어려워질 것이다. 장기적인 시각에서 여기에 제시된 거래 분석 모델을 기억하고 이해하고 적용한다면 시간을 절약하고 혼동을 방지할 수 있을 것이다.

T계정(T-account)

분개 자체만으로는 계정에 대한 잔액 정보를 제공하지 않는다. 분개장에 분개를 수행한 후, 회계담당자는 거래로 인해 영향을 받는 각 계정에 금액을 **전기**(posting)하여 새로운 계정 잔액을 결정한다. (대부분의 전산회계시스템에서 이러한 전기는 자동적으로 수행된다.)

도표 2.6

분개를 각 계정별 원장에 전기하기

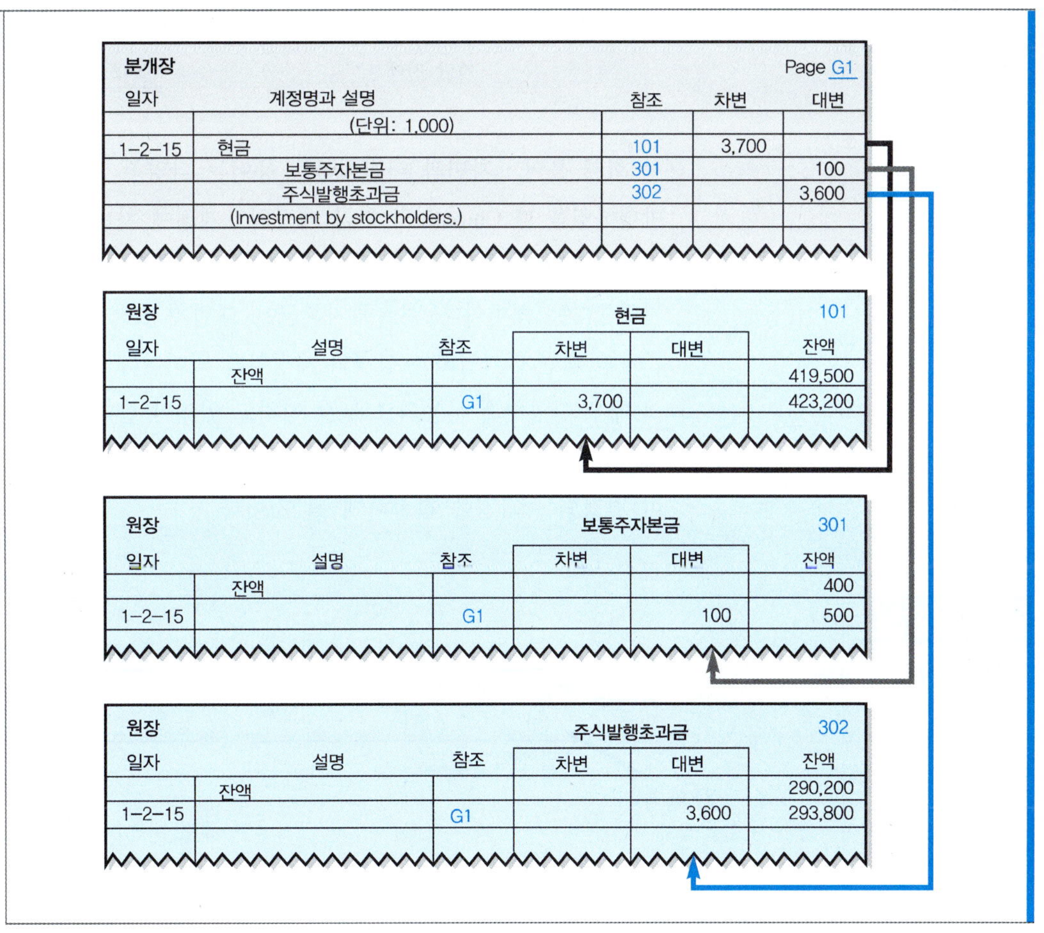

분개장 Page G1

일자	계정명과 설명	참조	차변	대변
	(단위: 1,000)			
1-2-15	현금	101	3,700	
	보통주자본금	301		100
	주식발행초과금	302		3,600
	(Investment by stockholders.)			

원장 현금 101

일자	설명	참조	차변	대변	잔액
	잔액				419,500
1-2-15		G1	3,700		423,200

원장 보통주자본금 301

일자	설명	참조	차변	대변	잔액
	잔액				400
1-2-15		G1		100	500

원장 주식발행초과금 302

일자	설명	참조	차변	대변	잔액
	잔액				290,200
1-2-15		G1		3,600	293,800

계정의 그룹을 **총계정원장**(general ledger)이라고 부른다. 일부 소규모 조직에서 사용하는 수작업 회계시스템에서 원장은 종종 각 계정에 대해 별도의 페이지가 있는 링 바인더 형태이다. 컴퓨터화된 시스템에서 계정은 디스크에 저장된다. 원장의 그림은 <도표 2.6>을 참조하기 바란다. <도표 2.6>에서는 분개장에 기재된 현금이 현금 원장에 전기되는 것을 보여주고 있다.

T계정
각 계정별로 거래의 영향을 요약하고 잔액을 결정하고 회사의 활동으로 인한 재무상태의 변동을 입체적으로 분석할 수 있도록 도움을 주는 도구.

T계정(T-account)은 거래 효과를 요약하고 각 계정별 잔액을 결정하는 데 매우 유용한 도구이며 원장을 단순하게 표현한 것이다. <도표 2.7>은 사건 (a)에 근거한 Chipotle의 현금, 보통주자본금, 주식발행초과금에 대한 T계정을 보여주고 있다. 자산으로 분류되는 현금의 경우 증가는 T계정의 왼쪽(차변)에 표시되고, 감소는 오른쪽(대변)에 표시된다. 그러나 보통주자본금과 주식발행초과금의 경우 증가는 T계정의 오른쪽(대변)에 표시되고, 감소는 왼쪽(차변)에 표시된다. 많은 중소기업들은 여전히 이와 같은 T계정을 수작업으로 관리하고 있다. 전산화된 시스템에서는 T계정을 이용하지는 않지만 개념상으로는 동일한 장부 형식으로 관리한다.

<도표 2.7>에서 기말 잔액 아래에는 이중 밑줄을 표시한다. 계정의 잔액은 다음의 식으로 표현할 수 있다.

	현금	보통주자본금
기초 잔액	$419,500	$ 400
+ T계정의 '증가'변	+ 3,700	+ 100
− T계정의 '감소'변	− 0	− 0
기말 잔액	$423,200	$ 500

회계 용어 : 차변과 대변이라는 용어는 다양한 표현방식으로 사용된다. 예를 들어, 주식을 발행하였을 때 Chipotle의 현금 계정의 T계정에 차변기입(차기)되었다고 표현할 수 있다. 이는 현금 T계정의 왼쪽에 기입했다는 의미이다. 대변기입(대기)되었다는 표현은 T계정의 오른쪽에 기입했다는 의미이다. 보통주자본금은 대변계정이라는 표현도 쓴다. 이 말은 보통주자본금은 증가를 대변에 기입하는 성격의 계정임을 의미한다. 즉, 차변과 대변이라는 용어는 회계 분야에서 매우 다양하게 사용되므로 잘 익히고 있어야 한다. 다음 섹션에서는 거래에 대한 분석을 수행하고, 영향을 분개장에 분개하고 이를 각 계정별 T계정에 전기하는 과정을 통해 계정의 잔액이 결정되는 과정을 학습하게 될 것이다.

도표 2.7

T계정 묘사

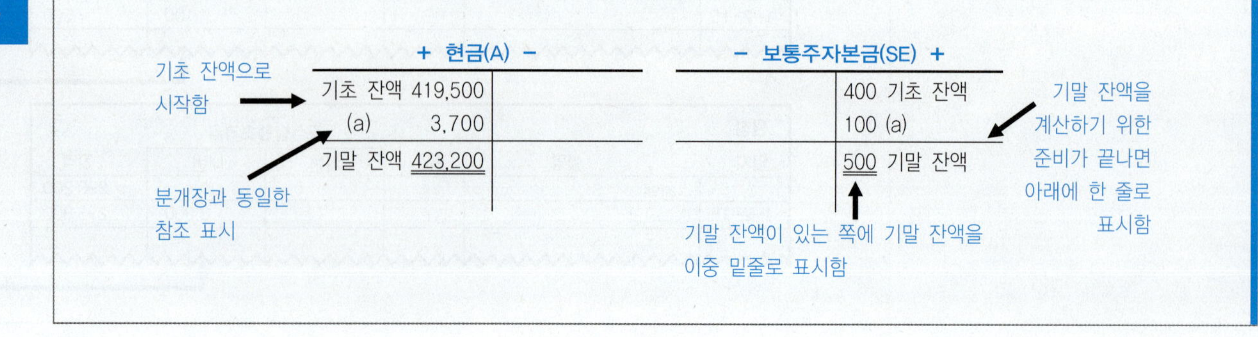

Financial Analysis

T계정을 통한 경영활동 추측

T계정은 주로 교육 및 분석적 목적에 유용한 도구이다. 많은 경우에 우리는 T계정을 사용하여 한 기간 동안 어떤 거래가 있었는지를 확인한다. 예를 들어, 매입채무에 영향을 미치는 거래는 주로 상품 구매와 관련한 외상거래와 이를 상환하기 위한 현금 지불이다. 매입채무 계정의 기초 잔액과 기말 잔액, 그리고 이번 기간 동안 외상으로 구매한 금액을 알고 있다면, 현금으로 상환한 금액이 얼마인지를 결정할 수 있다. T계정 분석은 다음과 같다.

− 매입채무(L) +		
	600	기초 잔액
현금 상환액 ?	1,500	외상 구입
	300	기말 잔액

접근법:

기초 잔액	+	외상 구입액	−	현금 상환액	=	기말 잔액
$600	+	$1,500	−	?	=	$ 300
		$2,100	−	?	=	$ 300
				?	=	$1,800

거래 분석 이해하기

이번 절에서는 앞에서 분석한 Chipotle Mexican Grill의 재무활동과 투자활동에 대한 거래 내역인 (a)부터 (f)를 활용하여 분개와 T계정으로 전기(posting)하는 과정을 살펴본다. 회계 등식은 균형을 유지하며 각 계정에 입력한 후에도 차변 합계는 대변 합계와 일치한다는 점에 관심을 기울이자. T계정에는 2014년 12월 31일자 Chipotle의 재무상태표(<도표 2.2>)의 금액이 기초 잔액으로 포함되어 있다.

거래 분석에 대한 설명을 포함하여 아래의 각 그림을 자세히 검토하기 바란다. (1) 회계 모델, (2) 거래 분석, (3) 각 거래의 이중성, (4) 복식부기의 원리를 이해하기 위해서는 이 내용에 대한 신중한 이해가 필수적이다. 본문의 나머지 부분에서 중요한 기초가 되는 이 개념을 이해하는 가장 효과적인 방법은 반복 연습이다.

(a) Chipotle는 주당 액면 $0.01의 보통주 10,000주를 시장에서 주당 $0.37에 빌행하면서 투자자들로부터 현금을 수취하였다. 보통주자본금은 발행한 주식의 액면금액(10,000주 × 주당 액면금액 $0.01 = $100)으로 기록되며, 주식발행초과금은 주식을 발행하면서 조달한 금액 중 액면을 초과한 금액(10,000주 × 주당 액면 초과금액 $0.36 = $3,600)으로 기록된다.

	차변	대변
(a) 현금(+A)	3,700	
보통주자본금(+SE)		100
주식발행초과금(+SE)		3,600

자산		=	부채		+	자본	
현금	+,3700					보통주자본금	+100
						주식발행초과금	+3,600

+ 현금(A) −				− 보통주자본금(SE) +				− 주식발행초과금(SE) +			
1/1/15	419,500					400	1/1/15			290,200	1/1/15
(a)	**3,700**					**100**	(a)			**3,600**	(a)

분개에 기록된 계정별 영향이 각 계정별 원장인 T계정에 적절하게 반영되었다. 분개에서 현금이 차변에 기재되어 있으므로, 현금 T계정에서도 차변에 기록되었다. 이와 동일하게 분개에서 보통주자본금이 대변에 기재되어 있으므로, 보통주자본금 T계정에서도 대변에 기록되었다. 또한 2015년 1월 1일부터 시작되는 이번기의 기초 잔액은 2014년 12월 31일로 마감되는 전기의 기말 잔액(<도표 2.2> 참조)과 동일하며, 각 계정의 잔액은 자산은 차변에 잔액이 남아 있으며, 부채와 자본은 대변에 잔액이 남아 있다.

(b) Chipotle는 3년 후에 상환하기로 하고 은행으로부터 $2,000를 차입(어음 발행)하였다. 장기차입금은 <도표 2.2>에 제시된 2014년 12월 31일자 재무상태표에 표시되어 있지 않으므로 기초 잔액은 $0이다.

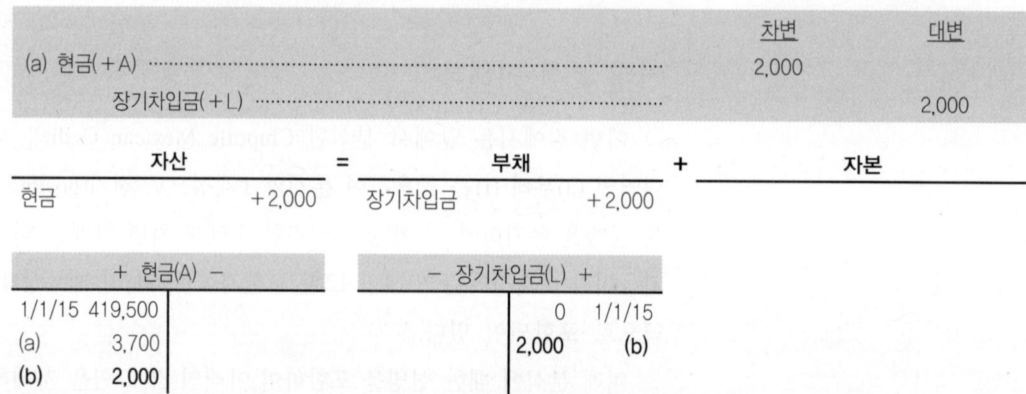

	차변	대변
(a) 현금(+A)	2,000	
장기차입금(+L)		2,000

자산		=	부채		+	자본
현금	+2,000		장기차입금	+2,000		

+ 현금(A) −				− 장기차입금(L) +			
1/1/15	419,500					0	1/1/15
(a)	3,700					**2,000**	(b)
(b)	**2,000**						

(c) Chipotle는 추가로 토지 $10,000, 건물 $8,200, 비품 $33,800, 무형자산 $3,700를 구입하고 $53,400를 현금으로 지불하고 나머지는 단기 어음($2,300)을 발행하였다.

	차변	대변
(c) 토지(+A)	10,000	
건물(+A)	8,200	
비품(+A)	33,800	
무형자산(+A)	3,700	
현금(−A)		53,400
미지급금(+L)		2,300

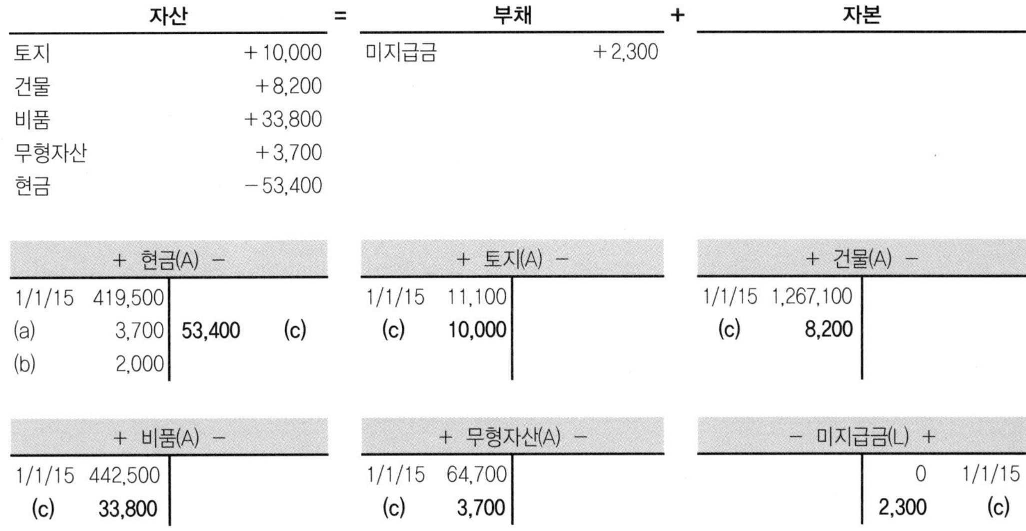

자산		=	부채		+	자본
토지	+10,000		미지급금	+2,300		
건물	+8,200					
비품	+33,800					
무형자산	+3,700					
현금	−53,400					

+ 현금(A) −			
1/1/15	419,500		
(a)	3,700	**53,400**	**(c)**
(b)	2,000		

+ 토지(A) −			
1/1/15	11,100		
(c)	**10,000**		

+ 건물(A) −			
1/1/15	1,267,100		
(c)	**8,200**		

+ 비품(A) −			
1/1/15	442,500		
(c)	**33,800**		

+ 무형자산(A) −			
1/1/15	64,700		
(c)	**3,700**		

− 미지급금(L) +			
		0	1/1/15
		2,300	**(c)**

(d) Chipotle는 위의 (c)의 미지급금과 기타비유동부채 중 일부를 상환하기 위해 $2,300 현금을 지불하였다(이자는 무시함).

	차변	대변
(d) 미지급금(−L)	2,300	
기타부채(−L)	2,300	
현금(−A)		4,000

자산		=	부채		+	자본
현금	−4,600		미지급금	−2,300		
			기타부채	−2,300		

+ 현금(A) −			
1/1/15	419,500		
(a)	3,700	53,400	(c)
(b)	2,000	**4,600**	**(d)**

− 미지급금(L) +			
		0	1/1/15
(d)	**2,300**	2,300	(c)

− 기타부채(L) +			
		288,200	1/1/15
(d)	**2,300**		

(e) Chipotle는 다른 회사의 주식을 투자 목적으로 구입하면서 $44,000의 현금을 지불하였다. 이 중에서 $9,000는 단기투자목적이고, $35,000는 장기투자목적이다.

	차변	대변
(e) 단기투자자산(+A)	9,000	
장기투자자산(+A)	35,000	
현금(−A)		44,000

자산		=	부채	+	자본
단기투자자산	+9,000				
장기투자자산	+35,000				
현금	−44,000				

+ 현금(A) −			
1/1/15	419,500		
(a)	3,700	53,400	(c)
(b)	2,000	4,600	(d)
		44,000	(e)

+ 단기투자자산(A) −		
1/1/15	338,600	
(e)	**9,000**	

+ 장기투자자산(A) −		
1/1/15	496,100	
(e)	**35,000**	

(f) Chipotle는 배당금을 지급하지 않았다. 대신 이익을 기업의 성장을 위한 경영에 재투자한다. 그러나 설명을 진행하기 위해 Chipotle의 이사회가 다음 분기에 $3,000의 현금배당을 하기로 선언했다고 가정하자. 2014년 12월 31일자 재무상태표(도표 2.2)에 미지급배당금이 기재되어 있지 않으므로 2015년 1월 1일자 기초 잔액은 $0이다.

	차변	대변
(f) 이익잉여금(−SE)	3,000	
미지급배당금(+L)		3,000

자산	=	부채		+	자본	
		미지급배당금	+3,000		이익잉여금	−3,000

− 미지급배당금(L) +			
		0	1/1/15
		3,000	(f)

− 이익잉여금(SE) +			
		1,721,800	1/1/15
(f)	**3,000**		

이제 분기 동안 변경된 T계정의 잔액을 결정한다. 각 T계정에는 참조 번호와 함께 기초 잔액 및 거래의 영향이 나열되어 있다. 마지막 거래의 영향을 기재한 후 아래에 한 줄의 선을 표시하고 아래에는 잔액을 표시하고 이중선으로 표시한다.

+ 현금(A) −			
1/1/15	419,500		
(a)	3,700	53,400	(c)
(b)	2,000	4,600	(d)
		44,000	(e)
	323,200		

+ 단기투자자산(A) −		
1/1/15	338,600	
(e)	9,000	
	347,600	

+ 토지(A) −		
1/1/15	11,100	
(c)	10,000	
	21,100	

+ 건물(A) −		
1/1/15	1,267,100	
(c)	8,200	
	1,275,300	

+ 비품(A) −		
1/1/15	442,500	
(c)	33,800	
	476,300	

+ 무형자산(A) −		
1/1/15	64,700	
(c)	3,700	
	68,400	

+ 장기투자자산(A) −		
1/1/15	496,100	
(e)	35,000	
	531,100	

− 미지급금(L) +			
		0	1/1/15
(d)	2,300	2,300	(c)
		0	

− 장기차입금(L) +			
		0	1/1/15
		2,000	(b)
		2,000	

− 미지급배당금(L) +			
		0	1/1/15
		3,000	(f)
		3,000	

− 기타부채(L) +			
		288,200	1/1/15
(d)	2,300		
		285,900	

− 보통주자본금(SE) +			
		400	1/1/15
		400	(a)
		500	

− 주식발행초과금(SE) +			
		290,200	1/1/15
		3,600	(a)
		293,800	

− 이익잉여금(SE) +			
		1,721,800	1/1/15
(f)	3,000		
		1,718,800	

STOP PAUSE FOR FEEDBACK

회계담당자는 거래를 분석하고 분개장에 시간 순서대로 분개를 기록한다. 분개의 상단에는 차변 계정이 기록되고 금액은 왼쪽 열에 표시된다. 하단에는 대변 계정이 들여쓰기로 기록되고 금액은 오른쪽 열에 표시된다. 그런 다음 각 계정의 원장(T계정)에 전기한다. 원장의 각 페이지는 차변(왼쪽)과 대변(오른쪽)으로 구분된다. 분개에 표시된 거래의 영향이 차변과 대변으로 적절하게 각 원장에 전기됨으로써 각 계정의 잔액을 확인할 수 있게 된다. 거래 분석 모델은 <도표 2.5>를 참조하기 바란다.

SELF-STUDY QUIZ

다음의 거래를 분개하고 T계정에 전기하시오. 이 회사는 새로 설립되었기 때문에 모든 T계정의 기초금액은 $0로 시작한다.

(a) Paul Knepper는 스쿠버 사업을 수행하는 법인으로 조직된 Florida Flippers, Inc.를 설립하게 위해 $50,000를 투자하였다. 그리고 25,000주의 주식(주당 액면금액 $0.01)을 받았다.

		차변	대변
(a) ______________	( )	______	
______________	( )		______
______________	( )		______

(b) Florida Flippers는 해안가의 건물을 $250,000에 구입하고 현금 $25,000를 지불하였다. 잔액은 10년 만기 지급어음을 발행하였다.

		차변	대변
(b) ______________	( )	______	
______________	( )		______
______________	( )		______

현금		건물		장기미지급금		보통주자본금		주식발행초과금	
기초 0		기초 0			0 기초		0 기초		0 기초

[GUIDED HELP 2-2] www.mhhe.com/libby9e_gh2b

해설

	차변	대변	
(a) 현금(+A)	50,000		
보통주자본금(+SE)		2,500	[25,000주×액면 $0.10]
주식발행초과금(+SE)		47,500	
(a) 건물(+A)	250,000		
현금(−A)		25,000	
장기미지급금(+L)		225,000	

+ 현금 −			
기초	0		
(a)	50,000	25,000	(b)
	25,000		

+ 건물 −			
기초	0		
(b)	250,000		
	250,000		

− 장기미지급금 +			
		0	기초
		225,000	(b)
		225,000	

− 보통주자본금 +			
		0	기초
		2,500	(a)
		2,500	

− 주식발행초과금 +			
		0	기초
		47,500	(a)
		47,500	

재무상태표 작성과 분석

학습목표 2-5

시산표와 간단한 재무상태표를 작성하고 비율분석 중 하나인 유동비율을 이용하여 회사를 분석하는 과정을 이해한다.

시산표

잔액이 있는 계정의 목록과 잔액을 나열하여 차변합계와 대변합계가 일치하는지를 확인하는 표.

아직 영업활동에 대한 학습(제3장)을 하지 않았지만 앞에서 학습한 재무활동과 투자활동만을 토대로 재무상태표를 작성해보자. 일반적으로 기업은 외부 정보이용자에게 정보를 공시하기 전에 내부 확인을 목적으로 시산표(trial balance)를 작성한다. 시산표를 작성할 때 T계정에 잔액이 있는 계정의 이름을 재무제표 요소의 순서(자산, 부채, 자본, 수익, 비용)에 따라 한 줄로 나열하고 다음 두 개의 열에는 차변 잔액 또는 대변 잔액을 표시한다. 차변 잔액은 왼쪽 열에 표시되고 대변 잔액은 오른쪽 열에 표시된다. 그런 다음 각 열을 합산하여 차변 합계와 대변 합계가 일치하는지 확인한다. 차변 잔액과 대변 잔액이 일치하지 않은 경우 분개 또는 전기 과정에서 오류가 발생했을 가능성이 있다.[7)]

Chipotle의 시산표는 다음과 같다. 이번 분기에 변동이 없는 계정의 잔액은 2014년 12월 31일 잔액이 그대로 유지될 것이기 때문에 동일한 금액으로 표시하였다. 이번 장에서 재무활동과 투자활동 관련 거래로 인해 변동이 발생한 계정은 음영으로 표시하였다. 음영 처리된 잔액들은 앞 절의 마지막에 총정리되어 있는 T계정으로부터 계산된 기말 잔액이다.

7) 과제를 수행하는 과정에서 시산표의 차변과 대변 합계가 일치하지 않는 경우 오류를 추적하여 올바른 금액으로 수정해야 한다. 오류를 찾기 위해서는 그동안 수행한 과정을 역순으로 하면 된다. 순서는 다음과 같다.

- 모든 T계정의 기말 잔액을 잔액이 있는 위치에 따라 차변과 대변에 나열하였다.
- T계정의 기말 잔액을 정확하게 계산하였다.
- 분개장에서 T계정으로의 전기를 올바르게 수행하였다. (금액, 계정, 차변 혹은 대변)
- 분개가 올바르게 수행되었다. (금액, 계정, 차변 혹은 대변)

CHIPOTLE MEXICAN GRILL 시산표 1분기(2015년 3월 31일까지)의 재무활동과 투자활동에 기초함		
(단위 : $1,000)	**차변**	**대변**
현금	323,200	
단기투자자산	347,600	
매출채권	34,800	
소모품	15,300	
선급비용	70,300	
토지	21,100	
건물	1,275,300	
비품	476,300	
감가상각누계액		613,700
장기투자자산	531,100	
무형자산	68,400	
매입채무		69,600
선수금		16,800
미지급배당금		3,000
미지급급여		73,900
미지급수도광열비		85,400
미지급금		0
장기차입금		2,000
기타부채		285,900
보통주자본금		500
주식발행초과금		293,800
이익잉여금		1,718,800
합계	**3,163,400**	**3,163,400**

재무상태표 내의 분류

<도표 2.8>의 재무상태표는 앞에서 작성한 시산표를 이용하여 작성되었다. 재무상태표는 외부 정보이용자에게 공시하기 위한 재무제표이므로 상단에 갖춰야 할 양식(기업명, 재무제표 명칭, 날짜, 금액 단위)을 갖추어야 한다. <도표 2.7>을 통해 재무상태표 작성을 위해 알아야 할 몇 가지 추가적인 사항을 살펴보자.

- 자산과 부채는 유동과 비유동으로 분류된다. 유동자산은 보고일로부터 1년 이내에 사용되거나 현금으로 전환가능한 자산이며, 비유동자산은 1년 이상 유지될 자산이다. 유동부채는 1년(12개월) 이내에 상환하거나 이행해야 할 경제적 의무들이다.
- 화폐($, ₩)는 자산의 제일 상단 금액과 하단의 합계 금액, 그리고 부채 및 자본 총계의 상단과 하단에 표시한다. 그 이상으로 화폐를 표시하면 표가 지나치게 혼란스러워보인다.
- 재무제표는 비교 표시한다. 즉, 2015년 3월 31일자와 2014년 12월 31일자의 계정별 잔액을 비교하는 방식으로 표시한다. 최근 금액을 왼쪽에 나열하고, 이와 비교할 이전 시점의 금

액을 오른쪽에 표시한다.

- Chipotle와는 다르게 대부분의 회사는 재무상태표에 총부채(부채 합계)를 별도로 표시하지 않을 수도 있다. 재무상태표에 총부채를 명시하려면 유동부채와 비유동부채를 각각 추가로 표시해야 한다.

도표 2.8

Chipotle Mexican Grill의 2015년 1분기 재무상태표 (재무활동과 투자활동에 기초함)

CHIPOTLE MEXICAN GRILL, INC.
연결 재무상태표
(단위 : 주당 자료를 제외한 나머지는 $1,000임)

	2015.3.31	2014.12.31
자산		
유동자산		
현금	$ 323,200	$ 419,500
단기투자자산	347,600	338,600
매출채권	34,800	34,800
소모품	15,300	15,300
선급비용	70,300	70,300
유동자산 합계	791,200	878,500
유형자산		
토지	21,100	11,100
건물	1,275,300	1,267,100
비품	476,300	442,500
총 원가	1,772,700	1,720,700
감가상각누계액	(613,700)	(613,700)
순 유형자산	1,159,000	1,107,000
장기투자자산	531,100	496,100
무형자산	68,400	64,700
자산 합계	**$2,549,700**	**$2,546,300**
부채와 자본		
유동부채		
매입채무	$ 69,600	$ 69,600
선수금	16,800	16,800
미지급배당금	3,000	–
미지급비용		
미지급급여	73,900	73,900
미지급법인세	85,400	85,400
유동부채 합계	248,700	245,700
장기차입금	2,000	–
기타 부채	285,900	288,200
부채 합계	536,600	533,900
자본		
보통주자본금(주당 액면 $0.01)	500	400
주식발행초과금	293,800	290,200
이익잉여금	1,718,800	1,721,800
자본 합계	2,013,100	2,012,400
부채와 자본 합계	**$2,549,700**	**$2,546,300**

INTERNATIONAL PERSPECTIVE

해외 재무제표 이해

국제회계기준(IFRS)은 미국 GAAP과 다르지만, 거래에 대한 분석, 기록, 요약 시스템은 동일하다. IFRS는 미국 GAAP과 재무제표 양식에서 차이가 있다. IFRS와 GAAP을 이용하여 작성된 재무제표는 동일한 요소(자산, 부채, 자본, 수익, 비용 등)로 작성된다. 그러나 작성 형식이 동일하지 않다. 결론적으로 시간이 지남에 따라 다양한 양식으로 발전해왔으며 미국의 경우 IFRS의 양식과 차이가 있다. 일부 형식적인 차이는 다음과 같다.

	US GAAP	IFRS
재무상태표 순서	**자산:**	**자산:**
	유 동	비유동
계정의 명칭은 유사하지만, 자산과 부채를 나열하는 순서는 차이가 있다.	비유동	유 동
	부채:	**자본**
	유 동	**부채:**
	비유동	비유동
	자본	유 동

재무상태표 표준 양식에 있어서 IFRS는 비유동항목으로 시작하는 반면, 미국 GAAP은 유동항목으로 시작한다. 또한 유동성배열에 있어서도 순서가 반대이다. 즉, 미국 GAAP은 유동성이 높은 계정부터 나열하지만, IFRS는 낮은 순서부터 나열한다. 또한 IFRS는 부채와 자본 항목을 나열할 때도 자본을 먼저 기록하고 이어서 부채를 기록한다. 부채는 장기 자금 원천인 비유동부채를 먼저 나열한다. 이러한 순서의 차이로 인한 혼란을 피하기 위해서 제목을 잘 확인해야 한다. 부채라는 제목 하단에 나열된 항목들은 경제적 의무인 부채 계정들이다.

의사결정을 위한 비율 분석

재무상태표상의 유동과 비유동의 분류가 중요한 이유는 무엇일까? 재무정보 이용자는 미래 잠재력을 예측할 때 기업의 과거 실적과 재무상태를 이용하여 다양한 비율을 계산한다. 기간이 경과하면서 비율이 어떻게 변했고, 동일 업종의 평균, 그리고 경쟁사와 비교할 때 어떤 수준인지를 분석한다. 이러한 비율분석은 회사의 영업, 투자, 재무활동 전략에 대한 중요한 정보를 제공한다. 여기에서는 많은 재무비율 중에서 첫 번째 비율 분석을 소개하며, 제13장에서는 재무비율에 대해 더 자세히 살펴보도록 한다.

KEY RATIO ANALYSIS

유동비율(current ratio)

■ **분석적 질문**

기업은 단기 부채 상환이 가능할 만큼의 유동자산을 보유하고 있는가?

■ **비율 및 비교**

$$\text{유동비율} = \frac{\text{유동자산}}{\text{유동부채}}$$

Chipotle의 2014년도 유동비율은 다음과 같이 계산($1,000 단위)할 수 있다.

$$\frac{\$878{,}500}{\$245{,}700} = 3.575$$

기간별 비교		
Chipotle Mexican Grill, Inc.		
2014	2013	2012
3.575	3.344	2.925

경쟁사와의 비교	
Panera Bread, Inc.	Fiesta Restaurant Group, Inc.
2014	2014
1.152	0.713
최고의 패스트푸드 기업	Pollo Tropical과 Taco Cabana 보유

■ **해석**

- **일반론** : 유동비율은 매우 일반적인 비율이다. 채권단과 증권사의 애널리스트들은 유동비율을 사용하여 기업의 유동자산이 유동부채를 상환하기에 충분한지에 대한 능력을 평가한다. 일반적으로 이 비율이 높을수록 기업이 유동부채를 상환하기 위한 여유가 있음을 의미한다. 불경기일수록 이 단기 부채 상환능력은 중요하다. 유동비율이 1.0을 초과하는 경우 일반적으로 유동성은 좋은 것으로 판단하지만, 최근에 많은 회사들은 정교한 자산관리기법을 활용하여 유동비율이 1.0 미만이면서도 안정적인 수준으로 회사의 자금을 관리한다. 마찬가지로, 동종 업계의 다른 경쟁사들과 비교했을 때 유동비율이 너무 높으면 자원의 관리가 비효율적으로 이루어지고 있음을 의미하며, 이런 경우에는 효율적인 자산관리가 요구된다.

주요 기업의 유동비율

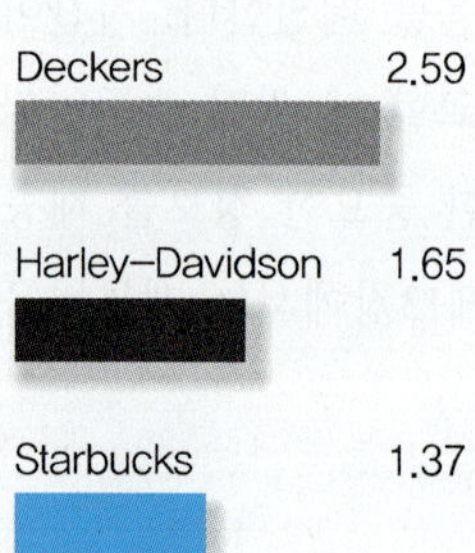

- **회사에 대한 분석 결과** : 2012년 이후 기간이 경과함에 따라 Chipotle의 유동비율은 1.0을 훨씬 상회하는 높은 수준의 유동성을 갖고 있는 것으로 나타났으며 계속 증가하고 있다. Chipotle는 확장전략을 구사하고 있으며 많은 자금이 필요하다.

  경쟁사들과 비교할 때, 최대 패스트푸드 레스토랑인 Panera Bread도 유동비율을 1.0 이상으로 유지하고 있으며 양사 모두 현금을 최대 유동자산으로 보고하였다. Chipotle의 유동비율은 1.0 미만을 보고한 Fiesta 레스토랑 그룹보다 훨씬 높은 수준이다. Fiesta 레스토랑 그룹은 2개의 퀵서비스 브랜드를 소유한 프랜차이즈업체이다. 2개의 브랜드는 열대지방과 캐리비안 스타일의 메뉴를 갖춘 Pollo Tropical과 멕시코 패스트푸드를 제공하는 Taco Cabana이다. Fiesta는 성장을 기대하지만 프랜차이즈업(회사의 브랜드로 레스토랑을 운영할 수 있는 권리를 판매하고 수수료를 받는 사업 형태)은 회사 자체적인 설비를 많이 보유할 필요가 없기 때문에 필요한 현금 수준도 높지 않다. 또한 이 회사들 모두 더 낮은 현금 잔액을 유지할 수 있는 수준 높은 현금관리시스템을 운영하고 있을 가능성도 있다. 로이터 통신에 따르면 레스토랑 업계에서 fast-casual 부문의 평균 유동비율은 1.23이다. 평균과 비교할 때, Chipotle는 단기 부채인 유동부채를 상환하기에 충분한 유동자산을 보유하고 있는 반면, Panera Bread와 Fiesta 레스토랑 그룹은 업계 평균보다 낮은 유동비율을 보이고 있기 때문에 단기 부채를 상환하기 위해 연간 경영활동을 통해 충분한 현금을 창출해야 할 것으로 보인다.

- **주의사항** : 높은 비중의 자금이 현금으로 전환가능성이 낮은 자산에 묶여 있다면 유동비율은 판단을 잘못하게 할 수 있다. 계산된 유동비율은 높지만 유동자산의 대부분이 회전이 매우 느린 재고자산 형태라면 유동성 문제가 심각할 수 있다. 또한 애널리스트들은 경영자들이 회계연도가 끝나기 직전에 특정 거래를 통해 유동비율을 조정할 수 있다는 점도 인식해야 한다. 예를 들어, 재무제표 작성 직전에 채권자에게 부채를 상환하여 유동비율을 향상시킬 수 있다.

STOP PAUSE FOR **FEEDBACK**

우리는 유동비율이 회사가 단기 채무를 지불할 수 있을 만큼의 유동자산을 보유하고 있는지에 대한 능력을 측정하는 도구라는 것을 학습했다. 유동비율은 유동자산을 유동부채로 나누어 계산된다. 일반적으로 유동비율이 1.0을 초과하면 양호한 것으로 간주되지만, 상황에 따라 더 높은 유동비율이 이야 할 수도 있고, 높은 수준의 현금관리시스템을 갖추고 있다면 이 비율은 1.0 미만 수준(즉, 유동부채 > 유동자산)을 유지할 수도 있다.

SELF-STUDY **QUIZ**

Yum Brands사는 3개의 레스토랑 컨셉(KFC, Pizza Hut, Taco Bell)을 통해 125개 이상의 국가 및 지역에서 41,000개 이상의 프랜차이즈 점포를 운영하는 세계 최대의 퀵 서비스 레스토랑 기업이다. 회사는 최근 재무상태표(단위 : 백만 달러)에 다음과 같은 잔액을 보고했다. Yum Brands사의 최근 3년간 유동비율을 계산하시오.

(단위 : 백만 달러)

	유동자산	유동부채	유동비율
2014년도	$1,646	$2,411	______
2013년도	1,691	2,265	______
2012년도	1,925	2,279	______

Yum Brands의 최근 3년간 유동비율 분석 결과를 통해 회사의 유동성에 대해 어떤 결론을 내릴 수 있는가?

해설

유동비율 :	
2014년도	$1,646 ÷ $2,411 = 0.683
2013년도	1,691 ÷ 2,265 = 0.747
2012년도	1,925 ÷ 2,279 = 0.845

Yum Brands의 유동비율은 3년간 1.0 미만이며 지속적으로 하락하여 유동성이 낮은 것으로 나타났다. 즉, 유동자산은 단기 부채를 상환하기에 불충분한 수준이다. 그러나 현금 위주의 경영활동과 강력한 현금관리시스템을 운영하고 있으므로 Yum Brands의 유동비율이 1.0 미만이라 하더라도 우려할 상황은 아니다.

FOCUS ON CASH FLOWS

재무활동과 투자활동

학습목표 2-6
투자활동과 재무활동과 관련한 거래가 현금흐름에 미치는 영향을 이해한다.

제1장에서 논의한 바와 같이, 기업은 일정기간 동안의 현금흐름(현금유입, 현금유출)에 대한 정보를 현금흐름표를 통해 보고한다. 현금흐름은 3가지 경영활동(영업활동, 투자활동, 재무활동)으로 분류하여 보고한다.

- 영업활동에 대해서는 제3장에서 다룬다.
- 투자활동에는 비유동자산과 투자자산에 대한 구입 및 처분이 포함된다.
- 재무활동에는 단기간 은행으로부터의 대출을 포함한 부채의 차입과 상환, 주식의 발행과 자사주의 매입, 그리고 배당금을 지급하는 활동 등이 포함된다.

오직 현금에 영향을 미치는 거래만 현금흐름표에 포함된다. 현금흐름표를 작성하고 분석하기 위한 중요한 단계는 기업의 다양한 거래를 영업활동(O, Operating activities), 투자활동(I, Investing activities), 재무활동(F, Financing activities)으로 구분하는 것이다. 이번 장에서 설명한 Chipotle의 거래 중에서 현금 T계정을 분석해보자. 앞에서 설명한 (a)부터 (f)까지의 거래를 참조하자. 현금흐름표에 영향을 미치는 거래는 현금 T계정을 확인하면 되며, 현금의 증가와 감소를 야기한 원인은 현금이 포함된 분개를 통해 확인할 수 있다.

			+ 현금(A) −				
		기초	419,500				
투자자로부터 조달	+F	(a)	3,700	53,400	(c)	− I	**비유동자산 구입**
은행으로부터 조달	+F	(b)	2,000	4,600	(d)	− F	**미지급금, 기타부채 상환**
				44,000	(e)	− I	**타회사에 대한 투자**
			323,200				

STOP PAUSE FOR FEEDBACK

앞에서 설명한 바와 같이 현금에 영향을 미치는 거래는 3가지 활동(영업활동, 투자활동, 재무활동)으로 분류할 수 있다. 투자활동은 투자자산(타기업이 발행한 주식, 사채 등), 유형자산(토지, 건물, 비품 등)의 취득과 처분과 관련한 활동을 의미한다. 재무활동은 채권자로부터의 차입과 상환, 투자자에게 주식을 발행하고 발행한 주식을 재취득하는 활동, 투자자에게 배당금을 지급하는 활동 등의 활동을 의미한다.

SELF-STUDY QUIZ

Apple사의 최근 현금흐름표의 현금 관련 거래이다. 각 거래가 투자활동(I)인지 재무활동(F)인지 표시하고, 현금흐름(증가는 +, 감소는 −)을 표시하시오.

거래	활동(I , F)	현금흐름(+ , −)
1. 투자자산 취득	________	________
2. 보통주 발행	________	________
3. 유형자산 취득	________	________
4. 투자자산 처분	________	________
5. 무형자산(예: 특허권) 취득	________	________

해설

1. I− 2. F+ 3. I− 4. I+ 5. I−

DEMONSTRATION CASE

2016년 4월 1일에 대학 재학생 3명이 야심차게 Terrific Lawn Maintenance사를 창업하였다. Terrific Lawn Maintenance사의 2016년 4월 7일까지의 거래 내역은 다음과 같다.

a. 총 1,500주(주당 액면 $0.10)의 주식을 발행하였으며 3명의 투자자가 각각 500주씩 인수하였다. 주식의 총 발행금액은 $9,000이다.

b. 작업을 위해 정가 $690의 장비(비품)를 $600에 구입하면서 $200는 현금으로 지불하고, 나머지는 3개월 만기 어음을 발행하였다.

c. XYZ Lawn사에 장비 $4,000를 주문하였다.

d. 미래에 창고로 활용하기 위해 4에이커 규모의 토지를 현금 $5,000에 구입하였다.

e. XYZ Lawn사에 주문했던 장비를 받고, 대금은 18개월 만기 약속어음을 발행하였다.

f. 시에서 공원을 조성한다고 하여 보유중인 토지 중에서 1에이커를 $1,250에 처분하고 4월말 만기인 어음을 수취하였다.

g. 주주 중 한 명이 개인적인 용도로 지방 은행에서 $3,000를 차입하였다.

요구사항 :

1. T계정(현금, 미수금, 비품, 토지, 미지급금, 미지급비용, 장기미지급금, 보통주자본금, 주식발행초과금)을 설정하시오. 기초 잔액은 $0로 표시하시오. 이번 장에서 설명한 거래 분석 모델을 참조하여 각각의 거래를 분석하고 날짜순으로 분개하시오. 분개를 각 T계정에 전기하시오. 각 거래별 알파벳을 표시하시오. T계정의 기말 잔액을 계산하시오.

자산	=	부채	+	자본	
(다양한 계정)		(다양한 계정)		납입자본 (2개 계정)	자본적립 (1개 계정)
+ 차변 | − 대변		− 차변 | + 대변		보통주자본금, 주식발행초과금	이익잉여금
				+ 대변	− 차변 | + 대변
				주주에 의한 투자	배당금 선언 | 당기순이익 (제3장)

2. T계정의 기말 잔액을 이용하여 2016년 4월 7일 기준으로 Terrific Lawn Maintenance사의 재무상태표를 작성하시오.
3. (a)~(g)의 거래를 투자활동과 재무활동으로 분류하고 영향을 다음과 같이 표시하시오: 투자활동 현금유입(+I), 투자활동 현금유출(−I), 재무활동 현금유입(+F), 재무활동 현금유출(−F)

다음에 제시된 해설을 참고하여 여러분이 작성한 내용을 확인하시오.

▌해설

1. 거래 분석 :

수취	지급
a. 현금(+A) $9,000	보통주자본금(+SE) $150 (1,500주 × 주당 액면 $0.10) 주식발행초과금(+SE) $8,850 ($9,000 − $150)
b. 비품(+A) $600	현금(−A) $200 미지급금(+L) $400
c. 거래가 아님 — 공급업자로부터 배송에 대한 약속만 받은 상태임.	
d. 토지(+A) $5,000	현금(−A) $5,000
e. 비품(+A) $4,000	장기미지급금(+L) $4,000
f. 미수금(+A) $1,250	토지(−A) $1,250 (토지의 원가 $5,000의 1/4)
g. 기업실체의 거래가 아님	

분개	차변	대변
(a) 현금(+A)	9,000	
보통주자본금(+SE)		150
주식발행초과금(+SE)		8,850
(b) 비품(+A)	600	
현금(−A)		200
미지급금(+L)		400
(c) 거래 아님 (분개 없음)		
(d) 토지(+A)	5,000	
현금(−A)		5,000
(e) 비품(+A)	4,000	
장기미지급금(+L)		4,000
(f) 미수금(+A)	1,250	
토지(−A)		1,250
(g) 거래 아님 (분개 없음)		

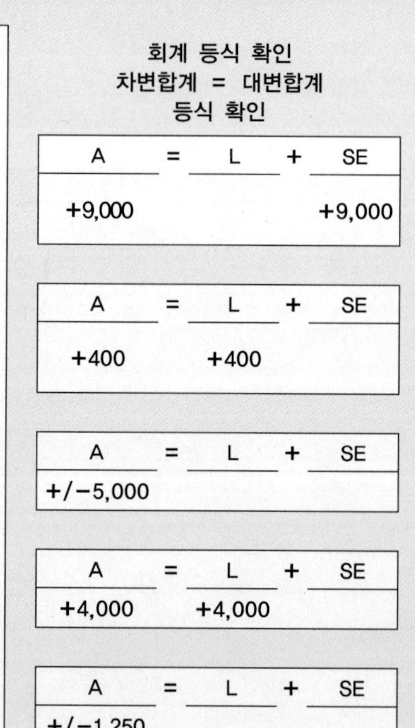

T계정 :

+ 현금(A) −			
4/1/16	0		
(a)	9,000	200	(b)
		5,000	(d)
	3,800		

+ 미수금(A) −			
4/1/16	0		
(f)	1,250		
	1,250		

+ 비품(A) −			
4/1/16	0		
(b)	600		
(e)	4,000		
	4,600		

+ 토지(A) −			
4/1/16	0		
(a)	5,000	1,250	(f)
	3,750		

+ 미지급금(A) −			
		0	4/1/16
		400	(b)
		400	

+ 장기미지급금(A) −			
		0	4/1/16
		4,000	(e)
		4,000	

− 보통주자본금(SE) +			
		0	4/1/16
		150	(a)
		150	

− 주식발행초과금(SE) +			
		0	4/1/16
		8,850	(a)
		8,850	

2. 재무상태표

TERRIFIC LAWN MAINTENANCE CORPORATION
재무상태표
2016년 4월 7일 현재

자산	
유동자산 :	
현금	$ 3,800
미수금	1,250
유동자산 합계	5,050
비품	4,600
토지	3,750
자산 합계	$13,400
부채와 자본	
유동부채 :	
미지급금	$ 400
유동부채 합계	400
장기미지급금	4,000
부채 합계	4,400
자본 :	
보통주자본금(주당 액면 $0.10)	150
주식발행초과금	8,850
자본 합계	9,000
부채와 자본 합계	$13,400

3. 현금흐름

+ 현금(A) −			
4/1/16	0		
(a)	9,000	200	(b)
		5,000	(d)
	3,800		

(a), (b), (d)만 현금흐름에 영향을 미침
(a) +F, $9,000
(b) −I, $200
(d) −I, $5,000

CHAPTER TAKE-AWAYS

2-1. 재무보고의 목적, 재무상태표의 요소 및 관련한 주요 회계가정 및 원칙을 정리한다.

○ **재무보고의 목적 :**

- 외부 정보이용자에 대한 재무보고의 주된 목적은 현재 및 잠재적 투자자, 대여자 및 기타 채권자에게 자원 제공에 대한 결정을 내리는 데 유용한 보고기업에 대한 재무정보를 제공하는 것이다.

○ **유용한 재무정보의 질적 특성 :**

- 목적적합한 재무정보(relevant information)란 정보이용자의 의사결정에 차이가 나도록 할 수 있는 정보를 의미하는데, 이러한 정보는 정보이용자가 보고기업의 과거 활동을 평가하고 미래 경영활동의 결과를 예측하는 데 도움을 줌으로써 의사결정에 영향을 줄 수 있다.
- 표현충실성(faithful representation)을 위해서 서술은 완전하고, 중립적이며, 오류가 없어야 한다.
- 비교가능성, 검증가능성, 적시성 및 이해가능성은 목적적합하고 충실하게 표현된 정보의 유용성을 보강시키는 질적 특성이다.

○ **인식, 측정, 공시의 원칙 :**

[가정]

- 계속기업(going concern)의 가정 : 재무제표는 일반적으로 기업이 계속기업이며 예상가능한 기간 동안 영업을 계속할 것이라는 가정하에 작성된다.

[측정]

- 재무제표를 작성하기 위해서는 다수의 측정기준이 다양한 방법으로 결합되어 사용되며 측정기준의 예로는 역사적원가, 현행원가, 실현가능(이행)가치, 현재가치 등이 있다. 재무제표를 작성할 때 기업이 가장 보편적으로 채택하고 있는 측정기준은 역사적원가이다. 역사적원가는 자산을 취득의 대가로 취득 당시에 지급한 현금 또는 현금성자산이나 그 밖의 대가의 공정가치로 기록한다.

[재무상태표의 요소]

- 자산(assets) : 과거 사건의 결과로 기업이 통제하고 있고 미래 경제적 효익이 기업에 유입될 것으로 기대되는 자원을 의미한다.
- 부채(liabilities) : 과거사건으로 생긴 현재 의무로서, 미래에 현금, 재화의 이전 또는 서비스를 제공해야 하는 의무를 의미한다.
- 자본(stockholders' equity) : 기업의 자산에서 부채를 차감한 후의 잔여지분을 의미하며, 소유주에 의한 투자와 경영 성과의 결과로 구성된다.

2-2. 경영활동에서 거래의 구성요소를 파악하고 이를 재무상태표의 계정과목으로 표현한다.

- 거래 중에서 외부사건은 특정 실체의 자산, 재화 혹은 서비스를 외부의 다른 실체의 자산, 서비스 혹은 지불 약속(부채)과 교환하는 사건들이다(단, 약속만으로는 거래가 아니다).
- 특정 실체가 외부의 다른 실체와 어떤 것을 교환하지는 않았으나 그럼에도 불구하고 특정 실체에 직접적이고 측정가능한 영향을 미치는 사건들도 거래에 해당한다.

각 재무제표 항목에 영향을 미치는 금액을 누적하여 기록하기 위해 기업은 계정(account)이라는 표준화된 양식을 사용한다. 전형적인 재무상태표 관련 계정들은 다음과 같다.

- 자산 계정 : 현금, 매출채권, 재고자산, 선급비용, 투자자산, 유형자산(토지, 건물, 비품 등), 무형자산 등
- 부채 계정 : 매입채무, 미지급금, 미지급비용, 선수수익, 미지급법인세, 차입금, 사채 등
- 자본 계정 : 보통주자본금, 주식발행초과금, 이익잉여금 등

2-3. 거래가 회계 등식(자산＝부채＋자본)으로 표현되는 기본 논리를 이해한다.

회계 등식의 관점에서 거래가 기업에 미치는 경제적 영향을 분석해야 한다. 거래는 이중성(dual effects)을 갖는데 거래의 이중성이란 모든 거래는 회계 등식에서 최소한 두 가지에 영향을 미친다는 것을 의미한다. 기업 외부와의 대부분의 거래는 교환의 형식으로 이루어지는데 간단히 설명하면 어떤 한 경영 주체가 상대방에게서 무엇인가를 받고 그에 대한 대가로 무엇인가를 주는 형태이다. 계정명과 영향의 방향 그리고 금액이 정확히 분석되었다면 회계 등식이 유지된다. 기본적인 거래 분석 모델은 다음과 같다.

자산		=	부채		+	자본			
(다양한 계정)			(다양한 계정)			납입자본 (2개 계정)		자본적립 (1개 계정)	
						보통주자본금, 주식발행초과금		이익잉여금	
+ 차변	− 대변		− 차변	+ 대변			+ 대변	− 차변	+ 대변
							주주에 의한 투자	배당금 선언	당기순이익 (제3장)

체계적인 거래 분석은 다음과 같은 과정을 포함한다.

(1) 거래의 결과로 무엇을 받았으며 무엇을 주었는지와 관련하여 각 계정 요소(자산, 부채, 자본)를 식별하고, 금액을 결정하고, 방향을 결정한다.

(2) 회계 등식이 여전히 유지되는지를 확인한다.

2-4. 거래가 재무상태표에 반영되는 과정인 분개와 전기를 이해한다.

• 분개(journal entry)는 거래로 인한 영향을 계정에 표시하기 위한 회계 절차이다. 이것은 [차변 = 대변]의 형식으로 작성된다. 차변에 기입될 계정은 윗줄에 쓰여지고, 왼쪽 열에 금액이 기록된다. 대변에 기입될 계정은 아래줄에 쓰여지고, 금액은 오른쪽 열에 기재된다. 각 거래에 대해 날짜 또는 특정 형식의 참조 표시를 포함하는 것이 유용하다.

	차 변	대 변
(a) 현금(+A)	62,300	
보통주자본금(+SE)		100
주식발행초과금(+SE)		62,200

• T계정은 거래가 각 계정에 미치는 영향을 요약하는 도구이다. T계정은 잔액을 결정하고 경영활동의 영향을 묘사하는 데 유용하게 이용된다.

+(dr) 자산	(cr)−
기초 잔액 증가	감소
기말 잔액	

−(dr) 부채와 자본	(cr)+
감소	기초 잔액 증가
	기말 잔액

2-5. 시산표와 약식 재무상태표를 작성하고 비율분석 중 하나인 유동비율을 이용하여 회사를 분석하는 과정을 이해한다.

시산표를 작성할 때 T계정에 잔액이 있는 계정의 이름을 재무제표 요소의 순서(자산, 부채, 자본, 수익, 비용)에 따라 한 줄로 나열하고 다음 두 개의 열에는 차변 잔액 또는 대변 잔액을 표시한다.

• 자산은 유동자산(보고일로부터 1년 이내에 사용되거나 현금으로 전환가능한 자산이며 재고자산을 포함함)과 비유동자산(장기투자자산, 유형자산, 무형자산)으로 분류한다.

• 부채는 유동부채(1년 이내에 상환하거나 이행해야 할 경제적 의무, 주로 유동자산으로 지불됨)와 비유동부채로 분류한다.

• 자본은 보통주자본금(발행주식수 × 주당 액면금액), 주식발행초과금(발행주식수 × 주당 액면금액을 초과하여 납입된 금액), 이익잉여금(당기순이익 누계액 중에서 배당으로 지급되지 않고 기업에 재투자된 부분)의 순으로 나열한다.

유동비율(유동자산 ÷ 유동부채)은 기업의 유동성을 측정하는 지표이다. 이 지표는 회사가 유동자산으로 유동부채를 상환할 수 있는 능력을 평가한다.

2-6. 투자활동과 재무활동과 관련한 거래가 현금흐름에 미치는 영향을 이해한다.

현금흐름표는 일정 기간 동안의 현금흐름(현금유입, 현금유출)에 대한 정보를 3가지 경영 활동(영업활동, 투자활동, 재무활동)으로 분류하여 보고하는 표이다. 투자활동은 투자자산(타기업이 발행한 주식, 사채 등), 유형자산(토지, 건물, 비품 등)의 취득과 처분과 관련한 활동을 의미한다. 재무활동은 채권자로부터의 차입과 상환, 투자자에게 주식을 발행하고 발행한 주식을 재취득하는 활동, 투자자에게 배당금을 지급하는 활동 등을 의미한다.

이번 장에서는 기본적인 회계 모델과 거래 분석에 대해 살펴보았다. 투자활동과 재무활동과 관련한 의사결정과 관련한 거래의 결과는 분개와 T계정에 전기하는 과정을 통해 재무상태표에 반영된다. 제3장에서는 재무제표 중에서 손익계산서에 대한 상세한 설명을 추가할 것이다. 제3장의 목적은 수익과 비용의 측정에 대한 기본 개념에 대해 설명하고 영업활동과 관련한 의사결정의 결과로 인한 거래를 분석하는 과정에 대해 살펴볼 것이다.

KEY RATIO

유동비율(current ratio)은 회사가 유동자산으로 유동부채를 상환할 수 있는 능력을 평가하는 재무비율이다. 유동비율이 1을 초과하는 경우 1년 내에 상환해야 할 단기 부채를 상환하기에 충분한 유동자산을 보유하고 있음을 의미한다. 최근에 많은 회사들은 정교한 자산관리기법을 활용하여 유동비율이 1.0 미만이면서도 안정적인 수준으로 회사의 자금을 관리한다.

$$\text{유동비율} = \frac{\text{유동자산}}{\text{유동부채}}$$

FINDING FINANCIAL INFORMATION

재무상태표

유동자산	유동부채
현금	매입채무
단기투자자산	미지급비용
매출채권	미지급금
비수금	신수수익
재고자산	비유동부채
선급비용	장기미지급금
비유동자산	장기차입금
장기투자자산	자본
유형자산	보통주자본금
무형자산	주식발행초과금
	이익잉여금

포괄손익계산서

제3장에서 다룬다.

현금흐름표

영업활동

제3장에서 다룬다.

투자활동

+비유동자산과 투자자산의 처분으로 인한 현금
−비유동자산과 투자자산의 취득으로 인한 현금
−다른 기업의 채무상품의 취득
+다른 기업의 채무상품의 처분

재무활동

+은행으로부터의 차입
−은행에 대한 차입금 원금 상환
+주식의 발행
−자기주식의 취득
−배당금 지불

주석

이후 장들에서 논의한다.

KEY TERMS

T계정
거래
거래 분석
계속기업의 가정
계정
대변
목적적합성
보통주자본금
부채
분개
시산표
액면금액
원가(역사적원가)
유동부채
유동자산
이익잉여금
자본
자산
재무보고의 목적
주식발행초과금
차변
표현의 충실성
회계순환과정

QUESTIONS

1. 외부 정보이용자에 대한 재무보고의 주요 목적은 무엇인가?
2. 아래의 용어에 대한 정의를 서술하시오.
   a. 자산　　b. 유동자산
   c. 부채　　d. 유동부채
   e. 주식발행초과금　　f. 이익잉여금
3. 계속기업의 가정에 대해 설명하시오.
4. 회계의 기본가정이 필요한 이유는 무엇인가?
5. 계정이란 무엇인가? 회계시스템에서 계정을 사용하는 이유를 설명하시오.
6. 기본적인 회계 모델(기본적인 회계 등식)은 무엇인가?
7. 회계상 거래(business transaction)의 정의를 서술하고, 회계상 거래의 종류 2가지를 사례를 들어 설명하시오.
8. 차변과 대변에 대해서 설명하시오.
9. 거래 분석의 의미를 간략히 서술하시오. 거래 분석의 2가지 단계는 무엇인가?
10. 거래 분석에서 확인을 유지해야 하는 회계 등식 2가지는 무엇인가?
11. 분개란 무엇인가?
12. T계정이란 무엇인가? T계정을 사용하는 목적은 무엇인가?
13. 유동비율의 계산식은 무엇이고, 유동비율이 의미하는 것이 무엇인가?
14. 현금흐름표에서 투자활동으로 분류되는 거래는 무엇인가? 재무활동으로 분류되는 거래는 무엇인가?

MULTIPLE-CHOICE QUESTIONS

1. 상장된 회사가 회사 외부의 의사결정자들에게 회사의 인식된 가치를 극대화하려는 경우, 회사의 재무상태표에서 과소평가할 가능성이 가장 큰 것은?
   a. 자산　　b. 보통주자본금
   c. 이익잉여금　　d. 부채
2. 다음 중 자산의 계정과목이 아닌 것은?
   a. 투자자산　　b. 토지
   c. 선급비용　　d. 주식발행초과금
3. 연말에 재무제표상의 부채 총계 $150,000, 이익잉여금 $80,000, 당기순이익 $60,000, 보통주자본금 $40,000, 주식발행초과금 $20,000가 있다. 연말의 재무상태표에 보고할 자산 총계의 금액은?
   a. $290,000　　b. $270,000
   c. $205,000　　d. $15,000

4. 다음 중 거래의 이중성 개념에 대해서 가장 잘 설명한 것은?
   a. 회계시스템에 거래를 기록할 때, 기본 회계 등식에서 최소한 2가지 영향이 발생한다.
   b. 양 당사자 간에 거래를 할 때, 당사자 모두 거래를 기록해야 한다.
   c. 거래를 기록할 때, 재무상태표와 손익계산서 모두 영향을 받는다.
   d. 거래를 기록할 때, 계정 하나는 항상 증가하고, 다른 계정은 항상 감소할 것이다.

5. T계정은 다음 중 어떤 것을 분석하는 데 일반적으로 사용되는가?
   a. 회계시스템에서 단일 계정의 증가와 감소
   b. 회계시스템에서 단일 계정의 차변과 대변
   c. 일정기간 동안에 특정 계정의 변동
   d. 위의 설명 모두 T계정에 대해서 옳은 설명이다.

6. 재무상태표에서 자산 계정은 어떤 순서로 나열되는가?
   a. 알파벳 순서
   b. 금액 순서, 작은 금액부터 큰 금액 순으로
   c. 유동성이 높은 순서
   d. 유동성이 낮은 순서

7. 현금 T계정의 기초 잔액은 $21,000이다. 당기에 기재된 내용을 확인한 결과 차변에 $100,000, 대변에 $110,000 금액이 기입되었다. 현금의 기말 잔액은 얼마인가?
   a. 차변잔액 $11,000　　b. 대변잔액 $11,000
   c. 대변잔액 $31,000　　d. 차변잔액 $31,000

8. 다음 설명 중 재무상태표에 관해서 올바른 설명은?
   1. 회사의 재무상태표를 검토하여 회사의 정확하고 공정한 시장가치를 결정할 수 없다.
   2. 상표와 같이 회사 내부에서 만들어 낸 특정 자산은 회사의 재무상태표에 공시되지 않는다.
   3. 재무상태표는 특정한 날에 재무상태표에 있는 모든 계정의 잔액만 보여준다.

   a. 올바른 설명 없음　　b. 1, 2
   c. 2, 3　　d. 모두 올바른 설명임

9. The Gap, Inc.는 최근 연도 말에 총자산 $7,422, 유동자산 $4,309, 총부채 $4,667, 유동부채 $2,128, 자본 $2,755를 보고했다. 유동비율을 계산하고 유동비율이 회사에 의미하는 바는 무엇인가?
   a. 유동비율은 1.59이며 유동성 문제가 있음을 의미한다.
   b. 유동비율은 2.02이며 유동성이 충분하지 않음을 의미한다.
   c. 유동비율은 1.59이며 유동부채보다 유동자산이 더 많다는 것을 의미한다.
   d. 유동비율은 2.02이며 유동자산으로 단기 부채를 상환하기 어려움을 의미한다.

10. 다음 중 현금흐름표에서 재무활동이 아닌 것은?
   a. 회사가 자금을 대여함　　b. 회사가 자금을 차입함
   c. 회사가 배당금을 지불함　　d. 회사가 주주에게 주식을 발행함

Mini-EXERCISES

M2-1. 용어의 정의

관련된 용어에 해당되는 정의를 골라 빈칸에 알맞은 기호를 넣으시오. 용어 1개당 1가지의 정의만 고르시오. (용어보다 정의가 더 많음)

용어	정의
___ (1) 계속기업의 가정	A. ＝부채＋자본
___ (2) 역사적원가	B. 자산, 부채 그리고 자본을 보고한다.
___ (3) 대변	C. 소유자와 구분되는 사업을 위한 계정
___ (4) 자산	D. 자산의 증가, 부채와 자본의 감소
___ (5) 계정	E. 기업과 다른 당사자 간의 교환
	F. 기업이 가까운 미래에도 영업활동을 지속할 것이라는 개념
	G. 자산의 감소, 부채와 자본의 증가
	H. 자산은 거래한 날에 지급한 금액으로 기록해야 한다는 개념
	I. 재무제표에 공시하는 각 항목에 대해 자료를 누적하기 위해 사용하는 정형화된 양식

M2-2. 용어의 정의

관련된 용어에 해당되는 정의를 골라 빈칸에 알맞은 기호를 넣으시오. 용어 1개당 1가지의 정의만 고르시오. (용어보다 정의가 더 많음)

용어	정의
___ (1) 분개	A. 회계 모델
___ (2) A＝L＋SE, 차변＝대변	B. 재무제표 4가지
	C. 정확성을 위해 사용하는 회계 등식 2가지
___ (3) 자산＝부채＋자본	D. 거래 분석에 대한 결과
___ (4) 부채	E. 은행에서 자금을 차입할 때 차변에 사용하는 계정
___ (5) 손익계산서, 재무상태표, 자본변동표, 현금흐름표	F. 회사가 소유하고 있는 미래 경제적 효익이 기대되는 자원
	G. 주주에게 분배하지 않은 회사의 누적 이익
	H. 모든 거래는 최소한 2가지 영향을 미친다.
	I. 자산과 서비스를 구매하고 지급해야 할 가능성이 높은 부채와 의무

M2-3. 회계상 거래 식별

아래의 사건 중에, Dittman Company의 회계상 거래(exchange transaction)에 해당하는 것은? (맞으면 Y, 틀리면 N으로 표기)

___ (1) Dittman Company에 투자한 주주 6명이 다른 투자자에게 주식을 매각했다.

___ (2) 설립자이자 주주인 Megan Dittman은 다른 회사의 주식을 추가적으로 매입했다.

___ (3) 회사는 지역은행으로부터 $2,500,000를 대출받았다.

___ (4) Dittman Company는 지급어음을 발행하고 기계를 구입했다.

___ (5) 회사는 공급자에게 $300,000를 빌려줬다.

___ (6) Dittman Company는 Staples에 다음 주에 배달될 소모품을 주문했다.

M2-4. 재무상태표에서 계정 분류하기

Rosa-Perez Company의 계정은 아래와 같다.

___ (1) 매입채무	___ (9) 장기투자자산
___ (2) 매출채권	___ (10) 미지급금
___ (3) 건물	___ (11) 미수금
___ (4) 현금	___ (12) 선급임차료
___ (5) 보통주자본금	___ (13) 이익잉여금
___ (6) 토지	___ (14) 소모품
___ (7) 상품	___ (15) 미지급수도광열비
___ (8) 미지급법인세	___ (16) 미지급급여

재무상태표에 작성되는 것처럼 계정을 분류하고, 아래의 용어를 빈칸에 넣으시오.

유동자산(CA), 비유동자산(NCA), 유동부채(CL), 비유동부채(NCL), 자본(SE)

M2-5. 거래가 재무제표에 미치는 영향 확인하기

Dennen, Inc.의 1월 동안의 거래는 아래와 같다. a항목의 예를 참고하여 각 거래가 미치는 계정, 금액과 회계 등식에 미치는 영향의 방향(증가/감소)을 명시하시오.

a. (예) 지방은행으로부터 $30,000를 빌렸다.

b. 계열사에 $10,000를 빌려주고 1년 만기 어음을 받았다.

c. 투자자에게 주식 100주를 추가로 발행하고 현금을 받았다. 주식의 액면가는 1주당 $0.10이고 시장가격은 주당 $5이다.

d. $15,000의 비품을 구입하고 $5,000는 현금으로, 나머지는 1년 만기 어음으로 지급했다.

e. 주주에게 배당금 $2,000를 선언하고 지급했다.

자산	=	부채	+	자본
a. 예 : 현금 +30,000		차입금 +30,000		

M2-6. 재무상태표의 구성요소가 미치는 영향 확인하기

빈칸에 증가 또는 감소라고 표기하여 아래의 표를 완성하시오

	차변	대변
자산	______	______
부채	______	______
자본	______	______

M2-7. 재무상태표의 구성요소가 차변 및 대변에 미치는 영향 확인하기

빈칸에 증가 또는 감소라고 표기하여 아래의 표를 완성하시오.

	증가	감소
자산	______	______
부채	______	______
자본	______	______

M2-8. 간단한 거래 기록하기

M2-5에 있는 각 거래(예시 포함)를 적당한 양식으로 분개하시오.

M2-9. T계정 완성하기

M2-5에 있는 각 거래(예시 포함)에 대해서 T계정에 결과를 전기(posting)하고, 기말 잔액을 계산하시오. 기초 잔액은 주어진 금액을 확인하시오.

현금	
기초 잔액 900	

대여금	
기초 잔액 1,000	

비품	
기초 잔액 15,100	

차입금	
	기초 잔액 3,000

보통주자본금	
	기초 잔액 1,000

주식발행초과금	
	기초 잔액 3,000

이익잉여금	
	기초 잔액 10,000

M2-10. 시산표 작성하기

M2-9를 완성하고 Dennen, Inc. 1월 31일의 시산표를 작성하시오.

M2-11. 간단한 재무상태표 작성하기

M2-9에서 기초 잔액과 M2-5에서 주어진 거래(예시 포함)를 참고하여 Dennen, Inc. 1월 31일의 재무상태표를 작성하시오. 유동성이 높은 것부터 자산과 부채를 분류하시오.

M2-12. 유동비율의 계산 및 의미

아래의 자료를 이용하여, Sal's Taco Company의 2013년과 2014년의 유동비율을 계산하시오.

	유동자산	유동부채
2013년 말	$280,000	$155,000
2014년 말	$270,000	$250,000

유동비율의 변동은 회사에게 어떤 점을 시사하는가? 본문에서 제시한 Chipotle의 2014년 유동비율과 비교할 경우, Sal's Taco Company의 유동비율은 어떤가?

M2-13. 거래를 현금흐름표에서 투자활동 혹은 재무활동으로 식별하기

M2-5에 있는 거래를 현금흐름표에 있는 투자활동(I) 혹은 재무활동(F)으로 구분하시오.

EXERCISES

E2-1. 용어의 정의

관련된 용어에 해당되는 정의를 골라 빈칸에 알맞은 기호를 넣으시오. 용어 1개당 1가지의 정의만 고르시오. (용어보다 정의가 더 많다)

용어	정의
___ (1) 회계상 거래	A. 1년 이내에 현금으로 회수되거나 사용될 경제적 자원
___ (2) 계속기업의 가정	B. 자산, 부채 그리고 자본을 보고한다.
___ (3) 재무상태표	C. 회계상 거래는 소유주의 거래와 별도로 회계처리한다.
___ (4) 부채	D. 자산의 증가, 부채와 자본의 감소
___ (5) 자산=부채+자본	E. 기업과 다른 당사자 간의 교환
___ (6) 차입금	F. 기업이 가까운 미래에도 영업활동을 지속할 것이라는 개념
___ (7) 보통주자본금	G. 자산의 감소, 부채와 자본의 증가
___ (8) 역사적원가	H. 자산은 거래한 날에 지급한 금액으로 기록해야 한다는 개념
___ (9) 계정	I. 재무제표에 공시하는 각 항목에 대해 자료를 누적하기 위해 사용하는 정형화된 양식
___ (10) 거래의 이중성	
___ (11) 이익잉여금	J. 고객이 빚진 돈
___ (12) 유동자산	K. 기본적인 회계 모델
___ (13) 기업실체의 가정	L. 발행된 주식의 액면금액을 의미한다.
___ (14) 액면가	M. 은행에서 자금을 빌릴 때, 대변에 기입되는 금액
___ (15) 차변	N. 회계정보를 구매력의 변동에 대한 조정 없이 국가의 화폐 단위로 측정하고 보고해야 한다는 개념
___ (16) 매출채권	
___ (17) 화폐 측정의 가정	O. 주주에게 분배하지 않은 회사의 누적 이익
___ (18) 충실한 표현	P. 자산과 서비스를 구매하고 지급해야 할 부채와 의무
___ (19) 목적적합성	Q. 모든 거래는 최소한 2가지 영향을 미친다.
___ (20) 자본	R. 주주에게 조달하거나 영업활동을 통해서 자금을 조달한 금액
	S. 자산 및 수익을 과대평가하지 않고 부채 및 비용을 과소평가하지 않도록 주의한다는 개념
	T. 유용한 정보는 예측가치와 피드백가치를 갖는다.
	U. 정보이용자의 의사결정에 영향을 미치지 않을 정도로 상대적으로 작은 금액은 비용 대비 효익이 가장 큰 방법으로 기록되어야 한다.
	V. 1년 이상의 기간에 현금으로 회수되거나 사용될 경제적 자원

W. 유용한 정보는 서술이 완전하고, 중립적이고 오류가 없어야 한다.
X. 1주당 법적인 금액

E2-2. 계정과목 식별하기

아래의 상황은 각각 독립적인 상황이다.

a. 새로운 회사를 설립하면서 투자자들에게 주당 액면가 $1인 주식 100주를 주당 $12에 발행하다.
b. 회사는 현금 $18,000를 주고 $21,000의 가격표가 붙은 새로운 배달용 트럭을 구매했다.
c. 여성의류 소매점은 향후 배달을 위해 새로운 진열대 30개를 개당 $300에 주문했다.
d. 회사는 3개월 내에 $25,000를 지급한다는 어음을 발행하고, 사무실에서 사용할 목적으로 PC 10대를 주문하고 바로 받았다.
e. 건설사는 기업 고객에게 새로운 창고를 $500,000에 건설하는 계약을 했다. 계약 후에 기업은 건설에 대한 계약금(첫 번째 지급)으로 $50,000의 수표를 지급하였다. 대금은 건설 진행 정도에 따라 주기로 했다. (건설사가 아닌) 기업 고객 입장에서 거래를 생각하시오.
f. 출판사는 현금 $40,000를 주고 회계입문교재의 원고에 대한 저작권(무형자산)을 구입했다.
g. 제조기업은 다음 회계기간에 주주에게 $100,000를 현금배당하기로 선언했다.
h. 회사는 현금 $50,000를 주고 토지를 매입했다. 감정인은 토지가 $52,500의 가치가 있다고 했다.
i. 제조기업은 TV수신에 대한 새로운 디지털 인공위성 시스템 관련 특허권(무형자산)을 현금 $500,000와 1년 내에 $400,000를 지급하겠다는 어음을 발행하고 취득했다.
j. 지역회사는 개인사업(소유주 1명)이다. 개인사업자는 $10,000를 주고 개인적인 용도로 사용할 자동차를 구입했다. 지역회사 입장에서 거래를 판단하시오.
k. 회사는 투자자산으로 Apple Inc.의 보통주 주식 100주를 현금 $5,000에 매입했다.
l. 회사는 지방은행으로부터 $1,000를 차입하고 6개월 만기 어음을 발행했다.
m. 회사는 차입금에 대한 원금 $1,500를 지급했다(이자는 무시한다).

요구사항:

1. 위의 사건 각각에 영향을 받은 계정과목에 대해서 적절한 계정과목을 사용하시오. 무엇을 주고 받았는지 생각해보시오.
2. 항목 b에서 트럭을 기입한 금액은 얼마인가? 항목 h에서 토지를 기입한 금액은? 여기에 적용된 측정 원칙은 무엇인가?
3. 항목 c에 적용된 회계 개념은 무엇인가? 항목 j에 적용된 회계 개념은 무엇인가?

E2-3. 계정과 평상잔액 분류하기

Verizon Communication은 미국 내 가장 광범위한 무선 네트워크 중 하나로 무선 음성과 데이터 서비스를 제공한다. Verizon은 총 고객 수를 기준으로 미국에서 가장 큰 무선 서비스를 제공하는 업체로, 현재 1억 명 이상의 고객에게 서비스를 제공하고 있다. 아래의 계정은 Verizon의 최근 재무상태표에 기재된 계정이다.

(1) 매출채권
(2) 이익잉여금
(3) 미지급비용
(4) 선급비용
(5) 보통주자본금
(6) 장기투자자산
(7) 유형자산
(8) 매입채무
(9) 단기투자자산
(10) 비유동부채

요구사항:

위의 계정을 유동자산(CA), 비유동자산(NCA), 유동부채(CL), 비유동부채(NCL), 자본(SE) 항목으로 분류하시오. 또한 계정의 평상잔액이 차변인지 대변인지를 구분하시오.

E2-5. 거래를 통해 재무제표에 미치는 영향 확인하기

Beaverton, Oregon에 본사가 있는 Nike는 운동용 신발과 운동복으로 유명한 세계적인 제조업체이다. 최근 연도에 아래의 사건이 발생했다. 금액의 단위는 백만 달러이다.

a. 추가적으로 건물을 $172에, 장비를 $270에 매입하고 현금 $432를 지급했다. 나머지 금액은 장기성어음을 지급했다.
b. 주당 액면가 $2인 보통주 주식 100주를 현금 $345를 받고 발행했다.
c. 배당을 선언하고 다음 연도에 배당금 $145를 지급하기로 했다.
d. 현금 $7,616를 주고 단기투자자산을 추가로 매입했다.
e. 일부 Nike 투자자들은 증권거래소에서 본인의 주식을 $84에 다른 투자자에게 매각했다.
f. 현금 $4,313를 받고 단기투자자산 중에서 $4,313를 처분했다.

요구사항:

1. 사건 (a)부터 (f)까지의 거래를 분석하고, 계정, 금액과 회계 등식에 미치는 영향의 방향(증가/감소)을 명시하시오. 각 거래 후에 회계 등식에 남아 있는 잔액이 얼마인지 확인하시오. 아래의 양식을 이용하시오.

사건	자산	=	부채	+	자본

2. 사건 (e)에 대한 본인의 의견을 설명하시오.

E2-7. 투자활동과 재무활동 기록하기

E2-5를 참고하시오.

요구사항:

1. E2-5에 있는 사건 (a)부터 (f)까지, 차변과 대변이 동일한지 확인하면서 분개를 작성하시오.
2. 사건 (e)에 대한 본인의 의견을 설명하시오.

E2-8. 투자활동과 재무활동 기록하기

Kelsey Baker는 2월초에 GolfDeals.com을 설립했다. GolfDeals.com은 새로운 골프 장비와 중고 골프 상품을 온라인에서 판매한다. 2월에 아래의 사건이 발생했다.

a. 은행에서 현금 $30,000를 차입하고 3년 만기 어음을 지급했다.
b. 기관으로부터 현금투자를 받고, 주당 액면가 $0.1인 보통주 주식을 주당 시장가 $30에 500주를

발행했다.

c. 창고를 $115,000에 매입하고 $23,000는 현금으로, 나머지 금액은 부동산을 담보로 하는 10년 만기 어음을 발행했다.
d. 컴퓨터와 사무용품을 $20,000에 매입하고 $4,000는 현금으로, 나머지는 외상으로 하다.
e. 직원에게 $1,000를 빌려주었다.
f. 위의 (d) 거래와 관련하여 제조사에게 $2,000를 지급했다.
g. 현금 $10,000를 지불하고 단기투자자산을 매입했다.

요구사항:

사건 (a)부터 (g)까지, 차변과 대변이 동일한지 확인하면서 분개를 작성하시오.

E2-10. 거래가 T계정에 미치는 영향 분석하기

Chris Stoschek는 Precision Builders Construction Company를 설립했다. 그 해에 아래의 사건이 발생했다.

a. 3명의 투자자로부터 현금 $60,000와 $35,000의 가치가 있는 토지를 받고, 투자자 각각에게 주당 액면가 $0.1인 보통주 주식 1,000주를 발행했다.
b. 사업 목적으로 건설장비를 $36,000에 매입했고, 금액의 1/4은 현금과 나머지는 6개월 만기 어음으로 지급했다.
c. 투자자 1명에게 $2,500를 빌려주고, 6개월 만기 어음을 받았다.
d. Chris Stoschek는 개인적인 목적으로 트럭을 구입했다. $5,000의 계약금을 지불하고, 나머지는 1년 만기 어음 $22,000를 발행하였다.
e. 사건 (b)에서 건설장비 구입관련 어음 $12,000를 현금으로 지급했다.

요구사항:

1. 다음의 계정에 대하여 T계정을 작성하시오. (현금, 대여금, 유형자산, 토지, 미지급금, 보통주자본금, 주식발행초과금) 기초 잔액은 모두 $0이다. T계정에 거래 (a)부터 (e)까지 각각의 거래에 대한 영향을 기록하시오. T계정마다 참조(referencing)와 총계를 표시하시오.
2. T계정에 있는 잔액을 이용하여, 회계 등식에 있는 빈칸에 금액을 넣으시오.

   자산 $________ = 부채 $________ + 자본 $________

3. 사건 (d)에 대한 본인의 의견을 설명하시오.
4. 사건 (a)에서 발행된 주식 1주당 시장가격은 얼마인가?

E2-12. 투자거래와 재무거래를 추론하고 재무상태표 작성하기

첫 번째 영업기간 1달(3월) 동안에 Volz Cleaning, Inc.는 아래의 표에 영향을 준 6가지 거래를 완료했다.

계정	6가지 각 거래에 대한 영향 (단위 : 달러)						기말 잔액
현금	$45,000	$(8,000)	$(2,000)	$(7,000)	$3,000	$(4,000)	
투자자산(단기)				7,000	(3,000)		
대여금(6개월 만기)			2,000				
컴퓨터						$4,000	
배달용 트럭		35,000					
미지급금(10년 만기)		27,000					
보통주자본금(3,000주)	6,000						
주식발행초과금	39,000						

요구사항:

1. 각 거래에 대해 간략한 설명을 서술하시오. 본인이 했던 가정에 대해서 설명하시오.
2. 3월 말에 Volz Cleaning, Inc.의 각 계정에 대한 기말 잔액을 계산하고, 재무상태표를 작성하시오.

E2-13. 분개하기

Nathanson Corporation은 5월 1일에 설립되었다. 첫 번째 달에 아래의 사건이 발생했다.

a. Nathanson Corporation을 설립한 5명의 투자자에게서 현금 $70,000를 받았다. 각각의 투자자는 1주당 액면가 $10인 보통주 100주를 받았다.
b. 상점 비품 $15,000를 주문했다.
c. 현금 $18,000를 차입하고 2년 만기 어음을 발행했다.
d. 장비 $11,000를 구입하고 $1,500는 현금으로, 나머지 잔액은 6개월 만기 어음으로 지급했다.
e. 종업원에게 $2,000를 빌려주고, 3개월 후에 빚을 갚겠다는 어음을 받았다.
f. 사건 (b)에서 주문한 상점 비품에 대해서 금액을 지불하고 상품을 받았다.

요구사항:

위의 모든 거래에 대해 분개하시오. (차변이 위에 있고 대변이 아래로 있다는 점을 참고하시오.) 참조 표시를 사용하고 각 계정을 자산(A), 부채(L), 자본(SE)으로 분류하시오. 분개를 하지 않은 경영활동의 경우, 이유를 설명하시오.

E2-14. 분개하기

독일 Munich에 본사를 둔 BMW Group은 BMW 그룹, MINI, 롤스로이드를 포함하여 다양한 자동차 브랜드를 제조한다. 재무정보는 유럽연합에 적용가능한 국제회계기준(IFRS)을 적용하여 유로화폐단위로 작성되었다 아래의 활동은 BMW Group의 사업보고서에 있는 내용이며, 단위는 백만 유로이다.

a. 다음 달에 배당금 €1,508를 지급할 것을 선언했다.
b. 장비 €2,598를 주문했다.
c. 수개월 전에 선언한 배당금 €852를 지급했다.
d. 은행으로부터 현금 €5,899를 차입했다.
e. 장비를 현금 €53에 매각했다.

f. 항목 b에서 주문한 장비를 받고, 현금 €2,250와 나머지 금액은 어음으로 지급했다.

g. 현금 €2,616를 주고 투자자산을 매입했다.

요구사항:

위의 모든 거래에 대해 분개하시오. (차변이 위에 있고 대변이 아래로 있다는 점을 참고하시오.) 참조를 사용하고 각 계정을 자산(A), 부채(L), 자본(SE)으로 분류하시오. 분개하지 않는 경우, 이유를 설명하시오.

E2-15. 회사의 관리자로서 거래가 T계정에 미치는 영향 분석하기

Higgins Company는 작년에 사업을 시작했다. 여러분은 은행으로부터 대출을 받아야 하는 확장 계획을 조사하는 경영진이다. 이번 연도 초에 Higgins의 T계정의 잔액은 아래와 같다.

자산 :

현금	
5,000	

단기투자자산	
2,500	

유형자산	
3,000	

부채 :

미지급금	
	2,200

장기미지급금	
	800

자본 :

보통주자본금	
	500

주식발행초과금	
	4,000

이익잉여금	
	3,000

요구사항:

1. T계정의 자료를 이용하여, 이번 연도 1월 1일에 아래의 항목에 금액을 넣으시오.

   자산 $________ = 부채 $________ + 자본 $________

2. T계정에 이번 연도에 있는 아래의 거래를 기입하시오.
   (a) 은행으로부터 $4,000의 대출을 받고 3년 만기 어음을 지급했다.
   (b) 투자자산 $1,500를 현금 $1,500에 매각했다.
   (c) 유형자산의 절반을 현금 $1,500에 매각했다.
   (d) 주주에게 현금배당 $800를 선언하고 지급했다.

3. 이번 연도 12월 31일에 아래의 항목에 금액을 기입하기 위해 T계정의 기말 잔액을 계산하시오.

   자산 $________ – 부채 $________ + 자본 $________

4. 이번 연도 12월 31일의 유동비율을 계산하시오. 산업 평균 유동비율이 1.5인 경우, Higgins Company에게 시사점은 무엇인가? Higgins Company에게 단기 유동부채를 증가시킬 것을 제안하겠는가? 제안하는 이유 혹은 제안하지 않는 이유를 설명하시오.

E2-16. 재무상태표 작성하기

E2-15를 참고하시오.

요구사항 :

E2-15에 있는 T계정의 기말 잔액을 이용하여, 이번 연도 12월 31일의 적절한 재무상태표를 작성하시오.

E2-17. T계정을 사용하여 거래의 영향 분석, 재무상태표 작성, 은행 대출심사담당자로서 유동비율 평가하기

Strauderman Delivery Company, Inc.는 Wisconsin에서 2016년에 설립되었다. 그 해에 아래의 거래가 발생했다.

a. 주당 액면가 $1인 주식 10,000주를 1주당 시장가 $4에 투자자와 교환하고 현금을 받았다.
b. Wisconsin에 있는 토지를 $16,000에 매입하고, 1년 만기 어음을 지급했다(이자는 무시한다).
c. 그 해 초에 사업 목적으로 중고 배달용 트럭 2대를 각각 $10,000에 구입했다. 현금 $4,000와 나머지 금액은 3년 만기 어음으로 지급했다(이자는 무시한다).
d. 트럭 1개를 새로운 엔진으로 교체하기 위해 정비소에 $1,000를 지급했다. (**힌트 :** 트럭의 내용연수가 개선되었기 때문에, 트럭의 매입을 기록하기 위해 사용된 계정을 증가시킴)
e. Pablo Development Corporation에 토지의 1/4를 $4,000에 매각했고, 6개월 만기 어음을 받았다.
f. 주주 Melissa Strauderman가 개인적인 목적으로 캐나다에 있는 토지를 현금 $27,600에 매입했다.

요구사항 :

1. 현금, 미수금, 토지, 유형자산, 단기미지급금, 장기미지급금, 보통주자본금, 주식발행초과금에 대해서 T계정을 작성하고, 각 계정의 기초 잔액을 '0'으로 설정하시오. T계정을 이용하여 Strauderman Delivery Company에 위의 모든 거래가 미치는 영향을 기입하시오.
2. 2016년 12월 31일의 시산표를 작성하시오.
3. 2016년 12월 31일 현재 Strauderman Delivery Company의 재무상태표를 작성하시오.
4. 다음 2개 연도 기말에, Strauderman Delivery Company는 재무상태표에 아래의 금액을 보고했다.

	2017년 12월 31일	2018년 12월 31일
유동자산	$52,000	$47,000
비유동자산	38,000	73,000
자산 총계	**90,000**	**120,000**
단기미지급금	23,000	40,000
장기미지급금	17,000	20,000
부채 총계	**40,000**	**60,000**
자본	**50,000**	**60,000**

2016년, 2017년, 2018년의 유동비율을 계산하시오. 어떤 경향을 보이는가? 이것이 회사에 의미하는 바는 무엇인가?

5. 2019년 기초에, Strauderman Delivery Company는 사업을 확장하기 위해 여러분의 은행에 단기 대출 $50,000를 신청했다. 은행의 부사장은 여러분에게 정보를 검토하고 유동비율의 결과만을 기준으로 하여 대출심사에 대해서 조언해줄 것을 부탁했다. 여러분은 Strauderman Delivery Comapny에 대출해주는 것에 대해서 부사장에게 어떤 조언을 하겠는가?

E2-18. T계정을 이용하여 거래가 재무상태표에 미치는 영향 설명하기

주주가 2명인 회사 Waltman Furniture Repair Service는 6월 1일에 사업을 시작했다. 6월 한 달 동안 있었던 활동을 아래의 T계정에 반영했다.

현금(A)			
6/1	0		
a.	20,000	b.	1,800
d.	900	c.	10,000

대여금(A)			
6/1	0		
b.	1,800		

비품(A)			
6/1	0		
a.	5,000	d.	900

건물(A)			
6/1	0		
c.	40,000		

미지급금(L)			
		6/1	0
		c.	30,000

보통주자본금(100,000주)(SE)			
		6/1	0
		a.	2,000

주식발행초과금(SE)			
		6/1	0
		a.	23,000

요구사항:

T계정에 기입된 사건 (a)부터 (d)까지를 설명하시오. 어떤 거래가 각 계정을 증가시키거나 감소시켰는가?

E2-19. 계정에서 전형적인 투자활동과 재무활동 추론하기

일반적인 사업 거래의 결과를 아래의 계정에 반영했다.

비품			
1/1	500		
	250	?	
12/31	100		

대여금			
1/1	150		
	?	225	
12/31	170		

미지급금			
		100	1/1
	?	170	
		160	12/31

요구사항:

1. T계정에 영향을 미치는 전형적인 투자활동과 재무활동에 대해서 서술하시오. 어떤 경제적인 활동이 각 계정을 증가시키거나 감소시켰는가?
2. T계정에서 누락된 금액을 계산하시오.

E2-21. 현금흐름에 영향을 미치는 투자활동과 재무활동 식별하기

Starwood Hotel & Resorts Worldwide, Inc.는 100개국에 1,200개 이상의 호텔을 보유한 세계 최대의 호텔 및 레저 기업 중 하나이다. Starwood는 다음 브랜드의 호텔, 리조트, 숙소를 소유하고, 운영하며 가맹점을 관리한다 : St. Regis®, The Luxury Collection®, W®, Westin®, Le Méridien®, Sheraton®, Four Points® by Sheraton, Aloft®, and Element®. 회사의 최근 현금흐름표에 공시된 자료에서 투자활동과 재무활동은 아래와 같다. (단위: 백만 달러)

a. 은행으로부터 추가로 차입	$1,290
b. 투자자산 취득	1
c. 자산과 투자자산의 처분(원가에 처분했다고 가정)	806
d. 주식의 발행	70
e. 유형자산의 취득	327
f. 부채 원금의 상환	108
g. 배당금의 지급	735
h. 대여금의 원금 수취	5

요구사항:

위의 활동을 투자활동(I) 혹은 재무활동(F)으로 분류하고, 현금흐름에 미치는 영향의 방향(+: 현금흐름 증가, −: 현금흐름 감소)을 명시해라.

E2-22. 잠재적인 투자자로서 재무정보 찾기

여러분은 할아버지로부터 상속받은 현금을 다양한 주식에 투자하려고 생각 중이고, 다양한 대기업의 사업보고서를 받았다.

요구사항:

아래의 항목 각각에 대해서, 사업보고서에서 아래의 정보가 있는 위치를 찾아라. 그 정보는 위치가 여러 개일 수 있다.

1. 유동자산 총계
2. 그해에 상환한 채무의 원금
3. 중요한 회계정책에 대한 요약
4. 비유동자산을 매각하여 받은 현금
5. 그해에 지급된 배당금액
6. 단기채무
7. 재무상태표의 날짜

PROBLEMS

P2-1. 재무상태표에 있는 계정과 계정의 평상잔액 식별하기

Exxon Mobil Corporation은 전 세계에 원유, 천연가스 및 석유제품을 탐사, 생산, 판매한다. Exxon Mobil Corporation의 최근 재무상태표에 있는 계정은 아래와 같다.

	재무상태표의 분류	평상잔액 위치
(1) 단기미지급금 및 단기차입금	______	______
(2) 원재료 및 소모품	______	______
(3) 보통주자본금	______	______
(4) 특허권(무형자산)	______	______
(5) 미지급법인세	______	______
(6) 비유동부채	______	______
(7) 유가증권(단기투자자산)	______	______
(8) 유형자산	______	______
(9) 이익잉여금	______	______
(10) 단기대여금 및 단기매출채권	______	______
(11) 장기투자자산	______	______
(12) 현금 및 현금성자산	______	______
(13) 매입채무	______	______
(14) 원유제품 및 상품	______	______
(15) 주식발행초과금	______	______

요구사항:

위의 계정을 유동자산(CA), 비유동자산(NCA), 유동부채(CL), 비유동부채(NCL), 자본(SE) 항목으로 구분하시오. 또한 계정의 평상잔액이 차변인지 대변인지를 구분하시오.

P2-2. 거래가 재무제표에 미치는 영향 확인하기

친구 4명이 1명당 $10,000를 투자하고 액면가 $1인 주식 8,000주를 발행하여, East Hill Home Healthcare Services를 설립했다. 현재까지 4명이 유일한 주주이다. 작년 말에 다음과 같은 회계 기록이 있었다. 자산 총계 $700,000(현금 $50,000, 토지 $500,000, 비품 $50,000, 건물 $100,000), 부채 총계 $200,000(단기미지급금 $100,000, 장기미지급금$100,000), 자본 총계 $500,000(보통주자본금 $20,000, 주식발행초과금 $80,000, 이익잉여금 $400,0000)가 있다. 이번 연도에 아래의 사건이 발생했다.

a. 설립자들에게 현금 총 $90,000를 받고 9,000주의 주식을 추가로 발행했다.
b. 건물 $60,000, 장비 $15,000, 토지 $14,000를 구입하고, 현금 $9,000와 나머지 잔액은 15년 만기 어음으로 지급했다. (**힌트:** 5개의 계정에 영향을 미쳤다)
c. 사건 (b)에서 구매한 토지 중 1/4을 다른 회사에 현금 $3,500를 받고 매각했다.
d. 현금 $18,000에 단기투자자산을 취득했다.
e. 주주 1명이 본인의 East Hill 주식 300주를 현금 $3,000에 다른 주주에게 매각했다고 회사에 보고했다.

f. 이사비용을 위해 주주 1명에게 $5,000를 빌려주고, 6개월 만기 어음을 받았다.

요구사항:

1. East Hill Home Healthcare Services는 개인사업자, 합명회사/합자회사, 법인 중 설립 형태가 무엇인가? 여러분의 의견에 대한 근거를 설명하시오.
2. 이번 연도에 회사의 기록이 적절하지 않았고, 여러분에게 거래를 기입해달라는 부탁을 받았다. East Hill Home Healthcare Services에 대한 경제적 효과를 빠르게 평가하기 위해, 아래의 표를 완성하고 각 계정에 증가는 +, 감소는 −를 표기하기로 했다. 첫 번째 거래는 예시이다.

	자산						=	부채		+	자본		
	현금	단기 투자자산	대여금	토지	건물	비품		단기 미지급금	장기 미지급금		보통주 자본금	주식발행 초과금	이익 잉여금
기초 잔액	50,000			500,000	100,000	50,000	=	100,000	100,000		20,000	80,000	400,000
(a)	+90,000						=				+9,000	+81,000	

3. 위의 표에 사건 (e)에서 발생한 사건을 기입했는가? 이유는 무엇인가?
4. 위의 완성된 표만 이용하여, 아래의 금액을 계산하시오. (계산과정을 보이시오)
   a. 이번 연도 기말의 자산 총계
   b. 이번 연도 기말의 부채 총계
   c. 이번 연도 기말의 자본 총계
   d. 이번 연도 기말의 현금잔액
   e. 이번 연도 기말의 유동자산 총계
5. 이번 연도의 유동비율을 계산하시오. 유동비율이 회사에 의미하는 것이 무엇인가?

P2-3. T계정에 거래 기입, 시산표로 재무상태표 작성, 유동비율 평가하기

Cougar Plastics Company는 3년간 사업을 해왔다. 작년 12월 31일에, 회계기록을 아래의 항목에 반영했다.

현금	$22,000	매입채무	$15,000
단기투자자산	3,000	미지급비용	4,000
매출채권	3,000	단기미지급금	7,000
재고자산	20,000	장기미지급금	47,000
대여금(장기)	1,000	보통주자본금	10,000
비품	50,000	주식발행초과금	80,000
공장 건물	90,000	이익잉여금	31,000
무형자산	5,000		

이번 연도에 회사에서 아래의 사건이 발생했다.

a. 현금 $10,000에 단기투자자산을 취득했다.
b. 공급회사에게 $5,000를 빌려주고 2년 만기 어음을 받았다.
c. 장비를 $18,000에 구입하고, 현금 $5,000를 지불하고 나머지 잔액은 1년 만기 어음으로 지급했다.
d. 이번 연도 연말에 새로운 사장을 고용했다. 연봉은 $85,000이고 회사의 성과에 따라 산정한 가격으로 회사 주식을 매수할 수 있는 권리를 주기로 했다.

e. 현금 $11,000를 받고 1주당 액면가 $0.5인 보통주 주식 2,000주를 추가로 발행했다.

f. 지방은행에서 현금 $9,000를 빌리고 3개월 내에 갚기로 했다.

g. 현금 $3,000에 특허권(무형자산)을 취득했다.

h. 공장을 $24,000에 증축하면서 현금 $8,000와 나머지 금액은 3년 만기 어음으로 지급했다.

i. 결함이 있는 비품을 제조사에 반품하고, 현금 $1,000를 환불받았다.

요구사항:

1. 재무상태표에 있는 각 계정에 대해 T계정을 작성하고, 작년 연말잔액을 이번 연도 기초 잔액으로 기입하시오.
2. T계정(참조 포함)에 이번 연도에 발생한 사건을 각각 기록하고, 기말 잔액을 계산하시오.
3. 사건 (d)에 대해서 여러분의 의견을 설명하시오.
4. 이번 연도 12월 31일의 시산표를 작성하시오.
5. 이번 연도 12월 31일의 재무상태표를 작성하시오.
6. 이번 연도 유동비율을 계산하시오. 유동비율이 Cougar Plastics에 의미하는 것이 무엇인가?

P2-4. 현금흐름표에 영향을 미치는 거래 구분하기

P2-3을 참고하시오.

요구사항:

P2-3에 있는 사건을 투자활동(I) 혹은 재무활동(F)으로 분류하고, 현금흐름에 미치는 영향의 방향(+: 현금유입, −: 현금유출)을 명시하시오. 현금흐름에 미치는 영향이 없는 경우 영향 없음(NE)이라고 명시하시오.

ALTERNATE **PROBLEMS**

AP2-1. 재무상태표에 있는 계정과 계정의 평상잔액 식별하기

Mattel, Inc.의 최근 10-K에서 회사는 "전 세계에 다양한 장난감을 설계, 생산 및 판매한다."라고 명시했다. Mattel의 브랜드로는 Barbie, Hot Wheels, Fisher Price Toys, American Girl 인형과 액세서리 브랜드가 있다. 최근 재무상태표에 있는 계정은 아래와 같다.

	재무상태표의 분류	평상잔액 위치
(1) 선급비용	______	______
(2) 재고자산	______	______
(3) 매출채권	______	______
(4) 비유동부채	______	______
(5) 현금 및 현금성자산	______	______
(6) 영업권(무형자산)	______	______
(7) 매입채무	______	______
(8) 미지급법인세	______	______
(9) 유형자산	______	______

(10) 이익잉여금 ________ ________
(11) 주식발행초과금 ________ ________
(12) 단기차입금 ________ ________
(13) 미지급금 ________ ________
(14) 보통주자본금 ________ ________

요구사항:

위의 계정을 유동자산(CA), 비유동자산(NCA), 유동부채(CL), 비유동부채(NCL), 자본(SE) 항목으로 분류하시오. 또한 계정의 평상잔액이 차변인지 대변인지를 구분하시오.

AP2-2. 거래가 재무제표에 미치는 영향 확인하기

Adamson Incorporated는 장난감 전동열차를 만드는 작은 제조회사이다. 요금을 받고 고객의 장난감 열차를 수리하는 작은 서비스부서가 있다. 회사는 5년 동안 영업을 해왔다. 12월 31일에 결산하는 이전 회계연도 말에, 자산 총계 $500,000(현금 $120,000, 장비 $70,000, 건물 $310,000), 부채 총계 $200,000(단기미지급금 $140,000, 장기미지급금 $60,000), 자본 총계 $300,000(1주당 액면가 $1인 보통주자본금 $20,000, 주식발행초과금 $200,000, 이익잉여금 $80,000)가 기재되어 있었다. 이번 연도에 아래의 사건이 발생했다.

a. 은행으로부터 현금 $110,000를 차입하고 10년 만기 어음을 지급했다.
b. 비품을 $30,000에 구입하고, 현금 $3,000를 지불하고 나머지 금액은 6개월 만기 어음으로 지급했다.
c. 현금 $100,000에 보통주 10,000주를 추가로 발행했다.
d. 배달용 트럭을 $10,000에 취득하고, 현금 $5,000를 지불하고 나머지 금액은 단기어음으로 지급했다.
e. 회사 사장 Clark Adamson에게 현금 $2,000를 빌려주고 1년 만기 어음을 받았다.
f. 공장을 $200,000에 증축하고 현금으로 지급했다.
g. 장기투자자산을 $85,000에 취득했다.
h. 거래 (b)에서 구매했던 장비의 일부가 결함이 있어 장비 $3,000를 제조자에게 반품하고, 어음에서 금액을 차감했다.
i. 주주가 그의 이웃에게 Adamson Incorporated의 보통주 주식 $5,000를 매각했다.

요구사항:

1. Adamson Incorporated는 개인사업자, 합명회사/합자회사, 법인 중 설립 형태가 무엇인가? 여러분의 의견에 대한 근거를 설명하시오.
2. 이번 연도에 회사의 기록이 적절하지 않았고, 여러분에게 거래를 기입해달라는 부탁을 받았다. Adamson Incorporated에 대한 경제적 효과를 빠르게 평가하기 위해, 아래의 표를 완성하고 각 계정에 증가는 +, 감소는 −를 표기하시오. 첫 번째 거래는 예시이다.

	자산					=	부채		+	자본		
	현금	대여금	장기 투자자산	건물	비품		단기 미지급금	장기 미지급금		보통주 자본금	주식발행 초과금	이익 잉여금
기초 잔액	120,000			70,000	310,000	=	140,000	60,000		20,000	200,000	80,000
(a)	+110,000					=		+110,000				

3. 위의 표에 사건 (i)를 기입했는가? 이유는 무엇인가?
4. 위의 완성된 표만 이용하여, 아래의 금액을 계산하시오. (계산과정을 보이시오)
   a. 이번 연도 기말의 자산 총계
   b. 이번 연도 기말의 부채 총계
   c. 이번 연도 기말의 자본 총계
   d. 이번 연도 기말의 현금잔액
   e. 이번 연도 기말의 유동자산 총계
5. 이번 연도의 유동비율을 계산하시오. 유동비율이 회사에 의미하는 것이 무엇인가?

CONTINUING **PROBLEM**

CON2-1. 새로운 사업을 설립하기 위한 회계(회계순환과정)

Penny Cassdy는 그녀의 사업 Penny's Pool Service & Supply, Inc.(PPSS)을 시작하기로 결정했다. 사업을 시작하는 시기에는 할 일이 많다. 3월에 사업상의 거래가 다음과 같이 발생했다.

a. Penny에게서 현금 $25,000와 $36,000의 가치가 있는 대형 운송트럭을 받고, 대신에 주당 액면가 $0.05인 보통주 주식 4,000주를 Penny에게 발행하였다.
b. 현금 $10,000와 10년 만기 어음 $80,000를 지급하고, 소형 사무실과 창고가 있는 토지를 매입했다. 토지의 가치는 $18,000, 건물의 가치는 $72,000이다. 토지와 건물에 대해서 각각 계정을 분리하여 사용하시오.
c. Dell 회사로부터 컴퓨터를 현금 $2,500에 구입했고, 사무실 가구를 $4,000에 구입하고 6개월 단기어음을 지급했다.
d. 매달 $1,500의 급여를 주기로 하고 4월에 업무를 시작하는 사무실 안내데스크 직원을 채용했다.
e. 3월 말에 은행에게 발행한 어음에 대해 $1,000를 상환했다.
f. 현금 $5,000에 타 회사의 주식을 단기투자자산으로 취득했다.
g. 수영장 용품 도매업자 Pool Corporation, Inc.에게 4월에 받을 $10,000의 재고자산을 주문했다.

요구사항:

1. (a)부터 (g)까지 각 거래에 대해서 회계상의 거래인 경우, 차변과 대변의 값이 동일한지 확인하며 분개하시오. 회계상의 거래가 아닌 경우, 이유를 설명하시오.
2. T계정을 작성하고, 3월 31의 잔액을 계산하기 위해 각 거래를 전기하시오. 사업을 시작한 첫 기간이기 때문에, 기초 잔액은 모두 $0이다.
3. 거래를 T계정에 전기한 후에, 차변과 대변의 값이 동일한지 확인하기 위해 3월 31일의 시산표를 작성하시오.
4. 시산표를 이용하여, 3월 31일의 재무상태표(유동자산과 유동부채를 구분하여)를 작성하시오.
5. (a)부터 (g)까지의 사건을 투자활동(I) 혹은 재무활동(F)으로 분류하고, 아래의 형식을 이용하여 현금흐름에 미치는 영향의 방향(+: 현금유입, −: 현금유출)과 금액을 명시하시오. 현금흐름표에 미치는 영향이 없는 경우 영향 없음(NE)이라고 명시하시오.

사건	활동의 구분 (I, F, 혹은 NE)	현금흐름에 미치는 영향 (+ 혹은 −, 금액)
(a)	______	______
(b)	______	______
:		

6. 3월 31일의 유동비율을 계산하시오. 유동비율이 PPSS가 유동부채를 상환할 능력에 대해서 어떤 점을 암시하는가?

CASES AND PROJECTS

사업보고서 사례

CP2-1. 재무정보 찾기

이 책의 끝에 있는 부록 B의 American Eagle Outfitters의 재무제표를 참고하시오.

요구사항:

1. 회사는 개인사업자, 합명회사/합자회사, 법인 중 설립 형태가 무엇인가? 근거는 무엇인가?
2. 회사의 재무상태표에는 재고자산의 가치가 $278,972,000라고 공시했다. 이 금액이 예상판매가격을 반영하고 있는가? 그렇게 생각한 이유를 설명하시오.
3. 회사에 있는 유동부채 계정의 종류를 열거하시오. 금액을 기재할 필요는 없다.
4. 회사의 유동비율을 계산하고, 유동비율의 의미를 설명하시오.
5. 매년 회사는 유형자산을 취득(자본적 지출)하는 데 현금을 얼마나 사용했는가? 정보를 어디에서 찾았는가?

CP2-2. 재무정보 찾기

이 책의 끝에 있는 부록 C의 Urban Outfitters의 재무제표를 참고하시오.

요구사항:

1. 회계 등식(A=L+SE)의 금액을 확인하기 위해 회사의 2015년 12월 31일 재무상태표를 이용하시오.
2. 회사가 이번 연도 기말(2015년 1월 31일)에 회사를 청산한다면, 주주는 $1,327,969,000를 받을 수 있는가?
3. 회사에 있는 비유동부채 계정의 종류는 무엇인가?
4. 회사의 유동비율을 계산하시오.
5. 회사는 투자활동으로 인한 현금흐름은 순유입액인가 순유출액인가? 그 금액은?

CP2-3. 산업 내 기업 분석하기

이 책의 끝에 있는 부록 B의 American Eagle Outfitters와 부록 C의 Urban Outfitters의 재무제표, 부록 D에 있는 산업비율보고서를 참고하시오.

요구사항:

1. 2개 회사의 유동비율을 계산하시오. 산업비율보고서를 참고하여 산업평균과 비교할 때, 2개의 회사는 유동자산으로 단기부채를 대부분 상환할 능력이 있는가? 회사가 공간을 취득하는 대신에 임차하는 선택이 유동비율에 어떤 영향을 미치는가?
2. 가장 최근 연도에 각 회사의 보통주 주식을 회사가 매입(자사주 매입)한 경우, 사용된 현금은 얼마인가?
3. 가장 최근 연도에 각 회사가 배당금으로 지급한 금액은 얼마인가?
4. 각 회사가 토지, 건물 및 비품을 공시하기 위해 사용한 계정과목은 무엇인가?

재무보고서와 분석 사례

CP2-4. 재무분석 확장하기: 미국증권거래위원회(SEC) 데이터베이스에서 재무정보 찾기

미국증권거래위원회(SEC)는 주식시장에서 상장한 회사를 규제한다. SEC는 EDGAR(Electronic Data Gathering and Retrieval Service) 시스템을 통해 상장된 회사의 재무보고서를 전자문서로 받는다. 인터넷을 이용하여 공시된 보고서를 데이터베이스에서 누구나 검색할 수 있다.

www.sec.gov에서 EDGAR 데이터베이스에 접속하시오. 데이터베이스를 검색하기 위해, 페이지 상단에서 "Company Filings"를 클릭하시오. 그리고 검색창에 회사이름 "chipotle"을 입력하고 검색하시오.

요구사항:

SEC 공시보고서를 찾기 위해, "Filing Type"에 "10-Q"를 입력하고, 검색하시오. 2014년 10월 21일에 공시된 Form 10-Q(분기보고서)를 찾을 때까지 간략히 보면서 내려오시오. Format에서 "Documents"를 클릭하고, 첫 번째 항목인 10-Q document를 클릭하시오. 그리고 Table of Contents로 이동하시오.

1. "Financial Statements"를 클릭하고 "Condensed Consolidated Balance Sheets"로 이동하시오.
   a. 가장 최근 분기에 공시된 Chipotle의 자산 총계의 금액은?
   b. 2013년 12월 31일을 기준으로 유동부채가 증가했는가 감소했는가?
   c. 유동비율을 계산하시오. 이번 장에 있는 Chipotle Mexican Grill의 2014년 12월 31일 유동비율과 비교하면 어떤가? 유동비율이 회사에 의미하는 바는 무엇인가?
2. Chipotle의 "Consolidated Statements of Cash Flow"로 이동하시오.
   a. 2014년 9월 30일에 끝나는 분기에 "leasehold improvements, property and equipment"에 지출한 금액은 얼마인가?
   b. 재무활동으로 인한 현금흐름의 총금액은 얼마인가?

CP2-5. 재무보고서 이용하기: 재무상태표의 신뢰성 평가하기

Frances Sabatier는 그녀의 사업을 확장하기 위해 지방은행에 $50,000의 대출을 신청했다. 은행은 대출심사를 위해 Frances에게 회사의 재무제표를 제출할 것을 요청했다. Frances는 다음과 같은 재무상태표를 작성하였다.

FS COMPUTING 재무상태표 2016년 6월 30일	
자산	
현금 및 투자자산	$ 9,000
재고자산	30,000
비품	46,000
개인 거주지 (매월 임차료 $2,800)	300,000
기타자산	20,000
자산 총계	$405,000
부채	
단기매입채무	$ 62,000
장기미지급금	38,000
부채 합계	100,000
자본	305,000
부채와 자본 총계	$405,000

요구사항:

위의 재무상태표는 몇 가지 결점이 있는데, 이 중에서 가장 중요한 결점은 무엇인지 식별하고 그것이 중요한 이유가 무엇인지 설명하시오.

비판적 사고 사례

CP2-7. 재무분석가로서 의사결정하기: 재무상태표 작성하고 분석하기

여러분의 가장 친한 친구가 여러분에게 그녀에게 발생한 투자기회에 대해서 편지를 썼다. 회사는 주식을 발행하여 자금을 조달하는 중이고, 그녀가 $20,000(그녀가 최근에 이모할머니의 유산을 상속받음)를 투자하길 원한다. 여러분의 친구는 회사에 투자해본 경험이 없으나, 여러분이 재무분석가라는 것을 알고 있으며 회사의 재무상태표를 살펴보고 조언을 해줄 것을 부탁했다. 감사받지 않은 재무상태표가 편지와 함께 도착하였다.

DEWEY, CHEETUM, AND HOME, INC. 재무상태표 XXXX년 12월 31일 현재	
매출채권	$ 8,000
현금	1,000
재고자산	8,000
가구 및 비품	52,000
배달용 트럭	12,000
건물(추정 공정가치로 측정됨)	98,000
자산 총계	$179,000

매입채무	$ 16,000
미지급근로소득세	13,000
미지급금(3년 만기)	15,000
담보차입금	50,000
부채 총계	$ 94,000
납입자본(1주당 액면가 $2, 발행주식수 2,000주)	$ 80,000
이익잉여금	5,000
자본 총계	$ 85,000

주석에는 건물을 $65,000에 취득했으며 $5,000를 감가상각했고, 여전히 담보차입금(부채 계정에 기재된 계정)이 남아 있다고 서술했다. 또한, 주석에 회사 사장의 의견으로 건물은 “대략 $98,000의 가치”가 있다고 서술되어 있다.

요구사항:

1. 친구를 위해 여러분이 찾은 오류를 수정하여 재무상태표를 새로 작성하시오. 계정잔액을 수정해야 하는 경우, 그에 상응하여 이익잉여금을 조정할 수 있다. 오류 혹은 누락이 없는 경우, 수정사항이 없다고 답하시오.
2. 여러분이 재무상태표에서 수정한 부분을 설명하는 편지를 친구에게 작성하시오. 이 정보에만 근거하여, 회사의 재무상태에 대해서 여러분의 의견을 제시하시오. 친구가 투자여부에 최종 결정을 하기 전에 검토해야 할 기타정보를 추천하시오.

CP2-8. 윤리적인 문제(딜레마) 평가하기: 경영진 인센티브 분석하기

2004년 7월에 미국 정부는 Bi-Lo와 Giant Food Stores와 같은 슈퍼마켓을 운영하는 업체로서 네덜란드에 본사를 둔 Ahold의 자회사 U.S. Foodservice, Inc.의 전 임원 4명에 대해 민사 및 형사 고소했다. 임원 4명 중 2명은 유죄를 인정했으며, 다른 2명은 기소되었다. 광범위한 회계분식 혐의는 허위 판매촉진활동에 대한 허위 수익을 기록한 것과 공급업체에게 허위 판촉비용을 감사인에게 사실인 것처럼 설득한 것을 포함한다. 미국 연방 검사 David Kelly는 회사가 설정한 재무적 목표를 달성하면 많은 상여금을 지급하기로 한 것이 임원들의 탐욕을 불러일으키고 이것이 분식회계가 발생하는 이유가 된다고 주장했다. 회계사는 분식회계를 알아내지 못했다.

요구사항:

1. 위의 분식회계 때문에 피해를 입거나 혹은 이익을 본 당사자는 누구인가?
2. 탐욕이 분식회계의 원인이 되는 방식을 설명하시오.
3. 독립적인 회계사가 분식회계를 발견하기 어려운 이유는 무엇이라고 생각하는가?

재무보고서와 분석 팀 과제

CP2-9. 팀 프로젝트: 재무상태표와 비율 분석하기

팀을 구성하여 분석할 산업을 선택하시오. Yahoo!Finance는 biz.yahoo.com/p/industries.html에서 산업 목록을 제공한다. 기업 목록이 있는 산업을 클릭하시오. 다른 방법으로, 구글 파이낸스 www.google.com/finance로 들어가서 관심 있는 기업을 검색하면, 그 회사와 경쟁사를 포함한 목록이 제공될 것이다. 각 팀원은 다른 회사를 선택한 팀원과 함께 그 산업에서 상장된 회사의 사업보고서 또는 연차보고서(10-K)를 얻어야 한다[미국증권거래위원회(SEC) EDGAR 서비스 www.sec.gov와 회사 투자자관계 사이트를 참고하시오].

요구사항:

개인별로 각 팀원은 선택한 회사에 대해서 아래의 질문에 답변하는 간단한 보고서를 작성하시오. 팀이 관찰한 회사들에 대해 논의하시오. 한 팀으로서 여러분들의 회사들을 비교하는 보고서를 간략히 작성하시오.

1. 가장 최근 연도에 규모 기준으로 상위 3개 자산계정은 무엇인가? 각 계정은 총 자산의 몇 %인가? (자산 A ÷ 자산 총계로 계산하시오.)
2. 가장 최근 연도에 달러 규모 기준으로 주요 투자활동과 재무활동은 무엇인가? (현금흐름표를 참고하시오.)
3. 비율 분석:
    a. 일반적으로 유동비율을 어떻게 계산하는가?
    b. 지난 3년간의 유동비율을 각각 계산하시오. (사업보고서 항목 혹은 "Selected Financial Information"이라고 하는 10-K에서 과거 정보를 찾을 수 있다. 혹은 과거 사업보고서를 검색하여 찾을 수 있다.)
    c. 여러분의 분석 결과가 회사에 의미하는 바는 무엇인가?
    d. 가능하다면 가장 최근 연도의 산업비율을 찾고, 여러분의 결과와 비교하시오. 여러분의 회사가 산업비율과 비슷하거나 혹은 다른 이유를 논의하시오.

영업의사결정과 회계시스템

Chipotle Mexican Grill의 기업 이념인 "완전한 음식"에는 회사의 경영의사결정과 관련한 회사의 철학이 담겨 있다. "완전한 음식"은 고품질의 지속가능하고 유기농 방식으로 재배한 음식을 찾고 제공하는 경영방식을 수반한다. 또한 동물, 환경 및 작업에 참여한 사람들을 존중하는 경영방식을 취한다. 이 회사는 메뉴 아이템을 단순화(브리또, 브리또볼, 타코스, 샐러드)함으로써 운영을 단순하게 유지한다. 이 아이템들을 이용하여 고객들은 4가지 육류, 콩과 쌀 중에서 선택하고 여기에 추가하여 살사, 아보카도, 치즈 및 상추와 같은 다양한 품목을 옵션으로 선택할 수 있기 때문에 수많은 조합을 만들 수 있다. 몇 개의 핵심 메뉴만 관리함으로써 Chipotle는 식품재료의 품질에 집중할 수 있게 된다. 재료의 품질관리는 유기농 육류, 농산물, 낙농 제품에 대한 작지만 고가의 시장 상황을 고려할 때 매우 까다로운 활동이다. 이러한 재료의 원가와 품질의 변화를 예측하는 것은 메뉴의 가격을 결정하고 원가를 관리하는 데 매우 중요하다.

품질을 관리하고 효율성을 높이기 위해 회사는 철저하게 검증된 소수 공급업체로부터 원재료(육류, 콩, 옥수수)를 구매한다. 22개의 독립적으로 소유, 운영되는 지역 물류센터는 공급업체로부터 구매한 원재료들을 각 지역의 Chipotle 레스토랑에 필요한 품목들을 제공한다.

대부분의 레스토랑과 마찬가지로 Chipotle의 두 번째로 높은 비용은 직원 인건비와 교육이다. 음식은 전자레인지 및 기타 자동화된 기술이 아닌 스토브 및 그릴에서 준비된다. 모든 직원은 굽고, 신선한 살사를 만들고, 밥을 하고, 고객을 대하는 기술 등에 대한 다양한 교육을 받는다. 회사는 강력한 리더십을 개발하기 위해 정규직 관리자의 90%와 시간제 근로자의 98%에 해당하는 인원에게 많은 인센티브를 제공한다.

또한 Chipotle는 마케팅 전략을 사용하여 시장에서 경쟁한다. Chipotle는 대형 레스토랑 체인

학습목표

이번 장을 학습한 후, 여러분들은 다음을 할 수 있어야 한다.

3-1 전형적인 경영활동의 주기를 설명하고 기간별 가정의 필요성에 대해 설명할 수 있다.

3-2 경영활동이 손익계산서에 어떤 영향을 미치는지를 설명할 수 있다.

3-3 발생주의 회계에 대해 설명하고, 이익을 측정하기 위한 수익인식원칙과 비용인식원칙에 적용할 수 있다.

3-4 영업활동이 재무제표에 미치는 영향을 기록할 수 있다.

3-5 손익계산서를 작성할 수 있다.

3-6 매출액순이익률을 계산하고 해석할 수 있다.

03 장

FOCUS COMPANY :

Chipotle Mexican Grill

고기, 과카몰리, 또르띠야
그 이상의 것

www.chipotle.com

보다 값비싼 전국적인 광고 캠페인보다는 주변 지역과의 네트워크를 연결하고 Chipotle의 차별성을 설명하는 전략적인 홍보활동에 훨씬 더 많은 자원을 투자한다. 대부분의 활동은 수상 경력에 빛나는 2분짜리 애니메이션 비디오 "Back to the Start"처럼 혁신적이다. 이 영상은 2012년 그래미상 시상식에서 방송되었고, 시카고 축제에서 인디밴드에 의해 불려지기도 했다. Chipotle는 새로운 점포를 오픈하는 지역을 포함한 전국 곳곳에서 푸드 트럭을 통해 홍보활동을 하는데, 푸드 트럭에서는 점포에서 판매하는 모든 메뉴를 판매한다.

이러한 노력과 훌륭한 레스토랑 팀은 회사가 고객들에게 더 많이 알려지고, 다른 사람들과 공유함으로써 입소문을 내는 데 도움을 주었다. 이러한 접근방식을 통해 경쟁이 치열한 업종에서 상대적으로 낮은 광고비용으로 인지도와 충성도를 구축할 수 있었다. 또한 Chipotle는 사업의 모든 측면에서 올바른 일을 수행하기 위해 노력하는 회사라는 차별화를 시킬 수 있었다.

경영에 대한 이해

식당업계는 경쟁이 매우 치열하다. 예를 들어, 2012년 2월 McDonald's사는 그래미상 시상식에서 방영된 윤리적 태도에 대한 Chipotle의 영상에 직접적으로 반응하였다. McDonald's사는 육류 공급자들에게 임신한 돼지의 움직임을 제한하는 동물에 대한 가혹행위를 중단할 것을 요구하였다. Taco Bell은 2012년 7월 칸티나 브리또와 칸티나 볼과 같은 고급 품목을 갖춘 칸티나 벨 메뉴를 발표하였다. Jack in the Box사는 멕시칸 레스토랑 산업 내의 패스트 캐쥬얼 부문에서 지배적인 위치를 점유하기 위해 Qdoba Mexican Grill 체인을 확장하고 있다.

식당은 경기침체에 대비하고 소비자의 취향에 따라 메뉴를 개발하고 건강에 좋은 음식을 제공하는 등의 방식으로 다른 업체들과 경쟁해야 한다. 주문, 결제 및 고객관리 프로그램을 위한 최신 기술의 모바일 앱을 개발하고, 2분 만에 피자를 구워내기 위한 1,000도의 오븐과 같은 장비를 개선하는 등 패스트 캐쥬얼 레스토랑 컨셉의 변화, 확장은 신중한 의사결정을 필요로 한다. 이러한 외부 환경변화에 기초하여 회사는 성과 목표를 설정한다. 보고된 손익계산서는 기업이 사전에 설정한 목표 성과와 실제 영업의 결과를 비교하기 위한 근거를 제공한다. 사업계획과 운영의 결과가 손익계산서에 어떻게 반영되는지를 이해하기 위해 다음의 질문에 대한 답을 할 수 있어야 한다.

1. 경영활동은 손익계산서에 어떻게 영향을 미치는가?
2. 경영활동의 성과는 어떻게 측정되는가?
3. 경영활동의 성과는 손익계산서에 어떻게 보고되는가?

이번 장에서 우리는 대중에게 음식을 판매하는 Chipotle의 영업활동의 기록에 중점을 두고 살펴보기로 한다. 이러한 활동들의 결과는 손익계산서에 보고된다.

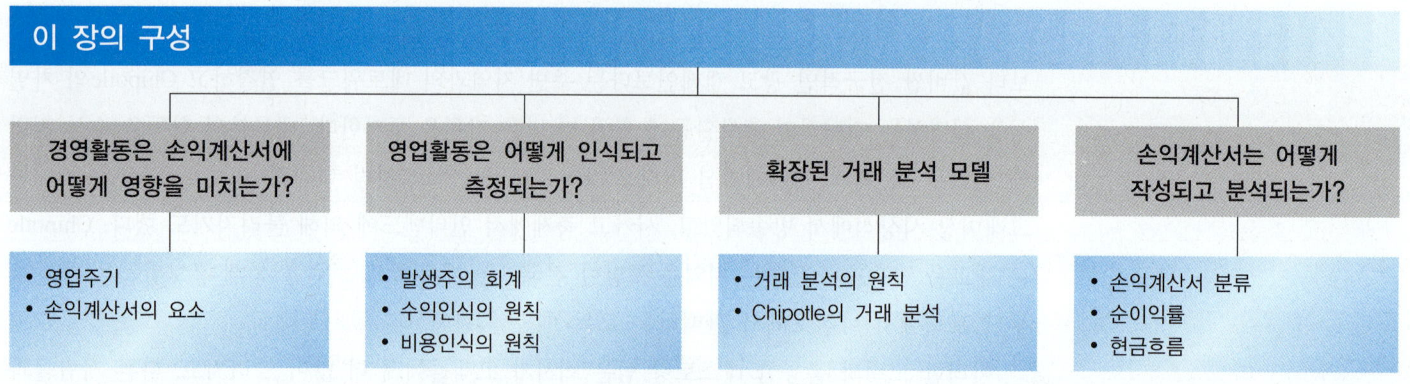

경영활동은 손익계산서에 어떻게 영향을 미치는가?

영업주기

학습목표 3-1
전형적인 경영활동의 주기를 설명하고 기간별 가정의 필요성에 대해 설명할 수 있다.

모든 사업의 장기적인 목표는 현금을 이용하여 더 많은 현금을 창출하는 것이다. 회사가 사업을 지속적으로 유지하기 위해서는 현금을 차입하거나 장기간 사용할 목적의 자산을 처분하는 활동을 통해서 현금을 조달하는 것이 아니라 영업을 통해 초과현금이 창출되어야 한다.

회사는 (1) 상품과 종업원의 서비스를 구입하여 (2) 상품과 서비스를 판매한다. 영업주기[operating (cash-to-cash) cycle]는 회사가 판매목적의 상품을 구매하는 것으로 시작되고, 구매대금을 지불하고, 이를 고객에게 상품을 판매하고, 고객으로부터 판매대금을 수취하는 것으로 끝이 난다. 만약 상품을 판매하는 것이 아니라 서비스를 제공하는 것이 목적인 기업이라면 고객

영업순환주기(현금회수주기)
공급자로부터 재화 또는 서비스를 구매하여 고객에게 판매하여 현금을 회수하는 데 필요한 시간을 의미함.

에게 상품이 아니라 서비스를 제공할 것이다. 영업주기의 기간은 경영활동의 특성에 따라 달라진다.

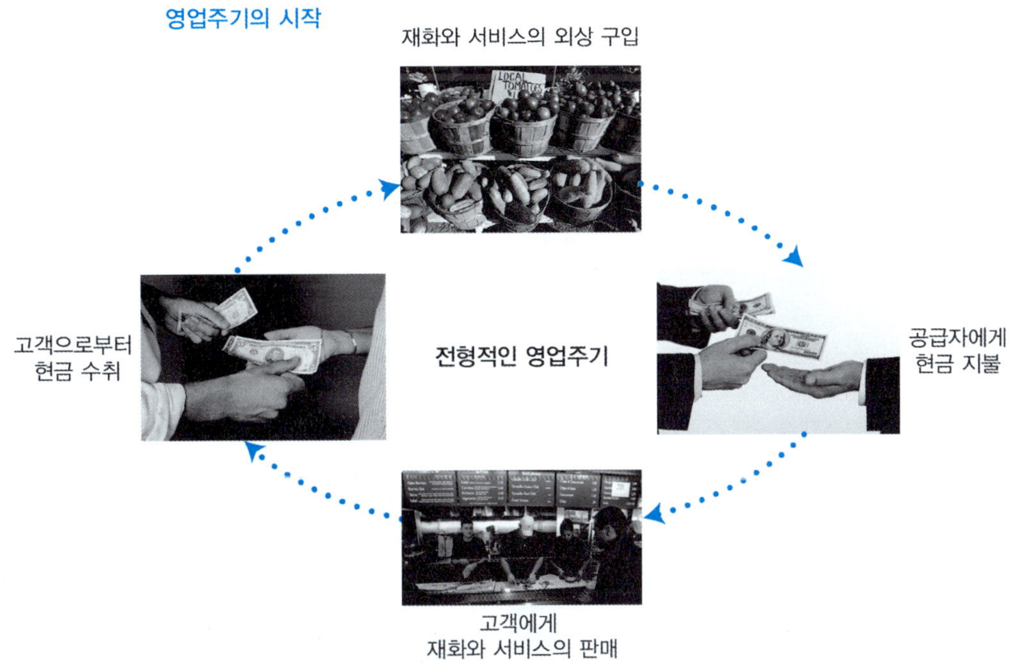

Top: Digital Vision/Getty Images; Left: Digital Stock/Corbis; Right: Tetra Images/Getty Images; Bottom: Jeff Kowalsky/Bloomberg/Getty Images

Chipotle의 영업주기는 상대적으로 짧다. 신선한 재료를 구입하기 위해 현금을 지불하고, 음식을 준비하고, 고객에게 음식을 판매하고 현금을 수취한다. 상품대금은 상품이 판매되기 전에 공급자에게 지불되어야 한다. 예를 들어, Toys R Us는 연말연시를 대비하여 미리 많은 상품을 준비한다. 상품 구매대금 지불을 위해 은행으로부터 자금을 차입하고, 고객으로부터 현금을 수취하면 은행에 이자와 함께 차입금을 상환한다. 기업은 판매가 이루어진 이후에 고객으로부터 현금을 수취하는 경우도 있다. 예를 들어, 가구 소매업체는 고객에게 가구 구매대금을 수개월 또는 수년에 걸쳐 나누어 지불(할부제도)하도록 허용하는 경우도 있다. 고객이 상품을 더 빨리 구입하고, 대금을 더 빨리 지불하도록 유도하는 인센티브를 제공함으로써 영업주기를 단축하고, 이를 통해 회사의 현금흐름을 향상시킬 수 있다.

기간별 가정
기업이 장기간 존속하기 때문에 기간을 짧게 끊어서 정기적으로 보고함.

기업이 활동을 중단하기 전까지 이 영업주기는 계속 반복된다. 그러나 의사결정자는 기업의 재무상태 및 경영성과에 대한 정보가 주기적으로 필요하다. <도표 2.1>의 개념적 틀에 명시된 바와 같이 특정 기간 동안의 이익을 측정하기 위해 회계담당자는 월, 분기, 1년과 같은 기간별 보고의 가정(time period assumption)을 따른다. 정보이용자들에게 주기적으로 이익을 보고하는 과정에서 두 가지 유형의 문제가 발생한다.

1. 인식 문제 : 영업활동의 영향을 **언제** 인식해야 하는가?

도표 3.1

Chipotle Mexican Grill의 손익계산서

CHIPOTLE MEXICAN GRILL, INC.
연결 손익계산서*
2014년 1월 1일부터 2014년 12월 31일까지
(단위: $1,000, 주당 자료 제외)

영업활동 (주된 경영활동)	레스토랑 매출수익	$4,108,300	
	레스토랑 영업비용		
	소모품비	1,421,000	
	급여	904,400	*다양한 급여 항목 포함*
	임차료	230,900	
	보험료	118,000	
	수도광열비	60,700	
	수선유지비	35,200	
	기타 운영비용	338,300	
	일반관리비		
	교육훈련비	151,000	*사전 운영비용 포함*
	광고선전비	20,500	
	감가상각비	110,500	
	자산처분손실	7,000	
	총 영업비용	3,397,500	
	영업이익	710,800	
기타 활동 (비핵심 경영활동)	기타 항목		
	이자수익	4,200	
	이자비용	(700)	
	법인세비용차감전순이익(세전이익)	714,300	
	법인세비용	269,000	*법인세라고도 함*
	당기순이익	$ 445,300	
	주당순이익	$14.35	*= $445,300,000 ÷ 31,038,000 가중 평균 보통주발행주식수 (2014년 재무제표)*

** 실제 손익계산서를 요약하여 제시함*

2. 측정 문제 : **얼마의 금액**이 인식되어야 하는가?

회계 담당자가 이러한 문제를 해결하는 규칙을 검토하기 전에 영업활동의 영향을 받는 손익계산서의 요소에 대해 살펴보자.

손익계산서의 요소

학습목표 3-2
경영활동이 손익계산서에 어떤 영향을 미치는지를 설명할 수 있다.

<도표 3.1>은 이 장의 설명을 위해 Chipotle가 공시한 손익계산서를 요약형태로 간소화한 것이다. 영업이익 및 법인세비용차감전순이익과 같은 여러 부분합이 있다. 이렇게 여러 단계로 구분하여 작성하는 형식의 손익계산서를 다단계[1] 손익계산서라고 부른다. 영업이익이 별도로

1) 다른 형태의 손익계산서인 단일단계 손익계산서는 단계를 구분하지 않고 작성한다. 단일단계 손익계산서에서는 모든 수익을 나열하여 수익 합계를 표시하고, 법인세비용을 제외한 모든 비용을 나열하여 비용 합계를 표시한다. 수익 합계에서 비용 합계를 차감하여 법인세비용차감전순이익을 표시하고, 여기에서 법인세비용을 차감한 당기순이익을 표시한다. 최종 당기순이익 수치는 다단계로 작성한 손익계산서와 동일하다.

구분되어 제시되어 있으면 일반적으로 다단계 손익계산서임을 알 수 있다. 손익계산서의 요소들을 학습할 때 이미 앞장의 <도표 2.1>에 요약한 개념적 틀을 참고하기 바란다.

영업수익

수익
주된 계속영업활동으로 인한 자산의 증가 또는 부채의 감소.

수익(revenues)은 기업의 주된 영업활동과 관련한 자산의 증가 또는 부채의 감소로 정의된다. 영업수익은 기업의 주된 사업 목적과 관련한 재화(상품, 제품 등)의 판매 또는 서비스의 제공으로 발생한 결과이다. Chipotle가 타코를 소비자에게 판매하면서 수익이 발생한다. 수익이 발생하면 일반적으로 현금 또는 매출채권이 증가한다. 때로는 고객이 상품이나 서비스를 제공받기로 하고 대금을 미리 지불할 수도 있는데, 이 경우 선수금(부채로 분류됨)이라는 계정에 기록한다. 이 시점에서는 아직 수익이 발생하지 않는다. 대금을 미리 수취한 경우 이는 미래에 상품 또는 서비스를 제공해야 할 경제적 의무가 증가한 것이다. 즉, 부채가 증가한다. 회사가 고객에게 약속한 상품 또는 서비스를 제공하면 그 시점에 수익을 인식하고 이 선수금(부채)이 제거된다.

많은 회사들은 다양한 수익원천을 통해 수익을 창출한다. 예를 들어, General Motors는 자동차 판매를 통해 수익을 창출하지만 고객에게 자금을 대여하면서 수익을 창출하기도 한다. 레스토랑 업계에서 McDonald's 같은 회사들은 독점 판매권을 보유하고 있으며 프랜차이즈 권리를 판매한다. 프랜차이즈 판매자는 회사 소유의 식품 판매 수익 및 프랜차이즈 수수료 수익을 모두 수익으로 보고한다. 반면 Chipotle는 프랜차이즈를 판매하지 않는다. 따라서 회사는 고객에게 음식을 판매하면서 얻은 수익만을 레스토랑 매출수익 계정에 보고한다.

영업비용

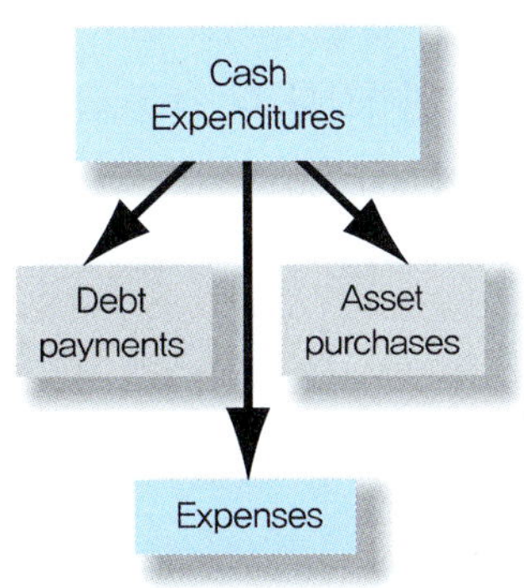

일부 학생들은 **지출**(expenditures)과 **비용**(expense)을 혼동한다. 지출은 비품 구입, 은행 대출 상환, 임금 지불 등 어떤 목적으로든 현금유출이 발생한 것을 의미한다. 비용(expenses)은 해당 기간 동안 수익을 창출하기 위해 발생한 현금유출, 자산의 소멸 또는 부채의 증가를 의미한다. 따라서 **모든 현금 지출이 비용으로 기록되지는 않으며, 수익을 창출하는 데 필요하여 소멸된 것만 비용이다.**

Chipotle의 직원은 음식을 만들어 고객들에게 제공한다. 회사는 설비를 작동시키고 빛을 밝히기 위해 전기를 사용하고, 식품과 종이 등의 소모품을 사용한다. 이러한 비용을 들이지 않고 Chipotle는 수익을 창출할 수 없다. 비용이 발생하면 소모품 같은 자산이 감소(사용, 소멸)하거나 미지급급여 또는 미지급수도광열비 같은 부채가 증가한다. Chipotle의 주된 영업비용은 다음과 같다.

비용
일정 기간 동안 주된 계속영업활동에서 수익 창출과 관련한 자산의 감소 또는 부채의 증가.

레스토랑 영업비용 :

- **소모품비** : Chipotle의 레스토랑에서는 음식을 만들어 판매하는 데 사용되는 모든 식자재, 음료 및 포장용품을 사용하는 즉시 비용을 지불한다. Chipotle의 경우, 2014년에 $1,421,000,000가 발생한 가장 큰 비중의 비용이다. 일반적으로 제조회사 또는 상품매매회

사의 경우 가장 중요한 비용은 판매된 제품 또는 상품의 원가를 나타내는 매출원가(Cost of Goods Sold)이다.

- **급여** : 정규직원 또는 시간급 근로자가 근무를 하면서 Chipotle의 매출을 창출하면 급여와 임금을 나중에 지불하더라도 비용이 발생한다. $904,000,000의 급여는 Chipotle에서 두 번째로 큰 비용이다. 제품을 생산하거나 판매하지 않는 순수한 서비스 제공 회사에서는 직원에게 지불하는 급여가 가장 비중이 높은 비용이다. 예를 들어, Federal Express는 2014년 5월 31일로 종료된 사업연도에 $160억 이상의 급여를 비용으로 보고했다.
- **임차료, 보험료, 수도광열비, 수선유지비** : 시설 임차료, 유형자산 등의 재산에 대한 보험료, 유틸리티(전기, 가스, 수도 등) 사용료, 시설 및 설비의 유지보수료는 영업점에서 일반적으로 발생하는 비용이다. 일반적으로 임차료 및 보험료는 사용 전에 미리 가입하면서 지불하는 반면 수도광열비와 수선유지비는 사용 후 나중에 지불한다.
- **기타 운영비용** : 이 비용들에는 상대적으로 작은 금액의 다양한 계정들이 포함된다.

일반관리비 : 일반관리비에는 직원 및 관리자 교육비용, 광고비 그리고 영업과 직접적으로는 관련되지 않은 기타 비용들이 포함된다. 여기에는 일반적으로 본부 시설 임차료 및 임원 급여와 같은 경비들이 포함된다.

감가상각비 : 회사가 건물 및 설비 같은 자산을 사용하여 수익을 창출하는 경우, 이 자산의 원가 일부가 감가상각비로 처리된다. 감가상각비의 추정에 대해서는 제8장에서 자세히 살펴본다.

처분이익
자산 처분 과정에서 장부금액을 초과한 금액으로 처분한 경우 발생함.

처분손실
자산 처분 과정에서 장부금액에 미달한 금액으로 처분한 경우 발생함.

자산처분이익(손실) : 회사는 최신 설비를 유지하기 위해 수시로 유형자산을 처분하고 새로 구입한다. 투자를 위해 취득한 투자자산 이외의 자산이 미상각원가보다 더 많은 금액을 받고 처분할 경우 처분으로 인한 이익(gains)이 발생한다. 반대로 자산의 미상각원가보다 더 작은 금액을 받고 처분할 경우에는 손실(losses)이 발생한다. Chipotle는 2014년에 $7,000,000의 자산처분손실을 보고했다. 단기 또는 장기 투자를 목적으로 취득한 자산도 취득한 원가보다 많은 돈을 받고 처분한 경우 이익이 발생하고, 적은 돈을 받고 처분한 경우 손실이 발생하지만 투자자산으로 인해 발생한 처분이익(손실)은 다단계 손익계산서상에서 영업활동에는 보고되지 않고 기타 항목으로 보고된다.

영업이익
순매출액에서 매출원가와 영업비용을 차감한 금액.

영업수익에서 영업비용을 차감한 금액을 영업이익(operating income)이라고 하며 이는 주된 영업활동에 대한 성과를 측정하는 척도이다.

기타 항목

기업의 모든 활동이 손익계산서의 주된 영업활동에 영향을 미치는 것은 아니다. 이러한 주된 영업활동과 관련되지 않은 수익, 비용, 차익 또는 차손은 영업이익에 포함되지 않는 대신 기타 항목으로 분류된다. 일반적으로 다음과 같은 항목들이 기타 항목에 포함된다.

- **이자수익(또는 투자수익, 배당금수익)** : 여유 현금을 이용하여 다른 회사의 주식이나 사채

에 투자하는 활동은 Chipotle의 주된 경영활동이 아니다. 따라서 다른 회사에 대한 투자로 인해 발생한 이자수익과 배당금수익은 영업수익에 포함되지 않는다.

- **이자비용** : 마찬가지로 차입한 자금은 재무활동이므로 이 자금을 사용함으로써 지불해야 하는 대가인 이자는 영업비용이 아니다. 금융회사들을 제외하고 이자비용과 이자수익은 Chipotle를 포함한 대부분의 기업에서 주된 영업활동이 아니다. 우리는 이것을 기타(정상적이지만 주된 활동이 아님) 거래라고 부른다.
- **투자자산처분이익(손실)** : 투자자산을 취득하면서 지불한 금액(원가)보다 많거나 적은 금액을 받고 처분한 경우 이익 또는 손실이 발생하는데, 이 차이는 기타 항목으로 보고된다. 2014년에 Chipotle는 투자자산 처분으로 인한 이익이나 손실을 보고하지 않았다.

법인세비용

기타 항목을 영업이익에 가감하여 법인세비용차감전순이익(또는 세전이익)을 계산한다. 법인세비용은 당기순이익을 결정하기 전 손익계산서에 기재되는 마지막 비용이다. 모든 영리법인은 정부에 법인세를 납부해야 한다. 법인세비용은 법에서 정한 원칙에 따른 계산과정을 통해 세전이익의 일정 비율을 납부하는 것이 일반적이다. Chipotle의 2014년 유효세율은 37.7%($269,000,000를 법인세비용차감전순이익 $714,300,000로 나눈 비율)이다. 이는 Chipotle가 2014년에 달성한 세전이익 $1당 약 $0.38를 과세당국에 지불했음을 의미한다.

주당순이익

기업은 손익계산서 또는 재무제표의 주석에 주당순이익을 공시해야 한다. 이 비율은 회사의 경영성과 및 수익성을 평가하는 기준으로 널리 이용된다. 입문 단계이므로 간단하게 주당순이익을 당기순이익을 가중평균발행주식수(당기순이익÷가중평균발행주식수)로 나누어 계산하는 것으로 이해하도록 하자. 그러나 비율의 계산은 사실 훨씬 더 복잡하여 이 과정의 범위를 벗어난다. 단순화를 위해 우리는 <도표 3.1>에 제시된 당기순이익 $445,300,000를 가중평균발행주식수인 31,038,000주로 나누어 계산한다. 2014년 Chipotle는 주식 1주당 $14.35의 당기순이익을 보고했다.

INTERNATIONAL PERSPECTIVE

손익계산서의 차이

국제회계기준(IFRS)의 손익계산서는 US GAAP의 손익계산서와 비용 보고 방식에서 일부 차이가 있다.

	US GAAP	IFRS
비용의 보고 • 비용 항목은 비슷하지만, 그룹화하는 방식에 차이가 있음.	비용을 분류할 때 기능별로 분류함(예: 생산, 연구, 마케팅, 일반 운영 등)	비용을 분류할 때 기능 또는 성격별로 분류함(예: 급여, 임차료, 소모품비, 전기 등)

또한 외국회사들도 종종 미국 회사들이 사용하는 것과 다른 계정 명칭을 사용한다. 예를 들어, GlaxoSmithKline(영국의 제약회사), Parmalat(이탈리아 식품제조업체), Unilever(영국, 네덜란드의 가정용품업체)는 판매수익, 투자와 관련한 금융이익을 나타내기 위해 매출액 계정을 이용한다. 한편, BMW그룹은 수익을 보고하고, 투자수익과 이자비용의 차이를 별도의 계정에 보고한다. 4개의 회사 모두 IFRS에 따라 회계처리한다.

영업활동은 어떻게 인식되고 측정되는가?

CASH BASIS

Income Measurement

Revenues (=cash receipts)	
−Expenses (=cash payments)	
Net Income (cash basis)	

현금주의 회계

수익은 현금을 수취한 시점에서, 비용은 현금을 지불한 시점에서 기록함.

개인은 은행의 예금 잔액으로 재정 상태를 판단할 수 있다. 재무성과는 해당 기간의 기초 현금 잔액과 기말의 현금 잔액의 차이로 측정된다. 현금 잔액이 증가한 것은 현금 수입이 현금 지출을 초과한 것이다. 많은 소매업체, 의료기관 및 기타 소기업에서는 일반적으로 발생한 기간과 관계없이 현금을 수취할 때 수익을 기록하고, 현금을 지급할 때 비용을 기록하는 현금주의 회계(cash basis accounting)를 사용한다. 이러한 회계처리는 외부 정보이용자에게 보고할 필요가 없는 조직의 경우 적절한 영업관련 현금흐름 정보를 제공한다. 다음의 그림은 Cade사의 최초 3년간 현금주의 회계를 적용하여 작성한 손익계산서의 예이다.

Cade사의 손익계산서	1년	2년	3년	합계
외상매출액	$ 60,000	$ 60,000	$ 60,000	$180,000
고객으로부터 현금 수취액	$ 20,000	$ 70,000	$ 90,000	$180,000
현금지출:				
종업원에 대한 급여	(30,000)	(30,000)	(30,000)	(90,000)
3년간 보험료	(12,000)	(0)	(0)	(12,000)
소모품비	(3,000)	(7,000)	(5,000)	(15,000)
순영업현금흐름	$(25,000)	$33,000	$55,000	$ 63,000

이 도표에서 Cade사는 매년 $60,000의 매출을 기록했다. 그러나 매출은 외상으로 이루어졌으며, 고객은 3년에 걸쳐 대금을 지불하였다. 직원들에 대한 급여는 매년 현금으로 지불되었다. 보험료는 3년간 동일한 보험료를 1년차에 한꺼번에 지급하였다. 소모품은 외상으로 구입하여 매년 균등하게 사용하였다. 그러나 회사는 2년차에 1년차 외상구매대금의 일부를 현금으로 지불하였다.

현금주의 회계를 이용하면 향후 회사 실적에 대해 잘못된 해석이 발생할 수 있다. 투자자와 채권자는 1차년도 현금흐름이 음(−)이라는 것을 확인하면 미래 현금흐름 창출 능력에 문제가 있다고 해석할 수 있다. 그러나 2차년도와 3차년도는 양(+)의 현금흐름을 보이고 있다. 실제 성과는 그렇지 않지만 현금주의에 따라 계산된 성과는 일정하지 않은 것처럼 나타날 수 있다. 고객으로부터 현금을 수취한 금액은 일정하지 않지만 매출은 사실 균등하게 발생하였다. 보험과 소모품 구입에 대한 현금 지출은 보험과 소모품이 실제로 사용된 연도와 동일하지 않다.

발생주의 회계

학습목표 3-3
발생주의 회계에 대해 설명하고, 이익을 측정하기 위한 수익인식원칙과 비용인식원칙에 적용할 수 있다.

현금주의 기준으로 작성된 재무제표는 현금을 수취 또는 지불했을 때 수익과 비용을 기록하기 때문에 재화나 용역을 생산하고 인도하는 시점의 전후로 수익과 비용의 인식을 지연하거나 가속화시킨다. 또한 특정 일자의 기업의 모든 자산과 부채를 제대로 반영하지 못한다. 이러한 이유로 현금주의를 기반으로 작성한 재무제표는 외부 정보이용자들의 의사결정에 유용하지 않다. 따라서 일반적으로 인정된 회계원칙(GAAP)에서는 발생주의(accrual basis accounting)에 따라 작성된 재무제표를 작성하도록 요구하고 있다.

발생주의 회계
현금의 수취 또는 지불 시점과 관계없이 수익은 가득된 시점에 인식하고, 비용은 발생한 시점에 인식함.

ACCRUAL BASIS
Income Measurement
Revenues (=when earned)
−Expenses (−when incurred)
Net Income (accrual basis)

발생주의 회계에서 수익과 비용은 현금을 수취하거나 지불하는 시점이 아니라 수익과 비용을 인식해야 하는 거래가 발생했을 때 기록한다. 즉, 수익은 수익이 가득[2)]되었을 때 기록하며, 비용은 수익 창출에 대응하여 발생했을 때 기록한다.

동일한 정보를 사용하여 Cade사의 발생주의 손익계산서를 작성하면 다음과 같다.

Cade사의 손익계산서	1년	2년	3년	합계
매출액 (가득됨)	\$ 60,000	\$ 60,000	\$ 60,000	\$180,000
비용 (자원의 사용 또는 발생)				
급여	(30,000)	(30,000)	(30,000)	(90,000)
보험료	(4,000)	(4,000)	(4,000)	(12,000)
소모품비	(5,000)	(5,000)	(5,000)	(15,000)
당기순이익	\$21,000	\$21,000	\$21,000	\$63,000

Cade사는 현금을 수취한 시점과 상관없이 수익이 가득된 시점에서 수익을 기록한다. 마찬가지로, 회사는 1년 초에 3년간 보험료 전액을 현금으로 지불하고, 1차년도 소모품 구매대금의 일부를 2차년도에 지불했지만, 보험료는 3년간 균등하게 발생했으며 소모품도 3년간 균등하게 사용했다. 발생주의 기준으로 작성된 1년차의 당기순이익 \$21,000는 현금주의 기준으로 작성된 순영업현금흐름보다 미래 현금흐름과 경영성과를 더 잘 예측한다. 발생주의 회계에서 수익과 비용을 언제 기록할지와 관련한 2가지 기본원칙이 있다. 그것은 수익인식원칙과 비용인식원칙(또는 대응원칙)이다.

수익인식원칙

수익인식원칙
수익은 (1) 회사가 고객에게 약속한 재화나 서비스의 제공을 완료하고, (2) 수취할 것으로 기대되는 금액을 측정할 수 있을 때 인식한다.

수익인식원칙은 회계기간에 인식할 수 있는 수익의 시기와 금액을 결정하는 원칙이다. 이 원칙은 다음과 같다.

1. 회사가 약속한 재화와 서비스를 고객에게 이전함
2. 수취할 것으로 예상되는 금액의 측정

2) 역자주 : 가득(earned)은 수익창출의 여러 과정 중에서 경제적 효익에 대한 권리를 주장하기에 충분한 활동이 완료된 것으로 이해하자.

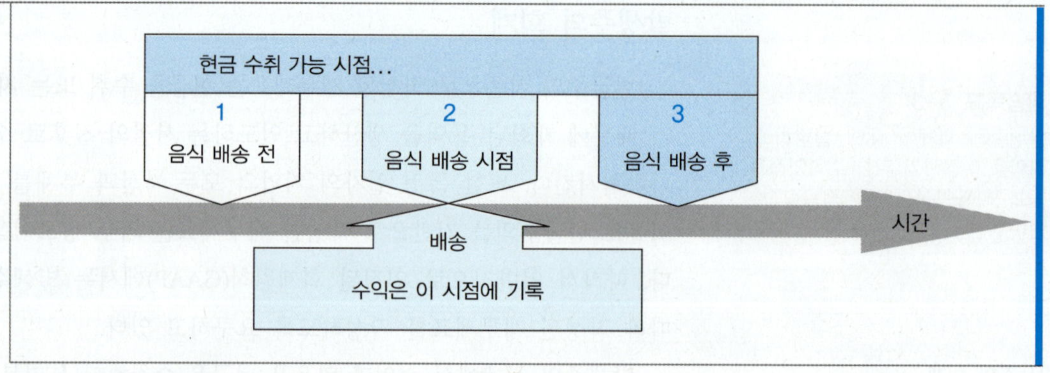

도표 3.2

수익의 기록과 현금 수취

Chipotle는 고객에게 음식을 제공할 때, 현금 수취 시점과 상관없이 수익을 인식한다. <도표 3.2>는 고객으로부터 회사가 현금을 수취하는 3가지 시점(1. 음식 배송 전, 2. 음식 배송 시점, 3. 음식 배송 후)과 상관없이 재화나 서비스를 제공한 시점(인도 시점)에서 수익이 발생함을 설명하고 있다. 이 각각의 경우에 대한 회계처리 방법을 살펴보자.

1 현금을 재화나 서비스를 제공하기 전에 수취함

Chipotle는 미래에 음식을 제공하겠다는 약속을 담은 상품권을 판매하고 고객에게 현금을 수취한다. 이 시점에서 Chipotle는 음식을 제공하지 않았기 때문에 수익을 기록하지 않는다. 대신, 고객에게 음식 서비스를 제공해야 하는 금액을 부채 계정(선수금)으로 기록하여 경제적 의무가 있음을 표시한다. 나중에 고객이 상품권을 사용하고 Chipotle가 음식서비스를 제공하면 수익을 기록하고, 약속을 이행했기 때문에 부채 계정을 감소시킨다.

$100의 현금 수취 시점:		
현금(+A)	100	
선수금(+L)		100
음식서비스 제공 시점:		
선수금(−L)	100	
레스토랑 매출수익(+R, +SE)		100

2 현금을 재화나 서비스를 제공한 시점과 동일 시점에 수취함

대중음식점 업계에서는 일반적으로 음식을 제공함과 동시에 현금을 수취한다. Chipotle는 음식을 제공하고 몇 분 이내에 현금을 수취한다. Chipotle는 현금과 교환하여 고객이 주문한 음식을 전달하며 이 과정에서 수익을 얻는다.

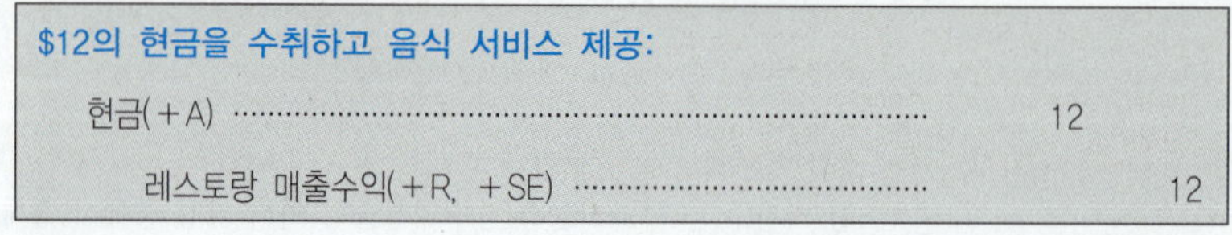

$12의 현금을 수취하고 음식 서비스 제공:		
현금(+A)	12	
레스토랑 매출수익(+R, +SE)		12

3 현금을 재화나 서비스를 제공한 이후에 수취함

회사가 외상으로 재화나 서비스를 판매했을 때, 수익은 이후에 현금을 수취했을 때 기록되는 것이 아니라 재화 또는 서비스를 제공했을 때 기록된다. 예를 들어, Chipotle가 고객유치를 위해 월말에 한 번씩 대금을 청구하는 제도를 도입했다고 가정해보자. 고객은 한 달 동안 대금을 지불하지 않고 Chipotle의 음식서비스를 이용한다. 음식서비스를 제공할 때마다, Chipotle는 이 내용을 매출수익과 자산(매출채권)으로 기록한다. 매출채권은 앞으로 대금을 지급하겠다는 고객의 약속을 의미한다. 월말에 고객이 한 달간의 외상대금을 현금으로 지불하면 Chipotle는 현금 계정을 증가시키고 매출채권 계정을 감소시킨다.

$50의 음식 서비스를 외상으로 판매함:		
매출채권(+A)	50	
레스토랑 매출수익(+R, +SE)		50
음식서비스 제공 후 현금 수취:		
현금(+A)	50	
매출채권(−A)		50

회사는 수익인식원칙에 대해 재무제표의 주석에 중요한 회계정책이라는 제목으로 공개한다. 다음 그림은 Chipotle의 최근 재무제표 주석의 일부이다.

CHIPOTLE MEXICAN GRILL
실제 자료에서 발췌:
연차보고서

1. DESCRIPTION OF BUSINESS AND SUMMARY OF SIGNIFICANT ACCOUNTING POLICIES

Revenue Recognition
Revenue from restaurant sales is recognized when food and beverage products are sold . . . The Company sells gift cards which do not have an expiration date . . . The Company recognizes revenues from gift cards when: (i) the gift card is redeemed by the customer; or (ii) the Company determines the likelihood of the gift card being redeemed by the customer is remote (gift card breakage) . . . The determination of the gift card breakage rate is based upon Company-specific historical redemption patterns.

Financial Analysis

더 복잡한 고객 계약에 대한 수익인식

FASB와 IASB는 2018년 재무제표부터 적용될 새로운 수익인식 기준을 발표했다. 앞에서 언급했듯이 기준에서는 기업이 재화나 서비스를 고객에게 전달한 시점에서 고객에게 수취할 것으로 예상되는 금액으로 수익을 인식한다. 또한 기준은 고객과 보다 복잡한 계약에 대한 회계처리 방법을 제시한다. 기준에서는 수익인식과 관련하여 5단계를 규정하고 있다.

1. 회사와 고객 간의 계약의 식별
2. 이행 의무(약속한 재화와 용역)의 식별
3. 거래가격의 결정
4. 거래가격을 이행해야 할 의무에 할당

5. 각 이행의무가 충족될 때 (또는 시간의 경과에 따라 서비스가 제공되는 경우는 시간 경과에 따라) 수익을 인식함.

예를 들어, Dell이 컴퓨터를 판매하고 1년간 보증서비스를 함께 제공하는 경우 2가지 의무로 구분(컴퓨터 판매와 보증서비스 판매)되며 판매가격을 할당해야 한다. Dell은 납품 시 컴퓨터에 할당된 수익을 인식하고, 보증서비스 판매수익은 12개월로 나누어 매월 인식해야 한다. 복잡한 판매 거래에 대한 회계는 중급회계에서 자세히 다루어진다.

STOP PAUSE FOR **FEEDBACK**

지금까지 수익인식의 원칙을 학습했다. (1) 약속한 재화 또는 서비스를 고객에게 이전할 때, (2) 수취할 것으로 예상되는 금액으로 인식한다.

SELF-STUDY **QUIZ**

수익인식원칙을 적용할 수 있는지 점검하기 위해 아래의 퀴즈를 풀어보자. 다음 거래는 피자를 만들어 배달하는 프랜차이즈 사업을 하는 파파존스의 전형적인 월간 영업활동의 예이다. 1월에 인식해야 할 수익에 대해 계정 명칭과 금액을 결정하시오. 계정 명칭은 거래의 성격에 따라 지정하시오. 예를 들어, 고객에 대한 매출수익은 레스토랑 매출수익이며, 프랜차이즈 판매는 프랜차이즈 수수료 수익이다.

활동	수익 계정 명칭	1월의 수익으로 인식할 금액
(a) 1월에 파파존스는 회사 소유 레스토랑에서 고객에게 피자를 판매하고 현금 $32,000를 수취하다.		
(b) 1월에 파파존스는 $625의 현금을 수취하고 새로운 프랜차이즈 계약을 체결했다. 1월 동안 $400의 서비스를 제공했으며, 나머지는 향후 3개월간 제공할 예정이다.		
(c) 1월에 파파존스는 2월에 제공할 대량 주문과 관련하여 현금 $210를 수취하였다.		
(d) 1월에 파파존스는 특정 고객에게 $1,630의 음식을 외상으로 판매하였다. 1월말까지의 외상대금을 정리하여 청구하면 이후에 현금을 수취하게 된다.		
(e) 1월에 파파존스는 고객으로부터 현금 $1,200를 수취했는데 이는 지난달의 피자 배달과 관련한 외상대금이다.		
(f) 1월에 파파존스는 고객에게 $385의 피자를 배달했는데, 대금은 지난달에 미리 수취하였다.		

해설

수익 계정 명칭	1월의 수익으로 인식할 금액
(a) 레스토랑 매출 수익	$32,000
(b) 프랜차이즈 수수료 수익	$ 400
(c) 1월의 수익이 아님	–
(d) 레스토랑 매출 수익	$ 1,630
(e) 1월의 수익이 아님	–
(f) 레스토랑 매출 수익	$ 385

비용인식원칙

비용인식원칙(대응의 원칙)
비용은 수익창출에 기여하며 소비되거나 소멸된 시점에 인식한다.

비용인식원칙(**대응의 원칙**이라고도 함)은 수익을 창출한 기간과 동일한 기간에 소멸된 비용을 기록하라는 것을 의미한다. 예를 들어, Chipotle 레스토랑이 고객에게 음식 서비스를 제공하면 수익이 발생한다. 수익 창출을 위하여 사용되어 소멸된 비용에는 다음과 같은 것들이 포함된다.

- 이 기간 동안 근무한 직원들에 대한 급여
- 이 기간 동안 사용된 수도광열비(전기요금, 가스요금, 수도요금 등)
- 이 기간 동안 사용된 식재료, 음료 및 포장용품
- 이 기간 동안의 시설 임차료
- 이 기간 동안 사용된 그릴과 기타 설비

수익과 현금 수취의 관계와 마찬가지로 비용은 현금을 지급하는 시기와 관계없이 발생한 시점에 기록한다. 현금은 비용이 (1) 발생하기 전, (2) 발행과 동시, (3) 발생한 이후에 지불될 수 있다(<도표 3.3> 참조). 비용 발생일과 현금 지불일이 다르다면 비용은 현금을 지불한 날이 아니라 발생한 날에 기록된다. 비용인식의 원칙과 관련한 이러한 각각의 경우에 대한 회계처리를 살펴보자.

1 현금이 비용이 발생하기 이전에 지급됨

회사는 미래 기간에 수익을 창출하기 위해 사용되는 다양한 자산을 미리 구입한다. 예를 들어, 미래에 적용될 보험을 구입하고, 미래에 공간을 사용하기 위한 임차료를 지불하고, 미래에 사용할 소모품 및 장비를 구입하면서 현금을 미리 지불한다. 미래에 수익이 창출되는 경우, 회사는 사용된 자산의 원가 부분에 대해 비용을 기록한다. 이 소멸된 원가는 수익에 대응한다. 예를 들어, Chipotle는 다음 달에 사용할 종이 소모품(냅킨, 포장용기, 종이컵 등)을 매월 미리 구입한다. 이 소모품은 미래 기간의 수익에 기여하기 때문에 구입하는 시점에서는 소모품이라는 자산으로 기록한다. 그리고 다음 달에 이 소모품을 사용하면서 사용한 만큼은 비용처리하고, 사용하지 않은 잔액은 자산으로 남게 된다. 마찬가지로 선급한 임차료와 보험료 및 광고비는 선급비용

도표 3.3

비용의 기록과 현금지급

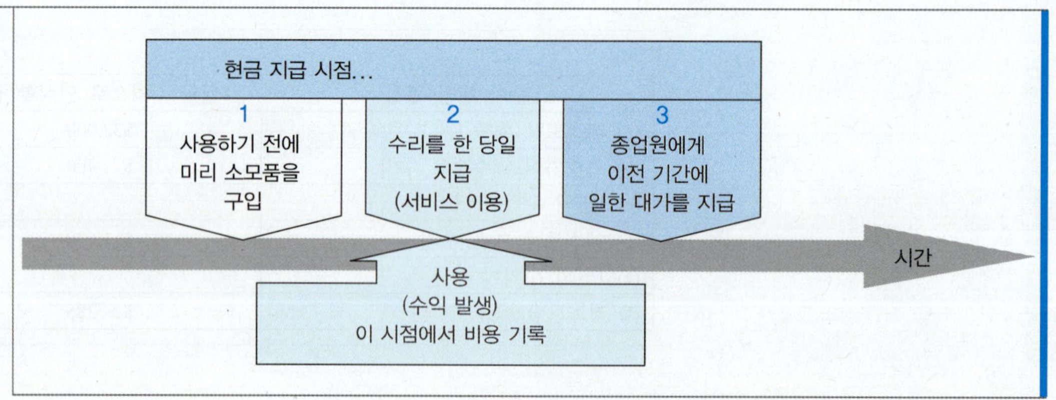

(prepaid expense)이라는 자산 계정에 기록되며 사용할 때 비용으로 처리한다.

소모품 구입을 위해 $200의 현금을 지불함:		
소모품(+A)	200	
현금(−A)		200
절반의 소모품을 사용함:		
소모품비(+E, −SE)	100	
소모품(−A)		100

2 현금이 비용이 발생한 동일한 기간에 지급됨

비용은 종종 발생한 기간과 동일한 기간에 지급된다. 예를 들어, 그릴에 대한 수리비를 수리하는 시점에 지불하는 것이다. Chipotle가 음식을 판매할 준비가 될 수 있도록 $275의 현금을 지불하고 그릴을 수리하면 수선유지비라는 비용이 기록된다.

수선 서비스를 받고 $275의 현금을 지불함:		
수선유지비(+E, −SE)	275	
현금(−A)		275

3 현금이 비용이 발생한 이후 기간에 지급됨

임차료 및 소모품은 일반적으로 사용되기 이전에 구입하지만 많은 재화와 서비스들은 먼저 사용한 후에 현금을 지불한다. 예를 들어, 이번 기간에 전기, 수도, 가스 등을 사용하고 사용요금은 다음 기간에 지불하고, 자금을 차입한 대가인 이자를 미래에 지불하고, 근무한 직원에 대한 임금을 나중에 지불하는 등이 이 경우에 해당한다. Chipotle의 식당이 이번 기간에 수익 창출을 위한 음식 제공 서비스를 직원들이 제공하면 급여라는 비용을 기록한다. 당기 말 현재 종업원에게 지불하지 않은 급여가 있다면 이 금액은 미지급급여(부채)로 기록된다.

$400에 해당하는 종업원의 노동을 이용함:		
급여(+E, −SE)	400	
미지급급여(+L)		400
종업원의 노동력을 이용한 후 현금을 지불함:		
미지급급여(−L)	400	
현금(−A)		400

STOP PAUSE FOR FEEDBACK

비용인식의 원칙(또는 대응의 원칙)은 수익을 창출하는 동일한 기간에 발생한 비용만 기록함으로써 수익과 비용이 대응되도록 기록한다는 의미이다. 현금이 지급되는 시점과 관계없으며, 비용은 발생된 시점에 기록된다.

SELF-STUDY QUIZ

비용인식의 원칙을 이해했는지를 확인하기 위해 퀴즈를 풀어보도록 하자. 아래의 거래는 파파존스의 일반적인 월별 영업활동의 예이다. 1월에 인식해야 할 비용을 식별하고, 해당 계정명과 인식할 금액을 표시하시오.

활동	비용 계정 명칭	1월의 비용으로 인식할 금액
(a) 1월 초에 파파존스 레스토랑은 3개월(1월~3월)분 임차료 $3,000를 지불하였다.		
(b) 1월에 파파존스 레스토랑은 12월에 외상으로 구입한 소모품에 대한 외상대금을 지불하였다.		
(c) 1월에 고객들에게 피자를 만들어 판매하는 데 사용된 소모품(식품 및 종이)은 $9,500이다. 이 소모품은 12월에 외상으로 구입했던 것이다.		
(d) 1월 말, 파파존스는 1월에 사용한 전기에 대한 요금 고지서를 수령하였다. 이 전기요금은 2월에 지불할 예정이다.		

[GUIDED HELP 3-1] www.mhhe.com/libby9e_gh3a

해설

비용 계정 명칭	1월의 비용으로 인식할 금액
(a) 임차료	$1,000 ($3,000÷3개월)
(b) 1월의 비용이 아님	소모품은 사용되었을 때 비용으로 처리함
(c) 소모품비	$9,500
(d) 수도광열비	$ 400

A QUESTION OF ETHICS  회계기준을 위반하는 경영진의 동기

주식시장의 투자자는 회사의 미래 이익에 대한 기대에 따라 의사결정을 한다. 회사가 분기 또는 연간 이익을 발표하면 투자자들은 회사가 그들의 기대에 부합하는지를 평가하고 이에 따라 투자 의사결정을 조정한다. 기대에 미치지 못한 이익을 발표한 기업의 경우 주가가 하락하는 경우가 많다. 따라서 경영자는 주가를 올리기 위해 투자자의 기대치를 충족시키거나 기대보다 높은 이익을 보고할 동기가 있다. 탐욕으로 인해 일부 경영진들은 비윤리적인 회계처리 및 보고에 대한 결정을 내리는데, 이와 관련하여 종종 수익과 비용을 조작한다. 이것은 단기적으로는 투자자들을 속일 수 있을지 모르지만, 장기적으로는 오히려 매우 나쁜 결과를 초래한다. 회계장부 조작은 사기이며 이를 저지른 경영자들은 형사처벌을 받아 징역을 살기도 한다. 아래의 표는 수익과 비용에 대한 조작 범죄로 인해 형사처벌을 받은 사례이다. Bernie Ebbers(65세)와 Barry Minkow(21세)의 경우 회계 사기로 25년형을 선고받았음을 상기하자.

The CEO	The Fraud	Conviction/Plea	The Outcome
Elaine Martin, 67 MarCon, Inc.	Failed to record sales of used materials.	Convicted, February 2014	Sentenced to 7 years
Annette Bongiorno, 62, and Joann Crupi, 49 Madoff Investment Securities	Recorded trades of securities in the wrong accounting period as part of a Ponzi scheme.	Convicted, December 2014	Sentenced to 6 years each; forfeit a total of $188.9 billion
Bernard Madoff, 71 Madoff Investment Securities	Scammed $50 billion from investors in a Ponzi scheme (in which investors receive "returns" from money paid by subsequent investors).	Confessed, December 2008	Sentenced to 150 years
Bernie Ebbers, 65 Worldcom	Recorded $11 billion in operating expenses as if they were assets.	Convicted, July 2005	Sentenced to 25 years
Sanjay Kumar, 44 Computer Associates	Recorded sales in the wrong accounting period.	Pleaded guilty, April 2006	Sentenced to 12 years
Martin Grass, 49 Rite Aid Corporation	Recorded rebates from drug companies before they were earned.	Pleaded guilty, June 2003	Sentenced to 8 years
Barry Minkow, 21 ZZZZ Best	Made up customers and sales to show profits when, in reality, the company was a sham.	Convicted, December 1988	Sentenced to 25 years

회계와 관련한 사기는 많은 사람들에게 피해를 주게 된다. 주주는 주식가치 하락으로 손실을 입게 되며, 종업원들은 직장을 잃을 수 있다. 또한 고객과 공급업체는 사기를 저지른 회사와 거래하는 것을 경계하게 될 것이다. 관리자라면 직장에서 윤리적인 갈등 상황에 직면할 수 있다. 이러한 갈등 상황에서 윤리적으로 올바른 결정을 내린다면 20년 후에 자랑스러워할 것이다.

확장된 거래분석 모델

학습목표 3-4
영업활동이 재무제표에 미치는 영향을 기록할 수 있다.

우리는 손익계산서에 영향을 미치는 다양한 경영활동과 그 측정방법을 살펴보았다. 이제 이러한 경영활동이 회계시스템에 기록되고 재무제표에 반영되는 과정에 대해 살펴보자. 제2장에서는 자산, 부채, 자본에 영향을 미치는 투자활동과 재무활동에 대해 살펴보았다. 이제 이 거래분석 모델을 영업활동으로 확장한다.

거래분석의 원칙

<도표 3.4>에 제시된 완성된 거래분석 모델은 **재무제표 요소 5가지**(자산, 부채, 자본, 수익, 비용)를 모두 포함하고 있다. 이익잉여금 계정은 과거의 모든 수익과 비용 그리고 주주에 대한 배당금이 모두 누계된 잔액이다. 즉, 과거부터 지금까지의 이익(수익에서 비용을 차감한 당기순이익) 누계액에서 과거부터 지금까지 주주에게 배당한 배당금에 대한 누계액을 차감한 잔액이다. 이번 기간의 경영성과인 당기순이익(net income)이 양수(수익 − 비용 > 0)이면 이익잉여금은 증가한다. 반대로 당기순이익이 음수(수익 − 비용 < 0)이면 이익잉여금은 감소한다. 그리고 당기순이익이 음수인 경우 당기순손실(net loss)이라고 표현한다.

일부 학생들은 회계원리를 학습하면서 분개를 암기하려고 한다. 그러나 과정이 진행됨에 따라 거래가 다양해지고 복잡해지기 때문에 암기로는 이겨내기 어렵다. 암기보다는 <도표 3.4>에 제시된 거래분석 모델을 숙지하고 이를 다양한 거래에 응용할 수 있어야 한다. 이후의 장에서 과제를 수행하고, 복잡한 거래를 분석할 때 이 모델은 매우 유용할 것이다. 거래분석 모델이 어떻게 구축되었는지, 그리고 영업활동이 재무상태표와 손익계산서에 어떻게 영향을 미치는지를 이해하기 위해 <도표 3.4>를 주의깊게 살펴보자.

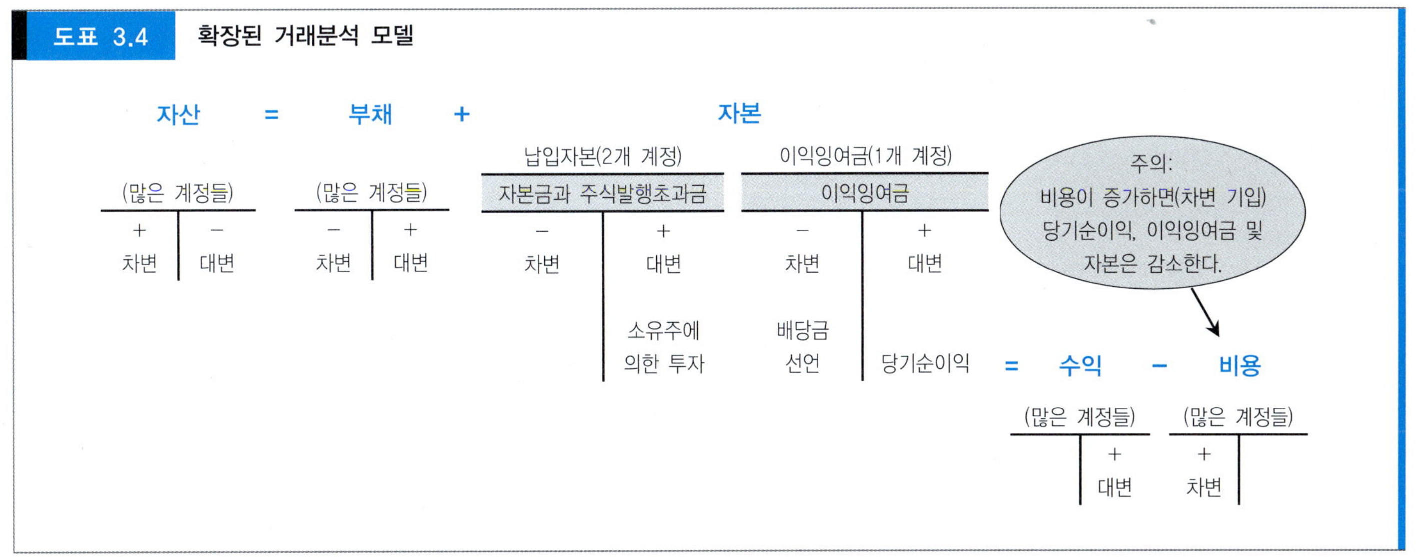

- 모든 계정은 증가하거나 감소할 수 있지만, 수익과 비용은 기간 동안 증가하는 경향이 있다. 회계 등식의 왼쪽에 있는 계정의 경우 증가는 T계정의 왼쪽에+기호로 표시되어 있다. T계정의 왼쪽에 기록된다. 회계 등식의 오른쪽에 있는 계정의 경우 증가는 T계정의 오른쪽에+기호로 표시되어 있다. 단, 비용 계정은 왼쪽에 증가를 기록한다.
- T계정의 왼쪽은 차변(Debit, Dr)이라고 하며, 오른쪽은 대변(Credit, Cr)이라고 한다.
- 모든 거래는 최소한 2개의 계정에 영향을 미친다.

A	=	L	+	SE	
+ or −				+	(+ 수익 ↑ RE)

- 수익은 이익잉여금을 통해 자본을 증가시키므로 대변 잔액이다. 수익을 기록하면서 자산(예: 현금, 매출채권)이 증가하거나 부채(예: 선수수익)가 감소한다.

A	=	L	+	SE	
− or +				−	(+ 비용 ↓ RE)

- 비용은 당기순이익을 감소시켜서 이익잉여금과 자본을 감소시킨다. 따라서 차변 잔액으로 나타난다. (이익잉여금 잔액의 위치와 반대이다.) 비용이 증가하면 차변에 기록하고, 당기순이익과 이익잉여금이 감소한다. 비용을 기록하면서 자산(예: 소모품)이 감소하거나 부채(예: 종업원에게 갚아야 할 미지급급여)가 증가한다.
- 수익이 비용을 초과하면 회사는 당기순이익을 보고하며 이익잉여금과 자본은 증가한다. 반대로, 비용이 수익을 초과하면 회사는 당기순손실을 보고하며 이익잉여금이 감소하고 따라서 자본 총계가 감소한다.

요약 :

수익(Revenue)	비용(Expense)
• 당기순이익과 자본 증가	• 당기순이익과 자본 감소
• ↑는 대변에 기록	• ↑는 차변에 기록
• 대변 잔액	• 차변 잔액

제2장에서 학습했던 거래 분석의 단계에 수익과 비용이 미치는 영향을 추가하였다. 거래가 발생할 때 해야 할 질문은 다음과 같다.

도표 3.5

거래의 분석 단계

1단계 : 질문 → 재화 또는 용역을 제공하고 수익이 발생했는가?
만약 그렇다면, 대변에 매출 계정을 기록하고 차변에는 수취한 것의 적절한 계정을 기록한다.

또는 질문 → 당기에 수익을 창출하기 위해 발생한 비용이 있었는가?
만약 그렇다면, 차변에 비용 계정을 기록하고 대변에는 지불한 것의 적절한 계정을 기록한다.

또는 질문 → 수익이 발생하지 않았거나 비용이 발생하지 않았다면 무엇을 받거나 주었는가?

- **영향을 받은 계정의 식별** (예: 현금, 미지급금)
  주의 : 최소한 2개 이상의 계정이 영향을 받음
- **계정의 요소 분류** : 자산(A), 부채(L), 자본(SE), (예: 현금은 자산임)
- **영향의 방향 결정** : 계정이 증가(+)했는가? 또는 감소(−)했는가?

2단계 : 검증 → 회계 등식의 균형이 유지되는가? (A=L+SE)

Chipotle의 거래 분석

이제 우리는 Chipotle Mexican Grill의 영업활동에 대해 계속 논의하자. <도표 3.6>은 제2장 후반에 제시했던 회사의 시산표이다. 이 시산표에는 2015년 1분기 동안 발생한 투자활동과 재무활동에 대한 거래가 반영되어 있다.

지금부터는 <도표 3.5>에 있는 거래 분석 단계를 이용하여 1분기 동안 발생한 이번 장의 영업활동의 영향을 분석하고 기록하며 T계정에 전기해보도록 하자. T계정은 <도표 3.6>의 시산표 잔액을 기초로 하여 시작한다. 주식수에 대한 정보를 제외한 나머지 숫자의 단위는 $1,000이다. 각 거래에 대한 분개를 수행할 때 다음을 주의해야 한다.

- 수익 또는 비용이 발생하면 회계 등식에 수익은 (+R, +SE)로 기록하고 비용은 (+E, −SE)를 기록하며 회계 등식이 유지된다.
- 차변과 대변은 일치한다. 분개를 준비하면서 항상 이를 확인해야 한다.

도표 3.6

Chipotle Mexican Grill의 시산표

CHIPOTLE MEXICAN GRILL 시산표
1분기(2015년 3월 31일까지)의 재무활동과 투자활동에 기초함

(단위 : $1,000)	차변	대변
현금	323,200	
단기투자자산	347,600	
매출채권	34,800	
소모품	15,300	
선급비용	70,300	
토지	21,100	
건물	1,275,300	
비품	476,300	
감가상각누계액		613,700
장기투자자산	531,100	
무형자산	68,400	
매입채무		69,600
선수금		16,800
미지급배당금		3,000
미지급급여		73,900
미지급수도광열비		85,400
미지급금		0
장기차입금		2,000
기타부채		285,900
보통주자본금		500
주식발행초과금		293,800
이익잉여금		1,718,800
합계	**3,163,400**	**3,163,400**

제4장에서 1분기(1월 1일~3월 31일) 활동에 대한 회계순환과정을 완료할 것이다.

(1) Chipotle는 식품, 음료, 포장용품 등의 소모품을 $369,800에 구입하면서 $289,900는 현금으로 지불하고 나머지는 외상으로 하였다.

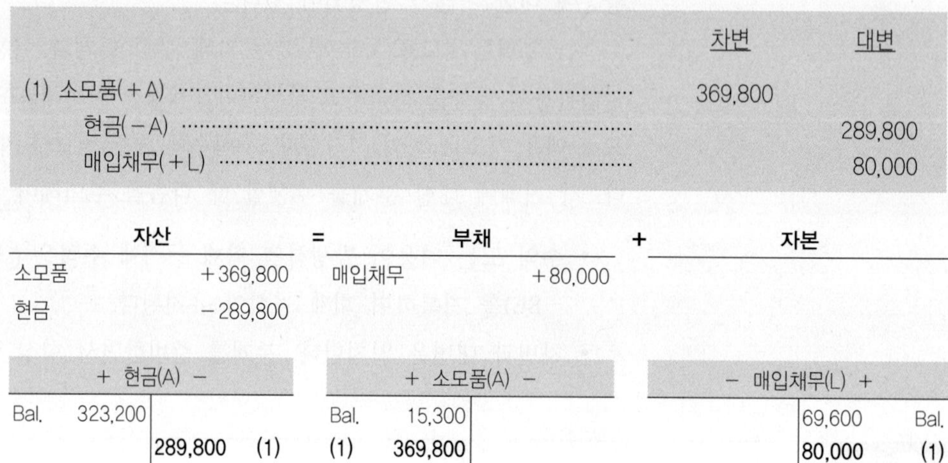

	차변	대변
(1) 소모품(+A)	369,800	
현금(−A)		289,800
매입채무(+L)		80,000

자산		=	부채		+	자본
소모품	+369,800		매입채무	+80,000		
현금	−289,800					

+ 현금(A) −				+ 소모품(A) −			− 매입채무(L) +	
Bal.	323,200			Bal.	15,300		69,600	Bal.
		289,800	(1)	(1)	**369,800**		**80,000**	(1)

(2) 1월초, Chipotle는 앞으로 발생할 임차료, 보험료, 광고료 등의 비용 $79,700를 현금으로 미리 지불하였다.

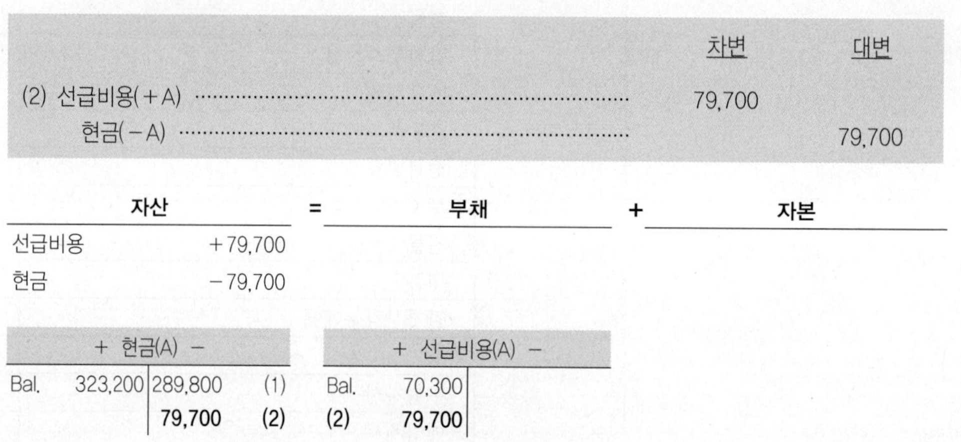

	차변	대변
(2) 선급비용(+A)	79,700	
현금(−A)		79,700

자산		=	부채	+	자본
선급비용	+79,700				
현금	−79,700				

+ 현금(A) −				+ 선급비용(A) −	
Bal.	323,200	289,800	(1)	Bal.	70,300
		79,700	(2)	(2)	**79,700**

(3) 1분기 동안 Chipotle는 고객에게 $1,071,700에 음식을 판매했는데, 분기말에 수취하기로 한 $25,700를 제외한 나머지는 현금으로 수취하였다. **주의 :** 일정 기간 동안의 수익과 비용은 기초 잔액 $0에서 시작한다. 따라서 <도표 3.6>의 시산표에서 수익과 비용 잔액은 존재하지 않는 것이다.

	차변	대변
(3) 현금(+A)	1,046,000	
매출채권(+A)	25,700	
레스토랑 매출수익(+R, +SE)		1,071,700

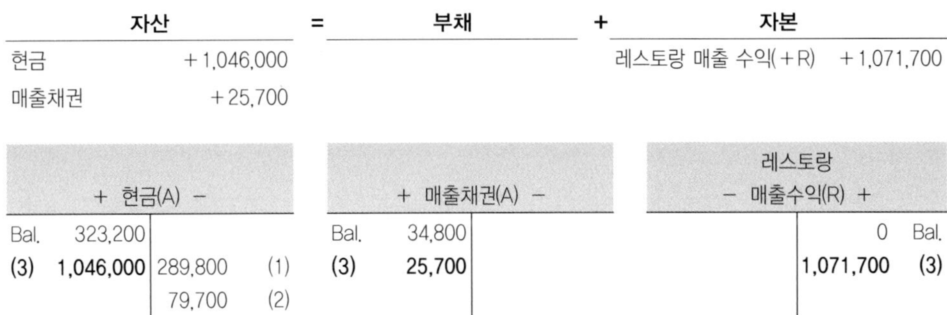

자산		=	부채		+	자본	
현금	+1,046,000					레스토랑 매출 수익(+R)	+1,071,700
매출채권	+25,700						

+ 현금(A) −

	차변	대변	
Bal.	323,200		
(3)	**1,046,000**	289,800	(1)
		79,700	(2)

+ 매출채권(A) −

	차변	대변	
Bal.	34,800		
(3)	**25,700**		

레스토랑 − 매출수익(R) +

	차변	대변	
		0	Bal.
		1,071,700	(3)

(4) Chipotle는 관리자 교육훈련비로 $40,800를 현금으로 지불하였다.

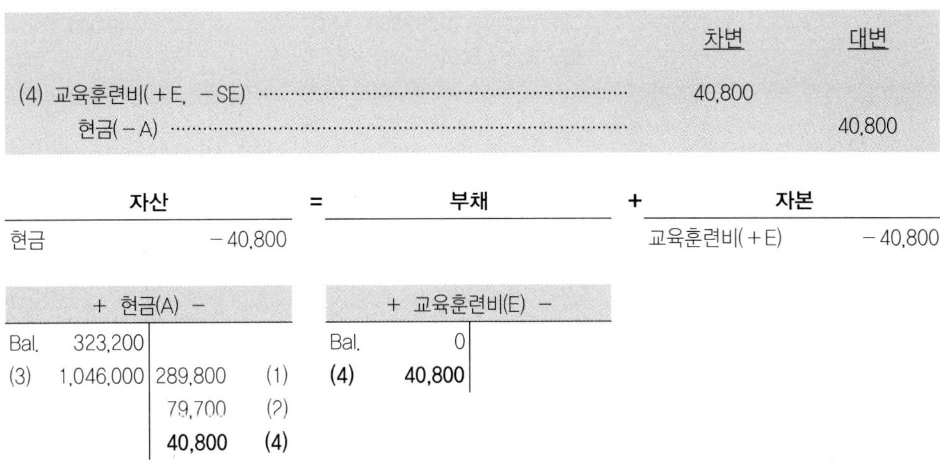

	차변	대변
(4) 교육훈련비(+E, −SE)	40,800	
현금(−A)		40,800

자산		=	부채		+	자본	
현금	−40,800					교육훈련비(+E)	−40,800

+ 현금(A) −

	차변	대변	
Bal.	323,200		
(3)	1,046,000	289,800	(1)
		79,700	(2)
		40,800	**(4)**

+ 교육훈련비(E) −

	차변	대변
Bal.	0	
(4)	**40,800**	

(5) Chipotle는 종업원에게 이번 분기에 대한 급여 $177,000와 지난 분기에 미지급했던 급여(지난 분기에 급여와 미지급급여로 기록) $73,900를 현금으로 지불하였다.

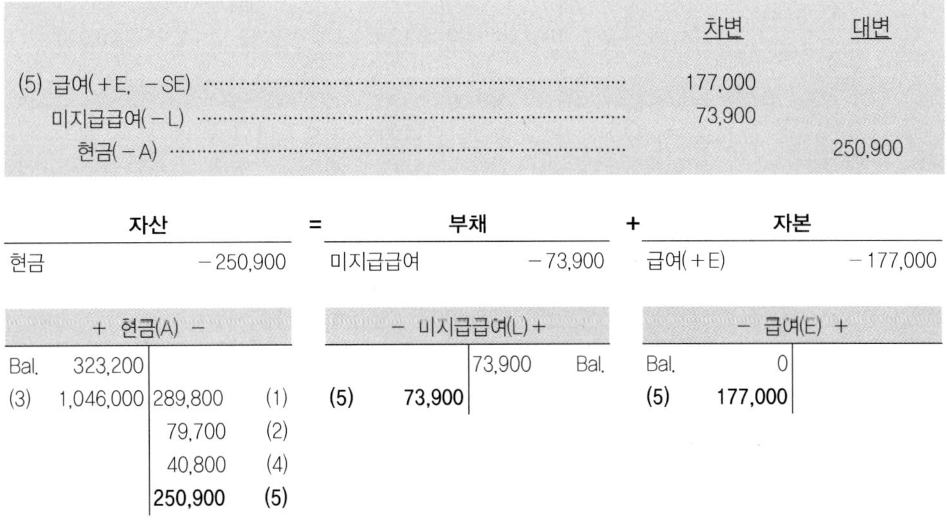

	차변	대변
(5) 급여(+E, −SE)	177,000	
미지급급여(−L)	73,900	
현금(−A)		250,900

자산		=	부채		+	자본	
현금	−250,900		미지급급여	−73,900		급여(+E)	−177,000

+ 현금(A) −

	차변	대변	
Bal.	323,200		
(3)	1,046,000	289,800	(1)
		79,700	(2)
		40,800	(4)
		250,900	**(5)**

− 미지급급여(L) +

	차변	대변	
		73,900	Bal.
(5)	**73,900**		

− 급여(E) +

	차변	대변
Bal.	0	
(5)	**177,000**	

(6) Chipotle는 취득원가 $9,000인 토지를 현금을 받고 판매하면서 $4,200의 손실이 발생하였다.[3)]

	차변	대변
(6) 현금(+A)	4,800	
유형자산처분손실(+E, −SE)	4,200	
토지(−A)		9,000

자산		=	부채	+	자본	
현금	+4,800				유형자산처분손실(+E)	−4,200
토지	−9,000					

+ 현금(A) −			
Bal.	323,200		
(3)	1,046,000	289,800	(1)
(6)	**4,800**	79,700	(2)
		40,800	(4)
		250,900	(5)

+ 토지(A) −			
Bal.	21,100		
		9,000	**(6)**

− 유형자산처분손실(E) +		
Bal.	0	
(6)	**4,200**	

(7) Chipotle는 고객으로부터 외상대금 $39,000를 회수하였다.

	차변	대변
(7) 현금(+A)	39,000	
매출채권(−A)		39,000

자산		=	부채	+	자본
현금	+39,000				
매출채권	−39,000				

+ 현금(A) −			
Bal.	323,200		
(3)	1,046,000	289,800	(1)
(6)	4,800	79,700	(2)
(7)	**39,000**	40,800	(4)
		250,900	(5)

+ 매출채권(A) −			
Bal.	34,800		
(3)	25,700	**39,000**	**(7)**

(8) 이번 분기 동안, Chipotle는 공급업자에게 외상대금 $73,500를 지불하였다. 또한 2015년 1분기 동안 미지급했던 수도광열비(전기, 가스, 수도요금) $35,900를 납부하였고, 법인세로 $28,400를 지불하였다.

	차변	대변
(8) 매입채무(−L)	73,500	
미지급수도광열비(−L)	35,900	
법인세비용(+E, −SE)	28,400	
현금(−A)		137,800

3) 이것은 기타 활동의 예이다. 제8장에서 더 자세히 다룰 것이다.

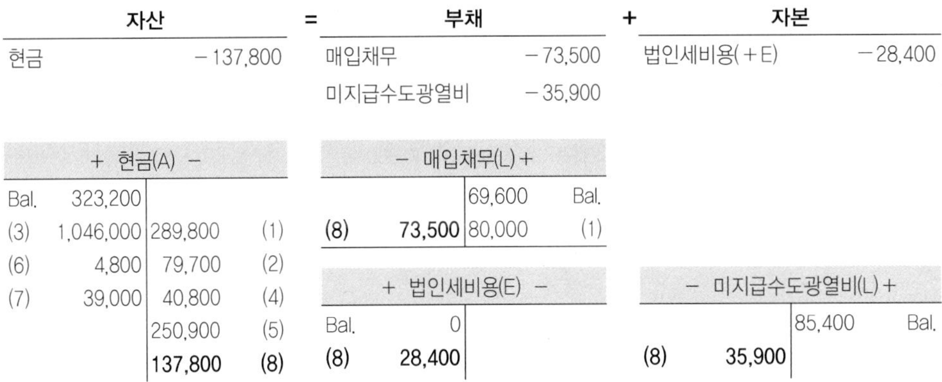

자산		=	부채		+	자본	
현금	−137,800		매입채무	−73,500		법인세비용(+E)	−28,400
			미지급수도광열비	−35,900			

+ 현금(A) −

	차변	대변	
Bal.	323,200		
(3)	1,046,000	289,800	(1)
(6)	4,800	79,700	(2)
(7)	39,000	40,800	(4)
		250,900	(5)
		137,800	**(8)**

− 매입채무(L) +

	차변	대변	
		69,600	Bal.
(8)	**73,500**	80,000	(1)

+ 법인세비용(E) −

	차변	대변
Bal.	0	
(8)	**28,400**	

− 미지급수도광열비(L) +

	차변	대변	
		85,400	Bal.
(8)	**35,900**		

(9) Chipotle는 이번 분기 동안 사용한 수도, 전기, 가스에 대한 사용요금 $75,400를 지불하였으며, 시설 및 장비의 수리 및 유지보수 비용으로 $18,700를 지불하였다.

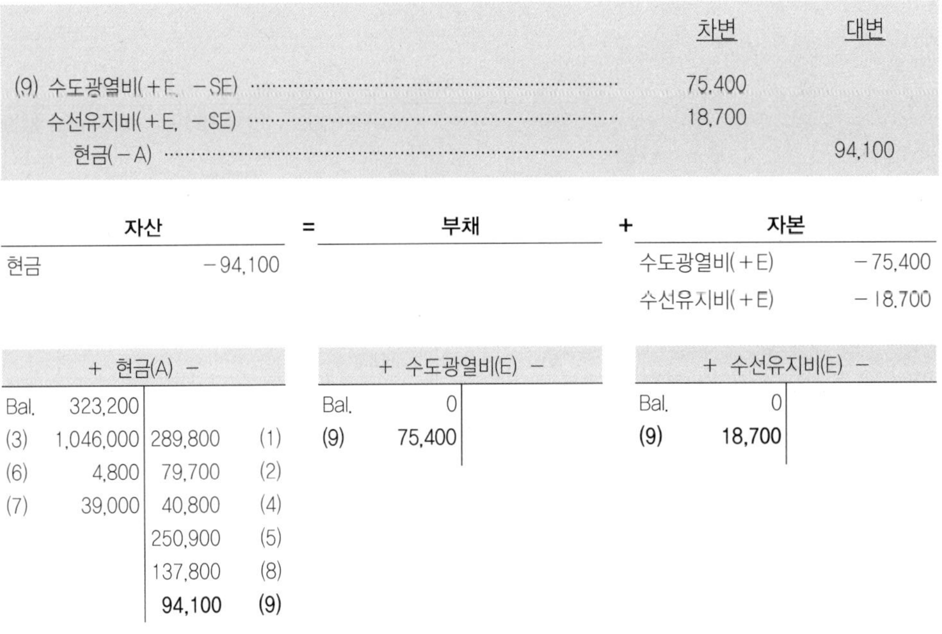

	차변	대변
(9) 수도광열비(+E, −SE)	75,400	
수선유지비(+E, −SE)	18,700	
현금(−A)		94,100

자산		=	부채		+	자본	
현금	−94,100					수도광열비(+E)	−75,400
						수선유지비(+E)	−18,700

+ 현금(A) −

	차변	대변	
Bal.	323,200		
(3)	1,046,000	289,800	(1)
(6)	4,800	79,700	(2)
(7)	39,000	40,800	(4)
		250,900	(5)
		137,800	(8)
		94,100	**(9)**

+ 수도광열비(E) −

	차변	대변
Bal.	0	
(9)	75,400	

+ 수선유지비(E) −

	차변	대변
Bal.	0	
(9)	**18,700**	

(10) Chipotle는 이번 분기 동안 이자수익으로 현금 $1,200를 수취하였다.

	차변	대변
(10) 현금(+A)	1,200	
이자수익(+R, +SE)		1,200

자산		=	부채		+	자본	
현금	+1,200					이자수익(+R)	+1,200

	+ 현금(A) −		
Bal.	323,200		
(3)	1,046,000	289,800	(1)
(6)	4,800	79,700	(2)
(7)	39,000	40,800	(4)
(10)	**1,200**	250,900	(5)
		137,800	(8)
		94,100	(9)

	− 이자수익(R) +		
		0	Bal.
		1,200	**(10)**

(11) 이번 분기 동안 Chipotle는 고객에게 $21,900의 상품권을 판매하였다. (이는 다음 분기에 음식과 교환될 것으로 예상된다.)

	차변	대변
(11) 현금(+A)	21,900	
선수금(+L)		21,900

자산		=	부채		+	자본
현금	+21,900		선수금	+21,900		

	+ 현금(A) −		
Bal.	323,200		
(3)	1,046,000	289,800	(1)
(6)	4,800	79,700	(2)
(7)	39,000	40,800	(4)
(10)	1,200	250,900	(5)
(11)	**21,900**	137,800	(8)
		94,100	(9)

	− 선수금(L) +		
		16,800	Bal.
		21,900	**(11)**

이제 T계정에 반영된 금액을 바탕으로 변경된 잔액을 결정하자.

재무상태표 계정 :

	+ 현금(A) −		
Bal.	323,200		
(3)	1,046,000	289,800	(1)
(6)	4,800	79,700	(2)
(7)	39,000	40,800	(4)
(10)	1,200	250,900	(5)
(11)	21,900	137,800	(8)
		94,100	(9)
	543,000		

	+ 단기투자자산(A) −		
Bal.	347,600		
	347,600		

	+ 매출채권(A) −		
Bal.	34,800		
(3)	25,700	39,000	(7)
	21,500		

	+ 소모품(A) −		
Bal.	15,300		
(1)	369,800		
	385,100		

	+ 선급비용(A) −		
Bal.	70,300		
(2)	79,700		
	150,000		

	+ 토지(A) −		
Bal.	21,100		
		9,000	(6)
	12,100		

	+ 건물(A) −		
Bal.	1,275,300		
	1,275,300		

+ 비품(A) −			
Bal.	476,300		
	476,300		

− 감가상각누계액 +			
		613,700	Bal.
		613,700	

+ 장기투자자산(A) −			
Bal.	531,100		
	531,100		

+ 무형자산(A) −			
Bal.	68,400		
	68,400		

− 매입채무(L) +			
		69,600	Bal.
(8)	73,500	80,000	(1)
		76,100	

− 선수금(L) +			
		16,800	Bal.
		21,900	(11)
		38,700	

− 미지급배당금(L) +			
		3,000	Bal.
		3,000	

− 미지급급여(L) +			
		73,900	Bal.
(5)	73,900		
		0	

− 미지급수도광열비(L) +			
		85,400	Bal.
(8)	35,900		
		49,500	

− 장기차입금(L) +			
		2,000	Bal.
		2,000	

− 기타 부채(L) +			
		285,900	Bal.
		285,900	

− 보통주자본금(SE) +			
		500	Bal.
		500	

− 주식발행초과금(SE) +			
		293,800	Bal.
		293,800	

− 이익잉여금(SE) +			
		1,718,800	Bal.
		1,718,800	

손익계산서 계정 :

− 레스토랑 매출수익(R) +			
		0	Bal.
		1,071,700	(3)
		1,071,700	

− 이자수익(R) +			
		0	Bal.
		1,200	(10)
		1,200	

+ 급여(E) −			
Bal.	0		
(5)	177,000		
	177,000		

+ 수도광열비(E) −			
Bal.	0		
(9)	75,400		
	75,400		

+ 수선유지비(E) −			
Bal.	0		
(9)	18,700		
	18,700		

+ 교육훈련비(E) −			
Bal.	0		
(4)	40,800		
	40,800		

+ 유형자산처분손실(E) −			
Bal.	0		
(6)	4,200		
	4,200		

+ 법인세비용(E) −			
Bal.	0		
(8)	28,400		
	28,400		

STOP PAUSE FOR FEEDBACK

지금까지 수익과 비용을 발생시키는 거래들에 대해 거래를 분석하는 단계와 거래를 기록하는 과정을 살펴보았다. 이 과정을 다시 한번 요약하면 다음과 같다.

1단계 : 질문 → 재화 또는 용역을 제공하고 수익이 발생했는가?
만약 그렇다면, 대변에 매출 계정을 기록하고 차변에는 수취한 것의 적절한 계정을 기록한다.

또는 **질문** → 당기에 수익을 창출하기 위해 발생한 비용이 있었는가?
만약 그렇다면, 차변에 비용 계정을 기록하고 대변에는 지불한 것의 적절한 계정을 기록한다.

또는 **질문** → 수익이 발생하지 않았거나 비용이 발생하지 않았다면 무엇을 받거나 주었는가?

- **영향을 받은 계정의 식별** (예: 현금, 지급어음)
  주의 : 최소한 2개 이상의 계정이 영향을 받음
- **계정의 요소 분류** : 자산(A), 부채(L), 자본(SE), (예: 현금은 자산임)
- **영향의 방향 결정** : 계정이 증가(+)했는가? 또는 감소(−)했는가?

2단계 : 검증 → 회계 등식의 균형이 유지되는가? (A=L+SE)

SELF-STUDY QUIZ

이제 여러분이 스스로 연습할 차례이다. 스쿠버 다이빙에 대한 교육 프로그램을 운영하는 Florida Flippers사의 6월의 거래를 분석하고 이를 분개장에 분개하시오. 그리고 T계정에 전기하시오. 계정명과 각 계정의 기초 잔액은 T계정에 제공하였다. 각 분개의 차변 금액과 대변 금액이 동일한지 확인하고, 회계 등식이 유지되는지를 확인하시오.

a. 6월에 신규고객이 Florida Flippers사에 다이빙 여행을 위해 $8,200의 현금을 지불하였다. $5,200는 6월의 여행을 위한 것이며, 나머지는 7월에 제공될 여행에 대한 것이다.
b. 5월에 고객들에게 교육을 제공한 대가 $3,900를 6월에 현금으로 수취하였다.
c. 6월초 Florida Flippers사는 6월, 7월, 8월에 대한 보험료 $6,000를 현금으로 지불하였다.
d. 6월에 Florida Flippers는 6월에 근무한 직원에게 급여 $4,000를 지불하였다.

	계정명	차변	대변
a.			
b.			
c.			
d.			

+ 현금(A) −			
기초	25,000		
기말			

+ 매출채권(A) −			
기초	4,500		
기말			

+ 선급보험료(A) −			
기초	0		
기말			

− 선수금(L) +			
		0	기초
			기말

− 다이빙 여행 매출(R) +			
		0	기초
			기말

+ 급여(E) −			
기초	0		
기말			

[GUIDED HELP 3-2] www.mhhe.com/libby9e_gh3b

해설

계정명	차변	대변
(a) 현금(+A)	8,200	
다이빙 여행 매출(+R, +SE)		5,200
선수금(+L)		3,000
(b) 현금(+A)	3,900	
매출채권(−A)		3,900
(c) 선급보험료(+A)	6,000	
현금(−A)		6,000
(d) 급여(+E, −SE)	4,000	
현금(−A)		4,000

+ 현금(A) −			
기초	25,000		
(a)	8,200	6,000	(c)
(b)	3,900	4,000	(d)
기말	27,100		

+ 매출채권(A) −			
기초	4,500		
		3,900	(b)
기말	600		

+ 선급보험료(A) −			
기초	0		
(c)	6,000		
기말	6,000		

− 선수금(L) +			
		0	기초
		3,000	(a)
		3,000	기말

− 다이빙 여행 매출(R) +			
		0	기초
		5,200	(a)
		5,200	기말

+ 급여(E) −			
기초	0		
(d)	4,000		
기말	4,000		

손익계산서는 어떻게 작성되고 분석되는가?

학습목표 3-5
손익계산서를 작성할 수 있다.

제2장에서 논의했듯이 기업은 언제든 재무제표를 작성할 수 있다. Chipotle는 재무제표를 작성하기 전에 우선 각 거래가 계정에 미치는 영향이 반영된 T계정의 잔액을 수합한 시산표의 차변합계와 대변합계가 일치하는지를 확인해야 한다. 계정은 재무제표 순서인 자산, 부채, 자본, 수익/차익, 비용/차손 순으로 나열된다.

CHIPOTLE MEXICAN GRILL
수정전 시산표
1분기말 (2015년 3월 31일)

(단위 : $1,000)	차변	대변
현금	543,000	
단기투자자산	347,600	
매출채권	21,500	
소모품	385,100	
선급비용	150,000	
토지	12,100	
건물	1,275,300	
비품	476,300	
감가상각누계액		613,700
장기투자자산	531,100	
무형자산	68,400	
매입채무		76,100
선수금		38,700
미지급배당금		3,000
미지급급여		0
미지급수도광열비		49,500
장기차입금		2,000
기타부채		285,900
보통주자본금		500
주식발행초과금		293,800
이익잉여금		1,718,800
레스토랑 매출 수익		1,071,700
이자수익		1,200
급여	177,000	
수도광열비	75,400	
수선유지비	18,700	
교육훈련비	40,800	
유형자산처분손실	4,200	
법인세비용	28,400	
합계	**4,154,900**	**4,154,900**

차변합계와 대변합계가 일치함에도 불구하고 왜 이 시산표를 "수정전"이라고 표시할까? 이번 분기 동안 사용할 목적으로 소모품을 구입하였는데, 소모품비가 전혀 기록되지 않은 것은

이상한 일이다. 상품권이 판매되었는데 이번 분기에 고객이 전혀 사용하지 않았을까? Chipotle는 이번 분기 동안 수익 창출을 위해 비품과 설비를 사용한 것이 없을까? 이 모든 질문에 대한 대답은 이번 분기 동안 발생한 모든 수익과 비용을 적절히 반영하기 위해 필요한 결산조정이 아직 수행되지 않았다는 것이다. 따라서, 시산표는 이러한 결산조정을 수행하기 전까지는 수정전 시산표로 불리는 것이다. 결산조정에 대해서는 제4장에서 학습한다.

손익계산서의 단계

다음의 단계별 손익계산서(영업활동과 기타활동으로 구분)는 구조를 강조하기 위해 제시하였지만 결산조정 전의 잔액이므로 외부에 공시되지는 않는다.

CHIPOTLE MEXICAN GRILL
연결손익계산서
조정전
2015년 1월 1일 ~ 2015년 3월 31일
(단위: $1,000)

레스토랑 매출수익	$1,071,700
레스토랑 영업비용 :	
급여	177,000
수도광열비	75,400
수선유지비	18,700
일반관리비 :	
교육훈련비	40,800
자산처분손실	4,200
총영업비용	316,100
영업이익	755,600
기타항목 :	
이자수익	1,200
법인세비용차감전순이익	756,800
법인세비용	28,400
당기순이익	$ 728,400

<도표 3.1>의 Chipotle의 2014년도 손익계산서와 비교할 때 1분기의 영업을 통한 이익은 $755,600로 파익되며 이는 2014년 진체 이익인 $710,800를 초과한 수치이다. 일반적으로 분기이익은 연간이익의 25% 수준을 기대할 수 있는데 분기이익이 연간이익 수준으로 나타난 것은 적절한 이익 계산을 위한 조정을 수행하기 전이기 때문이다. 예를 들어 식품, 음료, 포장용기 사용분에 대한 조정과 시설 임차료에 대한 조정이 필요하다. 조정하기 전까지는 이 정보를 분석에 이용하면 안 된다. 대신에 우리는 <도표 3.1>에 제시된 2014년 손익계산서를 이용하여 Chipotle의 경영진이 이익을 얼마나 효과적으로 창출했는지에 대해 결정해보자.

KEY RATIO ANALYSIS

매출액순이익률(net profit margin)

학습목표 3-6
매출액순이익률을 계산하고 해석할 수 있다.

■ 분석적 질문

매출액 $1가 창출하는 당기순이익은 얼마나 효과적인가?

■ 비율 및 비교

$$매출액순이익률 = \frac{당기순이익}{순매출액(또는\ 영업수익)^*}$$

*순매출액은 매출액에서 매출환입과 매출에누리 등을 차감한 금액이다. 서비스업종의 경우 영업수익이라는 표현을 더 많이 쓰는데 이는 순매출액과 동일하다.

<도표 3.1>의 Chipotle의 2014년도 손익계산서를 이용하여 매출액순이익률을 계산하면 다음과 같다. (단위: $1,000)

$$\frac{\$445,300}{\$4,108,300} = 0.1084 \text{ 또는 } 10.84\%$$

기간별 비교		
Chipotle Mexican Grill, Inc.		
2014	2013	2012
0.1084	0.1019	0.1018

경쟁사와의 비교	
Panera Bread, Inc.	Fiesta Restaurant Group, Inc.
2014	2014
0.0709	0.0592

주요 기업의 2014년 매출액순이익률

기업	매출액순이익률
Apple	21.6%
Harley-Davidson	13.6%
Southwest Airlines	6.1%

■ 해석

- **일반론 :** 매출액순이익률은 해당 기간 동안의 매출액 중에서 이익으로 남는 부분이 얼마인지를 측정한다. 매출액순이익률이 상승하면 매출과 비용에 대한 관리가 더욱 효율적으로 이루어지고 있다는 것을 의미한다. 이 비율은 판매하는 제품이나 서비스의 성격과 경쟁의 강도에 따라 산업 간에 차이가 발생한다. 동일 산업 내의 경쟁업체들 간의 차이는 각 회사가 경쟁의 변화에 어떻게 반응했으며 판매량, 판매가격 및 비용을 어떻게 변화시켰는지를 반영한다. 재무분석가들은 경영이 잘 된다면 시간이 지날수록 매출액순이익률이 개선될 것으로 기대한다.

- **회사에 대한 분석 결과 :** Chipotle의 매출액순이익률은 2012년부터 2014년까지 지속적으로 증가했다. 연차보고서에서 경영자가 밝힌바와 같이 매출의 증가는 고객의 증가와 메뉴 가격 인상 그리고 매년 새로운 레스토랑 매장을 오픈한 것으로 인한 것이다. 가장 중요한 원가인 쇠고기, 아보카도, 낙농제품과 관련한 식재료 원가는 지속적으로 상승해왔다. 자연에서 자라고 방부제와 성장 호르몬이 없는 무결점 식품을 얻는 것은 일반적인 식품과 소스를 사용하는 것보다 어렵고 훨씬 더 많은 원가가 발생한다. 반면에 인건비와 운영비용(수도광열비, 수선유지비, 임차료 등을 포함)은 신규 매장의 높은 매출로 인한 매출 증가보다 낮은 비율로 증가했다. Chipotle는 2014년도 수익을 창출하고 인건비와 운영비용을 잘 통제하는 등 경영활동을 효율적으로 잘 수행한 것으로 평가할 수 있다.

  경쟁회사인 Panera Bread와 Fiesta 레스토랑 그룹은 각각 Chipotle보다는 더 낮은 매출액순이익률을 보이고 있다. Chipotle는 Panera Bread에 비해 53% 정도 더 높다. 이는 Chipotle가 원가를 통제하면서 200개 이상의 신규 점포를 개장하고 판매가격을 인상하는 등 매출을 훨씬 더 효과적으로 창출했음을 의미한다. 한편 Panera Bread는 2014년에 새로운 레스토랑을 개장했음에도 불구하고 영업수익 증가보다 더 큰 폭으로 증가한 인건비와 운영비용으로 인해 매출액순이익률은 저조한 것으로 보인다. Fiesta 레스토랑 그룹은 규모가 훨씬 작으므로 규모의 경제가 적게 작동한다. 2014년에 그룹은 재료원가와 인건비는 더 낮았으나 수선유지비와 보험료가 증가하면서 이러한 원가 절감효과가 상쇄되는 경험을 하였다. 경영전략과 규모의 차이는 비율 분석을 수행하면서 고려해야 할 사항이다.

- **주의사항 :** 경영진이 당기의 매출액순이익률을 유지하기 위해 내린 결정은 향후 장기간에 걸쳐 부정적인 영향을 미칠 수 있다. 재무분석가는 매출과 비용 각각의 세부적인 구성요소에 대한 추이를 파악하기 위해 추가적인 분석을 수행해야 한다. 여기에는 손익계산서의 각 요소를 순매출액으로 나누는 것을 포함한다. 이렇게 손익계산서의 각 항목을 순매출액으로 나누어 순매출액의 비율로 표시하는 것을 **공통형 손익계산서**(common-sized income statement)라고 한다. 공통형 손익계산서에서 각 항목의 비율 변화는 경영자의 전략의 변화에 대한 정보를 제공한다.

FOCUS ON CASH FLOWS

영업활동

이번 장에서 우리는 영업활동으로부터 발생한 현금흐름에 초점을 맞춘다. 영업활동 현금흐름에서 가장 중요한 것은 고객으로부터 유입된 현금과 공급자 및 종업원에게 유출된 현금이다. 영업활동과 가장 연관이 높은 계정은 매출채권, 재고자산, 선급비용 등의 유동자산과 매입채무, 미지급급여, 선수수익 등의 유동부채이다.

제2장에서 소개한 바와 같이 기업은 현금흐름표(statement of cash flow)를 통해 일정기간 동안의 현금흐름(유입과 유출)에 대한 정보를 보고한다. 현금흐름표는 현금흐름을 3가지 범주(영업활동, 투자활동, 재무활동)로 나누어 작성한다.

- **O** — 영업활동에는 주로 고객 및 공급업자와 관련된 현금흐름, 그리고 (업종에 따라 차이가 있지만) 이자 지급 및 투자수익이 포함된다.
- **I** — 투자활동에는 비유동자산과 투자자산에 대한 구입 및 처분이 포함된다.
- **F** — 재무활동에는 단기간 은행으로부터의 대출을 포함한 부채의 차입과 상환, 주식의 발행과 자사주의 매입, 그리고 배당금을 지급하는 활동 등이 포함된다.

현금에 영향을 미치는 거래들만 현금흐름표에 보고된다. 현금흐름표를 작성하고 분석하는 중요한 단계는 현금에 영향을 미친 다양한 거래를 영업활동, 투자활동, 재무활동으로 분류하는 것이다. 이번 장에서 발생한 현금 관련 거래와 제2장에서 현금에 영향을 미친 거래인 (a)~(f)를 추가하여 분석해보자. (1)~(11)은 이번 장의 앞에서 설명한 거래를 참고하기 바란다. 그리고 거래를 분석하여 분개하는 과정에서 현금 계정이 등장하면 현금 T계정에 전기하며 따라서 현금 T계정에는 현금에 영향을 미친 거래가 기록되어 있음을 다시 한번 기억하자.

			+ 현금(A)	−			
		기초	419,500				
투자자로부터 조달	+F	(a)	3,700	53,400	(c)	−I	비유동자산 구입
은행으로부터 조달	+F	(b)	2,000	4,600	(d)	−F	지급어음, 기타부채 상환
				44,000	(e)	−I	타회사에 대한 투자
고객으로부터 유입	+O	(3)	1,046,000	289,800	(1)	−O	공급자 관련 지출
자산처분으로부터 유입	+I	(6)	4,800	79,700	(2)	−O	선급자산 관련 지출
고객으로부터 유입	+O	(7)	39,000	40,800	(4)	−O	종업원 교육 관련 지출
투자로부터 유입	+O	(10)	1,200	250,900	(5)	−O	종업원에 대한 지출
고객으로부터 유입	+O	(11)	21,900	137,800	(8)	−O	공급자와 세금 관련 지출
				94,100	(9)	−O	수도광열비와 수선유지비를 위한 지출
			543,000				

STOP PAUSE FOR FEEDBACK

앞에서 설명한 바와 같이 현금에 영향을 미치는 거래는 3가지 활동(영업활동, 투자활동, 재무활동)으로 분류할 수 있다.

영업활동은 주로 고객으로부터의 현금유입과 공급업자(종업원, 수도, 전기, 가스, 기타 영업에 필요한 재화와 서비스를 제공한 기타 공급업자)에 대한 현금유출을 의미하며, (업종에 따라 차이가 있지만) 이자 지급 및 투자수익이 포함된다.

투자활동은 투자자산(타기업이 발행한 주식, 사채 등), 유형자산(토지, 건물, 비품 등)의 취득과 처분과 관련한 활동을 의미한다.

재무활동은 채권자로부터의 차입과 상환, 투자자에게 주식을 발행하고 발행한 주식을 재취득하는 활동, 투자자에게 배당금을 지급하는 활동을 의미한다.

SELF-STUDY QUIZ

Mattel사는 다양한 장난감(Barbie, HotWheels, Fisher-Price brands, and American Girl dolls)을 디자인, 제조하여 전 세계에 판매하는 글로벌 기업이다. 다음은 Mattel사의 최근 현금흐름표의 현금 관련 거래이다. 각 거래를 영업활동(O), 투자활동(I), 재무활동(F)으로 구분하고, 현금흐름(증가는 +, 감소는 −)을 표시하시오.

거래	활동(O, I, F)	현금흐름(+ , −)
1. 유형자산의 취득		
2. 고객으로부터의 현금 수취		
3. 배당금의 지급		
4. 종업원에 대한 지급		
5. 투자수익으로 인한 수입		

해설

1. I− 2. O+ 3. F− 4. O− 5. O+

DEMONSTRATION CASE

아래의 내용은 제2장에서 소개한 Terrific Lawn Maintenance사의 연속된 사례이다. 제2장에서는 회사를 설립하고 소모품, 설비와 비품 등을 구매하였다. Terrific Lawn사는 이제 사업을 시작할 준비를 완료하였다. 1주일간의 투자활동과 재무활동의 결과인 2016년 4월 7일 현재 재무상태표는 다음과 같다.

TERRIFIC LAWN MAINTENANCE CORPORATION 재무상태표 2016년 4월 7일 현재	
자산	
유동자산 :	
현금	$ 3,800
미수금	1,250
유동자산 합계	5,050
비품	4,600
토지	3,750
자산 합계	**$13,400**
부채와 자본	
유동부채 :	
미지급금	$ 400
유동부채 합계	400
장기미지급금	4,000
부채 합계	4,400
자본 :	
보통주자본금(주당 액면 $0.10)	150
주식발행초과금	8,850
자본 합계	9,000
부채와 자본 합계	**$13,400**

2016년 4월의 추가 활동은 다음과 같다.

a. 잔디 깎는 기계를 위한 기름을 지역 주유소에서 $90에 현금으로 구입하고 사용하였다.
b. 4월초에 4월부터 7월까지 매월 $400의 잔디밭 유지관리 서비스를 제공하기로 하고 고객으로부터 현금 $1,600를 수취하였다. (4월초에 선수금으로 기록함)
c. 4월초에 4월부터 9월까지 6개월간의 보험료 $300를 현금으로 지불하였다. (4월초에 선급비용으로 기록함)
d. 거주 고객을 위한 잔디 유지관리 서비스 비용은 격주로 청구하며, 4월에 제공한 서비스에 대해 총 $5,200를 청구하였다.
e. 거주 고객들에게 청구한 서비스요금 중에서 총 $3,500의 현금을 수취하였다.
f. 종업원에 대한 급여는 2주마다 지급한다. 4월에 총 $3,900를 지급하였다.
g. 4월에 추가로 지역 주유소로부터 구입한 기름 $320에 대한 청구서를 받았다. 이 대금은 5월에 지급할 예정이다.
h. XYZ 잔디 공급업체에 대한 외상대금에 대한 원금 $700와 이자 $40를 지급하였다.
i. 미지급금 $100를 지불하였다.

j. 시에서 Terrific Lawn Maintenance사에 지불해야 할 $1,250의 어음(미수금으로 기록하였음)과 이자 $12를 수취하였다.

▎요구사항 :

1. a. 별도의 용지에 T계정(현금, 매출채권, 미수금, 선급비용, 비품, 토지, 미지급금, 미지급비용, 장기미지급금, 선수수익, 보통주자본금, 주식발행초과금, 이익잉여금, 용역매출, 이자수익, 급여, 유류비, 이자비용)을 설정하시오. 기초 잔액은 재무상태표의 잔액을 이용하시오. 영업 관련 계정(수익, 비용)의 기초 잔액은 $0이다. 이 기초 잔액들을 T계정에 표시하시오.
   b. 이번 장에서 설명한 거래 분석 모델을 참조하여 각각의 거래를 분석하시오.
   c. 별도의 종이에 분개를 날짜순으로 작성하고 회계 등식(자산＝부채＋자본)에 미치는 영향에 다음을 확인하여 표시하시오. (1) 차변＝대변, (2) 회계 등식의 잔액
   d. T계정의 적절한 계정에 거래의 효과를 입력하시오. 각 거래별 알파벳을 표시하시오.
   e. 각 T계정의 기말 잔액을 계산하시오.
2. 현금 T계정에서 각 거래를 영업활동은 O, 투자활동은 I, 재무활동은 F로 표시하시오.
3. T계정의 기말 잔액을 이용하여 이번 달의 경영활동이 종료된 2016년 4월 30일 기준으로 조정전 손익계산서를 작성하시오. (조정사항에 대해서는 제4장에서 설명할 예정이다.)

다음에 제시된 해설을 참고하여 여러분이 작성한 내용을 확인하시오.

▎해설

1. b, c. 거래 분석과 분개

분개	차변	대변	자산	부채	자본
(a) 유류비(＋E, －SE)	90		−90		＋E −90
현금(－A)		90			
(b) 현금(＋A)	1,600		＋1,600	＋1,600	
선수금(＋L)		1,600			
(c) 선급비용(＋A)	300		＋300		
현금(－A)		300	−300		
(d) 매출채권(＋A)	5,200		＋5,200		＋R ＋5,200
용역매출(＋R, ＋SE)		5,200			
(e) 현금(＋A)	3,500		＋3,500		
매출채권(－A)		3,500	−3,500		
(f) 급여(＋E, －SE)	3,900		−3,900		＋E −3,900
현금(－A)		3,900			
(g) 유류비(＋E, －SE)	320			＋320	＋E −320
미지급비용(＋L)		320			
(h) 이자비용(＋E, －SE)	40		−740	−700	＋E −40
장기미지급금(－L)	700				
현금(－A)		740			

(i) 미지급금(−L)	100		−100	−100	
현금(−A)		100			
(j) 현금(+A)	1,262		+1262	+R	+12
미수금(−A)		1,250	−1250		
이자수익(+R, +SE)		12			

등식 확인

각각의 분개 : 차변＝대변 각 거래 분석: 등식 성립

1. a, d, e T계정

자산

+ 현금(A) −

	차변	대변	
기초	3,800		
(b)	1,600	90	(a)
(e)	3,500	300	(c)
(j)	1,262	3,900	(f)
		740	(h)
		100	(i)
	5,032		

+ 매출채권(A) −

	차변	대변	
기초	0		
(d)	5,200	3,500	(e)
	1,700		

+ 미수금(A) −

	차변	대변	
기초	1,250		
		1,250	(j)
	0		

+ 선급비용(A) −

	차변	대변
기초	0	
(c)	300	
	300	

+ 기계장치(A) −

	차변	대변
기초	4,600	
	4,600	

+ 토지(A) −

	차변	대변
기초	3,750	
	3,750	

부채

− 미지급금(L) +

	차변	대변	
		0	기초
(i)	100	320	(g)
		220	

− 미지급비용(L) +

차변	대변	
	400	기초
	400	

− 선수금(L) +

차변	대변	
	0	기초
	1,600	(b)
	1,600	

− 장기미지급금(L) +

	차변	대변	
		4,000	기초
(h)	700		
		3,300	

자본

− 보통주자본금(SE) +

차변	대변	
	150	기초
	150	

− 주식발행초과금(SE) +

차변	대변	
	8,850	기초
	8,850	

− 이익잉여금(SE) +

차변	대변	
	0	기초
	0	

수익

− 용역매출(R) +

차변	대변	
	0	기초
	5,200	(d)
	5,200	

− 이자수익(R) +

차변	대변	
	0	기초
	12	(j)
	12	

비용

+ 급여(E) −		
기초	0	
(f)	3,900	
	3,900	

+ 유류비(E) −		
기초	0	
(a)	90	
(g)	320	
	410	

+ 이자비용(E) −		
기초	0	
(h)	40	
	40	

2. 현금흐름 식별(O: 영업활동, I: 투자활동, F: 재무활동)

		+ 현금(A) −					
		기초	3,800				
고객으로부터 유입	+O	(b)	1,600	90	(a)	−O	기름 구입
고객으로부터 유입	+O	(e)	3,500	300	(c)	−O	보험료 지급
이자 $12 수입(+O), 원금 $1,250	+I	(j)	1,262	3,900	(f)	−O	종업원에 대한 지출
				740	(h)	−O	이자 $40 지불, 원금 $700 지불(−F)
				100	(i)	−O	공급자에 대한 지출
			5,032				

3. 손익계산서

TERRIFIC LAWN MAINTENANCE CORPORATION
조정전 손익계산서
2014년 4월 1일~2014년 4월 30일

용역매출	$5,200
영업비용 :	
급여	3,900
유류비	410
총영업비용	4,310
영업이익	890
기타항목 :	
이자수익	12
이자비용	(40)
법인세비용차감전순이익	862
법인세비용	0
당기순이익	$ 862

수익계정과 비용계정을 수정한 후에 계산되고 기록되어야 한다. (제4장에서 학습함)

CHAPTER TAKE-AWAYS

3-1. 전형적인 경영활동의 주기를 설명하고 기간별 가정(time period assumption)의 필요성에 대해 설명하시오.

- 영업순환주기, 현금회수주기는 공급자로부터 재화 또는 서비스를 구매하여 고객에게 판매하여 현금을 회수하는 데 필요한 시간을 의미한다.
- 기간별 가정은 재무정보를 정기적으로 측정하고 보고해야 한다는 것을 의미하며, 기업이 장기간 존속하기 때문에 기간을 짧게 끊어서 보고할 수 있다고 가정한다.

3-2. 경영활동이 손익계산서에 어떤 영향을 미치는지를 설명하시오.

- 손익계산서 구성요소 :

  a. 수익(revenues) : 주된 계속영업활동으로 인한 자산의 증가 또는 부채의 감소

  b. 비용(expenses) : 주된 계속영업활동으로 인한 자산의 감소 또는 부채의 증가

  c. 차익(gains) : 기타 활동으로 인한 자산의 증가 또는 부채의 감소

  d. 차손(losses) : 기타 활동으로 인한 자산의 감소 또는 부채의 증가

3-3. 발생주의 회계에 대해 설명하고, 이익을 측정하기 위한 수익인식원칙과 비용인식원칙에 적용하시오.

발생주의 회계에서 수익은 가득된 시점에 인식하고, 비용은 발생한 시점에 인식한다.

- 수익인식원칙 : 수익은 (1) 회사가 고객에게 약속한 재화나 서비스의 제공을 완료하고, (2) 수취할 것으로 기대되는 금액을 측정할 수 있을 때 인식한다.
- 비용인식원칙(대응의 원칙) : 비용은 수익창출에 기여하며 소비되거나 소멸된 시점에 인식한다. (경제적 효익에 대한 원가의 대응)

3-4. 영업활동이 재무제표에 미치는 영향을 기록할 수 있다. 확장된 거래분석모델에는 수익과 비용이 포함된다.

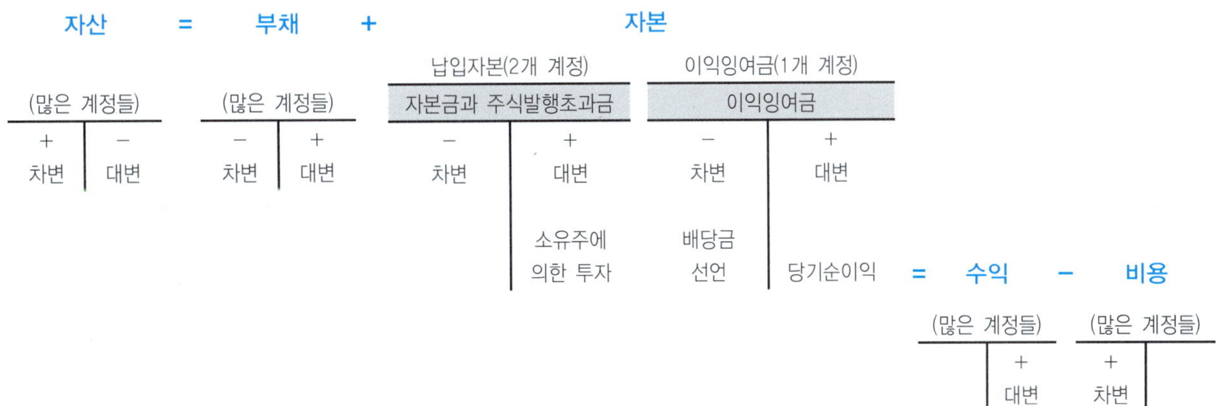

3-5. 손익계산서의 작성

기말에는 회계기간 동안 발생한 모든 가득된 수익과 발생한 비용이 포함되도록 계정을 업데이트하는 조정과정이 필요하다. (이는 현금의 수취 또는 지불이 발생한 금액과 일치하지 않기 때문에 필요한 조정사항으로 이에 대해서는 제4장에서 학습한다.)

- 손익계산서는 단계별로 구분하여 작성하는데 손익계산서의 최종 수치인 당기순이익은 재무상태표의 기말 이익잉여금을 결정하기 위해 필요하다. 손익계산서 표시 단계 : 영업수익, 영업비용, 영업이익, 기타항목, 법인세비용차감전순이익, 법인세비용, 당기순이익(또는 당기순손실), 주당순이익

3-6. 매출액순이익률의 계산과 해석

매출액순이익률(당기순손익 ÷ 순매출액 또는 영업수익)은 매출액(또는 영업수익) $1당 창출된 이익을 측정한다. 이 비율이 높을수록 회사가 효과적으로 수익을 창출하고 비용을 관리하고 있음을 의미한다.

이번 장에서는 이익의 결정과 관련된 영업순환과정과 회계 개념에 대해 살펴보았다. 구체적으로는 기간별 가정, 손익계산서 요소(수익, 비용, 차익, 차손)의 정의, 수익인식원칙, 비용인식원칙에 대해 살펴보았다. 회계원칙에서는 발생주의를 적용하도록 하고 있다. 이는 수익은 가득된 시점에서 인식하고 비용은 수익창출에 기여하고 소멸된 기간에 대응하여 인식하는 것이다. 우리는 제2장에서 소개한 거래분석모델에 수익과 비용을 추가하여 확장하였다. 그리고 이를 통해 조정전 손익계산서 작성을 소개하였다. 제4장에서는 회계기간말에 수행해야 하는 회계순환과정인 결산조정과정, 재무제표 작성, 그리고 장부 마감 절차에 대해 살펴볼 것이다.

KEY RATIO

매출액순이익률(net profit margin ratio)은 매출액(또는 영업수익) $1당 창출된 이익을 측정한다. 이 비율이 높을수록 회사가 효과적으로 수익을 창출하고 비용을 관리하고 있음을 의미한다. 이 비율은 다음과 같이 계산한다.

$$\text{매출액순이익률} = \frac{\text{당기순이익}}{\text{순매출액(또는 영업수익)}}$$

FINDING FINANCIAL INFORMATION

재무상태표

유동자산
- 현금
- 단기투자자산
- 매출채권
- 재고자산
- 소모품
- 선급비용

비유동자산
- 장기투자자산
- 토지
- 건물
- 비품
- (감가상각누계액)
- 무형자산

유동부채
- 매입채무
- 단기미지급금
- 미지급비용(급여, 법인세비용 등)
- 선수수익

비유동부채
- 장기미지급금
- 장기부채

자본
- 보통주자본금
- 주식발행초과금
- 이익잉여금

손익계산서

수익(영업수익)
- 매출액(다양한 영업활동)

비용(영업비용)
- 매출원가(판매된 재고자산)
- 임차료, 급여, 감가상각비, 보험료 등
- 자산처분손익

영업이익

기타항목
- 이자비용
- 이자수익
- 투자자산처분손익

법인세차감전순이익
- 법인세비용

당기순이익

주당순이익

현금흐름표

영업활동 현금흐름
- +고객으로부터 현금유입
- +이자와 배당금 수취
- −공급자에 대한 현금유출
- −종업원에 대한 현금유출
- −이자지급
- −법인세납부

주석

중요한 회계정책 요약
- 회사의 수익인식정책에 대한 설명

KEY TERMS

기간별 가정
비용인식원칙(대응원칙)
영업순환주기(현금주기)
차익
발생주의 회계
수익
영업이익
현금주의 회계
비용
수익인식원칙
차손

QUESTIONS

1. 기업의 일반적인 영업순환주기를 설명하시오.
2. 기간별 보고의 가정에 대해서 설명하시오.
3. 손익계산서 등식을 쓰고, 각 구성요소의 정의를 서술하시오.
4. 아래 용어의 차이점을 설명하시오.
   a. 수익과 차익
   b. 비용과 차손
5. 발생주의의 정의를 서술하고, 현금주의와 비교하시오.
6. 발생주의에서 일반적으로 수익을 인식하기 위한 기준은 무엇인가?
7. 비용인식원칙에 대해서 설명하시오.
8. 수익이 자본을 증가시키고, 비용은 자본을 감소시키는 이유를 설명하시오.
9. 수익의 증가를 대변에 기록하고, 비용의 증가를 차변에 기록하는 이유를 설명하시오.
10. 각 칸에 차변 혹은 대변이라고 기입하여 아래의 표를 완성하시오.

항목	증가	감소
수익		
차손		
차익		
비용		

11. 각 칸에 증가 혹은 감소라고 기입하여 아래의 표를 완성하시오.

항목	차변	대변
수익		
차손		
차익		
비용		

12. 아래의 거래가 영업활동으로 인한 현금흐름, 투자활동으로 인한 현금흐름, 재무활동으로 인한 현금흐름에 영향을 미치는지 식별하시오. 현금에 어떤 영향(증가는 +, 감소는 −)을 미치는지 표시하시오. 현금흐름표에 미치는 영향이 없는 경우 없음(None)이라고 명시하라.

거래	현금흐름에 영향을 미치는 영업활동, 투자활동, 재무활동	현금흐름에 미치는 영향의 방향
공급업체에게 지급한 현금		
외상으로 상품 판매		
고객으로부터 받은 현금		
투자자산 취득		
이자비용 지급한 현금		
주식을 발행하고 받은 현금		

13. 매출액순이익률 공식을 명시하고 어떻게 해석하는지 설명하시오.

MULTIPLE-CHOICE **QUESTIONS**

1. 아래의 항목 중 기업의 계정과목에서 구체적인 계정이 아닌 것은?
   a. 자산처분이익
   b. 이자수익
   c. 당기순이익
   d. 선수수익

2. 다음 중 발생주의에서 수익인식원칙에 따라 수익을 인식하기 위한 기준이 아닌 것은?
   a. 현금을 수취했다.
   b. 서비스를 제공했다.
   c. 상품을 인도했다.
   d. 기업이 예상하는 받을 금액은 확정가능하다.

3. 비용인식원칙은
   a. 손익계산서에서 비용을 기입해야 하는 장소를 결정한다.
   b. 원가가 손익계산서에서 비용으로 인식되는 시기를 결정한다.
   c. 재무상태표에서 유동자산과 유동부채의 순서를 결정한다.
   d. 원가를 제품의 원가(주로 매출원가)와 일반관리비로 배분하는 방법을 결정한다.

4. 주어진 기간에 비용이 수익을 조과하는 경우,
   a. 이익잉여금은 영향을 받지 않는다.
   b. 이익잉여금이 감소한다.
   c. 이익잉여금이 증가한다.
   d. 추가적인 정보가 없는 경우, 한 가지 정보로는 이익잉여금에 영향을 미치지 못한다.

5. 2017년 1월 1일에 Anson Company는 이익잉여금 $300,000, 보통주자본금 $50,000, 주식발행초과금 $300,000인 상태로 2017년을 시작했다. 2017년의 당기순이익 $45,000이고, 배당금 $15,000를 선언했다. 또한, $10,000에 추가로 주식 900주(1주당 액면가 $1)를 발행했다. 2017년 12월 31일에 자본 총계는 얼마인가?
   a. $692,500
   b. $695,000
   c. $690,000
   d. 위의 선택지에 답이 없다.

6. 2016년에 CliffCo Inc.는 비용 $250,000가 발생했고, 그 중 $150,000는 현금으로 지급했다. 나머지 금액은 2017년 1월에 지급할 예정이다. 2016년의 사업비용에 대한 거래 분석은 아래의 항목만을 반영해야 한다.
   a. 자본 $150,000가 감소하고, 자산 $150,000가 감소한다.
   b. 자산 $250,000가 감소하고, 자본 $250,000가 감소한다.
   c. 자본 $250,000와 자산 $150,000가 감소하고, 부채 $100,000가 증가한다.
   d. 자산 $250,000와 자본 $150,000가 감소하고, 부채 $100,000가 증가한다.
   e. 위의 선택지에 답이 없다.

7. 법률회사가 신규 고객으로부터 첫 고객 회의에서 의뢰비용(상담료) $2,000를 받은 경우, 법률회사가 기입해야 하는 분개는 무엇인가?
   a. 차변에 현금 $2,000, 대변에 법률수수료수익 $2,000
   b. 차변에 매출채권 $2,000, 대변에 법률수수료수익 $2,000
   c. 차변에 선수수익 $2,000, 대변에 법률수수료수익 $2,000

d. 차변에 현금 $2,000, 대변에 선수수익 $2,000

e. 차변에 선수수익 $2,000, 대변에 현금 $2,000

8. 여러분은 지난 3년 동안 꾸준히 소매점의 매출액순이익률이 증가한 것을 확인했다. 다음 중 가장 적절한 설명은?
   a. 총비용 대비 상위 관리자의 급여는 지난 3년간 감소했다.
   b. 성공적인 광고 캠페인은 회사 전체적으로 매출을 증가시켰으나 영업비용은 증가하지 않았다.
   c. 지난 3년간 신규 매장이 늘었고, 새로운 지역에 추가적으로 개장한 결과로 매출이 증가했다.
   d. 회사는 2번째 연도 말에 사용된 본사 장소를 3년 전에 새롭고 더 큰 본사로 건설하기 시작했다.

9. 급여를 현금으로 지급하는 것은 현금흐름표에서 어디에 기록되는가?
   a. 영업활동 b. 투자활동
   c. 재무활동 d. 위의 항목에 답이 없다.

10. 이번 기간에 기업은 이전 기간에 고객에게 판매하고 기록한 매출채권 중 현금 $100를 회수했다. 현금 회수가 이번 기간에 다음 2가지 재무제표에 어떤 영향을 미치는가?

	손익계산서	현금흐름표
a.	수익 +$100	투자활동으로 인한 현금유입
b.	영향 없음	영업활동으로 인한 현금유입
c.	수익 −$100	영업활동으로 인한 현금유입
d.	영향 없음	재무활동으로 인한 현금유입

MINI-EXERCISES

M3-1. 용어의 정의

관련된 용어에 해당되는 정의를 골라 빈칸에 알맞은 기호를 넣으시오. 용어 1개당 1가지의 정의만 고르시오. (용어보다 정의가 더 많다)

용어	정의
___ (1) 차손	A. 가득하고 측정가능할 때, 수익을 기록한다. (기업이 고객에게 약속한 재화의 인도 또는 용역을 제공했을 때, 받을 것이라고 예상하는 금액을 기록해야 한다.)
___ (2) 비용인식원칙	B. 공급업체로부터 재화 또는 용역을 구매하여 고객에게 재화 또는 용역을 판매하고 고객에게 현금을 회수하는 데 걸리는 기간
___ (3) 수익	C. 가득한 수익이 발생했을 때, 비용을 기록한다.
___ (4) 기간별 보고의 가정	D. 주된 영업활동으로 인한 자산의 감소 혹은 부채의 증가
___ (5) 영업순환주기	E. 회사의 긴 존속기간을 더 짧은 기간으로 구분하여 보고한다.

F. 주된 영업활동으로 인한 자산의 증가 혹은 부채의 감소
G. 기타 거래로 인한 자산의 감소 또는 부채의 증가

M3-2. 발생주의와 현금주의를 비교하여 이익 보고하기

Skidmore Music Company는 3월에 아래의 거래가 발생했다.

a. 고객에게 악기를 $18,000에 판매하고 현금 $8,000를 받았다. 나머지 금액은 외상으로 했고, 악기의 원가는 $9,000이다.
b. 새로운 악기 상품을 $4,000에 매입했고, 현금 $1,000를 지급했다. 나머지 금액은 외상으로 했다.
c. 이번 달에 일한 종업원에게 급여 $900를 지급했다.
d. 4월에 고객에게 판매하기로 한 새로운 악기를 주문하고 계약금으로 고객에게 $5,000를 받았다.
e. 3월의 수도광열비에 대해 $300의 고지서를 받았고, 4월에 지급하기로 했다.

다음의 계산서를 완성하시오.

현금주의 손익계산서		발생주의 손익계산서	
수익		수익	
현금판매		고객에게 판매	
고객의 계약금			
비용		비용	
상품 구매		매출원가	
지급한 급여		급여	
	______	수도광열비	______
당기순이익	______	당기순이익	______

M3-3. 수익 인식하기

게임과 장비판매를 위해 여러 볼링장을 운영하는 Craig's Bowling, Inc.는 7월에 아래의 거래가 발생했다. 수익을 7월에 인식하는 경우, 수익계정과목과 금액을 표기하시오. 수익을 7월에 인식하지 않는 경우, 이유를 설명하시오.

활동	수익계정과목과 금액
a. Craig's는 7월에 진행된 게임에 대해서 고객으로부터 $15,000를 회수했다.	
b. Craig's는 전문매장에서 구매한 볼링 상품을 $8,000에 판매했고, 현금 $3,000를 받았다. 나머지 금액은 고객에게 외상판매로 처리했다. (매출과 관련된 매출원가에 대해서 M3-4[e]를 확인하시오.)	
c. Craig's는 6월에 외상으로 상품을 구입했던 고객으로부터 $4,000를 받았다.	
d. 남자볼링대회와 여자볼링대회는 이번 가을 시즌을 위해 Craig's에게 $2,500를 미리 지급했다.	

M3-4. 비용 인식하기

게임과 장비판매를 위해 여러 볼링장을 운영하는 Craig's Bowling, Inc.는 7월에 아래의 거래가 발생했다. 비용을 7월에 인식하는 경우, 비용계정과목과 금액을 표기하시오. 비용을 7월에 인식하지 않는 경우, 이유를 설명하시오.

활동	비용계정과목과 금액
e. Craig's는 원가 $6,800의 볼링 상품을 고객에게 제공했다. (상품과 관련된 매출은 M3-3[b]를 확인하시오.)	
f. Craig's는 6월에 발생한 전기료 $800를 지급했다. (6월에 비용을 기록했다.)	
g. Craig's는 7월에 근무한 종업원에게 $3,500를 지급했다.	
h. Craig's는 7월 1일부터 10월 1일까지 보장해주는 보험을 $1,500에 가입했다. (비용의 일부는 7월 비용이고, 나머지는 남은 기간에 사용될 선급비용이다.)	
I. Craig's는 화장실에 고장난 파이프를 수리하기 위해 배관공에게 $700를 지급했다.	
j. Craig's는 7월에 전기료 고지서를 받았고, 8월에 지급하기로 했다.	

M3-5. 수익 기록하기

M3-3에 있는 각 거래에 대해서 형식에 맞게 분개하시오.

M3-6. 비용 기록하기

M3-4에 있는 각 거래에 대해서 형식에 맞게 분개하시오.

M3-8. 비용과 관련하여 영업활동이 재무제표에 미치는 영향 확인하기

게임과 장비판매를 위해 여러 볼링장을 운영하는 Craig's Bowling, Inc.는 7월에 아래의 거래가 발생했다. 각 거래에 대해서 금액과 효과(+: 증가, −: 감소)를 표시하여 아래의 표를 완성하시오. (A＝L＋SE; R－E＝NI; NI는 이익잉여금을 통해 자본에 영향을 미친다는 점을 기억하시오.) 미치는 영향이 없는 경우 영향 없음(NE)이라고 표기하시오. 첫 번째 거래는 예시이다.

	재무상태표			손익계산서		
거래	자산	부채	자본	수익	비용	당기 순이익
e. Craig's는 원가 $6,800 볼링 상품을 고객에게 제공했다. (상품과 관련된 매출은 M3-3[b]를 확인하시오.)	−6,800	NE	−6,800	NE	+6,800	−6,800
f. Craig's는 6월에 발생한 전기료 $800를 지급했다. (6월에 비용을 기록했다.)						
g. Craig's는 7월에 근무한 종업원에게 $3,500를 지급했다.						

h. Craig's는 7월 1일부터 10월 1일까지 보장해주는 보험을 $1,500에 가입했다. (비용의 일부는 7월 비용이고, 나머지는 남은 기간에 사용될 선급비용이다.)						
i. Craig's는 화장실에 고장난 파이프를 수리하기 위해 배관공에게 $700를 지급했다.						
j. Craig's는 7월 전기료 고지서를 받았고, 8월에 지급하기로 했다.						

M3-9. 간단한 손익계산서 작성하기

M3-8에서 주어진 거래(예시를 포함하여)에 대해서 7월 한 달 동안에 Craig's Bowling, Inc.의 손익계산서를 작성하시오.

M3-10. 현금흐름표에서 영업활동 식별하기

M3-8에서 주어진 거래(예시를 포함하여)에 대해서 7월 한 달 동안에 Craig's Bowling, Inc.의 현금흐름표에 어떤 영향을 미쳤는지 표기하시오. 거래 a부터 j까지 아래의 표와 비슷한 표를 만드시오. 영업활동은 O, 투자활동은 I, 재무활동은 F를 사용하고, 현금흐름에 미치는 영향의 방향을 표기하시오. (+: 증가, −: 감소) 또한, 현금흐름표에 작성되는 현금 금액을 표기하시오. 현금흐름표에 미치는 영향이 없는 경우, 영향 없음(NE)이라고 표기하시오.

거래	활동의 종류 (O, I, F)	현금흐름에 미치는 영향 (+ 혹은 −, 금액)
a		
b		
etc.		

M3-11. 당기순이익률 계산하고 설명하기

아래의 자료는 Jen's Jewelry Company의 사업보고서에 있는 자료이다.

	2018	2017	2016
자산 총계	$ 60,000	$ 53,000	$ 41,000
부채 총계	14,000	11,000	6,000
자본 총계	46,000	42,000	35,000
매출액	163,000	151,000	132,000
당기순이익	51,000	40,000	25,000

Jen's의 매년 당기순이익률을 계산하시오. 계산 결과는 Jen's Jewelry Company에 대해서 무엇을 의미하는가?

EXERCISES

E3-1. 용어의 정의

관련된 용어에 해당되는 정의를 골라 빈칸에 알맞은 기호를 넣으시오. 용어 1개당 1가지의 정의만 고르시오. (용어보다 정의가 더 많다)

용어	정의
___ (1) 비용	A. 회사의 긴 존속기간을 더 짧은 기간에 보고한다.
___ (2) 차익	B. 가득한 수익이 발생한 기간에 비용을 기록한다.
___ (3) 수익인식원칙	C. 공급업체로부터 재화 또는 용역을 구매하고, 고객에게 재화 또는 용역을 판매하고 고객에게 현금을 회수하는 데 걸리는 기간
___ (4) 현금주의 회계	D. 가득했을 때 수익을 기록하고, 발생했을 때 비용을 기록한다.
___ (5) 선수수익	E. 기타 거래로 인한 자산의 증가 또는 부채의 감소
___ (6) 영업순환주기	F. 비용이 발생하기 전에 지급한 현금을 기록하기 위해 사용하는 자산계정
___ (7) 발생주의 회계	G. 가득하고 측정가능할 때, 수익을 기록한다. (기업이 고객에게 약속한 재화의 인도 또는 용역을 제공했을 때, 받을 것이라고 예상하는 금액을 기록해야 한다.)
___ (8) 선급비용	H. 기타 거래로 인한 자산의 감소 또는 부채의 증가
___ (9) 수익－비용＝당기순이익	I. 현금을 받았을 때 수익을 기록하고, 현금을 지급했을 때 비용을 기록한다.
___(10) 기말 이익잉여금＝ 기초 이익잉여금 ＋당기순이익 －선언한 배당금	J. 손익계산서 등식
	K. 주된 영업운영으로 인한 자산의 감소 혹은 부채의 증가
	L. 이익잉여금 등식
	M. 수익을 가득하기 전에 받은 현금을 기록하기 위해 사용하는 부채계정

E3-2. 발생주의와 현금주의를 비교하여 이익 보고하기

Payson Sports, Inc.,는 고객에게 스포츠 장비를 판매한다. 회계연도는 12월 31일에 끝나며, 아래의 거래가 이번 연도에 발생했다.

a. 새로운 장비를 $250,000에 구매하고, 현금 $90,000를 지급했다. 나머지 금액은 외상으로 처리했다.

b. 이번 연도에 종업원이 일한 급여 $180,300를 지급했고, 이번 연도의 추가로 지급할 급여 $3,700는 다음 연도 1월에 지급하기로 했다.

c. 고객에게 장비를 $750,000에 판매하고 현금 $500,000를 받았다. 나머지 금액은 외상으로 처리했고, 장비의 원가는 $485,000이다.

d. 이번 연도 수도광열비는 $17,200이다.
e. 다음 연도 1월에 고객에게 판매하기로 한 새로운 겨울 장비를 주문하고 계약금으로 고객에게 $70,000를 받았다.
f. 이번 연도 12월 수도광열비 $1,930의 고지서를 받았고, 다음 연도 1월에 지급하기로 했다.

요구사항:

1. 아래의 재무제표를 완성하시오.

현금주의 손익계산서		발생주의 손익계산서	
수익		수익	
현금판매		고객에게 판매	
고객의 계약금			
비용		비용	
상품 구매		매출원가	
지급한 급여		급여	
지급한 수도광열비	______	수도광열비	______
당기순이익	______	당기순이익	______

2. 투자자, 채권자 및 기타 사용자에게 더 유용한 정보를 제공하는 회계기준(현금주의 혹은 발생주의)은 무엇인가? 그 이유는?

E3-3. 수익 인식하기

회사가 받기로 예상하는 금액에 약속된 재화를 인도하거나 또는 용역을 제공할 때, 수익을 일반적으로 인식한다. 기록된 금액은 현금과 동일한 판매가격이다. 아래의 거래는 9월에 발생했다.

a. 유명한 스키 잡지 회사는 독자로부터 오늘 총 $12,345를 받았다. 구독은 다음 회계연도에 시작한다. 잡지 회사의 입장에서 답하시오.
b. 이번 연도 9월 1일에 은행은 회사에게 $1,500를 빌려주고 1년만기 어음 원금과 연이자 $150 ($1,500 × 10%)를 지급하기로 했다. 은행의 입장에서 답하시오.
c. Fuccillo Automotive Group(다양한 브랜드 및 여러 종류의 차와 트럭을 판매하는 회사)는 원가 $48,050의 포드 F-150 트럭을 현금 $46,500에 1대 판매했다.
d. Macy 백화점은 판매를 위해 개당 $15에 남성 셔츠 1,000장을 IZOD, ARROW, Van Heusen, Calvin Klein과 Tommy Hilfiger의 의류 브랜드를 가진 제조입체 PVH Corp.에 주문했다. 이 계약에서 상품을 인도한 날로부터 30일 이내에 모든 대금을 지급하기로 했다. PVH Corp. 입장에서 답하시오.
e. PVH Corp.는 거래 (d)에서 언급한 셔츠의 생산을 끝내고 상품을 인도했다. PVH의 입장에서 대답하시오.
f. PVH Corp.는 거래 (d)와 (e)에서 언급한 사건에 대해서 Macy로부터 대금을 받았다. PVH의 입장에서 답하시오.
g. 고객은 다음달 1월에 여행하기 위해 American Airlines에서 티켓을 $780에 구매했다. American

Airlines의 입장에서 답하시오.

h. Ford Motor Company는 새로운 보통주 주식을 $1,500만에 발행했다.

i. Michigan 주립대학교는 5경기 시즌 풋볼 티켓 80,000장을 판매하고 현금 $19,500,000를 받았다.

j. Michigan 주립대학교는 거래 (i)에 언급된 풋볼 경기 중 첫 번째 경기를 진행했다.

k. Precision Builders는 고객과 $1,500,000에 새로운 창고를 건설하기로 계약을 했다. 계약하는 날에 Precision은 향후 건설에 대한 계약금 $200,000를 수표로 받았다. Precision의 입장에서 답하시오.

l. 고객은 Dell에게 PC 10대를 주문하고 받았다. 고객은 3개월 내에 $9,600를 지급하기로 약속했다. Dell의 입장에서 답하시오.

m. 소매업체 Sears는 본인의 Sears 백화점 신용카드로 결제하는 고객에게 램프 1대를 $300에 판매했다.

요구사항:

각 거래에 대해서 9월에 수익을 인식하는 경우, 수익계정과목과 금액을 표시하시오. 9월에 수익을 인식하지 않는 경우, 이유를 설명하시오.

E3-4. 비용 인식하기

회사가 받기로 예상하는 금액에 약속된 재화를 인도하거나 또는 용역을 제공할 때, 수익을 일반적으로 인식한다. 비용인식은 이런 수익을 창출하기 위해 관련된 원가를 같은 기간으로 대응하여 인식하는 것이다. 아래의 거래는 1월에 발생했다.

a. McGraw-Hill Education은 $3,800 가치의 전기와 천연가스를 본사 건물을 위해 사용했으나 아직 청구되지 않았다.

b. 1월 초에, Turner Construction Company는 매년 첫 번째 3개월 동안 매달 월간잡지에 게재할 광고를 위해 $963를 지급했다.

c. Dell은 컴퓨터 서비스 기사들에게 1월 7일까지의 2주 급여 $403,000를 지급했다. Dell의 입장에서 답하시오.

d. Florida 대학교는 인쇄소에 시즌 풋볼 티켓 60,000장을 주문했고, 맞춤제작에 대해 미리 $8,340를 지급했다. 9월에 첫 번째 경기를 진행할 것이다. 대학교의 입장에서 답하시오.

e. 대학교 구내서점은 1부당 $160에 회계교재 500권을 납품받았다. 재화를 인도한 날로부터 30일 이내에 대금을 지급하기로 했다.

f. 1월 마지막 주에 대학교 구내서점은 거래 (e)에서 받은 회계교재 500권을 권당 $240에 판매했다.

g. Fucillo Automotive Group은 12월 판매량과 관련된 수수료 $13,800를 영업사원에게 지급했다. Fucillo의 입장에서 답하시오.

h. 1월 31일에 Fucillo Automotive Group은 1월 판매량과 관련된 수수료 $15,560를 영업사원에게 지급하기로 결정했다. 수수료는 2월 초에 지급될 예정이다. Fucillo의 입장에서 답하시오.

i. Wendy's 레스토랑은 1월 31일에 새로운 그릴을 구매하고 설치하면서 현금 $12,750를 지급했다.

j. Destiny USA(뉴욕 시러큐스 도시에 있는 예전 Carousel Mall)는 창고에 원가 $3,500의 건물관리용 소모품이 있다. 1월에 추가로 소모품 $2,600를 구입했다. 1월 말, 창고에 건물관리용 소모품

은 $1,400가 남아 있다.

k. Iowa 주립대학교 직원은 1월 31일에 시급 $15에 8시간 근무했으나 2월 3일에 급여를 지급한다. 대학의 관점에서 답하시오.

l. Wang Company는 1월 1일에 화재보험을 가입하고 $4,800를 지급했다. 보험은 1월 1일에 시작하여 12개월 동안 적용된다. Wang의 입장에서 답하시오.

m. Derek 법인은 1월에 화물 운송 트럭을 $600에 수리하고, 외상대금을 청구했다.

n. 농업장비 회사 Hass Company는 1월 전화이용에 대해서 1월 말에 전화요금 $154의 고지서를 받았다. 현재까지 전화요금을 지급하지 않았다.

o. Martin Company는 1월에 제공받은 용역에 대해서 컨설팅 회사로부터 $2,034의 청구서를 1월에 받았고, 대금을 지급했다. Martin의 입장에서 대답하시오.

p. Parillo's Taxi Company는 12월에 컨설팅 회사로부터 용역을 제공받고 기록했다. 청구서에 명시된 $595를 지급했다.

q. IZOD, ARROW, Van Heusen, Calvin Klein과 Tommy Hilfiger의 의류 브랜드를 가진 제조업체 PVH Corp.는 Macy 백화점에서 주문한 남성 셔츠 450장의 생산을 장당 $10의 원가에 끝냈고, 재화를 인도했다. PVH Corp.의 입장에서 대답하시오.

요구사항:

각 거래에 대해서 1월에 비용을 인식하는 경우, 비용계정과목과 금액을 표시하시오. 1월에 비용을 인식하지 않는 경우, 이유를 설명하시오.

E3-5. 거래가 재무제표에 미치는 영향 확인하기

워싱턴 시애틀에 본사를 두고 있는 Amazon.com, Inc.는 1995년에 전자상거래를 시작했고 순식간에 성장했다. 아래의 거래는 최근 연도에 발생했다. (단위는 백만 달러이다)

a. (예시) 현금 $6에 주식을 발행했다.

b. 장비를 $6,320에 구입했고, 현금 $4,893를 지급했다. 나머지 금액은 외상으로 처리했다.

c. 장기차입금에 대해 원금 $513와 이자비용 $91를 지급했다.

d. $88,988의 매출이 발생했고, 현금으로 $87,949를 회수했다. 나머지 금액을 외상으로 구매한 고객이 있다.

e. 운송비용 $10,766가 발생했고, 모두 외상이다.

f. 공급업체에게 외상으로 매입한 금액에 대해 $28,241를 지급했다.

g. 광고비용으로 $4,332가 발생했고, 현금으로 지급했다.

h. 외상으로 구매한 고객으로부터 현금 $620를 회수했다.

i. 장기차입금으로 현금 $6,359를 차입했다.

j. 고객에게 판매했을 때, 매출원가 $62,752가 발생했다.

k. 이번 연도의 비용으로 기록한 법인세 $177를 납부했다.

요구사항:

각 거래에 대해서 효과(+: 증가, −: 감소)를 표시하여 아래의 표를 완성하시오. (A=L+SE; R−E=NI; NI는 이익잉여금을 통해 자본에 영향을 미친다는 점을 기억하시오.) 미치는 영향이 없는 경우 영향 없음(NE)이라고 표기하시오. 첫 번째 거래는 예시이다.

거래	재무상태표			손익계산서		
	자산	부채	자본	수익	비용	당기순이익
(a) (예시)	+6	NE	+6	NE	NE	NE

E3-6. 거래가 재무제표에 미치는 영향 확인하기

Wolverine World Wide, Inc.는 Hush Puppies, Wolverine, Merrell, Stride Rite 및 Bates와 같은 다양한 브랜드로 군용, 업무용, 스포츠, 캐주얼 신발과 가죽 액세서리를 전 세계에 판매한다. 아래의 거래는 최근 연도에 발생했다. (단위는 백만 달러이다)

a. (예시) 투자자에게 현금 $14,083에 보통주 주식을 발행했다.
b. $878,418의 재고를 추가로 외상매입했다.
c. $11,000를 차입했다.
d. 고객에게 외상으로 $1,409,609의 제품을 판매했고, 판매한 제품원가는 $852,316이다.
e. 현금배당금 $22,737를 지급했다.
f. 현금 $19,397에 유형자산을 추가로 취득했다.
g. 판매비 $386,540가 발생했고, 3/4은 현금으로 지급하고 나머지는 외상으로 처리했다.
h. 투자자산에서 이자수익 $370가 발생했고, 그 중 90%는 현금으로 수취했다.
i. 다음 연도 초에 지급할 이자비용 $1,395가 발생했다.

요구사항:

각 거래에 대해서 효과(+: 증가, −: 감소)를 표시하여 아래의 표를 완성하시오. (A=L+SE; R−E=NI; NI는 이익잉여금을 통해 자본에 영향을 미친다는 점을 기억하시오.) 미치는 영향이 없는 경우 영향 없음(NE)이라고 표기하시오. 첫 번째 거래는 예시이다.

거래	재무상태표			손익계산서		
	자산	부채	자본	수익	비용	당기순이익
(a) (예시)	+14,083	NE	+14,083	NE	NE	NE

E3-7. 분개하기

1969년에 설립된 Sysco는 북미 최대 규모의 식품, 식품서비스 및 식품 관련 제품을 공급하는 유통업체이며, 약 425,000개의 레스토랑, 호텔, 학교, 병원 및 기타 기관에 식품을 공급하고 있다. 아래의 요약된 거래는 최근에 발생했던 대표적인 거래이다. (단위는 백만 달러이다)

a. 공장건물과 비품을 현금 $636에 취득했다.
b. 은행으로부터 $181를 차입하면서 단기어음을 발행했다.
c. 이번 연도에 고객에게 $39,323의 용역을 제공했다. 그 중 $28,558는 외상으로 제공했고, 나머지 금액은 현금으로 받았다.
d. 매입채무에 대해서 현금 $32,074를 지급했다.
e. 재고 $32,305를 외상으로 매입했다.
f. 이번 연도에 급여 $3,500를 지급했다.

g. 외상매출 $39,043를 고객이 지급했다.
h. 이번 연도에 배달차량의 유류 $750를 구입하여 사용했다(현금으로 지급했다).
i. 이번 연도 말에 배당금 $597를 선언하고 다음 연도에 지급하기로 했다.
j. 이번 연도 수도광열비 $68가 발생했고, $55는 현금으로 지급했다. 나머지 금액은 외상으로 처리했다.

요구사항:
각 거래를 분개하시오. 각각의 분개 후, 회계 등식의 균형이 유지되고 차변과 대변이 동일한지 확인하시오.

E3-8. 분개하기

Vail Resorts, Inc.는 1년 내내 최고 스키 리조트(콜로라도 로키산맥에 있는 베일 마운틴, 비버 크릭 리조트, 브레켄리지 마운틴 및 키스톤 리조트와 캘리포니아/네바다의 타호 호수에 있는 헤븐리) 5개를 소유하고 운영한다. 회사는 또한 고급 호텔과 리조트 및 숙박시설을 소유하고 있다. 회사는 리프트 티켓, 스키 강습 및 스키 장비를 판매한다. 아래의 12월 가상거래는 리조트에서 발생하는 대표적인 거래이다.

a. 12월 1일에 은행으로부터 $2,300,000를 차입하고, 6개월 만기 어음을 발행했다.
b. 12월 31일에 새로운 제설차량을 현금 $98,000에 구입했다.
c. 스키 매장에서 판매하기 위해 외상으로 스키 장비를 $35,000에 구입했다.
d. 리프트에 대한 정기적인 유지보수비용 $62,000가 발생했고 현금으로 지급했다.
e. 1월부터 3월까지의 시즌권을 $390,000에 판매하고 현금으로 받았다.
f. 스키 매장에서 고객에게 외상으로 스키 플레이트 1쌍을 $800에 판매했다. (스키 플레이트의 원가는 $500이다) (**힌트 :** 분개를 2개 하시오.)
g. 12월에 1일 리프트 이용권을 총 $320,000에 현금으로 판매했다.
h. 1월에 5일간 타운하우스를 빌려주고 보증금 $3,500를 받았다.
i. 거래 (c)에서 발생한 외상매입액의 절반을 지급했다.
j. 거래 (f)에서 발생한 외상매출액 중 $400를 고객으로부터 받았다.
k. 12월에 근무한 종업원에게 급여 $245,000를 지급했다.

요구사항:
1. 각 거래에 대해서 분개하시오. (차변과 대변이 동일하고, 각 거래 후에 회계 등식이 균형이 맞는지 확인하시오.)
2. Vail Resorts는 12월 초에 매출채권의 잔액이 $1,000라고 가정하시오. 위의 거래를 반영한 12월 말 매출채권의 잔액을 계산하시오. T계정을 이용하여 계산과정을 보이시오.

E3-10. 거래를 통해 T계정에 미치는 영향을 분석하고, 발생주의와 현금주의를 비교하여 당기순이익 계산하기

Stacey's Piano Rebuilding Company는 1년간 사업을 해왔다. 2번째 년도 초에 손익계산서의 계정과목 잔액은 0이고 재무상태표의 계정과목 잔액은 아래와 같다.

현금	$ 6,400	매입채무	$ 9,600
매출채권	32,000	선수수익	3,840
소모품	1,500	장기미지급금	48,500
비품	9,500	보통주자본금	1,600
토지	7,400	주식발행초과금	7,000
건물	25,300	이익잉여금	11,560

요구사항:

1. 재무상태표의 계정과 추가 계정(재조립수수료 수익, 이자수익, 급여, 수도광열비)에 대해서 T계정을 작성하시오. 계정의 기초 잔액을 기입하시오.
2. 각 거래의 기호를 참조로 사용하여 T계정에 2번째 연도 1월에 발생한 아래의 거래를 기입하시오.
   a. 1월에 피아노 5개를 재조립하여 고객에게 배송하고 현금 $19,000를 받았다.
   b. 본인의 피아노를 재조립하길 원하는 고객으로부터 계약금으로 $600를 받았다.
   c. 자전거 수리점에 건물의 일부를 빌려주고, 1월 임대료 $850를 받았다.
   d. 외상매출액 중 $7,200를 고객으로부터 지급받았다.
   e. 전기 및 가스요금 $400의 고지서를 받았고 2월에 지급할 예정이다.
   f. 소모품 $2,300를 주문했다.
   g. 1월에 외상매입금 중 $2,000를 지급했다.
   h. 대주주 Stacey Eddy의 집에서 $920의 비품을 사업 목적으로 받고, 대신에 액면가 $1인 주식 100주를 주었다.
   i. 1월에 근무한 직원에게 급여 $16,500를 지급했다.
   j. 배당을 선언하고 배당금 $2,200를 지급했다. (이익잉여금과 현금 감소)
   k. 거래 (f)의 소모품을 받았고 현금으로 지급했다.
3. T계정에 있는 정보를 이용하여, 2번째 연도의 1월 말에 아래의 항목에 대한 금액을 계산하시오.

   수익 $_______ －비용 $_______ ＝당기순이익 $_______
   자산 $_______ ＝부채 $_______ ＋자본 $_______

4. Stacey가 현금주의를 사용하는 경우, 당기순이익은 얼마인가? 현금주의의 당기순이익이 요구사항 3번에 있는 발생주의의 당기순이익과 차이가 나는 이유는 무엇인가?

E3-11. 손익계산서 작성하기

E3-10을 참고하시오.

요구사항:

E3-10에서 T계정의 기말 잔액을 이용하여, 2번째 연도 1월의 손익계산서를 작성하시오(세금은 무시하시오).

E3-12. 현금흐름표에 영향을 미치는 활동 구분하기

E3-10을 참고하시오.

요구사항:

E3-10에 있는 거래를 영업활동(O), 투자활동(I) 혹은 재무활동(F)으로 분류하고, 현금흐름에 미치는 영향의 방향(+: 현금흐름 증가, −: 현금흐름 감소)과 금액을 표시하시오. 현금흐름표에 미치는 영향이 없는 경우 영향 없음(NE)이라고 표기하시오.

E3-15. 거래가 T계정에 미치는 영향 분석하기

Lisa Frees와 Amelia Ellinger는 수년간 출장요리 사업을 해왔다. 3월에 동업자들은 소매점을 개장하여 사업을 확장할 계획이다. 동업자 2명은 Traveling Gourmet, Inc. 법인으로 설립하여 사업을 하기로 결정했다. 다음 거래는 3월에 발생했다.

a. 법인을 설립하기 위해 주주 2명 각각에게 $80,000를 받았고, 주주 2명에게 1주당 액면가 $1인 보통주 주식 500주씩 주었다. 매출채권 $2,000, 비품 $5,300, 공정가치 $13,000인 차량과 비품 $1,200가 있다.
b. 좋은 위치에 있는 빈 매장을 $360,000에 취득했고, 계약금으로 현금 $72,000를 지급했다. 나머지 금액에 대해서 지방은행에 10년 담보대출(차입)을 받아 충당했다.
c. 지방은행으로부터 $50,000를 차입하고, 이자 10%의 1년 만기 어음을 지급했다.
d. 3월에 식품과 종이 용품 $10,830를 현금으로 구입하고 사용했다.
e. 3월에 4회의 파티 출장요리를 $4,200에 제공했고, $1,600는 외상으로 하고 나머지는 현금으로 받았다.
f. 음식을 만들어 소매점에 현금 $11,900를 받고 판매했다.
g. 3월에 이용한 통신비 $420에 대한 고지서를 받았고, 4월에 지급할 예정이다.
h. 3월에 차량을 위해 가스 $363를 구입했다.
i. 3월에 근무한 직원에게 급여 $6,289를 지급했다.
j. 법인은 각 주주에게 배당금 $300를 지급했다.
k. 비품을 $50,000(냉장 진열장, 보관함, 테이블 및 의자)에 취득했고, $20,000에 새로운 매장을 리모델링했다(건물의 원가를 증가시켰다). 현금으로 모두 지급했다.

요구사항:

1. 현금, 매출채권, 비품, 건물, 매입채무, 미지급금, 장기차입금, 보통주자본금, 주식발행초과금, 이익잉여금, 식품매출수익, 출장매출수익, 소모품비, 수도광열비, 급여, 유류비에 대해서 T계정을 작성하시오.
2. 각 거래가 3월에 Traveling Courmet, Inc.에 미치는 영향을 T계정에 기록하시오. 거래 (a)부터 시작하여 금액을 확인하고, 기말 잔액을 계산하시오.

E3-16. 손익계산서 작성하기, 현금흐름에 미치는 영향 확인하기 및 그 결과 분석하기

E3-15를 참고하시오.

요구사항:

E3-15에서 완성된 T계정 잔액을 이용하여 다음의 항목에 답변하시오.

1. 3월 한 달에 대한 손익계산서를 작성하시오.
2. 각 거래에 대하여 영업활동(O), 투자활동(I) 혹은 재무활동(F)으로 분류하고, 현금흐름에 미치는 영향의 방향(+: 현금흐름 증가, −: 현금흐름 감소)과 금액을 표시하시오. 현금흐름표에 미치는 영향이 없는 경우 영향 없음(NE)이라고 표기하시오.
3. 영업활동을 했던 첫 번째 달의 결과를 근거로 회사 사업의 성패에 대해서 어떻게 생각하는가? (**힌트:** 당기순이익과 영업활동 현금흐름을 비교하시오)

E3-17. 영업활동의 거래 추론하기 및 손익계산서와 재무상태표 작성하기

Kate's Kite Company 법인은 제조업체로부터 받은 연을 전 세계에 판매하고 수리한다. 쇼핑몰이나 센터에 있는 임대공간에 상점들이 위치하고 있다. 4월 30일에 결산하는 영업기간의 첫 번째 달에 Kate's Kite Company는 아래의 표에 금액이 표시된 8개의 거래를 완료했다.

계정	거래 8개 각각이 금액에 미치는 영향								기말 잔액
	(a)	(b)	(c)	(d)	(e)	(f)	(g)	(h)	
현금	$82,000	$(15,400)	$(6,200)	$9,820		$(1,300)	$(2,480)	$3,960	
매출채권				4,180					
재고자산			24,800	(7,000)					
선급비용							1,860		
비품		15,400							
매입채무			18,600		$1,480				
선수수익								2,510	
보통주자본금(액면가 $1)	10,000								
주식발행초과금	72,000								
매출액				14,000				1,450	
매출원가				7,000					
급여						1,300			
임차료							620		
수도광열비					1,480				

요구사항:

1. 각 거래에 대해 간략한 설명을 서술하시오. 본인이 했던 가정에 대해서 설명하시오.
2. 각 계정의 기말 잔액을 계산하고, 4월 30일에 Kate's Kite Company의 손익계산서와 계정이 분류된 재무상태표를 작성하시오.

E3-18. T계정을 이용하여 거래가 미치는 영향을 분석하고, 재무분석가로서 당기순이익률 해석하기

3년간 사업을 해온 Massa Company는 닷컴기업을 대상으로 전 세계에 마케팅 컨설팅 서비스를 제공한다. 여러분은 Massa 관리팀이 자산을 효율적으로 관리하는지 그 효율성을 보고하는 재무분석가이다. 2016년(4번째 사업연도) 기초에 Massa의 T계정은 잔액은 아래와 같다. 단위는 천 달러이다.

요구사항:

1. 위에 제시한 T계정을 이용하여, 2016년 1월 1일에 아래의 항목에 금액을 채우시오.

   자산 $________ =부채 $________ +자본 $________

2. T계정에 2016년에 있는 아래의 거래를 기입하시오.
   a. 고객에게 $58,000의 서비스를 제공하고 현금 $48,000를 받고 나머지는 외상으로 하다.
   b. 외상대금이 있는 고객이 $5,600를 지급했다.
   c. 투자자산에 대해서 이자수익으로 현금 $400를 받았다.
   d. 급여 $36,000, 여비교통비 $12,000, 임차료 $7,600와 매입채무 $1,600를 지급했다.
   e. Massa가 다음 연도에 제공할 서비스에 대해서 고객으로부터 현금 $1,600를 먼저 받았다.
   f. 2016년도 전기요금 $800의 고지서를 받았다.
   g. 주주에게 배당을 선언하고 배당금 $480를 지급했다.

3. 2016년 12월 31일에 아래의 항목에 금액을 기입하기 위해 T계정의 기말 잔액을 계산하시오.

   수익 $________ −비용 $________ =당기순이익 $________
   자산 $________ =부채 $________ +자본 $________

4. 2016년의 매출액순이익률을 계산하시오. 기업의 매출액순이익률이 2015년에 2.9%, 2014년에 2.5%인 경우, 여러분의 계산이 Massa Company에게 무엇을 의미하는가? 분석 결과에 대해

보고서에 어떤 내용을 담을 것인가?

E3-19. 거래를 추론하고, T계정을 이용하여 거래가 미치는 영향 계산하기

현재 수많은 텔레비전 방송국, USA Today 같은 신문 및 Cars.com과 Career-Builder와 같은 인터넷 사업을 포함하여 국제적인 다변화된 미디어 및 마케팅 솔루션 회사 Gannett Co., Inc.의 최근 사업 보고서에는 다음의 계정이 포함되어 있다. 단위는 백만 달러이다.

매출채권			
1/1	717		
	5,240	?	
12/31	693		

선급비용			
1/1	95		
	203	?	
12/31	107		

선수구독료(선수수익)			
		224	1/1
	?	2,690	
		231	12/31

요구사항:

1. 각 T계정에 대해서 각 계정에 영향을 미치는 일반적인 거래에 대해서 서술하시오(즉, 일반적인 거래는 계정에 영향을 미쳐 증가시키거나 감소시키는 경제적 사건을 말한다).
2. 각 T계정에 대해서 누락된 금액을 계산하시오.

E3-20. 투자자로서 재무정보 찾기

여러분은 투자가 여러분의 기대에 부응했는지 확인하기 위해 최근 투자 포트폴리오를 평가하고 있다. 여러분은 가장 최근의 사업보고서를 모두 보유중이다.

요구사항:

아래의 항목 각각에 대해서 사업보고서에서 아래의 정보가 있는 위치를 찾아라. 그 정보는 위치가 여러 개일 수 있다.

1. 회사의 주요 사업에 대한 설명
2. 지급한 법인세
3. 매출채권
4. 영업활동으로 인한 현금흐름
5. 회사의 수익인식정책에 대한 설명
6. 이번 연도에 판매한 재고자산의 원가
7. 매출액순이익률을 계산하기 위해 필요한 정보

PROBLEMS

P3-1. 금액 없이 분개하기

아래의 목록은 3년간 사업을 해온 Sanjeev Corporation이 사용한 계정의 목록이다. 계정을 식별하기 위해 목록으로 작성하고, 번호를 부여하였다. 계정 목록 밑에는 발생한 거래가 있다. 각 거래에 대해서 거래 오른쪽에 적절한 계정의 번호를 기입하여, 계정의 금액을 차변에 혹은 대변에 기록해야 하는지 표기하시오. 분개가 필요 없는 경우, 거래 옆에 없음(none)이라고 표기하시오. 첫 번째 거래는 예시이다.

계정 번호	계정 과목	계정 번호	계정 과목
1	현금	10	미지급법인세
2	매출채권	11	보통주자본금
3	소모품	12	주식발행초과금
4	선급비용	13	이익잉여금
5	비품	14	용역수익
6	특허권	15	영업비용(급여, 소모품비)
7	매입채무	16	법인세비용
8	미지급금	17	이자비용
9	미지급급여		

거래	차변	대변
a. 예) 사업 목적으로 장비를 구입하여 금액의 1/3은 현금으로, 나머지는 지급어음으로 지급했다.	5	1, 8
b. 직원에게 이번 기간에 근무한 급여를 현금으로 지급했다.		
c. 이전 기간에 발생한 매입채무를 현금으로 지급했다.		
d. 소모품을 현금으로 구입했고 추후에 사용할 예정이다.		
e. 이번 기간에 외상으로 용역을 제공했다.		
f. 이전 기간에 제공한 용역에 대한 매출채권을 현금으로 회수했다.		
g. 새로운 투자자에게 주식을 발행했다.		
h. 이번 기간에 발생한 영업비용을 지급했다.		
i. 이번 기간에 발생한 영업비용을 다음 기간에 지급할 예정이다.		
j. 특허권(무형자산)을 현금으로 취득했다.		
k. 이번 기간에 제공한 용역에 대해서 현금을 회수했다.		
l. 영업활동을 위해 보유중인 소모품의 일부를 사용했다.		
m. 이번 연도에 발생한 법인세 비용의 3/4은 지급했고 나머지는 다음 연도에 지급할 예정이다.		
n. 거래 (a)에서의 지급어음에 대한 원금과 이자비용을 상환했다.		
o. 이번 기간의 마지막 날에, 다음 2년간 적용되는 보험에 대해서 현금으로 지급했다.		

P3–2. 분개하기

Ryan Terlecki는 새로운 인터넷기업 CapUniverse, Inc.를 설립했다. 기업은 로고가 있는 야구모자에 특화한 전문업체입니다. 모자를 항상 쓰고 있는 Ryan은 표적시장이 대학 및 고등학교 학생이라고 믿는다. 여러분은 처음 영업하는 2주 동안 발생한 거래를 기록하기 위해 고용되었다.

a. 투자자에게 액면가 $0.01인 보통주 주식 2,000주를 주당 $20에 현금을 받고 발행했다.
b. 사업을 시작하기 위한 자금을 추가로 확보하기 위해 은행으로부터 $60,000를 차입하고, 2년 만기 어음을 지급했다.
c. 이번 달의 창고 임차료 $1,500와 다음 달의 임차료 $1,500를 지급했다.
d. 창고에 대해서 1년간 화재보험에 가입하고 $2,400를 지급했다. (선급비용으로 기록함)
e. 창고의 가구 및 비품을 $15,000에 구입하고 현금 $3,000를 지급했다. 나머지 금액은 외상으로

했고, 30일 이내에 지급하기로 했다.

f. 온라인판매를 위한 상품으로 펜실베니아대학교, 노터데임, 오스틴에 있는 텍사스대학교 및 미시간주립대학교 야구모자를 현금 $2,800에 구입했다.

g. 현금 총 $350를 지급하고 구글에 광고를 했다.

h. 모자를 총 $1,700에 판매했고, 절반은 외상으로 했다. 모자의 원가는 $900이다. (**힌트 :** 분개를 2개 하시오.)

i. 거래 (e)에서 구매한 가구 및 비품에 대한 외상대금을 모두 지급했다.

j. 고객으로부터 외상 판매대금 $210를 회수했다.

요구사항:

각 거래를 분개하시오. 각 계정을 자산(A), 부채(L), 자본(SE), 수익(R), 비용(E)으로 분류하시오. 거래 (h)는 2개의 분개, 즉 수익에 대한 분개와 비용에 대한 분개가 필요하다는 것을 참고하시오.

P3-4. T계정을 이용하여 거래가 미치는 영향을 분석하기 및 손익계산서 작성하고 관리자로서 평가하기

고급초콜릿 전문가 Kaylee James는 2월 1일 대학가에 Kaylee's Sweets를 열었다. 가게는 고급 초콜릿 사탕과 고급 아이스크림을 전문적으로 취급한다. 여러분은 관리자로 고용되었고, 상점의 재무기록을 관리하는 것은 여러분의 업무이다. 아래의 거래는 영업 첫 번째 달인 2월에 발생했다.

a. 법인을 설립하기 위해 4명의 주주에게 현금 총 $30,200를 출자받고 액면가 $0.10인 보통주 주식 400주를 발행했다.

b. 상점에 대한 월 임차료 $1,750이고, 3개월 임차료를 지급했다. (선급비용으로 기록함)

c. 캔디를 외상으로 $6,000에 구입하여 받았고, 대금은 60일 내에 지급할 예정이다.

d. 소모품을 현금 $1,560에 구입했다.

e. 은행에서 대출기간 2년 조건으로 $11,000를 차입하고 현금을 수령했다.

f. 거래 (e)에서 받은 현금 중 $2,750를 (기록과 재고관리를 위한) 컴퓨터 구매에 사용하고 나머지 금액은 상점의 가구와 시설을 위해 사용했다.

g. 현금 $400로 지역 신문에 개장홍보 광고를 게재했고, 이번 달 동안 광고가 진행 중이다.

h. 발렌타인데이에 매출 $3,500가 있었고, 현금 $2,675와 나머지 금액은 매출채권으로 받았다. 판매된 캔디의 원가는 $1,600이다.

i. 외상매입액 중 $550를 갚다.

j. 종업원 급여 $1,300가 발생하여 지급했다.

k. 고객으로부터 외상판매대금 $600를 회수했다.

l. 현금 $400에 진열장을 수리했다.

m. 이번 달에 남은 기간 동안 현금 매출 $1,200가 있었고, 판매된 캔디의 원가는 $600이다.

요구사항:

1. 현금, 매출채권, 소모품, 상품, 선급비용, 장비, 가구 및 설비, 매입채무, 미지급금, 보통주자본금, 주식발행초과금, 매출액, 매출원가, 광고선전비, 급여, 수선유지비에 대해서 T계정을 만드시오. 모든 계정은 $0에서 시작한다.
2. 거래별로 계정에 참조 기호를 명시하여, 각 거래가 2월에 Kaylee's Sweets에 미치는 영향을 T계정에 기록하시오. T계정의 기말 잔액을 계산하시오. 거래 (h)와 (m)은 2개의 분개, 즉 수익

에 대한 분개와 비용에 대한 분개가 필요하다는 것을 참고하시오.

3. 2월 첫 번째 영업 1개월 동안의 손익계산서를 작성하시오.
4. Kaylee에게 사업 첫 번째 1개월 동안에 사업의 결과에 대한 여러분의 의견을 제시하는 메모를 간단하게 작성하시오.
5. 3년간 사업을 한 후에 여러분은 승진대상이 되었다. 승진 요인 한 가지는 여러분이 매출액과 비용을 효율적으로 관리했는지의 여부이다. 아래의 정보를 이용하시오.

	2018*	**2017**	**2016**
자산 총계	$88,000	$58,500	$52,500
부채 총계	49,500	22,000	18,500
자본 총계	38,500	36,500	34,000
순매출액	93,500	82,500	55,000
당기순이익	22,000	11,000	4,400

**2018년 말에 Kaylee는 2번째 매장을 열기로 했다. 2019년 초에 개장하기 전에 자금 차입과 재고구입이 필요하다.*

매년 매출액순이익률을 계산하고, 평가하시오. 여러분은 승진이 될 것이라고 생각하는가? 그 이유는 무엇인가?

P3–5. 현금흐름에 미치는 영향 확인하기

P3-4를 참고하시오.

요구사항:

P3-4에 있는 거래를 영업활동(O), 투자활동(I) 혹은 재무활동(F)으로 분류하고, 현금흐름에 미치는 영향의 방향(+: 현금흐름 증가, −: 현금흐름 감소)과 금액을 표시하시오. 현금흐름표에 미치는 영향이 없는 경우 영향 없음(NE)이라고 표기하시오.

P3–6. T계정을 이용하여 거래가 미치는 영향 분석하기 및 손익계산서를 작성하고 매출액순이익률 평가하기

최근 FedEx의 사업보고서에 아래의 계정잔액(단위는 백만 달러)과 일반적인 거래가 보고되었다. 5월 31일(이전 회계연도의 기말)에 계정잔액은 아래와 같다고 가정하자.

계정	**잔액**	**계정**	**잔액**
(순)유형자산	$15,543		
이익잉여금	12,716	매출채권	$4,581
매입채무	1,702	기타유동자산	610
선급비용	329	현금	2,328
미지급비용	1,894	예비부품, 소모품 및 연료	437
장기미지급금	1,667	기타비유동부채	5,616
기타비유동자산	3,557	기타유동부채	1,286
보통주자본금 (액면가 $0.10)	32	주식발행초과금	2,472

위의 계정은 재무상태표에 나와 있는 순서대로 나열하지 않았으나, 계정의 평상잔액은 차변 혹은 대변이다. 아래의 거래(단위는 백만 달러)가 6월 1일에 시작하는 다음 회계연도(이번 연도)에 발생

했다고 가정한다.

a. 고객에게 배송서비스를 제공하고, 현금 $17,600와 매출채권 $21,704를 받았다.
b. 새로운 장비를 $3,434에 구입하고, 장기지급어음을 지급했다.
c. 장비와 항공기를 대여하고 현금 $13,864를 지급했다. $10,136는 이번 연도 임차료이고 나머지는 다음 연도 임차료이다.
d. 이번 연도에 시설과 장비를 유지보수하기 위해 현금 $3,865를 지급했다.
e. 고객으로부터 외상판매대금 $24,285를 회수했다.
f. 장기지급어음에 대해서 $350를 지급했다(이자는 무시한다).
g. $16에 주식 20주를 추가로 발행했다.
h. 이번 연도에 직원에게 $15,276를 지급했다.
i. 이번 연도에 항공기와 장비를 위한 연료를 현금 $8,564에 구입하고 사용했다.
j. 외상매입액 중 $784를 지급했다.
k. $88의 예비부품과 소모품을 주문했다.

요구사항:

1. 위에 있는 계정목록을 참고하여 이번 연도의 5월 31일의 T계정을 작성하고, 각 기초 잔액을 입력하시오. 손익계산서 계정에 대해서 T계정이 추가로 필요하고, 기초 잔액을 0으로 입력하시오.
2. T계정에 이번 연도에 발생한 거래를 기록하시오. 거래별로 계정에 참조 기호를 표기하시오. 기말 잔액을 계산하시오.
3. 5월 31일에 결산하는 이번 연도의 손익계산서를 작성하시오.
4. 이번 연도의 매출액순이익률을 계산하시오. 결과가 Fedex에 의미하는 것은 무엇인가?

P3-7. 분개하기 및 현금흐름에 미치는 영향 확인하기

Cedar Fair, L.P.(Limited Partnership, 합자회사)는 놀이공원 11개, 야외 워터파크 3개, 실내 워터파크 1개 및 호텔 5개를 소유한 세계 최대의 놀이공원 운영업체 중 하나이다. 놀이공원으로 오하이오의 시더 포인트(Cedar Point), 미네소타 세인트폴 인근의 Valleyfair, 펜실베니아 앨런타운 인근의 Dorney Park and Wildwater Kingdom, 캔자스시티의 Worlds of Fun, 캘리포니아 산타클라라의 Great America, 캐나다 토론토 인근의 Canada's Wonderland 등이 있다. 다음은 최근에 발생한 거래와 유사한 거래를 요약한 것이다. 단위는 천 달러이다.

a. 놀이공원 방문객은 입장료로 현금 $596,042를 지급했다.
b. 이번 연도의 주요 영업비용은 직원 급여 $433,416이고, 현금으로 $401,603를 지급했다. 나머지는 다음 연도에 지급할 예정이다.
c. Cedar Fair는 장기지급어음에 대해서 원금 $47,100를 갚았다.
d. 놀이공원은 상점에서 상품을 판매한다. 이번 연도에 상품매출에 대해서 받은 현금은 $365,693였고, 이번 연도에 판매된 상품의 원가는 $92,057이다.
e. Cedar Fair는 이번 연도에 현금 $90,190에 기구와 기타 장비를 추가로 구입하고 설치했다.
f. 방문객은 놀이공원에 있는 기업 소유의 숙소에 머무를 수 있다. 이번 연도의 숙박수익은 $82,994이고, 그 중 고객으로부터 현금 $81,855를 받았고, 나머지는 외상으로 했다.
g. 장기 채무에 대해서 발생한 이자 $153,326를 지급했다.

h. 기업은 공원 상점에서 판매할 상품을 $147,531에 구입하면서 현금 $119,431를 지급하고 나머지는 외상으로 했다.
i. 이번 연도 놀이공원의 광고선전비는 $140,426이다. $134,044는 현금으로 지급했고, 나머지는 외상으로 했다.
j. Cedar Fair는 이번 연도의 외상매입액 중 $11,600를 지급했다.

요구사항:

1. 각 거래에 대해서 분개하고, 참조 기호를 표기하시오. 거래 (d)는 2개의 분개, 즉 수익에 대한 분개와 비용에 대한 분개가 필요하다는 것을 참고하시오.
2. 아래의 표를 이용하여 각 거래가 영업활동(O), 투자활동(I), 재무활동(F)으로 인한 현금흐름에 미치는 영향을 확인하시오. 현금에 미치는 영향의 방향(+: 증가, −: 감소)과 금액을 표기하시오. 현금흐름에 미치는 영향이 없는 경우, 영향 없음(None)이라고 표기하시오. 첫 번째 거래는 예시이다.

거래	영향을 미친 활동: 영업활동, 투자활동, 재무활동	현금흐름에 미치는 영향의 방향과 금액 (단위: 천 달러)
(a)	O	+596,042

ALTERNATE **PROBLEMS**

AP3-1. 금액 없이 분개하기

아래의 목록은 2년간 사업을 해 온 Kruger & Laurenzo 법인이 사용한 계정의 목록이다. 계정을 식별하기 위해 목록을 작성하고, 번호를 붙였다. 계정 목록 밑에는 발생한 거래가 있다. 각 거래에 대해서 거래 오른쪽에 적절한 계정의 번호를 기입하고 계정의 금액을 차변에 혹은 대변에 기록해야 하는지 표기하시오. 분개가 필요 없는 경우, 거래 옆에 없음(none)이라고 표기하시오. 첫 번째 거래는 예시이다.

계정 번호	계정과목	계정 번호	계정과목
1	현금	9	미지급급여
2	매출채권	10	미지급법인세
3	소모품	11	보통주자본금
4	선급비용	12	수식발행조과금
5	건물	13	이익잉여금
6	토지	14	용역수익
7	매입채무	15	기타비용(급여, 소모품비, 이자비용)
8	담보차입금	16	법인세비용

거래	차변	대변
a. 예시) 새로운 투자자에게 주식을 발행했다.	1	11, 12
b. 영업비용이 외상으로 발생하여 기록했다. 다음 기간에 지급할 예정이다.	____	____
c. 이번 기간에 소모품을 외상으로 매입했으나 사용하지 않았다.	____	____
d. 이번 기간에 고객에게 서비스를 외상으로 제공했다.	____	____
e. 다음 12개월에 적용되는 화재보험료를 이번 기간에 미리 지급했다.	____	____
f. 이번 기간에 건물을 취득했다. 계약금으로 전체 금액의 20%를 현금으로, 나머지는 담보대출을 받아 충당했다.	____	____
g. 이전 기간에 제공하고 기록했던 서비스에 대한 대가를 이번 기간에 현금으로 받았다.	____	____
h. 이번 기간에 제공한 서비스에 대해서 현금을 받았다.	____	____
i. 이전 기간에 발생하고 기록했던 급여를 이번 기간에 현금으로 지급했다.	____	____
j. 이전 기간에 미지급한 영업비용을 현금으로 지급했다.	____	____
k. 이번 기간에 발생한 영업비용을 현금으로 지급했다.	____	____
l. 영업활동을 위해 보유중인 소모품의 일부를 사용했다.	____	____
m. 담보대출 관련 원금을 상환하고 이자비용을 지불했다.	____	____
n. 사무실을 청소하기 위해 보유중인 소모품을 사용했다.	____	____
o. 이번 기간에 기록한 법인세를 다음 기간 초에 납부할 예정이다.	____	____
p. 배당을 선언하고, 이번 기간에 현금배당금을 지급했다.	____	____

AP3-2. 분개하기

Jimmy Langenberger는 비영리기관에 비정규직 직원을 연결시켜주는 기업인 TemPro, Inc.의 사장이다. TemPro는 5년간 사업을 해왔고, 수익은 매년 증가하고 있다. 여러분은 4월 첫 2주 동안 다음의 거래를 분석하기 위해 고용되었다.

a. 지역 United Way(공동모금) 사무실에 서비스를 임시로 제공하고 $23,500를 청구했다.
b. 이전 기간에 외상으로 구입하고 기록한 소모품에 대해서 $3,005를 지급했다.
c. 사무실을 위해 외상으로 $2,600의 소모품을 구입했다.
d. 사무실을 위해 새로운 컴퓨터를 현금 $3,800에 구입했다.
e. 지역신문에 광고를 현금 $1,400에 게재했다.
f. 직원에게 급여 $11,900를 지급했다. 이 금액 중 $3,800는 이전 기간에 미지급급여로 기록했었다.
g. 새로운 사무실을 건설할 것으로 예상하여, 주당 현금 $45에 보통주 주식 3,000주를 추가로 발행했다. 보통주 1주당 액면가는 $0.5이다.
h. 거래 (a)에서 외상으로 제공했던 서비스에 대해서 지역 United Way가 $12,500를 지급했다.
i. 서비스를 제공하고 Family & Children's Service 기관에 $14,500를 청구했다.
j. 추후에 사무실 부지로 이용할 목적으로 토지를 $10,000에 취득했다. 계약금으로 현금 $3,000를 지불하고 나머지 금액은 지급어음으로 지급했다.
k. 4월 통신요금 $1,950의 고지서를 받았고, 다음 달에 지급할 예정이다.

요구사항:

각 거래를 분개하시오. 각 계정을 자산(A), 부채(L), 자본(SE), 수익(R), 비용(E)으로 분류하시오.

AP3-4. T계정을 이용하여 거래가 미치는 영향을 분석하기 및 손익계산서를 작성하고 매출액순이익률 평가하기

2017년 4월 1일에 콜로라도주 덴버에서 설립된 Alpine Stables, Inc.는 동물보호 및 승마체험을 위한 땅과 마구간을 제공한다. 여러분은 보조관리자로 고용되었다. 여러분이 검토하기 위해 2017년에 발생한 거래를 다음과 같이 제공했다.

a. 5명의 주주에게 현금 $60,000(각 $12,000씩), $10,000의 헛간, $90,000의 토지와 $12,000의 소모품을 출자했다. 각 투자자는 주당 액면가 $0.01인 주식 3,000주를 받았다.
b. 작은 헛간을 $62,000에 건설했다. 기업은 2017년 4월 1일에 금액의 절반은 현금으로, 나머지는 3년 만기 어음으로 지급했다.
c. 고객을 위해 동물보호 서비스 $35,260를 외상으로 제공했다.
d. 본인의 동물을 돌보는 고객에게 마구간을 대여하고, 현금 $13,200를 받았다.
e. 5월, 6월 및 7월 동안 고객의 말을 숙박시키기로 하고 현금 $2,400를 받았다. (선수수익으로 기록)
f. 여름에 사용할 건초 및 사료 물자를 $3,810에 외상으로 구입했다.
g. 이번 달에 발생한 상수도요금 $1,240를 현금으로 지급했다.
h. 이전에 외상으로 매입한 금액 중 $2,700를 갚았다.
i. 고객으로부터 외상대금 $10,000를 받았다.
j. 이번 달에 근무한 직원들에게 급여 $6,000를 지급했다.
k. 이번 달 말에 2년 보장보험을 $3,600에 가입했다
l. 4월 사용분에 대한 전기요금 $1,800의 고지서를 받았고, 다음 달에 지급할 예정이다.
m. 이번 달 말에 투자자 5명 각각에게 현금배당금 $100를 지급했다.

요구사항:

1. 적절한 T계정을 작성하시오. 모든 계정은 금액 0에서 시작한다.
2. 거래별로 계정에 참조 기호를 명시하여, 각 거래가 Kaylee's Sweets에 미치는 영향을 T계정에 기록하시오. T계정의 기말 잔액을 계산하시오.
3. 4월 동안의 손익계산서를 작성하시오.
4. 5명의 주주에게 사업 첫 번째 1개월 동안의 사업 결과에 대한 여러분의 의견을 제시하는 메모를 간단하게 작성하시오.
5. 3년간 사업을 한 후에 여러분은 최고재무책임자(CFO) 후보가 되었다. 승진 요인 한 가지는 여러분이 매출과 비용을 효율적으로 관리했는지의 여부이다. 아래의 정보를 이용하시오.

	2019*	2018	2017
자산 총계	$480,000	$320,000	$300,000
부채 총계	125,000	28,000	30,000
자본 총계	355,000	292,000	270,000
영업수익	450,000	400,000	360,000
당기순이익	50,000	30,000	(10,000)

**2019년 말에 Alpine Stables는 연중 내내 강의를 하기 위해 실내 승마장을 건설하기로 결정했다. 기업은 2019년에 지방은행에게 공사대금을 빌렸고, 승마장은 2020년 초에 개장했다.*

매년 매출액순이익률을 계산하고, 그 결과를 평가하시오. 여러분은 승진이 될 것이라고 생각하는가? 그 이유는 무엇인가?

AP3-5. 현금흐름에 미치는 영향 확인하기

AP3-4를 참고하시오.

요구사항:

AP3-4에 있는 거래에 대하여 영업활동(O), 투자활동(I) 혹은 재무활동(F)으로 분류하고, 현금흐름에 미치는 영향의 방향(+: 현금흐름 증가, −: 현금흐름 감소)과 금액을 표시하시오. 현금흐름표에 미치는 영향이 없는 경우 영향 없음(NE)이라고 표기하시오.

CONTINUING **PROBLEM**

CON3-1. 새로운 사업을 설립하기 위한 회계(회계순환과정)

Penny's Pool Service & Supply, Inc.(PPSS)는 첫 사업연도 9월 30일에 끝나는 가장 바쁜 분기에 거래가 다음과 같이 발생했다.

a. 광고를 여러 지역의 신문(온라인 광고버전 포함)에 게재하기 위해 $2,600를 지급했다. 이번 분기에 신문에 모두 광고가 게재되었다.
b. 고객의 수영장을 $19,200에 청소했고, 현금 $16,000를 받았다. 나머지는 10월에 청구될 때 지불하기로 했다.
c. 5월에 PPSS가 받은 재고 외상매입액 $10,600를 수영용품 도매업체인 Pool Corporation, Inc.에게 갚았다.
d. 고객의 충성도에 대한 유인책으로 PPSS는 고객에게 다음 연도 수영장 청소서비스 할인권을 제공했다. PPSS는 할인을 이용하는 고객으로부터 $10,000를 받았다.
e. 사무실 안내데스크 직원에게 $4,500를 지급했다. 그 중 $1,500는 이전 분기에 근무했던 급여분이고, 나머지는 이번 분기에 근무한 급여분이다. 이전 분기의 금액은 비용과 미지급급여(부채)로 기록되어 있었다.
f. 회사는 배달차량을 수리하고 수리공에게 $310를 지불했다.
g. 이번 분기에 사용한 전화, 수도 및 전기 요금 $220를 지불했다.
h. 단기투자자산에서 이번 분기에 발생한 이자수익 $75를 받았다.
i. 이번 분기에 토지와 건물 사용에 대한 재산세 $600의 고지서를 받았고, 다음 분기에 납부할 예정이다.
j. 다음 분기의 보험을 위해 $2,400를 지불했다.

요구사항:

1. 차변과 대변이 일치하는지를 확인하면서, 각 거래에 대해서 분개하시오.
2. 이번 분기의 거래만을 이용하여, 9월 30일에 끝나는 분기의 손익계산서를 작성하시오.
3. 매출액순이익률을 계산하시오. 결과가 PPSC의 사업 운영능력에 의미하는 것은 무엇인가?

CASES AND PROJECTS

사업보고서 사례

CP3-1. 재무정보 찾기

이 책의 끝에 있는 부록 B의 American Eagle Outfitters의 재무제표를 참고하시오.

요구사항:

1. 2015년 1월 31일에 결산하는 연도의 손익계산서에서 가장 큰 비용의 금액을 기술하고, 그 비용을 사용한 거래를 설명하시오.
2. 순매출액은 모두 외상이라고 가정하는 경우, American Eagle Outfitters는 고객으로부터 현금을 얼마나 회수했는가? (**힌트 :** 회수한 금액을 계산하기 위해 매출채권 T계정을 이용하시오.)
3. 한 명의 주주가 "기업의 순이익은 $80,322,000이기 때문에 배당금을 더 지급해야 한다. 이 금액은 모두 현금이기 때문에 더 많은 금액이 주주에게 배분되어야 한다."고 불만을 토로했다. 순이익은 현금흐름과 같다는 그 주주의 가정이 타당한 이유를 설명하시오. 가정이 타당하지 않다고 생각하는 경우, 그렇게 생각한 이유를 간략하게 설명하시오.
4. 재무상태표와 손익계산서의 목적을 설명하고 비교하시오.
5. 제시된 연도마다 회사의 매출액순이익률을 계산하고, 결과의 의미를 설명하시오.

CP3-2. 재무정보 찾기

이 책의 끝에 있는 부록 C의 Urban Outfitters의 재무제표를 참고하시오.

요구사항:

1. 이 기업의 수익인식정책은 무엇인가? (**힌트 :** 재무제표에 있는 주석을 확인하시오.)
2. $50,000,000의 매출원가가 재고자산을 구매하는 비용 때문에 발생한 것이 아니라고 가정하자. 이번 연도에 기업이 구매한 재고자산 금액은 얼마인가? (**힌트 :** 계산하기 위해 재고자산 T계정을 이용하시오.)
3. 제시된 연도마다 매출액 대비 판매비와관리비의 비율(%)을 계산하시오. 2014년 회계연도, 2015년 회계연도, 2014년과 2013년 사이에 비용이 몇 % 증가하거나 감소했는가? (**힌트 :** 증감률＝[현재 연도 금액－이전 연도 금액]÷이전 연도 금액)
4. 제시된 연도마다 기업의 매출액순이익률을 계산하고, 결과의 의미를 설명하시오.

CP3-3. 산업내 기업 분석하기.

이 책의 끝에 있는 부록 B의 American Eagle Outfitters와 부록 C의 Urban Outfitters의 재무제표, 부록 D에 있는 산업비율보고서를 참고하시오.

요구사항:

1. 각 기업은 손익계산서를 어떤 명칭으로 부르는가? "연결(손익계산서)"의 의미를 설명하시오.
2. 이번 회계연도(the fiscal year)에 당기순이익이 가장 많은 회사는 어디인가?
3. 이번 연도의 두 기업의 매출액순이익률을 계산하시오. 어떤 회사가 수익과 비용을 더 효율적으로 관리했는가?

4. 산업 평균에 제시된 가장 최근 연도에 대한 두 기업의 매출액순이익률 비교하시오. 평균적으로 두 기업은 경쟁기업보다 매출과 비용을 더 잘 관리했는가?
5. 각 기업의 매년 영업활동으로 인한 현금은 얼마인가? 영업활동으로 인한 현금흐름의 증감률은 얼마인가? (**힌트 :** 증감률 = [현재 연도 금액 − 이전 연도 금액] ÷ 이전 연도 금액)
   (1) (2013년 대비) 2014년의 증감률
   (2) (2014년 대비) 2015년의 증감률

재무보고서와 분석 사례

CP3-4. 시간 경과에 따른 기업 분석하기

부록 B의 American Eagle Outfitters의 재무제표를 참고하시오.

요구사항:

1. American Eagle Outfitters의 사업보고서 혹은 10-K 보고서는 지난 5년간의 선별된 재무정보를 제공한다. 제시된 연도마다 매출액순이익률을 계산하시오. 당기순이익 대신에 계속사업이익을 이용하시오. (**힌트 :** 사업보고서에 공시된 10-K에서 항목 6(Item 6)을 확인하시오.) **주의 :** 일부 기업은 1월말에 결산하는 회계연도를 사용하며, 1월은 회계연도에서 1년 일찍 보고된다. 예를 들면, 2014년 회계연도는 실제로 2015년보다 2014년에 해당되는 개월이 더 많기 때문에, 2015년 1월에 결산하는 해는 2014년 회계연도가 될 수 있다.
2. 제2장에서 유동비율에 대해서 논의했다. 유동비율은 항목 6(Item 6)에서 계산되고, 시간에 따른 매출액순이익률과 유동비율의 움직임을 분석하시오. 그 결과가 American Eagle Outfitters에 의미하는 것은 무엇인가?

CP3-5. 금융잡지 해석하기

2004년 10월 4일 *BusinessWeek* 잡지는 일부 기업의 임원이 임의로 추정치를 조작하고, 때로는 의도적으로 사기를 치도록 유도하는 발생주의의 약점과 관련하여 “Fuzzy Numbers”라는 제목의 기사(www.bloomberg.com/bw/stories/2004-10-03/fuzzy-numbers)를 게재했다.

요구사항:

기사를 읽고 다음의 질문에 답하시오:

1. 발생주의는 무엇인가?
2. 기사의 제목 “Fuzzy Numbers”는 어떤 의미인가?
3. 기사는 의회와 미국증권거래위원회(SEC)에서 채택한 개정법안에 대해서 무엇을 제안하는가?

비판적 사고 사례

CP3-6. 은행대출심사 담당자로서 결정하기: 중대한 결점이 있는 재무제표를 분석하고 다시 작성하기

Julio Estela는 이번 연도에 소형 보트 수리서비스 회사를 시작하여 운영하고 있다. 그는 여러분의 은행에서 겨울에 보트를 보관할 건선거(선박수리점)를 건설하기 위해 $100,000를 대출받으려 한다. 이번 연도 말에 그는 정보를 기반으로 다음의 보고서를 작성했다.

ESTELA COMPANY 이번 연도 이익		
이번 연도에 회수한 서비스 수수료		$ 55,000
지급받은 현금배당금		10,000
총계		65,000
이번 연도에 지급한 영업비용	$22,000	
도난당한 현금	500	
이번 연도에 구입한 새로운 도구(현금으로 지급)	1,000	
서비스 업무에 사용하기 위해 구입한 소모품(현금으로 지급)	3,200	
총계		26,700
이익		$ 38,300
이번 연도 말에 보유한 자산		
은행 예금계좌에 있는 현금		29,300
건물(현재 시장가치)		32,000
도구 및 장비		18,000
토지(현재 시장가치)		30,000
ABC 산업의 주식		130,000
총계		$239,300

완료된 거래를 다음과 같이 요약했다.

a. 사업을 시작할 때, 소유자가 다음의 자산(공정시장가치)을 회사에 출자하고 대신에 액면가 $1인 보통주 주식 1,000주를 받았다.

건물	$21,000	토지	$20,000
도구 및 장비	17,000	현금	1,000

b. 이번 연도에 서비스 수수료 수익 $87,000가 발생했고, 회수된 현금 중 $20,000는 다음 연도에 Julio가 수행할 업무에 대해서 고객이 준 착수금이다.

c. Julio Estela가 6년 전에 ABC 산업의 주식에 대해서 현금배당금을 받았다.

d. 이번 연도에 $61,000의 비용이 발생했다.

e. 이번 연도 말에 보유중인 소모품 금액은 $700인 것으로 확인했다.

요구사항:

1. Julio는 손익계산서를 현금주의로 작성했는가, 발생주의로 작성했는가? 어떻게 알았는지 설명하시오. 어떤 수익과 비용의 인식시점을 사용해야 하는가? 이유를 설명하시오.
2. 발생주의 회계 원칙에 따라 정확한 분개를 다시하고, T계정에 전기하시오.
3. 발생주의를 따른 손익계산서를 작성하시오. (각주를 사용하여) 손익계산서에 미치는 각각의 변화에 대한 이유를 설명하시오.
4. Julio에 대한 대출과 관련된 여러분의 결정에 도움이 되는 추가 정보는 무엇인가?
5. 수정된 손익계산서와 필요한 추가정보에 근거하여, Julio에 대한 대출에 관하여 여러분의 결정을 설명하는 서한을 작성하시오.

CP3-7. 윤리적인 문제(딜레마) 평가하기

Mike Lynch는 보험회사의 뉴욕 북부 지역 사무소의 관리자이다. 지역 관리자로서, 그의 보수는 기본급여, 수수료 및 지역이 할당을 초과하여 판매할 때의 보너스를 포함한다. Mike는 최근 크게 2가지 요인 때문에 엄청난 압박을 받고 있다. 첫째, 그는 가족 구성원의 질병 때문에 개인채무가 쌓이고 있다. 둘째, 그의 걱정을 악화시키며 지역의 새로운 보험 판매는 처음으로 수년 만에 기본 할당량 밑으로 뚝 떨어졌다.

여러분은 Mike를 위해 2년간 일해 왔으며, 사무실의 다른 사람들처럼 여러분은 본인이 그런 협력적인 보스와 일하게 되어 행운이라고 생각한다. 또한, 지난 몇 달 동안 그의 개인적인 문제에 대해서도 크게 연민을 느꼈다. 지역 사무소의 회계담당자로서 여러분의 직무에서 새로운 보험 판매의 저하와 그것이 관리자의 보너스에 영향을 미칠 것이라고 인식하고 있다. 여러분은 연말에 야근하는 동안, Mike는 여러분의 사무실을 들렀다.

Mike는 여러분에게 여러분이 대규모 지역 사업을 위한 새로운 부동산보험정책을 설명하는 방법을 변경하도록 요청했다. 보험료를 지급하기 위한 상당한 금액의 수표가 12월 31일에 우편으로 배달되었다. 보험은 다음 연도 1월 5일에 시작되는 기간에 적용된다. 여러분은 수표를 입금하고 차변에 현금 계정과 대변에 미수수익 계정을 올바르게 기록했다. Mike는 "이봐, 우리는 이번 연도에 현금을 받았는데, 왜 이번 연도 수익으로 처리하지 않는가? 어쨌든, 나는 회계담당자들이 왜 이런 일들에 까다로운지 절대 이해하지 못하겠어. 자네가 거래를 기록하는 방식을 변경했으면 좋겠네. 대변에 수익계정을 기록해주게. 게다가 나는 자네에게 과거에 호의를 베풀었고, 그 대가로 작은 것을 요구하고 있네."라고 말하고 사라졌다.

요구사항:

1. 여러분은 이런 상황을 어떻게 대처해야 하는가?
2. Mike의 요청에서 윤리적인 문제는 무엇인가?
3. 그의 요청을 순응하는 경우, 득이 되는 당사자는 누구인가? 누가 손해를 보는가?
4. 그의 요청을 거절하는 경우, 아침에 Mike에게 여러분의 입장을 어떻게 설명할 것인가?

재무보고서와 분석 팀 과제

CP3-8. 팀 프로젝트: 손익계산서와 비율 분석하기

팀을 만들어, 분석할 산업을 선택하시오. Yahoo!Finance는 biz.yahoo.com/p/industries.html에서 산업 목록을 제공한다. 기업 목록이 있는 산업을 클릭하시오. 다른 방법으로, 구글 파이낸스 www.google.com/finance로 들어가서 관심 있는 기업을 검색하면, 그 회사와 경쟁사를 포함한 목록이 제공될 것이다. 각 팀원은 다른 회사를 고른 팀원과 함께 그 산업에서 상장된 회사의 사업보고서 또는 연차보고서(10-K)를 얻어야 한다[미국증권거래위원회(SEC) EDGAR 서비스 www.sec.gov와 회사 투자자관계 사이트를 참고하시오].

요구사항:

개인별로 각 팀원은 선택한 회사에 대해서 아래의 질문에 답변하는 간단한 보고서를 작성하시오. 팀이 관찰한 회사들에 대해 모든 패턴을 논의하시오. 한 팀으로서 여러분들의 회사들을 비교하고 대조하는 보고서를 간략히 작성하시오.

1. 가장 최근 연도에 주요 수익 계정은 무엇인가? 영업수익 총계에서 각 계정이 차지하는 비율은 몇 %인가? (계산식 : 수익 A ÷ 수익 총계)
2. 가장 최근 연도에 주요 비용 계정은 무엇인가? 영업비용 총계에서 각 계정이 차지하는 비율은 몇 %인가? (계산식 : 비용 A ÷ 비용 총계)
3. 비율 분석 :
   a. 매출액순이익률은 일반적으로 무엇을 측정하는가?
   b. 지난 3년간의 매출액순이익률을 계산하시오.
   c. 그 결과가 기업에 의미하는 것은 무엇인가?
   d. 가능한 경우, 가장 최근 연도의 산업비율을 찾고, 여러분의 결과와 비교하시오. 여러분의 회사가 산업비율과 비슷하거나 혹은 다른 이유를 논의하시오.
4. 기업의 수익인식정책이 보고된 경우[주로 재무제표에 중요한 회계정책(Significant Accounting Policies) 주석에 있음] 수익인식정책을 설명하시오.
5. 영업활동으로 인한 현금흐름을 당기순이익으로 나누는 비율은 경영진이 다양한 수익과 비용의 인식정책을 선택하는 데 관대한지(즉, 수익인식 시점을 앞당기거나 혹은 비용인식시점을 연기하는 것) 보수적인지(즉, 수익을 너무 일찍 혹은 비용을 너무 늦게 기록하지 못하는 것) 측정한다. 1.0을 초과하는 비율은 보수적이고, 1.0 미만은 관대하다고 해석한다. 지난 3년간의 비율을 각각 계산하시오. 결과가 기업의 회계정책 선택에 대해서 의미하는 것은 무엇인가?

결산조정, 재무제표, 이익의 질

회계기간의 기말이 되면 Chipotle Mexican Grill은 매우 바쁘다. Chipotle의 결산일은 매년 12월 31일이지만 경영진과 외부감사인(독립적인 공인회계사) 간에 많은 중요한 사항들에 대한 평가가 끝나기 전까지 재무제표는 외부에 공시되지 않는다.

- 경영진은 재무상태표 및 포괄손익계산서에 정확한 재무상태와 경영성과가 보고되도록 해야 한다. 여기에는 종종 수익 및 비용의 인식 시기와 자산 및 부채의 가치에 대한 추정 및 가정과 판단이 필요하다.
- 외부감사인은 (1) 회사의 자산을 보호하고 재무기록의 정확성을 보장하기 위해 경영진이 수립한 통제의 강도를 평가하고 (2) 수익 및 비용 결정에 경영진이 사용한 추정 및 회계원칙의 적합성을 평가해야 한다.

대부분의 회사 경영자는 사용자를 오도하지 않기 위해 재무정보를 공정하게 제시해야 한다는 필요성을 잘 알고 있다. 그러나 기말 조정사항은 연간 회계처리 과정의 가장 복잡한 부분이므로 오류가 발생하기 쉽다. 외부감사인은 테스트 또는 표본 추출을 기반으로 회사의 기록을 검사한다. 정보이용자의 의사결정에 영향을 줄 수 있는 중요한 오류를 최대한 발견하기 위해 공인회계사들은 오류가 발생할 가능성이 높은 거래에 더 많은 감사시간을 할당한다.

많은 회계 연구들에서 중규모 제조기업에서 많이 발생하는 회계오류 항목들을 조사하였다. 기말조정사항 중에서 제품보증부채에 대한 책임을 이행하지 못하는 경우, 당기에 발생한 비용을 포함시키지 않은 경우(기간 귀속 오류) 등의 오류가 많이 발생하는 것으로 나타났으며 이러한 사항들에 대해서 외부감사인들도 특별한 관심을 갖고 감사를 진행한다.

학습목표

이번 장을 학습한 후, 여러분들은 다음을 할 수 있어야 한다.

4-1 결산조정의 목적을 설명하고 재무상태표 및 포괄손익계산서의 계정을 업데이트하기 위해 기말에 필요한 조정사항을 수행할 수 있다.

4-2 주당순이익이 포함된 포괄손익계산서, 자본변동표, 재무상태표를 작성할 수 있다.

4-3 총자산회전율을 계산하고 해석할 수 있다.

4-4 마감 절차를 설명할 수 있다.

04장

FOCUS COMPANY :

Chipotle Mexican Grill

기말에 수익과 비용을 추정하기

www.chipotle.com

© SchulteProductions/iStockphoto

2014년 재무제표에 대한 Chipotle의 외부감사 과정은 외부감사인인 Ernst & Young이 감사업무를 완료하고 감사의견을 표명한 감사보고서에 서명한 일자인 2015년 2월 4일까지 계속되었다. 이 시점에 재무제표가 일반인에게 공개되었다.

경영에 대한 이해

경영자는 투자자, 채권자 및 다양한 외부 정보이용자들에게 유용한 재무제표를 제공할 책임이 있다. 재무정보가 고품질의 정보를 포함하고 있다고 판단한다면 과거를 분석하고 미래를 예측하는 데 유용한 정보로 이용할 것이다. 고품질 정보는 목적적합성(정보이용자의 의사결정에 영향을 미칠 수 있는 정보)과 보고 대상에 대해 충실하게 표현(완전하고 오류가 없으며 편의를 갖고 있지 않은 정보)한 정보이다.

정보이용자들은 제3장에서 설명한 수익 인식 및 비용 인식의 원칙에 따라 수익과 비용이 적절한 기간에 보고될 것으로 기대한다. 수익은 가득된 시점에 기록되며 비용은 현금 지출과 무관하게 발생한 시점에 기록되어야 한다. 지난 기간의 급여를 후불하거나 다음 기간의 보험료를 미리 지급하는 것처럼 많은 영업활동들은 여러 기간에 영향을 미친다. 이러한 활동들을 매일 기록하는 것은 비용이 많이 들기 때문에 대부분의 기업은 기말(월말, 분기말, 연말)에 한꺼번에 조정함으로써 이번 기간의 수익과 비용이 정확히 반영되도록 한다. 이러한 조정분개(수정분개)

들을 통해 정확한 금액이 반영되도록 하는 것이 이번 장의 핵심이다.

이번 장에서는 제2장 및 제3장(분개 및 T계정으로의 전기)에서 살펴본 것과 동일한 분석 도구를 사용하여 회계기간 말에 수행하는 일반적인 조정사항들에 대한 회계처리 과정을 살펴본다. 이러한 분석 도구는 향후 장들에서 논의할 경영진에 의한 추가 추정 및 판단을 필요로 하는 결산조정사항들에 대한 기초를 제공한다. 이번 장에서 조정사항에 대한 회계처리에 대한 설명이 끝나면 조정된 계정을 이용하여 재무제표를 작성하고 마지막으로 다음 기간의 회계처리를 준비하기 위해 장부를 마감하는 마감절차에 대해 설명한다.

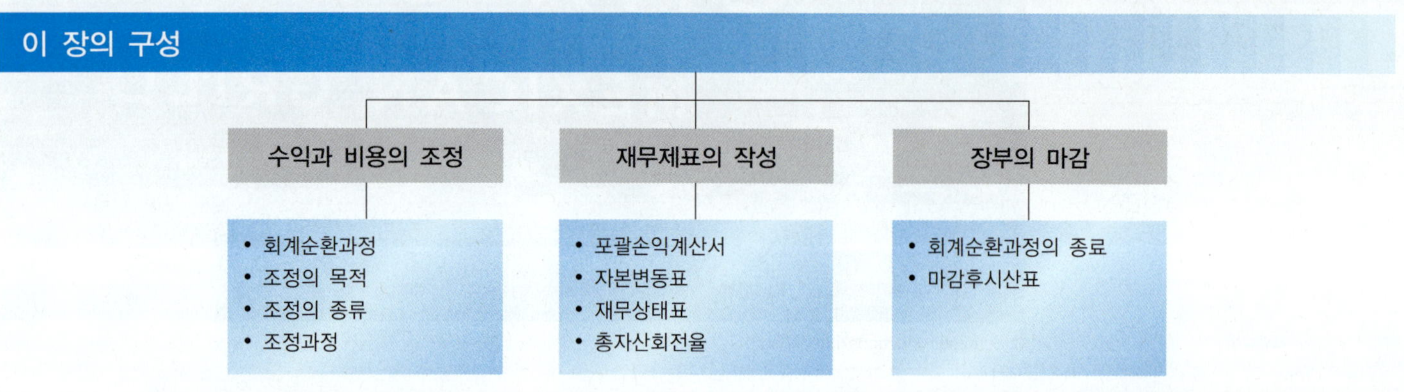

수익과 비용의 조정

학습목표 4-1
결산조정의 목적을 설명하고 재무상태표 및 포괄손익계산서의 계정을 업데이트하기 위해 기말에 필요한 조정사항을 분석할 수 있다.

회계순환과정

<도표 4.1>은 **회계순환과정**의 기본 단계를 제시하고 있다. 제2장에서 처음 논의한 바와 같이 회계순환과정은 기간 중에 발생한 거래를 분석하고 기록하고, 기말에 기록을 조정하고, 재무제표를 작성하고, 다음 기의 회계순환과정을 위해 기록을 준비하는 일련의 과정이다. 회계기간 중에는 주로 회사와 회사의 외부 간에 이루어지는 거래에 대해 시간순으로 분개장에 분개를 기록하고 원장(T계정)에 전기됨으로써 계정에 미치는 영향이 반영된다. 이에 대해서는 제2장과 제3장의 Chipotle에 대한 도표를 다시 참조하기 바란다. 이번 장에서는 수익과 비용에 대한 기록이 적절한 기간에 보고되고, 재무상태표 계정이 보고 목적에 맞게 적절하게 평가되어 보고되는 것을 우선적인 목적으로 기말에 수행하는 결산조정사항에 대해 초점을 맞춘다.

결산조정분개의 목적

회계시스템은 대부분 반복되는 매일의 거래, 특히 현금과 관련된 거래를 기록하도록 고안되었다. 현금을 받거나 지불하면 그 시점에 회계시스템에 기록된다. 일반적으로 현금이 관련된 활동이 많은 경우 이 시스템은 매우 효과적이다. 예를 들어, 수익이 발생한 시점에 현금을 수취

도표 4.1

회계순환과정

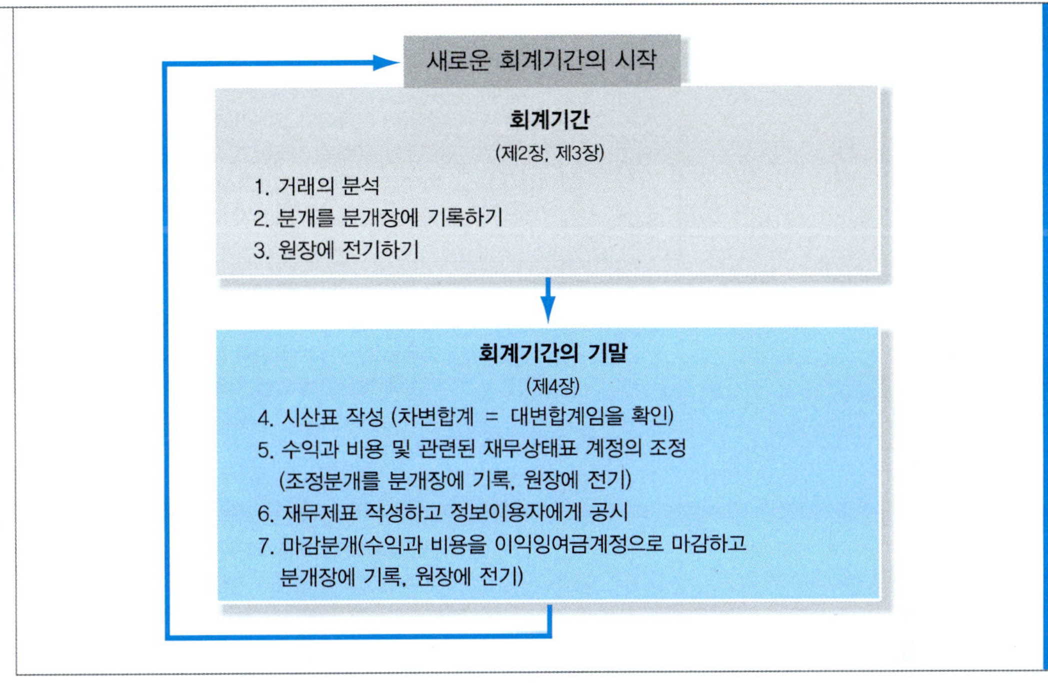

하고, 비용이 발생한 시점에 현금의 지불이 이루어지는 경우이다. 그러나 수익이 발생한 시점에 현금을 수취하지 않는 경우도 있고, 마찬가지로 비용이 발생했으나 현금 지불이 아직 이루어지지 않거나 현금 지불을 비용 발생 이전에 미리 할 수도 있다. 즉, 수익과 비용의 발생 시점과 현금의 수취 및 지불 시점이 일치하지 않는 경우도 많다.

이처럼 발생한 시점과 현금의 증감이 이루어진 시점이 일치하지 않는 경우 회계시스템에서는 어떻게 기록해야 할까? 이러한 시점의 차이를 해결하기 위해 매 회계연도 말에 다음과 같은 조정분개(adjusting entry)[1]를 하는 것이다.

조정분개(수정분개)
당기에 발생한 수익과 비용을 적절히 반영하기 위해 기말에 수행하는 절차임.

- 수익은 가득된 시점에 기록한다. **(수익인식의 원칙)**
- 비용은 수익을 창출하는 시점에 대응하여 기록한다. **(비용인식의 원칙)**
- **자산**은 기말에 남아 있는 미래 경제적 효익이 기대되는 금액으로 보고한다.
- **부채**는 기말에 남아 있는 경제적 의무로 미래에 이 의무의 이행과 관련하여 예상되는 자산의 희생 또는 제공해야 할 서비스의 금액으로 보고한다.

회사는 회계기간이 끝날 때까지 계정을 조정하지 않고 기다린다. 왜냐하면 매일 이 기록을 조정하는 것은 시간과 비용이 많이 소요되기 때문이고 비효율적이기 때문이다. 조정분개는 매 기말에 외부 정보이용자를 위해 재무제표를 작성하는 시점에서 수행한다.

1) 조정분개는 결산시점에서 기업의 재무상태나 경영성과를 재무제표에 적정하게 표시하기 위해 조정(수정)하는 분개를 의미하며, 기말정리분개, 결산정리분개, 결산수정분개, 기말수정분개라고도 한다.

도표 4.2

4가지 조정분개 유형

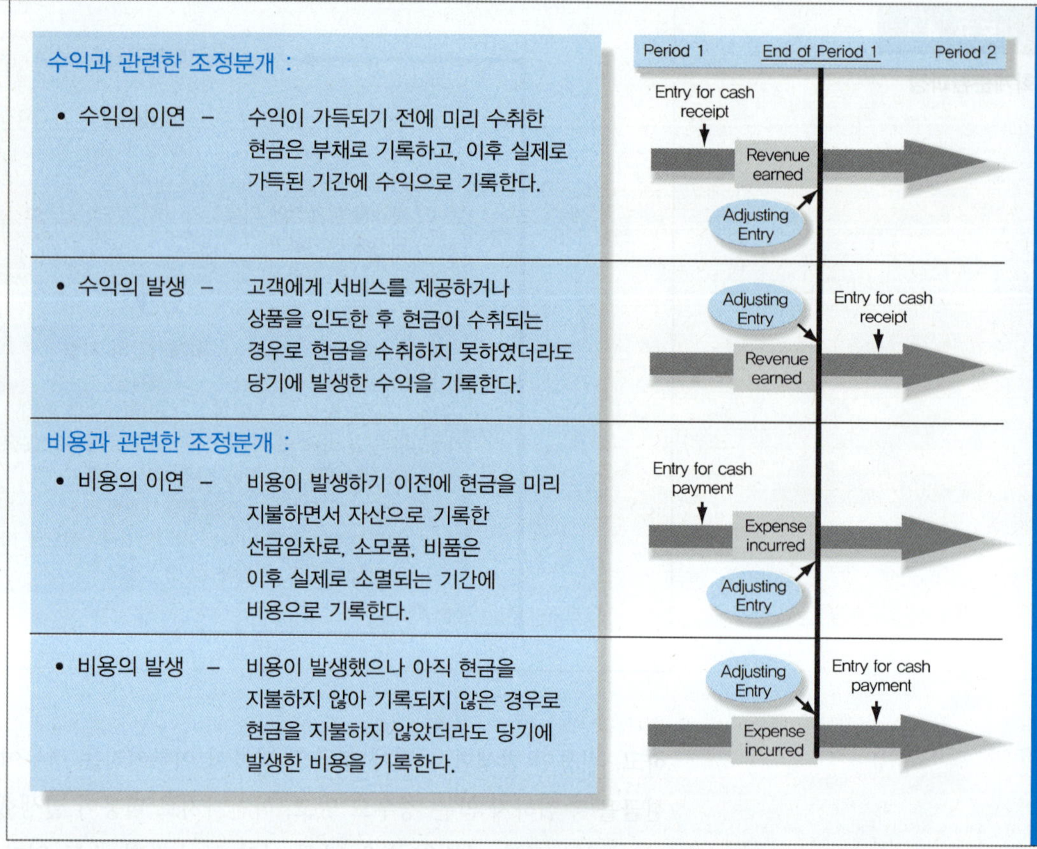

조정분개의 종류

<도표 4.2>에서는 4가지 종류의 조정사항(현금을 미리 수취/지불한 경우, 현금을 나중에 수취/지불할 경우)에 대해 요약하고 있다. 현금의 수취 또는 지불 시점으로 인해 이러한 조정의 유형에는 각각 두 가지 항목의 조정을 위한 분개가 포함된다.

- 기말을 기준으로 미리 또는 나중에, 수취 또는 지불할 현금에 대한 조정
- 적절한 기간의 수익과 비용을 기록하기 위한 조정

실제로 현금을 제외한 거의 모든 계정에 대해 조정이 필요할 수 있다. 수많은 특정 사례들을 암기하려고 하지 말고 일반적인 조정분개의 유형을 이해하고 각 유형별 정확한 계정 잔액의 결정을 위한 조정과정을 이해하는 것이 중요하다. Chipotle Mexican Grill이 2015년 1분기 재무제표를 작성하기 전에 조정 전 2015년 1분기 계정 잔액들이 어떻게 분석되어 정확한 금액으로 조정되는지를 살펴볼 것이다.

도표 4.3

조정과정

1단계 **질문: 가득된 수익 또는 발생한 비용이 아직 기록되지 않았는가?**
대답이 '예'인 경우, 수익인 경우 대변에 기록하고, 비용인 경우 차변에 기록한다.

2단계 **질문: 관련된 현금을 과거에 수취/지불하였거나 미래에 수취/지불할 것인가?**

만약 과거에 현금을 수취한 경우, 이 현금은 선수수익(부채) 계정에 기록되었다. → 이제 약속(경제적 의무)을 이행하였다면 부채 계정(선수수익)의 일부 혹은 전부를 감소시킨다.

만약 미래에 현금을 수취할 경우 → 채권 계정을 증가(예: 미수이자, 미수임대료)시킴으로써 미래에 수취할 금액이 있음을 기록한다.

만약 과거에 현금을 지불한 경우, 이 현금은 선급비용(자산) 계정이 기록되었다. → 이제 자산의 일부 또는 전부가 사용되어 소멸되었기 때문에 과거에 기록한 자산 계정(예: 소모품, 선급비용)을 감소시킨다.

만약 미래에 현금을 지불할 경우 → 미지급비용(부채) 계정을 증가시킴으로써 미래에 지불할 금액이 있음을 기록한다.

주의 : 현금은 과거에 이미 기록되었거나 미래에 기록될 것이므로 현금은 조정할 필요가 없다.

3단계 **발생한 수익, 비용 금액을 계산한다.**
일반적으로 금액이 쉽게 결정되지만 때로는 합리적인 추정과정이 필요하다.

조정과정

기말에 조정 사항을 분석하는 과정은 3가지 단계로 구분할 수 있다(<도표 4.3> 참조). 요약하면, 조정 항목이 기록될 때 나타나는 조정분개의 유형은 다음과 같다.

수익이 가득되었을 때:

만약 과거에 현금을 수취했었다면 조정분개는 다음과 같다.
선수수익(deferred revenue)

선수수익(−L)	XX	
수익(+R, +SE)		XX

또는

만약 현금을 미래에 수취할 것이라면 조정분개는 다음과 같다.
미수수익(accrued revenue)

미수수익(+A)	XX	
수익(+R, +SE)		XX

비용이 발생되었을 때:

만약 과거에 현금을 지불했었다면 조정분개는 다음과 같다.
선급비용(deferred expense)

비용(+E, −SE)	XX	
선급비용(−A)		XX

또는

만약 현금을 미래에 지불할 것이라면 조정분개는 다음과 같다.
미지급비용(accrued expense)

비용(+E, −SE)	XX	
미지급비용(+L)		XX

이제 2015년 1분기말에 Chipotle의 조정과정을 설명할 것이다. 제3장에서 작성한 수정전 시산표(조정전 시산표)에 대한 분석부터 시작한다.

도표 4.4

수정전 시산표

CHIPOTLE MEXICAN GRILL
수정전 시산표
1분기말 (2015년 3월 31일)

(단위 : $1,000)	차변	대변
현금	543,000	
단기투자자산	347,600	
매출채권	21,500	
소모품	385,100	
선급비용	150,000	
토지	12,100	
건물 (취득원가)	1,275,300	
비품 (취득원가)	476,300	
감가상각누계액 (취득원가의 소멸분)		613,700
장기투자자산	531,100	
무형자산	68,400	
매입채무		76,100
선수금		38,700
미지급배당금		3,000
미지급급여		0
미지급수도광열비		49,500
장기차입금		2,000
기타부채		285,900
보통주자본금		500
주식발행초과금		293,800
이익잉여금		1,718,800
레스토랑 매출수익		1,071,700
이자수익		1,200
급여	177,000	
수도광열비	75,400	
수선유지비	18,700	
교육훈련비	40,800	
유형자산처분손실	4,200	
법인세비용	28,400	
합계	**4,154,900**	**4,154,900**

수정전 시산표에 대한 검토를 통해 조정이 필요한 몇 가지 계정을 확인하였다.

- **선수수익**(deferred revenue) :
  고객에게 상품권을 판매하고 기록한 선수금 계정이다. 분기 중 일부 금액에 대해서는 수익이 발생되었을 수 있다.
- **미수수익**(accrued revenue) :
  투자에 대한 이자가 발생했지만 분기말까지 아직 수취하지 못했을 수 있다.

- **선급비용**(deferred expense) :
  이번 분기 동안 소모품(식품, 음료, 포장용품 등)이 사용되었다.
  과거에 지불한 임차료, 보험료, 광고비 등과 관련한 선급비용은 해당 기간 동안 일부분 사용되어 소멸되었다.
  건물은 이 기간 동안 수익 창출을 위해 사용되었다.
  비품도 이 기간 동안 수익 창출을 위해 사용되었다. 건물과 비품은 분기 동안 사용되었기 때문에 과거의 취득원가 중 이번 분기에 할당된 금액만큼은 감가상각누계액에 반영되도록 조정해야 한다.
- **미지급비용**(accrued expense) :
  이번 분기에 발생한 급여, 수도광열비, 이자비용, 법인세 등의 비용 중에서 아직 현금을 지불하지 않은 미지급비용에 대해서 조정이 필요하다.

지금부터 <도표 4.3>에 요약된 3단계 조정과정을 적용하는 과정을 설명한다. 조정분개(adjusting journal entry)는 AJE라는 라벨로 표시하기로 한다. 또한 각 계정의 시작 금액은 <도표 4.4>의 수정전 시산표상의 잔액이다. 마지막으로 제2장과 제3장에서 학습한 것처럼 조정 후에도 차변과 대변의 균형이 유지되는지를 확인해야 한다. 다음의 조정분개들에서 모든 분개와 회계등식은 균형이 유지된다.

선수수익2)

선수수익
과거에 고객으로부터 현금을 미리 수취하여 부채로 기록한 선수수익은 이후 고객에게 재화 또는 서비스를 제공함으로써 수익이 가득된 기간의 기말에 이를 반영하기 위한 조정이 필요함.

고객이 기업으로부터 재화나 서비스를 제공받기 이전에 현금을 지불할 경우, 기업은 수취한 현금 금액을 선수수익 계정에 기록한다. 선수수익(deferred revenue)은 기업이 미래에 재화나 서비스를 제공하겠다는 약속을 나타내는 부채 계정이다. 기업이 이 경제적 의무를 이행할 때까지 수익의 인식이 연기된다.

조정분개 1 **(선수수익)** Chipotle는 고객에게 지난 기간에 상품권을 판매하면서 수취한 현금과 관련하여 현금의 증가와 선수금(부채)의 증가로 기록했다. 이 선수금이라는 부채는 기업이 고객에게 미래에 제공해야 할 의무를 나타낸다. 2015년 1분기 동안 고객은 $17,300의 음식 서비스를 이용하면서 상품권을 사용했다.

1단계 **벌어들인 수익이 아직 기록되지 않았습니까?** '네' 고객이 분기 중 상품권을 사용했고, Chipotle는 음식 서비스를 제공했다. 따라서 Chipotle는 분기말까지 아직 기록하지 않은 레스토랑 매출 $17,300를 수익으로 기록해야 한다.

---

2) 역자주 : 선수금과 선수수익은 현금을 미리 수취했다는 점에서는 동일하지만 엄밀하게는 구분된다. 일반적으로 선수금은 일반적 상거래인 영업수익과 관련한 것이며, 선수수익은 영업외수익과 관련한 것이다. 예를 들어, 회사의 일반적 상거래(재화나 용역의 제공)와 관련한 선수액은 선수금이다. 반면, 선수수익은 일반적 상거래가 아닌 이자수익, 임대료 등의 선수금액이다. 본 교재의 제4장까지는 기초적인 재무제표 작성과정인 회계순환과정에 초점을 맞추고 있다. 따라서 선수금과 선수수익을 엄밀하게 구분하지 않고 있지만 우리나라의 경우 추후 재화나 용역을 제공하기로 약속하고 현금을 미리 수취한 성격인 상품권 판매액은 선수수익이 아니라 선수금으로 구분하는 것인 일반적이다.

2단계 **과거에 현금을 수취하였거나 미래에 수취할 예정인가?** 선수금 계정은 과거에 현금을 수취했을 때 기록했었다. 분기말에 선수금 계정에 $38,700의 잔액이 있었다. 그러나 이 금액 중 일부는 가득되었기 때문에 미리 수취한 금액 중에서 일부는 감소시켜야 한다.

3단계 **가득된 수익을 계산한다.** 가득된 수익 금액은 $17,300이다. 따라서 $17,300에 대한 조정분개를 수행한다.

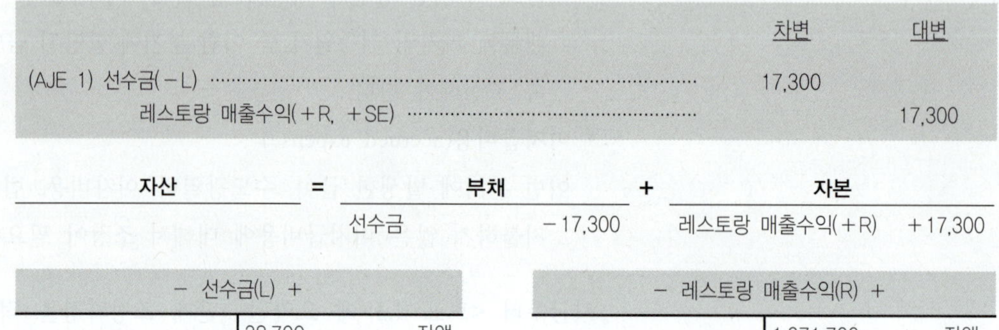

	차변	대변
(AJE 1) 선수금(−L) …………	17,300	
레스토랑 매출수익(+R, +SE) …………		17,300

자산	=	부채		+	자본	
		선수금	−17,300		레스토랑 매출수익(+R)	+17,300

주의 : 각 T계정의 기초 잔액은 〈도표 4.4〉의 수정전 시산표상의 금액임.

− 선수금(L) +			
		38,700	잔액
(AJE1)	17,300		
		21,400	

− 레스토랑 매출수익(R) +		
	1,071,700	잔액
	17,300	(AJE1)
	1,089,000	

선수수익의 추가 사례로 출판사의 정기 잡지구독 판매, 미리 판매하는 스포츠 또는 연극 및 콘서트 티켓, 항공사가 미리 판매하는 항공권, 집주인이 미리 수취하는 임대료 등을 들 수 있다. 이 항목들은 회계 기말에 해당 기간 동안 발생한 수익을 파악하여 조정하는 과정이 필요하다.

미수수익

미수수익
가득된 수익이 있으나 아직 현금을 수취하지 않았기 때문에 수익으로 기록하지 않은 금액은 기말에 수익을 기록하고 관련한 채권을 기록함.

가끔 회사는 고객이 현금을 지불하기 이전에 서비스를 제공하거나 재화를 제공한다. 이러한 재화와 서비스 제공의 경우 현금을 아직 수취하지 않았기 때문에 이번 기에 발생한 수익이 아직 기록되지 않았을 수 있다. 수익이 발생했지만 회계기간 말까지 현금을 수취하지 않은 금액을 미수수익(accrued revenues)이라고 한다.

조정분개 2 **(미수이자)** Chipotle는 여유자금을 투자하였으며 이번기에 이에 대한 이자수익으로 $200가 발생하였으나 이 금액은 다음 분기에 수취하게 될 것이다.

1단계 **벌어들인 수익이 아직 기록되지 않았습니까?** '네' 투자에 대한 이자수익이 이번기에 발생했지만 이자수익이 아직 기록되지 않았다. 따라서 현재 분기의 수익이 과소평가 되고 있다. 수익 계정의 증가를 기록해야 한다.

2단계 **과거에 현금을 수취하였거나 미래에 수취할 예정인가?** 다음 분기에 Chipotle는 이자수익에 대한 현금을 수취할 예정이다. 현금을 수취할 권리가 있기 때문에 새로운 채권 계정과목인 미수이자(자산)를 증가시켜야 한다.

3단계 **가득된 수익을 계산한다.** 발생한 이자수익은 $200이다. 따라서 $200에 대한 조정분개를 수행한다.

	차변	대변
(AJE 2) 미수이자(+A) ········	200	
이자수익(+R, +SE) ········		200

자산		=	부채	+	자본	
미수이자	+200				이자수익(+R)	+200

+ 미수이자(A) −		
잔액	0	
(AJE2)	200	
	200	

− 이자수익(R) +		
	1,200	잔액
	200	(AJE2)
	1,400	

선급비용

선급비용
과거에 취득한 자산에 대해서 이번 회계기간 동안 수익 창출에 기여하며 소비(소멸)된 부분에 대한 기말 결산조정이 필요함.

자산은 미래에 회사에 경제적 효익을 가져다 줄 수 있는 자원이다. 소모품, 건물, 비품과 선급비용(deferred expenses)(보험료, 광고비, 임차료) 등의 많은 자산들은 시간이 경과함에 따라 수익 창출에 기여하면서 사용하는 과정에서 소멸되는 것이 일반적이다.

조정분개 3 (소모품) 소모품에는 Chipotle의 식재료, 음료 및 종이류 등이 포함된다. 분기 말에 Chipotle의 수정전 시산표상의 소모품 세정 잔액은 $385,100로 파익되있으나 실제 보유하고 있는 소모품은 $16,100이다.

1단계 **아직 기록되지 않은 비용이 발생했습니까?** '네' 이번 분기 동안 소모품이 수익 창출에 기여하면서 사용되었지만 사용된 금액이 분개를 통해 반영되지 않았다. 따라서 비용은 과소평가되었다. 소모품비 계정의 증가를 기록해야 한다.

2단계 **과거에 관련한 현금을 지불하였거나 미래에 지불할 예정인가?** 과거에 Chipotle는 분기 동안 소모품을 구입하고 소모품 계정에 기록했다. 이 소모품 중에서 일부는 이번 분기에 사용되었지만 아직 계정을 감소시키지 않았다. 따라서 자산은 과대평가되어 있다. 따라서 소모품의 감소를 기록해야 한다.

3단계 **발생한 비용 금액을 계산한다.** 사용된 소모품 금액을 결정하는 가장 쉬운 방법은 기초 소모품 잔액에 당기에 구입한 금액을 더한 후 기말에 남아 있는 소모품 잔액을 차감하는 것이다.

소모품비의 계산	
기초 소모품 잔액	$ 15,300
+당기 구입액	369,800
기말 조정전 잔액	385,100
−기말 보유중인 소모품 잔액	(16,100)
당기 소용한 소모품	$ 369,000

수정전 시산표상의 소모품 잔액 $385,100는 기초 소모품 잔액($15,300)과 당기 구입분($369,800)이 포함된 금액이다. 현재 $16,100의 소모품이 재고로 남아 있으므로 이번 분기 동안 사용한 소모품은 $369,000이다. 이 $369,000를 조정분개로 기록해야 한다.

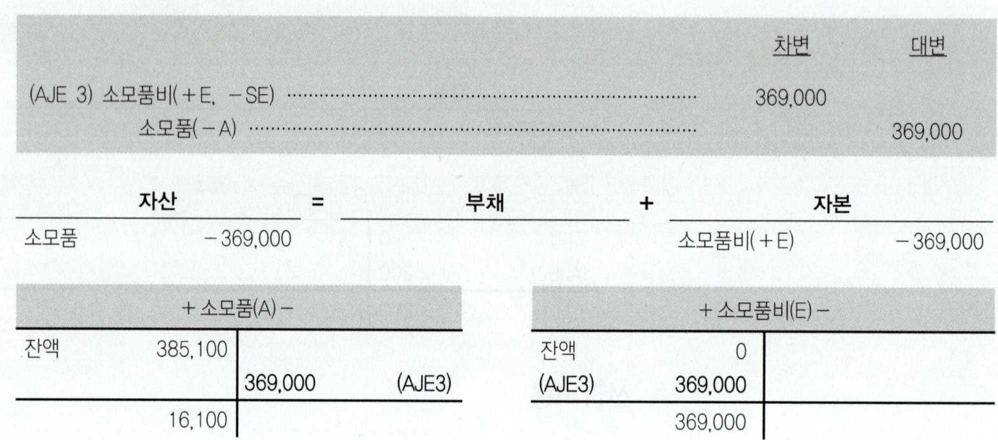

	차변	대변
(AJE 3) 소모품비(+E, −SE)	369,000	
소모품(−A)		369,000

자산		=	부채	+	자본	
소모품	−369,000				소모품비(+E)	−369,000

+ 소모품(A) −			
잔액	385,100		
		369,000	(AJE3)
	16,100		

+ 소모품비(E) −		
잔액	0	
(AJE3)	369,000	
	369,000	

조정분개 4 (선급비용, prepaid expenses) 선급비용 계정은 다음과 같은 항목들이 포함된다.

- 분기 초에 설비에 대한 4개월분 임차료 $88,000를 지불하다. (월 임차료는 $22,200이다.)
- 2015년 1월 1일부터 6개월간의 보험료 $48,000를 지불하다.
- 이번 분기 동안의 광고비 $3,400를 미리 지불하다.

1단계 **아직 기록되지 않은 비용이 발생했습니까?** '네' 임차료, 보험료, 광고선전비 등이 이번 분기 동안 수익 창출에 기여하면서 사용되었지만 사용된 금액이 분개를 통해 반영되지 않았다. 따라서 비용은 과소평가되었다. 임차료, 보험료, 광고선전비 계정의 증가를 각각 기록해야 한다.

2단계 **과거에 관련한 현금을 지불하였거나 미래에 지불할 예정인가?** 과거에 지불했다. Chipotle는 분기 초에 임차료, 보험료와 광고선전비를 미리 지불했다. 이는 미래의 경제적 효익을 제공하기 때문에 선급비용이라는 자산으로 기록되었다. 분기 동안 이 선급비용의 일부가 사용되었지만 이것이 아직 반영되지 않았으므로 선급비용은 과대계상된 상태이다. 따라서 선급비용의 감소를 기록해야 한다.

3단계 **발생한 비용을 계산한다.** 각각에 대한 계산과정은 다음과 같다.

- 임차료 : 월 $22,000 × 3개월＝$66,000 사용
- 보험료 : ($48,000 ÷ 6개월) × 3개월＝$24,000 사용
- 광고선전비 : 분기 중에 $3,400 사용

총 $93,400를 기록해야 한다.

	차변	대변
(AJE 4) 임차료(+E, −SE)	66,000	
보험료(+E, −SE)	24,000	
광고선전비(+E, −SE)	3,400	
선급비용(−A)		93,400

자산		=	부채	+	자본	
선급비용	−93,400				임차료(+E)	−66,000
					보험료(+E)	−24,000
					광고선전비(+E)	−3,400

+ 선급비용(A) −

잔액	150,000		
		93,400	(AJE4)
	56,600		

+ 임차료(E) −

잔액	0	
(AJE4)	66,000	
	66,000	

+ 보험료(E) −

잔액	0	
(AJE4)	24,000	
	24,000	

+ 광고선전비(E) −

잔액	0	
(AJE4)	3,400	
	3,400	

조정분개 5 <도표 4.4>에서 건물 및 비품 계정이 원가(cost)로 표시되었음을 지적했었다. 건물 및 비품 계정은 자산을 취득할 때 원가로 증가를 기록하고, 자산을 매각하는 시점에서 원가를 감소시킨다. 그러나 이러한 자산들은 시간이 경과함에 따라 수익을 창출하는데 사용된다. 따라서 자산의 취득 원가의 일부는 수익비용 대응의 원칙에 따라 사용된 기간에 비용으로 회계처리해야 한다. 회계 담당자들은 토지를 제외한 건물과 비품 등의 장기간 사용목적의 유형자산이 사용되면 시간이 경과함에 따라 감가상각해야 한다고 주장한다. 다만 토지는 감가상각하지 않는다. 회계에서 감가상각은 건물이나 비품의 취득원가를 추정된 사용기간에 걸쳐 배분하는 회계처리 절차이다.

차감 계정
주계정에 대한 차감하는 성격의 계정임.

자산의 과거의 취득원가에 대한 기록을 추적하기 위해 사용되어 소멸된 금액은 해당 자산에서 직접 차감하지 않는다. 대신, 자산의 차감 계정(contra-account)에 누적되어 차감한다. 차감 계정은 자산 계정과 직접적으로 연결되어 있지만 자산을 차감하는 계정이기 때문에 잔액은 자산의 반대인 대변 잔액이다. 건물 및 비품의 경우 현재까지 사용된 총 원가를 기록하기 위한 차감 계정을 **감가상각누계액**(accumulated depreciation)이라고 한다. 감가상각누계액은 당해 기간의 감가상각비 금액만큼 누적되어 증가하며 자산이 매각되면 해당 자산이 감소하면서 함께 감소한다. 감가상각누계액은 본문 전체를 통해 학습하게 될 차감 계정 중 첫 번째이다. 차감 계정은 재무제표 요소를 표시할 때 앞에 X로 명시할 것이다. 예를 들어, 이 첫 번째 차감 계정은 자산(A)의 차감 계정이므로 감가상각누계액(XA)로 표시할 것이다. 즉, 본 교재에서 XA로 표시된 사항은 자산의 차감 계정을 의미한다.

순장부금액
자산의 취득원가에서 감가상각누계액 또는 상각누계액 같은 차감 계정을 차감한 금액.

자산은 차변 잔액을 가지므로 감가상각누계액은 대변 잔액을 갖는다. 재무상태표에는 일반적으로 총유형자산의 취득원가와 감가상각누계액이 표시되며 취득원가에서 감가상각누계액을 차감한 잔액을 순장부금액(장부금액)이라고 한다.

+ 유형자산(A) −			− 감가상각누계액(XA) +			재무상태표에 보고될 금액
기초 잔액 구입(원가)	처분(원가)		처분시 자산이 사용된 만큼 누적된 원가	기초 잔액 기간 동안 자산이 사용된 부분		↓
기말 잔액		−		기말 잔액	=	순장부금액

Chipotle의 경우 조정되지 않은 잔액(<도표 4.4>의 천달러 기준) 기준으로 토지, 건물 및 비품의 총원가는 $1,763,700이며, 감가상각누계액은 대변 잔액 $613,700이다. 재무상태표에서 유형자산은 두 금액을 계산한 다음과 같은 순장부금액으로 보고된다.

순유형자산(감가상각누계액 $613,700 차감)	$1,150,000

감가상각에 대해서는 제8장에서 상세하게 다루게 된다. 그때까지는 회사가 추정한 감가상각금액을 제시할 것이다. Chipotle는 연간 감가상각비를 매년 $122,400로 추정하였다.

1단계 **아직 기록되지 않은 비용이 발생했습니까?** '네' 회사는 2015년 1분기에 건물과 설비를 사용했었다. 그러나 비용이 기록되지 않았기 때문에 비용이 과소평가되었다. 비용 계정의 증가를 감가상각비로 기록해야 한다.

2단계 **과거에 관련한 현금을 지불하였거나 미래에 지불할 예정인가?** 과거에 지불했다. Chipotle는 지난 수년간 건물과 비품을 사용목적으로 구입했다. 자산을 취득하면서 지불한 취득원가가 자산 계정에 기록되었다. 이 순장부금액(미래 경제적 효익)은 2015년 1분기에 사용된 감가상각비만큼 감소되어야 한다. 자산의 차감 계정인 감가상각누계액을 증가시킴으로써 순장부금액을 감소시킨다.

3단계 **유형자산은 이번 분기의 수익을 창출하는 데 사용되었다.** 따라서 이번 분기에 해당하는 감가상각비를 계산할 필요가 있다.

1분기 감가상각비 = 연간 감가상각비 $122,400 × 1/4
= $30,600

	차변	대변
(AJE 5) 감가상각비(+E, −SE) ·········	30,600	
감가상각누계액(+XA, −A) ·········		30,600

자산		=	부채	+	자본	
감가상각누계액(+XA)	−30,600				감가상각비(+E)	−30,600

+ 감가상각비(E) −		
잔액	0	
(AJE5)	30,600	
	30,600	

− 감가상각누계액(XA) +		
	613,700	잔액
	30,600	(AJE5)
	644,300	

미지급비용

이번 기간 동안 현금으로 지불하지 않은 많은 비용이 발생했다. 일반적인 예로는 직원에게 지급해야 할 급여, 부채와 관련한 이자비용, 그리고 수도, 전기, 가스와 관련하여 미지급한 수도광열비 등이 있다. 이러한 미지급비용(accrued expense)들은 시간이 경과함에 따라 누적되지만 조정 분개가 수행되기 전까지는 인식되지 않는다.

미지급비용
당기에 발생했으나 이전에 기록하지 않았던 비용을 인식하기 위한 기말 조정과정에서 인식하는 부채 성격의 계정임.

조정분개 6 Chipotle의 종업원들에게 분기말 이틀간 $67,200의 급여가 발생하였다. 이 금액은 다음 분기의 월급날에 지급될 것이다.

1단계 **아직 기록되지 않은 비용이 발생했습니까?** '네' 회사는 2015년 1분기말에 직원의 노동력을 사용했다. 그러나 아직 비용으로 기록되지 않았으므로 비용은 과소평가되었다. 급여의 증가를 기록해야 한다.

2단계 **과거에 관련한 현금을 지불하였거나 미래에 지불할 예정인가?** 미래에 지급할 예정이다. Chipotle는 다음 분기에 지원에게 급여를 지불해야 할 의무가 있지만 이 의무도 아직 기록되지 않았다. 부채도 과소평가되었다. 미지급급여라는 부채도 증가를 기록해야 한다.

3단계 **발생한 급여 금액을 계산한다.** 종업원에게 지불되어야 할 급여 $67,200를 조정분개를 통해 반영해야 한다.

	차변	대변
(AJE 6) 급여(+E, −SE)	67,200	
미지급급여(+L)		67,200

자산	=	부채		+	자본	
		미지급급여	+67,200		급여(+E)	−67,200

+ 급여(E) −		
잔액	177,000	
(AJE6)	67,200	
	244,200	

− 미지급급여(L) +		
	0	잔액
	67,200	(AJE6)
	67,200	

조정분개 7 (이자비용) Chipotle는 이번 분기 초에 $2,000의 장기차입금과 $14,000의 이자부부채(기타부채 $285,900에 포함됨)가 있었다. 차입(대출)을 할 때 원금(차입한 원금)과 이자(이자비용)에 대한 두 가지 요소에 대한 약속을 통해 계약이 이루어진다. Chipotle의 이자율은 5%이다. 장기차입금과 기타부채의 일부는 차입 또는 대출받는 시점에서 증가를 기록했기 때문에 별도의 조정이 필요없다. 그러나 이러한 부채를 사용함으로 인해 Chipotle는 이자비용이 발생하며 이 금액은 미래에 지불해야 한다.

1단계 **아직 기록되지 않은 비용이 발생했습니까?** '네' Chipotle는 분기 동안 차입한 자금을 사용했지만 이에 대한 이자비용은 인식하지 않았다. 따라서 비용이 과소평가되어 있다. 이자비용 계정의 증가를 기록해야 한다.

2단계 **과거에 관련한 현금을 지불하였거나 미래에 지불할 예정인가?** 미래에 지급할 예정이다. Chipotle는 미래에 부채에 대한 이자비용을 지불할 예정이다. 미래에 현금으로 이자비용을 지불해야 하므로 이 금액은 미지급이자라는 부채 계정을 증가시켜야 한다.

3단계 **발생한 비용 금액을 계산한다.** 주의 : 별도의 언급이 없다면 이자율은 연간 기준이다. 따라서 이번 분기 동안의 이자는 다음의 계산식에 의해 계산해야 한다.

원금	×	연이자율	×	경과월수	=	이번 기간 이자비용
$16,000	×	0.05	×	3개월÷12월	=	$200

Chipotle는 1분기 동안 이자부부채 $16,000가 있으며, 이 부채에 대한 1분기 동안의 이자비용 $200를 조정분개를 통해 기록해야 한다.

	차변	대변
(AJE 7) 이자비용(+E, −SE)	200	
미지급이자(+L)		200

자산	=	부채		+	자본	
		미지급이자	+200		이자비용(+E)	−200

+ 이자비용(E) −		
잔액	0	
(AJE7)	200	
	200	

− 미지급이자(L) +		
	0	잔액
	200	(AJE7)
	200	

조정분개 8 (수도광열비) 대부분의 기업은 수도, 전기, 가스, 통신 등과 같은 유틸리티 서비스를 사용한 후 고지서(요금청구서)를 받는다. Chipotle는 이번 분기 동안 이러한 공과금 성격의 사용료로 $14,900의 청구가 있었다. 이 금액은 다음 분기에 지불할 예정이다.

1단계 **아직 기록되지 않은 비용이 발생했습니까?** '네' Chipotle는 분기 동안 유틸리티를 사용했지만 아직 비용을 기록하지 않았다. 따라서 비용이 과소평가되어 있다. 수도광열비 계정의 증가를 기록해야 한다.

2단계 **과거에 관련한 현금을 지불하였거나 미래에 지불할 예정인가?** 미래에 지급할 예정이다. Chipotle는 1분기에 사용한 금액에 대해 고지서를 통해 청구받은 금액을 다음 분기에 납부할 예정이다. 따라서 부채도 과소평가되어 있다. 미지급수도광열비라는 부채 계정을 증가시켜야 한다.

3단계 **발생한 비용 금액을 계산한다.** 1분기 동안 발생한 수도광열비는 $14,900를 조정분개를 통해 기록해야 한다.

	차변	대변
(AJE 8) 수도광열비(+E, −SE)	14,900	
미지급수도광열비(+L)		14,900

자산	=	부채		+	자본	
		미지급수도광열비	+14,900		수도광열비(+E)	−14,900

+ 수도광열비(E) −		
잔액	75,400	
(AJE8)	14,900	
	90,300	

− 미지급수도광열비(L) +		
	49,500	잔액
	14,900	(AJE8)
	64,400	

조정분개 9 **(법인세)** 마지막 조정 사항은 다음 분기에 지불하게 될 법인세 발생액을 기록하는 것이다. 이를 위해서는 조정 후 세전이익을 계산하고 여기에 적절한 세율을 적용해야 한다.

1단계 **아직 기록되지 않은 비용이 발생했습니까?** '네' Chipotle는 분기 동안 발생한 분기 이익에 대해 법인세가 발생했다. 모든 조정 항목들이 조정된 이후의 세전이익에 대한 법인세가 반영되기 전까지 총비용은 과소평가된다. 법인세비용을 기록해야 한다.

2단계 **과거에 관련한 현금을 지불하였거나 미래에 지불할 예정인가?** 미래에 지급할 예정이다. 법인세는 이후에 현금으로 납부할 의무이므로 재무상태표에 부채로 기록해야 한다. 이와 관련하여 미지급법인세라는 부채 계정을 증가시켜야 한다.

3단계 **발생한 비용 금액을 계산한다.** 1분기 동안 발생한 법인세비용을 계산하기 위해서는 조정 사항들이 반영된 세전이익을 계산해야 한다.

	수익과 차익	−	비용과 차손	
수정전 시산표 잔액	$1,072,900		$316,100	← 해당 분기에 이미 기록한 법인세비용 $28,400 제외
AJE 1	17,300			
AJE 2	200			
AJE 3			369,000	
AJE 4			93,400	← 임차료 $66,000 + 보험료 $24,000 + 광고선전비 $3,400
AJE 5			30,600	
AJE 6			67,200	
AJE 7			200	
AJE 8			14,900	
	$1,090,400	−	$891,400	= **$199,000 세전이익**

Chipotle는 이번 분기에 대한 법인세율을 38.4%로 추정했다. 이번 분기의 법인세비용은 다음과 같이 계산된다.

세전이익 $199,000 × 법인세율 0.384 = 이번 분기의 법인세비용	$76,400 (반올림)
(차감) 이미 기록된 금액	28,400
기록될 법인세비용	48,000

조정분개를 통해 $48,000를 기록함.

	차변	대변
(AJE 1) 법인세비용(+E, −SE)	48,000	
미지급법인세(+L)		48,000

자산	=	부채		+	자본	
		미지급법인세	+48,000		법인세비용(+E)	−48,000

+ 법인세비용(E) −

	차변	대변
잔액	28,400	
(AJE9)	48,000	
	76,400	

− 미지급법인세(L) +

차변	대변	
	0	잔액
	48,000	(AJE9)
	48,000	

앞의 모든 조정과정에서 현금 계정은 조정되지 않은 것을 알 수 있다. 현금은 이미 기간 말까지 수취 또는 지불되었거나 다음 기간에 수취 또는 지불될 것이다. 조정분개는 수익과 비용의 일부가 현금의 움직임과 동일하지 않기 때문에 적절한 기간에 기록하기 위해 필요한 것이다. 또한 각 조정은 손익계산서 계정 1개와 재무상태표 계정 1개가 포함된다. 이러한 조정과정에 대해 철저하게 연습해야 한다.

STOP PAUSE FOR **FEEDBACK**

모든 수익과 비용을 적절한 회계기간에 기록하고, 자산과 부채에 대한 적절하게 평가하기 위해 회계 기말에 조정이 필요하다.

- **선수수익**(부채)은 수익이 발행하기 전에 현금을 수령했기 때문에 회계 기말에 부채로 기록해야 하는 금액을 의미한다. 약속한 의무의 전부 또는 일부를 이번 회계기간에 이행한 경우 수익을 기록하고 부채(선수수익)를 감소시켜야 한다.
- **미수수익**(자산)은 수익이 발생했지만 현금은 이후 기간에 수령할 금액을 의미한다. 이에 대해 기록을 하지 않았기 때문에 해당 금액만큼 수익을 인식하고 자산(미수수익)을 증가시켜야 한다.
- **선급비용**(자산)은 회사가 아직 발생하지 않은 미래에 발생할 비용에 대해 미리 현금을 지불했기 때문에 자산으로 기록해야 하는 금액이다. 자산의 일부 또는 전부가 해당 기간에 수익을 창출하는데 사용되어 소멸된 경우 해당 금액만큼 자산을 감소시키고 비용을 기록해야 한다.
- **미지급비용**(부채)은 회사의 비용이 발생했지만 현금은 미래에 지불할 금액으로 부채(미지급비용)로 처리해야 하는 금액이다. 이에 대해 기록을 하지 않았기 때문에 해당 금액만큼 비용을 기록하고 부채(미지급비용)를 증가시켜야 한다.

SELF-STUDY **QUIZ**

연습을 위해 이번 장에서 설명한 3단계 과정을 사용하여 조정을 완료할 수 있도록 연습하기 바란다. (1) 수익 또는 비용이 발생했었는지를 결정한다. (2) 과거에 현금을 수취 또는 지불했는지, 미래에 현금을 수취 또는 지불할 예정인지를 확인한다. 그리고 (3) 해당 금액을 계산한다.

스쿠버 다이빙과 교육사업을 주된 영업으로 하는 Florida Flippers는 12월 31일이 결산일이며 올해 첫 사업연도를 종료하였다.

조정사항 1 : Florida Flippers는 2개월간(12월과 1월)의 바하마 다이빙 여행을 대가로 11월 15일에 고객으로부터 $6,000를 수취했다. 회사는 이 금액을 해당 일자에 선수금으로 기록하였다. 12월말까지 다이빙 여행의 1/3이 완료되었다.

조정사항 2 : 12월 31일에 Florida Flippers는 10명의 고객에게 고급 다이빙 교육을 제공하고 $800의 대금은 내년 1월에 받기로 했다. 수업을 제공하고 별도의 회계처리를 하지 않았다.

조정사항 3 : 9월 1일, Florida Flippers는 9월 1일부터 12개월 동안의 보험료로 $24,000를 지불했다. 미리 지불한 금액은 9월 1일에 선급보험료(자산)로 기록하였다.

조정사항 4 : 3월 1일, Florida Flippers는 $300,000를 12%의 이자율로 차입하였다. 이자는 앞으로 3년간 매년 3월 1일에 지불하기로 했다.

	(1) 수익 또는 비용이 발생했나?	(2) 과거에 현금을 수취 또는 지불했거나, 미래에 현금을 수취 또는 지불할 예정인가?	(3) 금액	조정분개		
				계정	차변	대변
AJE 1						
AJE 2						
AJE 3						
AJE 4						

[GUIDED HELP 4-1] www.mhhe.com/libby9e_gh4a

해설

	(1) 수익 또는 비용이 발생했나?	(2) 과거에 현금을 수취 또는 지불했거나, 미래에 현금을 수취 또는 지불할 예정인가?	(3) 금액	조정분개		
				계정	차변	대변
AJE 1	다이빙 용역 매출의 발생	과거에 수취함: 선수금	$6,000×1/3=$2,000 발생	선수금(−L)	2,000	
				다이빙용역매출(+R, +SE)		2,000
AJE 2	교육서비스 매출의 발생	수취할 예정임: 미수수익	$800 발생	매출채권(+A)	800	
				교육서비스매출(+R, +SE)		800
AJE 3	보험료비용의 발생	과거에 지불함: 선급비용	$24,000×4/12개월=$8,000 사용	보험료(+E, −SE)	8,000	
				선급보험료(−A)		8,000
AJE 4	이자비용의 발생	지불할 예정임: 미지급비용	$300,000×0.12×10/12=$30,000 발생	이자비용(+E, −SE)	30,000	
				미지급이자(+L)		30,000

A QUESTION OF ETHICS

조정 및 인센티브

회사의 주주와 경영자는 재무제표에 공시된 정보에 직접적으로 영향을 받는다. 만약 회사의 재무성과가 좋다면 회사의 주가가 상승할 것이다. 주주들은 배당을 받을 것이고 투자가치가 상승할 것이다. 관리자들은 회사의 재무성과가 좋으면 많은 보너스를 받게 될 것이다. 또한 최고경영진들은 회사의 주식을 시가보다 더 낮은 가격으로 구입할 수 있는 옵션을 보상으로 받게 될 것이다. 주식의 시가가 높을수록 더 많은 보상을 받게 된다. 따라서 실제 성과가 시장에서 기대하는 성과에 미치지 못할 경우 주가가 하락함으로써 이러한 모든 보상을 잃게 되기 때문에 발생과 이연의 조정을 통해 이 차이를 조정할 동기가 있다. 예를 들어, 관리자는 미래에 발생할 수익을 당기의 수익으로 포함시키거나 당기에 발생한 비용을 기록하지 않을 수 있다.

많은 기업 자료를 이용하여 수행한 연구 결과들은 상당수의 관리자들이 이러한 조정 행위를 하고 있는 것으로 보고하고 있다. 이 연구는 SEC의 회사와 감사인에 의한 감리 결과를 바탕으로 하고 있다. 2003년 1월에 발표된 SEC의 보고서에 따르면 5년간 227건의 감리가 시행되었다. 이 중 126개는 부적절한 수익 인식을 하였고, 101개는 부적절한 비용 인식을 하였다. 또한 227건의 감리 사항 중에서 157건은 적어도 한 명의 상급관리자에 혐의가 있는 것으로 조사되었다. 더 나아가 이 연구는 57건은 감사인의 부실감사 혐의가 있는 것으로 나타났다.[3)]

이 중 많은 경우 관여한 회사, 경영자 및 감사인은 이러한 행동에 대해 처벌을 받는다. 더 나아가 SEC의 감리와 관련한 뉴스는 회사의 주가에 부정적인 영향을 미치기 때문에 주주들도 많은 손실을 입게 된다.

---

3) These statistics are reported in the Securities and Exchange Commission's study "Report Pursuant to Section 704 of the Sarbanes-Oxley Act of 2002," January 27, 2003.

재무제표 작성

학습목표 4-2
주당순이익이 포함된 포괄손익계산서, 자본변동표, 재무상태표를 작성할 수 있다.

제1장에서 배웠듯이 재무제표는 상호 연관이 있다. 즉, 어떤 재무제표상의 금액이 다른 재무제표상의 금액을 계산하는 데 반영된다. 다음 그림은 기본적인 회계 등식상에서 재무제표 상호 간의 연관성을 강조한 것이다.

또한 계정의 특별한 성격들을 잘 이해해야 한다. 재무상태표 계정들(자산, 부채, 자본)은 **영구계정**(permanent accounts)이라고 하며, 이 계정들은 당기 말의 잔액이 차기 초의 잔액으로 이월된다. 반면 수익, 비용, 차익, 차손 같은 손익계산서 계정들은 **임시(또는 일시적)계정**(temporary accounts)이라고 하는데, 이 계정들은 매 기간 0에서 시작하여 일정 기간 동안 누적된다. 이 사항은 마감분개와 관련한 설명에서 다시 다룰 예정이다.

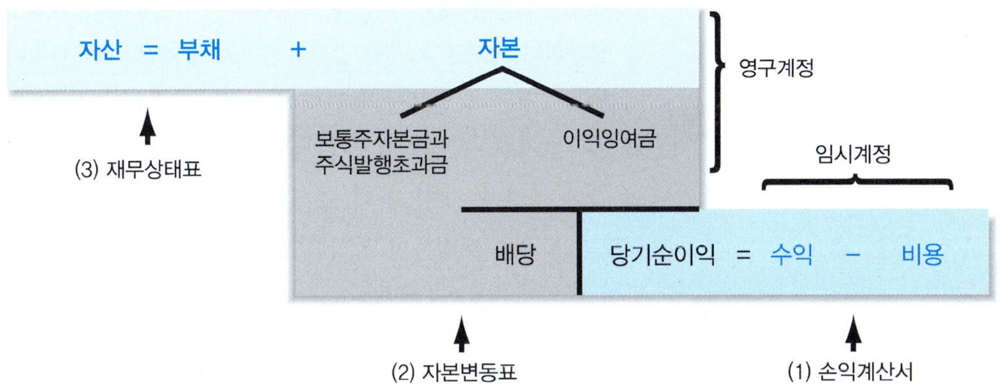

오른쪽 하단부터 살펴보면,

- **손익계산서**에서는 수익에서 비용을 차감하여 당기순이익을 계산한다.
- 당기순이익(또는 당기순손실)과 주주에 대한 배당은 이익잉여금에 영향을 미치며, 당기에 추가로 주식발행을 한 경우 보통주자본금과 주식발행초과금에 영향을 미친다. 이익잉여금과 자본금 그리고 주식발행초과금에 영향을 미친 금액은 **자본변동표**에 표시된다.
- 자본은 **재무상태표**의 구성요소이다.

따라서 손익계산서 금액이 수정되거나 오류가 있는 경우, 다른 재무제표에도 영향을 미치게 된다. 재무제표가 담고 있는 정보와 관계를 요약하면 다음과 같다.

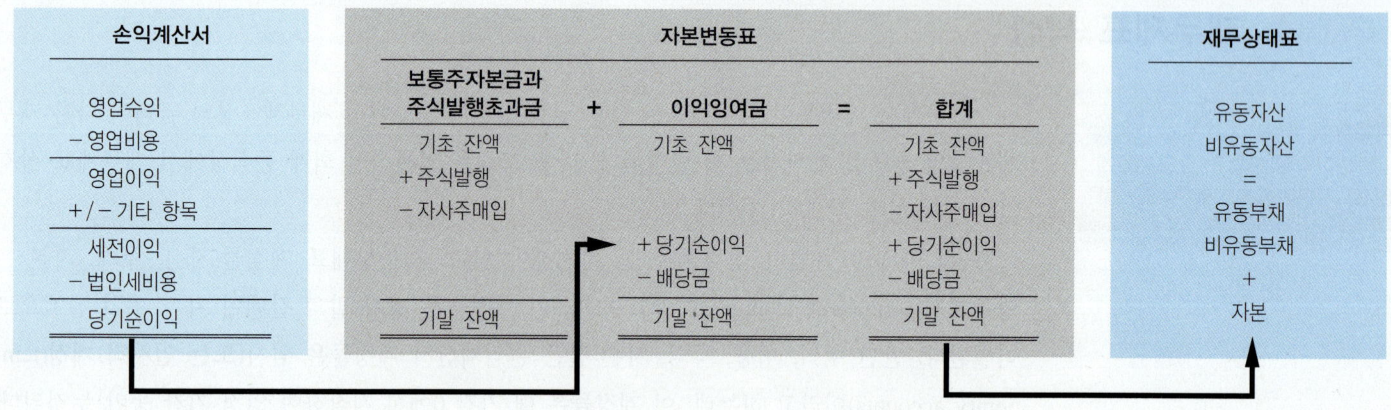

재무제표를 작성하기 전에 Chipotle의 시산표상의 잔액에 조정사항들을 반영한 조정 후 잔액을 계산한다. <도표 4.5>의 정산표는 3개의 파트로 구성되어 있다. 첫 번째 파트는 <도표 4.4>에 제시된 수정전 시산표상의 잔액이다. 두 번째 파트는 조정사항 1~9를 반영한 것이다. 마지막 파트는 조정전 금액에 조정사항을 가감한 조정후 금액이다. 각 파트에서 차변합계는 대변합계와 같아야 한다. 또한 거의 모든 수익과 비용 계정들이 조정되었고, 기말의 조정과정을 통해 몇몇의 새로운 계정들이 생성되었다(예 : 미수이자, 감가상각비). 이러한 조정후 잔액들을 이용하여 손익계산서, 자본변동표, 재무상태표를 작성한다.

도표 4.5 Chipotle Mexican Grill의 정산표

CHIPOTLE MEXICAN GRILL

정산표

1분기말 (2015년 3월 31일)

(단위 : $1,000)

주의 : 현금은 조정이 없으므로 변동이 없다.

	조정전		조정분개			조정후	
	차변	대변		차변	대변	차변	대변
현금	543,000					543,000	
단기투자자산	347,600					347,600	
매출채권	21,500					21,500	
미수이자			AJE 2	200		200	
소모품	385,100		AJE 3		369,000	16,100	
선급비용	150,000		AJE 4		93,400	56,600	
토지	12,100					12,100	
건물	1,275,300					1,275,300	
비품	476,300					476,300	
감가상각누계액		613,700	AJE 5		30,600		644,300
장기투자자산	531,100					531,100	
무형자산	68,400					68,400	
매입채무		76,100					76,100
선수금		38,700	AJE 1	17,300			21,400
미지급배당금		3,000					3,000
미지급급여			AJE 6		67,200		67,200
미지급수도광열비		49,500	AJE 8		14,900		64,400
미지급이자			AJE 7		200		200
미지급법인세			AJE 9		48,000		48,000
장기차입금		2,000					2,000
기타부채		285,900					285,900
보통주자본금		500					500
주식발행초과금		293,800					293,800
이익잉여금		1,718,800					1,718,800
레스토랑 매출 수익		1,071,700	AJE 1		17,300		1,089,000
이자수익		1,200	AJE 2		200		1,400
소모품비			AJE 3	369,000		369,000	
급여	177,000		AJE 6	67,200		244,200	
임차료			AJE 4	66,000		66,000	
보험료			AJE 4	24,000		24,000	
수도광열비	75,400		AJE 8	14,900		90,300	
수선유지비	18,700					18,700	
교육훈련비	40,800					40,800	
광고선전비			AJE 4	3,400		3,400	
감가상각비			AJE 5	30,600		30,600	
유형자산처분손실	4,200					4,200	
이자비용			AJE 7	200		200	
법인세비용	28,400		AJE 9	48,000		76,400	
합계	**4,154,900**	**4,154,900**		**640,800**	**640,800**	**4,316,000**	**4,316,000**

손익계산서

당기순이익은 이익잉여금의 구성요소이기 때문에 손익계산서가 먼저 작성된다. Chipotle의 조정후 잔액을 이용한 2015년 1분기 손익계산서는 다음과 같다.

CHIPOTLE MEXICAN GRILL 손익계산서 (2015년 1월 1일부터 2015년 3월 31일까지) (단위 : $1,000)	
레스토랑 매출수익	$1,089,000
레스토랑 운영비용 :	
소모품비	369,000
급여	244,200
임차료	66,000
보험료	24,000
수도광열비	90,300
수선유지비	18,700
일반관리비 :	
교육훈련비	40,800
광고선전비	3,400
감가상각비	30,600
유형자산처분손실	4,200
총 영업비용	891,200
영업이익	197,800
기타항목 :	
이자수익	1,400
이자비용	(200)
법인세비용차감전순이익	199,000
법인세비용	76,400
당기순이익	$ 122,600
주당순이익	$ 2.45

손익계산서에는 주당순이익(EPS, earnings per share)도 공시된다. 이 지표는 영업의 성과 및 수익성을 평가하는 데 널리 사용되며 손익계산서의 주기 또는 주석을 통해 공시된다. 실제 주당순이익의 정확한 계산과정은 정교한 조정이 필요하고 매우 복잡하기 때문에 중급회계에서 학습하게 된다. 본 교재에서는 주당순이익을 다음과 같이 단순하게 계산하기로 한다.

$$주당순이익 = \frac{당기순이익}{유통보통주식수의\ 평균}$$

주당순이익의 분모는 평균발행주식수(당기 초의 주식수와 당기 말의 주식수의 합을 2로 나눔)이다. Chipotle Mexican Grill의 경우 2014년 말의 주식수는 4천만주이며, 당기 초에 1천만주를 추가로 발행했으므로 당기의 평균발행주식수는 5천만주이다.

$$\text{주당순이익} = \frac{\text{당기순이익 \$122,600,000}}{\text{평균 유통보통주식수 50,000,000주}} = \$2.45$$

이번 1분기의 주당순이익이 다음 3개의 분기에도 반복된다면 연간 주당순이익은 $9.80이다. 이는 2014년의 연간 주당순이익인 $14.35보다 낮다. 이는 수익과 비용의 관리가 필요함을 의미한다. 예를 들어, Chipotle는 인기 있는 부리또 재료인 육질이 높은 돼지고기 공급의 감소로 인해 매출이 감소했다. 또한 캘리포니아의 공급원에서 공급된 유기농 아보카도의 가격이 상승함으로 인해 비용이 상승한 측면이 있다. 또한 주당순이익이 낮은 것은 보통주 추가발행으로 인한 주식수 증가가 당기순이익의 증가 속도보다 더 빠르기 때문에 나타난 결과일 수도 있다.

자본변동표

손익계산서의 최종 금액인 당기순이익은 자본변동표의 이익잉여금 항목에 반영된다. 여기에 추가적으로 몇 가지 요소들이 반영된다. 선언한 배당금 및 신주 발행(이전 장에서 설명) 금액이 자본변동표에 포함된다.

CHIPOTLE MEXICAN GRILL
자본변동표
(2015년 1월 1일부터 2015년 3월 31일까지)
(단위 : $1,000)

	보통주 자본금	주식발행 초과금	이익 잉여금	합계	
2014년 12월 31일 잔액	$400	$290,200	$1,721,800	$2,012,400	
추가주식발행	100	3,600		3,700	← 제2장 거래(a)
당기순이익			122,600	122,600	← 손익계산서로부터
배당금 선언			(3,000)	(3,000)	← 제2장 거래(f)
2015년 3월 31일 잔액	$500	$293,800	$1,841,400	$2,135,700	← 재무상태표상의 금액

재무상태표

자본변동표의 보통주자본금, 주식발행초과금, 이익잉여금의 기말 잔액은 재무상태표에 포함된다. 재무상태표상에 기말 순장부가액을 반영하기 위해 유형자산의 차감 계정인 감가상각누계액(원가 누적 소멸분)은 토지, 건물 및 비품 계정의 총액(원가)에서 차감되었음을 알 수 있다. 또한 자산은 유동성 순으로 나열되고 부채는 만기 순서로 나열된다. 유동자산은 1년 이내에 사용되거나 현금으로 전환되는 자산(재고자산 포함)이다. 유동부채는 유동자산을 이용하여 1년 이내에 지불해야 하는 의무이다. 다음은 2014년 말과 2015년 1분기 말 잔액을 비교표시한 재무상태표이다.

CHIPOTLE MEXICAN GRILL
재무상태표
(단위: $1,000)

	2015.3.31	2014.12.31
자산		
유동자산 :		
현금	$ 543,000	$ 419,500
단기투자자산	347,600	338,600
매출채권	21,500	34,800
미수이자	200	–
소모품	16,100	15,300
선급비용	56,600	70,300
유동자산 합계	985,000	878,500
유형자산 :		
토지	12,100	11,100
건물	1,275,300	1,267,100
비품	476,300	442,500
총원가	1,763,700	1,720,700
감가상각누계액	(644,300)	(613,700)
순유형자산	1,119,400	1,107,000
장기투자자산	531,100	496,100
무형자산	68,400	64,700
총자산	**$2,703,900**	$2,546,300
부채 및 자본		
유동부채 :		
매입채무	$ 76,100	$ 69,600
선수금	21,400	16,800
미지급배당금	3,000	–
미지급비용		
미지급급여	67,200	73,900
미지급수도광열비	64,400	85,400
미지급이자	200	–
미지급법인세	48,000	–
유동부채 합계	280,300	245,700
장기차입금	2,000	–
기타부채	285,900	288,200
부채 합계	568,200	533,900
자본 :		
보통주자본금(주당 액면 $0.1)	500	400
주식발행초과금	293,800	290,200
이익잉여금	1,841,400	1,721,800
자본 합계	2,135,700	2,012,400
부채와 자본 합계	**$2,703,900**	$2,546,300

FOCUS ON CASH FLOWS

영업활동 현금흐름, 당기순이익 그리고 이익의 질(quality of earnings)

이전 장에서 제시된 바와 같이, 현금흐름표는 회계기간의 재무상태표상의 현금 계정의 변동(기초 잔액과 기말 잔액의 차이)을 3가지 활동(재무활동, 투자활동, 영업활동)으로 구분하여 설명한다. 간단히 말하자면, 현금흐름표는 해당 기간에 현금 계정에 영향을 미친 모든 거래를 분류한 것이다. 세 가지 범주는 영업활동, 투자활동, 그리고 재무활동이다. 이번 장에서 조정한 사항은 현금에는 영향을 미치지 않았으므로 제3장의 끝 부분에 있는 현금 T계정에 명시된 현금흐름은 그대로 유지된다.

많은 표준적인 재무분석 교재에서는 애널리스트가 미래의 이익을 예측할 때 비정상적인 발생액들에 대한 분석이 필요함을 경고한다. 당기순이익과 영업활동 현금흐름 간의 차이가 클수록 주의할 것을 당부한다. 예를 들어 Subramanyam은 다음과 같이 제안한다.

> "당기순이익을 결정하는 회계발생액은 추정, 이연, 배분과 평가 과정에 의존한다. 이러한 고려사항은 때때로 현금흐름을 결정하는 것보다 훨씬 많은 주관을 허용한다. 이러한 이유로 우리는 종종 영업활동에서 발생한 현금흐름을 당기순이익의 질을 평가하는 데 이용한다. 일부 이용자는 영업활동으로 인한 현금흐름을 당기순이익으로 나눈 값이 클수록 이익의 질이 높다고 판단하기도 한다. 이는 영업활동을 통해 창출한 현금흐름이 낮음에도 불구하고 수익과 비용의 인식기준(발생기준)을 적용하는 과정에서 당기순이익이 크게 증가하는 것에 대한 우려를 반영한 것이다."[4)]

영업활동 현금흐름과 당기순이익의 비율에 대한 자세한 설명은 이후 제12장에서 다루기로 한다.

KEY RATIO ANALYSIS

총자산회전율(total asset turnover ratio)

학습목표 4-3
총자산회전율을 계산하고 해석할 수 있다.

■ **분석적 질문**

기업이 자산(자원)을 수익 창출에 효율적으로 사용하고 있는가?

■ **비율 및 비교**

$$\text{총자산회전율} = \frac{\text{순매출액(또는 영업수익)}}{\text{평균총자산}^{*}}$$

*평균 : (기초 잔액 + 기말 잔액) ÷ 2

Chipotle의 2014년 총자산회전율은 다음과 같다.

$$\frac{\$4,108,269}{\$2,277,782.50^{*}} = 1.804$$

*($2,009,280 + $2,546,285) ÷ 2 (자료 : 2014년 말 재무제표)

---

4) K. Subramanyan, *Financial Statement Analysis* (New York: McGraw-Hill/Irwin, 2009), p. 412.

주요 기업의 2014년
총자산회전율

기업	총자산회전율
Southwest Airlines	0.941
Harley-Davidson	0.658
Home Depot	2.067

기간별 비교			경쟁사와의 비교	
Chipotle Mexican Grill, Inc.			Panera Bread, Inc.	Fiesta Restaurant Group, Inc.
2014	2013	2012	2014	2014
1.804	1.748	1.766	1.635	1.806

■ 해석

- **일반론 :** 총자산회전율은 수익을 창출하는 데 자산을 얼마나 효율적으로 사용했는지를 측정하는 효율성의 지표이다. 시간의 경과에 따라 회전율이 높아지고, 경쟁업체와 비교할 때 회전율이 높을수록 자산을 더욱 효율적으로 사용하고 있는 것이다. 회사의 제품 또는 서비스와 경영전략은 총자산회전율에 중대한 영향을 미친다. 그러나 경쟁사들이 유사할 때 회사의 자산을 효율적으로 관리할 수 있는 경영자의 능력은 성공을 결정하는 데 매우 중요하다. 재무성과가 좋아지면 자산회전율이 향상된다.

  채권자와 재무분석가는 이 비율을 사용하여 현재의 유동자산과 비유동자산을 모두 통제하는 회사의 효율성을 평가한다. 사업이 성공적으로 수행되는 경우 채권단은 분기별 비율은 계절적인 영향으로 변동할 것으로 예상한다. 예를 들어 판매가 많은 시기에 대비하여 재고를 축적하기 위해 회사는 자금을 차입해야 한다. 이때는 자산의 증가와 함께 자산회전율은 감소한다. 판매가 많이 이루어진 시기에 들어온 현금은 차입금을 상환하는 데 이용된다. 이때는 판매의 증가에 따라 자산회전율도 증가하게 된다.

- **회사에 대한 분석 결과 :** Chipotle의 총자산회전율은 2012년 이후 소폭 증가하였으며 이는 자산을 사용하여 영업수익을 창출하는 경영 효율성이 다소 향상되었음을 알 수 있다. 경쟁업체와 비교할 때, Chipotle의 총자산회전율은 Panera Bread보다 높지만 Fiesta Restaurant Group의 비율과는 비슷하다. 이것은 부분적으로 사업전략의 차이 때문이다. Chipotle와 Panera는 두 개의 가장 큰 패스트 캐주얼 레스토랑 체인이다. Chipotle의 최근 성장전략은 Panera보다 매년 더 많은 신규 매장을 오픈하는 것이다. Panera가 새로운 레스토랑을 추가하면 총자산(비율의 분모)은 증가하지만 매출(분자)의 증가는 매장이 자리를 잡을 때까지 지연된다. 실제로 Chipotle의 총자산회전율은 5년 동안 거의 동일하게 유지되었다. 그러나 Panera Bread의 비율은 약간 떨어졌으며 Fiesta Restaurant Group의 비율은 더 작은 비율로 증가하고 있다.

- **주의사항 :** 계절적 변동으로 인해 총자산회전율이 감소할 수 있지만 비율의 감소는 기업 정책의 변화로 인한 자산의 증가 때문일 수도 있다. 예를 들면, 신규 고객에 대한 신용정책 완화 또는 미수금 회수 노력 감소 등을 포함한다. 자산의 주요 구성요소의 변화에 대한 세밀한 분석을 통해 자산회전율의 변화 원인과 경영진의 의사결정을 이해할 수 있게 된다.

장부의 마감

학습목표 4-4
마감 절차를 설명할 수 있다.

회계순환과정의 끝

자산, 부채, 자본 계정 각각의 기말 잔액은 차기 초의 잔액으로 이월된다. 영구계정(permanent accounts) 또는 실질계정(real accounts)으로 분리는 이 계정들은 회계 기말에 잔액을 0(zero)으로 줄이지 않는다. 예를 들어, 이번 회계 기말 결산 시점의 현금 잔액은 다음 회계기간 시작 시점의 현금 잔액으로 이월된다. 반대로 당기 초의 현금 계정의 잔액은 전기 말의 현금 잔액에서 이월되어 온 금액이다. 영구계정의 잔액이 0(zero)인 경우는 실제로 잔액이 없는 경우이다.

영구(실질)계정
재무상태표 계정들로 기말 잔액은 차기로 이월됨.

반면에 수익, 비용, 차익 및 차손 계정은 이번 회계기간 동안의 금액을 누적하는 목적으로만 사용된다. 이 계정들을 임시계정(temporary accounts) 또는 명목계정(nominal accounts)이라고 한다. 회계순환과정의 마지막 단계인 장부 마감은 다음 회계기간의 손익계산서 계정을 준비하기 위해 수행된다. 따라서 각 기말의 임시계정들의 잔액은 이익잉여금 계정으로 이전됨으로써 장부가 마감된다.

임시(명목)계정
손익계산서와 관련한 계정들과 배당금 계정은 회계기간이 종료된 기말에 이익잉여금으로 대체되는 과정에서 마감되어야 함.

마감분개(closing entries)는 두 가지 목적으로 수행된다.

1. 임시계정(손익계산서 계정)의 잔액을 이익잉여금으로 대체한다.[5]
2. 다음 회계기간에 새로운 누적을 시작하기 위해 각 임시계정의 잔액을 0(zero)으로 만든다.

마감분개
임시계정들은 회계기말에 잔액을 이익잉여금으로 이전시키면서 잔액이 0이 되도록 하여 다음 기간에 새롭게 계산할 수 있도록 준비해야 함.

이러한 방식으로 손익계산서 계정은 다음 기간의 누적을 위해 새롭게 준비된다.

마감분개의 날짜는 회계기간의 마지막 일자이며, 차변에 잔액이 남아 있는 임시계정들(비용, 차손, 배당금)은 대변에 기입되고, 대변에 잔액이 남아 있는 임시계정들(수익, 차익)은 차변에 기입된다. 순액은 당기순이익이며 이 금액이 이익잉여금에 반영된다.

몇 가지 계정과목만 이용하여 이 과정을 묘사한다. 분개 금액은 조정된 T계정 잔액이다.

	차변	대변
매출수익(−R)	100	
자산처분차익(−R)	30	
급여(−E)		40
자산처분차손(−E)		10
이익잉여금(+SE)		80

수익과 차익은 대변 잔액임. 차변으로 마감함.
비용과 차손은 차변잔액임. 대변으로 마감함.
= 당기순이익

5) 기업에서는 손익계산서 계정에 대한 마감분개시 임시계정인 **집합손익**(income summary)이라는 계정을 설정하기도 한다. 집합손익은 이익잉여금으로 마감된다.

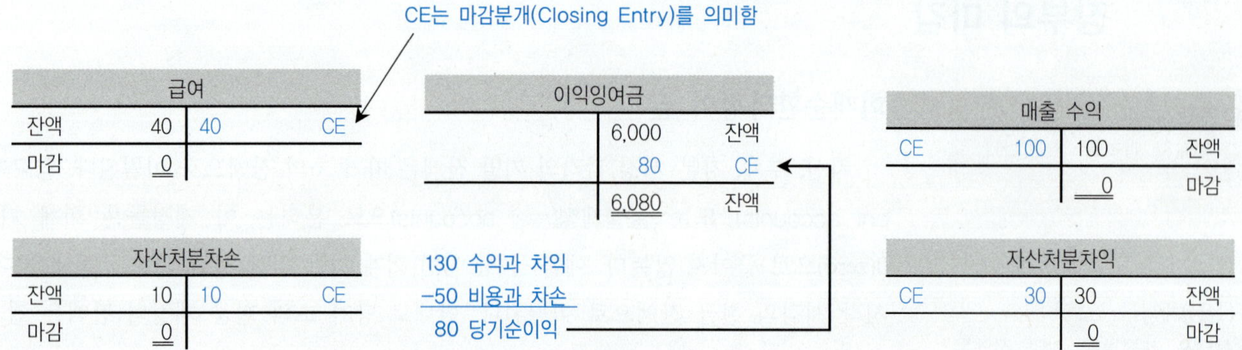

회사는 회계연도 말에 마감분개를 수행하지만 교재에서는 설명의 편의를 위해 분기말인 2015년 3월 31일에 마감하는 것으로 가정하자. 이 금액들은 <도표 4.5>의 정산표의 조정후 잔액이다.

(CE)	차변	대변
레스토랑 매출수익(−R)	1,089,000	
이자수익(−R)	1,400	
소모품비(−E)		369,000
급여(−E)		244,200
임차료(−E)		66,000
보험료(−E)		24,000
수도광열비(−E)		90,300
수선유지비(−E)		18,700
교육훈련비(−E)		40,800
광고선전비(−E)		3,400
감가상각비(−E)		30,600
유형자산처분손실(−E)		4,200
이자비용(−E)		200
법인세비용(−E)		76,400
이익잉여금(+SE)		122,600

STOP

PAUSE FOR FEEDBACK

조정 후 장부를 마감하는 과정은 모든 임시계정들의 잔액을 0으로 만들고 그 차이를 이익잉여금으로 대체하는 과정을 포함한다. 다음은 Toys R Us의 최근연도 정산표상의 조정후 잔액이다. 단위는 백만 달러이다. 회계기간 기말에 마감분개를 전기하여 장부를 마감한다.

SELF-STUDY QUIZ

	차변	대변
현금	783	
매출채권	251	
상품	1,781	
건물	7,226	
감가상각누계액		3,039
기타자산	1,409	
매입채무		1,412
미지급비용		847
장기부채		5,447
기타부채		979
보통주자본금		19
이익잉여금	399	
매출수익		13,724
이자수익		16
유형자산처분이익		5
기타수익		130
매출원가	8,976	
판매비와관리비	3,968	
감가상각비	399	
이자비용	419	
법인세비용	7	
합계	25,618	25,618

[GUIDED HELP 4-2] www.mhhe.com/libby9e_gh4b

해설

	차변	대변
매출수익(−R)	13,724	
이자수익(−R)	16	
유형자산처분이익(−R)	5	
기타수익(−R)	130	
매출원가(−E)		8,976
판매비와관리비(−E)		3,968
감가상각비(−E)		399
이자비용(−E)		419
법인세비용(−E)		7
이익잉여금(+RE)		106

마감 이후의 절차

마감후 시산표
추가 단계로 최종적으로 차변 합계와 대변 합계가 일치하는지를 확인하고, 임시계정들이 모두 마감되었는지를 확인하기 위해 마감후 시산표를 작성함.

마감 절차가 완료된 후 모든 손익계산서 잔액은 0이 되었다. 이 계정들은 다음 기간의 수익과 비용을 새로 기록하기 위해 준비된다. 재무상태표의 이익잉여금의 잔액도 기말의 상태를 나타내는 금액으로 갱신되며 이 금액이 다음 기초의 이익잉여금으로 이월된다. 회계순환과정의 추가 단계로 손익계산서 계정들이 모두 마감된 후에도 차변 합계와 대변 합계가 일치하는지를 확인해야 한다. 손익계산서 계정들을 모두 마감하면서 대체시킨 이익잉여금 잔액이 재무상태표에 포함되면서 재무상태표의 차변 합계와 대변 합계가 일치해야 한다. 이를 확인하기 위해 마감후 시산표(post-closing trial balance)를 작성한다. 이를 통해 회계순환과정은 마무리된다.

DEMONSTRATION CASE

우리는 Terrific Lawn Maintenance Corporation의 회계 처리의 마지막 단계로 조정절차, 재무제표 작성, 그리고 장부의 마감에 대한 절차를 진행한다. 4월에 발생한 수익과 비용에 대한 조정사항이 아직 수행되지 않았다. 제3장의 조정전 잔액에 근거한 2016년 4월 30일 수정전 시산표의 잔액은 다음과 같다.

TERRIFIC LAWN MAINTENANCE CORPORATION
수정전 시산표
2016년 4월 30일

	차변	대변
현금	5,032	
매출채권	1,700	
선급비용	300	
비품(원가)	4,600	
감가상각누계액(원가 소멸분)		0
토지	3,750	
매입채무		220
미지급급여		0
미지급수도광열비		0
미지급금		400
미지급이자		0
미지급법인세		0
선수금		1,600
장기미지급금		3,300
보통주자본금		150
주식발행초과금		8,850
이익잉여금		0
용역매출		5,200
이자수익		12
급여	3,900	

유류비	410	
보험료	0	
수도광열비	0	
감가상각비	0	
이자비용	40	
법인세비용	0	
합계	**19,732**	**19,732**

추가 자료:

a. 선수금 $1,600는 4월부터 7월까지 4개월간의 서비스를 제공하기로 하고 미리 수취한 것이다.

b. 선급비용에는 6개월간(4월부터 9월까지)의 보험료 $300가 포함되어 있다.

c. 비품이 4월의 수익을 창출하기 위해 사용되었다. 회사는 매년 감가상각비를 $300로 추정하고 있다.

d. 종업원에 대한 급여는 4월 28일분까지 지급되었다. 직원들이 4월의 마지막 이틀간 일한 급여는 5월에 지급할 예정이다. 급여는 하루에 $200이다.

e. 추가 전화선과 관련한 4월에 비용(설치 및 사용료 포함)은 $52이다. 이 비용은 아직 장부에 기록되지 않았으며 이 청구서는 5월에 청구되고 지급될 예정이다.

f. 단기 및 장기미지급금에 대한 이자는 연 12%이다. 원금은 총 $3,700이다.

g. 법인세율은 35%이다. 소수점 이하는 반올림하시오.

▌요구사항:

1. 4월의 조정분개를 수행하시오. 분석에서 이번 장에서 설명한 3단계 과정을 이용하시오. (1) 수익 또는 비용이 발생했었는지를 결정한다. (2) 과거에 현금을 수취 또는 지불했는지, 미래에 현금을 수취 또는 지불할 예정인지를 확인한다. 그리고 (3) 해당 금액을 계산한다.
2. 수정후 시산표를 작성하시오.
3. 수정후 시산표 잔액을 바탕으로 손익계산서, 자본변동표 그리고 재무상태표를 작성하시오. 손익계산서에는 주당순이익을 포함시키시오. 회사는 1,500주를 발행하였다.
4. 2016년 4월 30일에 수행해야 할 마감분개를 수행하시오.
5. 4월말을 기준으로 다음의 재무비율을 계산하시오. (소수점 4번째 자리에서 반올림하시오.)
   a. 유동비율
   b. 매출액순이익률
   c. 총자산회전율

다음에 제시된 해설을 참고하여 여러분이 작성한 내용을 확인하시오.

해설

1. 조정분개

AJE	**차변**	**대변**
a. 선수금(−L)	400	
용역매출(+R, +SE)		400
$1,600 × 1/4 = $400 (4월의 수익)		
b. 보험료(+E, −SE)	50	
선급비용(−A)		50
$300 × 1/6 = $50 (4월에 사용된 보험료)		
c. 감가상각비(+E, −SE)	25	
감가상각누계액(+XA, −A)		25
$300 × 1/12 = $25 (4월의 감가상각비)		
d. 급여(+E, −SE)	400	
미지급급여(+L)		400
일별 $200 × 2일 = $400 (4월에 발생한 급여)		
e. 수도광열비(+E, −SE)	52	
미지급수도광열비(+L)		52
4월의 수도광열비는 $52임.		
f. 이자비용(+E, −SE)	37	
미지급이자(+L)		37
$3,700 원금 × 12% 연이자율 × 1/12 = $37 (4월분 이자)		
g. 법인세비용(+E, −SE)	244	
미지급법인세(+L)		244

	수익		*비용*	
조정전 잔액	*$5,212*		*$4,350*	
조정분개(a)	*400*			
조정분개(b)			*50*	
조정분개(c)			*25*	
조정분개(d)			*400*	
조정분개(e)			*52*	
조정분개(f)			*37*	
조정후 잔액	*$5,612*	−	*$4,914*	= *$698 (세전이익)*
				×0.35 (법인세율)
				$244 (반올림)

2. 수정후 시산표

TERRIFIC LAWN MAINTENANCE CORPORATION 수정후 시산표 **2016년 4월 30일**		
	차변	대변
현금	5,032	
매출채권	1,700	
선급비용	250	
비품(원가)	4,600	
감가상각누계액(원가 소멸분)		25
토지	3,750	
매입채무		220
미지급급여		400
미지급수도광열비		52
미지급금		400
미지급이자		37
미지급법인세		244
선수금		1,200
장기미지급금		3,300
보통주자본금		150
주식발행초과금		8,850
이익잉여금		0
용역매출		5,600
이자수익		12
급여	4,300	
유류비	410	
보험료	50	
수도광열비	52	
감가상각비	25	
이자비용	77	
법인세비용	244	
합계	**20,490**	**20,490**

3. 재무제표:

TERRIFIC LAWN MAINTENANCE CORPORATION 손익계산서 2016년 4월 1일~2016년 4월 30일	
영업수익 :	
용역매출	$5,600
영업비용 :	
급여	4,300
유류비	410
보험료	50
수도광열비	52
감가상각비	25
	4,837
영업이익	763
기타항목 :	
이자수익	12
이자비용	(77)
법인세비용차감전순이익	698
법인세비용	244
당기순이익	$ 454
주당순이익(4월) ($454 ÷ 1,500주)	$ 0.30

TERRIFIC LAWN MAINTENANCE CORPORATION 자본변동표 2016년 4월 1일~2016년 4월 30일	보통주 자본금	주식발행 초과금	이익 잉여금	합계
기초(2016.4.1)	$ 0	$ 0	$ 0	$ 0
주식발행	150	8,850		9,000
당기순이익			454	454
배당금 선언			0	0
기말(2016.4.30)	$150	$8,850	$454	$9,454

TERRIFIC LAWN MAINTENANCE CORPORATION
재무상태표
2016년 4월 30일 현재

자산		부채	
유동자산 :		유동부채 :	
현금	$5,032	매입채무	$ 220
매출채권	1,700	미지급급여	400
선급비용	250	미지급수도광열비	52
유동자산 합계	6,982	미지급금	400
		미지급이자	37
		미지급법인세	244
		선수금	1,200
		유동부채 합계	2,553
비품(감가상각누계액 $25)	4,575	장기미지급금	3,300
토지	3,750	자본	
		보통주자본금	150
		주식발행초과금	8,850
		이익잉여금	454
		자본 합계	9,454
자산 합계	**$15,307**	**부채와 자본 합계**	**$15,307**

4. 마감분개:

용역매출(−R)	5,600	
이자수익(−R)	12	
급여(−E)		4,300
유류비(−E)		410
보험료(−E)		50
수도광열비(−E)		52
감가상각비(−E)		25
이자비용(−E)		77
법인세비용(−E)		244
이익잉여금(+SE)		454

5. 재무비율:

a. 유동비율 $= \dfrac{\text{유동자산}}{\text{유동부채}} = \dfrac{\$6,982}{\$2,553} = 2.735$

b. 매출액순이익률 $= \dfrac{\text{당기순이익}}{\text{순매출(또는 영업수익)}} = \dfrac{\$454}{\$5,600} = 0.081$ 또는 8.1%

c. 총자산회전율 $= \dfrac{\text{순매출(또는 영업수익)}}{\text{평균총자산}} = \dfrac{\$5,600}{\$7,653.50^{*}} = 0.732$

*(기초 $0＋기말 $15,307)÷2 = $7,653.50

CHAPTER **TAKE-AWAYS**

4-1. 기말의 결산조정에 대한 목적을 설명하고 필요한 조정사항을 분석하여 재무상태표와 손익계산서 잔액을 업데이트하시오.

- 기말에 조정분개가 필요한 이유는 이익을 적절히 측정하고, 오류를 수정하고, 재무상태표 계정을 적절하게 평가하기 위한 것이다. 조정분개에는 4가지 유형이 있다.
  a. 선수수익 : 수익이 가득되기 전에 미리 수취한 현금은 부채로 기록하고, 이후 실제로 가득된 기간에 수익으로 기록한다.
  b. 미수수익 : 고객에게 서비스를 제공하거나 상품을 인도한 후 현금이 수취되는 경우로 현금을 수취하지 못하였더라도 당기에 발생한 수익을 기록한다.
  c. 선급비용 : 비용이 발생하기 이전에 현금을 미리 지불하면서 자산으로 기록한 선급임차료, 소모품, 비품은 이후 실제로 소멸되는 기간에 비용으로 기록한다.
  d. 미지급비용 : 비용이 발생했으나 아직 현금을 지불하지 않아 기록되지 않은 경우로 현금을 지불하지 않았더라도 당기에 발생한 비용을 기록한다.

분석은 다음의 단계를 포함한다.

1단계 : 수익 또는 비용이 발생했었는지를 결정한다. 수익 또는 비용의 증가를 기록한다.

2단계 : 과거에 현금을 수취 또는 지불했는지, 미래에 현금을 수취 또는 지불할 예정인지를 확인한다. 만약 과거에 현금을 수취 또는 지불했다면, 자산 또는 부채가 과대계상되어 있으므로 감소시키는 조정이 필요하다. 만약 미래에 현금을 수취 또는 지불할 예정이라면, 관련한 미수수익(자산) 또는 미지급비용(부채)을 증가시키는 조정이 필요하다.

3단계 : 해당 기간에 발생한 수익 또는 비용을 계산한다.

- 조정분개는 현금 계정에는 어떤 영향도 미치지 않는다.

4-2. 주당순이익을 포함한 손익계산서, 자본변동표, 재무상태표를 작성한다.

수정후 시산표의 잔액은 재무제표의 작성을 위해 이용된다.

- 손익계산서 : 수익－비용＝당기순이익 (당기순이익을 발행된 평균 유통보통주식수로 나누어 주당순이익을 보고한다.) 영업수익과 영업비용은 기타항목들(이자수익, 이자비용, 유형자산처분손익)과 구분하여 보고한다.
- 자본변동표 : (기초 보통주자본금＋주식 발행－자사주 매입)＋(기초 이익잉여금＋당기순이익－배당금 선언금)＝기말 자본
- 재무상태표 : 자산＝부채＋자본. 일반적으로 자산은 유동자산과 비유동자산, 부채는 유동부채와 비유동부채로 분류한다.

4-3. 총자산회전율을 계산하고 해석하시오.

총자산회전율(순매출 또는 영업수익 ÷ 평균총자산)은 자산 $1당 창출한 매출액을 의미한다. 총자산회전율의 증가는 자산이 효율적으로 사용되고 있음을 의미한다.

4-4. 마감 절차

마감분개

수익들	XX	
차익들	XX	
비용들		XX
차손들		XX
이익잉여금		XX

(당기순이익 발생을 가정함)

임시계정들(수익, 비용, 차익, 차손)은 회계기말에 잔액이 0이 되도록 하여 다음 기간의 수익과 비용을 새롭게 계산할 수 있도록 준비해야 한다. 그리고 임시계정들의 차이는 이익잉여금으로 대체한다. 임시계정들을 마감하기 위해 수익과 차익 계정의 대변 잔액은 차변으로, 비용과 차손의 차변 잔액은 대변으로 기록하며 차이(당기순이익)는 이익잉여금으로 기록한다.

이번 장에서는 기말에 수행해야 할 회계순환과정의 중요한 단계에 대해 설명하였다. 여기에는 조정분개, 재무제표 작성 그리고 다음 기간의 회계순환과정을 준비하기 위한 마감분개 과정이 포함된다. 그러나 이러한 회계순환과정은 내부적인 절차일 뿐이며 내부의 모든 절차가 완성되면 외부 정보이용자들을 위한 공시를 준비해야 한다.

다음 장에서는 재무제표와 관련한 공시에 대해 더 세부적인 사항들을 살펴볼 것이다. 또한 재무정보와 관련하여 외부 재무분석가, 투자자, 감독당국(SEC) 및 일반 대중에게 재무정보가 전달되는 과정과 관련한 각각의 역할과 분석 및 해석에 대해서도 설명할 것이다. 이러한 과정은 이전 장들에서 재무보고 과정에 대해서 학습한 대부분의 내용들을 통합하는 데도 도움이 될 것이다. 또한

이후 장들에서 다르게 될 중요한 여러 가지 사항을 미리 살펴볼 것이다. 후반부에는 미래에 추정이 필요한 어렵고 복잡한 사항들인 채권의 회수가능성, 유형자산의 내용연수, 회사가 과거에 판매한 제품에 대한 보증 등에 대해서도 살펴볼 것이다. 이러한 각각의 추정치와 기타 많은 사항들은 기업이 보고할 순이익의 흐름에 중대한 영향을 미칠 수 있다.

KEY **RATIO**

총자산회전율(total asset turnover ratio)은 자산 $1당 창출한 매출액을 의미한다. 총자산회전율의 증가는 자산이 효율적으로 사용되고 있음을 의미한다. 총자산회전율은 다음과 같이 계산된다.

$$\text{총자산회전율} = \frac{\text{순매출액(또는 영업수익)}}{\text{평균총자산}}$$

FINDING **FINANCIAL INFORMATION**

재무상태표

유동자산

미수수익 포함 :
- 미수이자
- 미수임대료

선급비용 포함 :
- 소모품
- 선급보험료, 임차료, 광고선전비

비유동자산

선급비용 포함 :
- 건물
- 비품
- 무형자산

유동부채

미지급비용 포함 :
- 미지급이자
- 미지급급여
- 미지급수도광열비
- 미지급법인세

선수수익 포함 :
- 선수수익

손익계산서

수익

조정분개를 통한 증가

비용

조정분개를 통한 증가

법인세비용차감전순이익

법인세비용

당기순이익

현금흐름표

조정분개는 현금 계정에는 영향을 미치지 않음.

주석

다양한 주석

미지급비용, 미지급이자와 미지급법인세 등에 대한 상세한 설명

KEY **TERMS**

마감분개	미수수익	미지급비용
선급비용	선수수익	순장부금액
영구(실질)계정	임시(명목)계정	정산표
조정분개	차감 계정	

QUESTIONS

1. 기말조정분개를 수행하는 목적은 무엇인가?
2. 기말조정분개의 4가지 유형을 설명하고 각 유형의 예를 들으시오.
3. 자산의 차감 계정은 무엇인가? 예를 한 가지 들으시오.
4. 재무제표가 서로 어떻게 연관되어 있는지 설명하시오.
5. 다음 재무제표의 등식을 설명하시오.
   (a) 손익계산서
   (b) 재무상태표
   (c) 자본변동표
6. 기말조정분개가 현금에 미치는 영향을 설명하시오.
7. 주당순이익을 어떻게 계산하고 해석하는가?
8. 총자산회전율을 어떻게 계산하고 해석하는가?
9. 결산을 하는 목적은 무엇인가?
10. (a) 영구계정, (b) 임시계정, (c) 실질계정, (d) 명목계정을 구분하시오.
11. 손익계산서 계정은 마감이 되고 재무상태표 계정은 마감되지 않는 이유를 설명하시오.
12. 수정후 시산표(조정후 시산표)는 무엇인가? 수정후 시산표는 회계순환과정에서 유용한 부분인가? 설명하시오.

MULTIPLE-CHOICE QUESTIONS

1. 다음 계정 중 기말조정분개에 나타나지 않는 것은?
   a. 급여　　　　b. 이자수익
   c. 감가상각누계액　　　　d. 이익잉여금
2. 기말조정분개에 나타날 가능성이 가장 낮은 계정은?
   a. 현금　　　　b. 미수이자
   c. 재산세비용　　　　d. 미지급급여
3. 2017년 10월 1일에 건물에 대한 1년 보험료 $12,000를 지급했고, 선급보험료로 기록했다. 2017년 12월 31일 기말에 필요한 기말조정분개는 어떻게 되는가?
   a. 보험료(+비용) 2,000 / 선급보험료(−자산) 2,000
   b. 보험료(+비용) 3,000 / 선급보험료(−자산) 3,000
   c. 선급보험료(+자산) 3,000 / 보험료(−비용) 3,000
   d. 선급보험료(+자산) 9,000 / 보험료(−비용) 9,000
4. 2016년 6월 1일에 Oakcrest Company는 2017년부터 매년 6월 1일에 이자 9%를 지급하는 3년 만기 지급어음 $110,000에 서명했다. 2016년 12월 31일 기말에 손익계산서에 보고해야 할 이자비용은 얼마인가?

a. $5,250 b. $9,900
c. $4,950 d. $5,775

5. 미지급급여를 인식하는 기말조정분개를 기록하지 못한 것은 다음 중 어떤 결과를 가져오는가?
   a. 비용, 부채, 자본의 과소평가
   b. 비용, 부채의 과소평가와 자본의 과대평가
   c. 자산과 자본의 과대평가
   d. 자산과 부채의 과대평가
6. 수정후 시산표는
   a. 기말조정분개를 전기하기 전에, 차변과 대변에 있는 계정의 기말 잔액을 보여준다.
   b. 마감분개를 전기한 후에 작성한다.
   c. 차변과 대변에 기말조정분개로 인한 계정의 기말 잔액을 보여준다.
   d. 상장된 기업의 실적을 검토하기 위해 재무분석가가 사용하는 수단이다.
7. JJ Company는 건물을 소유하고 있다. 감가상각에 관한 다음 설명 중 틀린 것은?
   a. 감가상각을 기록하고 자본을 감소시킨다.
   b. 감가상각은 건물의 예상된 사용연수에 대하여 인식하는 예상 비용이다.
   c. 감가상각을 기록하고 자산의 순장부가액을 감소시킨다.
   d. 시간이 지남에 따라 건물의 가치가 감소하면서, “감가상각한다”라고 한다.
8. 이번 연도 기초에 Donna Company는 $1,000의 비품을 보유 중이었다. 이번 연도 동안에 회사는 $6,400어치의 소모품을 구매했다(현금으로 지급했고, 차변에 소모품을 기록했다). 이번 연도 말에 소모품 $2,000가 남아 있었다. Donna Company가 기말에 소모품 계정을 조정하기 위해 기록할 기말조정분개에 포함되는 것은?
   a. 차변에 소모품 $2,000 b. 대변에 소모품비 $5,400
   c. 대변에 소모품 $5,400 d. 차변에 소모품비 $4,400
9. GAAP에 따르면, 재무상태표 혹은 주석에 보고되어야 하는 비율은 무엇인가?
   a. 주당순이익(Earnings per share ratio) b. 매출액순이익률
   c. 자기자본이익률 d. 유동비율
10. 회사가 연말에 다양한 대형 건물을 성공적으로 취득한 경우, 총자산회전율에 어떤 영향을 미치는가?
    a. 비율이 증가한다. b. 비율이 변하지 않는다.
    c. 비율이 감소한다. d. a항목이거나 c항목이 답변이다.

MINI-EXERCISES

M4-1. 시산표 작성하기

6월 30일 기말에 Hagadorn Company의 수정된 계정과 잔액은 다음과 같다.

매입채무	$ 250	이자비용	$ 70
매출채권	420	이자수익	60
미지급비용	160	재고자산	710
감가상각누계액	250	토지	300
주식발행초과금	300	장기차입금	1,460
건물과 기계장치	1,400	선급비용	30
현금	175	급여	640
보통주자본금	100	매출	2,400
매출원가	780	임차료	460
감가상각비	150	이익잉여금	150
법인세비용	135	선수수수료	90
미지급법인세	50		

6월 30일의 수정후 시산표를 작성하시오.

M4-2. 용어의 정의

관련된 용어에 해당되는 정의를 골라 빈칸에 알맞은 기호를 넣으시오.

정의	용어
___ (1) 수익은 아직 가득되지 않았으나 대금을 미리 받았다.	A. 미지급비용
___ (2) 임대료는 가득되었으나 아직 받지 못했다.	B. 이연비용
___ (3) 재산세가 발생했으나 아직 지급하지 않았다.	C. 미수수익
___ (4) 임대료수익은 가득되지 않았으나 대금을 받았다.	D. 이연수익
___ (5) 비용이 발생했으나, 지급 혹은 기록하지 않았다.	
___ (6) 다음 회계기간에 사용될 소모품을 보유중이다.	
___ (7) 비용이 발생하지 않았으나 미리 지급했다.	
___ (8) 수익이 가득되었으나 아직 대금을 받지 못했다.	

M4-3. 용어의 정의

관련된 용어에 해당되는 정의를 골라 빈칸에 알맞은 기호를 넣으시오.

정의	용어
___ (1) 기말에 용역수익 $1,000를 현금으로 받았으나 아직 가득되지 않았다.	A. 미지급비용 B. 이연비용
___ (2) 받을어음에서 발생한 이자는 다음 연도에 받을 예정이지만, 기말에 이자 $550가 가득되었다.	C. 미수수익 D. 이연수익

___ (3) 기말이 미지급급여 $5,600를 기록 혹은 지급하지 않았다.

___ (4) 이번 연도에 사무실 소모품 $700를 구입했고, 기말에 남은 소모품 $100를 보유중이다.

M4-4. 기말조정분개 기록하기(이연계정)

Romney's Marketing Company의 거래 (a)부터 (c)까지 각 거래에 대해, 이번 연도 기말에 조정분개를 기록하기 위해 이번 장에서 설명한 3단계 과정 도표를 이용하시오. 3단계 과정에서 (1) 수익이 가득됐는지 혹은 비용이 발생했는지 확인하기, (2) 과거에 현금을 받았는지 혹은 지급했는지, 미래에 받을 것인지 혹은 지급할 것인지를 확인하기, 그리고 (3) 조정분개의 금액을 계산하기가 있다.

a. 이번 연도 12월 1일부터 다음 연도 4월 1일까지에 대한 임대료 $1,200를 받았고, 12월 1일에 선수임대료를 차변에 기록했다.
b. 1월 1일에 현금 $32,000에 기계장치를 취득했다. 기업은 연간 감각상각액을 $3,200로 추정했다.
c. 이번 연도 7월 1일에 2년간 적용되는 보험에 대해서 $5,000를 지급하고, 차변에 선급보험료 $5,000를 기록했다.

M4-5. 기말조정분개를 통해 재무제표에 미치는 영향 확인하기(이연계정)

M4-4에 있는 각 거래에 대해, 재무상태표와 손익계산서의 구성 항목에 영향을 미치는 조정분개의 금액과 방향을 표시하시오. 아래의 형식을 이용하여, 증가는 +, 감소는 −, 영향 없음은 NE로 표시하시오.

거래	재무상태표			손익계산서		
	자산	부채	자본	수익	비용	당기순이익
a.						
b.						
c.						

M4-8. 주당순이익을 포함한 손익계산서 작성하기

이번 연도 말에 Romney's Marketing Company의 수정후 시산표는 다음과 같다. 배당선언을 하지 않았다. 그러나 연말에 500주(1주당 액면가 $0.10)를 $3,000에 발행했고 아래의 표에 반영했다.

	차변	대변
현금	1,500	
매출채권	2,200	
미수이자	100	
선급보험료	1,600	
장기미수금	2,800	
기계장치	15,290	

감가상각누계액		3,000
매입채무		2,400
미지급비용		3,920
미지급법인세		2,700
선수임대료		500
보통주자본금 (800주)		80
주식발행초과금		3,620
이익잉여금		2,000
매출액		38,500
이자수익		100
임대료		800
급여	19,500	
감가상각비	1,800	
수도광열비	380	
보험료	750	
임차료	9,000	
법인세비용	2,700	
합계	57,620	57,620

주당순이익을 포함하여(소수점 2번째 자리까지 반올림하시오), 이번 연도의 다단계 손익계산서(multistep income statement)를 작성하시오.

M4-9. 자본변동표 작성하기

M4-8을 참고하시오. 이번 연도의 자본변동표를 작성하시오.

M4-10. 재무상태표 공시하고, 현금흐름표에 조정분개가 미치는 영향 설명하기

1. M4-8을 참고하시오. 이번 연도 말에 계정이 분류된 재무상태표를 작성하시오.
2. M4-4에서 조정분개가 현금흐름표의 영업활동, 투자활동, 재무활동에 미친 영향을 설명하시오.

M4-11. 총자산회전율 분석하기

M4-8에 있는 수정후 시산표에 근거하여 Romney's Marketing Company의 총자산을 계산하시오. 이전 연도 기말의 총자산은 $16,050로 가정하고, 이번 연도에 기업의 총자산회전율을 계산하시오. (소수점 2번째 자리까지 반올림하시오)

M4-12. 마감분개 기록하기

M4-8에 Romney's Marketing Company의 수정후 시산표를 참고하시오. 이번 연도 기말에 마감분개를 하시오.

EXERCISES

E4-1. 시산표 작성하기

Paige Consultants, Inc.는 고객에게 시장조사를 제공하고 있다. 이번 연도 말에 기업의 수정전 잔액은 다음과 같다.

계정	차변	대변
감가상각비	8,000	
감가상각누계액		18,100
미지급급여		25,650
현금	153,000	
소모품비	21,050	
소모품	12,200	
급여	1,610,000	
선급비용	10,200	
이자비용	17,200	
매출채권	225,400	
컨설팅수수료수익		2,564,200
이익잉여금		?
미지급법인세		3,030
출장비	23,990	
건물 및 기계장치	623,040	
수도광열비	25,230	
토지처분이익		6,000
선수컨설팅수수료		32,500
투자이익		10,800
매입채무		96,830
토지	6,000	
보통주자본금		3,370
주식발행초과금		220,000
전문성개발비용	18,600	
미지급금		160,000
(임차한 컴퓨터)임차료	152,080	
투자자산	325,000	

요구사항:

이번 연도 말에 Paige Consultants, Inc.의 수정전 시산표를 작성하시오.

E4-2. 수정전 시산표에서 기말조정분개 식별하기

최근 사업보고서에 Hewlett-Packard Company는 "저희는 개인고객과 중소기업, 대기업과 공공, 보건 및 교육 부문에서 고객에게 제품, 기술, 소프트웨어, 솔루션 및 서비스를 제공하는 세계적인 선도 기업입니다."라고 언급하고 있다. 기업은 개인용 컴퓨팅 및 기타 액세스 드라이버, 이미지 및 인쇄와 관련된 제품과 서비스, 기업정보기술 인프라 및 판매기업 고객 서비스 등 다양한 범위에 걸쳐 제공한다. 다음은 Hewlett-Packard가 사용한 계정이 있는 시산표이다. 10월 31일에 끝나는 최근 회계연도 기말에 계정의 잔액은 수정전이라고 가정한다.

HEWLETT-PACKARD COMPANY 수정전 시산표 (단위: 백만 달러) 10월 31일		
	차변	대변
현금	8,000	
매출채권	21,400	
재고자산	7,500	
기타유동자산	14,100	
유형자산	25,500	
감가상각누계액		13,200
기타자산	66,200	
미지급금		8,100
미지급비용		14,800
매입채무		19,100
선수수익		7,400
미지급법인세		1,000
장기차입금		22,600
기타부채		17,500
보통주자본금		200
주식발행초과금		7,000
이익잉여금		24,700
제품판매수익		84,800
서비스수익		42,000
이자수익		400
제품원가	65,200	
서비스원가	32,100	
이자비용	1,000	
연구개발비	3,300	
일반판매비와 관리비	13,500	
기타비용	3,100	
법인세비용	1,900	
총계	262,800	262,800

요구사항:

1. 수정전 시산표에 있는 정보를 근거로, 재무상태표에 10월 31일에 수정되어야 하는 수정사항의 종류와 각각의 수정사항에 관련된 손익계산서 계정을 열거하시오(계산은 필요하지 않다). 가정이 필요할 수도 있다.
2. 그 해의 말에 어떤 계정을 마감해야 하는가? 이유는?

E4-3. 기말조정분개 기록하기

Diane Company는 12월 31일에 첫 번째 사업연도를 종료했다. 그 해에 다음의 사항을 제외하고 분개를 모두 기록했다.

a. 연말에 종업원에 대해 발생한 급여는 $4,000이고, 다음해 1월 급여일에 지급될 예정이다.
b. 연말에 회사는 $1,500의 이자수익을 가득했다. 다음해 3월 1일에 현금으로 입금될 예정이다.

요구사항:

1. 기업의 사업보고(연차보고) 기간은 언제인가?
2. 각 거래로 인해 이연계정 혹은 발생계정을 조정해야 하는지 식별하시오. 이번 장에서 설명한 과정을 이용하여, 거래 (a)와 (b)에 대해 조정분개를 작성하시오. 적절한 데이터를 포함하여, 각 분개에 대해서 설명을 간단하게 작성하시오.
3. 이런 조정분개를 하는 이유는 무엇인가?

E4-5. 기말조정분개 기록하고, 재무제표에 잔액 보고하기

Aubrea Company는 이번 연도 12월 31일 결산일에 조정분개를 했다. 조정분개에 대한 정보를 파악하면서 회계직원은 다음의 사항을 알게 되었다.

a. 2년치 보험료 $4,800를 이번 연도 10월 1일에 지급했고, 그 날부터 바로 보험이 적용되었다. 경리직원은 10월 1일에 차변에 모든 금액을 선급보험료로 기록했다.
b. 이번 연도 12월 31일에 배송용 소모품과 관련하여 기록과 보조문서에 다음의 정보가 있었다.

이번 연도 1월 1일에 보유중인 배송용 소모품	$13,000
이번 연도에 구입한 배송용 소모품	75,000
이번 연도 12월 31일에 재고실사 결과, 보유중인 배송용 소모품	20,000

요구사항:

1. 이번 장에서 설명한 과정을 이용하여, 이번 연도 12월 31일에 보험에 대한 조정분개를 수행하시오.
2. 이번 연도에 구입한 배송용 소모품은 차변에 전 금액을 배송용 소모품 계정으로 기록했다고 가정하는 경우, 이번 장에서 설명한 과정을 이용하여 이번 연도 12월 31일에 소모품에 대한 조정분개를 수행하시오.
3. 이번 연도 손익계산서에 보고해야 할 보험료는 얼마인가? 배송용 소모품비는 얼마인가?
4. 이번 연도 재무상태표에 보고해야 할 선급보험료는 얼마인가? 배송용 소모품은 얼마인가?

E4-7. 조정분개가 재무제표에 미치는 영향 확인하기

E4-3과 E4-5를 참고하시오.

요구사항:

E4-3과 E4-5에 있는 각 거래에 대해, 재무상태표와 손익계산서의 구성 항목에 영향을 미치는 조정분개의 금액과 방향을 표시하시오. 아래의 형식을 이용하여, 증가는 +, 감소는 −, 영향 없음은 NE로 표시하시오.

거래	재무상태표			손익계산서		
	자산	부채	자본	수익	비용	당기순이익
E4-3 (a)						
E4-3 (b)						
E4-5 (a)						
E4-5 (b)						

E4-8. 전형적인 조정분개 7가지 기록하기

Dittman's Variety Store는 12월 31에 결산하는 이번 연도에 대한 회계과정을 종료했다. 이번 연도의 거래를 모두 분개하고 전기했다. 조정분개와 관련하여 다음의 정보를 이용할 수 있다.

a. 12월에 종업원이 일한 급여 $2,700를 12월 31일에 지급과 기록 모두 하지 않았다. 이번 연도 마지막 급여 지급일은 12월 28일이고, 다음 연도 급여 지급일은 1월 6일이다.

b. 이번 연도 1월 1일에 보유중인 사무실 소모품이 총 $450이다. 기말에 재고실사 결과, $275의 재고가 남아 있었다.

c. 지하 공간의 1/4은 Heald's Specialty Shop에게 월 $560에 빌려주고, 임차료를 매월 받기로 했다. 이번 연도 말에 11월과 12월의 임차료는 아직 받지 못했고, 기록하지 않았다. 임차료는 다음 연도 1월에 받을 예정이다.

d. 원가 $60,500의 배달장비를 1년 내내 사용했고, 연간 감가상각 추정액은 $12,100이다.

e. 이번 연도 7월 1일에 2년치 보험료 $2,400를 현금으로 지급했고, 차변에 모든 금액을 선급보험료로 기록했다. 이번 연도 7월 1일부터 보험이 적용되었다.

f. 지하의 남은 공간은 다른 업체 M. Carlos, Inc.에게 월 $1,600에 빌려줬다. Carlos는 호환 가능하지만 경쟁하지 않는 상품을 판매한다. 이번 연도 11월 1일에 Carlos로부터 6개월 임대료 $9,600를 미리 받았고, 대변에 모든 금액을 선수임대료로 기록했다.

g. Dittman's Variety Store는 자체 만족을 위해 수리점을 운영한다. 수리점은 M. Carlos를 위해서도 수리한다. 이번 연도 말에 Carlos는 완료된 수리에 대한 $800를 지급하지 않았다. 이 금액은 수리점 수익으로 아직 기록되지 않았고, 다음 연도 1월에 회수할 예정이다.

요구사항:

1. 각 거래에 대해서 이연수익, 이연비용, 발생수익, 발생비용으로 분류하시오.
2. 이번 연도 12월 31일에 Dittman's Variety Store가 기록해야 하는 조정분개를 작성하시오.

E4-10. 전형적인 조정분개 7가지가 재무제표에 미치는 영향 확인하기

E4-8을 참고하시오.

요구사항:

E4-8에 있는 각 거래에 대해, 재무상태표와 손익계산서의 구성 항목에 영향을 미치는 조정분개의 금액과 방향을 표시하시오. 아래의 형식을 이용하여, 증가는 +, 감소는 −, 영향 없음은 NE로 표시하시오.

거래	재무상태표			손익계산서		
	자산	부채	자본	수익	비용	당기순이익
a.						
b.						
c.						
(etc.)						

E4-12. 조정분개와 마감분개를 포함하여 거래 기록하기

Britt's Knits, Inc.가 사용한 계정은 다음과 같다.

코드	계정	코드	계정
A	현금	J	보통주자본금 및 주식발행초과금
B	사무실 소모품	K	이익잉여금
C	매출채권	L	서비스수익
D	사무실 기계장치	M	이자수익
E	감가상각누계액	N	급여
F	지급어음	O	감가상각비
G	미지급급여	P	이자비용
H	미지급이자	Q	소모품비
I	선수서비스수익	R	위의 사항 어떤 것도 해당 없음

요구사항:

다음의 9가지 독립적인 상황 각각에 대해, 적절한 코드(들)와 금액(들)을 입력하여 분개를 작성하시오. 첫 번째 거래는 예시이다.

독립적인 상황	차변		대변	
	코드	금액	코드	금액
a. 급여 $400가 발생했으나 연말에 기록하지 않고, 지급하지 않았다. (예시)	N	400	G	400
b. 서비스수익 $600가 가득되었으나 기말에 회수되지 않았다.				
c. 이번 연도에 배당금 $900를 선언하고 지급했다.				
d. 이번 연도에 보유중인 사무실 소모품 $400가 있었고, 기말에 보유중인 사무실 소모품은 $160이다.				
e. 서비스수익 대금 $800를 미리 받았으나 아직 서비스를 제공하지 않았다.				
f. 이번 연도 감가상각비 $1,000가 발생했다.				
g. 기말에 지급어음에 대한 이자 $220가 발생했으나, 기록하거나 지급하지 않았다.				
h. 기말에 서비스수익 계정 잔액은 $56,000이였다. 기말에 마감분개를 하시오.				
i. 기말에 이자비용 계정 잔액은 $460이였다. 기말에 마감분개를 하시오.				

E4-13. 3가지 조정분개가 재무제표에 미치는 영향 확인하기

Daniel Company는 이번 연도 1월 1일에 사업을 시작했다. 현재는 이번 연도 회계보고기간의 기말인 12월 31일이다. 경리직원은 다음 3가지 거래를 분석하기 위해 여러분의 도움이 필요하다.

a. 이번 연도에 회사는 사무실 소모품 $3,000를 구입했고 기말에 보유중인 사무실 소모품은 $800이다.

b. 이번 연도 1월 1일에 회사는 특별한 기계장치를 현금 $25,000에 취득했다. 기계장치의 원가를 매년 $2,500씩 감가상각할 것으로 추정했다.

c. 7월 1일 회사는 기계에 2년간 적용되는 보험에 대해서 현금 $1,000를 지급했다. 이번 연도 7월 1일부터 보험이 적용되었다.

요구사항:

아래의 표에 이번 연도에 보고해야 할 금액을 표기하여 완성하시오.

12월 31일에 재무상태표에서 선택된 계정	보고되어야 할 금액
자산	
기계장치	$________
감가상각누계액	________
기계장치의 순 장부가치	________
사무실 소모품	________
선급보험료	________
12월 31일에 종료되는 동안에 손익계산서에서 선택된 계정	
비용	
감가상각비	$________
사무실 소모품비	________
보험료	________

E4-14. 이자에 대한 조정분개가 재무제표에 미치는 영향 확인하기

정보 1 : 2017년 4월 1일에 Warren Corporation은 고객으로부터 미결산채권 $30,000를 청산하고 이자 10%인 $30,000의 어음을 받았다. 조건에 따르면, 어음의 원금과 이자는 12개월 말에 지급하기로 했다. Warren의 회계보고기간의 기말은 2017년 12월 31일이다.

정보 2 : 2017년 8월 1일에 현금부족을 해결하기 위해 Warren Corporation은 지방은행으로부터 이자 12%에 $30,000를 대출받았다. 원금과 이자는 6개월 말에 지급한다.

요구사항:

각 거래에 대해 재무상태표와 손익계산서의 구성 항목에 영향을 미치는 조정분개의 금액과 방향을 표시하시오. 아래의 형식을 이용하여, 증가는 +, 감소는 −, 영향 없음은 NE로 표시하시오. (**주의 :** 자산=부채+자본; 수익−비용=당기순이익; 당기순이익 계정은 자본 계정 중의 일부인 이익잉여금으로 마감된다.)

	재무상태표			손익계산서		
날짜	자산	부채	자본	수익	비용	당기순이익
정보 1 2017년 4월 1일						
2017년 12월 31일						
2018년 3월 31일						
정보 2 2017년 8월 1일						
2017년 12월 31일						
2018년 1월 31일						

E4-15. 거래 추론하기

Deere & Company는 세계 최고의 농기계 생산업체이자 건설, 건설, 임업, 공공시설을 위한 다양한 범위의 산업설비를 제공하는 선도적인 공급업체이다. 광범위한 잔디밭 및 토지 관리장비 생산자 및 판매자이며, 기업 및 일반 대중을 위한 신용거래, 건강관리 계획 및 보험 상품을 제공하는 업체이다. 다음의 정보는 최근 사업보고서에 있던 정보이다. (단위는 백만 달러이다.)

미지급법인세			
		기초 잔액	154
(a)	?	(b)	1,424
		기말 잔액	166

미지급배당금			
		기초 잔액	127
(c)	?	(d)	634
		기말 잔액	168

미지급이자			
		기초 잔액	190
(e)	759	(f)	?
		기말 잔액	191

요구사항:

1. 거래 (a)부터 (f)까지 각 거래의 성격을 파악하시오. 특히, 어떤 활동이 금액을 증가시키고 감소시키는가?
2. 거래 (a), (c), (f)에 대해서 금액을 계산하시오.

E4-16. 오류가 재무제표 항목에 미치는 영향 분석하기

영화 및 노래 관련 도서 출판사 Cohen & Boyd, Inc.은 연말 12월 31일에 계정을 조정했다.

a. 건물의 일부를 보관시설로 빌려주는 다른 회사에게 빌린 $1,400를 기록하지 않았다.
b. 원가 $115,000의 기계장치에 대해서 감가상각액 $15,000를 기록하지 않았다.
c. 연말에 가득되는 $1,500 수익을 반영하기 위해서 선수수수료 세정에 조정분개를 해야 했으나 하지 못했다.
d. 11월 1일 이후에 여전히 잔액이 남아 있는 지급어음 $17,000에 대해 1년에 9%의 이자가 발생하며, 발생한 이자비용을 기록했다.
e. 적용된 보험기간에 대한 보험료 $650를 반영하기 위해서 선급보험료를 수정해야 했으나 하지 않았다.

요구사항:

1. 각 오류에 대해서 (a)에 조정분개가 있는 경우 조정분개를 하고, (b)에 연말에 조정분개가 있어

야 하는 경우 조정분개를 하시오.

2. 아래의 표를 이용하여 각 오류가 미치는 영향과 영향의 금액(있거나 혹은 없었던 분개와 했어야 했는데 하지 못한 분개 사이의 차이)을 표시하시오. 항목을 과대평가한 경우 O, 항목을 과소평가한 경우 U, 영향이 없는 경우 NE라고 표시하시오. (**주의 :** 자산=부채+자본; 수익−비용=당기순이익; 당기순이익 계정은 자본 계정 중의 일부인 이익잉여금으로 마감된다.)

거래	재무상태표			손익계산서		
	자산	부채	자본	수익	비용	당기순이익
a.						
b.						
c.						
(etc.)						

E4-17. 조정분개가 손익계산서와 재무상태표에 미치는 영향 분석하기

12월 31에 Fawzi Company는 손익계산서와 재무상태표를 작성했고, 4개의 조정분개를 고려하는데 실패했다. 이런 부정확한 정보를 바탕으로 작성한 손익계산서에서 법인세비용차감전 순이익은 $65,000이다. 재무상태표(법인세를 고려하기 전에)는 자산 총계 $185,000, 부채 총계 $90,000, 자본 $95,000를 반영했다. 4개의 조정분개에 관한 정보는 다음과 같다.

a. 12월 마지막 3일에 대한 급여 $37,000는 지급 혹은 기록되지 않았다. 다음 급여 지급일은 다음 연도 기초이다.)

b. 원가 $190,000의 장비에 대한 1년치 감가상각액 $19,000는 기록되지 않았다.

c. 이번 연도 12월 1일에 사무실공간을 12월 1일부터 다음 연도 2월 28일까지 임대하고, 임대료 $10,500를 받았다. 받은 날 차변에 $10,500를 선수임대료로 기록했다.

d. 법인세는 기록하지 않았다. 회사의 법인세율은 30%이다.

요구사항 :

오류 4개가 재무제표에 미치는 영향을 정정하기 위해 아래의 도표를 완성하시오. (괄호로 공제표시를 하시오)

항목	당기순이익	자산 총계	부채 총계	자본
보고된 잔액	$65,000	$185,000	$90,000	$95,000
추가적인 조정사항 :				
a. 급여				
b. 감가상각비				
c. 임대료				
조정된 잔액				
d. 법인세비용				
수정된 잔액				

E4-18. 조정분개가 미치는 영향을 기록하고, 수정된 손익계산서와 재무상태표 작성하기

12월 31일에 Grillo Company 경리직원은 다음의 손익계산서와 요약된 재무상태표를 작성했고, 3개의 조정분개를 무시했다.

	작성된 금액	조정분개가 미치는 효과	정정된 금액
손익계산서			
수익	$ 97,000	______	______
비용	(73,000)	______	______
법인세비용	______	______	______
당기순이익	$ 24,000		______
재무상태표			
자산			
현금	$ 20,000	______	______
매출채권	22,000	______	______
미수임대료		______	______
기계장치	50,000	______	______
감가상각누계액	(10,000)	______	______
	$ 82,000		______
부채			
매입채무	$ 10,000	______	______
미지급법인세		______	______
자본			
보통주자본금	10,000	______	______
주식발행초과금	30,000	______	______
이익잉여금	32,000	______	______
	$ 82,000		______

조정분개와 관련된 정보는 다음과 같다:

a. 이번 연도 12월에 가득된 임대료 $2,500는 회수와 기록을 모두 하지 않았다.

b. 이번 연도 기계장치의 감가상각액 $4,500를 기록하지 않았다.

c. 이번 연도 법인세비용 $5,100를 지급과 기록을 모두 하지 않았다.

요구사항:

1. 누락된 조정분개 3개를 수행하시오. 손익계산서와 재무상태표에 있는 계정과목을 이용하시오.
2. 위의 도표에서 오른쪽에 있는 2열에 조정분개가 미치는 영향과 손익계산서와 재무상태표에 정정된 금액을 입력하여 완성하시오.

E4-20. 조정분개 4개를 기록하고 정산표 완성하기

Green Valley Company는 12월 31일에 끝나는 첫 번째 사업연도에 다음의 시산표를 작성했다. 상황을 단순화하기 위해서, 주어진 금액의 단위는 천 달러이다.

계정과목	수정 전		수정		수정 후	
	차변	대변	차변	대변	차변	대변
현금	20					
매출채권	13					
선급보험료	8					
기계장치	85					
감가상각누계액						
매입채무		11				
미지급급여						
미지급법인세						
보통주자본금(4,000주)		4				
주식발행초과금		67				
이익잉여금	6					
수익(자세한 사항은 생략)		82				
비용(자세한 사항은 생략)	32					
합계	164	164				

12월 31일에 기록되지 않은 기타정보는 다음과 같다:

a. 이번 연도에 만료되는 보험 $7

b. 미지급급여 $4

c. 이번 연도의 감가상각비 $9

d. 법인세비용 $11

요구사항:

1. 이번 연도에 대한 조정분개를 하시오.
2. 정산표를 완성하시오.

E4-21. 손익계산서, 자본변동표 및 재무상태표 작성하기

E4-20을 참고하시오.

요구사항:

E4-20에 Green Valley Company의 조정된 잔액을 이용하여, 이번 연도에 대한 손익계산서, 자본변동표 및 재무상태표를 작성하시오.

E4-22. 마감분개 기록하기

E4-20을 참고하시오.

요구사항:

1. 회계연도 말에 장부를 마감하는 목적은 무엇인가?
2. E4-20에 Green Valley Company의 조정된 잔액을 이용하여, 이번 연도에 대한 마감분개를 수행하시오.

PROBLEMS

P4–1. 시산표 작성하기

Papa John's International Inc.는 전 세계에 피자 배달 및 테이크아웃 매장을 운영하고, 가맹점을 모집한다. 최근 연도 재무제표에서 공시된 계정 목록과 금액은 다음과 같다. 계정의 평상잔액은 차변 혹은 대변에 나타나고, 금액은 가까운 천 달러까지 반올림한다. (단위: 천 달러)

매입채무	$ 38,832	무형자산	$ 82,007
매출채권	56,047	이자비용	4,077
미지급비용	58,293	이자수익	702
감가상각누계액	337,524	재고자산	27,394
주식발행초과금	47,912	토지	32,880
광고선전비	63,463	장기차입금	230,451
건물	203,621	장기미수금	12,801
현금	20,122	기타자산	42,530
보통주자본금	433	기타장기부채	64,063
매출원가	732,391	선급비용 및 기타유동자산	36,812
감가상각비	39,965	임차료 및 수도광열비	215,696
비품	320,480	이익잉여금	?
일반관리비	148,789	매장 및 가맹점 매출수익	1,598,149
법인세비용	40,940	급여 및 복리후생비	280,215
미수환급법인세	9,527	단기미수금	6,106
미지급법인세	9,637	선수수익	4,257

요구사항:

1. 수정후 시산표를 작성하시오.
2. 이익잉여금의 금액은 어떻게 계산하는가?

P4–2. 조정분개 기록하기

Zimmerman Company는 다음의 조정분개를 제외하고 이번 연도의 분개를 모두 완료했다. 회사의 회계연도는 12월 31일에 종료된다.

a. 이번 연도 9월 1일에 Zimmerman은 보관장소에 대한 6개월치 임대료 $8,400를 받았다. 그 날에 Zimmerman은 $8,400를 차변에 현금, 대변에 선수임대료로 기록했다.

b. 이번 연도 10월 1일에 회사는 지방은행으로부터 $18,000를 차입하고, 그 금액에 대해 이자 12%인 1년 만기 어음을 발행했다. 원금과 이자는 만기에 상환한다.

c. 이번 연도 7월 1일에 원가 $15,000에 취득한 서비스 트럭의 감가상각비 $2,500를 인식해야 한다.

d. 11월 1일부터 1년간 서비스를 균등하게 제공하기로 하고, 이번 연도 11월에 현금 $3,000를 수취했다. 현금을 수취한 날에, 대변에 선수서비스수익으로 기록했다.

e. 이번 연도 11월 1일에 Zimmerman은 손해보험에 대해 1년치 보험료 $9,000를 지급했고, 그 날부터 보험이 적용됐다. 그 금액을 대변에 현금, 차변에 선급보험료로 기록했다.

f. 회사는 이번 연도 12월 29일에 완료하는 특별한 업무에 대해서 서비스수익 $4,000를 가득했다.

다음 연도 1월에 대금을 회수할 예정이나, 분개를 기록하지 않았다.

g. 이번 연도 12월 31일에 종업원이 일한 급여가 총 $14,000이다. 다음 연도 1월에 있는 다음 급여 지급일에 직원들은 지급받을 예정이다.

h. 이번 연도 12월 31일에 회사는 토지에 대한 이번 연도의 재산세를 $500로 추정했다. 재산세는 다음 연도 1월에 고지서를 받으면 납부할 예정이다.

요구사항:

1. 각 거래가 이연수익, 이연비용, 발생수익, 발생비용과 관련이 있는지 분류하시오.
2. 이번 연도 12월 31일에 각 거래에 대해 필요한 조정분개를 수행하시오.

P4-4. 조정분개가 재무제표에 미치는 영향 확인하기

P4-2의 Zimmerman Company와 관련된 정보를 참고하시오.

요구사항:

1. 각 거래가 이연수익, 이연비용, 발생수익, 발생비용과 관련이 있는지 분류하시오.
2. 아래의 표를 이용하여 각 조정분개가 미치는 영향과 금액을 표시하시오. 증가는 +, 감소는 −, 영향 없음은 NE로 표시하시오. (**주의 :** 자산=부채+자본; 수익−비용=당기순이익; 당기순이익 계정은 자본 계정중의 일부인 이익잉여금으로 마감된다.)

거래	재무상태표			손익계산서		
	자산	부채	자본	수익	비용	당기순이익
a.						
b.						
c.						
(etc.)						

P4-7. 조정분개 및 마감분개를 기록하고, 재무상태표와 주당순이익을 포함한 손익계산서 작성하기

소형 서비스 회사 Tunstall, Inc.는 회계사의 도움 없이 회계 기록을 보관하고 있다. 많은 노력 끝에 외부 회계사가 연간 회계기간의 기말, 12월 31일에 수정전 시산표를 다음과 같이 작성했다.

계정과목	차변	대변
현금	42,000	
매출채권	11,600	
소모품	900	
선급보험료	800	
서비스 트럭	19,000	
감가상각누계액		9,200
기타자산	8,300	
매입채무		3,000
미지급급여		

미지급법인세		
지급어음 (3년 만기; 매년 12월 31일에 10% 이자 지급함)		17,000
보통주자본금 (평균유통주식수 5,000주)		400
주식발행초과금		19,000
이익잉여금		6,000
서비스수익		61,360
기타비용 (자세한 사항은 생략; 법인세 제외)	33,360	
법인세비용		
총계	115,960	115,960

이번 연도 12월 31일에 아직 기록되지 않은 정보는 다음과 같다:

a. 이번 연도 12월 31에 소모품의 재고실사 결과 $300의 재고가 남아 있고 다음 연도에 사용할 예정이다.
b. 이번 연도에 만료되는 보험 $800
c. 이번 연도의 감가상각비 $3,700
d. 이번 연도 12월 3일에 지급하지 않았으나 종업원이 근무한 급여 $640
e. 법인세비용 $5,540

요구사항:

1. 이번 연도에 대한 조정분개를 하시오.
2. 위의 5가지 거래를 반영하여 이번 연도의 손익계산서를 작성하고 계정이 분류된 재무상태표를 작성하시오.
3. 마감분개를 하시오.

ALTERNATE PROBLEMS

AP4-1. 시산표 작성하기

Starbucks Corporation은 고급 커피콩을 매입하고 로스팅하여 신선한 커피, 이탈리아 스타일의 에스프레소 음료, 다양한 페이스트리와 과자, 커피 관련 액세서리 및 용품, 고급 차와 함께 커피콩을 판매한다. 기업이 운영하는 소매 매장을 통한 매출을 포함하여 다른 유통경로를 통해서 Starbucks는 커피와 차 제품을 판매한다. 다음은 최근 재무제표에 보고된 계정과 금액의 목록을 요약한 것이다. 계정의 평상잔액은 차변 혹은 대변에 나타나고, 금액은 가까운 백만 달러까지 반올림한다. (단위: 백만 달러) 회계연도는 9월 30일에 끝난다.

계정	금액	계정	금액
매입채무	$ 540	재고자산	$ 966
매출채권	387	장기투자자산	479
미지급부채	1,536	장기부채	897
감가상각누계액	3,808	순매출	11,903
주식발행초과금	39	기타유동자산	230
현금	1,148	기타유형자산	730
보통주자본금	2	기타영업비용	402
매출원가	4,949	선급비용	162
감가상각비	523	유형자산	6,163
일반관리비	636	이익잉여금	?
법인세비용	563	단기투자자산	903
이자비용	33	매장운영비용	3,665
이자수익	116		

요구사항:

1. 9월 30일의 수정후 시산표를 작성하시오.
2. 이익잉여금의 금액을 어떻게 계산하는가?

AP4-2. 조정분개 기록하기

Hannah Company의 회계연도는 매년 6월 30일에 종료한다. 다음의 조정분개를 제외하고 이번 연도의 분개를 모두 수행했다:

a. 3월 30일에 Hannah는 손해보험에 대해 6개월치 보험료 $3,200를 지급했고, 그 날부터 보험이 적용됐다. 그 금액을 대변에 현금, 차변에 선급보험료로 기록했다.

b. 6월 1일에 Hannah는 2개월치 정비수익(maintenance revenue) $450를 받았다. 그 날에 Hannah는 $450를 차변에 현금, 대변에 선수정비수익(Unearned Maintenance Revenue)으로 기록했다.

c. 6월 30일에 직원이 근무하고 급여 $900가 발생했으나 지급하지 않았다. 다음 회계연도 기초인 7월에 있는 다음 급여 지급일에 직원에게 지급할 예정이다.

d. 이번 연도 기초 7월 1일에 서비스 트럭을 $15,000에 구매하여, 트럭의 감가상각액 $3,000를 인식해야 한다.

e. 5월 1일에 서비스를 5월 1일부터 1년간 제공하기로 하고 현금 $4,200를 받았다. 현금을 받았을 때, 대변에 선수서비스수익으로 기록했다.

f. 2월 1일에 회사는 지역은행으로부터 $18,000를 차입하고, 이자 9%인 1년 만기 어음 $18,000를 발행했다. 원금과 이자는 만기에 지급하기로 했다.
g. 6월 30일에 회사는 이번 회계연도의 하반기에 소유한 토지에 대해서 재산세 $500를 추정했다. 다음 회계연도 8월에 고지서를 받을 때, 재산세를 지급할 예정이다.
h. 회사는 이번 연도 6월 29일에 완료하는 특별한 업무에 대해서 서비스수익 $4,000를 가득했다. 다음 회계연도 7월에 대금을 회수할 예정이나, 분개를 기록하지 않았다.

요구사항:

1. 각 거래가 이연수익, 이연비용, 발생수익, 발생비용과 관련이 있는지 분류하시오.
2. 이번 연도 6월 30일에 각 거래에서 필요한 조정분개를 하시오.

AP4-4. 조정분개가 재무제표에 미치는 영향 확인하기

AP4-2의 Hannah Company와 관련된 정보를 참고하시오.

요구사항:

1. 각 거래가 이연수익, 이연비용, 발생수익, 발생비용과 관련이 있는지 분류하시오.
2. 아래의 표를 이용하여 각 조정분개가 미치는 영향과 금액을 표시하시오. 증가는 +, 감소는 −, 영향 없음은 NE로 표시하시오. (**주의 :** 자산=부채+자본; 수익−비용=당기순이익; 당기순이익 계정은 자본 계정중의 일부인 이익잉여금으로 마감된다.)

거래	재무상태표			손익계산서		
	자산	부채	자본	수익	비용	당기순이익
a.						
b.						
(etc.)						

AP4-7. 조정분개 및 마감분개를 기록하고, 재무상태표와 주당순이익을 포함한 손익계산서를 작성하기

South Bend Repair Service Co.는 회계사의 도움 없이 회계기록을 보관하고 있다. 많은 노력 끝에 외부 회계사가 연간 회계기간의 기말인 12월 31일자 수정전 시산표를 다음과 같이 작성했다.

계정과목	차변	대변
현금	19,600	
매출채권	7,000	
소모품	1,300	
선급보험료	900	
장비	27,000	
감가상각누계액		12,000
기타자산	5,100	
매입채무		2,500
미지급급여		
미지급법인세		
지급어음 (2년 만기; 매년 12월 31일에 12% 이자 지급함)		5,000

보통주자본금 (1년 내내 유통주식 3,000주)		300
주식발행초과금		15,700
이익잉여금		10,300
서비스수익		48,000
기타비용 (자세한 사항은 생략; 법인세 제외)	32,900	
법인세비용		
합계	93,800	93,800

이번 연도 12월 31일에 아직 기록되지 않은 정보는 다음과 같다:

a. 이번 연도의 감가상각비 $3,000

b. 이번 연도에 만료되는 보험 $450

c. 이번 연도 12월 31일에 지급하지 않았으나 종업원이 근무한 급여 $2,100

d. 이번 연도 기말에 소모품의 재고실사 결과 $800의 재고가 남아 있고 다음 연도에 사용할 예정임.

e. 법인세비용 $3,150

요구사항:

1. 이번 연도에 대한 조정분개를 하시오.
2. 위의 5가지 거래를 반영하여 이번 연도의 손익계산서와 계정이 분류된 재무상태표를 작성하시오.
3. 마감분개를 하시오.

CONTINUING PROBLEM

CON4-1. 기말에 계정 조정하기(회계순환과정)

Penny's Pool Service & Supply, Inc.(PPSC)는 이번 연도 12월 31일에 회계순환과정을 종료했다. 이번 연도의 거래를 분개하고 전기했다. 조정분개에 대하여 이용 가능한 정보는 다음과 같다:

a. PPSS는 사무실 안내데스크 직원과 보조원 3명이 12월의 마지막 10일을 근무한 것에 대해 $7,500의 급여를 아직 지급하지 않았다. 다음 연도 1월에 지급할 예정이다.

b. 10월 1일에 PPSS는 고객에게 수영장 청소서비스를 이번 연도 11월 1일부터 1년간 제공하기로 하고 $24,000를 받았다.

c. 기업은 12월 전기 및 가스 사용량에 대해서 $520의 고지서를 받았고, 다음 연도 1월에 지급할 예정이다.

d. 5월 1일에 PPSS는 지방은행으로부터 $30,000를 차입하고, 이자 10%인 1년 만기 어음을 지급했다. 원금과 이자는 다음 연도 5월 1일에 상환한다.

e. 12월 31일에 PPSS는 $800에 고객의 수영장을 청소하고 겨울을 대비하는 서비스를 제공했으나, 12월 31일에 아직 기록하지 않았다.

f. 8월 1일에 PPSS는 2년치 보험료 $4,200를 지급했고, 보험은 그 날부터 적용했다. 지급했을 때, 금액을 선급보험료로 기록했다.

g. 이번 연도 12월 31일에 PPSS는 보유중인 수영장 청소용 소모품은 $3,100이다. 이번 연도에 PPSS는 Pool Corporation, Inc.에게서 $23,000의 소모품을 구입했고, 전년도 12월 31일에 보유중인 소모품은 $2,400이었다.

h. PPSS는 건물과 장비에 대한 이번 연도의 감가상각비를 $8,300로 추정했다.

i. 12월 31일에 투자자산에 대한 이자 $110가 발생했으나 다음 연도에 지급될 예정이다.

요구사항:

이번 연도 12월 31일에 Penny's Pool Service & Supply, Inc.의 조정분개를 하시오.

COMPREHENSIVE PROBLEM (CHAPTERS 1-4)

COMP4-1. 조정분개와 마감분개를 포함한 거래 기록, 재무제표 작성 및 비율 분석하기

Mike와 Time Hargen 형제는 2016년 1월 1일에 본인의 연장 및 금형 매장(H&H Tool, Inc.)을 운영하기 시작했다. 보고기간은 매년 12월 31일에 종료한다. 2017년 1월 1일의 시산표는 다음과 같다:

계정과목	차변	대변
현금	6,000	
매출채권	5,000	
소모품	13,000	
토지		

장비	78,000	
장비의 감가상각누계액		8,000
기타자산 (자세한 사항은 생략)	7,000	
매입채무		
미지급급여		
미지급이자		
미지급법인세		
장기미지급금		
보통주자본금 (8,000주, 액면가 $0.50)		4,000
주식발행초과금		80,000
이익잉여금		17,000
서비스수익		
감가상각비		
소모품비		
급여		
이자비용		
법인세비용		
기타비용 (자세한 사항은 생략)		
합계	109,000	109,000

2017년에 발생한 거래는 다음과 같다.

a. 3월 1일에 현금 $15,000를 차입하고 이자 8%인 5년 만기 지급어음을 지급했다.
b. 미래 건물 부지를 위해 토지를 현금 $13,000에 매입했다.
c. 2017년의 매출은 $215,000이고 그 중 외상매출은 $52,000, 나머지는 현금매출이다.
d. 1월 1일에 주당 시장가격 $1에 현금으로 보통주 주식 4,000주를 추가로 발행했다.
e. 2017년에 기타비용 $114,000가 발생했고 그 중 여전히 지급하지 않은 비용 $20,000가 남아 있다. 나머지는 현금으로 지급했다.
f. 매출채권 $34,000를 회수했다.
g. 기타자산을 현금 $15,000에 취득했다.
h. 미래에 사용할 소모품 $27,000를 외상으로 구입했다.
i. 매입채무 $26,000를 상환했다.
j. 2018년 2월 1일부터 3년간 $33,000의 서비스 계약을 체결했다.
k. 배당을 선언하고 현금 $25,000를 지급했다.

조정분개와 관련된 정보는 다음과 같다:

l. 2017년 12월 31일에 남아 있는 소모품은 $18,000이다.
m. 장비에 대한 이번 연도의 감가상각비는 $10,000이다.
n. 지급어음에서 이자가 발생했다(이자를 계산하시오).

o. 12월 24일 급여일 이후에 직원이 근무한 급여 $16,000가 발생했지만 아직 지급하지 않았다.
p. 법인세 비용 $11,000가 발생했고, 2018년에 지급할 예정이다.

요구사항:

1. 시산표에 있는 계정에 대해서 T계정을 작성하고 기초 잔액을 입력하시오.
2. 거래 (a)부터 (k)까지 분개를 하고, T계정에 전기하시오.
3. (l)부터 (p)까지의 조정분개를 하고 전기하시오.
4. 주당순이익(소수점 2번째 자리까지 반올림하시오)을 포함한 손익계산서, 자본변동표 및 재무상태표를 작성하시오.
5. (a)부터 (k)까지의 거래가 현금흐름표에서 어떤 활동에 해당되는지 분류하시오(영업활동 O, 투자활동 I, 재무활동 F). 현금흐름표에 미치는 영향의 방향과 금액을 표기하시오.
6. 마감분개를 하고 전기하시오.
7. 2017년에 다음의 비율(소수점 2번째 자리까지 반올림하시오)을 계산하고, 그 결과가 회사에 의미하는 것을 설명하시오.
   a. 유동비율
   b. 총자산회전율
   c. 매출액순이익률

CASES **AND PROJECTS**

사업보고서 사례

CP4-1. 재무정보 찾기

이 책의 끝에 있는 부록 B의 American Eagle Outfitters의 재무제표를 참고하시오.

요구사항:

(**힌트:** 재무제표에 있는 주석이 질문에 대한 답변에 많이 도움이 된다.)

1. 기업은 2014 회계연도(2015년 1월 31일에 끝나는 연도)에 법인세를 지급하기 위해 현금을 얼마나 썼는가?
2. 2014 회계연도에 매출액 기준으로 최대의 분기는 언제인가? 이런 정보는 어디에서 찾았는가?
3. 기타(순)이익 계정에 대해서 마감분개를 하시오.
4. 매출채권의 구성은 어떻게 되는가? 2015년 1월 31일에 계정과목과 계정의 잔액을 제시하시오. 이런 정보는 어디에서 찾았는가?
5. 보고된 3년 동안의 매년 총자산회전율(소수점 3번째 자리까지 반올림하시오)을 계산하시오. American Eagle Outfitters는 어떤 추세를 보이는가?

CP4-2. 재무정보 찾기

이 책의 끝에 있는 부록 C의 Urban Outfitters의 재무제표를 참고하시오.

요구사항:

1. 가장 최근 연도(2015년 1월 31일에 종료하는 연도)의 기말에 선급비용과 기타유동자산 계정의 금액은 얼마인가? 이런 정보는 어디서 찾았는가?
2. 2015년 1월 31일에 이연임차료(Deferred Rent)와 기타부채에 대해서 무엇을 보고하는가? 이런 정보는 어디에서 찾았는가?
3. 선급임차료와 이연임차료의 차이점은?
4. 일반적인 용어로 미지급부채(accrued liabilities)를 설명하시오.
5. 손익계산서에 보고되는 이자수익을 발생시키는 것은 무엇인가?
6. 마감후시산표에 잔액이 없는 계정은 무엇인가?
7. 선급비용에 대해서 마감분개가 있는 경우, 마감분개를 작성하시오.
8. 3년 동안 보고된 기업의 기본주당순이익은 얼마인가?
9. 3년 동안 보고된 기업의 총자산회전율(소수점 3번째 자리까지 반올림하시오)을 계산하시오. Urban Outfitters는 어떤 추세를 보이는가?

CP4-3. 시간 경과에 따른 업계 내 기업 비교하기

이 책의 끝에 있는 부록 B의 American Eagle Outfitters와 부록 C의 Urban Outfitters의 재무제표, 부록 D에 있는 산업비율보고서를 참고하시오.

요구사항:

1. 가장 최근 연도에 각 기업의 광고선전비는 얼마인가? 이런 정보는 어디서 찾았는가?
2. 두 기업의 가장 최근연도의 순매출 대비 광고선전비의 비율을 계산하시오(소수점 2번째 자리까지 반올림하시오). 어떤 기업이 비율이 더 높은가? 계산과정을 보이시오. 이전 2개년도에 대해서 이런 비교를 할 수 있겠는가? 할 수 있는 경우, 계산과정을 보이시오. 할 수 없는 경우, 하지 못하는 이유를 설명하시오.
3. 요구사항 2에서 계산한 가장 최근 연도에 순매출 대비 광고선전비 비율을 업계 비율 보고서(부록 D)에 있는 업계평균과 비교하시오. 두 기업은 평균 경쟁업체보다 상대적으로 광고선전비를 더 썼는가? 덜 썼는가? 이 비율이 각 기업의 광고전략에 대한 일반적인 효과에 대해서 무엇을 의미하는가?
4. 두 기업의 재무제표에 광고선전비와 관련된 회계정책을 설명하는 주석이 있다. 정책들이 어떻게 다른가?
5. 보고된 3년간의 각 기업의 총자산회전율을 계산하시오(소수점 3번째 자리까지 반올림하시오). 여러분의 결과가 시간이 경과하면서 각 기업에 대해서 어떤 점을 제시하는가? 서로 비교한 결과는 어떤 정보를 제시하는가?
6. 가장 최근 연도의 각 기업의 총자산회전율을 업계 비율 보고서(부록 D)에 있는 업계의 총자산회전율 평균과 비교하시오. 두 기업은 업계 평균기업보다 잘 했는가? 못했는가?

재무보고서와 분석 사례

CP4-4. 재무제표에 있는 금액 계산하고, 재무정보 찾기

이번 회계연도 기말 12월 31에 Liberty Circle Apartments(법인)의 기록은 다음과 같다.

임대료

a. 이번 연도에 현금으로 수취한 임대료 $500,000

b. 이번 연도 12월에 이용한 대가로 임대료 $10,000가 발생했지만 다음 연도에 지급받을 예정이다.

c. 이번 연도 12월에, 다음 연도 1월의 임대료 $14,000를 먼저 받았다.

급여

d. 이번 연도 1월에, 이전 연도 12월에 일한 급여(이전 연도에 발생함) $6,000를 직원에게 지급했다.

e. 이번 연도에 발생하고 지급한 급여 $70,000

f. 이번 연도 12월에 직원이 일한 급여 $3,000가 발생했으나 다음 연도 1월에 지급할 예정이다.

g. 다음 연도 1월의 급여 $2,000를 이번 연도 12월에 직원에게 현금으로 미리 지급했다.

소모품

h. 이번 연도 1월 1일에 보유중인 보수용 소모품 $7,000

i. 이번 연도에 현금으로 구매한 보수용 소모품 $8,000

j. 이번 연도 12월 31일에 재고조사 결과, 보수용 소모품 $2,000가 남아 있다.

요구사항:

아래의 각 계정에 대해서, 이번 연도에 보고할 금액을 계산하시오. 계정이 보고될 재무제표와 현금흐름에 미치는 영향(+: 현금증가, −: 현금감소)을 표시하시오. (**힌트:** 금액을 계산하기 위해 T계정을 만드시오.)

계정	이번 연도 금액	재무제표	현금흐름에 미치는 영향
1. 임대료			
2. 급여			
3. 보수용 소모품비			
4. 미수임대료			
5. 종업원으로부터 수취			
6. 보수용 소모품			
7. 선수임대료			
8. 미지급급여			

CP4-5. 재무보고서 이용하기: 조정분개, 계산에 이용할 정보 추론하기 및 마감분개 기록하기

3번째 사업연도 기말에 Naim Company의 T계정에서 마감전 잔액은 다음과 같다. 기호와 함께 이번 연도의 조정분개를 진행했다.

현금			
잔액	25,000		

지급어음(6%)			
		잔액	10,000

보통주자본금(10,000주)			
		잔액	10,000

보수용 소모품			
잔액	800	(a)	500

미지급이자			
		(b)	600

이익잉여금			
		잔액	12,000

서비스 장비			
잔액	90,000		

미지급법인세			
		(f)	13,020

서비스수익			
		잔액	214,000
		(c)	10,000

서비스 장비의 감가상각누계액			
		잔액	21,000
		(d)	9,000

미지급급여			
		(e)	400

비용			
잔액	160,000		
(a)	500		
(b)	600		
(d)	9,000		
(e)	400		
(f)	13,020		

기타자산			
잔액	44,800		

선수수익			
(c)	10,000	잔액	13,600

주식발행초과금			
		잔액	40,000

요구사항:

1. 다음의 형식을 이용하여 Naim Company의 3가지 시산표를 작성하시오.

계정	수정전 시산표		수정후 시산표		마감후 시산표	
	차변	대변	차변	대변	차변	대변

2. 조정분개 각각에 대한 설명을 서술하시오.
3. 이번 연도 기말의 마감분개를 기록하시오.
4. 이번 연도 평균 법인세율은?
5. 보통주 주식 1주당 평균 발행가격은?

CP4-6. 재무보고서 이용하기: 수정사항이 미치는 영향 분석하기

비상장법인(closely held corporation) Carey Land Company는 상업용 임대부동산에 투자한다. Carey의 연간 회계기간은 12월 31일에 종료한다. 이번 연도와 이전 연도에 종료된 많은 거래들이 이번 연도와 미래의 재무제표에 경제적 영향을 미치기 때문에, 매년 말에 많은 조정분개를 해야 한다. 이번 연도는 2018년도라고 가정한다.

요구사항:

이번 상황은 여러분의 분석을 위해 선택한 4가지 거래와 관련 있다. 각 거래의 질문에 답하시오.

거래 (a) : 2016년 1월 1일에, 기업은 사업 목적으로 사무실 장비 $14,000를 구입했다. 기업은 장비의 원가를 감가상각하기 위해 매년 $1,000씩 할당할 것으로 추정했다.

1. 이 거래가 Carey의 재무제표에 직접적으로 영향을 미치는 기간은 몇 회계기간 동안인가? 설명하시오.
2. 2016년과 2017년 손익계산서에 보고한 감가상각비는 얼마인가?
3. 2018년에 보고해야 할 사무실 장비는 얼마인가?
4. 장비의 사용연수 동안에, Carey는 매년 기말에 조정분개를 해야 하는가? 여러분의 답변을 설명하시오.

거래 (b) : 2018년 9월 1일에 Carey는 사무실 장소를 임대하고 임대료 $30,000를 회수했다. 이 금액은 2018년 9월 1일부터 다음 연도 2월 28일까지의 6개월치 임대료를 미리 받은 금액이다. $30,000를 대변에 선수임대료로, 차변에 현금으로 기록했다.

1. 이 거래가 Carey의 재무제표에 직접적으로 영향을 미치는 기간은 몇 회계기간 동안인가? 설명하시오.
2. 2018년 손익계산서에 Carey가 사무실 장소를 임대하고 보고해야 하는 임대료수익은 얼마인가?
3. 2018년 기말에 이 거래가 Carey에게 부채를 증가시켰는가? 설명하시오. 부채의 금액은?
4. Carey는 2019년 12월 31일에 조정분개를 해야 하는가? 이유를 설명하시오. 조정분개를 해야 하는 경우, 조정분개를 작성하시오.

거래 (c) : 직원이 2018년 마지막 3일을 근무했기 때문에, 2018년 12월 31일에 Carey는 직원에게 급여 $7,500를 지급 및 기록하지 않았다. 다음 급여 지급일은 2019년 1월 5일이다.

1. 이 거래가 Carey의 재무제표에 직접적으로 영향을 미치는 기간은 몇 회계기간 동안인가? 설명하시오.
2. 금액 $7,500가 Carey의 2018년 손익계산서와 재무상태표에 영향을 미칠 것인가?
3. Carey는 2018년 12월 31일에 조정분개를 해야 하는가? 이유를 설명하시오. 조정분개를 해야 하는 경우, 조정분개를 작성하시오.

거래 (d) : 2018년 1월 1일에, Carey는 고객 J. Signanini를 위한 광대한 토지의 분할계획을 검토하기로 계약했다. Carey가 제공할 서비스 업무는 4가지 단계로 구분된다. 2018년 12월 31일까지, 3단계까지는 Signanini의 만족에 부응했다. 마지막 단계는 2019년에 진행될 예정이다. 4단계에 대한 총가격(양 당사자가 사전에 동의했다)은 $60,000이다. 각 단계는 서비스 금액이 모두 동일하다. 2018년 12월 31일에, Carey는 이미 제공했던 서비스에 대해서 현금을 아직 받지 못했다.

1. 2018년에 Carey는 이 업무에 대해서 서비스 수익을 기록해야 하는가? 이유를 설명하시오. 기록해야 하는 경우, 얼마를 기록해야 하는가?
2. 항목 (1)에서 기록해야 한다고 답한 경우, 2018년 12월 31일에 Carey는 조정분개를 해야 하는가? 조정분개를 해야 하는 경우, 조정분개를 작성하고 설명하시오.
3. 계약금액 전액을 완료일인 2019년 2월 15일에 지급받는다고 가정한다. 마지막 단계까지 서비스를 모두 제공한 경우, Carey는 어떤 분개를 할 것인가?

CP4-7. 재무보고서 이용하기: 사업 인수에 관련한 재무정보 분석하기

Crystal Mullinex는 Crystal's Day Spa and Slon, Inc.를 소유하고 운영하고 있다. 그녀는 사업을 매각하고 은퇴하기로 결정했다. 그녀는 Day Spa의 지역 체인점 대표들과 논의했다. 매각가격을 협상하는 복잡한 단계를 논의 중이다. 중요한 요인 중에 기업의 재무제표가 있다. Crystal의 비서 Kenya는 Crystal의 지시대로 기록을 관리했다. 매년 현금주의로 이익 보고서를 작성했으나 재무상태표를 작성하지 않았다. 요청에 따라 Crystal은 Kenya가 작성한 2018년의 보고서를 다른 기업에게 제공했고, 보고서는 다음과 같다.

CRYSTAL'S DAY SPA AND SALON, INC.
이익 보고서
2018

회수한 Spa 수수료 수익		$1,215,000
지급한 비용 :		
사무실 장소 임차료	$130,000	
수도광열비	43,600	
전화요금	12,200	
급여	562,000	
소모품비	31,900	
기타비용	12,400	
총비용		792,100
이익		$ 422,900

당사자 간의 계약에 의하면, 여러분에게 2018년의 재무수치를 검토할 것을 부탁했다. 다른 기업의 대표는 "금액이 100% 현금주의로 표시되기 때문에 이의를 제기합니다."라고 말했다. 여러분의 조사를 통해 2018년 12월 31일에 다음의 정보를 추가로 발견했다.

a. 2018년에 회수한 Spa 수수료 $1,215,000 중에 $142,000는 2018년 이전에 제공한 서비스 수익이다.
b. 2018년 기말에, 이번 연도에 제공한 서비스 중 Spa 수수료 $29,000는 아직 지급받지 못했다.
c. Crystal이 소유하고 사용했던 사무실 장비의 원가는 $205,000이었다. 매년 감가상각액을 $20,500로 추정했다.
d. 2018년 12월 31일에 이번 연도에 매입한 금액 중 현재 보유중인 소모품의 재고가치는 $5,200이다. 또한, 2017년의 기록에서 기말에 보유중인 소모품은 $3,125이다.
e. 2018년 기말에 급여가 매년 $18,000인 비서는 2019년 1월 15일까지 연장된 장기출장 때문에 12월 급여를 지급받지 못했다.
f. 2018년 12월 전화요금 고지서 $1,400를 기록 및 지급하지 않았다. 게다가 이익 보고서에 있는 $12,200에는 2018년 1월에 납부한 2017년 12월 요금 $1,800가 포함되어 있다.
g. 지불된 $130,000의 사무실 임차료는 13개월치 임차료이다. (2019년 1월 임차료를 포함했다.)

요구사항:

1. 위의 정보에 근거하여, 2018년의 정확한 손익계산서를 작성하시오(법인세는 무시하시오). Crystal의 비서가 작성한 보고서에 있는 금액이 변동되는 경우, 변동되는 금액의 계산과정을

보이시오. (**제안 :** 4가지 항목 열이 있는 표를 이용하시오: 계정과목, Crystal보고서의 현금주의와 금액, 변동금액에 대한 설명, 올바른 수익 및 비용 인식기준과 금액)

2. 요구사항 (1)에서 작성한 표를 뒷받침하기 위한 간단한 설명을 작성하시오. 설명의 목적은 여러분의 변경사항에 대한 이유를 설명하고, 가격 결정에 고려해야 하는 기타 중요한 항목을 제시하기 위한 것이다.

비판적 사고 사례

CP4-8. 재무보고서 이용하기: 은행대출 담당자로서 재무정보 평가하기

Stoscheck Moving Corporation은 2017년 1월 1일 이후에 사업을 시작했다. 현재는 연간 회계보고기간의 기말, 2017년 12월 31일이다. 수익이 상당히 높았지만, 회사는 첫 번째 연도에 재정적으로는 좋지 않았다. 3명의 주주가 회사를 경영하고 있으나, 기록 관리에 주의를 많이 기울이지 않았다. 현금부족이 심각해진 시점에서 기업은 여러분의 은행에 $30,000의 대출을 신청했다. 여러분은 재무제표 전체를 요청했다.

다음은 직원이 작성한 2017년 연간 재무제표이고, 은행에 제출되었다.

STOSCHECK MOVING CORP.
재무상태표
2017년 12월 31일

자산	
현금	$ 2,000
매출채권	3,000
소모품	4,000
장비	40,000
선급보험료	6,000
기타자산	27,000
자산 총계	$82,000
부채	
매입채무	$ 9,000
자본	
보통주자본금(10,000주 유통중)	35,000
이익잉여금	38,000
부채 및 자본 총계	$82,000

STOSCHECK MOVING CORP.
손익계산서
2017년 1월 1일~2017년 12월 31일

운송수익	$85,000
비용 :	
급여	17,000
소모품	12,000
기타비용	18,000
비용 총계	47,000
당기순이익	$38,000

재무제표를 간단히 검토한 후, 여러분은 전문가의 도움을 받아 "감가상각, 발생액(Accruals), 재고실사, 법인세 등을 포함"하기 위해 재무제표를 재작성해 줄 것을 요청했다. 기록과 보조문서를 검토한 결과로, 다음의 정보를 추가로 발견했다:

a. 재무상태표에 보고된 소모품 $4,000는 2017년에 사용한 소모품에 대해서 조정하지 않았다.
b. 2017년에 지급한 보험료는 2017년과 2018년의 보험료이다. 2017년에 지급한 총 보험료 전액을 차변에 선급보험료로 기록했다.

c. 2017년 1월 1일에 구입할 당시 장비의 원가는 $40,000이다. 연간 감가상각비를 $8,000로 추정했다. 2017년에 감가상각비를 기록하지 않았다.

d. 2017년 12월 31일에 지급하지 않은 급여(기록도 하지 않았다) $3,200

e. 2017년 12월 31일에 운송수익 $7,000를 미리 받았다. 2017년 이전에 현금이 회수되었을 때, 이 금액 모두를 대변에 운송수익으로 기록했다.

f. 법인세율은 35%이다.

요구사항:

1. 위의 추가 정보에 근거하여, 2017년 12월 31일에 필요한 조정분개 6개를 기록하시오.
2. 조정분개를 고려한 후에, 위의 재무제표를 수정하시오. 재무제표에서 계정을 분류할 필요가 없다. 문제 해결을 위해 제시된 양식 :

항목	보고된 금액	조정		수정된 금액
		차변	대변	
(2개의 재무제표에 있는 각 항목을 여기에 표기하시오.)				

3. 조정분개의 누락이 가져오는 결과 :
   a. $______만큼 당기순이익을 과대계상 혹은 과소계상된다. (과대 혹은 과소 중 택1)
   b. $______만큼 재무상태표에서 자산 총계가 과대평가 혹은 과소평가된다. (택1)
   c. $______만큼 재무상태표에서 부채 총계가 과대평가 혹은 과소평가된다. (택1)
4. 수정전 잔액과 수정후 잔액 모두에 대해서 기업의 비율을 계산하시오.
   (a) 주당순이익 (소수점 2번째 자리까지 반올림하시오.)
   (b) 총자산회전율 (소수점 3번째 자리까지 반올림하시오.) 1년 내내 유통 중인 주식은 10,000주이다. 차이의 원인과 수정 사항이 재무분석에 미치는 영향을 설명하시오.
5. 기업에 조정분개의 결과, 여러분의 분석, 대출에 대한 여러분의 결정을 설명하는 서신을 작성하시오.

CP4-9. 관리자로서 선수구독료의 조정분개가 현금흐름과 성과에 미치는 영향 평가하기

여러분은 Miga News Company에서 그 지역의 영업관리자이다. Miga는 2018년 3월 31일에 종료하는 회계연도에 조정분개를 하고 있다. 2017년 9월 1일에 여러분 지역의 고객이 3년간의 잡지 구독료 $36,000를 현금으로 지급했고, 그 날부터 구독하기 시작했다. 잡지는 발간되고 매달 고객에게 배송된다. 이 매출이 이번 회계연도 동안에 여러분의 지역에 있는 유일한 구독료매출이다.

요구사항:

1. 2018년 3월 31일에 종료되는 회계연도에 현금흐름표에 보고해야 하는 영업활동으로 인한 현금은 얼마인가?
2. 2018년 3월 31일에 종료되는 회계연도에 손익계산서에 구독료수익으로 보고해야 하는 금액은 얼마인가?
3. 2018년 3월 31일에 재무상태표에 선수구독료로 보고해야 하는 금액은 얼마인가?
4. 2017년 9월 1일에 받은 구독료 전액이 선수구독료로 기록되었다고 가정하고 2018년 3월 31일의 조정분개를 수행하시오.

5. 기업은 여러분 지역의 연간수익 목표를 $9,000로 예측하고 있다.
   a. 현금주의를 가정하고, 연간수익 목표와 비교하여 성과를 평가하시오.
   b. 발생주의를 가정하고, 연간수익 목표와 비교하여 성과를 평가하시오.

재무보고서와 분석 팀 과제

CP4-10. 팀 프로젝트: 발생주의, 주당순이익 및 매출액순이익률 분석하기

팀을 만들어 분석할 산업을 선택하시오. Yahoo!Finance는 biz.yahoo.com/p/industries.html에서 산업 목록을 제공한다. 기업 목록이 있는 산업을 클릭하시오. 다른 방법으로 구글 파이낸스 www.google.com/finance로 들어가서 관심 있는 기업을 검색하면, 그 회사와 경쟁사를 포함한 목록이 제공될 것이다. 각 팀원은 다른 회사를 선택한 팀원과 함께 그 산업에서 상장된 회사의 사업보고서 또는 연차보고서(10-K)를 얻어야 한다[미국증권거래위원회(SEC) EDGAR 서비스 www.sec.gov와 회사 투자자 관계 사이트를 참고하시오].

요구사항:

개인별로 각 팀원은 선택한 회사에 대해서 아래의 질문에 답변하는 간단한 보고서를 작성하시오. 팀으로서 여러분이 관찰한 회사들에 대해 모든 패턴을 논의하시오. 한 팀으로서 여러분들의 회사들을 비교하고 대조하는 보고서를 간략히 작성하시오.

1. 회사의 손익계산서에서 지난 3년간의 매년 기본주당순이익은 얼마인가?
2. 비율 분석:
   a. 일반적으로 총자산회전율을 어떻게 계산하는가?
   b. 지난 3년간의 총자산회전율을 계산하시오(소수점 3번째 자리까지 반올림하시오).
   c. 여러분의 결과가 회사에 의미하는 것은 무엇인가? (여러분은 사업보고서 혹은 10-K에서 "경영진 보고 및 분석사항(Management Discussion and Analysis)" 항목을 참고하여 기업이 시간 경과에 따른 변동사유에 대해서 언급한 내용을 찾을 수 있다.)
   d. 가능한 경우, 가장 최근 연도의 업계 비율을 찾고, 여러분의 결과와 비교하시오. 또한 여러분의 회사와 업계의 비율이 비슷하거나 혹은 다른 이유를 논의하시오.
3. 가장 최근 연도의 미지급비용의 계정과 금액에 대한 목록을 작성하시오. (재무제표에 있는 주석에서 자세한 정보를 찾을 수 있다.) 부채 총계 대비 총 미지급비용의 비율은?

회계정보의 전달 및 해석

오늘날 Apple의 제품 및 서비스에 영향을 받지 않고 있는 사람은 거의 없다. 1977년에 소개되어 처음 상용화된 개인용 컴퓨터인 Apple II부터 오늘날 우리가 사용하는 이동통신, 미디어 장치, 개인용 컴퓨터, 소프트웨어 및 iStore 콘텐츠에 이르기까지 Apple은 우리의 업무 방식, 놀이, 소통 방식을 근본적으로 변화시켰다. 현재의 Apple은 1977년 Steve Jobs, Steve Wozniak 및 벤처 캐피탈리스트 그룹이 설립했던 신생 벤처기업과는 거리가 멀다. 1977년 1억 달러였던 매출은 1982년 10억 달러로 증가했으며, 2014년에는 1,800억 달러를 초과했다. 이러한 업적을 이룰 수 있었던 것은 Apple이 새로운 제품을 발명한 것뿐만이 아니라, 개인용 뮤직 플레이어, 스마트폰 및 태블릿과 같은 완전히 새로운 제품군을 만들었기 때문이었다. 그리고 사용의 용이성에 초점; 하드웨어, 소프트웨어 및 콘텐츠의 완벽한 통합; 혁신적인 디자인; 주기적인 업데이트는 다른 회사가 Apple과 경쟁하기 어려운 부분이었다.

Apple의 재무제표에는 경이로운 판매 및 이익 성장이 반영되었고, 이 정보는 주식시장에 전달되었다. 이로 인해, Apple의 주가는 지난 6년간 7배 이상 상승했다.

재무제표 정보는 시장이 재무정보 전달과정의 무결성을 신뢰하는 경우에만 회사의 주가에 영향을 미칠 것이다. 상장회사인 Apple은 상세한 회사의 정보를 정기적으로 증권거래위원회(Securities and Exchange Commission, SEC)에 제출하여야 한다. 현재 사장 겸 CEO인 Timothy Cook과 수석 부사장 겸 최고재무책임자(Chief Financial Officer, CFO)인 Luca Maestri가 회사의 인증 담당 책임자로서 신고의 정확성에 대해 책임이 있다. 이사회와 감사는 공시를 하는 시스템의 무결성을 감시한다. 투자자 및 재무제표의 다른 이용자에게 정보를 전달하는 데 있어서의 무결성은 자본 공급자와의 관계를 유지하는 데 핵심이 된다.

학습목표

이번 장을 학습한 후, 여러분들은 다음을 할 수 있어야 한다.

5-1 회계전달과정(규제당국, 경영자, 이사, 감사, 정보중개인 및 정보이용자)에 관여하는 사람, 전달과정에서의 이들의 역할 및 법률 및 직업 기준으로부터 그들이 받는 지침에 대해 이해한다.

5-2 회계전달과정에서의 전자정보서비스 역할, 보도자료, 연차보고서, 분기보고서 및 SEC 보고서 작성 등의 단계를 확인한다.

5-3 실제로 회사가 사용하는 다양한 재무제표와 공시 양식에 대해 이해하고, 매출총이익률을 분석한다.

5-4 총자산이익률과 그 구성요소 및 거래가 재무비율에 미치는 영향을 근거로 회사의 성과를 분석한다.

05장

FOCUS COMPANY :

Apple Inc.

재무정보와 기업전략의 전달

www.apple.com

MacFormat Magazine/Getty Image

경영에 대한 이해

Apple Inc.의 가장 잘 알려진 제품 및 서비스는 iPhone®, iPad®, Mac®, iPod® 및 iTunes Store®이다. Apple은 자사의 제품 및 서비스를 자체 Apple Store 소매점 및 온라인 상점뿐만 아니라 AT&T 및 Verizon과 같은 이동통신회사 및 Best Buy와 같은 소매업체를 통해 전 세계에 판매하고 있다. 부품은 미국, 아시아 및 유럽의 아웃소싱 파트너가 생산한다. 현재 회사 제품의 최종 조립은 아일랜드에 두고 있는 제조시설과 주로 아시아에 위치한 아웃소싱 파트너에 의해 수행된다. Apple은 연구개발, 마케팅 및 광고에 상당한 금액을 투자하며 기존 제품의 수명주기가 끝나기 한참 전에 새롭고 혁신적인 제품을 소개하는 것으로 유명하다.

기업지배구조
회사가 주주의 이익을 위해 관리되도록 하는 절차

Apple은 기업지배구조(corporate governance) – 회사가 주주의 이익을 위해 관리되도록 하는 절차 – 에도 투자하고 있다. 대부분의 기업지배구조 시스템은 재무보고 프로세스의 무결성을 보장하기 위한 것이다. 훌륭한 기업지배구조는 차입비용(이자율)과 Apple 주식의 위험 가능성을 낮추어 자본에 대한 접근을 용이하게 한다.

Apple은 투자자가 회계정보의 진실성에 대한 신뢰를 잃게 되면, 회사 주가에 부정적인 영향을 미친다는 것을 알고 있다. 회계부정이 알려지면 회사의 주가는 평균적으로 20% 정도 하락하게 된다. Le-Nature's Inc.(제1장에서 언급), Enron 및 WorldCom은 회계스캔들로 인해 주식이

사베인스-옥슬리법
상장기업의 재무보고 및 기업지배구조를 강화하기 위한 법안.

휴지조각이 되었다. 의회는 투자자의 신뢰를 회복하기 위해 사베인스-옥슬리법(Sarbanes-Oxley Act)으로 알려진 상장기업회계개혁 및 투자자보호법(Public Accounting Reform and Investor Protection Act)을 통과시켰는데, 이 법안은 상장기업의 재무보고 및 기업지배구조를 강화하기 위한 것이다.

A QUESTION OF ETHICS 부정의 삼각형(The Fraud Triangle)

재무제표 부정이 발생하려면 세 가지 조건이 필요하다. (1) 부정을 저지를 유인, (2) 부정을 저지를 수 있는 기회, (3) 잘못된 행동을 합리화할 수 있는 능력이 있어야 한다. 사기 방지 전문가들은 이러한 조건들을 부정의 삼각형이라고 부른다. 훌륭한 기업지배구조 시스템은 이러한 조건들을 예방할 수 있도록 설계된다. 책임 소재를 명백히 하는 것과 엄격한 처벌은 부정을 저지를 유인을 억제시킬 수 있다. 강력한 내부통제와 이사 및 감사의 감독은 부정을 저지를 수 있는 기회를 감소시킨다. 강력한 윤리강령, 조직 상단의 윤리적 행동, 직원에 대한 공정한 대우 및 내부고발에 대한 보상은 개인이 부정을 합리화할 수 없게 만든다. 재무제표 이용자도 이러한 부정을 예방하는 데 있어 역할을 수행한다. 전문적인 지식을 가진 이용자들도 부정이 반영된 보고서에 속을 수도 있지만, 회계지식과 건전한 의구심은 그러한 부정으로부터 스스로를 보호하는 최선의 방안이다.

제2장에서 제4장까지는 손익계산서, 재무상태표, 자본변동표 및 현금흐름표 작성방법에 중점을 두었다. 재무제표에 대한 이해를 바탕으로, 우리는 이제 인터넷 시대에 정보이용자들에게 회계정보를 전달하는 프로세스를 규제하는 규정들과 관련된 사람들에 대해 자세히 살펴보겠다. 또한 관련 정보를 찾는 데 도움을 주기 위해 재무제표 형식과 재무보고에 추가적으로 공시되는 사항에 대해 보다 구체적으로 살펴볼 것이다. 마지막으로, 이러한 재무보고를 기반으로 회사의 비즈니스 전략 및 성과를 평가하는 일반적인 체계에 대해서 살펴보겠다.

이 장의 구성

회계정보 전달과정 참가자	공시 절차	재무제표 형식과 주석에 대해 더 살펴보기	ROA 분석: 기업성과를 평가하기 위한 체계
• 규제당국(SEC, FASB, PCAOB, 증권거래소) • 관리자(CEO, CFO 및 회계담당자) • 이사회(감사위원회) • 감사 • 정보중개인 : 정보제공 서비스 및 재무분석 • 정보이용자 : 기관 및 개인투자자, 채권자 등	• 보도자료 • 연차보고서와 10K • 분기보고서와 10Q • 기타 SEC 보고사항	• 재무상태표 • 손익계산서 • 매출총이익률 • 자본변동표 • 현금흐름표 • 재무제표 주석 • 자발적 공시	• 총자산이익률(ROA) • ROA 이익동인 분석 및 비즈니스 전략 • 거래가 어떻게 비율에 영향을 미치는가

도표 5.1

재무정보의 무결성 보장

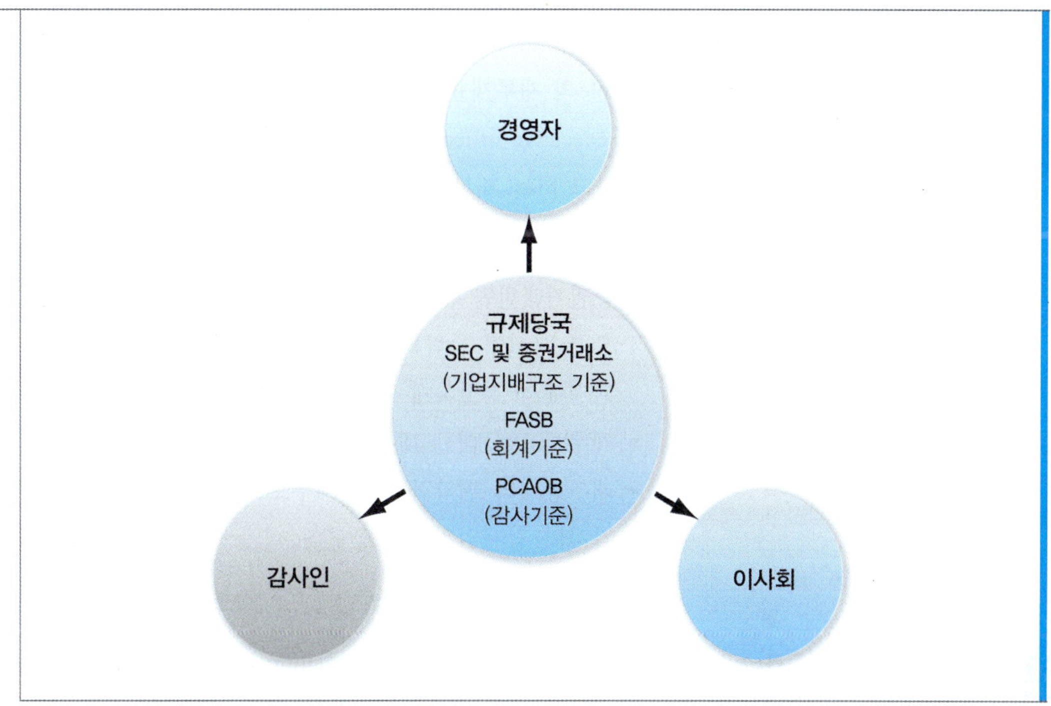

회계정보 전달과정 참가자

학습목표 5-1
회계전달과정(규제당국, 경영자, 이사, 감사, 정보중개인 및 정보이용자)에 관여하는 사람, 전달과정에서의 이들의 역할 및 법률 및 직업기준으로부터 그들이 받는 지침에 대해 이해한다.

증권거래위원회(SEC)
상장기업이 주주에게 제공해야 하는 재무제표와 이를 작성하는 데 사용해야 하는 측정기준 등을 결정하는 미국 정부기관.

재무회계기준위원회(FASB)
일반적으로 인정된 회계원칙이 되는 세부적인 규정을 정하는 데 일차적인 책임이 있는 민간기구.

상장기업회계감독위원회(PCAOB)
세부적인 회계감사기준을 정하는 데 일차적인 책임이 있는 민간기구.

<도표 5.1>은 재무보고 프로세스의 무결성을 보증하는 주요 참가자들을 요약한 것이다.

규제당국(SEC, FASB, PCAOB, 증권거래소)

증권거래위원회(Securities and Exchange Commission, SEC)의 임무는 투자자를 보호하고 증권시장의 무결성을 유지하는 것이다. 이 임무의 일환으로 SEC는 일반적으로 인정된 회계원칙(generally accepted accounting principles, GAAP)을 제정하는 재무회계기준위원회(Financial Accounting Standards Board, FASB)와 독립된 외부감사인(CPAs)을 위한 감사기준을 제정하는 상장기업회계감독위원회(Public Company Accounting Oversight Board, PCAOB)의 업무를 감독한다.

또한 SEC는 기준 준수를 위해 제출된 보고서를 검토하고 부정행위를 조사하며 위반자를 처벌한다. 2009년부터 2014년까지 SEC는 재무보고 부정 등과 관련된 651건에 대해 강제조치를 취했다.[1] 결과적으로 많은 유명 회사 임원들이 최근까지도 벌금형을 받거나 교도소에 수감되고 있다. Le-Nature's, Enron 및 WorldCom의 경우와 같이 파산 및 엄청난 재정적 불이익이 회사에 초래될 수도 있다. SEC 강제조치에 대한 내용은 다음에서 확인할 수 있다: www.sec.gov/divisions/enforce/friactions.shtml

1) 출처 : www.sec.gov/news/newsroom/images/enfstats.pdf.

관리자(CEO, CFO 및 회계담당자)

Apple의 재무제표 및 관련 공시 자료의 정보에 대한 주요 책임은 경영진, 특히 최고경영자(chief executive officer, CEO)라고 하는 최고위급 임원과 최고재무책임자(chief financial officer, CFO)라고 하는 재무 및 회계 관련 최고책임자에게 있다. Apple과 모든 상장기업에서는 이 두 임원이 직접 다음을 인증해야 한다.

- 증권거래위원회(SEC)에 제출된 각 보고서에는 사실과 다른 중요한 진술이 포함되거나 중요한 사실이 누락되어 있지 않으며 회사의 재무상태, 경영성과 및 현금흐름을 중요성의 관점에서 적절하게 표시하고 있다.
- 재무보고에 대한 내부통제에는 중대한 결함 및 취약점이 없다.
- 내부통제의 취약점 또는 재무보고에 중요한 역할을 하는 경영진 및 직원의 부정행위를 감사와 감사위원회에 알렸다.

회사 중역이 고의로 거짓 재무보고를 하는 경우에는 5백만 달러의 벌금과 20년의 징역을 선고받게 된다. 회계담당자(accounting staff)의 경우 법적 책임은 더 적지만 보고서의 세부사항을 실제로 작성하고 이 정보의 정확성에 대해 책임을 진다. 그들의 미래 직업적인 성공은 정직과 능력에 대한 그들의 명성에 크게 좌우된다. 재무제표를 담당하는 회계관리자는 재무제표에 중대한 오류가 있는 경우 대개 해고되며 다른 직장을 찾는 데 어려움을 겪게 된다.

이사회(감사위원회)

이사회
주주가 자신의 이익을 대표하도록 선출; 감사위원회는 회사 재무보고의 무결성을 유지할 책임이 있다.

Apple의 기업지배구조에서 보았듯이, 주주들에 의해 선출되는 이사회(board of directors)는 Apple이 적절하고 윤리적으로 운영되어 나갈 수 있도록 최고경영자 및 기타 고위 경영진을 감독하고, 회사가 장기적으로 주주의 이익에 기여하도록 하는 데 책임이 있다. 회계지식이 있는 비경영(독립적) 이사로 구성되어야 하는 이사회의 **감사위원회**(audit committee)는 회사의 회계, 재무제표 작성 및 재무보고의 무결성을 유지하기 위한 프로세스가 마련될 수 있도록 보장할 책임이 있으며, 회사의 외부감사인을 선임할 책임이 있다. 감사위원회 위원은 감사인과 별도로 회의를 갖고 경영진의 재무보고 책임 준수 여부를 상의한다.

감사인

적정의견
재무제표가 GAAP에 따라 모든 중요한 면에서 공정한 표시임을 나타내는 감사인의 의견.

SEC는 상장회사가 재무제표와 재무보고 프로세스를 PCAOB에 의해 수립된 감사기준에 따라 독립된 회계법인(독립된 감사인)에 의해 감사받도록 요구하고 있다. 많은 비사장회사들도 그들의 재무제표를 감사받고 있다. 적정의견(unqualified or clean audit opinion)에 서명함으로써 회계법인은 재무제표 및 관련 표시의 공정성에 대한 책임의 일부를 떠안게 된다. 이 의견은 재무제표에 신뢰성을 더해 주며, 종종 대출기관 및 민간투자자와의 협약에 의해 요구되기도 한다. 회사의 재무제표에 대해 독립적인 검증을 하게 되면 회사의 재무상태가 재무제표에 잘못 표시될 위험이 줄어들게 된다. 그 결과 합리적인 투자자와 대출기관은 자본 제공에 대해 요구하는 수익률(이자)을 낮추어야 한다. 적정의견의 예는 이 교재의 부록 B와 부록 C에 있는 감사보고서에 제시되어 있다.

Ernst & Young은 현재 Apple의 감사인이다. Ernst & Young, Deloitte, KPMG 및 PricewaterhouseCoopers를 이른바 "Big 4" 회계법인으로 부르고 있다. 이 회사들은 각각 전 세계에 흩어져 있는 사무실에 수천 명의 CPA를 고용하고 있다. 그들은 대다수 상장기업뿐만 아니라 비상장기업도 감사한다. 일부 상장회사와 비상장회사는 보다 규모가 작은 회계법인에서 감사를 받기도 한다. focus company의 감사인 목록은 다음과 같다.

Focus Company	산업	감사인
Starbucks	커피	Deloitte & Touche
Deckers Brands	신발	KPMG
Whole Foods Market	식료품 소매	Ernst & Young

정보중개인 : 정보서비스 및 재무분석가

학생들은 회사와 재무제표 이용자 간의 정보 전달과정을 회사가 개별 주주들에게 우편으로 보고서를 보내고, 개별 주주들은 이 보고서를 읽고 그것을 토대로 투자 의사결정을 내리는 간단한 과정으로 알고 있을 것이다. 하지만 이러한 그림은 오늘날의 현실과는 거리가 있다. 이제 대부분의 투자자들은 회사 웹사이트, 정보서비스 및 재무분석가를 통해 정보를 수집하고 분석한다.

회사는 실제로 SEC가 제공하는 전자공시스템(Electronic Data Gathering, Analysis, and Retrieval, EDGAR) 서비스를 통해 전자적으로 SEC 양식을 제출하고 있다. 요즘에는 보고서의 각 항목에 XBRL이라는 언어를 사용하여 소스와 의미를 식별하는 태그가 추가되었다. 이용자는 서류가 제출된 후 24시간 이내에 EDGAR에서 정보를 검색할 수 있게 되었다. EDGAR는 다음 웹사이트에서 "Filings & Forms"라는 무료서비스를 제공하고 있다.

www.sec.gov

또한, 대부분의 회사는 재무제표 및 기타 정보를 웹상에서 직접 얻을 수 있도록 하고 있다. Apple의 경우 아래에서 정보를 얻을 수 있다:

investor.apple.com

정보서비스(information services)를 통해 투자자는 회사에 대한 정보를 수집하고 다양한 재무분석가의 의견을 살펴볼 수 있다. 재무분석가 및 숙련된 정보이용자들은 다양한 상업 온라인 정보서비스를 통해 많은 정보를 얻는다. Compustat 및 Thomson Reuters와 같은 유료 서비스는 재무제표 및 뉴스 정보에 대한 광범위한 접근을 제공하고 있다. 웹상에는 무료 및 유료 정보가 혼합되어 제공되는 경우가 늘어나고 있다. 여기에는 다음과 같은 사이트가 있다:

www.google.com/finance   finance.yahoo.com   www.marketwatch.com
www.bloomberg.com

<도표 5.2>에서는 Google Finance 웹사이트에서 제공되는 Apple에 대한 다양한 정보를 보여주고 있다. 여기에는 주가 및 재무제표 정보, 뉴스기사 및 Apple과 관련된 중요한 향후 일정이 포함된다. 그림의 하단에 있는 재무정보는 Apple과 이 장의 후반에 나오는 두 최대 경쟁업체에 대한 손익계산서 정보 및 비율 계산과 관련된 것이다. 이 장이 쓰여진 이후 Apple에 어떤 일이 일어났는지 보려면 www.google.com/finance?q = NASDAQ:AAPL을 방문해 보길 바란다. "관련 회사(Related Companies)" 섹션에서 Apple이 경쟁업체와 비교하여 어떻게 잘 해나왔는지 살펴볼 수 있을 것이다. 가장 최근 재무제표를 확인하려면 왼쪽 상단 메뉴에서 "재무(Financials)"를 클릭하면 된다.

재무분석가(financial analysts)는 전자정보서비스에서 회사에 대한 회계보고서 및 기타 정보를 받는다. 또한 회사 임원과의 대화 및 회사 공장 및 경쟁업체 방문을 통해 정보를 수집하기도 한다. 분석 결과는 분석가의 보고서에 결합되어 나타나다. 재무분석가의 보고서에는 보통 분기별 및 연간 주당이익 및 주당이익 예측치, 회사 주식에 대한 매수, 보유 또는 매도 추천 및 이러한 판단 근거에 대한 설명이 포함된다. 이익예측(earnings forecasts)을 할 때 재무분석가는 회계시스템이 기업의 사건들을 회사 재무제표의 수치로 변환하는 방식에 대한 지식에 크게 의존하는데, 이것이 이 교재에 다루는 주제이기도 하다. 개별 재무분석가는 종종 특정 산업(예를 들어, 스포츠용품 또는 에너지 회사)에 특화되어 있기도 한다. 재무분석가들은 자신의 예측 정확도 및 추천한 주식의 수익성을 기반으로 정기적으로 평가된다. 이 장이 쓰여졌을 당시 Apple에 대한 예측 및 주식 추천 사례는 다음과 같다:

이익예측
재무분석가의 미래 회계연도에 대한 이익의 예측.

회사	주식 추천	2015년 예상 주당이익	2016년 예상 주당이익
Credit Suisse NA	매수	8.82	9.89
Oppenheimer & Co.	강력 매수	8.73	9.76
Wells Fargo	보유	8.58	8.86
BGC Partners	보유	8.49	9.08
재무분석가 46명 의견일치	매수	8.61	9.26

재무분석가들은 Credit Suisse와 같은 중개 및 투자 금융기관의 연구부서, Fidelity Investments와 같은 뮤추얼펀드 회사 및 다른 사람에게 투자자문을 하는 Value Line과 같은 투자자문 서비스에 주로 근무하고 있다. 재무분석가들은 분석보고서 및 투자 추천을 통해 회계, 회사 및 산업에 대한 지식을 이러한 전문성이 부족한 고객에게 전달하게 된다.

도표 5.2 Apple에 대한 Google Finance 정보

Google NASDAQ: AAPL Sign in

Finance Apple Inc. (NASDAQ:AAPL) Add to portfolio More results

Company
Summary
News
Option chain
Related companies
Historical prices
Financials
Markets
News
Portfolios
Stock screener
Google Domestic Trends

경쟁기업
재무제표

Recent Quotes (30 days)
chg | %
AAPL 124.90 +0.65

124.90 +0.65 (0.52%)
Real-time: 1:13PM EDT
NASDAQ real-time data - Disclaimer
Currency in USD

Range 124.19 - 125.11
52 week 73.05 - 133.60
Open 125.03
Vol / Avg. 17.98M/54.46M
Mkt cap 727.16B
P/E 16.82
Div/yield 0.47/1.51
EPS 7.42
Shares 5.82B
Beta 0.84
Inst. own 61%

Dow Jones 17,734.62 0.21%
Nasdaq 4,884.46 0.09%
Technology 0.02%
AAPL 124.90 0.52%

Compare: Enter ticker here Add Dow Jones Nasdaq SNDK MSFT SSNNF HPQ IBM more »
Zoom: 1d 5d 1m 3m 6m YTD 1y 5y 10y All
Mar 31, 2015 - Apr 02, 2015 -1.54 (-1.22%)
Tue Mar 31 12 pm 2 pm Wed Apr 1 12 pm 2 pm Thu Apr 2 12 pm 2 pm
Volume (mil / 2min)
2014 2015
Settings | Technicals | Link to this view Volume delayed by 15 mins

News Relevance | Date
A Apple Inc. Sets a Date for Its Q2 Earnings Report
Motley Fool - 20 hours ago
B This Apple Inc. Business Could Double by 2018
Motley Fool - 4 hours ago
C 2 Things That Makes Me Uncomfortable About Apple Inc. Stock
Motley Fool - 4 hours ago
D Tesla Motors Inc Happy For Apple Inc. Car Competition
ValueWalk - Apr 1, 2015
E Apple Inc. Wants TV Networks To Bear Streaming Costs [REPORT]
All news for Apple Inc. » Subscribe

뉴스기사

Related companies

Show: Most Recent Annual Add or remove columns

		Financial ratios	Operating metrics	Margins		Income statement	
	Company name	Current ratio	Return on avg assets	Net profit margin	Gross margin	Revenue	Net income
AAPL	Apple Inc.	1.08	18.01	21.61	38.59	182,795.00	39,510.00
SNDK	SanDisk Corporation	1.92	9.70	15.20	46.29	6,627.70	1,007.45
MSFT	Microsoft Corpora...	2.50	14.02	25.42	68.98	86,833.00	22,074.00
SSNNF	SAMSUNG ELEC CO PFD						
HPQ	Hewlett-Packard C...	1.15	4.80	4.50	23.88	111,454.00	5,013.00

재무비율

Events Add AAPL to my calendars

향후일정

Financial Analysis

정보서비스와 구직활동

정보서비스는 경쟁기업을 분석하는 데 사용하는 전문적인 분석가를 위한 주요 수단이 되었다. 정보서비스는 또한 구직자들에게 중요한 정보원이 되기도 한다. 회사는 지원자가 인터뷰를 통해 회사에 대한 지식을 보여주길 바라는데, 전자정보서비스는 회사 정보의 훌륭한 정보원이 된다. 취업을 희망하는 회사에 대한 정보를 얻기 가장 좋은 것이 회사의 웹사이트를 방문하는 것이다. 채용섹션과 기업홍보 섹션의 자료를 반드시 읽기 바란다. 전자정보서비스에 대해 자세히 알아보려면 대학교의 사서에게 연락하거나 이 섹션에서 언급했던 웹사이트를 방문하길 바란다.

이용자 : 기관 및 개인 투자자, 채권자 및 기타

기관투자자
다른 사람들을 대신하여 연기금, 뮤추얼펀드 및 기금에 투자하는 관리자.

기관투자자(institutional investors)에는 연기금(기업, 노동조합 혹은 정부기관과 연계); 뮤추얼펀드; 자선 재단 및 신탁기금(예를 들어, 여러분들 대학교의 기부금)이 포함된다. 이러한 기관투자자는 대개 자체 재무분석가를 고용하고 있는데, 이들도 앞서 논의했던 정보중개인에 의존하고 있다. 기관투자자는 미국의 대부분 상장회사를 지배하고 있다. 예를 들어, 이 장이 쓰여지는 현재 시점에 기관투자자는 Apple 주식의 61%를 소유하고 있다. Apple의 3대 기관투자자는 다음과 같다:

기관	대략적인 지분율
Vanguard Group Inc.	5.70%
State Street Corp.	4.22%
FMR LLC	3.07%

대부분의 소액투자자는 뮤추얼펀드 및 연기금을 통해 간접적으로 Apple과 같은 회사의 주식을 소유하고 있다.

개인투자자
회사의 주식을 매수하는 개인.

개인투자자(private investors)는 당초 Apple에 직접 투자한 벤처 캐피탈리스트와 같은 대형 개인투자자뿐만 아니라 Fidelity와 같은 중개인을 통해 상장기업의 주식을 매수하는 소규모 개인투자자를 포함한다. 개인투자자는 일반적으로 재무제표와 관련 자료를 효율적으로 수집하는 데 필요한 전문지식이 부족하다. 그들은 종종 정보중개인의 조언에 의존하거나 뮤추얼펀드 및 연기금(기관투자자)의 경영진에게 자금을 맡기곤 한다.

대출기관 혹은 채권자
회사에 자금을 대여하는 공급자 및 금융기관.

대출기관(lenders) 또는 채권자(creditors)에는 공급업체, 은행, 상업신용회사 및 회사에 돈을 빌려주는 기타 금융기관이 포함된다. 이들 기관의 대출담당자와 재무분석가는 동일한 정보원을 이용하고 있다. 또한 이들은 종종 대출계약의 일부로 제공하기로 약정되어 있는 추가적인 재무정보(예를 들어, 월별 재무제표)를 이용하기도 한다. 대출기관은 비상장기업 재무제표의 주요 외부이용자 그룹이 된다. 기관 및 개인투자자는 회사가 발행한 사채를 구입하는 경우에는 채권자가 되기도 한다.

비용 대비 효과
회계정보를 작성하고 보고하는 데에 따른 효익이 비용보다 클 것을 필요로 함.

중요한 금액
이용자의 의사결정에 영향을 줄 만큼 충분히 큰 금액.

재무제표는 공급업체와 고객 간의 관계에서 있어서도 중요한 역할을 한다. 고객은 공급업체의 재무 건전성을 평가하여 신뢰할 수 있는 가장 적절한 공급원인지 여부를 결정하게 된다. 공급업체는 고객의 미래 수요와 부채 상환 능력을 추정하기 위해 고객을 평가한다. 경쟁업체들 또한 회사의 재무제표에서 유용한 정보를 얻기 위해 노력한다. 경쟁우위의 잠재적 손실이 재무정보 공시의 비용 중 하나이다. 회계당국은 새로운 공시를 요구하는 경우 작성에 직접 소요되는 비용뿐만 아니라 이러한 비용도 고려하고 있다. 비용 대비 효과(cost-effectiveness)는 회계정보를 작성하고 보고하는 데에 따른 효익이 비용보다 클 것을 필요로 한다. 이용자의 의사결정에 영향을 미치지 않을 만큼의 작은 금액은 GAAP에 따라 별도로 보고되거나 정확하게 처리될 필요가 없다. 회계담당자는 일반적으로 이러한 항목과 금액을 중요하지 않은 것(immaterial)으로 지정한다. 중요한 금액(material amounts)을 결정하는 것은 종종 매우 주관적이다.

STOP PAUSE FOR **FEEDBACK**

이 섹션에서는 회계전달과정과 법률 및 직업기준에서 제공하는 지침에서 다양한 당사자들이 어떤 역할을 하고 있는지에 대해 배웠다. 회사의 경영진은 재무보고에 표시될 적절한 형식 및 세부사항의 수준을 결정한다. 외부감사인은 이러한 정보의 신뢰성을 제고시킨다. 이사는 경영자가 보고기준을 준수하고 있는지를 감시하고 감사인을 선임한다. SEC는 재무보고가 법률 및 직업기준을 준수하고 있는지를 검토하고 위반자를 처벌한다. 상장회사의 재무제표 공표는 대개 전자정보서비스를 통해 이용자에게 전달된다. 재무분석가는 주식 추천 및 이익 예측을 통해 투자자가 재무제표 및 기타 정보를 이용할 수 있도록 중요한 역할을 한다. 학습을 계속하기에 앞서 다음 연습문제를 통해 여러분들이 이들 개념에 대해 충분히 이해하고 있는지 테스트해 보길 바란다.

SELF-STUDY **QUIZ**

왼쪽에 있는 핵심 단어와 오른쪽의 정의를 적절히 연결하시오.

1. 중요한 금액	a. 회계정보에 주된 책임을 지는 경영진
2. CEO와 CFO	b. 재무제표를 검증하는 독립된 당사자
3. 재무분석가	c. 이용자의 의사결정에 영향을 줄만큼 충분히 큰 금액
4. 감사인	d. 비용을 초과하는 효익을 제공하는 정보만을 보고해야 함
5. 비용 대비 효익	e. 재무정보를 분석하고 자문을 하는 개인

해설

1. c; 2. a; 3. e; 4. b; 5. d.

공시 절차

학습목표 5-2
회계전달과정에서의 전자정보서비스 역할, 보도자료, 연차보고서, 분기보고서 및 SEC 보고서 작성 등의 단계를 확인한다.

정보서비스 및 정보중개인에 대한 논의에서 언급했듯이, 회계전달과정에는 연차보고서와 분기보고서가 단순히 주주에게 우편으로 발송되는 것이 아니라 보다 많은 단계와 참가자가 관여하게 된다. SEC의 "공정 공시(Fair Disclosure)"를 위한 FD 규정은 기업이 모든 투자자에게 모든 중요한 회사 뉴스에 동등하게 접근할 수 있도록 해야 한다고 규정하고 있다. 경영자 및 기타 내부자는 비공개(내부자) 정보를 기반으로 회사의 주식을 거래할 수 없으므로 이를 통해 이익을 얻을 수 없게 된다.

보도자료

보도자료
주요 뉴스 서비스에 배포되는 뉴스 발표 자료.

외부이용자에게 적시적인 정보를 제공하고 정보의 선택적 유출 가능성을 방지하기 위해 Apple 및 기타 상장회사는 검증된 수치(감사받은 연간 이익 및 검토받은 분기 이익)가 나오는 즉시 보도자료(press release)를 통해 분기 및 연간 이익을 발표한다. Apple은 일반적으로 회계

도표 5.3

Apple Inc. 이익 보도자료 발췌

APPLE
실제 자료에서 발췌:
보도자료

APPLE의 기록적인 1분기 실적 보고
최고 수익 및 이익으로 EPS 48% 증가
iPhone, Mac 및 App Store의 매출 증가로 성장

CUPERTINO, California —2015년 1월 27일— 오늘 Apple®은 2014년 12월 27일자로 종료되는 2015 회계연도 1분기 재무성과를 발표했다. 회사는 분기매출 $746억, 분기순이익 $180억, 희석주당이익 $3.06를 기록했다. 이 결과는 전년 동기 매출 $576억, 순이익 $131억 및 희석주당이익 $2.07와 비교된다. 매출총이익은 전년 동기 37.9%와 비교해 39.9%로 증가되었다. 해외매출액은 분기매출의 65%를 차지했다.

이러한 결과는 iPhone® 및 Mac® 판매로 인한 사상 최고의 매출과 App StoreSM의 기록적인 성과 덕분이었다. 7,450만대의 iPhone 판매도 새로운 기록을 세웠다.

Apple의 CEO인 Tim Cook은 "이번 분기 Apple 제품에 대한 수요는 사상 최고로 치솟았으며, 이에 대해 고객 여러분께 감사드립니다. 우리의 매출은 전년 대비 30% 증가한 $746억를 기록했으며, 이러한 성과를 달성한 우리 팀이 경이로울 뿐입니다."라고 말했다.

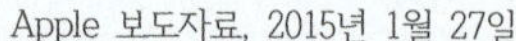

Apple 보도자료, 2015년 1월 27일.

기간 종료 후 4주 이내에 이익과 관련된 보도자료를 발표한다. 이 발표는 Dow Jones, Thomson Reuters 및 Bloomberg를 포함한 주요 인쇄 및 전자 뉴스 서비스를 통해 구독자에게 즉시 제공된다. <도표 5.3>은 주요 재무 수치가 포함된 Apple의 일반적인 이익 발표 자료에서 발췌한 내용이다. 이 내용은 경영성과에 대한 경영진의 의견서 및 요약 손익계산서 및 재무상태표 다음에 이어지며, 이는 보도자료 이후 배포될 주주에 대한 공식 보고서에 포함될 것이다.

Apple을 포함한 많은 회사들이 보도자료 발표 이후 **전화회의**(conference call)를 통해 고위 임원들이 분기 성과에 대한 재무분석가들의 질문에 답을 한다. 이 전화회의는 일반투자자에게 공개되는데, 이를 통해 회사의 비즈니스 전략과 미래에 대한 예측 및 재무분석가가 회사를 평가할 때 고려하는 핵심요소에 대해서도 알게 되는 좋은 기회가 된다.

Apple은 신제품 발표와 같은 다른 중요한 행사에 관한 보도자료도 발행한다. 연간 이익 및 분기별 이익과 관련된 보도자료는 분기보고서 또는 연차보고서 발행보다 15일에서 45일 정도 앞서는 경우가 많다. 이 시간은 추가적인 세부사항을 작성하고 보고서를 배포하는 데 필요한 시간이다.

Financial Analysis  이익 발표에 시장은 어떻게 반응하는가?

Apple과 같이 활발하게 거래되는 주식의 경우, 보도자료의 뉴스에 대한 주식시장 반응(주가 상승 및 투자자 거래 감소)은 신속하게 발생하는 것이 일반적이다. Apple을 분석대상으로 하는 많은 재무분석가들이 정기적으로 회사의 이익을 예측한다는 점을 상기하자. 실제 이익이 발표되면 시장은 이익 금액이 아니라 예상 이익과 실제 이익의 차이에 반응하게 된다. 이 금액을 **비기대이익**(unexpected earnings)이라고 부른다. 1월달에 재무분석가들은 Apple의 분기 주당이익을 $2.6로 예상했다. <도표 5.3>의 보도자료에는 Apple의 분기당 실제 주당이익은 $3.06이었다. 비기대이익(실제 – 예상)은 주당 $0.46($3.06 – $2.60)로 결과적으로 다음날 주가는 7% 상승한 $8로 시작했다.

연차보고서 및 Form 10-K

비상장기업의 경우 연차보고서(annual reports)는 백색 본드지에 복사된 비교적 간단한 문서이다. 연차보고서에는 일반적으로 다음을 포함한다:

1. 4가지 기본 재무제표 : 손익계산서, 재무상태표, 자본변동표 또는 이익잉여금처분계산서 및 현금흐름표
2. 관련 주석(각주)
3. 외부감사인의 감사를 받은 경우 감사보고서(감사의견)

FORM 10-K
상장기업이 SEC에 제출해야 하는 연차보고서.

Form 10-K로 제출된 상장회사의 연차보고서는 SEC에서 추가로 요구하는 보고사항이 있기 때문에 훨씬 더 정교하다. SEC 보고서는 일반적으로 번호로 표시된다(예를 들어 "10-K"). 10-K에 보고되는 재무공시의 주요 구성요소는 다음과 같다.

항목 1. 기업현황 : 기업 운영 및 전략에 대한 설명

항목 6. 주요 재무정보 : 5년간의 요약 재무정보

항목 7. 재무상태 및 경영성과에 대한 경영진단의견서(Management's Discussion and Analysis, MD&A) : 보고기간의 성공 및 실패의 원인과 미래에 직면하게 될 위험에 대한 경영진의 견해

항목 8. 재무제표 및 보충적 정보 : 4가지 기본 재무제표 및 관련 주석, 경영보고서 및 감사보고서(독립된 회계법인)

경영진단의견서를 제외하고는 대부분의 구성요소에 대해 이전 장에서 다루었다. 여기에는 재무제표의 핵심 수치와 향후 회사가 직면하게 될 위험에 대한 설명이 포함된다. Form 10-K는 제품, 제품 개발, 판매 및 마케팅, 제조 및 경쟁업체를 포함하여 사업에 대한 자세한 설명을 제공하고 있다. 또한 소유 또는 임대된 부동산, 관련된 모든 법적소송 및 중요한 계약도 열거하고 있다.

분기보고서 및 Form 10-Q

FORM 10-Q
상장기업이 SEC에 제출해야 하는 분기보고서.

비상장기업의 분기보고서는 연차보고서에 비해 덜 세부적으로 작성된 요약 재무제표와 핵심 주석만을 포함한다. 이들 재무제표는 감사를 받지 않으므로 감사받지 않았다는(unaudited) 표시를 한다. 종종 현금흐름표, 자본변동표 및 재무제표에 대한 주석은 생략되기도 한다. 비상장기업은 일반적으로 대출기관에 제출하기 위해 분기보고서를 작성한다. 상장회사는 Form 10-Q라는 분기보고서를 SEC에 제출한다. Form 10-Q에는 10-K의 재무부문(PART II)에 제공된 대부분의 정보항목과 몇 가지 추가 항목이 포함되어 있다.

기타 SEC 보고서

FORM 8-K
상장기업이 중요한 사항임에도 이전에 투자자들에게 보고하지 않았던 중요한 사건을 공시하는 보고서.

상장회사는 SEC에 다른 종류의 보고서들도 제출해야 한다. 여기에는 이전에 투자자에게 보고되지 않았던 중요한 사건(예를 들어, 감사인 교체, 합병)을 공시하는 데 사용되는 수시공시 보고서인 Form 8-K가 포함된다. 상장기업에 대한 기타 제출 요구사항은 SEC 웹사이트에 설명되어 있다.

재무제표 형식과 주석에 대해 더 살펴보기

학습목표 5-3
실제로 회사가 사용하는 다양한 재무제표와 공시 양식에 대해 이해하고, 매출총이익률을 분석한다.

이전 장에서는 재무제표의 내용과 구조에 대해 살펴보았다. 이 섹션에서는 투자자, 채권자 및 재무분석가에게 유용하게 사용할 수 있는 재무제표의 세 가지 추가 특징과 관련 공시에 대해 살펴보도록 하겠다.

- **비교식 재무제표**(Comparative financial statements). 기업은 이용자들이 기간별 성과를 비교할 수 있도록 당기와 한 기간 이상의 전기 재무제표 값을 보고한다. Apple 및 대부분의 미국 회사는 2개 연도의 재무상태표 및 3개 연도의 손익계산서, 현금흐름표 및 자본변동표를 작성한다.

- **재무제표의 추가적인 소계 및 분류**(Additional subtotals and classifications in financial statements). 여러분들은 회사마다 사용하는 재무제표의 양식이 조금씩 다르다는 것을 알아야 한다. 이 섹션에서는 Apple 및 Chipotle의 재무상태표, 손익계산서 및 현금흐름표에 제시된 분류 및 항목의 유사점 및 차이점에 대해 초점을 두고 살펴볼 것이다.

- **추가적인 공시**(Additional disclosures). 대부분의 회사는 회사의 경영성과와 재무상태를 이해하는 데 필요한 막대한 양의 주석을 제공한다. 또한 복잡한 거래에 대해서도 추가적인 공시를 하고 있다. 이 교재의 나머지 장에서는 Apple의 주석 공시사항에 대해 보다 더 자세히 살펴보도록 하겠다.

분류된 재무상태표(Classified Balance Sheet)

<도표 5.4>는 2014년 9월 27일 현재 시점의 Apple의 재무상태표를 보여주고 있다. 이 재무상태표는 제4장에 제시된 Chipotle의 재무상태표와 구조면에서 매우 유사하지만 전년도와의 비교

도표 5.4

Apple의 재무상태표

APPLE
실제 자료에서 발췌: 연차보고서

APPLE INC.
연결재무상태표
(단위 : $백만, 주식수 : 1,000주)*

	2014년 9월 27일	**2013년 9월 28일**	
자산			
유동자산 :			
현금및현금성자산	$ 13,844	$ 14,259	
단기금융상품	11,233	26,287	
매출채권, 충당금 각 $86 및 $99 차감	17,460	13,102	*1년 이내에 사용되거나 현금으로 전환되는 자산*
재고자산	2,111	1,764	
이연법인세자산	4,318	3,453	
미수금	9,759	7,539	
기타유동자산	9,806	6,882	
총유동자산	68,531	73,286	
장기금융상품	130,162	106,215	
유형자산, 순액	20,624	16,597	
영업권	4,616	1,577	*1년 이후에 사용되거나 현금으로 전환되는 자산*
무형사산, 순액	4,142	4,179	
기타자산	3,764	5,146	
총자산	$231,839	$207,000	
부채와 자본			
유동부채 :			
매입채무	$ 30,196	$ 22,367	
미지급비용	18,453	13,856	*1년 이내에 지급되거나 결제될 의무*
선수수익	8,491	7,435	
기업어음	6,308	0	
총유동부채	63,448	43,658	
장기선수수익	3,031	2,625	
장기채무	28,987	16,960	*1년 이후에 지급되거나 결제될 의무*
기타비유동부채	24,826	20,208	
총부채	120,292	83,451	
계약 및 우발사건			
자본 :			
보통주와 자본잉여금			
액면가액 주당 $0.00001; 수권주식 12,600,000주; 발행 및 유통주식 각 5,866,161주 및 6,294,494주	24,395	19,293	*주주가 출자한 자본*
이익잉여금	87,152	104,256	*회사에 재투자된 이익*
총자본	111,547	123,549	
총부채와 자본	$231,839	$207,000	

**Apple의 재무제표는 학습목적으로 다소 단순화하여 제시하였다.*

를 용이하게 하기 위해 2개 연도의 정보가 제시되어 있다. 재무제표의 분류(유동자산 대 비유동자산 및 유동부채 대 비유동부채)는 비율분석(예를 들어, 제2장의 유동비율)의 논의에 있어 중요한 역할을 한다.

Apple의 재무상태표에는 Chipotle의 재무상태표에 나타나지 않은 항목이 포함되어 있으며, 여기에 대해 추가적인 논의가 필요하다. 제8장에서 논의하게 될 **무형자산**(Intangible assets)은 물리적 실체를 가지고 있지 않은 장기자산이다. 무형자산의 예로는 특허권, 상표권, 저작권, 프랜차이즈 및 다른 회사를 취득할 때 발생한 영업권이 있다. 대부분의 무형자산(영업권, 상표권 및 기타 비한정 내용연수를 가진 무형자산은 제외)은 유형자산과 유사한 방식으로 상각을 한다(상각비가 차변에 오고, 자산의 차감 계정인 상각누계액이 대변에 온다). 유형자산이 감가상각누계액을 차감한 금액으로 보고되는 것과 마찬가지로 **무형자산도 상각누계액을 차감한 금액으로 재무상태표에 보고된다**. **영업권**(Goodwill)은 다른 회사를 취득하면서 지급한 가격이 그 회사의 식별가능한 자산의 가치를 초과하는 부분을 나타내는 보다 일반적인 무형자산이다. 이에 대해서는 제8장에서 자세히 다룰 것이다.

또한 제4장에서 다루었던 선수수익에 대해 떠올려 보자. 이는 고객이 상품이나 서비스를 제공받기 전에 해당 비용을 미리 지급할 때 발생하는 부채이다. Apple의 재무상태표에 **선수수익이 두 군데에서 나타난다: 유동부채와 비유동부채**. 이들은 둘 다 주로 Apple이 제품과 함께 제공하는 제품보증과 관련된 것들이다. Apple이 내년에 제공할 것으로 예상되는 보증수리 관련 선수수익은 유동으로 분류된다. 그 이후 연도에 제공할 것으로 예상되는 보증수리와 관련된 사항은 비유동으로 분류된다.

새로운 재무제표를 처음 볼 때 용어의 차이로 인해 혼동스러워 할 필요는 없다. 전에 본 적이 없는 항목을 해석할 때는 그에 대한 설명과 **분류**(classification)를 고려하면 된다.

분류된 손익계산서(Classified Income Statement)

<도표 5.5>는 Apple의 2014년 연결손익계산서를 보여주고 있다. SEC가 요구하는 대로 3개 연도의 주당이익이 포함된 손익계산서이다. Apple의 손익계산서에는 Chipotle의 손익계산서에는 나타나지 않은 하나의 소계(subtotal)가 포함되어 있다. 재화를 판매하는 많은 제조기업 및 상기업(소매 및 도매)과 마찬가지로 Apple은 순매출액과 매출원가의 차이인 매출총이익(Gross Profit or Gross Margin)을 보고하고 있다. **회사가 매출총이익 소계를 보고하는지 여부에 관계없이 손익계산서에는 동일한 정보가 표시된다는 점에 유의해야 한다**. 또 다른 소계인 영업이익(Operating Income or Income from Operations)은 매출총이익에서 영업비용을 차감하여 계산된다.

> **매출총이익**
> 순매출액에서 매출원가를 차감한 금액.

> **영업이익**
> 순매출액에서 매출원가와 영업비용을 차감한 금액.

영업외 혹은 기타 항목(Nonoperating Items or Other Items)은 회사의 주된 영업과 관련이 없는 수익, 비용, 이익 및 손실을 말한다. 예를 들어, 이자수익, 이자비용, 투자자산처분손익이 여기에 포함된다. 이러한 영업외 항목은 영업이익에 가산 혹은 차감되어 그 결과로 법인세비용차감전순이익(Income before Income Taxes) 혹은 세전이익(Pretax Earnings)을 구할 수 있다. 여기

> **법인세비용차감전순이익 혹은 세전이익**
> 수익에서 법인세를 차감한 모든 비용을 차감한 금액.

도표 5.5

Apple의 손익계산서

APPLE
실제 자료에서 발췌:
연차보고서

APPLE INC.
연결손익계산서*
(단위: $백만, 주식수: 1,000주)

2014년 9월 27일자로 종료되는 3개 연도	2014	2013	2012	
순매출액	$182,795	$170,910	$156,508	영업활동(기업이 중점을 둔 활동)
매출원가	112,258	106,606	87,846	
매출총이익	70,537	64,304	68,662	
영업비용 :				
연구개발비	6,041	4,475	3,381	
판매비와일반관리비	11,993	10,830	10,040	
총영업비용	18,034	15,305	13,421	
영업이익	52,503	48,999	55,241	
영업외수익/(비용), 순액	980	1,156	522	} 부수적인 활동(기업이 중점을 두지 않은 활동)
법인세비용차감전순이익	53,483	50,155	55,763	
법인세	13,973	13,118	14,030	} 법인세비용
당기순이익	$ 39,510	$ 37,037	$ 41,733	
주당이익 :				
기본	$ 6.49	$ 5.72	$ 6.38	} =당기순이익/평균유통보통주식수
주당이익 계산에 사용된 주식수 :				
기본	6,085,572	6,477,320	6,543,726	

**Apple의 재무제표는 학습목적으로 다소 단순화하여 제시하였다.*

에서 법인세(Income Tax Expense)를 차감하면 당기순이익(Net Income)을 구할 수 있다. 일부 회사는 손익계산서에 더 적은 소계가 나타나기도 한다. 다른 형식을 사용하여 보고되는 경우에도 수익, 비용, 이익 및 손실 항목에는 차이가 없다. 이들 간에는 분류와 소계만 차이가 있다.

사업의 주요 부문이 매각되거나 폐기된 경우, 처분하기 전 해당 부문의 손익과 처분손익은 **중단사업**(Discontinued Operations)에 포함되어 보고된다. 이 항목이 별도로 표시되는 이유는 비경상성으로 인해 회사의 미래 이익을 예측하는 데 유용하지 않기 때문이다. 중단사업이 보고되는 경우, 계속사업손익(Income from Continuing Operations)의 소계가 그 전에 표시된다.

마지막으로 **주당이익**(earnings per share)이 보고된다. 주당이익(EPS)의 계산방법을 간략히 살펴보면 다음과 같다.

$$\text{주당이익} = \frac{\text{당기순이익}^*}{\text{당기평균유통보통주식수}}$$

*우선주배당금이 있는 경우(제11장에서 살펴볼 것임), 분자를 계산할 때 그 금액을 당기순이익에서 차감한다.

Financial Analysis

포괄손익계산서

FASB와 IASB는 모두 포괄손익계산서(Statement of Comprehensive Income)라는 추가 재무제표를 요구한다. 이 재무제표는 별도로 혹은 손익계산서와 함께 작성될 수 있다. 별도로 작성할 때, 포괄손익계산서는 손익계산서의 당기순이익 항목부터 시작하게 된다. 당기순이익 다음에 기타포괄이익(other comprehensive income)이 오게 된다. 당기순이익과 기타포괄이익 항목을 합한 금액이 포괄손익계산서의 마지막에 오게 되는 포괄이익(Comprehensive Income)이 된다. 다음은 최근 분기보고서에서 Apple이 제시한 정보를 요약한 것이다. 기타포괄손익 항목에는 부록 A에서 논의될 특정 유가증권의 공정가치 변동뿐만 아니라 고급회계에서 다루게 될 기타 항목이 포함된다.

APPLE INC.
연결포괄손익계산서
2014년 12월 28일자로 종료되는 3개월(단위: $백만)

당기순이익	$18,024
기타포괄손익	
해외사업환산손익	(66)
파생상품평가손익	1417
매도가능증권평가손익	(470)
포괄이익	$18,905

STOP PAUSE FOR FEEDBACK

Apple의 재무제표에서 살펴보았듯이, 대부분의 재무제표는 분류되어 작성되고 분석에 적절하도록 소계를 포함하고 있다. 재무상태표에서 가장 중요한 구분은 유동 및 비유동 자산과 부채이다. 손익계산서에서 매출총이익과 영업이익이 가장 중요하다. 따라서 재무제표를 분석하기 위한 준비의 다음 단계는 여러분들이 학습했던 거래의 효과를 이해하고 있는지 확인하는 것이다. 다음 질문은 여러분들이 그럴만한 능력을 갖추었는지 알아보기 위한 문제이다.

SELF-STUDY QUIZ

1. 각 거래의 결과로서 나타날 방향(증가의 경우 +, 감소의 경우 −, 영향이 없는 경우 NE)과 금액을 표시하여 다음의 표를 완성하시오. 각 항목은 독립적이다. (**힌트:** 우선 각 거래에 대해 분개를 해보기 바란다. 다음으로 각 계정이 재무상태표 또는 손익계산서 분류에 어떻게 영향을 미치는지에 대해 생각해 보시오.)
   a. 임차료 $200를 지급하고 이를 기록하였다.
   b. 외상으로 $400의 매출을 하였고 이를 기록하였다.

거래	유동자산	매출총이익	영업이익
a.			
b.			

 **[GUIDED HELP 5-1]** 시산표에서 재무상태표 및 손익계산서를 작성하는 데 필요한 추가 단계별 비디오 학습은 www.mhhe.com/libby9e_gh5를 참조하시오.

해설

1. a. 임차료(+E, −SE) 200
   현금(−A) 200
   −200, NE, −200

   b. 매출채권(+A) 400
   매출(+R, +SE) 400
   +400, +400, +400

KEY RATIO ANALYSIS 매출총이익률

방금 살펴봤던 손익계산서의 매출총이익은 재무비율 분석에서도 중요한 역할을 한다. 앞서 언급한 바와 같이 순매출액에서 매출원가를 차감하면 매출총이익(gross profit or gross margin)이 된다. 재무분석가들은 매출총이익을 매출액 대비 비율(매출총이익률, gross profit percentage or gross margin percentage)로 분석하기도 한다.

■ 분석적 질문

경영자가 재화나 용역을 매입하거나 생산하는 데 소요되는 원가보다 비싸게 이들을 판매하는 것은 얼마나 효과적인가?

■ 비율 및 비교

매출총이익률은 다음과 같이 계산된다:

$$\text{매출총이익률} = \frac{\text{매출총이익}^*}{\text{순매출액}}$$

*매출총이익 = 순매출액 − 매출원가

2014년도 Apple의 비율은 :

$$\frac{\$70{,}537}{\$182{,}795} = 0.386\ (38.6\%)$$

연도별 비교 Apple		
2012	2013	2014
43.9%	37.6%	38.6%

경쟁업체와 비교 HP
2014
23.4%

주요 기업의 매출총이익률

기업	매출총이익률
Apple	38.6%
Harley-Davidson	36.4%
Deckers Brands	47.3%

■ 해석

- **일반론 :** 매출총이익률은 회사가 프리미엄 가격을 요구할 수 있는 능력이나 낮은 원가로 재화와 용역을 생산할 수 있는 능력을 측정하는 것이다. 다른 조건이 동일하다면, 매출총이익이 높으면 당기순이익도 높아지게 된다.

경쟁뿐만 아니라 비즈니스 전략도 매출총이익률에 영향을 미친다. 제품차별화 전략을 추구하는 회사는 연구개발 및 제품 홍보활동을 통해 고객에게 회사 제품의 우수성 또는 차별성에 확신이 들도록 한다. 이를 통해 프리미엄 가격을 청구할 수 있게 되고 매출총이익률을 높일 수 있다. 저원가 전략을 따르는 회사는 원가를 줄이기 위한 효율적인 생산관리를 통해 매출총이익률을 높이고자 한다. 경영자, 재무분석가 및 채권자는 이 비율을 이용하여 회사의 제품개발, 마케팅 및 생산 전략의 효과를 평가한다.

- **회사에 대한 분석 결과 :** Apple의 지난 3개 연도 동안 매출총이익률은 상당히 안정적이었으며 경쟁사인 HP보다 훨씬 높은 수준이었다. 이 장의 앞부분에서 우리는 새로운 통합 기술, 제품 라인 및 스타일을 도입하고 생산 및 재고 비용을 관리하는 데 중점을 둔 Apple의 비즈니스 전략의 핵심 요소에 대해 논의했었다. 이러한 각 요소들은 매출총이익에 큰 영향을 줄 수 있다. Form 10-K는 다양한 제품 라인이 서로 다른 매출총이익률을 가지고 있으며 iPhone 판매량이 크게 증가하여 전체적인 매출총이익률이 증가했다는 것을 보여주고 있다. 초기 비용 구조가 더 높은 신제품을 도입하면 매출총이익률이 감소할 수도 있다.

- **주의사항 :** 회사가 매출총이익을 유지할 수 있는 능력을 평가하려면, 여러분들은 매출총이익률이 변화하는 원인에 대해 이해하여야 한다. 예를 들어, 고마진 신제품의 판매 증가로 인한 이익 증가는 경쟁업체의 방어전략 또는 부품 가격의 인상으로 인해 잠식될 수도 있다. 또한 높은 가격을 유지하려는 경우 연구개발비와 광고선전비가 증가하게 되므로, 이로 인해 당기순이익이 감소하고 매출총이익의 증가가 상쇄될 수 있다. 이 장의 뒷부분에서 살펴보게 될 것처럼 최근 몇 년 동안 Apple에게는 이런 일은 일어나지 않았다. 놀라운 매출총이익으로 인해 Apple은 업계 최고의 매출액순이익률과 총자산이익률을 기록했다.

자본변동표

자본변동표(statement of stockholders' equity or statement of shareholders' equity)는 회계기간 동안 회사의 각 주주지분이 어떻게 변동되었는지를 보고한다. <도표 5.6>은 Apple의 2014년 연결자본변동표를 보여주고 있다. 이 재무제표에는 각 자본계정을 보여주는 난과 총자본에 미치는 영향을 보여주는 난이 있다. (Apple은 보통주 계정과 자본잉여금 계정을 통합하여 보고하고 있다.) 자본변동표의 첫 번째 행은 각 계정의 기초 잔액에서 시작하는데, 이는 재무상태표의 전년도 기말 잔액에 해당한다. 다음 행에는 당기에 자본 계정에 영향을 미친 사건들이 나열된다. Apple은 당기에 $39,510의 당기순이익을 기록하였으며, 당기순이익만큼 이익잉여금이 증가했다. Apple은 $11,215의 배당을 선언하였으며, 이 금액만큼 이익잉여금에서 차감되었다. Apple은 당기에 보통주 60,344주를 발행하였고 주식대금으로 $5,102백만를 받았다. **주식수와 금액이 모두 나열된다는 점에 주목하자. 이들을 서로 혼동하지 않는 것이 중요하다.** Apple은 또한 주식을 상환하여 소각했다. 이 항목에 대해서는 제11장에서 설명할 것이다. 마지막 행에는 재무상태표의 기말 잔액에 해당하는 계정의 기말 잔액이 나열된다. 상장회사는 과거 3년간의 정보를 자본변동표에 표시해야 한다. 따라서 Apple의 2012년 및 2013년 자료는 <도표 5.6>에 나타난 정보 상단에 표시된다.

도표 5.6

자본변동표

APPLE INC.
연결자본변동표(발췌)*
(단위: $백만, 주식수: 1,000주)

	보통주와 자본잉여금			
	주식수	금액	이익잉여금	총자본
2013년 9월 28일 현재 잔액	6,294,494	$19,293	$104,256	$123,549
당기순이익	–	–	39,510	39,510
기타포괄손익	–	–	–	–
배당선언	–	–	(11,215)	(11,215)
주식발행	60,344	5,102		5,102
주식상환	(488,677)	–	(45,399)	(45,399)
2014년 9월 27일 현재 잔액	**$5,866,161**	**$24,395**	**$87,152**	**$111,547**

**Apple의 재무제표는 학습목적으로 다소 단순화하여 제시하였다.*

현금흐름표

이전 장에서 세 가지 현금흐름표(cash flow statement) 분류에 대해 소개하였다:

영업활동 현금흐름(Cash Flows from Operating Activities) : 여기에는 이익 창출과 관련된 현금흐름을 보고한다.

투자활동 현금흐름(Cash Flows from Investing Activities) : 여기에는 (1) 재고자산이 아닌 유무형자산의 취득과 매각 및 (2) 다른 회사에 대한 투자자산과 관련된 현금흐름을 보고한다.

재무활동 현금흐름(Cash Flows from Financing Activities) : 여기에는 금융기관으로부터의 차입과 상환, 주식(지분) 발행과 상환 및 배당금 지급 등 기업의 자금 조달과 관련된 현금흐름을 보고한다.

<도표 5.7>은 Apple의 2014년 연결현금흐름표를 보여주고 있다. 첫 번째 섹션(영업활동 현금흐름)은 **직접법**(direct method) 또는 **간접법**(indirect method) 중 하나의 방법으로 작성하여 보고할 수 있다. Apple의 경우 첫 번째 섹션은 간접법에 의해 작성되었는데, 이는 발생주의에 의해 산출된 당기순이익을 조정하여 영업활동 현금흐름을 계산하는 방식이다.

간접법으로 작성된 영업활동 섹션은 재무분석가가 회사의 당기순이익과 현금흐름 간의 **차이의 원인**(causes of differences)을 이해하는 데 도움을 준다. 당기순이익과 영업활동 현금흐름은 상당히 다를 수 있다. 손익계산서는 발생주의 개념에 따라 작성된다는 점을 기억하자. 수익은 관련 현금흐름이 발생하는 시점과 상관없이 인식된다. 마찬가지로 비용의 경우에도 관련 현금흐름이 발생하는 시점과 관계없이 수익에 대응하여 인식된다.

도표 5.7

Apple의 현금흐름표

APPLE
실제 자료에서 발췌:
연차보고서

APPLE INC.
연결현금흐름표*
(단위: $백만)

2014년 9월 27일자로 종료되는 3개 연도	2014	2013	2012	
기초 현금및현금성자산	$ 14,259	$ 10,746	$ 9,815	
영업활동 :				
당기순이익	39,510	37,037	41,733	당기순이익에서 비현금항목을 제거하여 계산된 이익 창출과 관련된 현금흐름
당기순이익에서 영업활동으로 인해 창출된 현금으로 조정 :				
감가상각비	7,946	6,757	3,277	
기타 비현금항목	5,210	3,394	6,145	
영업 자산과 부채의 변동 :	7,047	6,478	(299)	
영업활동으로 인해 창출된 현금	59,713	53,666	50,856	
투자활동 :				
유가증권의 취득	(217,128)	(148,489)	(151,232)	유무형자산 및 투자자산의 취득 및 매각과 관련된 현금흐름
유가증권의 매각/만기로 인한 현금유입	208,111	124,447	112,805	
유형자산의 취득으로 인한 현금유출	(13,336)	(8,661)	(8,645)	
무형자산의 취득으로 인한 현금유출	(242)	(911)	(1,107)	
기타 투자활동	16	(160)	(48)	
투자활동에 사용된 현금	(22,579)	(33,774)	(48,227)	
재무활동 :				
보통주 발행으로 인한 현금유입	730	530	665	대출금의 차입과 상환, 주식의 발행과 상환 및 배당과 관련된 현금흐름
배당금 지급	(11,126)	(10,564)	(2,488)	
보통주 상환	(45,399)	(22,860)	0	
기타 재무활동	18,246	16,515	125	
재무활동에 사용된 현금	(37,549)	(16,379)	(1,698)	
현금및현금성자산 증가/(감소)	(415)	3,513	931	현금 총변동액
기말 현금및현금성자산	$ 13,844	$ 14,259	$ 10,746	재무상태표상의 기말 현금잔액
보충적 현금흐름 공시				
법인세 지급액, 순액	$ 10,026	$ 9,128	$ 7,682	
이자 지급액	$ 339	$ 0	$ 0	

**Apple의 재무제표는 학습목적으로 다소 단순화하여 제시하였다.*

간접법에서의 영업활동 현금흐름은 발생주의에 따라 계산된 당기순이익으로 시작하여 비현금항목을 제거하는 방식으로 계산하게 된다.

당기순이익
+/− 비현금항목 조정
영업활동 현금흐름

이 두 금액 사이에 나열된 항목들은 이들이 서로 다른 이유를 설명한다. 예를 들어, 당기에 Apple의 손익계산서에 보고된 감가상각비는 실제 현금의 지급을 수반하지 않기 때문에 그 효과를 제거하기 위해 당기순이익에 가산된다. 마찬가지로 특정 자산과 부채(영업자산과 영업부채라고도 함)의 증가와 감소는 당기순이익과 영업활동 현금흐름의 차이 중 일부를 설명하기도 한다. 예를 들어, 외상매출로 인해 매출채권과 당기순이익은 증가하지만 외상매출로 인해 현금은 증가하지 않는다. 제6장에서 제11장까지 손익계산서 및 재무상태표의 다른 부분을 보다 상세하게 다룰 것이기 때문에 현금흐름표의 관련 섹션에 대해서도 논의하게 될 것이다. 그런 다음 현금흐름표의 전체적인 내용에 대해 제12장에서 자세히 설명할 것이다.

재무제표 주석

다양한 재무제표에 보고되는 숫자들은 중요한 정보를 제공하지만, 이용자는 분석을 용이하게 하기 위해 추가적인 세부정보를 필요로 한다. 모든 재무보고서는 재무제표와 함께 제공되는 주석을 통해 추가적인 정보를 제공한다. Apple의 2014년도 주석에는 3가지 유형의 정보가 포함되어 있다:

1. 회사의 재무제표에 적용된 주요 회계원칙에 대한 설명
2. 보고된 수치를 뒷받침하는 추가적인 세부사항
3. 재무제표에 공시되지 않은 관련 재무정보

회사의 재무제표에 적용된 회계원칙

일반적으로 첫 번째 주석은 중요한 회계정책의 요약이다. 이후의 장에서 학습하게 되겠지만, 회사가 거래의 효과를 측정하는 데 있어 일반적으로 인정된 회계원칙(GAAP)은 대체적인 회계처리방법의 선택을 허용하고 있다. 중요한 회계정책의 요약은 회사가 채택한 회계처리방법을 이용자에게 알려준다. 유형자산에 대한 Apple의 회계정책은 다음과 같다:

APPLE
실제 자료에서 발췌:
연차보고서

주석 1 – 중요한 회계정책의 요약

유형자산

유형자산은 취득원가로 표시하고 있습니다. 감가상각은 자산의 추정 내용연수, 건물의 경우 30년 이내; 제품 압형 및 제조 설비를 포함한 기계 및 설비의 경우 2년에서 5년; 임차자산 개량의 경우 리스기간과 10년 중 짧은 기간에 걸쳐 정액법을 사용하여 계산합니다.

우리는 제8장에서 대체적인 감가상각방법에 대해 살펴볼 것이다. 다양한 회계처리방법에 대해 이해하지 못하는 경우 회사의 재무성과를 효과적으로 분석하는 것은 불가능하다.

보고된 수치를 뒷받침하는 추가적인 세부사항

보충적 정보로 제공되는 주석의 두 번째 범주는 재무제표에 표시된 데이터와 관련된 것이다. 이 주석은 지역 또는 사업 부문별로 세분화된 매출을 표시하고 비정상적인 거래를 설명하며 특정 분류에 대한 세부정보를 제공한다. 예를 들어, 주석 3에서 Apple은 재무상태표에 표시된 유형자산의 구성을 보여주고 있다.

APPLE
실제 자료에서 발췌:
연차보고서

주석 3 – 연결재무제표 세부사항

유형자산

	2014	2013
토지와 건물	$ 4,863	$ 3,309
기계장치, 설비 및 내부사용 소프트웨어	29,639	21,242
임차자산 개량	4,513	3,968
총유형자산	39,015	28,519
감가상각 및 상각누계액	(18,391)	(11,922)
순유형자산	$20,624	$16,597

재무제표에 공시되지 않은 관련 재무정보

마지막 주석의 범주는 회사에 재무적으로 영향을 미치지만 재무제표에는 표시되지 않은 정보를 보여주는 것이다. 예를 들어, 재무상태표상의 자산 또는 부채로는 보고되지 않지만, 법적 문제 및 계약상의 협정에 대한 정보가 포함될 수 있다. 주석 10에서 Apple은 약 $270억가 넘는 공급계약에 따른 약정사항을 공시하였는데, 이러한 내용은 재무상태표에 부채로 보고되지는 않았다.

APPLE
실제 자료에서 발췌:
연차보고서

주석 10 – 연결재무제표 세부내역

기타 약정사항

2014년 9월 27일 현재, 회사는 재무상태표에는 보고되지 않은 $245억의 제3자 제조약정과 부품 구매 약정이 있습니다.

위에 언급된 약정 외에도, 회사는 2014년 9월 27일 현재 $34억의 약정 의무가 있는데, 이는 주로 제품 압형 및 제조 설비를 포함한 고정자산 취득 약정 및 광고선전, 연구개발, 인터넷 통신서비스 및 기타 의무로 구성되어 있습니다.

자발적 공시

GAAP 및 SEC는 최소한의 재무 공시에 대해서만 규정하고 있다. 많은 회사들은 이러한 최소한의 수준 이상의 중요한 공시를 제공하고 있다. 예를 들어, 연차보고서, 10-K 및 최근 이익 보도자료에서 Apple은 주요 제품 범주별 매출액 내역을 공시하였다. 이는 투자자가 신제품의 성공 여부를 파악하는 데 도움이 된다.

APPLE
실제 자료에서 발췌: 연차보고서

제품별 매출액	2014	2013	2012
iPhone	$101,991	$ 91,279	$ 78,692
iPad	30,283	31,980	30,945
Mac	24,079	21,483	23,221
iPod	2,286	4,411	5,615
iTunes, 소프트웨어 및 기타 서비스	18,063	16,051	12,890
액세서리	6,093	5,706	5,145
총순매출액	$182,795	$170,910	$156,508

INTERNATIONAL PERSPECTIVE

IFRS와 U.S. GAAP의 회계처리방법 차이점

재무회계기준 및 공시 요구사항은 각 국가의 규제당국에서 채택한다. 유럽연합(EU) 회원국을 포함한 많은 국가들이 국제회계기준위원회(IASB)에서 제정한 IFRS(International Financial Reporting Standards)를 채택했다. IFRS는 U.S. GAAP과 유사하지만 몇 가지 중요한 차이점이 있다. 이 장이 쓰여질 당시 이들 간의 존재했던 차이점 일부와 교재에서 이 주제들을 다루게 될 장도 함께 다음에 제시하였다.

차이점	U.S. GAAP	IFRS	장(chapter)
재고자산 후입선출법	허용	금지	7
재고자산평가손실 환입	금지	강제	7
유형자산 측정기준	취득원가	공정가치 혹은 취득원가	8
개발원가	비용처리	자본화	8
차환예정인 채무	유동부채	비유동부채	9
충당부채의 인식	가능성이 높은 경우 인식 (probable)	사건이 일어날 가능성이 일어나지 않을 가능성보다 높은 경우 인식(more likely than not)	9
자본계정	보통주(Common stock) 자본잉여금(Paid-in capital)	자본금(Share capital) 주식발행초과금(Share premium)	11
현금흐름표상의 이자수입	영업활동	영업 또는 투자활동	12
현금흐름표상의 이자지급	영업활동	영업 또는 재무활동	12

FASB와 IASB는 이러한 차이점들을 제거하기 위하여 서로 협력하고 있다.

총자산이익률 분석: 기업성과를 평가하기 위한 체계

학습목표 5-4
총자산이익률과 그 구성요소 및 거래가 재무비율에 미치는 영향을 근거로 회사의 성과를 분석한다.

기업성과를 평가하는 것이 재무제표 분석의 주요 목표이다. 경쟁업체뿐만 아니라 기업의 경영자도 재무제표를 통해 회사의 비즈니스 전략을 더 잘 이해하고 평가하게 된다. 재무분석가, 투자자 및 채권자는 회사의 주식 가치와 신용도를 추정하고 회사성과를 평가하기 위해 동일한 재무제표를 이용한다. 회계보고에 포함된 재무 데이터에 대한 우리의 논의는 이제 회사의 성과 평가를 위해 해당 데이터를 이용하는데 필요한 전반적인 체계를 개발할 수 있는 시점에 도달했다. 기업성과를 평가하는 가장 일반적인 체계를 총자산이익률(Return On Assets, ROA) 분석이라고 한다.

KEY RATIO ANALYSIS

총자산이익률(ROA)

■ 분석적 질문

경영진은 채권자와 주주로부터 조달한 자금으로 투자한 자산을 회계연도 동안 얼마나 잘 사용하였는가?

■ 비율 및 비교

$$총자산이익률 = \frac{당기순이익^{*}}{평균총자산^{\dagger}}$$

2014년도 Apple의 비율은 :

$$\frac{\$39,510}{(\$207,000+\$231,839) \div 2} = 0.180\ (18.0\%)$$

연도별 비교 Apple		
2012	2013	2014
28.5%	19.3%	18.0%

경쟁업체와 비교 HP
2014
4.8%

주요 기업의 총자산이익률

Chipotle 19.6%

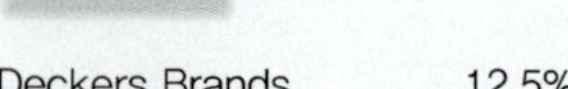

Harley-Davidson 8.9%

Deckers Brands 12.5%

■ 해석

- **일반론 :** ROA는 자산에 투자한 금액 $1당 회사가 얻은 이익으로 측정한다. 이는 재무전략과는 무관하게 기업의 수익성 및 경영 효과성을 측정하는 광범위하게 사용되는 비율이다. 다른 조건이 동일하다면, ROA가 높은 기업은 투자 대안의 선별 및 관리를 잘 했다고 볼 수 있다. ROA는 자금조달의 원천(부채 대 자본)과 무관하게 측정되므로, 조직 내의 모든 수준에 대한 성과평가에 이용될 수 있다. ROA는 종종 부서별 또는 제품 라인별로 계산되며 부서 또는 제품 라인 관리자의 상대적 성과를 평가하는 데 사용된다.

- **회사에 대한 분석 결과 :** 2012년과 2014년 사이에 총자산이익률이 감소한 주된 이유는 당기순이

익은 큰 변화가 없었던 반면 평균자산이 증가했기 때문이다. 특히 유가증권이 지난 3년 동안 큰 폭으로 증가했다. 결과적으로 Apple은 배당금을 늘리고 과다한 자산을 주주들에게 돌려주기 위해 자기주식 취득 프로그램을 지속적으로 운영하였다.

- **주의사항 :** 모든 비율과 마찬가지로, 비율이 변동된 경우 해당 변동이 왜 일어났는지를 파악하는 것이 중요하다. 다음 주제인 ROA 이익동인 분석(Profit Driver Analysis) 및 비즈니스 전략을 통해 이를 보다 더 면밀히 살펴볼 것이다.

---

* 더 복잡한 총자산이익률 분석에서는 이자비용(법인세차감후) 및 비지배지분은 비율의 분자에서 당기순이익에 가산된다. 이렇게 하는 경우 자금의 출처와 관계없이 자본에 대한 이익률을 평가할 수 있기 때문이다.
† 평균총자산 = (기초 총자산+기말 총자산) ÷ 2.

ROA 이익동인 분석 및 비즈니스 전략

Apple의 성과를 효과적으로 분석하려면 ROA가 왜 전년도 및 경재업체의 비율과 차이가 나는지를 이해하여야 한다. ROA 이익동인 분석(ROA **분해분석** 또는 DuPont **분석**이라고도 함)은 <도표 5.8>과 같이 ROA를 두 가지 요소로 분해한다. 이들 요소는 경영진이 ROA를 개선시킬 수 있는 두 가지 방법을 설명하기 때문에 종종 **이익동인**(profit drivers) 혹은 **이익레버**(profit levers)라고도 한다. 이들은 제3장과 제4장에서 배운 주요 비율에 의해 측정된다.

1. **매출액순이익률**(Net profit margin) = **당기 순이익 ÷ 순매출액**
   이는 매출액 $1당 얼마만큼이 이익인지를 측정하는 비율이다. 이 비율은 다음에 의해 증가될 수 있다.
   a. 매출액 증가
   b. 판매가격 증가
   c. 매출원가 및 영업비용 절감
2. **총자산회전율**(Total asset turnover) = **순매출액 ÷ 평균총자산**
   이는 자산 $1당 회사가 창출한 매출액이 얼마인지를 측정하는 비율이다(자산 이용의 효율성). 이 비율은 다음에 의해 증가될 수 있다.
   a. 보유재고를 줄이기 위해 유통을 중앙집권화

도표 5.8
ROA 이익동인 분석

$$\text{ROA} = \text{매출액 순이익률} \times \text{총자산 회전율}$$

$$\frac{\text{당기순이익}}{\text{평균총자산}} = \frac{\text{당기순이익}}{\text{순매출액}} \times \frac{\text{순매출액}}{\text{평균총자산}}$$

도표 5.9

Apple과 HP의 ROA 이익동인 분석

ROA 이익동인	공식	Apple	HP
매출액순이익률	당기순이익/순매출액	0.216	0.045
× 총자산회전율	× 순매출액/평균총자산	0.833	1.067
= 총자산이익률	= 당기순이익/평균총자산	0.180	0.048

b. 매출 $1를 창출하는 데 필요한 자산의 양을 줄이기 위해 더 적은 공장에 생산설비를 통합

이 두 비율을 통해 회사의 운영 및 투자 활동의 효율성에 대해 알 수 있다.

성공적인 제조업체는 종종 두 가지 비즈니스 전략 중 하나를 따른다. 첫 번째는 **고가치**(high-value) 또는 **제품차별화**(product-differentiation) 전략이다. 이 전략을 따르는 회사는 고객에게 제품의 우수성 또는 차별성을 심어주기 위해 연구개발 및 제품 판촉에 의존하게 된다. 이를 통해 회사는 더 높은 가격을 책정할 수 있게 되고 이를 통해 매출액순이익률을 제고시킬 수 있다. 두 번째는 높은 총자산회전율을 제고시키기 위해 매출채권, 재고자산 및 유무형자산의 효율적인 관리에 의존하는 **저원가 전략**(low-cost strategy)이다.

<도표 5.9>에 제시된 ROA 이익동인 분석은 Apple의 ROA의 원천이 무엇인지를 보여주고, 이를 HP의 동일한 수치와 비교하고 있다. Apple은 고전적인 고가치 전략에 따라 시장에서 가장 혁신적인 제품으로 명성을 얻고 있다. Apple의 매출액순이익률은 0.216 혹은 21.6%로 높은 편이며, 이로서 Apple의 전략이 명백하게 성공했음을 알 수 있다. 이는 매출액 $1당 ¢21.6가 순이익임을 의미한다. 이는 HP의 매출액순이익률 4.5%와 비교된다.

HP는 우수한 제품과 서비스를 경쟁력 있는 가격으로 제공함으로써 저원가 전략을 주로 추구하고 있다. HP의 운영 효율성이 좋다는 것은 Apple의 0.883에 비해 1.067의 높은 총자산회전율을 통해 알 수 있다. Apple은 HP보다 훨씬 높은 ROA를 기록했는데, 이는 높은 매출액순이익률이 낮은 총자산회전율을 상쇄했기 때문이고, 주가도 이에 따라 움직였다.

Apple이 과거와 동일한 전략을 따름에도 높은 ROA를 유지하는 비결은 지속적인 제품 개발을 통해 프리미엄 판매가격을 유지할 수 있기 때문이다. 2014년 Apple은 신제품 개발에 있어 큰 진보를 이루었으며 이러한 신제품 출시 성공을 통해 장기적으로 높은 ROA를 달성할 수 있었다. 이전의 논의에서 알 수 있듯이 회사는 이익동인에 영향을 미치기 위해 여러 가지 활동을 하고 있다. 이러한 활동이 미치는 영향을 파악하기 위해 재무분석가는 각 이익요인을 보다 세부적인 비율로 분해한다. 예를 들어, 총자산회전율은 매출채권, 재고자산 및 고정자산과 같은 특정 자산의 회전율로 더 세분화될 수 있다. 우리는 다음 7개의 장에서 보다 구체적인 비율에 대해 살펴보게 될 것이다. 그런 다음 제13장에서 이들 비율을 종합적으로 검토해 볼 것이다.

거래가 비율에 미치는 영향

Apple과 다른 회사들은 투자자와 채권자가 핵심적인 재무비율을 면밀히 검토하고 있음을 알고 있다. ROA와 그 구성요소의 변화는 회사의 주가와 대출기관에 지급해야 하는 이자율에 큰 영향을 줄 수 있다. 따라서 회사의 경영자는 실제 혹은 예정된 거래가 주요 재무비율에 미치는 영향에 대해 면밀히 검토하고 있다. 우리는 거래의 효과가 손익계산서와 재무상태표의 주요한 수치(매출총이익, 유동자산 등)에 어떻게 영향을 미치고 보고되는지를 배웠다. 따라서 우리는 거래가 단순히 비율에 미치는 영향을 계산하는 데에서 한발 더 나아가야 한다. 다음의 3단계 과정이 여러분들에게 도움을 줄 것이다:

1. 제2장부터 제4장까지에서 했듯이, 다양한 계정에 미치는 영향을 결정하기 위해 거래에 대한 분개를 해보자.
2. 비율의 분자(상단)와 분모(하단)에 고려되는 재무제표 소계 또는 총계에는 어떤 계정이 포함되는지 그리고 효과의 방향이 어떻게 되는지를 결정하자.
3. 2단계가 비율에 어떻게 결합되어 영향을 미치는지에 대해 평가하자.

위 3단계 과정을 이해하는 데 도움이 되는 몇 가지 예를 들어보겠다. 다음의 거래가 비율에 미치는 영향은 무엇인가(세금은 무시)? 우리가 살펴볼 예제는 그 효과가 비율의 분자(상단) 또는 분모(하단)에 영향을 미치는지 혹은 분자, 분모 둘 다에 영향을 미치는지에 대한 것이다. 우리는 세 가지 케이스를 살펴볼 필요가 있다.

분자 또는 분모에만 영향을 받는다면?

예제 1 : Apple은 연구개발비 $1,000가 추가로 발생하였는데, 모두 현금으로 지급하였다(모든 화폐단위는 $백만). 매출액순이익률에 미치는 영향은 어떻게 되는가?
분개는 다음과 같다.

연구개발비(+E, −SE)	1,000	
현금(−A)		1,000

이 거래는 분자인 당기순이익을 감소시키고 분모인 순매출액에는 영향을 미치지 않는다. 비율은 0.216(<도표 5.5>의 수치를 이용)이었는데, 다음과 같이 0.211로 감소하게 된다.

	당기순이익	÷	순매출액	=	매출액순이익률
거래 반영 전:	$39,510	÷	$182,795	=	0.216
거래 효과:	−1,000		−		
거래 반영 후:	$38,510	÷	$182,795	=	0.211

이 예제는 거래가 비율에 어떤 영향을 미치는지에 대한 일반적인 측면을 보여준다. 거래가 비율의 분자 또는 분모에만 영향을 미치는 경우 비율에는 다음과 같이 영향을 미친다.

분자 또는 분모의 변동에 따른 비율 변동	
분자	**비율**
증가	증가
감소	감소
분모	
증가	감소
감소	증가

분자와 분모가 둘 다 영향을 받지만 그 금액이 다르다면?

예제 2 : 예제 1과 동일한 거래를 생각해보자. 총자산이익률에 어떤 영향을 미치는가? 거래가 분자인 당기순이익을 $1,000만큼 감소시킨다는 점에 주목하자. 또한 기말 총자산을 $1,000만큼 감소시키지만 기초 총자산에는 영향이 없다. 따라서 분모인 평균총자산은 $500만큼만 감소될 것이다:

평균총자산 = ($207,000 + $231,839 − $1,000) ÷ 2 = $218,920

이 비율은 <도표 5.9>에서 0.180이었는데, 다음과 같이 감소하게 된다:

	당기순이익	÷	평균총자산	=	총자산이익률
거래 반영 전:	$39,510	÷	$219,420	=	0.180
거래 효과:	−1,000		−500		
거래 반영 후:	$38,510	÷	$218,920	=	0.176

이 예제는 거래가 비율에 어떠한 영향을 미치는지에 대한 두 번째 일반적인 측면을 보여준다. 거래가 분모에 영향을 미치는 것보다 더 많이 분자에 영향을 미치는 경우나 혹은 분자에 영향을 미치는 것보다 더 많이 분모에 영향을 미치는 경우, 여러분들은 주어진 수치를 이용하여 그 효과를 계산해야 한다.

분자와 분모가 동일한 금액만큼 영향을 받는다면?

예제 3 : Apple은 현금으로 외상매입금 $4,000를 지급했다(모든 화폐단위는 $백만). 유동비율에는 어떤 영향을 미치는가?

분개는 다음과 같다:

외상매입금(−L)	4,000	
현금(−A)		4,000

이 거래는 분자인 유동자산과 분모인 유동부채를 동일한 금액만큼 감소시킨다. 비율은 1.08이었는데(<도표 5.4>의 수치를 이용), 다음과 같이 증가하게 된다.

	유동자산	÷	유동부채	=	유동비율
거래 반영 전:	$68,531	÷	$63,448	=	1.08
거래 효과:	−4,000		−4,000		
거래 반영 후:	$64,531	÷	$59,448	=	1.09

이 예제는 거래가 비율에 어떠한 영향을 미치는지에 대한 세 번째 일반적인 측면을 보여준다. 만약 비율의 분자와 분모에 같은 금액만큼 영향을 주면 원래 비율 값이 1.00보다 큰지 또는 작은지에 따라 효과가 달라지게 된다:

분자와 분모에 동일한 변동이 있는 경우 비율 변동		
분자와 분모	**비율 < 1**	**비율 > 1**
둘 다 증가	증가	감소
둘 다 감소	감소	증가

STOP PAUSE FOR FEEDBACK

ROA는 경영진이 회사의 투자자본을 얼마나 잘 활용하였는지를 측정하는 지표이다. 두 가지 결정 요인, 매출액순이익률 및 총자산회전율은 ROA가 이전과 왜 다른지 또는 경쟁업체의 ROA와 왜 다른지 그 이유를 보여준다. 또한 향후 ROA를 개선시키기 위한 전략을 제안하기도 한다. 개별 거래가 재무비율에 미치는 효과는 비율의 분자와 분모에 미치는 영향에 따라 달라지게 된다.

SELF-STUDY QUIZ

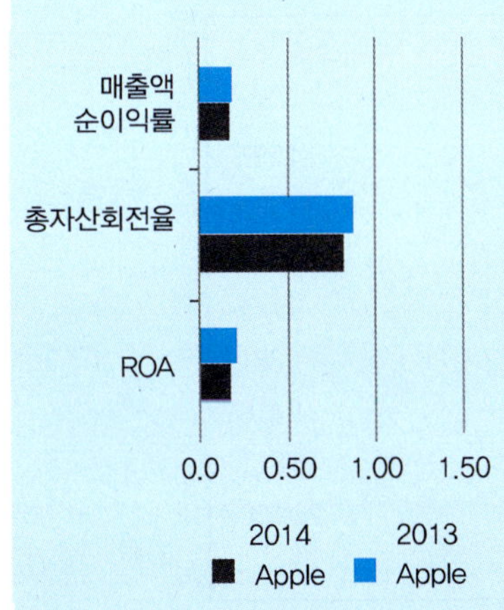

1. <도표 5.9>에서는 이익동인 분석을 통하여 회사의 ROA가 동일한 시점에서 경쟁업체의 ROA와 다른 이유에 대해 설명했다. 이러한 유형의 분석을 **횡단면 분석**(cross-sectional analysis)이라고 한다. 이익동인 분석은 또한 매출액순이익률(당기순이익/순매출액) 및 총자산회전율(순매출액/평균총자산)의 변화가 시간 경과에 따라 Apple의 ROA에 어떠한 영향을 미쳤는지에 대해 설명하는 데 이용될 수도 있다. 이러한 유형의 분석을 흔히 **시계열 분석**(time-series analysis)이라고 한다. 다음은 최근 연도의 Apple에 대한 ROA 분석이다. 이익동인 분석을 이용하여 Apple이 ROA를 어떻게 증가시켰는지에 대해 설명하시오.

ROA 이익동인	2014	2013
당기순이익/순매출액	0.216	0.217
× 순매출액/평균총자산	0.833	0.892
= 당기순이익/평균총자산	0.180	0.193

2. 다음 거래가 비율에 미치는 효과의 방향은 무엇인가(증가의 경우 +, 감소의 경우 −, 영향이 없는 경우 NE)? 각 항목은 상호 독립적이다.
   a. 임차료 $200를 지급하고 이를 기록하였다.
   b. 외상으로 $400의 매출을 하였고 이를 기록하였다.

거래	매출총이익률	총자산이익률	유동비율
a.			
b.			

해설

1. Apple의 ROA가 1.3%(19.3% − 18.0%) 하락한 것은 총자산회전율이 감소했기 때문이다. 10-K의 경영진단 의견서에 따르면, 이 감소의 대부분은 주로 유가증권으로 인해 총자산이 증가했기 때문이다.

2. a. 임차료 (+E, −SE) 200
   현금 (−A) 200
   NE, −, −

   b. 외상매출금 (+A) 400
   매출 (+R, +SE) 400
   +, +, +

DEMONSTRATION CASE

다음 페이지의 답안을 보기 전에 다음 요구사항을 완성하시오. Microsoft Corporation은 Windows 운영체제, Word(워드 프로세서) 및 Excel(스프레드시트) 프로그램을 포함한 광범위한 컴퓨터 소프트웨어 개발자이다. 다음은 최근 Microsoft 손익계산서 및 재무상태표에서 수정하여 발췌한 재무제표 항목 및 금액이다. 이들 항목은 보통 차변 및 대변에 정상잔액을 가지며 화폐단위는 $백만이다. 해당 회계연도에 8,299백만주(가중평균)의 주식이 유통 중이었다. 회사는 2014년 6월 30일자로 장부를 마감했다.

매입채무	$ 7,432	기타유동부채	$ 9,464
매출채권(순액)	19,544	영업외수익, 순액	61
미지급급여	4,797	기타투자자산	14,597
현금 및 단기금융상품	85,709	기타비유동자산	30,530
보통주와자본잉여금	68,366	유형자산(순액)	13,011
매출원가	26,934	법인세비용	5,746
일반관리비	4,948	연구개발비	11,381
미지급법인세	782	이익잉여금	21,418
장기부채	36,975	판매비	15,811
순매출액	86,833	선수수익	23,150
기타유동자산	8,993		

요구사항 :

1. 해당 회계연도의 분류된(다단계) 손익계산서(매출총이익, 영업이익, 법인세비용차감전순이익, 당기순이익 및 주당이익을 표시할 것) 및 분류된 재무상태표를 작성하시오.

2. 회사의 ROA를 계산하시오. ROA 이익동인 분석을 이용하여 그 의미를 간략하게 설명하시오. (Microsoft의 총자산은 기초에 $142,431백만이었다.)
3. Microsoft가 일반관리비로 $1,500를 추가로 지급한 경우(현금으로 지급), ROA에 미치는 영향은 어떻게 되는가(증가, 감소 또는 영향 없음)?

해설

1.

MICROSOFT CORPORATION 손익계산서 2014년 6월 30일자로 종료되는 회계연도 (단위: $백만, 주식 수는 제외)	
순매출액	$86,833
매출원가	26,934
매출총이익	59,899
영업비용 :	
연구개발비	11,381
판매비	15,811
일반관리비	4,948
총영업비용	32,140
영업이익	27,759
영업외손익 :	
영업외수익, 순액	61
법인세비용차감전순이익	27,820
법인세비용	5,746
당기순이익	$22,074
주당이익	$ 2.66

MICROSOFT CORPORATION 재무상태표 2014년 6월 30일 (단위: $백만)	
자산	
유동자산	
현금 및 단기금융상품	$ 85,709
매출채권(순액)	19,544
기타유동자산	8,993
총유동자산	114,246
비유동자산 :	
유형자산(순액)	13,011
기타투자자산	14,597
기타비유동자산	30,530
총자산	$172,384
부채와자본	
유동부채	
매입채무	$ 7,432
미지급급여	4,797
미지급법인세	782
선수수익	23,150
기타유동부채	9,464
총유동부채	45,625
장기부채	36,975
자본 :	
보통주와자본잉여금	68,366
이익잉여금	21,418
총자본	89,784
총부채와자본	$172,384

2.

2014년 6월 30일자로 종료되는 회계연도	
당기순이익/순매출액	0.25
× 순매출액/평균총자산	0.55
= 당기순이익/평균총자산	0.14

6월 30일자로 종료되는 회계연도에 Microsoft는 14%의 ROA를 달성했다. Microsoft는 높은 순이익률을 유지하면서 순매출액 $1당 $0.25의 순이익을 올렸지만, 회사는 자산 $1당 $0.55의 매출만을

기록하여 자산 효율성은 낮은 것으로 나타났다. 또한 이 분석은 Microsoft가 컴퓨터 소프트웨어 시장에서의 지배적인 위치를 통해 자사 제품에 대한 프리미엄 가격을 청구하고 있다는 것을 보여주고 있다.

3.

일반관리비(+E, −SE) ······	1,500	
현금(−A) ······		1,500

분자인 당기순이익은 $1,500만큼 감소할 것이고 분모인 평균총자산은 $750만큼 감소하게 된다. 결과적으로 ROA는 감소할 것이다.

CHAPTER TAKE-AWAYS

5-1. 회계전달과정(규제당국, 경영자, 이사, 감사, 정보중개인 및 정보이용자)에 관여하는 사람, 전달과정에서의 이들의 역할 및 법률 및 직업 기준으로부터 그들이 받는 지침에 대해 이해한다.

보고회사의 경영진은 재무보고에 제시할 적절한 형식(범주) 및 세부적인 수준을 결정해야 한다. 독립된 감사는 정보의 신뢰성을 제고시킨다. 이사는 경영자가 보고기준을 준수하고 있는지 여부를 감시하고 감사인을 선임한다. 상장기업의 재무제표는 대개 전자정보서비스를 통해 이용자에게 공표 및 전달된다. SEC는 재무보고가 법률 및 직업기준을 준수하고 있는지를 검토하고 위반자를 처벌한다. 재무분석가는 주식 추천 및 이익 예측을 통해 투자자가 재무제표 및 기타 정보를 이용할 수 있도록 중요한 역할을 한다.

5-2. 회계전달과정에서의 전자정보서비스 역할, 보도자료, 연차보고서, 분기보고서 및 SEC 보고서 작성 등의 단계를 확인한다.

이익은 먼저 보도자료를 통해 공개된다. 회사는 이 발표에 이어 재무제표, 주석 및 추가 정보가 포함된 연차보고서와 분기보고서를 작성하여 제공한다. 상장회사는 회사에 대한 자세한 정보가 포함된 10-K, 10-Q 및 8-K를 포함한 추가적인 보고서를 SEC에 제출한다. 전자정보서비스는 숙련된 정보이용자에게 이 정보를 제공하는 주요 원천이 된다.

5-3. 실제로 회사가 사용하는 다양한 재무제표와 공시 양식에 대해 이해하고, 매출총이익률을 분석한다.

대부분의 재무제표는 분류되고 분석과 관련된 소계를 포함하고 있다. 재무상태표에서는 유동과 비유동의 구분이 가장 중요하다. 손익계산서 및 현금흐름표에서는 영업과 영업외 항목의 구분이 가장 중요하다. 재무제표 주석은 적용된 회계원칙에 대한 설명을 제공하고, 재무제표에 공시된 항목에 대해 추가적인 정보를 제공하며, 재무제표에 포함되지 않은 경제적 사건에 대한 정보를 제공한다.

5-4. 총자산이익률과 그 구성요소 및 거래가 재무비율에 미치는 영향을 근거로 회사의 성과를 분석한다.

ROA는 경영진이 회계연도 동안 회사의 투자자본을 얼마나 잘 활용했는지를 측정하는 지표이다. 두 가지 결정요인, 매출액순이익률 및 총자산회전율은 ROA가 이전과 왜 다른지 또는 경쟁업체의 ROA와 왜 다른지 그 이유를 보여준다. 또한 향후 ROA를 개선시키기 위한 전략을 제안하기도 한다. 개별 거래가 재무비율에 미치는 효과는 비율의 분자와 분모에 미치는 영향에 따라 달라지게 된다.

제6장에서는 재무제표에 표시된 개별 항목에 대한 심층적인 토론을 시작하게 될 것이다. 우리는 가장 유동성이 높은 두 자산인 현금 및 매출채권과 수익 및 특정 판매비와 관련된 거래부터 살펴보게 될 것이다. 수익 인식과 매출원가 인식에 대한 정확성(제7장 참조)은 재무제표의 정확성 – 이는 곧 재무제표의 유용성 – 을 결정짓는 가장 중요한 요소이다. 또한 중요한 업무기능인 현금 및 수취채권의 관리 및 통제와 관련된 개념도 소개하게 될 것이다. 이러한 주제에 대한 자세한 이해는 미래의 경영자, 회계담당자 및 재무분석가에게 매우 중요한 것이다.

KEY RATIOS

매출총이익률(Gross profit percentage)은 판매된 재화 또는 용역의 판매가격이 그 원가를 초과하는 부분을 백분율로 측정한 것이다. 이는 다음과 같이 계산된다(재무제표 형식과 주석에 대해 더 살펴보기 섹션의 “Key Ratio Analysis” 박스 참조).

$$\text{매출총이익률} = \frac{\text{매출총이익}}{\text{순매출액}}$$

총자산이익률(Return on assets, ROA)은 투자 $1당 회사가 얻은 이익으로 측정된다. 이는 다음과 같이 계산된다(총자산이익률 섹션의 “Key Ratio Analysis” 박스 참조).

$$\text{총자산이익률} = \frac{\text{당기순이익}}{\text{평균총자산}}$$

FINDING FINANCIAL INFORMATION

재무상태표

자산 (유동성이 높은 순서)
- 유동자산(단기)
- 비유동자산
- 총자산

부채 (만기가 도래되는 순서)
- 유동부채(단기)
- 장기부채
- 총부채

자본 (원천별로)
- 보통주와자본잉여금(소유주에 의한)
- 이익잉여금(누적된 이익에서 누적된 배당선언액을 차감)
- 총자본
- 총부채와자본

손익계산서

순매출액
－매출원가
매출총이익
－영업비용
영업이익
+/－ 영업외수익/비용
법인세비용차감전순이익
－법인세비용
당기순이익
주당이익

자본변동표

	보통주	자본 잉여금	이익 잉여금	총자본
기초 잔액	XX	XX	XX	XX
당기순이익			XX	XX
배당선언액			(XX)	(XX)
주식발행	XX	XX		XX
주식소각	(XX)	(XX)		(XX)
기말 잔액	XX	XX	XX	XX

현금흐름표

영업활동 :
- 당기순이익
- +/－ 비현금항목 조정
- 영업활동 현금흐름

투자활동 :
재무활동 :

주석

주요 유형
- 회사의 재무제표에 적용된 주요 회계원칙에 대한 설명
- 보고된 수치를 뒷받침하는 추가적인 세부사항
- 재무제표에 공시되지 않은 관련 재무정보

KEY TERMS

개인투자자
대출기관(채권자)
보도자료
상장기업회계감독위원회(PCAOB)
이익예측
중요한 금액
Form 10-Q
기관투자자
매출총이익
비용 대비 효과
영업이익
재무회계기준위원회(FASB)
증권거래위원회(SEC)
Form 8-K
기업지배구조
법인세비용차감전순이익
사베인스-옥슬리법
이사회
적정의견
Form 10-K

QUESTIONS

1. 재무보고 프로세스에서 경영진과 독립적인 감사인의 역할과 책임에 대해 설명하시오.
2. 다음 재무보고 공시의 세 정보이용자들과 이들 간의 관계에 대해 정의하시오: (a) 재무분석가, (b) 개인투자자 및 (c) 기관투자자
3. 재무정보의 전달과정에서 정보서비스의 역할에 대해 간략하게 설명하시오.
4. 중요한 금액이 무엇인지에 대해 설명하시오.
5. GAAP이 (a) 손익계산서, (b) 재무상태표 및 (c) 현금흐름표에 대해 요구하는 회계처리 기준(현금 또는 발생)은 무엇인가?
6. 비상장기업이 작성하는 재무보고서의 일반적인 순서와 형식에 대해 간략하게 설명하시오.
7. 상장기업이 작성하는 재무보고서의 일반적인 순서와 형식에 대해 간략하게 설명하시오.
8. 손익계산서에 보고되는 주요 소계 또는 총계 4가지는 무엇인가?
9. 재무상태표에 보고되는 6가지 주요 분류를 열거하시오.
10. 재무상태표에 보고되는 유형자산의 (a) 원가, (b) 감가상각누계액, (c) 순장부금액에 대해 설명하시오.
11. 주식회사 자본의 주요 분류에 대해 간략하게 설명하시오.
12. 현금흐름표상의 3가지 주요 분류는 무엇인가?
13. 연차보고서에 보고되는 주석 또는 각주의 3가지 주요 범주는 무엇인가? 각각의 예를 제시하시오.
14. 총자산이익률을 간략하게 정의하고 무엇을 측정하는 비율인지에 대해 설명하시오.

MULTIPLE-CHOICE QUESTIONS

1. 평균총자산은 증가하지만 당기순이익, 순매출액 및 평균자기자본이 동일하게 유지되는 경우 총자산이익률에 미치는 영향은 어떠한가?
   a. 증가함　　b. 감소함
   c. 동일하게 유지됨　　d. 추가 정보 없이 알 수 없음
2. 회사가 고객에게 저렴한 가격과 대량으로 포장된 품목에 대해 할인을 제공하는 방식으로 제품을 차별화하려는 경우(고객에게 멤버십을 요구하는 할인점과 같이), 회사는 ROA 이익동인 분석의 어떤 구성요소를 증대시키려 하는 것인가?
   a. 매출액순이익률　　b. 총자산회전율
   c. 재무레버리지　　d. 이상의 모두
3. 회사가 손익계산서에 다음 항목을 보고한 경우(매출원가 $6,000, 법인세비용 $2,000, 이자비용 $500, 영업비용 $3,500, 매출액 $14,000), "영업이익"은 얼마인가?
   a. $8,000　　b. $2,000
   c. $4,500　　d. $4,000

4. 다음 중 손익계산서의 계속사업손익 아래에 별도로 보고되어야 하는 비경상적인 항목은 무엇인가?
   a. 고정자산 매각으로 인한 손익 b. 중단사업
   c. 특별손익 d. a와 b 둘 다
5. 다음 중 매년 SEC에 제출하는 보고서는 어느 것인가?
   a. Form 10-Q b. Form 10-K
   c. Form 8-K d. 보도자료
6. 다음 중 재무제표에 대한 주석에서 일반적으로 볼 수 없는 것은?
   a. 회사의 재무제표에 적용된 주요 회계원칙
   b. 보고된 수치를 뒷받침하는 추가적인 세부사항
   c. 재무제표에 공시되지 않은 관련 재무정보
   d. 위의 모든 내용을 재무제표의 주석에서 볼 수 있다.
7. 다음 중 재무분석가의 일반적인 기능이 아닌 것은 무엇인가?
   a. 이익예측
   b. 재무제표가 GAAP에 일치하는지 여부를 확인하는 데 기초가 되는 기록의 검토
   c. 회사 주식에 대한 매수, 보유 또는 매도 추천
   d. 기관투자자의 보유주식에 대한 조언
8. 다음 중 분류된 재무상태표 형식을 통해 신속하게 확인될 수 있는 것은?
   a. 회사의 가장 가치 있는 자산
   b. 회사의 모든 부채에 대한 구체적인 만기일
   c. 어떤 부채가 다음 연도에 지급되어야 하는지 여부
   d. 정답 없음
9. 회사가 액면주식을 발행한 경우, 일반적으로 자본변동표의 어떤 난에 표시되는가?
   a. 보통주; 자본잉여금; 및 유형자산, 순액
   b. 현금; 및 유형자산, 순액
   c. 보통주; 및 자본잉여금
   d. 보통주; 자본잉여금; 및 현금
10. 당기순이익이 $850,000이고, 기초 및 기말자산이 각각 $8,500,000와 $9,600,000인 경우, 총자산이익률(ROA)은 얼마인가?
   a. 9.39% b. 10.59%
   c. 9.94% d. 10.41%

MINI-EXERCISES

M5-1. 회계전달과정의 참가자와 그들의 정의 연결하기

제시된 빈칸에 적절한 문자를 입력하여 각 참가자와 관련 정의와 연결하시오.

참가자	정의
___ (1) 독립된 감사인	A. 이익예측 및 주식 추천을 위하여 재무 및 기타 경제정보를 분석하여 조언을 하는 자
___ (2) CEO와 CFO	B. 기관투자자, 개인투자자 및 채권자 등
___ (3) 정보이용자	C. 재무제표에 표시된 정보에 대한 주요 책임이 있는 최고경영자 및 최고재무책임자
___ (4) 재무분석가	D. 재무제표를 검토하고 공정성을 입증하는 독립된 CPA

M5-2. 공시의 순서에 대해 알아보기

상장회사가 발표하는 다음 공시 또는 보고서의 발표 순서를 기재하시오.

순서	제목
________	Form 10-K
________	이익 보도자료
________	연차보고서

M5-3. 재무정보 찾기: 재무제표와 재무제표의 구성요소 연결하기

제시된 빈칸에 적절한 문자를 입력하여 각 재무제표와 그 구성요소를 연결하시오.

재무제표 구성요소	재무제표
___ (1) 비용	A. 손익계산서
___ (2) 영업활동 현금흐름	B. 재무상태표
___ (3) 손실	C. 현금흐름표
___ (4) 자산	D. 해당 사항 없음
___ (5) 수익	
___ (6) 재무활동 현금흐름	
___ (7) 이익	
___ (8) 자본	
___ (9) 부채	
___ (10) 주주가 개인적로 보유하고 있는 현금	

M5-4. 재무상태표 및 손익계산서에 미치는 거래의 효과 파악하기

각 거래 효과의 부호(+는 증가, −는 감소, NE는 효과 없음)를 기재하여 다음의 표를 완성하시오. 각 항목은 상호 독립적이다.

a. $300를 외상으로 판매하였으며, 관련 매출원가는 $200이다.

b. $10의 광고선전비가 발생하였지만, 아직 지급은 되지 않았다.

거래	유동자산	매출총이익	유동부채
(a)			
(b)			

M5-5. 매출, 매출원가 및 주식 발행이 재무제표에 미치는 효과 파악하기

다음 거래가 자산, 부채 및 자본에 미치는 효과를 나타내시오. 증가는 +, 감소는 −를 사용하고 영향을 받는 계정과 금액을 표시하시오.

a. $1,800를 외상으로 판매하였으며, 관련 매출원가는 $1,200이다.

b. 액면 $1 주식 5,000주를 $60,000에 발행하였다.

거래	자산	=	부채	+	자본
(a)					
(b)					

M5-6. 매출, 매출원가 및 주식 발행 기록하기

M5-5에 제시된 거래에 대한 분개를 하시오.

M5-7. 총자산이익률 계산 및 해석하기

Saunders, Inc.는 최근 다음과 같은 12월 31일 현재 금액을 재무제표에 보고하였다(단위: $천).

	당기	전기
매출총이익	$ 200	$120
당기순이익	100	40
총자산	1,000	800
총자본	800	600

당기의 총자산이익률을 계산하시오. 이 비율은 무엇을 측정하기 위한 것인가?

EXERCISES

E5-1. 회계전달과정에 참가자와 그들의 정의를 연결하기

제시된 빈칸에 적절한 문자를 입력하여 각 참가자와 관련 정의와 연결하시오.

참가자	정의
___ (1) 재무분석가	A. 회사에 자금을 대여하는 금융기관 또는 공급자
___ (2) 채권자	B. 재무제표에 표시된 정보에 대한 주요 책임이 있는 최고경영자 및 최고재무책임자
___ (3) 독립된 감사인	C. 다른 사람들을 대신하여 연기금, 뮤추얼펀드 및 기금에 투자하는 관리자
___ (4) 개인투자자	D. 재무공시요건을 규제하는 증권거래위원회
___ (5) SEC	E. 재무 및 관련 정보를 다양한 원천으로부터 수집, 결합 및 전달(서면 혹은 전자적인 방식으로)하는 회사
___ (6) 정보서비스	F. 이익예측 및 주식 추천을 위하여 재무 및 기타 경제정보를 분석하여 조언을 하는 자
___ (7) 기관투자자	G. 회사의 주식을 취득한 개인
___ (8) CEO와 CFO	H. 재무제표를 검토하고 공정성을 입증하는 독립된 CPA

E5-2. 상장회사가 공개하는 정보와 그 정의 연결하기

다음은 다양한 정보 공개 항목이다. 제시된 빈칸에 적절한 문자를 입력하여 각 공개되는 정보와 그 정의를 연결하시오.

정보 공개	정의
___ (1) Form 10-Q	A. 상장회사가 특별한 사건(예를 들어, 감사인 교체, 합병 등)에 대해 SEC에 제출하는 보고서
___ (2) 분기보고서	B. 일반적으로 요약된 손익계산서와 재무상태표가 포함된 분기에 대한 간략한 감사받지 아니한 보고서
___ (3) 보도자료	C. 감사받지 않은 추가적인 재무정보가 포함된 상장회사가 SEC에 제출하는 분기보고서
___ (4) 연차보고서	D. 주요 뉴스 서비스에 일반적으로 배포되는 뉴스 발표 자료
___ (5) Form 10-K	E. 상장회사가 SEC에 제출하는 상세한 재무정보가 포함된 연차보고서
___ (6) Form 8-K	F. 당기의 4가지 기본 재무제표, 관련 주석 및 경영진과 감사원의 진술이 포함된 보고서

E5-5. 분류된 재무상태표 작성하기

Campbell Soup Company는 수프 제조 및 판매사이며, 세계 120개국에 유명 식품 브랜드를 판매하고 있는 세계적인 선도기업이다. 다음은 최근 재무상태표에 표시된 항목을 나열한 것이다

(단위 : $백만).

매입채무	$ 585	기타자산	$ 136
매출채권	560	기타 유동자산	152
미지급비용	619	기타 유동부채	785
현금및현금성자산	484	기타 비유동부채	3,777
보통주, 액면가액 $0.0375	351	유형자산, 순액	2,103
무형자산	2,660	이익잉여금	745
재고자산	767		

요구사항:

이 장에서 제시한 분류를 이용하여 Campbell Soup의 당기(7월 31일자로 종료) 분류된 재무상태표를 작성하시오.

E5-8. 분류된(다단계) 손익계산서 작성 및 매출총이익률 계산하기

다음 자료는 당기 12월 31일 Township Corporation의 기록에서 가져온 것이다.

매출액	$85,000
매출총이익	30,000
판매비	7,000
관리비	?
세전이익	13,000
법인세율	35%
유통주식수	2,500

요구사항:

회사의 분류된(다단계) 손익계산서를 작성하시오(매출총이익과 영업이익을 모두 표시할 것). 모든 계산내역을 제시하시오. (**힌트 :** 매출액으로 시작하여 주당이익으로 끝나도록 하시오; 누락된 값은 주어진 금액과 비율을 이용하여 추론하시오.) 매출총이익률은 얼마인가?

E5-10. 손익계산서 값 추론하기

다음 독립적인 각 경우별로 NexTech Company의 당기 손익계산서에 누락된 금액을 기재하시오. (**힌트 :** 이번 장에서 논의된 분류된 혹은 다단계 손익계산서 형식을 이용하여 각 항목을 구성하시오. 주어진 금액을 이용하여 누락된 값을 추론하시오.)

	경우 1	경우 2	경우 3	경우 4	경우 5
매출액	$800	$600	$500	$?	$?
판매비	?	50	80	350	240
매출원가	?	150	?	500	320
법인세비용	?	30	20	50	20
매출총이익	375	?	?	?	440
세전이익	200	300	?	200	?
관리비	125	?	70	120	80
당기순이익	150	?	50	?	100

E5–12. 주식발행 및 자본변동표

핸드백 및 기타 액세서리 디자이너이자 판매사인 Coach, Inc.는 최근 자사의 액면가액 $0.01 주식 12,100주를 $344,000에 발행하였다(이 숫자는 반올림 된 것임). 이들 주식은 회사의 종업원 주식 매수선택권 플랜에 따라 추가로 발행된 것이다. 이 거래를 반영하여 자본변동표를 작성하시오. 자본변동표에는 다음과 같은 난이 있다:

보통주				
주식수	금액	자본잉여금	이익잉여금	총자본

E5–14. 재무상태표 및 손익계산서에 미치는 거래의 효과 파악하기

Hasbro는 세계 유수의 완구 제조업체 중 하나이며 Monopoly, Scrabble 및 Clue 같은 인기 있는 보드게임을 제작하는 업체이다. 아래에는 최근 연도의 거래를 집계한 것이다(단위: $백만). 각 거래 효과의 부호(+는 증가, −는 감소, NE는 효과 없음) 및 금액을 기재하여 다음의 표를 완성하시오. 각 항목은 상호 독립적이다.

a. $4,285.6를 외상으로 판매하였으며, 관련 매출원가는 $1,836.3이다.
b. 원금 $500.0의 6개월 만기 차입이 발생하였다.
c. 현금으로 지급된 $197.6의 연구개발비가 발생하였다.

거래	유동자산	매출총이익	유동부채
a.			
b.			
c.			

M5–16. 간접법으로 현금흐름표 작성하기

Avalos Corporation은 당기 12월 31일자 연간 재무제표를 작성 중이다. 아래에는 현금흐름표에 보고되는 항목들이 제시되어 있다. 괄호는 현금흐름표에서 차감되는 항목을 나타낸다. 기초 현금잔액은 $25,000였고, 기말 현금잔액은 $50,000였다.

3년 만기 어음을 발행하여 현금 차입	$30,000
매입채무 감소	(3,000)
재고자산 감소	1,000
매출채권 증가	(9,000)
토지 구입	(36,000)
당기순이익	25,000
운반트럭 현금 구입	(7,000)
주식 현금 발행	24,000

요구사항:

Avalos Corporation의 현금흐름표를 작성하시오. 영업활동 현금흐름을 보고하는 섹션은 이 장에서 논의된 간접법을 사용하여 작성해야 한다.

M5-17. 총자산이익률 분석 및 해석하기

Tiffany & Co.는 세계 최고의 보석상 중 하나이며 기프트 및 가정용품 디자이너이다. 아래에는 손익계산서 및 재무상태표 주요 항목이 제시되어 있다(단위: $천).

	당기	전기
순매출액	$3,642,937	$3,085,290
당기순이익	439,190	368,403
평균 자본	2,263,190	2,030,357
평균 총자산	3,947,331	3,612,015

요구사항:

1. 당기 및 전기의 ROA를 계산하고 해당 비율 변동의 의미에 대해 설명하시오.
2. ROA 이익동인 분석을 이용하여 ROA 변동의 주요 원인에 대해 설명하시오.

M5-19. 거래가 비율에 미치는 효과 파악하기

다음의 거래가 다음의 비율에 미치는 효과의 방향은 무엇인가(+는 증가, −는 감소, NE는 효과 없음)? 각 항목은 상호 독립적이다.

a. 은행에 장기성 어음 $2,000를 상환하였다.
b. 임차료 $100를 현금으로 지급하였다.

거래	매출액순이익률	총자산이익률	유동비율
a.			
b.			

PROBLEMS

P5-2. 재무상태표 관련 용어를 그들의 정의와 연결하기

다음은 제2장에서 제5장까지 다루었던 재무상태표와 관련된 개념이다. 제시된 빈칸에 적절한 문자를 입력하여 관련 용어를 각 정의와 연결하시오.

용어	정의
___ (1) 주식발행초과금	A. 자산이 현금에 근접한 정도(시간적으로)
___ (2) 자산	B. 일반적으로 다음 연도에 유동자산에서 지급될 것으로 예상되는 부채
___ (3) 이익잉여금	
___ (4) 장부금액	C. 유동부채로 분류되지 않은 모든 부채
___ (5) 기타자산	D. 총자산에서 총부채를 차감한 것
___ (6) 유통주식	E. 과거 거래의 결과로 기업실체가 소유한 것으로 미래 경제적 효익을 가져다주는 것
___ (7) 자본	

___ (8) 유동성
___ (9) 정상영업주기
___ (10) 유동자산
___ (11) 유동부채
___ (12) 장기부채
___ (13) 고정자산
___ (14) 부채
___ (15) 자산의 차감 계정
___ (16) 감가상각누계액
___ (17) 무형자산

F. 과거의 거래로 인한 자산이나 용역에 대한 채무 또는 의무
G. 1년 또는 영업주기 내에 현금으로 회수될 것으로 예상되는 자산
H. 물리적인 실체가 없는 자산
I. 보통주 계정 잔액을 주당 액면가액으로 나눈 것
J. 특정 분류에 속하지 않는 기타의 자산
K. 취득일로부터 현재까지 자산에 대한 연간 감가상각비 합계액
L. 자산과 상쇄되는 계정(자산에서 차감)
M. 누적 이익에서 누적 배당금을 뺀 것
N. 유형자산
O. 원가에서 현재까지의 감가상각누계액을 차감한 것
P. 납입자본에서 주식의 액면가액을 차감한 금액
Q. 회사의 영업과 관련하여 현금이 회수되는 평균 시간
R. 정답 없음

P5-3. 재무상태표 작성 및 분석하기(AP5-1)

Exquisite Jewelers는 당기 연차 재무제표를 작성 중이다. 다음 금액은 당기 12월 31일자의 올바른 잔액이다: 현금, $58,000; 매출채권, $71,000; 상품재고, $154,000; 선급보험료, $1,500; Z Corporation에 대한 투자주식(장기), $36,000; 상점설비, $67,000; 처분 예정으로 보유 중인 중고 상점설비, $9,000; 감가상각누계액, 상점설비, $19,000; 매입채무, $52,500; 장기지급어음, $42,000; 미지급법인세, $9,000; 이익잉여금, $164,000; 보통주, 유통주식, 100,000주, 액면가액 주당 $1.00 (주당 $1.10로 발행됨).

요구사항:

1. 위 자료를 바탕으로 당기 12월 31일자 재무상태표를 작성하시오. 다음 주요 분류를 사용하시오 (해당 분류 아래에 개별 항목을 나열할 것).
   a. 자산 : 유동자산, 장기투자자산, 고정자산 및 기타자산
   b. 부채 : 유동부채 및 장기부채
   c. 자본 : 납입자본 및 이익잉여금
2. 매장설비의 순장부금액은 얼마인가? 이 값의 의미를 설명하시오.

P5-4. 자본변동표 작성하기(AP5-2)

이전 보고기간 말 현재 Barnard Corporation의 재무상태표는 다음과 같다:

BARNARD CORPORATION 재무상태표 12월 31일 현재, 전년도	
자본	
납입자본	
보통주(액면 $15, 5,500주)	$ 82,500
자본잉여금	13,000
총납입자본	95,500
이익잉여금	44,000
총자본	$139,500

당기 중 다음과 같은 주요 거래(요약)가 있었다:

a. 1,000주의 보통주를 주당 $35에 현금으로 발행하였다(연도말에).

b. 당기순이익, $37,000.

c. 기초 유통주식에 대해 주당 $2의 현금배당을 선언하고 지급하였다.

요구사항:

당기 12월 31일 현재 자본변동표 작성하시오. 금액과 보통주 주식수를 함께 표시하시오.

P5-5. 분류된(다단계) 손익계산서 작성 및 매출총이익률 해석하기

Aeropostale, Inc.는 캐주얼 의류 및 액세서리 전문 쇼핑몰이다. 이 회사의 컨셉은 고품질의 활동지향 패션을 고객에게 집중적으로 제공하는 것이다. 최근 연도(3월 31일자로 종료)에 대한 손익계산서에 보고된 항목이 아래에 제시되어 있다(단위: $천):

매출원가	$1,733,916
이자비용	417
순매출액	2,342,260
기타 판매비와일반관리비	494,829
법인세비용	43,583
가중평균유통주식수	81,208

요구사항:

분류된(다단계) 연결손익계산서를 작성하시오(매출총이익, 영업이익 및 법인세비용차감전순이익을 표시할 것). 기본주당이익에 대한 표시를 포함하시오. 매출총이익률은 얼마인가? 그 의미를 설명하시오.

P5-8. 거래가 비율에 미치는 효과 파악하기

Mateo Inc.는 대학생 고객을 타깃으로 하는 남성 및 여성 의류 소매업체이다. 다음은 회계연도 중에 발생한 Mateo의 추가 거래들이다.

요구사항 :

각 거래 효과의 부호(+는 증가, −는 감소, NE는 효과 없음)를 기재하여 다음의 표를 완성하시오. 각 항목은 상호 독립적이며, 법인세는 무시한다. (**힌트 :** 효과를 파악하기 전에 각 거래에 대해 분개를 수행하시오.)

a. 은행으로부터 $3,000를 차입하였다.
b. 급여 $1,000가 발생하였으며, 이를 현금으로 지급하였다.
c. $2,000의 서비스를 외상으로 제공하였다.
d. $700의 재고자산을 외상으로 구입하였다.
e. $500의 상품을 외상으로 판매하였다. 관련 매출원가는 $300였다. 해당 매출이 있기 전의 매출총이익률은 45%였다.

거래	총자산회전율	총자산이익률	매출총이익률
a.			
b.			
c.			
d.			
e.			

ALTERNATE **PROBLEMS**

AP5-1. 재무상태표 작성 및 분석하기(P5-3)

TangoCo는 당기 연차 재무제표를 작성 중이다. 다음 금액은 당기 12월 31일자의 올바른 잔액이다: 현금, $48,800; PIL Corporation에 대한 투자주식(장기), $36,400; 상점설비, $67,200; 매출채권, $71,820; 재고자산, $154,000; 선급임차료, $1,120; 처분 예정으로 보유 중인 중고 상점설비, $9,800; 감가상각누계액, 상점설비, $13,440; 미지급법인세, $9,800; 장기지급어음, $32,000; 매입채무, $58,800; 이익잉여금, $165,100; 및 보통주, 유통주식, 100,000주, 액면가액 주당 $1.00(주당 $1.10로 발행됨).

요구사항 :

1. 위 자료를 바탕으로 당기 12월 31일자 재무상태표를 작성하시오. 다음 주요 분류를 사용하시오(해당 분류 아래에 개별 항목을 나열할 것).
   a. 자산 : 유동자산 및 비유동자산
   b. 부채 : 유동부채 및 장기부채
   c. 자본 : 납입자본 및 이익잉여금
2. 매장설비의 순장부금액은 얼마인가? 이 값의 의미를 설명하시오.

AP5-3. 시산표로부터 손익계산서와 재무상태표 작성하기(P5-6)

Dynamite Sales(2013년 9월 1일 법인으로 설립됨)는 2015년 8월 31일 종료된 2차 연도 회계순환과정을 완료하였다. Dynamite의 올바른 시산표상 잔액은 다음과 같다:

DYNAMITE SALES
시산표
2015년 8월 31일 현재

계정과목	차변	대변
현금	$ 47,700	
매출채권	38,320	
소모품	270	
차량운반구(배달트럭)	27,000	
감가상각누계액, 차량운반구		$ 9,000
비품	2,700	
감가상각누계액, 비품		900
매입채무		16,225
미지급법인세		0
미지급급여		1,350
장기채무		25,000
자본금(액면가액 $1; 29,000주)		29,000
자본잉여금		4,500
이익잉여금(2014년 9월 1일 현재)		6,615
당기 배당금 선언 및 지급액	7,200	
매출액		81,000
매출원가	27,000	
영업비용(구체적인 항목은 생략)	16,200	
감가상각비(차량운반구 및 비품)	4,950	
이자비용	2,250	
법인세비용(아직 계산되지 않았음)		
합계	$173,590	$173,590

요구사항:

다음을 참고하여 재무제표를 완성하시오.

a. 2015년 8월 31일자로 종료되는 보고기간의 분류된(다단계) 손익계산서를 작성하시오. 30%의 세율을 가정하여 법인세비용을 포함하시오. 다음의 소계를 표시하시오: 매출총이익, 총영업비용, 영업이익, 법인세비용차감전순이익, 당기순이익 및 EPS를 표시하시오.

b. 2015년 8월 31일 보고기간 말 현재 분류된 재무상태표를 작성하시오. (1) 미지급법인세는 당기 법인세비용 및 (2) 이익잉여금에는 배당금을 포함하시오. 다음 주요 분류를 사용하시오(해당 분류 아래에 개별 항목을 나열할 것).

자산	자본
유동자산	납입자본
비유동자산	이익잉여금
부채	
유동부채	
장기부채	

AP5-4. 거래가 손익계산서 및 총자산이익률에 미치는 효과 파악 및 해석하기(P5-7)

Avon Products, Inc.는 미용제품 및 관련 상품의 주요 제조업체이자 판매사이다. 회사는 직접 판매방식과 개별 영업담당자를 이용한 판매방식의 조합으로 세계 110개국에 제품을 판매하고 있다. 다음은 회사의 최근 손익계산서이다(단위: $백만).

매출액	$11,292
매출원가 및 비용	
매출원가	4,149
판매비와일반관리비	6,288
영업이익(손실)	855
이자 및 기타수익(비용), 순액	(125)
법인세비용차감전순이익(손실)	730
법인세비용	216
당기순이익(손실)	$ 514

Avon의 기초 및 기말 총자산은 각각 $7,874 및 $7,735였다.

요구사항:

1. 아래에 가상의 추가 거래들이 나열되어 있다. 이들이 회계연도 동안에도 발생한 것으로 가정하고, 각 거래 효과의 부호(+는 증가, −는 감소, NE는 효과 없음)를 기재하여 다음의 표를 완성하시오. 각 항목은 상호 독립적이며, 법인세는 무시한다.
   a. 추가 이자수익 $7를 수령하고 이를 기록하였다.
   b. 재고자산 $80를 외상으로 매입하였다.
   c. 추가 광고선전비 $16를 지급하고 이를 기록하였다.
   d. 현금 $40에 보통주를 추가로 발행하였다.

거래	영업이익(손실)	당기순이익	총자산이익률
a.			
b.			
c.			
d.			

2. 다음 연도에 Avon은 배당금을 지급하지 않고, 주식을 발행하거나 소각하지 않으며, 당기에 비해 이익이 20%만큼 더 큰 것으로 가정하자. 만약 총자산이 5% 증가한다면, 다음 연도 Avon의 ROA는 올해보다 높을 것인가, 낮을 것인가, 혹은 동일할 것인가? 그 이유는?

CONTINUING PROBLEMS

CON5-2. 손익계산서와 재무상태표 작성, 매출총이익률 및 상장기업의 총자산이익률 계산하기

Pool Corporation, Inc.는 수영장 용품 및 장비를 판매하는 세계 최대의 도매 유통업체이며, NASDAQ에서 POOL이라는 기호로 거래되는 상장회사이다.

회사는 수영장 수리 및 서비스 업체인 Penny's Pool Service & Supply, Inc. 수영장 건설업체 및 수영장 소매점에 제품을 판매하고 있다. 이들 고객의 대부분은 Penny's와 같은 가족 소유 기업이다. 다음은 회사의 12월 31일자로 종료되는 최근 연도의 시산표와 추가 정보이다(단위: $천).

현금및현금성자산	$ 17,487	
수취채권, 순액	110,555	
제품재고, 순액	386,924	
선급비용 및 기타유동자산	23,035	
유형자산, 순액	41,394	
무형자산	188,841	
기타비유동자산, 순액	30,386	
매입채무		$ 177,437
미지급비용 및 기타유동부채		53,398
유동성장기부채		22
장기채무		247,300
기타장기부채		40,719
보통주		47
자본잉여금		173,180
이익잉여금		34,526
순매출액		1,793,318
매출원가	1,261,728	
판매비와일반관리비	406,523	
이자비용	7,755	
법인세비용	45,319	
	$2,519,947	$2,519,947

요구사항:

1. 당기 분류된 손익계산서(주당이익 포함)와 재무상태표를 작성하시오. 주당이익 계산에 사용될 유통주식수는 48,158주이다.
2. 매출총이익률 및 총자산이익률을 계산하시오. 기초 총자산은 $728,545였다.

CASES AND PROJECTS

사업보고서 사례

CP5-1. 재무정보 찾기

이 책 뒷부분 부록 B에 있는 American Eagle Outfitters의 재무제표를 참조하시오. 각 재무제표의 하단에서, 회사는 이용자들에게 "연결재무제표 주석을 참조하기 바랍니다("Refer to Notes to Consolidated Financial Statements)."라고 언급하고 있다. 다음 질문은 재무제표 및 관련 주석에서 찾을 수 있는 정보의 유형에 관한 것이다. (**힌트 :** 주석을 이용하시오.)

요구사항 :

1. 재무상태표상의 어떤 항목이 비유동자산에 포함되어 있는가?
2. 가장 최근 보고기간 말에 회사가 보유하고 있는 토지는 얼마인가?
3. 유동부채 중 "미회수 선불카드 및 상품권(Unredeemed store value cards and gift certificates)"의 비율은 몇 %인가(소수점 첫째자리까지 반올림)?
4. 웹사이트 판매는 어느 시점에 수익으로 인식되는가?
5. 회사는 영업활동 현금흐름으로 $338,426,000를 보고하였다. 하지만 당기순이익은 $80,322에 그쳤다. 이 차이의 가장 큰 원인은 무엇인가?
6. 2014 회계연도 동안 회사의 가장 높은 주가는 얼마인가? (**주의 :** 몇몇 회사는 1월말로 종료되는 회계연도를 한 연도 빠르게 표시하기도 한다. 예를 들어, 2015년 1월말로 회계연도가 종료되는 경우 실제로는 2015년보다 2014년에 해당하는 월이 더 많기 때문에 2014 회계연도로 표시될 수 있다.)
7. 회사의 2014 및 2013 회계연도의 ROA를 계산하시오. 해당 비율은 증가, 감소 혹은 동일하게 유지되었는가?

재무보고서와 분석 사례

CP5-4. 재무보고서 이용하기: 재무제표를 이용한 분석

다음은 Genesis Corporation의 2015년 12월 31일자(제3기 사업연도 종료일) 연차 재무제표에서 발췌한 금액이다.

2015년 손익계산서에서 :	
매출액	$275,000
매출원가	(170,000)
그 밖의 모든 비용(법인세비용 포함)	(95,000)
당기순이익	$ 10,000

2015년 12월 31일자 재무상태표에서 :

유동자산	$ 90,000
그 밖의 모든 자산	212,000
총자산	$302,000
유동부채	$ 40,000
장기부채	66,000
자본금 (액면 $10)	100,000
자본잉여금	16,000
이익잉여금	80,000
총부채와자본	$302,000

요구사항:

Genesis의 2015년 재무제표의 데이터를 분석하여 다음 물음에 답하시오. 계산내역을 제시하시오.

1. 매출총이익은 얼마인가?
2. EPS 금액은 얼마인가?
3. 법인세율이 25%인 경우 세전이익은 얼마인가?
4. 주식의 평균 주당 발행가액은 얼마인가?
5. 2015년에 선언되거나 지급된 배당금은 없었다고 가정할 경우, 이익잉여금의 기초 잔액(2015년 1월 1일)은 얼마인가?

비판적 사고 사례

CP5-5. 경영자로서의 의사결정: 비즈니스 전략이 총자산이익률에 미치는 영향 평가하기

Sony는 엔터테인먼트 및 보험 분야는 물론 소비자 및 상업용 전자제품 제조 분야의 세계적인 선두 업체이다. 회사의 ROA는 지난 3년간 감소해 왔다.

요구사항:

다른 모든 사항은 변경되지 않은 것으로 가정하는 경우, Sony의 비즈니스 전략 변화가 다음 연도와 그 이후 미래 기간의 ROA에 미치는 효과를 기재하시오(+는 증가, −는 감소, NE는 효과 없음). 여러분들이 기재한 각각의 답안에 대해 설명하시오. 각 항목은 상호 독립적이다.

a. Sony는 1년 이후 시장에 출시될 제품을 겨냥한 연구개발에 대한 투자를 줄인다.
b. Sony는 내년에 출시될 영화에 대한 새로운 광고 캠페인을 시작한다.

전략 변화	당기 ROA	미래 ROA
a.		
b.		

재무보고서와 분석 팀 과제

CP5-8. 회계전달과정 분석하기

팀을 구성하여 분석할 산업을 선택하자. Yahoo Finance는 biz.yahoo.com/p/industries.html에서 산업 목록을 제공하고 있다. 해당 산업에 속하는 기업의 목록을 보려면 해당 산업을 클릭하면 된다. 또는

www.google.com/finance를 입력하여 Google Finance로 이동한 후 관심 있는 회사를 검색할 수 있다. 여러분들은 해당 기업과 그 경쟁업체를 포함한 목록을 볼 수 있다. 각 팀원은 해당 산업에 속하는 각기 다른 상장기업을 선택하여 그 회사에 대한 연차보고서 또는 10-K를 얻도록 하자(www.sec.gov에서 제공하는 SEC의 EDGAR 서비스나 각 기업의 IR 사이트는 좋은 정보원이 될 수 있다).

요구사항:

각 팀 구성원은 개별적으로 선택한 회사에 대해 다음 질문에 답을 하고, 이를 간단한 보고서 형태로 작성해 보자. 그리고 팀으로서 여러분들이 관찰하는 모든 회사의 패턴에 대해 토론을 하도록 하자. 그런 다음 한 팀으로서 회사를 비교하고 대조하는 간단한 보고서를 작성하기 바란다.

1. 다음의 재무제표를 작성하는 데 사용된 형식은 무엇인가?
   a. 재무상태표?
   b. 손익계산서?
   c. 현금흐름표의 영업활동 현금흐름 섹션?
2. 다음 각 항목에 대한 주석을 찾아 그 내용을 간단하게 설명하시오:
   a. 회사의 재무제표에 적용된 주요 회계원칙
   b. 재무제표에 보고된 수치에 대한 추가적인 세부사항
   c. 재무제표에는 수치로 보고되지 않는 관련 재무정보
3. 웹 검색 등을 통하여 회사의 연간 이익 발표에 대한 기사를 찾으시오. 해당 기사의 날짜는 언제이고 재무상태표일과 비교하면 그 날짜는 어떠한가?
4. 웹 검색 등을 통하여 여러분들이 선택한 회사에 대한 두 명의 재무분석가 보고서를 찾으시오.
   a. 각 보고서에서 날짜, 분석가 성명 및 추천 내역을 찾아 제시하시오.
   b. 추천 내역이 왜 비슷한지 혹은 다른지에 대해 토론하시오. 각 재무분석가의 추천 내역이 다른 이유에 대해서도 살펴보시오.
5. SEC의 EDGAR 웹사이트(www.sec.gov)를 이용하여 여러분들이 선택한 회사에서 SEC에 가장 최근에 제출한 문서는 무엇이며(예를 들어, 8-K, S-1), 그 문서에 담긴 내용은 무엇인가?
6. 비율 분석 :
   a. 총자산이익률은 일반적으로 무엇을 측정하는 비율인가?
   b. 지난 3년간의 ROA 비율을 계산하시오.
   c. 여러분들이 계산한 결과를 바탕으로 회사에 해줄 수 있는 제안은 무엇인가?
   d. 가능한 경우 가장 최근 연도에 대한 산업의 비율을 찾아 여러분들이 계산한 결과와 비교하고, 여러분들이 선택한 회사의 비율이 산업의 비율과 다른 이유 또는 유사하다고 생각하는 이유에 대해 토론하시오.
7. ROA 이익동인 분석을 이용하여 지난 3년 동안 ROA 비율이 차이가 나는 이유를 찾으시오. (본문에서 여러분들이 계산했던 3가지 이익동인 비율을 기억하자.)

매출액, 수취채권 및 현금의 보고 및 해석

Santa Barbara 소재 University of California의 학생이었던 Doug Otto에 의해 설립된 Deckers Brands는 Teva® 스포츠 샌들과 UGG® 브랜드의 양피 부츠로 유명하다. Deckers는 편안함, 기능 및 성능을 중시하는 하이킹, 트레일 러닝, 카약, 서핑 및 급류 래프팅을 즐기는 사람들의 요구를 기반으로 캐주얼, 야외 및 운동화 시장에서 유명한 업체가 되었다. 회사의 성장전략은 회사의 높은 기준을 충족시키는 혁신적인 신발을 개발하고 소개함으로써 브랜드 인지도를 구축하는 것이다. 브랜드를 구축함으로써 Deckers는 충성도가 높은 고객을 유지하고 새로운 시장에 진입할 수 있었다. Deckers는 25년이 넘는 최악의 경기침체 상황에서도 계속 성장할 수 있었다.

Deckers의 성공적인 성장전략에는 두 번째 핵심 요소가 있다. 초경량 신발 시장에서 성공을 하려면 생산일정과 고객의 요구사항을 면밀히 조율하고 고객의 채권을 신중하게 관리해야 한다. Deckers는 브랜드 개발, 제품 혁신 및 운전자본관리에 주력하여 회사 설립 이후 가장 높은 매출총이익을 보고할 수 있게 되었다.

경영에 대한 이해

Deckers가 성장전략을 수립함에 있어, 영업활동과 고객으로부터 채권을 회수하는 부분에 대한 면밀한 조율이 필요하다. 여기에는 특정 상황 – 고객이 제품을 구매하고 구매대금을 지불하도록 동기를 부여하는 전략 – 에서 소비자들의 신용카드 사용을 허용하고, 기업고객들에게는 조기결제에 대해 할인을 제공하며, 반품(매출환입)과 에누리를 허용해 주도록 하는 것들이 포함된다. 이러한 활동은 손익계산서의 첫 번째 라인으로 보고되는 회사의 **순매출액**에 영향을 미치게 된다. 매출과 고객으로부터의 채권 회수는 대손 관리와 관련이 있으며, 이는 손익계산서의

학습목표

이번 장을 학습한 후, 여러분들은 다음을 할 수 있어야 한다.

6-1 신용카드매출, 매출할인 및 매출환입이 순매출액으로 보고되는 금액에 미치는 영향에 대해 분석한다.

6-2 회수불능채권(대손)이 재무제표에 미치는 영향에 대해 추정, 보고 및 평가한다.

6-3 매출채권회전율과 매출채권이 현금흐름에 미치는 영향에 대해 분석하고 해석한다.

6-4 현금에 대한 보고, 통제 및 안전장치에 대해 이해한다.

06 장

FOCUS COMPANY:

Deckers Brands*

매출총이익 창출을 위한 브랜드 구축: 제품개발, 생산 및 운전자본관리

www.deckers.com

판매비와일반관리비 항목과 재무상태표의 **현금**과 **매출채권**에 영향을 미치게 된다. 순매출액, 매출채권 및 현금은 이 장에서 다루게 될 핵심적인 주제들이다. 외상판매 및 채권 회수 활동의 효율성을 측정하기 위한 매출채권회전률에 대해서도 소개할 것이다. 마지막으로, 고객으로부터 회수한 현금은 사기와 횡령의 표적이 될 수 있기 때문에, 회계시스템이 그러한 부정을 예방하고 적발하기 위해 어떠한 통제를 수행하는지에 대해서도 논의하게 될 것이다.

---

*Deckers Brands가 이 교재에 포함된 데이터 및 정보에 대해 확인해 주지는 않았다. 따라서 투자자는 투자 또는 기타 목적으로 회사에 대한 평가를 할 때 이 교재의 정보에 의존해서는 안 된다.

이 장의 구성

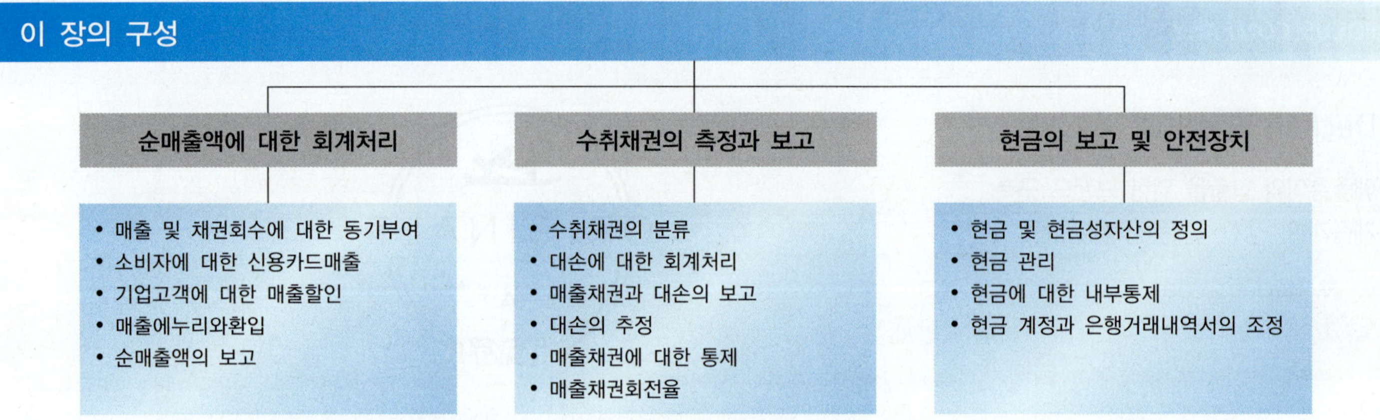

순매출액에 대한 회계처리

제3장에서 살펴본 바와 같이, 회사는 **수익인식의 원칙**(revenue recognition principle)에 따라 재화나 용역을 고객에게 전달할 때 받을 것으로 예상되는 금액을 수익으로 기록해야 한다. 판매자는 위험과 소유권이 구매자에게로 이전되는 시점에 매출을 인식한다.[1] 소유권(title or ownership)이 변경되는 시점은 매매계약의 선적조건에 의해 결정된다. 상품이 **선적지인도조건**(FOB[Free on Board] shipping point)으로 선적되는 경우에는 선적지에서 소유권이 이전되고 운임은 대개 구매자가 지불하게 되며, **도착지인도조건**(FOB destination)으로 선적되는 경우에는 도착 시점에 소유권이 이전되고 운임은 대개 판매자가 부담하게 된다. 선적지인도조건의 경우에는 일반적으로 선적 시점에 수익을 인식하게 된다. 도착지인도조건의 경우에는 대개 도착 시점에 수익을 인식하게 된다.

서비스기업은 일반적으로 구매자에게 서비스를 제공한 시점에 수익을 인식한다. 회사는 수익인식의 원칙을 재무제표 주석에 중요한 회계정책의 요약으로 공시한다. Deckers는 이에 대해 주석에 다음과 같이 보고하고 있다:

DECKERS BRANDS
실제 자료에서 발췌:
연차보고서

연결재무제표에 대한 주석

1. 중요한 회계정책의 요약

수익의 인식

회사는 도매, 전자상거래 및 국제 유통에 대한 수익은 상품이 선적된 시점에 인식하고, 소매 부문에 대한 수익은 판매시점에 인식합니다. 모든 매출은 고객에게 소유권과 손실에 대한 위험이 이전되고, 관련 채권의 회수가능성이 확실하며, 합의가 존재한다는 설득력 있는 증거가 있고, 판매가격이 확정되었거나 결정 가능한 시점에 인식됩니다.

1) 2018년부터 새로운 수익인식 기준이 시행된다. 하지만 Deckers의 수익은 대부분 단순한 재화의 판매로 구성되어 있기 때문에 이로 인한 중대한 변화는 없을 것이다.

수익으로 기록될 금액은 **받을 것으로 예상되는 금액**이다.

매출 및 채권회수에 대한 동기부여

판매 대상이 기업인지 소비자인지에 따라 회사의 영업 관행은 다를 수 있다. Deckers는 신발과 의류를 Athlete's Foot 및 Eastern Mountain Sports와 같은 다른 기업(소매업체)에게 판매하며, 이들은 소비자에게 제품을 판매한다. 또한 회사는 소비자에게 직접 신발을 판매하는 자체 온라인 및 오프라인 매장도 운영하고 있다.

Deckers는 다양한 방법을 동원하여 두 그룹의 고객이 제품을 구매하고 구매대금을 지불하도록 동기부여를 하고 있다. 주된 방법은 (1) 소비자가 신용카드를 사용하여 구매대금을 지불하도록 허용하는 것, (2) 기업고객에게 외상으로 판매하고 대금을 조기결제하는 경우 할인을 제공하는 것, (3) 특정 상황에서 모든 고객에게 반품을 허용하는 것 등이 있다. 이들은 회사의 **순매출액** 산정에 영향을 미치게 된다.

소비자에 대한 신용카드매출

학습목표 6-1
신용카드매출, 매출할인 및 매출환입이 순매출액으로 보고되는 금액에 미치는 영향에 대해 분석한다.

Deckers는 온라인 및 오프라인 판매에서 소비자가 현금 또는 신용카드로 지불을 하도록 하고 있다. Deckers의 경영자는 다음과 같은 여러 가지 이유로 신용카드(주로 Visa, Mastercard 및 American Express) 결제를 허용하기로 결정했다:

1. 고객 트래픽 증가
2. 문서 관리 및 대손(나중에 논의됨)을 포함하여 소비자에게 직접 신용을 제공함에 따른 비용 회피
3. 부도수표로 인한 손실 절감
4. 신용카드 부정사용으로 인한 손실 회피 (Deckers가 신용카드회사의 검증절차를 따르는 경우 신용카드회사[예: Visa]가 손실을 부담하게 된다.)
5. 대금을 보다 신속하게 회수 (신용카드 영수증을 은행 계좌에 직접 예치하기 때문에 소비자에게 직접 신용을 제공한 경우보다 더 빨리 돈을 받을 수 있다.)

신용카드할인
신용카드회사가 서비스에 대해 부과하는 수수료.

신용카드회사는 제공하는 서비스에 대해 수수료를 청구한다. Deckers가 신용카드 영수증을 은행에 예치하면 판매가격의 97%만 받을 수 있다. 신용카드회사는 서비스에 대해 3%의 수수료(신용카드할인, credit card discount)를 부과하고 있다. 하루 신용카드매출이 $3,000인 경우, Deckers는 다음과 같이 보고를 하게 된다:

매출액	$3,000
차감: 신용카드할인(0.03 × 3,000)	90
순매출액(손익계산서에 보고되는 금액)	$2,910

일부 회사는 신용카드할인을 판매비와일반관리비의 일부로 보고하기도 한다.

기업고객에 대한 매출할인

Deckers는 기업들에게는 대부분 청산계정(open account)을 이용한 신용판매를 하고 있다; 즉, 약속어음이나 신용카드를 이용하지 않는다. Deckers가 외상으로 소매업체에 신발을 판매하는 경우 판매서류와 송장(청구서)에 신용조건 문구를 기재하여 이를 고객에게 발급한다.

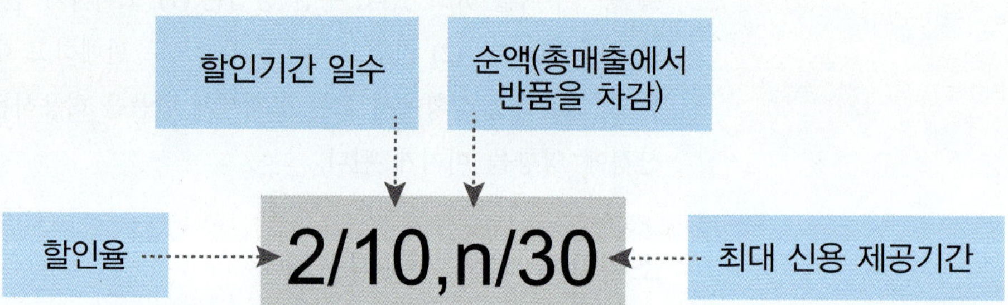

신용조건은 흔히 약어로 표시된다. 예를 들어, 판매대금 전액의 지급기일이 송장일자로부터 30일 이내인 경우, 신용조건은 n/30으로 기재된다. 여기에서 n은 매출액에서 매출환입(반품)을 차감한 순액을 의미한다.

매출할인 혹은 현금할인
매출채권의 신속한 대금결제를 장려하기 위해 제공되는 현금할인.

어떤 경우에는 조기결제를 장려하기 위해 구매자에게 매출할인(sales discount, 현금할인[cash discount]이라고도 함)이 부여된다.[2)] 예를 들어, Deckers는 2/10, n/30의 조건을 제시할 수 있다. 이는 고객이 송장일자로부터 10일 이내에 대금을 지급하는 경우 송장가격에서 2%의 할인을 받을 수 있다는 의미이다. 만약 대금 지급을 송장일자로부터 10일 이내에 하지 않는 경우에는 판매대금 전액(환입액은 제외)을 최대 30일 이내에 지급하면 된다.

Deckers는 고객에게 조기결제를 권장하기 위해 이러한 매출할인을 제공한다. 이렇게 하는 경우 Deckers에게 두 가지 이점이 있다:

1. 고객으로부터 신속하게 현금을 수령하게 되는 경우 회사 운영에 필요한 경비를 충당하기 위해 차입을 해야 할 필요성이 줄어든다.
2. 고객은 할인이 제공되는 청구서를 우선 지불하는 경향이 있으므로, Deckers가 대금을 수령하기 전에 고객이 자금을 다 써버릴 가능성을 감소시킨다.

회사는 할인기간 내에 대금이 지급된 경우 매출액에서 이를 차감하는 형태로 매출할인을 기록한다(일반적인 경우).[3)] 예를 들어 $1,000의 외상판매가 2/10, n/30 조건으로 기록되고, 할인

---

2) 현금할인과 거래할인을 혼동하여서는 안 된다. 공급업체는 종종 판매가격에 대한 견적을 낼 때 거래할인(trade discount)을 이용한다; 판매가격은 목록이나 인쇄된 카탈로그에 있는 가격에서 거래할인 금액을 차감한 가격이다.

기간 내에 $980($1,000 × 0.98 = $980)가 지급된 경우 다음 금액이 순매출액으로 보고된다:

매출액	$1,000
차감: 매출할인(0.02 × $1,000)	20
순매출액(손익계산서에 보고되는 금액)	$ 980

만약 할인기간 이후에 대금이 지급되면 $1,000 전체 금액이 순매출액으로 보고된다. 매출할인에 대한 회계처리는 이 장의 끝에 있는 보론에서 보다 자세히 설명될 것이다.

Financial Analysis

현금할인을 받을 것인가 말 것인가 그것이 문제이다

고객은 할인을 받음으로써 절감되는 금액이 크기 때문에 할인기간 내에 대금을 지급하려고 하는 것이 일반적이다. 2/10, n/30 조건인 경우 고객은 20일(30일째가 아닌 10일째 지급) 일찍 대금을 지급하면 2%를 절감할 수 있다. 이는 연이자율로 37%에 해당한다. 연이자율을 계산하려면, 우선 할인기간의 이자율을 계산하면 된다. 2% 할인을 받으면 고객은 총판매가격의 98%만 지불하게 된다. 예를 들어, $100 판매가 2/10, n/30 조건인 경우 20일 대금을 조기결제하는 경우 $2를 절약할 수 있다.

20일 할인기간의 이자율과 연간 이자율은 다음과 같이 계산된다:

$$\frac{\text{절감액}}{\text{지급액}} = \text{20일에 대한 이자율} \qquad \text{20일에 대한 이자율} \times \frac{\text{365일}}{\text{20일}} = \text{연이자율}$$

$$\frac{\$2}{\$98} = \text{20일에 대해 2.04\%} \qquad 2.04\% \times \frac{\text{365일}}{\text{20일}} = \text{연이자율 37.23\%}$$

은행의 이자율이 현금할인을 받지 못함으로써 부담하는 이자율보다 낮은 경우 고객은 현금할인을 받는 것이 유리하다. 예를 들어, 외상으로 구매한 고객이 15%의 높은 이자율로 은행에서 차입해야 하는 경우에는 많은 금액을 절약할 수 있게 된다.

매출에누리와환입

매출에누리와환입
반품이나 에누리로 인한 매출액의 감소.

소매업체와 소비자는 불만족스럽거나 파손된 상품을 반품하고 환불을 받거나 청구서의 대금을 수정할 권리가 있다. 이러한 반품은 일반적으로 매출에누리와환입(Sales Returns and Allowances)이라는 별도의 계정으로 기록되며 순매출을 산정할 때 총매출액에서 차감된다. 이 계정은 Deckers의 경영자에게 환입 및 에누리 금액이 얼마나 되는지 알려주고, 이를 통해 고객 서비스 품질에 대한 중요한 측정치가 된다. New York의 Ithaca에 소재한 Fontana's Shoes에서 Deckers의 샌들 40켤레(켤레당 $50)를 $2,000에 구입했다고 가정하자. 샌들 대금을 지불하기 전

3) 우리는 이 교재의 모든 예제에서 총액법을 사용한다. 일부 회사는 매출액을 현금할인 차감 후의 금액으로 기록하는 대체적인 회계처리 방법인 순액법을 사용하기도 한다. 어떤 방식을 선택하더라도 재무제표에 미치는 영향은 미미하므로 이 방법에 대해서는 고급과정에서 다루도록 하자.

에 Fontana's는 샌들 10켤레의 색상이 당초 주문했던 색상과 다르다는 것을 알게 되었고, 이를 Deckers에게 반품하였다.[4] Deckers는 다음과 같이 순매출을 계산한다:

매출액	$2,000
차감: 매출에누리와환입(10 × $50)	500
순매출액(손익계산서에 보고되는 금액)	$1,500

10켤레의 샌들과 관련된 매출원가도 감소하게 될 것이다.

순매출액의 보고

경영자가 신용카드 사용, 매출할인 및 환입으로 인한 비용을 감시할 수 있도록 회사의 장부에는 신용카드할인, 매출할인 및 매출에누리와환입은 별도로 회계처리된다. 앞서 살펴본 예제에서의 숫자를 이용하여 손익계산서에 보고되는 순매출액을 계산하면 다음과 같다:

매출액	$6,000
차감: 신용카드할인(매출의 차감 계정)	90
매출할인(매출의 차감 계정)	20
매출에누리와환입(매출의 차감 계정)	500
순매출액(손익계산서의 첫 번째 항목으로 보고)	$5,390

순매출액
손익계산서 첫 번째 라인으로 보고되는 항목. 순매출액=매출액−(신용카드할인+매출할인+매출에누리와환입).

모든 고객에 대한 **순매출액(net sales)**은 <도표 6.1>에 제시된 것처럼 Deckers의 손익계산서의 가장 첫 번째 라인으로 보고된다. Deckers는 수익 인식에 관한 주석에서 순매출액 계산과정을 제시하고 있다.

도표 6.1

손익계산서상의 순매출액

DECKERS BRANDS
실제 자료에서 발췌:
연차보고서

DECKERS OUTDOOR CORPORATION AND SUBSIDIARIES
연결포괄손익계산서
2013년, 2012년, 2011년 12월 31일자로 종료되는 3개 연도
(단위: $백만)

	2013	2012	2011
순매출액	$1,556,618	$1,414,398	$1,377,283
매출원가	820,135	782,244	698,288
매출총이익	736,483	632,154	678,995
판매비와일반관리비	528,586	445,206	394,157
영업이익	207,897	186,948	284,838
영업외수익(비용)	(2,340)	(2,830)	424
법인세비용차감전순이익	205,557	184,118	285,262
법인세비용	59,868	55,104	83,404
당기순이익	$ 145,689	$ 129,014	$ 201,858

4) 대체적인 방법으로 Deckers는 Fontana's에게 반품 대신 $200의 에누리를 제시할 수도 있다. Fontana's가 이 제안을 수락하면, Deckers는 매출에누리와환입으로 $200를 보고하게 된다.

DECKERS BRANDS
실제 자료에서 발췌:
연차보고서

연결재무제표 주석

1. 중요한 회계정책의 요약

수익의 인식

…추정 반품 및 할인에 대한 충당금은… 관련 수익이 인식될 때 기록합니다.

2013년에 Deckers는 특정 주문, 선적 및 지급 일정에 맞추어 고객에게 $47,285,000의 매출할인을 제공하였다고 공시했다.

STOP PAUSE FOR FEEDBACK

마지막 섹션에서, 우리는 순매출액을 감소시키는 신용카드매출, 매출할인 및 매출환입의 영향을 분석하는 방법을 배웠다. 신용카드할인 및 매출할인 또는 현금할인은 모두 현금 회수를 촉진한다. 매출에누리와환입은 환불을 해주거나 고객청구서의 대금을 조정하게 된다.

학습을 계속하기에 앞서 다음 질문을 통해 여러분들이 이들 개념에 대해 충분히 이해하고 있는지 테스트해 보길 바란다.

SELF-STUDY QUIZ

1. Deckers가 1/10, n/30의 조건으로 $30,000 상당의 신발을 여러 소매업체에 판매하였고 그 중 절반이 할인기간 내에 지급되었다고 가정하자. 같은 기간에 온라인 및 오프라인 매출액은 $5,000였다; 이 중 80%는 3%가 할인되는 신용카드로 결제되었고 나머지는 현금으로 결제되었다. 해당 기간의 순매출액을 계산하시오.

______

______

2. 2013년 1분기 동안 Deckers의 순매출은 $263,760였고 매출원가는 $140,201였다. Deckers의 2013년 1분기 매출총이익은 얼마인가?

______

______

해설

1.

총매출액	$35,000
차감 : 매출할인 (0.01 × 1/2 × $30,000)	150
신용카드할인 (0.03 × 0.80 × $5,000)	120
순매출액	$34,730

2.

순매출액	$263,760
매출원가	140,201
매출총이익	$123,559

수취채권의 측정과 보고

수취채권의 분류

외상매출금
청산계정을 이용하여 거래고객에게 신용판매를 하는 경우에 발생하는 수취채권.

받을어음
특정 조건(금액, 시기, 이자)에 따라 일방이 상대방에게 지급하기로 한 서면 약속.

수취채권은 일반적으로 세 가지 방식으로 분류할 수 있다. 첫째, 수취채권은 외상매출금 또는 받을어음으로 분류될 수 있다. 외상매출금(account receivable)은 청산계정을 이용한 신용판매를 하는 경우에 발생하는 계정이다. 예를 들어, Deckers가 청산계정을 이용하여 New York의 Ithaca에 있는 Fontana's Shoes에 신발을 판매하는 경우 외상매출금이 발생한다. 받을어음(note receivable)은 (1) 만기일(maturity date)이라 불리는 미래 특정 일자에 원금(principal)으로 불리는 특정 금액과 (2) 한 번 이상의 미래 일자에 지급되는 특정 금액인 이자(interest)를 지급하기 위한 서면상의 약속이다(정형적인 양식이 있음). 이자는 원금의 사용 대가로 청구되는 금액이다.

둘째, 수취채권은 매출채권 또는 비매출채권으로 분류될 수 있다. **매출채권**(trade receivable)은 정상적인 영업과정에서 상품이나 서비스가 판매될 때 발생한다. **비매출채권**(nontrade receivable)은 정상적인 영업과정이 아닌 상황에서 상품 또는 서비스가 판매되는 경우 발생하게 된다. 예를 들어, Deckers가 새로 선임된 부사장의 새로운 근무지역에 있는 주택 구입자금을 융자해 주는 경우 해당 채권은 비매출채권이 된다.

셋째, 분류된 재무상태표에서 채권은 현금이 회수될 것으로 예상되는 시점에 따라 단기인 경우에는 **유동**(current), 장기인 경우에는 **비유동**(noncurrent)으로 분류된다. 다른 회사들과 마찬가지로 Deckers는 한 유형의 수취채권 계정인 매출채권(Trade Accounts Receivable)만을 보고하고 있으며, 모두 1년 이내에 지급기일이 도래하기 때문에 이를 유동자산으로 분류하였다.

INTERNATIONAL PERSPECTIVE

외화매출채권

주요 외화의 환율 (단위: US$)

통화	환율
멕시코 페소	$0.07
싱가폴 달러	$0.75
유로	$1.20

수출(해외매출)은 미국 경제에서 차지하는 비중이 점점 커지고 있다. 예를 들어, 2013년 Deckers 매출액 중 해외매출액은 33.0%에 달했다. 만약 구매자가 현지 통화로 결제하는 경우 Deckers는 외화로 표시된 매출채권 계정을 추가하여서는 안 되고, 미국 달러로 기록하여야 한다. Deckers의 회계담당자는 기말 환율을 이용하여 현지 통화를 미국 달러로 환산해야 한다. 예를 들어, 만약 프랑스 백화점이 2014년 12월 31일 현재 Deckers에게 지급해야 할 €20,000(유럽통화연합의 공통 통화)의 채무가 있는 경우, 해당 날짜에 유로의 가치가 US$1.20에 해당하는 경우 US$24,000가 재무상태표에 매출채권으로 기록된다.

대손에 대한 회계처리

학습목표 6-2
회수불능채권(대손)이 재무제표에 미치는 영향에 대해 추정, 보고 및 평가한다.

대금 청구 및 회수 목적으로 Deckers는 신발과 의류를 재판매하는 각 소매업체에 대해 **보조계정**(subsidiary account)이라고 불리는 별도의 매출채권 계정을 관리하고 있다. 재무상태표의 매출채권 금액은 이러한 개별 고객 계정의 합계로 표시된다.

Deckers가 이들 고객에게 외상으로 판매하는 경우 일부 고객은 채무를 지급하지 않을 수도 있다. 비용인식의 원칙에 대손상각비는 관련 매출이 이루어진 회계연도와 **동일한** 기간에 인식되어야 한다. 이로 인해 회계상으로 중요한 문제가 발생하게 된다. Deckers는 **다음** 회계연도에 어떤 고객이 대금을 지급하지 않을지 모를 수도 있다. 따라서 매출이 있었던 회계연도 말에 어느 고객의 매출채권이 회수불능이 될지 알 수가 없다.

충당금설정법
회수불능채권을 추정하여 대손상각비를 경정하는 방법.

Deckers는 대손상각비를 측정하기 위해 충당금설정법(allowance method)을 이용하여 이 문제를 해결하고 있다. 충당금설정법은 예상되는 대손금액의 **추정**에 기반하는 방법이다. 충당금설정법을 적용하는 기본적인 두 단계는 다음과 같다:

1. 추정된 대손상각비를 기록하기 위해 기말수정분개를 한다.
2. 해당 기간 동안 회수불가능한 것으로 확정된 특정 채권은 상각한다.

대손상각비 추정액 기록

대손상각비
회수불능채권의 추정과 관련된 비용.

대손상각비(Bad debt expense, Doubtful accounts expense, Uncollectible accounts expense, Provision for uncollectible accounts)는 회수불능채권의 추정과 관련된 비용이다. 회계연도 말에 기말수정분개를 통해 대손추정액을 기록한다. Deckers는 2013년 12월 31일 종료된 회계연도 동안 대손상각비를 $115,101(모든 화폐단위는 $천)로 추정하고 다음과 같이 기말수정분개를 하였다:

대손상각비(+E, −SE) ········	115,101	
대손충당금(+XA, −A) ········		115,101

자산		=	부채	+	자본	
대손충당금	−115,101				대손상각비(+E)	−115,101

대손상각비는 손익계산서상의 "판매"비로 분류된다. 대손상각비는 당기순이익과 자본을 감소시킨다. 매출채권은 차변에 기록되지 않는데, 이는 대손이 어떤 고객의 채권과 관련되어 있는지를 알 수 없기 때문이다. 따라서 대변에는 자산의 차감 계정인 대손충당금(Allowance for Doubtful Accounts, Allowance for Bad Debts, Allowance for Uncollectible Accounts)이 오게 된다. 자산의 차감 계정이므로 대손충당금은 자산인 매출채권에서 차감되는 형식으로 보고된다. 따라서 대손충당금이 기록되는 경우 매출채권과 순장부금액과 총자산은 감소하게 된다.

대손충당금
회수불능채권의 추정액을 나타내는 자산의 차감 계정.

특정 회수불능채권의 상각

회계연도 동안 고객이 채무를 이행하지 못할 것으로 확정되면(예를 들어, 파산), 분개를 통해 대손된 개별 채권을 상각하게 된다. 이때에는 어느 고객의 매출채권이 회수불가능한지 식별이 가능하기 때문에 특정 매출채권을 대변에 기록하여 제거할 수 있다. 동시에 이와 관련된 자산의 차감 계정인 대손충당금도 더 이상 필요가 없으므로, 차변에 기록하여 제거한다. 2013년 동안 Deckers의 총상각액 $115,119를 요약한 분개는 다음과 같다:

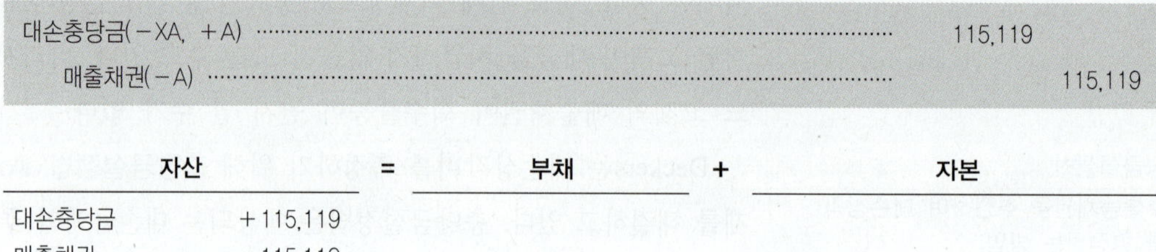

	차변	대변
대손충당금(−XA, +A)	115,119	
매출채권(−A)		115,119

자산		=	부채	+	자본
대손충당금	+115,119				
매출채권	−115,119				

이 분개로 인해 손익계산서 계정은 영향을 받지 않는다는 점에 유의하자. 대손상각비는 매출이 있었던 연도에 기말수정분개를 통해 기록되었으므로, 채권을 상각할 때에는 대손상각비가 기록되지 않는다. 또한, 자산 계정(매출채권)의 감소가 자산의 차감 계정(대손충당금)의 감소로 인해 상쇄되었으므로, 이 분개로 인해 매출채권 순장부금액은 변동되지 않는다. 따라서 해당 분개는 총자산에도 영향을 미치지 않는다.

Financial Analysis  대손충당금의 환입

회사가 이전에 상각했던 채권을 회수하게 되면, 이전에 채권 상각시 수행했던 분개를 역분개를 통해 취소하여 채권을 다시 장부에 기록하고, 대금 회수에 대한 기록도 해야 한다. 예를 들어, 이전에 상각했던 금액이 $677라면 다음과 같이 분개를 한다:

	차변	대변
매출채권(+A)	677	
대손충당금(+XA, −A)		677
현금(+A)	677	
매출채권(−A)		677

이 분개도 당초 상각에 대한 분개와 마찬가지로 총자산이나 당기순이익에는 영향을 미치지 않는다는 점에 유의하자. 대손추정액만이 이들 금액에 영향을 미칠 수 있다.

회계처리 과정 요약

대손에 대한 회계처리는 두 단계의 과정을 거친다는 점이 중요하다.

단계	시기	영향을 미치는 계정		재무제표 효과	
1. 대손추정액 기록	매출이 있었던 연도말	대손상각비(E)	↑	당기순이익	↓
		대손충당금(XA)	↑	자산(순매출채권)	↓
2. 실제 대손채권 상각	대손이 확정된 연도중	매출채권(A)	↓	당기순이익	영향 없음
		대손충당금(XA)	↓	자산(순매출채권)	

대손에 대한 Deckers의 2013년 전체 회계처리 과정은 매출채권(총액) 및 대손충당금 계정의 변화로 요약해 볼 수 있다:5)

2013년 12월 31일 매출채권

매출채권(총액) (A)	$209,081
대손충당금 (XA)	25,068
매출채권(순액) (A)	$184,013

매출채권(총액) (A)			
기초 잔액	215,842	대금회수	1,448,260
외상매출	1,556,618	상각	115,119
기말 잔액	209,081		

대손충당금 (XA)			
		기초 잔액	25,086
상각	115,119	대손상각비	115,101
		기말 잔액	25,068

매출채권(총액)에는 회수가능 및 회수불능채권 모두가 포함된다. 대손충당금 잔액은 회사가 회수할 수 없을 것으로 추정한 매출채권 잔액의 일부가 된다. 재무상태표에 보고되는 매출채권(순액)은 회사가 회수할 수 있을 것으로 예상되는 부분(즉 추정 순실현가능가치)이 된다.

매출채권과 대손의 보고

Deckers의 채권에 대한 정보를 원하는 재무분석가는 재무상태표(<도표 6.2>)에서 이를 확인할 수 있는데, 대손충당금을 차감한 매출채권(순장부금액)이 2013년과 2012년 각각 $184,013와 $190,756이다. Deckers는 계정과목 내에 대손충당금(2013년 $25,068, 2012년 $25,086)을 보고하고 있다. 대손충당금 잔액을 주석에 보고하는 회사도 있다. 두 금액을 합하면 매출채권(총액)을 구할 수 있다.

상장회사는 당기에 대손상각비와 매출채권 상각액이 중요한 경우, 연차보고서인 Form 10-K에 그 명세서를 포함하여 SEC에 제출하여야 한다. <도표 6.3>은 Deckers가 2013년에 제출한 해당 명세서를 보여주고 있다.

5) 모든 매출은 외상매출로 가정한다.

도표 6.2

부분 재무상태표상의 매출채권

DECKERS BRANDS
실제 자료에서 발췌:
연차보고서

DECKERS OUTDOOR CORPORATION AND SUBSIDIARIES
연결재무상태표
2013년과 2012년 12월 31일
(단위: $천)

	2013	2012
자산		
유동자산 :		
현금및현금성자산	$237,125	$110,247
매출채권, 2013년과 2012년 12월 31일 현재 충당금 각각 $25,068와 $25,086 차감한 순액	184,013	190,756
재고자산	260,791	300,173
선급비용	14,980	14,092
기타유동자산	112,514	59,028
이연법인세자산	19,881	17,290
총유동자산	$829,304	$691,586

도표 6.3

매출채권 평가명세서(Form 10-K)

DECKERS BRANDS
실제 자료에서 발췌:
연차보고서

DECKERS OUTDOOR CORPORATION AND SUBSIDIARIES
매출채권 평가명세서
2011년, 2012년 및 2013년 12월 31일로 종료되는 3개 연도
(단위: $천)

	기초 잔액	가산	차감	기말 잔액
2013년 12월 31일	$25,086	$115,101	$115,119	$25,068
2012년 12월 31일	21,692	96,931	93,537	25,086
2011년 12월 31일	13,772	75,995	68,075	21,692

STOP PAUSE FOR **FEEDBACK**

수취채권이 중요한 경우 회사는 채권의 회수불능에 대한 회계처리하는데 충당금설정법을 사용해야 한다. 여기에는 다음과 같은 두 단계가 있다:

a. 연도말에 대손상각비 추정액을 기록하는 기말수정분개를 하고 대손충당금을 증가시킨다.
b. 특정 매출채권이 당기에 회수불능인 것으로 확정된 경우 해당 매출채권을 상각하고 대손충당금을 감소시킨다.

기말수정분개는 당기순이익과 순매출채권을 감소시킨다. 채권의 상각은 둘 다에 영향을 미치지 않는다. 학습을 계속하기에 앞서 다음 질문을 통해 여러분들이 이들 개념에 대해 충분히 이해하고 있는지 테스트해 보길 바란다.

SELF-STUDY **QUIZ**

최근 Deckers의 주요 경쟁업체인 Crocs, Inc.는 기초에 대손충당금 차변 잔액 $3,973(모든 화폐단위는 $천)를 가지고 있었다. 이번 연도 중에 매출채권 $1,535를 상각했고 기말에 대손상각비 $2,204

를 설정하였다.

1. Crocs가 기말에 행한 대손에 대한 기말수정분개는 무엇인가?
2. 당기 중 Crocs가 총 상각한 대손채권에 대한 분개를 요약하여 제시하시오.
3. 기말의 대손충당금 잔액을 계산하시오.

[GUIDED HELP 6-1] 대손과 관련된 회계처리에 대한 추가 단계별 비디오 학습은 www.mhhe.com/libby9e_gh6a를 참조하시오.

해설

1. 대손상각비 (+E, −SE) 2,204
   대손충당금 (+XA, −A) 2,204
2. 대손충당금 (−XA, +A) 1,535
   매출채권 (−A) 1,535
3. 기초 잔액+대손상각비 추정액−상각액 = 기말 잔액,
   $3,973+2,204−1,535=$4,642

대손의 추정

기말 기말수정분개를 통해 기록되는 대손상각비는 (1) 해당 연도의 총외상매출액 대비 일정 비율 또는 (2) 매출채권의 연령에 근거하여 추정된다. 두 방법 모두 GAAP에서 허용되며 널리 사용되고 있다. 매출액비례법은 적용하기 쉬운 반면, 연령분석법은 보다 더 정교한 방법이다. 많은 회사들이 주별 또는 월별 기준으로는 보다 간단한 방법을 사용하고, 월별 또는 분기별 기준으로 보다 정확한 방법을 사용하여 이전 추정치의 정확성을 확인한다. 다음 예제에서는 두 방법 모두 정확히 동일한 추정치를 산출되는데, 이는 실제로는 거의 발생하지 않는 경우이다.

매출액비례법

매출액비례법
과거 외상매출 중 대손되었던 비율에 근거하여 대손을 추정하는 방법.

매출액비례법(percentage of credit sales method)은 과거 외상매출 중 대손되었던 비율에 근거하여 대손을 추정하는 방법이다. 외상매출 중 대손되었던 평균 비율은 총대손액을 외상매출액으로 나누어 계산할 수 있다. 과거 수년간 사업을 해왔던 회사는 미래의 대손 가능성을 예상하는데 충분한 경험을 가지고 있다고 볼 수 있다. 예를 들어, 2014년 Deckers의 외상매출액은 $1,500,000이고, 회사는 외상매출액의 1.0%가 대손될 것으로 예상한 경우, 당기의 대손은 다음과 같이 추정될 것이다:

외상매출액	$1,500,000
× **대손추정률 (1.0%)**	× 0.01
대손상각비	$ 15,000

이 금액은 당기 대손상각비(그리고 대손충당금의 증가)로 직접 기록된다. 2014년 대손충당금

의 기초 잔액은 2013년의 기말 잔액이 될 것이다. 2014년 $17,068의 상각이 있었다고 가정하면 대손충당금 기말 잔액은 다음과 같이 계산된다:

기초 잔액	$25,068	
+ 대손상각비	15,000	*매출액비례법*
− 상각액	17,068	*추정액*
기말 잔액	$23,000	

대손충당금 (XA)			
		2014년 기초 잔액	25,068
2014년 상각	17,068	2014년 대손상각비	15,000
		2014년 기말 잔액	? = 23,000

연령분석법

연령분석법
각 매출채권의 연령에 근거하여 회수불능액을 추정하는 방법.

매출채권이 나이가 들어 오래될수록 채권 회수가 어려워진다는 사실에 착안하여 대손을 추정하는 방법이 연령분석법(aging of accounts receivable method)이다. 예를 들어, 30일이 지나 만기가 되었지만 120일이 지나도록 지급되지 않은 채권은 만기가 45일이 지났지만 지급되지 않고 있는 채권보다 평균적으로 회수가 어려울 것이다.

만약 Deckers가 2014년 매출채권 잔액(총액) $230,000를 나이대에 따라 세 가지 범주로 나누는 경우, 우선 개별 고객별 매출채권을 조사한 후 나이대에 따라 채권을 세 가지 범주로 분류하게 된다. 이전의 경험을 토대로 경영진은 각 범주별 예상 가능한 대손율을 추정할 것이다: 예를 들어, 아직 만기가 도래하지 않은 경우 2%; 만기 경과 1일부터 90일까지는 10%; 만기 경과 90일 초과의 경우에는 30%.

아래 연령분석표에서 볼 수 있듯이, 이렇게 계산하면 총 $23,000가 회수 불가능한 것으로 추정되는데, 이는 대손충당금 추정 기말 잔액이 된다. 따라서 2014년의 대손상각비(그리고 대손충당금 증가)는 다음과 같이 계산된다:

2014년 연령분석표

매출채권 연령			대손추정률		대손추정액
만기 미도래	$115,000	×	2%	=	$ 2,300
만기 경과 90일까지	69,000	×	10%	=	6,900
만기 경과 90일 초과	46,000	×	30%	=	13,800
대손충당금 추정 기말 잔액					$23,000
차감: 조정전 대손충당금 잔액(25,068 − 17,068)					8,000
당기 대손상각비					$15,000

대손충당금 (XA)				
		2014년 기초 잔액	25,068	
2014년 상각	17,068	2014년 대손상각비	?	= 15,000 ←
		2014년 기말 잔액	23,000	총대손추정액 ←

두 방법의 비교

매출액비례법을 사용하여 대손상각비를 기록하는 방법과 연령분석법을 사용하여 대손상각비를 기록하는 방법이 서로 다르다는 것을 반드시 알아야 한다:

- **매출액비례법 :** 기말수정분개를 통해 손익계산서에 대손상각비로 보고될 금액을 직접 계산한다.
- **연령분석법 :** 기말수정분개를 통해 재무상태표에 대손충당금으로 보고될 추정 기말 잔액을 계산한다. 추정 잔액과 조정전 잔액의 차이가 기말수정분개에 의해 당기 대손상각비로 보고될 금액이 된다.

두 경우 모두 2014년 재무상태표상의 대손충당금 차감 후 매출채권은 $207,000($230,000 − $23,000)로 표시된다.

추정치와 실제 상각액 비교

Deckers는 Form 10-K를 통해 회수불능채권을 주정한 방법과 추정지의 오류로 인한 잠재적인 영향에 대한 명확한 정보를 제공하고 있다.

DECKERS BRANDS
실제 자료에서 발췌:
Form 10-K

주요 회계정책

대손충당금
우리는 고객의 지불능력 상실로 인한 예상 손실에 대해 매출채권에 대한 충당금을 설정하고 있습니다. 우리는 채권의 연령분석, 경제 상황 및 예측, 과거 경험 및 고객의 신용도를 분석하여 충당금을 결정하고 있습니다. … 다른 추정과 가정을 사용하는 경우 재무성과가 달라질 수 있습니다. 예를 들어, 우리가 신용위험이 있다고 판단하여 회수할 수 없는 것으로 판단한 채권에 대한 충당금을 추정하는데 사용한 비율이 1.0% 변경되면 2013년 12월 31일 대손충당금이 약 $1,000만큼 변경될 것입니다.

실제로 회수 불가능한 것으로 확정되어 상각한 채권 금액이 이전에 추정된 금액과 다를 경우에는 이전 기간의 추정 오류를 상쇄하기 위해 다음 기간에 더 높거나 낮은 금액을 기록하면 된다. 추정치가 정확하지 않은 것으로 밝혀지더라도 이전 회계연도의 재무제표 수치는 수정하지 않는다.

매출채권에 대한 통제

많은 경영자들은 외상판매가 매출액을 증가시키지만 만약 관련 채권이 회수되지 않는 경우 이익에는 기여하지 못한다는 사실을 잊고 있다. 채권 회수에 대한 관리 없이 매출만을 강조하는 회사들은 그들 유동자산 대부분이 매출채권으로 묶여 있게 된다. 다음은 대손을 최소화하는 데

도움이 될 수 있는 실무지침이다:

1. 판매 및 대금 회수 기능과는 독립된 사람이 고객의 신용기록을 승인하도록 하시오.
2. 주기적으로 채권의 연령분석을 하고 채권의 만기가 지난 고객에게 연락하시오.
3. 하나의 팀으로 일할 수 있도록 신속한 대금회수를 하는 판매 및 대금 회수 부서 직원에게 보상을 하시오.

전반적인 신용 제공 및 대금 회수 활동이 효과적인지를 평가하기 위해 경영자와 재무분석가는 종종 매출채권회전율(receivables turnover ratio)을 계산한다.

KEY RATIO ANALYSIS — 매출채권회전율

학습목표 6-3
매출채권회전율과 매출채권이 현금흐름에 미치는 영향에 분석하고 해석한다.

■ 분석적 질문

신용 제공과 대금 회수 활동이 얼마나 효과적인가?

■ 비율 및 비교

매출채권회전율은 다음과 같이 계산된다(<도표 6.1> 및 <도표 6.2> 참조).

$$\text{매출채권회전율} = \frac{\text{순매출액}^{*}}{\text{평균순매출채권}^{\dagger}}$$

** 일반적으로 순외상매출액은 별도로 보고되지 않으므로 대부분의 재무분석가는 대신 순매출액을 사용한다.*

† 평균순매출채권 = (기초 순매출채권 + 기말 순매출채권) ÷ 2

Deckers의 2013년 매출채권회전율은 :

$$\frac{\$1{,}556{,}618}{(190{,}756+184{,}013)/2} = 8.3$$

연도별 비교		
Deckers		
2011	2012	2013
8.9	7.4	8.3

경쟁업체와 비교	
Skechers U.S.A.	Crocs
2013	2013
8.4	12.1

주요 산업 비교: 매출채권회전율

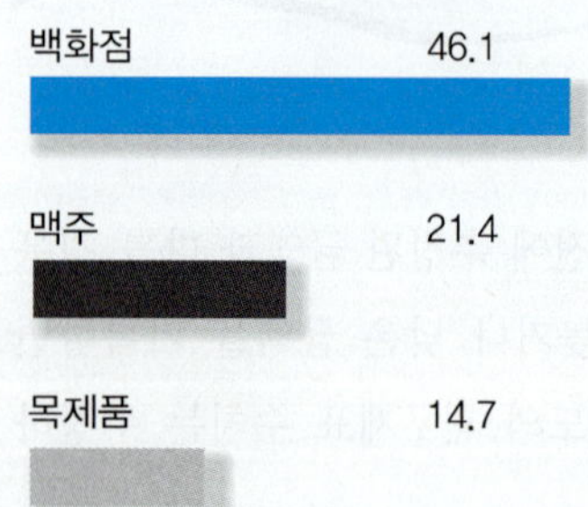

■ 해석

- **일반론 :** 매출채권회전율은 매출채권이 평균적으로 몇 번이 기록되고 회수되는지를 보여주는 비율이다. 이 비율이 높을수록 채권의 회수가 보다 신속하다는 것이다. 이 비율이 높은 경우 회수된 자금을 투자해 이자수익을 얻거나 차입을 줄여 이자비용을 감소시키게 되므로 회사에 이익이 된다. 지급기일을 지나치게 길게 잡거나 채권 회수기법이 효율적이지 못한 경우에는 이 비율이 낮게 된다. 이 비율이 갑자기 하락하게 되면, 회사가 판매 부진을 만회하기 위해 대금 지급기한을 연장하였거나 나중에 고객이 반품할 매출을 기록하였다는 것을 의미하기 때문에 재무분석가와 채권자는 이 비율에 관심을 기울인다. 많은 경영자와 재무분석가는 평균회수기간 또는 매출

채권평균일수(average collection period or average days sales in receivables)를 계산하기도 하는데, 이는 365 ÷ 매출채권회전율로 계산된다. 이는 고객이 채권 대금을 지급하는 데 걸리는 평균 시간을 의미한다. Deckers의 경우 2013년 금액은 다음과 같이 계산된다:

$$\text{평균회수기간} = \frac{365}{\text{매출채권회전율}} = \frac{365}{8.3} = 44.0\text{일}$$

- **회사에 대한 분석 결과 :** Deckers의 매출채권회전율은 2011년 최고치인 8.9에서 2013년에 8.3으로 감소했다. 이는 채권을 현금으로 전환하는 데 더 많은 시간이 소요됨을 의미한다. 경쟁업체의 매출채권회전율과 비교하여 Deckers의 비율은 Skechers 및 Crocs의 비율보다 낮다.
- **주의사항 :** 산업별 및 고객별 구매방식에 따른 기업 간 차이가 비율에 큰 차이를 가져올 수 있기 때문에 특정 회사의 비율은 이전 회계연도와 비교하거나 동일한 산업 내에 동일한 관행을 따르는 다른 회사와 비교해야 한다.

FOCUS ON CASH FLOWS

매출채권

매출채권의 변동은 회사의 영업활동 현금흐름의 주요 결정요인이 될 수 있다. 손익계산서에는 당기의 수익이 반영되지만 영업활동 현금흐름에는 고객으로부터 회수한 현금흐름이 반영된다. 외상매출은 매출채권 잔액을 증가시키고 고객으로부터 대금을 회수하게 되면 매출채권의 잔액을 감소시키기 때문에 매출채권의 기초 및 기말 잔액 변동은 매출액과 대금 회수액의 차이가 된다.

현금흐름표에 미치는 영향

일반적으로 일정 기간 동안의 매출채권의 순감소가 있는 경우에는 고객으로부터 회수된 금액이 매출액보다 크다는 의미이다; 따라서 해당 감소액은 영업활동 현금흐름에 가산되어야 한다. 매출채권의 순증가가 있는 경우에는 고객으로부터 회수된 금액이 매출액보다 적다는 의미이다; 따라서 해당 증가액은 영업활동 현금흐름을 계산함에 있어 차감이 되어야 한다.[6)]

	현금흐름에 미치는 영향
영업활동(간접법)	
당기순이익	$×××
조정	
매출채권 증가분 가산	+
혹은	
매출채권 감소분 차감	−

- **Focus Company 분석 :** 아래는 Deckers의 현금흐름표 중 영업활동 섹션을 발췌한 것이다. 2013년 동안 Deckers의 채권회수액이 매출액 성장액을 앞섰기 때문에 매출채권 잔액은 감소하였다.

6) 외화매출채권이 있는 경우 또는 기업 인수/처분으로 인한 채권을 보유한 회사의 경우에는 현금흐름표에 보고된 변동 금액이 재무상태표에 보고된 매출채권의 변동액과 일치하지 않는다.

이러한 감소액은 2013년에 매출액이 고객으로부터 회수된 금액보다 낮음을 의미하므로 당기순이익을 영업활동 현금흐름으로 조정하는 데 있어 가산되는 항목이 된다. 매출채권이 증가하는 것은 고객으로부터 회수된 금액이 매출액보다 낮다는 것을 의미하므로 당기순이익을 영업활동 현금흐름으로 조정하는 데 있어 차감되는 항목이 된다.

	2013
영업활동 현금흐름	
당기순이익	$145,689
당기순이익을 영업활동을 인한 순현금유입액으로 조정하기 위한 항목	
………	…
영업자산 및 부채의 변동	
매출채권, 대손충당금 차감 후	6,743
재고자산	39,382
	…
	…
영업활동으로 인한 순현금유입액	$262,125

STOP PAUSE FOR **FEEDBACK**

매출액비례법을 사용하는 경우 외상매출액에 대손추정률을 곱하여 당기 대손상각비를 직접 계산하게 된다. 연령분석법을 사용하는 경우에는 대손충당금의 추정 기말 잔액을 계산한 후 대손상각비를 구할 수 있다. 이 과정에서 각 연령의 채권금액에 대손추정률을 곱하여 대손충당금 기말 잔액을 추정하게 된다. 추정 기말 잔액과 조정전 대손충당금 잔액과의 차이가 당기 대손상각비가 된다. 학습을 계속하기에 앞서 이전에 Crocs가 보고했던 수치를 근거로 보다 더 복잡한 연령분석법 계산을 연습해 보자.

SELF-STUDY **QUIZ**

1. 과거 Deckers의 경쟁업체인 Crocs는 대손충당금 기초 잔액으로 $5,262를 보고했다. 해당 연도에 $2,551에 달하는 채권을 상각했다. 기말에 연령분석법을 사용하여 추정 대손액으로 $3,973(모든 화폐단위는 $천)를 추정하였다. 해당 연도에 Crocs는 대손상각비로 얼마를 보고하였는가? (접근 방법 : 해당 수치를 찾으려면 T계정 또는 다음 수식을 이용하기 바란다.)

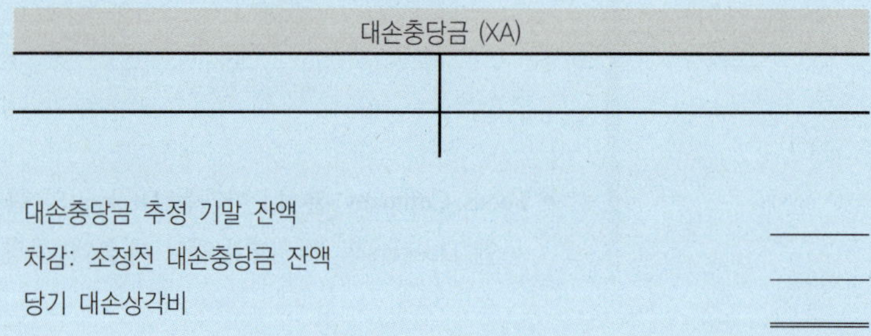

매출채권회전율은 신용 제공 및 대금 회수 활동이 효과적인지를 측정하는 데 사용된다. 회전율이 빠르다는 것은 고객으로부터 대금을 보다 신속히 회수한다는 것을 의미한다. 다음 질문을 통해 여러분들이 이 개념을 충분히 이해하는지 테스트해 보길 바란다.

2. 대금 지급기한을 연장하는 경우(예를 들어, 30일 대신 60일) 매출채권회전율이 증가될 것인지 감소될 것인지에 대해 설명하시오.

[GUIDED HELP 6-2] 연령분석법을 이용하여 대손을 추정하고 보고하는 데 대한 추가 단계별 비디오 학습은 www.mhhe.com/libby9e_gh6b를 참조하시오.

해설

1.

대손충당금 (XA)			
		기초 잔액	5,262
상각	2,551	대손상각비(정답)	1,262
		기말 잔액	3,973

대손충당금 추정 기말 잔액	3,973
차감: 조정전 대손충당금 잔액($5,262 − $2,551)	2,711
당기 대손상각비	$1,262

2. 대금 지급기한을 연장하게 되면 평균 매출채권 잔액(비율의 분모)이 증가될 것이므로 매출채권회전율은 감소될 가능성이 높다.

현금의 보고 및 안전장치

학습목표 6-4
현금에 대한 보고, 통제 및 안전장치에 대해 이해한다.

현금 및 현금성자산의 정의

현금(cash)은 화폐와 은행에 입금이 가능한 수표, 우편환 또는 은행어음과 같은 화폐대용증권으로 정의된다. 현금성자산(cash equivalents)은 취득 당시 만기가 3개월 이내에 도래하고 현금으로 전환이 용이하며 그 가치가 변할 가능성이 낮은(즉, 이자율 변동에 민감하지 않은) 금융상품을 말한다. 전형적인 현금성자산으로는 양도성예금증서(bank certificates of deposit)와 미국 정부가 자금 조달을 위해 발행하는 재무부 증권(Treasury bills)이 있다.

현금
화폐와 은행에 입금이 가능한 수표, 우편환 또는 은행어음과 같은 화폐대용증권.

현금성자산
취득 당시 만기가 3개월 이내에 도래하고 현금으로 전환이 용이하며 그 가치가 변할 가능성이 낮은 단기 금융상품.

대부분의 다른 회사와 마찬가지로 Deckers는 은행 계좌와 현금성자산을 모두 재무상태표에 현금및현금성자산이라는 하나의 금액으로 보고한다. 재무상태표상의 현금성자산의 장부금액은 공정가치와 동일한 금액으로 보고된다.

현금 관리

많은 기업들이 매일 고객으로부터 상당한 금액의 현금, 수표 및 신용카드 영수증을 받고 있다. 누구나 현금을 사용할 수 있으므로 경영진은 현금 관리에 대한 안전장치를 개발해야 한다.

효과적인 현금 관리는 도난, 사기 또는 부주의로 인한 손실로부터 현금을 보호하는 것 이상을 의미한다. 그 밖에 현금 관리에 있어 준수하여야 할 사항은 다음과 같다:

1. 현금흐름 및 잔액의 보고가 적절히 될 수 있도록 정확한 회계처리를 할 것.
2. (a) 당기 영업에 소요, (b) 부채의 만기 도래 및 (c) 예기치 않은 비상사태에 대비한 충분한 현금을 확보할 수 있도록 통제할 것.
3. 유휴자금이 발생하는 것을 방지할 것. 유휴자금은 수익 창출에 기여하지 못하므로 영업에 필요할 때까지 수익을 얻기 위해 증권에 투자되는 경우가 많다.

현금에 대한 내부통제

내부통제
회사가 자산을 보호하고 회사의 재무보고의 신뢰성, 운영의 효과성과 효율성 및 관련 법규 준수에 대한 합리적인 확신을 제공하는 프로세스.

내부통제(internal controls)는 회사가 자산을 보호하고 회사의 재무보고의 신뢰성, 운영의 효과성(effectiveness)과 효율성(efficiency) 및 관련 법규 준수에 대한 합리적인 확신을 제공하는 프로세스를 의미한다. 내부통제절차는 모든 자산－현금, 수취채권, 투자자산, 유형자산 등－으로 확장되어야 한다. 재무기록의 정확성을 보장하는 통제는 부주의한 실수와 부정한 사기를 방지하도록 설계된다. 내부통제는 재무제표의 신뢰성을 높이기 때문에 외부감사인의 검토대상이 된다.

현금은 도난과 사기에 가장 취약한 자산이기 때문에 상당한 수의 내부통제절차는 현금에 초점을 두어야 한다. 여러분들은 당시에는 알지 못했을 수도 있지만, 이미 현금에 대한 내부통제 절차를 보아 왔을 것이다. 대부분의 영화관에서는 한 명의 직원이 티켓을 판매하고 다른 직원이 티켓을 회수한다. 한 명의 직원이 두 가지 업무를 모두 수행하는 것이 비용을 절감할 수 있지만, 그 직원이 티켓을 발행하지 않고 관객을 입장시키는 방식으로 현금을 쉽게 횡령할 수 있게 된다. 만약 두 명의 직원이 업무를 수행하는 경우에는 두 명 모두가 동의하지 않는다면 이러한 부정이 성공할 수 없게 된다.

Juice Images/Alamy

효과적인 현금에 대한 내부통제는 다음을 포함해야 한다:

1. 업무분장
   a. 현금 수취 및 지출 업무의 완전한 분리
   b. 현금 수취 및 현금 지출에 대한 회계처리 절차의 완전한 분리
   c. 물리적인 현금 취급과 모든 회계 기능의 완전한 분리
2. 소정의 정책 및 절차
   a. 현금 수취액은 반드시 매일 은행에 입금하시오. 보유중인 현금은 엄격하게 관리하시오.
   b. 구매 승인과 실제 현금 지출 승인은 반드시 분리하시오. 반드시 일련번호가 기재된 수표를 사용하시오. **전자자금이체**(electronic funds transfers)로 지급하는 경우에는 통제 가능한 서류(수표)가 없으므로 특별한 주의를 기울어야 한다.
   c. 현금 지출 승인 및 수표 서명 또는 전자자금이체 전송에 대한 책임은 각기 다른 개인에게 맡기시오.

d. 회사 장부의 현금잔액과 은행 계좌잔액을 월별로 반드시 조정하시오. (다음 섹션에서 자세히 설명)

A QUESTION OF ETHICS

윤리와 내부통제의 필요성

어떤 사람들은 잘 운영되고 있는 회사가 강력한 내부통제절차를 가져야 한다는 권고에 언짢아한다. 이들은 통제절차가 경영진이 회사 직원을 신뢰하지 않는 것을 의미한다고 생각한다. 대다수의 직원은 신뢰할 수 있지만, 종업원 절도는 매년 기업에 수십억 달러의 손실을 주고 있다. 인터뷰를 통해 유죄 판결을 받은 중범죄인들은 많은 경우 회사의 돈을 훔치는 것이 쉬웠고 아무도 거기에 신경을 쓰지 않았다고 말했다(내부통제절차가 없었음).

많은 기업들은 고객, 공급업체, 동료 직원 및 회사 자산을 다루는 데 있어 준수되어야 할 높은 수준의 공식적인 윤리강령을 가지고 있다. 각 직원은 궁극적으로 자신의 윤리적 행동에 책임이 있지만 내부통제절차는 경영진이 제시하는 중요한 윤리적 가치에 대한 기준이 된다.

현금 계정과 은행거래내역서의 조정

은행거래내역서의 내용

은행거래내역서
은행이 매달 보내주는 입금액, 수표 지급 내역, 그 밖의 입금 및 출금 내역 및 현재 잔액이 기재된 문서.

은행계좌의 적절한 사용은 현금에 대한 중요한 내부통제절차가 될 수 있다. 은행은 회사(예금주)에 매달 (1) 은행이 기록한 해당 기간 동안의 입금 내역, (2) 해당 기간 동안 은행이 지급한 수표 지급 내역 및 (3) 회사 계좌의 잔액이 기재된 은행거래내역서(bank statement)를 보낸다. 은행거래내역서에는 은행이 직접 회사 계좌에서 차감(예를 들어, 은행 수수료)한 금액도 표시된다. <도표 6.4>에는 ROW.COM, Inc.의 전형적인 형식의 은행거래내역서가 제시되어 있다.

<도표 6.4>에는 설명이 필요한 네 가지 항목이 있다. 출금란의 $500 및 $100 항목 옆에 기재된 **EFT**라는 코드에 주목하자.[7] 이는 **전자자금이체** 코드이다. ROW.COM은 전자수표를 사용하여 전기요금과 보험료를 지불하고 있다. 전자수표를 통해 지급하는 경우에도 종이수표와 같은 방식으로 회사의 장부에 기록이 된다.

출금란의 **NSF**라는 코드가 기재된 $18의 차감 항목에 주목하자. 이 항목은 고객으로부터 받은 $18짜리 수표를 ROW.COM이 은행에 입금한 것이다. 은행은 고객의 은행에게 수표대금을 지급해 달라고 요청하였지만, 고객의 계좌에는 이 수표대금을 지불할 만큼 충분한 예금잔액이 없었다. 고객의 은행은 해당 수표를 ROW.COM의 은행으로 다시 돌려주었고, 해당 수표 금액은 ROW.COM의 계좌에서 다시 차감되었다. 이러한 유형의 수표는 흔히 **부도수표**(not sufficient funds check, NSF check)라고 부른다. 부도수표는 이제 수취채권이 된다; 따라서 ROW.COM은 차변에 수취채권 $18를 기록하고 대변에 현금 $18를 기록하는 분개를 해야 한다.

---

7) 이 코드는 은행마다 다를 수 있다.

도표 6.4

은행거래내역서 양식 사례

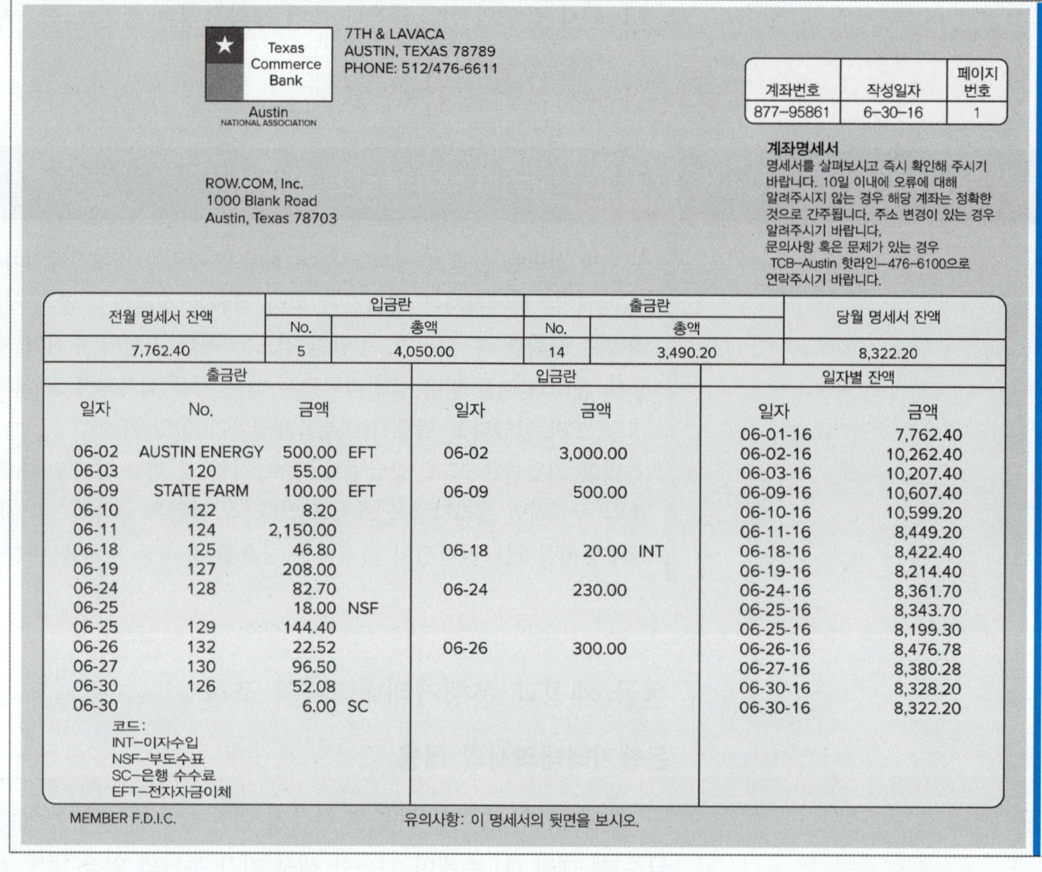

Texas Commerce Bank
Austin
NATIONAL ASSOCIATION

7TH & LAVACA
AUSTIN, TEXAS 78789
PHONE: 512/476-6611

계좌번호	작성일자	페이지 번호
877-95861	6-30-16	1

ROW.COM, Inc.
1000 Blank Road
Austin, Texas 78703

계좌명세서
명세서를 살펴보시고 즉시 확인해 주시기 바랍니다. 10일 이내에 오류에 대해 알려주시지 않는 경우 해당 계좌는 정확한 것으로 간주됩니다. 주소 변경이 있는 경우 알려주시기 바랍니다.
문의사항 혹은 문제가 있는 경우 TCB-Austin 핫라인-476-6100으로 연락주시기 바랍니다.

전월 명세서 잔액	입금란 No.	입금란 총액	출금란 No.	출금란 총액	당월 명세서 잔액
7,762.40	5	4,050.00	14	3,490.20	8,322.20

출금란 일자	No.	금액		입금란 일자	금액		일자별 잔액 일자	금액
							06-01-16	7,762.40
06-02	AUSTIN ENERGY	500.00	EFT	06-02	3,000.00		06-02-16	10,262.40
06-03	120	55.00					06-03-16	10,207.40
06-09	STATE FARM	100.00	EFT	06-09	500.00		06-09-16	10,607.40
06-10	122	8.20					06-10-16	10,599.20
06-11	124	2,150.00					06-11-16	8,449.20
06-18	125	46.80		06-18	20.00	INT	06-18-16	8,422.40
06-19	127	208.00					06-19-16	8,214.40
06-24	128	82.70		06-24	230.00		06-24-16	8,361.70
06-25		18.00	NSF				06-25-16	8,343.70
06-25	129	144.40					06-25-16	8,199.30
06-26	132	22.52		06-26	300.00		06-26-16	8,476.78
06-27	130	96.50					06-27-16	8,380.28
06-30	126	52.08					06-30-16	8,328.20
06-30		6.00	SC				06-30-16	8,322.20

코드:
INT-이자수입
NSF-부도수표
SC-은행 수수료
EFT-전자자금이체

MEMBER F.D.I.C.

유의사항: 이 명세서의 뒷면을 보시오.

6월 30일 출금란의 $6 옆에 기재된 **SC**라는 코드에 주목하자. 이것은 은행 수수료에 대한 코드이다. 은행거래내역서에는 이 수수료(수표에 의해 문서화되지 않은 출금)를 설명하는 은행의 메모가 포함되어 있다. ROW.COM은 이 $6의 은행 잔고 감소분에 대해 차변에 은행 수수료 등의 비용을 기록하고 대변에 현금을 기록하는 분개를 해야 한다.

6월 18일에 입금란의 $20 옆에 기재된 **INT**라는 코드에 주목하자. 이는 이자를 의미하는데, 은행은 예금액에 대해 이자를 지급하고, ROW.COM은 해당 기간 동안 벌어들인 이자에 대한 회계처리를 해야 한다. ROW.COM은 차변에 현금 $20를 기록하고 대변에 이자수익 $20를 기록하는 분개를 하여야 한다.

은행계정조정표의 필요성

은행계정조정표
은행거래내역서와 회사 측 현금 계정의 정확성을 검증하는 과정을 보여줌.

은행계정조정표(bank reconciliation)는 회사 측 기말 현금 잔액과 월별 은행거래내역서에 기재된 은행 측 기말 현금 잔액을 비교하는(조정하는) 과정을 보여준다. 은행계정조정표는 매월 말에 작성되어야 한다. 일반적으로 은행거래내역서에 표시된 기말 현금 잔액은 회사 측 현금 계정에 표시된 기말 현금 잔액과 일치하지 않는다. 예를 들어, ROW.COM의 6월말 현금 계정은 다음과 같다(ROW.COM은 하나의 당좌예금 계좌만을 보유하고 있다):

현금 (A)			
6월 1일 잔액	7,753.40		
6월 입금액	5,830.00	6월 출금액	4,543.40
기말 잔액	9,040.00		

은행거래내역서(<도표 6.4>)에 기재된 기말 현금 잔액 $8,322.20는 ROW.COM의 장부에 나타난 기말 현금 잔액 $9,040.00와 다르다. 이러한 차이가 발생하는 대부분의 원인은 거래를 기록함에 있어 시차가 존재하기 때문이다:

1. 현금에 영향을 미치는 일부 거래는 ROW.COM의 장부에는 기록되었지만 은행거래내역서에는 나타나지 않을 수 있다.
2. 일부 거래는 은행거래내역서에는 나타나지만 ROW.COM의 장부에는 기록되지 않는다.

차이점 중 일부는 거래를 기록할 때 발생한 오류에 기인한 것일 수도 있다.

은행 측 기말 잔액과 회사 측 기말 잔액이 차이가 나는 가장 일반적인 원인은 다음과 같다:

1. **기발행미인출수표**(Outstanding checks). 이는 회사가 수표를 발행하여 장부에 현금의 감소를 기록하였으나 아직 수표가 제시되지 않아 은행이 지급하지 않은 수표를 말한다(은행거래내역서에는 당좌예금에서 차감된 항목으로 나타나지 않는다). 기발행미인출수표는 은행거래내역서상에 지급된 수표와 회사가 관리하는 수표 기록(수표책 보관용 부본 및 당좌예금출납장 등)과 비교함으로써 파악이 가능하다.
2. **은행미기입예금**(Deposits in transit). 이는 회사가 은행에 입금을 하고 장부에 현금의 증가로 기록하였으나 은행이 아직 입금 처리하지 않은 예금을 말한다(은행거래내역서에는 당좌예금 증가 항목으로 나타나지 않는다). 은행미기입예금은 은행거래내역서 일자보다 하루나 이틀 전에 입금하는 경우에 종종 발생한다. 은행미기입예금은 은행거래내역서에 기재된 입금액과 회사의 입금 기록을 비교함으로써 파악이 가능하다.
3. **은행 수수료**(Bank service charges). 이는 은행거래내역서에 나타나 있지만 회사 장부에는 기록되지 않은 은행 수수료 비용을 말한다.
4. **부도수표**(NSF check). 이는 회사가 입금하였지만 부도가 난 "불량 수표(bad checks)" 또는 "지급거절된 수표(bounced checks)"를 말하며, 회사는 이를 현금 계정에서 차감시키고 매출채권으로 다시 기록하여야 한다.
5. **이자**(Interest). 이는 은행이 은행 잔고에 대해 회사에 지불한 이자를 말한다.
6. **오류**(Errors). 은행과 회사는 모두 현금거래가 많은 경우 오류를 범할 수 있다.

은행계정조정표 작성 사례

회사는 각 은행의 은행거래내역서를 받으면 바로 은행계정조정표를 작성해야 한다. 은행계정조정표의 일반적인 형식은 다음과 같다:

회사 측 기말 현금 잔액	$xxx	은행 측 기말 현금 잔액	$xxx
+ 은행이 지급한 이자	xx	+ 은행미기입예금	xx
− 부도수표/은행 수수료	xx	− 기발행미인출수표	xx
± 회사 측 오류	xx	± 은행 측 오류	xx
올바른 기말 현금 잔액	$xxx	올바른 기말 현금 잔액	$xxx

<도표 6.5>에서는 은행 측 기말 잔액($8,322.20)과 회사 측 기말 잔액($9,040.00)을 조정하기 위하여 ROW.COM이 작성한 6월분 은행계정조정표를 보여주고 있다. 은행계정조정표 작성을 완료하면, 올바른 현금 잔액은 $9,045.00가 된다. 이 올바른 잔액은 조정 후에 현금 계정에 보고되어야 하는 금액이다. ROW.COM은 보유중인 현금 없이 당좌예금 계좌 하나만을 가지고 있으므로, 이 금액이 재무상태표에 현금으로 보고되어야 하는 올바른 금액이기도 하다.[8)]

ROW.COM은 은행계정조정표를 작성하는 데 있어 다음 단계를 따랐다:

1. **기발행미인출수표를 파악하시오.** 은행거래내역서에 나타난 수표 지급액과 회사 측의 수표 발행 기록을 비교하면 6월말에 다음과 같은 수표가 여전히 미인출(은행이 아직 수표대금을 지급하지 않은)된 것으로 나타났다:

수표 번호	금액
121	$ 145.00
123	815.00
131	117.20
합계	$1,077.20

이 합계는 은행 계좌에서 공제되는 것으로 조정되었다 은행 입장에서는 해당 수표대금이 실제로 지급되어 출금 처리가 될 때 해당 금액만큼 은행 측 잔액에서 차감될 것이다.

도표 6.5

은행계정조정표 작성 사례

ROW.COM, INC.
은행계정조정표
2016년 6월 30일로 종료되는 월

회사 장부		은행거래내역서	
회사 측 기말 현금 잔액	$9,040.00	은행 측 기말 현금 잔액	$8,322.20
가산		가산	
은행이 지급한 이자	20.00	은행미기입예금	1,800.00
지급 기록 오류	9.00		
	9,069.00		10,122.20
차감		차감	
R. Smith 부도수표	18.00	기발행미인출수표	1,077.20
은행 수수료	6.00		
올바른 기말 현금 잔액	$9,045.00	올바른 기말 현금 잔액	$9,045.00

8) 이 예제의 경우, 5월말 현재 시점에는 기발행미인출수표와 은행미기입예금은 없었다.

2. **은행미기입예금을 파악하시오.** 은행거래내역서에 나와 있는 입금액과 회사가 보관중인 입금전표를 비교해 보면 6월 30일에 입금된 $1,800가 은행거래내역서에는 나타나지 않았다. 이 금액은 은행 계좌에 가산되는 것으로 조정되었다. 은행 입장에서는 실제로 입금 처리를 할 때 해당 금액만큼 은행 측 잔액에 가산될 것이다.

3. **은행 수수료 및 그 밖의 조정 항목들:**
   a. 은행으로부터 받은 이자 $20 — 회사 측 잔액에 가산하는 항목으로 은행계정조정표에 입력한다; 은행 측은 이미 해당 항목에 대해 입금 처리를 하였다.
   b. R. Smith 부도수표, $18 — 회사 측 잔액에서 차감하는 항목으로 은행계정조정표에 입력한다; 은행 측은 이미 해당 항목에 대해 출금 처리를 하였다.
   c. 은행 수수료, $6 — 회사 측 잔액에서 차감하는 항목으로 은행계정조정표에 입력한다; 은행 측은 이미 해당 항목에 대해 출금 처리를 하였다.

4. **오류의 영향을 파악하시오.** 여기까지 조정을 한 이후에도 여전히 $9만큼 잔액에 차이가 있다. 6월 동안의 회계처리 내역을 확인한 결과, 은행거래내역서상 6월 9일 매입채무 지급액 $100가 회사 장부에는 $109로 기록되어 있다는 것을 발견했다. 따라서 $9($109 − $100)를 회사 측 잔액에 가산하는 항목으로 은행계정조정표에 입력한다; 은행 측은 해당 항목을 정확한 금액인 $100로 처리를 하였다.

<도표 6.5>의 은행계정조정표의 두 섹션은 이제 올바른 현금 잔액인 $9,045.00로 조정되어 서로 일치하고 있다는 점에 주목하자.

<도표 6.5>에 나타난 바와 같이 우리는 은행계정조정표를 통해 두 가지 주요 목적을 달성하고 있다:

1. 은행계정조정표는 은행 측 잔액과 회사 측 잔액의 정확성을 확인하여 올바른 현금 잔액을 도출해 낸다. 이 올바른 현금 잔액(보유중인 현금이 있다면 가산)은 재무상태표에 보고될 현금액이 된다.
2. 은행계정조정표는 이전에 기록되지 않은 거래 또는 회사의 현금 계정에 정확한 현금 잔액을 보고하기 위한 조정 항목을 파악하게 해준다. 은행계정조정표의 회사 측 조정 항목들에 대해서는 분개가 필요하다. 따라서 은행계정조정표(<도표 6.5>)의 회사 측 조정 항목들에 근거하여 다음 분개를 회사 장부에 입력하여야 한다:

ROW.COM의 계정

(a) 현금(+A)	20	
이자수익(+R, +SE)		20
은행이 지급한 이자를 기록.		
(b) 매출채권(+A)	18	
현금(−A)		18
부도수표를 기록.		
(c) 수수료비용(+E, −SE)	6	
현금(−A)		6
은행이 부과한 수수료를 기록.		
(d) 현금(+A)	9	
매입채무(+L)		9
채권자에게 지급한 수표 금액 오류 수정.		

자산		=	부채		+	자본	
현금(+20, −18, −6, +9)	+5		매입채무	+9		이자수익(+R)	+20
매출채권	+18					수수료비용(+E)	−6

은행계정조정표의 모든 회사 측 가산 및 차감 항목에 대해서는 현금 계정을 올바른 금액으로 조정하기 위해 반드시 분개가 필요하다는 점에 다시 한번 유념하자. 은행계정조정표의 은행 측 가산 및 차감 항목은 은행이 입금 및 출금 처리를 할 때 자동으로 반영될 것이기 때문에 분개는 필요없다.

STOP PAUSE FOR **FEEDBACK**

현금은 모든 자산 중에서 가장 유동성이 높은 자산이며, 회사에 지속적으로 유입 및 유출이 된다. 따라서 은행계정조정표 작성을 포함한 여러 가지 중요한 통제절차가 적용되어야 한다. 또한 현금 관리는 당장 영업에 사용할 현금이 필요한 의사결정자에게 매우 중요한 것이지만, 수익 창출에 기여하지 못하는 유휴자금이 과도해지는 것도 피해야 한다. 다음 질문을 통해 여러분들이 은행계정조정표의 기본적인 사항들에 대해 이해하고 있는지 확인해 보길 바란다:

SELF-STUDY **QUIZ**

회사의 은행계정조정표를 작성하는 도중에 다음의 항목들을 발견한 경우 이들이 재무상태표의 현금 잔액에 어떠한 영향을 미치는지에 대해 설명하시오.

1. 기발행미인출수표
2. 은행미기입예금
3. 은행 수수료
4. 부도수표 입금

I 해설

3. 은행 수수료는 회사 측 잔액에서 차감된다; 따라서 현금을 감소시키고 비용을 기록해야 한다.
4. 부도수표를 입금한 경우 회사는 이를 현금 증가로 기록했을 것이다; 따라서 현금을 감소시키고 지급이 가능한 것으로 예상되는 경우 매출채권을 증가시켜야 한다.

에필로그

이 장의 시작 부분에서 언급하였듯이, Deckers는 성장을 이익으로 전환시키기 위해서는 (1) 새로운 기술, 새로운 스타일 및 새로운 제품을 도입함으로써 제품 라인을 지속적으로 새롭게 해야 하고; (2) 낮은 원가 및 유연한 생산 위치의 이점을 통해 보다 가볍고 민첩한 제조업체가 되어야 하며; (3) 재고관리와 회수가 불가능해지는 경우 가치가 없어지는 매출채권 관리에 초점을 두어야 한다. 이러한 노력을 통해 순매출액을 증가시키고 매출원가를 감소시킴으로써 매출총이익을 증가시키는 것이 가능하다. 2014년 1분기에 Deckers에게 이 모든 것이 뒤죽박죽되어 나타났다. 매출은 증가했지만 당기순이익은 2013년 1분기에 비해 감소하여 당기순손실을 기록했다. 여러분들은 www.deckers.com을 방문하여 Deckers의 최신 연차 및 분기 보고서를 확인할 수 있으며, 이를 통해 회사 전략의 성공 여부에 대해 평가할 수 있다.

DEMONSTRATION CASE A

(답안을 보기 전에 다음 요구사항을 완성하시오.) Wholesale Warehouse Stores는 2016년 동안 $950,000의 상품을 판매했다. 이 금액 중 $400,000는 2/10, n/30의 신용조건으로 판매되었고(이 금액 중 75%가 할인기간 내에 지급되었다.), $500,000는 신용카드로 결제되었으며(3%의 신용카드할인이 있었다), 나머지는 현금으로 결제되었다. 2016년 12월 31일 매출채권 잔액은 $80,000이었다. 대손충당금 기초 잔액은 $9,000였고, 해당 기간에 채권 $6,000가 대손 확정되어 상각되었다.

I 요구사항:

1. 매출할인과 신용카드할인이 매출의 차감 계정이라고 가정하고, 2016년 순매출액을 계산하시오.
2. Wholesale이 대손상각비를 추정하는 방법으로 매출액비례법을 사용하고 있고, 외상매출액의 2%가 대손될 것으로 추정하였다고 가정하자. 2016년 대손상각비에 대한 회계처리를 하시오.
3. Wholesale이 연령분석법을 사용하고 있고, 현재 매출채권 중 $10,000가 회수 불가능할 것으로 추정하였다고 가정하자. 2016년 대손상각비에 대한 회계처리를 하시오.

I 해설

1. 순매출액을 계산함에 있어, 매출할인과 신용카드할인은 모두 매출액에서 차감되어야 한다.

매출액	$950,000
차감: 매출할인(0.02 × 0.75 × $400,000)	6,000
신용카드할인(0.03 × $500,000)	15,000
순매출액	$929,000

2. 매출액에 대손추정률을 적용한다. 현금매출은 대손과는 관련이 없다.

대손상각비(+E, −SE) (0.02 × $400,000)	8,000	
대손충당금(+XA, −A)		8,000

자산		=	부채	+	자본	
대손충당금	−8,000				대손상각비(+E)	−8,000

3. 연령분석법을 사용하는 경우 추정 대손액에서 조정전 잔액을 차감한 금액만큼이 회계처리 대상이 된다.

대손충당금 추정 기말 잔액	$10,000
차감: 조정전 대손충당금 잔액($9,000 − $6,000)	3,000
당기 대손상각비	$ 7,000

대손상각비(+E, −SE)	7,000	
대손충당금(+XA, −A)		7,000

자산		=	부채	+	자본	
대손충당금	−7,000				대손상각비(+E)	−7,000

DEMONSTRATION CASE B

(답안을 보기 전에 다음 요구사항을 완성하시오.) 주립대학의 신입생인 Heather Ann Long은 생애 첫 번째 당좌예금거래내역서를 받아 보았다. 이를 통해 그녀는 처음으로 은행계정조정표를 작성할 기회를 가지게 되었다. 그녀는 은행계정조정표 작성과 관련된 다음의 정보를 가지고 있다:

9월 1일 은행 잔액	$1,150
9월 중 입금액	650
9월 중 수표 지급액	900
은행 수수료	25
10월 1일 은행 잔액	875

Heather는 9월 29일에 입금한 $50가 누락된 것을 발견하고 매우 놀랐지만, 수표로 지급했던 월세 $200가 계좌에 차감되지 않은 것을 발견하고 매우 기뻐했다. 그녀가 기록한 당좌예금 잔액은 $750였다.

▌요구사항:

1. Heather의 은행계정조정표를 완성하시오.
2. Heather와 같은 개인과 기업이 매달 은행계정조정표를 작성하는 것은 왜 중요한가?

▌해설

1. Heather의 은행계정조정표

Heather의 장부		은행거래내역서	
10월 1일 현금 잔액	$750	10월 1일 현금 잔액	$875
가산		가산	
없음		은행미기입예금	50
차감		차감	
은행 수수료	(25)	기발행미인출수표	(200)
올바른 현금 잔액	$725	올바른 현금 잔액	$725

2. 개인이든 회사든 관계없이 은행거래내역서는 매월 조정되어야 한다. 이를 통해 고객의 장부에 올바른 금액이 반영되는 것이 가능해진다. 이러한 과정이 없다면 오류를 발견할 기회를 놓칠 가능성이 높아지고, 발행한 수표가 부도 처리될 수도 있다. 회사는 추가적인 다른 이유 때문에 은행계정조정표를 작성해야 한다: 조정으로 산정된 정확한 잔액이 재무상태표에 기록된다.

보론

매출할인과 매출환입의 회계처리

이 장 본문에서는 신용카드할인 및 현금할인이 모두 매출의 차감 계정으로 기록된다고 배웠다. 예를 들어, 신용카드회사가 서비스에 대해 3%의 수수료를 부과하고 있고, 1월 2일 Deckers의 온라인 신용카드매출액이 $3,000인 경우, Deckers는 이를 다음과 같이 회계처리한다:

	차변	대변
현금(+A)	2,910	
신용카드할인(+XR, −R, −SE)	90	
매출액(+R, +SE)		3,000

자산		=	부채	+	자본	
현금	+2,910				매출액(+R)	+3,000
					신용카드할인(+XR)	−90

마찬가지로, 2/10, n/30($1,000 × 0.98＝$980)의 신용조건으로 $1,000의 외상매출이 있었고, 대금결제가 할인기간 내에 이루어진 경우, Deckers는 이를 다음과 같이 회계처리한다:

	차변	대변
매출채권(+A)	1,000	
매출액(+R, +SE)		1,000

자산		=	부채	+	자본	
매출채권	+1,000				매출액(+R)	+1,000

	차변	대변
현금(+A)	980	
매출할인(+XR, −R, −SE)	20	
매출채권(−A)		1,000

자산		=	부채	+	자본	
현금	+980				매출할인(+XR)	−20
매출채권	−1,000					

매출에누리와환입은 항상 매출액 매출의 차감계정으로 처리되어야 한다. New York의 Ithaca에 소재한 Fontana's Shoes가 Deckers로부터 40켤레의 샌들을 $2,000에 외상으로 구입하였다고 가정하자. 매출 일자에 Deckers는 다음과 같은 분개를 한다:

	차변	대변
매출채권(+A)	2,000	
매출액(+R, +SE)		2,000

자산		=	부채	+	자본	
매출채권	+2,000				매출액(+R)	+2,000

하지만 샌들 구입대금을 지불하기 전에 Fontana's는 10켤레의 샌들이 주문한 색상과 다른 것을 발견하고 Deckers에 반품하였다. 반품과 관련하여 Deckers는 다음과 같은 회계처리를 한다.

매출에누리와환입(+XR, −R, −SE)	500	
매출채권(−A)		500

자산		=	부채	+	자본	
매출채권	−500				매출에누리와환입(+XR)	−500

여기에 추가로, 샌들 10켤레에 대해 매출원가를 기록했던 분개는 역분개를 통해 취소되어야 한다.

CHAPTER TAKE-AWAYS

6-1. 신용카드매출, 매출할인 및 매출환입이 순매출액으로 보고되는 금액에 미치는 영향에 대해 분석한다.

신용카드할인과 매출할인 혹은 현금할인은 매출의 차감 계정 혹은 비용으로 처리가 가능하다. 이들을 매출의 차감 계정으로 처리하는 경우 순매출액을 감소시키게 된다. 매출에누리와환입은 항상 매출의 차감 계정으로 처리되어 역시 순매출액을 감소시킨다.

6-2. 회수불능채권(대손)이 재무제표에 미치는 영향에 대해 추정, 보고 및 평가한다.

수취채권이 중요한 경우 회사는 채권의 회수불능에 대한 회계처리하는 데 충당금설정법을 사용해야 한다. 여기에는 다음과 같은 두 단계가 있다:

a. 연도말에 대손상각비 추정액을 기록하는 기말수정분개를 한다.
b. 특정 매출채권이 당기에 회수불능인 것으로 확정된 경우 해당 매출채권을 상각한다.

이러한 기말수정분개를 통해 당기순이익과 순매출채권액이 모두 감소하게 된다. 채권을 상각하는 경우에는 둘 모두에 영향을 미치지 않는다.

6-3. 매출채권회전율과 매출채권이 현금흐름에 미치는 영향에 대해 분석하고 해석한다.

a. **매출채권회전율** — 회사의 신용 제공 및 대금 회수 활동이 효과적인지를 측정하는 비율이다. 이 비율은 당기에 매출채권이 평균적으로 몇 번이 기록되고 회수되는지를 보여준다. 이 비율이 갑자기 하락하는 경우 회사가 판매 부진을 만회하기 위해 대금 지급기한을 연장하였거나 나중에 고객이 반품할 매출을 기록하였다는 것을 의미하기 때문에 재무분석가와 채권자는 이 비율에 관심을 기울인다.

b. **현금흐름표에 미치는 영향** — 당기에 매출채권의 순감소가 있는 경우에는 고객으로부터 회수된 금액이 매출액보다 크다는 것을 의미하고 영업활동 현금흐름이 증가한다. 매출채권의 순증가가 있는 경우에는 고객으로부터 회수된 금액이 매출액보다 적다는 것을 의미하고 영업활동 현금흐름이 감소한다.

6-4. 현금에 대한 보고, 통제 및 안전장치에 대해 이해한다.

현금은 모든 자산 중에서 가장 유동성이 높은 자산이며, 회사에 지속적으로 유입 및 유출이 된다. 따라서 은행계정조정표 작성을 포함한 여러 가지 중요한 통제절차가 적용되어야 한다. 또한 현금 관리는 당장 영업에 사용할 현금이 필요한 의사결정자에게 매우 중요한 것이지만, 수익 창출에 기여하지 못하는 유휴자금이 과도해지는 것도 피해야 한다.

판매된 재화의 원가에 대한 회계처리는 수익에 대한 회계처리와 밀접하게 관련되어 있다. 제7장에서는 재고자산 매출원가와 관련된 거래에 초점을 두고 살펴볼 것이다. 매출원가는 투자자, 재무분석가 및 재무제표의 기타 이용자들이 주의를 기울이는 회사의 매출총이익 및 당기순이익에 미치는 영향이 크기 때문에 이 주제는 매우 중요하다. 품질, 생산성 및 원가에 대한 관심이 증가함에 따라 생산관리자는 매출원가와 재고자산에 더 많은 주의를 기울여 왔다. 재고원가는 제품 도입 및 가격 결정에도 중요한 역할을 하기 때문에 마케팅 및 일반 관리자에게도 중요한 주제가 된다.

마지막으로, 재고자산 회계처리는 많은 기업의 세금에도 중대한 영향을 미치므로, 경영의사결정 및 재무보고에 세금이 미치는 효과에 대해서도 처음 살펴보게 되는 기회가 될 것이다.

KEY RATIO

매출채권회전율은 회사의 신용 제공 및 대금 회수 활동이 효과적인지를 측정하는 비율이다. 이는 다음과 같이 계산된다(수취채권의 측정과 보고 섹션의 "Key Ratio Analysis" 박스 참조).

$$\text{매출채권회전율} = \frac{\text{순매출액}}{\text{평균순매출채권}}$$

FINDING FINANCIAL INFORMATION

재무상태표

유동자산

매출채권(대손충당금 차감후 순액)

손익계산서

수익

순매출액(매출액에서 매출할인과 매출에누리와환입 차감)

비용

판매비(대손상각비 포함)

현금흐름표

영업활동(간접법)

당기순이익

+매출채권(순액) 감소

−매출채권(순액) 증가

주석

중요한 회계정책의 요약

수익인식의 원칙

Form 10-K 별도 주석

대손상각비와 매출채권 상각액

KEY TERMS

내부통제	대손상각비	대손충당금
매출(현금)할인	매출액비례법	매출에누리와환입
받을어음	순매출액	신용카드할인
연령분석법	외상매출금(매출채권, 수취채권)	은행거래내역서
은행계정조정표	충당금설정법	현금
현금성자산		

QUESTIONS

1. 매출액과 순매출액의 차이점을 설명하시오.
2. 매출총이익이란 무엇인가? 순매출액이 $100,000이고 매출원가가 $60,000인 경우를 가정하여 이를 설명하시오.
3. 신용카드할인이란 무엇인가? 이는 손익계산서에 보고되는 금액에 어떤 영향을 미치는가?
4. 매출할인이란 무엇인가? 1/10, n/30을 예로 들어 설명하시오.
5. 매출에누리와 매출할인의 차이점은 무엇인가?
6. 외상매출금과 받을어음의 차이점에 대해 설명하시오.
7. 대손에 대한 회계처리 방법인 충당금설정법은 어떤 회계의 기본원칙을 충족하기 위한 것인가?
8. 충당금설정법을 사용하는 경우, 대손상각비는 (a) 회수불능채권과 관련된 매출이 발생한 기간 또는 (b) 고객이 지급할 수 없다는 사실을 판매자가 인식한 기간 중 언제 인식되는가?
9. 회수불능채권이 실제로 상각되는 경우(충당금설정법을 사용하는 경우) (a) 당기순이익과 (b) 매출채권, 순액에 어떤 영향을 미치는가?
10. 매출채권회전율이 증가하면 일반적으로 채권 회수가 더 빠르게 되는 것인가 혹은 더 늦어지게 되는 것인가? 이에 대해 설명하시오.
11. 회계학적 관점에서 현금및현금성자산을 정의하시오. 여기에 포함되거나 제외되어야 하는 항목의 유형을 제시하시오.
12. 현금에 대한 효과적인 내부통제시스템의 주요 특성을 요약하시오.
13. 현금의 취급과 기록 업무를 분리해야 하는 이유는 무엇인가? 이 업무분장은 어떻게 이루어지는가?
14. 은행계정조정표의 작성 목적은 무엇인가? 조정 대상 항목은 무엇인가?
15. 재무상태표에 보고되는 총 현금잔액이 어떻게 계산되는지에 대해 간략하게 설명하시오.
16. (이 장의 보론) 매출할인을 총액법으로 기록하는 경우, 매출할인은 (a) 매출이 기록될 때 또는 (b) 채권 회수가 기록될 때 중 언제 기록이 되는가?

MULTIPLE-CHOICE QUESTIONS

1. 신용조건 2/10, n/30의 매출할인은 다음을 의미한다:
   a. 30일 이내에 지급하는 경우 10%를 할인.
   b. 10일 이내에 지급하는 경우 2%를 할인하며, 늦어도 30일 이내에는 전액(반품액 차감)을 지급.
   c. 30일 이내에 지급하는 경우 10분의 2를 할인.
   d. 정답 없음.
2. 총매출액은 $300,000이며, 그 중 절반은 외상판매이다. 외상판매에 대해 $15,000의 매출에누리와환입이 있었고, 매출에누리와환입 차감 후의 모든 외상판매에 대해 2%의 매출할인이 적용되었으며, 신용카드매출 $100,000에 대해서는 3%의 신용카드할인이 적용되었다. 순매출액은 얼마인가?

a. $227,000 b. $229,800
c. $279,300 d. $240,000

3. 회사는 매출에누리와환입을 감소시키는 데 성공했다. 동시에 신용카드회사는 신용카드할인을 3%에서 2%로 줄였다. 이러한 변화가 회사의 순매출액에 미치는 영향은 무엇인가?
   a. 순매출액은 변하지 않을 것이다.
   b. 순매출액은 증가할 것이다.
   c. 순매출액은 감소할 것이다.
   d. (b) 또는 (c) 중 하나.

4. 충당금설정법을 적용하는 회사가 특정 고객에 대한 매출채권 $100,000를 상각한 경우, 다음 진술 중 옳은 것은 무엇인가?
   1. 총자본은 동일하게 유지된다.
   2. 총자산은 동일하게 유지된다.
   3. 총비용은 동일하게 유지된다.

   a. 2 b. 1 및 3
   c. 1 및 2 d. 1, 2 및 3

5. Company X는 연령분석법으로 대손상각비를 추정하고 있다. 연령분석 결과, 회사의 회수불능채권 추정치는 $250이다. 대손충당금 기초 잔액은 $220이며, 당기 중 대손이 확정되어 상각한 채권은 $180이다. 당기에 대손상각비로 인식할 금액은 얼마인가?
   a. $180 b. $250
   c. $210 d. $220

6. 가장 최근의 은행거래내역서를 검토한 결과, 여러분은 고객으로부터 최근에 "부도수표"를 받았다는 사실을 알게 되었다. 다음 중 은행계정조정표를 작성할 때 취해야 할 조치는 무엇인가?

	회사 측 잔액	은행 측 잔액
a.	조정 없음	감소
b.	감소	증가
c.	감소	조정 없음
d.	증가	감소

7. 다음 중 현금에 대한 효과적인 내부통제절차가 아닌 것은 무엇인가?
   a. 모든 수표에 대해 관리자와 재무책임자의 서명이 필요하다.
   b. 현금은 은행에 매일 입금해야 한다.
   c. 금전등록기에서 현금 수취를 담당하는 사람은 회계기록에 대한 접근 권한이 없어야 한다.
   d. 위 모두가 효과적인 내부통제를 위한 절차이다.

8. 충당금설정법을 사용하는 경우 대손상각비가 기록될 때,
   a. 총자산 및 자본이 동일하게 유지된다.
   b. 총자산 및 자본이 감소된다.
   c. 총자산이 증가되고 자본은 감소된다.
   d. 총부채가 증가되고 자본은 감소된다.

9. 다음 중 재무제표에 보고되는 매출채권의 적절한 표시에 대해 가장 잘 설명하고 있는 것은 어느 것인가?
   a. 재무상태표의 자산 부분에 총매출채권과 대손충당금을 더하여 표시
   b. 재무상태표의 자산 부분에 총매출채권을 표시하고 손익계산서의 비용 부분에 대손충당금을 표시
   c. 재무상태표의 자산 부분에 총매출채권에서 대손상각비를 차감하여 표시
   d. 재무상태표의 자산 부문에 총매출채권에서 대손충당금을 차감하여 표시

10. 다음 중 순매출액의 구성요소가 아닌 것은?
   a. 매출에누리와환입
   b. 매출할인
   c. 매출원가
   d. 신용카드할인

MINI-EXERCISES

M6-1. 매출할인이 있는 경우 순매출액 보고하기

송장가격 $9,500인 상품이 1/10, n/30의 조건으로 판매되었다. 구매자가 할인기간 내에 지급하는 경우, 손익계산서에 순매출액으로 보고되는 금액은 얼마인가?

M6-2. 매출할인, 신용카드할인 및 매출환입이 있는 경우 순매출액 보고하기

당기 총매출액에는 다음의 항목이 포함되어 있다:

신용카드매출(신용카드할인 3%)	$ 9,400
외상매출(2/15, n/60)	$12,000

외상매출과 관련하여 $650의 매출환입이 있었다. 모든 반품은 대금 지급이 있기 전에 이루어졌다. 나머지 외상매출대금의 절반이 할인기간 내에 지급되었다. 회사는 모든 할인 및 반품을 매출의 차감 계정으로 처리한다. 손익계산서에 순매출액으로 보고되는 금액은 얼마인가?

M6-3. 대손 기록하기

아래의 각 거래에 대한 분개를 하시오.

a. 당기 중 $14,500의 채권이 상각되었다.
b. 당기 말 대손상각비는 $16,000로 추정되었다.

M6-4. 대손이 재무제표에 미치는 효과 파악하기

다음 거래가 자산, 부채 및 자본에 미치는 효과를 나타내시오. 증가는 +, 감소는 −를 사용하고 영향을 받는 계정과 금액을 표시하시오.

a. 당기 말 대손상각비는 $15,000로 추정되었다.
b. 당기 중 $9,500의 채권이 상각되었다.

자산	=	부채	+	자본

M6-5. 신용정책 변화가 매출채권회전율에 미치는 효과 파악하기

다음 신용정책의 변화가 통상적으로 매출채권회전율에 미칠 효과를 나타내시오(+는 증가, −는 감소, NE는 효과 없음).

a. 신용판매에 있어 지급기한을 단축시켰다.
b. 대금회수 방법을 효과적으로 개선시켰다.
c. 신용도가 낮은 고객에게 신용판매를 하기로 하였다.

M6-6. 조정 항목과 은행계정조정표 연결시키기

은행계정조정표를 작성함에 있어, 다음 조정 항목이 회사 장부 혹은 은행거래내역서에 가산(+)되는지 차감(−)되는 여부를 표시하시오.

조정 항목	회사 장부	은행거래내역서
a. 기발행미인출수표		
b. 은행 수수료		
c. 은행미기입예금		

M6-7. (이 장의 보론) 매출할인 기록하기

$6,000의 매출이 있다; 신용조건은 3/10, n/30이다. 총액법으로 매출할인을 기록하는 경우 매출로 기록되어야 하는 금액은 얼마인가? 필요한 분개를 하시오. 할인기간 내에 대금이 지급되었다고 가정하여 회수와 관련된 분개를 제시하시오.

EXERCISES

E6-3. 외상매출, 매출할인, 매출환입 및 신용카드매출이 있는 경우 순매출액 보고하기

다음은 Cadence Retailers의 11월과 12월의 거래내역 중 일부이다.

11월	20일	고객 B에게 20개 품목의 상품을 송장가격 $5,500(총액)에 판매하였다; 신용조건 3/10, n/30.
	25일	고객 C에게 2개 품목의 상품을 판매하였다. 해당 고객은 판매대금 $400를 Visa 카드로 결제하였다. Visa는 Cadence Retailers에게 신용카드 수수료로 2%를 부과하였다.
	28일	고객 D에게 동일 품목의 상품 10개를 송장가격 $9,000(총액)에 판매하였다; 신용조건 3/10, n/30.
	29일	고객 D는 28일에 구입한 품목 중 하나에 결함이 있어 이를 반품하였다.
12월	6일	고객 D가 외상대금 잔액을 전액 지급하였다.
	20일	고객 B는 11월 20일 송장대금 전액을 지급하였다.

요구사항:

매출에누리와환입, 매출할인 및 신용카드할인은 매출의 차감계정으로 처리된다고 가정하자; 12월 31일자로 종료되는 두 달에 대한 순매출액을 계산하시오.

E6-4. 외상매출, 매출할인, 신용카드매출 및 매출에누리와환입이 손익계산서에 미치는 효과 파악하기

Brazen Shoe Company는 매출에누리와환입, 매출할인 및 신용카드할인을 매출의 차감 계정으로 기록하고 있다. 매출원가를 포함하여 각 거래 효과의 부호(+는 증가, −는 감소, NE는 효과 없음)와 금액을 기재하여 다음의 표를 완성하시오.

7월	12일	공장 상점의 고객에게 상품을 판매하였는데, 해당 고객은 판매대금 $300를 American Express 카드로 결제하였다. American Express는 신용카드 수수료로 1%를 부과하였다. 해당 상품에 대한 매출원가는 $175였다.
7월	15일	고객 T에게 송장가격 $5,000의 상품을 판매하였다; 신용조건 3/10, n/30. 해당 상품에 대한 매출원가는 $2,500였다.
7월	20일	고객 T로부터 판매대금을 회수하였다.
7월	21일	대금을 지급하기 전에, 또 다른 고객이 송장가격 $1,000의 신발을 반품하였으며, 이에 대한 매출원가는 $600였다.

거래	순매출액	매출원가	매출총이익
7월 12일			
7월 15일			
7월 20일			
7월 21일			

E6-6. 대손상각비 및 매출채권 보고하기

전년도 말에 Durney's Outdoor Outfitters는 다음을 보고하였다.

매출채권, 전기 12월 31일

매출채권(총액) (A)	$48,067
대손충당금 (XA)	8,384
매출채권(순액) (A)	$39,683

당기 중 외상매출은 $304,423, 외상대금 회수는 $289,850, 채권의 상각은 $6,969였으며, 대손상각비는 $4,685였다.

요구사항:

당기 매출채권 및 대손상각비와 관련된 금액이 손익계산서와 재무상태표에 어떻게 보고될 것인지 보이시오. (**힌트:** 재무상태표에 보고될 금액을 파악하기 위해 매출채권 및 대손충당금 T계정을 이용하시오.) 법인세는 무시하시오.

E6-7. 매출액비례법을 이용하여 대손상각비 추정액 및 채권 상각 기록하기

당기 중 Adams Assembly, Inc.는 $1,300,000의 외상매출을 기록했다. 과거 경험을 토대로 외상매출액의 1%가 대손될 것으로 추정하였다.

요구사항:

각 거래에 대한 분개 수행하기:

a. 당기 9월 29일에 매출채권 $4,000가 회수불가능한 것으로 판단되어 상각되었다.
b. 당기에 적절한 대손상각비가 기록되었다.

E6-10. 매출액비례법을 적용하여 대손이 손익계산서에 미치는 효과 파악하고 기록하기

당기 중 Giatras Electronics는 $680,000의 외상매출을 기록했다. 과거 경험을 토대로 외상매출액의 3.5%의 대손이 발생할 것으로 추정하였다.

요구사항:

1. 다음 각 거래에 대한 분개를 하시오.
   a. 당기 10월 28일에, 전기에 발생한 매출채권 $2,800가 회수 불가능한 것으로 확정되어 상각되었다.
   b. 기말에 당기의 적절한 대손상각비용을 기록하였다.
2. 각 거래 효과의 부호(+는 증가, −는 감소, NE는 효과 없음)와 금액을 기재하여 다음의 표를 완성하시오.

거래	순매출액	매출총이익	영업이익
a.			
b.			

E6-11. 연령분석법을 이용하여 대손상각비 계산하기

Lin's Dairy는 연령분석법을 이용하여 대손상각비를 추정한다. 매출채권 기말 잔액은 연령에 따라 다음과 같이 분류되었다: (1) 만기 미도래, $22,000; (2) 만기 이후 120일까지, $6,500; 및 (3) 만기 이후 120일 초과, $2,800. 과거 경험에 따르면 각 연령별 그룹에 대한 평균 대손추정률은 각각 (1) 3%, (2) 14% 및 (3) 34%이다. 기말수정분개가 있기 전 당기 말 대손충당금 잔액은 $1,200(대변)이다.

요구사항:

당기 대손상각비로 기록되어야 하는 금액은 얼마인가?

E6-15. 대손 관련 공시 해석하기

Skechers는 남성, 여성 및 어린이를 위한 라이프스타일 및 기능성 신발을 설계하고 판매하고 있다. 회사의 제품은 백화점과 전문점 및 인터넷 소매업체를 통해 판매된다. 최근의 연차보고서에서 대손충당금과 관련하여 다음 정보를 공시하였다(단위: $천).

기초 잔액	설정액	상각액	기말 잔액
$5,980	$6,284	$(6,823)	$5,441

요구사항:

1. 당기 대손충당금과 관련된 분개를 요약하여 수행하시오.
2. Skechers가 당기 중 $15백만의 매출채권을 상각한 경우, 매출채권(순액) 및 당기순이익에 미치는 영향을 어떠한가? 그 이유를 설명하시오.

E6-16. 채권 상각액 및 고객으로부터의 현금 회수액 추론하기

최근 재무제표에서 Hassell Fine Foods는 다음과 같은 순매출액 및 매출채권에 대한 정보를 보고하였다(단위: $천).

	당기	전기
매출채권, $153 및 $117의 충당금 차감후	$13,589	$11,338
순매출액	60,420	51,122

회사의 Form 10-K에 따르면, Hassell은 $88의 대손상각비를 기록했으며, 당기 중 대손 회수액은 없었다. (**힌트:** 대손에 대한 회계처리가 매출채권(총액)과 대손충당금 T계정에 미치는 효과를 참조하시오. 누락된 값을 찾으려면 T계정을 이용하시오.)

요구사항:

1. 당기 중 상각된 금액은 얼마인가?
2. 요구사항 1에 대한 답변에 근거하여, 당기 중 Hassell이 고객으로부터 회수한 현금은 얼마인가?

E6-21. 연령분석법을 이용하여 대손추정액 기록, 보고 및 평가하기

Brown Cow Dairy는 연령분석법을 이용하여 대손상각비를 추정하고 있다. 매출채권 기말 잔액은 연령에 따라 다음과 같이 분류되었다: (1) 만기 미도래, $14,000; (2) 만기 이후 120일까지, $4,500; 및 (3) 만기 이후 120일 초과, $2,500. 과거 경험에 따르면 각 연령별 그룹에 대한 평균 대손추정률은 각각 (1) 2%, (2) 12% 및 (3) 30%이다. 기말수정분개가 있기 전 당기 말 대손충당금 잔액은 $800(대변)이다.

당기 중 관련 정보는 다음과 같다:

a. 12월 중, 이전 판매에서 발생한 매출채권(Patty's Bake Shop) $750가 회수 불가능한 것으로 확정되었다. 따라서 이를 즉시 대손으로 상각하였다.

b. 12월 31일에 적절한 기말수정분개가 기록되었다.

요구사항:

1. 위에 제시된 두 항목에 대해 필요한 분개를 수행하시오.
2. 당기 손익계산서와 재무상태표에 보고될 매출채권과 대손상각비는 얼마인가? 법인세는 고려하지 마시오.
3. 이용 가능한 자료에 근거하여, 연령분석법에 따른 추정이 합리적인가? 이에 대해 설명하시오.

E6-22. 매출채권회전율 계산 및 해석하기

FedEx의 최근 연차보고서에는 다음의 정보가 포함되어 있다:

	(단위 : $천)	
	당기	전기
매출채권	$ 4,763,000	$4,329,000
차감 : 대손충당금	182,000	166,000
순매출채권	$ 4,581,000	$4,163,000
순매출액(모두 외상판매 가정)	$39,304,000	

요구사항:

1. 당기 매출채권회전율 및 평균회수기간을 구하시오.
2. 각 수치의 의미에 대해 설명하시오.

E6-24. 매출액 감소 및 매출채권의 변동이 영업활동 현금흐름에 미치는 효과 해석하기

Stride Rite Corporation은 Stride Rite, Keds 및 Sperry Top-Sider라는 브랜드로 신발을 제조 및 판매하고 있다. 회사는 최근 3년 동안 매출액 및 당기순이익의 감소로 인해 $8,430,000의 순손실을 나타냈다. 그러나 매년 Stride Rite는 양(+)의 영업활동 현금흐름을 보고할 수 있었다. 양(+)의 현금흐름에 기여한 것은 매출채권의 변동이었다. 당기 및 전기 재무상태표에 다음 항목을 보고하였다:

	(단위 : $천)	
	당기	전기
매출채권, 충당금 차감후	$48,066	$63,403

요구사항:

1. 매출채권의 변동은 당기 현금흐름표(간접법)의 영업활동 현금흐름에 어떤 영향을 미치는가? 왜 이러한 효과가 나타나는지에 대해 설명하시오.
2. 매출액 감소는 종종 (a) 매출채권의 감소 및 (b) 매출액보다 높은 현금 회수라는 결과를 초래하는데, 이에 대해 설명하시오.

E6-25. 은행계정조정표 작성, 분개 및 현금 보고하기

Bentley Company의 6월 30일자 은행거래내역서 및 6월 현금 원장 내역이 다음과 같이 요약되었다:

은행거래내역서			
	출금	입금	잔액
6월 1일 잔액			$ 6,500
6월중 입금		$16,200	22,700
6월중 수표 결제	$16,600		6,100
은행 수수료	40		6,060
6월 30일 잔액			6,060

현금(A)			
6월 1일 잔액	6,500	6월 수표 발행	19,000
6월 입금	18,100		

요구사항:

1. 은행계정조정표를 작성하시오. 회사의 수표 발행액과 은행의 수표 결제액을 비교하면 기발행미인출수표가 $2,400인 것을 알 수 있다. 6월말 현재 은행미기입예금은 $1,900이다.
2. 은행계정조정의 결과로 인해 수행되어야 할 분개를 제시하시오.
3. 은행계정조정에 대한 분개를 수행한 이후의 현금 계정 잔액은 얼마인가?
4. 6월 30일자 재무상태표에 보고해야 하는 총현금은 얼마인가?

E6-27. (이 장의 보론) 외상매출, 매출할인, 매출환입 및 신용카드매출 기록하기

다음은 Hailey Retailers의 당기 거래내역 중 일부이다.

11월	20일	고객 B에게 2개 품목의 상품을 판매하였다. 해당 고객은 판매대금 $450를 Visa카드로 결제하였다. Visa는 Hailey에게 신용카드 수수료로 2%를 부과하였다.
	25일	고객 C에게 14개 품목의 상품을 송장가격 $2,800(총액)에 판매하였다; 신용조건 2/10, n/30.
	28일	고객 D에게 동일 품목의 상품 12개를 송장가격 $7,200(총액)에 판매하였다; 신용조건 2/10, n/30.
	30일	고객 D는 28일에 구입한 품목 중 하나에 결함이 있어 이를 반품하였다.
12월	6일	고객 D가 외상대금 잔액을 전액 지급하였다.
	30일	고객 C는 11월 25일 송장대금 전액을 지급하였다.

요구사항:

회사가 총액법으로 매출액을 기록한다고 가정하고, 각 거래에 대한 적절한 분개를 제시하시오. 매출원가는 기록하지 마시오. 순매출액을 계산하시오.

PROBLEMS

P6-1. 할인, 환입 및 대손이 있는 경우 순매출액 및 비용 보고하기(AP6-1)

다음은 당기 12월 31일자로 종료되는 연도에 대한 Sykes Company의 주요 기록 중 일부이다.

1월 1일 잔액, 당기	
매출채권 (다수의 고객으로부터 발생)	$120,000
대손충당금	8,000

현금판매를 제외하고 회사는 다음 순서로 상품을 판매하였고, 신용조건은 2/10, n/30으로 하여 대금을 회수하였다(모든 거래에서 단위당 판매가격은 $500이며 매출액은 총액법을 사용하여 기록하는 것으로 가정하시오).

2014년 중 거래내역

a. 현금 $235,000를 받고 상품을 판매하였다.
b. R. Smith에게 상품을 판매하였다; 송장가격, $11,500.
c. K. Miller에게 상품을 판매하였다; 송장가격 $26,500.
d. 구매일로부터 2일 후 R. Smith는 (b)에서 구입했던 상품 중 한 개를 반품하였다.
e. B. Sears에게 상품을 판매하였다; 송장가격, $24,000.
f. R. Smith는 할인기긴 내에 외상대금 전액을 지급하였다.
g. 전기에 고객에게 외상으로 판매했던 $98,000를 고객으로부터 현금으로 회수하였다, 모두 할인기간 내에 지급된 것이다.
h. K. Miller는 할인기간 내에 (c)의 송장대금을 지급하였다.
i. R. Roy에게 상품을 판매하였다; 송장가격, $19,000.
j. 대금을 전액 지급한 지 3일 후 K. Miller는 결함 있는 상품 7개를 반품하고 현금으로 환불을 받았다.
k. 할인기간 이후, 전기에 고객에게 외상으로 판매했던 $6,000를 현금으로 회수하였다.
l. 회수가 불가능할 것으로 확정된 전기 외상대금 $3,000를 상각하였다.
m. 회사가 사용한 대손추정률은 반품액 차감 후 외상매출액의 1.5%이다.

요구사항:

1. 회수불능채권의 상각 및 대손 추정에 대한 기말수정분개를 포함하여 위의 각 거래가 다음에 미치는 효과를 기재하시오(매출원가는 무시하시오). 각 거래 효과의 부호와 금액을 기재하거나 “효과 없음”의 경우에는 “NE”를 기재하시오. 첫 번째 거래를 사례로 아래에 제시하였다.

	매출액	매출할인	매출에누리와환입	대손상각비
(a)	+235,000	NE	NE	NE

2. 위의 매출 및 회수 활동과 관련한 계정들이 2014년 손익계산서에 어떻게 보고되어야 하는지 보이시오. (매출할인은 매출의 차감 계정으로 처리하시오)

P6-3. 연령분석법을 이용하여 대손상각비 결정하기(AP6-3)

Blue Skies Equipment Company는 각 연도말에 연령분석법을 이용하여 대손상각비를 추정하고 있다. 외상판매는 주로 n/60의 신용조건으로 하였다. 매출채권 기말 잔액은 연령에 따라 다음과 같이 분류되었다: (1) 만기 미도래, (2) 만기 이후 1년까지 및 (3) 만기 이후 1년 초과. 과거 경험에 따르면 각 연령별 그룹에 대한 평균 대손추정률은 각각 (a) 3%, (b) 9% 및 (c) 28%이다.

2014년 12월 31일 현재(당기 회계연도 말), 매출채권 잔액은 $48,700이고, 대손충당금 잔액은 $920(대변)이다. 회사는 가장 오래된 판매대금이 먼저 회수된 것으로 처리하고 있다. 문제를 단순화하기 위해 5개 고객의 계정만 사용되었다; 2014년 12월 31일의 상세내역은 다음과 같다:

일자	적요	차변	대변	잔액
B. Brown — 매출채권				
3/11/2013	판매	13,000		13,000
6/30/2013	회수		3,000	10,000
1/31/2014	회수		3,800	6,200
D. Donalds — 매출채권				
2/28/2014	판매	21,000		21,000
4/15/2014	회수		8,000	13,000
11/30/2014	회수		6,000	7,000
N. Napier — 매출채권				
11/30/2014	판매	8,000		8,000
12/15/2014	회수		1,000	7,000
S. Strothers — 매출채권				
3/2/2012	판매	4,000		4,000
4/15/2012	회수		4,000	- 0 -
9/1/2013	판매	9,000		9,000
10/15/2013	회수		4,500	4,500
2/1/2014	판매	21,000		25,500
3/1/2014	회수		5,000	20,500
12/31/2014	판매	4,000		24,500
T. Thomas — 매출채권				
12/30/2014	판매	4,000		4,000

요구사항:

1. 각 연령 분류별 총매출채권을 계산하시오.
2. 각 연령 분류별 대손추정액 및 총대손추정액을 계산하시오.
3. 2014년 12월 31일자의 대손상각비에 대한 기말수정분개를 제시하시오.
4. 매출채권과 관련된 금액이 2014년 손익계산서 및 재무상태표에 어떻게 표시되어야 하는지를 보이시오.

P6-5. 은행계정조정표 작성 및 관련 분개 수행하기

Jefferson Company의 회계담당자는 "나는 시간이 없다"며 은행계정조정표를 작성하지 않았다. 여러분은 은행계정조정표 작성하고 이를 회계담당자와 함께 검토할 것을 요청받았다.

당기 4월 30일, 은행거래내역서 및 4월 현금 원장 내역은 다음과 같다(요약):

은행거래내역서			
	출금	입금	잔액
4월 1일 잔액, 당기			$31,000
4월중 입금		$37,100	68,100
수취이자		1,180	69,280
4월중 수표 결제	$43,000		26,280
부도수표 — A. B. Wright	160		26,120
은행 수수료	50		26,070
4월 30일 잔액, 당기			26,070

현금(A)			
4월 1일 잔액	23,500	4월 수표 발행	41,100
4월 입금	41,500		

회사의 수표 빌행액과 은행의 수표 결제액을 비교하면 4월말 현재 기발행미인출수표가 $2,400인 것을 알 수 있다(4월 전에 발행한 수표 $3,700와 4월 중에 발행한 수표 1,900). 3월에서 이월된 은행미기입예금은 없으나, 4월말 현재 은행미기입예금은 존재한다.

요구사항:

1. 4월의 상세한 은행계정조정표를 작성하시오.
2. 은행계정조정의 결과로 인해 수행되어야 할 분개를 제시하시오. 왜 이들 분개가 필요한가?
3. 당기 5월 1일 현금 계정 잔액은 얼마인가?
4. 4월 30일자 재무상태표에 보고해야 하는 총현금은 얼마인가?

P6-7. (이 장의 보론) 매출, 환입 및 대손 기록하기

P6-1의 당기 12월 31일자로 종료되는 연도에 대한 Sykes Company의 주요 기록을 이용하시오.

요구사항:

1. 회수불능채권의 상각 및 대손 추정에 대한 기말수정분개를 포함하여 위의 각 거래에 대한 분개를 수행하시오. 매출원가에 대한 분개는 무시하시오. 각 분개에 대한 계산내역을 제시하시오.
2. 위의 매출 및 회수 활동과 관련한 계정들이 당기 손익계산서에 어떻게 보고되어야 하는지 보이시오. (매출할인은 매출의 차감 계정으로 처리하시오)

ALTERNATE PROBLEMS

AP6-2. 대손 기록 및 대손충당금 공시 해석하기(P6-2)

Saucony, Inc.와 그 자회사는 다양한 등록 브랜드로 자전거 및 부품, 운동복 및 운동화를 개발, 제조 및 판매하는 회사이다. 최근 증권거래위원회에 제출한 Form 10-K 연차보고서에서 다음과 같은 대손충당금 관련 정보를 공시하였다.

명세서 II 매출채권 평가명세서 (금액: $천)				
대손충당금	기초 잔액	설정액	상각액	기말 잔액
3차 연도	$1,108	$6,014	$5,941	(?)
2차 연도	2,406	(?)	5,751	$1,108
1차 연도	2,457	4,752	(?)	2,406

요구사항:

1. 3차 연도 대손과 관련된 분개를 요약하여 수행하시오.
2. 1차 연도, 2차 연도 및 3차 연도의 (?)로 표시된 누락된 금액을 제시하시오.

AP6-4. 손익계산서 작성 및 할인, 환입 및 대손이 있는 경우의 매출채권회전율 계산하기(P6-4)

Perry Corporation은 7년 전 법인으로 설립된 지역 식료품 매장이다. 그 당시 3명의 설립자들에게 총 10,000주의 보통주가 발행되었다. 매장은 좋은 위치로 인해 매년 매출이 증가하여 왔다. 당기 말 회계담당자는 다음과 같은 재무제표를 작성하였다(모든 금액은 정확하다고 가정하시오; 잘못된 용어 및 형식에 주의하시오).

PERRY CORPORATION 손익 12월 31일, 당기		
	차변	대변
매출액		$184,000
매출원가	$ 98,000	
매출에누리와환입	9,000	
판매비	17,000	
일반관리비	18,000	
대손상각비	2,000	
매출할인	8,000	
법인세비용	10,900	
순이익	21,100	
합계	$184,000	$184,000

요구사항:

1. 순매출액부터 시작하는 손익계산서(매출총이익과 영업이익을 모두 표시할 것)를 작성하시오. 매출할인은 매출의 차감 계정으로 처리하시오.
2. 매출채권의 기초 및 기말 잔액은 각각 $16,000와 $18,000이다. 매출채권회전율을 계산하고 그 의미를 설명하시오.

AP6-5. 기발행미인출수표와 은행미기입예금 계산, 은행계정조정표 작성 및 분개하기(P6-6)

당기 12월 31일, Rivas Company의 은행거래내역서 및 당기 12월 현금 원장 내역은 다음과 같다.

은행거래내역서

일자	출금 및 전자자금이체(EFTs)	입금	잔액
12월 1일			$48,000
2일	$400; 300	$17,000	64,300
4일	7,000; 90		57,210
6일	120; 180; 1,600 EFT		55,310
11일	500; 1,200; 70	28,000	81,540
13일	480; 700; 1,900		78,460
17일	12,000; 8,000 EFT		58,460
23일	60; 23,500	36,000	70,900
26일	900; 2,650		67,350
28일	2,200; 5,200		59,950
30일	17,000; 1,890; 300*	19,000	59,760
31일	1,650; 1,350; 150†	5,250‡	61,860

* 부도수표, J. Left, 고객.
† 은행 수수료.
‡ 수취이자.

현금(A)

12월 1일	잔액	64,100		12월 수표 발행:	
입금			60	5,000	2,650
12월 11일		28,000	17,000	5,200	1,650
23일		36,000	700	1,890	2,200
30일		19,000	3,500	EFT 1,600	7,000
31일		13,000	1,350	120	300
			180	90	480
			12,000	23,500	EFT 8,000
			70	500	1,900
			900	1,200	

당기 11월의 은행계정조정표에는 다음과 같은 사항이 나타나 있다: 11월 30일 현재 정확한 현금 잔액은 $64,100; 11월 30일 현재 은행미기입예금은 $17,000; 및 11월 30일 현재 기발행미인출수표는 $400 + $500 = $900.

요구사항:

1. 은행거래내역서의 입금액과 현금 원장의 입금 목록 및 11월 말일자의 은행미기입예금을 비교하여 당기 12월 31일 현재의 은행미기입예금을 계산하시오.
2. 은행거래내역서의 수표 목록과 현금 원장의 수표 목록 및 11월 말일자의 기발행미인출수표를 비교하여 당기 12월 31일 현재의 기발행미인출수표를 계산하시오.
3. 당기 12월 31일자 은행계정조정표를 작성하시오.
4. 은행계정조정의 결과로 인해 수행되어야 할 분개를 제시하시오. 왜 이들 분개가 필요한가?
5. 12월 31일 현재 재무상태표에 보고해야 하는 총현금은 얼마인가?

CONTINUING **PROBLEM**

CON6-1. 순매출액 계산 및 대손 추정 및 상각 기록하기

Pool Corporation, Inc.는 수영장 용품 및 장비를 판매하는 세계 최대의 유통업체이다.

요구사항:

1. Pool Corp.은 당기의 대손 추정 및 상각과 관련하여 다음의 정보를 보고하였다. 당기 대손상각비 및 상각에 대한 분개를 수행하시오.

대손충당금 :	
기초 잔액	$7,102
대손상각비	2,958
상각	(4,160)
기말 잔액	$5,900

2. Pool Corp.은 매출에누리와환입, 매출할인 및 신용카드 수수료 금액만큼 순매출액을 감소시켰다. 대손상각비는 판매비와일반관리비의 일부로 기록된다. 이번 달의 총매출액은 $137,256, 대손상각비는 $146, 매출할인은 $1,134, 매출환입은 $856 및 신용카드 수수료는 $1,849라고 가정하시오. Pool Corp.은 이번 달의 순매출액으로 얼마를 보고할 것인가?

CASES AND PROJECTS

사업보고서 사례

CP6-1. 재무정보 찾기

이 책 뒷부분 부록 B에 있는 American Eagle Outfitters의 재무제표를 참조하시오.

요구사항:

1. 회사는 현금및현금성자산 분류에 무엇을 포함하고 있는가? 공시된 금액이 실제 공정시장가치에 얼마나 근접하다고 생각하는가? (**힌트 :** 주석이 이 질문을 답변하는 데 도움이 될 수 있다.)
2. American Eagle Outfitters는 순매출액에서 어떤 비용을 차감하여 매출총이익을 계산하는가? 이 계산방식은 Deckers의 경우와 어떻게 다르며, 매출총이익을 해석하는 방식에 어떤 영향을 미치는가?
3. American Eagle Outfitters의 당기 매출채권회전율을 계산하시오. 사업의 어떠한 특성이 이 비율을 높일 수 있는가?

비판적 사고 사례

CP6-5. 내부통제 평가하기

Cripple Creek Company는 소유주가 신뢰하는 "회사의 모든 부기 및 서류작업을 담당하는" 직원 한 명이 있다. 이 직원은 현금 수취 및 지급에 대한 계산, 검증 및 기록; 매주 은행 입금; 주요 지출에 대한 수표 작성(회사의 소유주가 서명); 금전등록기에서 일일 경비에 대한 소액 지출; 및 매출채권 회수에 대한 책임을 지고 있다. 소유주는 지역은행에 $20,000의 대출을 요청했다. 은행은 최근 종료된 연도를 대상으로 감사를 수행할 것을 요청하였다. 독립된 감사인(지역의 CPA)은 소유주와 단둘만의 회의에서 지난 1년간 소유주가 신뢰하고 있는 직원의 다음 활동에 대한 몇 가지 증거를 제시하였다.

a. 현금판매가 때때로 금전등록기에 입력되지 않았으며, 소유주가 신뢰하는 직원은 매달 약 $50를 개인적으로 착복하였다.
b. 금전등록기에서 꺼낸 현금(소유주가 신뢰하는 직원이 착복한 현금)은 허위 서명이 있는 경비 증빙으로 대체되었다(하루 약 $12).
c. 도심 외곽의 고객에 대한 매출채권 회수액 $300를 소유주가 신뢰하는 직원이 착복하였으며, 해당 직원은 이를 차변에 매출환입, 대변에 매출채권으로 기록함으로써 부정을 감추었다.
d. 지역의 고객에 대한 매출채권 $800를 소유주가 신뢰하는 직원이 착복하였으며, 해당 직원은 이를 차변에 대손충당금, 대변에 매출채권으로 기록함으로써 부정을 감추었다.

요구사항:

1. 지난 연도에 직원이 착복한 액수는 대략 얼마인가?
2. 당신은 소유주에게 어떠한 권고를 하겠는가?

재무보고서와 분석 팀 과제

CP6-6. 팀 프로젝트: 매출 및 매출채권 분석하기

팀을 구성하여 분석할 산업을 선택하자. Yahoo Finance는 biz.yahoo.com/p/industries.html에서 산업 목록을 제공하고 있다. 해당 산업에 속하는 기업의 목록을 보려면 해당 산업을 클릭하면 된다. 또는 www.google.com/finance를 입력하여 Google Finance로 이동한 후 관심 있는 회사를 검색할 수 있다. 여러분들은 해당 기업과 그 경쟁업체를 포함한 목록을 볼 수 있다. 각 팀원은 해당 산업에 속하는 각기 다른 상장기업을 선택하여 그 회사에 대한 연차보고서 또는 10-K를 얻도록 하자(www.sec.gov에서 제공하는 SEC의 EDGAR 서비스나 각 기업의 IR 사이트는 좋은 정보원이 될 수 있다).

요구사항:

각 팀 구성원은 개별적으로 선택한 회사에 대해 다음 질문에 답을 하고, 이를 간단한 보고서 형태로 작성해 보자. 그리고 팀으로서 여러분들이 관찰하는 모든 회사의 패턴에 대해 토론을 하도록 하자. 그런 다음 한 팀으로서 회사를 비교하고 대조하는 간단한 보고서를 작성하기 바란다.

1. 여러분들이 선택한 회사가 재무상태표에 매출채권을 표시하고 있는 경우, 지난 3년 동안 매출채권이 총자산에서 차지하는 비율은 각각 몇 퍼센트인가? 만약 여러분들이 선택한 회사가 재무상태표에 매출채권을 표시하고 있지 않은 경우, 그 이유에 대해 토론하시오.
2. 비율 분석:
   a. 일반적으로 매출채권회전율은 무엇을 측정하는 비율인가?
   b. 여러분들이 선택한 회사가 매출채권을 표시하고 있는 경우, 지난 3년간의 비율을 계산하시오.
   c. 여러분들이 계산한 결과를 바탕으로 회사에 해줄 수 있는 제안은 무엇인가?
   d. 가능한 경우 가장 최근 연도에 대한 산업의 비율을 찾아 여러분들이 계산한 결과와 비교하고, 여러분들이 선택한 회사의 비율이 산업의 비율과 다른 이유 또는 유사하다고 생각하는 이유에 대해 토론하시오.
3. 여러분들이 선택한 회사가 매출채권을 표시하고 있는 경우, 10-K를 참고하여 대손충당금과 관련하여 추가 공시할 사항이 무엇인지를 결정하시오. (일반적으로 해당 정보는 항목 15에 별도의 명세서로 제시되어 있다.)
   a. 지난 3년 동안 매출액 대비 대손상각비의 비율은 몇 퍼센트인가?
4. 가장 최근 연도의 영업활동 현금흐름에 매출채권의 변동이 미치는 효과는 무엇인가(즉, 변동으로 인한 영업활동 현금흐름의 증가 또는 감소)? 여러분들의 답안에 대해 설명하시오.

매출원가와 재고자산의 보고 및 해석

한때 문신가게에서는 Harley-Davidson의 트레이드마크인 독수리 문양이 가장 인기를 끌었던 적이 있다. 최근 Harley-Davidson은 53.3%의 시장점유율로 북미 지역의 대배기량 모터사이클 시장을 장악하고 있다. Harley는 캐나다, 일본 및 호주에서도 시장을 선도하고 있으며 유럽 지역에서 성장세를 보이고 있다.

그러나 중량급 챔피언인 Harley는 2008년 시작된 전 세계 경기침체로 큰 타격을 입었다. Harley는 제조, 제품 개발 및 기업 운영에 대해 지속적인 개선 노력을 함으로써 수익성을 향상시키고자 하는 공격적인 계획으로 이에 대응했다. 이러한 계획은 제품 개발에 소요되는 시간을 단축하고 위스콘신, 미주리와 펜실베니아 공장에서 유연생산시스템을 구현하는 것을 목표로 하여, 비용을 절감하고 회사가 딜러들의 요구에 보다 잘 대응할 수 있도록 하는 것이었다.

매출총이익률을 유지하려면 재고 품질, 수량 및 원가를 통제하는 것이 핵심이 된다. 주요 경쟁업체인 Honda 및 BMW에 앞서 신제품을 출시하고, Harley의 모든 고객들에게 프리미엄 딜러 서비스를 제공하는 것도 매출총이익을 증가시키는 요인이 될 것이다. 마지막으로, 재고자산에 대해 어떠한 회계처리를 선택하는지에 따라 Harley-Davidson이 법인세로 내야 하는 금액에 큰 영향을 줄 수 있다. Harley는 2014년에 탁월한 재무성과를 올렸지만, Harley-Davidson이 계속 성장하려면 이들 분야에 대한 지속적인 개선 노력이 필요하다.

학습목표

이번 장을 학습한 후, 여러분들은 다음을 할 수 있어야 한다.

7-1 소매업체, 도매업체 및 제조업체들이 재고자산에 포함하여야 하는 금액과 수익비용대응의 원칙에 따라 매출원가를 결정하는 방법을 원가주의를 적용하여 파악한다.

7-2 네 가지 재고원가 결정방법을 사용하여 재고자산과 매출원가를 보고한다.

7-3 어떤 재고원가 결정방법을 사용하는 것이 회사에 유리한지를 결정한다.

7-4 저가법(LCM)을 적용하여 재고자산을 보고한다.

7-5 재고자산회전율을 이용하여 재고관리를 평가한다.

7-6 서로 다른 재고원가 결정방법을 사용하는 회사를 비교한다.

7-7 재고관리방법을 이해하고, 재고자산 오류가 재무제표에 미치는 영향을 분석하고 재고자산이 현금흐름에 미치는 영향에 대해 분석한다.

07 장

FOCUS COMPANY :

Harley-Davidson, Inc.

세계적 제조기업으로 전설이 되자

www.harley-davidson.com

경영에 대한 이해

재고자산의 원가와 품질은 모든 현대적인 제조기업과 상기업이 직면하고 있는 문제이므로 손익계산서상의 **매출원가**(cost of goods sold, cost of sales, cost of products sold)와 재무상태표상의 **재고자산**에 대한 관심을 기울여야 한다. <도표 7.1>은 Harley-Davidson의 재무제표에서 관련 자료를 발췌한 것을 보여주고 있다. 순매출액에서 매출원가를 차감하면 손익계산서상의 매출총이익이 된다. 재무상태표에서 재고자산은 유동자산이다; 재고자산은 현금, 단기금융상품, 매출채권 및 단기대여금 아래에 보고되는데, 이들 자산보다 유동성이 낮기 때문이다.

재고관리의 주요 목표는 재고를 보유함으로써 발생하는 비용(생산, 보관, 진부화 및 자금 조달과 관련된)을 최소화하면서, 고객의 요구에 부응할 수 있는 충분한 양의 품질이 높은 재고를 확보하는 것이다. 품질이 낮으면 고객 불만족, 반품 및 미래 매출액 감소가 발생하게 된다. 또한 잘 팔리는 품목을 너무 적게 구입하거나 생산하는 경우에는 품절 사태가 발생하여 매출액 손실 및 고객 만족 감소가 있을 수도 있다. 반면, 잘 팔리지 않는 품목을 너무 많이 구입하는 경우에는 구매자금 조달에 사용된 단기차입금에 대한 이자비용뿐만 아니라 보관비용이 증가하게 된다. 만약 상품을 정상가격으로 판매할 수 없게 되는 경우에는 손실로 이어질 수도 있다.

도표 7.1

손익계산서와 재무상태표 발췌

HARLEY-DAVIDSON, INC.
실제 자료에서 발췌:
연차보고서

HARLEY-DAVIDSON, INC.
연결손익계산서
(단위: $천)*

12월 31일자로 종료되는 3개 연도	2014	2013	2012
순매출액	$5,567,681	$5,258,290	$4,942,582
매출원가	3,542,601	3,395,918	3,222,394
매출총이익	$2,025,080	$1,862,372	$1,720,188

HARLEY-DAVIDSON, INC.
연결재무상태표
(단위: $천)*

	2014	2013
자산		
유동자산		
현금및현금성자산	$ 906,680	$1,066,612
단기금융상품	57,325	99,009
매출채권, 순액	247,621	261,065
단기대여금, 순액	1,916,635	1,773,686
재고자산	448,871	424,507
이연법인세자산	89,916	103,625
기타유동자산	281,047	260,299
총유동자산	$3,948,095	$3,988,803

* *Harley-Davidson의 재무제표는 학습목적으로 다소 단순화하여 제시하였다.*

회계시스템은 재고관리에 있어 세 가지 역할을 수행한다. 첫째, 회계시스템은 회사가 정기적으로 작성하는 재무제표 및 세금신고서에 정확한 정보를 제공해야 한다. 둘째, 주문 및 제조 의사결정을 원활하게 하기 위해 재고자산의 수량 및 원가에 대한 최신 정보를 제공해야 한다. 셋째, 재고자산은 도난 및 기타 부정의 위험에 노출되기 때문에 회계시스템은 이러한 중요한 자산을 보호하는 데 필요한 정보도 제공해야 한다.

Harley의 다양한 제품라인은 이 장을 학습하는 데 좋은 사례가 된다. Harley는 모터사이클 **제조업체**(manufacturer)로 잘 알려져 있지만, 의류와 같은 완제품을 구매하고 재판매하기도 한다. 또한 Harley는 **도매업체**(wholesaler)로서의 역할을 하기도 한다. 모터사이클 및 의류 모두 회사와는 독립된 딜러들에게 판매되고 있다. 회계적인 측면에서 본다면, 이들 독립된 딜러들은 Harley-Davidson의 고객이 된다. 이들 딜러는 일반대중들에게 제품을 판매하는 **소매업체**(retailers)가 된다.

이 장에서는 우선 재고자산의 구성에 대한 논의, 재무 및 세무보고 과정에서 경영진이 하게 되는 선택의 중요성 및 이러한 선택이 재무제표와 세금에 미치는 영향에 대해 다루게 될 것이다. 다음으로, 경영자와 재무분석가가 재고관리의 효율성을 평가하는 방법에 대해 논의할 것이다. 마지막으로, 회계시스템이 의사결정과 통제를 위해 재고자산의 수량과 원가를 어떻게 기록해 나가고 있는지에 대해 간략하게 논의할 것이다. 이 주제는 관리회계 학습과정에서 다룰 중요한 주제가 될 것이다.

이 장의 구성

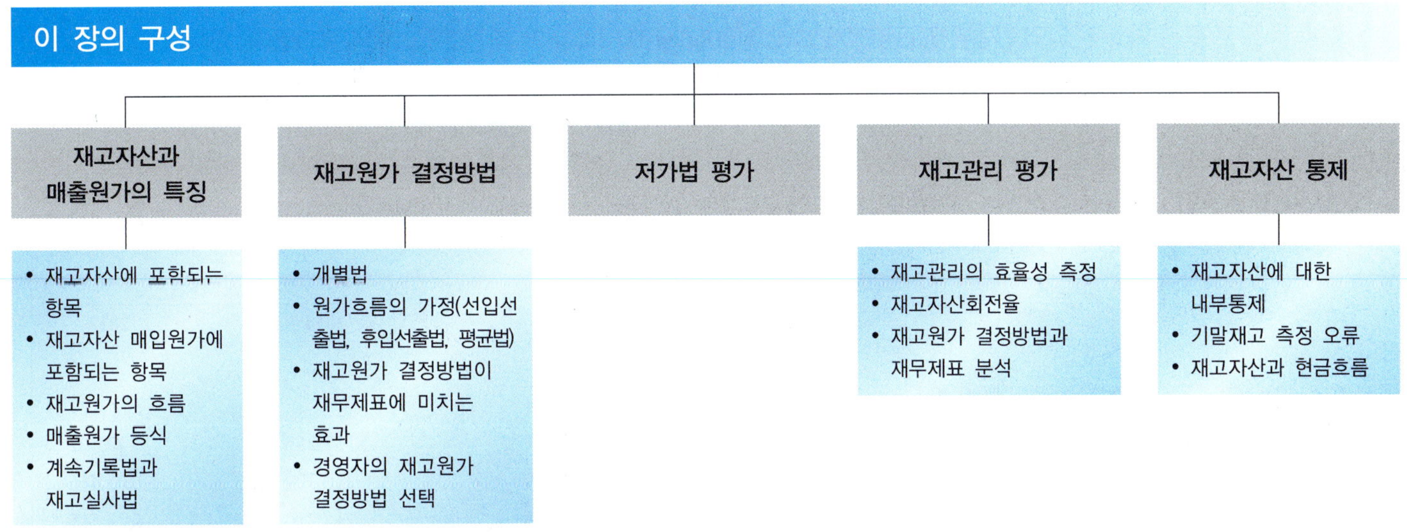

재고자산과 매출원가의 특징

학습목표 7-1
소매업체, 도매업체 및 제조업체들이 재고자산에 포함하여야 하는 금액과 수익비용대응의 원칙에 따라 매출원가를 결정하는 방법을 원가주의를 적용하여 파악한다.

재고자산
정상적인 영업과정에서 판매 목적으로 보유하거나, 판매 목적의 재화나 서비스를 생산하는 데 사용되는 유형의 실체를 가진 자산.

상품재고
정상적인 영업과정에서 재판매를 위해 보유한 재화.

재고자산에 포함되는 항목

재고자산(inventory)이란 (1) 정상적인 영업과정에서 판매 목적으로 보유하거나 (2) 판매 목적의 재화나 서비스를 생산하는 데 사용되는 유형의 실체를 가진 자산을 말한다. 재고자산은 일반적으로 1년 또는 다음 영업주기 내에 사용되거나 현금으로 전환되기 때문에 재무상태표에 유동자산으로 보고된다. 회사가 보유하는 재고자산의 유형은 일반적으로 사업의 특성에 따라 다르다.

상기업(도매 및 소매업)이 보유하게 되는 재고자산은 다음과 같다:

상품재고(merchandise inventory) 정상적인 영업과정에서 재판매를 위해 보유한 재화(또는 상품). 상품은 일반적으로 완제품 상태로 구입하게 되며 추가가공 없이 판매가 가능하다.

Harley-Davidson의 경우, 상품재고에는 회사가 구입하여 독립된 딜러들에게 판매하는 의류, 부품 및 액세서리가 포함된다.

제조기업은 다음과 같은 세 가지 유형의 재고자산을 보유하고 있다:

원재료재고
완제품으로 가공하기 위해 취득한 품목.

재공품재고
제조되는 과정에 있지만 아직 완성되지 않은 재화.

제품재고
제조가 완료되어 판매 가능한 상태에 있는 재화.

원재료재고(raw materials inventory) 완제품으로 가공하기 위해 취득한 품목. 이러한 품목들은 사용되기 전까지 원재료재고에 포함되며, 사용되는 시점에 해당 품목은 재공품재고의 일부로 포함된다.

재공품재고(work in process inventory) 제조되는 과정에 있지만 아직 완성되지 않은 재화. 재공품재고가 완성되면 제품재고가 된다.

제품재고(finished goods inventory) 제조가 완료되어 판매 가능한 상태에 있는 재화.

Harley-Davidson의 경우 모터사이클과 관련된 재고자산이 이들 계정으로 기록되고 있다. 재무제표 주석에 보고된 Harley-Davidson의 최근 재고자산은 다음과 같다:

HARLEY-DAVIDSON, INC.
실제 자료에서 발췌:
연차보고서

HARLEY-DAVIDSON, INC.
연결재무제표 주석

2. 재무상태표 및 현금흐름에 대한 추가적인 정보
(단위: $천)

	12월 31일	
	2014	**2013**
재고자산 :		
선입선출 저가법 구성요소 :		
원재료와 재공품	$151,254	$140,302
모터사이클 재고	230,309	205,416
부품, 액세서리 및 일반 상품	117,210	127,515

Harley-Davidson은 원재료와 재공품 금액을 합하여 보고하고 있다. 다른 회사는 이 둘을 분리하여 보고기도 한다. 부품, 액세서리 및 일반 상품은 상품재고를 구성하는 다른 업체로부터 구입한 부품, 의류 및 기타 액세서리를 포함하고 있다.[1)]

재고자산 매입원가에 포함되는 항목

재고자산은 최초에 원가로 기록된다. 재고원가에는 해당 물품이 사용 가능하거나 판매 가능한 상태와 위치에 이르기까지 발생하는 모든 원가가 포함된다. Harley-Davidson이 원재료와 상품을 구입하는 경우, 송장가격에 창고까지 운송하는 데 부담했던 운임(freight-in, 매입운임), 검사 및 준비 비용 등 매입과 관련된 부대비용을 더하여 원가로 보고해야 한다. **매입에누리와환출**(purchase returns and allowances)이나 **매입할인**(purchase discounts)은 여기에서 차감되어야 한다. 일반적으로 원재료가 사용 가능한 상태가 되거나 상품이 선적 가능한 상태가 된 이후에 발생한 비용은 매입원가에 포함되어서는 안 된다. 마케팅 부서의 급여 및 딜러 연수비용과 같이 재고판매와 관련된 추가 비용은 판매 준비가 완료된 이후에 발생하는 것들이다. 따라서 이들은

1) 이들은 <도표 7.1>에 보고된 잔액과 일치하지 않는데, 여기에는 추후 논의될 LIFO 조정이 포함되어 있지 않기 때문이다.

발생한 기간의 판매비와일반관리비로 처리되어야 한다.

Financial Analysis  실무에서 중요성 제약요건 적용하기

검사 및 준비 비용과 같은 부대비용이 중요하지 않을 경우(제5장에서의 중요성 논의 참조), 이들을 재고원가에 할당할 필요가 없다. 따라서 실무적인 이유로, 많은 회사들은 송장가격에서 반품 및 할인액을 차감한 금액을 원재료나 상품에 할당하고, 다른 간접원가들은 별도의 항목으로 하여 비용으로 보고하고 있다.

재고원가의 흐름

상기업(도매 및 소매업) 재고원가의 흐름은 <도표 7.2A>에서 보여지는 것처럼 비교적 단순하다. 상품을 매입하면 상품재고 계정이 증가한다. 상품이 판매되면 매출원가가 증가하고 상품재고가 감소한다.

제조업의 경우 재고원가의 흐름은 <도표 7.2B>와 같이 보다 더 복잡하다. 첫째, 원재료(raw materials, direct materials)를 구매해야 한다. Harley-Davidson의 경우 이러한 원재료에는 강철

도표 7.2

재고원가의 흐름

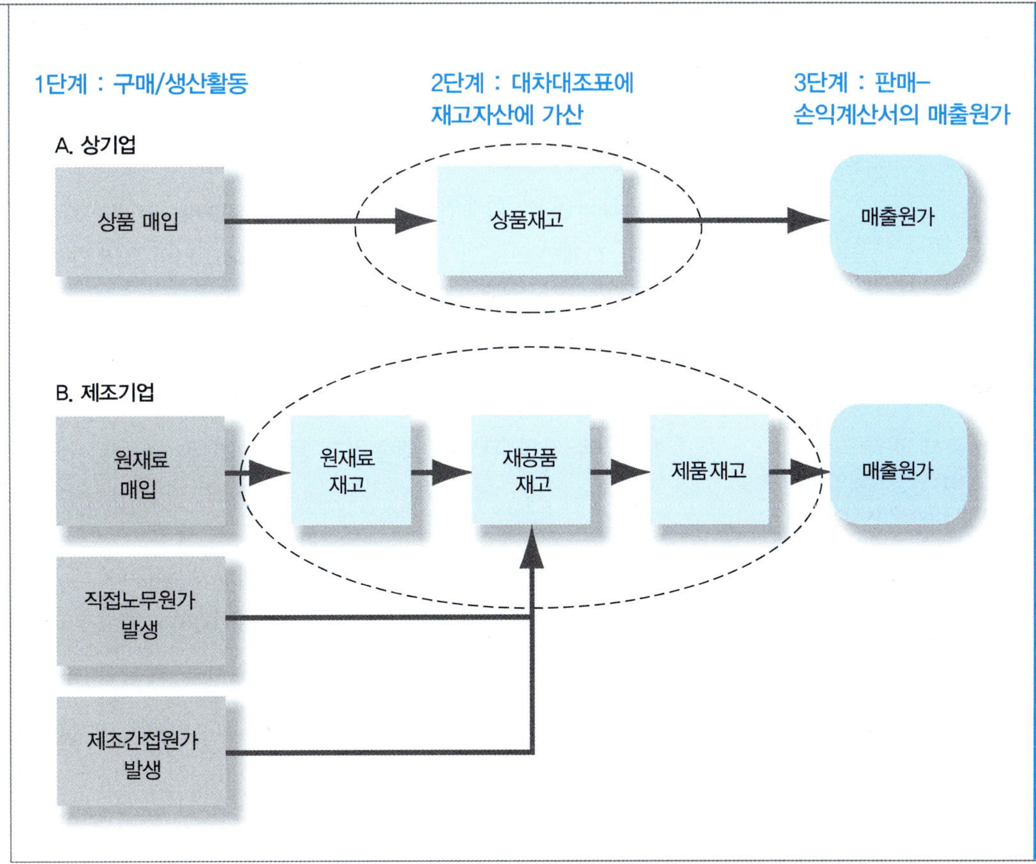

H. Mark Weidman Photography/Alamy

및 알루미늄 주조물, 단조 제품, 시트 및 금속바뿐만 아니라 기화기, 배터리 및 타이어와 같은 소규모 공급업체에서 생산되는 특정 모터사이클 구성 부품이 포함된다. 이들은 사용될 때 원재료재고에서 제거되어 재공품계정에 가산된다.

제조원가의 다른 두 가지 구성요소인 직접노무원가 및 제조간접원가도 발생되었을 때 재공품계정에 가산된다. 직접노무원가(direct labor cost)는 제품공정에 직접 종사하고 있는 직원으로 인해 발생하는 원가를 나타낸다. 제조간접원가(factory overhead cost)에는 그 밖의 모든 제조원가가 포함된다. 예를 들어, 공장 감독자의 급여와 공장 운영에 소요되는 수도광열비는 제조간접원가에 포함된다. 모터사이클이 완성되어 판매 가능한 상태가 되면, 관련 금액은 재공품계정에서 제품계정으로 옮겨간다. 제품이 판매되면, 제품재고가 감소하고 매출원가가 증가하게 된다.

직접노무원가
제품공정에 직접 종사하고 있는 직원으로 인해 발생하는 원가.

제조간접원가
원재료와 직접노무원가가 아닌 제조원가.

<도표 7.2>에서 알 수 있듯이, 상기업과 제조기업 모두에게 적용되는 재고원가의 흐름에는 3단계가 있다. 첫 번째는 구매 및 생산 활동이다. 두 번째 단계에서는 이러한 활동으로 인해 재무상태표의 재고자산계정이 증가하게 된다. 세 번째 단계에서 재고자산이 판매되면, 해당 금액은 손익계산서상의 매출원가라는 비용이 된다. 상품 및 제품재고로부터 매출원가에 이르기까지 재고원가의 흐름은 매우 유사하기 때문에, 추후 논의는 상품재고에 초점을 맞출 것이다.

매출원가 등식

매출원가(cost of goods sold, CGS)는 매출액과 직접적으로 관련된 비용이다. 회계연도 동안의 매출액은 판매수량에 판매가격을 곱한 값이다. 매출원가는 동일한 수량에 단위당 원가를 곱한 값이다.

손익계산서상의 매출원가와 재무상태표상의 재고자산 간의 관계를 살펴보자. Harley-Davidson은 각 회계연도를 **기초재고**(beginning inventory, BI)라고 하는 재고를 가지고 시작하게 된다. 회계연도 동안 새로운 매입(purchases, P)이 있으면 이를 재고에 가산한다. 두 금액의 합계는 해당 기간 동안 판매가능재고(goods available for sale)가 된다. 회계연도가 끝날 때까지 판매되지 않고 남아 있는 재고는 재무상태표상의 **기말재고**(ending inventory, EI)가 된다. 판매가능재고 중 판매된 재고는 손익계산서상의 매출원가(cost of goods sold, CGS)가 된다. 이러한 다양한 재고금액 간의 관계로 매출원가 등식(cost of goods sold equation)을 도출해 낼 수 있다:

판매가능재고
기초재고와 당기매입의 합계액(혹은 당기 제품으로 집계된 금액).

매출원가 등식
기초재고(BI)+당기매입(P)−기말재고(EI)=매출원가(CGS)

기초재고(BI) + 당기매입(P) − 기말재고(EI) = 매출원가(CGS)

예를 들어, Harley-Davidson이 기초재고로 $40,000 상당의 의류가 있었고, 당기에 $55,000의 상품을 추가로 구입하였으며, 기말에 $35,000가 재고로 남아 있었다고 가정하자. 이들 금액을 이용하여 다음과 같이 $60,000의 매출원가를 계산할 수 있다:

도표 7.3

상품재고에 대한 매출원가

기초재고	
+ 당기상품매입	
판매가능재고	
− 기말재고	
매출원가	

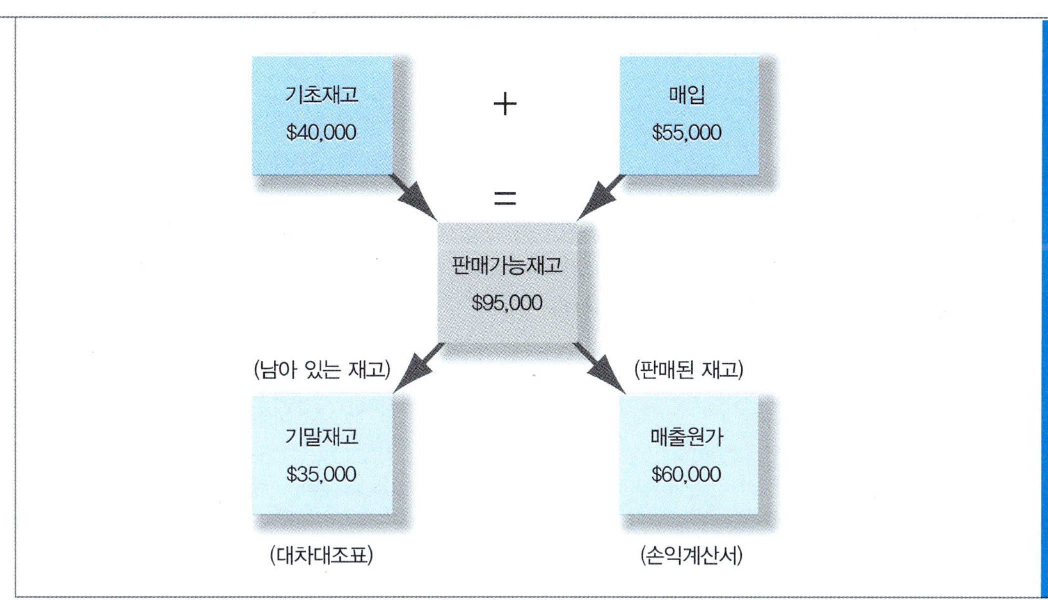

기초재고	$40,000
+ 당기상품매입	55,000
판매가능재고	95,000
− 기말재고	35,000
매출원가	$60,000

이러한 관계는 <도표 7.3>에 그림으로 제시되어 있으며, 다음과 같이 상품재고 T계정으로도 표시할 수 있다:

상품재고 (A)			
기초재고	40,000		
가산: 재고매입	55,000	차감: 매출원가	60,000
기말재고	35,000		

이들 네 개의 값 중 세 개의 값을 알 수 있는 경우, 매출원가 등식 또는 T계정을 이용하여 네 번째 값을 찾을 수 있다.

STOP PAUSE FOR FEEDBACK

재고자산에는 판매를 위해 보유하고 있는 모든 항목이 포함되어야 한다. 재화를 구입하거나 제조하는 경우 재고자산으로 원가가 집계된다. 재화가 판매되거나 처분되는 경우에는 원가가 재고자산에서 빠져나가게 된다(비용으로). 매출원가 등식은 이러한 흐름을 설명하고 있다.

SELF-STUDY QUIZ

1. 2016년 Harley-Davidson의 가죽 야구재킷 제품라인과 관련하여 다음의 사실이 있었다고

가정해 보자.

기초재고 : 400개 (단위당 원가 $75)
매입 : 600개 (단위당 원가 $75)
매출 : 700개 (단위당 판매가격 $100, 단위당 원가 $75)

매출원가 등식을 이용하여, 당기 가죽 야구재킷에 대한 판매가능재고, 기말재고 및 매출원가를 계산하시오.

기초재고
+ 당기상품매입
판매가능재고
− 기말재고
매출원가

2. 2017년 Harley-Davidson의 가죽 야구재킷 제품라인과 관련하여 다음의 사실이 있었다고 가정해 보자.

기초재고 : 300개 (단위당 원가 $75)
기말재고 : 600개 (단위당 원가 $75)
매출 : 1,100개 (단위당 판매가격 $100, 단위당 원가 $75)

매출원가 등식을 이용하여, 당기 가죽 야구재킷에 대한 매입액을 계산하시오. 네 개의 값 중 세 개의 값을 알 수 있는 경우, 매출원가 등식을 이용하여 네 번째 값을 찾을 수 있다는 것을 기억하자.

기초재고
+ 당기상품매입
− 기말재고
매출원가

[GUIDED HELP 7-1] 관련 손익계산서에 보고된 금액을 계산하기 위해 매출원가 등식을 이용하는 방법에 대한 추가 단계별 비디오 학습은 http://www.mhhe.com/libby9e_7a를 참조하시오.

해설

1. 기초재고 (400 × $75)	$30,000
+ 당기상품매입 (600 × $75)	45,000
판매가능재고 (1,000 × $75)	75,000
− 기말재고 (300 × $75)	22,500
매출원가 (700 × $75)	$52,500

2. 기초재고 = 300 × $75 = $22,500
기말재고 = 600 × $75 = $45,000
매출원가 = 1,100 × $75 = $82,500

기초재고 + 매입 − 기말재고 = 매출원가
22,500 + P − 45,000 = 82,500
매입액 = 105,000

계속기록법과 재고실사법

당기 매입액은 언제나 회계시스템에 누적되어 집계되어 있다. 반면, 매출원가와 기말재고 금액은 두 가지 다른 재고시스템 중 하나를 사용하여 결정된다: 계속기록법 혹은 재고실사법.

계속기록법

계속기록법
회계연도 동안 매입과 매출의 기록을 할 때, 상세한 재고기록을 유지하는 재고 시스템.

지금까지 교재에서는 매입과 매출거래에 대한 분개를 모두 계속기록법으로 기록하였다. 계속기록법(perpetual inventory system)에서 매입거래는 재고자산 계정에 직접 기록된다. 매출이 기록될 때 관련 재고자산을 감소시키고 매출원가를 기록하는 분개를 하게 된다. Walmart 또는 Target의 계산대에서 여러분들이 구입한 상품이 스캔될 때가 이 프로세스가 시작되는 지점이 된다. 이 프로세스를 통해 여러분들이 계산원에게 지불해야 하는 금액을 결정할 뿐만 아니라, 상점의 재고기록에서 판매된 품목도 제거된다. 결과적으로 매출원가와 기말재고에 대한 정보를 계속적(continuous, perpetual)으로 파악할 수 있게 된다.

계속기록법에서는 각 유형의 재고에 대한 상세한 기록 관리가 유지되며, (1) 기초재고의 수량과 원가, (2) 각 매입의 수량과 원가, (3) 각 매출에 대한 수량과 매출원가 및 (4) 어느 시점에서든 보유 중인 재고의 수량과 원가를 파악하는 것이 가능하다. 이들은 모두 거래별로 관리되어 최신 기록을 유지하게 된다. 현대 기업 환경에서 대부분의 회사들은 이러한 정보 없이는 생존이 힘들다. 이 장의 시작 부분에서 언급했듯이, 경쟁 심화에 따른 원가와 품질 압박과 정보처리 비용의 감소로 인해, 영세한 기업을 제외한 대부분의 기업이 보다 정교한 계속기록법을 적용하도록 요구받고 있다. 따라서 우리는 교재 전반에 걸쳐 계속기록법에 계속 초점을 맞출 것이다.

재고실사법

재고실사법
회계연도 말에 재고실사를 통해 기말재고와 매출원가를 결정하는 재고 시스템.

재고실사법(periodic inventory system)에서는 연도 중에 재고가 최신 기록으로 유지되지 않는다. 매년도 말에 남아 있는 재고를 파악하기 위한 재고실사가 필요하다. 보유 중인 각 유형의 재고수량에 단위당 원가를 곱하여 기말재고 금액을 계산한다. 매출원가는 매출원가 등식을 이용해서 계산한다.

기말에 재고실사가 이루어지기 전에는 재고수량을 알 수 없기 때문에, 재고실사가 완료되기 전에는 매출원가를 신뢰성 있게 결정할 수 없다. 재고실사법의 주요 단점은 재고자산에 대한 정보가 부족하다는 것이다. 경영자는 기중에 재고가 부족한지 혹은 과다한지에 대한 정보를 얻지 못한다.

재고원가 결정방법

Self-Study Quiz에서 제시된 예제에서 가죽 야구재킷의 단위당 원가는 $75로 동일하였다. 만약 일반적으로 재고원가가 변하지 않는다면, 우리의 논의는 여기에서 끝날 수도 있다. 그러나 우리 모두가 알고 있듯이, 대부분 재화의 가격은 변동된다. 최근 몇 년 동안 자동차 및 모터사이

학습목표 7-2
네 가지 재고원가 결정방법을 사용하여 재고자산과 매출원가를 보고한다.

클과 같은 제품을 제조하는 데 소요되는 비용은 점차적으로 증가해 왔다. 컴퓨터 관련 업종과 같은 일부 업종의 경우에는 소매가격과 함께 생산원가가 크게 떨어졌다.

재고원가가 변하는 경우에는 어떤 재고가 판매되었는지 혹은 남아 있는지에 따라 이익이 손실로 변할 수도 있고, 수백만 달러의 세금을 납부하게 되거나 절약하게 될 수도 있다. 간단한 사례를 통해 이러한 극적인 효과를 알 수 있다. 이 예제는 비록 간단해 보이지만, 실제 회사 실무에서 광범위하게 적용되고 있는 것이다.

Harley-Davidson 매장에서 다음과 같은 매입거래가 있었다고 가정해 보자:

1월 1일 단위당 $70인 Model A 가죽 재킷 2벌을 기초재고로 보유
1월 12일 단위당 $80인 Model A 가죽 재킷 4벌을 구입
1월 14일 단위당 $100인 Model A 가죽 재킷 1벌을 구입
1월 15일 단위당 $120에 Model A 가죽 재킷 4벌을 판매

1월에 가죽 재킷의 가격이 급격히 상승했다. 1월 15일에 4벌이 각각 $120 판매되고 $480의 수익이 기록된다. 매출원가로 기록될 금액은 얼마인가? 물음에 대한 답은 어떤 재고가 팔린 것으로 가정하느냐에 따라 다르다. 매출원가를 결정하기 위해 일반적으로 인정되는 재고원가 결정방법은 네 가지가 있다:

1. 개별법(Specific identification)
2. 선출선출법(First-in, first-out, FIFO)
3. 후입선출법(Last-in, first-out, LIFO)
4. 평균법(Average cost)

네 가지 재고원가 결정방법은 판매가능재고금액을 (1) 기말재고와 (2) 매출원가에 할당하는 대체적인 방법이다. 첫 번째 방법은 어떤 재고가 팔렸고 어떤 재고가 남아 있는지를 개별적으로 식별하는 방법이다. 나머지 세 가지 방법은 재고원가가 특정한 흐름을 따른다고 가정하는 방법이다.

개별법

개별법
판매된 특정 재고의 원가를 식별하여 이를 매출원가로 기록하는 재고원가 결정방법.

개별법(specific identification method)을 사용하는 경우에는 판매된 각 재고의 원가를 개별적으로 식별하여 이를 매출원가로 기록하는 방법이다. 이 방법을 사용하려면 각 재고의 매입원가를 추적할 수 있어야 한다. 앞의 가죽 재킷 예제에서 판매된 4벌의 가죽 재킷이 $70짜리 품목 중 하나, $80짜리 품목 중 둘 및 $100짜리 품목 중 하나가 판매되었다고 가정하면, 이들 품목의 원가($70 + $80 + $80 + $100)가 매출원가($330)가 된다. 남아 있는 품목의 원가는 기말재고가 될 것이다.

수량이 많고 서로 유사한 품목에 대해서는 개별법을 적용하기 힘들다. 반면, 주택 혹은 고급 보석과 같이 가격이 비싸고 특징적인 품목을 다룰 때에는 이 방법이 적합하다. 따라서 대부분

재고자산에 대해서는 세 가지 원가흐름 가정 중 하나를 사용하여 회계처리되고 있다.

원가흐름의 가정

재고원가 결정방법은 실제 물량의 흐름과는 상관없이 선택된다. 이것이 이들을 **원가흐름의 가정**(cost flow assumptions)이라고 부르는 이유이다. 재고자산 원가흐름의 가정을 잘 표현할 수 있는 도구는 통이나 용기이다. 재고자산이 통 안으로 들어오거나 통 밖으로 나가는 흐름을 떠올리며 이러한 재고원가 결정방법을 시각화 해보길 바란다.

선입선출법

선입선출법
가장 먼저 매입한 재고(먼저 들어온 재고)가 가장 먼저 판매되는 것으로 가정하는 재고원가 결정방법.

FIFO라고도 불리는 선입선출법(first-in, first-out method)은 가장 먼저 매입한 재고(먼저 들어온 재고)가 가장 먼저 판매되고, 가장 최근에 매입한 재고가 기말재고로 남는다고 가정하는 방법이다. 선입선출법에서는 재고가 <도표 7.4A>와 같은 흐름을 가지는 것으로 보고 매출원가와 기말재고를 계산한다. 첫째, 매입이 있을 때마다 재고를 위에서부터 순차적으로 통에 넣게 되면($70짜리 기초재고 2개, 다음으로 $80짜리 매입 4개, $100짜리 매입 1개), 판매가능재고는 $560가 된다. 판매되는 재고는 아래에서부터 차례대로 제거된다($70짜리 재고 2개와 $80짜리 재고 2개); 선입선출(first-in, first-out). 총 $300의 재고가 매출원가(CGS)가 된다. 나머지 재고($80짜리와 2개와 $100짜리 1개)는 기말재고가 된다. 선입선출법에서는 가장 **오래**된 재고원가가 **매출원가**로, 가장 **최근**의 재고원가가 **기말재고**에 할당된다.

매출원가 계산 (선입선출법)		
기초재고	($70짜리 2개)	$140
+ 매입	($80짜리 4개)	320
	($100짜리 1개)	100
판매가능재고		560
− 기말재고	($80짜리 2개와 $100짜리 1개)	260
매출원가	($70짜리 2개와 $80짜리 2개)	$300

후입선출법

후입선출법
가장 최근에 매입한 재고(먼저 들어온 재고)가 가장 먼저 판매되는 것으로 가정하는 재고원가 결정방법.

LIFO라고도 불리는 후입선출법(last-in, first-out method)은 가장 최근에 매입한 재고(나중에 들어온 재고)가 먼저 판매되고 가장 오래된 재고가 기말재고로 남는다고 가정하는 방법이다. <도표 7.4B>를 이용하여 이를 설명해 보자. FIFO의 경우와 마찬가지로, 매입이 있을 때마다 재고를 위에서부터 순차적으로 통에 넣게 되면($70짜리 기초재고 2개, 다음으로 $80짜리 매입 4개, $100짜리 매입 1개), 판매가능재고는 $560가 된다. 하지만 FIFO와 달리 판매되는 재고는 위에서부터 차례대로 제거되는 것으로 가정한다($100짜리 재고 1개와 $80짜리 재고 3개). 이들의 합계인 $340가 매출원가(CGS)가 된다. 나머지 재고($80짜리와 1개와 $70짜리 2개=$220)는 기말재고가 된다. 후입선출법에서는 가장 **최근**의 재고원가가 **매출원가**로, 가장 **오래**된 재고원가가 **기말재고**에 할당된다.

도표 7.4

선입선출법과 후입선출법의 재고흐름

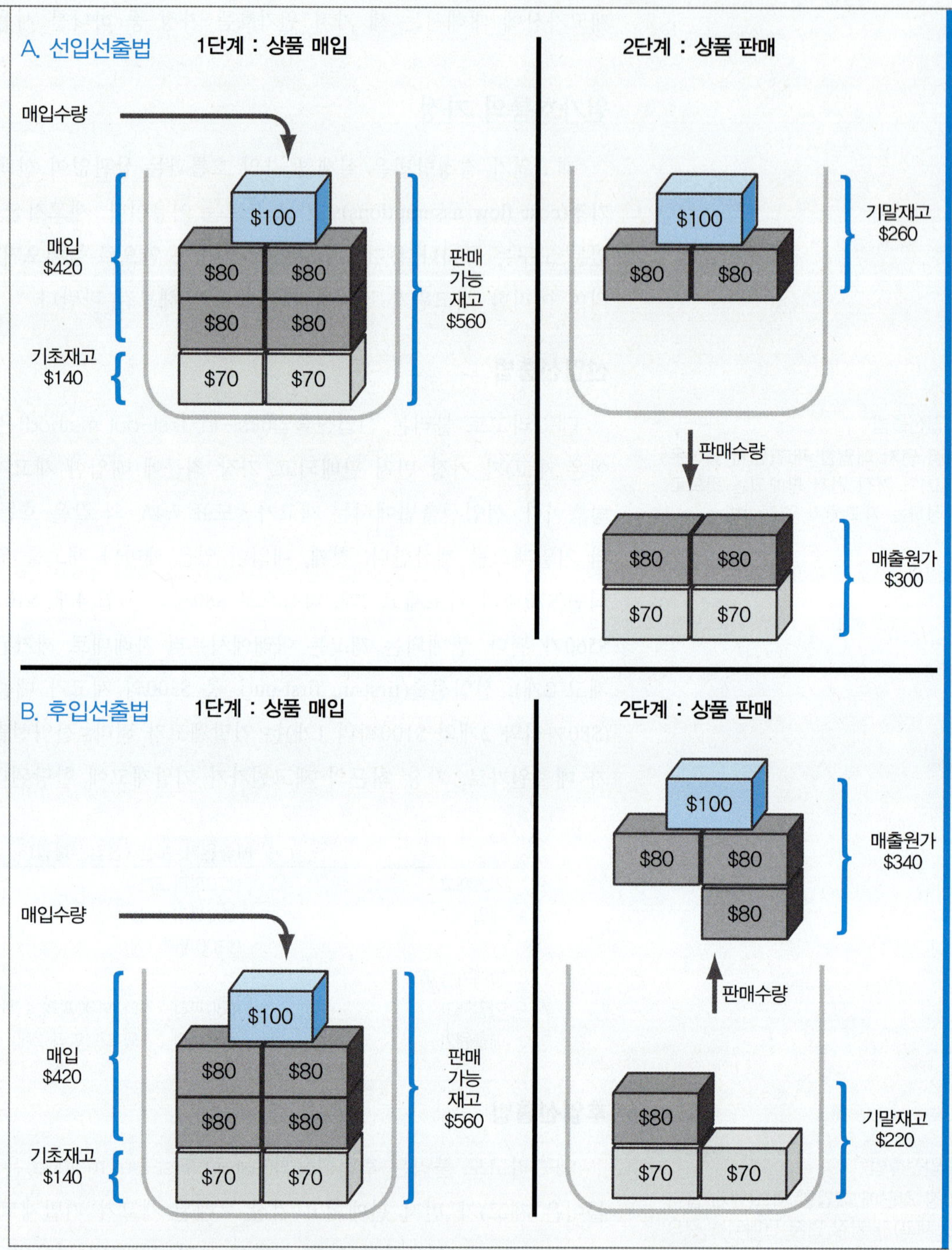

매출원가 계산 (후입선출법)		
기초재고	($70짜리 2개)	$140
+ 매입	($80짜리 4개)	320
	($100짜리 1개)	100
판매가능재고		560
− 기말재고	($70짜리 2와 $80짜리 1개)	220
매출원가	($80짜리 3개와 $100짜리 1개)	$340

후입선출법의 원가흐름 가정은 선입선출법의 원가흐름 가정과는 정반대이다:

	선입선출법	후입선출법
손익계산서의 매출원가	가장 오래된 재고	가장 최근의 재고
재무상태표의 재고자산	가장 최근의 재고	가장 오래된 재고

평균법

평균법
매출원가와 기말재고에 대해 판매가능재고의 가중평균 단위원가를 사용하는 방법.

평균법(average cost method, weighted average cost method)은 매출원가와 기말재고에 대해 판매가능재고의 가중평균 단위원가를 사용하는 방법이다. 판매가능재고의 가중평균 단위원가는 다음과 같이 계산된다.

수량	×	단가	=	총원가
2		$ 70		$140
4		$ 80		320
1		$100		100
7				$560

$$평균원가 = \frac{판매가능재고원가}{판매가능재고수량}$$

$$평균원가 = \frac{\$560}{7단위} = 단위당\ \$80$$

매출원가와 기말재고에는 동일한 가중평균 단위원가인 $80가 할당된다.

매출원가 계산 (평균법)		
기초재고	($70짜리 2개)	$140
+ 매입	($80짜리 4개)	320
	($100짜리 1개)	100
판매가능재고	(평균 단가 $80짜리 7개)	560
− 기말재고	(평균 단가 $80짜리 3개)	240
매출원가	(평균 단가 $80짜리 4개)	$320

실무에서의 계속기록법과 원가흐름의 가정

지금까지의 예제에서는 모든 재고자산이 매출과 매출원가가 기록되기 전에 매입되었다는 점에 주목해야 한다. 하지만 대부분 회사는 회계기간에 걸쳐 동일한 재고를 빈번히 매입하고 판매하고 있는 것이 현실이다. 회사가 계속기록법을 사용하고 있는 경우에는 이렇게 간단한 상황을 적용하는 것이 가능할까?

첫째, 선입선출법하에서는 계속기록법 혹은 재고실사법을 사용하든지 여부에 상관없이 매출원가와 기말재고가 동일하다는 것을 아는 것이 중요하다. 둘째, 개별 품목의 원가를 추적하는 회계시스템은 재무보고에 사용되는 원가흐름의 가정에 상관없이 일반적으로 선입선출법 또는 평균법을 기준으로 하고 있다. 따라서 회사가 후입선출법으로 재무보고를 하고자 하는 경우에는 기말에 계속기록법을 적용하여 산출된 결과를 기말수정분개를 통하여 후입선출법으로 변경시켜야 한다. 기말에 이러한 후입선출 조정(LIFO adjustment)이 계산되므로, 후입선출법하의 기말재고와 매출원가는 매출원가가 계산되고 기록되기 전에 당기의 모든 매입이 이루어지는 것으로 가정하여 계산된다. 즉, 회사가 계속기록법을 적용하여 매입과 매입 수량을 실제로 추적하는 경우에도 앞서 살펴본 간단한 예제를 적용할 수 있다.[2)]

INTERNATIONAL PERSPECTIVE

후입선출법과 국제간 비교

U.S. GAAP은 기업이 재고자산에 대한 회계처리방법으로 선입선출법, 후입선출법 및 평균법 중에서 선택하도록 허용하고 있는 반면, 국제회계기준(IFRS)에서는 후입선출법의 사용을 금지하고 있다. 또한, U.S. GAAP에서는 다양한 유형의 재고품목 및 심지어 다른 지역에 있는 동일한 재고자산에 대해서도 서로 다른 재고자산 회계처리방법을 허용하고 있는 반면, IFRS는 유사한 성격과 용도를 가진 모든 재고품목에 동일한 방법을 사용해야 하도록 규정하고 있다. 이러한 차이로 인해 서로 다른 나라의 기업을 비교하고자 하는 경우에 비교가능성의 문제가 야기될 수 있다. 예를 들어, Ford는 미국 소재의 대부분 재고자산에 대해서는 후입선출법을 적용하고 있고, 해외 소재의 재고자산에 대해서는 평균법 또는 선입선출법을 적용하고 있다. Honda(일본)는 모든 재고품목에 대해 선입선출법을 적용하고 있다. 각 국가별 세법은 세무보고 목적으로 어떠한 재고자산 평가방법을 사용할 수 있는지에 대해 규정을 두고 있다.

재고원가 결정방법이 재무제표에 미치는 효과

네 가지 대체적인 재고원가 결정방법은 GAAP과 세법에서 모두 인정되는 방법이다. 경영자가 왜 상황에 따라 다른 방법을 선택하는지에 대한 이유를 이해하려면 먼저 이들이 손익계산서와 재무상태표에 미치는 영향을 이해해야 한다. <도표 7.5>는 우리가 살펴본 예제에서 사용된 선입선출법, 후입선출법 및 평균법이 재무제표에 미치는 효과를 요약한 것이다. 각 방법들은 판매가능원가가 매출원가와 기말재고에 할당되는 금액에만 차이가 있다는 점을 기억하자. 따라서 가장 높은 기말재고가 보고되는 방법은 가장 낮은 매출원가와 가장 높은 매출총이익, 법인세비용 및 순이익을 보고하게 되며, 반대의 경우도 마찬가지이다. 평균법은 일반적으로 선입선출법과 후입선출법 양 극단 사이의 순이익과 재고금액이 보고된다.

우리가 살펴본 예제에서 단위당 원가는 증가되고 있음을 떠올려 보자. **원가가 상승하는 경우, 후입선출법은 선입선출법에 비해 낮은 순이익과 재고금액을 보고하게 된다.** 인플레이션 상황에서도 일부 회사의 원가는 감소할 수도 있다. **원가가 하락하는 경우, 후입선출법은 선입선출법에 비해 높은 순이이과 재고금액을 보고하게 된다.** 재고 수량이 일정하거나 증가하는 경우[3)]의

---

2) 계속기록법과 재고실사법하에서 어떻게 매출원가를 계산하는지에 대해 이 장의 보론 B에서 예제를 통해 비교해 볼 것이다.

3) 재고 수량이 감소하는 경우 후입선출법이 어떠한 영향을 미치는지에 대해서는 이 장의 보론 C에서 살펴볼 것이다.

도표 7.5

재고원가 결정방법이 재무제표에 미치는 효과

	선입선출법	후입선출법	평균법
손익계산서에 미치는 효과			
매출액	$480	$480	$480
매출원가	300	340	320
매출총이익	180	140	160
영업외비용	80	80	80
법인세비용차감전순이익	100	60	80
법인세비용(25%)	25	15	20
당기순이익	$ 75	$ 45	$ 60
재무상태표에 미치는 효과			
재고자산	$260	$220	$240

이들 효과는 다음 표에 요약되어 있다:

원가 상승 : 재무제표에 미치는 효과

	FIFO	LIFO
손익계산서상의 매출원가	낮음	높음
당기순이익	높음	낮음
법인세비용	높음	낮음
재무상태표상의 재고자산	높음	낮음

원가 하락 : 재무제표에 미치는 효과

	FIFO	LIFO
손익계산서상의 매출원가	높음	낮음
당기순이익	낮음	높음
법인세비용	낮음	높음
재무상태표상의 재고자산	낮음	높음

경영자의 재고원가 결정방법 선택

학습목표 7-3
어떤 재고원가 결정방법을 사용하는 것이 회사에 유리한지를 결정한다.

회사가 다른 재고원가 결정방법을 선택하게 되는 동기는 무엇일까? 대부분의 경영자는 두 가지 요인을 고려하여 회계처리방법을 선택한다:

1. 당기순이익에 미치는 효과(경영자는 회사가 높은 이익을 보고하는 것을 선호한다)
2. 법인세에 미치는 효과(경영자는 법이 허용하는 한 가능한 늦게 최소한의 세금을 납부하는 것을 선호한다 – 최소한의 금액을 최대한 늦게 내는 것이 유리하다는 경험칙에 따라)

두 가지 요인은 서로 상충되는데, 이 경우 외부 재무보고 목적으로 선택하는 방법과 세금신고 목적으로 선택하는 방법을 달리함으로써 이를 해결할 수 있다. 하지만 후입선출 순응 규칙(LIFO conformity rule)으로 인해 이와 같이 재고원가 결정방법을 선택하는 것은 특별한 경우가 된다: 미국의 경우 세금신고 목적으로 후입선출법을 사용하는 경우에는 재무보고 목적으로도 후입선출법을 사용하여 매출원가 재고자산을 계산하여야 한다.

재고원가가 증가하는 경우

- **재고자산의 원가가 증가하는 경우, 후입선출법이 일반적으로 낮은 법인세를 보고하게 되므로, 세금신고 목적으로 후입선출법을 사용한다.**

이는 <도표 7.5>에 설명되어 있는데, 법인세비용차감전순이익은 선입선출법을 적용하는 경우 $100에서 후입선출법을 적용하는 경우 $60로 낮아진다. 법인세비용은 선입선출법을 적용하는 경우 $25에서 후입선출법을 적용하는 경우 $15로 낮아지는데, 이로 인해 후입선출법하에서는 $10의 절세효과가 발생하게 되고 현금흐름을 추가로 창출할 수 있게 된다.[4] 후입선출법 순응규칙으로 인해 미국 기업들이 재고원가가 상승시 후입선출법을 채택하고자 하는 경우에는 세금신고와 재무보고 목적 모두에 대해 후입선출법을 적용하여야 한다. Harley-Davidson의 경우 원가가 상승에 직면하고 있는 전형적인 회사이다. 회사는 후입선출법을 채택한 날로부터 2014년까지 약 $17백만의 세금을 절감했다.

세금신고 목적으로 후입선출법을 허용하지 않거나 후입선출법 순응 규칙이 없는 국가에 소재한 기업은, 원가가 상승하는 경우 손익계산서에 높은 순이익을 보고하기 위해 선입선출법이나 평균법을 흔히 사용하고 있다.

재고원가가 감소하는 경우

- **재고자산의 원가가 감소하는 경우, 재무보고 목적과 세금신고 목적 모두에 대해 주로 선입선출법이 사용된다.**

재고원가가 감소하는 회사의 경우 선입선출법을 사용하게 되면(나중에 다루게 될 저가법과 함께) 가장 낮은 세금을 납부하게 된다. 많은 첨단기술 기업들이 원가 하락에 직면해 있다. 이러한 상황에서 가장 오래되고 가장 비싼 재고가 매출원가가 되는 선입선출법을 사용하면, 가장 높은 매출원가와 가장 낮은 세전이익을 보고하게 되고, 이로 인해 가장 낮은 법인세를 부담하게 된다. 예를 들어 Apple과 HP는 재고자산 회계처리방법으로 선입선출법을 사용하고 있다.

동종 업계에 있는 대부분의 회사들은 비슷한 원가구조를 가지고 있기 때문에 동일한 산업 내의 기업들은 일반적으로 동일한 회계처리방법을 선택하고 있다.

재고원가 결정방법 적용의 일관성

실제 물량의 흐름에 관계없이 회사는 재고원가 결정방법을 선택할 수 있음을 기억하는 것이 중요하다. 또한 회사는 모든 재고품목에 대해 동일한 재고원가 결정방법을 사용할 필요가 없으며, 특별한 사유가 없더라도 허용 가능한 방법 중 하나 이상을 선택할 수 있다. Harley-Davidson

---

4) 이론적으로 후입선출법은 (1) 재고수량이 감소하거나 (2) 원가가 하락하게 되는 경우에는 순이익 효과가 반전되고 이연된 법인세를 납부해야 하기 때문에 후입선출법을 영구적인 세금 절감의 도구로 사용할 수는 없다. 이러한 경우 법인세 납부를 이연시킴으로써 얻을 수 있는 경제적 이점은 당기에 세금으로 납부해야 하는 돈으로 이자를 벌어들일 수 있다는 것이다.

과 대부분의 대기업은 다양한 재고품목에 대해 서로 다른 재고원가 결정방법을 사용하고 있다. 그러나 회계규정에 따르면 기업은 회계처리방법을 일관성 있게 적용해야 한다. 한 회계연도에 후입선출법을 사용하고, 다음 연도에는 선입선출법을, 그리고 그 다음 연도에는 후입선출법을 사용하는 것은 허용되지 않는다. 변경으로 인해 재무성과 및 재무상태의 측정이 보다 개선되는 경우에 한해 방법 변경이 허용된다.

A QUESTION OF ETHICS

후입선출법과 경영자와 주주 간 이해상충

우리는 재고원가 결정방법의 선택이 재무제표에 중대한 영향을 줄 수 있음을 확인했다. 회사 경영자는 주주의 목표와 일치하지 않는 방법을 선택할 유인을 가질 수 있다. 예를 들어, 물가상승시 후입선출법을 사용하면 회사의 세금이 줄어들기 때문에 소유자에게는 이익이 될 수 있다. 하지만 경영자의 보수가 보고된 이익과 연계되어 있는 경우 경영자는 선입선출법을 선호할 수도 있다. 일반적으로 선입선출법이 더 높은 이익을 가져온다.

잘 설계된 보상 플랜은 주주의 최대 이익을 위해 일한 경영자에게 보상을 주도록 설계되어야 하지만, 항상 그런 것은 아니다. 보상을 증대시키기 위해 회사에 최적이 아닌 회계처리방법을 선택하는 경영자는 윤리적 관점에서 분명 의심스러운 행동을 하고 있는 것이다.

STOP PAUSE FOR **FEEDBACK**

경제적 환경에 따라 남아 있는 재고와 판매된 재고에 원가를 할당하는 방법으로 네 가지 재고원가 결정방법이 사용될 수 있다. 이러한 방법에는 개별법, 선입선출법, 후입선출법 및 평균법이 있다. 각 재고원가 결정방법은 모두 GAAP에 부합한다. 원가흐름의 가정이 실제 물량의 흐름과 일치할 필요는 없다는 점을 기억하자. 다음 질문은 여러분들이 선입선출법 및 후입선출법에 대해 얼마나 이해하고 있는지를 테스트해 보기 위한 문제이다.

SELF-STUDY **QUIZ**

1. 선입선출법과 후입선출법에 따라 2015년의 매출원가와 세전이익을 계산하시오. 회사의 기초재고와 2015년의 매입은 다음과 같다고 가정한다:

기초재고	10개 (단위당 원가 $6)
1월 매입	5개 (단위당 원가 $10)
5월 매입	5개 (단위당 원가 $12)

2015년에 15개의 재고가 개당 $20에 판매되었으며, 그 밖의 영업비용은 총 $100가 발생하였다.

2. 선입선출법과 후입선출법에 따라 2016년의 매출원가와 세전이익을 계산하시오. (**힌트 :** 위 문항 1의 2015년 기말재고는 2016년 기초재고가 된다.) 2016년 회사의 매입은 다음과 같다고 가정한다:

3월 매입	6개 (단위당 원가 $13)
11월 매입	5개 (단위당 원가 $14)

2016년에 10개의 재고가 $24에 판매되었고, 그 밖의 영업비용은 총 $70가 발생하였다.

3. 여러분들은 회사에 어떤 방법을 추천하겠는가? 그 이유는?

[GUIDED HELP 7-2] 다른 원가흐름의 가정을 사용하는 경우 기말재고와 매출원가를 계산하는 방법에 대한 추가 단계별 비디오 학습은 http://www.mhhe.com/libby9e_7b를 참조하시오.

해설

1. **2015**	**FIFO**	**LIFO**		**FIFO**	**LIFO**
기초재고	$ 60	$ 60	매출액 (15 × $20)	$300	$300
매입 (5 × $10)+(5 × $12)	110	110	매출원가	110	140
판매가능재고	170	170	매출총이익	190	160
기말재고*	60	30	기타영업비용	100	100
매출원가	$110	$140	세전이익	$ 90	$ 60

*FIFO 기말재고=(5 × $12)=$60
매출원가=(10 × $6)+(5 × $10)=$110
LIFO 기말재고=(5 × $6)=$30
매출원가=(5 × $12)+(5 × $10)+(5 × $6)=$140

2. **2016**	**FIFO**	**LIFO**		**FIFO**	**LIFO**
기초재고	$ 60	$ 30	매출액 (10 × $24)	$240	$240
매입 (6 × $13)+(5 × $14)	148	148	매출원가	125	135
판매가능재고	208	178	매출총이익	115	105
기말재고†	83	43	기타영업비용	70	70
매출원가	$125	$135	세전이익	$ 45	$ 35

† FIFO 기말재고=(5 × $14)+(1 × $13)=$83
매출원가=(5 × $12)+(5 × $13)=$125
LIFO 기말재고=(5 × $6)+(1 × $13)=$43
매출원가=(5 × $14)+(5 × $13)=$135

3. 후입선출법을 추천한다. 왜냐하면 재고원가가 상승하는 경우 세전이익과 법인세를 낮게 보고할 수 있기 때문이다.

저가법 평가

학습목표 7-4
저가법(LCM)을 적용하여 재고자산을 보고한다.

재고자산은 최초에 원가주의에 따라 매입원가로 측정되어야 한다. 기말에 남아 있는 재고의 순실현가능가치(net realizable value, 판매가격에서 판매비용을 차감한 금액)가 원가보다 낮은 경우, 이들 재고는 현행 순실현가능가치 추정액으로 평가되어야 한다. 이것이 저가법(lower of cost or market, LCM 혹은 lower of cost or net realizable value)으로 알려진 재고자산 평가방법이다.

저가법은 원가주의에 위배되지만, 자산과 당기순이익의 과대계상을 방지하기 위한 원칙인

순실현가능가치
예상되는 판매가격에서 판매비용(예를 들어, 수선비 및 처분비용)을 차감한 금액.

저가법
원가주의에 위배되는 평가방법; 순실현가능가치가 원가보다 떨어지는 경우 손실을 인식.

보수주의(conservatism)에 기반한 방법이다. 이는 두 유형의 기업에게 특히 중요하다: (1) 생산원가 및 판매가격이 하락하는 제품을 생산하는 HP와 같은 첨단기술 회사와 (2) 판매 시즌(가을 또는 봄)이 끝나면 그 가치가 급격히 변하는 의류 등 계절상품을 판매하는 American Eagle Outfitters와 같은 회사.

저가법하에서 회사는 재고가 판매된 기간이 아닌 그 재고의 순실현가능가치가 하락하는 기간에 "보유(holding)"손실을 인식한다. 보유손실은 매입원가와 낮아진 순실현가능가치의 차이로 계산된다. 이 손실은 해당 연도의 매출원가에 가산된다. 예를 들어, HP가 당기 말에 다음과 재고를 보유하고 있다고 가정해보자:

품목	수량	품목별 원가	품목별 순실현가능가치 (시가)	품목별 저가법 적용 금액	총 저가법 적용 금액
인텔칩	1,000	$250	$200	$200	1,000×$200 = $200,000
디스크 드라이브	400	100	110	100	400×$100 = 40,000

1,000개의 인텔칩은 순실현가능가치가 원가($250)보다 낮기 때문에 현행 순실현가능가치($200)로 기말재고가 기록되어야 한다. HP는 이러한 감액을 기록하기 위해 다음의 분개를 한다:

	차변	대변
매출원가(+E, −SE) (1,000×$50)	50,000	
재고자산(−A)		50,000

자산		=	부채	+	자본	
재고자산	−50,000				매출원가(+E)	−50,000

디스크 드라이브의 시장가격($110)은 원가($100)보다 높으므로 감액은 필요하지 않다. 장부에 남아 있는 디스크 드라이브는 단위당 $100(총 $40,000)이다. GAAP은 재고자산에 대해 보유이익을 인식하는 것은 허용하지 않는다.

인텔칩을 시가로 감액하는 것은 손익계산서와 재무상태표에 다음과 같은 영향을 미친다:

저가법 감액의 효과	당기	다음 연도(판매 가정)
매출원가	증가 $50,000	감소 $50,000
세전이익	감소 $50,000	증가 $50,000
재무상태표상의 기말재고	감소 $50,000	영향 없음

매출이 발생한 기간의 효과는 감액이 발생한 기간의 효과와는 정반대라는 점에 주목하자. 저가법은 매출원가의 시기에만 영향을 미친다. 매출이 발생한 기간의 매출원가를 감액이 발생한 기간의 매출원가로 이전시키는 것이다.

다음의 두 사례에서, 부분적으로 후입선출법을 사용하는 Harley-Davidson과 선입선출법을 사용하는 HP는 모두 재무보고 목적으로 저가법을 사용하고 있다.[5)]

HARLEY-DAVIDSON, INC.
실제 자료에서 발췌:
연차보고서

HARLEY-DAVIDSON, INC.
연결재무제표 주석
1. 중요한 회계정책의 요약

재고자산 — 재고자산은 저가법으로 평가됩니다. 실질적으로 미국에 있는 모든 재고자산은 후입선출법(LIFO)을 사용하여 평가하고 있습니다. 2014년 12월 31일의 총 $232.8백만, 2013년 12월 31일의 총 $210.7백만의 기타 재고자산은 선입선출법(FIFO)을 사용하여 저가법으로 평가하고 있습니다.

HEWLETT-PACKARD
실제 자료에서 발췌:
연차보고서

HEWLETT-PACKARD COMPANY AND SUBSIDIARIES
연결재무제표 주석
주석 1: 중요한 회계정책의 요약

재고자산

HP는 저가법으로 재고자산을 평가합니다. . . . 재고원가를 순실현가능가치로 감액시키는 조정은, 필요한 경우, 진부화되거나 손상된 재고에 대해 이루어집니다. 재고자산은 선입선출법으로 원가가 결정되고 저가법을 적용하여 표시하고 있습니다.

재고관리 평가

재고관리의 효율성 측정

학습목표 7-5
재고자산회전율을 이용하여 재고관리를 평가한다.

이 장의 시작 부분에서 언급했듯이, 재고관리의 주요 목표는 재고 보유비용(생산, 보관, 노후화 및 자금 조달)을 최소화하면서도 고객의 요구에 부응할 수 있는 충분한 양의 고품질 재고를 확보하는 것이다. 재고자산회전율은 회사가 이러한 상충되는 목표의 균형을 이루는 데 성공했는지 여부를 파악하는 중요한 척도가 된다.

5) 세금신고 목적으로 저가법은 후입선출법을 제외한 재고원가 결정방법에만 적용될 수 있다.

KEY RATIO ANALYSIS

재고자산회전율(inventory turnover)

주요 기업의 재고자산회전율

기업	재고자산회전율
National Beverage	10.19
Home Depot	4.72
Deckers	2.92

■ **분석적 질문**

재고관리 활동이 얼마나 효율적인가?

■ **비율 및 비교**

$$\text{재고자산회전율} = \frac{\text{매출원가}}{\text{평균재고자산}}$$

Harley-Davidson의 2014년 재고자산회전율(공식에 투입될 수치는 <도표 7.1> 참조):

$$\frac{\$3,542,601}{(\$448,871 + 424,507)/2} = 8.1$$

연도별 비교		
Harley-Davidson		
2012	2013	2014
7.9	8.3	8.1

경쟁업체와 비교	
Polaris	Honda Motor
2014	2014
6.4	7.0

■ **해석**

- **일반론:** 재고자산회전율은 해당 기간에 재고가 평균적으로 몇 번 생산되고 판매되었는지를 반영하는 비율이다. 이 비율이 높으면 재고자산이 생산과정을 통해 최종고객에게 더 빨리 전달되어 저장 및 진부화에 따른 비용이 절감되었다는 의미이다. 재고로 묶이는 돈이 적기 때문에, 투자를 통해 이자수익을 얻거나 차입을 줄여 이자비용을 감소시킬 수 있다. 적시생산(Just-In-Time, JIT)을 통해 보다 효율적으로 재고를 구매하거나 생산하는 기술과 높은 제품 수요는 이 비율을 높이게 된다. 재고자산회전율이 갑자기 하락하는 경우 회사는 예기치 못한 제품 수요 감소에 직면해 있거나 생산관리에 문제가 있다는 것이기 때문에 재무분석가와 채권자는 이 비율에 관심을 기울인다. 많은 경영자와 재무분석가는 Harley-Davidson에 대해 다음과 같이 재고자산평균판매일수를 계산한다:

$$\text{재고자산평균판매일수} = \frac{365}{\text{재고자산회전율}} = \frac{365}{8.1} = 45.1\text{일}$$

  위 산식은 회사가 재고를 생산하여 고객에게 인도하기까지 걸리는 평균 시간을 나타낸다.

- **회사에 대한 분석 결과:** Harley-Davidson의 재고자산회전율은 2012년부터 2014년까지 대체적으로 안정적이었으며, 대략 8.1 근처에서 오르내리고 있다. Harley의 비율은 관련 회사인 Polaris보다 높으며, 일본의 자동차 및 모터사이클 제조업체인 Honda보다도 높다.

- **주의사항:** 산업별로 구매, 생산 및 판매 프로세스가 다르기 때문에 이 비율도 큰 차이가 난다. 예를 들어, Papa John's와 같은 음식업의 경우에는 시간이 지나면 식자재가 상하기 때문에 가능한 신속히 재고를 소진해야 하고, 이로 인해 재고자산회전율이 훨씬 더 높아지는 경향이 있다. 특정 회사의 비율은 전년도의 수치 또는 동종 업계의 다른 회사의 수치와만 비교되어야 한다.

STOP PAUSE FOR **FEEDBACK**

재고자산회전율은 재고관리의 효율성을 측정한다. 이 비율은 해당 기간에 재고가 평균적으로 몇 번 생산되고 판매되었는지를 반영하고 있다. 재고자산회전율이 갑자기 하락하는 경우 회사는 예기치 못한 제품 수요 감소에 직면해 있거나 생산관리에 문제가 있다는 것이기 때문에 재무분석가와 채권자는 이 비율에 관심을 기울인다. 해당 기간에 재고의 순감소가 있을 때에는 매출이 매입보다 크다; 따라서 해당 감소분은 영업활동 현금흐름을 계산할 때 가산되어야 한다. 해당 기간에 재고의 순증가가 있을 때에는 그 반대가 된다. 학습을 계속하기에 앞서 다음 질문을 통해 여러분들이 이들 개념에 대해 충분히 이해하고 있는지 테스트해 보길 바란다.

SELF-STUDY **QUIZ**

Harley-Davidson의 재고자산회전율에 대해 Key Ratio Analysis를 참조하시오. 2014년의 수치를 바탕으로 다음 질문에 답하시오. 만약 Harley-Davidson이 2014년에 재고를 보다 효율적으로 관리하여 매입과 기말재고를 $10,000만큼 감소시켰다면, 재고자산회전율은 증가했을 것인가 감소했을 것인가? 이에 대해 설명하시오.

해설

재고자산회전율은 증가했을 것이다. 왜냐하면 해당 비율의 분모(평균재고자산)가 $5,000만큼 감소했을 것이기 때문이다.

$$\frac{\$3,542,601}{(\$448,871 + \$414,507)/2} = 8.2$$

재고원가 결정방법과 재무제표 분석

학습목표 7-6
서로 다른 재고원가 결정방법을 사용하는 회사를 비교한다.

재무분석가가 재고자산에 대해 서로 다른 회계처리방법으로 재무제표를 작성한 두 회사를 비교하고자 하는 경우에는 무엇을 해야 하는가? 의미 있는 비교가 이루어지려면 한 회사의 재무제표가 비교할 수 있는 기준으로 전환되어야 할 것이다. 후입선출법을 사용하는 미국 상장회사는 해당 수치가 선입선출법을 적용하는 경우와 비교하여 현저하게 차이가 나는 경우에는 주석에 선입선출법을 적용하여 계산된 기초재고와 기말재고를 보고해야 한다. 이로 인해 이러한 전환이 용이하게 될 수 있다. 우리는 재무상태표와 손익계산서를 선입선출 기준으로 전환하기 위해 이 정보와 함께 매출원가 등식을 이용할 수 있다.

도표 7.6

재고원가 결정방법이 재무제표에 미치는 효과

HARLEY-DAVIDSON, INC.
실제 자료에서 발췌:
연차보고서

HARLEY-DAVIDSON, INC.
연결재무제표 주석
2. 재무상태표와 현금흐름에 대한 추가적인 정보
(단위 : $천)

	12월 31일		
	2014	2013	
재고자산 :			
…			
선입선출 적용 재고금액	$498,773	$473,233	
후입선출에 대한 선입선출 원가 초과액	49,902	48,726	← 후입선출충당금
후입선출 적용 재고금액	$448,871	$424,507	← 재무상태표에 보고되는 재고

손익계산서를 선입선출법으로 전환하기

어떤 원가흐름의 가정을 선택하는지에 따라 판매가능재고가 기말재고와 매출원가에 할당되는 금액이 달라짐을 상기하자. 원가흐름의 가정은 매입내역에는 영향을 미치지 않는다. 서로 다른 회계처리방법하에서는 기말재고가 달라질 것이고, 전년도의 기말재고는 올해 기초재고가 되기 때문에, 기초재고 역시 달라지게 될 것이다:

기초재고	**다름**
+ 당기상품매입	**같음**
− 기말재고	**다름**
매출원가	**다름**

이 등식은 만약 우리가 후입선출법과 선입선출법으로 평가된 회사의 기초재고와 기말재고 차이를 알고 있다면 매출원가의 차이가 얼마인지도 알 수 있음을 보여주고 있다. <도표 7.6>은 Harley-Davidson의 2014년 후입선출법과 선입선출법으로 평가된 회사의 기초재고와 기말재고 차이를 보여주고 있다. 후입선출충당금(LIFO reserve) 혹은 "후입선출 대비 선입선출 재고금액 초과액(Excess of FIFO over LIFO)"이라고 하는 이 금액은 후입선출법을 적용하는 회사가 주석에 공시하게 된다.

후입선출충당금
후입선출 대비 선입선출 재고금액 초과액을 나타내는 자산의 차감 계정.

<도표 7.6>의 주석에 보고된 Harley-Davidson의 후입선출충당금을 통해, 우리는 선입선출법을 사용한 경우 매출원가가 $1,176만큼 **낮아지는** 것을 알 수 있다

기초 후입선출충당금(후입선출에 대비 선입선출 재고금액 초과액)	$48,726
차감: 기말 후입선출충당금(후입선출에 대비 선입선출 재고금액 초과액)	− 49,902
선입선출법하에서 매출원가 차이	($1,176)

선입선출법을 사용하는 경우 매출원가가 더 **낮아지므로,** 법인세비용차감전순이익은 $1,176만큼 **높아지게** 된다. 선입선출법을 사용하는 경우 법인세는 여기에 35%를 적용한 금액만큼 더 **높아진다.**

선입선출법하에서의 세전이익 차이	$1,176
세율	× .35
선입선출법하에서의 법인세 차이	$ 412

이 두 효과를 결합하면, 당기순이익은 매출원가 변동액인 $1,176만큼 증가하고 법인세비용 $412만큼 감소하게 되어, 결과적으로 전체 당기순이익은 $764만큼 증가하게 된다.

매출원가 감소 (순이익 증가)	$1,176
법인세비용 증가 (순이익 감소)	(412)
당기순이익 증가	$ 764

이상은 Harley-Davidson의 2014년 자료에 근거한 계산 내역이다. 일반적으로 원가가 증가하는 상황에 놓여 있는 기업의 경우에도 때때로 원가 하락에 직면하기도 한다는 점에 유의해야 한다. 예를 들어, 2000년 제조 효율성으로 인하여 Harley-Davidson의 재고원가는 하락했었다. 결과적으로, 후입선출법을 사용하는 경우 법인세를 절감할 수 있는 것이 일반적이지만, 2000년 당시 Harley는 세금을 추가로 납부했었다.

재무상태표를 선입선출법으로 전환하기

여러분들은 주석의 후입선출법 값(<도표 7.6> 참조) 대신에 선입선출법 값(2014년과 2013년에 각각 $498,773와 $473,233)을 사용하여 재무상태표의 재고금액을 후입선출법으로 조정할 수 있다. 또는 재무상태표의 후입선출법 값에 후입선출충당금을 가산하여 동일한 수치를 계산할 수도 있다.

Financial Analysis

후입선출법과 재고자산회전율

후입선출법을 사용하는 많은 회사들의 재고자산회전율은 정보이용자를 현혹시킬 수 있다. 이들 회사의 경우 재고자산회전율의 분모가 되는 기초재고와 기말재고는 이전의 낮은 원가가 반영되어 인위적으로 낮아져 있는 상태임을 기억하자. John Deere 농장, 잔디 및 건설장비 제조업체인 Deere & Co.의 경우를 살펴보자. 회사의 재고자산 주석에는 다음의 값이 나타나 있다:

DEERE & COMPANY
실제 자료에서 발췌:
연차보고서

DEERE & COMPANY
연결재무제표 주석
(단위 : $백만)

	2014	2013
재고자산 :		
선입선출 재고값	$5,738	$6,464
후입선출 기준으로 조정	1,528	1,529
재고자산	$4,210	$4,935

John Deere의 2014년 매출원가는 $24,775.8백만이었다. 보고된 후입선출 재고값으로 비율을 계산하면:

$$재고자산회전율 = \frac{\$24,775.8}{(\$4,210 + \$4,935)/2} = 5.4$$

매출원가(분자)를 선입선출 기준으로 전환하고 분모도 현행원가에 가까운 선입선출 재고값을 사용하면:

$$재고자산회전율 = \frac{\$24,775.8 + 1}{(\$5,738 + \$6,464)/2} = 4.1$$

두 비율 간의 주요 차이점은 분모에 있다. 선입선출 재고값은 후입선출 재고값보다 대략 36% 정도 더 높다. 후입선출 기초 및 기말재고는 이전의 낮은 원가가 반영되어 인위적으로 낮아져 있는 상태이다.

STOP PAUSE FOR **FEEDBACK**

재고원가 결정방법의 선택은 보고이익, 법인세비용(이로 인한 현금흐름) 및 재무상태표에 보고되는 재고금액에 영향을 미치기 때문에 중요하다. 물가상승 시 선입선출법은 일반적으로 후입선출법보다 순이익과 세금을 높게 보고한다; 물가하락 시에는 그 반대가 된다. 일반적으로 법인세를 최소화하는 방향으로 이들 방법 중 하나를 선택하게 된다. 물가상승에 직면한 회사의 매출원가와 세전이익을 후입선출법에서 선입선출법으로 전환하는 방법을 숙지하기 위해 다음 질문에 답하시오.

SELF-STUDY **QUIZ**

최근 몇 년간 농장 및 건설장비의 제조업체인 Caterpillar Inc.는 $6,725백만의 세전이익을 보고했다. "만약 선입선출법을 사용하였다면, 재고자산이 당기 및 전기 말에 보고된 것보다 각각 $2,422 및 $2,575 높았을 것이다." (언급된 금액은 후입선출충당금을 의미한다.) 당기의 세전이익을 후입선출 기준에서 선입선출 기준으로 전환하시오.

기초 후입선출충당금(후입선출에 대한 선입선출 원가 초과액)	______
차감: 기말 후입선출충당금(후입선출에 대한 선입선출 원가 초과액)	______
선입선출법하에서 매출원가 차이	______
세전이익(후입선출법)	______
선입선출법하에서 세전이익 차이	______
세전이익(선입선출법)	______

해설

기초 후입선출충당금	$2,575	세전이익(후입선출법)	$6,725
차감: 기말 후입선출충당금	2,422	세전이익 차이	(153)
매출원가 차이	$ 153	세전이익(선입선출)	$6,572

재고자산 통제

학습목표 7-7

재고관리 방법을 이해하고, 재고자산 오류가 재무제표에 미치는 영향을 분석하고 재고자산이 현금흐름에 미치는 영향에 대해 분석한다.

Alistair Berg/Digital Vision/Getty Images

재고자산에 대한 내부통제

재고자산은 현금 다음으로 도난에 가장 취약한 자산이다. 재고수량 부족 또는 초과로 인한 비용을 회피하기 위해 재고를 효율적으로 관리하는 것도 대부분 회사의 수익성을 결정하는 중요한 요인이 된다. 따라서 많은 통제기능이 재고를 보호하고 경영의사결정을 위한 최신 정보를 제공하는 데 초점을 두고 있다. 이들 중 핵심은 다음과 같다:

1. 재고자산 회계처리와 물리적 취급에 대한 책임의 분리
2. 재고자산을 도난 및 손상으로부터 보호할 수 있도록 적절하게 보관
3. 권한이 부여된 직원만 재고자산에 제한적 접근 허용
4. 계속기록법에 따른 기록 유지(이 장의 앞부분에서 설명)
5. 계속기록법에 따른 기록과 재고실사법에 따른 실질재고를 비교

기말재고 측정 오류

매출원가 방정식에서 알 수 있듯이, 기말재고로 남아 있지 않는 재고는 판매된 것으로 가정하기 때문에 기말재고와 매출원가 간에는 직접적인 관계가 있다. 따라서 기말재고 수량과 원가는 재무상태표(자산)와 손익계산서(매출원가, 매출총이익 및 당기순이익)에 모두 영향을 미친다. 기말재고의 측정은 해당 연도의 당기순이익뿐만 아니라 다음 연도의 당기순이익에도 영향을 미친다. 이 두 기간의 효과는 한 회계기간의 기말재고가 다음 회계기간의 기초재고가 되기 때문에 발생하게 된다.

연하장 제조업체인 Gibson Greetings는 한 부서의 기말재고가 과대계상됨으로 인해 당기순이익이 20% 가량 과다하게 보고되었다. 여러분들은 이러한 오류가 당기와 다음 연도의 세전이익에 미치는 효과를 매출원가 등식을 이용하여 계산할 수 있다. 기말재고가 발견되지 않은 오류로 인하여 $10,000만큼 과대계상되었다고 가정해 보자. 이러한 오류가 당기와 다음 연도에 미치는 효과는 다음과 같을 것이다:

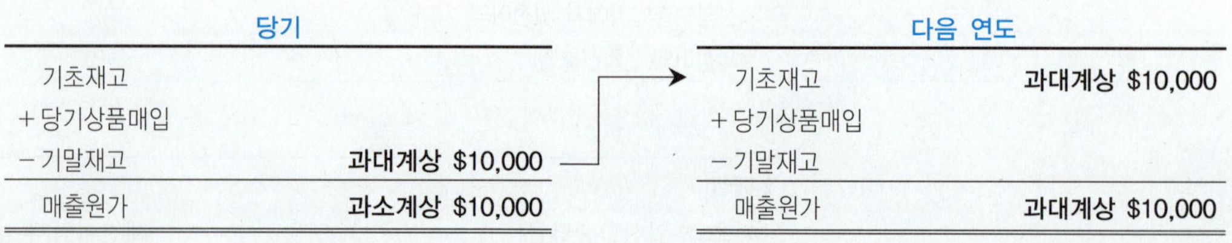

당기		다음 연도	
기초재고		기초재고	**과대계상 $10,000**
+ 당기상품매입		+ 당기상품매입	
− 기말재고	**과대계상 $10,000**	− 기말재고	
매출원가	**과소계상 $10,000**	매출원가	**과대계상 $10,000**

당기의 매출원가가 과소계상되었기 때문에, 세전이익은 $10,000만큼 과대계상될 것이다. 그리고 당기의 기말재고는 다음 연도의 기초재고가 되기 때문에, 다음 연도에는 다음과 같은 효과

가 있다. 다음 연도의 매출원가가 과대계상됨으로 인해 세전이익은 $10,000만큼 과소계상될 것이다.

이들 오류는 각각 이익잉여금으로 유입되어 당기 말의 이익잉여금은 $10,000(관련 법인세비용 차감후)로 과대계상될 것이다. 이 오류는 다음 연도에 상쇄될 것이며, 이로 인해 다음 연도말의 이익잉여금과 재고자산은 올바르게 표시될 것이다.

이 사례에서 우리는 기말재고 과대계상의 원인이 고의적인 것이 아닌 오류의 결과로 인한 것이라 가정하였다. 하지만 재고자산 부정은 재무제표 부정의 일반적인 유형이다.

STOP PAUSE FOR **FEEDBACK**

기말재고 측정에 오류가 있는 경우 당기 손익계산서의 매출원가와 재무상태표의 기말재고에 영향을 미친다. 올해 기말재고는 내년의 기초재고가 되기 때문에 다음 기간에도 동일한 금액만큼 매출원가에 영향을 미치게 되지만 방향은 반대가 된다. 이러한 관계는 매출원가 등식(기초재고 + 매입 − 기말재고 = 매출원가)을 통해 파악이 가능하다.

SELF-STUDY **QUIZ**

지금이 2016년 말이고 Benson Inc.가 독립된 공인회계사(CPA)에 의해 처음 감사를 받고 있다고 가정하자. 회사가 작성한 연간 손익계산서가 여기에 제시되어 있다. 추가로 독립된 CPA가 2016년의 기말재고가 $15,000만큼 과소계상되어 있는 것을 발견했다고 가정하자. 손익계산서를 수정하고 재구성하여 아래에 제시된 빈칸을 채우시오.

	12월 31일자로 종료되는 연도			
	2016 수정전		2016 수정후	
매출액		$750,000		
매출원가				
기초재고	$ 45,000			
가산: 매입	460,000		______	
판매가능재고	505,000			
차감: 기말재고	40,000		______	
매출원가		465,000		______
매출총이익		285,000		
영업비용		275,000		______
세전이익		10,000		
법인세비용(20%)		2,000		______
당기순이익		$ 8,000		______

해설

매출액		$750,000
매출원가		
기초재고	$ 45,000	
가산 : 매입	460,000	
판매가능재고	505,000	
차감 : 기말재고	55,000	
매출원가		450,000
매출총이익		300,000
영업비용		275,000
세전이익		25,000
법인세비용(20%)		5,000
당기순이익		$ 20,000

주의 : 특정 연도에 기말재고 오류가 있는 경우 세전이익에 해당 오류 금액만큼 영향을 미친다. 다음 연도에 기말재고 오류는 세전이익에 다시 동일한 금액만큼 반대 방향으로 영향을 미친다.

재고자산과 현금흐름

기업이 수요 증가에 맞춰 생산을 늘리면 재무상태표에 보고되는 재고자산 금액이 증가한다. 하지만 기업이 제품에 대한 수요를 과대하게 추정하는 경우에는 팔리지도 않을 품목을 과도하게 생산하게 된다. 이는 재고자산 구입을 위한 단기차입금에 대한 이자비용뿐만 아니라 보관비용을 증가시킨다. 또한 잉여재고가 정상가격으로 판매될 수 없는 경우 이는 곧 손실로 이어질 수도 있다. 현금흐름표는 종종 이러한 문제에 대해 첫 번째 신호를 보내곤 한다.

FOCUS ON CASH FLOWS

재고자산

매출채권의 변동과 마찬가지로 재고자산의 변동은 회사의 영업활동 현금흐름에 중대한 영향을 미칠 수 있다. 손익계산서의 매출원가는 해당 기간 동안 공급자에게 지급된 현금보다 많거나 적을 수 있다. 대부분의 재고품은 외상으로 구매되므로(이 경우 매입채무가 발생하게 됨), 매출원가를 공급자에게 지급한 현금으로 조정하려면 재고자산 및 매입채무 계정의 변동 사항을 고려해야 한다.

재고자산 변동의 영향에 대해서는 간단하게 생각해 볼 수 있다. 재고를 판매하면(재고 감소) 현금이 증가하게 되고, 재고를 매입하면(재고 증가) 현금이 감소하게 된다. 마찬가지로, 매입채무 증가는 곧 공급자로부터 차입을 하게 되는 것이므로 현금이 증가하게 된다. 매입채무의 감소는 곧 공급자에게 채무를 상환하게 되는 것이므로 현금이 감소하게 된다.

현금흐름표에 미치는 효과

일반적으로 특정 기간에 **재고자산이 감소**하는 경우, 이는 매출이 매입보다 많았다는 의미이다; 따라서 해당 감소분은 영업활동 현금흐름을 계산할 때 **가산**되어야 한다.

특정 기간에 **재고자산이 증가**하는 경우, 이는 매출이 매입보다 적었다는 의미이다; 따라서 해당 증가분은 영업활동 현금흐름을 계산할 때 **차감**되어야 한다.

특정 기간에 **매입채무가 감소**하는 경우, 이는 추가 매입보다 공급자에게 지급한 현금이 많았다는 의미이다; 따라서 해당 감소분은 영업활동 현금흐름을 계산할 때 **차감**되어야 한다.

특정 기간에 **매입채무가 증가**하는 경우, 이는 추가 매입보다 공급자에게 지급한 현금이 적었다는 의미이다; 따라서 해당 증가분은 영업활동 현금흐름을 계산할 때 **가산**되어야 한다.

	현금흐름표에 미치는 효과
영업활동(간접법)	
당기순이익	$×××
조정	
가산 : 재고자산 **감소**	+
혹은	
차감 : 재고자산 **증가**	−
가산 : 매입채무 **증가**	+
혹은	
차감 : 매입채무 **감소**	−

Focus Company 분석 : 2014년 Harley-Davidson의 경우처럼, 특정 기간에 재고자산이 증가한 것은 판매된 재고보다 구매 또는 생산된 재고가 더 많다는 의미이다. 따라서 해당 증가액은 영업활동 현금흐름을 계산할 때 차감되어야 한다. 반대로 특정 기간에 재고자산이 감소한 것은 판매된 재고가 구매 또는 생산된 재고보다 더 많다는 의미이다. 따라서 해당 감소액은 영업활동 현금흐름을 계산할 때 가산되어야 한다. 특정 기간에 매입채무가 증가한 것은 회사가 공급자로부터 차입한 금액이 지급한 금액보다 더 크다는 의미이다(혹은 지급을 연기). 따라서 해당 증가액은 영업활동 현금흐름을 계산할 때 가산되어야 한다.*

HARLEY-DAVIDSON, INC.
연결현금흐름표
2014년 12월 31일자로 종료되는 연도
(단위 : $천)

	2014
영업활동 현금흐름 :	
당기순이익	$ 844,611
당기순이익을 영업활동에서 창출된 순현금액으로 조정:	
감가상각비	179,300
....	
유동자산 및 유동부채의 변동:	
....	
재고자산	(50,866)
매입채무 및 미지급채무	19,128
....	
총조정액	$ 302,066
계속 영업활동에서 창출된(사용된) 순현금	$1,146,677

*외화를 보유하거나 사업 인수/처분이 있었던 회사의 경우 현금흐름표에 보고된 변동액이 재무상태표에 보고된 계정의 변동 금액과 일치하지 않을 수 있다.

DEMONSTRATION CASE

(답안을 보기 전에 다음 요구사항을 완성하시오.) 이 사례는 재고원가 결정방법인 선입선출법과 후입선출법 및 재고자산회전율의 적용에 대한 복습을 위한 것이다.

Balent Appliances는 다양한 가전제품을 유통하고 있다. 이 중 전자레인지를 이 사례를 위해 선택해 보았다. 다음의 요약된 거래가 2016년 동안 주어진 순서대로 발생하였다고 가정하자(모든 거래는 현금거래로 가정함):

	수량	단위당 원가
a. 기초재고	11	$200
b. 새로운 재고 매입	9	220
c. 판매(판매가격, $420)	8	?

요구사항 :

1. 재고원가 결정방법으로 선입선출법과 후입선출법을 적용하였다고 가정하고, 다음의 금액을 계산하시오.

	기말재고		매출원가	
	수량	금액	수량	금액
선입선출법				
후입선출법				

2. 재고원가가 현행 추세를 따를 것으로 예상된다고 가정하면, 여러분들은 Balent가 이들 재고에 대해 어떤 회계처리방법을 선택하도록 제안할 것인가? 이에 대해 설명하시오.
3. 그 밖의 영업비용이 $500이고 법인세율이 25%라고 가정하고, 여러분들이 선택한 방법을 사용하여 해당 기간의 손익계산서를 작성하시오.
4. 여러분들이 선택한 방법을 사용하여 당기의 재고자산회전율을 계산하시오. 이 비율이 나타내는 의미는 무엇인가?

해설

1.

	기말재고		매출원가	
	수량	금액	수량	금액
선입선출법	12	$2,580	8	$1,600
후입선출법	12	$2,420	8	$1,760

계산내역

기초재고 (11 units × $200)	$2,200
+ 매입 (9 units × $220)	1,980
판매가능재고	$4,180

선입선출 재고금액(기말에 원가계산)

판매가능재고 (위에서)	$4,180
− 기말재고 [(9 units × $220) + (3 units × $200)]	2,580
매출원가 (8 units × $200)	$1,600

후입선출 재고금액(기말에 원가계산)

판매가능재고 (위에서)	$4,180
− 기말재고 [(11 units × $200) + (1 unit × $220)]	2,420
매출원가 (8 units × $220)	$1,760

2. 후입선출법을 선택하여야 한다. 원가가 상승하고 있기 때문에, 후입선출법은 높은 매출원가, 낮은 세전이익 및 낮은 법인세 납부액을 보고한다. 후입선출 순응 규칙 때문에 세금신고와 손익계산서 모두에 후입선출법을 사용해야 한다.

3.

BALENT APPLIANCES
손익계산서
2016년 12월 31일자로 종료되는 연도

매출액	$3,360
매출원가	1,760
매출총이익	1,600
기타비용	500
법인세비용차감전순이익	1,100
법인세비용(25%)	275
당기순이익	$ 825

계산내역

매출액 = 8 × $420 = $3,360

4. 재고자산회전율 = 매출원가 ÷ 평균재고자산
= $1,760 ÷ [($2,200 + $2,420) ÷ 2 = $2,310]
= 0.76

재고자산회전율은 해당 기간에 재고가 평균적으로 몇 번 생산 또는 구매되고 판매되었는지를 반영하는 비율이다. 따라서 Balent Appliances는 평균적으로 1년에 한 번 미만으로 재고를 구입하고 판매하고 있다.

보론 A

후입선출 청산

후입선출 청산
후입선출법하에서 기초재고에 있던 낮은 원가의 품목이 판매되는 것.

후입선출법을 적용하는 회사가 구매 또는 제조한 것보다 더 많은 재고를 판매할 경우, 기초재고에 있던 품목이 매출원가의 일부가 된다. 이것을 후입선출 청산(LIFO liquidation)이라고 한다. 재고원가가 상승하는 경우, 기초재고에 있던 원가가 낮은 품목이 판매되는 경우, 회사는 높은 매출총이익, 높은 과세소득 및 높은 법인세를 부담하게 된다. 우리는 이 프로세스에 대해 이전에 살펴보았던 Harley-Davidson의 Model A 가죽 재킷 예제를 두 번째 연도로 확장하여 설명하도록 하겠다.

후입선출 청산의 재무제표 효과

앞의 사례에서 Harley-Davidson 매장은 1차 연도에 $70, $80 그리고 $100의 순으로 재고를 매입하였다는 사실을 떠올려 보자(<도표 7.4>). 그리고 후입선출법하에서 $100짜리 1개와 $80짜리 3개가 판매되어, 기말재고에는 $80짜리 1개와 $70짜리 2개가 남았다. 우리는 이 사례를 두 번째 연도로 계속 이어갈 것이다. 1차 연도의 기말재고는 2차 연도의 기초재고가 된다.

첫 번째로, 2차 연도에 Harley-Davidson 매장에서 현행가격인 $120에 3개의 재고를 매입하였고, 판매가격은 $140로 인상되었으며, 3개의 재고가 판매되었다고 가정해 보자. 후입선출법을 사용하는 경우 매출원가와 기말재고에 할당되는 금액은 다음과 같다.

매출원가 계산 (후입선출법하에서 3개의 재고를 매입하고 3개의 재고를 판매한 경우)	
기초재고 ($70짜리 2개와 $80짜리 1개)	$220
+ 매입 ($120짜리 3개)	360
판매가능재고	580
− 기말재고 ($70짜리 2개와 $80짜리 1개)	220
매출원가 ($120짜리 3개)	$360

판매가격을 단위당 $140로 가정하였으므로, 새로 구매한 재고 3개에 대한 매출총이익은 3개 × $20 = $60가 된다.

두 번째로, 매장에서 $120에 2개의 재고만을 매입하였고 나머지 상황은 위의 예제와 동일하다고 가정해 보자. 후입선출법을 사용하는 경우 새로운 재고 $120짜리 2개와 기존의 $80짜리 재고 1개가 매출원가가 될 것이다.

매출원가 계산 (후입선출법하에서 2개의 재고를 매입하고 3개의 재고를 판매한 경우)	
기초재고 ($70짜리 2개와 $80짜리 1개)	$220
+ 매입 ($120짜리 2개)	240
판매가능재고	460
− 기말재고 ($70짜리 2개)	140
매출원가 ($120짜리 2개와 $80짜리 1개)	$320

판매가격을 단위당 $140로 가정하였으므로, 새로 구매한 재고 2개에 대한 매출총이익은 2개 × $20 = $40가 된다. 기존의 재고는 원가가 $80이므로, 이 재고에 대한 매출총이익은 $20가 아니라 $60($140 − $80)가 된다. 따라서 매출총이익은 $100로 증가하게 된다. 이 두 사례가 손익계산서에 미치는 효과는 아래와 같다.

	후입선출 청산 없음 (3단위 매입)	후입선출 청산 발생 (2단위 매입)
손익계산서 효과		
매출액	$420	$420
매출원가	360	320
매출총이익	60	100
기타비용	48	48
법인세비용차감전순이익	12	52
법인세비용(25%)	3	13
당기순이익	$ 9	$ 39

이 $40의 차이는 후입선출 청산의 세전 효과이다. 주어진 세율 25%를 감안할 때, 법인세 납부액은 청산이 없는 경우에 비해 $10(0.25 × $40)만큼 더 높다.

실제로는 재고를 판매한 후 이를 대체하는 재고를 추가적으로 매입하게 되면 후입선출 청산 및 추가 세금 납부를 피할 수 있다. 세법은 회계연도의 모든 매입이 매출과 매출원가가 기록되기 전에 이루어진 것으로 가정하여 후입선출법을 적용하도록 하고 있다. 따라서 일시적으로 후입선출 청산이 발생하더라도 기말이 되기 전에 재고를 추가 매입함으로써 후입선출 청산을 제거할 수 있다. 대부분의 회사는 이러한 방식으로 후입선출을 적용하고 있다.

보론 B

재고실사법과 계속기록법하에서의 선입선출 및 후입선출 매출원가

이 보론의 목적은 재고실사법과 계속기록법하에서 선입선출 및 후입선출 매출원가의 계산이 어떻게 달라지는지를 비교하는 것이다. 이 장의 본문에서 언급했듯이 선입선출 매출원가는 두 방법 모두에서 항상 동일하게 계산된다. 하지만 후입선출 매출원가는 어떤 방법을 사용하는지에 따라 다르게 계산되는 것이 일반적인데, 재고원가가 상승할 때 계속기록법을 사용하게 되면, 회사는 더 많은 법인세를 납부하게 된다. 다음은 회사의 1월 재고의 매입 및 매출 내역이다. 기초재고는 2,000개이고, 매입은 14,000개 그리고 매출은 9,000개이다.

	수량	단위당 원가
1월 1일 기초재고	2,000	$20.60
1월 5일 매출	1,000	
1월 13일 매입	6,000	22.00
1월 17일 매출	3,000	
1월 25일 매입	8,000	25.10
1월 27일 매출	5,000	

선입선출법

선입선출법은 가장 오래된 재고가 가장 먼저 판매되는 것으로 가정하는 방법이다. 재고실사법을 사용하는 경우, 해당 월에 판매 가능한 가장 오래된 재고 9,000개는 기초재고 2,000개, 1월 13일 매입분 6,000개 및 1월 25일 매입분 1,000개로 구성된다. 매출원가는 다음과 같이 계산된다:

매출원가

수량	단위당 원가	총원가
2,000	$20.60	$ 41,200
6,000	22.00	132,000
1,000	25.10	25,100
합계		$198,300

계속기록법을 사용하는 경우에는 각각의 매출 시점에서 판매 가능한 가장 오래된 재고를 사용하여 각 매출에 대해 개별적으로 매출원가를 계산한다.

매출원가

매출일자	수량	단위당 원가	총원가
1월 5일	1,000	$20.60	$ 20,600
1월 17일	1,000	20.60	20,600
	2,000	22.00	44,000
1월 27일	4,000	22.00	88,000
	1,000	25.10	25,100
합계			$198,300

선입선출법에서는 어떤 방법을 사용하더라도 매출원가는 $198,300가 된다. 이는 판매 가능한 가장 오래된 재고를 해당 월 전체를 기준으로 파악하든지 혹은 각각의 판매 시점을 기준으로 파악하든지 여부에 상관없이 모두 동일하기 때문이다. 이 사실은 항상 성립한다.

후입선출법

후입선출법은 가장 최근에 매입한 재고가 가장 먼저 팔리는 것으로 가정하는 방법이다. 재고실사법을 사용하는 경우, 해당 월에 판매 가능한 가장 최근의 재고 9,000개는 1월 25일 매입분 8,000개, 1월 13일 매입분 1,000개로 구성된다. 매출원가는 다음과 같이 계산된다:

매출원가

수량	단위당 원가	총원가
8,000	$25.10	$200,800
1,000	22.00	22,000
합계		$222,800

계속기록법을 사용하는 경우에는 각각의 매출 시점에서 판매 가능한 가장 최근의 재고를 사용하여 각 매출에 대해 개별적으로 매출원가를 계산한다.

매출원가

매출일자	수량	단위당 원가	총원가
1월 5일	1,000	$20.60	$ 20,600
1월 17일	3,000	22.00	66,000
1월 27일	5,000	25.10	125,500
합계			$212,100

계속기록법에서의 매출원가가 재고실사법을 적용한 경우보다 높음에 주목하자. 이는 해당 월 전체를 기준으로 했을 때와 판매 시점을 기준으로 했을 때의 판매 가능한 가장 최근의 재고가 동일하지 않기 때문이다. 원가가 상승할 때, 재고실사법에서는 계속기록법에서보다 같거나 높은 매출원가 값이 계산된다. 이 사례에서는, 재고실사법을 적용한 경우의 매출원가가 $10,700($222,800－$212,100)만큼 더 높게 계산된다. 매출원가가 높으므로, 세전이익은 $10,700만큼 더 낮게 보고될 것이다. 만약 세율이 35%라면, 회사는 당기에 $3,745(0.35 × 10,700)만큼 세금을 덜 납부하게 될 것이다.

계속기록 시스템에서 후입선출법을 적용하지 않는 이유

위에서 설명하였듯이, 재고실사법을 사용하는 경우의 추가적인 절세 효과는 실제로 중소기업이나 대기업이 계속기록법을 거의 사용하지 않는 두 가지 이유 중 하나이다. 다른 이유는 계산의 복잡성 및 비용과 관련이 있다. 회사의 계속기록 시스템이 새로운 재고의 매입을 즉시 기록하기에 충분히 정교하다 하더라도, 송장가격 책정, 반품, 에누리 및 할인에 관한 정보가 부족하여 해당 제품의 단가를 즉각 계산해 낼 수는 없다. 게다가 많은 양의 다양한 재고품목을 판매하고 구매하는 회사의 경우, 얼마나 빈번히 판매가능재고를 계산해야 할지에 대해서도 생각해 보자. 이러한 이유로, 대부분 회사에서 계속기록법을 사용해 후입선출법을 적용하는 것은 비용이 많이 들거나 불가능하다. 대신, 기업들은 기중에 선입선출 기준으로 계속기록법을 적용한 재고기록을 유지하다가, 기말에 기말수정분개를 통해 재무상태표의 재고자산 및 손익계산서의 매출원가 모두를 후입선출 기준으로 전환시킨다.

보론 C

매입 측정에 있어 추가적인 문제

매입에누리와환출

매입에누리와환출
불만족스러운 재고로 인한 매입원가의 감소.

매입한 재고가 원하던 사양에 맞지 않거나, 손상된 상태로 도착하거나, 그 밖에 불만족스러운 경우에는 이를 공급자에게 반품할 수 있다. 매입에누리와환출(purchase returns and allowances)은 재고의 매입원가를 감소시키고 현금 환불 혹은 공급자에 대한 채무를 감소시키는 기록이 필요하다. 예를 들어, Harley-Davidson이 원가 $1,000의 모터사이클용 부츠가 손상되어 이를 공급업체에 반품한다고 가정해 보자. 이 반품은 다음과 같이 기록될 것이다:

매입채무(−L) (혹은 현금 +A)	1,000	
재고자산(−A)		1,000

자산		=	부채		+	자본
재고자산	−1,000		매입채무	−1,000		

매입할인

매입할인
외상대금의 신속한 결제에 따른 현금할인.

현금할인에 대한 회계처리는 판매자와 구매자 모두가 해야 한다(판매자의 회계처리는 제6장에서 다루었다). 상품을 외상으로 구입할 때, 2/10, n/30 같은 신용조건이 명시되어 있는 경우가 있다. 즉, 매입한 날로부터 10일 이내에 대금을 지급하는 경우, 매입할인(purchase discount)으로 알려진 2%의 현금할인이 부여된다. 만약 할인기간 내에 대금을 지급하지 않으면, 전체 송장가격을 구입 후 30일이 이내 지급해야 한다. Harley-Davidson이 1월 17일에 2/10, n/30의 조건으로 송장가격 $1,000의 제품을 구입했다고 가정하자. 이 매입은 다음과 같이 기록된다(총액법으로 회계처리):

매입일			
1월 17일	재고자산(+A)	1,000	
	매입채무(+L)		1,000

자산		=	부채		+	자본
재고자산	+1,000		매입채무	+1,000		

대금지급일, 할인기간 내			
1월 26일	매입채무(−L)	1,000	
	재고자산(−A)		20
	현금(−A)		980

자산		=	부채		+	자본
재고자산	−20		매입채무	−1,000		
현금	−980					

만약 어떤 이유로 Harley-Davidson이 10일의 할인기간 내에 대금을 지급하지 않은 경우에는 다음과 같은 분개가 필요하다:

대급지급일, 할인기간 이후

		차변	대변
2월 1일	매입채무(−L)	1,000	
	현금(−A)		1,000

자산		=	부채		+	자본
현금	−1,000		매입채무	−1,000		

CHAPTER TAKE-AWAYS

7-1. 소매업체, 도매업체 및 제조업체들이 재고자산에 포함하여야 하는 금액과 수익비용대응의 원칙에 따라 매출원가를 결정하는 방법을 원가주의를 적용하여 파악한다.

재고자산에는 판매를 위해 보유하고 있는 모든 항목이 포함되어야 한다. 재화를 구입하거나 제조하는 경우 재고자산으로 원가가 집계된다. 재화가 판매되거나 처분되는 경우에는 원가가 재고자산에서 빠져나가게 된다(비용으로). 수익비용대응의 원칙에 따라 당기의 매출원가는 당기에 획득한 매출에 대응되어 인식되어야 한다. 회사는 (1) 재고에 대한 상세하고 계속적인 기록 관리가 유지되는 방법인 계속기록법 및 (2) 회계연도 말에 기말재고에 대한 재고실사를 하고, 매출원가 등식을 이용해 매출원가를 결정하는 방법인 재고실사법의 두 방법을 이용하여 기말재고와 매출원가를 추적할 수 있다.

7-2. 네 가지 재고원가 결정방법을 사용하여 재고자산과 매출원가를 보고한다.

이 장에서는 기말에 남아 있는 재고와 판매된 재고 사이에 원가를 할당하는 데 사용되는 네 가지 재고원가 결정방법과 다양한 경제 상황에서 어떻게 그 방법들을 적용할 것인지에 대해 살펴보았다. 논의된 방법에는 개별법, 선입선출법, 후입선출법 및 평균법이 있었다. 이들 각 재고원가 결정방법들은 모두 GAAP에 부합하는 방법이다. 후입선출법을 사용하는 상장회사는 재고자산과 매출원가를 선입선출 기준의 금액으로 전환할 수 있도록 관련 정보를 주석으로 공시해야 한다. 원가흐름의 가정은 실제 물량의 흐름과는 일치할 필요가 없음을 기억하자.

7-3. 어떤 재고원가 결정방법을 사용하는 것이 회사에 유리한지를 결정한다.

재고원가 결정방법의 선택은 보고이익, 법인세비용(이로 인한 현금흐름) 및 재무상태표에 보고되는 재고금액에 영향을 미치므로 중요하다. 물가상승 시 선입선출법은 일반적으로 후입선출법보다 순이익과 세금을 높게 보고한다; 물가하락 시에는 그 반대가 된다. 일반적으로 법인세를 최소화하는 방향으로 이들 방법 중 하나를 선택하게 된다.

7-4. 저가법(LCM)을 적용하여 재고자산을 보고한다.

기말재고는 실제 원가와 순실현가능가치 중 낮은 금액을 기준으로 측정해야 한다(저가 기준). 이러한 원칙은 원가 감소에 직면한 회사의 재무제표에 중대한 영향을 줄 수 있다. 손상, 진부화, 폐기 및 판매시즌이 끝난 재고의 원가가 순실현가능가치보다 낮은 경우, 이를 현행 순실현가능가치 추정액으로 감액하여야 한다. 저가법 조정은 매출원가를 증가시키고, 순이익을 감소시키며, 감액이 있었던 연도의 재고자산을 감소시킨다.

7-5. 재고자산회전율을 이용하여 재고관리를 평가한다.

재고자산회전율은 재고관리의 효율성을 측정하는 비율이다. 재고자산회전율은 해당 기간에 재고가 평균적으로 몇 번 생산되고 판매되었는지를 반영한다. 재고자산회전율이 갑자기 하락하는 경우 회사는 예기치 못한 제품 수요 감소에 직면해 있거나 생산관리에 문제가 있다는 것이기 때문에 재무분석가와 채권자는 이 비율에 관심을 기울인다.

7-6. 서로 다른 재고원가 결정방법을 사용하는 회사를 비교한다.

후입선출법을 적용한 회사의 재무제표를 선입선출 기준으로 전환함으로써 이러한 비교가 가능하다. 후입선출법을 사용하는 상장회사는 기초재고와 기말재고가 선입선출법을 적용하는 경우와 비교하여 차이가 나는 경우에는 이를 공시해야 한다. 이 차이 금액을 흔히 후입선출충당금이라고 부른다. 기초 후입선출충당금에서 기말 후입선출충당금을 차감한 금액은 선입선출법을 적용한 경우 발생하는 매출원가 차이와 일치한다. 세전이익은 반대 방향으로 동일한 금액만큼 영향을 받는다. 이 금액에 세율을 곱하면 세금 효과가 된다.

7-7. 재고관리방법을 이해하고, 재고자산 오류가 재무제표에 미치는 영향을 분석하고 재고자산이 현금흐름에 미치는 영향에 대해 분석한다.

다양한 통제절차를 통해 재고 도난 및 관리 실수를 제어할 수 있다. 기말재고 측정에 오류가 있는 경우 당기 손익계산서의 매출원가와 재무상태표의 기말재고에 영향을 미친다. 올해 기말재고는 내년의 기초재고가 되기 때문에 다음 기간에도 동일한 금액만큼 매출원가에 영향을 미치게 되지만 방향은 반대가 된다. 이러한 관계는 매출원가 등식(기초재고+매입－기말재고＝매출원가)을 통해 파악이 가능하다. 특정 기간에 재고자산이 감소하는 경우, 이는 매출이 매입보다 많았다는 의미이다; 따라서 해당 감소분은 영업활동 현금흐름을 계산할 때 가산되어야 한다. 특정 기간에 재고자산이 증가하는 경우, 이는 매출이 매입보다 적었다는 의미이다; 따라서 해당 증가분은 영업활동 현금흐름을 계산할 때 차감되어야 한다.

이 장과 이전 장에서 우리는 기업의 유동자산에 대해 살펴보았다. 이들 자산은 회사의 영업에 매우 중요하지만, 이들 대부분이 직접 가치를 창출해 내지는 못한다. 제8장에서 우리는 비유동자산인 유형자산; 생산능력의 요소인 무형자산; 천연자원에 대해 살펴보게 될 것이다. 많은 비유동자산들은 자동차를 제조하는 공장과 같이 가치를 창출해 낸다. 이들 자산은 여러 회계기간에 걸쳐 효익을 가져다주는 특징이 있기 때문에, 이로 인해 몇몇 흥미로운 회계 문제가 발생한다.

KEY **RATIO**

재고자산회전율은 재고관리의 효율성을 측정한다. 이 비율은 해당 기간에 재고가 평균적으로 몇 번 생산되고 판매되었는지를 반영하고 있다(재고관리 평가 섹션의 "Key Ratio Analysis" 박스 참조).

$$\text{재고자산회전율} = \frac{\text{매출원가}}{\text{평균재고자산}}$$

FINDING FINANCIAL INFORMATION

재무상태표

유동자산
재고자산

손익계산서

비용
매출원가

현금흐름표

영업활동(간접법)

당기순이익
－재고자산 증가
＋재고자산 감소
＋매입채무 증가
－매입채무 감소

주석

중요한 회계정책의 요약
경영자가 선택한 재고자산 회계처리 정책에 대한 기술(선입선출법, 후입선출법, 저가법 등)

별도의 주석
재무상태표에 열거되지 않은 재고자산이 있는 경우(상품, 원재료, 재공품, 제품)
후입선출충당금, 후입선출법을 사용한 경우 (후입선출에 대한 선입선출 원가 초과액)

KEY TERMS

개별법
매입할인
선입선출법(FIFO)
재고실사법
제조간접원가
판매가능재고
후입선출법(LIFO)
계속기록법
매출원가 등식
순실현가능가치
재고자산
제품재고
평균법
후입선출충당금
매입에누리와환출
상품재고
원재료재고
저가법(LCM)
직접노무원가
후입선출 청산

QUESTIONS

1. 재고자산이 재무제표의 내부이용자(경영진) 및 외부이용자 모두에게 중요한 이유는 무엇인가?
2. 어떤 항목이 재고자산에 포함되어야 하는지 여부를 결정하는 일반적인 지침은 무엇인가?
3. 기말재고에 원가주의를 적용하는 방법에 대해 설명하시오.
4. 판매가능재고를 정의하시오. 이는 매출원가와 어떻게 다른가?
5. 기초재고 및 기말재고를 정의하시오.
6. 이 장에서는 네 가지 재고원가 결정방법에 대해 논의하였다. 네 가지 방법을 나열하고 각각에 대해 간략하게 설명하시오.
7. 개별법을 사용하는 경우 어떻게 이익이 조작될 수 있는지에 대해 설명하시오.
8. (a) 가격이 상승하는 경우 및 (b) 가격이 하락하는 경우 LIFO와 FIFO가 보고되는 자산(즉, 기말재고)에 미치는 효과를 대조하여 설명하시오.
9. (a) 가격이 상승하는 경우 및 (b) 가격이 하락하는 경우 LIFO와 FIFO가 손익계산서(즉, 세전이익)에 미치는 효과를 대조하여 설명하시오.
10. LIFO와 FIFO가 현금 유출과 유입에 미치는 효과를 대조하여 설명하시오.
11. 시가가 원가보다 낮은 경우 기말재고에 LCM 개념을 적용하는 것과 이러한 적용이 손익계산서 및 재무상태표에 미치는 영향에 대해 간략하게 설명하시오.
12. 계속기록법이 사용될 때 판매된 품목의 단위당 원가는 각 판매일자에 파악이 가능하다. 반면, 재고실사법을 사용하는 경우 단위당 원가는 기말에 파악이 가능하다 이유는 무엇인가?

MULTIPLE-CHOICE QUESTIONS

1. 다음 정보를 이용하여 물음에 답하시오: 기말재고, $24,000; 매출, $250,000; 기초재고, $30,000; 판매비와관리비, $70,000; 매입, $90,000. 매출원가는 얼마인가?
   a. $86,000 b. $94,000
   c. $96,000 d. $84,000
2. 회사에서 선택한 재고원가 결정방법에 의해 영향을 받는 재무제표는?
   a. 재무상태표 b. 손익계산서
   c. 이익잉여금처분계산서 d. 이상의 모두
3. 다음 중 재고원가의 구성요소가 아닌 것은?
   a. 관리비 b. 직접노무원가
   c. 원재료원가 d. 공장제조간접비
4. 다음 정보를 이용하여 물음에 답하시오: 기초재고, 10단위 @ 단위당 $20; 첫 번째 매입, 35단위 @ 단위당 $22; 두 번째 매입, 40단위 @ 단위당 $24; 50단위 판매. FIFO를 사용하는 경우 매출원가는 얼마인가?
   a. $1,090 b. $1,060

c. $1,180 d. $1,200

5. 다음 정보를 이용하여 물음에 답하시오: 기초재고, 10단위 @ 단위당 $20; 첫 번째 매입, 35단위 @ 단위당 $22; 두 번째 매입, 40단위 @ 단위당 $24; 50단위 판매. LIFO를 사용하는 경우 매출원가는 얼마인가?
   a. $1,090 b. $1,060
   c. $1,180 d. $1,200

6. 재고자산회전율 증가는
   a. 재고자산 주문에서 수령까지 걸리는 시간이 길다는 것을 나타낸다.
   b. 재고자산 주문에서 수령까지 걸리는 시간이 짧다는 것을 나타낸다.
   c. 재고자산 구매에서 판매까지 걸리는 시간이 짧다는 것을 나타낸다.
   d. 재고자산 구매에서 판매까지 걸리는 시간이 길다는 것을 나타낸다.

7. 기말 매입채무가 감소된 것은 다음 중 어느 상황에 해당하는가?
   a. 공급업체에 지급한 현금이 당기 매입을 초과했다.
   b. 공급업체에 지급한 현금이 당기 매입보다 적다.
   c. 고객으로부터의 수취한 현금이 공급업체에게 지급한 현금을 초과했다.
   d. 고객으로부터의 수취한 현금이 당기 매입을 초과했다.

8. 재고자산 저가법 평가에 관한 다음의 설명 중 옳은 것은?
   (1) 저가법은 역사적원가주의의 한 예로 볼 수 있다.
   (2) 재고자산의 순실현가능가치가 재무기록에 나타난 원가 이하로 떨어지면 당기순이익은 감소한다.
   (3) 재고자산의 순실현가능가치가 재무기록에 나타난 원가 이하로 떨어지면 총자산은 감소한다.
   a. (1) b. (2)
   c. (2) 및 (3) d. 세 가지 모두

9. 다음 중 어떤 재고원가 결정방법을 사용하는 경우 손익계산서상 매출액에 현행원가를 보다 적절히 대응시키고, 재무상태표상 재고자산을 예전의 가격으로 보고하게 되는가?
   a. FIFO b. 평균법
   c. LIFO d. 개별법

10. 계속기록법에 관한 다음의 설명 중 틀린 것은 무엇인가?
   a. 재고기록은 거래별로 유지되므로 재고실사는 필요하지 않다.
   b. 재고자산 계정 잔액은 재고의 매입 및 매출이 있을 때마다 기록된다.
   c. 매출이 기록될 때에 매출원가는 증가한다.
   d. 재고자산을 취득할 때 매입 계정을 사용하지 않는다.

MINI-EXERCISES

M7-1. 재고자산 품목과 기업의 유형 연결하기

다음의 각 재고자산 유형을 기업의 유형과 연결하시오:

	기업의 유형	
재고자산 유형	상기업	제조기업
재공품		
제품		
상품		
원재료		

M7-2. 상기업의 매입원가 기록하기

Select Apparel이 90벌의 새로운 셔츠를 구입하고 다음과 같이 총원가로 $2,258를 기록하였다:

송장가격	$1,800
선적비용	185
수입관세	165
재고매입을 위해 차입한 $1,800에 대한 이자(6.0%)	108
	$2,258

요구사항:

이 계산에 오류가 있는 경우 수정하시오. 계속기록법을 사용한다고 가정하고 해당 매입을 기록하기 위한 분개를 수행하시오. 계산내역을 제시하시오.

M7-3. 제조기업의 재고원가 식별하기

제조기업에서 발생한 원가는 (1) 재고자산으로 처리했다가 제품 판매 시 매출원가로 비용처리되거나, (2) 발생 시 비용으로 처리된다. 다음 각 원가가 (1)과 (2) 중 어디에 속하는지를 나타내시오.

___ a. 공장 노동자 임금
___ b. 매입한 원재료 원가
___ c. 판매부서 직원 급여
___ d. 공장건물에 대한 수도광열비
___ e. 본사건물에 대한 수도광열비

M7-4. 매출원가 등식을 이용하여 매입 추론하기

JCPenney Company, Inc.는 50개 주 모두에서 백화점을 운영하고 있는 대형 소매업체이다. 회사의 가장 주요한 업무는 백화점을 통해 소비자에게 상품 및 서비스를 제공하는 것이다. 최근 연차보고서에서 JCPenney는 당기 매출원가로 $11,042백만, 당기 기말재고로 $2,916백만 및 전기 말 재고로 $3,213백만를 보고했다.

요구사항:

당기 상품 매입액을 합리적으로 추정하는 것이 가능한가? 만약 그렇다면 이를 추정하고, 만약 가능하지 않다면 그 이유를 설명하시오.

M7-5. 재고원가 결정방법과 재무제표 효과 연결하기

다음의 각 상황별 효과가 FIFO와 LIFO 중 어떤 재고원가 결정방법을 적용하는 경우에 나타나는 것인지를 기재하시오.

a. 원가 감소

가장 높은 당기순이익 _____

가장 높은 재고자산 _____

b. 원가 증가

가장 높은 당기순이익 _____

가장 높은 재고자산 _____

M7-6. 회사 상황에 맞는 재고원가 결정방법 선택하기

재고원가가 상승하는 경우 일반적으로 FIFO와 LIFO 중 어떤 재고원가 결정방법을 선택하는 것이 바람직한지를 제시하시오. 그 이유를 설명하시오.

M7-7. 저가법하에서 재고자산 보고하기

Wood Company는 기말에 다음과 같은 재고품목을 보유하고 있다:

	수량	품목당 원가	품목당 순실현가능가치
A 품목	70	$110	$100
B 품목	30	60	85

품목별로 저가법 금액을 계산하여 재무상태표에 보고될 재고자산 금액을 결정하시오.

M7-8. 재고관리의 변경이 재고자산회전율에 미치는 효과 파악하기

다음과 같은 재고관리의 변경이 재고자산회전율에 미치는 영향을 나타내시오(+는 증가, −는 감소, NE는 효과 없음).

___ a. 공급업체로부터 주 1회 공급받던 부품재고를 매일 공급받음.

___ b. 재고자산 구매대금에 대한 지급 기일을 15일에서 30일로 연장.

___ c. 생산공정을 10일에서 8일로 단축.

M7-9. 재고자산 오류가 재무제표에 미치는 영향 결정하기

전기 말 재고가 $50,000만큼 과소계상되었다고 가정하자. 이 오류가 전기와 당기의 세전이익 금액에 어떤 영향을 미칠지에 대해 설명하시오. 반대로, 전기 말 재고가 $50,000만큼 과대계상되었다면 그 효과는 어떻게 되겠는가?

EXERCISES

E7-1. 재고자산에 포함될 항목 분석하기

당기 말인 12월 31일 창고에 대한 재고실사를 근거로 하여, Madison Company는 재고자산을 $34,500로 보고할 계획이다. 독립된 CPA가 감사를 수행하던 도중, 다음과 같은 추가 정보를 파악하였다.

a. 당기에 매입한 원가 $700의 재고가 12월 31일 현재 UPS로 운송 중이다. 조건은 FOB 선적지 인도조건(이에 대해서는 "요구사항" 부분에서 설명됨)이다. 이 재고들은 아직 도착하지 않았으므로 재고실사에서 제외되었다.
b. Madison은 당기 12월 27일 고객에게 원가 $1,800의 견본품을 보냈다. 해당 견본품은 다음 연도 1월 15일에 반환될 예정이다. 이 재고는 기말 현재 회사가 보유 중이 아니므로 재고실사에서 제외되었다.
c. 당기 12월 31일 현재 FOB 선적지 인도조건으로 고객에게 $6,500의 재고가 운송 중이다(다음 연도 1월 10일 도착 예정). 해당 재고는 이미 선적되었기 때문에 재고실사에서 제외되었다.
d. 당기 12월 31일 현재 FOB 도착지 인도조건으로 고객에게 $1,500의 재고가 운송 중이다(다음 연도 1월 10일 도착 예정). 해당 재고는 이미 선적되었기 때문에 재고실사에서 제외되었다.

요구사항:

Madison의 회계정책은 소유권이 있는 모든 물품을 재고자산에 포함시키도록 하고 있다. 소유권이 변경되는 시점은 매매계약의 운송조건에 따라 결정된다. 재고가 "FOB 선적지 인도조건"으로 운송되는 경우, 선적시점에 소유권이 이전되고 일반적으로 구매자가 운임을 부담하게 된다. "FOB 도착지 인도조건"으로 운송되는 경우 소유권은 도착시점에 이전되고 일반적으로 판매자가 운임을 부담하게 된다. $34,500의 재고금액으로 시작하여 기말재고에 대한 정확한 금액을 계산하시오. 각 항목의 처리에 대한 근거를 설명하시오. (**힌트:** 세 칼럼을 설정하시오: 항목, 금액 및 설명)

E7-2. 손익계산서 관계를 근거로 누락된 금액 추정하기

다음의 각 독립 사례를 바탕으로 손익계산서에 누락된 금액을 제시하시오. (**힌트:** 사례 B의 경우, 아래에서부터 위로 올라가면서 작성하시오.)

	사례 A		사례 B		사례 C	
순매출액		$7,500		$?		$5,000
기초재고	$11,200		$ 7,000		$ 4,000	
매입	4,500		?		9,500	
판매가능재고	?		15,050		13,500	
기말재고	9,000		11,050		?	
매출원가		?		?		4,200
매출총이익		?		800		?
비용		300		?		700
세전이익(손실)		$ 500		($200)		$ 100

E7-5. FIFO, LIFO 및 평균법하에서 기말재고와 매출원가 계산하기

Penn Company는 재고실사법을 사용하고 있다. 회계연도 말인 12월 31일 현재 회계기록은 제품 1에 대해 다음 정보를 제공하고 있다:

	수량	단위당 원가
전기 12월 31일 재고	2,000	$5
당기 :		
매입, 3월 21일	5,000	6
매입, 8월 1일	3,000	8
당기 12월 31일 재고	4,000	

요구사항:

재고원가 결정방법으로 FIFO, LIFO 및 평균법을 사용하는 경우, 각각의 당기 기말재고와 매출원가를 계산하시오. (**힌트:** 각 사례에 대해 인접한 칼럼을 설정하시오.)

E7-7. LIFO 및 FIFO의 재무제표 효과 분석 및 해석하기

Broadhead Company는 재고실사법을 사용하고 있다. 회계연도 말인 12월 31일 현재 회계기록은 제품 2에 대해 다음 정보를 제공하고 있다:

		수량	단위당 원가
전기 12월 31일 재고		3,000	$ 9
당기:			
매입, 4월 11일		9,000	10
매입, 6월 1일		7,000	15
매출(단위당 $50)		10,000	
영업비용(법인세비용 제외)	$195,000		

요구사항:

1. (a) 사례 A: FIFO 및 (b) 사례 B: LIFO 각각에 대해 매출원가 내역을 상세히 나타내고 세전이익까지 표시되는 손익계산서를 작성하시오. 각 경우에 대하여 기말재고 및 매출원가 계산내역을 제시하시오. (**힌트:** 각 사례에 대해 인접한 칼럼을 설정하시오.)
2. 두 사례의 세전이익과 기말재고 금액을 비교하시오. 이들의 유사점과 차이점에 대해 설명하시오.
3. 법인세 목적으로는 어떤 재고원가 결정방법이 선호될 것인가? 이에 대해 설명하시오.

E7-9. 현금흐름 효과에 근거하여 세 가지 대체적인 재고원가 결정방법 선택하기

다음은 재고실사법을 사용한다고 가정하는 경우, 세 가지 재고원가 결정방법에 따른 Audio Solutions Company의 부분 손익계산서이다:

	FIFO	LIFO	평균법
매출원가			
기초재고(400단위 @ $28)	$11,200	$11,200	$11,200
매입(475단위 @ $35)	16,625	16,625	16,625
판매가능재고			
기말재고(525단위)			
매출원가	$	$	$
매출, 350단위; 단위당 판매가격, $50			
비용, $1,700			

요구사항:

1. 재고원가 결정방법으로 FIFO, LIFO 및 평균법을 사용하는 경우 각각의 매출원가를 계산하시오.
2. 각 방법에 대해 세전이익까지 표시되는 손익계산서를 작성하시오.
3. 법인세 납부액 순서대로 세 가지 방법의 순위를 매기고(유리한 현금흐름), 순위를 매긴 근거에 대해 설명하시오.

E7-12. 저가법으로 재고자산 보고하기

Jones Company는 당기 12월 31일자 연차 재무제표를 작성 중이다. 판매를 위해 구입한 다섯 가지 주요 재고품목에 대한 정보는 다음과 같다:

	기말재고, 당기		
품목	보유수량	취득시 단위당 원가(FIFO)	기말 현재 순실현가능가치(시가)
A	50	$15	$12
B	80	30	40
C	10	48	52
D	70	25	30
E	350	10	5

요구사항:

LCM을 품목별로 적용하여 당기 기말재고 평가액을 계산하시오. (**힌트 :** 품목, 수량, 총원가, 총시가 및 LCM 평가액에 대한 칼럼을 설정하시오.)

E7-15. LIFO/FIFO의 선택이 재고자산회전율에 미치는 효과에 대해 분석 및 해석하기

Young Company의 당기 1월말 특정 상품에 대한 기록은 다음과 같다:

FIFO하의 기초재고 : 19단위 @ $16=$304

LIFO하의 기초재고 : 19단위 @ $12=$228

1월 거래	수량	단위당 원가	총원가
매입, 1월 9일	25	$13	$325
매입, 1월 20일	50	19	950
매출, 1월 21일(단위당 $38에 판매)	40		
매출, 1월 27일(단위당 $39에 판매)	25		

요구사항:

FIFO 및 LIFO를 사용하는 경우 1월의 재고자산회전율을 계산하시오(계산내역을 나타내고 가장 가까운 달러금액으로 반올림할 것). 재고관리의 효율성을 보다 정확하게 나타내는 재고원가 결정 방법은 무엇인가? 그 이유에 대해 설명하시오.

E7-16. 재고자산을 LIFO에서 FIFO로 조정하는 주석 분석하기

다음은 최근 Ford Motor Company의 연차보고서에 포함된 주석이다:

주석 8. 재고자산 — 자동차 부문

12월 31일 현재 재고자산(단위: $백만)

	당기	전기
원재료, 재공품 및 소모품	$2,847	$2,812
제품	3,982	3,970
FIFO하의 총재고자산	6,829	6,782
차감 : LIFO 조정	(928)	(865)
합계	$5,901	$5,917

재고자산의 약 3분의 1에 대해 후입선출법이 적용되었다.

요구사항:

1. Ford가 FIFO만을 사용하였다면, 당기에 보고될 기말재고는 얼마인가?
2. Ford가 당기에 보고한 매출원가는 $113,345백만이다. Ford가 양 연도 모두 FIFO만을 사용했다면, 회사가 보고했을 매출원가는 얼마인가?
3. Ford의 경영진이 일부 재고자산에 대해 LIFO를 적용하는 이유를 설명하시오.

E7-19. 재고자산 오류의 영향 분석 및 해석하기

Grants Corporation은 다음 두 가지 손익계산서를 작성하였다(사례 목적으로 단순화하여 제시).

	1분기		2분기	
매출액		$11,000		$18,000
매출원가				
기초재고	$4,000		$ 3,800	
매입	3,000		13,000	
판매가능재고	7,000		16,800	
기말재고	3,800		9,000	
매출원가		3,200		7,800
매출총이익		7,800		10,200
비용		5,000		6,000
세전이익		$2,800		$ 4,200

회사는 3분기에, 1분기의 기말재고가 $4,400로 보고되었어야 한다는 사실을 알게 되었다.

요구사항:

1. 이 오류는 1분기 및 2분기의 세전이익을 합친 금액에 어떤 영향을 미쳤는가? 이에 대해 설명하시오.

2. 이 오류가 각 분기의 EPS 금액에 어떤 영향을 미쳤는가? (EPS에 대해서는 제5장을 참조하시오.) 이에 대해 설명하시오.
3. 분기별로 수정된 손익계산서를 작성하시오.
4. 손익계산서상 올바른 금액과 틀린 금액의 효과를 비교해 보기 위해 다음의 표를 완성하시오.

	1분기			2분기		
손익계산서 항목	틀린 금액	올바른 금액	오류	틀린 금액	올바른 금액	오류

E7-20. 재고자산 및 매입채무의 변동이 영업활동 현금흐름에 미치는 영향 해석하기

최근 연차보고서에서 PepsiCo는 재무상태표에 다음 정보를 포함시켰다(단위: $백만):

연결재무상태표		
	당기	전기
…		
재고자산	$ 3,827	$ 3,372
…		
매입채무	11,757	10,923

요구사항:

재고자산 및 매입채무의 변동이 당기 영업활동 현금흐름에 미치는 효과에 대해 설명하시오.

E7-21. (보론 A) LIFO 재고금액의 감소로 인한 효과 분석하기

연차보고서에서 ConocoPhillips는 2011년 동안 회사가 재고수준을 감소시켰다고 보고했다. ConocoPhillips의 2011년 재무제표에는 다음과 같은 주석이 포함되어 있다:

> 2011년 LIFO 청산으로 인해 ConocoPhillips에 귀속되는 당기순이익이 $1억 6,000만로 증가했으며, 그 중 $1억 5,500만가 R&M 부문에 귀속되었습니다.

요구사항:

1. 재고 수량의 감소로 인해 ConocoPhillips의 당기순이익이 증가한 이유를 설명하시오.
2. 만약 ConocoPhillips가 FIFO를 사용했다면, 재고 수량 감소가 당기순이익을 증가시켰을까? 이에 대해 설명하시오.

E7-22. (부록 B) 재고실사법 및 계속기록법에서의 FIFO와 LIFO 매출원가 비교하기

1월 중 소매업체의 기초재고와 매입이 다음과 같다고 가정하자:

(1) 1월 1일 단위당 $7의 기초재고 300단위, (2) 1월 8일 단위당 $8에 매입한 재고 450단위, (3) 1월 29일 단위당 $9에 매입한 재고 750단위. 회사는 1월 12일 350단위, 1월 30일에 550단위를 판매하였다.

요구사항:

1. (a) FIFO(재고실사법), (b) FIFO(계속기록법), (c) LIFO(재고실사법) (d) LIFO(계속기록법)을 적용하는 경우 1월의 매출원가를 각각 계산하시오.

2. 어떤 원가흐름의 가정을 경영진에게 추천할 것이며, 그 이유는 무엇인가? 재고실사법 또는 계속기록법 중 어떤 방법을 추천할 것이며, 그 이유는 무엇인가?

E7-23. (부록 C) 현금할인이 있는 경우 매출 및 매입 기록하기

Scott's Cycles는 2/15, n/30의 신용조건으로 상품을 판매하고 있다. 2월 1일 Shannon Allen에게 $1,500(매출원가 $975)의 매출송장을 발행하였다. 회사는 총액법으로 매출할인을 기록하고 있다.

요구사항:

1. 외상판매를 기록하는 분개를 제시하시오. 회사가 계속기록법을 사용하고 있다고 가정하자.
2. 회사가 2월 9일에 외상대금을 전액 회수하였다고 가정하고 분개를 제시하시오.
3. 위 '2.' 대신에, 회사가 3월 2일에 외상대금을 전액 회수하였다고 가정하고 분개를 제시하시오.

3월 4일, 회사는 공급업체로부터 자전거 및 액세서리를 $9,000에 외상으로 매입하였다; 조건은 3/10, n/30이었다. 회사는 총액법으로 매입할인을 기록하고 있다.

요구사항:

4. 외상매입을 기록하는 분개를 제시하시오. 회사가 계속기록법을 사용하고 있다고 가정하자.
5. 회사가 3월 12일에 외상대금을 전액 지급하였다고 가정하고 분개를 제시하시오.
6. 위 '5.' 대신에, 회사가 3월 28일에 외상대금을 전액 지급하였다고 가정하고 분개를 제시하시오.

PROBLEMS

P7-4. LIFO를 적용하는 경우의 이익조작에 대해 분석 및 해석하기

Pacific Company는 해외로부터 취득한 전자 테스트 장비를 판매하고 있다. 회계연도 중 재고기록에는 다음의 내용이 반영되어 있다:

	수량	단위당 원가	총원가
기초재고	20	$12,000	$240,000
매입	42	10,000	420,000
매출(단위당 $24,500에 47대)			

재고자산은 LIFO를 사용하여 원가로 평가된다.

요구사항:

1. LIFO와 재고실사법을 사용하여 다음의 요약 손익계산서를 완성하시오(계산내역을 표시할 것).

매출액	$
매출원가	
매출총이익	
비용	300,000
세전이익	$
기말재고	$

2. 경영진은 여러 이유로 12월 31일 기말이 되기 전에 장비 20대를 단위당 $9,000에 추가로 구입할 것을 고려하고 있다. 해당 매입이 12월 31일에 이루어진다고 가정하고 손익계산서(기말재고 포함)를 재작성하시오.
3. 12월 31일에 이루어진 결정으로 인해 세전이익은 얼마나 변동하겠는가? 테스트 장비의 단위당 원가가 다음 연도에도 계속해서 하락할 것으로 예상된다고 가정하면, 여기에 이익이 조작되었다는 증거가 있는가? 이에 대해 설명하시오.

P7-6. 저가법이 손익계산서 및 현금흐름에 미치는 효과 평가하기

Jaffa Company는 당기 12월 31일자 연차 재무제표를 작성하였다. 회사는 재고원가 결정방법으로 FIFO를 적용하고 있다; 그러나 회사는 부주의로 인해 기말재고에 대해 저가법을 적용하지 않았다. 저가법이 반영되기 전의 당기 손익계산서는 다음과 같다:

매출액		$300,000
매출원가		
기초재고	$ 33,000	
내입	184,000	
판매가능재고	217,000	
기말재고(FIFO 원가)	50,450	
매출원가		166,550
매출총이익		133,450
영업비용		62,000
세전이익		71,450
법인세비용(30%)		21,435
당기순이익		$ 50,015

여러분들이 저가법 평가까지 반영하여 당기 재무제표를 재작성해 달라는 요청을 받았다고 가정해보자. 여러분들은 당기 기말재고와 관련된 다음과 같은 정보를 파악하였다:

		취득원가		순실현가능
		단위당		가치
품목	수량	원가	총원가	(시가)
A	3,050	$3	$ 9,150	$4
B	1,500	5.5	8,250	3.5
C	7,100	1.5	10,650	3.5
D	3,200		22,400	4
			$50,450	

요구사항:

1. 기말재고에 대한 저가법 평가를 반영하여 당기 손익계산서를 재작성하시오. 품목별로 저가법을 적용하고 계산내역을 제시하시오.
2. 위 '1.'의 손익계산서상 변경된 각 금액에 대해 저가법이 미친 영향을 비교하고 설명하시오.
3. 재고자산에 대하여 저가법을 적용하는 이론적 근거는 무엇인가?

4. 생각해볼 만한 문제 : 저가법은 당기 현금흐름에 어떤 영향을 미쳤는가? 장기적으로는 현금흐름에 어떤 영향을 미치겠는가?

P7-7. 제조활동의 변경이 영업활동 현금흐름에 미치는 효과 평가하기

Mears and Company는 휴대전화 부품에 특화된 전자부품 전문 제조업체로 5년 동안 영업을 수행해오고 있다. 이 기간 동안 매출액과 재고자산이 급격하게 증가했다. Mears씨와 그의 동료들은 Mears의 첫 번째 기업관리자로 당신을 고용했다. 당신은 연말까지 약 3분의 1의 재고를 줄일 계획으로 새로운 구매 및 제조 절차를 마련했다. 변경 사항과 관련하여 수집된 자료는 다음과 같다.

	(단위 : $천)	
	기초	기말(예상)
재고자산	$582,500	$384,610
		당기(예상)
매출원가		$7,283,566

요구사항:

1. 다음 두 가지 가정에 따라 재고자산회전율을 계산하시오:
   a. 앞의 표에 제시된 것과 동일(재고자산 금액 감소).
   b. 기초재고 금액에서 변화가 없음.
2. 재고자산 금액의 변화가 당기 영업활동 현금흐름에 미치는 효과를 계산하시오(부호와 금액을 나타낼 것).
3. 앞의 분석을 바탕으로 재고자산회전율의 증가가 영업활동 현금흐름을 어떻게 증가시킬 수 있는지에 대해 간략하게 설명하시오. 또한 이 증가가 회사에 어떤 효익을 줄 수 있는지에 대해서도 설명하시오.

P7-8. 재고자산 주석을 바탕으로 LIFO와 FIFO 간의 선택 평가하기

International Paper Company의 연차보고서에는 다음과 같은 주석이 포함되어 있다:

> 후입선출법은 International Paper의 미국 소재 재고를 평가하는 데 대부분 사용되고 있습니다. … 만약 선입선출법을 사용하였다면, 2011년 및 2010년 12월 31일에 각각 약 $350백만와 $334백만의 재고자산 금액이 증가하게 됩니다.

2011년 International Paper Company는 $1,341백만의 당기순이익(세후)을 보고했다. 2011년 12월 31일 현재 International Paper Company의 이익잉여금 잔액은 $3,330백만이다.

요구사항:

1. 만약 International Paper Company가 FIFO를 사용했다면 2011년 보고했을 당기순이익을 산정하시오(30%의 세율을 가정).
2. 만약 International Paper Company가 계속해서 FIFO를 사용해 왔다면 2011년 기말에 보고했을 이익잉여금 금액을 산정하시오(30%의 세율을 가정).
3. International Paper가 FIFO를 사용했었다면 납부하였을 금액과 비교하여, LIFO의 사용으로 인

해 2011년에 회사가 납부했어야 하는 법인세액이 감소되었다. 이 감소된 금액을 계산하시오 (30%의 세율을 가정).

ALTERNATE PROBLEMS

AP7-2. 이익 및 현금흐름에 근거하여 네 가지 대체적인 재고원가 결정방법 평가하기(P7-3)

당기 1월말, NewRidge Company의 기록에 따르면 단위당 $16에 판매된 특정 품목에 대한 자료는 다음과 같다:

거래	수량	금액
1월 1일 재고	120	$ 960
1월 12일 매입	380	3,420
1월 26일 매입	200	2,200
매출	(100)	
매출	(140)	

요구사항:

1. 재고실사법을 사용한다고 가정할 때, 다음 각 방법에 따라 매출총이익까지 표시되는 1월의 요약 손익계산서를 작성하시오: (a) 평균법, (b) FIFO, (c) LIFO 및 (d) 개별법. 개별법의 경우 첫 번째 판매는 기초재고에서, 두 번째 판매는 1월 12일 매입에서 발생하였다고 가정하시오. 계산내역(기말재고 포함)을 상세히 나타내시오.
2. FIFO와 LIFO 중에서 어떤 방법이 가장 높은 세전이익을 보고하게 되는가? 어떤 방법에서 EPS가 가장 높아지는가?
3. FIFO와 LIFO 중에서 어떤 방법이 가장 낮은 법인세비용을 보고하게 되는가? 평균세율이 30%라고 가정하고 이에 대해 설명하시오.
4. FIFO와 LIFO 중에서 어떤 방법이 보다 유리한 현금흐름을 창출하게 되는가? 이에 대해 설명하시오.

AP7-3. 원가가 상승 또는 하락하는 경우 LIFO와 FIFO 선택에 대해 평가하기(P7-5)

이익은 다음과 같은 네 가지 다른 상황에서 평가된다:

a. 가격 상승 :
   (1) 상황 A : FIFO가 사용됨.
   (2) 상황 B : LIFO가 사용됨.

b. 가격 하락 :
   (1) 상황 C : FIFO가 사용됨.
   (2) 상황 D : LIFO가 사용됨.

네 가지 상황 모두에 공통적인 기본 자료는 다음과 같다: 매출, $13,260에 510단위; 기초재고, 340단위; 매입, 410단위; 기말재고, 240단위; 영업비용, $5,000. 분석 목적으로 각 상황에 대해 다음과

같이 표로 작성된 손익계산서를 설정하였다:

	가격 상승		가격 하락	
	상황 A	상황 B	상황 C	상황 D
	FIFO	LIFO	FIFO	LIFO
매출액	$13,260	$13,260	$13,260	$13,260
매출원가 :				
기초재고	3,060	?	?	?
매입	4,100	?	?	?
판매가능재고	7,160	?	?	?
기말재고	2,400	?	?	?
매출원가	4,760	?	?	?
매출총이익	8,500	?	?	?
비용	5,000	5,000	5,000	5,000
세전이익	3,500	?	?	?
법인세비용(30%)	1,050	?	?	?
당기순이익	$ 2,450			

요구사항:

1. 각 상황에 대해 앞의 표를 완성하시오. 상황 A와 B(가격 상승)에서는 다음을 가정한다: 기초재고, 단위당 $9에 340단위=$3,060; 매입, $10에 410단위=$4,100. 상황 C와 D(가격 하락)에서는 그 반대를 가정한다: 즉, 기초재고 $10에 340단위=$3,400; 매입 $9에 410단위=$3,690. 재고실사법을 사용하시오.
2. 위 '1.'의 결과를 바탕으로, 가격의 상승과 하락이 세전이익 및 당기순이익에 미치는 상대적인 효과를 분석하시오.
3. 각 상황이 현금흐름에 미치는 상대적인 효과를 분석하시오.
4. FIFO 또는 LIFO 중 어떤 방법을 추천하겠는가? 이에 대해 설명하시오.

CONTINUING PROBLEM

CON7-1. 원가가 상승 또는 하락하는 경우 재고원가 결정방법 선택에 대해 평가하기

Pool Corporation, Inc.는 최근 연차보고서에서 "2010년 우리 업계는 가격 디플레이션을 겪었습니다. … 2011년 우리 업계는 특정 화학제품에 대한 가격 하락에도 불구하고 전반적으로 약 2%의 가격 인플레이션을 겪었습니다." 이것은 몇 년 동안은 Pool의 전체 재고원가가 상승했고 몇 년 동안은 하락했다는 것을 의미한다. 또한 몇 년 동안 일부 재고품목의 원가는 상승한 반면 다른 품목은 하락했다. 올해 Pool의 재고는 2개의 품목만 있다고 가정하자. 매입 및 매출 관련 자료는 다음과 같다.

	재고품목 A		재고품목 B	
거래	수량	단위당 원가	수량	단위당 원가
기초재고	40	$6	40	$6
매입, 2월 7일	80	8	80	5
매입, 3월 16일	100	9	100	3
매출, 4월 28일	160		160	

요구사항:

1. FIFO 및 LIFO 재고원가 결정방법을 사용하여 두 품목 각각에 대해 개별적으로 매출원가를 계산하시오.
2. FIFO와 LIFO 중에서, 어떤 방법이 (a) 당기순이익 및 (b) 납부세액(현금흐름) 측면에서 바람직한가? 각각의 품목별로 답하시오. 이에 대해 설명하시오.

CASES AND PROJECTS

사업보고서 사례

CP7-2. 재무정보 찾기

이 책 뒷부분 부록 C에 있는 Urban Outfitters의 재무제표를 참조하시오.

요구사항:

1. 회사는 재고자산에 회계처리에 대해 저가법을 적용하고 있다. 기말에 회사가 재고를 대체원가 또는 순실현가능가치로 감액할 것으로 예상되는가? 여러분들의 답안에 대해 설명하시오.
2. 회사는 재고자산의 원가를 결정하기 위해 어떤 방법을 사용하고 있는가?
3. 회사가 2015년 1월 31일자로 종료되는 회계연도에 $10백만의 기말재고를 과대계상한 경우, 올바른 세전이익은 얼마가 되겠는가?
4. 당기 재고자산회전율을 계산하시오. 재고자산회전율을 통해 무엇을 알 수 있는가?

재무보고서와 분석 사례

CP7-4. 재무보고서 활용: 원가를 당기 영업비용이 아닌 재고자산으로 처리하는 효과에 대해 해석하기

Dana Holding Corporation은 차량, 기계장비 및 상용차 등 모바일 장비 시장을 위한 부품을 설계 및 제조하고 있다. 최근 연차보고서에서 Dana의 재고자산 주석은 다음과 같다:

> Dana는 1월 1일자로 재고자산 회계처리방법을 변경했습니다. … 이전에 비용으로 처리했던 특정 생산 관련 원가를 재고자산에 포함시키기로 했습니다. 이 회계원칙의 변경으로 인해 원가가 관련 수익에 보다 적절히 대응될 수 있습니다. 이 회계변경으로 인해 재고자산이 $23.0, 당기순이익이 $12.9만큼 증가했습니다.

요구사항:

1. Dana의 과거 회계처리방법에 따르면, 특정 생산원가는 발생한 기간에 손익계산서상의 비용으로 인식되었다. 새로운 회계처리방법에서 해당 원가는 언제 비용으로 인식될 것인가?
2. 이 원가를 재고자산에 포함시키는 것이 어떻게 재고자산과 당기순이익을 증가시키는지에 대해 설명하시오.

비판적 사고 사례

CP7-6. 재무분석가로서 의사결정하기: LIFO로 변경하는 경우의 효과 분석하기

Seneca Foods(Libby's 과일 및 야채 통조림 브랜드 라이선스 보유회사)의 보도자료에는 다음과 같은 정보가 포함되었다:

> 전년도 당기순이익은 $32,067,000, 희석주당이익은 $2.63이었던데 비해, 올해 당기순이익은 $8,019,000, 희석주당이익은 $0.65였다. 이러한 결과는 2007년 12월 30일(4분기)부터 LIFO(후입선출법)로 재고자산을 평가하기로 한 회사의 결정이 반영되었기 때문이다. 이 변경으로 인해, 회사가 이전의 방법으로 재고자산을 평가한데 비해 연간 세전이익은 $28,165,000, 당기순이익은 $18,307,000, 주당이익은 $1.50(희석주당이익은 $1.49)만큼 감소되었다. 회사는 당기에 중대한 인플레이션이 있었기 때문에, LIFO를 사용하면 현행수익에 현행원가가 보다 적절히 대응될 것으로 생각하였다. 이 변경으로 회사의 법인세가 감소되어 $9,858,000의 현금이 절감되었다. 회사가 FIFO(선입선출법)로 재고자산을 계속하여 평가했다면, 영업외손익을 제외한 세전이익은 전년도 $40,009,000에서 사상 최고치인 $42,644,000이었을 것이다.

요구사항:

Wall Street의 선도적인 투자은행의 새로운 재무분석가로서 당신은 Seneca의 재무제표에 회계변경의 영향을 요약한 주석을 작성하는 업무를 배정받았다. 세율은 35%로 가정하자. 당신의 보고서에는 다음의 사항이 포함되어야 한다:

1. 왜 경영진은 LIFO를 채택하였는가?
2. 이러한 변경이 세전이익과 기말재고에 얼마나 영향을 주는가? 보도자료에 언급된 세금절감액이 정확한지 확인하시오.

3. 재무분석가로서, LIFO의 채택으로 인한 이익 감소에 대해서는 어떻게 대응할 것인가? 보도자료의 모든 정보를 고려하시오.

재무보고서와 분석 팀 과제

CP7-8. 팀 프로젝트: 재고자산 분석하기

팀을 구성하여 분석할 산업을 선택하자. Yahoo Finance는 biz.yahoo.com/p/industries.html에서 산업 목록을 제공하고 있다. 해당 산업에 속하는 기업의 목록을 보려면 해당 산업을 클릭하면 된다. 또는 www.google.com/finance를 입력하여 Google Finance로 이동한 후 관심 있는 회사를 검색할 수 있다. 여러분들은 해당 기업과 그 경쟁업체를 포함한 목록을 볼 수 있다. 각 팀원은 해당 산업에 속하는 각기 다른 상장기업을 선택하여 그 회사에 대한 연차보고서 또는 10-K를 얻도록 하자 (www.sec.gov에서 제공하는 SEC의 EDGAR 서비스나 각 기업의 IR 사이트는 좋은 정보원이 될 수 있다).

요구사항:

각 팀 구성원은 개별적으로 선택한 회사에 대해 다음 질문에 답을 하고, 이를 간단한 보고서 형태로 작성해 보자. 그리고 팀으로서 여러분들이 관찰하는 모든 회사의 패턴에 대해 토론을 하도록 하자. 그런 다음 한 팀으로서 회사를 비교하고 대조하는 간단한 보고서를 작성하기 바란다.

1. 여러분들이 선택한 회사가 재무상태표에 재고자산을 표시하고 있는 경우, 지난 3년 동안 재고자산이 총자산에서 차지하는 비율은 각각 몇 퍼센트인가? 만약 여러분들이 선택한 회사가 재무상태표에 재고자산을 표시하고 있지 않은 경우, 그 이유에 대해 토론하시오.
2. 여러분들이 선택한 회사가 재무상태표에 재고자산을 표시하고 있는 경우, 미국 소재 재고자산에 대해서는 어떤 재고원가 결정방법이 적용되고 있는가?
   a. 어떤 동기로 인해 회사가 이 방법을 선택했다고 생각하는가?
   b. 회사가 LIFO를 사용하고 있는 경우, FIFO 또는 이와 유사한 방법을 대신 사용한 경우에 비해 세전이익이 얼마나 높거나 낮을 것인가?
3. 비율 분석 :
   a. 일반적으로 재고자산회전율은 무엇을 측정하는 비율인가?
   b. 여러분들이 선택한 회사가 재고자산을 표시하고 있는 경우, 지난 3년간의 비율을 계산하시오.
   c. 여러분들이 계산한 결과를 바탕으로 회사에 해줄 수 있는 제안은 무엇인가?
   d. 가능한 경우 가장 최근 연도에 대한 산업의 비율을 찾아 여러분들이 계산한 결과와 비교하고, 여러분들이 선택한 회사의 비율이 산업의 비율과 다른 이유 또는 유사하다고 생각하는 이유에 대해 토론하시오.
4. 가장 최근 연도의 영업활동 현금흐름에 재고자산의 변동이 미치는 효과는 무엇인가(즉, 변동으로 인한 영업활동 현금흐름의 증가 또는 감소)? 여러분들의 답안에 대해 설명하시오.

유형자산, 무형자산 및 천연자원의 보고 및 해석

2014년 12월 31일 현재, 665대의 보잉 737 항공기를 운용하고 있는 Southwest Airlines는 93개의 국내 및 국제선 서비스를 제공하고 있으며, 탑승객 수에 있어 미국 최대 항공운송업체이다. Southwest는 자본집약적인 회사로 재무상태표에 보고된 유형자산은 $140억가 넘는다. 2014 회계연도에 Southwest는 항공기, 기타 비행장비 및 지상장비에 거의 $8억를 지출했다. 항공여행 수요는 계절에 따라 변동이 많고, 여름철에 그 수요가 최고치가 되므로, 항공업계에서 최적의 생산능력을 계획하는 것은 매우 어렵다. Southwest의 경영자는 고객의 수요가 있는 모든 좌석을 채우기 위해 어느 도시에서, 어느 시점에 몇 대의 항공기가 필요한지를 결정해야 한다. 그렇지 않으면 회사는 수익을 잃거나(충분한 좌석이 없는 경우) 높은 비용(좌석이 너무 많은 경우)이 발생하게 된다.

또한 항공여행 수요는 회사의 통제를 벗어난 일반적인 경제상황 및 기타 사건에 매우 민감하다. 아무리 능력 있는 기업의 기획자라도 2001년 9월 11일 미국에 대한 테러공격이 항공산업을 흔들 것을 예측하지는 못했을 것이다. 이라크 전쟁은 항공여행에 대한 수요를 더욱 감소시켰다. 급격한 수요 감소에 대응하여 많은 항공사들이 항공기의 퇴역을 가속화하고, 일시적으로 항공기의 운항을 중지하고, 새로운 항공기 구입을 지연시키는 것을 고려하였다. 이후에도 세계 경제 환경이 악화되면서 항공업계는 더 많은 어려움을 겪게 되었다. 2000년에서 2014년 사이에 연료 가격이 3배 이상 상승함에 따라 많은 운송업체들이 생산능력을 감축해야 했다.

학습목표

이번 장을 학습한 후, 여러분들은 다음을 할 수 있어야 한다.

8-1 장기 생산성자산을 정의 및 분류하고, 그 특성에 대해 설명하고, 고정자산회전율에 대해 설명한다.

8-2 원가주의를 적용하여 유형자산의 취득 및 유지에 소요되는 원가를 측정한다.

8-3 자산을 보유하고 사용함에 따라 요구되는 다양한 원가배분 방법을 적용한다.

8-4 자산의 손상이 재무제표에 미치는 영향에 대해 설명한다.

8-5 유형자산의 처분에 대해 분석한다.

8-6 무형자산 및 천연자원에 대한 측정 및 보고 개념을 적용한다.

8-7 장기보유자산의 취득, 사용 및 처분이 현금흐름에 어떤 영향을 미치는지에 대해 설명한다.

08장

FOCUS COMPANY:

Southwest Airlines

저가항공 분야의 선두주자로서 생산능력 관리하기

www.southwest.com

Larry MacDougal/AP Photos

경영에 대한 이해

대부분의 기업 경영자가 직면한 주요 과제 중 하나는 회사의 장기적인 생산능력 — 즉, 어느 정도의 공장 및 설비가 필요할지를 예측하는 것이다. 경영자가 이 필요성을 과소평가하면 회사는 수요를 충족시킬 충분한 재화나 서비스를 생산하지 못할 것이며, 수익을 올릴 수 있는 기회를 놓치게 된다. 반면, 경영자가 이 필요성을 과대평가하게 되면, 회사는 과도한 원가를 부담하게 되고, 이로 인해 수익성이 떨어지게 될 것이다.

항공업계는 생산능력의 계획 및 분석이 얼마나 어려운지를 보여주는 좋은 예가 된다. 만약 미주리(Missouri)의 캔자스시티에서 출발하여 뉴욕으로 가는 비행기에 빈 좌석이 있는 경우, 그 좌석과 관련된 경제적 가치는 사라지게 된다. 비행기가 게이트를 떠난 후 고객에게 좌석을 팔 수 있는 방법은 분명 없다. 제조업체와 달리 항공사는 미래 좌석을 "재고자산"으로 보유하고 있을 수 없다.

마찬가지로 예기치 않게 많은 사람들이 비행기에 탑승하기를 원할 경우, 항공사는 일부 고객을 돌려보내야 한다. 배송기간이 1주일이 걸리더라도 Best Buy에서 텔레비전을 구매할 수는 있지만, 빈 좌석이 없다고 말한 항공사에서 추수감사절 주말 항공편을 예약하지는 않을 것이다. 여러분들은 다른 항공사를 선택하거나 다른 교통수단을 이용할 것이다.

Southwest는 American, United Continental, JetBlue 및 Delta와 같은 친숙한 이름을 가진 수많은 경쟁업체가 있다. Southwest의 10-K에는 "현재 Southwest의 예정된 모든 노선에서 다른 항공

사와 경쟁 중입니다."라고 언급이 되어 있다.

항공업계에서 승객들을 위한 싸움의 상당 부분은 유형자산과 관련된 것이다. 승객들은 편리한 일정을 원하며(많은 수의 항공기가 필요한), 새롭고 현대적인 비행기에 탑승하길 원한다. 항공사들은 장비에 많은 투자를 하지만, 사용하지 않은 좌석을 재고자산으로 보유할 수가 없기 때문에, 항공기를 각 항공편의 최대인원에 맞추기 위해 열심히 노력하고 있다. Southwest의 2014년 연차보고서는 회사가 저렴한 운임과 많은 단골 고객 우대 혜택을 제공할 수 있었던 비결에 대해 설명하고 있다.

SOUTHWEST AIRLINES
실제 자료에서 발췌:
연차보고서

> Southwest의 비즈니스 전략의 핵심 요소는 회사가 낮은 운임을 청구하면서도 수익성을 유지할 수 있도록 설계된 저원가 구조입니다. Southwest는 대다수의 미국 국내 항공사보다 평균적으로 낮은 단위당 원가를 유지하고 있습니다. 회사가 저렴한 원가 구조를 유지하는 비결은 Southwest가 단일 기종인 Boeing 737을 이용한다는 점, 운영의 효율성을 높이는 지점 간 경로 구조를 추가한다는 점 및 직원들의 생산성이 높다는 점을 들 수 있습니다. Southwest는 단일 기종을 사용하여 일정 계획, 유지보수, 항공편 운용 및 교육훈련 활동을 단순화할 수 있었습니다.

이상의 논의에서 알 수 있듯이, 유형자산을 둘러싼 문제는 전략, 가격 결정 및 수익성의 측면에서 회사에 전반적으로 영향을 미친다. 경영자는 최적의 생산능력 수준을 계획하는 데 많은 시간을 할애하고, 재무분석가는 경영진의 의사결정이 어떠한 영향을 미쳤는지 파악하기 위해 회사의 재무제표를 면밀히 검토한다.

이 장은 장기보유자산의 라이프 사이클－취득, 사용 및 처분－에 따라 구성되어 있다. 우선 토지, 건물 및 장비와 관련된 측정과 보고 문제에 대해 논의할 것이다. 그런 다음 무형자산 및 천연자원과 관련된 측정 및 보고 문제에 대해 논의할 것이다. 이 외에도 시간의 경과에 따라 발생하는 유형자산의 유지보수, 사용 및 처분 문제와 미래 현금흐름 창출 능력에 손상이 발생했다고 판단되는 경우 해당 자산의 측정 및 보고 문제에 대해 논의할 것이다.

이 장의 구성

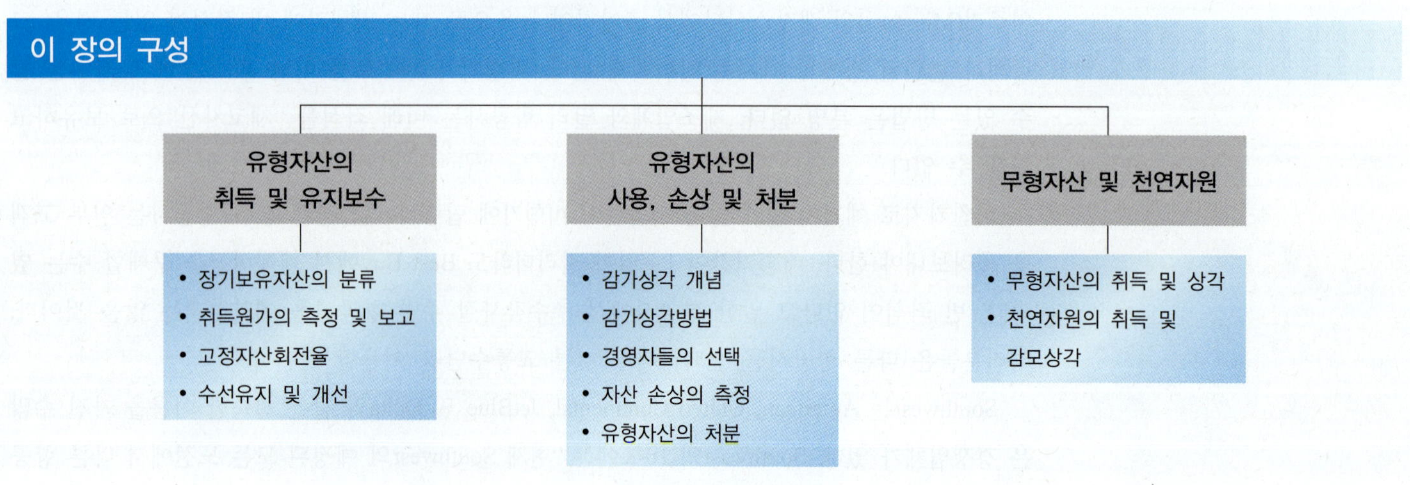

유형자산의 취득 및 유지보수

학습목표 8-1
장기 생산성자산을 정의 및 분류하고, 그 특성에 대해 설명하고, 고정자산회전율에 대해 설명한다.

<도표 8.1>은 2014년 12월 31일자로 종료되는 회계연도에 대한 Southwest의 연차보고서상 재무상태표의 자산 부분을 보여주고 있다. Southwest의 총자산 중 비행장비 및 지상장비의 비중이 70%가 넘는다. Southwest는 장기에 걸쳐 회사에 효익을 가져다주는 다른 자산도 보고하고 있다. 이들 자산을 분류하는 것부터 시작해보자.

장기보유자산의 분류

장기보유자산
기업이 장기적으로 영업에 사용할 목적으로 소유하는 유형 및 무형의 자산.

유형자산
물리적 실체가 있는 자산.

주요 회사의
총자산 대비 유형자산 비율

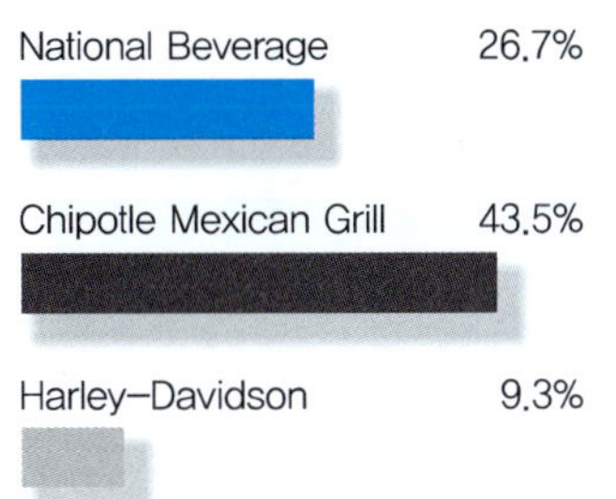

무형자산
물리적 실체는 없지만 특정 권리가 부여되어 있는 자산.

회사의 생산능력을 결정하는 자원을 흔히 장기보유자산(long–lived assets)이라고 부른다. 재무상태표상의 비유동자산으로 분류되는 이들 자산은 유형 혹은 무형일 수 있으며 다음과 같은 특징이 있다.

1. 유형자산(tangible assets)[1]은 물리적 실체를 가지고 있다; 즉, 만질 수 있는 자산이다. 장기 유형자산에는 다음과 같은 세 가지 유형이 있다.
   a. 영업에 사용되는 **토지**(land). Southwest의 경우에서처럼, 토지는 종종 재무상태표에 별도 항목으로 표시되지 않는 경우도 있다.
   b. 영업에 사용되는 **건물, 설비 및 장비**(buildings, fixtures, and equipment). Southwest의 경우 이 범주에는 항공기, 항공서비스를 위한 지상장비 및 사무실이 포함된다. [주: 토지, 건물, 설비 및 장비를 유형자산(property, plant, and equipment) 또는 고정자산(fixed assets)이라고도 한다.]
   c. 영업에 사용되는 **천연자원**(natural resources). Southwest는 재무상태표에 천연자원을 보고하고 있지 않다. 그러나 특정 산업에 속하는 회사의 경우 삼림 및 은광 등과 같은 천연자원을 보고하기도 한다.
2. 무형자산(intangible assets)이란 소유자에게 특정 권리를 부여하는 물리적 실체가 없는 장기보유자산이다. 특허권, 저작권, 프랜차이즈, 라이선스 및 상표권 등이 그 예가 될 수 있다. Southwest는 재무상태표에 $9억 7,000만의 영업권을 보고하고 있다.

취득원가의 측정 및 보고

원가주의(cost principle)**에 따라, 자산을 취득하고 사용 가능한 상태**(재고자산의 경우에는 판매 가능한 상태)**로 만드는 데 소요된 모든 합리적이고 필수적인 지출은 해당 자산의 원가로 기록되어야 한다**. 우리는 해당 지출이 당기의 비용이 아닌 자산의 일부로 기록될 때 이를 **자본화한**

1) 역자 주: 미국의 경우 재무상태표에 보고되는 유형자산에 대한 명칭은 일반적으로 property, plant, and equipment이다. Tangible asset은 유형의 실체가 있는 자산을 의미하는 것으로, 단기 사용 예정인 소모품, 단기 판매 예정인 재고자산 및 고갈되는 장기 사용 자산인 천연자원도 물리적 실체가 있기 때문에 tangible asset이라는 용어를 사용할 수 있다. 이 교재에서 유형자산이라 함은 일반적으로 property, plant, and equipment를 의미한다. 단, 유형자산에 tangible asset을 병기하는 경우에는 유형의 실체를 가진 일반적인 자산을 의미하는 것으로 이해하기 바란다.

도표 8.1

Southwest Airlines 재무상태표의 자산 섹션

SOUTHWEST AIRLINES
실제 자료에서 발췌:
연차보고서

SOUTHWEST AIRLINES CO.
연결재무상태표(부분)
2014년 및 2013년 12월 31일

자산(단위 : $백만)	2014	2013
유동자산(요약)	$ 4,404	$ 4,456
유형자산, 원가 :		
비행장비	18,473	16,937
부동산 및 지상장비	2,853	2,666
비행장비 구매약정에 따른 보증금	566	764
건설중인자산	621	453
	22,513	20,820
차감 감가상각 및 상각누계액	8,221	7,431
총유형자산	14,292	13,389
영업권	970	970
기타자산	534	530
총자산	$20,200	$19,345

다(capitalized)고 말한다. 따라서 판매세, 법률비용, 운송비용 및 설치비용은 자산의 매입가격에 가산된다.

KEY RATIO ANALYSIS

고정자산회전율(fixed asset turnover)

■ **분석적 질문**

경영자가 고정자산을 활용하여 얼마나 효과적으로 수익을 창출하였는가?

■ **비율 및 비교**

$$\text{고정자산회전율} = \frac{\text{순매출액(혹은 영업수익)}}{\text{평균순고정자산*}}$$

2014년 Southwest의 비율은(단위: $백만) :

영업수익 $18,605 ÷ [($13,389 + $14,292) ÷ 2] = 1.34

연도별 비교		
Southwest Airlines		
2012	2013	2014
0.92	0.90	1.34

경쟁업체와 비교	
Delta	United Continental Holdings
2014	2014
1.84	2.07

주요 회사의 고정자산회전율

Chipotle Mexican Grill	3.99
Deckers	10.40
Apple	9.82

■ **해석**

- **일반론 :** 고정자산회전율은 영업에 사용된 고정자산 $1당 창출된 매출액으로 측정한다. 이 비율이 높으면 일반적으로 효과적인 경영을 했다는 것을 의미한다. 고정자산을 보다 효율적으로 이

용하는 경우 시간이 지남에 따라 이 비율은 점차 증가하게 된다. 채권자와 증권분석가는 이 비율을 통해 회사가 효과적으로 고정자산을 이용하였는지를 평가하게 된다.

- **회사에 대한 분석 결과 :** Southwest의 고정자산회전율은 2012년에서 2014년 사이에 증가하였다. 언뜻 보기에는, Southwest가 Delta 및 United Continental Holdings보다 효율적이지 않은 것으로 보이지만, 사실은 그렇지 않다. 이들 회사의 고정자산회전율이 높은 이유는 항공기의 수명이 길어지고(이로 인해 감가상각의 비율이 높아짐), 재무상태표에 고정자산으로 나타나지 않는 리스 방식으로 이용하고 있는 비행기가 많기 때문이다.
- **주의사항 :** 고정자산회전율이 낮거나 감소하는 것은 미래 매출액이 증가할 것으로 예상되어 회사가 (생산성자산을 추가로 취득함으로써) 사업을 확장하고 있음을 나타내는 것일 수 있다. 이 비율이 증가하는 것은 기업이 경기침체로 인해 자본적 지출을 줄였다는 신호가 될 수도 있다. 하지만 이는 항공기 도입을 확대하고 있는 Southwest에는 해당하지 않는 경우이다. 따라서 고정자산회전율을 적절히 해석하려면 관련 활동을 면밀히 검토해야 할 필요가 있다.

---

* [기초+기말 고정자산(감가상각누계액 차감후)] ÷ 2

학습목표 8-2
원가주의를 적용하여 유형자산의 취득 및 유지에 소요되는 원가를 측정한다.

건물 및 장비 구입 외에도 회사는 새로운 공장 또는 사무실 건물을 건설할 목적으로 개발되지 않은 토지를 취득할 수 있다. 회사가 토지를 구입할 때 소유권 등기수수료, 중개수수료, 법률비용, 소유권 보증보험료, 세금 및 측량비용과 같이 매입과 관련된 모든 부대비용을 원가에 포함하여야 한다.

회사는 간혹 영업에 사용할 목적으로 오래된 건물 혹은 중고기계를 구입하기도 한다. 자산을 사용하기 전에 발생한 보수 및 수리비용은 원가의 일부로 포함되어야 한다. 또한 토지, 건물 및 장비를 그룹으로 구매하는 경우[일괄매입(basket purchase)이라고 함], 총원가는 전체 자산의 시가총액 대비 각 자산의 시가에 비례하여 각 자산에 배분된다.

예를 들어, Southwest가 2017년 1월 1일(Southwest의 회계연도 초)에 Boeing으로부터 737 항공기 한 대를 $7,800만에 구입했다고 가정해 보자. 또한, Boeing이 Southwest에게 구매계약을 하면서 $400만의 할인을 제공했다고 가정해 보자. 이 경우 Southwest의 새 비행기 가격은 실제로 $7,400만가 될 것이다. 또한 Southwest는 항공기를 인도하기 위한 운반비용으로 $200,000, 새로운 비행기를 영업에 사용하는 데 필요한 준비비용으로 $800,000를 지급하였다. 취득원가(acquisition cost)라고 불리는 매입으로 기록될 금액은 자산에 대해 지급된 순현금액으로 하거나 혹은 비현금자산으로 제공된 경우에는 제공된 자산의 공정가치와 제공받은 자산의 공정가치 중 보다 명확하게 결정될 수 있는 금액[**현금등가액**(cash equivalent price)이라고 함]으로 한다. Southwest는 다음과 같이 새 항공기의 취득원가를 계산하게 될 것이다:

취득원가
자산에 대해 지급되었거나 지급될 순현금등가액.

송장가격	$78,000,000
차감 : Boeing으로부터 제공받은 할인	4,000,000
순현금송장가격	74,000,000
가산 : Southwest가 지급한 운반비용	200,000
Southwest가 지급한 준비비용	800,000
항공기 원가(자산 계정에 가산)	$75,000,000

현금으로 취득하는 경우

Southwest가 항공기와 관련 운반비 등을 현금으로 지급하였다고 가정하면, 이 거래는 다음과 같이 기록된다.

비행장비(+A)	75,000,000	
현금(−A)		75,000,000

자산		=	부채		+	자본
비행장비	+75,000,000					
현금	−75,000,000					

Southwest가 $7,500만의 새로운 자산을 현금으로 구매하는 것이 드문 것처럼 보일 수 있지만, 이는 흔히 있는 경우이다. 생산성자산을 취득할 때 회사는 영업에서 창출된 현금 혹은 최근 차입한 현금으로 해당 자산의 대가를 지급할 수 있다. 또한 판매자가 해당 자산을 외상으로 판매할 수도 있다.

부채를 통해 취득하는 경우

이제 Southwest가 새 항공기의 취득에 대해서는 어음을 발행하고, 운반비용 및 준비비용에 대해서는 이를 현금으로 지급했다고 가정해 보자. 이 경우 Southwest는 다음과 같은 분개를 기록하게 될 것이다:

비행장비(+A)	75,000,000	
현금(−A)		1,000,000
미지급금(+L)		74,000,000

자산		=	부채		+	자본
비행장비	+75,000,000		미지급금	+74,000,000		
현금	−1,000,000					

상업항공사들은 리스를 포함한 금융조달계획을 활용하여 항공기를 운용하고 있다. **운용리스(operating leases)**라고 불리는 단기리스는 항공사들에게 다양한 국가의 환경 및 소음 기준 법규의 변화로 인해 발생할 수 있는 항공기의 크기 및 진부화를 관리할 수 있는 유연성을 제공하고

있다. 운용리스는 재무상태표상 부채로 보고되지 않으며 해당 자산은 고정자산에 포함되지 않는다. 반면, **금융리스**(financing leases) 또는 **자본리스**(capital leases)라고 불리는 장기리스는 본질적으로 리스부채와 함께 재무상태표에 보고되는 자산의 취득으로, 기업은 이를 통해 법인세 절감효과를 얻을 수 있다. Southwest Airlines는 2014년 12월 31일에 리스약정에 대해 다음과 같이 공시하였다.

SOUTHWEST AIRLINES
실제 자료에서 발췌:
2014년 연차보고서

연결재무제표 주석

7. 리스

회사의 터미널 운영공간과 174대의 항공기 대부분은 … 2014년 12월 31일 현재 운용리스로 … 2014년 12월 31일 현재 최초 혹은 잔여리스기간이 1년을 초과하는 금융리스와 운용리스에 대한 향후 최소리스료는 다음과 같습니다.

(단위 : $백만)	금융리스	운용리스
2015	$ 33	$ 753
2016	42	715
2017	45	671
2018	44	573
2019	43	502
그 이후 연도	202	1,802
총 최소리스료	$409	$5,016

리스에 대한 추가적인 논의는 제9장에서 다루도록 하겠다.

자본(또는 그 밖의 비현금대가)을 통해 취득하는 경우

회사의 보통주 또는 판매자에게 회사의 상품이나 서비스를 특가로 구매할 수 있도록 부여된 권리와 같은 비현금대가도 거래의 일부가 될 수 있다. 비현금대가는 현금등가액(제공한 혹은 제공받은 자산의 공정가치 중 명확한 금액)으로 자산의 매입가액에 포함된다.

Southwest가 Boeing에게 1주당 시가 $50, 1주당 액면가액 $1.00인 보통주 1,000,000주를 주고 나머지는 현금으로 지급하였다고 가정하자. 이에 대한 분개 및 거래 효과는 다음과 같다.

	계정	차변	대변
	비행장비(+A)	75,000,000	
1,000,000주 × 액면가액 $1 →	보통주(+SE)		1,000,000
1,000,000주 × 액면초과액 $49 → (시가 $50 − 액면가 $1)	자본잉여금(+SE)		49,000,000
	현금(−A)		25,000,000

자산		=	부채	+	자본	
비행장비	+75,000,000				보통주	+1,000,000
현금	−25,000,000				자본잉여금	+49,000,000

건설을 통해 취득하는 경우

자본화이자
자가건설자산의 원가에 포함되는 이자.

경우에 따라 회사는 제조업체에서 자산을 구매하는 대신 회사가 사용할 자산을 직접 건설할 수도 있다. 이 경우 자산의 원가에는 노동, 재료, 및 자본화이자(capitalized interest)라고 불리는 건설기간 동안 발생한 이자의 일부 등 건설과 관련된 모든 필수적인 원가가 포함된다. 이자비용이 자본화되는 경우에는 차변에 자산을 기록하고, 대변에 이자가 지급될 때 현금을 기록하면 된다. 자본화되는 이자의 계산은 복잡하기 때문에 이 교재에서는 다루지 않도록 하겠다.

노동, 재료 및 이자비용의 일부를 자본화하게 되면 자산이 증가하고, 비용이 감소하며, 당기 순이익이 증가하게 되는 효과가 있다. Southwest가 노무원가로 $600,000, 재료원가로 $1,300,000를 부담하여 새로운 격납고를 건설하였다고 가정해 보자. 또한, Southwest는 해당 건설 프로젝트와 관련하여 연간 $100,000의 이자비용을 지급하였다.

자본화 지출 :	
급여 지급액	$ 600,000
재료 지급액	1,300,000
이자 지급액	100,000

	차변	대변
건물(+A)	2,000,000	
현금(−A)		2,000,000

자산		=	부채	+	자본
건물	+2,000,000				
현금	−2,000,000				

American Airlines는 최근 연차보고서에 다음과 같은 자본화이자에 대한 주석을 포함하였다:

AMERICAN AIRLINES GROUP
실제 자료에서 발췌:
2014년 연차보고서

연결재무제표 주석

5. 재무제표 표시 기준과 중요한 회계정책의 요약:
(e) 영업용 부동산 및 장비
영업용 부동산 및 장비는 원가로 기록됩니다. 특정 부동산 및 장비의 취득과 관련된 이자비용은 자산의 추가적인 원가로 자본화됩니다. 2014년, 2013년 및 2012년 12월 31일자로 종료되는 회계연도의 자본화 이자는 각각 $6,100백만, $4,700백만 및 $5,000백만입니다.

STOP PAUSE FOR **FEEDBACK**

우리는 다양한 방법으로 취득한 영업용 자산의 원가를 측정하는 방법에 대해 배웠다. 일반적으로 자산을 의도된 용도로 사용 가능한 상태로 만드는 데 소요된 모든 필수적이고 합리적인 원가가 해당 자산의 원가가 된다. 자산은 현금, 부채 및 회사의 주식(시가)으로 취득할 수 있다.

SELF-STUDY **QUIZ**

다음 질문에 답함으로써 이들 개념을 적용하여 보자. 최근 몇 년 동안 McDonald's Corporation은 $27억의 유형자산을 구입하였다. 또한 회사는 판매세로 $2억 1,600만; 운송비로 $2천만; 유형자산의 설치 및 사용 준비를 위해 $1,200만; 유형자산 사용 중 발생할 수선에 대한 유지보수 계약으로 $1백만를 지급했다고 가정해 보자.

1. 해당 유형자산의 취득원가를 계산하시오.
2. 판매세, 운송비 및 설치비용에 대해 어떻게 회계처리할 것인가? 이에 대해 설명하시오.
3. 다음의 독립적인 가정하에서, 자산의 취득이 회계 등식에 미치는 효과를 나타내시오. 증가는 +, 감소는 −를 사용하고, 계정과목과 금액을 기재하시오.

	자산	부채	자본
a. 30%는 현금으로 지급하고 나머지는 어음을 발행하였음.			
b. 1,000만주의 보통주(주당 액면가액 $0.01)를 시가인 주당 $100에 발행하고 나머지는 현금으로 지급하였음.			

해설

1. 유형자산(PPE)

취득원가	$2,700,000,000
판매세	216,000,000
운송비	20,000,000
설치비용	12,000,000
합계	$2,948,000,000

유지보수계약은 자산을 사용 가능한 상태로 만드는 데 필수적인 것이 아니기 때문에 취득원가에는 포함되지 않는다.

2. 판매세 및 운송비 및 설치비용은 자산을 의도된 용도로 사용 가능한 상태로 만드는 데 합리적이고 필수적인 것이기 때문에 자본화된다.

3.

자산		부채		자본	
a. 유형자산	+2,948,000,000	미지급금	+2,063,600,000		
현금	−884,400,000				
b. 유형자산	+2,948,000,000			보통주	+100,000
현금	−1,948,000,000			자본잉여금	+999,900,000

수선유지 및 개선

대부분 자산의 생산능력을 유지하거나 향상시키기 위해서는 상당한 지출을 필요로 한다. 이러한 지출에는 경상적인 수선유지, 중대한 수선, 교체 및 증설을 위한 현금 지출이 포함된다. 자산 취득 이후에 발생하는 지출은 다음과 같이 분류될 수 있다:

경상적인 수선유지
자산의 당기 생산능력 유지만을 지출이며, 비용으로 기록되는 지출.

1. 경상적인 수선유지(ordinary repairs and maintenance)는 자산의 당기 생산능력 유지만을 위한 지출이다. 이러한 지출은 반복적이며, 비교적 적은 금액이 소요되고, 자산의 내용연

수, 영업효율 및 생산능력을 직접적으로 증가시키지는 않는다는 속성을 가지고 있다. 이러한 현금지출은 당기 **비용**으로 기록된다.

Southwest Airlines의 경우 경상적인 수선비의 예로 항공기 엔진의 오일 교환, 제어판의 표시등 교체, 찢어진 객석 시트 수선 등이 있다. 개별적인 경상적인 수선비는 상대적으로 적을 수 있지만, 전체로 보면 이들 지출의 합계는 상당한 금액일 수 있다. 2014년에 Southwest는 항공기 수선유지비로 $9억 7,800만를 지급했다. 이 금액은 손익계산서의 비용으로 보고되었다. 다음은 Southwest가 이러한 지출을 어떻게 기록하였는지를 요약한 회계처리이다:

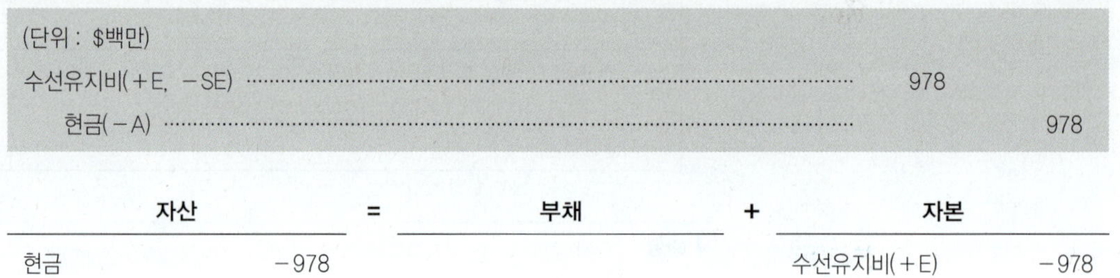

(단위 : $백만)

수선유지비(+E, −SE)	978	
현금(−A)		978

자산		=	부채	+	자본	
현금	−978				수선유지비(+E)	−978

개선
자산의 내용연수, 영업효율 및 생산능력을 증가시키며, 비용이 아닌 자산 계정의 증가로 기록되는 지출.

2. 개선(improvements)은 자산의 내용연수, 영업효율 및 생산능력을 증가시키는 지출이다. 이러한 **자본적 지출**(capital expenditures)은 적절한 자산 계정으로 기록된다(즉, 자본화된다). 이러한 지출은 비경상적으로 발생하고, 큰 금액이 소요되며, 효율성 증가 및 내용연수 연장을 통해 미래 자산의 경제적 유용성을 증가시킨다. 이러한 예로는, 증설, 중대한 분해검사 및 항공기 엔진의 완전 교체 등과 같은 중대한 교체와 개선 등이 있다.

2016년 Southwest가 연료 소비를 줄이기 위해 항공기 외관을 변경하여 연료 효율성을 9% 향상시키고 운영원가를 낮추었다고 가정하자. 다음은 Southwest가 이러한 지출을 어떻게 기록하였는지를 요약한 회계처리이다:

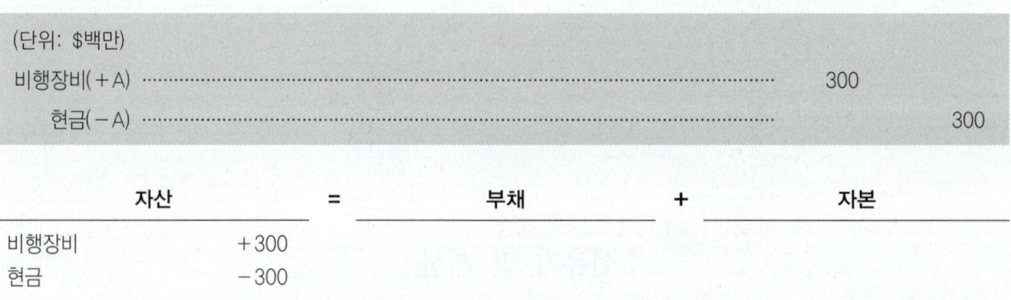

(단위: $백만)

비행장비(+A)	300	
현금(−A)		300

자산		=	부채	+	자본
비행장비	+300				
현금	−300				

대부분의 경우 개선(자산)과 경상적인 수선유지(비용)를 구분하는 명확한 경계는 없다. 이러한 상황에서 관리자는 전문적인 판단을 내리고 주관적인 결정을 할 수밖에 없다. 비용을 자본화하면 당기에는 자산과 당기순이익이 증가하고, 연간 감가상각 금액만큼 미래의 이익은 낮아지게 된다. 반면 법인세 측면에서 본다면, 해당 금액을 당기의 비용으로 처리하게 되면 곧바로 세금이 낮아지게 된다. 자본화할 것인지 비용으로 처리할 것인지의 결정은 주관적이므로, 감사

AP Photo/The Yuma Daily Sun, Craig Fry

인은 자본적 지출 및 경상적인 수선유지로 보고된 항목을 면밀히 검토하고 있다.

증설 및 개선(자본적 지출) 및 수리유지비(수익적 지출)를 분류하는 데 너무 많은 시간을 낭비하지 않기 위해, 일부 회사는 이러한 지출에 대한 회계처리를 간편히 하는 정책을 개발하고 있다. 예를 들어, 한 대형 컴퓨터 회사는 $1,000 미만의 원가가 소요되는 항목들을 모두 비용으로 처리하고 있다. 이러한 정책은 재무제표를 분석할 때 중요하지 않은 금액(상대적으로 적은 금액)은 이용자의 의사결정에 영향을 미치지 않으므로 받아들여지고 있다.

Financial Analysis

WorldCom : 자본화를 통해 수십억 달러의 비용 숨기기

당기의 비용으로 기록되어야 하는 지출이 자산 원가의 일부로 부적절하게 자본화되는 경우 재무제표에 막대한 영향을 미치게 될 수 있다. 역사상 가장 큰 회계부정 중 하나인 WorldCom(현재 Verizon의 일부)은 이를 통해 수십억 달러의 이익과 영업활동 현금흐름을 부풀렸다. 이 회계부정으로 실제 손실을 기록했던 WorldCom은 큰 이익을 보고할 수 있었다.

2001년과 2002년의 5분기 동안 회사는 원래 영업비용으로 기록되어야 하는 $38억를 자본화했다고 발표하였다. 2004년 초까지 감사인은 2000년과 2001년에 대해 수행해야 할 재무제표 재작성 금액(이전에 보고된 세전이익의 감소) $744억를 적발했다.

비용으로 처리해야 할 금액을 자본적 지출로 처리하게 되면, 당기 영업비용으로 기록되어야 할 금액이 미래 기간의 감가상각비로 분산되기 때문에 당기의 이익이 증가하게 된다. 이렇게 되면, 영업부문의 현금유출이 투자부문으로 이동하게 되므로 영업활동 현금흐름이 증가하게 된다.

STOP PAUSE FOR FEEDBACK

장기간 사용됨에 따라 발생하는 영업용 자산에 대한 지출을 어떻게 처리해야 하는지 연습하시오: 수선유지(당기 비용 처리) 및 증설 또는 개선(자산 원가의 일부로 자본화).

SELF-STUDY QUIZ

당초 원가 $40만에 취득한 건물이 지난 10년간 사용되어 왔으며 지속적인 수선유지가 필요하다. 다음 각 지출에 대해 당기 비용으로 처리되어야 하는지 혹은 자산 원가의 일부로 자본화되어야 하는지를 나타내시오.

비용 혹은 자본화?

1. 건물 전체에 걸친 전기배선의 중대한 교체 ________
2. 건물 정문에 대한 수선 ________
3. 건물 에어컨 시스템 필터 연례 청소 ________
4. 비정상적이고 비경상적으로 발생하는 홍수로 인한 피해의 중대한 수리 ________

해설

1. 자본화 2. 비용 3. 비용 4. 자본화

유형자산의 사용, 손상 및 처분

감가상각 개념

학습목표 8-3
자산을 보유하고 사용함에 따라 요구되는 다양한 원가배분 방법을 적용한다.

내용연수가 무한한 토지를 제외하고, 비행기와 같이 내용연수가 유한한 장기보유자산의 원가는 미래 용역 또는 효익에 대해 한 번에 미리 원가를 지급한 것으로 볼 수 있다. **비용인식의 원칙**(expense principle)에 따라 자산 원가의 일부는 자산의 사용을 통해 수익이 창출되는 동일한 기간에 비용으로 배분되어야 한다. Southwest Airlines는 항공여행 서비스를 제공할 때 수익을 획득하고, 수익 창출을 위하여 항공기를 사용할 때 비용이 발생한다.

유형자산을 사용하는 데 소요되는 원가와 이들이 창출하는 수익이 대응한다는 것을 확인하기 위해 사용되는 용어가 감가상각(depreciation)이다. 즉, 감가상각은 **유형자산의 원가를 내용연수에 걸쳐 체계적이고 합리적인 방법으로 배분하는 과정**을 말한다.

감가상각
유형자산(토지 제외)의 원가를 내용연수에 걸쳐 체계적이고 합리적인 방법으로 배분하는 과정.

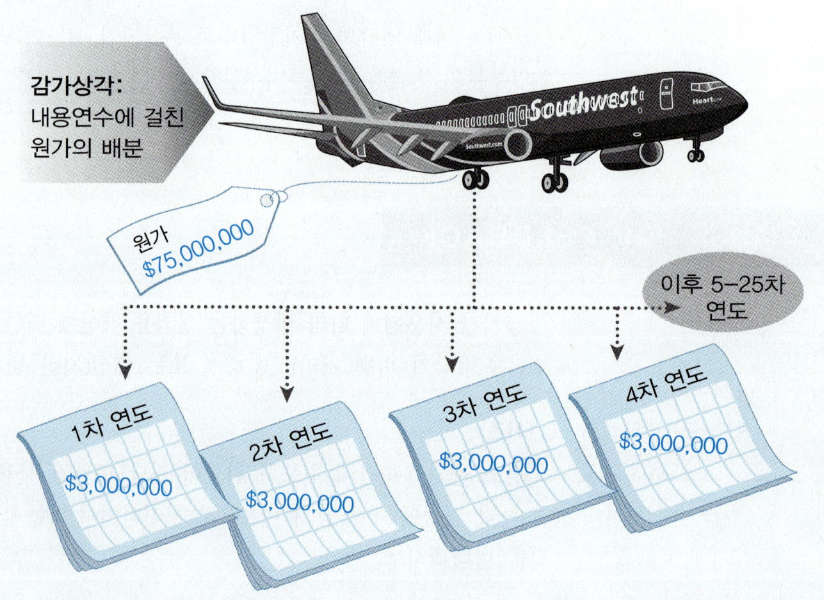

학생들은 흔히 회계상 사용하는 감가상각의 개념에 대해 혼란스러워 한다. 회계에서 감가상각은 자산의 현행시장가치를 결정하는 과정이 아니라 **원가배분**(cost allocation)의 과정이다. 자산이 감가상각되는 경우 재무상태표에 남아 있는 잔액이 **현행시장가치를 나타내는 것은 아닐 것이다**. 취득 이후 재무상태표상의 미상각원가는 시장가치 혹은 공정가치로 측정되지 않는다.

당기 유형자산의 사용을 반영하기 위해 기말에 다음과 같은 기말수정분개가 필요하다:

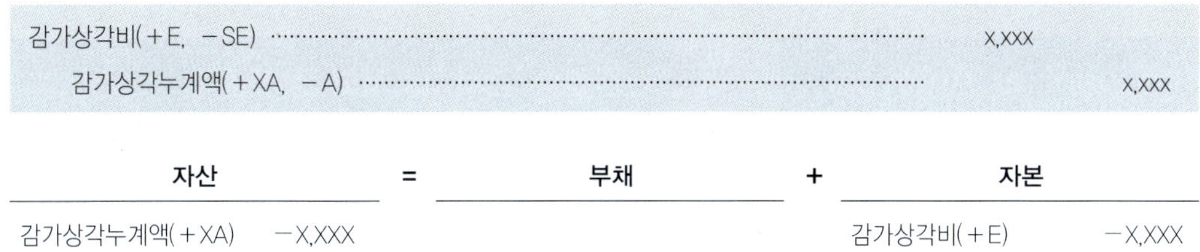

감가상각비(+E, −SE) ·········	X,XXX	
감가상각누계액(+XA, −A) ·········		X,XXX

자산		=	부채	+	자본	
감가상각누계액(+XA)	−X,XXX				감가상각비(+E)	−X,XXX

각 기간에 기록된 감가상각 금액은 손익계산서에 **감가상각비**(Depreciation Expense)로 보고된다. 취득일 이후 누적된 감가상각 금액은 재무상태표에 자산의 차감 계정인 **감가상각누계액**(Accumulated Depreciation)으로 보고되어, 관련 자산의 취득원가에서 차감되는 형태로 표시된다. 재무상태표상 순액은 순장부금액(net book value) 또는 장부금액(carrying or book value)이라고 부른다. 장기보유자산의 순장부금액(또는 장부금액)은 취득원가에서 취득일부터 재무상태표일까지의 감가상각누계액을 차감한 금액이 된다.

순장부금액 혹은 장부금액
자산의 취득원가에서 감가상각누계액, 감모상각누계액 및 상각누계액을 차감한 금액.

	1차 연도	2차 연도	3차 연도	25차 연도
취득원가	$75,000,000	$75,000,000	$75,000,000	$75,000,000
−감가상각누계액	3,000,000	6,000,000	9,000,000	75,000,000
순장부금액	$72,000,000	$69,000,000	$66,000,000	$ 0

이전 섹션의 <도표 8.1>을 보면, 2014년 말 Southwest의 유형자산 취득원가는 $22,513백만임을 알 수 있다. 유형자산에 대한 감가상각 및 상각누계액은 $8,221백만이다(상각은 무형자산의 원가배분에 대한 명칭이며, 무형자산에 대해서는 이 장의 뒷부분에서 다룰 것이다). 따라서 장부금액은 $14,292백만로 보고된다. 또한 Southwest는 2014년 동안의 감가상각비 및 상각비 $9.3억를 손익계산서에 보고했다.

Financial Analysis 잔존연수 근사치로서의 장부금액

취득원가 대비 장부금액 비율

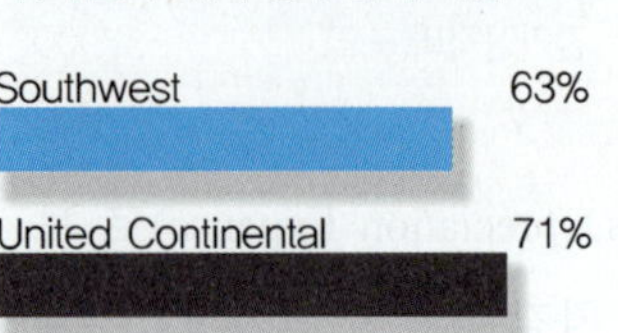

일부 재무분석가들은 자산의 장부금액을 취득원가와 비교하여 잔존연수의 근사치로 사용하기도 한다. 만약 자산의 장부금액이 원가의 100%라면 해당 자산은 새로운 자산이라는 의미이다; 만약 장부금액이 원가의 25%라면 자산의 추정잔존연수는 대략 25% 정도가 된다. Southwest의 경우 유형자산의 장부금액은 취득원가의 63%이며, United Continental의 경우 71%, JetBlue Airways의 경우 78%이다.

이러한 비교는 Southwest의 비행장비가 JetBlue 및 United Continental의 장비보다 오래되었다는 것을 나타낸다. 이러한 비교는 대략적인 근사치일 뿐이며 다음 섹션에서 논의할 회계처리방법에 의해 영향을 받을 수 있다.

감가상각비를 계산하려면 각 자산에 대해 세 가지 금액을 알아야 한다:

1. 취득원가
2. 회사의 **추정**내용연수
3. 회사의 자산의 내용연수가 끝나는 시점의 **추정**잔존가치(혹은 잔여가치)

자산의 내용연수 및 잔존가치는 추정치라는 점에 주의하자. 따라서 **감가상각비는 추정치**이다. 추정내용연수(estimated useful life)는 잠재적인 모든 사용자에 대한 총 경제적 내용연수(total economic life)라기보다는 자산의 **경제적 내용연수**에 대한 경영진의 추정치를 나타내는 것이다. 자산의 예상 물리적 내용연수는 회사가 자산을 사용하려는 기간보다 길 수도 있다. 경제적 내용연수는 기계가 작동할 것으로 예상되는 시간 또는 생산 가능한 수량 등과 같이 연수 또는 생산량으로 표시될 수 있다. Southwest의 항공기는 25년 이상 운항할 수 있을 것으로 예상되지만, Southwest는 구형 항공기를 최신 장비로 대체하여 고객에게 높은 수준의 서비스를 제공하고자 한다. 회계 목적상, Southwest는 23~25년의 추정내용연수를 사용하고 있다. 이후 해당 항공기를 소유하게 될 회사(아마 지역 항공사일 것임)는 자체 정책에 따라 추정내용연수를 사용하게 될 것이다.

추정내용연수
자산이 현재의 소유자에게 효익을 제공할 것으로 기대되는 사용연수.

Financial Analysis  동일 산업 내 추정내용연수의 차이

최근 여러 항공사의 재무제표에 대한 주석에서 비행장비의 내용연수는 다음과 같이 추정되어 있다.

회사	추정내용연수(년)
Southwest	23 – 25
United Continental	25 – 30
Singapore Airlines	15

추정내용연수의 차이는 각 회사에서 사용하는 항공기 유형, 장비 교체 계획, 운영상의 차이점 및 경영진의 보수주의 정도와 같은 여러 요인에 기인할 수 있다. 또한 동일한 유형의 항공기를 사용하는 경우 짧은 기간 동안 장비를 사용하려는 회사는 보다 장기간 장비를 사용하려는 회사보다 더 높은 잔존가치를 추정할 것이다. 예를 들어, Singapore Airlines는 여객기의 내용연수가 비교적 짧기 때문에 10%의 잔존가치를 사용하는데 비해, Delta Air Lines의 경우 내용연수가 30년이나 되기 때문에 5%의 낮은 잔존가치를 사용한다.

자산의 추정내용연수와 잔존가치의 차이는 경쟁기업과 수익성을 비교하는 데 중요한 영향을 줄 수 있다. 재무분석가들은 상각연수 차이의 원인을 반드시 확인해야 한다.

잔존가치 또는 잔여가치
자산의 추정내용연수 종료시점에 처분비용을 차감한 후 회사가 회수할 것으로 추정되는 금액.

잔존가치 또는 잔여가치(salvage or residual value)는 추정내용연수가 종료되는 시점에 자산의 처분을 통해 회사가 회수할 것으로 경영진이 추정한 금액을 나타낸다. 잔존가치는 고철 등으로서 추정된 자산의 가치 혹은 다른 사용자에게 판매할 경우 받게 될 예상금액이 될 수 있다. Southwest의 경우 잔존가치는 구형 장비를 운영하는 소규모 지역 항공사에 해당 자산을 판매할 때 받을 것으로 예상되는 금액이 될 수 있다. Southwest의 재무제표에 대한 주석에서는 자산에 따라 잔존가치를 자산 원가의 0~20%로 추정하고 있다.

감가상각방법

회사와 그들이 소유하고 있는 자산에는 중대한 차이가 있기 때문에 회계담당자들은 최선의 감가상각방법에 대해 일치된 의견을 가지고 있지는 않다. 따라서 경영자는 감가상각비와 일정기간 동안 창출된 수익을 대응시키는 여러 가지 감가상각방법을 선택할 수 있다. 또한 특정 자산 또는 자산집단에 대해 각기 다른 방법을 선택할 수도 있다. 일단 회사가 상각방법을 선택하면, 재무정보의 비교가능성을 높이기 위해 이 방법을 일관되게 적용해야 한다. 우리는 가장 일반적으로 사용되는 다음의 세 가지 감가상각방법에 대해 살펴볼 것이다:

1. 정액법(가장 일반적으로 사용되는 방법으로, 98% 이상의 회사가 사용하고 있음)
2. 생산량비례법
3. 체감잔액법

각 방법을 설명하기 위해 Southwest Airlines가 2016년 1월 1일에 새로운 서비스 차량(지상장비)을 취득했다고 가정해 보자. 관련 정보는 <도표 8.2>에 나타나 있다.

도표 8.2

각 방법에 따라 감가상각 금액을 계산하기 위한 자료

SOUTHWEST AIRLINES
새로운 서비스 차량의 취득

취득원가, 2016년 1월 1일 취득		$62,500
추정잔존가치		$ 2,500
추정내용연수		3년 또는 100,000마일
실제 주행거리 :	2016년	30,000마일
	2017년	50,000마일
	2018년	20,000마일

정액법

정액법
상각대상원가를 기간별로 동일한 금액만큼 내용연수에 걸쳐 배분하는 방법.

Southwest를 포함한 많은 회사들은 감가상각방법으로 다른 방법들을 모두 합친 것보다 정액법(straight-line depreciation)을 더 많이 사용하고 있다. 정액법은 추정내용연수에 걸쳐 상각대상원가 중 동일한 금액을 각 회계기간에 배분하게 된다. <도표 8.2>의 정보를 사용하여 연간 감가상각비를 추정하는 공식은 다음과 같다:

정액법 공식:

$$\underbrace{(\text{취득원가} - \text{잔존가치})}_{\text{상각대상원가}} \times \underbrace{\frac{1}{\text{내용연수}}}_{\text{정액법 상각률}} = \text{감가상각비}$$

$$(\$62,500 - \$2,500) \times \frac{1}{3\text{년}} = \text{매년 } \$20,000$$

이 공식에서 "잔존가치를 차감한 취득원가"는 감가상각 대상 금액이며, **감가상각대상원가**(depreciable cost)라고도 부른다. "1 ÷ 내용연수"는 **정액법 상각률**(straight-line rate)이다. <도표 8.2>에 제공된 데이터를 사용하면, Southwest의 새로운 서비스 차량에 대한 감가상각비는 연간 $20,000가 될 것이다.

회사는 종종 자산의 전체 내용연수에 걸쳐 계산된 감가상각비를 보여주는 **감가상각명세서**(depreciation schedule)를 작성한다. Excel과 같은 컴퓨터 스프레드시트 프로그램을 사용하여 감가상각명세서를 작성할 수 있다. <도표 8.2>의 자료와 정액법을 이용한 Southwest의 감가상각명세서는 다음과 같다.

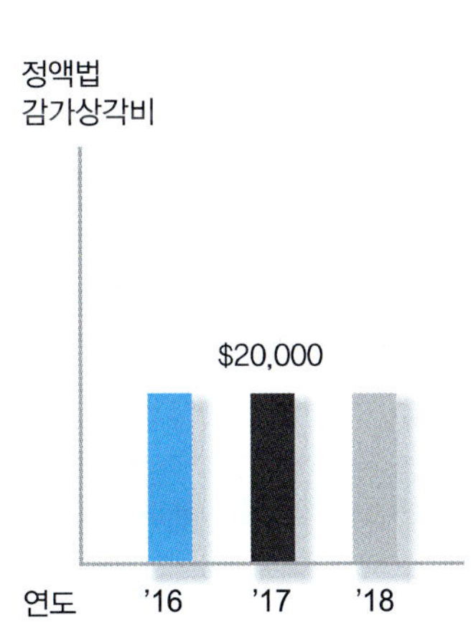

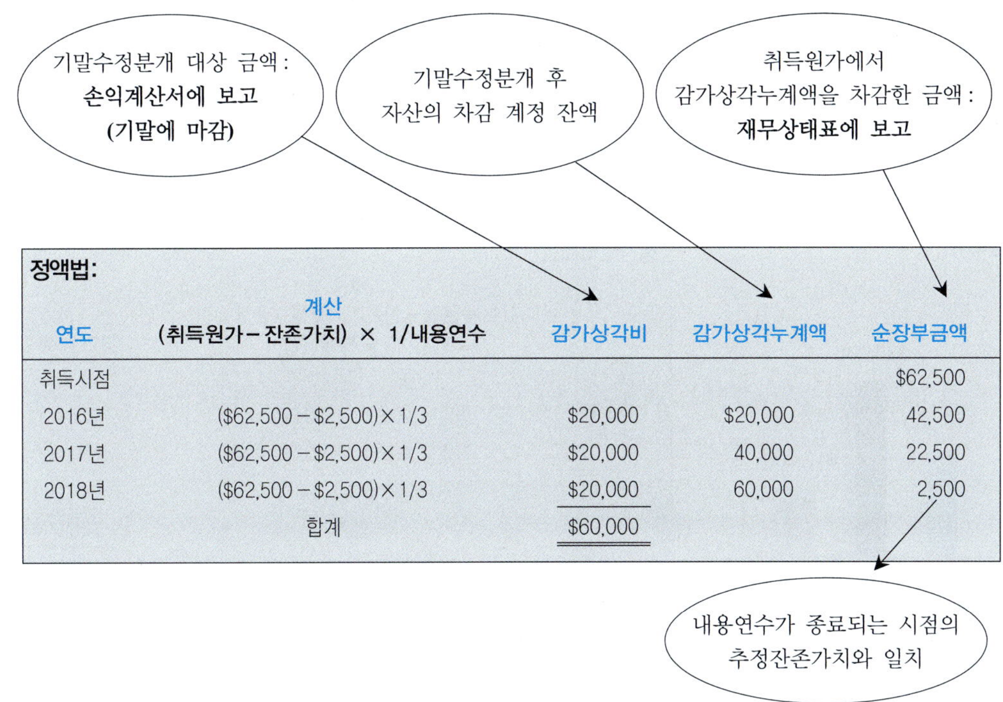

정액법:

연도	계산 (취득원가 − 잔존가치) × 1/내용연수	감가상각비	감가상각누계액	순장부금액
취득시점				$62,500
2016년	($62,500 − $2,500) × 1/3	$20,000	$20,000	42,500
2017년	($62,500 − $2,500) × 1/3	$20,000	40,000	22,500
2018년	($62,500 − $2,500) × 1/3	$20,000	60,000	2,500
	합계	$60,000		

다음과 같은 사항에 유의하자.

- 감가상각비는 매년 일정한 금액이 된다.
- 감가상각누계액은 매년 동일한 금액만큼 증가한다.
- 순장부금액은 추정잔존가치와 동일해질 때까지 매년 동일한 금액만큼 감소한다.

이러한 이유로 이 상각방법을 **정액법**(straight-line method)이라고 부른다. 또한 앞의 명세서를 근거로 기말수정분개를 할 수 있으며, 손익계산서 및 재무상태표에 미치는 영향도 파악할 수 있다는 점에도 주목하자. Southwest Airlines는 모든 자산에 대해 정액법을 사용하고 있다. 회사는 2014년에 감가상각비와 상각비 $9억 3,800만를 보고했으며, 이는 당기 회사 수익의 5%에 해당하는 금액이다. 항공업계의 대부분 회사가 정액법을 사용하고 있다.

생산량비례법

생산량비례법
상각대상원가를 기간별 생산량과 추정총생산량의 관계에 근거하여 내용연수에 걸쳐 배분하는 방법.

생산량비례법(units-of-production depreciation method)은 상각대상가능원가를 추정총생산량과 연계시키는 방법이다. 이 방법에 따라 연간 감가상각비를 추정하는 공식은 다음과 같다.

생산량비례법 공식:

$$\frac{(\text{취득원가} - \text{잔존가치})}{\text{추정총생산량}} \times \text{실제생산량} = \text{감가상각비}$$

↓

$$\frac{(\$62{,}500 - \$2{,}500)}{100{,}000\text{마일}} = \text{마일당 상각률 } \$0.60$$

마일당 $0.60 × 2016년의 실제 주행거리 30,000마일 = <u>$18,000</u> (2016년)

감가상각대상원가를 추정총생산량으로 나누면 **생산량 단위당 상각률**(depreciation rate per unit of production)이 산출되며, 여기에 실제 생산량을 곱하면 당기 감가상각비가 계산된다. 사례에서 새로운 차량이 1마일 주행할 때마다 Southwest는 $0.60의 감가상각비를 기록할 것이다. <도표 8.2>의 정보에 근거하여 생산량비례법을 이용한 Southwest의 감가상각명세서는 다음과 같다.

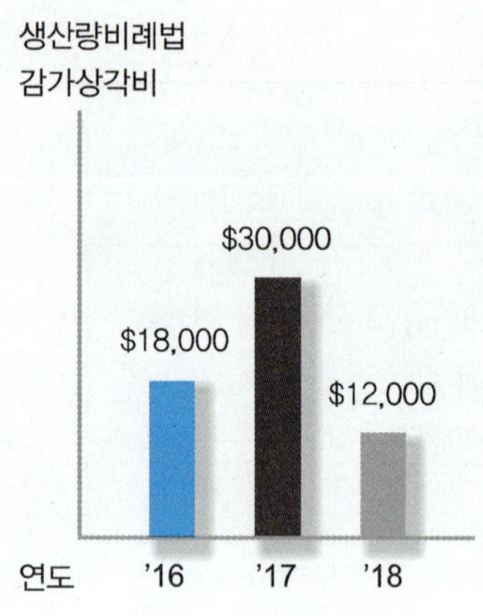

생산량비례법:

연도	계산 [(취득원가 − 잔존가치)/추정총생산량] × 실제생산량	감가상각비	감가상각 누계액	순장부금액
취득시점	상각률			$62,500
2016년	마일당 $0.60 × 30,000마일	$18,000	$18,000	44,500
2017년	마일당 $0.60 × 50,000마일	30,000	48,000	14,500
2018년	마일당 $0.60 × 20,000마일	12,000	60,000	2,500
	합계	$60,000		

내용연수가 종료되는 시점의 추정잔존가치와 일치

기간별로 감가상각비, 감가상각누계액 및 장부금액은 실제 생산된 수량에 따라 다르게 된다는 점에 유의하자. 생산량비례법에서는 감가상각비가 생산량 또는 사용량과 직접 관련되어 변동되기 때문에 **변동비**(variable expense)가 된다.

여러분들은 추정총생산량과 실제총생산량이 다른 경우 어떻게 되는지에 대해 의문이 들 수 있다. 추정치는 총생산량에 대해 경영진이 할 수 있는 최선의 추측이라는 점을 기억하자. 자산의 내용연수가 종료되는 시점에 이러한 차이가 발생하는 경우, 순장부금액이 자산의 추정잔존가치와 동일해지도록 감가상각비에 대해 기말수정분개를 하면 된다. 예를 들어, 2018년 Southwest의 서비스 차량이 실제 주행한 거리가 25,000마일이라도, 감가상각비는 동일하게 $12,000로 기록될 것이다.

Southwest는 생산량비례법을 사용하지 않지만, 전 세계의 원유 및 천연가스를 탐사, 생산, 운송 및 판매하고 있는 거대 에너지 회사인 Exxon Mobil Corporation은 생산량비례법을 사용하고 있다. 회사의 연차보고서 주석에서는 다음과 같이 설명하고 있다.

EXXONMOBIL
실제 자료에서 발췌:
2014 연차보고서

연결재무제표 주석

1. 회계정책의 요약

유형자산. 감가상각, 감모상각 및 상각은 자산의 취득원가에서 잔존가치를 차감한 금액과 진부화 등을 고려한 자산의 추정내용연수에 근거하여 주로 생산량비례법 또는 정액법을 이용하여 결정됩니다. …천연자원의 취득원가는 석유 및 가스 총매장량에 근거하여 계산하는 생산량비례법을 사용하여 상각되고 있습니다.

생산량비례법은 자산의 총생산능력 또는 생산량의 추정치를 근거로 하는 방법인데, 이러한 추정치를 결정하는 것은 쉽지 않다. 이는 회계에 어느 정도의 주관성이 내재되어 있다는 또 다른 사례로 볼 수 있다.

체감잔액법

만약 자산이 새것일수록 더 효율적이거나 생산성이 높은 경우, 높은 수익이 창출되는 자산의 사용 초기에 높은 감가상각비를 대응시키고, 시간이 지날수록 낮아지는 수익에는 낮은 감가상각비를 대응시키기 위해 경영자는 체감잔액법(declining-balance depreciation method)을 선택할 수 있다. 우리는 이러한 감가상각방법을 **가속상각법**(accelerated depreciation method)이라고 한다. 가속상각법은 재무보고 목적으로는 드물게 사용되지만, 이 중에서는 다른 방법보다 체감잔액법이 많이 사용되고 있다.

체감잔액법
정액법 상각률에 일정 배수를 적용하여 순장부금액(취득원가－감가상각누계액)을 내용연수에 걸쳐 배분하는 방법으로, 초기에 더 많은 감가상각비를, 이후에 낮은 감가상각비를 할당하는 방법.

체감잔액법은 시간 경과에 따라 순장부금액에 정액법을 초과하는 상각률을 적용하는 방법이다. 이 상각률로 정액법 상각률의 두 배(곱하기 2)를 적용하는 경우가 많은데, 이렇게 하면 **이중체감잔액법 상각률**(double-declining-balance rate)이 된다. 예를 들어, 10년의 추정내용연수를 가지는 경우 정액법 상각률은 10%(1 ÷ 10년)가 되며, 이 경우 체감잔액법 상각률은 20%(정액법 상각률의 2배)가 된다. 또 다른 일반적인 가속상각률은 정액법 상각률의 1.5배 및 1.75배이다. 이중체감잔액법이 가속상각법을 사용하는 기업에서 가장 빈번히 채택되는 방법이므로, 우리는 <도표 8.2>에서 제시된 정보를 이용하여 이를 계산해 보겠다.

이중체감잔액법 공식 :

$$(\text{취득원가} - \text{감가상각누계액}) \times \frac{2}{\text{내용연수}} = \text{감가상각비}$$

시간 경과에 따라 감가상각누계액 증가

$$(\$62{,}500 - \text{2016년에는 } \$0) \times \frac{2}{3\text{년}} = \$41{,}667(\text{첫 번째 연도})$$

이 방법과 앞에서 설명한 다른 두 방법 간에는 다음과 같은 중요한 차이점이 있다:

1. 잔존가치가 아닌 감가상각누계액이 계산식에 포함된다. 매년 감가상각누계액이 증가하므로 순장부금액(취득원가－감가상각누계액)은 감소하게 된다. 이와 같이 감소되는 장부금액에 상각률이 적용되므로 시간이 지남에 따라 감가상각비는 감소하게 된다.

2. 다른 방법과 마찬가지로, 감가상각을 하더라도 순장부금액이 잔존가치 밑으로 떨어져서는 안 된다.
   - 때로는, 추정내용연수가 끝나기 전에 감가상각으로 인해 순장부금액이 잔존가치보다 떨어질 수도 있는데, 이 경우에는 순장부금액이 잔존가치와 동일하게 되는 감가상각비 금액만 기록하고, 이후 연도에는 추가로 감가상각비를 계산하지 않는다.
   - 많은 경우에, 자산의 추정내용연수가 종료되는 연도에 계산 금액과 상관없이 순장부금

액이 잔존가치와 일치되도록 감가상각비를 기록하면 된다.

이중체감잔액법으로 감가상각비를 계산하는 경우의 감가상각명세서는 다음과 같다:

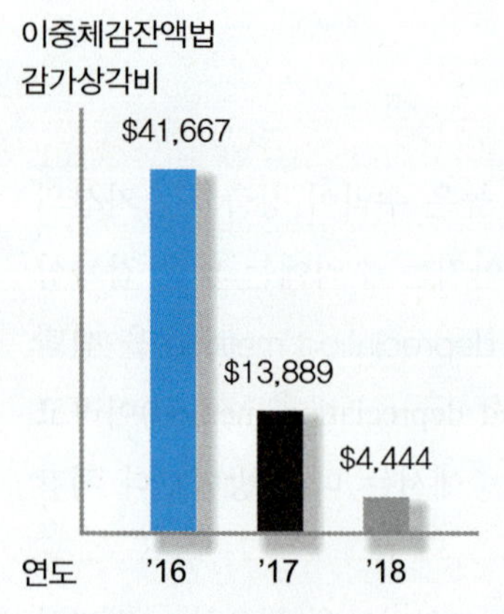

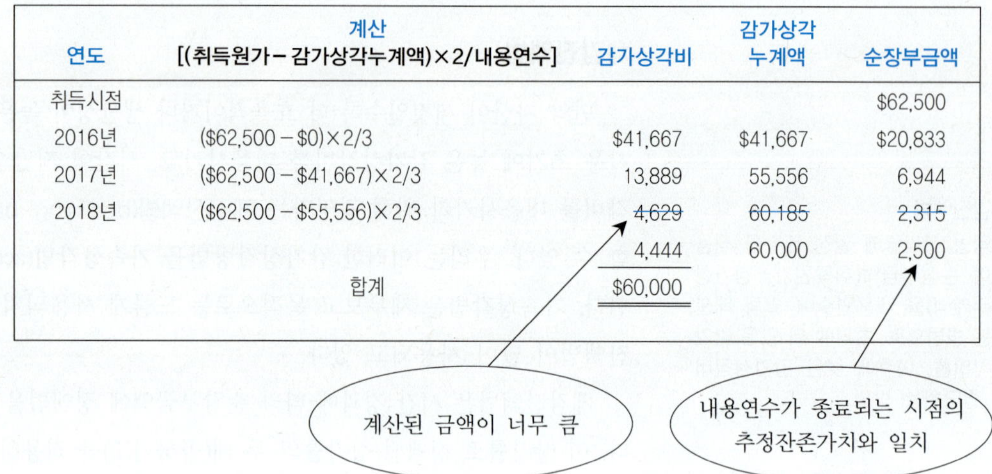

연도	계산 [(취득원가 − 감가상각누계액)×2/내용연수]	감가상각비	감가상각 누계액	순장부금액
취득시점				$62,500
2016년	($62,500 − $0)×2/3	$41,667	$41,667	$20,833
2017년	($62,500 − $41,667)×2/3	13,889	55,556	6,944
2018년	($62,500 − $55,556)×2/3	~~4,629~~	~~60,185~~	~~2,315~~
		4,444	60,000	2,500
	합계	$60,000		

2018년의 계산된 감가상각비($4,629)는 실제로 손익계산서에 보고된 금액($4,444)과 일치하지 않는다. 자산은 순장부금액과 잔존가치가 동일해지면 더 이상 상각하지 않아야 한다. Southwest 소유자산의 잔존가치는 $2,500이다. 만약 감가상각비가 $4,629로 기록되면, 자산의 장부금액은 $2,500에 미달하게 된다. 따라서 2018년의 올바른 감가상각비는 $4,444이며, 장부금액은 정확히 $2,500로 감소하게 된다. 2018년에 기록할 금액은 다음과 같이 결정된다. 먼저 순장부금액이 $2,500가 되어야 하므로, 감가상각누계액은 $60,000(취득원가 $62,500 − 잔존가치 $2,500)가 되어야 한다. 그런 다음 감가상각누계액을 $60,000로 증가시키기 위해 필요한 감가상각비를 계산하면 된다(기말 감가상각누계액 잔액 $60,000 − 감가상각비 계상 전 감가상각누계액 잔액 $55,556).

장비의 진부화가 다소 급속히 진행될 것으로 예상되는 산업에 속하는 기업은 체감잔액법을 사용한다. 연차보고서 주석을 통해 알 수 있듯이, Toyota는 이 방법을 사용하는 회사 중 하나이다.

TOYOTA MOTOR CORPORATION
실제 자료에서 발췌:
2014 연차보고서

연결재무제표 주석

2. 중요한 회계정책의 요약:

유형자산 —

… 유형자산의 감가상각은 지배기업 및 일본의 종속기업에 대해서는 주로 체감잔액법으로 계산되며, 해외 종속회사에 대해서는 주로 정액법으로 계산됩니다. 상각률은 자산의 일반적인 분류, 건설 및 사용 유형에 따라 각 자산의 추정내용연수에 근거하여 결정됩니다. 추정내용연수는 건물의 경우 2년에서 65년까지이고 기계장치 및 장비의 경우 2년에서 20년까지입니다.

이 주석에서 알 수 있듯이 회사는 서로 다른 자산 분류에 대해 서로 다른 감가상각방법을 사용할 수 있다. 계속성의 원칙(consistency principle)에 따라 한 번 적용된 상각방법은 매기 계속해서 동일하게 적용이 되어야 할 것이다.

요약

세 가지 감가상각방법, 계산 및 각 방법별 시간 경과에 따른 감가상각비 차이는 다음과 같이 요약된다.

상각방법	계산	감가상가비
정액법	(취득원가 − 잔존가치) × 1/내용연수	매년 동일 금액
생산량비례법	[(취득원가 − 잔존가치)/추정총생산량] × 연간생산량	생산수준에 따라 다른 금액
이중체감잔액법	(취득원가 − 감가상각누계액) × 2/내용연수	시간경과에 따라 감소되는 금액

Financial Analysis 서로 다른 감가상각방법이 당기순이익에 미치는 영향

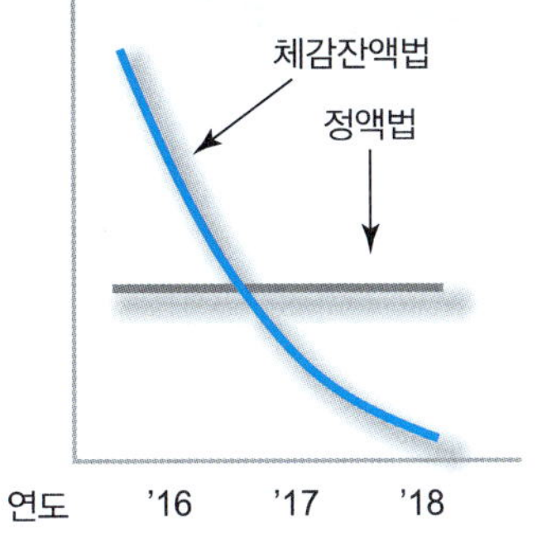

한 회사는 가속상각법을 사용하고 다른 회사는 정액법을 사용하는 것을 제외하고는 완전히 동일한 두 회사를 비교하고 있다고 가정하자. 어떤 회사가 더 높은 당기순이익을 기록할 것으로 예상하는가? 실제로 이는 다소 까다로운 질문이다. 정답은 어떤 회사의 순이익이 더 높을지는 확실히 말할 수 없다는 것이다.

가속상각법은 자산의 내용연수 초기에 감가상각비가 높고 따라서 당기순이익이 낮게 보고된다. 자산의 내용연수가 지남에 따라 이 효과는 반전된다. 따라서 가속상각법을 사용하는 회사는 자산 내용연수 후반으로 갈수록 감가상각비가 감소하고 당기순이익을 높게 보고한다. 좌측의 그래프는 이 장에서 논의된 정액법과 체감잔액법의 내용연수 경과에 따른 감가상각 패턴을 묘사하고 있다. 가속상각법의 곡선이 정액법보다 아래에 있으면 가속상각법은 정액법보다 순이익이 높게 된다. 그러나 자산의 내용연수가 끝나는 시점까지의 총감가상각비는 두 방법에서 모두 동일하다.

재무제표 이용자는 시간 경과에 따라 서로 다른 감가상각방법이 순이익에 미치는 영향을 이해해야 한다. 실제 경제적 차이가 아닌 감가상각방법의 차이로 인해 보고되는 당기순이익에 상당한 변화가 초래될 수 있다.

STOP PAUSE FOR FEEDBACK

이번 섹션에서 다룬 세 가지 원가배분의 방법은 다음과 같다:

- 정액법 : (취득원가 − 잔존가치) × 1 / 내용연수
- 생산량비례법 : [(취득원가 − 잔존가치) / 추정총생산량] × 연간생산량
- 이중체감잔액법 : (취득원가 − 감가상각누계액) × 2 / 내용연수

다음 정보를 이용하여 이들 방법을 연습하시오.

SELF-STUDY QUIZ

Southwest가 원가 $240,000의 새로운 컴퓨터 장비를 구입했다고 가정하자. 해당 장비의 추정내용연수는 6년, 추정가동시간은 50,000시간, 추정잔존가치는 $30,000이다. 다음 각 방법에 따라 첫 번째 연도(12개월)의 감가상각비를 계산하시오.

1. 정액법
2. 생산량비례법(해당 장비가 첫 번째 연도에 8,000시간 가동되었다고 가정)
3. 이중체감잔액법

[GUIDED HELP 8-1] 이번 섹션에서 다루었던 세 가지 원가배분 방법에 대한 추가 단계별 비디오 학습은 www.mhhe.com/libby9e_gh8a를 참조하시오.

해설

1. ($240,000 − $30,000) × 1/6 = $35,000
2. [($240,000 − $30,000) ÷ 50,000] × 8,000 = $33,600
3. ($240,000 − $0) × 2/6 = $80,000

Financial Analysis

회계변경으로 인해 수익성을 증가시킬 수 있는가? 주석 읽기

재무분석가는 회계추정의 변경이 기업의 세전 영업이익에 큰 영향을 미칠 수 있으므로, 여기에 많은 관심을 기울이고 있다. 2001년 Singapore Airlines는 연차보고서에서 항공기 교체 정책의 변경을 반영하여 항공기의 추정내용연수를 10년에서 15년으로 늘렸다고 발표하였다. 이 변경으로 인해 $2억 6,500만의 연간 감가상각비가 감소하였으며, 항공기의 잔여 내용연수 동안 매년 유사한 금액의 비용이 절감될 것이다. 재무분석가는 회계변경만으로도 회사의 수익성이 높아질 수 있으므로 이 수치에 많은 관심을 기울이고 있다.

INTERNATIONAL PERSPECTIVE

구성요소별 배분

IFRS에 따르면, 개별 자산의 구성요소 원가는 각 주요 구성요소에 배분된 후 해당 구성요소의 내용연수에 걸쳐 별도로 감가상각된다. 예를 들어, British Airways(현재 International Airlines Group으로 합병됨)의 경우 항공기 동체와 엔진에 대해서는 18년에서 25년, 기내 내부설비에 대해서는 5년에 걸쳐 감가상각하고 있다.

경영자들의 선택

재무보고

재무보고 목적으로, 기업 관리자는 특정 자산에 대해 수익과 비용을 최선으로 대응시킬 수 있는 감가상각방법을 결정해야 한다. 만약 자산이 일정 기간에 걸쳐 균등하게 효익을 제공할 것으로 예상되는 경우에는 정액법을 사용하는 것이 좋을 것이다. 또한, 관리자들은 이 방법이 사용하기도 쉽고 설명하기도 쉬운 방법이라는 것을 알고 있다. 다른 체계적이거나 합리적인 방법이 없다면, 정액법이 선택될 것이다. 또한 자산의 내용연수 초기에 정액법은 가속상각법에 비해 보다 높은 순이익을 보고한다. 이러한 이유로 정액법은 가장 일반적으로 사용되고 있는 감가상각방법이다.

반면, 특정 자산은 사용 초기에 보다 효율적이기 때문에, 후반부에 비해 초기에 높은 수익을 창출하기도 한다. 이 경우 관리자는 원가배분의 방법으로 가속상각법을 선택하기도 한다.

세금보고

대부분의 상장기업과 마찬가지로 Southwest Airlines도 두 가지 회계기록을 유지하고 있다. 두 기록은 모두 동일한 거래를 반영하지만, 두 가지 다른 측정원칙을 사용하여 회계처리되고 있다. 하나는 주주에게 보고하기 위해 GAAP에 따라 작성되며, 다른 하나는 세법(Internal Revenue Code, IRC)에 따라 회사의 납세의무를 결정하기 위하여 작성된다. 이 두 가지 기록의 작성원칙이 다른 이유는 간단하다: GAAP과 IRC의 목적이 다르기 때문이다.

재무보고(GAAP)	세금보고(IRC)
재무보고의 목적은 기업의 미래 현금흐름 예측에 유용한 경제적 정보를 제공하는 것이다. 재무보고는 일반적으로 인정된 회계원칙(GAAP)을 따른다.	세법(IRC)의 목적은 연방정부의 지출을 충당하기 위해 충분한 세수를 확보하는 것이다. 세법 규정의 대부분은 사회에 효익이 되는 특정 행위를 장려하기 위해 설계되었다(예를 들어, 자선단체 기부를 장려하기 위해 기부금에 대해 세금 공제 혜택을 제공한다).

경우에 따라, IRC와 GAAP의 차이로 인해 관리자는 별도의 기록을 유지할 수밖에 없다. 하지만 이러한 차이점은 경영자가 어떤 선택을 했는지에 따른 결과일 수도 있다. 허용 가능한 세무회계 처리방법 중에서 하나를 선택해야 하는 경우, 관리자는 최소한의 금액을 최대한 늦게 내는 방법을 선택할 것이다. 모든 납세의무자는 합법적으로 허용되는 최소한의 금액을 세금으로 납부하기를 원한다. 올해 말 혹은 내년 말에 연방정부에 $100,000를 납부하는 데 있어 선택권이 있다면 내년 말에 납부하는 방안을 선택할 것이다. 이렇게 함으로써 1년 동안 해당 세액만큼 다른 곳에 투자하여 투자수익을 올릴 수 있을 것이다.

A QUESTION OF ETHICS  두 종류의 장부

회사가 두 종류의 장부를 유지한다는 사실을 처음 알게 되면, 어떤 사람들은 윤리 또는 합법성에 의문을 제기할 것이다. 실제로 **세금 및 재무보고 목적을 위해 별도의 기록을 유지하는 것은 합법적이고 윤리적이다. 그러나 이들 기록은 동일한 거래를 반영해야 한다.** 세금신고서에 수익을 과소계상하거나 비용을 과대계상하는 경우 벌금형 또는 징역형, 혹은 둘 다에 처해질 수도 있다. 탈세를 도운 회계사도 벌금을 물거나 징역형에 처해질 수 있으며, 회계사 면허가 상실될 수도 있다.

유사하게, 두 종류의 장부를 유지함으로써 기업은 수백만 달러, 때로는 수십억 달러의 세금을 이연(연기)시킬 수 있다. 다음 회사들은 2014년에 큰 금액의 이연법인세부채를 보고하였다. 이들 대부분은 자산 원가를 어떻게 할당했는지의 차이로 인한 것이다:

회사	이연법인세부채	다른 원가할당방법의 적용으로 인한 비율
Southwest Airlines	$4,328백만	99%
PepsiCo	$7,348백만	30
Hertz	$3,685백만	74
Marriott International	$18백만	56

대부분의 기업은 세금신고서의 감가상각비를 IRS가 승인한 수정가속상각법(Modified Accelerated Cost Recovery System, MACRS)을 사용하여 계산하고 있다. MACRS는 체감잔액법과 유사하며, 비교적 짧은 자산 내용연수 동안 적용되어 초기 감가상각비를 높이게 된다. MACRS에 따라 보고된 높은 감가상각비는 법인의 과세소득을 감소시키고 세금으로 납부해야 하는 금액을 줄이게 된다. MACRS는 세계 시장에서 경쟁력을 갖추기 위해 최신의 유형자산에 투자할 유인을 제공하고 있다. 그러나 **이는 재무보고 목적으로는 허용되지 않는다.**

자산 손상의 측정

학습목표 8-4
자산의 손상이 재무제표에 미치는 영향에 대해 설명한다.

제2장에서 논의한 바와 같이, 자산은 교환거래로 취득한 미래 효익을 가져다줄 가능성이 매우 높은 경제적 자원으로 정의된다. 자산은 교환일의 역사적원가로 측정된다. 하지만 내용연수 후반부에, 자산이 장부금액에 상응하는 충분한 현금흐름(미래 효익의 유입)을 창출할 것으로 예상되지 않는 경우, 자산의 장부금액은 손상되었다고 볼 수 있다. 기업은 유형 및 무형자산의 손상 발생 가능성에 대해 검토해야 한다. 여기에는 두 단계가 필요하다:

1단계 : 손상검사 손상(impairment)은 사건 또는 상황의 변화로 인해 자산의 미래 예상 현금흐름(미래 효익)이 장부금액보다 낮아지는 경우 발생한다.

순장부금액 > 추정 미래현금흐름인 경우, 해당 자산은 손상되었음

2단계 : 손상차손의 계산 손상된 것으로 여겨지는 자산에 대해, 회사는 자산의 장부금액과 공정가치(시가 개념)의 차이에 대해 손실을 인식한다.

손상차손 = 순장부금액 − 공정가치

즉, 자산은 공정가치로 **감액**(written down)되는 것이다.

손상차손의 측정에 대해 설명하기 위해, Southwest가 자산 손상에 대한 검토를 수행하였으며 항공기에 대해 다음과 정보를 확인하였다고 가정하자.

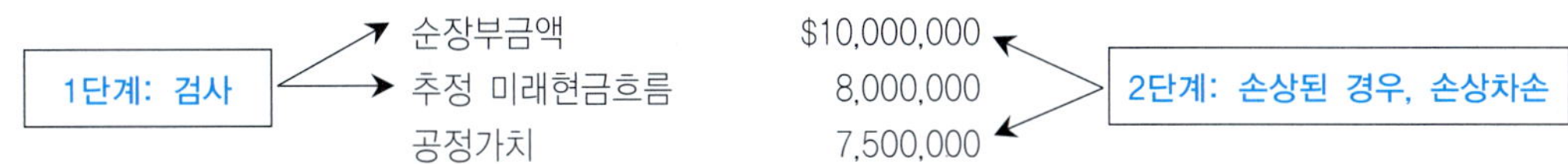

1단계 : $10,000,000의 순장부금액이 $8,000,000의 추정 미래현금흐름을 초과한다. 따라서 해당 자산은 장부금액과 동일한 미래 효익을 창출할 것으로 예상되지 않기 때문에 손상되었다. 손상된 경우 2단계로 진행하게 된다.

2단계 : 손상된 경우 손상차손 금액은 자산의 순장부금액과 공정가치의 차이가 된다. Southwest의 경우 공시된 자료 및 제3자 거래가격 등을 이용하여 공정가치를 산정하고 있다. 자산의 공정가치가 $7,500,000라면 손실은 $2,500,000(순장부금액 $10,000,000에서 공정가치 $7,500,000를 뺀 금액)로 계산된다. 이 경우 다음과 같은 분개를 기록하게 될 것이다:

자산손상차손(+E, −SE)	2,500,000	
비행장비(−A)		2,500,000

자산		=	부채	+	자본	
비행장비	−2,500,000				자산손상차손(+E)	−2,500,000

Southwest는 최근 연차보고서에 자산손상을 보고하지는 않았지만, 자산손상을 검토하는 관행에 따라 재무제표 주석에 이를 보고했다:

SOUTHWEST AIRLINES
실제 자료에서 발췌: 2014 연차보고서

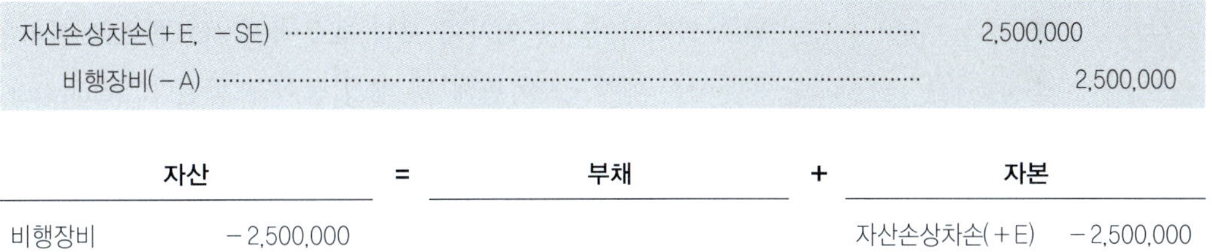
회사는 사건 및 상황에 따라 해당 자산에서 발생하는 할인되지 않는 현금흐름이 자산의 장부금액보다 작고 회수가 불가능할 것으로 판단될 때 영업에 사용되는 장기보유자산의 손상에 대해 평가합니다. 잠재적 손상을 나타낼 수 있는 요소에는 장기보유자산 시장가치의 유의적인 하락, 장기보유자산의 물리적 조건의 유의적인 변화 및 장기보유자산의 사용과 관련한 영업 및 현금흐름 손실 등이 포함됩니다. 자산이 손상된 것으로 판단되는 경우, 자산의 장부금액이 해당 공정가치 추정액을 초과하는 부분을 손상차손으로 기록합니다.

미국과 캐나다에 약 2,400여개의 Kmart 및 Sears 매장을 소유하고 운영하는 Sears Holdings Corporation은 2014년 2월 1일자로 종료된 2013 회계연도의 연차보고서에서 고정자산에 대한 손상차손을 보고했다:

SEARS HOLDINGS CORPORATION
실제 자료에서 발췌:
2013 사업연도 연차보고서

주석 13-매장 폐쇄비용, 해고원가 및 손상

장기보유자산

장기보유자산의 손상 및 처분에 관한 회계 기준에 따라, 회사는 2013년, 2012년 및 2011년 동안 사건 및 상황의 변화로 인해 손상이 발생했을 가능성이 있다고 판단하여, 장기보유자산 중 일부에 대해 손상검사(주로 건물 및 매장과 관련된 고정자산의 가치)를 실시하였습니다. … 이 손상검사의 결과로 회사는 2013년, 2012년 및 2011년에 각각 $220백만, $35백만 및 $16백만의 손상차손을 계상하였습니다.

Sears Holdings Corporation은 2011 회계연도에 수익 감소 및 비용 증가 이외에도 손상차손으로 인해 $30억가 넘는 순손실을 보고했다. 이는 2005년 3월에 Kmart와 Sears가 합병된 이후 기록한 첫 손실이다. 회사는 2012 및 2013 회계연도에도 각각 $9억 및 $13억의 손실을 보고하였다.

유형자산의 처분

학습목표 8-5
유형자산의 처분에 대해 분석한다.

어떤 경우에는 회사가 **자발적으로**(voluntarily) 내용연수 동안 사용할 수 있는 장기보유자산을 보유하지 않기로 결정할 수 있다. 회사가 특정 제품 생산을 중단하여 더 이상 생산설비가 필요 없어지거나 관리자가 보다 효율적인 시스템으로 설비를 교체하고자 할 수도 있다. 이러한 처분에는 매각, 보상 판매 및 폐기 등이 포함된다. Southwest는 오래된 항공기를 처분할 때 화물 항공사 또는 지역 항공사에 이를 매각할 수 있다. 기업은 폭풍, 화재 또는 사고와 같은 천재지변으로 인해 **비자발적으로**(involuntarily) 자산을 처분하게 될 수도 있다.

장기보유자산의 처분이 회계연도의 마지막 날에 발생하는 경우는 거의 없다. 따라서 감가상각이 마지막으로 기록된 이후 사용된 원가 금액에 대한 감가상각이 처분일에 기록되어야 한다. 따라서 상각자산의 처분에는 일반적으로 두 개의 분개가 필요하다:

Juan Silva/The Image Bank/Getty Images

1. 감가상각비 및 감가상각누계액 계정을 처분일 현재의 금액으로 수정하는 분개.
2. 처분을 기록하는 분개. 처분일의 자산과 감가상각누계액 계정이 제거되어야 한다. 자산의 처분으로 수령하는 대가와 장부금액의 차이는 처분시점에 자산처분에 대한 손익으로 처리된다. 이러한 이익(또는 손실)은 손익계산서에 보고된다. 그러나 이 손익은 주된 영업활동이 아닌 부수적인 활동으로 인해 발생한 것이기 때문에 영업수익(또는 비용)으로 보고되지는 않는다. 처분손익은 일반적으로 손익계산서에 별도의 항목으로 표시된다.

17차 연도 말에 Southwest가 일부 노선을 폐쇄함으로 인해 더 이상 필요 없어진 항공기를 매각하였다고 가정해 보자. 항공기는 $1,100만의 현금을 받고 매각되었다. 비행장비의 취득원가

$3천만는 25년 동안 잔존가치 없이 정액법을 사용하여 감가상각되었다(연간 감가상각비 $120만). 감가상각은 16차 연도 말에 마지막으로 기록되었다. 따라서 17차 연도에 대한 감가상각비가 기록되어야 한다. 계산내역은 다음과 같다:

현금 수령액		$11,000,000
비행장비의 취득원가	$30,000,000	
차감: 감가상각누계액($1,200,000 × 17년)	20,400,000	
처분일의 장부금액		9,600,000
비행장비 처분이익		$ 1,400,000

처분일의 분개와 거래의 효과는 다음과 같다:

1. 17차 연도에 대한 감가상각비 기록 :

계정	차변	대변
감가상각비(+E, −SE)	1,200,000	
감가상각누계액(+XA, −A)		1,200,000

2. 처분에 대한 기록 :

계정	차변	대변
현금(+A)	11,000,000	
감가상각누계액(−XA, +A)	20,400,000	
비행장비(−A)		30,000,000
유형자산처분이익(+Gain, +SE)		1,400,000

자산	=	부채	+	자본
(1) 감가상각누계액(−XA) −1,200,000				감가상각비(+E) −1,200,000
(2) 현금 +11,000,000				유형자산처분이익(+R) +1,400,000
비행장비 −30,000,000				
감가상각누계액(−XA) +20,400,000				

STOP PAUSE FOR **FEEDBACK**

여러분들은 영업용 자산을 처분할 때 감가상각이 마지막으로 기록된 이후 자산의 사용에 대한 감가상각비를 우선 기록해야 한다는 것을 배웠다. 그런 다음 해당 자산의 원가 및 관련 감가상각누계액을 제거한다. 수령한 현금과 자산의 순장부금액 간의 차이는 처분손익이 된다.

SELF-STUDY **QUIZ**

이제 $2,000,000의 현금을 받고 자산을 매각했다는 점을 제외하고 위의 사례와 동일한 상황을 가정해 보자. 처분일에 수행해야 할 두 개의 분개를 제시하시오:

1. 17차 연도에 대한 감가상각비 기록:

____________	....	______	
____________	....		______

2. 처분에 대한 기록:

____________	....	______	
____________	....	______	
____________	....	______	
____________	....		______

	자산	=	부채	+	자본
(1)					
(2)					

[GUIDED HELP 8-2] 이번 섹션에서 다루었던 자산의 처분을 기록하는 방법에 대한 추가 단계별 비디오 학습은 www.mhhe.com/libby9e_gh8b를 참조하시오.

해설

	차변	대변
(1) 감가상각비(+E, −SE)	1,200,000	
감가상각누계액(+XA, −A)		1,200,000
(2) 현금(+A)	2,000,000	
감가상각누계액(−XA, +A)	20,400,000	
비행장비처분손실(+Loss, −SE)	7,600,000	
비행장비(−A)		30,000,000

자산		=	부채	+	자본	
(1) 감가상각누계액	−1,200,000				감가상각비	−1,200,000
(2) 비행장비	−30,000,000				유형자산처분손실	−7,600,000
감가상각누계액	+20,400,000					
현금	+2,000,000					

무형자산 및 천연자원

학습목표 8-6
무형자산 및 천연자원에 대한 측정 및 보고 개념을 적용한다.

무형자산의 취득 및 상각

무형자산은 점점 더 중요성이 높아지고 있는 회사의 자원이다. 다른 자산과 마찬가지로 무형자산은 법률에 의해 소유자에게 특정 권리와 특권이 부여되기 때문에 가치가 있다. 그러나 토지 및 건물과 같은 유형자산과 달리 무형자산에는 실질적 또는 물리적 실체가 없다. 대신, 대다수의 무형자산은 보통 법적 문서에 의해 입증된다. 가장 일반적인 무형자산의 종류는 다음과 같다:

- 영업권(사업결합으로 인식)
- 상표권
- 저작권
- 기술
- 특허권
- 프랜차이즈
- 라이선스 및 운영권
- 고객목록/관계, 경업금지약정 및 그 밖의 계약 등

무형자산에 대한 회계처리는 이러한 무형자원들이 미래 유의적인 효익을 회사에 제공할 것으로 기대되며, 더불어 컴퓨터 정보시스템 및 웹 기술의 엄청난 확장과 다른 회사를 높은 가격으로 매수하려는 회사들의 각축전으로 인해 점점 더 그 중요성이 높아지고 있다. 무형자산은 **취득하는 경우에 한해 역사적원가로** 기록된다. 만약 회사가 이들 자산을 내부적으로 개발하는 경우에는 발생 시점에 비용으로 인식하고 있다. 무형자산을 취득하는 경우, 관리자는 각 무형자산이 한정 내용연수를 갖는지 비한정 내용연수를 갖는지를 결정해야 한다:

상각
체계적이고 합리적인 방법으로 무형자산의 원가를 내용연수에 걸쳐 배분하는 과정.

- **한정 내용연수**(Definite Life) : 한정 내용연수를 가진 무형자산의 원가는 감가상각과 유사한 상각(amortization)이라는 과정을 통해 **정액법**(straight-line basis)으로 내용연수에 걸쳐 배분된다. 대부분의 회사는 무형자산의 잔존가치는 없는 것으로 추정하고 있다. 무형자산 상각비는 매기 손익계산서에 포함되며, 무형자산은 원가에서 상각누계액을 차감한 금액으로 재무상태표에 보고된다.

한 회사가 $800,000를 주고 특허권을 취득하였고, 이를 20년간 사용하려 한다고 가정해 보자. 특허권 상각비 $40,000($800,000 ÷ 20년)를 기록하는 기말수정분개는 다음과 같다:

특허권 상각비(+E, −SE)	40,000	
특허권(−A) (또는 상각누계액 +XA, −A)[2]		40,000

자산	=	부채	+	자본	
특허권 (또는 상각누계액 +XA) 40,000				특허권 상각비(+E)	−40,000

- **비한정 내용연수**(Indefinite Life) : 비한정 내용연수를 가지는 무형자산은 **상각하지 않는다**. 대신, 이러한 자산들은 우선 질적 요인을 이용하여 공정가치가 장부금액보다 낮을 가능성이 그렇지 않은 가능성보다 더 높은지(more likely than not, 즉, 50%의 가능성보다 높음)에

2) 감가상각을 기록하는 방법과 일관되게 상각누계액 계정이 사용될 수 있다. 그러나 실제로는 대부분의 회사가 대변에 자산 계정을 직접 기입한다. 이는 다음 섹션에서 논의될 천연자원에 대해서도 동일하게 적용된다.

대해 살펴봄으로써 매년 손상 가능성을 검토해야 한다. 질적 요인으로는 원가 증가, 당초 예상을 뛰어넘는 현금흐름의 감소, 경기 침체 또는 업계 사정 악화로 인한 부정적인 영향 등이 있다. 이러한 가능성이 높은 경우, 이전 섹션 "자산 손상의 측정"에서 살펴본 바와 같이 2단계 과정을 거쳐 손상차손 금액을 결정한다.

영업권

영업권

회계목적으로, 기업을 취득한 원가가 취득한 기업의 자산 및 부채의 공정가치를 초과하는 부분.

가장 빈번히 보고되는 무형자산은 영업권(goodwill, cost in excess of net assets acquired)이다. 영업권이라는 용어는 고객이 회사에 대해 호의적인 평판을 가지고 있음을 의미한다. 영업권은 고객의 신뢰도, 서비스 또는 제품 품질에 대한 좋은 평판, 위치, 뛰어난 경영진 및 재정 상태 등과 같은 요인에 의해 발생한다. 성공적인 기업이라면 영업개시 첫 날부터 지속적으로 영업권을 창출할 것이다. 하지만 이는 **내부적으로 창출된**(internally generated) 영업권이므로 자산으로 보고되지 않는다(즉, 취득한 것이 아님).

영업권을 자산으로 보고하는 유일한 방법은 다른 기업을 취득하는 것이다. 종종 기업을 취득하는 가액이 모든 순자산(자산에서 부채를 차감한 금액)의 공정가치를 초과하기도 한다. 회사는 왜 개별적으로 자산을 구입하는 경우에 지급해야 하는 금액보다 기업 전체에 대해 더 많은 금액을 지급하는 것일까? 그 이유는 상대 회사의 영업권을 취득하기 때문이다. 여러분들이 콜라 음료를 생산하고 판매하기 위해 최신 병입 장비를 쉽게 구입할 수 있지만, 코카콜라 또는 펩시 브랜드와 관련된 영업권을 획득한 경우만큼 돈을 벌 수는 없을 것이다.

회계목적상 영업권은 회사 전체를 취득한 가액과 순자산의 공정가치 간의 차이로 정의된다. 예를 들어, 북미 전역에 수많은 놀이시설, 워터파크 및 호텔을 운영하고 있는 Ohio에 본사를 둔 Cedar Fair는 2006년에 Paramount Parks로부터 5개의 테마파크를 인수했다. Cedar Fair가 지급하기로 합의한 총 인수가격($12억)은 Paramount의 순자산 공정가치($8억 9,000만)를 초과하였다. 아래에서 보듯이, Cedar Fair는 테마파크와 관련된 영업권을 얻기 위해 $3억 1,000만의 추가 금액을 지불했다.

Cedar Fair의 Paramount Parks 인수	(단위: 백만)
매입가격	$1,200
− 취득한 자산 및 인수한 부채의 공정가치	
유동자산	70
유형자산	1,000
무형자산	80
부채	(260)
순자산, 공정가치	890
영업권	$ 310

기업을 인수하는 많은 경우, 영업권으로 기록되는 금액이 상당히 클 수 있다. 예를 들어, 인터넷 기반 네트워킹 및 기타 제품 및 서비스를 설계, 제조 및 판매하는 Cisco Systems는 2009년

부터 여러 건의 기업 인수를 완료했다. 여기에 소요된 거의 $171억에 달하는 총 인수가격 중 $114억가 영업권으로 기록되었다. 이는 Cisco의 2014년 7월 26일자 재무상태표에 보고된 영업권 $242억의 47%가 넘는 금액이며, 보고된 자산 중 두 번째로 큰 규모이다.

영업권은 비한정 내용연수를 갖는 것으로 간주되며, 이전 섹션에서 설명한 바와 같이 비한정 내용연수 무형자산에 대한 손상 가능성을 검토해야 한다. Cisco는 다음과 같은 정책을 발표했다:

CISCO SYSTEMS, INC.
실제 자료에서 발췌:
2014 연차보고서

2. 중요한 회계정책의 요약

영업권 및 취득 무형자산
영업권은 일 년에 한 번, 회계연도 4분기에 손상 여부를 검사하고, 손상 징후가 있는 경우에는 그 때마다 손상 여부를 검사합니다. 손상된 경우 영업권의 장부금액은 공정가치로 감액됩니다.

상표권

상표권
특별한 이름, 이미지 또는 슬로건을 사용할 수 있는 배타적인 권리.

상표권(trademark)은 제품 또는 회사와 관련된 특별한 이름, 이미지 또는 슬로건이며, 이는 법으로 보호받는다. 상표권은 회사가 소유할 수 있는 가장 가치 있는 자산이다. 예를 들어, 대부분의 사람들은 Mickey Mouse가 없는 Walt Disney Company를 상상할 수 없다. 유사하게, 여러분들은 아마도 그 맛 때문이 아니라, 그 이름을 둘러싸고 형성된 이미지 때문에 그 청량음료를 즐길 것이다. 많은 사람들이 정지 표지판의 모양을 인식하는 것만큼 빨리 회사의 로고 모양을 식별할 수 있다. 상표권은 가치 있는 자산이지만 재무상태표에는 거의 나타나지 않는다. 그 이유는 간단하다; 무형자산은 취득하지 않는 경우에는 기록되지 않기 때문이다. 회사는 종종 상표를 개발하는 데 수백만 달러를 투자하지만, 대부분의 지출은 무형자산으로 자본화되지 않고 비용으로 기록된다.

D. Hurst/Alamy

저작권

저작권
문학, 음악 또는 예술 작품을 출판, 사용 및 판매할 수 있는 배타적인 권리.

저작권(copyright)은 저작자가 사망한 후 70년을 초과하지 않는 기간 동안 문학, 음악 또는 예술 작품을 출판, 사용 및 판매할 수 있는 독점권을 소유자에게 부여하는 것이다.[3)] 여러분들이 읽고 있는 이 책에는 출판사와 저자를 보호하기 위한 저작권이 있다. 예를 들어, 강사가 이 책에서 몇몇 장을 복사하여 수업시간에 배포하는 것은 법규에 위배된다. 구입한 저작권은 원가로 기록된다.

기술

기술(technology) 무형자산을 보고하는 기업의 수는 지속적으로 증가하고 있다. 컴퓨터 소프

3) 일반적으로 저작자의 사망 이후 70년을 한도로 한다. 익명의 저작자의 경우 첫 출판일로부터 95년이 한도가 된다. 자세한 내용은 copyright.gov을 참고하길 바란다.

기술
컴퓨터 소프트웨어 및 웹 개발 원가 등.

트웨어 및 웹 개발 원가가 점차 중요해지고 있다. 2014년 12월 31일, IBM Corporation은 재무상태표상 자본화된 소프트웨어 $6억 9,600만와 완성된 기술 $12억 9,800만(영업권을 제외한 무형자산의 64%를 초과)를 보고했으며 재무제표에 대한 주석을 다음과 같이 공시했다:

INTERNATIONAL BUSINESS MACHINES CORPORATION
실제 자료에서 발췌:
2014 연차보고서

> **주석 A.**
> **중요한 회계정책**
>
> **소프트웨어 원가**
> 라이선스가 있는 소프트웨어 프로그램의 개념 정립 및 설계와 관련된 원가는 연구, 개발 및 엔지니어링 비용으로 발생시 비용으로 처리됩니다; 기술적 실현가능성이 입증된 이후 제품을 생산하는 데 소요되는 원가는 무형자산으로 자본화됩니다. 자본화된 금액은 3년까지의 기간에 걸쳐 정액법으로 상각됩니다. …
> 회사는 내부 사용 목적의 소프트웨어 프로그램의 매입 또는 개발 및 구현을 위해 발생한 소프트웨어의 코딩, 설치, 검사 및 특정 데이터 변환 등의 특정 원가를 자본화합니다. 이와 같이 자본화된 원가는 최대 2년의 기간에 걸쳐 정액법으로 상각되며, 판매비와관리비로 계상합니다.

Financial Analysis

연구개발비 : U.S. GAAP에서는 무형자산이 아님

위에서 살펴본 IBM 주석 발췌 자료에 따르면, 라이선스가 있는 소프트웨어 프로그램의 개념 정립 및 설계와 관련된 원가는 연구, 개발 및 엔지니어링 비용으로 발생시 비용으로 처리하고 있다는 점에 주목하자. 또한, 무형자산이 내부적으로 개발되는 경우, 해당 개발 원가는 일반적으로 연구개발비로 기록된다. 예를 들어, Abbott Laboratories(의약품 및 영양제 제조업체)는 최근 신제품 개발을 위한 연구에 연간 약 $15억를 지출한다고 보고했다. 일반적으로 연구개발비는 측정 가능한 미래 현금흐름을 창출할 가능성이 충분하지 않다고 보기 때문에 자산이 아닌 비용으로 보고된다. 만약 Abbott Labs가 다른 제약회사의 신제품에 대한 특허를 구입하기 위해 동일한 금액을 지출했다면, 해당 지출로 자산을 기록되었을 것이다.

특허권

특허권
연방정부가 발명에 대해 부여하는 권리; 소유자에게 특허권을 사용하여 제조를 하거나, 특허권 그 자체를 양도할 수 있는 배타적인 권리를 부여함.

특허권(patent)은 신제품을 발명하거나 새로운 제조법을 개발한 사람에게 일반적으로 부여되는 것으로, 연방정부에 의해 20년 동안 부여되는 배타적 권리이다.[4] 특허권 소유자는 특허권을 사용하여 제조를 하거나, 특허권 그 자체를 양도할 수도 있다. 특허권은 발명가가 신제품으로 경제적 이익을 충분히 얻을 때까지 경쟁자가 새로운 발명이나 발견을 쉽게 베끼는 것을 방지해 준다. 특허권이 보호해 주지 않는다면, 발명가는 새로운 제품을 탐색하려 하지 않을 것이다. 외부 취득한 경우 특허권은 매입가액으로 기록되지만, **내부적으로 개발된** 경우 등록 및 법률비용만 특허권으로 기록된다. 왜냐하면 GAAP은 연구개발비를 발생 즉시 비용으로

4) 자세한 내용은 http://www.uspto.gov/web/offices/pac/doc/general/index.html#patent을 참고하기 바란다.

처리하기 때문이다.

프랜차이즈

프랜차이즈
특정 상표를 사용하여 특정 제품이나 서비스를 제공하거나 특정 지역에서 영업을 할 수 있도록 하는 계약상 권리.

프랜차이즈(franchises)는 특정 기간 동안이나 특정 목적을 위해 정부나 기업에 의해 부여될 수 있다. 지방정부에서 난방 목적으로 가스를 공급할 수 있는 프랜차이즈를 특정 기업에게 부여하거나, 회사가 KFC 식당(Yum! Brands 소유)을 운영할 수 있는 권리와 같은 프랜차이즈를 판매할 수도 있다. 프랜차이즈 계약은 다양한 조항을 가질 수 있는 계약이다. 여기에는 가맹점의 투자를 요구하고 있는 경우가 대부분이다; 따라서 가맹점은 이를 무형자산으로 회계처리하는 것이다. 프랜차이즈 계약기간은 계약에 따라 다르다. 계약기간은 1년이거나 또는 비한정일 수도 있다. 예를 들어, 프랜차이즈 본사인 Papa John's International은 전 세계에 4,600개가 넘는 매장을 보유하고 있으며 대략 84%가 프랜차이즈 형태로 운영되고 있다. 프랜차이즈 계약기간은 10년이며, 갱신이 가능하다. 미국에서는 가맹점이 Papa John's 프랜차이즈를 처음 얻으려는 경우 Papa John's에 초기 프랜차이즈 수수료로 $25,000를 지불한다. 가맹점은 이 금액을 무형자산으로 기록한다.

라이선스 및 운영권

라이선스 및 운영권
정부나 관계당국으로부터 계약을 통해 얻는 권리; 소유자가 자신의 서비스를 수행하는 데 공공재산을 사용할 수 있도록 허용하는 것.

Southwest Airlines의 무형자산은 <도표 8.1>에 제시된 재무상태표의 기타자산에 포함되어 있다. 무형자산은 주로 공항 소유 게이트에 대한 임차권이다. 그 외의 무형자산에는 많은 공항에서 제한적으로 배정하고 있으며 정부가 규제하고 있는 승인 받은 착륙시간대 운영권이 포함되어 있다. 이들은 모두 항공사가 사고팔 수 있는 무형자산이다. 회사에 부여될 수 있는 또 다른 유형의 라이선스 및 운영권(licenses and operating rights)에는 라디오 및 TV 방송을 위한 전파이용권과 케이블 및 전화를 위한 회선이용권 등이 있다.

INTERNATIONAL PERSPECTIVE

유형자산 및 무형자산 회계처리의 차이점

IFRS는 유형자산 및 무형자산 회계처리에 있어서 U.S. GAAP과 다소 차이가 있다. 가장 중요한 차이점 중 두 가지가 아래에 요약되어 있다. IFRS는 회사가 이들 자산을 공정가치(예를 들어, 감정평가가액)로 보고할 수 있는 선택권을 부여하고 있다. 다만, 회사는 매년 이를 계속적으로 적용하여야 한다. 재평가를 선호하는 주된 논거는 인플레이션의 영향으로 인해 15~20년 전에 구입한 자산의 역사적원가는 의미가 없다는 것이다. 이에 반해, U.S. GAAP에서는 유형자산과 무형자산을 원가로 측정하고, 이후 자산가치가 증가되더라도 이를 재평가하지 않도록 하고 있다. 재평가를 반대하는 주요 논거는 자산의 현행원가를 추정하는 데 객관성이 결여되어 있다는 것이다.

또한, IFRS는 회사가 새로운 제품이나 도구를 만들기 위한 원형과 같은 무형자산 개발원가를 자본화하도록 요구한다. 반면에 U.S. GAAP은 그 가치의 불확실성 때문에 개발원가를 일반적으로 비용으로 처리한다.

	GAAP	IFRS
원가 vs. 공정가치	• 원가로 기록해야 함 • 감가상각/상각 및 손상으로 가액을 조정함 • 가치의 증가를 기록하지 않음	• 원가 혹은 공정가치 중 선택함 • 감가상각/상각 및 손상으로 가액을 조정함 • 공정가치 사용하는 경우 가치의 증가를 기록함
연구개발비	• 무형자산의 연구 및 개발 원가는 모두 비용으로 처리함	• 연구비는 비용으로 처리하나, 무형자산을 개발하는 측정가능한 원가는 자본화함

미국이 IFRS를 채택할 때까지는 여러분들이 분석하는 회사가 미국 회사가 아닌 경우에는 재무제표 주석을 주의 깊게 읽어야 한다. Euro Disney와 LEGO Group은 2014년에 역사적원가의 사용을 선택했다고 보고하였으나, 대신 공정가치를 사용하기로 선택할 수도 있었다.

천연자원의 취득 및 감모상각

천연자원
광물, 삼림, 석유 및 가스와 같이 자연에서 얻을 수 있는 자산.

여러분들은 주로 제조(Ford Motor Corporation, Stanley Black & Decker), 유통(Sears Holdings, Home Depot) 또는 서비스(FedEx®, Marriott International)와 관련된 대기업에 가장 친숙할 것이다. 잘 알려지지 않은 대기업 중 상당수가 금이나 철광석, 유정(oil wells) 및 삼림과 같은 천연자원(natural resources)으로 원자재와 제품을 개발하고 있다. 이러한 자원들은 고갈(즉, 물리적으로 소모)되기 때문에 흔히 **감모자산**(wasting assets)이라고 부른다. 천연자원을 개발하는 회사는 건축용 목재, 난방용 및 수송용 연료, 소비용 식료품과 같은 필수 품목을 생산하기 때문에 경제에 매우 중요한 역할을 한다. 이들은 환경에 중대한 영향을 미치기 때문에 상당한 대중적인 주목을 받고 있다. 이를 우려하는 시민들은 석유, 석탄 및 다양한 광석 탐사와 관련된 회사들이 환경을 보호하기 위해 얼마의 금액을 지출하였는지 파악하기 위해 종종 이들 회사의 재무제표를 읽곤 한다.

감모상각
자원을 이용하는 기간에 걸쳐 체계적이고 합리적인 방법으로 천연자원 원가를 배분하는 과정.

천연자원이 취득 또는 개발되면, 이들은 **원가주의**(cost principle)에 따라 기록된다. 천연자원이 사용됨에 따라, 취득원가는 **비용인식의 원칙**(expense principle)에 따라 수익이 창출된 기간에 배분되어야 한다. 감모상각(depletion)이라는 용어는 자원을 이용하는 기간 동안 천연자원의 원가를 배분하는 과정을 의미한다.[5] 감모상각 계산에는 흔히 생산량비례법이 적용된다.

유정과 같은 천연자원을 통해 회사는 재고자산(석유)을 얻게 된다. 재고자산을 얻기 위해서는 천연자원의 감모가 필요하므로 일정 기간 동안 계산된 감모상각은 즉시 비용으로 처리되지 않고 재고자산 원가의 일부로 **자본화**된다. 회사는 재고가 판매되는 경우에만 비용(매출원가)을 기록한다. 다음 사례를 살펴보자:

$530,000에 취득한 삼림은 대략 연 20%의 "벌목"률에 근거하여 추정벌목기간에 걸쳐 다음 분개와 같이 감모상각된다. 감모상각되는 천연자원 금액은 비용으로 처리되는 것이 아니라

5) 감가상각을 기록하는 방법과 일관되게 감모상각누계액 계정이 사용될 수 있다. 그러나 실제로는 대부분의 회사가 대변에 자산 계정을 직접 기입한다.

재고자산으로 자본화된다는 점에 유의하자. 재고자산이 판매되는 경우 매출원가는 손익계산서에 비용으로 보고된다.

재고자산(+A)	106,000	
삼림(−A) (또는 감모상각누계액 +XA, −A)		106,000

자산		=	부채	+	자본
재고자산	+106,000				
삼림(또는 감모상각누계액 +XA)	−106,000				

International Paper의 2014년 재무상태표에는 $5억 700만의 삼림지를 중요한 천연자원으로 보고하고 있다. 다음은 회사의 천연자원에 대한 회계정책에 대해 설명하고 있는 관련 주석을 발췌한 것이다:

INTERNATIONAL PAPER
실제 자료에서 발췌:
2014 연차보고서

연결재무제표에 대한 주석

주석 1 사업 및 중요한 회계정책의 요약

삼림지

2014년 12월 31일 현재 International Paper와 그 종속회사는 브라질에 약 334,000에이커의 삼림지를 소유 및 관리하고 있으며, 면허 및 삼림 관리 협약을 통해 러시아의 국유 삼림지에 대한 벌목 권리를 가지고 있습니다. 목재로 인해 발생하는 원가는 나무를 벌목할 때 비용으로 처리됩니다. 비용처리되는 비율은 발생된 원가와 이용재적(merchantable volume)의 관계에 따라 매년 결정됩니다.

FOCUS ON CASH FLOWS

생산성자산과 감가상각

학습목표 8-7
장기보유자산의 취득, 사용 및 처분이 현금흐름에 어떤 영향을 미치는지에 대해 설명한다.

현금흐름에 미치는 효과

현금흐름표의 영업활동 섹션을 작성하는 방법 중 간접법은 발생주의하의 당기순이익(손익 계산서에 보고된)을 영업활동 현금흐름으로 조정하는 것이다. 여기에는 (1) 현금이 수반되지 않는 수익 및 비용, (2) 투자 또는 재무활동(영업활동이 아닌)과 관련된 손익을 제거해야 하는 조정이 있다.

감가상각이 기록되더라도 현금 지출이 수반되지는 않는다(즉, 현금이 대변에 기입되지 않는다). 감가상각비(비현금비용)는 손익계산서의 당기순이익을 계산할 때 차감되기 때문에 그 효과를 제거하기 위해 이를 다시 당기순이익에 가산해야 한다. 마찬가지로, 장기보유자산의 처분(투자활동)으로 인한 이익(또는 손실)은 당기순이익을 계산할 때 가산(또는 차감)되기 때문에 그 효과를 제거하기 위해 이를 다시 당기순이익에서 차감(또는 가산)해야 한다.

- **일반론 :** 장기보유자산의 취득, 매각 및 감가상각은 다음 표에 제시된 바와 같이 회사의 현금흐름표에 반영된다:

	현금흐름에 미치는 효과
영업활동(간접법)	
당기순이익	$xxx
조정사항: 감가상각비와 상각비	+
장기보유자산처분이익	−
장기보유자산처분손실	+
자산손상차손	+
투자활동	
장기보유자산의 취득	−
장기보유자산의 매각	+

- **Focus Company 분석 :** 다음은 2014년 Southwest의 현금흐름표를 요약한 것이다. 장기보유자산의 취득 및 매각은 투자활동이다. 2014년 Southwest는 비행장비 및 지상장비 구입을 위해 $17억 4,800만의 현금을 사용했다.

Southwest는 해당 연도 동안 비행장비 또는 지상장비를 매각하지 않았다. 장기보유자산을 매각하는 것은 영업활동이 아니다. 따라서 당기순이익에 포함되는 장기보유자산의 매각으로 인한 이익(손실)은 영업활동 섹션의 당기순이익에서 차감(또는 가산)되어 매각으로 인한 효과를 제거해야 한다. 금액이 큰 경우가 아니라면 일반적으로 이러한 손익 조정은 현금흐름표에 별도로 강조되어 표시되지는 않는다. Southwest는 2014년에 손익 조정사항을 나타내지 않았다.

항공사와 같은 자본집약적인 산업에서는 감가상각이 중요한 비현금비용이다. Southwest의 경우, 영업활동 현금흐름을 결정할 때 당기순이익에서 조정하는 가장 큰 조정액은 일반적으로 감가상각비와 상각비가 된다. 예를 들어, 2014년 감가상각비와 상각비 조정액은 영업활동 현금흐름의 32%였다.

SOUTHWEST AIRLINES CO.
연결현금흐름표(부분)
2014년 12월 31일자로 종료되는 연도
(단위 : 백만)

	2014
영업활동 현금흐름 :	
당기순이익	$1,136
당기순이익을 영업활동 현금흐름으로 조정 :	
감가상각비와 상각비	938
기타(요약됨)	828
영업활동으로 인한 순현금	2,902
투자활동 현금흐름 :	
자본적 지출(유형자산의 취득)	(1,748)
기타(요약됨)	21
투자활동에 사용된 순현금	(1,727)

Financial Analysis

잘못된 해석

일부 재무분석가들은 비현금비용의 의미를 잘못 해석하여, "감가상각으로 현금이 유입됩니다." 라고 말한다. 감가상각은 현금흐름표의 영업활동 섹션에 가산되지만, **감가상각은 현금의 원천이 아니다.** 영업활동으로 인한 현금은 재화와 서비스를 판매하는 경우에만 유입될 수 있다. 다른 상황이 동일하다면, 감가상각비 금액이 큰 회사가 적은 감가상각비를 보고하는 회사에 비해 더 많은 현금을 창출하는 것은 아니다. 감가상각비는 회사가 보고하는 당기순이익을 감소시키지만, 비현금비용이기 때문에 회사가 창출하는 현금을 감소시키지는 않는다. 감가상각을 기록하는 경우, 자본이 감소하고 고정자산이 감소하는 것이지, 현금이 감소하는 것은 아니다. 현금흐름표에서 영업활동 현금흐름(현금주의)을 계산하기 위해, 발생주의하의 당기순이익에 감가상각비를 다시 가산하는 것은 이러한 이유 때문이다.

감가상각은 비현금비용이지만 **세금을 고려하면 감가상각은 회사의 현금흐름에 영향을 줄 수 있다.** 감가상각은 법인세 목적으로 공제 가능한 비용이다. 회사가 세금보고 목적으로 감가상각비를 높이 계상할수록 회사의 과세소득과 납부세액은 낮아지게 된다. 세금은 현금으로 납부하는 것이기 때문에, 회사의 성과가 낮아질수록 회사의 현금유출이 감소된다(즉, 당기순이익이 낮아질수록 세금 납부액도 낮아진다).

DEMONSTRATION CASE A

(답안을 보기 전에 다음 요구사항을 완성하시오.) Diversified Industries는 주거용 건설회사로 사업을 시작하였다. 최근 몇 년 동안 회사는 중건설공사, 레미콘, 건축자재 및 토공사업으로 사업을 확장하였다. 2016년 동안 회사가 다음 거래를 수행했다고 가정하자. 금액은 단순화되어 제시되어 있다.

2016년

1월 1일 경영진은 10년된 건물을 $175,000, 건물 부수토지를 $130,000에 사기로 결정하였다. 회사는 $100,000는 현금으로 지급하고, 나머지에 대해서는 어음을 발행하였다.

1월 12일 건물을 사용하기 전 개보수 비용으로 $38,000를 지급하였다.

7월 10일 건물에 대한 경상적인 수선비로 $1,200를 지급하였다.

12월 31일 기말조정사항:

a. 건물은 추정내용연수 30년에 걸쳐 정액법으로 감가상각된다. 추정잔존가치는 $33,000이다.
b. Diversified는 몇 년 전에 다른 회사를 순자산의 공정가치보다 $100,000를 더 주고 인수하였다. 영업권은 비한정 내용연수를 가진다.
c. 기초에 회사는 취득원가 $650,000이고, 감가상각누계액 $150,000인 장비를 보유하고 있다. 해당 장비는 잔존가치 없이 20년의 내용연수에 걸쳐 이중체감잔액법으로 감가상각되고 있다.
d. 기말에 회사는 장기보유자산의 가치가 손상되었는지 여부에 대해 검사하였다. 취득원가 $156,000, 잔여 장부금액 $120,000인 오래된 굴착장비 한 대의 미래 현금흐름은 $40,000로 예상되고 공정가치는 $35,000인 것으로 확인되었다. 해당 장비는 크기가 작고 안전기능이 없기 때문에 사용이 제한적인 상태이다. 영업권은 손상되지 않은 것으로 판명되었다.

회사의 회계연도는 2016년 12월 31일자로 종료된다.

요구사항:

1. 위의 각 사건(1월 1일, 1월 12일, 7월 10일 및 기말조정사항 a부터 d까지)이 기말 재무제표에 미치는 효과를 나타내시오. 구체적으로 다음 표를 이용하여 영향을 받는 계정과 그 금액 및 방향(증가는 +, 감소는 −)을 표시하시오:

일자	자산	=	부채	+	자본

2. (a)와 (c)에 대해 12월 31일 기말수정분개를 기록하시오.
3. 다음 각 항목이 2016년 12월 31일 현재 재무상태표에 어떻게 분류되고 그 금액은 얼마로 보고되어야 하는지를 나타내시오.

   고정자산 − 토지, 건물 및 장비
   무형자산 − 영업권

4. 회사의 당기 영업수익은 $1,000,000, 기초 고정자산의 순장부금액은 $500,000이었다고 가정하고, 고정자산회전율을 계산하시오. 그 의미를 설명하시오.

해설

1. 사건의 효과(계산내역 포함):

일자	자산	=	부채	+	자본
1월 1일	현금 −100,000 토지 +130,000 건물 +175,000		미지급금 +205,000		
Jan. 12 (1)	현금 −38,000 건물 +38,000				
July 10 (2)	현금 −1,200				수선비 −1,200
Dec. 31 ***a*** (3)	감가상각누계액(+XA) −6,000				감가상각비 −6,000
Dec. 31 ***b*** (4)	분개 없음				
Dec. 31 ***c*** (5)	감가상각누계액(+XA) −50,000				감가상각비 −50,000
Dec. 31 ***d*** (6)	장비 −85,000				자산손상차손 −85,000

(1) 자산을 사용 가능한 상태로 만드는 데 필수적인 지출이므로 $38,000를 자본화한다.

(2) 이는 경상적인 수선비이므로 비용으로 처리한다.

(3)

건물의 원가		정액법 감가상각비
최초 매입가액	$175,000	(원가 $213,000 − 잔존가치 $33,000) × 1/30년
사용전 수선비	38,000	= 연간 감가상각비 **$6,000**
취득원가	$213,000	

(4) 영업권은 비한정 내용연수를 가지므로 상각하지 않는다. 이후 손상검사를 수행하게 될 것이다.

(5) **이중체감잔액법 감가상각비**

(원가 $650,000 − 감가상각누계액 $150,000) × 2/20년 = 2016년 감가상각비 **$50,000**

(6) 자산의 손상

손상검사: 오래된 장비의 장부금액 $120,000는 예상되는 미래 현금흐름인 $40,000를 초과하므로, 해당 자산은 손상되었다.

손상차손	
장부금액	$120,000
차감: 공정가치	−35,000
손상차손	$ 85,000

2. 2016년 12월 31일 기말수정분개:

a.

	차변	대변
감가상각비(+E, −SE)	6,000	
감가상각누계액(+XA, −A)		6,000

b.

	차변	대변
감가상각비(+E, −SE)	50,000	
감가상각누계액(+XA, −A)		50,000

3. 2016년 12월 31일 부분재무상태표:

	자산		
	고정자산		
	토지		$130,000
	건물	$213,000	
	차감: 감가상각누계액	6,000	207,000
$650,000 − $85,000 →	장비	565,000	
$150,000 + $50,000 →	차감: 감가상각누계액	200,000	365,000
	총고정자산		702,000
	무형자산		
	영업권		100,000

4. 고정자산회전율:

$$\frac{\text{영업수익(순매출액)}}{(\text{기초 순고정자산} + \text{기말 순고정자산}) \div 2} = \frac{\$1{,}000{,}000}{(\$500{,}000 + 702{,}000) \div 2} = 1.66$$

이 건설회사는 자본집약적인 회사이다. 고정자산회전율은 수익을 창출하기 위해 유형자산에 대한 투자를 얼마나 효율적으로 이용하였는지를 측정하는 비율이다.

DEMONSTRATION CASE B

주거용 건설회사인 Diversified Industries는 건설작업을 지원하기 위해 2017년 자갈채취장(자갈채취장 1호로 지정)을 취득했다. 회사는 2017년 자갈채취장과 관련하여 다음의 거래를 수행했다. 금액은 단순화되어 제시되어 있으며, 회사의 회계연도는 12월 31일자로 종료된다.

6월 19일 현금 $50,000로 자갈채취장 1호를 매입하였다. 회사는 이 채취장에서 100,000입방야드의 자갈이 채취될 것으로 추정하였다.

8월 1일 새로운 자갈채취장에서 채취를 하기 위하여 $10,000의 준비비용을 지급하였다.

11월 10일 자갈채취장 1호에서 12,000입방야드의 자갈이 채취되어 2018년에 사용되거나 판매되었다.

요구사항:

6월 19일, 8월 1일 및 11월 10일의 거래를 기록하시오.

해설

일자	계정		
6월 19일	자갈채취장 1호 (+A)	50,000	
	현금 (−A)		50,000
8월 1일	자갈채취장 1호 (+A)	10,000	
	현금 (−A)		10,000
11월 10일*	재고자산−자갈 (+A)	7,200	
	자갈채취장 1호 (−A)		7,200

***자갈채취장의 취득원가**

최초 매입가액	$50,000
준비비용	10,000
총원가	$60,000

생산량비례법 감모상각비

감모상각률 : 원가 $60,000 ÷ 추정채취량 100,000 = 단위당 $0.60

감모상각비 : 단위당 $0.60 × 실제채취량 12,000 = $7,200

감모상각비는 자갈재고로 자본화한다.

보론

감가상각 추정의 변경

감가상각은 두 가지 추정치에 근거하여 산정된다: 내용연수와 잔존가치. 이들 추정치는 상각자산을 취득하는 시점에 결정된다. 자산을 사용함에 따라 이들 추정치 중 하나 또는 둘 모두를 수정할 필요가 생길 수 있다. 또한 자산을 사용하는 동안 자산의 내용연수를 연장시키는 개선이 있는 경우 해당 지출액은 원래의 취득원가에 가산될 수도 있다. 추정치가 중요한 수준으로 수정되어야 하거나 자산의 원가가 변경된 것이 명백한 경우, 미상각자산의 잔액(잔존가치를 차감한 금액)은 당기부터 이러한 변경사항을 반영하여 추정 잔존내용연수에 걸쳐 배분되어야 한다. 이를 **추정의 변경**(change in estimate)이라고 한다.

이 장에서 설명된 감가상각방법의 추정치가 변경되어 새로운 감가상각비를 계산하려는 경우, 원래 취득원가 대신 순장부금액을, 원래의 잔존가치 대신 새로운 잔존가치를, 원래 내용연수 대신 추정 잔존내연수를 사용하면 된다. 정액법의 경우를 살펴보면 수식은 다음과 같다.

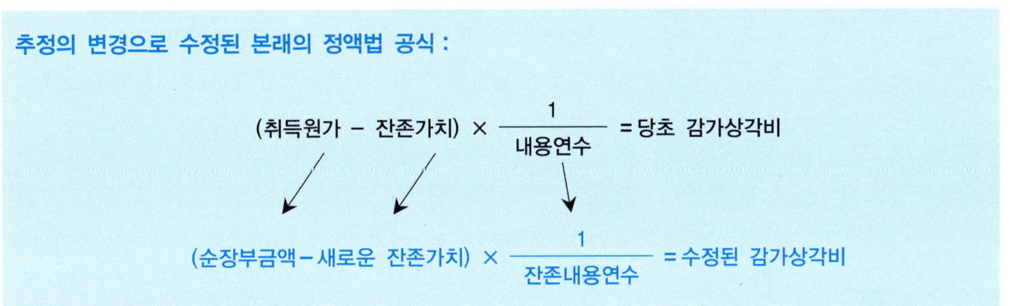

Southwest가 추정내용연수가 20년이고 추정잔존가치가 $3,000,000인 항공기를 $60,000,000에 매입하였다고 가정해 보자. 5차 연도 개시 직후에 Southwest는 최초 추정내용연수를 25년으로 변경하였고 추정잔존가치를 $2,400,000로 낮추었다. 5차 연도말 새로운 감가상각비 계산내역은 다음과 같다.

추정의 변경으로 인한 정액법 감가상각비

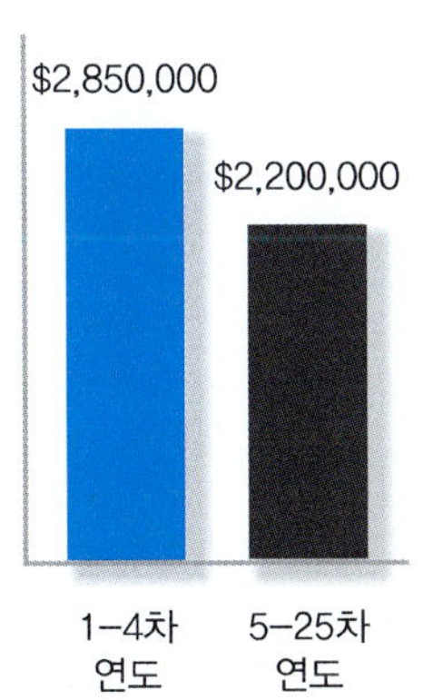

당초 감가상각비

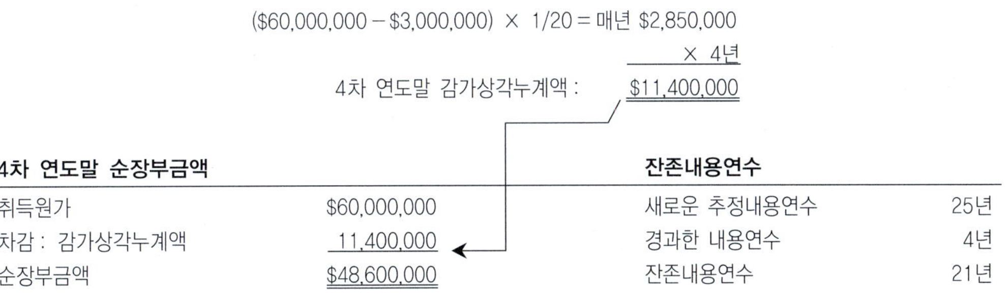

($60,000,000 − $3,000,000) × 1/20 = 매년 $2,850,000
× 4년
4차 연도말 감가상각누계액 : $11,400,000

4차 연도말 순장부금액	
취득원가	$60,000,000
차감 : 감가상각누계액	11,400,000
순장부금액	$48,600,000

잔존내용연수	
새로운 추정내용연수	25년
경과한 내용연수	4년
잔존내용연수	21년

추정의 변경에 근거한 5차 연도부터 25차 연도까지의 감가상각비

(순장부금액 − 새로운 잔존가치) × 1/잔존내용연수 = 새로운 감가상각비

($48,600,000 − $2,400,000) × 1/21년 = 매년 $2,200,000

회사는 감가상각방법을 변경할 수도 있다(예를 들어, 체감잔액법에서 정액법으로). 이러한 변경은 재무제표에 보고되는 회계정보는 회계기간에 걸쳐 비교가능해야 한다는 계속성의 원칙에 위배되기 때문에 더 많은 공시를 필요로 한다. GAAP에 따르면, 회계추정 및 감가상각방법의 변경은 새로운 추정치나 회계처리방법이 기업의 성과를 "보다 적절히 측정"할 수 있는 경우에만 이루어져야 한다.

STOP

PAUSE FOR **FEEDBACK**

경영진이 감가상각 계산에 사용된 추정치를 변경하는 경우, 변경 시점의 순장부금액에서 추정잔존가치를 차감한 값을 자산의 잔존내용연수에 걸쳐 배분한다.

SELF-STUDY **QUIZ**

Southwest Airlines가 취득원가 $100,000의 트럭을 소유하고 있다고 가정해 보자. 2013년 초 구입 당시 트럭의 추정내용연수는 10년, 잔존가치는 없었다. 2018년 초, 트럭을 5년 동안 사용한 후 Southwest는 트럭의 잔존내용연수를 2년으로 결정하였다. Southwest는 정액법을 사용한다.

1. 2018년 초 트럭의 순장부금액은 얼마인가?
2. 추정의 변경에 따라 회사가 자산의 잔존내용연수 동안 매년 기록해야 할 감가상각비는 얼마인가?

해설

1. (원가 $100,000 − 잔존가치 $0) × 1/10 = 당초 연간 감가상각비 $10,000
   연간 감가상각비 $10,000 × 5년 = 감가상각누계액 $50,000
   5년 후 순장부금액 = 원가 $100,000 − 감가상각누계액 $50,000 = $50,000
2. (순장부금액 $50,000 − 잔존가치 $0) × 1/2(잔존내용연수) = 매년 감가상각비 $25,000

CHAPTER TAKE-AWAYS

8-1. 장기 생산성자산을 정의 및 분류하고, 그 특성에 대해 설명하고, 고정자산회전율에 대해 설명한다.

a. 생산성자산이란 기업이 정상적인 영업과정에서 판매가 아닌 장기 사용 목적으로 보유하는 자산을 의미한다. 이들 자산은 유형자산(토지, 건물, 장비, 천연자원)과 무형자산(영업권, 특허권 및 프랜차이즈 등)으로 나눌 수 있다.

b. 어떠한 원가배분 방법을 사용하는지에 따라 순유형자산 금액에 미치는 영향이 다르며, 이 순유형자산 금액은 고정자산회전율 계산에 사용된다. 가속상각법은 장부금액을 감소시키고 회전율을 증가시킨다.

8-2. 원가주의를 적용하여 유형자산의 취득 및 유지에 소요되는 원가를 측정한다.

유형자산의 취득원가는 현금등가액에 자산을 의도된 용도로 사용 가능한 상태로 만드는 데 소요된 모든 필수적이고 합리적인 원가를 더한 것이다. 이들 자산은 현금, 부채, 주식 혹은 자가건설을 통해 취득할 수 있다. 자산이 사용된 이후 이루어지는 지출은 증설과 개선 및 경상적인 수선비(비용)이다.

a. **경상적인 수선유지**는 당기 생산능력 유지만을 위한 지출이다. 이러한 지출은 발생 시점에 적절한 비용 계정으로 차변에 기입된다.

b. **개선**은 당기 이후 한 회계연도 이상 효익을 제공하는 지출이다. 이러한 지출은 적절한 자산 계정으로 차변에 기입하고(자본화) 내용연수에 걸쳐 감가상각, 감모상각 또는 상각된다.

8-3. 자산을 보유하고 사용함에 따라 요구되는 다양한 원가배분 방법을 적용한다.

원가배분 방법 : 비용인식의 원칙에 따라 추정잔존가치를 차감한 금액은 효익이 유입되는 기간 동안 비용으로 배분된다. 감가상각으로 인해 자산의 순장부금액은 시간이 지남에 따라 감소하게 되고, 당기순이익은 해당 비용 금액만큼 감소하게 된다. 일반적인 감가상각방법에는 정액법(시간의 경과에도 일정한 금액), 생산량비례법(시간의 경과에 따라 변동하는 금액) 및 이중체감잔액법(시간의 경과에 따라 감소하는 금액) 등이 있다.

a. 감가상각 – 유형자산
b. 상각 – 무형자산
c. 감모상각 – 천연자원

8-4. 자산의 손상이 재무제표에 미치는 영향에 대해 설명한다.

사건 또는 상황의 변화로 인해 자산의 미래 추정 현금흐름이 장부금액보다 낮아지는 경우, 자산의 장부금액은 (손상차손을 기록함으로써) 자산의 공정가치로 감액되어야 한다.

8-5. 유형자산의 처분에 대해 분석한다.

자산이 매각 또는 폐기를 통해 처분되는 경우,

a. 감가상각이 마지막으로 기록된 이후 추가 감가상각을 기록하시오.

b. 처분하는 자산의 원가와 관련 감가상각누계액, 감모상각누계액 및 상각누계액을 제거하시오.

c. 수령하는 대가를 인식하시오.

d. 자산의 순장부금액과 현금 수령액의 차이를 손익으로 인식하시오.

8-6. 무형자산 및 천연자원에 대한 측정 및 보고 개념을 적용한다.

원가주의는 무형자산 및 천연자원의 취득을 기록하는 데에도 적용되어야 한다. 한정 내용연수를 가지는 무형자산은 정액법으로 상각된다. 영업권을 포함한 비한정 내용연수를 가지는 무형자산은 상각되지 않으며, 적어도 일 년에 한 번 이상 손상에 대해 검토를 해야 한다. 무형자산은 재무상태표에 순장부금액으로 보고한다. 천연자원은 감모상각되며(일반적으로 생산량비례법을 적용), 감모상각비는 일반적으로 재고자산 계정으로 자본화된다.

8-7. 장기보유자산의 취득, 사용 및 처분이 현금흐름에 어떤 영향을 미치는지에 대해 설명한다.

감가상각비는 현금에 영향을 미치지 않는 비현금비용이다. 영업활동 현금흐름을 결정하기 위해 감가상각비는 현금흐름표상의 당기 순이익에 가산된다. 장기보유자산 취득 및 매각은 투자활동이다.

이전 장에서는 회사가 보유한 자산과 관련된 회계처리 문제에 대해 논의하였다. 제9장, 제10장, 제11장에서 우리는 재무상태표의 다른 측면으로 초점을 이동하여 경영자가 어떻게 기업 운영과 생산성자산의 취득에 필요한 자금을 조달하는지에 대해 살펴보고자 한다. 제9장과 제10장에서는 다양한 유형의 부채에 대해 논의하고 제11장에서는 자본에 대해 살펴보게 될 것이다.

KEY **RATIO**

고정자산회전율은 회사가 유형자산에 대한 투자를 얼마나 효율적으로 이용하였는지를 측정하는 비율이다. 이 비율은 경쟁업체의 비율과 비교해 볼 수도 있다. 고정자산회전율은 다음과 같이 계산된다(유형자산의 취득 및 유지보수 섹션의 “Key Ratio Analysis” 박스 참조):

$$\text{고정자산회전율} = \frac{\text{순매출액(혹은 영업수익)}}{\text{평균순고정자산}}$$

FINDING FINANCIAL INFORMATION

재무상태표

비유동자산
유형자산(감가상각누계액 차감후)
천연자원(감모상각누계액 차감후)
무형자산(상각누계액 차감후)

손익계산서

영업비용
감가상각비, 감모상각비 및 상각비 또는
판매비와일반관리비 및 매출원가(주석에 공시된 감가상각비 금액으로)에 포함

현금흐름표

영업활동(간접법)
당기순이익
+감가상각비와 상각비
−자산처분이익
+자산처분손실

투자활동
+자산의 매각
−자산의 취득

주석

중요한 회계정책의 요약
경영자가 선택한 감가상각 및 상각방법, 내용연수 및 손익계산서에 보고되지 않은 경우 연간 감가상각비 금액

별도의 주석
재무상태표에 구분되어 있지 않은 경우, 장기보유자산의 주요 분류별 취득원가와 감가상각, 감모상각 및 상각누계액

KEY TERMS

감가상각
경상적인 수선유지
무형자산
생산량비례법
유형자산
장기보유자산
천연자원
취득원가
감모상각
기술
상각
순장부금액
자본화이자
저작권
체감잔액법
특허권
개선
라이선스 및 운영권
상표권
영업권
잔존가치(혹은 잔여가치)
정액법
추정내용연수
프랜차이즈

QUESTIONS

1. 장기보유자산을 정의하시오. 왜 이들을 "미래 용역의 집합체"라고 부르는가?
2. 고정자산회전율은 어떻게 계산되는가? 그 의미를 설명하시오.
3. 장기보유자산은 어떻게 분류되는가? 각각에 대해 설명하시오.
4. 원가주의로 측정하는 경우, 장기보유자산의 취득원가에는 어떠한 금액이 포함되어야 하는가?
5. 비용인식의 원칙과 장기보유자산 회계처리 간의 관계에 대해 설명하시오.
6. 경상적인 수선과 개선을 구분하여 설명하시오. 이들은 각각 어떻게 회계처리되는가?
7. 감가상각, 감모상각 및 상각을 구분하여 설명하시오.
8. 감가상각을 계산하는 경우에는 세 가지 값을 알고 있거나 추정해야 한다; 이들 세 가지를 제시하고, 각각에 대해 설명하시오.
9. 장기보유자산의 내용연수와 잔존가치 추정치는 모든 잠재적 사용자가 아닌 현재의 소유자 또는 사용자와 관련이 있다. 이에 대해 설명하시오.
10. 다음 각각의 방법에서 감가상각비는 어떤 유형의 패턴을 보이며, 어느 경우에 각 방법의 사용이 적절한가?
    a. 정액법
    b. 생산량비례법
    c. 이중체감잔액법
11. 기존의 장기보유자산에 증설을 하는 경우, 해당 증설은 얼마의 기간 동안 감가상각해야 하는가? 이에 대해 설명하시오.
12. 자산 손상이란 무엇인가? 이는 어떻게 회계처리되는가?
13. 유형자산이 순장부금액을 초과하여 매각되는 경우 해당 거래는 어떻게 기록되어야 하는가? 순장부금액에 미달하여 매각된 경우는? 순장부금액이란 무엇인가?
14. 무형자산에 대해 정의하시오. 한정 내용연수를 가지는 무형자산은 얼마의 기간 동안에 걸쳐 상각해야 하는가?
15. 영업권에 대해 정의하시오. 영업권은 언제 무형자산으로 기록되는가?
16. 현금흐름표를 (간접법으로) 작성하는 경우 감가상각비가 당기순이익에 가산되는 이유는 무엇인가?

MULTIPLE-CHOICE **QUESTIONS**

1. Miga Company와 Porter Company는 모두 2014년 1월 1일에 새로운 트럭을 구입했다. 두 회사는 각 차량에 대해 정확히 동일하게 $30,000를 지급했다. 2017년 12월 31일 현재, Miga 소유 트럭의 순장부금액은 Porter Company 소유 동일 차량의 순장부금액보다 작다. 다음 중 이들 순장부금액의 차이에 대해 적절히 설명하고 있는 것은?
   a. Miga Company는 잔존가치를 더 낮게 추정하였으나, 두 회사 모두 내용연수는 동일하게 추정하였고 감가상각방법으로 정액법을 선택하였다.

b. 두 회사는 모두 감가상각방법으로 정액법을 선택했으나, Miga Company는 더 긴 추정내용연수를 사용하였다.
c. GAAP은 감가상각 계산에 관한 엄격한 지침을 명시하고 있기 때문에, 이러한 상황이 발생하는 것은 불가능하다.
d. Miga Company는 감가상각방법으로 정액법을 사용하고, Porter Company는 감가상각방법으로 이중체감잔액법을 사용하고 있다.

2. Leslie, Inc.는 건물을 정액법으로 감가상각하고 있다. 회사는 건물을 2016년에 구입하였으며, 추정내용연수는 25년, 잔존가치는 $20,000이다. 2016년 건물의 감가상각비는 $10,000이다. 해당 건물의 취득원가는 얼마인가?
a. $395,000
b. $500,000
c. $520,000
d. 주어진 정보로는 알 수 없음.

3. Maks, Inc.는 모든 감가상각자산에 대해 정액법으로 감가상각하고 있다. 2017년 12월 31일, Maks는 2016년에 $10,000를 주고 취득했던 중고기계를 처분하였다. 자산의 내용연수는 5년, 잔존가치는 없으며, 2016년 12월 31일 현재 감가상각누계액은 $2,000이다. 중고기계의 처분가격이 $7,500라면 매각으로 인해 발생한 이익 또는 손실은?
a. 손실 $500
b. 이익 $500
c. 손실 $1,500
d. 이익 $1,500
e. 이익 또는 손실 없음

4. 어떤 감가상각방법에서 순장부금액이 상각기준금액(상각률을 적용해야 하는 금액)이 되는가?
a. 정액법
b. 체감잔액법
c. 생산량비례법
d. 이상의 모두

5. 일반적으로 정액법으로 상각하는 자산은 무엇인가?
a. 한정 내용연수를 가진 무형자산
b. 비한정 내용연수를 가진 무형자산
c. 천연자원
d. 이상의 모두

6. 회사는 재무보고 목적으로 가능한 높은 이익을 보고하고자 한다. 따라서 감가상각을 계산할 때,
a. IRS가 정한 MACRS 감가상각표를 따른다.
b. 자산에 대해 가능한 가장 짧은 내용연수를 선택한다.
c. 자산에 대해 가장 낮은 잔존가치를 선택한다.
d. 자산에 대해 가능한 높은 잔존가치를 추정한다.

7. 영업권과 관련한 다음의 내용 중 옳은 것은 몇 개인가?
• 영업권은 교환을 통해 취득되지 않는 한 보고되지 않는다.
• 영업권은 매년 손상 가능성을 검토해야 한다.
• 영업권의 손상은 당기순이익을 감소시킨다.

a. 3개
b. 2개
c. 1개
d. 없음

8. Company X는 잔존가치 없이 완전히 감가상각된 장비를 폐기할 예정이다. 해당 장비는 단순히 처분될 뿐, 판매되는 것은 아니다. 다음 중 틀린 것은 무엇인가?
   a. 이 거래로 인해 총자산은 변하지 않을 것이다.
   b. 이 거래로 인해 당기순이익은 영향을 받지 않을 것이다.
   c. 이 거래는 현금흐름에 영향을 미치지 않는다.
   d. 이상의 모두 옳음.
9. 감가상각을 기록하는 경우, 다음 중 옳은 것은?
   a. 총자산 증가 및 자본 증가
   b. 총자산 감소 및 총부채 증가
   c. 총자산 감소 및 자본 증가
   d. 이상의 모두 옳지 않음
10. (보론) Irish Industries는 기계장치를 $65,000에 취득하여, 이를 잔존가치 $3,000, 내용연수 10년에 걸쳐 정액법으로 감가상각하고 있다. 6차 연도 초에 $5,000를 들여 대규모 수선을 하였고, 이를 통해 총 내용연수가 13년으로 연장되었으며, 잔존가치는 $3,000로 변화가 없었다. 6차 연도의 감가상각비는 :
    a. $1,885　　b. $2,000　　c. $3,250
    d. $3,625　　e. $4,500

MINI-EXERCISES

M8-1. 장기보유자산과 관련 원가배분 개념 분류하기

다음의 각 장기보유자산에 대해, 각각의 분류와 관련 원가배분 개념을 표시하시오. 다음의 기호를 사용하시오.

분류		원가배분 개념	
L	토지	DR	감가상각
B	건물	DP	감모상각
E	장비	A	상각
NR	천연자원	NO	원가배분 없음
I	무형자산	O	기타
O	기타		

자산	분류	원가배분	자산	분류	원가배분
(1) 트랙터	______	______	(6) 영업 라이선스	______	______
(2) 사용 중인 토지	______	______	(7) 생산공장	______	______
(3) 삼림	______	______	(8) 상표권	______	______
(4) 창고	______	______	(9) 은광	______	______
(5) 구형 기계에 설치한 신형 엔진	______	______	(10) 매각예정인 토지	______	______

M8-2. 고정자산회전율 계산 및 평가하기

2014년 Young's Air Cargo Service에서는 다음 정보를 보고했다:

순고정자산(기초)	$1,500,000
순고정자산(기말)	2,300,000
당기순영업이익	3,600,000
당기순이익	1,600,000

당기의 고정자산회전율(반올림하여 소수점 두 자리까지 표시)을 계산하시오. Southwest의 2014년도 비율과 비교했을 때, 여러분들은 Young의 비율에 대해 어떤 의견을 제시할 수 있는가?

M8-3. 자본적 지출 및 비용 구분하기

다음 각 거래 항목이 어떤 지출의 유형에 해당하는지를 파악하여 좌측에서 해당하는 문자를 찾아 기재하시오.

지출의 유형		거래
C 자본적 지출	_____	(1) 특허권을 현금 $4,300에 구입하였다.
E 비용	_____	(2) 월급 $10,000를 지급하였다.
N 둘 다 아님	_____	(3) 배당금 $20,000를 현금으로 지급하였다.
	_____	(4) 기계장치를 $7,000에 구입; 장기성 어음 발행.
	_____	(5) 3년치 보험료 $900를 지급하였다.
	_____	(6) 정기적인 유지비용 $200를 외상으로 하였다.
	_____	(7) 경상적인 수선비로 $400를 지급하였다.
	_____	(8) 자산의 내용연수를 연장시키는 개선을 위해 $6,000를 지급하였다.
	_____	(9) 오래된 건물에 증설을 하고 현금 $20,000를 지급했다.

M8-4. 장부금액 계산하기(정액법 감가상각)

취득원가 $31,000, 추정잔존가치 $1,000, 추정내용연수 5년인, 회사가 3년 사용한 기계장치의 장부금액을 계산하시오. 회사는 감가상각방법으로 정액법을 사용하고 있다.

M8-5. 장부금액 계산하기(이중체감잔액법 감가상각)

취득원가 $55,000, 추정잔존가치 $5,000, 추정내용연수 5년인, 회사가 3년 사용한 기계장치의 장부금액을 계산하시오. 회사는 감가상각방법으로 이중체감잔액법을 사용하고 있다. 가장 가까운 달러금액으로 반올림하시오.

M8-6. 장부금액 계산하기(생산량비례법 감가상각)

취득원가 $26,000, 추정잔존가치 $1,000, 추정내용연수 50,000기계시간인, 회사가 3년 사용한 기계장치의 장부금액을 계산하시오. 회사는 감가상각방법으로 생산량비례법을 사용하고 있으며, 1차 연도 3,200시간; 2차 연도 7,050시간; 3차 연도 7,500시간 동안 기계를 가동하였다.

M8-7. 자산 손상 식별하기

다음 각 상황별로 자산이 손상되었는지 여부(손상된 경우는 Y, 그렇지 않은 경우는 N)와 손상된 경우, 기록해야 할 손상차손 금액도 기재하시오.

	장부금액	추정 미래현금흐름	공정가치	자산은 손상되었는가?	손상 금액
a. 기계장치	$ 15,500	$ 10,000	$ 9,500		
b. 저작권	$ 31,000	$ 41,000	$ 37,900		
c. 공장건물	$ 58,000	$ 29,000	$ 27,000		
d. 건물	$227,000	$227,000	$200,000		

M8-8. 장기보유자산의 처분 기록하기(정액법 감가상각)

연초 대대적인 개보수의 일환으로, Bonham's Bakery는 10년간 사용했던 선반(매장설비)을 현금 $1,800에 처분하였다. 선반의 취득원가는 $6,500, 추정잔존가치는 $800로, 12년의 추정내용연수에 걸쳐 정액법으로 감가상각되었다. 선반의 처분에 대한 회계처리를 하시오.

M8-9. 영업권 및 특허권 계산하기

Elizabeth Pie Company는 50년 동안 사업을 해오고 있으며, 충성도가 높은 식당 고객을 많이 확보하고 있다. Giant Bakery Inc.는 $5,000,000에 Elizabeth Pie Company를 인수하겠다는 제안을 했다. 해당 제안이 있었던 시점의 Elizabeth Pie 자산과 부채의 장부금액은 $4,300,000, 공정가치는 $4,500,000이다. Elizabeth Pie는 (1) 회사가 발명한 파이 크러스트 플루팅 기계(해당 특허의 공정가치는 $300,000이나, Elizabeth Pie가 내부적으로 개발한 것이기 때문에 장부에는 기록되지 않았음)에 대한 특허를 보유하고 있으며, (2) 충성 고객으로 인해 발생한 영업권은 $310,000(역시 회사는 이를 기록하지 않았음)이다. Elizabeth Pie Company 경영진은 Giant Bakery의 $5,000,000 제안을 수락해야 하는가? 그렇다면 Giant Bakery가 취득일에 기록해야 할 영업권의 금액을 계산하시오.

M8-10. 현금흐름표 작성하기

Garrett Company는 12월 31일자로 종료된 최근 연도에 다음과 같은 활동을 수행했다: $20,000의 토지를 현금 $20,000에 매각하였다; $181,000의 장비를 구입하면서, $156,000는 현금으로 지급하고 나머지에 대해서는 어음을 발행하였다; 해당 연도의 감가상각비로 $5,500를 기록했다. 해당 연도의 당기순이익은 $18,000이었다. 주어진 자료를 바탕으로, 해당 연도의 현금흐름표의 영업 및 투자 섹션을 작성하시오.

EXERCISES

E8-2. 재무분석가의 관점에서 고정자산회전율 계산 및 해석하기

다음은 최근 Apple Inc.의 연차보고서에 포함된 자료이다(단위: $백만).

(단위 : 백만)	2011	2012	2013	2014
순매출액	$108,249	$156,508	$170,910	$182,795
순유형자산	7,777	15,452	16,597	20,624

요구사항:

1. Apple의 2012년, 2013년 및 2014년 고정자산회전율을 계산하시오. 반올림하여 소수점 두 자리까지 표시하시오.
2. 재무분석가는 이 결과를 어떻게 해석하겠는가?

E8-3. 자산의 취득원가 및 감가상각 계산 및 기록하기(정액법 감가상각)

Shahia Company는 건물을 $82,000, 건물의 부수토지를 $107,000에 모두 현금으로 구입했다. 회사는 소유권 이전비용으로 $9,000(건물은 $3,000, 토지는 $6,000)를 지급했다. 건물 사용을 위한 개보수비용은 $21,000이었다.

요구사항:

1. 모든 관련 지출을 포함하여 해당 부동산 구입을 기록하기 위한 분개를 제시하시오. 모든 거래는 현금으로 이루어졌으며, 모든 매입은 기초에 발생했다고 가정하자.
2. 추정내용연수는 10년, 추정잔존가치는 $15,000, 감가상각방법은 정액법을 가정하고, 1차 연도의 감가상각비를 계산하시오.
3. 2차 연도 말, 부동산(토지 및 건물)의 순장부금액은 얼마인가?

E8-4. 자산의 취득 및 감가상각의 재무제표 효과 파악하기(정액법 감가상각)

1차 연도 1월 1일에 Ashkar Company는 송장가격 $21,000인 기계장치를 주문했다. 인도일인 1월 2일에 회사는 $6,000를 지급하고 나머지 금액에 대해서는 만기 6개월, 이자율 10%의 어음을 발행하였다. 1월 3일에 회사는 기계장치에 대한 운임으로 $1,000를 지불했다. 1월 5일에 Ashkar는 $2,500에 달하는 기계장치 관련 설치비용을 지불했다. 7월 1일에 회사는 기계장치 외상대금과 이자를 지급하였다. 12월 31일(회계기간 말)에 Ashkar는 해당 기계장치에 대해 추정내용연수 10년, 추정잔존가치 $4,000, 감가상각방법은 정액법을 사용하여 감가상각을 기록했다.

요구사항(모든 금액을 가장 가까운 달러금액으로 반올림):

1. 각 거래(1월 1일, 2일, 3일, 5일 및 7월 1일)가 회계 방정식에 미치는 영향(계정, 금액 및 + 또는 −)을 나타내시오. 다음의 표를 이용하시오:

일자	자산	=	부채	+	자본

2. 기계장치의 취득원가를 계산하시오.
3. 1차 연도에 보고할 감가상각비를 계산하시오.

4. 이자율 10% 어음에 대해 지급한 이자는 기계장치의 원가에 어떠한 영향을 미치는가? 어떤 경우에 이자비용은 취득원가에 포함될 수 있는가?
5. 2차 연도 말 기계의 순장부금액은 얼마인가?

E8-6. 감가상각 및 수선 기록하기(정액법 감가상각)

Manrow Growers, Inc.는 현지 식당 및 식료품 매장에 판매되는 유기농 과일, 채소 및 견과류를 파종하고 수확할 수 있는 장비를 보유하고 있다. 2016년 초에 회사의 자산 계정에는 다음 잔액이 나타나 있다:

장비	$350,000
2015년까지의 감가상각누계액	132,000

2016년 동안 해당 장비에 대해 다음과 같은 지출이 발생했다:

장비에 대한 일상적인 수선유지비	$ 5,000
2016년 1월 1일 장비의 효율을 개선시키는 중대한 분해검사	42,000

해당 장비는 추정잔존가치 $20,000로 추정내용연수 10년에 걸쳐 정액법으로 감가상각되고 있다. 매년 회계연도는 12월 31일자로 종료된다.

요구사항:

1. 2015년 말 장비에 대한 감가상각을 기록하기 위한 기말수정분개를 제시하시오.
2. 2016년 초를 기준으로, 잔존내용연수는 얼마인가?
3. 2016년 동안 발생한 두 가지 지출을 기록하기 위한 분개를 제시하시오.

E8-10. 대체적인 방법에 따라 감가상각 계산하기

Strong Metals Inc.는 올해 초 원가 $950,000의 새로운 스탬핑 기계를 구입했다. 추정잔존가치는 $50,000이었다. 추정내용연수가 5년이고 추정생산량이 300,000단위라고 가정하자. 실제 연간생산량은 다음과 같다:

연도	단위
1	70,000
2	67,000
3	50,000
4	73,000
5	40,000

요구사항:

1. 다음 각 대체적인 방법에 대해 별도의 감가상각명세서를 작성하시오. 가장 가까운 달러금액으로 반올림하시오.
   a. 정액법
   b. 생산량비례법
   c. 이중체감잔액법

감가상각방법 : ________				
연도	계산내역	감가상각비	감가상각누계액	순장부금액
취득시점				
1차 연도				
2차 연도				
등				

2. 해당 기계장치가 회사가 제조하고 판매하는 제품 중 하나의 생산에 직접 사용되었다고 가정하면, 경영진이 비용인식의 원칙에 따라 바람직한 감가상각방법을 선택할 때 고려해야 할 요소는 무엇인가?

E8-14. 대체적인 감가상각방법을 사용하여 2개 연도에 대한 감가상각비와 장부금액 계산하기 및 현금흐름에 미치는 영향 해석하기

Schrade Company는 현금을 주고 기계장치를 $96,000에 구입하였다. 추정내용연수는 4년, 추정잔존가치는 $6,000이었다. 추정생산량은 20,000단위라고 가정하자. 실제로 생산된 단위는 1차 연도에 43,000단위, 2차 연도에 45,000단위이다.

요구사항:

1. 적절한 금액을 기입하여 다음 명세서를 완성하시오. 계산내역을 표시하고 가장 가까운 달러금액으로 반올림하시오.

	감가상각비		기말 순장부금액	
감가상각방법	1차 연도	2차 연도	1차 연도	2차 연도
정액법				
생산량비례법				
이중체감잔액법				

2. 어떤 방법을 사용하는 경우 1차 연도의 EPS가 가장 낮겠는가? 2차 연도는?
3. 어떤 방법을 사용하는 경우 1차 연도에 가장 많은 현금유출이 발생하는가? 그 이유는 무엇인가?
4. (a) 기계 취득 및 (b) 연간 감가상각비가 1차 연도 현금흐름표(간접법)의 영업 및 투자 활동 섹션에 미치는 효과를 나타내시오(정액법을 가정).

E8-15. 자산 손상 파악하기 및 자산 처분 기록하기

최근 10-K 보고서에서 United Parcel Service는 "세계에서 가장 큰 소화물 배달 회사이자, 미국의 혼적화물 운송업계의 선두 주자이며, 세계적인 공급망 관리 솔루션 공급업체입니다"라고 언급하고 있다. 다음과 같은 주석과 자료가 보고되었다:

주석 1–회계정책의 요약

장기보유자산의 손상

… 당사는 자산의 할인되지 않은 미래 현금흐름을 근거로 자산의 장부금액이 회수될 수 없을 것이라는 징후가 나타난 경우 장기보유자산의 손상을 검토합니다. …

	단위 : $백만
유형자산 원가(기초)	$39,151
유형자산 원가(기말)	40,620
당기 자본적 지출	2,328
감가상각누계액(기초)	21,190
감가상각누계액(기말)	22,339
당기 감가상각비	1,923
당기 매각된 유형자산 원가	840
매각된 유형자산에 대한 감가상각누계액	774
매각된 유형자산에 대해 수령한 현금	53

요구사항 :

1. 당기 유형자산의 처분에 대한 분개를 제시하시오.
2. 해당 연도 동안 United Parcel이 손상으로 감액한 유형자산 금액을 계산하시오. (**힌트 :** T계정을 이용하시오.)

E8-17. 세 가지 다른 판매가격으로 자산 처분 기록하기

Marriott International은 호텔 및 관련 숙박시설의 세계적 운영업체이자 프랜차이저로, 순유형자산 금액이 거의 $15억에 이른다. Marriott가 5년 동안 사업에 사용된 가구를 교체했다고 가정하자. 기존 가구의 처분과 관련하여 회사의 장부에는 다음과 같은 내용이 반영되었다:

가구(원가)	$8,000,000
감가상각누계액	7,700,000

요구사항 :

1. 가구가 다음의 각 금액으로 처분되었다고 가정하고, 가구 처분에 대한 분개를 제시하시오.
   a. 현금 $300,000
   b. 현금 $900,000
   c. 현금 $100,000
2. 앞의 세 가지 상황을 바탕으로, 자산 처분의 효과에 대해 설명하시오.

E8-18. 자산 내용연수 추정하기 및 장기보유자산의 사고로 인한 손실 기록하기(정액법 감가상각)

당기 1월 1일, 트럭과 관련된 Sitake Corporation의 기록은 다음과 같다:

운송장비(추정잔존가치, $9,000)	$25,000
감가상각누계액(정액법, 3년)	6,000

당기 12월 31일 배달 트럭은 사고로 인해 전손되었다.

요구사항 :

1. 주어진 자료를 바탕으로 트럭의 추정내용연수를 계산하시오.
2. 당기 12월 31일 트럭과 관련된 분개를 제시하시오. 계산내역을 나타내시오.

E8–19. 천연자원의 취득 및 감모상각 계산

Arizona주 Phoenix에 본사를 두고 있는 Freeport-McMoRan Copper & Gold Inc.는 "업계 최고의 광물 자산 포트폴리오, 주요 석유 및 천연가스 자원 및 생산 실적을 보유한 미국 최고의 천연자원 회사이다." 최근 연도 말 현재 회사는 약 1,040억 파운드의 구리, 2,900만 온스의 금, 30억 파운드의 몰리브덴, 2억 8,300만 온스의 은, 8억 6,000만 파운드의 코발트 및 석유와 천연가스 추정 매장량 3억 9,000만 배럴을 자산에 포함하고 있다. 회사의 연간 매출은 $214억를 초과하고 있다.

Freeport-McMoRan이 2016년 2월 $800,000를 주고 인도네시아의 광상을 취득했다고 가정하자. 3월에는 채광 준비를 위해 $70,000를 지출했다. 회사는 1,000,000입방야드의 광물이 경제적으로 채광될 수 있을 것으로 추정하였다. 2016년에는 60,000입방야드가 채광되었다. 2017년 1월, 회사는 광상의 생산능력을 증가시키는 개발 작업을 위해 $6,000를 추가적으로 지출했다.

요구사항:

1. 2016년 광상의 취득원가를 계산하시오.
2. 2016년의 감모상각을 계산하시오.
3. 2017년 1월에 개발비용을 지급한 후 광상의 순장부금액을 계산하시오.

E8–21. 세 가지 다른 무형자산의 취득 및 상각 계산 및 보고하기

Springer Company는 2017년 말(회계연도 말) 현재 3개의 무형자산을 보유하고 있다:

a. 2017년 1월 1일에 현금 $14,500를 주고 취득한 저작권. Springer는 저작권의 내용연수를 10년으로 예상하였다.
b. 2016년 7월 1일 Hartford Company를 인수하면서 발생한 $65,000의 영업권.
c. 2016년 1월 1일 $48,000에 취득한 특허권. 해당 특허의 발명가는 2012년 1월 1일 미국 특허청에 특허를 등록했다.

요구사항:

1. 각 무형자산의 취득원가를 계산하시오.
2. 2017년 12월 31일 각 무형자산에 대한 상각 금액을 계산하시오. 회사는 자산의 차감 계정을 사용하지 않는다.
3. 2017년 재무상태표 및 손익계산서에 이들 자산 및 관련 비용이 어떻게 보고되어야 하는지 표시하시오. (영업권 손상은 없었다고 가정함.)

E8–25. (보론) 내용연수 및 잔존가치의 변화가 재무제표 및 현금흐름에 미치는 효과 계산하기(정액법 감가상각)

Burbank Company는 관리부서가 있는 건물을 소유하고 있다. 전년도 말에 해당 사무실 건물과 관련된 계정은 다음과 같다:

취득원가	$330,000
감가상각누계액(추정내용연수 50년, 잔존가치 $30,000, 정액법 감가상각)	78,000

금년 1월에 면밀한 분석을 통해, 경영진은 총 추정내용연수를 30년(기존 50년)으로 변경하고, 잔존가치를 $22,500(기존 $30,000)로 변경하기로 하였다. 감가상각방법은 변경되지 않았다.

요구사항:

1. 추정치가 변경되기 전의 연간 감가상각비를 계산하시오.
2. 추정치가 변경된 후 연간 감가상각비를 계산하시오.
3. 해당 추정의 변경이 당기 재무상태표, 당기순이익 및 현금흐름에 미치는 순효과는?

PROBLEMS

P8-2. 수선, 증설 및 감가상각의 효과 분석하기(AP8-2)

FedEx의 최근 연차보고서에는 다음과 같은 내용이 포함되어 있다:

> **주석 1: 사업 및 중요한 회계정책의 요약**
>
> **유형자산.** 중대한 증설, 개선 및 비행장비 개조로 인해 자산의 내용연수가 증가되거나, 자산 취득원가의 일부가 되는 경우에는 해당 지출을 자본화합니다. 영업에 사용하기 전에 발생하는 엔진이나 기체의 개보수비용은 자산을 의도된 용도로 사용 가능한 상태로 만드는 데 필수적인 지출이므로, 해당 자산 원가의 일부로 자본화합니다. 수선유지비용은 발생 시점에 비용으로 인식하고 있습니다. …

FedEx가 기존 건물을 광범위하게 수리하고 새 부속건물을 증설했다고 가정해 보자. 이 건물은 Denver 지역을 담당하는 배달트럭의 차고 및 수리시설이다. 기존 건물의 당초 취득원가는 $950,000이었으며, 전년도 말까지 추정내용연수 20년, 잔존가치 없이 정액법으로 6개월분이 상각되었다. 당기에 건물과 관련하여 다음과 같은 지출이 이루어졌다:

a. 당기 경상적인 수선유지비용으로 현금 $7,000를 지출하였다.
b. 건물 지붕에 대한 광범위하고 중대한 수리로 현금 $122,000를 지출하였다. 해당 수리는 당기 말에 완료되었다.
c. 새 부속건물의 원가로 현금 $230,000를 지출하였고, 당기 12월 31일에 완공되었다.

요구사항:

1. FedEx의 정책을 적용하여, 위 지출이 다음 중 어느 계정에 얼마의 영향을 미치는지 기재하시오. 계정에 미치는 영향이 없는 경우 NE로 기재하시오.

	건물	감가상각누계액	감가상각비	수선비	현금
1월 1일 잔액	$950,000	$475,000			
감가상각비		_____	_____		_____
지출 전 잔액	$950,000	_____	_____		
지출 (a)	_____	_____	_____	_____	_____
지출 (b)	_____	_____	_____	_____	_____
지출 (c)	_____	_____	_____	_____	_____
12월 31일 잔액	_____	_____	_____	_____	

2. 당기 12월 31일 건물의 순장부금액은 얼마인가?
3. 감가상각이 현금흐름에 미치는 효과에 대해 설명하시오.

P8-4. 감가상각액 추정하기 및 감가상각 오류가 주요 비율에 미치는 영향 결정하기(AP8-4)

Minnesota주 Richfield에 본사를 둔 Best Buy Co., Inc.는 미국, 캐나다, 중국 및 멕시코에 1,200개 이상의 매장을 운영하는 선도적인 가전제품 소매업체 중 하나이다. 다음은 최근 연차보고서에 보고된 자료이다:

연결재무상태표

(단위 : $백만)	당기	전기
자산		
유형자산		
토지 및 선물	$ 766	$ 757
임차자산개량	2,318	2,154
설비 및 장비	4,701	4,447
금융리스자산	120	95
	7,905	7,453
차감 : 감가상각누계액	4,082	3,383
순유형자산	3,823	4,070

요구사항:

1. Best Buy가 당기에 유형자산을 처분하지 않았다고 가정할 때, 당기에 기록되는 감가상각비는 얼마인가?
2. Best Buy가 당기에 감가상각을 기록하지 않았다고 가정하자. 이 오류(즉, 과대계상 혹은 과소계상)가 다음의 비율에 미치는 영향을 나타내시오.
   a. 주당이익
   b. 고정자산회전율
   c. 유동비율
   d. 총자산이익률

P8-5. 재무분석가의 관점에서 대체적인 감가상각방법이 주요 비율에 미치는 효과 평가하기

당신은 Ford Motor Company의 재무분석가이며 대체적인 감가상각방법의 영향을 파악해 달라는 요청을 받았다. 분석을 위해, 원가 $106,000인 기계장치를 이용해 각 방법들을 비교해 달라고 요청을 받았다. 추정내용연수는 13년이며, 추정잔존가치는 $2,000이다. 기계장치의 추정총생산량은 200,000단위이다. 실제 생산량은 1차 연도 20,000단위, 2차 연도에는 16,000단위였다. (가장 가까운 달러금액으로 반올림할 것.)

요구사항:

1. 다음의 방법을 사용한다고 가정하고, 1차 연도 및 2차 연도에 대한 감가상각명세서를 각각 작성하시오.

a. 정액법 b. 생산량비례법 c. 이중체감잔액법

감가상각방법 : ______________				
연도	계산내역	감가상각비	감가상각누계액	순장부금액
취득시점				
1차 연도				
2차 연도				

2. 각 방법이 현금흐름, 고정자산회전율 및 EPS에 미치는 영향을 평가하시오. Ford Motor Company가 1차 연도에 세금을 줄이고 높은 EPS를 유지하는 데 가장 관심이 있다면, 당신은 경영진에게 어떤 권고를 하겠는가? 2차 연도에는 그 권고를 변경하겠는가? 그 이유는 무엇인가?

P8-7. 재무제표 주석에서 고정자산에 영향을 미치는 활동 추정하기 및 감가상각이 현금흐름에 미치는 영향 분석하기

Singapore Airlines는 최근 연차보고서 주석에 다음의 정보를 보고하였다(싱가포르 달러).

SINGAPORE AIRLINES
계정에 대한 주석
21. 유형자산(단위 : $백만)

유형자산 그룹

	기초	증가	처분	기말	
취득원가					
항공기	19,144.3	1,712.4	2,108.3	18,748.4	
기타 고정자산(요약)	4,378.3	880.6	199.0	5,059.9	
	23,522.6	2,593.0	2,307.3	23,808.3	
	기초	**감가상각**	**손상차손**	**처분**	**기말**
감가상각누계액					
항공기	8,598.2	1,448.1	310.7	1,397.0	8,960.0
기타 고정자산(요약)	1,826.4	127.4	27.6	159.8	1,821.6
	10,424.6	1,575.5	338.3	1,556.8	10,781.6

또한 Singapore Airlines는 다음과 같은 현금흐름 세부 정보도 보고하였다.

영업활동 현금흐름(단위 : $백만)	당기	전기
세전이익	367.9	469.6
조정		
감가상각	1,575.5	1,589.1
손상차손	338.3	9.8
고정자산처분이익	(51.2)	(56.0)
기타 조정(요약)	(167.0)	42.2
영업활동 현금흐름	2,063.5	2,054.7

요구사항:

1. 유형자산 및 감가상각누계액에 대해 T계정을 사용하여 주석 21을 재구성하시오:

유형자산	
기초 잔액 증가	처분
기말 잔액	

감가상각누계액	
처분	기초 잔액 감가상각비 손상차손
	기말 잔액

2. 회사가 당기에 유형자산의 처분을 통해 수취한 금액을 계산하시오. 계산내역을 보이시오.
3. 당기 영업활동 현금흐름에 대한 감가상각비의 비율을 계산하시오. 여러분은 이 결과에 대해 어떤 해석을 하겠는가?

P8-8. 다양한 장기보유자산과 관련된 활동이 재무제표에 미치는 효과 결정하기(AP8-6)

BSP Company는 12월 31일자로 종료되는 당기 중 다음과 같은 거래를 수행하였다.

a. 1월 1일에 현금 $28,000로 특허권을 취득했다(추정내용연수, 7년).
b. 1월 1일에 현금 $164,000로 영업권 $100,000를 포함하여 다른 회사의 자산(상세히 제시하지는 않았음)을 취득했다. 회사가 인수한 부채는 없다. 영업권은 비한정 내용연수를 가진다.
c. 12월 31일, D. Heald로부터 임차한 토지에 창고를 건설했다. 해당 창고의 원가는 $15,600이었다. 회사는 감가상각방법으로 정액법을 사용하고 있다. 임대차 기간은 3년 후에 만료된다. (임차자산의 개선을 위해 지출된 금액은 임차자산개량이라는 무형자산으로 자본화된다.)
d. 경상적인 수선유지를 위해 당기에 $5,500의 현금을 지출했다.
e. 당기 12월 31일, 현금 $6,000에 기계장치 A를 처분했다. 취득원가는 $25,000; 전년도 12월 31일까지의 감가상각누계액은 $16,000이었다(잔존가치 $5,000, 내용연수 5년, 정액법 상각).
f. 당기 12월 31일, 전년도 1월 1일에 취득한 기계장치 B의 대규모 수선을 위해 $5,000를 지출했다. 취득원가는 $31,000; 전년도 12월 31일까지의 감가상각누계액은 $1,600이었다(잔존가치 $7,000, 내용연수 15년, 정액법 상각).

요구사항:

1. 이들 각 거래가 회계 방정식에 미치는 영향(계정, 금액 및 + 또는 −)을 나타내시오. 다음의 표를 이용하시오:

일자	자산	=	부채	+	자본

2. 자산이 상세히 제시되지 않은 (b)를 제외하고, 각 자산에 대해 당기 12월 31일에 기록될 감가상각 및 상각액을 계산하시오.

P8-9. 기업인수로 인한 영업권 및 관련 감가상각과 상각비 계산하기

Weebok Corporation의 최근 연차보고서의 주석에 따르면, 회사는 다른 회사인 Sport Shoes, Inc.를 인수했다고 보고하고 있다.

Weebok이 당기 1월 5일에 Sport Shoes를 인수했다고 가정하자. Weebok은 회사명과 모든 자산을 $750,000의 현금으로 인수했다. Weebok은 부채를 인수하지는 않았다. 이 거래는 1월 5일에 완료되었으며, 당시 Sport Shoes의 재무상태표에는 다음과 같이 장부금액이 반영되어 있었고, 독립된 감정평가사는 자산에 대해 다음과 같이 시장가치를 추정했다.

Sport Shoes, Inc.

당기 1월 5일	장부금액	시가*
매출채권(순액)	$ 50,000	$ 50,000
재고자산	385,000	350,000
고정자산(순액)	156,000	208,000
기타자산	4,000	10,000
총자산	$595,000	
부채	$ 75,000	
자본	520,000	
총부채와 자본	$595,000	

** 취득한 자산에 대한 이들 시장가치는 독립적인 감정평가사가 Weebok에 제공한 것이다.*

요구사항:

1. 기업인수로 발생한 영업권 금액을 계산하시오. (**힌트 :** 인수한 자산은 원가주의에 따라 시가로 측정된다.)
2. Weebok이 당기 말(12월 31일자로 종료)에 수행해야 할 다음의 조정사항을 계산하시오:
   a. 고정자산의 감가상각비(정액법). 추정내용연수는 10년, 잔존가치는 없다고 가정하자.
   b. 영업권(비한정 내용연수를 가지는 무형자산).

P8-11. (보론) 추정내용연수와 잔존가치의 변경과 관련한 회계처리 분석 및 기록하기

Rungano Corporation은 잡지, 서적, 음악 및 비디오 컬렉션을 제공하는 세계적인 출판업체이며 선도적인 DM 마케팅 회사이다. 대부분 DM 마케팅의 경우 고속의 Didde 프레스 장비를 사용하여 광고를 인쇄한다. 이 장비는 $1백만가 넘는다. Rungano가 취득원가 $400,000의 Didde 프레스 장비를 보유하고 있다고 가정하자. 해당 장비의 추정내용연수는 20년, 추정잔존가치는 $50,000이며, 정액법으로 감가상각되고 있다. 전년도 말 현재 해당 장비는 6년 동안 감가상각되었다. 당기 1월 초에 유지보수 절차의 개선으로 25년의 추정내용연수와 $73,000의 잔존가치가 보다 현실적이라는 결정이 내려졌다. 회사의 회계연도는 12월 31일자로 종료된다.

요구사항:

1. (a) 전년도에 기록된 감가상각비 금액과 (b) 전년도 말의 프레스 장비의 장부금액을 계산하시오.
2. 당기에 기록되어야 할 감가상각비 금액을 계산하시오. 계산내역을 제시하시오(가장 가까운 달러금액으로 반올림).
3. 당기 12월 31일에 수행하여야 할 감가상각비에 대한 기말수정분개를 제시하시오.

ALTERNATE **PROBLEMS**

AP8-1. 장기보유자산의 성격 및 해당 자산의 취득이 재무제표에 미치는 효과 설명하기(P8-1)

6월 1일에 Wallace Corp.은 영업에 사용할 기계장치를 구입했다. 이 기계의 추정내용연수는 6년이며, 추정잔존가치는 $2,000이다. 회사는 다음과 같은 지출을 했다:

a. 기계장치의 송장가격, $60,000.

b. 매매계약에 따라 공급업체가 지불한 운임, $650.

c. 설치비용, $1,500.

d. 지급은 다음과 같이 이루어졌다:

6월 1일 :

- 설치비용은 현금으로 지급되었다.
- Wallace Corp.의 보통주, 액면가액 $2; 2,000주(시장가치, 주당 $6).
- 송장가격 잔액에 대해 12% 어음 발행; 원금 및 이자에 대한 만기는 당기 9월 1일.

9월 1일 :

- Wallace Corp.은 만기가 도래한 어음에 대한 이자와 원금을 지급하였다.

요구사항:

1. 장기보유자산의 분류는 어떻게 되는가? 그들의 차이점에 대해 설명하시오.
2. 6월 1일의 취득과 이후 9월 2일의 지급에 대한 분개를 수행하시오. 계산내역을 제시하시오.
3. 취득 및 이후의 현금 지급이 회계 방정식에 미치는 영향(계정, 금액 및 + 또는 −)을 나타내시오. 다음의 표를 이용하시오:

일자	자산	=	부채	+	자본

4. 회계처리에 주의해야 할 항목에 대해 여러분들이 사용한 판단근거를 설명하시오.

AP8-3. 취득원가 계산 및 세 가지 다른 대체적인 방법으로 감가상각 기록하기(P8-3)

Ramos Inc.는 Santaro Corporation으로부터 중고기계 3대를 구입했다. 기계는 즉시 분해검사 및 설치를 통해 영업에 사용되기 시작했다. 이들 3대의 기계장치는 서로 성격이 달랐다; 따라서 기계장치는 각각 별도의 계정에 기록되어야 한다.

	기계장치 A	기계장치 B	기계장치 C
자산의 원가	$12,200	$32,500	$21,700
설치비용	1,600	1,100	1,100
사용 전 개보수비용	600	1,400	1,600

첫 번째 연도 동안 각 기계장치는 7,000시간 가동되었다.

요구사항:

1. 각 기계장치의 취득원가를 계산하시오.
2. 다음을 가정하여 1차 연도 말에 감가상각비를 기록하기 위한 분개를 제시하시오(각 기계장치에

대해 별도의 감가상각누계액 계정을 사용).

기계장치	추정치		감가상각방법
	내용연수	잔존가치	
A	8년	$1,000	정액법
B	33,000시간	2,000	생산량비례법
C	5년	1,400	이중체감잔액법

AP8-5. 장기보유자산의 처분 기록 및 해석하기(P8-6)

12월 31일자로 종료되는 당기에 Rank Company는 다음의 서로 다른 세 자산을 처분했다. 당기 1월 1일 자산을 처분하기 전의 해당 자산 계정에는 다음 사항이 반영되어 있었다:

자산	취득원가	잔존가치	추정내용연수	감가상각누계액 (정액법)
기계장치 A	$24,000	$2,000	5년	$17,600 (4년)
기계장치 B	16,500	5,000	20년	4,025 (7년)
기계장치 C	59,200	3,200	14년	48,000 (12년)

기계장치는 당기에 다음과 같은 방식으로 처분되었다:

a. 기계장치 A : 1월 1일 현금 $6,750에 처분.
b. 기계장치 B : 12월 31일 $8,000에 처분; 현금, $2,000, 만기 12개월인 이자부어음(10%) $6,000.
c. 기계장치 C : 1월 1일 이 기계장치는 사고로 전손되어 폐기.

요구사항:

1. 각 기계장치의 처분과 관련된 분개를 모두 제시하시오.
2. 각 처분을 기록한 방법에 대한 근거를 설명하시오.

AP8-7. 다양한 종류의 무형자산과 관련된 상각, 장부금액, 자산 손상 계산하기(P8-10)

Carey Corporation은 다섯 종류의 무형자산을 재무제표에 보고하고 있다. 경영진은 이들 각 무형자산의 원가를 어떻게 상각해야 하는지에 대해 걱정하고 있다. 각 무형자산과 관련된 사항은 다음과 같다:

a. **영업권.** 회사는 2014년 1월 현금 $650,000에 다른 회사를 인수하여 사업을 시작하였다. "영업권, $75,000"는 인수가액에 포함되어 있다. 한 회사 임원은 "영업권은 우리 회사의 중요한 장기보유자산입니다."라고 언급하였다. 영업권은 비한정 내용연수를 가진다.
b. **특허권.** 회사는 2016년 1월 1일에 $18,600의 현금을 주고 특허권를 취득했으며, 해당 특허권은 추정내용연수 10년에 걸쳐 상각된다.
c. **저작권.** 2016년 1월 1일, 회사는 $24,750의 현금을 주고 저작권을 취득했다. 저작권을 이용한 품목은 30년이 끝나는 시점에 가치가 없어질 것으로 추정된다.
d. **프랜차이즈.** 회사는 Cirba Company로부터 특정 품목을 제조하여 유통하기 위한 프랜차이즈를 획득했다. 회사는 2016년 1월 1일에 $19,200의 현금을 주고 12년 동안 사용할 수 있는 프랜차이즈를 획득했다.

e. **라이선스.** 2015년 1월 1일에 회사는 시로부터 7년 동안 특정 서비스를 운영할 수 있는 라이선스를 확보했다. 라이선스를 얻기 위해 지출된 현금은 총 $21,700이었다.

요구사항:

1. 2016년 12월 31일, 회계연도 말에 각 무형자산에 대해 기록되어야 할 상각금액을 계산하시오.
2. 2019년 1월 1일 각 무형자산의 장부금액을 제시하시오.
3. 2019년 1월 1일 프랜차이즈가 계속해서 견고하게 수익을 창출할 수 있는 능력이 약화되었다고 가정해 보자. 다른 무형자산은 이에 영향을 받지 않았다. Carey는 프랜차이즈가 $13,500의 미래 현금흐름을 창출할 수 있을 것이라고 예측했다. 프랜차이즈의 공정가치는 $12,000로 결정되었다. 만약 손상된 경우, 회사가 기록해야 할 손상차손 금액을 계산하시오.

CONTINUING **PROBLEM**

CON8-1. 자산 취득, 감가상각 및 처분

Pool Corporation, Inc.는 수영장 용품 및 장비를 판매하는 세계 최대의 도매 유통업체이다. Pool Corporation이 1차 연도 1월 1일에 송장가격 $72,000의 현금을 주고 창고에서 사용할 새로운 적재장비를 구입했다고 가정하자. 또한 회사는 해당 장비에 대한 운임으로 $2,000, 사용을 위한 준비비용으로 $1,300, 해당 장비에 대해 보험을 가입하고 1차 연도 동안의 보험료로 $800를 지급했다. 이 장비의 잔존가치는 $3,300이며, 내용연수는 3년 또는 24,000시간이다.

요구사항:

1. 1차 연도 1월 1일 장비의 취득, 운임, 준비비용 및 보험료와 관련한 분개를 제시하시오.
2. Pool Corporation이 정액법을 사용한다고 가정하고 감가상각명세서를 작성하시오.
3. Pool Corporation이 이중체감잔액법을 사용한다고 가정하고 감가상각명세서를 작성하시오. 가장 가까운 달러금액으로 반올림하시오.
4. Pool Corporation이 생산량비례법을 사용한다고 가정하고, 실제 사용량이 1차 연도 8,000시간; 2차 연도 7,400시간; 3차 연도 8,600시간인 경우, 감가상각명세서를 작성하시오.
5. 2차 연도 12월 31일에 해당 장비가 $22,500에 처분되었다. 회사가 정액법으로 감가상각을 해왔다고 가정하고, 장비의 처분에 대한 분개를 제시하시오.

COMPREHENSIVE **PROBLEM (CHAPTERS 6–8)**

COMP8-1. 다음 상호 독립적인 각 사례에 대한 요구사항에 답하시오:

사례 A. Dr Pepper Snapple Group, Inc.는 미국, 캐나다 및 멕시코의 무알코올 음료의 선도적인 통합브랜드 소유업체이자, 제조 및 유통업체이다. 회사의 주요 브랜드로는 Dr Pepper, Snapple, 7-UP, Mott's juices, A&W root beer, Canada Dry ginger ale, Schweppes ginger ale 및 Hawaiian Punch 등이 있다.

다음은 Dr Pepper Snapple Group의 최근 재무제표에서 발췌한 자료이다(단위: $백만).

DR PEPPER SNAPPLE GROUP, INC. 연결재무상태표(부분)		
(단위: $백만)	**2014년 12월 31일**	**2013년 12월 31일**
자산		
유동자산 :		
현금및현금성자산	$237	$153
매출채권(충당금 각 $2 및 $3 차감 후)	61	58

연결손익계산서(부분)			
	12월 31일자로 종료되는		
(단위: $백만)	**2014년**	**2013년**	**2012년**
순매출액	$6,121	$5,997	$5,995
…			
당기순이익	$ 703	$ 624	$ 629

또한, 회사는 2014년 $1백만, 2013년 $1백만 및 2012년 $2백만의 대손상각비를 보고했다.

1. 회사의 2014년 회수불능채권의 상각에 대한 분개를 제시하시오.
2. 모든 판매가 외상판매라고 가정할 때, 2014년에 Pepper Snapple Group이 고객으로부터 회수한 현금은 얼마인가?
3. 제시된 3회계연도에 대한 회사의 매출액순이익률을 계산하시오(반올림하여 소수점 네 자리까지 표시). 해당 비율의 추세를 통해 여러분들은 Dr Pepper Snapple Group에 대해 무엇을 알 수 있는가?

사례 B. Samuda Enterprises는 연령분석법을 사용하여 대손상각비를 추정하고 있다. 당기 말 Samuda는 매출채권 잔액으로 $620,000를 보고하였고, 매출채권 중 $12,400는 회수할 수 없을 것으로 추정했다. 대손충당금은 기말 현재 $1,500의 차변 잔액을 가지고 있다(즉, 당기에 상각된 금액이 계정 잔액보다 많았음).

1. 당기에 대손상각비로 기록되어야 할 금액은 얼마인가?
2. 당기 재무상태표에 매출채권으로 보고될 금액은 얼마인가?

사례 C. 당기 말 현재 Samuels, Inc.의 수정전 시산표에는 매출채권 $6,530,000, 대손충당금 대변 잔액 $9,200 및 매출액(모두 외상) $155,380,000가 나타나 있다. 최근 경기가 좋지 않기 때문에, Samuels는 대손추정률을 외상매출액의 0.3%로 증가시켰다.

1. 당기에 대손상각비로 기록되어야 할 금액은 얼마인가?
2. 당기 재무상태표에 매출채권으로 보고될 금액은 얼마인가?

사례 D. Stewart Company는 다음과 같은 11월 재고기록을 보고하였다:

재고자산			
일자	활동	수량	단위당 원가
11월 1일	기초 잔액	100	$16
11월 4일	매입	300	19
11월 7일	매출 (단위당 $50)	200	
11월 13일	매입	500	21
11월 22일	매출 (단위당 $50)	500	

11월의 판매비, 관리비 및 감가상각비는 $16,000이었다. Stewart의 법인세율은 30%이다.

1. 다음의 각 방법에 따라 기말재고와 매출원가를 계산하시오:
   a. 선입선출법
   b. 후입선출법
   c. 평균법(가장 가까운 센트금액으로 반올림)
2. 위 '1.'에 대한 여러분들의 답안에 근거하여:
   a. FIFO에서의 매출총이익은 얼마인가?
   b. LIFO에서의 당기순이익은 얼마인가?
   c. 여러분들은 Stewart에게 세무 및 재무보고 목적으로 어떤 방법을 추천하겠는가? 추천한 이유에 대해 설명하시오.
3. Stewart는 월말에 보고 목적으로 재고자산을 평가하기 위해 저가법을 적용했다. Stewart가 FIFO를 사용하였고, 재고자산이 단위당 $19.50의 시장가치를 가지고 있다고 가정하면, Stewart는 재무상태표에 재고자산을 어떻게 보고하겠는가? 그 이유는 무엇인가?

사례 E. Matson Company는 2016년 1월 1일에 다음과 같은 자산의 매입이 있었다.

- 추정내용연수 3년, 잔존가치 $15,000인 원가 $60,000의 사무용 비품. 회사는 해당 비품에 대한 감가상각방법으로 이중체감잔액법을 사용한다.
- 송장가격 $880,000 및 운송비 $20,000인 공장 설비. 해당 설비의 추정내용연수는 100,000시간이며 잔존가치는 없다. 회사는 해당 설비에 대한 감가상각방법으로 생산량비례법을 사용한다.
- 추정내용연수 15년인 원가 $330,000의 특허권. 회사는 해당 무형자산에 대해 잔존가치 없이 정액법으로 상각한다.

회사의 회계연도는 12월 31일자로 종료된다.

1. 다음 자산에 대해 2016년, 2017년 및 2018년 부분 감가상각명세서를 작성하시오(가장 가까운 달러금액으로 반올림할 것):
   a. 사무용 비품.
   b. 공장 설비. 회사는 2016년에 8,000시간, 2017년에는 9,200시간, 2018년에는 8,900시간 동안 해당 설비를 사용했다.
2. 2019년 1월 1일, Matson은 회사의 기업 전략을 급격히 변경하였다. 회사는 현금 $700,000에 공장 설비를 매각하였다. 공장 설비의 매각과 관련하여 분개를 제시하시오.

3. 회사가 기업 전략을 변경한 2019년 1월 1일에, 특허권은 미래 현금흐름 $210,000, 공정가치 $190,000를 가지는 것으로 추정되었다. 회사는 2019년 1월 1일에 특허권과 관련하여 손익계산서에 무엇(계정 및 금액)을 보고하겠는가? 여러분들의 답안에 대해 설명하시오.

CASES AND PROJECTS

사업보고서 사례

CP8-1. 재무정보 찾기

이 책 뒷부분 부록 B에 있는 American Eagle Outfitters의 재무제표를 참조하시오.

요구사항:

각 질문에 대해 답하고, 질문에 답하기 위한 정보를 어디에서 찾을 수 있는지에 대해서 설명하시오. (**힌트 :** 질문 중 일부는 재무제표 주석을 이용할 것.)

1. 2014 회계연도(2015년 1월 31일자로 종료된 회계연도)에 회사는 유형자산(자본적 지출)에 얼마를 지출했는가?
2. 상각을 하기 위한 임차자산개량의 내용연수는 일반적으로 어떻게 추정되는가?
3. 가장 최근의 보고연도 말에 회사가 보유하고 있는 설비 및 장비의 취득원가는 얼마인가?
4. 당기 유형자산에 대한 감가상각비는 얼마인가? 이 금액을 2014 회계연도부터 2015 회계연도까지의 감가상각누계액의 변화액와 비교하시오. 이들의 수치가 다른 이유는 무엇인가?
5. 2015년 1월 31일자로 종료된 회계연도의 고정자산회전율은 얼마인가?

재무보고서와 분석 사례

CP8-6. 재무보고서 활용: 자산매각액 추정하기

Eastman Kodak의 최근 연차보고서에 따르면, 당기 말 유형자산의 취득원가는 $7억 5,500만이었다. 전년도 말 유형자산의 취득원가는 $7억 5,100만이었다. 당기 중에 회사는 $4,300만 상당의 새로운 장비를 구입했다. 감가상각누계액은 당기 말 현재 $2억 1,300만; 전기 말 현재는 $6,700만이었다. 당기 감가상각비는 $1억 7,400만이었다. 회사는 유형자산의 처분과 관련하여 $2,300만의 이익을 보고했다. 당기 중 손상차손은 없었다.

요구사항:

Eastman Kodak이 당기에 유형자산을 처분하고 받은 대가는 얼마인가? (**힌트 :** T계정을 이용하시오.)

비판적 사고 사례

CP8-8. 재무분석가의 관점에서 자본화이자가 현금흐름 및 고정자산회전율에 미치는 영향 평가하기

당신은 호텔 업계의 자산 효율성 평가를 담당하고 있는 재무분석가이다. Marriott International의

최근 재무제표에는 다음과 같은 주석이 포함되어 있다:

> **12. 유형자산**
> 우리 회사는 개발 및 건설 중에 발생하는 이자 및 부동산세를 포함하여 유형자산을 원가로 기록하고 있습니다. 우리 회사가 유형자산의 원가로 자본화한 총이자는 2014년에 $3,300만, 2013년에 $3,100만 및 2012년에 $2,700만이었습니다. 회사는 유형자산의 내용연수를 연장하는 개선과 관련된 원가를 자본화합니다.

요구사항:

1. Marriott가 올해 수행한 주요 건설 프로젝트에 대해 주석에 언급되어 있는 회계정책을 적용하였다고 가정하자. Marriott의 정책은 다음에 어떤 영향을 미치겠는가(증가는 +, 감소는 −, 효과 없음은 NE)?
   a. 현금흐름
   b. 고정자산회전율
2. 위 '1. b.'에 대한 당신의 답안은, Marriott의 고정자산 활용의 효과성에 대한 당신의 평가에 어떤 영향을 미치겠는가?
3. 고정자산회전율이 이자비용의 자본화로 인해 감소한 경우, 이 변화는 효율성이 실질적으로 감소한 것을 나타내는가? 그렇다면 혹은 그렇지 않다면, 그 이유는 무엇인가?

재무보고서와 분석 팀 과제

CP8-9. 팀 프로젝트: 장기보유자산 분석하기

팀을 구성하여 분석할 산업을 선택하자. Yahoo Finance는 biz.yahoo.com/p/industries.html에서 산업 목록을 제공하고 있다. 해당 산업에 속하는 기업의 목록을 보려면 해당 산업을 클릭하면 된다. 또는 www.google.com/finance를 입력하여 Google Finance로 이동한 후 관심 있는 회사를 검색할 수 있다. 여러분들은 해당 기업과 그 경쟁업체를 포함한 목록을 볼 수 있다. 각 팀원은 해당 산업에 속하는 각기 다른 상장기업을 선택하여 그 회사에 대한 연차보고서 또는 10-K를 얻도록 하자(www.sec.gov에서 제공하는 SEC의 EDGAR 서비스나 각 기업의 IR 사이트는 좋은 정보원이 될 수 있다).

요구사항:

1. 지난 3년 동안 회사의 장기보유자산(토지, 건물, 장비, 무형자산 및 천연자원)의 계정과 금액을 기재하시오.
   a. 각 자산이 총자산에서 차지하는 비율은 몇 퍼센트인가? (반올림하여 소수점 두 자리까지 표시)
   b. 여러분들의 분석 결과를 바탕으로, 장기보유자산 투자와 관련한 회사의 전략에 대해 해줄 수 있는 제안은 무엇인가?
2. 각 유형의 장기보유자산에 대해 회사가 사용하는 원가배분 방법 및 추정치는 무엇인가?
3. 가장 최근 연도 말 현재 사용된 유형자산의 비율(감가상각누계액 ÷ 취득원가)은 몇 퍼센트인가? (반올림하여 소수점 두 자리까지 표시)

4. 자산 손상과 관련하여 회사는 어떤 사항을 공시하는가? 만약 손상이 있었다면, 가장 최근 연도의 손상차손은 얼마인가?

5. 비율 분석 :
   a. 일반적으로 고정자산회전율은 무엇을 측정하는 비율인가?
   b. 지난 3년간의 비율을 계산하시오. 반올림하여 소수점 두 자리까지 표시하시오.
   c. 여러분들이 계산한 결과를 바탕으로 회사에 해줄 수 있는 제안은 무엇인가?
   d. 가능한 경우 가장 최근 연도에 대한 산업의 비율을 찾아 여러분들이 계산한 결과와 비교하고, 여러분들이 선택한 회사의 비율이 산업의 비율과 다른 이유 또는 유사하다고 생각하는 이유에 대해 토론하시오.

6. 감가상각비가 영업활동 현금흐름에 미친 효과는 무엇인가? 지난 3년 동안의 영업활동 현금흐름에 대비 감가상각비의 비율(반올림하여 소수점 두 자리까지 표시)을 계산하시오.

7. 현금흐름표에 나타난 지난 3년간의 자본적 지출은 얼마인가? 회사는 장기보유자산을 매각하였는가?

부채의 보고와 해석

Starbucks는 1971년 시애틀에 첫 번째 지점을 개업했다. 그리고 오늘날 Starbucks는 전 세계 65개 국가에 걸쳐서 200,000명의 직원을 고용하고 있으며, 21,000개의 지점을 운영하고 있다. 2014년도 회계보고서에 따르면 Starbucks는 지난 한 해 동안 전 세계적으로 $164억의 수입을 기록하였으며, 11%의 성장세를 보였다.

Starbucks는 당분간 매년 약 1,500개의 지점을 오픈하려는 야심찬 계획을 가지고 있다. 그 계획을 성공적으로 수행하기 위해, Starbucks의 경영은 몇 가지 중요한 재무활동에 초점을 맞추어야 한다. 이러한 활동을 통해 기업의 현재 영업활동과 향후 회사가 성장할 수 있도록 하는 장기자산에 필요한 자금을 조달할 것이다.

경영에 대한 이해

회사는 자산 취득에 필요한 자금을 두 가지 외부자원을 통해 조달하는데, 채권자들(creditors)로부터 조달하는 자금(부채)과 소유주들(owners)로부터 제공되는 자금(자본)이다. 회사가 사용하는 부채와 자본의 조합은 **자본구조**(capital structure)라고 불린다. 자본구조를 선택함과 더불어, 경영자는 <도표 9.1>에 제시된 Starbucks 재무상태표의 부채 항목에서 알 수 있듯이 다양한 원천 중 어디에서 돈을 빌릴 것인지 선택할 수 있다.

학습목표

이번 장을 학습한 후, 여러분들은 다음을 할 수 있어야 한다.

9-1 유동부채(current liabilities)를 정의하고, 측정하고, 보고한다.

9-2 매입채무회전율(accounts payable turnover ratio)을 계산하고 해석한다.

9-3 지급어음(notes payable)을 기록하고 화폐의 시간가치(time value of money)를 설명한다.

9-4 우발부채(contingent liabilities)를 보고한다.

9-5 운전자본(working capital)의 중요성과 현금흐름에 미치는 영향을 설명한다.

9-6 비유동부채(long-term liabilities)를 보고한다.

9-7 현재가치(present value)를 계산하고 설명한다.

9-8 현재가치의 개념을 비유동부채의 보고에 적용한다.

09 장

FOCUS COMPANY :

Starbucks

부채의 기록과 보고

www.starbucks.com

©The McGraw-Hill Companies, Inc./Jill Braaten, photographer

경영자들이 돈을 빌릴 때 고려하는 사항들은 무엇일까? 두 가지 중요한 사항은 위험과 비용이다. 기업의 관점에서 보았을 때 부채는 그 비용의 지불이 기업의 법적 의무로 작용하므로 자기자본보다 더 위험성이 높은 자금이다. 만약 기업이 일시적인 현금 부족으로 정해진 부채 상환일에 부채 상환을 하지 못한다면, 채권자는 기업을 파산으로 몰고 가거나 자산을 팔아 부채를 충당하도록 압력을 넣을 수 있다. 모든 상거래와 마찬가지로, 채무자와 채권자는 가장 유리한 조건을 협상하려고 한다. 경영자는 대체 가능한 차입약정(borrowing arrangements)를 분석하는 데 상당한 노력을 기울인다.

자본구조상에 부채를 가지고 있는 회사는 단기적 부채와 장기적 부채 사이의 균형을 고려하여 전략적인 결정을 내려야 한다. 회사의 자본구조를 평가하기 위해서 회계담당자는 몇 가지 재무비율을 계산한다. 이 장에서 우리는 단기부채와 장기부채에 대해 다룰 것이며, 추가적으로 중요한 재무비율 또한 다룰 것이다. 또한, 현재가치의 개념에 대해 소개하고 장기부채가 회사의 재무상태표에 기록되는 방식하에서 현재가치가 갖는 역할에 대해 논의해 볼 것이다. 다음 장에서는 장기부채의 특수한 형태인 사채(bond securities)에 대해 배울 것이다.

도표 9.1

Starbucks 재무상태표의 부채부분

STARBUCKS
실제 자료에서 발췌:
연차보고서

STARBUCKS CORPORATION
연결재무상태표
(단위 : 백만)

	2014년 9월 28일	2013년 9월 29일
유동부채 :		
매입채무	$ 533.7	$ 491.7
미지급소송비용	–	2,784.1
미지급비용	1,514.4	1,269.3
보험적립금	196.1	178.5
선수수익	794.5	653.7
총유동부채	3,038.7	5,377.3
비유동부채	2,048.3	1,299.4
기타비유동부채	392.2	357.7
총부채	$ 5,479.2	$ 7,034.4

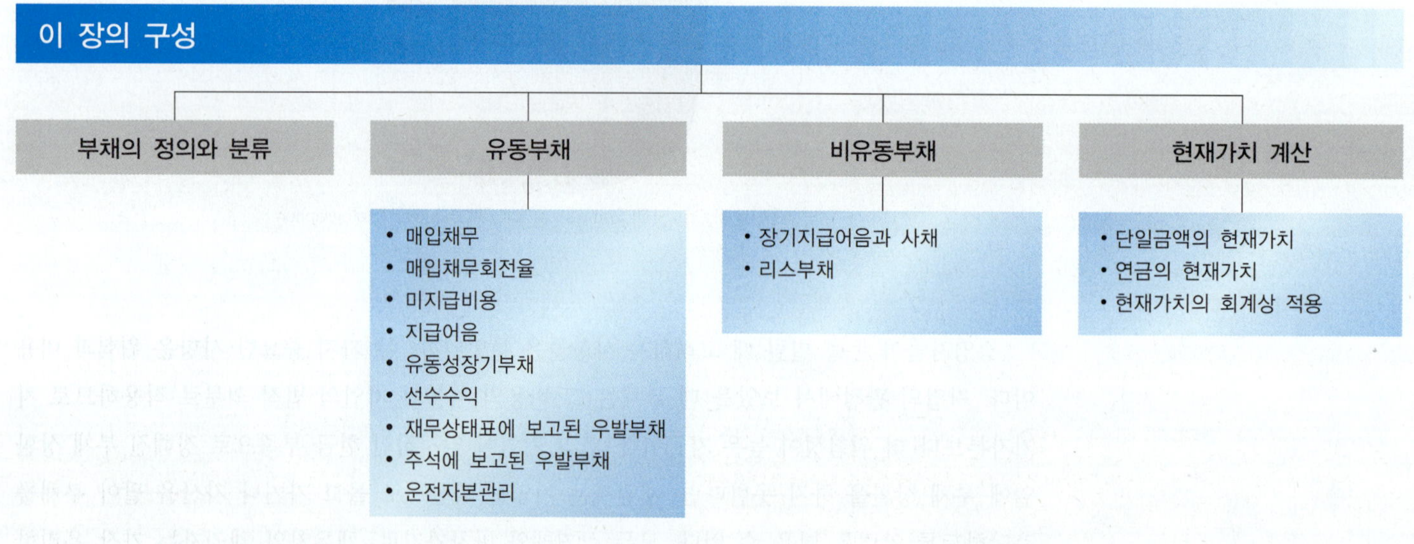

부채의 정의와 분류

학습목표 9-1
유동부채의 정의, 측정 및 보고

대부분의 사람들은 '**부채**(liability)'라는 용어의 정의를 합리적으로 이해하고 있다. 회계담당자들은 부채를 과거 거래의 결과로써 발생할 가능성이 매우 높은 미래 경제적 효익의 희생으로 정의한다. <도표 9.1>의 2014년 9월 28일에서 보여주듯이(Starbucks의 회계연도는 9월 30일에 가장 가까운 일요일에 끝난다), Starbucks는 장기적으로 $2,048.3백만를 빌렸다. Starbucks는 차입약정(borrowing arrangements)에 의거하여 미래에 채권자들에게 현금을 지불할 의무가 있다. 이러한 의무 때문에, Starbucks는 그들의 재무상태표에 장기부채를 기록해야 한다.

부채가 처음 기록될 때, 부채는 현재 현금등가액으로 측정되며, 그것은 채권자가 채무의 즉각 상환을 수락할 현금 액수이다. Starbucks가 $2,048.3백만를 빌렸음에도 불구하고, 기업은 부채에 대한 이자 또한 지급해야 하므로 Starbucks는 그보다 더 많은 돈을 지불하게 될 것이다. 미래에 지급될 이자는 시간의 흐름에 따라 축적되고 부채가 되는 것이므로 기록된 부채계정에 포함되어 있지 않다.

대부분의 기업들처럼, Starbucks는 폭넓은 범위의 채권자뿐만 아니라 다양한 종류의 부채도 가지고 있다. 재무상태표에 기록된 부채의 목록은 기업마다 다른데, 왜냐하면 다양한 운영활동이 다른 형태의 부채를 야기하기 때문이다.

Starbucks 재무상태표의 부채 파트는 유동부채와 함께 시작한다. **유동부채**는 기업의 현재 영업주기 또는 재무상태표일 기준으로 1년 중 더 긴 기한 안에 유동자산으로 지급될 것으로 예상된다. 비유동부채는 유동부채 외에 모든 다른 부채들을 포함한다.

유동부채(Current Liabilities)

대부분의 유동부채는 경영활동의 운영과 직접적인 연관이 있다. 곧, 영업활동들은 관련 유동부채에 의해 일부 비용을 충당한다. Starbucks의 재무상태표(<도표 9.1>)의 예를 한번 보자.

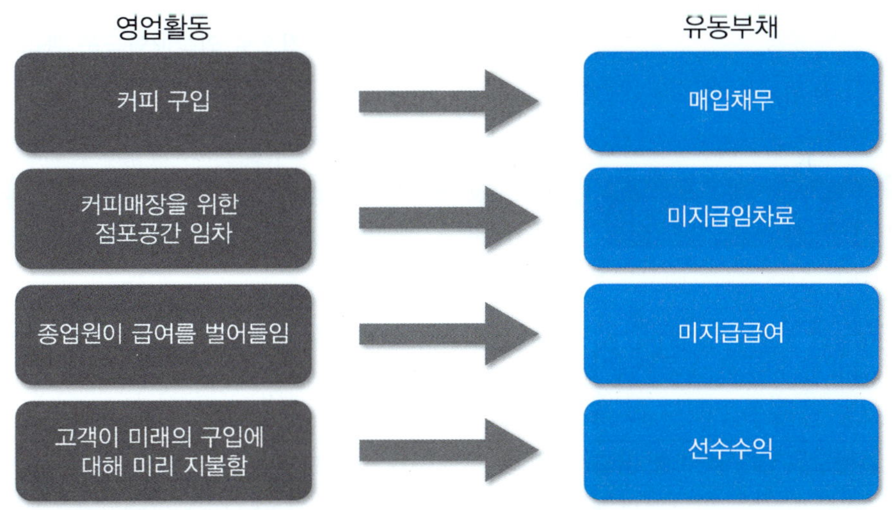

이 장의 초반에서 우리는 Starbucks가 매해 많은 새 지점들을 열고 있다는 이야기를 했다. 결과적으로, Starbucks는 추가적인 물품을 구매해야 했고, 더 많은 판매공간을 대여해야 했으며, 더 많은 직원들을 고용해야 했다. 운영활동과 유동부채의 관계를 이해함으로써, 회계담당자는 다양한 유동부채 계정 안에서의 변화들에 대해 설명할 수 있다.

이제 대부분의 재무상태표에서 흔히 찾아볼 수 있는 유동부채계정에 대해 알아보자.

외상매입금(Accounts Payable)

많은 기업이 매일매일 회사를 운영해 나가기 위한 일련의 과정 안에서 다른 기업으로부터 물품과 서비스들을 구매한다. 일반적으로, 이러한 구매는 신용에 의해서 물품과 서비스를 제공받은 후에 현금으로 비용을 지급하게 된다. 결과적으로, 이러한 거래들은 멀지 않은 미래에 공급자에게 비용을 지불해야 하는 의무를 만들어낸다. 많은 기업은 그러한 의무를 그들의 재무상태표에 **외상매입금**(accounts payable)이라고 기록한다(때때로 trade accounts payable이라고 불리기도 한다).

외상매입금에는 일반적으로 이자가 붙지 않기 때문에 많은 기업들에 있어서 공급업체로부터 신용 매입을 하는 것은 물품 구매를 위해 비용을 지불하는 상대적으로 저렴한 방법이다. 판매촉진을 장려하기 위한 인센티브로서, 일부 공급업체는 구매자가 상품을 재판매하고 대금을 지불하기 전에 현금을 회수할 수 있도록 하는 후한 조건을 제공한다.

어떤 경영자들은 현금을 보존하기 위해 공급자에게 대금을 지불하는 일을 가능한 한 미루도록 부추기는 경향이 있다. 이러한 전략은 공급자에게 문제를 야기할 수 있다. 성공적인 회사는 좋은 품질의 물건과 서비스를 제공받을 수 있도록 공급자와 긍정적인 업무관계를 형성한다. 긍정적인 관계는 지불 지연에 의해 깨질 수 있다. 게다가 재무분석가들은 그러한 지불의 지연이 종종 회사가 재정난을 겪고 있다는 것을 나타내기 때문에, 회사가 주어진 시간 안에 공급자에게 대금을 지불해야 하는 의무를 충족시킬 수 있는지에 관심을 가지고 있다. 경영자와 재무분석가 모두는 회사가 얼마나 효과적으로 외상매입금을 관리하고 있는지 평가하기 위해서 매입채무회전율(accounts payable turnover ratio)을 사용한다.

KEY RATIO ANALYSIS

매입채무회전율(Accounts Payable Turnover)

학습목표 9-2
매입채무회전율의 계산과 해석

■ **분석적 질문**

경영진이 공급자에게 얼마나 빨리 그 비용을 지불하는가?

■ **비율 및 비교**

매입채무회전율(Accounts payable turnover ratio)은 아래와 같이 계산할 수 있다.

매입채무회전율 = 매출원가 ÷ 평균 매입채무

Starbucks의 2014년 매입채무회전율 :

$6,858.8 ÷ $512.7* = 13.4
*(533.7 + 491.7) ÷ 2

연도별 비교		
Starbucks		
2014	2013	2012
13.4	12.4	14.3

경쟁업체와 비교	
Green Mountain Coffee	Dunkin' Brand
2014	2014
8.0	6.2

■ 해석

- **일반론 :** 매입채무회전율(accounts payable turnover ratio)은 경영진이 얼마나 빨리 공급자에게 비용을 지불하는지를 측정한다. 높은 매입채무회전율은 일반적으로 회사가 공급자에게 적절한 시간 안에 비용을 지불하고 있음을 의미한다. 비율을 보다 직관적으로 해석하기 위해서 회계담당자는 종종 365일을 그것으로 나눈다.

매입채무회전기간 = 365일 / 매입채무회전율

2014년 Starbucks의 매입채무회전기간(average number of days payables were outstanding):

365일 / 13.4 = 27.2일.

이것은 곧 2014년에 Starbucks가 공급자에게 비용을 지불하는 데 평균적으로 27일이 걸렸다는 것이다.

- **회사에 대한 분석 결과 :** 매입채무회전기간 분석은 2014년에 Starbucks가 2013년보다 느리게 공급업체에 비용을 지불했으며(27.2일 대 25.5일), Starbucks의 경쟁업체들보다 더 빨리 공급업체에 비용을 지불했다는 것을 나타낸다. 평균적으로, 'Green Mountain'은 공급업체에 비용을 지불하기까지 45.6일이 걸렸으며 'Dunkin' Brands'는 58.9일이 걸렸다. 공급업체들은 가능한 한 빨리 비용을 결제받는 것을 좋아하며 비용을 빨리 지불한 기업에게 보다 큰 혜택을 제공할 수 있다. (예를 들어서, 공급이 제한될 때 더 빨리 배송해주거나 우선적으로 일을 처리해줄 수 있다.)

- **주의사항 :** 매입채무회전율은 모든 외상매입금에 기초한 평균이다. 이 비율이 각각의 공급업체들에게 얼마나 빨리 비용을 지급하는지를 알려주지는 않는다. 기업은 일부 공급업체에게는 그보다 빨리 비용을 지급하고, 일부 공급업체에게는 그보다 늦게 지급할 수 있지만, 여전히 수용 가능한 비율로 끝난다. 이것은 이 비율이 유용하지 않다는 것을 의미하지는 않는다. 이것은 당신이 비율을 계산하는 데 사용되는 수치들에 대해 더 많이 알수록, 비율의 의미를 더 잘 이해할 수 있다는 것을 보여준다.

미지급비용(Accrued Liabilities)

미지급비용
발생했으나 회계기간말에 지급되지 않은 비용.

많은 경우에 기업은 한 회계연도에 비용을 부담하고 미래에 현금지급을 한다. 미지급비용(accrued liabilities)은 한 회계연도가 끝나기 전에 발생하였으나 아직 지급되지 않은 비용이다. 이러한 비용에는 임대료, 공과금, 급여 등이 포함된다. Starbucks의 재무상태표에는 이러한 비용이 두 가지 기록되어 있다. 미지급소송비용(accrued litigation charge)과 미지급비용이다. 미지급비용은 회계연도가 끝나는 시점에 그 기간에 대한 비용과 관련된 부채를 인지함으로써 기록된다.

미지급세금(Accrued Taxes Payable)

개인과 마찬가지로, 기업은 그들이 벌어들인 수익에 대해서 세금을 지불해야 한다. 법인세율은 점진적으로 적용되어, 대기업들은 최고 35%의 연방 법인세를 납부한다. 기업들은 또한 주 및 지방 소득세를 납부하고, 일부 경우에는 외국소득세를 납부할 수도 있다. Starbucks의 연차보고서의 주석은 다음과 같은 세금 관련 정보를 포함하고 있다.

STARBUCKS
실제 자료에서 발췌:
연차보고서

법인세

주석 13:

법인세 내역(단위: 백만) :

회계연도 말	**2014년 9월 28일**	**2013년 9월 29일**	**2012년 9월 30일**
당기법인세 :			
U.S 연방	$ 822.7	$616.6	$466.0
U.S 주 및 지방	132.9	93.8	79.9
외국	128.8	95.9	76.8
총 당기 법인세	$1,084.4	$806.3	$622.7

Starbucks와 대부분의 다른 기업들에게 있어서 법인세는 주요 비용이다.

미지급급여 및 관련 비용(Accrued Compensation and Related Costs)

각각의 회계연도가 끝날 때, 직원들은 종종 아직 지급되지 않은 임금을 지급받게 된다. 지급되지 않은 임금은 재무상태표상에 별도 항목으로 기록되거나 [예를 들어, 미지급급여(accrued compensation)] Starbucks의 경우에서와 같이 일반적인 미지급비용 계정의 일부분으로 기록될 수 있다. Starbucks는 2014년 연차보고서의 주석에서 미지급비용 계정의 "미지급급여 및 관련비용(accrued compensation and related costs)" 항목이 $437.9백만에 달함을 나타낸다. 발생하였으나 지급되지 않은 임금의 기록뿐만 아니라, 기업은 퇴직금, 휴가기간, 건강보험을 포함한 복지와 관련된 미지급비용을 기록해야 한다. Starbucks는 이러한 비용들을 "related costs"로 명명하였다.

예를 들어, 휴가기간의 경우를 한 번 보자. 일반적으로, 기업은 직원들이 일한 개월 수에 기초하여 유급휴가기간을 제공한다. 휴가기간에 대한 비용은 직원들이 실제로 휴가를 사용한 해가 아니라 근무를 통해 휴가기간을 얻은 해에 기록되어야 한다. Starbucks가 유급휴가비용을 $125,000로 추정했다면, 회계담당자는 회계연도가 끝나는 시점에 다음과 같은 조정 항목을 만든다.

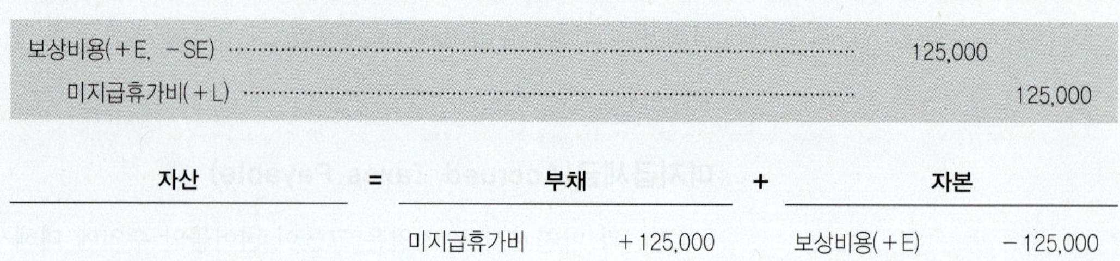

보상비용(+E, −SE)	125,000	
미지급휴가비(+L)		125,000

자산	=	부채		+	자본	
		미지급휴가비	+125,000		보상비용(+E)	−125,000

직원들이 휴가를 갈 때(예를 들어, 내년 여름에), 회계담당자는 다음과 같이 기록한다.

미지급휴가비(−L)	125,000	
현금(−A)		125,000

자산		=	부채		+	자본
현금	−125,000		미지급휴가비	−125,000		

Starbucks는 미지급휴가비(accrued vacation liability)의 금액을 별도로 표기하지 않는다. 대신에, Starbucks는 이러한 비용을 "미지급급여 및 관련 비용(accrued compensation and related costs)"의 일부로 기록한다. 많은 기업들에 있어서, 미지급휴가비의 금액은 재무상태표상에 따로 항목을 만들어 표기해야 할 만큼 크지 않다.

급여 관련 세금(Payroll Taxes)

Kevin P. Casey/AP Photos

모든 근로자는 연방, 주, 지방 소득세, 사회보장세, 연방 및 주 실업세를 포함하여 다양한 세금을 부과받는다. 근로자는 이 세금 중 일부를 납부하고 고용주가 나머지를 납부한다. 우리는 가장 대표적인 3가지 세금만을 살펴볼 것이지만, 보고는 다른 유형의 급여 관련 세금과 유사하다.

근로자 소득세(Employee Income Taxes) 고용주는 각각의 근로자의 소득세를 원천징수해야 한다. 원천징수한 소득세액은 고용주에 의해 유동부채로 기록되고 정부에 그 금액이 지급되기 전까지 부채로 남아 있다. (주로 분기별로 지급된다.)

고용주와 근로자의 FICA 세금(Employee and Employer FICA Taxes) 사회보장세는 주로 연방보험료법(the Federal Insurance Contributions Act)에 의해 징수되기 때문에 흔히 FICA라고 불린다. 이 세금은 고용주와 근로자에게 동일한 액수로 부과된다. 현재 사회보장세율은 1년 동안 각 직원에게 지급되는 첫 $117,000에 대해서 6.2%로 부과된다. 추가적으로, 모든 직원 소득에 1.45%의 의료보험세(medicare tax)가 별도로 부과된다. 따라서, FICA 세율은 소득 $117,000까지 7.65%이며, $117,000를 초과하는 소득에 1.45%가 부과된다. $200,000 이상을 버는 근로자는 0.9%의 "additional Medicare tax"가 원천징수된다. 다른 FICA세금과는 다르게, 이 부가적인 Medicare tax는 고용주가 아니라 근로자에 의해서만 납부된다. 그러나 고용주는 직원 급여 공제의 일환으로 이 부가적인 세금을 원천징수할 것이다.

고용주 실업세(Employer Unemployment Taxes) 고용주들은 연방실업세법(FUTA, Federal Unemployment Tax Act)과 주실업세법(SUTA, State Unemployment Tax Act)에 의해 실업세를 부과받는다. 이러한 프로그램은 어떠한 잘못을 하지 않았음에도 직업을 잃은 노동자들을 경제적으로 지원한다. 주실업세의 비율과 명시된 급료는 주마다 다르기 때문에, 우리는 연방실업세에 초점을 맞출 것이다. FUTA는 각각의 근로자에 대해 최대 $7,000에 이르는 과세대상 임금에 대한 6.0%의 연방세율을 명시하고 있다. 지불을 충실히 수행한 고용주는 주 수준에서 지불된 세금에 대한 공제를 받을 수 있으며, 그에 따라 연방세 의무를 경감할 수 있다.

직원보상비용은 타인에게 직원을 대신하여 지급한 금액뿐만 아니라 직원의 임금 및 관련 비용을 포함한다. 결과적으로, 직원들을 고용하는 데 드는 비용은 실제로 직원들이 현금으로 지급받는 액수보다 훨씬 많다.

지불급여세 기록을 보여주기 위해, Starbucks가 2014년 6월 첫 2주간의 기록에 다음과 같은 정보를 포함하고 있다고 가정해 보자.

지급된 급여	$1,800,000
소득세 원천징수액	275,000
사회보장세(종업원 부담분)	137,700
연방실업세	2,300

기업은 일반적으로 지불급여세 계정에 두 가지 분개를 기록한다. 첫 번째 분개는 직원들에게 지급된 현금과 직원들의 월급에서 공제된 공제액의 액수를 기록한다:

보상비용(+E, −SE)	1,800,000	
소득세 원천징수예수금(+L)		275,000
사회보장세 예수금(+L)		137,700
현금(−A)		1,387,300

자산		=	부채		+	자본	
현금	−1,387,300		사회보장세 예수금	+137,700		보상비용(+E)	−1,800,000
			소득세 원천징수예수금	+275,000			

두 번째 분개는 고용주가 그들의 자금으로 지불해야 하는 세금을 기록한다. 연방법과 주법은 이러한 세금의 납부를 요구한다. 모든 직원들이 $200,000 미만을 벌어들인다고 가정했을 때, FICA세액은 근로자가 지급하는 금액과 동일하다.

보상비용(+E, −SE)	140,000	
사회보장세 예수금(+L)		137,700
연방실업세 예수금(+L)		2,300

자산		=	부채		+	자본	
			사회보장세 예수금	+137,700		보상비용(+E)	−140,000
			연방실업세 예수금	+2,300			

선수수익(Deferred Revenues)

대부분의 상거래에서, 현금은 제품이나 서비스를 제공받았을 때나 그 직후에 지불된다. 그러나 때때로 현금의 지급이 제품이나 서비스의 제공보다 먼저 이루어지는 경우가 있다. 당신은 아마 항공티켓에 대한 비용을 먼저 지불했을 것이다. 항공사는 당신이 구매한 티켓에 대한 현금을 받았지만, 탑승일 전까지 서비스(항공)를 제공하지 않는다. 관련 수익이 발생하기 전에 기업이 현금을 수금할 때, 그 현금은 "**이연수익**(deferred revenues)" 또는 "**선수수익**(unearned revenues)"이라고 불린다.

고객들이 미리 그들의 구매에 대해 비용을 지불할 수 있도록 하는 Starbucks 카드는 이연수익의 예이다. 고객이 갖는 장점은 구매 시점에서의 편리함과 충성도에 대한 보상의 축적이다. Starbucks가 갖는 장점은 고객들이 실제로 무언가 구입하기 전에 고객들의 현금을 수금하고 사용할 수 있다는 것과 개별 고객들의 구매 습관에 대한 정보를 수집할 수 있다는 것이다.

<도표 9.1>에 나타난 Starbucks의 재무상태표는 2014년에 Starbucks가 고객들로부터 $794.5 백만를 현금으로 수금했으며, 그 고객들에게 어떠한 종류의 제품이나 서비스도 제공하지 않았다는 것을 보여준다. Starbucks는 다음 주석을 통해 그 금액을 설명한다.

STARBUCKS
실제 자료에서 발췌.
연차보고서

> "우리의 선불카드, 주로 Starbucks 카드로부터 발생하는 수익은 상환될 때 또는 구매 이력에 근거한 상환 가능성이 희박한 경우에 인식된다. 고객의 미불 잔액은 통합 재무상태표상의 이연수익에 포함된다."

제3장에서 소개된 수익인식원칙하에서, 수익은 발생하기 전에 기록될 수 없다. 이연수익은 고객들로부터 현금을 지급받았으나 기업이 제품이나 서비스를 제공하지 않았고, 따라서 관련 수익이 회계기간이 끝날 때까지 얻어지지 않았기 때문에 부채로 기록된다. 미래에 제품이나 서비스를 제공해야 하는 의무는 여전히 존재한다. 이러한 채무는 회사가 제품 또는 서비스를 제공할 것으로 기대하는 시기에 따라 유동부채 또는 비유동부채로 분류된다.

지급어음(Notes Payable)

학습목표 9-3
지급어음의 보고 및 화폐의 시간가치 설명

기업이 돈을 빌릴 때, 기업은 일반적으로 은행과 공식적인 서면계약에 서명하고, 빌린 금액을 **지급어음**(note payable)으로 기록한다. 그 계약은 차입한 금액, 그 금액을 갚아야 하는 날짜, 그리고 차입과 관련된 이자비용을 명시한다.

은행과 다른 채권자는 돈을 빌려주는 대가로 이자를 받을 수 있기 때문에 기꺼이 돈을 빌려준다. 다른 사람들에게 돈을 빌려줌으로써 얻는 이자는 화폐의 시간가치(time value of money)를 반영한다. 채무자에게, 이자는 다른 사람의 돈을 사용한 값을 반영하고, 따라서 이것은 곧 비용이다. 채권자에게, 이자는 그들의 돈을 다른 사람이 사용할 수 있도록 한 데 대한 보상을 반영하고, 따라서 이것은 곧 수익이다.

화폐의 시간가치
시간에 걸친 화폐의 사용과 관련된 이자.

이자를 계산하기 위해서는 3가지 정보가 필요하다: (1) **원금**(즉, 차입한 현금), (2) **연간 이자율**, (3) **대출기한**. 이자 공식은:

원금 × 연간 이자율 × 개월 수/12개월 = 기간 이자비용

설명을 위해, 11월 1일에 12월 31일을 회계연도의 결산일로 하는 기업이 $100,000의 현금을 1년 동안 빌렸다고 가정해보자. 연간 이자율은 12%이다. 이자는 다음 해 4월 30일과 10월 31일에 지급된다. 원금은 만기일인 내년 10월 31일에 지급된다. 이 내용은 계정에 다음과 같이 기록된다.

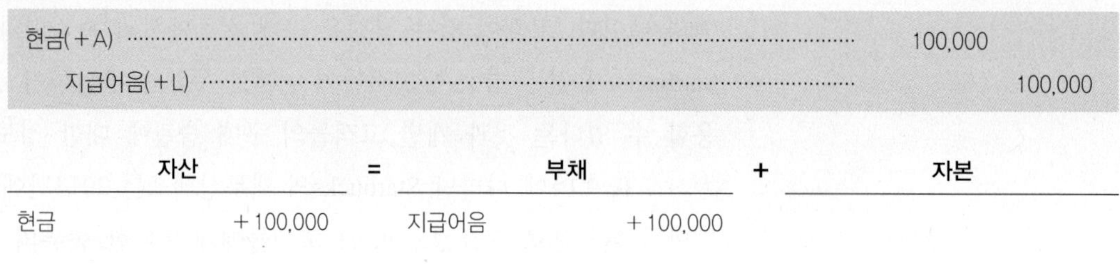

현금(+A)	100,000	
지급어음(+L)		100,000

자산		=	부채		+	자본	
현금	+100,000		지급어음	+100,000			

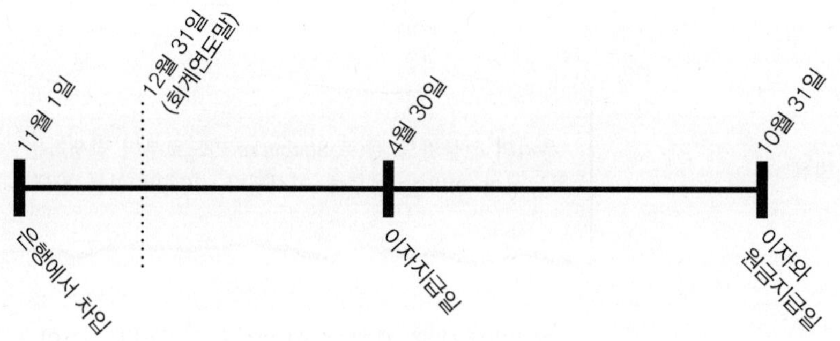

이자는 기업이 돈을 빌릴 때 발생하는 비용이다. 기업은 그들이 실제로 이자비용을 지불하는 시기와 관계없이 주어진 회계기간에 이자비용을 기록한다. 위의 예에서, 기업은 11월 1일에 돈을 빌렸으므로 회계연도가 종결되는 12월 31일에 2개월간의 이자비용을 기록해야 한다. 기업이 다음 해 4월 30일까지 실제로 이자비용을 지급하지 않을 것이라는 것은 문제가 되지 않는다. 2개월간 발생한 이자비용의 금액을 계산하기 위한 공식은 다음과 같다.

원금 × 연간 이자율 × 개월 수/12개월 = 기간 이자비용

$100,000 × 0.12 × 2/12개월 = $2,000

2개월간의 이자비용과 미지급이자를 기입하는 항목은 다음과 같다.

이자비용(+E, −SE)	2,000	
미지급이자(+L)		2,000

자산	=	부채		+	자본	
		미지급이자	+2,000		이자비용(+E)	−2,000

다음해 4월 30일에, 기업은 은행에 지난해 말에 축적되고 기록된 $2,000에 다음해 4개월간 축적된 $4,000를 더해 $6,000를 이자로 지급해야 한다. 4월 30일에는 다음과 같은 분개가 작성될 것이다.

이자비용(+E, −SE)	4,000	
미지급이자(−L)	2,000	
현금(−A)		6,000

자산		=	부채		+	자본	
현금	−6,000		미지급이자	−2,000		이자비용(+E)	−4,000

유동성장기부채(Current Portion of Long-Term Debt)

유동부채와 장기부채의 구분은 경영자와 회계담당자 모두에게 중요하다. 기업은 유동부채를 상환하기 위해 수중에 충분한 현금을 가지고 있어야 한다. 이번 해에 얼마만큼의 장기부채가 만기되는지에 대한 정확한 정보를 제공하기 위해, 기업은 만기일 1년 이내의 장기부채를 유동부채로 재분류해야 한다.

한 회사가 2015년 12월 말에 $5백만를 빌린다는 어음에 서명했다고 가정해보자. 차입금의 절반은 2017년 1월에 상환해야 하고, 남은 절반의 만기는 2018년 1월이다. 2015년, 2016년, 2017년 말 재무상태표에는 다음과 같이 기록될 것이다.

2015년 12월 31일	
비유동부채:	
지급어음	$5,000,000
2016년 12월 31일	
유동부채:	
유동성장기어음	$2,500,000
비유동부채:	
지급어음	$2,500,000
2017년 12월 31일	
유동부채:	
유동성장기어음	$2,500,000

<도표 9.1>은 Starbucks가 어떤 유동성장기부채도 기록하지 않았다는 것을 보여준다. 이것은 Starbucks가 2015년에 어떤 장기부채도 청산하지 않을 것이라는 사실을 나타낸다. 2014년 연차보고서의 주석에서 Starbucks는 그들의 장기부채가 사채로 구성되어 있고, 몇 년간은 이자만을 지급하며, 그 이후에 원금이 만기도래된다고 설명했다. Starbucks가 다음해에 어떤 원금도 상환하지 않을 것이기 때문에, 모든 부채가 장기부채로 분류되어 있다. 우리는 사채와 관련된 내용을 제10장에서 배우게 될 것이다.

Financial Analysis 부채 재편성(Refinancing) : 유동부채와 장기부채?

현금으로 부채를 상환하는 것 대신에, 기업은 새로운 만기일과 함께 새로운 대출계약을 논의하거나 새로운 대출금을 인출받고 그 대출금을 이용하여 오래된 대출금을 갚을 수 있다. 만약 기업이 새로운 장기부채로 현재만기부채를 차환하고자 하고 그러할 능력이 있다면, 유동부채는 장기부채로 분류되어야 한다. 유동부채는 유동자산으로 현재 운영주기 혹은 1년 이내에 갚을 것으로 예상되는 단기채무이기 때문에 이것은 유동부채가 아니다.

U.S. GAAP(generally accepted accounting principles)과 IFRS(International Financial Reporting Standards)는 부채의 차환을 다루는 방식에서 약간 차이가 있다. IFRS하에서 실제 차환은 결산일까지 이루어져야 한다. U.S. GAAP하에서 차환하고자 하는 의도와 능력은 결산일 전까지 존재하지만, 그것은 일어날 필요가 없다.

학습목표 9-4
우발부채의 보고

우발부채
과거 사건의 결과로 생긴 잠재적 부채; 미래의 특정 사건이 발생하기 전까지 확정부채가 아니다.

재무상태표상에 보고된 우발부채

부채의 실제 액수는 미래 지급기일이 되기 전까지 알 수 없기 때문에 일부 부채들은 추정에 기초해 기록된다. 예를 들어, 우발부채(contingent liabilities)는 기업이 그들이 판매한 제품에 대한 보증을 제공할 때 발생한다. 미래에 수리 서비스를 제공하는 데 소요될 비용은 추정에 따라 산출되고, 제품이 팔린 시기에 부채(와 비용으)로 기록된다.

예를 들어, Starbucks가 올해에 커피 추출 및 에스프레소 기계를 구입한 고객들에게 $150,000의 보증서비스를 제공할 것이라고 추정했다고 가정해보자. 커피 추출 및 에스프레소 기계의 매출을 기록하는 것에 더해서, Starbucks는 다음과 같이 기록할 것이다:

제품보증비용(+E, −SE)	150,000	
제품보증충당부채(+L)		150,000

자산	=	부채		+	자본	
		제품보증충당부채	+150,000		제품보증비용(+E)	−150,000

주석에 보고된 우발부채

우리가 다뤘던 각각의 부채는 발생할 가능성이 매우 높은 미래 경제적 효익의 희생을 포함하기 때문에 재무상태표상에 특정 금액으로 기록된다. 일부 상거래나 이벤트는 미래 경제적 효익의 희생을 발생시킬 가능성이 있다. 이러한 상황은 주석상에는 기록되지만, 기업의 재무상태표에는 기록되지 않는 우발채무를 발생시킨다.

우발부채의 예

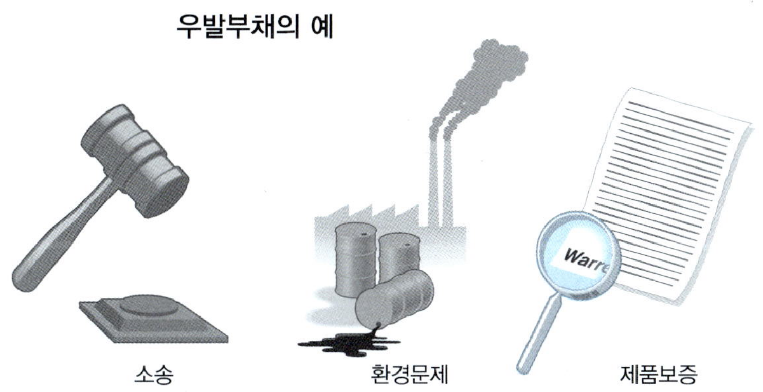

우발채무가 재무상태표에 보고될지, 주석에 보고될지, 혹은 어디에도 보고되지 않을지 여부는 두 가지 요인에 의해서 결정된다: (1) 미래 경제적 효익의 희생 가능성, (2) 경영진의 부채금액 추정 능력. 다음 표는 가능성들을 보여준다.

	매우 높음	어느 정도 있음	희박함
금액을 합리적으로 추정할 수 있음	부채로 기록	주석으로 공시	공시하지 않음
금액을 합리적으로 추정할 수 없음	주석으로 공시	주석으로 공시	공시하지 않음

발생 가능성은 다음과 같은 방법으로 정의된다:

- 매우 높음(Probable) – 미래 사건이 발생할 가능성이 매우 높다.
- 어느 정도 있음(Reasonably possible) – 미래 사건이 발생할 가능성이 매우 높은 것은 아니지만 희박하지는 않다.
- 희박함(Remote) – 미래 사건이 발생할 가능성이 희박하다.

INTERNATIONAL PERSPECTIVE

정도의 문제

향후 가능성에 대한 평가는 본질적으로 주관적이지만, U.S. GAAP과 IFRS는 모두 몇 가지 가이드라인을 제공한다. U.S. GAAP하에서, "probable"은 가능성이 매우 높은 것으로 정의되며, 이것은 일반적으로 발생할 가능성이 70%보다 높은 것으로 해석할 수 있다. IFRS하에서, "probable"은 발생하지 않을 가능성보다 발생할 가능성이 높은 것으로 정의되며, 발생할 가능성이 50% 이상인 것을 의미한다. 이러한 차이는 일부 우발채무의 경우에서, IFRS는 재무상태표상의 부채로 기록하도록 하는 반면, U.S. GAAP은 단순히 주석에 명시하도록 한다.

요약하자면,

- 발생 가능성이 매우 높고 합리적으로 추정될 수 있는 부채는 재무상태표상에 기록되고 보고되어야 한다.
- 합리적으로 발생 가능한 부채는 그 금액이 측정 가능하든, 가능하지 않든 간에 주석상에 공개되어야 한다.

• 발생할 가능성이 희박한 경우는 어떠한 공개도 필요로 하지 않는다.

몇 년간 Starbucks는 Kraft Foods Group과의 법적 분쟁과 관련된 우발채무를 보고해왔다. 2013년 말에, Starbucks는 법적 분쟁에서 패소해 중재자로부터 Kraft에게 $20억 이상을 지급하라는 명령을 받았다. 아래 문장은 Starbucks의 2013년 연차보고서로부터 발췌한 것이다.

STARBUCKS
실제 자료에서 발췌:
연차보고서

> "우리는 Kraft에 대한 보상 없이 Kraft와의 협정 및 다른 어떤 관계들을 종결시킬 수 있는 권한을 갖는 계약하에서 Kraft의 중대 위반에 대해 우리가 합당한 주장을 했다고 믿는다.
>
> Kraft는 그들이 계약을 중대 위반했다는 것을 부인했다. 2010년 11월 29일에 Starbucks는 Kraft로부터 당사자들 간의 상업적 분쟁을 계약조건에 따라 구속력이 있는 중재하에 결론짓겠다는 중재통지서를 받았다.
>
> … 중재자의 중재통지서를 받기 전에 우리는 발생 가능한 손실액을 합리적으로 추정할 수 없었다. 그에 따라, 이 문제와 관련된 우발손실은 보고되지 않았다.
>
> 2013년 11월 12일에, 중재자는 Starbucks에 $2,227.5백만의 손해배상금 및 판결 전 이자와 변호사 수임료를 Kraft사에 지불하라고 지시했다. 우리는 추정된 지불일을 통해 발생하는 이자액을 포함한 판결 전 이자와 변호사 수임료가 대략 $556.6백만에 달할 것으로 추정했다. 결과적으로, 우리는 우리의 2013 회계연도의 운영결과에 $2,784.1백만의 소송비용을 보고했다."

앞에서 보았던 표와 동일하게, Starbucks의 경영진은 발생 가능한 손실의 크기를 합리적으로 추정하기 어렵다고 판단했기 때문에 처음에 부채를 기록하지 않았다. 그래서 주석의 내용으로 충분했다. 그러나 중재자가 Starbucks에 대해 결정을 내리면서, 회사는 재무상태표상에 부채를 보고하고 손익계산서에 관련 손실을 보고해야 했다.

운전자본관리(Working Capital Management)

학습목표 9-5
운전자본의 중요성과 현금흐름에 미치는 영향에 대해 설명

유동성
현재의 부채를 상환할 수 있는 능력.

운전자본
유동자산 총계와 유동부채 총계의 금액 차이.

유동부채는 가까운 시일 내에 상환되어야 하기 때문에 유동부채에 대한 정보는 경영자와 재무분석가에게 매우 중요하다. 재무분석가는 기업이 현재 의무를 수행할 능력을 가지고 있을 때 유동성(liquidity)을 가지고 있다고 말한다. 제2장에서 소개된 유동비율과 운전자본의 액수를 포함한 몇 가지 재무자료는 유동성을 평가하는 데 유용하게 사용될 수 있다. 운전자본(working capital)은 유동자산과 유동부채 사이의 달러 차이로 정의된다. 운전자본은 회사의 건실성과 수익성에 막대한 영향을 미치기 때문에 경영자와 재무분석가 모두에게 중요하다. Starbucks는 2014 회계연도 종결시점에 유동자산을 $4,168.7백만, 유동부채를 $3,038.7백만으로 보고했으며, 그 결과 운전자본은 $1,130백만이었다. 운전자본은 Starbucks가 모든 유동자산을 사용해 모든 유동부채를 상환했을 때 남아 있는 금액을 반영한다.

운전자본계정은 기업의 단기 채무와 그러한 채무를 충족시키기 위해 필요한 자원 간의 균형을 달성하기 위해 적극적으로 관리된다. 만약 기업이 너무 적은 운전자본을 가지고 있다면, 그들

은 그들의 의무를 충족시키지 못할 위험을 가지게 된다. 반면에, 너무 많은 운전자본은 자원들을 비생산적인 자산으로 묶어둘 수 있다. 예를 들어, 재고자산은 보다 수익성 있는 부분에 투자될 수 있는 자금을 묶어두고 재고자산의 저장 및 가치하락과 관련하여 추가적인 비용을 초래한다. 운전자본계정의 변화는 현금흐름표상에 보고되는 영업활동으로부터의 현금흐름에 직접적인 영향을 미치기 때문에 경영자와 회계담당자에게도 중요하다.

FOCUS ON CASH FLOWS

운전자본과 현금흐름

많은 운전자본계정은 이익창출 활동과 직접적인 연관을 가지고 있다. 예를 들어, 외상매출금은 매출수익과 연관이 있다: 외상매출금은 신용에 의한 매출이 이루어졌을 때 증가한다. 현금은 고객이 지폐를 냈을 때 모인다. 이와 유사하게, 외상매입금은 신용에 의한 물품 구매를 했을 때 증가한다. 흔히 운전자본 운용이라고 불리는 이익창출 활동과 관련 있는 운전자본계정에서의 변화는 영업활동에서의 현금흐름을 계산할 때 필수적으로 고려되어야 한다. 어떻게 현금흐름표를 작성하는지에 대해서는 제12장에서 다룰 것이다.

STOP PAUSE FOR **FEEDBACK**

기업은 부채를 유동부채 또는 장기부채로 분류한다. 이때 우리의 논의는 유동부채에 초점을 맞추고 있다. 다음 부분에서, 우리는 우리의 초점을 장기부채로 전환할 것이다. 다음으로 넘어가기 전에, 우리가 다룬 개념들에 대해 잘 이해했는지를 점검하기 위해 다음 문제들을 한번 풀어보아라.

SELF-STUDY **QUIZ**

다음에 제시된 각각의 상황에서, Starbucks의 운전자본이 증가할 것인지, 감소할 것인지, 혹은 변화하지 않을 것인지 답해보시오:

1. Starbucks는 물품을 신용구매한다.
2. Starbucks는 $1,000,000를 장기부채로 빌린다.
3. Starbucks는 미지급임차료 계정을 감소시키기 위해 $750,000의 현금을 지급하였다.
4. Starbucks는 직원 임금을 현금으로 지급한다.

I 해설

1. 변화 없음　2. 증가　3. 변화 없음　4. 감소

비유동부채(Long-Term Liabilities)

학습목표 9-6
비유동부채의 보고

비유동부채(long-term liabilities)는 장기지급어음과 장기사채와 같은 유동부채로 분류되지 않는 모든 채무를 포함한다. 일반적으로, 비유동부채는 미래에 1년 이상의 비용 지급을 요구한다.

비유동부채
유동부채로 분류되지 않은 모든 기업의 의무.

많은 기업들이 건물과 기계 등의 자산을 구입하기 위해 장기적으로 돈을 빌린다. 때때로, 기업은 특정 자산을 상환을 위한 담보로 내놓기도 한다. 만약 기업이 채무에 대한 의무를 이행하지 않는다면, 은행은 그 자산의 소유권을 가질 수 있는 권리를 갖는다. 이러한 계약에 의해 뒷받침되는 채무를 '**담보부부채**(secured debt)'라고 부른다. 무담보 부채는 은행이 채무자의 신용도와 채무를 상환할 수 있는 수익력에 대한 신뢰를 기반으로 체결하는 계약이다.

장기지급어음과 사채(Long-Term Notes Payable and Bonds)

기업은 은행, 보험회사, 기업연금보험을 포함한 금융서비스기관들을 통해 자본을 직접적으로 증가시킬 수 있다. 이러한 단체들 중 하나로부터 자본을 증가시키는 것은 **사적 모집**(private placement)으로 알려져 있다. 그 결과로 얻어진 부채는 일반적으로 **지급어음**(note payable)으로 불리며, 이것은 한 번 혹은 몇 번의 **만기일**(maturity date)에 명시된 금액(stated sum)을 지불하겠다는 약정서이다.

많은 경우에, 기업의 자본 요구는 단일 은행이나 다른 채권자의 재정적 능력을 초과한다. 이러한 상황에 기업은 **사채**(bonds)라고 불리는 공개적으로 거래되는 채무증권(publicly traded debt)을 발행할 수 있다. 사채시장에서 사채를 팔 수 있는 기회는 사채소유자에게 중요한 이득을 제공한다. 기업에 속해 있지 않으면서도, 사채소유자는 현금이 갑자기 필요할 때가 오면 그들의 사채를 만기일에 앞서 다른 투자자에게 팔 수 있다. 우리는 다음 장에서 사채에 대해 상세히 다룰 것이다.

비유동부채 회계는 단기지급어음회계에서 사용된 것과 같은 개념을 기초로 한다. 부채는 채무가 발생했을 때 보고되고 이자비용은 시간의 흐름에 따라 보고된다.

기업 운영은 전 세계적으로 많은 기업들이 생산시설을 운영하고 있는 가운데 범세계적으로 이루어지고 있다. 이러한 해외 운영을 지원하기 위해서, 기업은 때때로 해외은행으로부터 돈을 빌린다. 해외통화로 돈을 빌리는 것은 몇 가지 흥미로운 회계 및 경영 문제를 야기한다.

INTERNATIONAL PERSPECTIVE

해외통화로 돈을 빌리는 것

해외운영을 하는 많은 기업들은 보다 낮은 환율 위험을 위해 해외채무를 통해 그 운영비용을 조달하는 방식을 택한다. 환율 위험은 각 국가의 통화의 상대적 가치가 거의 매일매일 달라지기 때문에 존재한다.

영국에서 기업 운영을 수행하는 미국 기업은 그곳에서의 운영을 위해 영국 파운드를 빌리는 결정을 할 수 있다. 파운드로 발생하는 경영 수익은 파운드로 발생한 부채를 완전 상환하는 데 사용될 수 있다. 하지만, 이 기업이 파운드로 돈을 벌어들이고 달러로 부채를 완전 상환한다면, 달러와 파운드의 상대적 가치는 요동치기 때문에 환율 위험에 노출될 수 있다.

환율 위험 경감을 위한 시도의 하나로, 아마존닷컴은 2013년 연차보고서의 주석에서 다음과 같은 내용을 언급했다.

AMAZON
실제 자료에서 발췌: 연차보고서

> "우리는 영국, 독일, 프랑스, 일본, 캐나다, 이탈리아, 스페인, 브라질, 멕시코와 호주를 위한 국제적 웹사이트를 가지고 있다. 이러한 웹사이트들을 통해 발생한 순매출액은 그 운영으로부터 직접적으로 발생한 관련 비용들과 마찬가지로 그 지역 기능통화(functional currencies)로 표시된다."

보고 목적으로, 회계담당자는 미국 기업의 재무상태표상에 부채를 보고하기 위해 회계연도가 끝날 때 해외채무를 달러로 바꾸거나 변환 해석해야 한다. 위에서 발췌한 것과 같은 주석에서, 아마존닷컴은 이것이 어떻게 이루어지는지에 대해 다음과 같이 밝혔다.

AMAZON
실제 자료에서 발췌: 연차보고서

> "이러한 자회사들의 자산과 부채는 회계기간 말 환율에 의해 달러로 변환되어 표시됩니다."

리스부채(Lease Liabilities)

기업은 종종 자산을 구입하는 대신 리스를 택한다. 예를 들어, 성수기 동안 추가적인 배달트럭을 리스하는 것은 그 트럭이 필요하지 않은 다른 기간 동안에도 그것을 보유하고 있는 것보다 더 경제적이다. 기업이 자산을 리스할 때, 기업은 자산소유자와의 계약체결을 하게 된다. 계약과 회계상의 언어에서, 자산을 소유하고 있는 당사자는 '리스제공자(lessor)'로 불린다. 그 자산을 사용할 권리를 구입한 당사자는 '리스이용자(lessee)'로 불린다. 회계 목적으로, 리스이용자는 운용리스나 금융리스에 서명함으로써 자산을 리스할 수 있다.

리스제공자
리스자산을 소유하고 있는 당사자.

리스이용자
리스자산을 사용할 권리에 대한 대가를 지불하는 당사자.

운용리스(operating lease)라는 용어는 단기대여와 비슷하고, 따라서 기업은 그 리스자산이나 리스부채를 재무상태표상에 인식할 필요가 없다. 반대로 금융리스(capital lease)는 자산을 완전히 구입하는 것과 유사하고, 따라서 기업은 해당 리스자산과 리스부채를 그들의 재무상태표상에 기록해야 한다. 경영진은 대체로 재무상태표상에 보고되는 부채를 최소화하는 것을 선호하기 때문에, 그들은 금융리스보다 운용리스로 회계처리할 수 있도록 리스계약을 작성하고자 한다.

운용리스
리스이용자가 자산이나 부채를 인식하지 않는다.

금융리스
리스이용자가 자산과 부채를 인식한다.

회계담당자는 해당 리스가 운용리스로 회계처리되어야 할지, 금융리스로 회계처리되어야 할지를 어떻게 결정할까? GAAP은 그 분류 결정을 돕기 위해 해당 리스자산이 다음 네 가지 기준 중 하나라도 충족한다면, 그 리스자산을 금융리스 자산으로 분류하도록 하고 있다.

- 리스 기간이 해당 자산의 예상 경제적 내용연수의 75% 혹은 그 이상일 때
- 자산의 소유권이 리스 종결시점에 임차인에게 이전되는 경우
- 리스계약이 임차인이 해당 리스자산을 공정가치보다 더 낮은 가격에 구입할 수 있도록

하는 경우

- 리스계약에 서명할 당시, 리스비용의 현재가치가 리스자산의 공정가치의 90% 혹은 그 이상인 경우

운용리스를 예시로, 12월 31일에 Starbucks가 1월에 5대의 배달트럭을 빌리기 위해 1월 말에 $10,000를 지급하는 운용리스계약에 서명했다고 가정해보자. 리스에 서명한 시점인 12월 31일에는 어떤 항목도 보고되지 않는다. 대여비용은 트럭이 실제로 사용된 1월에 기록된다.

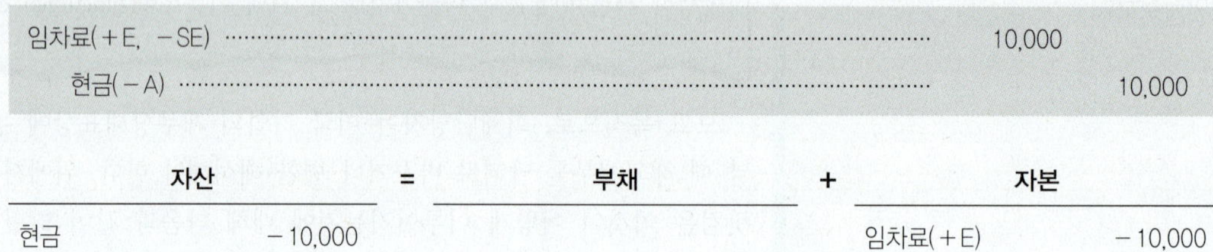

	차변	대변
임차료(+E, −SE)	10,000	
현금(−A)		10,000

자산		=	부채		+	자본	
현금	−10,000					임차료(+E)	−10,000

금융리스를 보고하기 위해서는 필요한 리스비용의 현재 현금등가액을 결정해야 한다. Starbucks가 새로운 배달트럭의 4년 리스계약에 서명했다고 가정해보자. 회계담당자는 이 리스를 현재 현금등가액 $250,000의 금융리스라고 판단하였다. 리스에 서명하고 나면, Starbucks는 실제 배달트럭을 구입한 것과 같은 개념으로 이 상거래를 보고하게 된다.

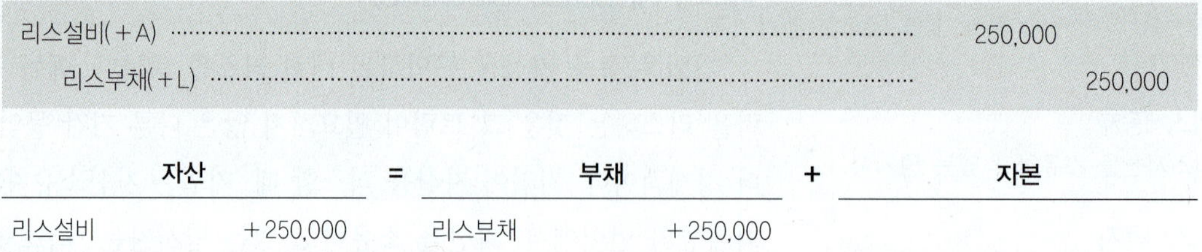

	차변	대변
리스설비(+A)	250,000	
리스부채(+L)		250,000

자산		=	부채		+	자본
리스설비	+250,000		리스부채	+250,000		

이 예시에서 당신은 리스의 현재 현금등가액에 대해 알게 되었다. 다음 절에서는 회계담당자가 종종 **현재가치**로 불리는 현재 현금등가액을 어떻게 계산하는지에 대해 배우게 될 것이다.

현재가치 계산(Computing Present Values)

학습목표 9-7
현재가치의 계산과 설명

금융리스에 대한 우리의 논의는 부채에 대한 흥미로운 질문을 유발한다: 지금의 부채가 미래에 지불되는 현금의 액수인가? 예를 들어, 내가 당신에게 지금으로부터 5년 후에 $10,000를 지급하기로 했다면, 나는 내 재무상태표에 $10,000의 부채를 보고해야 할까? 만약 내가 내 돈에 대해 이자를 받을 수 있다면, 그 대답은 "아니"다. 그 이유를 알기 위해서는, 이자가 붙는 계좌에 투자한 돈은 시간이 지남에 따라 그 액수가 커진다는 것을 이해하는 것이 중요하다. 우리는 이러한 개념을 이 장의 초반에서 간단하게 설명하고 이것을 화폐의 시간가치라고 말했다. 화폐의 시간가치는 기업이 우리가 방금 다뤘던 금융리스와 제10장의 주제인 사채와 같은 장기부채를

보고하는 방식에 중요한 역할을 한다.

현재가치
미래에 받을 금액의 현재시점 가치; 미래금액을 복리 이자율로 할인함.

현재가치(present value) 개념은 화폐의 시간가치에 기초한다. 꽤 간단한데, 돈은 이자를 벌어들이는 데 사용될 수 있기 때문에 오늘로부터 1년 후에 받을 돈(혹은 그보다 더 먼 미래에 받을 돈)보다 오늘 받은 돈이 더 가치 있다는 것이다. 만약 당신이 오늘 10%의 연간이자율로 $1,000를 투자한다면, 당신은 1년 후에 $1,100의 돈을 보유하게 될 것이다. 반면에, 당신이 지금으로부터 1년 후에 $1,000를 받는다면, 당신은 $100의 이자수익을 벌어들일 기회를 잃게 될 것이다. $1,000와 $1,100의 차이는 1년간 벌어들일 수 있는 이자로, 화폐의 시간가치를 반영한다.

당신의 수학수업 중 하나에서, 당신은 아마 이미 화폐의 시간가치가 포함된 문제들을 풀었을 것이다. 일반적인 문제에서, 당신은 특정 금액의 달러가 특정 이율로 이자가 붙는 계좌에 예금됐다는 말을 듣는다. 당신은 몇 년이 흐른 후 그 계좌에 얼마만큼의 달러가 있을지 계산해야 한다. 이것이 바로 미래가치(future value)의 예시이다: 오늘날의 특정 금액의 달러가 특정한 이자율로 증가한다면 미래에는 이것이 얼마만큼의 가치를 가질까? 예를 들어, 당신이 10% 이자율의 계좌에 오늘 $100를 저금했다면, 1년 후에 당신은 얼마를 가지고 있을까?

미래가치
어떤 금액과 그 금액에 복리 이자율을 적용한 결과로 증가할 금액의 합계.

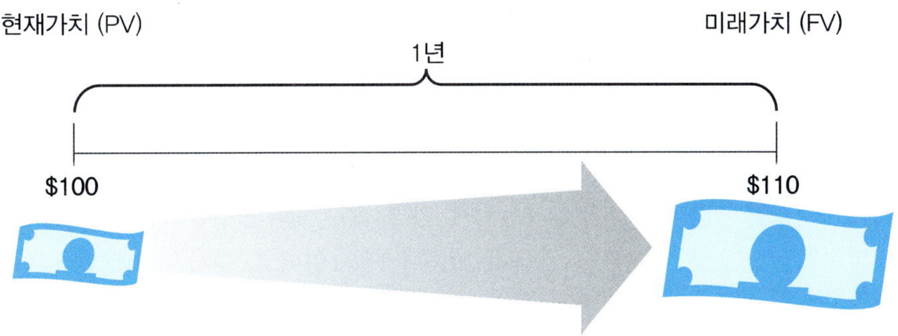

정답 : $110

이 장에서 우리는 반대의 문제를 푸는 방법에 초점을 맞췄다. 현재가치 문제에서, 당신은 미래에 주어진 액수만큼의 달러를 갖기 위해 오늘 특정 이자율을 가진 계좌에 얼마만큼의 금액을 넣어야 하는지에 대한 질문을 받게 된다. 예를 들어, 당신이 1년 후에 $110가 필요하다면, 이자율이 10%일 때 당신은 오늘 계좌에 얼마를 넣어야 할까?

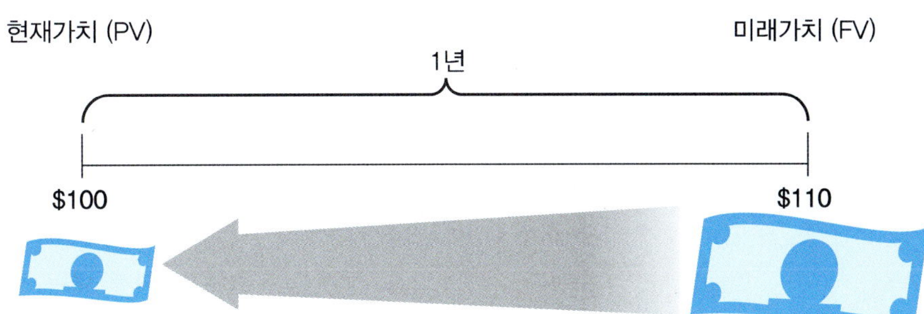

정답 : $100

현재가치 문제에는 두 가지 기본적인 유형이 있다: 위의 예시처럼 단일금액을 포함하는 경우와 꾸준히 발생하는 수많은 미래 금액을 포함하는 경우. 두 가지 유형 모두를 이해하고 계산할 수 있는 능력을 기르는 것은 장기부채의 정확한 회계에 중요하다.

단일금액의 현재가치(Present Value of a Single Amount)

단일금액의 현재가치를 계산하기 위해서 당신은 i%의 이자율로 n년간 예금했을 때 미래에 받을 금액을 할인 계산해야 한다. 단일금액의 현재가치를 계산하기 위한 공식은

$$현재가치 = \{1/(1+i)^n\} \times 액수$$

공식은 사용하기 어렵지 않지만, 대부분의 회계담당자들은 현재가치표나 계산기, 혹은 엑셀을 사용한다. 이 도구들을 이용해 현재가치를 어떻게 계산하는지에 대한 학습을 위해 아래에 접속해보기를 권한다.

[GUIDED HELP 9-1] 현재가치 계산방법에 대한 추가적인 단계별 비디오 교육자료는 www.mhhe.com/libby9e_gh9a를 방문하시오.

다음에 나올 모든 예시들을 위해 박스 안에 표, 계산기, 그리고 엑셀을 위해 현재가치를 계산했을 때 각각 어떤 값이 나오는지를 적어두었다.

오늘이 2016년 1월 1일이고, 당신은 2018년 12월 31일에 $1,000의 현금을 지급해야 한다고 가정해보자. 연간이자율이 10%일 때, 2018년 12월 31일에 정확히 $1,000를 갖기 위해 당신은 오늘 얼마를 예금해야 할까? 당신은 당신이 오늘 얼마를 예금해야 하는지 알아내기 위해 햇수로 그 금액을 할인해볼 수 있지만, 그보다는 부록 E의 <표 E.1>에 나타난 $1의 현재가치를 사용하는 편이 훨씬 쉽다. 이자율 i가 10%이고, n이 3일 때 우리는 $1의 현재가치가 0.75131임을 알 수 있다. 3년 후 말에 지급될 $1,000의 현재가치는 다음과 같이 계산될 수 있다.

$$\$1,000 \times 0.75131 = \$751.31$$

<표 E.1> : 이자율(i)=10%, 기간(n)=3: 지수=0.75131
엑셀 : 이자율(i)=.10, nper(n)=3, pmt=$0, FV=−$1,000
계산기 : 이자율(i)=10, 기간(n)=3, pmt=$0, FV=−$1,000

현재가치 액수를 계산한 다음에는, 그것이 의미하는 바를 이해하는 것이 중요하다. $751.31는 이자율이 10%라고 가정했을 때 3년 후 오늘 정확히 $1,000를 갖기 위해 오늘 예금해야 하는 액수이다. 개념상으로, 당신은 오늘 $751.31를 내는 것과 3년 후에 $1,000를 내는 것에 무관심할 것이다. 만약에 당신이 오늘 $751.31를 가지고 있고 3년 후에 $1,000를 가질 수 있는지에 대해

도표 9.2

예금은 어떻게 $1,000로 늘어나는가?

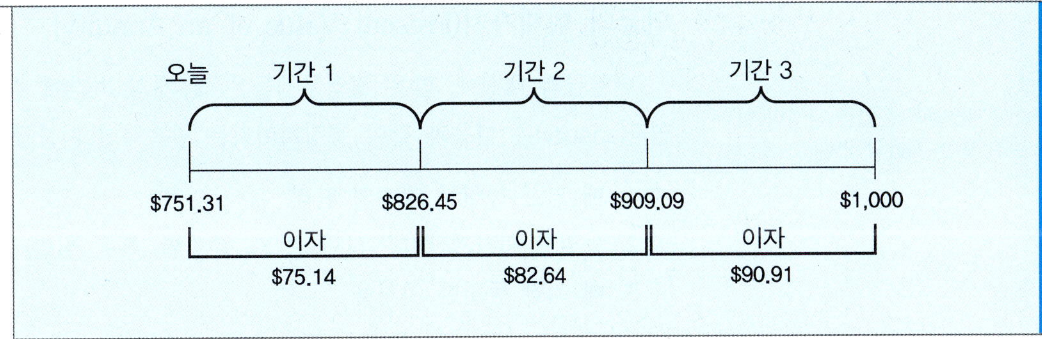

걱정하고 싶지 않다면, 당신은 그저 계좌에 돈을 예금하면 되고 10%의 이자율에서 그 돈은 3년 후에 $1,000로 늘어날 것이다.[1)] 어떻게 $751.31의 예금액이 $1,000로 자랄 수 있는지는 <도표 9.2>에서 알 수 있다.

STOP PAUSE FOR **FEEDBACK**

SELF-STUDY **QUIZ**

우리는 지금까지 미래의 단일금액을 포함한 현재가치 문제의 첫 번째 유형을 다뤘다. 다음 부분에서, 우리는 꾸준히 발생하는 수많은 미래금액을 포함한 연금에 대해 다룰 것이다. 다음으로 넘어가기 전에, 앞에서 다룬 현재가치 개념에 대해 잘 이해하고 있는지를 점검하기 위해 다음 문제를 풀어보아라.

1. 현재가치 문제에서의 이자율이 8%에서 10%로 상승한다면, 현재가치는 상승할 것인가 감소할 것인가?
2. 연이자율이 5%라고 가정했을 때, 10년 후에 $10,000가 필요하다면 당신은 오늘 얼마만큼의 금액을 저금해야 하는가?

해설

1. 현재가치는 감소할 것이다.
2. $10,000 × 0.61391 = $6,139.10

---

1) 이번 장에서 초점을 맞추고 있는 부분은 아니지만, 우리는 부록 E에서 미래가치 계산을 위한 표를 제공한다. 당신은 현재가치표를 사용한 것과 같은 방식으로 미래가치표를 사용하면 된다. 예를 들어, 당신이 10% 이자율하에서 예금계좌에 $751.31를 예금했을 때 3년 후 얼마를 가지고 있을지를 계산하기 위해, 당신은 <표 E.3>을 이용해 (i=10%, n=3) $751.31 × 1.33100를 곱할 수 있다. 답은 $1,000이다.

연금의 현재가치(Present Value of an Annuity)

연금
매 이자지급일에 동일한 금액의 현금 수취 또는 지급의 연속.

단일금액 대신에, 많은 경영문제들은 몇 개의 기간에 걸친 수많은 현금지급을 포함한다. 연금(annuity)은 다음과 같이 특징지어지는 연속적인 지불금이다.

1. 매 기간 동일한 액수의 달러
2. 동일한 이자계산기간 (1년, 반년, 분기별, 혹은 월별)
3. 매 기간 동일한 이자율

연금의 예시는 아파트에 대한 월세나 자동차에 대한 분기별 리스비용 지급을 포함한다.

연금의 현재가치는 미래의 특정 기간 동안 받을 수 있는 일련의 동일한 양의 현재가치이다. 우리는 오늘까지 각각의 동일한 정기적 금액을 할인함으로써 연금의 현재가치를 계산한다. 10% 이자율하에서 3년간 지급되는 $1 연금의 현재가치는 도식으로 다음과 같이 나타낼 수 있다.

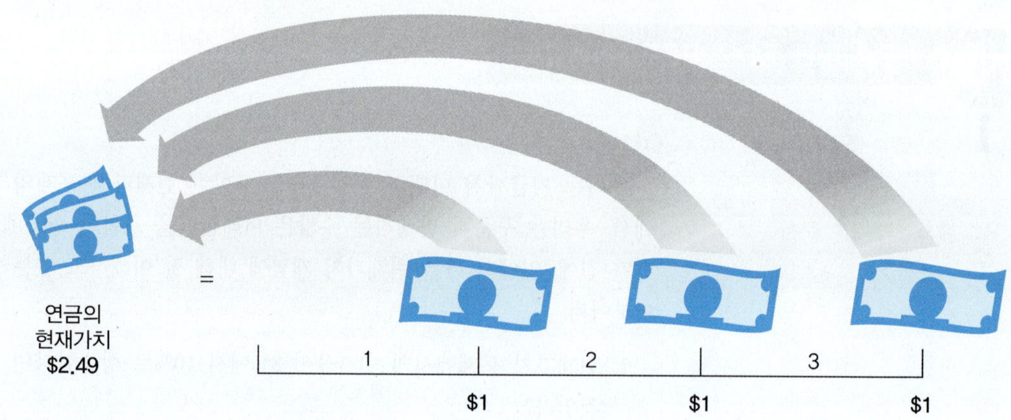

당신이 장비 한 대를 사고 3년간 12월 31일마다 $1,000의 비용을 지급하는 데 동의했다고 가정해보자. 당신은 각각의 $1,000의 비용 지불을 위해 연간이자율 10%하에서 오늘 얼마의 금액을 예금해야 하는가? 우리는 부록 E의 <표 E.1>을 사용해 다음과 같이 현재가치를 계산할 수 있다.

연도	금액		부록 E의 〈표 E.1〉에서의 현가요소(이자율 = 10%)		현재가치
1	$1,000	×	0.90909 (n = 1)	=	$ 909.09
2	$1,000	×	0.82645 (n = 2)	=	$ 826.45
3	$1,000	×	0.75131 (n = 3)	=	$ 751.31
			총현재가치	=	$2,486.85

그러나 우리는 부록 E의 <표 E.2>를 사용함으로써 다음과 같이 이 연금의 현재가치를 보다 쉽게 계산할 수 있다:

$1,000 × 2.48685 = $2,486.85

도표 9.3

시간의 경과에 따른 연금의 예시

연도초	+	1년동안의 이자	=	연도말	−	지급액	=	잔액
$2,486.85	+	$248.69	=	$2,735.54	−	$1,000.00	=	$ 1,735.54
$1,735.54	+	$173.55	=	$1,909.09	−	$1,000.00	=	$ 909.09
$ 909.09	+	$ 90.91	=	$1,000.00	−	$1,000.00	=	$ 0

<표 E.2> : 이자율(i)=10%, 기간(n)=3: 지수=2.48685
엑셀 사용 : 이자율(i)=.10, 기간(n)=3, pmt=−$1,000, FV=$0
계산기 사용 : 이자율(i)=10, 기간(n)=3, pmt=−$1,000, FV=$0

이제 위에서 계산한 금액을 필요한 3번의 $1,000 지급으로 연결해보자. <도표 9.3>에서 나타난 것과 같이, 만약 당신이 10% 이자율하에서 오늘 $2,486.85를 예금한다면, 1년 후에 그 금액은 $2,735.54로 증가할 것이다($2,486.85+이자 $248.69). 그 시점에 당신은 첫 번째 $1,000 지급을 할 것이고 $1,735.54가 남을 것이다. 그 $1,735.54는 다음 해에 $1,909.09로 증가할 것이다($1,735.54+이자 $173.55). 그 시점에 당신은 두 번째 $1,000 지급을 할 것이고, $909.09가 남을 것이다. 그 $909.09는 다음 해 동안 정확히 $1,000로 증가할 것이고($909.09+이자 $90.91), 당신은 마지막 $1,000 지불을 할 수 있을 것이다. 그래서 10%의 이자율하에서, 오늘 $2,486.85를 예금하는 것은 그 다음 3년 연말마다 필요한 $1,000의 비용 지급이 가능하도록 만들어줄 것이다.[2)]

이자율과 이자계산기간

이전의 예는 복리와 할인에 있어서 1년의 기간을 가정했다. 하지만 이자율은 대부분 1년을 기초로 설명되지만, 실제 경영에서 볼 수 있는 대부분의 복리기간은 1년보다 적다. 이자계산기간이 1년보다 적을 때, n과 i의 가치는 이자계산기간의 길이와 일관되게 조정되어야 한다.

설명을 위해, 5년 만기, 연간이자율 12%일 때 해마다 복리되는 이자는 $n=5$와 $i=12\%$를 사용해 계산해야 한다. 하지만, 만약 복리가 분기별로 이루어진다면, 이자계산기간은 1년의 1/4로 1년에 네 기간으로 나뉘고, 분기별 이자율은 연간이자율의 1/4, 즉 분기당 3%가 된다. 따라서, 5년 만기, 연간이자율 12%일 때 분기별로 복리되는 이자는 $n=20$과 $i=3\%$를 사용해 계산되어야 한다.

---

2) 연금의 미래가치를 계산하기 위해, 당신은 부록 E의 <표 E.4>를 사용할 수 있다. 예를 들어, 10%의 이자율하에서 만약 당신이 3년간 연말마다 $1,000를 예금했다면(출금은 없다), 당신은 $3,310를 보유할 것이다($1,000 × 3.31000, 미래가치 계산에 사용되는 $n=3$, $i=10\%$일 때).

A QUESTION OF ETHICS  광고의 진실(Truth in Advertising)

온라인 광고와 텔레비전 광고는 소비자가 화폐의 시간가치를 이해하지 못했을 경우 쉽게 왜곡되어 해석될 수 있다. 예를 들어, 당신이 "1년간 비용 지불이 없습니다!"를 약속하는 광고를 봤다고 가정해보자. 이때, "비용 없음"이 "이자 없음"을 의미하지 않는다는 것을 인지하는 것은 매우 중요하다. 거의 모든 경우에서, "비용이 발생하지 않는" 해 동안에, 이자는 발생되어 축적되고 (지불할 금액에 추가된다), 이자율에 따라 그것은 고객이 지불해야 하는 총액에 상당한 금액을 더할 수 있다.

다른 오해하기 쉬운 광고는 복권과 관련된 것인데, 이것은 종종 당첨자를 즉시 백만장자로 만들어 줄 것을 약속한다. 그러나 일부 경우에서 복권 당첨액은 40년간 $25,000 지급과 같이 장기간에 걸쳐 지불된다. 당첨자는 $1백만을 받을 것이지만($25,000 × 40년), 8% 이자율에서 이 연금의 현재가치는 고작 $298,000에 불과하다. 대부분의 당첨자는 그 돈을 받게 돼서 좋아하겠지만, 그들은 정말 백만장자는 아니다.

일부 소비자단체들은 소비자들이 그러한 광고들을 이해하기 위해 현재가치 개념을 공부할 필요가 없다고 주장한다. 이러한 비판은 일부 유효할 수도 있지만, 이자율을 포함한 광고에 담긴 정보의 수준은 점점 높아지고 있다.

현재가치의 회계상 적용(Accounting Applications of Present Values)

학습목표 9-8
비유동부채의 보고에 현재가치 개념을 적용

장기부채에 영향을 미치는 많은 경영상의 상거래들은 회계담당자가 현재가치를 계산하도록 만든다. 우리는 다음 장의 사채회계로 넘어가기 전에 아래와 같은 세 가지 간단한 예시를 제공하고자 한다.

일시불 부채액 계산

2016년 1월 1일, Starbucks는 새 배달트럭을 몇 대 구입하였다. Starbucks는 증서에 서명하고 2017년 12월 31일에 $20만를 지급하는 데 동의하였다. 이러한 유형의 합의는 증서의 유효기간 동안 어떠한 이자비용의 지불도 필요로 하지 않기 때문에 주로 "비이자발생(non-interest-bearing)" 증서라고 불린다. 이자는 최종 지불금에 포함되어 있는데, 이 경우에는 2017년 12월 31일의 $20만 지불에 포함되어 있다. 증서에 적용되는 시장이자율이 12%로 결정됐다고 가정해 보자.

이 상거래를 기록하기 위해 회계담당자는 먼저 미래에 지불할 금액의 현재가치를 계산해야 한다. 이 금액은 현재 트럭들의 가치를 반영하는 현재가치나 현재 현금등가액이다. 이 문제는 도표로 다음과 같이 나타낼 수 있다:

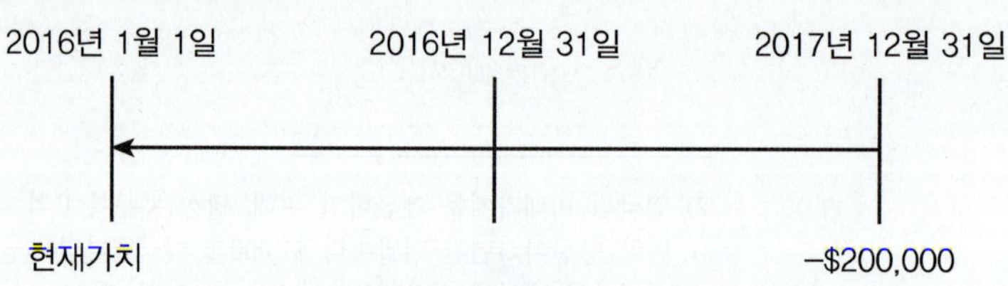

$20만의 비용 지불의 현재가치를 계산하면 다음과 같다:

$$\$200,000 \times 0.79719 = \$159,438$$

<표 E.1> : 이자율(i)=12%, 기간(n)=2: 지수=0.79719
엑셀 사용 : 이자율(i)=.12, nper(n)=2, pmt=$0, FV=−$200,000
계산기 사용 : 이자율(i)=12, 기간(n)=2, pmt=$0, FV=−$200,000

따라서, 분개는 다음과 같다:

배달 트럭(+A)	159,438	
지급어음(+L)		159,438

자산		=	부채		+	자본	
배달 트럭	+159,438		지급어음	+159,438			

초기의 상거래가 보고된 이후, Starbucks는 매년 포함된 이자비용을 기록해야 한다.

2016년 12월 31일

이자비용(+E, −SE)	19,133*	
지급어음(+L)		19,133

* $159,438(지급어음 기초장부금액) × 0.12(연간 유효이자율)=$19,133

지급어음 $159,438에 $19,133가 가산되어 지급어음의 기말장부금액은 $178,571가 된다.

자산		=	부채		+	자본	
			지급어음	+19,133		이자비용(+E)	−19,133

2017년 12월 31일

이자비용(+E, −SE)	21,429*	
지급어음(+L)		21,429

* $178,571(지급어음 기초장부금액) × 0.12(연간 유효이자율)=$21,429

지급어음 $178,571에 $21,429가 가산되어 지급어음의 기말장부금액은 $200,000가 된다.

자산		=	부채		+	자본	
			지급어음	+21,429		이자비용(+E)	−21,429

2년 후에 부채 금액은 상환되어야 한다. 채무액은 지급어음의 잔액이고, 이것은 $159,438에서 시작되어 2년의 기간 동안 이자가 더해져 지금은 정확히 $200,000이다. 부채의 완전 상환을 기록한 분개는 다음과 같다:

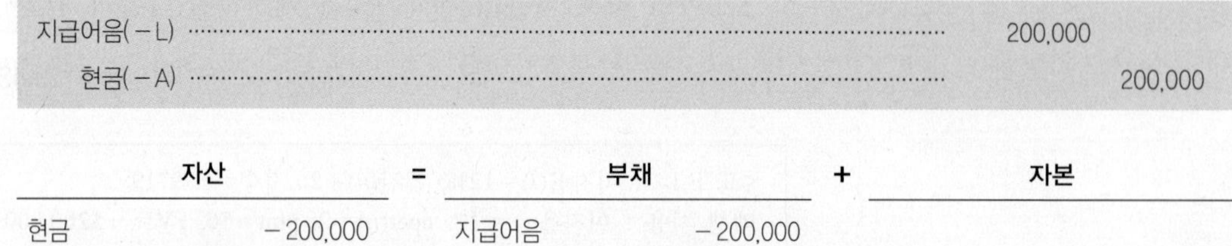

지급어음(−L)	200,000	
현금(−A)		200,000

자산		=	부채		+	자본
현금	−200,000		지급어음	−200,000		

연금형 채무액 계산

2016년 1월 1일에, Starbucks는 최신 에스프레소 기계를 몇 대 구입했다. Starbucks는 그 제품을 3년간 매년 $163,685를 지급하는 지급어음으로 구입하는 방법을 택했다. 각각의 지불금에는 원금에 더해 잔금에 대한 11%의 연간이자가 포함된다. 연간 지불일은 2016년, 2017년과 2018년 12월 31일이다. 이 문제는 다음과 같이 도식화할 수 있다:

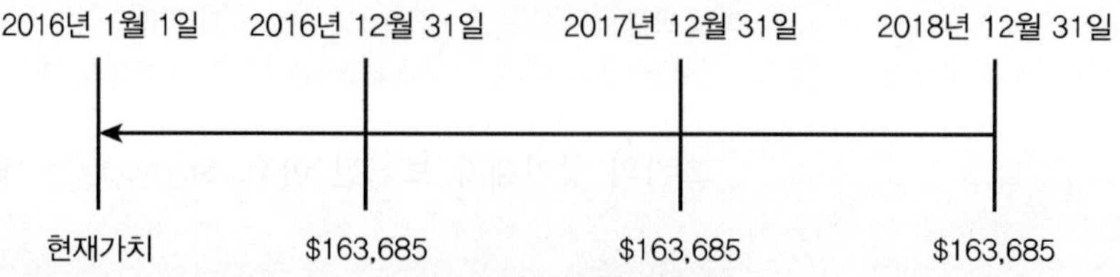

증서의 현재가치는 세 번의 $163,685 지불을 위해 11% 이자율하에서 Starbucks가 오늘 예금해야 하는 금액이다. 이것은 지불이 세 번의 동일한 분납금 납부를 통해 이루어지기 때문에 연금이라고 할 수 있다. 증서의 현재가치는 다음과 같이 계산할 수 있다:

$$\$163,685 \times 2.44371 = \$399,999$$

<표 E.2> : 이자율(i)＝11%, 기간(n)＝3: 지수＝2.44371
엑셀 : 이자율(i)＝.11, nper(n)＝3, pmt＝−$163,685, FV＝$0
계산기 : 이자율(i)＝11, 기간(n)＝3, pmt＝−$163,685, FV＝$0

2016년 1월 1일에 취득한 것은 다음과 같이 기록된다:

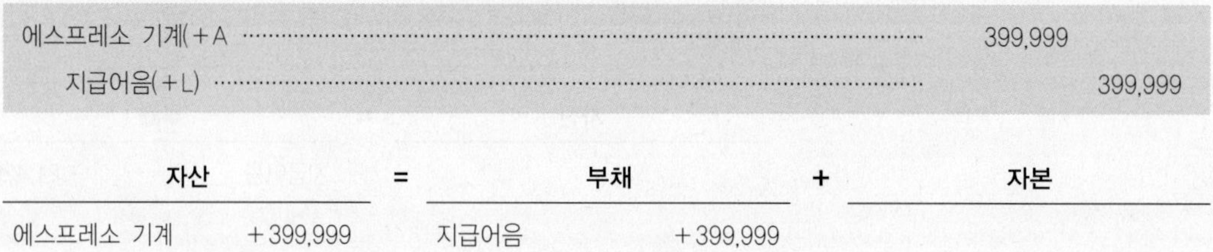

에스프레소 기계(+A	399,999	
지급어음(+L)		399,999

자산		=	부채		+	자본
에스프레소 기계	+399,999		지급어음	+399,999		

3년간의 증서유효기간 동안 매해 연말에 회계담당자는 다음과 같이 내용을 작성한다:

2016년 12월 31일

지급어음(−L)	119,685	
이자비용(+E, −SE)	44,000*	
현금(−A)		163,685

* $399,999(지급어음 기초장부금액) × 0.11(연간 유효이자율) = $44,000

이 분개를 기록한 후에 남아 있는 지급어음의 잔액은 $280,314이다.

자산		=	부채		+	자본	
현금	−163,685		지급어음	−119,685		이자비용(+E)	−44,000

2017년 12월 31일

지급어음(−L)	132,850	
이자비용(+E, −SE)	30,835*	
현금(−A)		163,685

* $280,314(지급어음 기초장부금액) × 0.11(연간 유효이자율) = $30,835

이 분개를 기록한 후에 남아 있는 지급어음의 잔액은 $147,464이다.

자산		=	부채		+	자본	
현금	−163,685		지급어음	−132,850		이자비용(+E)	−30,835

2018년 12월 31일

지급어음(−L)	147,464	
이자비용(+E, −SE)	16,221*	
현금(−A)		163,685

* $147,464(지급어음 기초장부금액) × 0.11(연간 유효이자율) = $16,221

자산		=	부채		+	자본	
현금	−163,685		지급어음	−147,464		이자비용(+E)	−16,221

마지막으로 $163,685의 비용을 지급한 후에, 지급어음계정의 잔액은 0이 된다.

연금과 일시불을 포함한 현재가치

몇몇 경영 상황에서, 기업은 협약이 끝나는 시점에 내는 일시불 지급에 더해서 주기적인 비용 지급(연금)을 할 것을 약속한다. Starbucks가 새로운 원두 로스팅 기계를 구입하고 20개월 후 $4만를 지급하는 데 더해서 20개월간 달마다 $1,000를 공급자에게 지급하는 데 동의했다고 가정해보자. 공급자는 1년에 12%의 이자를 매기거나, 한 달에 1%의 이자를 매긴다.

이러한 유형의 문제에서, 당신은 **각 부분의 현재가치를 계산**함으로써 총 채무액의 현재가치를 결정할 수 있다. 다른 말로, 당신은 연금의 현재가치와 일시불 지급금의 현재가치를 구하고

두 값을 더함으로써 다음과 같이 계산이 가능하다:

1단계: 부록 E의 〈표 E.2〉를 사용해 연금의 현재가치를 계산한다.

$1,000 × 18.04555 = $18,046

<표 E.2> : 이자율(i)=1%, 기간(n)=20: 지수=18.04555
엑셀/계산기 : 아래의 단일 연산을 보아라.

2단계: 부록 E의 〈표 E.1〉을 사용하여 일시불 지급금의 현재가치를 계산한다.

$40,000 × 0.81954 = $32,782

<표 E.1> : 이자율(i)=1%, 기간(n)=20: 지수=0.81954
엑셀/계산기 : 아래의 단일 연산을 보아라.

3단계: 총 채무액의 현재가치를 결정하기 위해 두 값을 더해라:

$18,046 (20개월간의 연금의 현재가치)
\+ 32,782 (20개월 후의 일시불 지급금의 현재가치)
$50,828 (총 채무액의 현재가치)

$50,828는 Starbucks가 이 합의하에서 지급해야 하는 총현금지급의 현재가치이다. Starbucks는 이 금액을 부채로 기록할 것이다. 이 금액은 엑셀이나 계산기를 사용해 다음과 같이 한 번에 계산될 수 있다:

엑셀 : 이자율(i)=.01, 기간(n)=20, pmt=−$1,000, FV=−$40,000
계산기 : 이자율(i)=1, 기간(n)=20, pmt=−$1,000, FV=−$40,000

[GUIDED HELP 9-2] 연금과 단일금액의 현재가치에 대한 추가적인 단계별 비디오 교육자료는 www.mhhe.com/libby9e_gh9b를 방문하시오.

다음 장에서 우리는 사채회계 방법을 이해하기 위해 방금 배운 현재가치기법을 사용할 것이다.

DEMONSTRATION CASE

(다음에 나올 권장 해결방법으로 넘어가기 전에 질문에 답변할 수 있도록 노력해보시오.)

Patagonia는 올해 몇 가지 상거래를 끝냈다. 각각의 경우에서 부채가 보고되어야 하는지를 판단하고, 그렇다면 그 금액을 찾아보시오. 오늘 날짜는 12월 31일이고, 모든 상거래가 지난 한 해 동안 발생했다고 가정한다.

1. 직원들이 $100,000의 임금을 벌었는데, 연말에 임금의 지급이 이루어지지 않았다.
2. Patagonia는 6월 30일에 $100,000를 연이자율 7%로 빌렸다. 12월 31일 현재, 이 부채와 관련된 비용 지불은 발생하지 않았다.
3. 고객이 맞춤 방수재킷을 위해 $250를 선지급하였다. 그 고객은 다음 달에 재킷을 찾아갈 것이다.
4. 회사가 $250,000의 소송에서 졌지만 항소할 계획이다.
5. 새로운 트럭이 트럭의 예상경제수명의 85%에 달하는 기간 동안 리스되었다.
6. 12월 31일에, 은행은 Patagonia에 돈을 빌려주었다. Patagonia는 내년 12월 31일에 은행에 $100,000를 상환하는 것에 동의하였다. 연이자율은 5%이다.
7. Patagonia는 20년간 해마다 $50,000를 지급해야 하는 부채계약에 서명하였다. 연간이자율은 8%이다.

해설

1. $100,000의 부채가 보고되어야 한다.
2. 빌린 금액($100,000)은 6월 30일에 부채로 기록되어야 한다. 추가적으로, 지불하지는 않았지만 발생되어 축적된 이자는 연말에 부채로 기록되어야 한다. 이자금액은 $100,000 × 7% × 6/12 = $3,500이다.
3. 고객이 지불한 비용($250)은 고객이 재킷을 받아가기 전까지 부채이고, 재킷을 받아갈 때 $250는 수익이 된다.
4. Patagonia가 $250,000를 지불할 일이 없을 거라고 확신해 말할 수 없는 이상, 그 기업은 해당 금액을 부채로 기록해야 한다.
5. 해당 임대가 트럭의 예상경제수명의 75% 이상을 차지한다. 따라서 이것은 금융리스로 회계처리하고 부채를 기록해야 한다. 그 금액은 리스비용의 현재가치이다.
6. Patagonia는 채무의 현재가치와 동일한 금액을 부채로 기록해야 한다. 부록 E의 <표 E.1>을 사용했을 때($i = 5\%$, $n = 1$), 그 금액은 $100,000 × 0.95238 = $95,238이다.
7. Patagonia는 채무의 현재가치를 부채로 기록해야 한다. 부록 E의 <표 E.2>를 사용했을 때($i = 8\%$, $n = 20$), 그 금액은 $50,000 × 9.81815 = $490,908이다.

보론 A

계산기나 엑셀을 이용한 현재가치 계산

이 책의 뒤편에 수록된 현재가치표는 교육적 목적으로는 유용하지만, 기업 경영에 있어서 대부분의 현재가치 문제는 엑셀이나 재무계산기를 통해 계산된다. 현재가치 문제를 풀기 위해 엑셀이나 재무계산기를 어떻게 이용해야 하는지를 복습하기 위해, 영상을 보거나 아래의 내용을 사용해라.

HP 10BII+를 이용한 현재가치 계산

예시문제의 입력값 :

N	= 기간의 수 :	3
I/YR	= 이자율/기간 :	10%
PMT	= 지불액/기간 :	−$500
FV	= 미래가치 :	−$1,000

1단계 : 계산기를 켜고, 연간 비용지불횟수를 1회로 설정하고, 이전의 값들을 삭제해라.

- "ON" 버튼(A)을 눌러서 계산기를 켜라.
- "1"을 눌러라.
- 오렌지색의 shift 버튼(B)을 눌러라.
- "P/YR" 버튼(C)을 눌러라.
- 변화를 확인하기 위해 오렌지색의 shift 버튼(B)을 누르고, "C ALL" 버튼(D)을 눌러라. 잠시 후 당신은 "1 P_Yr"이 화면에 나타난 것을 볼 수 있을 것이다. 또한, 이 단계는 당신의 계산기로부터 도출된 모든 이전 값들을 지워준다.

2단계 : 기간 수를 입력해라.

- "3"을 누르고, "N"(E)을 눌러라.

3단계 : 기간 이자율을 입력해라.

- "10"을 누르고, "I/YR"(F)을 눌러라.
- 참고사항 : HP 10BII+를 사용할 때, 당신은 10%를 위해 소수 0.10이 아닌 "10" 전체를 입력해야 한다.

4단계 : 연금지불액을 입력해라.

- "500"을 누르고, "+/−"(G)를 누른 뒤, "PMT"(C)를 눌러라.
- 참고사항 : 만약 일시불 지급금의 현재가치를 계산하고자 한다면, 연금지급금은 존재하지 않는다. 연금지급금이 없다면, 4단계를 건너뛰거나 "0"을 누른 뒤 "PMT"(C)을 눌러라.

5단계 : 미래액수를 넣는다.

- "1,000"를 누르고, "+/−"(G)를 누른 뒤, "FV"(H)를 눌러라.

6단계 : 현재가치를 계산한다.

- "PV"(I)를 누른다.

정답 : $1,994.74

참고사항 : 만약 당신이 4단계에서 $500의 연금지급을 누락하고 일시불 지급금($1,000)의 현재가치를 구했다면, 답은 $751.31이다.

HP 12C을 이용한 현재가치 계산

예시문제의 입력값 :

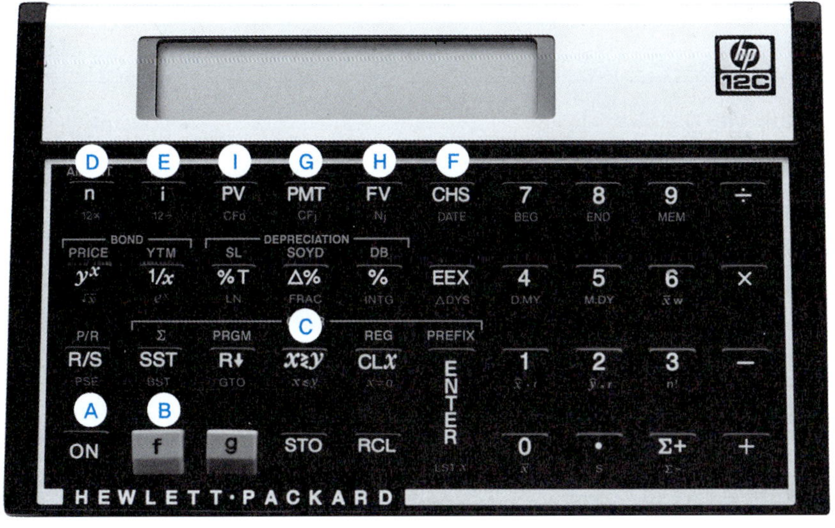

N = 기간의 수 : 3
I/YR = 이자율/기간 : 10%
PMT = 지불액/기간 : −$500
FV = 미래가치 : −$1,000

1단계 : 계산기를 켜고 이전 값들을 지워라.

- "ON" 버튼(A)을 눌러서 계산기를 켜라.
- 오렌지색의 shift 버튼(B)을 눌러 이전 값들을 지우고, "CLEAR FIN"(C) 해라.

2단계 : 기간의 수를 입력해라.

- "3"을 누르고, "n"(D)을 눌러라.

3단계 : 기간 이자율을 입력해라.

- "10"을 누르고, "i"(E)를 눌러라.
- 참고사항 : HP 12C를 사용할 때, 당신은 10%를 위해 소수 0.10이 아닌 "10" 전체를 입력해야 한다.

4단계 : 연금지불액을 입력해라.

- "500"을 누르고, "CHS"(F)를 누른 뒤, "PMT"(G)를 눌러라.
- 참고사항 : 만약 일시불 지급금의 현재가치를 계산하고자 한다면, 연금지급금은 존재하지 않는다. 연급지급금이 없다면, 4단계를 건너뛰거나 "0"을 누른 뒤 "PMT"(F)를 눌러라.

5단계 : 미래액수를 입력한다.

- "1,000"을 누르고, "CHS"(F)을 누른 뒤, "FV"(H)를 눌러라.

6단계 : 현재가치를 계산한다.

- "PV"(I)를 누른다.

정답 : $1,994.74

참고사항 : 만약 당신이 4단계에서 $500의 연금지급을 누락하고 일시불 지급금($1,000)의 현재가치를 구했다면, 답은 $751.31이다.

엑셀을 이용한 현재가치 계산

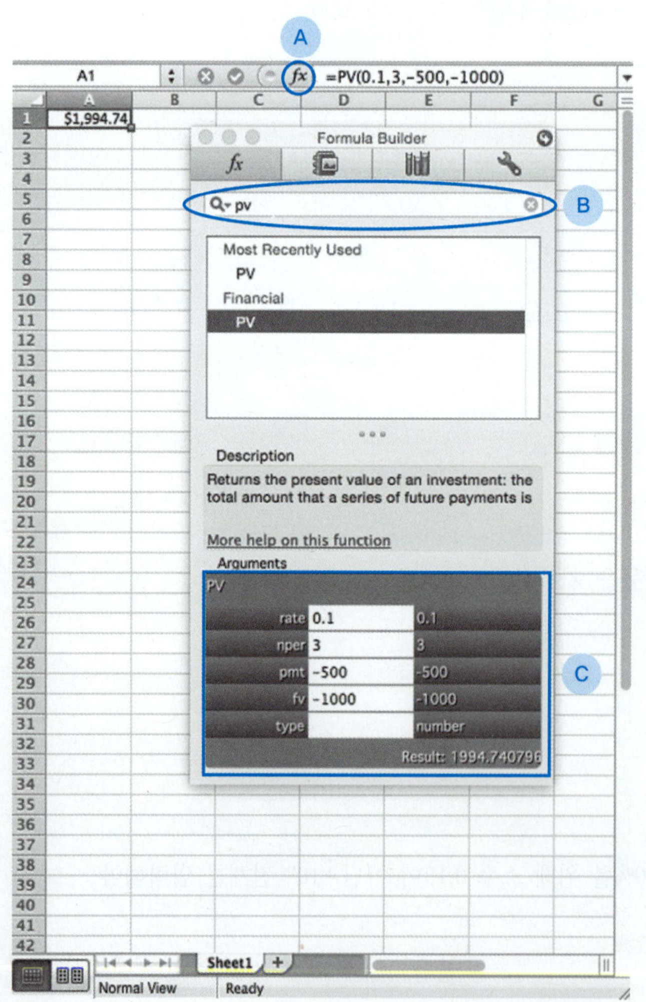

예시문제 입력값 :

N	= 기간의 수 :	3
I/YR	= 이자율/기간 :	10%
PMT	= 지불액/기간 :	−$500
FV	= 미래가치 :	−$1,000

1단계 : 함수 마법사를 연다.

- 컴퓨터에서 엑셀을 연다.
- 함수 마법사를 열기 위해 메뉴 창에서 "fx" 기호(A)를 누른다.

2단계 : 현재가치(PV) 공식을 찾아라.

- 함수 검색(B)에서 "PV"을 검색한다
- 결과창에 나타난 "PV"를 더블클릭한다.

3단계 : 이자율을 넣는다.

- 함수 마법사의 입력칸(C)에 값을 직접 입력할 것이다.
- "rate" 박스 안에 .10을 입력한다.
- 참고사항 : 엑셀을 사용할 때, 당신은 10%를 위해 "10" 전체가 아닌 소수 .10을 입력해야 한다.

4단계 : 기간의 수를 입력한다.

- "nper" 박스 안에 "3"을 입력한다.

5단계 : 연금지불액을 입력한다.

- “pmt” 박스 안에 “－500”을 입력한다.
- 참고사항 : 만약 당신이 일시불 지급금의 현재가치를 구한다면, 연금지불액은 존재하지 않는다. 연금지불액이 존재하지 않는 경우, 당신은 “pmt” 박스를 빈 채로 두거나 “0”을 입력할 수 있다.

6단계 : 미래액수를 입력한다.

- “fv” 박스에 “－1000”를 입력한다.

7단계 : 마지막 칸.

- “type” 칸을 빈 채로 둔다.
- 참고사항 : 여기서 “1”을 입력하는 것은 엑셀에 비용 지급이 기초에 이루어진다는 것을 가정하는 것이다. “0”을 입력하거나 이 칸을 비워두는 것은 비용 지급이 기말에 이루어진다는 것을 가정하는 것이다(우리가 원하는 것은 이것이다).

정답 : $1,994.74

참고사항 : 만약 당신이 5단계에서 $500의 연금지급을 누락하고 일시불 지급금($1,000)의 현재가치를 구했다면, 답은 $751.31이다.

보론 B

이연법인세(Deferred Taxes)

일시적인 차이
기업이 세무보고를 위해 수익, 비용을 보고한 시기와 손익계산서에 수익, 비용을 보고한 시기가 다름으로써 생기는 차이.

제8장에서 당신은 기업은 회계보고를 위해 GAAP을 따르지만 세무신고서 작성 시에는 세법을 따른다고 배웠다. 이러한 규칙의 차이는 일시적인 차이와 같은 것들을 야기할 수 있다. 일시적인 차이(temporary tax difference)는 기업이 손익계산서에 수익과 비용을 보고할 때 세무신고서를 보고할 때와 다른 주기를 사용한 결과이다. 회계보고와 세무보고의 차이가 미래에 더 적은 세금지불액을 야기한다면, 이것은 자산의 생성을 가져온다. 만약 그 차이가 미래에 더 많은 세금지불액을 야기한다면, 이것은 부채의 생성을 가져온다. 우리는 이러한 자산과 부채를 이연법인세자산과 이연법인세부채라고 부른다. 이 보론에서 우리는 이연법인세부채를 이해하는 데 초점을 맞출 것이다.

이연법인세부채
재무보고와 세무보고 간 차이로 인해 해당 기간의 회계상 이익이 세무상 이익보다 더 클 때 발생한다.

기업은 다음과 같은 경우에 이연법인세부채(deferred liabilities)를 생성한다:

- 미래의 어느 회계기간까지 세무신고서에 보고되지 않는 수익을 이번 회계기간의 손익계산서에 보고하거나,
- 미래의 어느 회계기간까지 손익계산서에 보고되지 않는 비용을 이번 회계기간의 세무신고서에 보고하는 경우.

두 상황은 이번 기간의 손익계산서에 보고된 회계 수입을 이번 기간 회사의 세무신고서에 보고된 과세소득보다 크게 만드는 결과를 가져온다. 예시는 기업이 비용을 미리 지불한 경우이다. 이 기업은 이 기간에 현금으로 지불한 선지급금을 세무신고서에 비용으로 포함시키도록 한다. 회계 보고 목적으로, 기업은 이 선지급금이 미래의 어느 기간에 실제로 비용을 초래하기 전까지 재무상태표에 자산으로 인식하고자 한다. 이러한 일이 발생한 후에, 기업은 비용을 충족시키기 위해 자산을 사용한다.

종종 이연법인세부채를 야기하는 또 다른 회계 분야는 감가상각이다. 많은 기업이 회계 보고 목적으로 정액법을 사용하고 세무 목적으로 가속상각법을 사용한다. 간단한 예를 한 번 살펴보자. 이번 해에 Starbucks가 원가 $1,000만의 빌딩을 소유한다고 가정해보자. 재무상태표상의 현재 장부가치(누적감가상각누계액을 뺀 금액)는 $8.5백만이다. 세무 목적으로, 장부가치는 $6.5백만이다. $2백만의 차이는 Starbucks가 재무보고를 위해서는 정액법을 사용하고 세무보고를 위해서는 가속상각법을 사용한 결과이다. Starbucks는 세무신고서에 손익계산서에 보고된 것보다 더 많은 감가상각을 보고함으로써 연방소득세 지불을 지연시키거나 미룰 수 있다. 이연법인세부채액은 기업 세율(35%)에 시차에 따른 발생액을 곱함으로써 계산된다.

이연법인세부채 = $2,000,000 × .35 = $700,000

만약 다른 이연법인세 항목이 없다면, Starbucks는 재무상태표에 $700,000의 이연법인세부채를 보고할 것이다.

다음해 말에 Starbucks는 다시 건물의 GAAP상 장부가치와 세무상 장부가치를 비교해야 한다. GAAP상 장부가치가 $8.2백만이고 세무상 장부가치가 $6백만라고 가정해보자. 시간차이로 발생한 금액은 $2.2백만이고, $770,000($2,200,000 × 0.35)의 이연법인세부채를 야기한다.

GAAP하에 기록된 소득세비용은 기업이 국세청에 세금으로 지급해야 할 금액과 그 이연법인세의 변화를 계산할 때 분개를 마치기 위해 필요한 비용이다. 우리의 예시에 기초했을 때, Starbucks의 이연법인세부채 변화액은 $70,000이다($770,000－$700,000). Starbucks가 소득신고서 작성을 완료하고 국세청에 세금 $550,000를 납부해야 한다는 결과를 도출했다고 가정해보자. Starbucks는 다음과 같이 보고할 것이다:

법인세비용(＋E, －SE)	620,000	
이연법인세부채(＋L)		70,000
미지급법인세(＋L)		550,000

자산	=	부채		+	자본	
		이연법인세부채	＋70,000		법인세비용(＋E)	－620,000
		미지급법인세	＋550,000			

이연법인세의 계산은 보다 심화된 회계과정에서 다뤄지는 몇 가지 복잡한 특성을 포함하고 있다. 이 딘계에시, 딩신은 이연법인세자신과 이연법인세부채가 손익게신시와 세무신고시 사이의 일시적인 차이에 의해 발생한다는 것만 이해하면 된다. 각각의 일시적인 차이는 한 회계기간의 손익계산서에 영향을 미치고 다른 편에서는 세무신고서에 영향을 미친다.

CHAPTER TAKE-AWAYS

9-1. 유동부채를 정의하고, 측정하고, 보고한다.

회계담당자는 부채를 과거 거래의 결과로써 발생할 가능성이 매우 높은 미래 경제적 효익의 희생으로 정의한다. 부채는 재무상태표상에 유동부채 혹은 장기부채로 분류되어 기록된다. 유동부채는 기업의 현재 영업주기 또는 재무상태표일 기준 1년 중 더 긴 기한 안에 지급될 단기 채무이다. 장기부채는 유동부채로 분류되지 않는 모든 채무이다.

9-2. 매입채무회전율을 계산하고 해석한다.

이 비율을 계산하기 위해서는 매출원가를 평균 외상매입금으로 나눠야 한다. 이 비율은 경영진이 공급업체에 비용을 얼마나 빨리 지불하는지를 반영하고, 유동성이나 단기채무를 상환할 수 있는 기업의 능력을 판단하는 도구로 사용된다.

9-3. 지급어음을 기록하고 화폐의 시간가치를 설명한다.

기업은 돈을 빌릴 때 증서에 서명한다. 증서는 빌린 금액, 상환 날짜, 그리고 채무와 관련된 이자율을 명시한다. 회계담당자는 빌린 금액과 미지급이자를 부채로 보고한다. 화폐의 시간가치는 잠재수익이 존재하기 때문에 같은 금액이라도 현재의 돈이 미래의 돈보다 더 가치 있다는 이론이다.

9-4. 우발부채를 보고한다.

우발부채는 과거의 사건에 대한 결과로 생기는 발생 가능한 채무이다. 그 예로는 보증을 들 수 있다. 과거의 사건은 물건의 판매이다. 발생 가능한 채무는 기업이 보증을 제공해야 할 가능성이다. 우발부채는 그 액수가 추정 가능하고 발생할 가능성이 매우 높을 때 재무상태표상에 보고된다. 만약 어떤 우발부채가 합리적으로 발생 가능하기만 하다면, 그 우발부채는 주석에 보고된다.

9-5. 운전자본의 중요성과 현금흐름에 미치는 영향을 설명한다.

운전자본은 유동자산에서 유동부채를 뺀 것으로 정의된다. 운전자본은 기업의 운영활동자금을 지원하는 데 사용된다. 운전자본계정에서의 변화는 현금흐름표에 영향을 미친다.

9-6. 비유동부채를 보고한다.

유동부채가 아닌 모든 부채는 비유동부채이다. 많은 장기부채가 재무상태표상에 그것의 현재가치로 보고되고, 이것은 해당 채무를 상환하기 위해 주어진 이자율하에서 기업이 오늘 지불해야 하는 금액이다.

9-7. 현재가치를 계산하고 설명한다.

현재가치 계념은 화폐의 시간가치에 기초한다. 이자율 때문에 오늘 수령한 돈은 미래에 수령할 같은 금액의 돈보다 가치가 높다. 우리는 현재가치표, 엑셀, 또는 재무계산기를 이용해 일시불 지급금이나 (연금이라고 불리는) 꾸준히 발생하는 수많은 금액들의 현재가치를 계산할 수 있다.

9-8. 현재가치의 개념을 비유동부채의 보고에 적용한다.

부채는 미래의 어느 날에 발생할 어떤 금액의 지불을 포함한다. 장기부채에서, 보고된 부채는 미래 지불액의 달러가치가 아니라 미래 지불액의 현재가치이다.

이 장에서 우리는 유동부채의 보고에 초점을 맞추고 어떻게 현재가치를 계산하고 해석할 수 있는지를 소개했다. 다음 장에서 우리는 기업의 자본구조의 개념과 사채와 같은 장기부채가 어떻게 그 구조 안에서 정리되는지에 대해 다룰 것이다.

KEY **RATIO**

매입채무회전율(accounts payable turnover)은 기업이 공급업체에 얼마나 빨리 비용을 지불하는가를 판단하는 척도이다. 이것은 다음과 같이 계산된다(유동부채 파트의 "Key Ratio Analysis" 박스를 참고하라):

$$\text{매입채무회전율} = \frac{\text{매출원가}}{\text{평균 매입채무}}$$

FINDING **FINANCIAL INFORMATION**

재무상태표

유동부채하에서

계정과목에 따라 나열한 부채의 예시 :

- 매입채무
- 미지급비용
- 지급어음
- 유동성장기부채

비유동부채하에서

계정과목에 따라 나열한 부채의 예시 :

- 장기부채
- 리스
- 이연법인세
- 사채

현금흐름표

영업활동하에서(간접법)

순이익
+유동부채의 증가
−유동부채의 감소

재무활동하에서

+장기부채의 증가
−장기부채의 감소

손익계산서

부채는 재무상태표상에만 나타나고, 손익계산서에는 보고되지 않는다. 부채에 영향을 미치는 상거래는 종종 손익계산서 계정에도 영향을 미친다. 예를 들어, 발생하였으나 지급이 이루어지지 않은 직원 임금은 손익계산서 계정(임금비용)과 재무상태표 계정(미지급임금)에 영향을 미친다.

주석

중요한 회계정책에 대한 요약

특정 부채 회계에 대한 간단한 기술

개별적인 주석

(선수수익과 같은) 단기부채와 장기부채 모두에 대한 추가적인 세부사항.

우발부채에 대한 추가적인 세부사항(특히 법적 문제).

KEY TERMS

금융리스	리스이용자	리스제공자
미래가치	미지급비용	비유동부채
연금	우발부채	운용리스
운전자본	유동성	이연법인세부채
일시적 차이	현재가치	화폐의 시간가치

QUESTIONS

1. 부채를 정의하시오. 유동부채와 비유동부채를 구분하여 설명하시오.
2. 어떤 재무제표가 기업의 부채에 대한 주요 정보원인가?
3. 가까운 미래에 공급자에게 비용을 지불해야 하는 의무를 재무상태표에 어떤 계정과목으로 기록하는가?
4. 매입채무회전율은 기업에 대해 어떤 것을 설명해주는가? 그리고 어떻게 계산하는가?
5. 미지급비용을 정의하시오. 미지급비용의 사례에는 무엇이 있는가?
6. 지급어음을 정의하시오. 기업이 장기지급어음을 유동부채로 재분류해야 하는 때는 언제인가?
7. 올해 4월 1일에 기업이 은행으로부터 $4,000를 차입하였다. 연이자율은 12%이다. 기업이 12월 31일에 연말 재무제표를 준비할 때, 이 어음과 관련된 이자비용으로 얼마를 기록하겠는가?
8. 이연수익을 정의하고 이연수익이 왜 부채인지 설명하시오.
9. 우발부채를 정의하시오. 우발부채가 기업의 재무상태표에 기록되기 위해서는 어떤 조건들이 충족되어야 하는가?
10. 운전자본을 정의하고 어떻게 계산하는지 쓰시오.
11. 기업이 금융리스에 서명할 때, 그것은 재무상태표에 자산으로 기록되는가 부채로 기록되는가?
12. 화폐의 시간가치 개념에 대해 설명하시오.
13. 만약 당신에게 $8,000 현금을 10년 이내에 지급하는 유효한 계약이 있고 그 연이자율이 10%라면, 이 계약의 현재가치는 얼마인가? 계산과정을 쓰시오.
14. 연금을 정의하시오.
15. 부록 E의 <표 E.1>을 사용하여 다음의 이자율과 기간에 따른 현재가치요소를 채우시오.

현재가치요소

	i=5%	i=10%	i=14%
	n=4	n=7	n=10
$1의 현재가치			
$1의 연금의 현재가치			

16. 당신은 새 차를 구입하고 대리점에게 향후 5년간 연말마다 $8,000를 지불하기로 약속했다. 이때 적용 가능한 이자율은 8%이다. 이 연금의 현재가치는 얼마인가?

MULTIPLE-CHOICE **QUESTIONS**

1. 10%의 이자율과 5번의 기간을 가진 연금의 현재가치요소는 얼마인가?
   a. 0.62092
   b. 4.32948
   c. 3.79079
   d. 7.72173
2. 대학 골프팀은 토너먼트 원정을 위해 차를 구입하려 한다. Lockhart의 대리점은 계약금 $4,000와 20개월간 매월 $750를 지급하는 조건에 동의했다. Leander의 대리점은 계약금 $1,000와 20개월간 매월 $850를 지급하는 조건에 동의할 것이다. 지역은행은 현재 자동차 구입자금 대출에 12%의 연이자율을 청구한다. 둘 중 어떤 조건이 더 나은 거래일까? 그리고 그 이유는 무엇인가?
   a. Leander의 조건이 더 낫다. 총지급액 $18,000가 Lockhart 대리점의 총지급액 $19,000에 비해 적기 때문이다.
   b. Lockhart의 조건이 더 낫다. 현재가치 관점에서의 비용이 Leander의 현재가치 비용보다 적기 때문이다.
   c. Lockhart의 조건이 더 낫다. 월별 지급액이 더 적기 때문이다.
   d. Leander의 조건이 더 낫다. 현금 계약금이 더 적기 때문이다.
   e. Leander의 조건이 더 낫다. 현재가치 관점에서의 비용이 Lockhart의 현재가치 비용보다 적기 때문이다.
3. 다음 중 미지급비용을 가장 잘 설명한 것은?
   a. 비유동부채이다.
   b. 재고자산 공급자에게 갚을 의무가 있는 현재금액이다.
   c. 미래에 수익으로 인식되는 유동부채이다.
   d. 회계기간 말에 여러 당사자들에게 갚을 의무가 있지만, 아직 지급하지 않은 현재금액이다.
4. BigFish 기업은 은행에서 $100,000를 차입하였고, 다음 달부터 시작하여 향후 5년간 상환하려 한다. 다음 중 이 부채를 오늘(차입한 날)자로 재무상태표에 가장 잘 표시한 것은?
   a. 비유동부채 계정에 $100,000 표시
   b. 비유동부채 계정에 $100,000와 향후 4년간 지급할 이자 표시
   c. 유동부채 계정에 $100,000의 일부 표시, 비유동부채 계정에 나머지 원금 표시
   d. 유동부채 계정에 $100,000의 일부와 이자 표시, 비유동부채 계정에 나머지 원금과 이자 표시
5. 한 기업이 고객과의 소송에 직면해 있다. 경영진의 예측에 따르면 기업이 $2,000,000의 합의금을 지불해야 할 가능성은 있으나 아마 그럴 것 같지는 않다. 이 사실을 당해 월말에 발행되는 재무제표에 어떻게 보고해야 하는가?
   a. 유동부채 계정에 $2,000,000 보고한다.

b. 비유동부채 계정에 $2,000,000 보고한다.

c. 주석 부분에 서술식 설명으로 보고한다.

d. 공시가 필수는 아니므로 기록하지 않는다.

6. 다음 거래 중 매입채무회전을 증가시키는 것은 무엇인가?

a. 이전에 외상매입했던 상품의 공급자에게 현금지급

b. 고객으로부터 현금 회수

c. 상품의 외상매입

d. a, b, c 모두 해당하지 않는다.

7. 운전자본은 어떻게 계산하는가?

a. 유동자산 곱하기 유동부채

b. 유동자산 더하기 유동부채

c. 유동자산 빼기 유동부채

d. 유동자산 나누기 유동부채

8. 10년간 매해 $10,000를 지급하는 연금을 8%로 할인한 현재가치는 얼마인가?

a. $5,002 b. $67,101

c. $53,349 d. $80,000

9. SmallFish 기업은 8%의 이자로 $100,000를 세 달간 차입하였다. 이 기업이 세 달 후에 상환할 이자는 얼마인가?

a. $8,000 b. $2,000

c. $800 d. $200

10. Fred는 할머니께 $100,000를 선물로 받았다. 할머니는 Fred에게 $100,000를 향후 10년간 연말마다 같은 금액으로 분할지급하기로 약속하였다. Fred는 $100,000가 현재가치로 얼마만큼의 달러가치가 있는지 알고 싶다. 다음 중 Fred가 계산해야 할 것은?

a. 예상 이자율과 $1의 현재가치표

b. 예상 이자율과 $1의 미래가치표

c. 예상 이자율과 연금의 미래가치표

d. 예상 이자율과 연금의 현재가치표

MINI-EXERCISES

M9-1. 유동성 이해하기

다음 중 유동성을 증가시키는 것은 무엇인가?

1. 기업이 현금으로 새 트럭을 구매했다.
2. 기업이 5년 이내 만기인 장기대출을 받아 현금을 수취하였다.
3. 기업이 외상매출금을 상당히 늘리고 모든 외상매출금을 당 회계기간에 회수할 것으로 기대한다.

4. 기업이 재고를 외상매입한 후 대부분의 재고가 쓸모없어져 재고를 파는 데 어려움을 겪고 있다.
5. 기업이 4년 전에 받은 장기대출이 다음 달 만기이다.

M9-2. 매입채무회전율 계산하고 해석하기

Nelson 기업은 판매원가를 작년 $690,000, 올해 $720,000로 보고했다. Nelson 기업은 또한 외상매입금을 작년 $250,000, 올해 $230,000로 기록했다. 올해 Nelson의 매입채무회전율을 계산하고 그 의미를 해석하시오.

M9-3. 이자비용 계산하기

Kieso 기업은 $600,000를 연이자율 11%로 세 달간 차입하였다. 기업의 회계연도는 12월 31일에 끝난다. Kieso는 당 회계연도 말 한 달 전에 $600,000를 차입하였고 원금과 이자를 당 회계연도가 종료되고 2개월 후에 상환하였다. 이 차입금에 대해 Kieso가 지난 회계연도 말에 이자비용을 보고했다면 얼마인가?

M9-4. 지급어음 기록하기

Wygant 기업은 $290,000를 작년 10월 1일에 차입하였다. 그 어음은 올해 5월 1일에 원금과 미지급이자와 함께 10%의 이자율을 수반하였다. 10월 1일에 이 어음을 기록하는 분개를 기입하시오. Wygant 기업의 회계연도 말인 12월 31일에 기록할 미지급이자를 알맞게 기입하시오.

M9-5. 우발부채 보고하기

Buzz 커피숍은 뜨거운 커피의 양을 많이 주는 것으로 유명하다. 작년에 한 고객이 뜨거운 커피를 자신에게 쏟았고 Buzz를 상대로 $1,000,000의 소송을 제기하기로 결정했다. Buzz의 경영진은 기업이 고객에게 무언가를 보상해야 할 가능성이 희박하다고 생각한다. 이 소송은 올해 재판에 송부되었고 Buzz는 뜨거운 커피를 잘못된 컵에 제공한 이유로 유죄를 받았다. 판사는 Buzz가 고객에게 $200,000를 변상하도록 했다. 작년과 올해 이 소송사건을 적절하게 보고하시오.

M9-6. 운전자본 계산하기

Stevenson 기업의 재무상태표는 다음과 같이 보고하고 있다: 비유동자산 $240,000; 총자산 $360,000; 비유동부채 $176,000; 총자기자본 $94,000. Stevenson 기업의 운전자본을 계산하시오.

M9-7. 운전자본 거래의 영향 분석하기

Ospry 기업은 $1,240,000의 운전자본을 가지고 있다. 다음 각각의 거래에서 운전자본이 증가할지, 감소할지, 혹은 그대로일지 분석하시오.

a. $50,000의 외상매입금을 지불하였다.
b. $100,000의 미지급급여를 기록하였다.
c. $250,000를 지역은행에서 차입하고 90일 이내에 상환하기로 하였다.
d. $20,000의 새 재고를 외상매입하였다.

M9-8. 비유동부채 회계처리하기: 리스

StarGaze 기업은 세 달간 트럭을 리스하였다. 회계지침은 리스를 운용리스로 분류한다. StarGaze는 리스비 $800를 매달 말에 지불한다. StarGaze는 리스에 서명하자마자 어떻게 분개할 것인가? 그리고 첫 번째 리스비 $800를 현금으로 지불할 때 어떻게 분개할 것인가?

M9-9. 일시불의 현재가치 계산하기

10년 이내에 지급될 $500,000의 현재가치는 얼마인가? 연간이자율은 8%이다.

M9-10. 연금의 현재가치 계산하기

향후 10년간 매년 말에 동일하게 $15,000씩 지급될 연금의 현재가치는 얼마인가?

M9-11. 복합계약의 현재가치 계산하기

Global Stores는 기업축소(downsizing) 중으로 반드시 일부 직원들을 내보내야만 한다. 자발적으로 퇴직하는 직원들은 $118,000의 현금, 추가로 1년 이내에 지급될 $129,000, 다가오는 올해 말부터 6년 동안 매년 지급될 $27,500의 연금을 퇴직금으로 제안받았다. 연간이자율을 5%로 가정할 때 총퇴직금의 현재가치는 얼마인가?

M9-12. 현재가치 계산하기와 비유동부채 기록하기

MoonShine 기업은 새로운 설비를 구입할 용도로 $50,000의 어음에 서명하였다. MoonShine은 $50,000를 미지급이자와 함께 2년 말에 상환할 것이다. 이 대출에 적용되는 연간이자율은 6%이다. 이 비유동부채의 현재가치를 계산하고, MoonShine 기업이 설비를 구입하고 어음에 서명하는 날에 기록할 분개 기입을 쓰시오.

EXERCISES

E9-1. 유동부채 구분하기, 운전자본 계산하기, 운전자본 설명하기

Diane 기업은 연말 재무상태표를 준비 중이다. 다음은 이 기업의 연말 회계기록 일부이다.

총자산	$530,000
총비유동자산	362,000
부채 :	
지급어음(8%, 5년 내 만기)	15,000
외상매입금	56,000
미지급법인세	14,000
원천징수예수금	3,000
임대료 선수수익	7,000
사채(bonds payable)(15년 만기)	90,000
미지급급여	7,000

미지급재산세	3,000
미지급어음(10%, 6개월 내 만기)	12,000
미지급이자	400
보통주	100,000

요구사항:

1. 유동부채를 구분하고 운전자본을 계산하시오. 운전자본이 경영에 중요한 이유는 무엇인가?
2. 만약 이 기업이 재무제표 주석에 $250,000 상당의 우발부채를 기록한다면 앞선 계산이 달라질 것인지 설명하시오.

E9-4. 경영전략 논의와 함께 만기에 따른 지급어음 기록하기

많은 기업체들은 사업활동이 증가하는 시기에 재고와 매출채권을 조달하기 위해 돈을 차입한다. Neiman Marcus는 미국의 일류 소매업체이다. 크리스마스 시즌마다 Neiman Marcus는 크리스마스 쇼핑객들의 니즈에 맞추어 재고를 쌓아둔다. 이 크리스마스 판매의 대부분은 외상매출이다. 결과적으로, Neiman Marcus는 크리스마스 몇 달 후에 판매수익 현금을 회수한다. 올해 11월 1일에 Neiman Marcus가 단기채무로 $480만의 현금을 Bank of America에서 차입했다고 가정하자. Neiman Marcus는 이자부어음에 서명했고 6개월 이내에 $480만를 상환하기로 약속했다. 연간이자율은 8%이다. 모든 이자는 누적되고 6개월 내로 어음이 만기가 될 때 지급될 것이다. Neiman Marcus의 회계기간은 12월 31에 끝난다.

요구사항:

1. 11월 1일에 이 어음의 분개를 기록하시오.
2. 12월 31일에 회계기간 말에 해야 할 결산정리분개를 쓰시오.
3. 만기일인 4월 30일에 어음과 이자의 지급에 대한 분개를 쓰시오.
4. Neiman Marcus가 크리스마스 시즌마다 추가현금이 필요하다면, 매년 새로운 단기대출을 협상할 필요가 없도록 장기로 돈을 차입해야 하는가?

E9-5. 지급어음을 포함한 거래의 재무제표 효과 파악하기

이전 연습문제의 자료를 활용하여 다음 문제에 답하시오.

요구사항:

다음 각각의 재무제표 효과를 측정하시오: (a) 11월 1일 어음의 발행, (b) 회계기간 말 결산정리분개의 영향, (c) 4월 30일에 어음과 이자의 지급. 그 효과를 아래 형식에 맞춰 나타내시오(예를 들어, 현금 + 또는 −). 금액을 포함할 필요는 없으며, 계정과 영향받은 방향부호를 쓰시오.

날짜	자산	부채	자기자본

E9-6. 현금흐름 분석과 함께 거래의 영향 파악하기

Vernon 기업은 인접한 도시에서 운영되는 두 소매상점을 통해 다양한 상품을 판매하고 있다. Vernon은 두 상점에서 판매하는 대부분의 상품을 공급자에게 추후에 대금을 지불하기로 하고 외상매입하고 있다. 또 바로 사용할 현금을 얻기 위해 단기 지급어음을 사용하기도 한다. 다음은 12월 31일에 끝나는 회계연도에 발생한 거래 중 일부이다:

a. 1월 10일에 $18,000 상품을 외상매입했다.
b. 3월 1일에 이자부지급어음에 서명하여 City 은행에서 현금 $45,000를 차입했다. 이 어음은 6개월 후(8월 31일) 만기이며, 만기에 지불해야 하는 연이자율은 10%이다.

요구사항:

1. 각각의 거래가 재무상태표 등식에 미치는 영향을 설명하시오. 그 효과를 아래 형식에 맞춰 나타내시오(예를 들어, 현금 + 또는 −). 금액을 포함할 필요는 없으며, 계정과 영향받은 방향부호를 쓰시오.

날짜	자산	부채	자기자본

2. 이 어음의 만기일에 얼마의 현금이 지급될 것인가?
3. 각각의 거래가 Vernon 기업의 현금흐름에 미치는 영향을 설명하시오.

E9-7. 매입채무회전율 계산하고 설명하기

Skullcandy는 오디오와 게임용 헤드폰, 이어폰, 스피커를 디자인하고 상품화하여 유통한다. 작년에 Skullcandy는 판매원가를 $158백만로 기록했다. 올해 판매원가는 $117백만이다. 외상매입금은 작년 말에 $23백만, 올해 말에는 $17백만이다.

요구사항:

1. 올해 Skullcandy의 매입채무회전기간을 계산하시오.
2. Skullcandy의 가장 가까운 경쟁자가 매입채무회전기간을 30일로 기록했다고 가정하자. 경쟁자와 비교하여 Skullcandy의 매입채무회전기간에 대해 논하시오.

E9-8. 지급어음 보고하기, 이자비용 계산하기

North Face는 세계적으로 유명한 아웃도어 전용 의류기업이다. North Face가 U.S. Bank로부터 $2백만를 차입하여, 9개월 이내에 $2백만와 미지급이자를 상환하기로 하는 어음에 서명한다고 가정하자. 이자율은 8%로 적용된다.

요구사항:

1. North Face가 어음에 서명하고 현금을 수취할 때 기록할 분개를 쓰시오.
2. North Face가 9개월 후에 어음과 미지급이자를 상환할 때 기록할 분개를 쓰시오.

E9-9. 우발채무 보고하기

Jones Soda는 태평양 연안 북서부의 지역 탄산음료 제조업체이다. Jones 기업은 아래 요약된 바와 같이 현재 세 소송을 진행 중이다:

a. 한 고객이 자신의 탄산음료에서 유리조각을 발견했다고 주장하며 Jones에 $1백만를 요구하는 소송을 제기하였다. 경영진은 Jones가 패소하여 $1백만를 지불해야 할 확률을 상당히 크게 간주하고 있다.

b. 한 직원이 출근길에 주차장에서 입은 부상에 대해 Jones에 $500,000의 손해배상을 청구하였다. 경영진은 Jones가 패소할 것 같다고 생각하지만, 합리적인 보상은 $500,000가 아닌 $100,000가 되리라 간주하고 있다.

c. 성이 Jones인 어떤 고객이 Jones 기업이 자신의 이름을 도용했다고 주장하며 $300,000를 요구하는 소송을 제기하였다. 경영진은 Jones가 패소하여 $300,000를 지불해야 할 확률이 거의 없다고 여긴다.

요구사항:

Jones 기업이 각각의 소송을 재무제표와 주석에 어떻게 보고해야 하는가?

E9-10. 운전자본 활용하기

Super Savers 백화점의 재무상태표는 다음과 같다:

유동자산	$750,000
비유동자산	450,000
비유동부채	400,000
자기자본	380,000

요구사항:

재무상태표에 보고된 운전자본의 금액을 계산하시오.

E9-11. 장기부채 보고하기

McDonald's는 세계적으로 유명한 패스트푸드 식당으로, 좋은 음식과 편리한 위치를 제공한다. McDonald's 성공의 핵심은 부동산의 효과적인 관리이다. 아래 연차보고서 주석에 따르면, McDonald's는 부동산을 소유하는 동시에 리스한다:

> 기업은 주로 식당 사업과 관련하여 부동산을 소유하고 리스한다. 기업은 고객에게 편리함을 제공하고 기업에게는 장기적인 판매 및 수익을 가져다 줄 부지를 물색하고 개발한다. 기업은 일반적으로 식당 부지로 토지와 건물을 소유하거나 장기 리스를 확보하여, 장기적인 점유권을 보장하고 관련 비용을 통제한다.

요구사항:

McDonald's가 재무상태표에 리스부채를 보고해야 하는지 설명하시오. 만약 이 의무를 부채로 기록해야 한다면, 그 금액은 어떻게 측정되어야 하는가?

E9-12. 리스 대안 평가하기

Whole Foods 소비자 상품의 새로운 부사장으로서, 당신은 고객에게 상품을 배송하는 데 있어 심각한 문제를 토의하러 회의에 참석했다. 물류관리자 Bob Smith가 문제를 요약하기를: "우리 기업의 최근 성장을 고려해보면 현재 배송트럭이 충분하지 않다." 회계부서의 Barb Bader가 답하기를: "이해하기 쉬운 답이지만 실행하기는 어렵다. 재무상태표의 부채액에 대한 월스트리트의 우려로 인해 우리는 현재 동결 상태이기 때문에 새 자산을 취득하려고 돈을 차입할 수 없는 상황이다. 할 수 있는 게 없다."

회의가 끝나고 사무실로 돌아오는 길에, 당신의 조수가 제안했다: "필요한 트럭을 리스하면 어떨까요? 우리가 원하는 자산을 재무상태표에 부채로 기록하지 않고도 얻을 수 있는 방법으로요."

이 제안에 어떻게 답할 것인가?

E9-13. 4가지 현재가치 문제 계산하기

올해 1월 1일에, Shannon 기업은 다음의 거래를 완료하였다(연이자율을 10%로 가정하라):

a. 배송트럭을 구입했고 3년 말에 $60,000를 지불하기로 동의했다.
b. 사무실 건물을 임대했고 향후 3년간 매년 말에 $10,000를 지불하거나 즉시 $28,000를 지불하는 선택권이 주어졌다.
c. 7년 말에 $90,000로 불어날 단일금액을 입금함으로써 저축예금을 개설했다.
d. 은행에 일시금을 입금하고 10년간 매 연말에 $40,000를 은퇴한 직원에게 주기로 결정했다(지급은 올해 12월 31일에 시작).

요구사항:

계산식을 쓰고 가장 근접한 달러로 반올림하시오.

1. (a)에서, 구입시기에 트럭비용은 얼마로 기록되어야 하는가?
2. (b)에서, 사무실 건물에 대한 선택권 중에 가장 낮은 현재가치를 초래하는 것은 무엇인가?
3. (c)에서, 올해 1월 1일에 이 저축예금에 입금해야 하는 단일금액은 얼마인가?
4. (d)에서, 올해 1월 1일에 은행에 입금해야 하는 일시금은 얼마인가?

E9-14. 현재가치 계산하기

어떤 투자는 첫 번째 연말에 $20,000, 두 번째 연말에 $30,000, 그리고 세 번째 연말에 $50,000를 지급할 것이다. 이 투자의 현재가치를 10%의 연이자율을 활용하여 계산하시오.

E9-15. 현재가치 계산하기

어떤 투자는 8년 동안 매 연말에 $15,000, 그리고 8번째 연말에 일시불로 $150,000를 지급할 것이다. 이 투자의 현재가치를 7%의 연이자율을 활용하여 계산하시오.

E9-16. 연금과 일시불을 포함한 현재가치 계산하기

Jenkins 기업은 임원용 제트기를 구입하고 향후 10년간 매년 $200,000를, 그리고 10번째 연말에 추가로 $1,000,000를 지불하기로 동의했다. 이 제트기의 판매자는 6%의 연이자를 청구한다. Jenkins가 기록할 부채를 계산하시오.

E9-17. 연금과 일시금을 포함한 현재가치 계산하기

당신은 중고차를 구입하기로 결정했다. 딜러는 당신에게 두 가지 선택권을 제시했다:

a. 20개월 동안 매달 $500를, 그리고 20번째 월말에 추가로 $10,000를 지불하시오. 이 딜러는 24%의 연이자율을 적용한다.
b. 차를 구입할 때 일시불로 $14,906를 지불하시오.

현재가치 관점에서 어떤 선택권이 더 나은 거래인가?

E9-18. 의사결정에 현재가치 개념 활용하기

당신은 주 복권에 당첨되어 상금을 회수할 두 가지 선택권을 가지고 있다. 오늘 $100,000를 회수할 수도 있고, 또는 향후 7년간 매 연말에 $20,000를 받을 수도 있다.
재무분석가는 당신이 투자로 10%를 벌 수 있다고 말한다. 어떤 선택권을 골라야 하는가?

E9-19. 은퇴펀드 계산하기

당신은 8년 내에 퇴직을 희망하는 고객을 상담하는 재무관리자이다. 이 고객은 연 9% 이자를 주는 지역은행에 저축예금을 가지고 있으며, 자신이 은퇴할 때 $1,000,000를 받을 수 있는 금액을 예금하려고 한다. 현재 계좌에 $300,000가 있는 이 고객이 은퇴 시점에 $1,000,000를 받으려면 지금 얼마만큼의 추가금액을 예금해야 하는가?

E9-20. 교육펀드 계산하기

판사 Drago는 1년 내로 대학생활을 시작하게 될 손녀 Emma를 위해 교육펀드를 들기로 했다. 판사는 연이자율 9%인 저축예금에, Emma가 등록금 $20,000를 앞으로 4년간 매해 인출하기에 충분한 금액을 예금하려고 한다. Emma가 이 펀드로 등록금을 내려면 오늘 판사는 얼마를 예금해야 하는가?

E9-21. (보론 B) 이연법인세 계산하기

다음은 Lewis 기업의 정보이다.

	첫 번째 해	두 번째 해
미지급법인세	$250,000	$290,000
이연법인세부채 증가액	54,000	58,000

요구사항:

1. 각 연도의 법인세비용을 계산하시오(아직 어떤 세금도 납부하지 않았음을 가정).
2. 법인세비용이 왜 단순히 그 해 지급된 현금 합이 아닌지 설명하시오.

E9-22. (보론 B) 이연법인세 기록하기

Nair 기업의 재무상태표는 다음의 세금공제 전 정보를 제공한다:

	첫 번째 해	두 번째 해
이연법인세부채	$355,000	$463,000

손익계산서는 두 번째 해에 대한 법인세비용을 $580,000로 보고했다.

요구사항:

1. 두 번째 해의 미지급법인세는 얼마인가?
2. 경영진이 왜 세무상 기록과 재무회계 기록을 별도로 유지하는 비용을 감수하는지 설명하시오.

E9-23. 미래가치 계산하기: 일시금 저축예금에 필요한 예금과 회계처리

1월 1일에, Alan King은 4년 후 아들을 대학에 보내기 위한 펀드를 제공할 저축예금에 $58,800를 예금하기로 결정했다. 이 저축예금은 연 8% 수익을 낸다. 미수이자는 연말에 펀드에 합해질 것이다(인출하지 않으면).

요구사항:

계산식을 쓰고 가장 근접한 달러로 반올림하시오.

1. 4년 이내에 얼마가 될 것인가?
2. Alan이 1월 1일에 해야 할 분개를 쓰시오.
3. 4년 동안의 총 이자는 얼마인가?
4. Alan이 (a)첫해의 12월 31일에, (b)두 번째 해의 12월 31일에 해야 할 분개를 쓰시오.

E9-24. 미래가치 계산하기: 동일한 정기지급을 하는 저축예금의 증가 기록하기

매년 말에 당신은 저축예금에 $2,000를 예금하기로 한다. 이 예금은 9%의 연이자 수익을 내고, 수익은 연말에 펀드 잔액에 더해질 것이다. 첫해 연말에 예금을 시작한다.

요구사항:

계산식을 쓰고 가장 근접한 달러로 반올림하시오.

1. 첫해 연말에 해야 하는 분개를 기록하시오.
2. 열 번째 연말(즉, 10번의 예금 후)에 저축예금의 잔액은 얼마가 될 것인가?
3. 10번의 예금으로 벌어들인 이자는 얼마인가?
4. 두 번째 해와 세 번째 해에 벌어들인 이자수익은 각각 얼마인가?
5. 두 번째 해와 세 번째 해의 연말에 해야 하는 모든 분개를 기록하시오.

PROBLEMS

P9-1. 유동부채 기록하고 보고하기

Vigeland 기업은 다음의 거래를 첫해 동안 완료하였다. 기업의 회계연도는 12월 31일에 끝난다.

1/15	제품 구입 및 결제. 청구서 금액 $26,500; 계속기록법 가정.
4/1	Summit 은행에서 일반목적으로 $700,000 차입; 10개월, 연 6% 이자부어음.
6/14	미래에 제공될 서비스 수수료로 고객예치금 $15,000 수취.
7/15	6월 14일에 이미 지불된 서비스의 $3,650 제공.
12/12	전기요금 $27,860 고지서 수령. 1월 초에 납부할 예정.
12/31	임금 $15,000가 발생했으나 12월 31일 아직 지급되지 않음(지불급여세 무시).

요구사항:

1. 각각의 거래에 해당하는 분개를 쓰시오.
2. 12월 31일에 해야 하는 모든 결산정리분개를 쓰시오.

P9-2. 현금흐름 효과와 함께 유동부채 기록하고 보고하기(AP9-1)

Rogers 기업은 다음의 거래를 첫해 동안 완료하였다. 기업의 회계연도는 12월 31일에 끝난다.

1/8	재판매할 상품 외상매입. 청구서 금액 $14,860; 계속기록법 가정.
1/17	1월 8일 청구서 금액 지불.
4/1	국립 은행에서 일반목적으로 $35,000 차입; 12개월, 연 8% 이자부어음.
6/3	재판매할 상품 외상매입. 청구서 금액 $17,420.
7/5	6월 3일 청구서 금액 지불.
8/1	건물의 사무실 공간을 다른 기업에게 임대. 6개월치 임대료 $6,000 선수금.
12/20	고객이 30일간 임대하는 트레일러에 대한 보증금으로 $100 수취.
12/31	$9,500의 임금이 12월 31일 아직 지급되지 않음(지불급여세 무시).

요구사항:

1. 각각의 거래에 해당하는 분개를 쓰시오.
2. 12월 31일에 해야 하는 모든 결산정리분개를 쓰시오.
3. 회계연도 말 재무상태표에 보고될 이 거래들로부터 발생하는 총부채는 얼마인가?
4. 각각의 거래에서 영업현금흐름이 증가하는지, 감소하는지, 영향을 받지 않는지 서술하시오.

P9-3. 유동부채에 영향을 미치는 거래의 재무효과 파악하기(AP9-2)

이진 연습문제의 자료를 활용하여 다음에 답하시오:

요구사항:

각각의 거래(결산정리분개를 포함하여)에 대해, 아래 형식에 맞춰 그 효과를 나타내시오(예를 들어, 현금 + 또는 −). 금액을 포함할 필요는 없으며, 계정과 영향받은 방향부호를 쓰시오.

날짜	자산	부채	자기자본

P9-4. 발생주의 또는 현금주의 회계에 따라 미지급부채와 이연수익 기록하고 보고하기

Walnut 기업은 운영 첫해에 다음의 두 거래를 완료하였다. 기업의 회계연도는 12월 31일에 끝난다.

a. 첫해 동안 $130,000의 임금이 지급되고 기록되었다; 그러나 첫해 말에 3일치의 임금이 미지급되었고 아직 기록되지 않았다. 두 번째 해의 1월 6일까지는 직원들에게 주급이 지급되지 않을 예정이기 때문이다. 3일치 임금은 $4,000이다.
b. Walnut 기업이 다른 기업에게 임대했던 사무실 임대수익 $2,400를 첫해 12월 10일에 수금하였다. 수금한 임대료는 첫해의 12월 10일부터 두 번째 해의 1월 10일까지 30일분이다.

요구사항:

1. 임금과 관련하여 첫해 연말에 해야 할 결산정리분개와 두 번째 해 1월 6일에 해야 할 분개를 쓰시오.
2. 임대수익과 관련하여 12월 10일 임대료 수금에 대한 분개와 12월 31일에 해야 할 결산정리분개를 쓰시오.

3. 첫해 12월 31일에 재무상태표에 보고될 이 거래들로부터 발생하는 총부채는 얼마인가?
4. 왜 발생주의 회계방식이 현금주의 회계방식보다 재무분석가에게 더 유용한 정보를 제공하는지 설명하시오.

P9-5. 미지급부채와 이연수익을 포함한 거래의 재무제표 효과 파악하기

이전 연습문제의 자료를 활용하여 다음에 답하시오:

요구사항:

각각의 거래(결산정리분개를 포함하여)에 대해, 아래 형식에 맞춰 그 효과를 나타내시오(예를 들어, 현금 + 또는 −). 금액을 포함할 필요는 없으며, 계정과 영향받은 방향부호를 쓰시오.

날짜	자산	부채	자기자본

P9-6. 여러 부채의 재무제표 효과 파악하기(AP9-3)

Dell Computers는 연매출이 $590억가 넘는 컴퓨터 산업의 선두기업이다. 다음은 Dell의 최근 연차보고서의 주석이다:

보증

우리는 보증충당부채를 한정보증하에서 발생할 만한 예상비용으로 판매시점에 기록한다. 보증충당금에 영향을 주는 요소로는 현재 보증하에 설치된 장치의 수, 이 장치들에 대한 보증청구의 이전 비율과 예상되는 비율, 보증충당금을 확정짓는 청구별 비용이 있다.

1. 올해 예상한 보증비용은 $500백만이고, $400백만의 보증작업이 한 해 동안 수행되었다고 가정하자. 보증비용과 올해 제공된 보증서비스를 인식하기 위해 필요한 분개를 쓰시오. 모든 보증서비스는 현금으로 지급된다고 가정한다.

Walt Disney는 방송미디어부터 테마파크와 리조트에 이르는 상품으로 엔터테인먼트 산업에서 잘 알려진 브랜드이다. 다음은 최근 연차보고서의 주석이다:

수익인식(Revenue Recognition)

만기가 없는 테마파크 다일권(multiday) 티켓에 대해, 우리는 이전의 사용패턴으로부터 예측되는 사용패턴을 기반으로 3년의 기간에 걸쳐 수익을 인식한다.

2. 올해 Disney가 미래에 사용될 다일권 티켓으로 $90백만를 회수했다고 가정하자. 또한 올해 Disney는 과거에 판매된 $5백만 가치의 다일권 티켓이 사용되지 않을 것으로 예측한다(예를 들어, 고객의 티켓 분실 사례). (a) 현금 $90백만 수령액, (b) 사용되지 않을 것으로 예측한 $5백만를 인식하는 데 필요한 분개를 쓰시오.

P9-7. 매입채무회전율 계산하고 설명하기(AP9-4)

Columbia Sportswear는 아웃도어 전용 의류 및 신발 기업이다. 작년 Columbia는 판매원가를 $941백만로 보고했으며, 올해 판매원가는 $1,146백만이다. 외상매입금은 작년 말 $174백만, 올해 말 $214백만이다.

요구사항:

1. 올해 Columbia의 매입채무회전기간을 계산하시오.
2. 의류 및 신발 산업이 매입채무회전기간을 72일로 보고했다고 가정하자. Columbia의 매입채무회전기간을 산업평균과 비교하여 논하시오.

P9-8. 부채의 재분류 분석하기

PepsiCo, Inc.는 음료, 스낵식품, 식당 산업에서 우세한 기업이다. 다음은 PepsiCo의 최근 연차보고서의 주석이다:

> 단기차입금을 장기적으로 차환하려는 PepsiCo의 의지와 능력을 고려하여 연말에 $35억의 단기차입금이 장기로 재분류되었다. …

재분류한 결과, PepsiCo의 운전자본이 증가했다. 이 재분류가 적절한가? 재무분석가로서 당신은 PepsiCo의 유동성을 평가하기 위해 재분류 전의 운전자본을 활용할 것인가 혹은 재분류 후의 운전자본을 활용할 것인가?

P9-9. 우발부채에 관한 의사결정 내리기

다음 각각의 상황에 대해, 기업이 (a) 재무상태표에 부채를 보고해야 하는지, (b) 주석에 우발부채를 공시해야 하는지, 또는 (c) 상황을 보고하지 말아야 하는지 결정하고 합리적으로 설명하시오.

1. 자동차 기업이 신차를 발매한다. 이전 경험에 비추어보면 신차가 이미 사고에 개입되자마자 소송이 제기될 것이다. 기업은 적어도 한 명의 배심원은 부상자가 입은 피해에 대한 배상금을 부과할 것이라고 확신하지만, 배상금액은 예측하지 못하고 있다.
2. 한 연구원이 기업에서 가장 잘 팔리는 상품이 다른 회사의 특허권을 침해하고 있다고 주장한다. 가능성은 낮지만 만약 다른 기업이 침해사실을 알아채고 소송을 제기하면, 당신의 회사는 수백만 달러를 잃을 수도 있다.
3. 새로운 주거 프로젝트를 위한 토지개발의 일환으로, 당신의 기업은 자연 호수를 오염시켰다. 주의 법에 따라, 우선 개발을 완료하고 반드시 호수를 정화해야 한다. 개발 프로젝트를 완료하려면 5~8년이 소요되며, 현재 예측으로는 호수를 정화하는 데 $3백만의 비용이 들 것으로 보인다.
4. 당신의 기업은 고객에게 고소당한 것을 이제 알게 되었다. 그 고객이 승소할 가능성이 크지만, 배상금에 대해 신뢰할 만한 예측은 못하고 있다.
5. 한 핵심고객이 주요 건설사업에 대해 불만족해하고 있다. 기업은 그 고객이 비합리적이라고 생각하지만, 고객관계 유지를 위해 내년 보수작업에 $250,000를 들이기로 결정했다.

P9-10. 현금흐름 효과 파악하기(AP9-5)

다음 각각의 거래에 대해, 영업활동 현금흐름이 증가할지, 감소할지, 혹은 그대로일지 파악하시오.

a. 제품을 외상으로 매입했다.
b. 외상매입금을 현금으로 지급했다.
c. 월급이 발생했으나 지급하지 않았다.

d. 은행에서 돈을 차입했다. 어음의 지불기한은 90일이다.
e. 장기어음을 유동부채로 재분류했다.
f. 미지급이자비용을 지급했다.
g. 계류 중인 소송을 바탕으로 우발부채를 공시했다.
h. (d)의 은행에서 차입한 돈을 상환했다. 이자는 무시한다.
i. 차기 회계기간에 제공될 서비스 수수료로 고객에게 현금을 회수했다(즉, 이연수익이 기록된다).

P9-11. 현재가치 계산하기(AP9-6)

1월 1일에, Boston 기업은 다음의 거래를 완료하였다(모든 거래에 7%의 연이자율을 적용한다):

a. 7년 동안 $115,000를 차입했다. 매년 말에 $6,000의 이자를 지불하고, 7번째 연말에 $115,000를 상환할 것이다.
b. 공장 리모델링을 위해 여덟 번째 연말에 $490,000가 될 펀드를 들었다. 일시금은 올해 1월 1일에 예금할 예정이다.
c. 해고된 직원에게 퇴직금을 주기로 했다. 기업은 첫 번째 연말에 $75,000를, 두 번째 연말에 $112,500를, 세 번째 연말에 $150,000를 지급할 것이다.
d. 올해 1월 1일에 $34,000의 현금으로 $170,000의 기계를 구입했다. 잔액은 5년 만기 어음으로 서명했으며, 올해 12월 31일부터 5번의 동일한 연말 지급으로 상환할 것이다.

요구사항:

계산식을 쓰고 가장 근접한 달러로 반올림하시오.

1. 거래(a)에서, 부채의 현재가치를 계산하시오.
2. 거래(b)에서, 기업이 올해 1월 1일에 예금해야 하는 일시금은 얼마인가? 총 얼마의 이자수익을 얻을 수 있는가?
3. 거래(c)에서, 부채의 현재가치를 계산하시오.
4. 거래(d)에서, 어음을 상환하는 각각의 동일한 연말 지급액은 얼마인가? 총 얼마의 이자비용이 발생하는가?

P9-13. (보론 B) 이연법인세 기록하고 보고하기: 감가상각

Mansfield 기업은 새 창고를 첫 번째 연초에 $1,000,000로 구입하였다. 자산의 예상 내용연수는 잔존가치 없이 20년이다. 이 기업은 재무보고 목적으로 정액상각법을, 세금 목적으로 가속상각법을 사용한다(가속상각법은 매년 $100,000의 감가상각을 한다). 기업의 연방소득세율은 34%이다. 기업은 첫 번째 해와 두 번째 해의 법인세부채를 각각 $400,000와 $625,000로 파악하였다.

요구사항:

1. 각 해의 재무상태표에 보고되는 이연법인세액을 계산하시오. 왜 이연법인세가 부채인지 설명하시오.
2. 각 해의 법인세비용을 계산하시오.

ALTERNATE PROBLEMS

AP9-1. 현금흐름 효과와 함께 유동부채 기록하고 보고하기(P9-2)

Sturgis 기업은 첫해 동안 다음의 거래를 완료하였다. 기업의 회계연도는 12월 31일에 끝난다.

1/15	첫해 법인세비용 $125,000 기록. 올해 IRS에 조세채무 $93,000. 이연법인세부채는 유동부채이다.
1/31	이전에 미지급한 이자비용 $52,000 지급.
4/30	상업 은행에서 $550,000 차입; 12개월, 연 12% 이자부어음.
6/3	재판매할 상품 외상매입. 청구서 금액 $75,820.
7/5	6월 3일 청구서 금액 전액 지불.
8/31	아파트단지 보안서비스 제공 계약에 서명. 6개월치 수수료 $12,000 선수금.
12/31	$100,000의 비유동부채를 유동부채로 재분류.
12/31	급여 $85,000가 발생했으나 12월 31일 아직 지급되지 않음(지불급여세 무시).

요구사항:

1. 각각의 거래에 해당하는 분개를 쓰시오.
2. 12월 31일에 해야 하는 모든 결산정리분개를 쓰시오.
3. 회계연도 말 재무상태표에 보고될 이 거래들로부터 발생하는 총부채는 얼마인가?
4. 각각의 거래에서 영업현금흐름이 증가하는지, 감소하는지, 영향을 받지 않는지 서술하시오.

AP9-2. 유동부채에 영향을 미치는 거래의 재무효과와 현금흐름 효과 파악하기(P9-3)

이전 연습문제 AP9-1의 자료를 활용하여 다음에 답하시오:

요구사항:

이전 문제에서 열거된 각각의 거래(결산정리분개를 포함하여)에 대해, 아래 형식에 맞춰 그 효과를 나타내시오(예를 들어, 현금 + 또는 −). 금액을 포함할 필요는 없으며, 계정과 영향받은 방향 부호를 쓰시오.

날짜	자산	부채	자기자본

AP9-3. 여러 부채의 재무제표 효과 파악하기(P9-6)

Ford는 세계적인 대기업으로, 자동차와 트럭의 연간매출액이 $1,440억를 초과한다. 다음은 Ford의 최근 연차보고서에 있는 주석이다:

> **보증**
>
> 예상 보증비용은 차량이 딜러에게 팔린 시점에 발생한다. 보증비용 예측은 주로 그동안의 보증청구 처리경험을 기반으로 한다.

1. 올해 Ford가 보증청구를 처리하는 데 $40억를 현금 지급했다고 가정하자. 또한 $39억의 보증비용이 발생했다. Ford가 올해 초에 미지급보증 계정에 $10억의 잔액을 갖고 있었다면 올해 말의 잔액은 얼마인가?

Bally Total Fitness 지주회사는 주로 북미에서 피트니스센터를 운영한다. 다음은 Bally의 최근 연차보고서에 있는 주석이다:

수익인식

일반적인 원칙에 따라 다음 조건이 충족될 때 수익을 인식한다: (i) 계약의 설득력 있는 증거가 존재한다, (ii) 인도가 완료되고 서비스가 제공되었다, (iii) 구매자 가격은 고정되어 있거나 확정할 수 있다, (iv) 회수가능성이 상당히 확실시된다. 멤버십수익은 정액법을 바탕으로 계약기간이나 예상 멤버십기간 장기에 걸쳐 발생한다. 가중평균 멤버십 기간은 39개월이다.

2. Bally가 내년 1월 1일에 시작하는 "새해 결심" 멤버십에 대해 12월에 $23백만를 회수했다고 가정하자. 올해와 내년의 재무상태표에 $23백만와 관련해 보고해야 할 선수수익은 얼마인가?

AP9-4. 매입채무회전율 계산하고 설명하기(P9-7)

Tootsie Roll Industries, Inc.는 제과제품을 생산하고 판매하는 기업이다. 작년 Tootsie Roll은 판매원가를 $352백만로 보고했다. 올해 판매원가는 $342백만이다. 외상매입금은 작년 말 $9백만, 올해 말 $12백만이다.

요구사항:

1. 올해 Tootsie Roll의 매입채무회전기간을 계산하시오.
2. 제과제품 산업이 매입채무회전기간을 30일로 보고했다고 가정하자. Tootsie Roll의 매입채무회전기간을 산업평균과 비교하여 논하시오.

AP9-5. 현금흐름 효과 파악하기(P9-10)

다음 각각의 거래에 대해, 영업활동 현금흐름이 증가할지, 감소할지, 혹은 그대로일지 파악하시오.

a. 상품을 현금 구입했다.
b. 전기에 발생했으나 지급되지 않은 급여를 지급했다.
c. 연방정부에 세금을 납부했다.
d. 은행에서 돈을 차입했다. 어음의 지불기한은 2년이다.
e. 직원급여에서 FICA세금(사회보장세)을 원천징수하고 즉시 정부에 납세했다.
f. 미지급이자비용을 기록했다.
g. 패소한 결과로 현금을 지불했다. 이 부채와 연관된 우발부채를 기록했다.
h. 이번 달 급여를 현금으로 지급했다.
i. 고객이 전기에 수수료를 지불했던 서비스를 제공했다(즉, 이연수익 발생).

AP9-6. 현재가치 계산하기(P9-11)

1월 1일에 Ellsworth 기업은 다음의 거래를 완료하였다(모든 거래에 8%의 연이자율을 적용한다):

a. 5년 내에 상환할 $2,000,000를 차입했다. 5년간 매년 $150,000의 이자를 지불하기로 동의했다.
b. 공장 리모델링을 위해 열 번째 연말에 $1,000,000가 될 펀드를 들었다. $1,000,000로 커질 일시금은 올해 1월 1일에 예금할 예정이다.
c. 올해 1월 1일에 $750,000의 기계를 구입하고 $400,000의 현금을 지불했다. 잔액은 4년 만기

어음으로 서명했으며, 올해 12월 31일부터 4번의 동일한 연말 지급으로 상환된다.

요구사항:

계산식을 쓰고 가장 근접한 달러로 반올림하시오.

1. 거래(a)에서, 부채의 현재가치를 계산하시오.
2. 거래(b)에서, 기업이 올해 1월 1일에 예금해야 하는 일시금은 얼마인가? 총 얼마의 이자수익을 얻을 수 있는가?
3. 거래(c)에서, 어음을 상환하는 각각의 동일한 연말 지급액은 얼마인가? 총 얼마의 이자비용이 발생하는가?

CONTINUING **PROBLEM**

CON9-1. 부채 기록하고 보고하기

Pool Corporation, Inc.는 세계에서 가장 큰 수영장 물품 및 장비 도매유통업체로, 나스닥 거래소에서 거래하는 상장법인이다. Pool의 대다수 고객들은 소규모 가족경영 업체들이다. Pool은 당기에 다음 거래들을 완료하였고, 회계연도는 12월 31일에 끝난다.

9/15	재판매할 상품 구입 및 지불. 청구서 금액 $125,000. 실제재고조사법 가정.
10/1	Southwest은행에서 일반목적으로 $900,000 차입; 11개월, 연 5% 이자부어음.
10/5	미래에 제공될 서비스에 대해 Joe Lipscomb에게 고객예치금 $40,000 수취.
10/15	Lipscomb가 이미 지불한 서비스의 $18,000 제공.
12/12	전기요금 $12,000 고지서 수령. 1월 초에 납부할 예정.
12/31	임금 $52,000가 발생했으나 12월 31일 아직 지급되지 않음(지불급여세 무시).

요구사항:

1. 각각의 거래에 해당하는 분개를 쓰시오.
2. 12월 31일에 해야 하는 모든 결산정리분개를 쓰시오.

CASES **AND PROJECTS**

사업보고서 사례

CP9-1. 재무정보 찾기

책 끝부분에 있는 부록 B의 American Eagle 재무제표를 참조하시오.

요구사항:

1. 가장 최근 회계연도말에 미지급급여와 지불급여세는 얼마인가?
2. 이번 장에서 "이연수익"을 배웠다. American Eagle이 미래에 제공할 재화나 서비스 수수료로 수취한 현금은 어떤 용어로 설명할 수 있는가?

3. 가장 최근 회계연도에 American Eagle의 매입채무회전기간은 며칠인가?
4. 가장 최근 회계연도 연말의 비유동부채는 얼마인가?

CP9-2. 재무정보 찾기

책 끝부분에 있는 부록 C의 Urban Outfitters의 재무제표를 참조하시오.

요구사항:

1. 가장 최근 회계연도말의 미지급급여는 얼마인가?
2. Urban Outfitters는 이연수익을 보고하는가? (**힌트:** 주석을 보면 알 수 있다.)
3. 가장 최근 회계연도에 Urban Outfitters의 매입채무회전기간은 며칠인가?
4. 가장 최근 회계연도 연말의 비유동부채는 얼마인가?

CP9-3. 산업 내에서 기업 비교하기

American Eagle(부록 B)과 Urban Outfitters(부록 C)의 재무제표, 그리고 산업평균비율 보고서(부록 D)를 참조하시오.

요구사항:

1. 산업평균 매입채무회전기간을 계산하시오.
2. American Eagle과 Urban Outfitters의 매입채무회전기간을 산업평균 매입채무회전기간과 비교하시오. American Eagle과 Urban Outfitters는 공급자에게 대금을 산업평균보다 더 빨리 지불하는가 또는 더 늦게 지불하는가?

재무보고서와 분석 사례

CP9-4. 부동산 거래에 숨겨진 이해관계 분석하기: 현재가치

인디애나주 블루밍턴의 주택시장을 조사하던 중에, 제로금리 주택저당대출로 $240,000에 주택을 매매한다는 광고를 보게 되었다. 즉 5년 동안 매 월말에 $4,000($240,000 ÷ 60개월)를 지불하기만 하면, 이자는 내지 않아도 된다. 이 광고를 본 시점에 주택저당대출은 보통 연 6%의 금리를 승인받고 있다.

요구사항:

1. 건축업자가 6%의 투자수익률을 요구한다면, 이 주택의 실제 가치는 얼마인가? 주택값을 상환하는 5년 동안 지불할 "묵시적인" 이자는 얼마인가? 이자계산기간은 60, 이자율은 .5%(6%/12개월)인 연금의 현재가치요소는 51.72556이다.
2. 건축업자가 실제로 6%의 투자수익률을 요구하고 있다면, 왜 "제로금리 주택저당대출"이라 광고한 것인가?

비판적 사고 사례

CP9-5. 윤리적 딜레마 평가하기: 광고의 공정성

주립복권위원회는 다음과 같이 광고하고 있다:

> 이번 달 추첨하는 로또의 당첨금은 $1천만인데, 이 상금은 당첨자에게 향후 20년간 매 연말마다 같은 금액으로 분할지급된다.

로또 당첨자가 실제 $1천만를 받는다고 생각하는가? 만약 아니라면 더 정확한 금액은 얼마인가? 추정한 내용을 모두 서술하시오.

재무보고서와 분석 팀 과제

CP9-6. 팀 프로젝트: 연차보고서 평가하기

팀으로 분석할 산업을 선택해라. Yahoo Finance와 Google Finance에서 여러 산업정보를 찾을 수 있다. 각 팀원들은 그 산업 내 상장법인 중 서로 다른 기업을 골라 연차보고서나 10-K를 살펴봐야 한다. 연차보고서나 10-K는 SEC EDGAR(www.sec.gov) 또는 개별 기업의 투자자 대상 홍보 사이트에서 받을 수 있다.

요구사항:

각 팀원은 개별적으로 아래 기재된 정보를 수집하여 문제에 답해야 한다. 이 단계를 마친 후, 팀원들은 모여서 서로의 답변을 비교하고 대조한다. 논의를 마치면 각 팀은 결과적으로 자신들이 분석하고 발견한 바를 요약해 짧은 보고서를 작성한다.

1. 선택한 기업의 지난 3년 동안의 유동부채 계정과 금액을 나열하시오.
2. 지난 2년 동안의 매입채무회전율을 계산하시오.
3. 선택한 기업이 지급어음을 보고한다면, 지급어음에 적용되는 이자율을 주석에 기록하는가? 이 자율은 펀드를 대출하는 위험에 대해 기업에 무엇을 시사하는가?
4. 선택한 기업이 재무상태표나 주석에 우발부채를 보고한다면, 기업이 우발부채를 보고하는 방식은 발생 가능한 지출에 대한 경영진의 신념에 대해 무엇을 시사하는가?
5. 선택한 기업의 지난 3년 동안의 운전자본은 얼마인가? 우려할 만한 점이 있는가?
6. 선택한 기업의 지난 3년 동안의 비유동부채 계정과 금액을 나열하시오.

사채의 보고와 이해

1995년 아마존닷컴이 온라인 홈페이지를 열고 온라인으로 책을 팔기 시작했다. 회사는 급격하게 성장하였고 2년 후 상장했다. 오늘날 아마존은 단지 책을 파는 것을 넘어섰다. 아마존의 미션은 '사람들이 온라인으로 사고자 하는 어떤 것이라도 찾을 수 있는, 지구에서 가장 고객중심적인 회사'가 되는 것이다. 아마존은 전 세계적으로 150,000명이 넘는 풀타임 및 파트타임 직원들을 고용하고 있으며, 2014 회계연도에 따르면 $890억의 수익을 기록하였다. 아마존의 성장을 돕는 데 필수적인 기술과 인프라는 수십억 달러의 투자가 없이는 개발될 수 없었을 것이다. 지금의 경제체제의 장점 중 하나는 기업이 투자자들로부터 어마어마한 양의 돈을 조달할 수 있다는 것이다. 이 장에서 우리는 어떻게 기업이 사채시장에서 채무증권을 발행함으로써 투자자들로부터 돈을 조달하는지에 대해 알아볼 것이다. 사채시장은 기업이 채무증권을 팔기 위해 찾는 곳이자, 투자자들이 채무증권을 구입하고 거래하기 위해 찾는 곳이다. 사채시장에서 발행되고 거래되는 채무증권은 일반적으로 언론이나 투자자들에게 '사채(bonds)'라고 불린다. 그러나 사채시장에 채무증권을 발행하는 기업은 거의 항상 이러한 증권을 그들의 재무제표에 "notes"라고 기록한다. 당신은 이러한 차이를 이 장의 '실제 자료에서 발췌' 부분에서 볼 수 있을 것이다. 다음 장에서는 자본시장에서의 주식 발행을 통해 주주들로부터 조달한 돈에 대해 이야기할 것이다.

아마존은 그 분야 선두의 자리를 유지하기 위해 그 경영에 막대한 양의 돈을 재투자해야 했다. 작년 한 해 동안 아마존은 새로운 물류센터를 세우고 새로운 소프트웨어를 구입하기 위해

학습목표

이번 장을 학습한 후, 여러분들은 다음을 할 수 있어야 한다.

10-1 사채의 특성에 대해 설명한다.

10-2 사채가 액면발행된 경우, 사채와 이자비용을 보고한다.

10-3 이자보상배율(times interest earned ratio)을 계산하고 분석한다.

10-4 사채가 할인발행된 경우, 사채와 이자비용을 보고한다.

10-5 사채가 할증발행된 경우, 사채와 이자비용을 보고한다.

10-6 부채비율(debt-to-equity ratio)을 계산하고 분석한다.

10-7 사채의 조기상환을 보고한다.

10-8 사채가 현금흐름표에 어떻게 보고되는지 설명한다.

10장

FOCUS COMPANY:

Amazon

사채의 발행과 보고

www.amazon.com

Justin Sullivan/Getty Images

거의 $50억의 비용을 투자하였다. 다른 대기업들과 같이, 아마존도 그 경영을 위해 사채시장에서 채무증권을 발행하고, 주식시장에서 주식을 발행함으로써 자본을 모으고 있다. 아마존은 <도표 10.1>에서 볼 수 있듯이 장기부채와 관련된 구체적인 정보를 공개했다. 이 주석(note)에 포함된 일부 용어들은 당신에게는 다소 생소한 것일 수 있다. 이 장을 공부한 이후에, 당신은 주석에서 사용된 각각의 용어들을 이해할 수 있을 것이다.

경영에 대한 이해

회사의 자본구조는 운영비용 조달을 위해 사용되는 부채와 자기자본의 합이다. 거의 모든 회사는 그들의 자본구조에서 일부 부채를 이용하고, 큰 회사들은 종종 몇 십억 달러의 돈을 빌린다. 이와 같이 큰 액수의 돈을 하나의 은행으로부터 빌리는 것은 종종 비현실적이기 때문에, 기업은 그 대신에 일반 투자자들을 대상으로 사채를 발행한다. 기업이 자본 증가를 위해 사채시장에 가는 유일한 단체는 아니다: 전 세계의 정부 또한 같은 목적으로 사채를 발행한다.

사채가 발행된 후에, 그것들은 뉴욕사채거래소와 같은 정해진 거래소들에서 거래된다. 사채거래소에서 사채를 매각할 수 있는 능력은 투자자들에게 유동성이나 그들의 투자물을 현금으로 바꿀 수 있는 능력을 제공하기 때문에 그들에게 있어서 중요한 이점으로 작용한다. 만약 당신이 기업에 20년간 돈을 직접 빌려준다면, 당신은 당신의 투자금이 상환되기 전까지 그 기간을 기다

도표 10.1

Amazon의 비유동부채 주석에서 발췌

AMAZON
실제 자료에서 발췌:
연차보고서 주석

주석(note)6. 비유동부채

비유동부채는 다음과 같습니다(단위: 백만) :

	12월 31일	
	2014	2013
0.65% Notes due on November 27, 2015	$ 750	$ 750
1.20% Notes due on November 29, 2017	1,000	1,000
2.50% Notes due on November 29, 2022	1,250	1,250
2.60% Notes due on December 5, 2019	1,000	
3.30% Notes due on December 5, 2021	1,000	
3.80% Notes due on December 5, 2024	1,250	
4.80% Notes due on December 5, 2034	1,250	
4.95% Notes due on December 5, 2044	1,500	
기타 비유동부채	881	967
합계	9,881	3,967
(차감) 비유동부채에서 유동성대체	(1,520)	(753)
재무상태표에 보고된 비유동부채	$8,361	$3,214

려야 한다. 반대로, 당신이 사채시장에서 사채를 구입함으로써 돈을 빌려준다면, 당신은 만기가 오기 전이라도 당신이 현금을 필요로 하는 때라면 언제든지 그것을 다른 투자자에게 팔 수 있다.

사채시장에서 채무증서를 거래할 수 있는 유동성은 기업에 중요한 이점을 제공한다. 대부분의 투자자는 만기 이전에 현금을 지급받을 가능성 없이 오랜 기간 동안 돈을 빌려주는 것을 꺼려한다. 만약 그들이 그렇게 한다면, 그들은 비유동성에 대한 보상으로 더 높은 이자율을 요구한다. 기업은 투자자들이 사채시장에서 쉽게 사고팔 수 있는 더 많은 유동부채를 발행함으로써 장기 대출비용을 줄일 수 있다.

이 장은 사채의 발행부터 만기까지의 회계에 대해 논의하기 이전에 사채의 특징에 대한 일반적인 개요와 함께 시작된다. 그런 다음 사채의 조기상환에 대한 논의로 끝맺음된다.

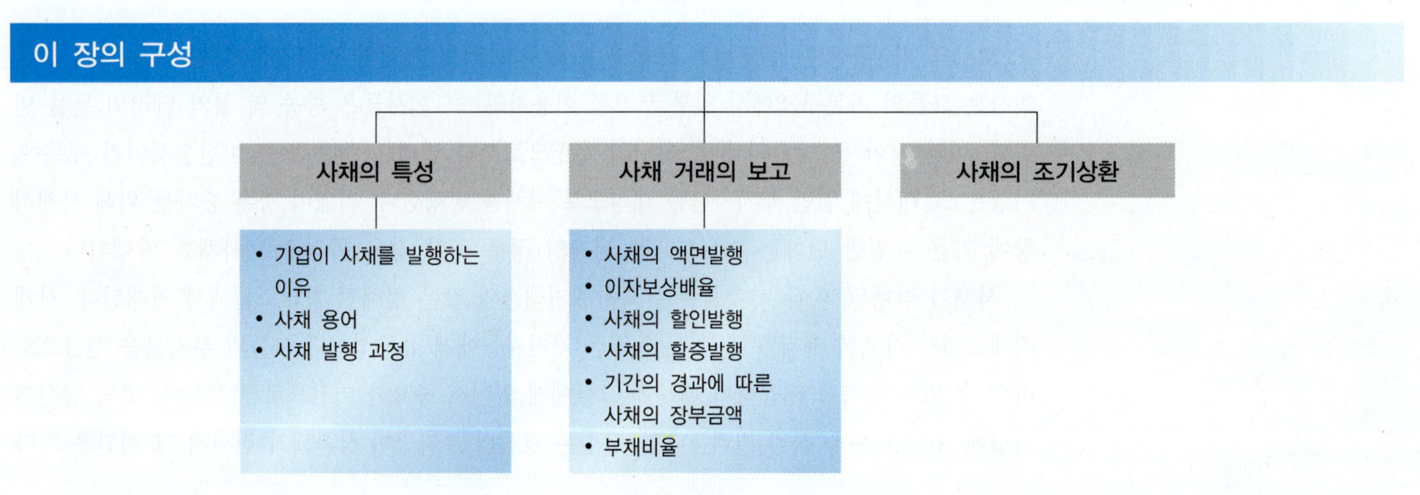

사채의 특징

왜 사채를 발행하는가?

학습목표 10-1
사채의 특징에 대한 서술

기업은 자본을 증가시키기 위해 주식(stock)과 사채(bonds) 모두를 발행한다. 기업이 주식 발행 대신에 사채 발행을 택하는 이유에는 다음과 같은 것들이 포함될 것이다:

1. **주주들이 지배권을 유지할 수 있다.** 사채를 발행하는 것은 주주들이 그들의 현재 지배수준을 유지할 수 있도록 한다. 사채소유자는 주주들을 위한 어떤 배당금 지급에서도 투표권을 갖거나 할당을 받지 않는다.
2. **이자비용은 세금공제가 가능하다.** 사채와 관련된 이자는 세금공제가 가능하다. 이자의 세금공제가능성은 채무의 순비용을 줄인다. 반면에, 배당금은 세금공제가 가능하지 않다.
3. 만약 기업이 낮은 이자율로 돈을 빌리고 수익률이 높은 프로젝트에 그 돈을 투자할 수 있다면 **사채 발행은 주주에 대한 보상을 증가시킬 수 있다.** 예를 들어, Drone Delivery, Inc.가 멀리 떨어진 곳에서 이루어지는 탐색구조작전에 중요한 의료물품을 전달한다고 가정해보자. 그 기업은 다양한 종류의 드론 장비에 투자된 $100,000의 주주지분을 가지고 있고, 매년 $20,000의 순이익을 벌어들인다. 경영진은 $100,000에 달하는 새 드론을 구입하고자 하고 매년 $20,000를 추가적으로 벌어들일 수 있을 것으로 예상하고 있다. 새로운 드론 구매비용을 충당하기 위해, 경영진은 새로운 주식을 발행해야 할까, 아니면 8%의 이자율로 돈을 빌려야 할까? 다음 분석은 돈을 빌리는 것이 기업의 주주들에 대한 보상을 증가시킬 것이라는 사실을 보여준다:

	선택1: 주식 발행	선택 2: 차입
이자 및 법인세비용 차감전 순이익	$ 40,000	$ 40,000
이자비용(8%×$100,000)		8,000
법인세비용차감전순이익	40,000	32,000
법인세비용(35%)	14,000	11,200
당기순이익	$ 26,000	$ 20,800
자기자본	$200,000	$100,000
자기자본이익률(당기순이익/자기자본)	13%	20.8%

위의 예시는 기업이 왜 주식 대신 사채 발행을 선택할 것인지를 보여준다. 그럼 사채 발행으로 인해 발생 가능한 불이익으로는 무엇이 있을까? 여기 두 가지가 있다:

1. **파산 위험 :** 사채소유자에 대한 이자지급은 기업이 수익을 벌어들였든 손실을 초래했든 간에 매 기간 지급해야 하는 고정비용이다.
2. **현금흐름에 부정적 영향 :** 사채는 미래의 특정 시점에 반드시 상환되어야 한다. 경영진은 부채를 상환하거나 해당 비용을 지불하기 위한 능력을 갖기 위해 충분한 현금을 모을 수 있어야 한다.

사채 용어

사채 원금(액면금액: par value, face value, maturity value)
기업이 사채소유자에게 만기일에 지급하는 금액.
사채의 기간별 현금이자 지급액을 계산하는 데 사용되는 금액.

사채는 일반적으로 만기일의 원금 상환과 더불어 해당 사채의 유효기간 동안 이자비용의 지급을 요구한다. 사채 원금(bond principal)은 (1) 기업이 만기일에 사채소유자에게 지불해야 하는 금액이고 (2) 사채의 정기적 현금이자 지급액을 계산하는 데 사용되는 금액이다. 사채 원금은 종종 **액면금액** 혹은 **만기상환금액**이라고 불린다. 모든 사채는 액면금액을 가지고 있다. 대부분의 개별 사채에서의 액면금액은 $1,000이지만, 어떤 액수라도 될 수 있다.

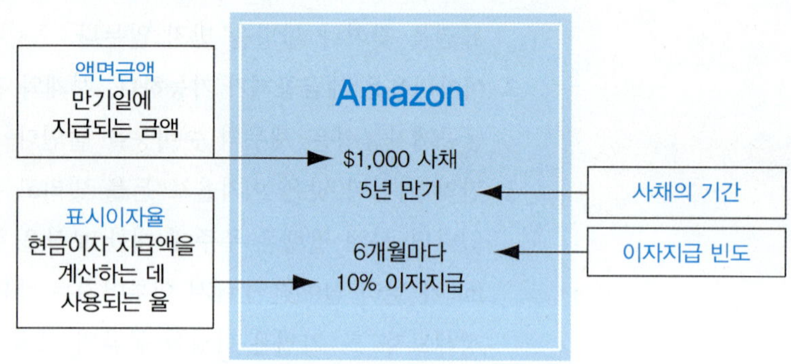

표시이자율(stated rate, contract rate, nominal rate)
사채에 특정된 이자율, 사채의 기간별 현금이자 지급액을 계산하는 데 사용되는 이자율.

사채는 항상 표시이자율(coupon rate)과 주기적 현금이자 지급 빈도를 명시한다. 이 이자 지급은 때때로 **이표지급**(coupon payment)이라고 불린다. 사채의 표시이자율은 항상 1년을 기준으로 명시된다. 이것은 만약 이자가 해마다 지급되거나 1년에 1번 지급된다면, 주기적 현금이자 지급은 사채의 액면금액에 그 표시이자율을 곱하는 것과 같이 간단하게 계산된다는 것을 의미한다. 만약 이자지급이 더 빈번하게 이루어진다면, 현금이자 지급액 계산은 사채의 액면금액을 이용해 곱해지기 전에 이자지급기간에 맞춰 변환된 표시이자율을 필요로 한다. 예를 들어, 다음의 표는 이자가 해마다 지급될 때, 반년마다 지급될 때, 그리고 분기별로 지급될 때 사채의 현금이자 지급액이 어떻게 계산되는지를 보여준다. 사채의 액면금액은 $1,000이고 표시이자율은 8%이다.

이자지급빈도	이자지급기간당 이자율	이자지급기간당 현금지급액
연도별(1년에 1회)	8% ×1 = 8%	$1,000 ×8% = $80
반기별(1년에 2회)	8% ×1/2 = 4%	$1,000 ×4% = $40
분기별(1년에 4회)	8% ×1/4 = 2%	$1,000 ×2% = $20

위에서 나타난 것과 같이, 이자를 해마다 지급하는 사채이라면, 사채소유자는 1년에 1번 $80의 이자 지급을 받을 것이다. 만약 이자를 반년마다 지급하는 사채이라면, 사채소유자는 6개월마다 $40의 이자비용을 지급받을 것이다. 만약 이자를 분기별로 지급하는 사채이라면, 사채소유자는 3개월마다 $20, 총 1년간 $80의 이자비용을 지급받을 것이다. 모든 경우에서 해마다 $80의 이자비용이 지급된다는 것에 주목해라.

서로 다른 유형의 사채는 다양한 경제상의 이유를 위한 각기 다른 특징을 가지고 있다. 개인 투자자는 다른 위험과 수익 선호도를 가진다. 은퇴한 사람은 기꺼이 높은 안전성을 위해 보다 낮은 이자율을 받고자 할 것이다. 이런 유형의 투자자는 기업이 사채를 상환할 수 없는 경우에 대비하여 특정 자산을 담보로 하는 담보부사채를 원할지도 모른다. 다른 유형의 채권자는 미래의 어느 시점에 사채를 보통주로 변환할 수 있는 기회를 보상으로 얻기 위해 기꺼이 낮은 이자율과 무담보 상황을 수용할지도 모른다. 이런 유형의 사채를 전환사채(convertible bonds)라고 한다. 기업은 자동차 생산회사가 서로 다른 그룹의 소비자에게 어필할 수 있는 자동차를 디자인하고자 노력하는 것과 같이 다른 서로 그룹의 투자자에게 매력적인 사채 특성을 디자인하고자 노력한다. 사채의 일반적인 유형들[예를 들어, 무담보사채(debentures)와 수의상환사채(callable bonds)]은 아래의 그림에서 볼 수 있다.

전환사채
발행자의 다른 증권(통상적으로 보통주)으로 전환될 수 있는 사채.

무담보부사채
담보가 없는 사채; 상환을 보증하기 위해 담보가 되는 자산이 없다.

수의상환사채
발행자의 선택으로 조기상환될 수 있는 사채.

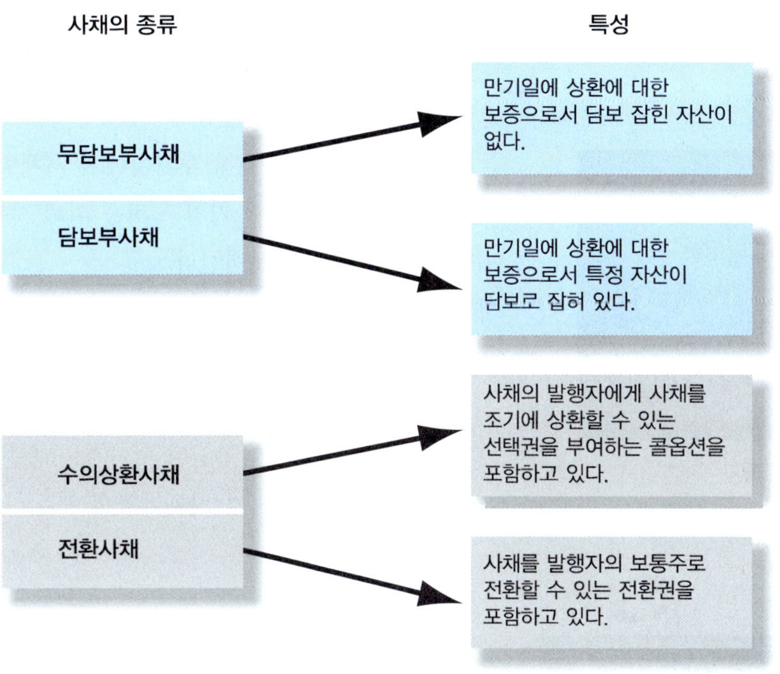

사채 발행 절차

아마존이 사채시장에서 증권을 발행하고자 결정할 때, 아마존은 사채약정서(bond indenture)와 사채투자설명서(bond prospectus)를 발행한다. 사채약정서는 사채 제공에 대한 모든 상세사항을 명시한 법적 문서이다. 사채투자설명서는 증권거래위원회(Securities and Exchange Commission)에 제출하는 규제 문서이다. 이것은 또한 사채 제공에 대한 모든 상세사항을 명시한다. 이 상세사항은 만기일, 지급해야 할 이자율, 각각의 이자지급일, 그리고 해당 사채가 수의상환채인지 전환사채인지와 같은 사채의 다른 특징들을 포함한다. 투자설명서는 또한 사채투자자를 보호하기 위해 고안된 투자자보호약정(covenants)에 대해 설명한다. 대표적인 약정은 회사가 미래에 발행할지도 모르는 새로운 부채에 대한 제약, 주주들에게 지급하는 배당금에 대한 제약,

사채약정서
잠재적 인수자에게 채무증권의 모든 세부사항을 서술한 법적 문서.

사채투자설명서
잠재적 인수자에게 채무증권 또는 지분증권의 모든 세부사항을 서술한 규제 문서.

투자자보호약정
사채 발행자와 사채 소유자 사이를 법적으로 구속하는 약정.

혹은 유동비율과 부채비율과 같은 재무비율을 정해진 최소치 이상 유지해야 하는 의무를 포함한다. 약정이 기업의 장래활동을 제약할 수 있기 때문에, 경영진은 최대한 덜 제한적인 것들을 선호한다. 그러나 사채소유자들은 투자위험을 줄여줄 수 있는 보다 제한적인 약정을 선호한다. 다른 경영상의 상거래와 같이, 최종 결과는 협상을 통해 달성된다.

사채증서
사채 투자자가 채무증권을 인수할 때 수령하는 문서.

투자설명서에 기술될 뿐만 아니라, 사채투자자보호약정은 일반적으로 재무제표의 주석에도 보고된다. 아마존은 최근 사채시장에 어떤 투자자보호약정도 포함하지 않은 채무증권을 발행하였다. 그리고 그 사채투자설명서에는 잠재적 투자자에게 다음과 같이 기술함으로써 정보를 제공하고 있다.

AMAZON
실제 자료에서 발췌:
연차보고서 주석

> "사채는 재무비율이나 순자산, 수익, 이익, 현금흐름이나 유동성에 대해 특정 수준을 유지하도록 요구하지 않는다. 따라서, 우리의 재무상태나 운영성과에서 중대한 부정적 변동을 경험하는 상황에서 사채 소유자들을 보호하지 않는다."

투자설명서는 또한 잠재적 투자자에게 사채발행금액이 어떻게 사용될 것인가를 알려준다. 아마존은 그 돈을 일반적인 기업 목적을 위해 사용했는데, 그 중 하나는 시애틀의 새로운 본사를 위한 부지의 구입을 포함한다.

사채가 투자자에게 발행될 때, 그 사람은 **사채증서(bond certificates)**를 받는다. 실제 서면증서이든 전자증서이든 간에 동일한 사채 발행에 대한 모든 사채증서는 동일한 정보를 포함한다. 증서는 동일한 만기일, 표시이자율, 이자지급날짜, 그리고 다른 특징들을 보여준다. 사채 **수탁자(trustee)**라고 불리는 독립된 당사자는 종종 사채소유자를 대표하기 위해 지목된다. 사채 수탁자의 역할은 발행회사가 사채계약의 모든 조항을 충족했는지를 확인하는 것이다.

수탁자
사채 소유자를 대표하기 위해 지명된 독립된 당사자.

Financial Analysis

사채등급평가기관과 채무불이행위험에 대한 그들의 평가

연관된 돈의 큰 액수와 사채가 갖는 복잡성 때문에, 몇몇 기관이 사채 발행자가 투자설명서에 명시된 요구사항을 충족할 수 있을 것인지에 대한 위험을 평가하기 위해 존재한다. 이 위험은 **채무불이행위험**(default risk)이라고 불린다. Standard & Poor's, Moody's와 Fitch는 사채의 질을 나타내는 데 알파벳 평점을 사용한다. 높은 질의 사채는 다음의 표에서 나타난 것과 같이 낮은 채무불이행위험을 가진다. 많은 은행, 뮤추얼펀드(mutual fund), 그리고 신탁회사가 투자적격사채에만 투자하도록 허가하고 있다.

Standard & Poor's	Moody's	Fitch	설명	위험
AAA	Aaa	AAA	투자적격사채 중 최고등급	저위험
AA	Aa	AA		
A	A	A		
BBB	Baa	BBB	투자적격사채 중 최저등급	
BB	Ba	BB	고위험채권 중 최고등급	
B	B	B		
CCC	Caa	CCC		
CC	Ca	CC		
C	C	C		
D	C	DDD	채무불이행 상태 또는 등급 없음	고위험

사채 거래 보고

아마존이 사채를 발행할 때, 아마존은 사채계약에 두 유형의 현금 지급을 명시했다.

1. **원금**(Principle) : 앞 절에서 얘기했던 바와 같이, 이 금액은 대부분 사채의 유효기간이 종료될 때 발생하는 일시불 지급금이다. 이것은 또한 **액면금액** 혹은 **만기상환금액**이라고도 불린다.
2. **현금이자비용**(Cash interest payments) : 때때로 **이표지급**(coupon payments)이라고 불리는 이 비용은 연금을 대표하며 사채의 액면금액에 표시이자율을 곱함으로써 계산된다. 사채계약은 이자비용의 지급이 분기별로 이루어질 것인지, 반년마다 이루어질 것인지, 혹은 매년 이루어질 것인지를 명시한다. 만약 이자비용의 지급이 1년에 한 번보다 더 자주 이루어질 경우, 반드시 계산 시에 기간에 따른 이자율을 사용하도록 해야 한다. 예를 들어, 다음 특징을 가진 사채를 고려해보자.

   - 액면금액 : $1,000
   - 기간 : 10년
   - 표시이자율 : 6% (연간)
   - 이자지급기간 : 반년마다 (1년에 2번)

   만약 당신이 이 사채의 현금이자비용을 계산하도록 요청받았다면, 당신은 3%의 기간 이자율을 사용해야 한다(반년 기준 표시이자율). 계산은 다음과 같다.

• 현금이자비용: $30 ($1,000 × 6% × ½년)

발행회사는 사채의 발행가격을 결정하지 않는다. 그 대신에, 시장이 이전 장에서 소개된 현재가치 개념을 사용해 가격을 결정한다. 사채의 현재가치를 결정하기 위해, 당신은 원금(일시불 지급금)의 현재가치와 이자비용(연금)의 현재가치를 계산한 후 두 값을 더한다.

시장이자율(수익률, 유효이자율)
투자자가 사채가 발행된 시점에서 회사의 사채에 요구하는 수익률, 그리고 매 기간 사채의 이자비용을 계산하는 데 사용되는 이자율.

사채할증발행차금
사채가 액면금액보다 더 높은 금액으로 발행되었을 때 사채 발행금액과 사채 액면금액과의 차이.

사채할인발행차금
사채가 액면금액보다 낮은 금액으로 발행되었을 때 사채 발행금액과 사채 액면금액과의 차이.

투자자는 특정 기업의 사채 제공과 관련된 위험에 대한 보상으로 특정 이율의 수익을 요구한다. 요구수익률은 **시장이자율(market interest rate, 수익률 또는 유효이자율로도 알려져 있다)**이라고 불린다. 시장이자율이 사채가 발행된 날에 투자자가 요구하는 이자율이기 때문에, 시장이자율은 사채의 현재가치를 계산하는 데 필수적으로 사용된다.

기업이 사채를 발행한 날에, 시장이자율은 표시이자율과 같을 수도 있고, 표시이자율보다 클 수도 있고, 아니면 표시이자율보다 낮을 수도 있다. 시장이자율과 사채의 표시이자율 간의 관계는 사채가 액면금액으로 발행될지, **할증발행(premium)**될지, 혹은 **할인발행(discount)**될지는 결정한다. 시장이자율이 표시이자율과 같을 때, 사채는 액면금액에 팔린다; 시장이자율이 표시이자율보다 클 때, 사채는 할인가격에 팔린다; 시장이자율이 표시이자율보다 낮을 때, 사채는 할증가격에 팔린다. 이러한 관계는 다음과 같이 도표로 나타낼 수 있다:

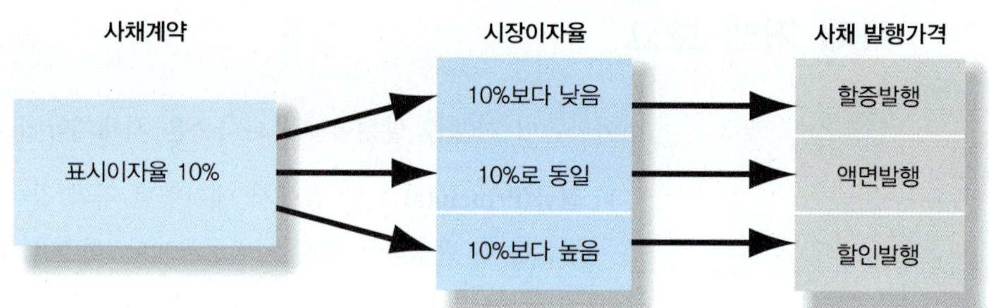

상식적으로, 사채의 표시이자율이 투자자들이 요구하는 이자율보다 낮을 때, 투자자는 그 가격이 내려가지 않는 한 그 사채를 사지 않을 것이다(즉, 할인이 반드시 제공되어야 한다). 반대로 사채의 표시이자율이 투자자들이 요구하는 이자율보다 높을 때, 투자자들은 사채를 구매하기 위해 기꺼이 할증가격을 지불할 것이다.

사채가 액면금액으로 발행되는지, 할인발행되는지, 혹은 할증발행되는지와 관계없이, 투자자는 항상 시장이자율로 수익을 벌어들일 것이라는 사실을 기억하는 것은 중요하다. 설명을 위해, 같은 날 3개의 개별 사채를 발행한 회사를 살펴보자. 사채는 하나는 표시이자율이 8%이고, 다른 것은 10%이고, 세 번째 것은 12%라는 것을 제외하고는 모두 동일하다. 만약 세 개의 사채가 발행된 날의 시장이자율이 10%라면, 첫 번째 사채는 할인발행될 것이고, 두 번째 사채는 액면금액에 발행될 것이고, 세 번째 사채는 할증발행될 것이다. 결과적으로, 그 사채들 중 어떤 하나를 구입한 투자자는 10%의 시장이자율을 벌어들일 것이다.

사채의 유효기간동안, 그 시장가격은 시장이자율의 변동에 따라 변화한다. 이 내용이 financial press에 보고되기는 하지만, 이것은 기업의 재무제표와 한 기간부터 다음 기간까지의 이자비용을 회계하는 방식에 영향을 미치지는 않는다. 회계 목적상에서 문제로 작용하는 이자율은 (시간의 흐름에 따라 변화하지 않는) 사채의 **표시이자율**과 **사채가 발행된 날의 시장이자율**이다.

Financial Analysis

Business Press에서 제공하는 사채 정보

사채 가격은 사채거래소에서 발생한 거래에 기초하여 매일 business press에 보고된다. 뉴스를 발행하는 곳마다 그 형식은 다르지만, 다음은 당신이 찾을 수 있는 정보의 일반적인 형태이다.

발행회사	표시이자율(%)	만기	현재시세($)	수익률(%)
Apple	3.45	2024	101.29	3.29
Amazon	2.50	2022	94.92	3.20
Walmart	3.30	2024	101.36	3.13

위의 내용은 아마존 사채가 2.5%의 표시이자율을 지불하며, 2022년에 만기될 것이고, 현재 $94.92에 팔리고 있다는 것을 반영한다. 사채의 "수익률(yield)"은 현재 가격에 사채를 구입하고 만기까지 그것을 가지고 있는 투자자가 그들의 투자금의 3.2%에 달하는 수익을 벌 것이라는 사실을 반영한다.

위에 나열된 현재 가격은 아마존의 재무제표에 영향을 미치지 않는 사실을 기억해야 한다 — 한 투자자가 그 혹은 그녀의 사채를 다른 투자자에게 팔기로 결정했을 때, 아마존은 그 거래에 속하는 당사자가 아니다. 재무보고 목적으로, 아마존은 사채가 대중들에게 처음 발행됐을 때의 시장이자율을 사용한다.

이 장의 다음 부분에서, 우리는 액면발행 사채, 할인발행 사채, 그리고 할증발행 사채를 어떻게 회계처리하는지에 대해 살펴볼 것이다.

STOP PAUSE FOR **FEEDBACK**

SELF-STUDY **QUIZ**

다음으로 넘어가기 전에, 이 장에서 소개된 새로운 용어를 이해하는 것은 매우 중요하다. 이 장에서 소개된 몇 가지 용어에 대해 복습해보자. 다음 용어들을 정의해보라:

1. 시장이자율
2. 시장이자율의 동의어
3. 표시이자율
4. 표시이자율의 동의어
5. 사채 할인발행
6. 사채 할증발행

| 해설

1. 시장이자율은 사채가 발행될 때 투자자가 사채에 대해 요구하는 이자율이다. 이것은 투자자가 사채를 위해 얼마를 지불해야 하는지를 결정하기 위해 현재가치 계산을 할 때 사용되는 이자율이다.
2. 시장이자율은 사채의 수익률(yield) 또는 유효이자율이라고도 불린다.
3. 표시이자율(coupon rate)은 사채의 표면이자율(stated interest rate)이다.
4. 표시이자율은 states rate, contract rate 혹은 nominal rate라고도 불린다.
5. 액면금액보다 낮은 가격에 발행되는 사채는 할인되어 팔린다. 이러한 경우는 사채의 표시이자율이 시장이자율보다 낮을 때 발생한다.
6. 액면금액보다 높은 가격에 발행되는 사채는 할증되어 팔린다. 이러한 경우는 사채의 표시이자율이 시장이자율보다 높을 때 발생한다.

액면발행 사채

학습목표 10-2
액면금액으로 발행된 사채의 사채 장부금액과 이자비용의 보고.

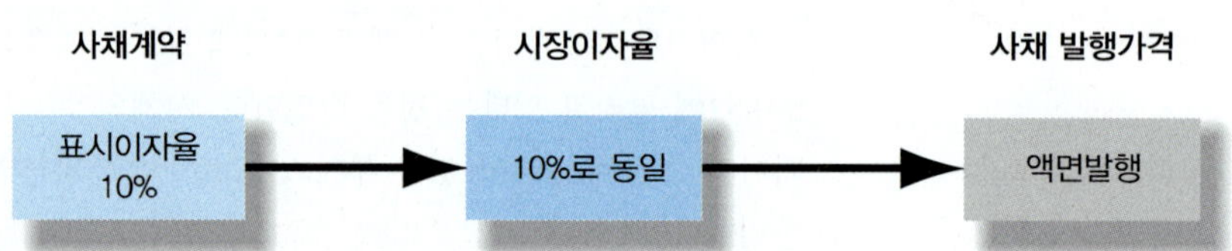

투자자들이 요구하는 시장이자율과 사채계약에서 명시된 이자율 혹은 표시이자율이 같을 때 사채는 액면금액에 발행된다. 설명을 위해, 2016년 1월 1일에 아마존이 10%의 표시이자율과 $100,000의 액면금액을 가진 사채를 발행한다고 가정해보자. 사채 발행일에 투자자는 현금 $100,000를 기꺼이 아마존에 지급한다(이것은 사채가 액면금액에 팔림을 뜻한다). 해당 사채는 2016년 1월 1일에 이자의 축적을 시작하고, 6월 30일과 12월 31일에 각각 이자를 지급할 것이다. 사채의 만기는 2년 후인 2017년 12월 31일이다.

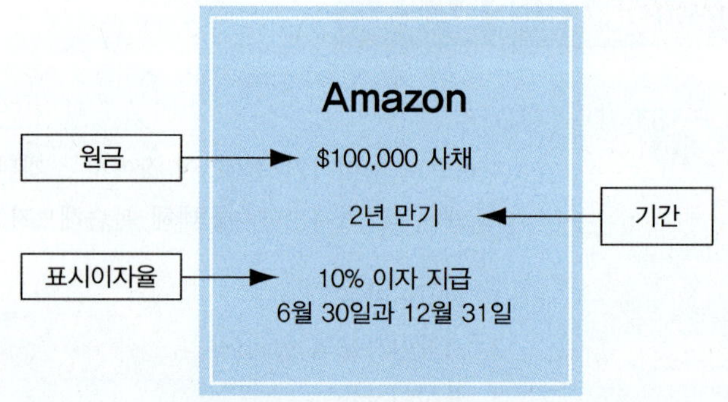

사채를 팔 때 기업이 받는 돈의 액수는 사채와 관련된 미래현금흐름의 현재가치이다. 위에서 묘사된 사채 발행에서, 아마존은 미래에 2가지 유형의 지불을 하는 데 동의한다: 2년 후에 사채가 만기될 때 $100,000를 일시불로 지급하는 것과 2년간 1년에 2번씩 $5,000[$100,000 × (10%

× ½년)]의 연금을 지급하는 것이 바로 그것이다. 위의 방정식 속 10%는 사채의 표시이자율이다. 사채 비용은 도표로 다음과 같이 나타낼 수 있다:

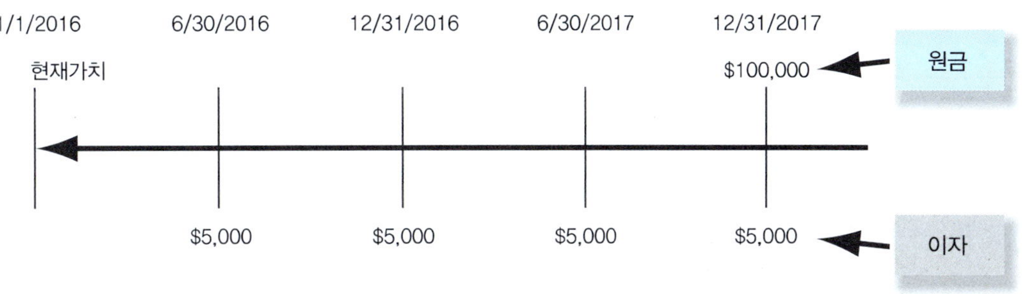

우리는 사채의 현재가치를 계산하기 위해 사채의 기간당 시장이자율을 이용한다(이 경우에는 10% ÷ 2 = 5%). 우리가 이전 장에서 다룬 것과 같이, 사채 비용의 현재가치는 엑셀, 재무계산기, 혹은 부록 E의 표들을 사용해 계산할 수 있다.

	현재가치
만기에 원금의 단일 지급 : $100,000×0.82270	$ 82,270
+ 현금이자의 연금 지급 : $5,000×3.54595	17,730
사채의 발행(판매)가격	$100,000

<표 E.1>에서 이자율(i)=5%, 기간(n)=4 : 지수=0.82270
<표 E.2>에서 이자율(i)=5%, 기간(n)=4 : 지수=3.54595
엑셀을 사용하면 rate(i)=.05, nper(n)=4, pmt=−$5,000, FV=−$100,000
계산기를 사용하면 rate(i)=5, period(n)=4, pmt=−$5,000, FV=−$100,000

시장이자율이 표시이자율과 같을 때, 사채와 관련된 미래현금흐름의 현재가치는 항상 사채의 액면금액과 같다. 사채의 발행가격이 그 액면금액이 아닌, 미래현금흐름의 현재가치에 의해 결정된다는 것을 기억해라. 아마존이 사채를 발행한 날에, 아마존은 사채 부채액을 투자자들이 사채를 위해 기꺼이 지불할 금액과 같은 액수로 기록한다.

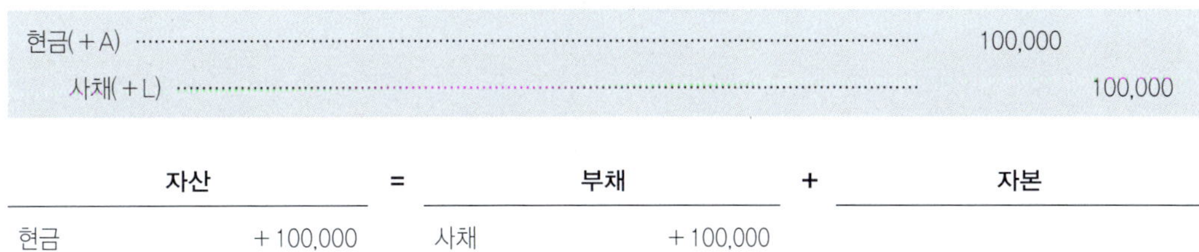

	차변	대변
현금(+A)	100,000	
사채(+L)		100,000

자산		=	부채		+	자본
현금	+100,000		사채	+100,000		

사채는 이자를 매달, 매 분기, 반년마다, 혹은 매년 지급할 수 있다. 모든 경우에서 사채의 발행가격을 결정하기 위해, 당신은 사채 유효기간 중 이자지급기간의 수와 기간당 시장이자율을 이용해 사채의 현금흐름의 현재가치를 결정해야 할 것이다.

PAUSE FOR FEEDBACK

SELF-STUDY QUIZ

아마존이 2년 후 만기되는 액면금액 $500,000의 사채를 발행한다고 가정해보자. 발행일에 표시이자율과 시장이자율은 8%로 같다. 사채의 발행가격을 계산해라.

해설

$500,000 × 0.85734	=	$428,670
($500,000 × 0.08) × 1.78326	=	71,330
	=	$500,000

액면발행된 사채의 이자비용 보고

앞의 예시에 이어서, 아마존 사채를 구입한 투자자는 사채의 유효기간 동안 이자수익을 벌어들일 수 있을 것이라는 기대와 함께 그 사채를 구입했을 것이다. 아마존은 사채 만기일 전까지 6월 30일과 12월 31일에 각각 사채의 액면금액에 연이자율 10%로 이자를 지급할 것이다. 각 기간의 이자의 액수는 $5,000($100,000 × 0.10 × ½년)가 될 것이다. 각각의 이자비용을 기록하기 위한 분개는 다음과 같다:

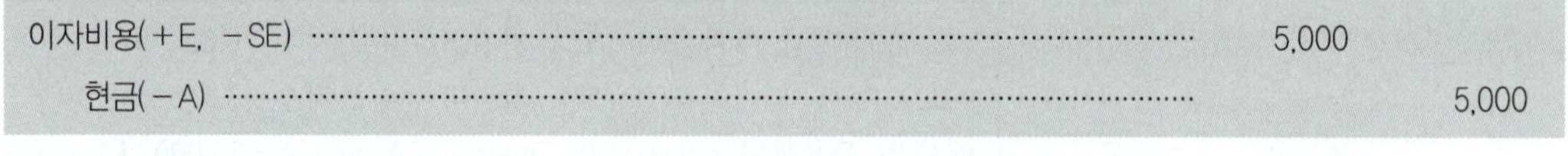

이자비용(+E, −SE)	5,000	
현금(−A)		5,000

자산		=	부채	+	자본	
현금	−5,000				이자비용(+E)	−5,000

이자비용은 손익계산서에 보고된다. 이자는 운영활동보다는 재무활동과 관계가 있기 때문에, 이것은 일반적으로 손익계산서의 운영비용에 포함되지 않는다. 대신에 이자비용은 전형적으로 손익계산서의 "영업이익(income from operations)" 바로 아래에 보고된다. 아마존 손익계산서의 일부는 이자비용이 주로 어떻게 보고되는지를 보여준다.

AMAZON
실제 자료에서 발췌:
부분손익계산서

AMAZON.COM, INC.
연결손익계산서
(단위: 주당이익 자료를 제외하고 백만 단위)

	12월 31일로 종료되는 회계연도		
	2014	**2013**	**2012**
…			
영업이익	178	745	676
이자수익	39	38	40
이자비용	(210)	(141)	(92)
기타수익(비용), 순액	(118)	(136)	(80)
영업외수익(비용) 계	(289)	(239)	(132)
법인세차감전순이익	(111)	506	544
…			

사채이자비용 지급일이 기업 회계연도의 마지막 날과 겹치는 경우는 거의 없다. 제3장에서 소개된 비용인식원칙하에서, 발생하였으나 지급되지 않은 이자비용은 회계기간이 끝날 때 축적되어야 한다. 만약 아마존의 회계연도가 12월 31일이 아닌 5월 31일에 끝난다면, 아마존은 5개월간의 이사비용을 축석하고 그 금액을 손익계산서에 이자비용으로 보고하고, 같은 금액을 재무상태표에 미지급이자로 보고해야 한다.

이자 지급이 채무자의 법적 의무이기 때문에, 회계사는 회사가 이자 지급 의무를 충족하기에 충분한 자원을 발생시킨다는 것을 확실히 하고 싶어 한다. 이자보상배율은 이러한 평가 시에 유용하다.

KEY RATIO ANALYSIS

이자보상배율(times interest earned)

학습목표 10-3
이자보상배율의 계산과 분석.

■ 분석적 질문

아마존이 기업의 이윤창출 활동으로부터 현재 이자지급 의무를 충족하기에 충분한 자원을 생산하는가?

■ 비율 및 비교

이자보상배율은 다음과 같이 계산된다:

$$\text{이자보상배율} = \frac{\text{당기순이익} + \text{이자비용} + \text{법인세비용}}{\text{이자비용}}$$

2014년도 아마존의 비율은 (단위: 백만 달러):

$$[\$(241) + \$210 + \$167] \div \$210 = 0.65$$

연도별 비교			경쟁업체와 비교	
Amazon			eBay	Walmart
2014	2013	2012	2014	2014
0.7	4.1	5.2	0.7	4.1

■ 해석

- **일반론 :** 재무분석가는 높은 이자보상배율을 낮은 것보다 더 긍정적인 것으로 여긴다. 그 비율은 이자비용 $1당 벌어들인 수입의 액수를 보여준다. 높은 비율은 수익성 약화 시 방어능력의 여유분(extra margin of protection)을 나타낸다. 재무분석가는 특히 요구되는 이자 지급을 충족할 수 있는 기업의 능력에 관심을 가지는데, 그것의 실패는 파산을 야기할 수 있기 때문이다.
- **회사에 대한 분석 결과 :** 2014년에 아마존의 이윤창출 활동은 이자비용 $1당 $0.65만을 발생시켰다. 이 비율은 2가지 원인으로 인해 점점 감소하였다: 이자비용은 증가하는 반면, 순이익은 지속적으로 감소하였다. 시간의 흐름에 따른 급격한 하락을 고려할 때, 재무분석가는 아마 아마존의 이자보상배율에 주시할 것이다. 이베이와 월마트는 모두 높은 이자보상배율을 가지고 있으며, 이것은 해당 기간 발생한 수익으로 이자를 지급할 수 있는 충분한 능력 덕에 사건이 발생할 확률이 상대적으로 낮음을 나타낸다.
- **주의사항 :** 이자보상배율은 종종 신규회사 혹은 급격히 성장한 회사를 오도하는데, 그들은 미래 운영을 위한 그들의 역량을 키우기 위해 상당한 자원을 투자하고자 하는 경향이 있다. 그러한 경우에서, 이자보상배율은 확장 계획을 지원하기 위한 부채와 관련된 중요한 이자비용 금액을 반영할 것이지만, 확장을 통해 들어올 미래 수입을 반영하지는 않는다. 이러한 이유에서 재무분석가는 이 비율을 해석할 때 기업의 장기 전략을 고려해야 한다.

학습목표 10-4
할인발행된 사채의 사채 장부금액과 이자비용의 보고.

할인발행 사채

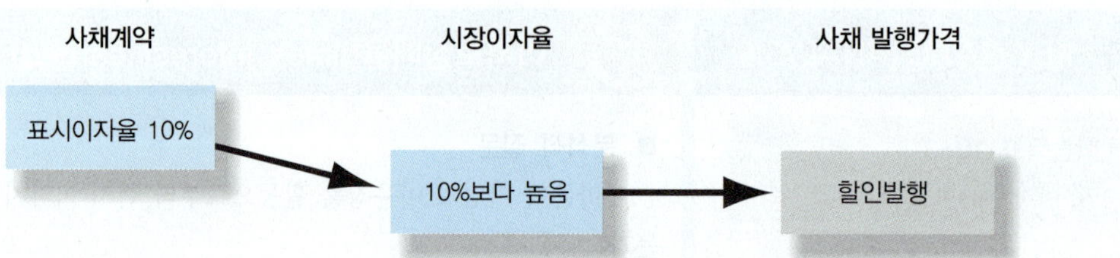

시장이자율이 표시이자율보다 클 때 사채는 할인발행된다. 설명을 위해, 아마존이 사채를 파는 2016년 1월 1일에 시장이자율이 12%라고 가정해보자(아마존 사채의 액면금액은 $100,000이다). 사채는 2년 후 만기되고 10%의 표시이자율을 가진다. 이자는 1년에 2번, 6월 30일과 12월 31일에 지불해야 한다. 표시이자율(10%)이 발행일의 시장이자율(12%)보다 낮기 때문에 사채는 할인발행된다.

그러한 이자율이 차이 나는 상황 속에서 투자자가 사채에 얼마나 돈을 쓸 것인가를 계산하기 위해, 우리는 부록 E의 표를 사용할 수 있다. 이전의 예시에서 기간의 수는 4번이고 이자율은 기간당 시장이자율이고, 이 경우에는 6%이다(12% × ½년). 이 정보를 이용해 우리는 다음과 같이 아마존 사채의 현금 발행 가격을 계산할 수 있다:

	현재가치
만기에 원금의 단일 지급 : $100,000×0.79209	$79,209
+ 현금이자의 연금 지급 : $5,000×3.46511	17,326
사채의 발행(판매)가격	$96,535

<표 E.1>에서 이자율(i)=6%, 기간(n)=4 : 지수=0.79209
<표 E.2>에서 이자율(i)=6%, 기간(n)=4 : 지수=3.46511
엑셀을 사용하면 rate(i)=.06, nper(n)=4, pmt=−$5,000, FV=−$100,000
계산기를 사용하면 rate(i)=6, period(n)=4, pmt=−$5,000, FV=−$100,000

이렇게 해서, 만약 발행일의 시장이자율이 12%라면, 투자자들은 아마존 사채를 위해 $96,535를 기꺼이 지급할 것이다. 어떤 사람들은 이 가격을 96.5라고 말하는데, 이것은 사채 발행가격이 사채 액면금액의 96.5%라는 것을 나타낸다(96.5=$96,535 ÷ $100,000).

할인발행된 사채의 보고를 위해 인정되는 방법으로는 두 가지가 있다: 두 가지는 모두 기업의 재무상태표에 보고되는 같은 액수의 달러를 결과로 한다. 첫 번째 방법은 분개 안에 사채할인을 포함시킴으로써 그것을 명시적으로 꾸준히 기록한다. 두 번째 방법은 내부적으로 사채할인을 꾸준히 기록하지만 분개에는 포함하지 않는다. 사용되는 방법에 관계없이, 재무상태표에 보고되는 사채의 장부가치(the bond payable book value)는 아래의 예시에서 볼 수 있듯이 동일하다. 두 가지 방법을 사용해서 할인발행된 아마존 사채의 발행을 기록하는 분개는 다음과 같다.

사채할인발행차금 계정 사용

현금(+A)	96,535	
사채할인발행차금(+XL, −L)	3,465	
사채(+L)		100,000

사채할인발행차금 미사용

현금(+A)	96,535	
사채(+L)		96,535

사채할인발행차금 계정 사용:

자산		=	부채		+	자본
현금	+96,535		사채	+100,000		
			사채할인발행차금	−3,465		

사채 장부금액: **$96,535**
($100,000−$3,465)

사채할인발행차금 미사용:

자산		=	부채		+	자본
현금	+96,535		사채	+96,535		

사채 장부금액: **$96,535**

사채할인발행차금은 부채의 차감(contra-liability) 계정이고, 이것이 위의 분개에서 대변에 기록되고 부채에서 음수(−)로 표시되는 이유이다. 이 계정은 아마존의 재무상태표에 별도로 공개되지 않는다. 대신에, 재무상태표는 비용을 지불해야 하는 사채를 그 장부금액($96,535)으로 보고하고, 이것은 사채의 액면금액에서 미상각 사채할인발행차금을 뺀 것이다($100,000−$3,465). 사채 할인이 분개에 직접적으로 기록되었는지와 관계없이 회사채를 그 장부금액으로 보고하는 것은 재무상태표상에 같은 크기의 금액($96,535)이 보고되는 결과를 가져온다.

아마존이 사채를 팔 때 단지 $96,535를 받았더라도, 사채의 만기 시에는 $100,000를 상환해야 한다. 아마존이 만기일에 지급해야 하는 $3,465의 추가적인 현금은 이자비용에 반영되고 사채 유효기간 중 각각의 회계기간마다 부채의 장부금액에 더해진다. 이것은 매 기간마다 사채소유자에게 지급되는 현금이 **표시이자율**을 반영하는 동안, 이자비용이 **시장이자율**(**유효이자율**이라고도 불린다)을 반영하는 이유이다. 이자비용을 기록하는 데 사용되는 회계방법은 유효이자율법(effective-interest amortization method)이라고 불린다.

유효이자율법
사채의 만기까지의 기간에 걸쳐 회사가 사채소유자에게 지급하는 유효이자율을 반영하여 사채할인발행차금이나 사채할증발행차금을 상각하는 방법.

남은 제10장의 모든 분개에서 우리는 사채할인발행차금 계정을 사용한다. 우리는 이 장의 마지막에 나올 보론에서 본문을 반복해 보여주고 사채할인발행차금 계정 없이 모든 분개를 보여준다.

유효이자율법을 사용하여 할인발행된 사채의 이자비용을 보고(사채할인발행차금 사용)

유효이자율법(effective-interest amortization method)하에서 기업은 주어진 회계기간의 이자비용을 회사채의 장부금액과 사채 발행일의 시장이자율을 곱함으로써 계산한다. 사채가 할인발행될 때, 표시이자율보다 큰 시장이자율을 사용하는 것은 각 회계기간의 이자비용이 현금이자(cash owed for interest)보다 커지는 결과를 가져온다. 이자비용과 현금이자(cash owed for interest)의 차이는 해당 기간 동안 상각되는 사채할인발행차금의 액수이다. 이 과정은 다음과 같이 요약될 수 있다:

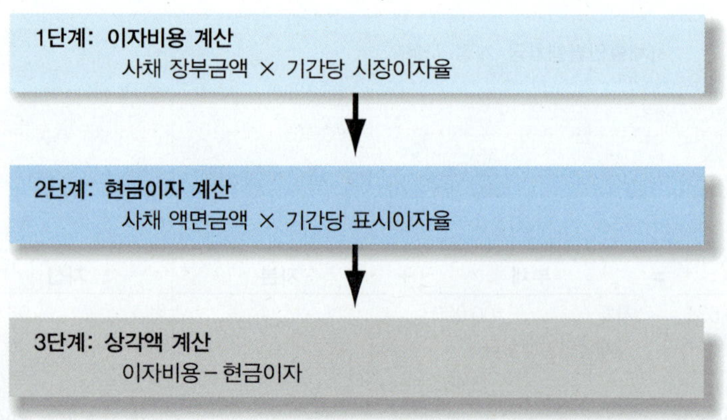

현금이자(cash owed for interest)가 사채의 액면금액($100,000)과 기간당 표시이자율(10% × ½년)을 곱함으로써 계산된다는 것을 상기해보자. 그래서 아마존은 사채소유주에게 6월 30일과

12월 31일에 각각 $5,000의 현금을 빚지고 있다. 사채에 대한 첫 번째 이자 지급은 2016년 6월 30일에 이루어진다. 위에서 서술된 3단계를 따랐을 때, 이자비용과 상각된 사채할인발행차금은:

1단계 : 이자비용 : $96,535 × (0.12 × ½년) = $5,792

2단계 : 현금이자 : $100,000 × (0.10 × ½년) = $5,000

3단계 : 상각액 : $5,792 − $5,000 = $792

유효이자율법은 이 금액을 매 기간 변경시킨다.

아마존의 분개에는 이렇게 기록될 것이다:

이자비용(+E, −SE)	5,792	
사채할인발행차금(−XL, +L)		792
현금(−A)		5,000

자산		=	부채		+	자본	
현금	−5,000		사채할인발행차금	+792		이자비용(+E)	−5,792

사채 장부금액: **$97,327**
($100,000 − $3,465 + $792)

매 기간마다 사채할인발행차금의 상각은 사채의 장부금액을 증가시키고, 만기가 될 즈음에는 $100,000에 가까운 금액이 만들어질 것이다. 사채할인발행차금의 상각은 사채가 만기될 때 사채소유주들에게 지급될 사채소유주에 의해 벌어들인 이자금액이라고 생각할 수도 있다. 첫 번째 이자기간 동안, 아마존 사채소유주는 $5,792의 이자를 벌었지만 오직 현금 $5,000밖에 지급받지 못했다. 추가적인 $792는 사채의 장부금액에 더해지고 사채가 만기될 때 사채소유주에게 지급될 것이다.

다음 이자계산기간의 이자비용은 회사채 장부금액에서의 변화를 반영한다. 아마존은 2016년 하반기의 이자비용을 2016년 6월 30일의 회사채 장부금액($97,327)과 기간당 시장이자율 [$97,327 × (12% × ½년) = $5,840]을 곱함으로써 계산한다. 이자비용이 $5,840이고 현금이자가 $5,000이면, 2016년 12월 31일의 사채할인 상각액은 $840이다:

이자비용(+E, −SE)	5,840	
사채할인발행차금(−XL, +L)		840
현금(−A)		5,000

자산		=	부채		+	자본	
현금	−5,000		사채할인발행차금	+840		이자비용(+E)	−5,840

사채 장부금액: **$98,167**
($100,000 − $3,465 + $792 + $840)

2016년 12월 31일의 이자비용이 2016년 6월 30일의 이자비용보다 크다는 사실에 주목해라. 아마존은 그 해 상반기에 축적된 미지급이자 덕분에 그 해의 하반기에 효과적으로 더 많은 돈을 빌렸다. 사채할인발행차금의 상각 때문에, 사채의 장부금액과 이자비용은 사채의 유효기간 동안 매년 증가한다. 이러한 과정은 아래에 나타난 상각표와 함께 설명될 수 있다:

표시이자율 (10%)

시장이자율 (12%)

사채할인발행차금 상각표

일자	(a)	(b)	(c)	(d)
	현금이자	이자비용	상각액	사채 장부금액
	$100,000 × (10% × $\frac{1}{2}$년)	기초장부금액 × (12% × $\frac{1}{2}$년)	(b) − (a)	기초장부금액 + (c)
01/01/2016				$ 96,535
06/30/2016	$5,000	$5,792	$792	97,327
12/31/2016	5,000	5,840	840	98,167
06/30/2017	5,000	5,890	890	99,057
12/31/2017	5,000	5,943	943	100,000

다음 내용에 주목해라.

- 현금이자(column a)는 사채의 액면금액과 기간당 표시이자율을 곱함으로써 계산된다.
- 이자비용(column b)은 사채의 기초장부금액(column d)과 시장이자율을 곱함으로써 계산된다. 사채의 기초장부금액은 그 이전 기말 사채의 장부금액과 같다는 것에 주목해라.
- 사채할인발행차금의 상각은 이자비용(column b)에서 현금이자(column a)를 뺌으로써 계산할 수 있다.
- 사채의 새로운 장부금액(column d)은 기초장부금액에 사채할인발행차금의 상각액(column c)을 더함으로써 계산할 수 있다.

요약하자면, 유효이자율법하에서 이자비용은 부채의 실질금액이 변화함과 같이 매 회계기간 변화한다.

STOP PAUSE FOR **FEEDBACK**

SELF-STUDY **QUIZ**

아마존이 액면금액 $100,000, 표시이자율 5%의 사채를 발행했다고 가정해보자. 사채는 10년 후에 만기되고 매년 이자를 지급한다. 사채는 연간 시장이자율이 6%일 때 $92,640에 팔렸다.

1. 첫해 말에 현금이자의 금액은?
2. 유효이자율법을 이용했을 때, 아마존은 첫해 말에 얼마의 이자비용을 보고해야 하는가?

해설

1. 현금이자 : $100,000 × 5% = $5,000
2. 이자비용 : $92,640 × 6% = $5,558

할증발행 사채

학습목표 10-5

할증발행된 사채의 사채 장부금액과 이자비용의 보고.

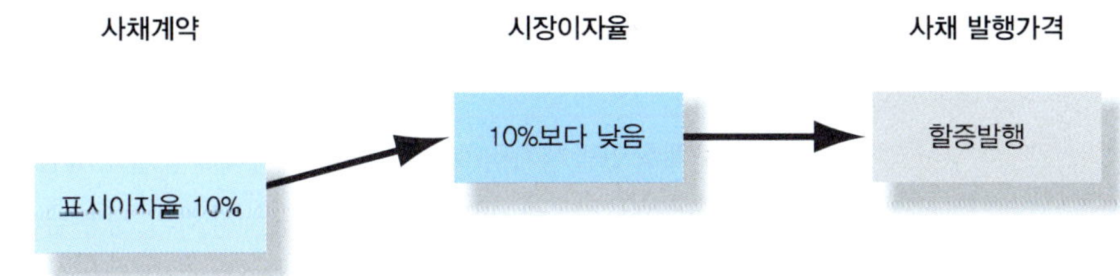

시장이자율이 사채의 표시이자율보다 클 때 사채가 **할인발행**(discount)된다는 것을 상기해보자. 시장이자율이 사채의 표시이자율보다 낮을 때, 사채는 할증발행된다. **할증발행**(premium)된 사채를 어떻게 회계처리하는지를 보여주기 위해, 이전의 아마존의 예시를 동일하게 사용하되 표시이자율은 10%로 같은 반면, 시장이자율은 이제 8%라고 가정해보자. 이전과 같이, 사채는 2016년 1월 1일에 발행되고, 이자는 반년마다 지급하며, 2년 만기이다.

위에서 설명된 사채의 현재가치는 4개의 이자지급기간, 4%의 기간당 이자율(8% × ½년)의 조건을 이용해 부록 E에 포함된 표를 통해 계산할 수 있다.

	현재가치
만기에 원금의 단일 지급 : $100,000×0.85480	$ 85,480
+ 현금이자의 연금 지급 : $5,000×3.62990	18,150
사채의 발행(판매)가격	$103,630

<표 E.1>에서 이자율(i)=4%, 기간(n)=4 : 지수=0.85480
<표 E.2>에서 이자율(i)=4%, 기간(n)=4 : 지수=3.62990
엑셀을 사용하면 rate(i)=.04, nper(n)=4, pmt=−$5,000, FV=−$100,000
계산기를 사용하면 rate(i)=4, period(n)=4, pmt=−$5,000, FV=−$100,000

할증발행 사채 회계는 할인발행 사채 회계와 비슷하다. 기업은 사채할증발행차금 계정을 그들의 분개에 명시적으로 사용하거나 내부적으로 할증액을 기록할 수 있다. 우리는 아래에서 두 가지를 나란히 보여주고, 사채할인에서와 마찬가지로 사채할증발행차금 계정을 이용해 모든 다음 분개를 보여준다. **우리는 이 장의 보론에서 본문을 반복해 보여주고 사채할증발행차금 계정 없이 모든 분개를 보여준다.** 2016년 1월 1일, 아마존 사채의 할증발행은 다음과 같이 기록될 것이다:

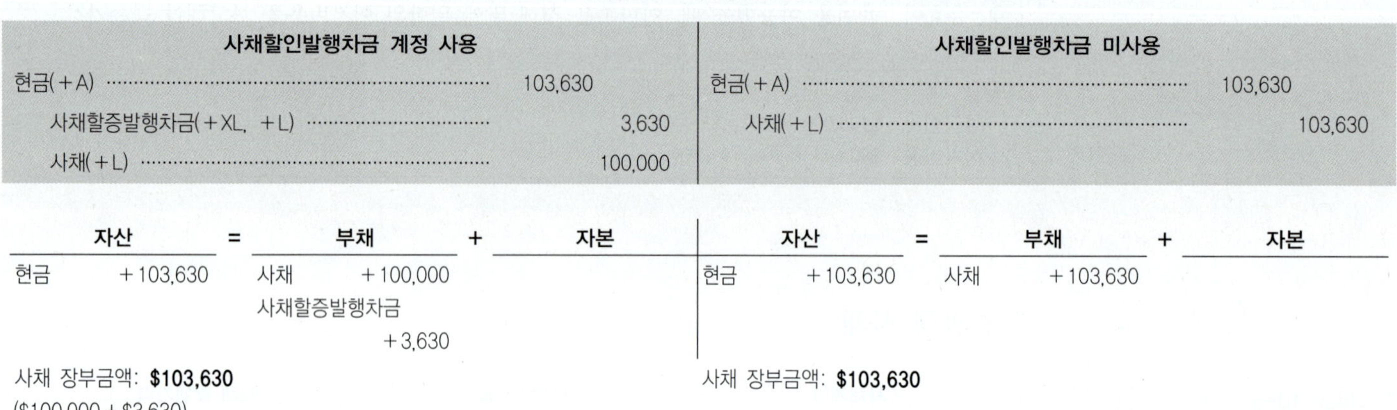

사채할인발행차금 계정 사용			사채할인발행차금 미사용		
현금(+A)	103,630		현금(+A)	103,630	
사채할증발행차금(+XL, +L)		3,630	사채(+L)		103,630
사채(+L)		100,000			

자산	=	부채	+	자본	자산	=	부채	+	자본
현금 +103,630		사채 +100,000 사채할증발행차금 +3,630			현금 +103,630		사채 +103,630		

사채 장부금액: **$103,630**
($100,000 + $3,630)

사채 장부금액: **$103,630**

사채할인발행차금 계정과 같이, 사채할증발행차금 계정은 아마존의 재무상태표에 별도로 나타나지 않는다. 대신에, 재무상태표는 사채의 장부금액($103,630)을 보고하고, 이것은 액면금액에 미상각 차익금을 더한 것이다($100,000 + $3,630). 사채를 장부금액으로 보고하는 것은 사채할증이 분개에 명시적으로 기록됐는지에 관계없이 동일한 액수($103,630)를 재무상태표에 보고되게 하는 결과를 가져온다는 것에 주목해라.

유효이자율법을 사용하여 할증발행된 사채의 이자비용을 보고(사채할증발행차금 사용)

사채할인발행차금 계정과 마찬가지로, 기록된 사채할증발행차금 $3,630는 각각의 이자지급 기간에 할당되고 그에 따라 이자비용은 아마존이 실제로 지불하는 시장(유효)이자율을 반영한다. 이자비용과 매 기간마다 상각되는 차익금의 크기를 계산하기 위해, 사채가 할인발행된 경우에서의 이 액수들을 계산하기 위해 따랐던 세 가지 단계를 똑같이 따른다:

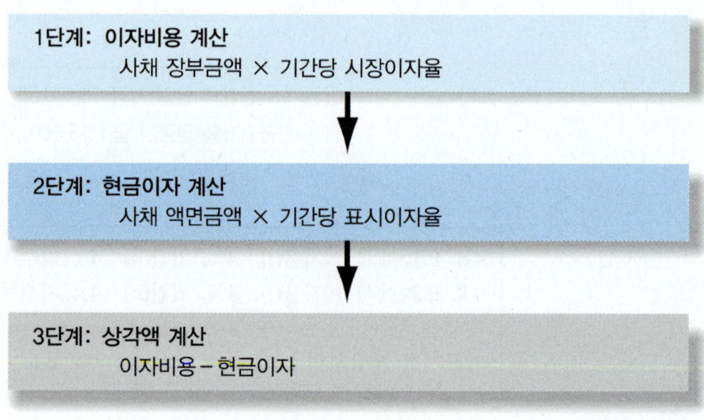

1단계 : 이자비용 : $103,630 × (0.08 × ½년)=$4,145

2단계 : 현금이자 : $100,000 × (0.10 × ½년)=$5,000

3단계 : 상각액 : $4,145−$5,000=−$855

아마존의 분개에는 다음과 같이 기록될 것이다:

이자비용(+E, −SE)	4,145	
사채할증발행차금(−XL, −L)	855	
현금(−A)		5,000

자산		=	부채		+	자본	
현금	−5,000		사채할증발행차금	−855		이자비용(+E)	−4,145

사채 장부금액: **$102,775**
($100,000+$3,630−$855)

사채할인발행차금과 사채할증발행차금의 유효이자율법에 따른 상각(effective-interest amortization) 간의 근본적인 차이는 할인액의 상각은 부채의 장부금액을 **증가**시키고 할증액의 상각은 그것을 **감소**시킨다는 것이다. 두 가지는 모두 같은 목적을 뒷받침한다: 만기일에 사채의 액면금액이 부채로 기록되도록 함. 다음 표는 사채의 만기까지의 기간 동안 사채할증발행차금의 상각을 나타낸다.

표시이자율 (10%)

시장이자율 (8%)

사채할증발행차금 상각표

일자	(a)	(b)	(c)	(d)
	현금이자	**이자비용**	**상각액**	**사채 장부금액**
	$100,000 × (10% × $\frac{1}{2}$년)	**기초장부금액 × (8% × $\frac{1}{2}$년)**	(b) − (a)	**기초장부금액 + (c)**
01/01/2016				$103,630
06/30/2016	$5,000	$4,145	$(855)	102,775
12/31/2016	5,000	4,111	(889)	101,886
06/30/2017	5,000	4,075	(925)	100,961
12/31/2017	5,000	4,039*	(961)	100,000

*반올림함

기업이 사채를 액면발행했는지, 할인발행했는지, 혹은 할증발행했는지에 관계없이 기업은 사채가 만기될 때 동일한 분개를 입력할 것이다. 우리가 다룬 아마존의 예시에서, 분개는 다음과 같을 것이다:

사채(−L)	100,000	
현금(−A)		100,000

자산		=	부채		+	자본
현금	−100,000		사채	−100,000		

STOP PAUSE FOR **FEEDBACK**

SELF-STUDY **QUIZ**

아마존이 $100,000의 액면금액과 9%의 표시이자율을 가진 사채를 발행했다고 가정해보자. 해당 사채는 10년 만기이고 매년 이자를 지급한다. 해당 사채는 연간시장이자율이 8%일 때 $106,710에 발행되었다.

1. 첫해 말에 현금이자는 얼마인가?
2. 유효이자율법을 사용했을 때, 첫해 말에 아마존이 보고할 이자비용은 얼마인가?

[GUIDED HELP 10-1] 할증발행된 사채의 회계처리에 대한 추가적인 단계별 교육자료는 www.mhhe.com/libby_gh10a를 방문하시오.

해설

1. 현금이자 : $100,000 × 9% = $9,000
2. 이자비용 : $106,710 × 8% = $8,537

시간의 흐름에 따른 사채의 장부금액

<도표 10.2>는 사채가 액면발행되었을 때, 할인발행되었을 때, 혹은 할증발행되었을 때 사채의 만기까지의 기간 동안 사채의 장부금액이 어떻게 변화하는지를 보여준다.

도표 10.2

시간의 경과에 따른 사채 장부금액의 변화

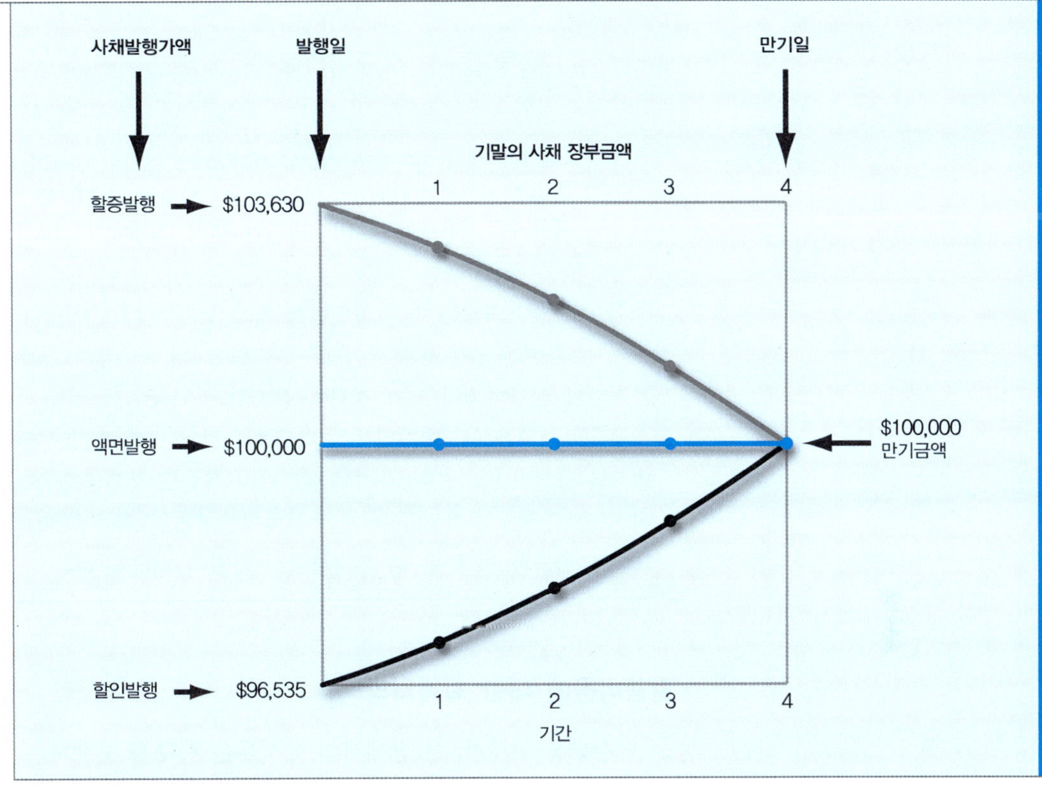

Financial Analysis

무이표사채(Zero Coupon Bonds)

지금까지 우리는 그 유효기간 동안 이자를 지급하고 유효기간이 만기되는 때에 원금을 지급하는 사채에 대해 다뤘으며, 그것은 자본을 증가시키기 위해 기업이 발행하는 사채의 가장 흔한 형태이다. 몇 가지 이유로, 기업은 독특한 특징을 가진 사채를 발행하는 것을 선택할 수도 있다. 당신이 지금까지 배운 개념들은 이 사채들을 이해하는 데 도움을 줄 수 있을 것이다. 예를 들어, 기업은 주기적 현금이자비용 지급이 없는 사채를 발행할지도 모른다. 이 사채는 일반적으로 무이표사채라고 불린다. 왜 투자자들은 이자를 지급하지 않는 사채를 구매할까? 사채 할인에 대한 우리의 논의는 아마 정답을 찾는 데 좋은 실마리를 제공해줄 수 있을 것이다. 사채에 표시된 표시이자율은 사실상 (0을 포함한) 어떤 액수라도 될 수 있고 투자자는 시장이자율을 벌 수 있도록 값을 매길 것이다. 무이표사채는 간단히 상환가액보다 상당히 적은 가격에 팔릴 대단히 할인한 사채이다.

무이표사채에 대해 설명하기 위해 $100,000의 아마존 사채를 이용해보자. 시장이자율이 10%이고 해당 사채는 그 유효기간 동안 사채소유자에게 어떤 현금이자비용 지급도 하지 않는다고 가정해보자. 사채는 5년 후 만기된다. 사채의 유효기간 동안 어떤 다른 현금비용 지급도 이루어지지 않기 때문에 사채의 발행가격은 상환가액의 현재가치이다. 우리는 부록 E에 포함된 표를 사용해 5년 만기, 10% 이자율하에서 현재가치를 계산할 수 있다.

	현재가치
만기에 원금의 단일 지급: $100,000×0.62092	$62,092

<표 E.1>에서 이자율(i)=10%, 기간(n)=5 : 지수=0.62092
엑셀을 사용하면 rate(i)=.10, nper(n)=5, pmt=−$0, FV=−$100,000
계산기를 사용하면 rate(i)=10, period(n)=5, pmt=−$0, FV=−$100,000

무이표사채 회계는 다른 할인발행 사채 회계와 다르지 않다. 그러나 할인액은 훨씬 크다. 예를 들어, 위의 예시에서 사채 할인액은 $37,908이다. 5년간의 사채 유효기간 동안, 이 금액은 사채 유효기간이 끝나며 0이 되기 전까지 감소할 것이다.

무이표사채가 현금이자비용을 지급하지 않는 반면에, 그것은 시장이자율하에 투자자를 모을 수 있도록 가격이 매겨진다. 우리의 예시에서 사채의 장부금액($62,092)이 상환가액($100,000)보다 훨씬 적었던 것을 기억해라. 이것은 투자자들이 5년 후에 $100,000를 받고, 발행일의 시장이자율인 10%로 이자를 벌게 될 때 투자자들이 기꺼이 내고자 하는 가격이 그렇게 할인되기 때문이다.

발행비용에 대한 회계처리

단순화를 위해서, 이 장에서의 예시들은 사채를 발행하는 회사가 어떤 발행비용도 발생시키지 않는다고 가정했다. 이것은 실제 경영세계에서 일반적인 경우는 아니다. 기업이 사채를 발행할 때, 그들은 거의 항상 모집과 관련해 그들을 도와줄 다른 회사(들)를 고용한다. 이러한 회사들은 인수자(underwriters)라고 불리고, 그들은 그들의 업무에 대한 비용을 청구한다. 이 비용을 회계하는 방법은 꽤 단순하다. 비용은 사채발행차금에서 공제된다. 결과적으로, 해당 비용은 사채가 할인발행된 경우 사채할인발행차금을 증가시키고, 사채가 할증발행된 경우 사채할증발행차금을 감소시킨다.

정액법을 사용한 이자비용 보고

GAAP은 기업에 사채할인발행과 사채할증발행의 상각을 위해 유효이자율법을 사용하도록 요구한다. 그러나 GAAP은 유효이자율법을 사용해서 계산된 결과와 정액법(straight-line amortization)을 사용해서 계산된 결과가 실질적으로 다르지 않은 경우, 정액법을 사용할 수 있도록 허용한다. 정액법을 사용할 때 기업은 단순히 발행 시 할인 또는 할증 총액을 가져와 그것을 사채 유효기간 동안의 기간 수로 나누고, 매 기간 그만큼의 금액을 상각한다. 예를 들어, 위의 아마존의 예시에서 할증 총액은 $3,630이고 사채는 네 번의 기간 동안 이자비용을 지급했다. 정액법을 사용했을 때, 아마존은 사채의 유효기간 동안 매 기간마다 $907.50를 상각할 것이다. 상각표는 다음과 같을 것이다.

정액법 상각
매 이자지급기간에 동일한 금액을 배분하여 사채할인발행차금이나 사채할증발행차금을 상각하는 또 다른 방법. 특정 상황하에서만 GAAP에서 허용한다.

사채할증발행차금 상각표(정액법)				
일자	(a)	(b)	(c)	(d)
	현금이자	이자비용	상각액	사채 장부금액
	\$100,000 × (10% × $\frac{1}{2}$년)	(a)−(c)	\$3,630 ÷ 4기간	기초장부금액 + (c)
01/01/2016				\$103,630.00
06/30/2016	\$5,000.00	\$4,092.50	\$(907.50)	102,722.50
12/31/2016	5,000.00	4,092.50	(907.50)	101,815.00
06/30/2017	5,000.00	4,092.50	(907.50)	100,907.50
12/31/2017	5,000.00	4,092.50	(907.50)	100,000.00

금액 외에, 정액법을 사용한 분개와 유효이자율법을 사용한 분개는 같다. 정액법이 특정한 상황하에서 GAAP에 의해서만 허용되기 때문에, 우리는 이 장에서 유효이자율법에 초점을 맞춘다.

KEY RATIO ANALYSIS

부채비율(Debt-to-Equity)

학습목표 10-6
부채비율의 계산과 분석

■ 분석적 질문

소유주에 의해 제공되는 자본금액과 채권자에 의해 제공되는 자본금액 간의 관계는?

■ 비율 및 비교

부채비율은 다음과 같이 계산된다.

부채비율 = 총부채 ÷ 총 주주지분

아마존의 2014 부채비율은

\$43,764 ÷ \$10,741 = 4.1

연도별 비교		
Amazon		
2014	2013	2012
4.1	3.1	3.0

경쟁업체와 비교	
eBay	Walmart
2014	2014
1.3	1.5

■ 해석

- **일반론 :** 높은 부채비율은 기업이 자기자본 조달과 비교했을 때 부채 조달에 상대적으로 크게 의존하고 있다는 것을 나타낸다. 부채 조달에의 높은 의존은 기업이 하락세일 때 계약상의 재정적 채무(예를 들어, 원금과 이자비용 지급)를 상환하지 못할 위험성을 증가시킨다.
- **회사에 대한 분석 결과 :** 아마존의 부채비율은 지난 몇 년간 증가해왔으며, 2014년에 이것은 주주지분 \$1당 \$4.1의 부채를 가지고 있음을 보여주었다. 이베이와 월마트는 모두 그들의 주주지분과 비교했을 때 상당히 적은 액수의 부채를 가지고 있다. 시간의 흐름에 따른 아마존의 부채비율 증가추이와 그 부채비율이 경쟁회사들보다 높다는 사실을 고려했을 때, 재무분석가들은 아마 앞으로의 부채비율을 주시할 것이다.

• **주의사항 :** 부채비율은 기업의 부채와 관련된 위험에 대한 이야기의 일부만을 말해준다. 이것은 재무분석가들이 기업의 운영활동이 그 부채를 감당할 수 있는지를 이해하는 데 도움을 주지는 않는다. 결과적으로, 대부분의 재무분석가들은 기업이 영업활동으로부터 생산해낼 수 있는 현금 액수의 맥락과 함께 부채비율을 평가할 것이다.

사채의 조기상환

학습목표 10-7
사채의 조기상환을 보고

사채는 종종 20년 혹은 30년의 긴 기간을 잡고 발행된다. 이미 얘기한 것과 같이, 만기일 전에 현금을 필요로 하는 사채소유자는 사채거래소에서 그들의 사채를 다른 투자자에게 쉽게 팔 수 있다. 이러한 상거래는 사채를 발행한 회사의 장부에는 영향을 미치지 않는다; 이것은 두 투자자 사이의 거래이다. 일부 사채는 발행회사가 사채를 일찍 상환할 수 있게 하는 **조기상환옵션**(call feature)을 가지고 있다. 조기상환옵션은 종종 만기일 이전에 사채를 상환하기 위해 발행회사가 사채의 액면금액보다 더 큰 금액을 투자자에게 지급하도록 요구한다. 그 금액은 종종 사채 액면금액의 몇 퍼센트로 명시되어 있고 사채약정서(bond indenture)나 사채투자설명서(bond prospectus)에 설명되어 있다.

몇 년 전에 아마존이 액면금액 $100,000의 수의상환사채(callable bond)를 발행했다고 가정해 보자. 해당 사채는 할증발행되었으며, 조기상환옵션은 아마존이 사채소유자에게 액면금액의 102%를 지급함으로써 조기상환할 수 있도록 하였다. 만약 아마존이 사채를 조기상환하고자 결정한다면, 아마존은 사채소유자에게 $102,000의 현금을 지급하고 그들의 재무상태표에서 사채를 지울 것이다. 사채 상환을 위해 지급되는 현금과 사채의 장부금액의 차이는 손익계산서에 이익 혹은 손실로써 기록된다. 예를 들어, 만약 사채가 상환될 때 아마존 사채의 장부가치가 $101,000였다면, 아마존은 그들의 손익계산서에 사채 조기상환 손실로 $1,000를 인식할 것이다; 아마존은 그들의 재무상태표상에서 $101,000의 부채를 지우기 위해 사채소유자에게 $102,000의 현금을 내야 했다. 분개는 다음과 같다.

사채할인발행차금 계정 사용			사채할인발행차금 미사용		
사채(−L)	100,000		사채(−L)	101,000	
사채할증발행차금(−XL, −L)	1,000		사채상환손실(+Loss, −SE)	1,000	
사채상환손실(+Loss, −SE)	1,000		현금(−A)		102,000
현금(−A)		102,000			

자산	=	부채	+	자본	자산	=	부채	+	자본
현금 −102,000		사채 −100,000 사채할증발행차금 −1,000		사채상환손실 −1,000	현금 −102,000		사채 −101,000		사채상환손실 −1,000

몇 가지 경우에서, 기업은 투자자가 할 수 있는 것처럼 공개시장에서 사채들을 구입함으로써 사채를 조기상환하는 방법을 택할 수 있다. 이러한 방법은 사채가 조기상환옵션을 가지고 있지 않을 때 필수적이다. 사채가 조기상환옵션을 가지고 있더라도, 공개시장에서 사채들을 구입함으로써 상환하는 것이 조기상환할증비용보다 적다면 공개시장에서 사채들을 구입하는 것이 더 매력적이다. 무엇이 사채 가격 하락을 야기할까? 가장 흔한 원인은 이자율의 상승이다. 현재가치에 대한 논의에서 배운 것과 같이, **사채 가격은 이자율과 반대방향으로 움직인다.** 만약 이자율이 올라간다면, 사채 가격은 떨어지고, 반대의 경우에도 같다. 만약 이자율이 충분히 높아지면, 기업은 공개시장에서 사채들을 구입함으로써 사채를 조기상환하는 것이 경제적으로 더 현명한 선택이라고 결론 내릴 수 있다.

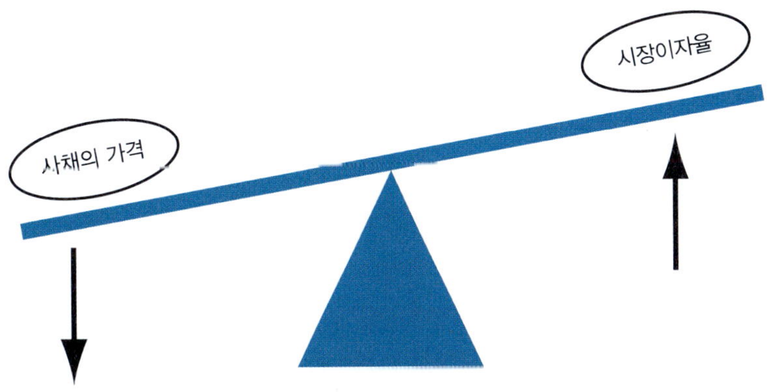

FOCUS ON CASH FLOWS

사채(Bonds Payable)

학습목표 10-8
사채가 현금흐름표에 어떻게 보고되는지 설명

기업이 사채를 발행할 때 받는 현금은 현금흐름표에 재무활동으로부터의 현금 유입으로 보고된다. 원금의 상환은 재무활동으로부터의 현금 유출로 보고된다. 많은 학생들이 이자비용 지급이 현금흐름표에 재무활동으로 기록되지 않는다는 사실에 놀란다. 이자비용은 다른 조기상환 사채로부터 야기된 이익 혹은 손실과 마찬가지로 손익계산서에 보고되고 이것은 순이익의 구성요소의 하나이다. 결과적으로, GAAP은 이자비용과 조기상환으로부터 발생한 이익이나 손실을 현금흐름표상에 영업활동으로 기록하도록 하고 있다.

현금흐름표에 미치는 영향

- **일반적 내용:** 이자비용으로 지급되는 현금은 순이익의 구성요소 중 하나이고 매 회계기간 동안 경영을 하는 데 드는 비용으로 간주된다. 따라서 이것은 현금흐름표의 영업부분에 보고된다. 사채 발행을 통해 받은 현금과 원금 상환을 위해 지급한 현금은 따라서 다음 표에 나타난 것과 같이 현금흐름표의 재무부분에 보고된다.

	현금흐름에 미치는 영향
재무활동:	
사채 발행시 사채소유권자로부터 받은 현금	+
사채 만기시 또는 조기상환시 사채소유자에게 지급된 현금	−

AMAZON
실제 자료에서 발췌:
현금흐름표

• **회사에 대한 분석 결과 :** 아래는 아마존 기업의 재무활동을 보여주는 아마존의 현금흐름표에서 발췌한 것이다. 이것은 사채 발행 및 상환과 관련된 기간 동안 아마존에서 발생한 현금 유입과 유출을 반영한다. 현금흐름표의 재무활동 부분은 기업의 자본구조에 대해 중요한 통찰을 제시하기 때문에 재무분석가들은 이 부분에 특별히 관심을 기울일 것이다.

AMAZON.COM, INC.
연결현금흐름표
(단위 : 백만)

	2014	2013	2012
재무활동			
보통주의 재취득	–	–	(960)
비유동부채의 발행으로 인한 유입	6,359	394	3,378
비유동부채의 상환	(513)	(231)	(82)
금융리스부채의 상환	(1,285)	(775)	(486)
기타	(129)	73	409
재무활동에 사용된 순현금	4,432	(539)	2,259

DEMONSTRATION CASE

(다음에 나올 해설을 읽기 전에 아래의 질문들에 답변할 수 있도록 노력해보시오.)

새로운 공장을 건설하기 위한 자금을 모으기 위해, Zeus 회사의 경영진들은 사채를 발행하기로 결정했다. 사채투자설명서는 다음과 같이 명시하고 있다.

사채의 액면금액 : $100,000
발행일 : 2016년 1월 1일(10년 만기)
이자율 : 연 12%, 반년마다 지급(6월 30일과 12월 31일)

사채는 2016년 1월 1일에 액면금액의 106%에 팔렸다. 발행일의 연간 시장이자율은 11%였다고 가정해보자.

요구사항:

1. 사채의 발행으로 Zeus 회사가 벌어들인 현금은 얼마인가? 계산을 보여주시오.
2. 사채가 할인발행되었는가, 할증발행되었는가? 할인 또는 할증발행된 액수는 얼마인가?
3. Zeus가 2016년 6월 30일에 사채소유자에게 빚진 현금이자는 얼마인가?
4. Zeus가 유효이자율법을 사용한다고 가정해보자. Zeus가 2016년 6월 30일에 인식할 이자비용은 얼마인가?

해설

1. 사채의 발행가격 : $100,000 × 1.06 = $106,000
2. 사채는 할증발행되었다. 차익금은 $6,000($106,000 − $100,000)이다.
3. 2016년 6월 30일에 지급할 현금이자 : $100,000 × (12% × ½년) = $6,000
4. 2016년 6월 30일에 인식될 이자비용 : $106,000 × (11% × ½년) = $5,830

보론

사채할인발행차금이나 사채할증발행차금 계정이 없는 회계처리

이 보론에서 우리는 제10장의 본문을 복사해 사채할인과 사채할증 발행차금 계정 없이 모든 분개를 보여준다.

유효이자율법을 사용하여 할인발행된 사채의 이자비용을 보고(사채할인발행차금 미사용)

학습목표 10-4
할인발행된 사채의 사채 장부금액과 이자비용의 보고

유효이자율법하에서 기업은 사채의 장부금액과 발행일의 시장이자율을 곱함으로써 주어진 기간에서의 이자비용을 계산한다. 기업이 할인발행될 때, 표시이자율보다 큰 시장이자율을 사용하는 것은 각각의 기간의 현금이자보다 각각의 기간의 이자비용이 커지게 하는 결과를 낳는다. 이자비용과 현금이자 차이는 기간 중에 상각된 사채할인발행차금의 크기이다. 이 과정은 다음과 같이 요약설명될 수 있다.

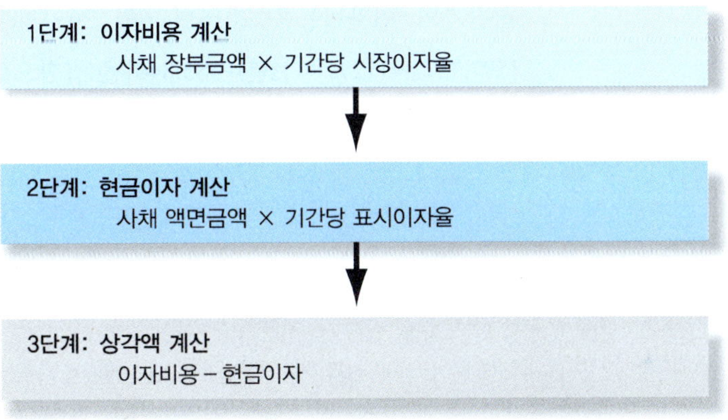

현금이자가 사채의 액면금액($100,000)과 기간당 표시이자율(10% × ½년)을 곱함으로써 계산되었던 것을 기억해보아라. 그래서 아마존은 사채소유자에게 6월 30일과 12월 31일에 각각 $5,000의 현금을 빚진다. 사채에 대한 첫 번째 이자비용 지급은 2016년 6월 30일에 이루어진다. 위에서 설명된 3단계를 따랐을 때, 이자비용과 상각된 사채할인발행차금의 크기는 다음과 같다.

1단계 : 이자비용 : $96,535 × (0.12 × ½년) = $5,792
2단계 : 현금이자 : $100,000 × (0.10 × ½년) = $5,000
3단계 : 상각액 : $5,792 − $5,000 = $792

아마존은 다음과 같이 분개를 기록할 것이다.

유효이자율법은 이 금액을 매 기간 변화시킨다.

	차변	대변
이자비용	5,792	
사채		792
현금		5,000

자산		=	부채		+	자본	
현금	−5,000		사채	+792		이자비용(+E)	−5,792

사채의 장부금액: **$97,327**
($96,535 + $792)

매 기간마다 사채할인발행차금의 상각은 사채의 장부금액을 증가시키고, 만기가 도래할 즈음에는 $100,000에 가깝게 만든다. 사채할인발행차금의 상각은 사채가 만기될 때 사채소유주들에게 지급될 사채소유주에 의해 벌어들인 이자금액이라고 생각할 수도 있다. 첫 번째 이자지급기간 동안, 아마존 사채소유주는 $5,792의 이자를 벌었지만 오직 현금 $5,000밖에 지급받지 못했다. 추가적인 $792는 사채의 장부금액에 더해지고 사채가 만기될 때 사채소유주에게 지급될 것이다.

다음 이자계산기간의 이자비용은 회사채 장부금액에서의 변화를 반영한다. 아마존은 2016년 하반기의 이자비용을 2016년 6월 30일의 회사채 장부금액($97,327)과 기간당 시장이자율 [$97,327 × (12% × ½년) = $5,840]을 곱함으로써 계산한다. 이자비용이 $5,840이고 현금이자가 $5,000이면, 2016년 12월 31일의 사채할인발행차금 상각액은 $840이다:

이자비용(+E, −SE)	5,840	
사채(+L)		840
현금(−A)		5,000

자산		=	부채		+	자본	
현금	−5,000		사채	+840		이자비용(+E)	−5,840

사채의 장부금액: **$98,107**
($96,535 + $792 + $840)

2016년 12월 31일의 이자비용이 2016년 6월 30일의 이자비용보다 크다는 사실에 주목해라. 아마존은 그 해 상반기에 축적된 미지급이자 덕분에 그 해의 하반기에 효과적으로 더 많은 돈을 빌렸다. 사채할인발행차금의 상각 때문에, 사채의 장부금액과 이자비용은 사채의 유효기간 동안 매년 증가한다. 이러한 과정은 다음의 상각표와 함께 설명될 수 있다:

사채할인발행차금 상각표				
일자	(a)	(b)	(c)	(d)
	현금이자	이자비용	상각액	사채 장부금액
	\$100,000 × (10% × $\frac{1}{2}$년)	기초장부금액 × (12% × $\frac{1}{2}$년)	(b) − (a)	기초장부금액 + (c)
01/01/2016				\$ 96,535
06/30/2016	\$5,000	\$5,792	\$792	97,327
12/31/2016	5,000	5,840	840	98,167
06/30/2017	5,000	5,890	890	99,057
12/31/2017	5,000	5,943	943	100,000

다음 내용에 주목해라.

- 현금이자(column a)는 사채의 액면금액과 기간당 표시이자율을 곱함으로써 계산된다.
- 이자비용(column b)은 사채의 기초장부금액(column d)과 시장이자율을 곱함으로써 계산된다. 사채의 기초장부금액은 지난 기말 사채의 장부금액과 같다는 것에 주목해라.
- 사채할인발행차금의 상각은 이자비용(column b)에서 현금이자(column a)를 뺌으로써 계산할 수 있다.
- 사채의 새로운 장부금액(column d)은 기초 장부금액에 사채할인발행차금의 상각액(column c)을 더함으로써 계산할 수 있다.

요약하자면, 유효이자율법하에서 이자비용은 부채의 실질금액이 변화함과 같이 매 회계기간 변화한다.

STOP PAUSE FOR **FEEDBACK**

SELF-STUDY **QUIZ**

아마존이 액면금액 \$100,000, 표시이자율 5%의 사채를 발행했다고 가정해보자. 사채는 10년 만기이고 해마다 이자를 지급한다. 해당 사채는 연간 시장이자율이 6%일 때 \$92,640에 발행되었다.

1. 첫해 말에 이자비용으로 빗진 현금의 액수는 얼마인가?
2. 유효이자율법(effective-interest amortization method)을 사용했을 때, 첫해 말에 아마존이 보고할 이자비용은 얼마인가?

해설

1. 현금이자 : \$100,000 × 5% = \$5,000   2. 이자비용 : \$92,640 × 6% = \$5,558

할증발행 사채

학습목표 10-5
할증발행된 사채의 사채 장부금액과 이자비용의 보고

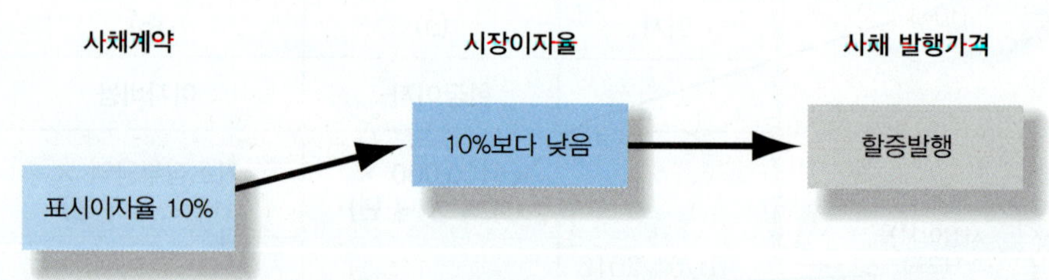

시장이자율이 채권의 표면금리보다 클 때 채권이 할인발행된다는 것을 기억해보자. 시장이자율이 채권의 표면금리보다 작을 때, 채권은 할증발행된다. 할증발행된 채권을 어떻게 회계처리하는지 설명하기 위해, 이전과 동일한 아마존의 예시를 사용하되 표면금리가 10%로 같을 때 시장이자율이 8%라고 가정해보자. 이전과 같이, 채권은 2016년 1월 1일에 발행되었고, 반년마다 이자비용을 지급하며, 2년 만기이다.

위에서 설명된 채권의 현재가치는 4개의 기간, 4%의 기간당 이자율(8% × ½년)의 조건을 이용해 부록 E에 포함된 표를 통해 계산할 수 있다.

	현재가치
만기에 원금의 단일 지급: $100,000×0.85480	$ 85,480
+ 현금이자의 연금 지급: $5,000×3.62990	18,150
사채의 발행(판매)가격	$103,630

<표 E.1>에서 이자율(i)=4%, 기간(n)=4 : 지수=0.85480
<표 E.2>에서 이자율(i)=4%, 기간(n)=4 : 지수=3.62990
엑셀을 사용하면 rate(i)=.04, nper(n)=4, pmt=−$5,000, FV=−$100,000
계산기를 사용하면 rate(i)=4, period(n)=4, pmt=−$5,000, FV=−$100,000

할증발행된 사채의 회계는 할인발행된 사채의 회계와 비슷하다. 기업은 사채할증발행차금 계정을 그들의 분개에 명시적으로 사용하거나 사채할증발행차금을 내부적으로 기록할 수 있다. 우리는 아래에서 두 가지를 모두 살펴보고, 사채할인발행차금과 마찬가지로 사채할증발행차금 계정을 사용하지 않고 모든 다음 분개를 나타낸다. 2016년 1월 1일에 할증발행된 아마존 채권은 다음과 같이 기록될 것이다.

사채할인발행차금 계정 사용			사채할인발행차금 미사용		
현금(+A)	103,630		현금(+A)	103,630	
사채할증발행차금(+XL, +L)		3,630	사채(+L)		103,630
사채(+L)		100,000			

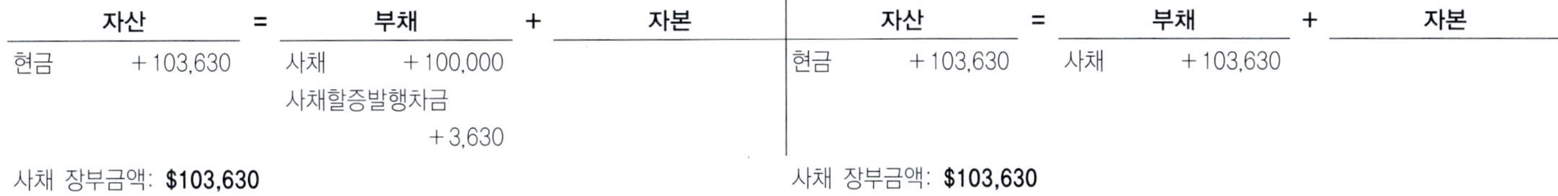

자산		=	부채		+	자본
현금	+103,630		사채	+100,000		
			사채할증발행차금	+3,630		

사채 장부금액: **$103,630**
($100,000 + $3,630)

자산		=	부채		+	자본
현금	+103,630		사채	+103,630		

사채 장부금액: **$103,630**

사채할인발행차금 계정과 마찬가지로, 사채할증발행차금 계정은 아마존의 재무상태표에 별도로 표시되지 않는다. 대신에, 재무상태표는 $103,630의 사채 장부금액을 보고하고, 이것은 사채의 액면금액에 미상각 사채할증발행차금을 더한 것이다($100,000 + $3,630). 사채를 그 장부금액으로 보고하는 것은 사채할증발행차금이 분개에 명시적으로 기록되었는지와 관계 없이 동일한 액수를 재무상태표에 보고하도록 하는 결과를 낳는다.

유효이자율법을 사용하여 할증발행된 사채의 이자비용을 보고(사채할증발행차금 미사용)

사채할인발행차금 계정에서와 마찬가지로, 기록된 $3,630의 차익금은 각각의 이자지급기간에 배분되고 그에 따라 이자비용은 아마존이 실제로 지불하는 시장(유효)이자율을 반영한다. 이자비용과 매 기간마다 상각될 사채할증발행차금의 크기를 계산하기 위해, 사채가 할인발행된 경우에서 이 금액들을 계산하기 위해 따랐던 세 가지 단계를 똑같이 따른다:

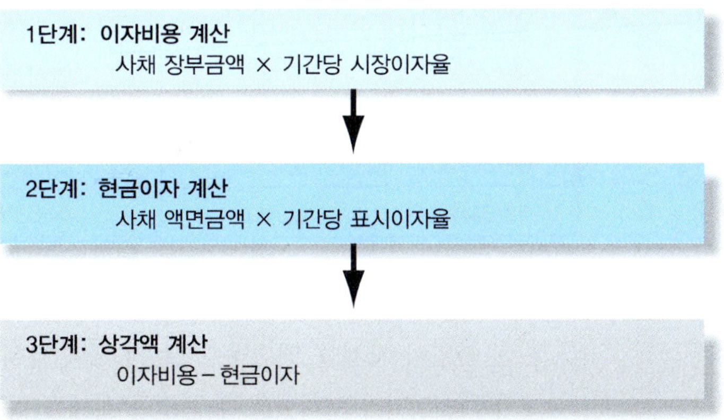

1단계: 이자비용: $103,630 × (0.08 × ½년) = $4,145
2단계: 현금이자: $100,000 × (0.10 × ½년) = $5,000
3단계: 분할상환액: $4,145 − $5,000 = −$855

아마존의 분개에는 다음과 같이 기록될 것이다:

	차변	대변
이자비용(+E, −SE)	4,145	
사채(−L)	855	
현금(−A)		5,000

자산		=	부채		+	자본	
현금	−5,000		사채	−855		이자비용(+E)	−4,145

사채 장부금액: **$102,775**
($103,630 − $855)

사채할인발행차금과 사채할증발행차금의 유효이자율법에 따른 상각의 근본적인 차이는 사채할인발행차금의 상각은 부채의 장부금액을 **증가**시키고 사채할증발행차금의 상각은 그것을 **감소**시킨다는 것이다. 두 가지는 모두 같은 목적을 뒷받침한다: 만기일에 사채의 액면금액이 부채로 기록되도록 함. 다음 표는 사채의 만기까지의 기간에 걸쳐 사채할증발행차금의 상각을 예시하고 있다.

표시이자율 (10%)

시장이자율 (8%)

사채할증발행차금 상각표

일자	(a)	(b)	(c)	(d)
	현금이자	**이자비용**	**상각액**	**사채 장부금액**
	$100,000 × (10% × $\frac{1}{2}$년)	**기초장부금액 × (8% × $\frac{1}{2}$년)**	(b) − (a)	**기초장부금액 + (c)**
01/01/2016				$103,630
06/30/2016	$5,000	$4,145	$(855)	102,775
12/31/2016	5,000	4,111	(889)	101,886
06/30/2017	5,000	4,075	(925)	100,961
12/31/2017	5,000	4,039*	(961)	100,000

*반올림함

기업이 사채를 액면발행했는지, 할인발행했는지, 혹은 할증발행했는지에 관계없이 기업은 사채의 만기가 도래했을 때 동일한 분개를 입력할 것이다. 우리가 다룬 아마존의 예시에서, 분개는 다음과 같을 것이다:

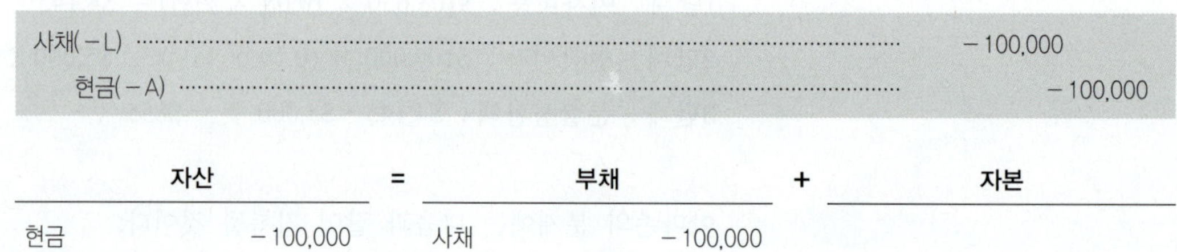

사채(−L)	−100,000	
현금(−A)		−100,000

자산		=	부채		+	자본
현금	−100,000		사채	−100,000		

STOP PAUSE FOR **FEEDBACK**

SELF-STUDY **QUIZ**

아마존이 $100,000의 액면금액과 9%의 표면금리를 가진 채권을 발행했다고 가정해보자. 해당 채권은 10년 만기이고 매년 이자를 지급한다. 해당 채권은 연간 시장이자율이 8%일 때 $106,710에 발행되었다.

1. 첫해 말에 현금이자는 얼마인가?
2. 유효이자율법에 따라 상각했을 때, 첫해 말에 아마존이 보고할 이자비용은 얼마인가?

[GUIDED HELP 10-2] www.mhhe.com/libby9e_gh10b

해설

1. 현금이자 : $100,000 × 9% = $9,000
2. 이자비용 : $106,710 × 8% = $8,537

CHAPTER TAKE-AWAYS

10-1. 사채의 특성에 대해 설명한다.

Bond securities는 종종 그냥 "bonds"라고 불린다. 사채는 사채발행회사와 사채소유자 모두의 요구를 충족시키기 위해 고안된 몇 가지 특징을 가지고 있다. 우리는 이 장에서 다양한 특징들을 다뤘다.

기업은 장기 자본을 증가시키기 위해 사채를 발행한다. 사채는 주식과 비교했을 때 몇 가지 이점을 제공하는데, 여기에는 이자비용의 조세면제와 기업이 주식 대신 사채를 발행할 때 기업의 통제권이 약화되지 않는다는 사실이 포함된다. 그러나 이자비용과 원금지불이 재량적인 것이 아니기 때문에 사채는 추가적인 위험들을 수반한다.

10-2. 액면금액 발행된 사채의 장부금액과 이자비용을 보고한다.

일반적으로 사채의 유효기간 동안에는 3가지 사건이 기록되어야 한다: (1) 사채 발행 시점의 현금 수취, (2) 이자비용의 정기적 지급, 그리고 (3) 만기일의 사채 액면금액 상환. 사채를 발행했을 때 기업이 수령한 현금의 액수는 사채와 관련된 미래 현금흐름의 현재가치이다. 시장이자율과 표시이자율이 같을 때, 사채는 액면금액에 발행될 것이다.

10-3. 이자보상비율을 계산하고 분석한다.

이자보상비율은 이자비용 $1당 벌어들인 수익의 액수를 반영한다. 이것은 이자비용 지급의무를 충족시킬 수 있는 기업의 능력을 평가하는 척도가 된다. 이것은 이자비용과 소득세비용을 다시 더한 후 이자비용과 순이익을 비교함으로써 계산된다.

10-4. 할인발행된 사채의 장부금액과 이자비용을 보고한다.

표시이자율이 시장이자율보다 낮을 때 사채는 할인발행된다. 할인액은 사채가 그 액면금액보다 적은 금액에 팔렸을 때 사채의 발행가격과 사채의 액면금액 사이의 차이이다. 기업은 사채할인발행차금을 분개에 포함시킴으로써 명시적으로 기록하거나 분개에 포함시키지 않고 사채할인발행차금을 내부적으로 기록할 수 있다. 그에 관계없이, 동일한 금액이 기업의 재무상태표상에 사채로 보고된다.

10-5. 할증발행된 사채의 장부금액과 이자비용을 보고한다.

표시이자율이 시장이자율보다 클 때 사채는 할증발행된다. 사채할증발행차금은 사채가 그 액면금액보다 비싸게 팔렸을 때 사채의 발행가격과 사채의 액면금액의 차이이다. 기업은 사채할증발행차금을 분개에 포함시킴으로써 명시적으로 기록하거나 분개에 포함하지 않고 사채할증발행차금을 내부적으로 기록하는 옵션을 가진다. 그에 관계없이, 동일한 금액이 재무상태표상에 사채로 보고된다.

10-6. 부채비율을 계산하고 분석한다.

부채비율은 기업의 재무상태표에 보고된 부채의 양과 자본의 양을 비교한다. 타인자본과 관련된 높은 위험 때문에 이것은 매우 중요한 비율이라고 할 수 있다; 타인자본은 이자비용과 원금 지불을 요구한다.

10-7. 사채의 조기상환을 보고한다.

기업은 공개시장에서 사채를 구입하거나 사채가 조기상환조항(call feature)을 포함하고 있을 때 그 특징을 이용함으로써 만기일 전에 사채를 상환할 수 있다. 사채의 장부금액과 사채 상환을 위해 지불한 금액의 차이는 기업의 손익계산서에 이익 혹은 손실로 보고된다.

10-8. 사채가 현금흐름표에 어떻게 보고되는지 설명한다.

사채 발행으로 얻은 현금과 만기일에 사채 상환을 위해 지급한 현금은 재정적 현금흐름이다. 이자비용을 위해 지급된 현금과 사채의 조기상환으로부터 얻어진 이익 혹은 손실은 영업 현금흐름이다.

KEY RATIOS

이자보상배율은 이자비용 $1당 벌어들이는 수입의 액수를 반영한다. 이것은 기업의 이자비용 지불 의무를 충족할 수 있는 기업의 능력을 평가하는 척도이다. 이 비율은 다음과 같이 계산된다.

$$\text{이자보상배율} = \frac{\text{당기순이익} + \text{이자비용} + \text{법인세비용}}{\text{이자비용}}$$

부채비율은 기업의 재무상태표상의 부채액과 자본액을 비교한다. 이 비율은 다음과 같이 계산된다.

$$\text{부채비율} = \frac{\text{총 부채}}{\text{총 주주지분}}$$

FINDING FINANCIAL INFORMATION

재무상태표

사채는 일반적으로 장기부채로 분리된다. 예외는 사채가 1년 이내에 만기될 때 발생하는데, 이러한 경우에 해당 사채는 "유동성장기부채"라는 이름으로 유동부채로 보고된다.

손익계산서

사채 발행과 만기일의 사채 상환은 손익계산서에 영향을 미치지 않는다. 이자비용과 조기상환으로 인한 이익 혹은 손실을 인식하는 것은 손익계산서에 영향을 미친다. 대부분의 기업은 이자비용을 손익계산서의 분리된 범주에 보고한다.

현금흐름표

재무활동

+사채 발행을 통한 현금유입
−사채의 만기 혹은 상환 시 원금 지급으로 인한 현금유출

영업활동

−이자비용 지급 활동을 위한 현금유출
−조기상환으로 인한 손실과 관련된 현금유출
+조기상환을 통한 이익과 관련된 현금유입

주석

중요한 회계정책에 대한 요약

기업이 사채를 포함한 장기부채를 어떻게 회계처리했는가에 대한 간단한 설명

개별적인 주석

대부분의 기업이 부채의 유형, 만기일, 이자율을 포함해 그들의 장기부채 회계와 관련된 보다 상세한 정보에 대해 설명해주는 별도의 주석을 포함한다. 이 주석은 또한 일반적으로 사채가 조기상환될 수 있는지와 같이 부채와 관련된 특수한 특징을 기술한다. 기업의 재무제표와 각주에서 사채는 일반적으로 "notes"라고 불린다.

KEY TERMS

무담보부사채
사채증서
사채 할증발행
시장이자율
정액법 상각
사채 액면금액
사채투자설명서
수의상환사채
유효이자율법 상각
투자자보호약정
사채약정서
사채 할인발행
수탁자
전환사채
표시이자율

QUESTIONS

1. 발행자의 관점에서 주식 대신 사채를 발행하는 장점은 무엇인가?
2. 사채의 주요 특징은 무엇인가? 사채는 보통 어떤 목적으로 발행되는가?
3. 무담보사채와 담보부사채의 차이점은 무엇인가?
4. 사채약정서와 사채투자설명서를 구분하시오.
5. 사채 투자자보호약정이란 무엇인가?
6. 사채의 표시이자율과 시장이자율을 구분하시오.
7. 사채가 할인으로 혹은 할증으로 발행되는지 결정짓는 요소를 설명하시오.
8. 사채의 미래현금흐름의 현재가치를 계산할 때, 투자자들은 할인율로 표시이자율을 사용하는가, 시장이자율을 사용하는가?
9. 사채의 장부금액이란 무엇인가?
10. 사채 투자자들이 기간마다 이자로 받게 될 현금 지급을 계산할 때 사용하는 공식은 무엇인가? 매 기간 이자비용을 계산할 때는 무슨 공식을 사용하는가?
11. 부채비율은 어떻게 계산하는가? 부채비율이 의미하는 바는 무엇인가?
12. 시장이자율이 증가할 때, 사채 가격은 증가하는가 감소하는가?

MULTIPLE-CHOICE QUESTIONS

1. 사채에 대한 연간 이자비용이 사채 만기까지의 기간에 걸쳐 계속 증가하고 있다. 발행에 대한 연이자비용이 사채의 유효기간에 걸쳐 계속 증가하고 있다. 이에 대한 설명으로 옳은 것은?
   a. 시장이자율이 사채가 발행된 시점부터 증가하였다.
   b. 표시이자율이 사채가 발행된 시점부터 증가하였다.
   c. 사채가 할인발행되었다.
   d. 사채가 할증발행되었다.

2. 다음 중 추가 자본을 조달하기 위해 추가적인 주식의 발행 대신 사채를 발행하는 경우의 이점이 아닌 것은?
   a. 주주들이 비례적인 지분율을 유지한다.
   b. 이자비용이 과세수입을 감소시킨다.
   c. 이자지급이 유연하며 발행법인의 재량에 달려 있다.
   d. a, b, c 모두 사채와 연관된 장점이다.

3. 한 사채의 액면금액은 $100,000이고 표시이자율은 8%이다. 이 사채는 10년 후에 만기이다. 사채가 발행될 때의 시장이자율은 10%이다. 투자자들이 이 사채에 얼마를 지불하겠는가?
   a. $100,000
   b. $87,707
   c. $49,157
   d. $113,421

4. 다음 중 부채비율 계산에 포함되지 않는 계정은?
   a. 선수수익
   b. 이익잉여금
   c. 미지급법인세
   d. a, b, c 모두 포함된다.

5. 사채가 할증발행될 때 다음 중 거짓인 것은?
   a. 이 사채는 액면금액보다 높은 금액으로 발행될 것이다.
   b. 미지급사채는 이 사채의 액면금액보다 큰 금액으로 외상매입될 것이다.
   c. 이자비용은 현금이자지급액을 초과할 것이다.
   d. a, b, c 모두 거짓이다.

6. 액면금액이 $100,000인 사채가 올해 1월 1일에 $93,500에 발행되었다. 이 사채가 발행됐을 때 표시이자율은 8%였고 시장이자율은 10%였다. 이자는 매년 지급된다. 12월 31일에 얼마의 이자가 지급될 것인가?
   a. $10,000
   b. $8,000
   c. $7,480
   d. $9,350

7. 사채가 할증, 할인, 또는 액면금액으로 발행될지 알기 위해서는 다음 중 어떤 정보를 알아야 하는가?
   a. 사채가 발행된 날의 액면금액과 표시이자율
   b. 사채가 발행된 날의 액면금액과 시장이자율
   c. 사채가 발행된 날의 표시이자율과 시장이자율
   d. 사채가 발행된 날의 표시이자율과 명시이자율(the coupon rate and the stated rate)

8. 상각에 유효이자율법을 적용할 때, 손익계산서에 보고되는 이자비용은 다음의 영향을 받는다.
   a. 사채의 액면금액
   b. 사채권증서에 명시된 표시이자율
   c. 사채가 발행된 날의 시장이자율
   d. (a)와 (b)

9. 액면금액 $100,000인 사채가 1월 1일에 발행되었다. 이 사채의 표시이자율은 10%이고 10년 후에 만기이다. 이 사채가 발행되었을 때 시장이자율은 10%였다. 12월 31일, 시장이자율은 11%로 상승했다. 12월 31일에 재무상태표에 보고해야 할 사채 부채액은 얼마인가?

a. $100,000 b. $94,112
c. $94,460 d. $87,562

10. 상각에 유효이자율법을 적용할 때, 사채의 장부금액은 각각의 이자지급일에 어느 금액에 의해 변하는가?
a. 이자비용 b. 현금이자지급액
c. 이자비용과 현금이자지급액의 차 d. a, b, c 모두 아니다.

MINI-EXERCISES

M10-1. 재무정보 찾기

다음 각각의 정보를 재무상태표, 손익계산서, 현금흐름표 또는 재무제표의 주석에서 찾을 수 있는지 구체화하시오.

1. 사채부채액 금액
2. 사채 투자자보호약정의 세부 설명
3. 사채발행과 관련된 표시이자율
4. 당기 이자비용
5. 사채발행과 관련된 만기일
6. 당기 현금이자지급액

M10-2. 액면금액으로 발행된 사채 가격 계산하기

Williams 기업은 액면금액 $600,000, 표시이자율 8%로 사채를 발행할 계획이다. 이 사채는 10년 후 만기 예정이며 이자는 반기별로 매년 6월 30일과 12월 31일에 지급한다. 모든 사채는 올해 1월 1일에 발행된다. 연 시장이자율을 8%로 가정하고 이 사채의 발행금액을 결정하시오.

M10-3. 재무비율 이해하기

이번 장에서 부채비율과 이자보상비율에 대해 논의해보았다. 기업이 요구되는 이자 지급을 충족시키는 능력을 더 잘 나타내는 지표(indicator)는 무엇인지 설명하시오.

M10-4. 이자보상비율 계산하기

Oak 기업의 이번 연도 재무제표는 다음과 같다:

손익계산서	
수익	$800,000
비용	(620,000)
이자비용	(12,600)
세전이익	167,400
소득세(30%)	(50,220)
순이익	$117,180

Oak의 이자보상비율을 계산하시오.

M10-5. 할인발행된 사채 가격 계산하기

Trew 기업은 액면금액 $900,000, 표시이자율 6%로 사채를 발행할 계획이다. 이 사채는 10년 후 만기 예정이며 이자는 반기별로 매년 6월 30일과 12월 31일에 지급한다. 모든 사채는 올해 1월 1일에 발행된다. 연 시장이자율을 8.5%로 가정하고 이 사채의 발행금액을 정하시오.

M10-6. 할인발행된 사채의 발행금액과 이자지급액 기록하기(사채할인발행차금 계정 사용)

Coffman 기업은 액면금액 $1,000,000인 사채를 $940,000에 팔았다. 이 사채는 표시이자율 10%, 10년 후 만기이며, 이자는 반기별로 매년 6월 30일과 12월 31일에 지급한다. 모든 사채는 올해 1월 1일에 발행되었다. 사채할인발행차금 계정을 사용하여 올해 1월 1일 사채 발행과 6월 30일 이자지급을 기록하시오. Coffman은 유효이자율법을 사용한다. 연 시장이자율은 11%로 가정하시오.

M10-7. (보론) 할인발행된 사채의 발행금액과 이자지급액 기록하기(사채할인발행차금 계정 미사용)

Coffman 기업은 액면금액 $1,000,000인 사채를 $940,000에 팔았다. 이 사채는 표시이자율 10%, 10년 후 만기이며, 이자는 반기별로 매년 6월 30일과 12월 31일에 지급한다. 모든 사채는 올해 1월 1일에 발행되었다. 사채할인발행차금 계정을 사용하지 않고 올해 1월 1일 사채 발행과 6월 30일 이자지급을 기록하시오. Coffman은 유효이자율법을 사용한다. 연 시장이자율은 11%로 가정하시오.

M10-8. 할증발행된 사채 가격 계산하기

Waterhouse 기업은 액면금액 $500,000, 표시이자율 10%로 사채를 발행할 계획이다. 이 사채는 10년 후 만기 예정이며 이자는 반기별로 6월 30일과 12월 31일에 지급한다. 모든 사채는 올해 1월 1일에 발행된다. 연 시장이자율을 8%로 가정하고 이 사채의 발행금액을 정하시오.

M10-9. 할증발행된 사채의 발행금액과 이자지급액 기록하기(사채할증발행차금 계정 사용)

RKO 기업은 액면금액 $850,000인 사채를 $910,000에 팔았다. 이 사채는 표시이자율 8%, 10년 후 만기이며, 이자는 매년 12월 31일에 지급한다. 모든 사채는 올해 1월 1일에 발행되었다. 사채할인발행차금 계정을 사용하여 올해 1월 1일 사채 발행과 12월 31일 이자지급을 기록하시오. RKO는 유효이자율법을 사용한다. 연 시장이자율은 7%로 가정하시오.

M10-10. (보론) 할증발행된 사채의 발행금액과 이자지급액 기록하기(사채할증발행차금 계정 미사용)

RKO 기업은 액면금액 $850,000인 사채를 $910,000에 팔았다. 이 사채는 표시이자율 8%, 10년 후 만기이며, 이자는 매년 12월 31일에 지급한다. 모든 사채는 올해 1월 1일에 발행되었다. 사채할인발행차금 계정을 사용하지 않고 올해 1월 1일 사채 발행과 12월 31일 이자지급을 기록하시오. RKO는 유효이자율법을 사용한다. 연 시장이자율은 7%로 가정하시오.

M10-11. 할인발행된 사채의 발행금액과 이자지급액 기록하기(정액법/사채할인발행차금 계정 사용)

Wefald 기업은 액면금액 $600,000인 사채를 $580,000에 팔았다. 이 사채는 표시이자율 10%, 10년 후 만기이며, 이자는 반기별로 6월 30일과 12월 31일에 지급한다. 모든 사채는 올해 1월 1일에 발행되었다. 사채할인발행차금 계정을 사용하여 올해 1월 1일 사채 발행과 6월 30일 이자지급을 기록하시오. Wefald는 정액법에 따라 상각한다.

M10-12. (보론) 할인발행된 사채의 발행금액과 이자지급액 기록하기(정액법/사채할인발행차금 계정 미사용)

Wefald 기업은 액면금액 $600,000인 사채를 $580,000에 팔았다. 이 사채는 표시이자율 10%, 10년 후 만기이며, 이자는 반기별로 6월 30일과 12월 31일에 지급한다. 모든 사채는 올해 1월 1일에 발행되었다. 사채할인발행차금 계정을 사용하지 않고 올해 1월 1일 사채 발행과 6월 30일 이자지급을 기록하시오. Wefald는 정액법에 따라 상각한다.

M10-13. 이자율과 사채의 조기상환

사채발행 후에 이자율이 떨어지고 기업이 사채를 조기상환하기로 한다면, 기업이 사채 상환에 따른 손익을 보고할 것이라고 생각하는가? 기업의 재무상태표와 손익계산서에는 어떤 영향이 있는가?

M10-14. 사채 상환과 이자지급의 현금흐름 효과

현금흐름표의 어느 부분에서 사채가 만기일 때 원금으로 지불된 현금을 찾을 수 있는가?

EXERCISES

E10-1. 비즈니스 언론에 보고된 정보 해석하기

Apple은 최근 각기 만기일이 다른 일련의 사채들을 발행했다. 아래 정보는 Apple의 사채와 관련되어 있다:

발행회사	표시이자율(%)	만기	현재시세($)	수익률(%)
Apple	3.45	2024	101.29	3.29

투자자들이 표시이자율과 수익률을 왜 주의 깊게 살펴볼 것인지 설명하시오. 추후 몇 주에 걸쳐 수익률이 3.10%로 하락할 것이라고 가정한다면, 이 수익률 하락이 Apple의 재무제표에 어떤 영향을 미칠 것인가?

E10-2. 사채의 특성 평가하기

당신은 회사채에 $100,000를 투자하기로 결심한 40대 초반 기혼 커플의 전담 재무관리자이다. 당신은 이 고객들에게 이윤을 남길 수 있을만한 두 사채를 찾아냈다. 하나는 무이표사채로 PepsiCo에서 유효이자율 9%, 2025년 만기로 발행한 것이다. 액면금액으로 수의상환 가능한 사채이다. 다른 하나는 Walt Disney 사채로, 유효이자율 9.5%, 2093년에 만기이며, 액면금액의 102%로 수의상환 가능하다. 이자율이 추후 몇 년에 걸쳐 하락한다면, 두 사채 중 상환될 가능성이 더 낮은 것은 무엇인가?

E10-3. 액면금액, 할인, 할증 발행된 사채의 발행액 계산하기

LaTanya 기업은 액면금액 $100,000, 표시이자율 8%인 사채를 발행하려 한다. 7년 만기이며, 이자는 매년 12월 31일에 지급된다. 모든 사채는 올해 1월 1일에 발행될 예정이다.

요구사항:

다음 각각의 경우에 해당하는 올해 1월 1일의 발행(판매)가격을 계산하시오. 계산식을 쓰시오:

a. **Case A:** 연 시장이자율 : 8%

b. **Case B:** 연 시장이자율 : 6%

c. **Case C:** 연 시장이자율 : 9%

E10-5. 사채발행이 부채비율에 미치는 영향 알아보기

올해 1월 1일, Denvar 기업은 액면금액 $300,000, 표시이자율 6%인 사채를 팔았다. 이 사채는 10년 후 만기이며, 매년 12월 31일에 이자를 지급한다. 사채가 발행되었을 당시 연 시장이자율은 6%였다. 이 기업은 유효이자율법에 따라 상각한다.

요구사항:

1. 사채가 발행됐을 때 Denver의 부채비율은 증가했는가, 감소했는가, 변동이 없었는가?
2. 첫 번째 연말에 Denver가 첫 이자비용을 기록하고 투자자들에게 이자를 현금 지급했을 때, Denver의 부채비율은 증가했는가, 감소했는가, 변동이 없었는가?

E10-6. 재무비율 분석하기

당신은 증권중개회사에서 재무분석가로서 이제 막 첫발을 내딛었다. 당신의 상사인 시니어 분석가는 두 기업에서 발행된 사채를 평가하는 세부보고서 작성을 마치고 당신에게 도움을 요청했다. 상사가 흥미롭다며 설명하기를, Applied Engineering의 부채비율은 산업평균보다 훨씬 낮고 Innovative Engineering의 부채비율은 산업평균보다 훨씬 높다. 반면에 Applied Engineering의 이자보상비율은 산업평균보다 훨씬 높고, Innovative Engineering의 이자보상비율은 산업평균보다 훨씬 낮다. 상사는 보고서에 설명을 추가하기 위해 당신에게 이 같은 비율이 두 기업에 대해 시사하는 바가 무엇인지 알아보라고 요청했다. 상사에게 어떻게 답할 것인가?

E10-8. 할인발행된 사채 기록하고 보고하기(사채할인발행차금 계정 사용)

Park 기업은 액면금액 $600,000, 표시이자율 7.5%인 사채를 발행하려 한다. 이 사채는 4년 후 만기이며 이자는 반기별로 6월 30일과 12월 31일에 지급한다. 모든 사채는 올해 1월 1일에 발행되었다. Park 기업은 유효이자율법에 따라 상각하고 사채할인발행차금 계정을 사용한다. 연 시장이자율은 8.5%로 가정한다.

요구사항:

1. 이 사채의 발행을 기록하는 분개를 쓰시오.
2. 올해 6월 30일의 이자지급을 기록하는 분개를 쓰시오.
3. 6월 30일 재무상태표에 보고할 사채는 얼마인가?

E10-9. (보론) 할인발행된 사채 기록하고 보고하기(사채할인발행차금 계정 미사용)

Park 기업은 액면금액 $600,000, 표시이자율 7.5%인 사채를 발행하려 한다. 이 사채는 4년 후 만기이며 이자는 반기별로 6월 30일과 12월 31일에 지급한다. 모든 사채는 올해 1월 1일에 발행되었다. Park 기업은 유효이자율법에 따라 상각하고 사채할인발행차금 계정을 사용하지 않는다. 연 시장이자율은 8.5%로 가정한다.

요구사항:

1. 이 사채의 발행을 기록하는 분개를 쓰시오.
2. 올해 6월 30일의 이자지급을 기록하는 분개를 쓰시오.
3. 6월 30일 재무상태표에 보고할 사채는 얼마인가?

E10-10. 할인발행된 사채 상각표 작성하고 보고할 금액 정하기

올해 1월 1일, Ikuta 기업은 액면금액 $100,000, 표시이자율 5%인 사채를 발행했다. 이 사채는 3년 후 만기이며 이자는 매년 12월 31일에 지급한다. 사채가 발행됐을 때 시장이자율은 6%였다. Ikuta는 유효이자율법에 따라 상각한다.

요구사항:

1. 사채 유효기간 3년에 걸친 사채 상각표를 완성하시오.
2. 첫 번째 연말과 두 번째 연말에 손익계산서와 재무상태표에 보고할 금액은 얼마인가?

E10-11. 사채 상각표 해석하기

Santa 기업은 올해 1월 1일에 액면금액 $1,000의 사채를 발행했다. 표시이자율은 6%이며 이자는 매년 12월 31일에 지급된다. 만기는 3년 후이다. 사채가 발행된 시점에 연 시장이자율은 8%였다. 다음은 이 발행 사채에 대한 상각표이다:

	현금지급	이자비용	상각액	잔액
1/1, Year 1				$ 948
12/31, Year 1	$60	$76	$16	964
12/31, Year 2	60	77	17	981
12/31, Year 3	60	79	19	1,000

요구사항:

1. 사채 발행가격은 얼마인가?
2. 이 사채는 할인발행되었는가, 할증발행되었는가? 할증액 또는 할인액은 얼마였는가?
3. 첫 번째 연말과 두 번째 연말에 재무상태표에 기록된 미지급사채는 얼마인가?
4. 두 번째 해에 다음 금액이 어떻게 도출되었는지 계산식을 쓰시오: (a) $60, (b) $77, (c) $17, (d) $981.

E10-12. 부채가 액면금액이 아닌 금액으로 발행되는 이유 설명하기

American Airlines 연차보고서에 다음과 같은 주석이 있다:

> 우리 기업은 사채 발행액 $775백만(할인액 $25백만를 차감한)를 연결재무상태표에 장기부채로 기록했다. 이 사채들은 평균 유효이자율이 8.06%로 고정이자율이 붙고, 각기 다른 만기를

가지며 그 중 최종 만기는 2031년이다.

이 주석을 읽은 한 투자자가 자신의 재무상담가에게 왜 이 기업은 표시이자율과 동일한 유효수익률로 사채를 발행하지 않는지, 그렇게 함으로써 향후 20년에 걸쳐 소액의 할인액을 보고할 필요성을 피하는 것인지 물었다. 투자자의 질문에 답하시오.

E10-13. 할증발행된 사채 보고하고 기록하기(사채할증발행차금 계정 사용)

Park 기업은 액면금액 $2,000,000, 표시이자율 10%인 사채를 발행하려 한다. 이 사채는 10년 후 만기이며 이자는 반기별로 6월 30일과 12월 31일에 지급한다. 모든 사채는 올해 1월 1일에 발행되었다. Park 기업은 유효이자율법에 따라 상각하고 사채할증발행차금 계정을 사용한다. 연 시장이자율은 8.5%로 가정한다.

요구사항:

1. 이 사채의 발행을 기록하는 분개를 쓰시오.
2. 올해 6월 30일의 이자지급을 기록하는 분개를 쓰시오.
3. 6월 30일 재무상태표에 보고할 사채는 얼마인가?

E10-14. (보론) 할증발행된 사채 기록하고 보고하기(사채할증발행차금 계정 미사용)

Park 기업은 액면금액 $2,000,000, 표시이자율 10%인 사채를 발행하려 한다. 이 사채는 10년 후 만기이며 이자는 반기별로 6월 30일과 12월 31일에 지급한다. 모든 사채는 올해 1월 1일에 발행되었다. Park 기업은 유효이자율법에 따라 상각하고 사채할증발행차금 계정을 사용하지 않는다. 연 시장이자율은 8.5%로 가정한다.

요구사항:

1. 이 사채의 발행을 기록하는 분개를 쓰시오.
2. 올해 6월 30일의 이자지급을 기록하는 분개를 쓰시오.
3. 6월 30일 재무상태표에 보고할 사채는 얼마인가?

E10-15. 할증발행된 사채 상각표 작성하고 보고할 금액 정하기

올해 1월 1일, Houston 기업은 액면금액 $10,000, 표시이자율 5%인 사채를 발행했다. 이 사채는 3년 후 만기이며 이자는 매년 12월 31일에 지급한다. 사채가 발행됐을 때 시장이자율은 4%였다. Houston은 유효이자율법에 따라 상각한다.

요구사항:

1. 사채 유효기간 3년에 걸친 사채 상각표를 완성하시오.
2. 첫 번째 연말과 두 번째 연말에 손익계산서와 재무상태표에 보고할 금액은 얼마인가?

E10-16. 할증발행된 사채의 현금흐름 효과 기록하고 분석하기(사채할증발행차금 계정 사용)

올해 1월 1일, Gateway 기업은 액면금액 $1백만, 표시이자율 9%인 사채를 발행했다. 이 사채는 10년 후 만기이며 이자는 반기별로 6월 30일과 12월 31일에 지급한다. 사채가 발행됐을 때 연 시장이자율은 8%였다. 올해 1월 1일의 사채 발행을 기록하시오. Gateway의 현금흐름표는 올해 1월 1일, 6월 30일, 12월 31일에 어떤 영향을 받게 될 것인가?

E10-17. 사채의 조기상환 기록하기

몇 년 전 Walters 기업은 액면금액 $1,000,000인 사채를 액면금액으로 발행했다. 이자율이 감소함에 따라 기업은 액면금액보다 5% 높은 상환할증금(call premium)으로 사채를 상환하기로 결정했다. 이 사채의 상환을 기록하시오.

E10-20. 할인발행된 사채 기록하고 보고하기(정액법/사채할인발행차금 계정 사용)

올해 1월 1일에 Clearwater 기업은 액면금액 $750,000, 표시이자율 8%인 사채를 팔았다. 이 사채는 10년 후 만기이며 이자는 매년 12월 31일에 지급한다. Clearwater는 정액법에 따라 상각하고 사채할인발행차금 계정을 사용한다. 연 시장이자율은 9%로 가정한다.

요구사항:

1. 이 사채의 발행을 기록하는 분개를 쓰시오.
2. 올해 12월 31일의 이자지급을 기록하는 분개를 쓰시오.
3. 올해 12월 31일 재무상태표에 보고할 사채는 얼마인가?

E10-21. (보론) 할인발행된 사채 기록하고 보고하기(정액법/사채할인발행차금 계정 미사용)

올해 1월 1일에 Clearwater 기업은 액면금액 $750,000, 표시이자율 8%인 사채를 팔았다. 이 사채는 10년 후 만기이며 이자는 매년 12월 31일에 지급한다. Clearwater는 정액법에 따라 상각하고 사채할인발행차금 계정을 사용하지 않는다. 연 시장이자율은 9%로 가정한다.

요구사항:

1. 이 사채의 발행을 기록하는 분개를 쓰시오.
2. 올해 12월 31일의 이자지급을 기록하는 분개를 쓰시오.
3. 올해 12월 31일 재무상태표에 보고할 사채는 얼마인가?

E10-22. 할증발행된 사채 기록하고 보고하기(정액법/사채할증발행차금 계정 사용)

올해 1월 1일에 Victor 기업은 액면금액 $1,400,000, 표시이자율 8%인 사채를 팔았다. 이 사채는 4년 후 만기이며 이자는 반기별로 6월 30일과 12월 31일에 지급한다. Victor는 정액법에 따라 상각하고 사채할증발행차금 계정을 사용한다. 연 시장이자율은 6%로 가정한다.

요구사항:

1. 이 사채의 발행을 기록하는 분개를 쓰시오.
2. 올해 12월 31일의 이자지급을 기록하는 분개를 쓰시오.
3. 올해 12월 31일 재무상태표에 보고할 사채는 얼마인가?

E10-23. (보론) 할증발행된 사채 기록하고 보고하기(정액법/사채할증발행차금 계정 미사용)

올해 1월 1일에 Victor 기업은 액면금액 $1,400,000, 표시이자율 8%인 사채를 팔았다. 이 사채는 4년 후 만기이며 이자는 반기별로 6월 30일과 12월 31일에 지급한다. Victor는 정액법에 따라 상각하고 사채할증발행차금 계정을 사용하지 않는다. 연 시장이자율은 6%로 가정한다.

요구사항:

1. 이 사채의 발행을 기록하는 분개를 쓰시오.

2. 올해 12월 31일의 이자지급을 기록하는 분개를 쓰시오.
3. 올해 12월 31일 재무상태표에 보고할 사채는 얼마인가?

E10-24. 사채거래가 현금흐름표에 미치는 영향 알아보기

사채 유효기간에 걸쳐 많은 사건들이 현금흐름표에 기록되는 사건들에 영향을 미친다. 다음 각각의 사건들이 현금흐름표에 영향을 미치는지, 그렇다고 하면 영업활동 현금흐름, 투자활동 현금흐름, 재무활동 현금흐름에 영향을 미치는지 서술하시오.

요구사항:

1. 액면금액 $1,000,000인 사채가 $960,000로 발행된다.
2. 연말에 미지급이자 $45,000가 기록되고, 사채 할인액 $1,000가 상각된다.
3. 두 번째 연초에 (2)에서 기록된 미지급이자가 지급된다.
4. 다섯 번째 연말에 부채가 만기가 된다.

PROBLEMS

P10-1. 부채의 활용 분석하기

작년에 Arbor 기업은 다음과 같이 보고했다:

재무상태표	
총자산	$800,000
총부채	500,000
총자본	$300,000

올해 Arbor는 $100,000 프로젝트 후원을 위해 더 많은 사채를 발행할지 혹은 보통주 추가분을 발행할지 고민하고 있다. 두 옵션 모두 정확히 $100,000를 가져올 수 있다. Arbor의 현재 사채 계약은 부채비율을 2.0 이하로 유지해야 한다는 계약조항을 포함한다.

요구사항:

1. Arbor의 현재 부채비율을 계산하시오.
2. Arbor가 추가 사채로 프로젝트를 후원하는 것을 가정하여 부채비율을 계산하시오.
3. Arbor가 보통주를 발행해 프로젝트를 후원하는 것을 가정하여 부채비율을 계산하시오.
4. Arbor가 프로젝트를 어떻게 후원하는 것이 더 낫겠는가?

P10-2. 액면금액으로 발행된 사채 보고하기(AP10-1)

올해 1월 1일에 Nowell 기업은 액면금액 $100,000, 표시이자율 8%인 사채를 발행했다. 이 사채는 5년 후 만기이며 반기별로 6월 30일과 12월 31일에 이자를 지급한다. 사채가 팔렸을 때 연 시장이자율은 8%였다.

요구사항:

1. 올해 1월 1일에 발행가는 얼마였는가?

2. 올해 6월 30일과 12월 31일에 기록해야 할 이자비용은 얼마인가?
3. 올해 6월 30일과 12월 31일에 투자자들에게 빌린 현금은 얼마인가?
4. 올해 12월 31일과 내년 12월 31일에 이 사채의 장부금액은 각각 얼마인가?

P10-3. 액면, 할인, 할증 발행된 사채 비교하기(AP10-2)

올해 1월 1일에 Barnett 기업은 액면금액 $500,000, 표시이자율 7%인 사채를 발행했다. 이 사채는 10년 후 만기이며 매년 12월 31일에 이자를 지급한다. Barnett은 유효이자율법에 따라 상각한다. 조세효과는 무시하며, 모든 경우는 각기 독립적이다.

요구사항:

다음 표를 완성하시오. 제시된 이자율은 사채가 발행된 날의 연 시장이자율이다.

	Case A (7%)	Case B (8%)	Case C (6%)
a. 발행시 수취한 현금			
b. 첫 번째 해에 기록된 이자비용			
c. 첫 번째 해에 이자로 지급된 현금			
d. 만기에 사채원금으로 지급된 현금			

P10-6. 할인발행된 사채 기록하고 보고하기(AP10-3)

PowerTap 공기업은 액면금액 $1,000,000, 표시이자율 10%인 사채를 발행하려 한다. 이 사채는 10년 후 만기이며 반기별로 6월 30일과 12월 31일에 이자를 지급한다. 모든 사채는 올해 1월 1일에 발행될 예정이다. PowerTap은 유효이자율법에 따라 상각하며, 연 시장이자율은 12%로 가정한다.

요구사항:

1. 올해 1월 1일에 발행가는 얼마였는가?
2. 올해 6월 30일과 12월 31일에 기록해야 할 이자비용은 얼마인가?
3. 올해 6월 30일과 12월 31일에 투자자들에게 지불해야 할 현금은 얼마인가?
4. 올해 6월 30일과 12월 31일에 이 사채의 장부금액은 각각 얼마인가?

P10-7. 할인발행된 사채 기록하고 보고하기(사채할인발행차금 계정 사용)(AP10-4)

Claire 기업은 액면금액 $100,000, 표시이자율 8%인 사채를 팔았다. 이 사채는 2년 후 만기이며 이자는 분기별로 매년 3월 31일, 6월 30일, 9월 30일, 12월 31일에 지급한다. Claire는 유효이자율법에 따라 상각하고 사채할인발행차금 계정을 사용한다. 연 시장이자율은 12%로 가정한다.

요구사항:

1. 이 사채의 발행을 기록하는 분개를 쓰시오.
2. 올해 3월 31일, 6월 30일, 9월 30일, 12월 31일의 이자지급을 기록하는 분개를 쓰시오.
3. 올해 12월 31일 재무상태표에 보고할 사채는 얼마인가?

P10-9. 할증발행된 사채 기록하고 보고하기(AP10-6)

Cron 기업은 액면금액 $700,000, 표시이자율 13%인 사채를 발행하려 한다. 이 사채는 5년 후 만기이며 반기별로 6월 30일과 12월 31일에 이자를 지급한다. 모든 사채는 올해 1월 1일에 발행되었다. Cron은 유효이자율법에 따라 상각하며, 연 시장이자율은 12%로 가정한다.

요구사항:

1. 올해 1월 1일에 발행가는 얼마였는가?
2. 올해 6월 30일과 12월 31일에 기록해야 할 이자비용은 얼마인가?
3. 올해 6월 30일과 12월 31일에 투자자들에게 지불해야 할 현금은 얼마인가?
4. 올해 6월 30일과 12월 31일에 이 사채의 장부금액은 각각 얼마인가?

P10-10. 할증발행된 사채 상각표 작성하기

Olive 기업은 올해 1월 1일에 사채를 발행했다. 이자는 1년에 한 번 12월 31일에 지급가능하다. 이 사채는 4년 말에 만기가 된다. Olive는 유효이자율법에 따라 상각한다. 아래는 이 발행 사채에 대해 부분적으로 완성된 상각표이다:

날짜	현금지급	이자비용	상각액	잔액
1년 1월 1일				$48,813
1년 말	$3,600	$3,417	$183	48,630
2년 말	?	?	?	48,434
3년 말	?	?	210	?
4년 말	?	3,376	?	48,000

요구사항:

1. 상각표를 완성히시오.
2. 사채가 4년 말에 만기가 될 때, Oliver가 투자자들에게 지불할 원금은 얼마인가?
3. 사채가 발행된(판매된) 날에 수취한 현금은 얼마인가?
4. 사채들은 할증발행되었는가, 할인발행되었는가? 할증액 또는 할인액은 얼마인가?
5. 사채의 유효기간 동안 이자로 지출된 현금은 각 기간마다, 그리고 총 얼마인가?
6. 표시이자율은 얼마인가?
7. 사채가 발행된 날에 연 시장이자율은 얼마인가?
8. 손익계산서에 기록할 두 번째 해와 세 번째 해의 이자비용은 얼마인가?
9. 2년 말과 3년 말에 재무상태표에 기록할 금액은 얼마인가?

P10-11. 할증발행된 사채 기록하고 보고하기(사채할증발행차금 계정 사용)(AP10-7)

Serotta 기업은 액면금액 $300,000, 표시이자율 12%인 사채를 발행하려 한다. 이 사채는 2년 후 만기이며 이자는 분기별로 매년 3월 31일, 6월 30일, 9월 30일, 12월 31일에 지급한다. 모든 사채는 올해 1월 1일에 발행되었다. Serotta는 유효이자율법에 따라 상각하고 사채할증발행차금 계정을 사용한다. 연 시장이자율은 8%로 가정한다.

요구사항:

1. 이 사채의 발행을 기록하는 분개를 쓰시오.
2. 올해 3월 31일, 6월 30일, 9월 30일, 12월 31일의 이자지급을 기록하는 분개를 쓰시오.
3. 올해 12월 31일 재무상태표에 보고할 사채는 얼마인가?

P10-13. 할증발행된 사채의 조기상환 기록하기(사채할증발행차금 계정 사용)

몇 년 전 Cyclop 기업은 액면금액 $1,000,000인 사채를 $1,045,000로 발행했다. 이자율이 감소함에 따라 기업은 액면금액보다 5% 높은 상환할증금(call premium)으로 사채를 상환하기로 결정했다. 사채의 현재 장부금액은 $1,010,000이다. 사채할증발행차금 계정을 사용하여 이 사채의 상환을 기록하시오.

P10-15. 할인발행된 사채 금액 계산하고 유효이자율법과 정액법 상각 비교하기

Electrolux 기업은 전기 테스트 설비를 생산한다. 이사회는 올해 1월 1일에 다음과 같은 조건으로 사채 발행을 승인했다:

액면금액 : $800,000
표시이자율 : 12월 31일마다 지급가능한 8%
만기일 : 5년 말, 12월 31일
발행시 연 시장이자율 : 12%

요구사항:

1. 사채 발행가액을 계산하시오.
2. 기업이 정액법으로 상각한다고 가정하고 첫해부터 다섯 해까지 다음을 계산하시오:
   a. 사채 이자 현금지급액
   b. 사채 이자비용
3. 기업이 유효이자율법으로 상각한다고 가정하고 첫해부터 다섯 해까지 다음을 계산하시오:
   a. 사채 이자 현금지급액
   b. 사채 이자비용

P10-16. 현금흐름표에 사채거래 기록하기

다음 각각이 현금흐름표의 재무활동 영역에 기록될 것인지 알아보시오. 만약 그렇다면 현금 유입인지 유출인지 구체적으로 쓰시오.

1. 사채의 할인발행
2. 만기시 사채에 이자 지급
3. 투자자끼리 사채 매매. 현금거래.

ALTERNATE **PROBLEMS**

AP10-1. 액면금액으로 발행된 사채 보고하기(P10-2)

올해 1월 1일에 Trucks R Us 기업은 액면금액 $2,000,000, 표시이자율 10%인 사채를 발행했다. 이 사채는 5년 후 만기이며 반기별로 6월 30일과 12월 31일에 이자를 지급한다. 사채가 발행되었을 때 연 시장이자율은 10%였다.

요구사항:

1. 올해 1월 1일에 발행가는 얼마였는가?
2. 올해 6월 30일과 12월 31일에 기록해야 할 이자비용은 얼마인가?
3. 올해 6월 30일과 12월 31일에 지불해야 할 현금이자는 얼마인가?
4. 올해 12월 31일과 내년 12월 31일에 이 사채의 장부금액은 각각 얼마인가?

AP10-2. 액면금액, 할인, 할증 발행된 사채 비교표 완성하기(P10-3)

올해 1월 1일에 Bidden 기업은 액면금액 $100,000, 표시이자율 10%인 사채를 발행했다. 이 사채는 5년 후 만기이며 반기별로 6월 30일, 12월 31일에 이자를 지급한다. Bidden은 유효이자율법에 따라 상각한다. 조세효과는 무시하며, 모든 경우는 각기 독립적이다.

요구사항:

다음 표를 완성하시오. 각 경우마다 제시된 이자율은 사채가 발행된 날의 연 시장이자율이다.

	1년 말	2년 말	3년 말
Case A : 액면금액발행(10%)	$	$	$
해당 연도 이자비용			
재무상태표상의 순부채			
Case B : 할인발행(12%)			
해당 연도 이자비용			
재무상태표상의 순부채			
Case C : 할증발행(8%)			
해당 연도 이자비용			
재무상태표상의 순부채			

AP10-3. 할인발행된 사채 기록하고 보고하기(P10-6)

올해 1월 1일에 Avaya 기업은 액면금액 $2,000,000, 표시이자율 6%인 사채를 발행했다. 이 사채는 5년 후 만기이며 매년 12월 31일에 이자를 지급한다. 사채가 발행됐을 때 연 시장이자율은 12%였다. Avaya는 유효이자율법에 따라 상각한다.

요구사항:

1. 올해 1월 1일에 발행가는 얼마였는가?
2. 올해 12월 31일과 내년 12월 31일에 기록해야 할 이자비용은 얼마인가?
3. 올해 12월 31일과 내년 12월 31일에 지불해야 할 현금이자는 얼마인가?
4. 올해 12월 31일과 내년 12월 31일에 이 사채의 장부금액은 각각 얼마인가?

AP10-4. 할인발행된 사채 기록하고 보고하기(사채할인발행차금 계정 사용)(P10-7)

Zues 기업은 액면금액 $800,000, 표시이자율 4%인 사채를 발행하려 한다. 이 사채는 2년 후 만기이며 이자는 반기별로 6월 30일, 12월 31일에 지급한다. 모든 사채는 올해 1월 1일에 발행되었다. Zues는 유효이자율법에 따라 상각하고 사채할인발행차금 계정을 사용한다. 연 시장이자율은 6%로 가정한다.

요구사항:

1. 이 사채의 발행을 기록하는 분개를 쓰시오.
2. 올해 6월 30일, 12월 31일의 이자지급을 기록하는 분개를 쓰시오.
3. 올해 12월 31일 재무상태표에 보고할 사채는 얼마인가?

AP10-6. 할증발행된 사채 기록하고 보고하기(P10-9)

올해 1월 1일에 Thomas 보험회사는 액면금액 $4,000,000, 표시이자율 9%인 사채를 발행했다. 이 사채는 5년 후 만기이며 매년 12월 31일에 이자를 지급한다. 사채가 발행됐을 때 연 시장이자율은 6%였다. Thomas는 유효이자율법에 따라 상각한다.

요구사항:

1. 올해 1월 1일에 발행가는 얼마였는가?
2. 올해 12월 31일과 내년 12월 31일에 기록해야 할 이자비용은 얼마인가?
3. 올해 12월 31일과 내년 12월 31일에 지불해야 할 현금이자는 얼마인가?
4. 올해 12월 31일과 내년 12월 31일에 이 사채의 장부금액은 각각 얼마인가?

AP10-7. 할증발행된 사채 기록하고 보고하기(사채할증발행차금 계정 사용)(P10-11)

Lemond 기업은 액면금액 $200,000, 표시이자율 10%인 사채를 발행하려 한다. 이 사채는 3년 후 만기이며 이자는 반기별로 6월 30일, 12월 31일에 지급한다. 모든 사채는 올해 1월 1일에 발행되었다. Lemond는 유효이자율법에 따라 상각하고 사채할증발행차금 계정을 사용한다. 연 시장이자율은 8.5%로 가정한다.

요구사항:

1. 이 사채의 발행을 기록하는 분개를 쓰시오.
2. 올해 6월 30일, 12월 31일의 이자지급을 기록하는 분개를 쓰시오.
3. 올해 12월 31일 재무상태표에 보고할 사채는 얼마인가?

CONTINUING PROBLEM

CON10-1. 부채 기록하고 보고하기

Pool 기업은 세계에서 가장 큰 수영장 설비 도매 유통회사이다. 이 기업은 NASDAQ 거래소에서 거래되는 상장법인이다. Pool의 대다수 고객은 소규모 가족경영 업체들이다. Pool이 올해 1월 1일에 표시이자율 5%로 $750,000,000를 차입했다고 가정하자. 차입시점에 연 시장이자율은 4%였다. 사채는 10년 후 만기이고, Pool은 반기별로 6월 30일, 12월 31일에 이자를 지불한다.

요구사항:

1. 올해 1월 1일에 발행가는 얼마였는가?
2. 올해 6월 30일과 12월 31일에 기록해야 할 이자비용은 얼마인가?
3. 올해 6월 30일과 12월 31일에 지불해야 할 현금이자는 얼마인가?
4. 올해 6월 30일과 12월 31일에 이 사채의 장부금액은 각각 얼마인가?

CASES AND PROJECTS

사업보고서 사례

CP10-1. 재무정보 찾기

책 끝부분 부록 B의 American Eagle Outfitters 재무제표를 참고하시오.

요구사항:

1. American Eagle이 당해 연도 동안 이자를 지불했는가? (**힌트 :** 주석을 살펴보시오.)
2. American Eagle은 사채는 발행하지 않았지만 필요할 때 돈을 차입하는 것에는 동의했다. 이 기업이 "차입 계약(Credit Agreement)"하에서 차입할 수 있는 총액은 얼마인가?
3. American Eagle의 부채비율을 계산하시오.

CP10-2. 재무정보 찾기

책 끝부분 부록 C의 Urban Outfitters 재무제표를 참고하시오.

요구사항:

1. Urban Outfitters는 당해 연도 동안 이자의 어떤 현금지급도 보고하지 않는다. 만약 했다면 그 금액을 어디서 찾을 수 있을 것인가?
2. Urban Outfitters는 사채는 발행하지 않았지만 필요할 때 돈을 차입하는 것에는 동의했다. 이 기업이 "대출 한도(Line of Credit)"하에서 차입할 수 있는 총액은 얼마인가?
3. Urban Outfitters의 부채비율을 계산하시오.

CP10-3. 산업 내 기업 비교하기

책 끝부분 American Eagle 재무제표(부록 B)와 Urban Outfitters 재무제표(부록 C), 산업비율보고서(부록 D)를 참고하시오.

요구사항:

1. American Eagle과 Urban Outfitters의 부채비율은 산업비율보고서에 따른 산업평균에 비해 어떠한가?
2. 부채비율이 American Eagle과 Urban Outfitters를 분석할 때 사용할 만한 의미있는 비율이라고 생각하는지 설명하시오.

CP10-4. 실제 사례를 통해 무이표사채 분석하기

프랑스의 에너지 대기업 GDF Suez는 최근 무이표사채를 발행했다. 이 사채발행은 이목을 모았는데, 14년 만에 처음으로 무이표사채가 유로화로 발행됐기 때문이다. 이 무이표사채의 액면금액은 500백만 유로이며 만기는 2년 후이다. 이 사채가 공개 발행되었을 때 연 시장이자율은 3%였다고 가정한다.

요구사항:

1. 왜 투자자들이 무이표사채를 구입하는지 설명하시오.
2. 투자자들이 비슷한 투자로 3% 수익을 얻을 수 있다면, GDF Suez는 액면금액 500백만 유로인 이 사채를 발행하면서 얼마를 수취하겠는가?
3. 연 시장이자율이 3%에서 유지되고 10년간 만기가 되지 않는다면, GDF Suez는 얼마를 수취하겠는가?

비판적 사고 사례

CP10-5. 윤리적 딜레마 평가하기

당신은 새로운 인터넷 비즈니스에 투자하고자 하는 소기업에서 일한다. 재무적인 예측에 따르면 회사가 $100백만 투자로 매년 $40백만를 초과하는 수익을 얻을 것이라고 한다. 회사 대표는 이자율 7%로 사채를 발행하여 돈을 차입하자고 주장한다. 그의 제안은 다음과 같다. "돈을 찍어내는 것보다 낫지 않니! 투자하는 데 우리 돈 한 푼 들이지 않고, 채권소유자들에게 이자만 지불하면 매년 $33백만를 가져올 수 있어." 이 제안에 대해 생각할수록 당신은 이런 방식으로 채권자를 이용하는 것이 불편하다. 다른 사람의 돈을 차용해서 고수익을 창출하는 것은 옳지 않다고 느끼기 때문이다. 이 제안을 윤리적 비즈니스 거래라고 할 수 있는가?

CP10-6. 윤리적 딜레마 평가하기

당신은 대형 보험회사의 포트폴리오 매니저이다. 대부분 은퇴한 교사들의 돈을 관리하는데 그들은 당신이 벌어다주는 투자 수입에 의존하고 있다. 당신은 상당한 금액의 돈을 대기업 사채에 투자했는데, 그 기업의 대표로부터 글로벌 경쟁이 치열해지면서 사업 운영이 악화되어 현재의 이자 조건을 맞추기 어렵다는 전화를 받았다. 대표가 제시하는 대안책은 최소 2년이 더 필요하다. 그동안 그 기업은 사채 이자를 지급해줄 수 없을 것이고, 혹시 대안책이 실패한다면 채권소유자들은 아마 원금의 절반 이상을 잃게 될 것이다. 당신이 채권자로서 기업에 즉각 파산을 강요하면 최소 90%의 채권소유자 원금은 돌려받을 수 있다. 하지만 회사 운영을 멈추도록 하는 이런 결정이 최소 10,000명의 실직을 초래할 것도 알고 있다. 이 두 가지 옵션만 있다면 당신은 어떻게 하겠는가?

재무보고서와 분석 팀 과제

CP10-7. 팀 프로젝트: 연차보고서 검토하기

팀 단위로 분석할 산업 하나를 정하시오. Yahoo Finance와 Google Finance에서는 여러 산업정보를 제공하고 있다. 각 팀원들은 그 산업 내 상장법인 중 서로 다른 기업을 골라 연차보고서나 10-K를 살펴봐야 한다. 연차보고서나 10-K는 SEC EDGAR(www.sec.gov) 또는 개별 기업의 투자자 대상 홍보 사이트에서 받을 수 있다.

요구사항:

각 팀원은 개별적으로 아래 기재된 정보를 수집하여 각 문제에 답해야 한다. 이 단계를 마친 후, 팀원들은 모여서 서로의 답변을 비교하고 대조한다. 논의를 마치면 각 팀은 결과적으로 자신들이 분석하고 발견한 바를 요약해 짧은 보고서를 작성한다.

1. 선택한 기업이 장기부채, 사채, 또는 어음을 발행한 적이 있는가? 발행한 적이 있다면 주석을 읽고 특이사항들을 나열하시오(예를 들어, 수의상환형, 전환형, 특정자산 담보 보증형 등).
2. 선택한 기업이 사채를 발행한다면(주석에는 "어음"으로 기록될 수도 있다), 그 사채는 액면금액발행, 할증발행, 혹은 할인발행되었는가? 만약 할증발행 또는 할인발행됐다면, 기업이 정액법 또는 유효이자율법 중 어떤 상각법을 적용하는가?
3. 비율 분석 :
   a. 부채비율은 일반적으로 무엇을 측정하는가?
   b. 선택한 기업의 지난 3년간 부채비율을 계산하시오.
   c. 계산 결과가 그 기업에 대해 시사하는 바는 무엇인가?
   d. 가능하다면 가장 최근연도의 산업부채비율을 찾아보고, 위 계산 결과와 비교해보시오. 선택한 기업이 산업비율과 왜 다른지 혹은 왜 비슷한지 논의해보시오.
4. 비율 분석 :
   a. 이자보상비율은 일반적으로 무엇을 측정하는가?
   b. 선택한 기업의 지난 3년간 이자보상비율을 계산하시오. 이자비용이 별개로 공개되어 있지 않다면 이자보상비율을 계산하기 어려우므로, 그런 경우에는 왜 이자비용이 따로 공개되어 있지 않은지 서술하시오.
   c. 계산 결과가 그 기업에 대해 시사하는 바는 무엇인가?
   d. 가능하다면 가장 최근연도의 산업이자보상비율을 찾아보고, 위 계산 결과와 비교해보시오. 선택한 기업이 산업비율과 왜 다른지 혹은 왜 비슷한지 논의해보시오.
5. 선택한 기업의 가장 최근연도 현금흐름표를 검토하시오. 현금흐름표상에 사채발행, 이자지급, 또는 원금상환과 관련된 현금유출입이 있었는가? 이러한 현금유출입은 현금흐름표에 어떤 분류로 보고되어 있는가?

자기자본의 보고와 이해

Whole Foods Market은 미국에서 자연식품과 유기농식품을 판매하는 선두적인 소매기업이다. 이 유명한 슈퍼마켓은 1978년에 설립되었고 1992년에 첫 번째 공모를 완료하였다. Whole Foods Market은 미국, 캐나다와 영국에 400개가 넘는 지점을 가지고 있다. 주(week) 평균 7,700,000명이 넘는 손님들이 Whole Foods Market을 방문한다. 2014 회계연도에 Whole Foods는 $142억의 수익과 $5억 7,900만의 순이익을 보고했다. Whole Foods의 성장전략은 대체적으로 새로운 지점 개업을 통해 기업을 확장해나가는 것이다. 이 성장계획을 뒷받침하기 위해 기업은 2014년에 $7억의 자본적 지출을 하였다.

이 장에서 우리는 기업의 자금 조달에 있어서 자기자본의 역할과 경영진이 주주의 부(stockholders' wealth)를 극대화하기 위해 사용하는 전략들에 대해 배울 것이다.

경영에 대한 이해

어떤 사람들에게 주식회사(corporation)와 기업(business)은 거의 동의어와 같이 인식될 것이다. 당신은 아마 친구들이 career in business를 "the corporate world"라고 하는 것을 들어본 적 있을 것이다. 운영되는 규모 면에서 주식회사는 기업 조직의 지배적인 형태이기 때문에 기업과 주식회사를 동일시하는 것은 당연하다. 당신이 신문에 적힌 친숙한 기업의 이름을 10개 적고자 한다면, 아마 그 기업들 모두는 주식회사일 것이다. 주식회사 형태가 인기 있는 이유는 주식회사

학습목표

이번 장을 학습한 후, 여러분들은 다음을 할 수 있어야 한다.

11-1 기업의 자본구조에서 자기자본의 역할을 설명한다.

11-2 주당순이익을 계산하고 분석한다.

11-3 보통주의 특징을 설명하고 보통주 거래를 보고한다.

11-4 배당에 대해 논의하고 보고한다.

11-5 배당수익률을 계산하고 분석한다.

11-6 주식배당과 주식분할에 대해 논의하고 보고한다.

11-7 우선주의 특징을 설명하고 우선주 거래를 보고한다.

11-8 주식 거래가 현금흐름에 미치는 영향에 대해 논의한다.

11장

FOCUS COMPANY:

Whole Foods Market

주식의 발행과 보고

www.wholefoodsmarket.com

Jeff Haynes/AFP/Getty Images

가 개인기업(sole proprietorships)과 합자회사(partnerships)에 비해 가지고 있는 중요한 이점 때문이다: 거액투자자와 소액투자자 모두 쉽게 주식회사의 소유권에 참여할 수 있기 때문에 주식회사는 큰 금액의 자본을 조달할 수 있다. 이러한 소유권 참여의 용이성은 몇 가지 요소와 관련이 있다.

- 주식은 소액으로 구입할 수 있다. 당신은 Whole Foods 주식 1주를 $35 정도에 구입할 수 있고 이 성공적인 기업의 소유자 중 한 명이 될 수 있다.
- 소유권은 뉴욕증권거래소와 같은 확립된 시장에서 주식의 처분을 통해 쉽게 이전될 수 있다.
- 주식 소유권은 투자자에게 유한책임을 제공한다. 파산 시 채권자는 오직 주식회사의 자산에 대해서만 청구를 할 수 있으며, 개별 소유자의 자산에 대해서는 청구할 수 없다.

많은 미국인들이 뮤추얼펀드 또는 연금 프로그램을 통해 직접적 혹은 간접적으로 주식을 소유하고 있다. 주식 소유는 은행 계좌에 돈을 예금하거나 기업 채권에 투자하는 것보다 더 높은 수익을 벌어들일 수 있는 기회를 제공한다. 그러나 불행하게도, 주식 소유는 위험성 또한

도표 11.1

Whole Foods Market의 연결재무상태표에서 발췌

WHOLE FOODS
실제 자료에서 발췌: 연차보고서

Whole Foods Market, INC. 연결재무상태표 (단위 : 백만)	2014년 9월 28일	2013년 9월 28일
자본		
보통주자본금, 무액면, 수권주식수 600.0주; 2014년과 2013년 각각 발행주식수 377.1주와 375.7주; 유통주식수 360.4주와 372.4주	**$2,863**	$2,765
기타포괄이익(손실)누계액	**(7)**	1
이익잉여금	**1,668**	1,265
자기주식, 취득원가, 2014년과 2013년 각각 16.7주와 3.3주	(711)	(153)
자본 합계	$3,813	$3,878

포함하고 있다. 위험과 기대투자수익 간의 적절한 균형은 개별적인 선호에 따라 다르다.

<도표 11.1>은 Whole Foods의 연차보고서로부터 발췌한 재무적 정보를 보여준다. Whole Foods 재무상태표의 자기자본 파트가 자본의 주요한 2가지 원천을 열거하고 있다는 것에 주목하라.

1. **주식 발행으로 인한 기여자본.** 이것은 주식을 취득하면서 주주가 투자한 돈의 액수이다. Whole Foods의 경우, 기여자본은 보통주자본금 계정의 금액이다(2014 회계연도에 $2,863 백만).
2. **기업의 이익창출활동에 의해 생성된 가득자본.** 가득자본은 이익잉여금 계정(때로는 누적이익 계정이라 불린다)에 지속적으로 기록된다. 이익잉여금은 기업이 설립된 이후로 벌어들인 순이익의 누적금액에서 기업이 설립된 이후로 지급된 배당금의 누적금액을 뺀 것이다.

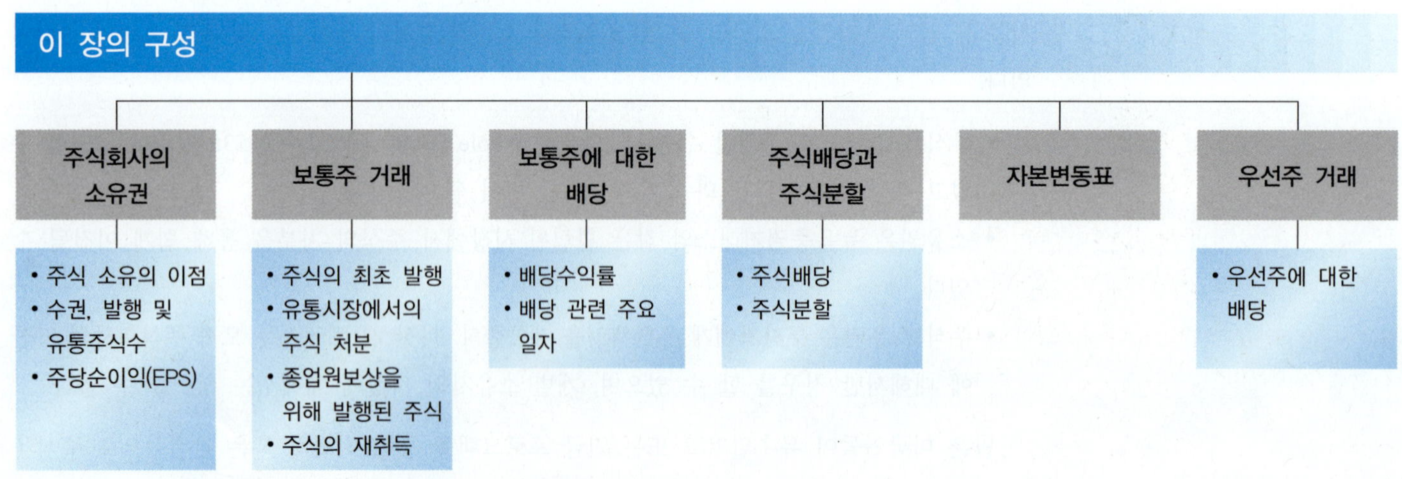

주식회사의 소유권

주식회사는 법률이 개별 독립체로 인정하는 유일한 기업 형태이다. 별개의 독립체로서, 주식회사는 그 소유주들로부터 분리되어 계속적으로 존재한다. 주식회사는 자산을 소유할 수 있고, 부채를 발생시킬 수 있으며, 그 크기를 확장하고 축소시킬 수 있고, 다른 사람들을 고소하고 고소당할 수 있고, 주주들과 관계없이 계약에 참여할 수 있다.

모두의 권리를 보호하기 위해, 주식회사의 형성과 관리는 법률에 의해 엄격히 통제된다. 주식회사는 주 정부에 신청을 함으로써 설립된다(연방정부가 아니다). 신청에 대한 승인이 이루어지면, 주는 설립인가서를 발행하는데, 이것은 때때로 법인설립정관(articles of incorporation)이라고 불린다. 주식회사는 주주들에 의해 선출된 이사회에 의해 경영된다.

각각의 주는 그 주 안에서 형성된 주식회사들을 관리하는 데 있어서 다른 법률을 가지고 있다. Whole Foods는 텍사스 안에서 설립되었고 그 본사를 텍사스의 오스틴에 가지고 있다. 당신은 많은 주식회사들이 그 본사를 다른 주에 가지고 있음에도 불구하고 델라웨어에서 기업을 설립한다는 것을 발견할 수 있을 것이다. 델라웨어가 주식회사를 설립하기에 가장 우호적인 법률들 — 특히 세금과 관련하여 — 을 가지고 있기 때문에 기업들은 델라웨어에서 기업을 설립하는 것을 택한다.

주식 소유의 이점

학습목표 11-1
주식회사의 자본구조에서 주식의 역할을 설명하기

당신이 주식회사에 투자할 때, 당신은 주주로 알려질 것이다. 주주로서 당신은 차후에 주식거래소에서 팔 수 있는 주식에 대한 배당금을 받는다. 보통주의 소유주들은 몇 가지 이점을 갖는다.

- **경영에 참여 :** 당신은 주주총회에서 기업의 경영과 관련된 주요한 문제들과 관련해 의결권을 행사할 수 있을 것이다.
- **배당금 :** 기업이 배당금을 지급한다면, 당신은 이익 배분에 대해 주식 소유 비율에 비례하는 배당을 받는다.
- **잔여청구권 :** 당신은 회사 청산 시 주식 소유 비율에 따라 남아있는 자산을 비례배분받게 될 것이다.

채권자들과 다르게 주주들은 정기주주총회에서 의결권을 갖는다. 주식 1주가 곧 1표의 역할을 한다. 다음에 나올 정기주주총회 안내문은 최근에 Whole Foods주식의 모든 소유주들에게 발송된 것이다.

WHOLE FOODS
실제 자료에서 발췌:
주주총회 안내문

주주들의 정기주주총회 안내문

이 안내문은 Whole Foods Market의 주주총회가 뉴올리언스에서 현지 시각으로 2015년 3월 10일 오전 8시 30분에 다음 목적으로 열릴 것이라는 것을 알려준다.

1. 1년의 기간 동안 그 역할을 수행할 11명의 이사 후보를 선출하기 위함
2. 경영자 보상 승인을 위한 자문 투표 수행을 위함
3. 독립된 감사인으로서 Ernst & Young 선임을 비준하기 위함
4. 수권주식수를 증가시키기 위한 회사 정관의 개정 승인을 위함
5. 이사 후보자 지명권과 관련된 회사의 내규 개정 승인을 위함
6. 주주총회 전에 발생할 다른 경영 문제들을 처리하기 위함

2015년 1월 12일 결산 시 기록된 주주들만 이 주주총회에서 자격과 의결권을 가진다.

이 안내문은 다양한 재무적 정보와 함께 이사회 일원이 되기 위한 후보자들과 관련된 정보 또한 몇 페이지 포함하고 있다. 대부분의 주주들이 실제로 연차 총회에 참석하지 않기 때문에, 이 안내문은 총회에 불참한 주주들이 인터넷 혹은 전화를 이용해 어떻게 그들의 의결권을 행사할 수 있는지와 관련된 정보를 포함하고 있다.

주주들은 주식회사에서 궁극적인 권한을 가진다. 이사회와 간접적인 측면에서 모든 직원들은 주주들에 대해 책임을 가진다.

수권주식수, 발행주식수 및 유통주식수

수권주식수
회사의 설립허가서에 명시되어 있는 것으로 주식회사가 발행할 수 있는 최대 주식수.

회사설립허가서는 주식회사가 대중들에게 발행할 수 있는 주식수의 최대치를 명시한다. 재무제표는 지금까지 발행된 주식수와 함께 이 최대 주식수를 보고한다. <도표 11.1>에 나타난 Whole Foods가 2014년 9월 28일에 보고한 주식 정보를 한 번 살펴보자.

Whole Foods의 경우, 발행 가능한 보통주의 최대 수 — 수권주식수(authorized number of shares)라고도 불린다 — 는 600,000,000이다. 2014년 9월 28일자로, Whole Foods는 377,100,000의 보통주를 발행하였다. 대중들에게 발행된 주식은 발행주식수(issued shares)라고 불린다.

발행주식수
발행된 총 주식수.

자기주식
재취득된 주식회사 자신의 주식. 자기주식으로 보유된 주식수는 발행주식이지만 유통주식수에 해당하지 않음.

유통주식수
어떤 특정 일자에 주주들이 소유하고 있는 총 주식수.

몇 가지 이유로, 회사는 이미 대중들에게 발행된 주식을 재취득하고자 할 수도 있다. 재취득된 주식들을 자기주식(treasury stock)이라고 부른다. 자기주식으로서 보유되는 주식은 발행주식수로 여겨지지만 유통주식수(outstanding shares)로 볼 수는 없다. 그래서 기업이 주식들을 재취득할 때, 이 행위는 발행주식수와 유통주식수 사이에 차이를 발생시킨다. 2014년 9월 28일자로, Whole Foods는 유통주식 360,400,000주를 가지고 있고 16,700,000주를 자기주식으로 보유했다. Whole Foods의 발행주식수, 유통주식수, 그리고 자기주식 간의 관계는 다음과 같이 나타난다.

발행주식수	377,100,000
차감: 자기주식	(16,700,000)
유통주식수	360,400,000

유통주식수가 주당순이익을 포함한 다양한 비율을 계산하는 데 사용되기 때문에 유통주식수를 아는 것은 매우 중요하다.

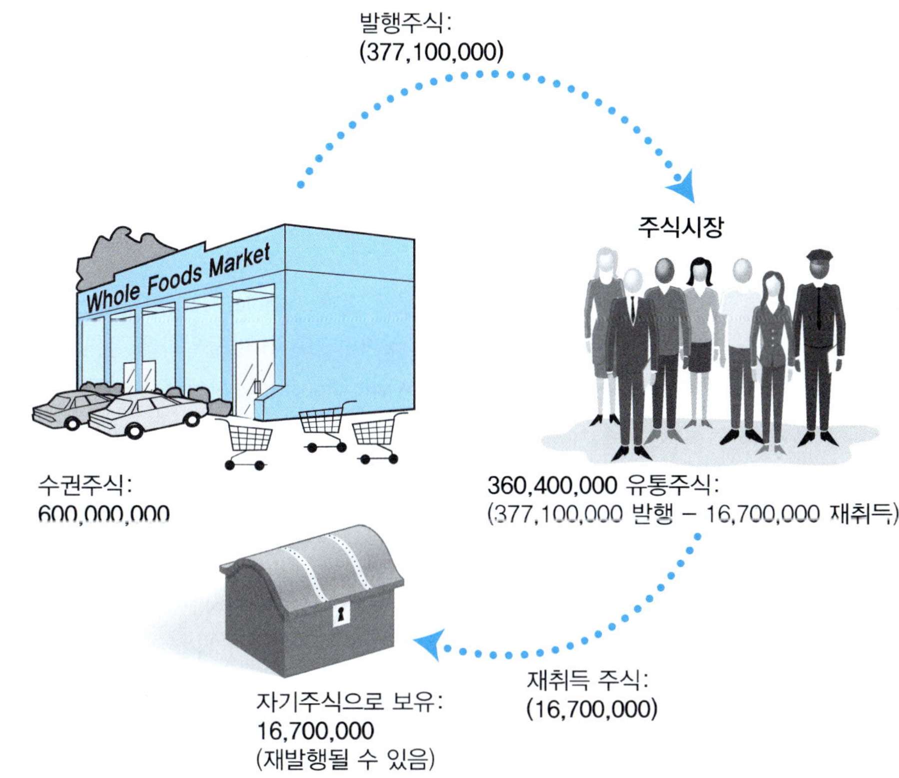

KEY RATIO ANALYSIS

주당순이익(EPS)

학습목표 11-2
주당순이익 계산 및 분석

■ **분석적 질문**

기업이 얼마나 운영을 잘 하고 있는가?

■ **비율 및 비교**

주당순이익은 다음과 같이 계산된다.

주당순이익 = 당기순이익* ÷ 가중평균유통보통주식수

*만약 존재한다면, 우선주배당금은 당기순이익에서 차감되어야 한다.

Whole Foods의 2014년 주당순이익은

$5억 7,900만 ÷ 3억 6,780만 주† = $1.57

†손익계산서에 보고됨.

연도별 비교 Whole Foods		
2014	2013	2012
$1.57	$1.48	$1.28

경쟁업체와 비교	
Safeway	The Fresh Market
2014	2014
$0.48	$1.30

■ **해석**

- **일반론 :** 당신은 기업의 수익을 발표하는 신문 헤드라인을 본 적 있을 것이다. 그 뉴스 내용들이 일반적으로 주당순이익 개념을 기초로 한 수익을 보고한다는 것을 알아두어라. 주당순이익이 유통보통주 한 주에 대한 수익의 액수를 강조해 보여주기 때문에 주당순이익은 인기 있는 척도로 사용된다. 유통보통주식수가 시간이 흐름에 따라 달라지고 기업별로 다르기 때문에, 단순 순이익 대신 주당순이익을 사용하는 것은 재무분석가와 투자자들이 시간별 그리고 기업별로 "apples-to-apples" 비교를 할 수 있게 해준다. 회사는 그들의 손익계산서에 주당순이익을 의무적으로 보고해야 한다.

- **회사에 대한 분석 결과 :** Whole Foods의 경우, 지난 3년간 순이익은 증가한 반면, 가중평균유통보통주식수는 상대적으로 거의 동일하게 유지되었다. 이것은 3년간 회사 주당순이익의 성장을 야기하였다. Whole Foods는 1년에 $18억의 매출을 올리는 보다 작은 경쟁자인 The Fresh Market과 1년에 $360억의 매출을 올리는 보다 큰 경쟁자인 Safeway보다 높은 주당순이익을 가지고 있다. 주당순이익이 회사의 규모나 유통보통주식수와 관계없이 하나의 유통보통주식수에 대한 수익의 금액을 포착해내기 때문에 우리는 다른 규모의 회사들의 주당순이익을 비교할 수 있다.

- **주의사항 :** 주당순이익이 효과적이고 수익성 판단에 널리 사용되는 척도이기는 하지만, 이것은 회사가 미래에 어떻게 경영되어 나갈지를 확실히 보여주지는 않는다. 주식가격이 장래 성과를 나타내는 더 나은 지표이다. 예를 들어, 두 회사가 동일한 주당순이익 수치를 가지나 한 회사의 주식가격이 다른 회사의 2배라면, 투자자는 더 높은 주식가격을 가진 회사의 장래 성과를 더 높게 평가한다. 주당순이익이 지난 기간 동안의 성과를 평가하는 척도인 반면, 주식가격은 장래 기간 동안의 성과를 나타낸다. 시간별 그리고 기업별 주당순이익을 분석할 때 이것을 기억해두는 것은 매우 중요하다.

보통주 거래

학습목표 11-3
보통주의 특징을 설명하고, 보통주 거래를 보고하기

모든 주식회사들은 보통주를 발행하고, 일부는 우선주라고 불리는 다른 유형의 주식을 발행하는 것을 선택한다. 이 부분에서 우리는 보통주에 대해 다룰 것이다. 그리고 이 장의 끝무렵에서 우리는 우선주에 대해 논의해볼 것이다.

보통주
주식회사가 발행하는 기본적인 의결권 주식.

보통주(common stock)는 주식회사의 소유주인 투자자들에 의해 보유된다. 주주들이 기업의 소유주이고 의결권과 배당을 통한 경영 수익의 할당을 받을 권리를 갖지만, 그들은 기업 경영에 적극적으로 참여하지는 않는다. 대신에, 그들은 이사회를 선출하고 매일매일 발생하는 회사의 활동들을 관리하는 경영진들을 고용하고 관리하는 것은 이사들의 몫이다.

액면금액
(1) 회사설립허가서에서 명시된 주식 한 주당 명목가치. (2) 또한 사채의 원금 또는 사채의 만기금액의 다른 명칭.

주 법률에 따라 회사의 보통주는 회사설립허가서에서 명시한 주당 명목가치인 액면금액(par value)을 가지도록 요구받을 수 있다. 액면금액은 주식의 시장가치와는 관계가 없다. 예를 들어, The Fresh Market의 보통주가 주당 $0.01의 액면금액을 가지지만 주가는 주당 $40가 넘는다. Whole Foods의 보통주는 액면금액을 가지지 않는다.

법정자본금
주 법률에 의해 정해진 것으로 사업에 투자되어서도 유지해야만 하는 영구적 금액; 채권자들에게 완충물(쿠션)로서 역할을 함.

대부분의 주는 주식에 액면금액을 포함하도록 한다. 이 요구의 본래 목적은 파산 전에 소유주들이 인출할 수 없는 자본의 영구적 금액을 명시함으로써 채권자들을 보호하기 위함이고, 회사가 성공하지 못한 상황에서 채권자들에게 어떠한 조치를 제공할 것이다. 이러한 자본의 영구적인 금액은 법정자본금(legal capital)이라고 불린다. 액면금액을 할당하고 법정자본금을 유지하도록 하는 조항이 주 법률에 포함되어 있음에도 불구하고, 오늘날의 업계에서 이것은 채권자 보호에 아주 적은 역할만을 할 뿐이다. 회사들은 단순히 $0.01 같은 아주 적은 액면금액을 할당하게 되었고, 이것은 채권자들을 보호하기에 요구되는 법정자본금 액수는 너무 적다는 것을 의미한다. 결과적으로, 채권자들은 우리가 제10장에서 다룬 부채조항(debt covenant)과 같이 기업의 경영실적이 나쁠 때 채권자들을 보호해줄 수 있는 다른 보호장치를 채택하였다.

무액면주식
주식회사 설립허가서에 명시된 액면금액이 없는 주식.

일부 주들은 무액면주식의 발행을 요구한다. Whole Foods와 같이 주식회사가 무액면주식(no-par value stock)을 발행할 때, 법정자본금은 주 법률에 따라 정해진다.

주식의 최초 발행

기업공개(Initial Public Offering, IPO)는 대중들에 대한 회사 주식의 첫 번째 발행을 포함한다(즉, 기업이 처음으로 상장했을 때). 당신은 IPO 날에 신규 기업의 주식가격이 폭발적으로 증가했다는 이야기를 들어본 적 있을 것이다. 투자자들이 때때로 IPO에 대해 높은 수익을 벌어들이기도 하지만, 그것들은 높은 위험성 또한 가지고 있다. 회사의 주식이 주식시장에서 거래될 때, 대중들에 대한 신주의 추가 발행은 **유상증자**(seasoned offering)이라고 불린다.

대중들에 대한 주식 발행의 대부분은 현금거래이다. 주식의 최초 발행 회계를 설명하기 위해, Trader Joe's가 $1의 액면금액을 가지고 주당 $20에 거래되는 주식 100,000주를 발행하였다고 가정해보자. 이 회사는 다음과 같이 분개를 기록할 것이다.

현금(+A) (100,000×$20)	2,000,000
보통주자본금(+SE) (100,000×$1)	100,000
주식발행초과금(+SE)	1,900,000

자산		=	부채	+	자본	
현금	+2,000,000				보통주자본금	+100,000
					주식발행초과금	+1,900,000

보통주자본금 계정은 발행된 주식수와 주당 액면금액을 곱한 값으로 대변에 기록된다는 것을 명심해라. 주식발행초과금 계정은 잔여금액으로 대변에 기록되고, 이것은 기업이 주식을 발행할 때 받은 액면금액에 더해지는 "추가적인" 금액이다. 드문 경우지만, 회사설립허가서는 "액면금액(par value)" 대신 "표시금액(stated value)"을 명시할 수 있다. 회계 목적으로 두 금액은 같은 방식으로 이용된다. 액면금액이나 표시금액이 없다면, 발행으로 인한 전체 수취금액이 보통주자본금 계정에 기록될 것이다.

유통시장(Secondary Market)에서의 주식 처분

회사가 주식을 대중들에게 발행할 때, 해당 거래는 발행 회사와 투자자 사이에 이루어진다. 최초 발행 이후에, 투자자는 기업에 직접적으로 영향을 주지 않고 다른 투자자에게 본인의 주식을 처분할 수 있다. 예를 들어, 만약 투자자 A가 Whole Foods 주식 1,000주를 투자자 B에게 처분하였다면, Whole Foods는 어떤 분개도 기록하지 않을 것이다. A는 그가 처분한 주식에 대한 현금을 받았고, B는 그가 지불한 현금에 대한 주식을 받았다. Whole Foods는 이 거래의 당사자가 아니고 따라서 무엇을 받거나 지급하지 않았다.

각각의 영업일마다, 월스트리트 저널은 뉴욕증권거래소와 나스닥시장과 같은 주식 유통시장에서 발생하는 투자자들 간의 수많은 거래의 결과를 보고한다. 주식회사의 경영진들은 자사 주식가격 변동을 모니터한다. 주주들은 배당과 주식가격 상승 모두를 통해 그들의 투자에 대한 수익을 벌어들일 수 있을 것으로 예상한다. 많은 경우에서, 고위 간부들은 주식시장에서의 안 좋은 성과 때문에 그 자리에서 교체되고는 한다.

종업원 보상을 위한 주식 발행

주식회사 형태의 장점 중 하나는 소유와 경영의 분리가 가능하다는 것이다. 이 분리는 단점이 될 수도 있는데 일부 경영진은 소유주들의 최대 이익을 위해 행동하지 않을 수 있기 때문이다. 이러한 발생 가능한 문제는 다양한 방법으로 다뤄진다. 예를 들어, 보상패키지는 주주들에게 중요한 목표들을 충족시킨 경영진들에 대한 보상으로서 개발될 수 있다. 다른 전략은 경영진들이 주식을 정해진 가격에 구입할 수 있도록 허용하는 스톡옵션(stock options)을 제공하는 것이다.

스톡옵션 보유자는 소유주가 그런 것과 같이 기업의 성과에 관심을 가진다. 스톡옵션은 보상

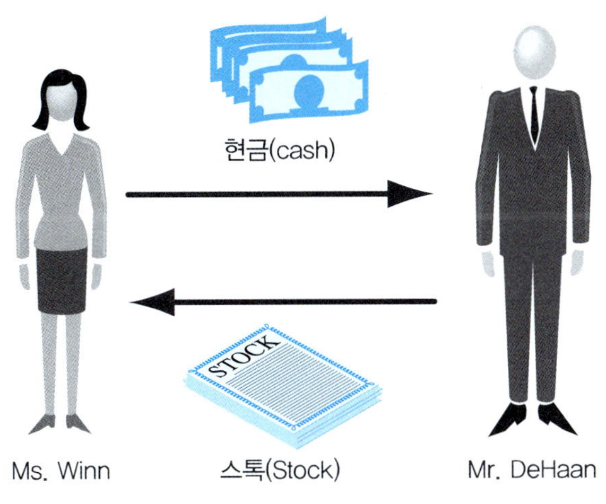

의 흔한 형태이다. Whole Foods는 직원들에게 그들에 대한 보상의 일부로 스톡옵션을 제공한다. 해당 옵션은 주식이 당시의 시장가격에 구매될 수 있음을 명시하고 있다. 부여가격과 현재 주식가격이 같더라도 스톡옵션을 주는 것은 보상의 한 형태이다. 스톡옵션을 위험이 없는 투자로 생각할 수 있다. 만약 당신이 스톡옵션을 보유하고 있고 주식가격이 떨어진다면, 당신은 아무것도 잃지 않는다. 만약 주식가격이 오른다면, 당신은 낮은 부여가격에서 당신의 옵션을 행사하고 이익을 위해 더 높은 가격에 그 주식을 처분할 수 있다.

기업들은 스톡옵션과 관련된 보상비용을 반드시 추정하고 보고해야 한다. 어떻게 경영진들이 이러한 추정을 하는지는 중급회계 과정에서 보다 자세히 다루어진다.

주식의 재취득

주식회사는 몇 가지 이유로 외부의 주주들로부터 자신의 주식을 재취득하고 싶어할 수도 있다. 흔한 이유 하나는 종업원들에게 그들에 대한 보상의 일부로 기업의 주식을 제공하는 종업원보상제도의 존재이다. 신주발행과 관련한 증권감독기구(Securities and Exchange Commission)의 규제 때문에, 대부분의 기업은 새로운 주식을 발행하는 것보다 주식을 재취득하여 직원들에게 주는 것이 비용면에서 더 효율적이다. 추가적으로, 만약 기업이 매 기간 새로 발행된 주식으로 보너스를 지급하고자 한다면, 이것은 시장에서의 주식수를 증가시킬 것이고, 곧 기업 주식가격의 하락을 가져올 것이다. 주식수를 증가시키는 것은 또한 외부 주주들의 투자를 희석해, 그들이 가지고 있는 주식 한 주의 가치를 떨어뜨릴 수 있다. 보상제도를 충족시키기 위해 주식을 재취득함으로써, 기업은 이러한 희석 효과를 막는다. 재취득되어 발행회사에 의해 보유되는 주식은 **자기주식**(treasury stock)이라고 불린다. 자기주식으로서 보유되는 동안 자기주식은 의결권, 배당금, 또는 다른 주주들의 권리를 갖지 않는다.

기업들이 시장에서 주식을 재취득할 때, 그들은 현금을 지급하고 그들의 주식을 받는다. Trader Joe's가 자사 주식이 주당 $20에 팔렸을 때 100,000주의 주식을 공개시장에서 재취득했다고 가정해보자. 재취득을 반영하기 위해, 기업은 다음 분개를 기록할 것이다.

자기주식(+XSE, −SE) (100,000×$20)	2,000,000	
현금(−A)		2,000,000

자산		=	부채	+	자본	
현금	−2,000,000				자기주식	−2,000,000

직관적으로, 많은 학생들은 자기주식 계정이 자산으로 보고될 것이라고 예상한다. 그러나 그와 같은 경우로 보고되지 않는데, 왜냐하면 기업이 기업 스스로를 소유할 수 없기 때문이다.

자기주식 계정은 실제로 차감 계정이고, 이것은 <도표 11.1>에서 Whole Foods가 그들의 재무상태표상에서 보통주 형태의 자기주식을 음수로 나타낸 이유이다. 이러한 예는 자기주식이 발행주식으로 여겨지지만 유통주식으로 분류되지는 않기 때문이다. 그래서 주식이 재취득되고 자기주식으로 보유될 때, 이것은 보통주자본금 계정에서 제거되지는 않지만 자기자본 안에서 분리된 하나의 계정으로 나타나며, 주식의 재취득이 자산을 감소시키기 때문에, 이것은 자본을 감소시킨다. <도표 11.1>에 나타난 정보와 같이, Whole Foods는 2014년 9월 28일 자사 재무상태표에 $711백만 크기의 자기주식을 보고했다.

기업이 자기주식을 처분할 때, 주식을 재취득하기 위해 쓴 원가보다 높거나 낮은 가격에 해당 주식을 처분하더라도, 장부상에 이익이나 손실을 보고하지 않는다. 소유주와의 거래는 일반적인 이윤창출 활동으로 보기 어렵기 때문에 GAAP은 기업이 자기주식에 대한 투자로부터 얻은 이익이나 손실을 보고하는 것을 허용하지 않는다. 앞에서 제시한 예에 기초했을 때, Trader Joe's가 10,000주의 자기주식을 주당 $30에 처분한다고 가정해보자. 이전에 기업이 주당 $20에 해당 주식을 취득했던 것을 기억해라. Trader Joe's는 주식을 처분(재발행)할 때 다음 분개를 기록할 것이다.

	차변	대변
현금(+A) (10,000×$30)	300,000	
자기주식(−XSE, +SE) (10,000×$20)		200,000
자기주식처분이익(+SE)		100,000

자산		=	부채	+	자본	
현금	+300,000				자기주식	+200,000
					자기주식처분이익	+100,000

자기주식이 주당 $30 대신 주당 $15에 처분(재발행)되었다면, 자본은 재취득 가격과 재발행 가격 간의 차이에 의해 감소된다. 처분가격이 주당 $15일 때 Trader Joe's가 기록할 분개는 다음과 같다.

	차변	대변
현금(+A) (10,000×$15)	150,000	
자기주식처분손실(−SE) (10,000×$5)	50,000	
자기주식(−XSE, +SE) (10,000×$20)		200,000

자산		=	부채	+	자본	
현금	+150,000				자기주식	+200,000
					자기주식처분손실	−50,000

STOP PAUSE FOR **FEEDBACK**

우리는 보통주의 발행과 재취득을 포함한 몇 가지 거래를 살펴보았다. 다음 부분에서, 우리는 배당에 대해 이야기해 볼 것이다. 다음으로 넘어가기 전에, 우리가 다룬 개념들에 대해 잘 이해했는지를 확인하기 위해 다음 문제들을 풀어보시오.

SELF-STUDY **QUIZ**

1. Apple이 현금 $150,000에 보통주 10,000주를 발행했다고 가정해보자. 해당 주식은 주당 $2의 액면금액을 가진다. 이 거래를 기록하기 위한 분개를 해보시오.
2. Apple이 자사 주식이 주당 $12에 거래될 때 주식시장에서 자기주식 5,000주를 재취득했다고 가정해보자. 이 거래를 기록해보시오.
3. Apple의 보통주가 액면금액을 가지고 있지 않았다면, (1)과 (2)의 분개가 어떻게 바뀔까?

해설

1. 현금(+A)	150,000	
보통주자본금(+SE) ($2×10,000)		20,000
주식발행초과금(+SE, 잔여금액)		130,000
2. 자기주식(+XSE, −SE)	60,000	
현금(−A)		60,000

3. (1)의 분개에서는 보통주자본금으로 150,000이 대변에 기록되고, 이 거래에서는 주식발행초과금은 기록되지 않는다. (2) 분개는 동일하다.

보통주 배당

학습목표 11-4
배당에 대해 논의하고 보고하기

투자자들은 그들의 투자에 대한 수익을 기대하기 때문에 보통주를 구매한다. 이러한 투자수익은 두 가지 형태로 있을 수 있다 : 주식가격 상승과 배당금. 일부 투자자들은 약간의 배당금만을 지급하거나 배당을 지급하지 않는 주식 구매를 선호한다. 왜냐하면 기업이 벌어들인 이익의 대부분을 재투자하는 경우 미래 이익이 증가할 가능성이 높고 따라서 해당 기업의 주식가격도 함께 상승할 것이기 때문이다. 높은 세율을 적용받는 부유한 투자자는 더 높은 주식가격의 형태로 투자수익을 받고자 하는 경향이 있는데, 왜냐하면 자본이득이 배당수익보다 낮은 세율로 과세될 수 있기 때문이다. 꾸준한 소득을 필요로 하는 은퇴한 사람들과 같은 투자자들은 투자수익을 배당금의 형태로 받는 것을 택한다. 이러한 사람들은 종종 공공사업 주식과 같이 상대적으로 높은 배당금을 지급해줄 주식을 찾는다. 많은 투자자들과 재무분석가들에게 있어서 배당이 중요하기 때문에, 기업의 배당정책을 평가하기 위해 배당수익률을 종종 계산한다.

KEY RATIO ANALYSIS

배당수익률(Dividend Yield)

학습목표 11-5
배당수익률을 계산하고 분석하기

■ **분석적 질문**

기업은 매년 그 주식가격에 비례하여 얼마의 배당금을 지급하는가?

■ **비율 및 비교**

배당수익률은 다음과 같이 계산된다.

배당수익률 = 주당 배당금 ÷ 주당 시장가격

Whole Foods의 2014 회계연도 배당수익률 : $0.48 ÷ $37.67 = 1.3%

연도별 비교 Whole Foods		
2014	2013	2012
1.3%	2.4%	0.6%
($0.48÷$37.67)	($1.40÷$58.33)	($0.28÷$48.70)

경쟁업체와 비교	
Safeway	The Fresh Market
2014	2014
2.5%	0.0%

■ **해석**

- **일반론 :** 보통주에서 투자자는 배당금과 자본소득(주식의 시장가격 상승) 모두로부터 수익을 얻을 수 있다. 배당수익률은 어떤 자본소득도 없는 투자에 대한 수익을 반영하고, 달리 말해서, 기업이 지급하는 배당금에서 기인하는 수익을 반영한다.
- **회사에 대한 분석 결과 :** 2014 회계연도 말 Whole Foods의 주식가격은 $37.67였다. 만약 당신이 이 금액을 Whole Foods에 투자했고 2014 회계연도에 Whole Foods가 지급한 배당금을 받았다면, 당신의 투자에 대한 수익률은 1.3%가 될 것이다. Whole Foods는 2013년에 상대적으로 큰 주당 배당금을 지급했는데, 이것은 그 해 배당수익률을 상대적으로 높게 하는 결과를 가져왔다. 2014 회계연도의 Safeway 주당 주식가격은 Whole Foods의 주당 주식가격과 비슷했다($35.13 vs. $37.67). 그러나 Safeway는 더 높은 주당 배당금을 지급했고($0.89 vs. $0.48), 이것은 높은 배당수익률로 이어졌다. The Fresh Market은 2011년부터 배당금을 지급하지 않고 있으며, 그 대신에 회사에서 발생한 모든 수익을 성장 촉진에 재투자하고 있다. 결과적으로, 해당 기업의 배당수익률은 0이다.
- **주의사항 :** 배당수익률이 투자과정에 대한 수익 일부만을 보여준다는 것을 기억해라; 이것은 흐름에 따른 기업 주식가격의 증가가 반영된 자본소득을 반영하지 않는다. 종종 잠재적 자본소득은 훨씬 더 중요한 고려사항이다. Whole Foods는 현재 그들의 수익 대부분을 배당금의 형태로 지급하는 대신 성장 촉진에 투자하고 있다. 재무분석가는 기업의 성과를 평가할 때 기업의 배당수익률과 함께 다른 수익 측정도구들을 고려해야 한다.

배당 관련 주요 일자

배당의 선언과 지급은 몇 개의 주요 일자를 포함하고 있다. Whole Foods의 2014 연차보고서에 보고된 정보에 기초해 이 일자들을 한 번 살펴보자.

WHOLE FOODS
실제 자료에서 발췌:
연차보고서

배당선언일	보통주당 배당금	배당기준일	배당지급일	총 배당금 (단위: 백만)
2013년 11월 1일	$0.12	2014년 1월 17일	2014년 1월 28일	$45
2014년 2월 24일	$0.12	2014년 4월 11일	2014년 4월 22일	$44
2014년 6월 12일	$0.12	2014년 7월 3일	2014년 7월 15일	$44
2014년 9월 11일	$0.12	2014년 9월 26일	2014년 10월 7일	$43

이 발췌자료는 세 가지 중요한 날짜를 포함하고 있다.

배당선언일
이사회가 배당을 공식적으로 승인한 날짜.

배당기준일
배당이 지급될 때 배당을 받을 현재의 주주 목록을 기업이 준비하는 날짜.

배당지급일
목록에 기록된 주주들에게 현금배당이 지급되는 날짜.

1. **배당선언일**(declaration date) : 배당선언일은 이사회가 공식적으로 배당을 승인한 날이다. 이사회가 배당을 선언하면, 부채가 형성되고 기록되어야 한다.
2. **배당기준일**(date of record) : 배당기준일은 선언에 뒤이어 나타난다. 이것은 기업이 배당금을 지급받게 될 현재 주주들의 목록을 준비하는 날짜이다. 배당은 배당기준일에 목록에 기재된 사람들에 대해서만 지급 가능하다. 이 날짜에 분개는 발생하지 않는다.
3. **배당지급일**(date of payment) : 배당지급일은 미지급배당금을 지급하기 위해 현금이 지출된 날이다.

이 세 날짜는 모든 현금배당에 적용되고 다음과 같이 도식적으로 나타날 수 있다.

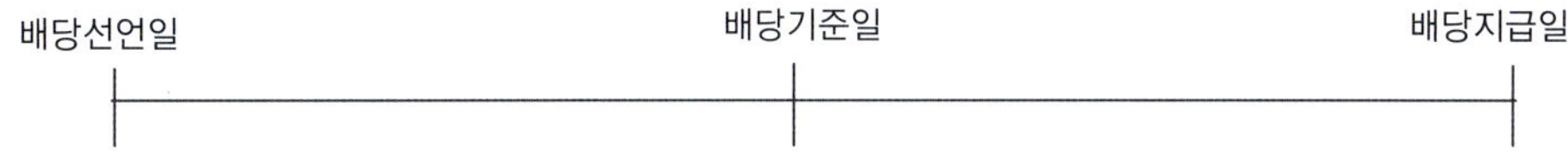

배당선언일에 기업은 배당과 관련된 부채를 기록한다. 예를 들자면, 9월 11일에 Whole Foods는 다음과 같은 분개를 기록한다. 위의 마지막 칸에 있는 $43백만가 보고된다.

이익잉여금(−SE)	430,000,000	
미지급배당금(+L)		43,000,000

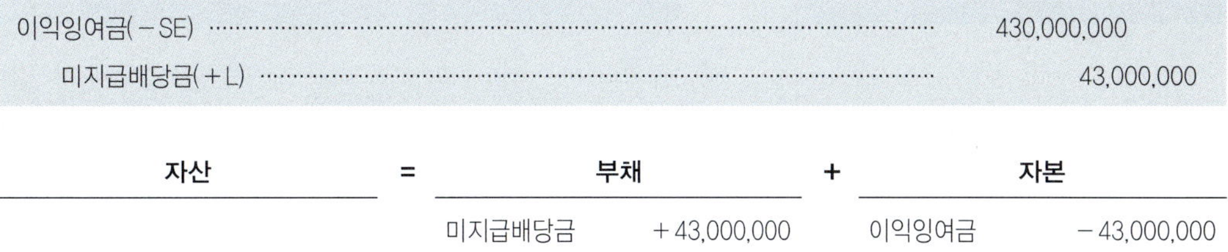

자산	=	부채		+	자본	
		미지급배당금	+43,000,000		이익잉여금	−43,000,000

10월 7일 발생한 부채의 지급은 다음과 같이 기록된다.

미지급배당금(−L)	43,000,000	
현금(−A)		43,000,000

자산		=	부채		+	자본
현금	−43,000,000		미지급배당금	−43,000,000		

현금배당의 선언과 지급이 자산(현금)과 자기자본(이익잉여금)을 같은 액수로 감소시킨다는 것을 기억해라. 이러한 상황은 현금배당 지급에 핵심적인 두 가지 필요사항을 설명해준다.

1. **충분한 이익잉여금 혹은 순이익** : 주식회사는 배당액을 감당하기 위해 충분한 액수의 이익잉여금을 누적하거나 해당 기간 동안 충분한 액수의 이익을 벌어들여야 한다.
2. **충분한 현금** : 주식회사는 배당을 지급하고 경영상의 운영에 필요한 요구들을 충족시키기 위해 충분한 현금을 보유해야 한다. 이익잉여금 계정에서 대변 잔액이 크다는 것은 단순히 이사회가 배당을 선언하고 현금을 지급할 수 있다는 것을 의미하지 않는다. 이익잉여금 계정에 나타나 있는 이익에 의해 과거에 창출된 현금은 재고자산을 취득하고, 운영자산을 구입하고, 부채를 지급하는 데 쓰일 수 있다. 결과적으로, 특정일에 이익잉여금의 잔액과 현금 잔액 간에 필연적인 관계가 존재하지 않는다. 단순하지만, 이익잉여금은 현금이 아니다.

투자자는 투자하기 전에 해당 기업의 배당정책을 꼼꼼히 살펴보아야 한다. 미국에서는 기업이 얼마나 수익성이 있는지와 무관하게 배당을 선언해야 할 법적 의무는 없다. 많은 성공한 기업들이 매년 그들의 이익 중에 큰 비중을 배당으로 지급하는 반면, 다른 많은 성공한 기업들은 한 번도 배당을 지급한 적이 없다. 기업의 배당정책은 이사회에 의해 결정된다. 일부 국가에서 배당 지급은 재량적인 것이 아니라 법에 의해 요구되는 것이다. 예를 들어, 브라질에서 기업들은 매년 그들의 순이익의 최소 25%를 배당으로 지급해야 하는 법적 의무를 갖는다.

미국 기업들은 배당을 선언해야 하는 법적 의무가 없지만, 한 번 이사회가 배당을 선언하고 나면(즉, 미지급배당금을 발생시키면), 그때는 그 배당을 지급해야 하는 법적 의무가 생긴다. 주식회사가 파산할 경우, 미지급배당금에 대해서 기업에 대해 법적으로 강제집행이 가능하다.

Financial Analysis

배당이 주식가격에 미치는 영향

배당을 이해하는 데 중요한 또 다른 날짜는 회계적인 시사점은 가지지는 않는다. 영업일 기준으로 배당기준일 이틀 전은 **배당락일**(ex-dividend date)로 알려져 있다. 이 날은 공식적으로 주식을 처분자로부터 구매자에게 넘겨주기까지는 시간이 걸린다(일반적으로 3일)는 사실 때문에 주식거래소에 의해 만들어졌다. 만약 당신이 주식을 배당락일 전에 구입한다면, 당신은 배당기준일에 소유주 명단에 오를 것이고 배당금을 받게 될 것이다. 만약 당신이 주식을 배당락일 당일에 구입하거나 그 이후에 구입할 경우, 이전 소유주가 배당기준일에 소유주 명단에 오르고 그에 따라 배당금을 받게 될 것이다.

만약 당신이 주식가격을 살펴본다면, 당신은 주식가격이 배당락일에 종종 하락한다는 것을 발견할 수 있을 것이다. 주식은 그 날 가치가 더 낮은데, 왜냐하면 해당 주식은 더 이상 다음 배당을 수령할 권리를 포함하고 있지 않기 때문이다.

Justin Lane/epa european pressphoto agency b.v./Alamy

STOP PAUSE FOR **FEEDBACK**

투자자들이 보통주를 구입하는 이유 중 하나는 배당금을 벌기 위함이다. 우리는 현금으로 지급되는 배당에 대해 살펴봤다. 다음 부분에서, 우리는 주식으로 지급되는 배당에 대해 살펴볼 것이다. 다음으로 넘어가기 전에, 우리가 지금까지 다룬 개념들에 대해 잘 이해했는지 확인해보기 위해 다음 문제들을 풀어보시오.

SELF-STUDY **QUIZ**

1. 배당 관련 일자 중에 어느 일자에 부채가 발생되는가?
2. 배당 관련 일자 중에 현금 유출은 어느 일자에 발생하는가?
3. 배당 관련 일자 중에 분개가 필요하지 않는 일자는 언제인가?

해설

1. 배당선언일　2. 배당지급일　3. 배당기준일

주식배당과 주식분할

학습목표 11-6
주식배당과 주식분할에 대한 논의하고 보고하기

주식배당

다르게 표현하지 않는 한, '**배당**(dividend)'이라는 용어는 현금배당을 의미한다. 현금배당이 단연코 배당의 가장 흔한 형태이기는 하지만, 기업은 추가적인 주식을 배당으로 분배할 수도 있다. 주식배당(stock dividend)은 주주들에게 원가를 부담시키지 않고 비례기준(pro rata basis)에 따라 기업의 추가적인 주식을 분배하는 것이다.

주식배당
현재 주주들에게 원가를 부담시키지 않고 비례적으로 기업의 추가적인 주식을 분배하는 것.

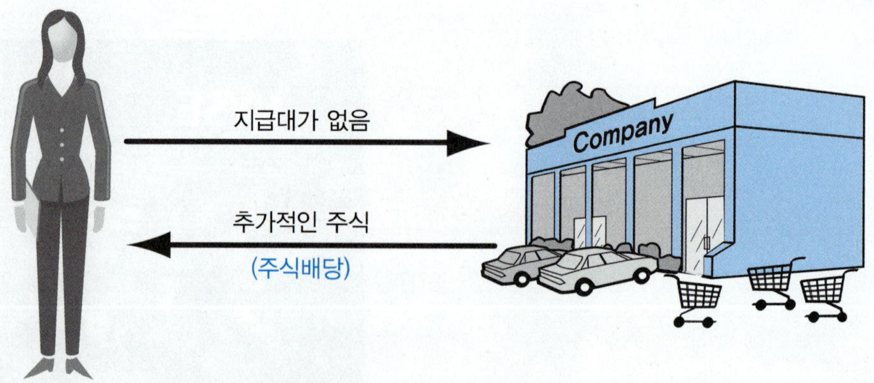

비례기준(pro rata basis)은 각각의 주주들이 가지고 있는 주식지분율에 비례하여 추가적인 주식을 지급받는 것이다. 유통주식 중 10%를 소유하고 있는 주주는 주식배당으로 발행된 추가 주식의 10%를 받게 된다.

주식배당의 경제적 가치는 많은 논쟁의 대상이 되어 왔다. 사실, 주식배당 그 자체는 경제적 가치를 갖지 않는다. 모든 주주들이 보유하고 있는 주식과 같은 비율로 주식을 분배받기 때문에, 각각의 주주들은 회사에서 이전과 완전히 같은 비율로 회사를 소유하게 된다. 투자의 가치는 가지고 있는 주식의 수가 아니라 회사를 소유하고 있는 비율에 의해 결정된다. 만약 당신이 달러를 더 작은 단위로 바꿀 때, 당신은 $1 대신 4개의 25센트를 가지고 있다고 더 많은 부를 갖게 되지 않는다. 비슷하게, 만약 당신이 회사를 10% 소유하고 있다면, 당신은 단순히 회사가 주식배당을 선언하고 당신(그리고 모든 소유주)에게 더 많은 주식을 주었다고 해서 더 부유해지지 않는다. 주식배당 전후 모두 동일하게 당신은 회사의 10%를 소유하고 있다.

주식시장은 배당 주식이 발행됐을 때 즉각적으로 반응을 보이고, 해당 주식가격은 떨어진다. 이론적으로, 만약 주식배당 전에 주식가격이 $60였고 기업이 주식배당을 통해 유통주식수를 두 배로 늘렸다면, 기업의 주식가격은 $30까지 떨어져야 한다. 때때로, 주식배당은 주식을 새로운 투자자들에게 보다 매력적으로 느껴지게끔 만든다. 많은 투자자들이 거래단위(round lots)에 따라 주식을 구매하고자 하는데, 일반적으로 거래단위는 100주의 배수이다. 예를 들어 $10,000를 가진 투자자는 $150에 거래되는 주식을 구입하지 않으려고 할 것이다. 왜냐하면 그녀는 100주를 구입할 능력이 없기 때문이다. 그러나 주식배당의 결과로 가격이 $100 이하로 떨어진다면 그녀는 주식을 구입할지도 모른다. 이러한 경우에, 주식배당 시 일어나는 주식가격 하락은 새로 발행된 주식수와 정확하게 비례적으로 나타나지 않을지도 모른다.

기업의 이사회가 주식배당을 선언할 때, 기업은 발행된 추가적인 주식들을 반영하기 위해 그 금액을 이익잉여금 계정에서 보통주자본금 계정으로 이전시킨다. 이전되는 액수는 그 주식배당이 대규모 주식배당(large stock dividend)으로 분류되는지 혹은 소규모 주식배당(small stock dividend)으로 분류되는지에 달려 있다.

대규모 주식배당은 현재 유통주식의 20~25% 이상의 액수에 달하는 추가적인 주식의 분배를 말한다. 소규모 주식배당은 현재 유통주식의 20~25% 미만의 주식의 분배를 말한다. 대규모 주식배당은 기업의 주가를 심각하게 하락시키기 때문에, GAAP은 보통주자본금으로 이전되는 금액을 주식의 액면금액에 기초하도록 하고 있다. 소규모 주식배당을 하는 경우에, GAAP은 이전되는 금액을 주식의 시장가치에 기초하도록 하고 있으며, 액면금액에 해당하는 금액은 보통주자본금 계정으로 이전시키고 초과액은 주식발행초과금 계정으로 이전시키도록 하고 있다.

주식배당의 분개가 어떻게 이루어지는지를 보여주기 위해, Trader Joe's가 주주들에게 분배될 액면금액 $1 주식 50,000,000주를 발행하는 대규모 주식배당을 선언했다고 가정해보자. 배당선언일에, Trader Joe's는 다음과 같은 분개를 기록할 것이다.

이익잉여금(−SE) (액면금액 $1×50,000,000)	50,000,000	
보통주자본금(+SE) (액면금액 $1×50,000,000)		50,000,000

자산	=	부채	+	자본	
				이익잉여금	−50,000,000
				보통주자본금	+50,000,000

이번에는 Trader Joe's가 추가적인 주식 5,000,000주를 주주들에게 분배하는 소규모 주식배당을 선언했다고 가정해보자. 배당선언일에 Trader Joe's의 주식은 주당 $12에 거래되었다. Trader Joe's가 입력할 분개는 다음과 같다.

이익잉여금(−SE) (시장가치 $12×5,000,000)	60,000,000	
보통주자본금(+SE) (액면금액 $1×5,000,000)		5,000,000
주식발행초과금(+SE) (잔여금액)		55,000,000

자산	=	부채	+	자본	
				이익잉여금	−60,000,000
				보통주자본금	+5,000,000
				주식발행초과금	+55,000,000

주식배당이 대규모로 분류되든지에 소규모로 관계없이 자본의 총액에는 변화가 없다는 것을 기억하는 것은 중요하다. 대규모와 소규모 주식배당 모두 단순히 재무상태표의 자본 파트 내에서 재분배금액을 분배할 뿐이다.

주식분할

주식분할은 배당이 아니다. 주주들에게 추가적인 주식을 분배한다는 측면에서는 주식배당과 비슷하지만, 재무상태표의 자본 파트에서 계정들에 어떤 영향을 미치는지 측면에서는 상당히 다르다.

기업이 추가적인 주식을 주식배당을 선언함으로써 분배할 것인지, 혹은 주식분할에 착수함으로써 분배할 것인지는 종종 주 법률에 의해서 결정된다. 주식분할(stock split)의 경우에, 기업은 주주들에게 그들이 현재 보유하고 있는 한 주에 대해 정해진 수량의 추가적인 주식을 줄

주식분할
주주들이 현재 소유하고 있는 각 주식을 특정 몇 개의 주식으로 나누어 서 주는 것.

것을 약속한다. 예를 들어, 기업이 1 : 2 주식분할을 선언한 경우, 주식분할 전에 주식 1주를 가진 주주는 분할 후에 주식 2주를 갖게 될 것이다. 본질적으로, 1주의 주식이 2주로 분할되는 것이다. 주식분할이 모든 수권주식, 발행주식, 그리고 유통주식 모두에 적용될 것인지는 재무제표 주석에 기술될 것이다.

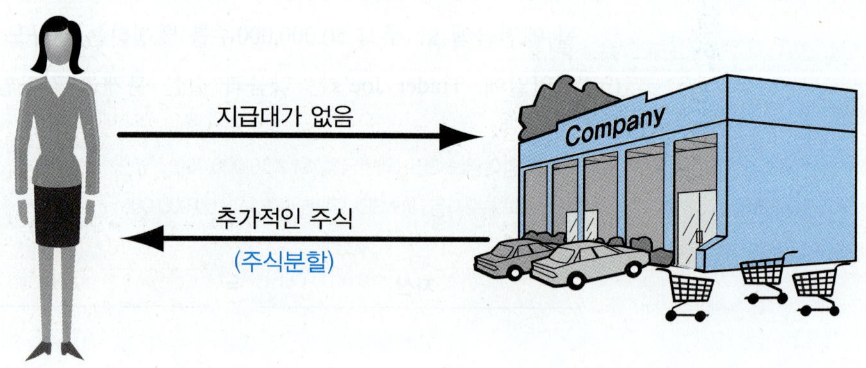

기업이 주식분할에 착수할 때, 이것은 자사 주식의 액면금액 또한 감소시켜 보통주자본금 계정의 총액은 변하지 않은 채 유지된다. 예를 들어서, 만약 Trader Joe's가 1 : 2 주식분할을 진행하고, 그로써 발행된 주식의 수가 두 배가 되었다면, 이것은 자사 주식의 액면금액을 $1에서 $0.50로 감소시킬 것이다. 주식배당과는 달리, 주식분할은 재무상태표의 자기자본 파트에서 어떤 계정의 잔액도 변화시키지 않는다.

주식배당과 주식분할 모두에서, 주주는 주식을 얻기 위한 추가적인 자원의 투입 없이 더 많은 수의 주식을 받게 된다. 주식배당은 분개를 필요로 한다. 주식분할은 분개를 필요로 하지 않지만 재무제표의 주석에 공시된다. 대규모 주식배당과 주식분할의 상대적인 효과는 다음과 같이 요약될 수 있다.

자본			
	주식배당 (주식분할) 전	100% 주식배당 후	1 : 2 주식분할 후
유통주식수	300,000	600,000	600,000
주당 액면금액	$ 1.00	$ 1.00	$ 0.50
보통주자본금	$300,000	$600,000	$300,000
이익잉여금	650,000	350,000	650,000
자본 총계	950,000	950,000	950,000

기업이 "주식분할"을 발표하고 대규모 주식배당으로 추가적인 주식의 분배를 회계처리하는 경우가 매우 흔하다. 기업은 일반적으로 그들의 보통주 액면금액이 변경되는 것을 피하기 위해 이러한 행동을 취한다. 이러한 발표는 "주식배당의 형태로 이루어진 주식분할"의 추진이라고 불린다. 당신이 이러한 문구를 볼 때마다 그 기업이 대규모 주식배당으로 거래를 회계처리했다는 것을 알아야 한다.

STOP PAUSE FOR **FEEDBACK**

우리는 주식배당과 주식분할을 살펴봄으로써 보통주에 대한 우리의 논의를 마무리지었다. 다음 부분에서, 우리는 자본변동표에 대해 간단히 소개하고 우선주에 대해 이야기 나눠볼 것이다. 다음으로 넘어가기 전에, 우리가 지금까지 다룬 개념들에 대해 잘 이해했는지를 확인해보기 위해 다음 문제들을 한 번 풀어보시오.

SELF-STUDY **QUIZ**

Barton 주식회사가 주식배당의 선언에 따라 보통주 100,000주(액면금액 $0.10)를 발행하였다. 배당이 선언된 때, Barton의 주식은 주당 $30에 거래되었다.

1. 이것이 소규모 주식배당으로 분류됐다고 가정했을 때, 이 거래를 기록하시오.
2. 이것이 대규모 주식배당으로 분류됐다고 가정했을 때, 이 거래를 기록하시오.
3. Barton이 주식분할을 발표하면서 동일한 숫자의 주식을 분배했을 때, 어떤 분개가 필요할 것인가?

I 해설

	차변	대변
1. 이익잉여금(−SE) ($30 × 100,000)	3,000,000	
보통주자본금(+SE) ($0.10 × 100,000)		10,000
주식발행초과금(+SE) (잔여금액)		2,990,000
2. 이익잉여금(−SE) ($0.10 × 100,000)	10,000	
보통주자본금(+SE) ($0.10 × 100,000)		10,000

3. 주식분할의 경우에는 분개가 필요 없음.

자본변동표

이전 장들에서 우리는 GAAP에 의해 요구되는 4개의 재무제표들 중 3가지를 다루었다: 손익계산서, 재무상태표, 그리고 현금흐름표. 네 번째 재무제표는 자본변동표이다. 자본변동표의 목적은 재무상태표상의 자본 파트의 계정들이 회계기간 동안 어떻게 변화했는지를 보여주는 것이다. 흔히 볼 수 있는 계정은 보통주, 자본잉여금, 자기주식, 그리고 이익잉여금이다. Whole Foods의 자본변동표는 <도표 11.2>에서 볼 수 있다. GAAP하에서 자본변동표는 3년간의 정보를 보여주어야 하지만, 설명 목적을 위해 우리는 가장 최근 1년만을 보여주도록 하겠다.

<도표 11.2>에서 보는 바와 같이, 당신은 이 장에서 다뤄진 많은 이슈들을 살펴보게 될 것이다. 예시에 주목해보아라.

1. 자기주식은 $578백만에 취득되었다.
2. 현금배당 총 $176백만가 지급되었고, 이것은 이익잉여금을 감소시켰다.
3. 순이익은 $579백만였고, 이것은 이익잉여금을 증가시켰다.

도표 11.2 Whole Foods의 자본변동표에서 발췌

WHOLE FOODS 실제 자료에서 발췌: 연차보고서

WHOLE FOODS MARKET, INC.
연결자본변동표
2014년 9월 28일로 종료되는 회계연도
(단위 : 백만)

	유통 주식수	보통주 자본금	자기 주식	기타포괄이익 (손실)누계액	이익 잉여금	자본 총계
2013년 9월 29일 잔액	372.4	$2,765	$(153)	$ 1	$1,265	$3,878
당기순이익	–	–	–	–	579	579
기타포괄손익, 세후금액	–	–	–	(8)	–	(8)
현금배당(보통주당 $0.48)	–	–	–	–	(176)	(176)
팀원주식보상계획에 따른 보통주 발행	1.9	21	20	–	–	41
자기주식의 취득	(13.9)	–	(578)	–	–	(578)
팀원 스톡옵션의 행사와 관련된 절세효과	–	9	–	–	–	9
주식보상비용	–	68	–	–	–	68
2014년 9월 28일 잔액	360.4	$2,863	$(711)	$(7)	$1,668	$3,813

자본변동표는 일반적으로 중급회계 과정에서 다뤄지는 주제들을 포함한 다른 변화들 또한 포함하고 있다. 아마 가장 중요한 것이 기타포괄이익(손실)누계액인데, 이것은 포괄손익의 일부로 보고되는 특정 항목들을 포함하고 있지만 순이익은 아니다. 순이익의 계산에 포함되지 않는 항목들의 예시는 다음과 같다.

1. **특정 종류의 증권들로부터 얻은 미실현보유이익(손실) :** GAAP하에서 특정 종류의 증권을 보유함으로써 얻은 이익과 손실은 주식이 처분되었을 때에만 손익계산서상에 보고된다. 주식이 처분되기 전에 발생한 미실현보유이익(손실)은 포괄손익에 포함된다.
2. **외화환산이익과 외화환산손실 :** 많은 미국 기업들은 외국통화를 사용해 경영을 수행하는 해외 자회사들을 가지고 있다. 이러한 해외 자회사의 재무제표를 미국 기업의 재무제표에 포함시키는 것은 해외통화 환율의 사용을 필요로 한다. 매년 발생하는 환율의 변화는 외화환산이익과 외화환산손실을 발생시킨다. 이 이익과 손실은 포괄손익에 포함된다.

우리는 당신이 자본변동표에 포함되는 항목들에 대해 더 잘 이해할 수 있도록 포괄손익의 몇 가지 항목들에 대해 간단히 소개했다. 만약 당신이 중급회계과정을 듣고자 한다면, 당신은 이 주제들에 대해 더 많은 것을 배울 것이다.

[GUIDED HELP 11-1] 손익계산서, 자본변동표, 그리고 재무상태표 작성방법에 관한 추가적인 단계별 비디오 강의는 www.mhhe.com/libby9e_gh11에 접속하시오.

우선주 거래

학습목표 11-7
우선주의 특징을 서술하고, 우선주 거래를 보고하기

우선주
보통주에 비해 특정 권리를 가진 주식.

보통주에 더해서, 일부 주식회사들은 우선주(preferred stock)를 발행한다. 우선주의 발행과 재취득을 기록하기 위해 필요한 분개는 보통주의 발행과 재취득을 기록하기 위해 필요한 분개와 같다. 그러나 우선주는 몇 가지 측면에서 보통주와는 다르다. 가장 큰 차이점은 다음과 같다.

- **우선주는 일반적으로 의결권을 가지지 않는다.** 의결권 없기 때문에, 우선주는 주식회사의 경영에 대한 통제권을 갖기를 원하는 투자자들에게 매력적으로 다가오지 않는다. 의결권의 부재는 일부 주식회사들이 자본을 증가시키기 위해 우선주를 발행하는 이유 중 하나이다. 우선주의 발행은 보통주 주주들의 통제권을 약화시키지 않고 돈을 끌어들일 수 있도록 해준다. 다음 그래프는 Accounting Trends & Techniques에 의해 조사된 것으로, 자본구조상에 우선주를 포함하고 있는 기업의 비율을 보여준다.

- **우선주는 보다 위험이 적다.** 일반적으로 우선주 주주들은 주식회사가 망할 경우에 배당금 지급과 자산 분할에 대한 우선권을 갖기 때문에 보통주보다 위험이 적다. 종종 보통주 주주들에게 잔여자산의 분배가 이루어지기 전에 우선주 주주들에게 주당 특정 금액이 지불되어야 한다.

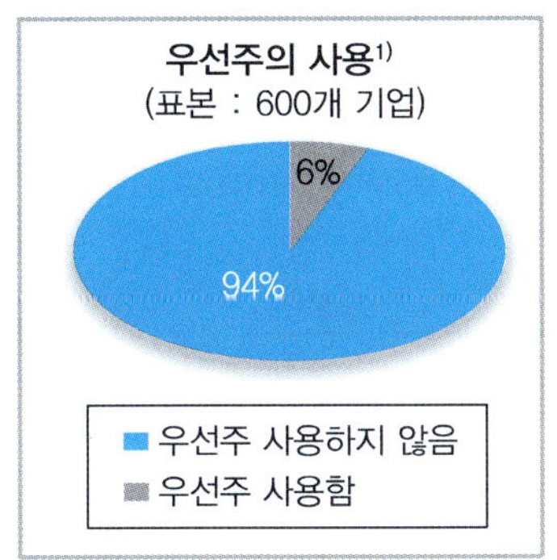

- **우선주는 일반적으로 고정 배당률을 가지고 있다.** 예를 들어, "주당 액면금액 $10의 6% 우선주"는 액면금액의 6% 크기의 연간 배당금을 지급하거나 주당 $0.60를 지급한다. 만약 우선주가 액면금액을 가지고 있지 않다면, 우선주 배당은 주당 $0.60로 명시될 것이다. 고정 배당은 투자로부터 안정적인 수익을 얻기를 원하는 특정 투자자들에게 매력적으로 느껴질 것이다.

INTERNATIONAL PERSPECTIVE

명칭 속에 무엇이 있는가?

완전히 동일한 것을 표현하기 위해 다른 용어가 사용되는 것은 종종 혼란을 야기한다. International Financial Accounting Standards(IFRS)와 U.S. GAAP의 경우가 그러하다. 다음의 표는 같은 산업의 두 회사들이 동일한 계정을 나타내기 위해 그들의 재무상태표상의 자본 파트에서 다른 용어들을 어떻게 사용했는지를 보여준다. 같은 내용의 계정들이다. 이름만 다를 뿐이다.

Whole Foods (U.S.) GAAP		Tesco (UK) IFRS
Common stock	=	Share capital
Additional paid-in capital	=	Share premium

1) Reprinted with permission from *Accounting Trends & Techniques*. Copyright © 2011 by the American Institute of Certified Public Accountants, Inc.

우선주 배당

우선주를 매입하는 투자자들은 보통주를 보유하고 있는 투자자들이 갖는 몇 가지 이점들을 포기하기 때문에, 우선주는 배당우선권을 제공한다. 가장 흔한 두 가지 배당우선권은 당기 배당금 우선권과 누적 배당금 우선권이다.

당기 배당금 우선권

당기 배당금 우선권
보통주 주주들에게 배당금이 지급되기 전에 우선주 주주들에게 배당금이 지급되도록 요구하는 것.

당기 배당금 우선권(current dividend preference)은 회사로 하여금 보통주 소유주들에게 배당금을 지급하기 전에 우선주 소유주들에게 당기 배당금을 지급하도록 하는 것이다. 이러한 우선권은 우선주가 항상 갖는 특징이다. 당기 배당금 우선권이 충족되고 다른 우선권이 적용되지 않는다면, 배당금이 보통주 주주들에게 지급될 수 있다. 설명을 위해 Sophia 회사가 다음과 같은 유통주식을 가지고 있다고 가정해보자.

SOPHIA COMPANY
우선주자본금 : 6%, 액면금액 $20, 유통주식수 2,000주 = $40,000
보통주자본금 : 액면금액 $10, 유통주식수 5,000주 = $50,000

오직 당기 배당금 우선권만을 가정했을 때, 배당금은 다음과 같이 분배될 것이다:

예	총 배당금	6% 우선주*	보통주
No. 1	$ 3,000	$2,400	$ 600
No. 2	18,000	2,400	15,600

*우선주 배당금 계산 : 액면금액 $20×0.06×2,000주=$2,400

누적 배당금 우선권

누적 배당금 우선권
우선주에 미지급된 배당금을 누적하도록 요구하는 것.
이 누적된 우선주 배당금은 보통주 배당금이 지급되기 전에 반드시 지급되어야 한다.

연체배당금
누적적 우선주에 대해 이전 연도들에 지급되지 않은 배당금.

누적 배당금 우선권(cumulative dividend preference)은 우선주에 대한 모든 미지급 배당금을 누적시키도록 요구하는 것이다. 연체배당금(dividends in arrears)이라고 알려진 이 누적 미지급 금액은 보통주 배당금이 지급되기 전에 반드시 지급되어야 한다. 물론, 우선주가 누적적이지 않다면, 배당금은 절대 연체될 수 없고, 그러므로 선언되지 않은 배당금은 영구적으로 사라진다. 우선주는 통상 누적적이다.

누적 배당금 우선권에 대해 설명하기 위해, 위의 예시에서 나온 Sophia 회사의 우선주가 누적적이고 그 배당금이 2년 동안 연체되어 있다고 가정해보자.

예	총 배당금	6% 우선주*	보통주
No. 1	$ 8,000	$7,200	$ 800
No. 2	30,000	7,200	22,800

*우선주 배당금 계산 :
- 당기 배당금 우선권 : 액면금액 $20×0.06×2,000주=$2,400
- 연체배당금 : $2,400×2년=$4,800
- 총 우선주 배당금 : $2,400+$4,800=$7,200

우선주에 대한 누적 배당금의 존재는 보통주 소유주들에 대한 기업의 배당금 지급능력을 제한할 수 있고 기업의 미래현금흐름에 영향을 미칠 수 있다. 배당은 이사회가 그것을 선언하기 전까지 절대 실제의 부채가 아니기 때문에, 연체배당금은 재무상태표에 보고되지 않는다. 대신에 그것들은 재무제표의 주석에 공시된다.

Financial Analysis

우선주와 제한된 의결권

일반적인 경우는 아니지만, 일부 우선주는 특수한 의결권을 갖는다. 예를 들어, 아래 내용은 Public Storage의 2014 연차보고서에서 발췌한 것이다:

PUBLIC STORAGE
실제 자료에서 발췌:
2014년 연차보고서

> 우리 우선주의 소유자는 분기별 배당과 모든 누적된 미지급 배당에 대하여 일반적인 우선권을 갖는다. 몇 가지 특수한 상황과 아래 명시된 경우를 제외하고, 우선주 소유자는 대부분의 안건들에 대한 의결권을 갖지 못할 것이다. 누적 연체배당금이 6분기 동안의 배당금과 같을 경우, 모든 우선주 소유자들은 연체배당금이 해결되기 전까지 우리의 이사회에서 활동할 두 명의 추가적인 인원을 선출할 권리를 가질 것이다. 2014년 12월 31일에, 연체배당금은 없었다.

이러한 특수한 의결권은 우선주 소유주들이 회사가 장기간 동안 배당금 지급에 어려움을 겪을 경우 운영상의 문제에 대해 발언권을 가질 수 있도록 허용해준다.

FOCUS ON CASH FLOWS

재무활동

학습목표 11-8
주식 거래가 현금흐름에의 영향에 대해 토의하기

주식을 포함한 거래는 기업의 자본구조에 직접적으로 영향을 미친다. 이러한 거래와 관련된 현금유입과 현금유출은 현금흐름표의 재무활동 부분에 보고된다.

현금흐름표에 미치는 영향

- **일반론 :** 아래의 표에 나타난 것과 같이, 투자자로부터의 현금 수령액은 현금유입으로 보고되고, 투자자에 대한 현금 지급은 현금유출로 보고된다.

	현금흐름에의 영향
재무활동	
주식의 발행	+
자기주식의 취득	−
자기주식의 처분	+
현금배당의 지급	−

• **회사에 대한 분석 결과 :** Whole Foods 현금흐름표의 재무활동 항목은 <도표 11.3>에서 볼 수 있다. 최근 3년 동안 Whole Foods는 자기주식을 구입하고 배당금을 지급하는 데 많은 액수의 현금을 투입하였다.

도표 11.3

Whole Foods 현금흐름표에서 발췌

WHOLE FOODS
실제 자료에서 발췌:
연차보고서

WHOLE FOODS MARKET
연결현금흐름표
2014년, 9월 28일, 2013년 9월 29일, 2012년 9월 30일로 종료되는 회계연도

단위 : 백만	2014	2013	2012
재무활동으로 인한 현금흐름			
보통주 현금배당 지급	$(170)	$(508)	$(95)
보통주 발행	42	81	370
자기주식 취득	(578)	(125)	(28)
금융리스부채 지급	(1)	(2)	–
기타	9	37	50
재무활동에서 창출된(사용된) 순현금	$(698)	$(517)	$297

DEMONSTRATION CASE

(다음에 나올 해설로 넘어가기 전에 문제에 답변할 수 있도록 노력해보시오.)

이번 예시는 Chap 6 주식회사의 조직과 첫해의 운영에 초점을 맞추고 있다. Chap 6은 올해 1월 1일에 주식회사가 되었다. 이 기업의 회사설립허가서는 다음과 같은 주식을 허용하고 있다.

보통주, 액면금액 없음, 20,000주
우선주, 5%, 액면금액 $100, 5,000주

Chap 6의 첫해 운영활동에서 추출된 다음의 요약된 거래들이 제시된 일자에 이루어졌다:

a. 1월 – 총 8,000주의 보통주를 투자자들에게 주당 $50의 현금을 받고 발행하였다.
b. 2월 – 2,000주의 우선주를 투자자들에게 주당 $102의 현금을 받고 발행하였다.
c. 3월 – 보통주 1주당 1달러의 현금배당을 선언하였으나, 지급하지는 않았다.
d. 7월 – 2월에 처음 발행된 우선주 100주를 주당 $104의 현금을 지급하고 재매입하였다.
e. 8월 – 자기주식으로 보유하고 있던 우선주 20주를 주당 현금 $105에 재발행하였다.

요구사항:

1. 각각의 거래에 대한 간단한 설명과 함께 적절히 분개하시오.
2. Chap 6의 첫해 말 재무상태표의 자본 항목을 준비해보시오. 당해 말 이익잉여금은 $23,000라고 가정하시오.

해설

1. 분개 :

a. 현금(+A)	400,000	
보통주자본금(+SE)		400,000
무액면 보통주의 발행 ($50×8,000주=$400,000)		
b. 현금(+A)	204,000	
우선주자본금(+SE)		200,000
주식발행초과금(우선주)(+SE)		4,000
액면금액 $100인 우선주의 발행 ($102×2,000주=$204,000)		
c. 이익잉여금(−E)	8,000	
미지급배당금(+L)		8,000
현금배당 선언 ($1×8,000주=$8,000)		
d. 자기주식(+XSE, −E)	10,400	
현금(−)		10,400
우선주 100주를 재취득 ($104×100주=$10,400)		
e. 현금(+A)	2,100	
자기주식(−SE, +SE)		2,080
자기주식처분이익(우선주)(+SE)		20
우선주 자기주식 20주를 주당 $105에 재발행 ($105×20주=$2,100)		

2. 재무상태표의 자본 부분 :

CHAP 6 CORPORATION
부분재무상태표
첫해 말 현재

자본		
우선주자본금, 5%(액면금액 $100, 수권주식수 5,000주, 발행주식수 2,000주, 유통주식수 1,920주)	$200,000	
자본잉여금(우선주)	4,020	
보통주자본금 (무액면, 수권주식수 20,000주, 발행 및 유통주식수 8,000주)	400,000	
이익잉여금	23,000	
우선주 자기주식(80주)	(8,320)	
자본 총계		$618,700

보론

개인기업과 합자회사의 자본 회계

개인기업의 자본

개인기업(sole proprietorship)은 한 사람에 의해서 경영되는 비법인 기업이다. 오직 2가지 자본 계정만이 일반적으로 사용된다: (1) 소유주 자본 계정(Hans Solo, Capital) 그리고 (2) 소유주 인출 계정(Hans Solo, Drawing).

개인기업의 자본 계정은 두 가지 목적을 뒷받침한다: 소유주의 투자금을 기록하기 위함과 각 회계기간의 이익과 손실을 누적하기 위함. 인출 계정은 소유주가 기업으로부터 현금이나 다른 자산을 인출한 것을 기록하기 위해 사용된다. 인출 계정은 매 회계기간 말에 소유주의 자본 계정에 결산되는 임시계정이다. 이렇게, 자본 계정은 소유주의 모든 투자액과 기업의 모든 이익에서 소유주에 의한 기업 자본의 모든 인출액을 차감한 값의 누적총액을 반영한다.

거의 모든 측면에서, 개인기업 회계는 주식회사 회계와 같다. <도표 11.4>는 Hans Solo Aviation의 일부 거래 기록과 자본변동표를 보여준다.

도표 11.4

개인기업의 자본 회계

첫해, 1월 1일

Hans Solo가 개인저축 $150,000을 투자하여 항공사업을 시작하였다. 분개는 다음과 같다.

	차변	대변
현금(+A)	150,000	
Hans Solo, 자본(+OE)		150,000

자산		=	부채	+	자본	
현금	+150,000				Hans Solo, 자본	+150,000

첫해 동안

첫해 동안 매달 Hans는 생활비를 위해 회사에서 $1,000의 현금을 인출하였다. 그에 따라, 매달 다음과 같은 분개가 이루어졌다.

	차변	대변
Hans Solo, 인출(−OE)	1,000	
현금(−A)		1,000

자산		=	부채	+	자본	
현금	−1,000				Hans Solo, 인출	−1,000

참고: 마지막 인출이 끝난 이후 첫해 말에, 인출 계정은 $12,000의 차변잔액을 반영하고 있다.

첫해, 12월 31일

첫해 말에, $418,000의 수익과 $400,000의 비용이 다음과 같이 소유주 자본계정에 결산되었다.

수익계정(−R, 결산분개)	418,000	
비용계정(−E, 결산분개)		400,000
Hans Solo, 자본(+OE)		18,000

자산	=	부채	+	자본	
				수익계정 결산	−418,000
				비용계정 결산	+400,000
				Hans Solo, 자본	+18,000

첫해, 12월 31일

인출 계정은 다음과 같이 결산되었다.

Hans Solo, 자본(−OE)	12,000	
Hans Solo, 인출(+OE, 결산분개)		12,000

자산	=	부채	+	자본	
				Hans Solo, 인출	+12,000
				Hans Solo, 자본	−12,000

HANS SOLO AVIATION
자본변동표
첫해 12월 31일

자본	
첫해 1월 1일 Hans Solo 자본	$150,000
가산 : 첫해 동안의 추가적인 투자	0
가산 : 첫해 당기순이익	18,000
합계	168,000
차감 : 첫해 동안의 인출	(12,000)
첫해 12월 31일 Hans Solo 자본	$156,000

개인기업은 소득세를 지불하지 않기 때문에, 그 재무제표에 소득세비용이나 미지급소득세가 반영되지 않는다. 대신에, 개인기업의 순이익은 그것이 소유주의 소득신고서상에 포함될 때 과세된다. 비슷하게, 개인기업의 어떤 인출도 비용으로 인식되지 않으나 그 대신에 이익의 배당으로 회계처리된다.

합자회사의 소유주 자본

대부분의 주가 채택하고 있는 Uniform Partnership Act는 합자회사(partnership)를 "이익을 위해 기업의 공동소유주로서 사업을 하는 둘 혹은 그 이상의 사람들의 연합"으로 정의하고 있다.

작은 기업들과 재무분석가, 의사, 변호사와 같은 전문직 종사자들은 종종 기업의 합작형태를 사용한다.

합자회사는 둘 혹은 그 이상의 사람들 간의 합동조건(terms of the relationship)에 대한 상호 합의를 통해 형성된다. 이 법은 주식회사의 경우와 같이 회사 설립 신청을 요구하지 않는다. 대신에, 파트너 간의 합의가 합작계약을 구성한다. 이 합의는 기간별 수익의 분배, 관리책임, 합작이익의 양도나 발행, 파산 시 자산의 처리, 그리고 파트너의 사망 시 행해져야 할 절차와 같은 주제들에 대해 명시해야 한다. 만약 합작계약이 이러한 주제들을 명시하고 있지 않다면, 속해 있는 주의 법률이 해당 주제에 대한 구속력을 부과한다.

합자회사의 가장 큰 이점은 (1) 설립의 용이성, (2) 파트너들에 의한 절대적 지배, 그리고 (3) 기업 자체에 대한 법인소득세의 부재이다. 가장 큰 단점은 합자회사의 채무에 대해 각각의 당사자들이 무제한적인 부채를 감당해야 한다는 것이다. 만약 합자회사가 미지급부채 상환에 충분한 자산을 가지고 있지 않다면, 합자회사의 채권자들은 파트너들의 개인자산을 차압할 수 있다.

개인기업처럼 합자회사 회계는 그 분개들이 소유주의 자본에 직접적인 영향을 미친다는 것을 제외하고는 다른 어떤 형태의 기업들과 같은 기본 원칙들을 따른다. 파트너 자본 회계는 자본과 인출 계정이 파트너별로 나누어져 만들어진다는 것을 제외하고는 개인기업과 같은 방식을 따른다. 각각의 파트너들에 의한 투자는 해당 파트너의 자본 계정으로 들어간다; 인출은 각각의 파트너의 인출 계정의 차변에 기록된다. 합자회사의 순이익은 파트너들 사이의 합의 내용에 따라 분배되고, 각각의 계정에 기록된다. 각각의 인출 계정은 파트너 자본 계정으로 결산된다. 결산과정 이후에, 각각의 파트너의 자본 계정은 모든 파트너의 투자액에 그 파트너가 갖는 합작이익을 더한 값에서 모든 파트너의 인출금을 차감한 누적 총액을 반영한다.

<도표 11.5>는 합자회사 회계처리를 설명하기 위해 일부 분개와 Mirror Image Partners의 자본변동표를 보여준다.

도표 11.5

합자회사 자본 회계

첫해, 1월 1일

Hannah와 Bob은 1월 1일에 Mirror Image Partners를 설립하였다. Hannah와 Bob은 각각 $60,000와 $40,000의 현금을 출자하였고, 순이익(그리고 어떠한 손실들이라도)을 각각 60%와 40%로 분배하기로 합의하였다. 합작 파트너들의 초기 출자를 기록하기 위한 분개는 다음과 같다.

현금(+A)	100,000	
Hannah, 자본(+OE)		60,000
Bob, 자본(+OE)		40,000

자산		=	부채	+	자본	
현금	+100,000				Hannah, 자본	+60,000
					Bob, 자본	+40,000

첫해 동안

합작 파트너들은 Hannah와 Bob이 매달 각각 $1,000와 $650를 현금으로 인출할 수 있도록 하는 데 동의하였다. 그에 따라, 매달 다음과 같은 분개가 발생하였다.

Hannah, 인출(−OE) ······	1,000	
Bob, 인출(−OE) ······	650	
현금(−A) ······		1,650

자산		=	부채	+	자본	
현금	−1,650				Hannah, 인출	−1,000
					Bob, 인출	−650

첫해, 12월 31일

첫해 말에 수익 $630,000와 비용 $600,000가 소유주 자본 계정에 결산되었다. 합작계약에는 Hannah가 이익의 60% 그리고 Bob이 이익의 40%를 받기로 되어 있다. 결산분개는 다음가 같다:

수익계정(−R, 결산분개) ······	630,000	
비용계정(−E, 결산분개) ······		600,000
Hannah, 자본(+OE) ($30,000×0.60) ······		18,000
Bob, 자본(+OE) ($30,000×0.40) ······		12,000

자산	=	부채	+	자본	
				수익계정 결산	−630,000
				비용계정 결산	+600,000
				Hannah, 자본	+18,000
				Bob, 자본	+12,000

첫해, 12월 31일

인출 계정 결산을 위해 필요한 분개는 다음과 같다.

Hannah, 자본(−OE) ······	12,000	
Bob, 자본(−OE) ······	7,800	
Hannah, 인출(+OE, 결산분개) ······		12,000
Bob, 인출(+OE, 결산분개) ······		7,800

자산	=	부채	+	자본	
				Hannah, 인출 결산	+12,000
				Bob, 인출 결산	+7,800
				Hannah, 자본	−12,000
				Bob, 자본	−7,800

다음과 비슷한 별개의 자본변동표가 관습적으로 재무상태표의 보충명세서로 작성된다.

MIRROR IMAGE PARTNERS 자본변동표 첫해 12월 31일			
	Hannah	**Bob**	**합계**
첫해 1월 1일 투자액	$60,000	$40,000	$100,000
가산 : 첫해 동안 추가적인 투자	0	0	0
가산 : 첫해 동안 당기순이익	18,000	12,000	30,000
합계	78,000	52,000	130,000
차감 : 첫해 동안 인출액	(12,000)	(7,800)	(19,800)
첫해 12월 31일 자본	$66,000	$44,200	$110,200

개인기업과 같이 합자회사는 그 손익계산서에 소득세비용을 보고하지 않는다. 합작 파트너들은 그들의 개인소득신고서에 합작 이익의 본인 몫을 반드시 보고해야 한다. 또한 개인기업과 동일하게, 합작 파트너들에 의한 인출은 비용으로 기록되지 않고 대신에 이익의 배당으로 기록된다.

CHAPTER TAKE-AWAYS

11-1. 주식회사의 자본구조에서 주식의 역할을 설명하시오.

주식 발행은 주식회사가 자본을 증가시키는 한 가지 방법이다. 주식회사는 투자자들에게 주식을 판매함으로써 발행하고, 그에 따라 그들은 주식회사의 소유주가 된다. 투자자는 형성된 주식거래소에서 그들의 주식을 거래할 수 있다.

11-2. 주당순이익을 계산하고 분석하라.

주당순이익(EPS)은 순이익을 가중평균유통보통주식수로 나눔으로써 계산된다. 주당순이익은 기간별 혹은 같은 시기 다른 기업들과의 비교를 용이하게 한다. 순이익을 1주 기준으로 나타냄으로써, 기업 규모의 차이가 덜 중요해진다.

11-3. 보통주의 특징을 설명하고 보통주 거래를 보고한다.

보통주는 주식회사에 의해서 발행되는 기본적인 의결권주이다. 일반적으로 이것은 액면금액을 가지나, 무액면주 또한 발행된다.

보통주가 포함하고 있는 주요한 거래들: (1) 주식의 최초 발행, (2) 자기주식 거래, (3) 현금배당, (4) 주식배당과 주식분할. 각각의 거래들은 이 장에서 설명되어졌다.

11-4. 배당에 대해 논의하고 보고한다.

투자자들은 주식가격 재평가나 현금배당의 수취를 통해 그들의 주식 투자에 대한 수익을 벌어들인다. 현금배당은 일반적으로 주당 기준에 따라 주식 소유주들에게 지급된다. 기업은 이사회가 배당을 선언할 때(즉, 배당선언일에) 해당 배당을 부채로서 기록한다. 해당 부채는 기업이 주주들에게 현금배당을 한 때에(즉, 지급일에) 상환된다.

11-5. 배당수익률을 계산하고 분석한다.

배당수익률은 주당 배당금을 주식의 주당 시장가격으로 나눔으로써 계산된다. 배당수익률은 기업이 지급하는 배당금에 기인하는 투자에 대한 투자자의 수익을 측정한다. 대부분의 기업에 있어서, 배당금과 관련된 수익은 매우 적다.

11-6. 주식배당과 주식분할에 대해 논의하고 그것을 보고한다.

주식배당과 주식분할은 모두 기업이 소유주들에게 추가적인 주식을 분배하는 방법이다. 기업이 주식배당을 시작할 때, 기업은 이익잉여금 계정에서 배당액만큼을 보통주자본금 계정, 그리고 해당된다면 자본잉여금 계정으로 이전하는 분개를 기록한다. 기업이 주식분할을 시작할 때는, 어떠한 분개도 필요하지 않다. 오히려 기업은 쉽게 발행주식수를 증가시키고 주당 액면금액을 감소시킨다.

11-7. 우선주의 특징을 설명하고 우선주 거래를 보고한다.

우선주의 목적은 보통주와 같이 자본을 증가시키기 위함이다. 우선주는 보통주보다 훨씬 흔하지 않으며, 일반적으로 의결권을 갖지 않고, 당기 배당금 우선권, (혹은) 누적 배당금 우선권을 가질 것이다. 당기 배당금 우선권은 우선주 소유주들이 보통주 소유주들보다 먼저 배당금을 받을 것이라고 명시하는 것이다. 누적 배당금 우선권은 보통주 소유주들이 당기 배당금을 받기 전에 우선주 소유주들이 과거에 발생한 연체배당금을 먼저 받을 것이라고 명시하는 것이다.

11-8. 주식 거래가 현금흐름에 미치는 영향에 대해 논의한다.

기업의 주식과 관련된 모든 현금 유입 혹은 현금 유출은 기업 현금흐름표의 재무활동 부분에 보고된다. 일반적인 유입은 주식의 발행과 자기주식의 재발행이다. 일반적인 유출은 자기주식의 재취득과 배당금의 지급이다.

이 장은 이 책의 주요한 내용을 마무리해주었다. 지난 몇 장에서, 우리는 재무상태표에 포함된 각각의 부분들을 다뤘다. 우리는 이제 우리의 초점을 현금흐름표로 옮겨갈 것이다. 다음 장에서 당신은 기업이 어떻게 현금거래를 현금흐름표상에 보고하는지, 그리고 기업이 현금흐름표를 만들기 위해 재무상태표와 손익계산서로부터 얻은 정보를 어떻게 활용하는지에 대해 배울 것이다.

KEY RATIOS

주당순이익은 주당 기준에 따른 순이익을 반영한다. 이 비율은 다음과 같이 계산된다.

$$\text{주당순이익} = \frac{\text{순이익}}{\text{가중평균유통보통주식수}}$$

배당수익률은 기업이 지급하는 배당금에 기인하는 투자에 대한 이익을 측정한다. 이 비율은 다음과 같이 계산된다.

$$\text{배당수익률} = \frac{\text{주당 배당금}}{\text{주당 시장가격}}$$

FINDING FINANCIAL INFORMATION

재무상태표

유동부채하에서

이사회에서 선언되면 배당금은 부채로 보고된다(주로 유동부채이다)

비유동부채하에서

주식을 포함한 거래는 비유동부채를 발생시키지 않는다.

자본하에서

일반적인 계정들 :
- 보통주자본금
- 우선주자본금
- 자본잉여금
- 이익잉여금
- 자기주식

손익계산서

주식 거래는 손익계산서에 영향을 미치지 않는다. 지급된 배당금은 비용이 아니다. 그것은 이익의 분배이고 그러므로 손익계산서에 보고되지 않는다. 배당금은 이익잉여금을 감소시킴으로써 직접적으로 자본에서 차감된다.

현금흐름표

재무활동하에서

+최초 주식 발행으로 인한 현금유입
+자기주식 처분으로 인한 현금유입
−배당금으로 인한 현금유출
−자기주식 취득으로 인한 현금유출

자본변동표

이 재무제표는 자본과 관련된 구체적인 정보를 보고하며, 다음을 포함하고 있다.
- 각 자본 계정의 금액
- 유통주식수
- 당기순이익, 배당금 지급, 그리고 자기주식의 구입과 같은 거래의 영향
- 포괄이익 또는 손실과 관련된 정보

주석

중요한 회계정책에 대한 요약

일반적으로, 주식과 관련된 정보는 회계정책에 대한 요약 주석에는 거의 제공되지 않는다.

개별적인 주석

대부분의 기업이 그들의 스톡옵션제도와 주식배당 혹은 중요한 자기주식 거래와 같은 주요 거래에 정보를 보고한다. 과거에 주당 지급된 배당금의 요약정보도 일반적으로 제공된다. 또한, 우선주에 대한 연체배당금이 있다면 주석에 보고될 것이다.

KEY TERMS

누적 배당금 우선권
발행주식수
배당지급일
수권주식수
우선주자본금
주식배당
당기 배당금 우선권
배당기준일
법정자본금
액면금액
유통주식수
주식분할
무액면주식
배당선언일
보통주자본금
연체배당금
자기주식

QUESTIONS

1. 주식회사(corporation)를 정의하고 이 비즈니스 형태의 주된 장점을 설명하시오.
2. 회사의 정관(corporate charter)이란 무엇인가?
3. 다음 각각의 용어에 대해 설명하시오: (a) 수권주식수, (b) 발행주식수, (c) 유통주식수
4. 보통주와 우선주를 구분하여 설명하시오.
5. 액면주식과 무액면주식을 구분하여 설명하시오.
6. 자본잉여금을 정의하시오.
7. 납입자본과 가득자본을 구분하여 설명하시오. 각각은 회사의 재무상태표 자기자본 영역에 어떻게 설명되어 있는가?
8. 자기주식을 정의하시오. 주식회사들은 왜 자기주식을 취득하는가?
9. 자기주식은 재무상태표에 어떻게 보고되는가? 자기주식 재발행시의 "이익 혹은 손실"은 재무제표에 어떻게 보고하는가?
10. 현금배당의 선언을 뒷받침하는 두 가지 기본 조건은 무엇인가? 현금배당이 자산과 자기자본에 미치는 영향은 무엇인가?
11. 주식배당을 정의하시오. 주식배당은 현금배당과 어떻게 다른 것인가?
12. 주식분할을 정의하시오. 주식분할은 주식배당과 어떻게 다른 것인가?
13. 배당과 관련된 세 가지 중요한 날을 정의하고 설명하시오.
14. 우선주의 일반적인 특징은 무엇인가?
15. 누적적 우선주와 비누적적 우선주를 구분하여 설명하시오.

MULTIPLE-CHOICE QUESTIONS

1. 주식회사 Katz는 400,000주의 보통주를 발행했고 20,000주를 자기주식으로 보유하고 있다. 정관은 500,000주의 발행을 허용했다. 회사는 보통주 주당 $1의 배당을 선언하고 지급했다. 보통주 주주들에게 지급된 배당금의 총액은 얼마인가?

   a. $400,000　　b. $20,000
   c. $380,000　　d. $500,000

2. 자기주식에 대한 설명으로 틀린 것은?

   a. 자기주식은 발행주식일 수는 있지만 유통주식일 수는 없다.
   b. 자기주식은 의결, 배당, 청산 권리가 없다.
   c. 자기주식은 재무상태표의 총자산을 감소시킨다.
   d. a, b, c는 모두 거짓이다.

3. 주식배당에 대한 설명으로 옳은 것은?
   a. 주식배당은 현금흐름표에 보고된다.
   b. 주식배당은 자본변동표에 보고된다.
   c. 주식배당은 총자본을 증가시킨다.
   d. 주식배당은 총자본을 감소시킨다.
4. 가장 많은 주식수부터 가장 적은 주식수까지 순서를 가장 잘 나열한 것은?
   a. 수권주식수, 발행주식수, 유통주식수
   b. 발행주식수, 유통주식수, 수권주식수
   c. 유통주식수, 발행주식수, 수권주식수
   d. 자기주식수, 유통주식수, 발행주식수
5. 한 회사가 주당 $1 액면금액으로 100,000주의 보통주를 발행했다. 그 주식은 주당 $20에 팔렸다. 자기자본은 얼마나 증가할 것인가?
   a. $100,000
   b. $1,900,000
   c. $2,000,000
   d. 자기자본에는 변화가 없다
6. 분개기입에 필요하지 않은 날짜는 무엇인가?
   a. 배당선언일
   b. 배당지급일
   c. 배당기준일
   d. 분개기입은 위 세 날짜를 모두 기록한다.
7. 한 회사는 순이익이 $225,000이고, $75,000 배당을 선언하고 지급한다. 이익잉여금에 미칠 최종적인 순 영향은 무엇인가?
   a. $225,000 증가
   b. $75,000 감소
   c. $150,000 증가
   d. $150,000 감소
8. 배당에 대한 설명으로 틀린 것은?
   a. 배당은 주식회사의 이익을 주주들에게 분배하는 것을 나타낸다.
   b. 주식과 현금배당은 모두 이익잉여금을 감소시킨다.
   c. 주주들에게 지급된 현금배당은 순이익을 감소시킨다.
   d. a, b, c는 모두 거짓이다.
9. 자기주식이 현금으로 취득될 때 재무상태표 등식에 미치는 영향은 무엇인가?
   a. 변화 없음: 현금자산의 감소는 자기주식 자산의 증가로 상쇄된다.
   b. 자산은 감소하고 자기자본은 증가한다.
   c. 자산은 증가하고 자기자본은 감소한다.
   d. 자산은 감소하고 자기자본은 감소한다.
10. 개념적으로 1 : 2 주식배당이 투자자의 개인적인 부를 즉시 증가시켜줄 수 있는가?
   a. 아니다, 주식수가 두 배가 되면 주가가 반으로 떨어지기 때문이다.
   b. 그렇다, 투자자가 더 많은 주식을 갖게 되기 때문이다.
   c. 그렇다, 투자자가 중개비를 내지 않고 추가 주식을 취득하기 때문이다.
   d. 그렇다, 투자자가 더 많은 주식을 소유해서 더 많은 현금배당을 받을 것이기 때문이다.

MINI-EXERCISES

M11-1. 자본 원천과 이익잉여금

한 회사의 재무상태표 자기자본 영역에 두 가지 자본 원천이 보고되어 있다: 납입자본과 가득자본. 가득자본은 이익잉여금 계정에 기록되어 있다. 이익잉여금을 증가시키는 것은 무엇이고, 감소시키는 것은 무엇인가?

M11-2. 미발행된 주식의 수 계산하기

Ronald 기업의 재무상태표는 유통주식수 168,000주, 수권주식수 268,000주, 자기주식 10,000주를 보고했다. 총 몇 주가 발행되었는가?

M11-3. 주당순이익

주당순이익(EPS)은 어떻게 계산되는가? 투자자가 특정 기업의 EPS를 찾으려면 어떤 재무제표를 봐야 하는가?

M11-4. 보통주 발행 기록하기

영업을 확장하기 위해 Argon 컨설팅회사는 이전에 미발행된 주식 170,000주를 액면금액 $1에 발행했다. 투자자들은 주당 $21에 그 주식을 매입했다. 이 주식발행을 기록하시오. 만약 액면금액이 주당 $2였다면 분개기입이 달라졌겠는가? 그렇다면, 액면금액 주당 $2일 때의 주식발행도 기록하시오.

M11-5. 보통주와 우선주 비교하기

이제 막 은퇴하신 부모님께서 당신에게 재정 관련 조언을 구하신다. 부모님께서는 Whole Foods와 매우 비슷한 회사에 $100,000를 투자하기로 결심하셨다. 그 회사는 보통주와 우선주를 둘 다 발행했다. 보통주와 우선주의 차이를 부모님께 설명해드리시오.

M11-6. 자기주식 거래 효과 알아보기

Carbide 기업은 투자자들로부터 자기주식 20,000주를 주당 $45에 매입했다. 그 다음해, 기업은 재매입했던 주식 중 5,000주를 주당 $50로 재발행했다. 그리고 그 다음해에 재매입했던 주식 중 10,000주를 주당 $37로 재발행했다. 각각의 거래가 아래 항목에 미치는 영향(증가, 감소, 변화 없음)을 서술하시오.

1. 총자산
2. 총부채
3. 총자기자본
4. 순이익

M11-7. 배당액 정하기

Cole 회사는 보통주 수권주식수 288,000주, 발행주식수 260,000주, 자기주식 60,000주를 가지고 있다. 회사의 이사회는 주당 65센트로 배당을 선언했다. 지급될 총배당액은 얼마인가?

M11-8. 배당 기록하기

올해 4월 15일, Jedi 회사의 이사회는 5월 20일자 주주들에게 지급할 현금배당을 주당 65센트로 선언했다. 배당은 6월 14일에 지급될 것이다. 회사는 유통주식수 100,000주를 가지고 있다. 각각의 날짜에 필요한 분개를 기입하시오.

M11-9. 배당수익률

배당수익률은 어떻게 계산되는가? 배당수익률이 그 기업에 대해 시사하는 바를 설명하시오.

M11-10. 주식배당과 주식분할의 영향 알아보기

Reliable Tools 기업은 100퍼센트 주식배당을 공표했다. 이 배당이 아래 항목에 미치는 영향(증가, 감소, 변화 없음)을 서술하시오.

1. 총자산
2. 총부채
3. 보통주
4. 총자기자본
5. 보통주 주당 시가

주식배당 대신에 기업이 1 : 2 주식분할을 공표했다고 가정해보자. 주식분할이 위 항목에 미치는 영향을 서술하시오.

M11-11. 현금흐름표에 주식거래 보고하기

한 해 동안 University Food Systems은 주식을 발행하고, 주식을 재매입하고, 현금배당과 1 : 2 주식분할을 선언했다. 각각의 거래가 University의 현금흐름표에 미칠 영향을 서술하시오.

EXERCISES

E11-2. 주식수 계산하기

Vista West 기업은 보통주 300,000주를 발행할 권한이 있다고 정관에 명시되어 있다. 기업이 창립된 이래로 총 160,000주가 주당 $16로 대중에 발행되었다. 기업은 총 25,000주를 재매입했고 액면금액은 $3였다. 이 주식이 대중으로부터 재매입되었을 때 시가는 $40였다.

요구사항:

1. 수권주식수를 계산하시오.
2. 발행주식수를 계산하시오.

3. 유통주식수를 계산하시오.

E11-3. 보통주와 우선주 발행의 영향 알아보기

Tandy 회사는 올해 1월 15일에 인디아나주 법인설립정관(charter)에 실렸다. 정관이 공인한 바는 다음과 같다:

보통주, 액면금액 $10, 수권주식수 103,000주
우선주, 9%, 액면금액 주당 $8, 수권주식수 4,000주

한 해 동안 다음 거래들이 순차적으로 진행되었다:

a. 보통주 20,000주를 주당 현금 $16에 판매하고 발행했다.
b. 우선주 3,000주를 주당 현금 $20에 판매하고 발행했다.
c. 연말에 순이익 계정이 $60,000였다. 배당은 선언되지 않았다.

요구사항:

1. 올해 연말의 재무상태표 자기자본 영역을 기입하시오.
2. 당신이 보통주 주주라고 가정하고, 만약 Tandy가 추가 자본이 필요하다면, 당신은 Tandy가 추가로 보통주와 우선주 중에 무엇을 발행하게 하는 것을 선호하겠는가? 설명하시오.

E11-4. 자기자본 보고하기

Highland 기업의 재무제표는 다음의 정보를 포함하고 있다:

보통주	$1,600,000
이익잉여금	$900,000
순이익	$1,000,000
발행주식수	90,000
유통주식수	80,000
선언 및 지급된 배당	$800,000

보통주는 주당 $30에 발행되었다.

요구사항:

1. 자본잉여금은 얼마인가?
2. 해당 연도 초에 이익잉여금은 얼마인가?
3. 자기주식은 몇 주인가?
4. 주당순이익을 계산하시오(가중평균 유통보통주식수는 유통주식수와 같다고 가정하시오).

E11-5. 자기자본 보고하기, 배당정책 알아보기

Tarrant 기업은 올해 재정 컨설팅 사업을 운영하도록 조직되었다. 정관은 다음과 같이 공인하고 있다: 보통주, 액면금액 주당 $10, 수권주식수 11,500주. 한 해 동안 아래 거래들이 완료되었다:

a. 보통주 5,600주를 주당 현금 $20로 발행하였다.
b. 보통주 1,000주를 주당 현금 $25로 발행하였다.

c. 연말에 계정은 $12,000의 이익이 반영되어 있다. 배당은 선언되지 않았다.

요구사항:

1. (a)와 (b)의 보통주 발행을 기록하기 위한 분개를 기입하시오.
2. 올해 연말의 재무상태표 자기자본 영역을 기록하시오.

E11-6. 자기자본에서 누락된 금액 계산하기

유명 백화점인 Dillard's의 재무상태표 자기자본 영역은 아래와 같다. 한 해 동안 기업은 순이익 $463,909,000를 보고했고 $10,002,000의 배당을 선언하고 지급했다.

자기자본:	올해	작년
보통주, Class A — 118,529,925주와 117,706,523주 발행주식수; ? 와 ? 유통주식수	118,530	117,707
보통주, Class B(전환주식) — 4,010,929주 발행주식수와 유통주식수	40,000	40,000
자본잉여금	828,796,000	805,422,000
이익잉여금	3,107,344,000	?
자기주식 차감, 원가, Class A — 73,099,319주와 61,740,439주	(1,846,312,000)	(1,355,526,000)

요구사항:

다음 질문에 답하시오. 계산식을 쓰시오.

1. 올해 말에 보통주(Class A) 계정에 얼마가 보고되었는가?
2. 작년 연말과 올해 연말에 Class A 보통주 중 유통주식수는 몇 주인가?
3. 작년 연말에 이익잉여금은 얼마로 보고되었는가?
4. 올해 연말에 자기주식 거래는 자산을 얼마만큼 증가시켰는가 혹은 감소시켰는가?
5. 올해 동안 자기주식 거래는 자기자본을 얼마만큼 증가시켰는가 혹은 감소시켰는가?
6. 올해 연말에 자기주식으로 보유된 주식의 주당 평균가격은 얼마였는가?

E11-8. 자기자본 보고하기

Ruth's Chris Steakhouse는 미국에서 가장 큰 고급 스테이크하우스 회사로 본사직영 매장과 프랜차이즈 매장을 기반으로 한다. 이 회사의 메뉴로는 질 좋은 USDA 고급 스테이크와 다른 고급 음식들이 있어 폭넓은 선택권이 특징이다. 이 회사의 연차보고서는 아래와 같다:

a. 보통주, 액면금액 $0.01, 100,000,000주 수권주식수, 34,333,858주 발행주식수와 유통주식수, 2014년 12월 31일; 34,990,170주 발행주식수와 유통주식수, 2013년 12월 31일.
b. 자본잉여금: 2014년 말 $155,455,000, 2013년 말 $169,107,000.
c. 누적 결손금: 2013년 말 $68,804,000.
d. 2014년 순이익은 $16,455,000이었고 $7,138,000의 현금배당이 지급되었다.

요구사항:

위 정보를 활용하여 2014년 12월 31일 재무상태표 자기자본 영역을 기록하시오.

E11-10. 주당순이익 계산하고 해석하기

아래는 DC United 기업의 손익계산서이다. 1년차 말에 가중평균 유통보통주식수는 132,000주였다.

손익계산서, 1년 말	
매출	$942,000
매출원가	800,000
영업비용	80,000
법인세비용	15,000

요구사항:

DC United의 주당순이익을 계산하시오. 해당 기업의 주당순이익은 어떠한가?

E11-11. 자기자본 거래 기록하기

On-Line Learning 기업은 올해 초에 무액면 보통주 52,000주, 액면금액 $10 우선주 23,000주를 정관으로 공인받았다. 기업은 보통주 총 20,000주를 매입한 4명으로 조직되었다. 나머지 주식은 다른 사람들에게 발행할 계획이었다. 한 해 동안 다음의 거래들이 발생했다:

a. 4명의 창립자로부터 주당 현금 $20를 모아서 각자에게 보통주 5,000주씩 발행했다.
b. 보통주 6,000주를 외부인에게 주당 현금 $40에 발행했다.
c. 우선주 7,000주를 주당 현금 $30에 발행했다.

요구사항:

1. (a)부터 (c)까지 나타난 각각의 거래를 기록하기 위한 분개를 기입하시오.
2. 외부인에게 창립자들이 지급한 금액보다 더 높은 가격에 주식을 파는 것은 윤리적인가?

E11-12. 연차보고서에서 누락된 정보 찾기

Procter & Gamble은 $830억를 초과하는 매출을 가지고 있으며, Crest, Duracell, Olay, Gillette, Tide, Vicks 등 우리의 대부분의 일상에 함께하는 제품들을 발행한다. 이 회사의 최근 연차보고서는 아래 정보를 포함하고 있다:

a. 2013년 말 이익잉여금은 총 $80,197백만이다.
b. 2014년 순이익은 $11,643백만였다.
c. 이 주식의 액면금액은 주당 $1이다.
d. 2014년에 선언된 현금배당은 $6,850백만였다.
e. 보통주 계정은 2014년 말 총 $4,009백만였고, 2013년 말 총 $4,009백만였다.

요구사항:

자기자본에 대해서 다른 관련된 정보가 존재하지 않는다고 가정한다:

1. 2014년 말 발행주식수를 계산하시오.
2. 2014년 말 이익잉여금 금액을 계산하시오.

E11-14. 재무상태표 자기자본 영역 기록하기, 배당정책 평가하기

다음은 TAC 기업의 회계연도 말에 모든 결산정리분개 기입이 완료된 후의 계정 잔액이다:

보통주(액면금액 $20; 수권주식수 100,000주, 발행주식수 34,000주, 유통주식수 32,000주)	$680,000
자본잉여금	163,000
당해 선언 및 지급된 배당	16,000
당해 초 이익잉여금	75,000
원가 자기주식(2,000주)	(25,000)

당해 연도 순이익은 $30,000였다. 주가는 현재 주당 $22.29이다.

요구사항:

1. 당 회계연도 말에 재무상태표 자기자본 영역을 기록하시오.
2. 배당수익률을 계산하고 평가하시오. 배당액을 수취한 주식의 수를 계산하시오.

E11-16. 자기주식 거래 기록하고 분석하기

한 해 동안 다음의 거래들이 Navajo 기업의 자기자본에 영향을 미쳤다:

a. 2월 1일 자기주식 160주를 주당 현금 $20에 재매입했다.
b. 7월 15일 2월 1일에 매입한 주식 중 80주를 주당 현금 $21에 발행했다.
c. 9월 1일 2월 1일에 매입한 주식 중 50주를 주당 현금 $19에 발행했다.

요구사항:

1. (a)부터 (c)까지 나타난 각각의 거래를 기록하기 위한 분개를 기입하시오.
2. 자기주식 매입이 지급되는 배당에 미치는 영향은 무엇인가?
3. 매입가보다 높은 금액으로 자기주식을 발행하는 것이 순이익과 현금흐름표에 미치는 영향은 무엇인가?

E11-17. 배당정책의 영향 분석하기

Peters and Associates는 지역 내 네트워크를 위한 전자 연결부품 생산업체이다. 아래 세 경우를 독립적인 상황으로 고려하시오.

Case 1: Peters는 현금배당을 50퍼센트로 증가시키나, 회사의 영업에 있어서는 어떠한 변화도 없다.

Case 2: 회사의 수익과 영업현금흐름은 50퍼센트 증가하나, 이것이 배당을 변화시키지는 않는다.

Case 3: Peters는 50퍼센트 주식배당을 발행하나, 다른 어떠한 변화도 발생하지 않는다.

요구사항:

1. 각각의 경우가 Peters의 현금흐름표에 어떤 영향을 미칠 것인가?
2. 각각의 경우가 Peters의 주당순이익에 어떤 영향을 미칠 것인가?

E11-18. 우선주 배당 계산하기, 차이점 분석하기

Hollywood 기업의 기록에 따르면 당해 연도 말의 자기자본 계정 잔액은 다음과 같다:

보통주, 액면금액 $12, 유통주식수 50,000주
우선주, 10%, 액면금액 $10, 유통주식수 5,000주
이익잉여금, $216,000

당해 연도 9월 1일, 이사회는 $85,000의 현금배당 분배를 고려하고 있다. 지난 2년 동안 배당이 지급된 적은 없다. 아래 두 가지 독립적인 가정하에 배당액을 정하시오(계산식을 보여라):

a. 비누적적 우선주이다.
b. 누적적 우선주이다.

요구사항:

1. 두 가지 독립적인 가정하에 보통주 주주와 우선주 주주에게 지급될 총 배당액과 주당 배당액을 구하시오.
2. 현금흐름표가 두 가지 독립적인 가정에 따라 다른 영향을 받게 되는가?

E11-19. 배당 효과 알아보기

Service 기업은 당해 연도 말 다음과 같은 유통주식을 가지고 있다:

우선주, 6%, 액면금액 $15, 유통주식수 8,000주
보통주, 액면금액 $8, 유통주식수 30,000주

당해 연도 10월 1일, 이사회는 다음과 같이 배당을 선언했다:

우선주 : 현금배당, 당해 연도 12월 20일 지급가능
보통주 : 50% 보통주 배당, 당해 연도 12월 20일 발행가능

당해 연도 12월 20일, Service의 우선주 시가는 주당 $40였고, 보통주 시가는 주당 $32였다.

요구사항:

우선주 배당과 보통주 배당이 회사의 자산, 부채, 자기자본에 어떤 영향을 미치는지 설명하시오.

E11-20. 배당지급 기록하기

Nordstrom 주식회사는 최근 연차보고서에서 보통주에 주당 $1.20 금액으로 배당을 선언하고 지급했다고 밝혔다. 한 해 동안 Nordstrom은 보통주 1,000,000,000주 수권주식수와 191,200,000주 발행주식수를 보유했다. 자기주식은 없다.

요구사항:

Nordstrom이 전체 배당(주당 $1.20)을 2월 20일에 선언하고, 순차적으로 3월 1일에 지급했다고 가정하자. 배당의 선언과 지급을 기록하는 분개를 기입하시오.

E11-22. 주식배당 분석하기

연초에, Solutions 기업의 재무상태표 자기자본 영역은 다음과 같다:

보통주(액면금액 $12; 수권주식수 65,000주, 유통주식수 30,000주)	$360,000
자본잉여금	120,000
이익잉여금	580,000

2월 1일, 이사회는 4월 30일에 발행될 60퍼센트 주식배당을 선언했다. 2월 1일 주식의 시가는 주당 $15였다. 4월 30일 주식의 시가는 주당 $18였다.

요구사항:

1. 비교 목적으로, 재무상태표의 자기자본 영역을 (a) 주식배당 바로 앞에, (b) 주식배당 바로 뒤에 기록하시오. (**힌트:** 이 조건을 위해선 2개의 열을 사용하시오.)
2. 주식배당이 자산, 부채, 자기자본에 어떻게 영향을 미치는지 보이시오.
3. 주식배당을 선언하는 대신에 기업이 모든 수권주식수, 발행주식수, 유통주식수에 대해 1 : 3 주식분할을 공표한다면, 재무상태표 자기자본의 계정들에 변화가 있겠는가?

E11-23. 주식배당과 주식분할 비교하기

7월 1일, Davidson 기업은 다음과 같은 자본구조를 가지고 있다:

보통주(액면금액 $1)	$600,000
자본잉여금	900,000
이익잉여금	700,000
자기주식	−0−

요구사항:

다음 두 가지 독립적인 경우에 따라 아래 표를 완성하시오:

Case 1: 이사회는 주식이 주당 $12에 팔리고 있었을 때 50퍼센트 주식배당을 선언하고 발행했다.

Case 2: 이사회는 5 : 6 주식분할을 공표했다(예를 들어, 주식수의 20% 증가). 주식분할 이전의 시가는 주당 $12였다.

항목	배당 및 분할 이전	주식배당 이후	주식분할 이후
보통주 계정	$	$	$
주당 액면금액	$1	$	$
유통주식수	#	#	#
자본잉여금	$900,000	$	$
이익잉여금	$700,000	$	$
총 자기자본	$	$	$

E11-24. 현금배당과 주식배당 비교하기

Weili 기업은 액면금액 $8의 유통보통주를 80,000주 가지고 있다.

요구사항:

1. 다음 두 가지 독립적인 경우에 따라 아래 표를 완성하시오:

Case 1: 이사회는 주식이 주당 $25에 팔리고 있었을 때 40퍼센트 주식배당을 선언하고 발행했다.

Case 2: 이사회는 주당 $2의 현금배당을 선언하고 지급했다.

항목	배당 및 분할 이전	주식배당 이후	현금배당 이후
보통주 계정	$	$	$
주당 액면금액	$8	$	$
유통주식수	#	#	#
자본잉여금	$280,000	$	$
이익잉여금	$2,100,000	$	$
총 자기자본	$	$	$

2. Case 1과 Case 2가 현금흐름표에 어떻게 보고될지 설명하시오.

E11-25. (보론) 개인기업과 합자회사의 자본거래 회계처리하기

Case 1: Matsumoto 트레이닝 아카데미는 개인기업이다. 사업을 시작하기 위해 소유주인 Tanaka 씨는 $500,000 현금을 납입했다. 한 해 동안 소유주는 $30,000 현금을 인출했다. 당해 순이익은 $45,000였다.

Case 2: Galaxy Robotics는 두 명의 파트너로 이루어진 합자회사이다. 사업을 시작하기 위해 소유주인 Curtis씨와 Wilson씨는 각각 $300,000 현금을 납입했으며, 모든 가득자본을 50/50으로 분할하기로 합의했다. 한 해 동안 Curtis씨는 $15,000 현금을, Wilson씨는 $25,000 현금을 인출했다. 당해 순이익은 $60,000였다.

요구사항:

1. Matsumoto 트레이닝의 당해 연말 자본변동표를 작성하시오.
2. Galaxy Robotics의 당해 연말 자본변동표를 작성하시오.

PROBLEMS

P11-1. 누락된 금액 찾기(AP11-1)

당해 연말, NCIS 기업의 기록은 다음과 같이 불완전한 데이터이다:

보통주(액면금액 $10) ; 당해 연도 동안 계정에 변화 없음.

수권주식수 : 200,000주

발행주식수 : _______(모든 주식은 주당 $17에 발행되었다. 회수된 총 현금 : 2,125,000).

자기주식 : 3,000주(주당 $20에 재매입되었다)

자기주식은 주식분할이 공표된 이후 취득되었다.

순이익 : $240,340

선언 및 지급된 배당액 : $123,220

이익잉여금 기초잔액 : $555,000

요구사항:

1. 다음을 구하시오:
   a. 수권주식수의 수
   b. 발행주식수의 수
   c. 유통주식수의 수
2. 자본잉여금 계정 잔액은 얼마인가?
3. 주당순이익(EPS)은 얼마인가?
4. 주당 지급배당액은 얼마였는가?
5. 자기주식이 보고되어야 하는 재무상태표 영역은 어디인가? 얼마가 보고되어야 하는가?
6. 이사회가 1 : 2 주식분할에 투표했다고 가정하자. 주식분할 이후, 주당 액면금액은 얼마가 될 것인가? 유통주식수는 얼마가 될 것인가?
7. 위 주식분할과 관련된 분개를 기입하시오. 분개기입이 필요 없다면 그 이유를 설명하시오.
8. 위에 가정된 주식분할을 무시하시오. 대신 보통주 시가가 $21였을 때 10% 주식배당이 선언되었다고 가정하자. 이 주식배당과 관련된 분개를 기입하시오. 분개기입이 필요 없다면 그 이유를 설명하시오.

P11-2. 재무상태표 자기자본 영역 기록하기

Witt 기업은 올해 1월 정관을 취득했다. 정관은 다음의 주식을 인가하고 있다:

우선주 : 10%, 액면금액 $10, 수권주식수 21,000주

보통주 : 액면금액 $8, 수권주식수 50,000주

한 해 동안 다음 거래들이 순차적으로 발생했다:

a. 주당 현금 $12로 보통주 총40,000주를 발행했다.
b. 주당 현금 $16로 우선주 5,500주를 발행했다.
c. 주당 현금 $15로 보통주 3,000주를, 주당 현금 $26로 우선주 1,000주를 발행했다.

d. 당해 순이익은 $96,000였다.

요구사항:

당해 연말 재무상태표의 자기자본 영역을 기록하시오.

P11-3. 자기자본에 영향을 미치는 거래 기록하기(AP11-2)

King 기업은 당해 1월에 영업을 시작했다. 정관은 다음의 주식을 인가하고 있다:

우선주 : 10%, 액면금액 $10, 수권주식수 40,000주
보통주 : 액면금액 $5, 수권주식수 85,000주

한 해 동안 다음 거래들이 순차적으로 발생했다:

a. 주당 현금 $9로 보통주 66,000주를 발행했다.
b. 주당 현금 $20로 우선주 9,000주를 발행했다.
c. 주당 현금 $20로 우선주 1,000주를, 주당 현금 $10로 보통주 2,500주를 발행했다.

요구사항:

(a)부터 (c)까지 각 거래를 기록하는 분개를 기입하시오.

P11-4. 거래 기록하기, 액면주와 무액면주 비교하기

아래는 GoDaddy 주식회사와 관련된 경제지의 일부이다:

2015년 4월 1일 — GoDaddy's(GDDY) 주식은 거래 첫날 동안 주당 $26에 발행되었다. GoDaddy는 주식공모(IPO)에서 23백만 주를 발행했다.

요구사항:

1. 주식이 무액면금액 보통주임을 가정하고 주식발행을 기록하시오.
2. 보통주가 주당 액면금액 $2임을 가정하고 주식발행을 기록하시오.
3. 주주가 기업이 액면주식 또는 무액면주식을 발행하는지를 신경써야 하는지 설명하시오.

P11-6. 자기주식을 포함한 자기자본 거래 분석하기

1. 주식배당이 현금배당과 어떻게 다른지 설명하시오.
2. 대규모 주식배당이 소규모 주식배당과 어떻게 다른지 설명하시오.
3. 구매한 자기주식보다 더 많은 자기주식을 재발행하는 것이 손익계산서와 현금흐름표에 어떤 영향을 미치는지 설명하시오.
4. 기업이 왜 자기주식을 구매하는지 설명하시오.

P11-7. 자기주식 거래 분석하기

Apple 주식회사는 모바일, 미디어기기, PC, 이동식 디지털 뮤직 플레이어를 디자인하고, 생산하고, 발행한다. 2014년, Apple은 가장 큰 시장가치를 가진 기업이었다. Apple은 전업 임직원들이 92,000명이 넘는다. 기업의 현금흐름표는 다음과 같은 정보를 포함한다(백만 단위):

	2014	2013	2012
재무활동 현금흐름:			
보통주 재매입	(45,000)	(22,860)	−0−

요구사항:

1. 2014년 자기주식 매입을 기록하는 분개를 기입하시오.
2. Apple이 자기주식 일부를 재발행했다고 가정하자. 그 주식들은 원래 $9백만에 매입되었고 $10 백만에 재발행되었다. 이 자기주식 발행을 기록하는 분개를 기입하시오.

P11-8. 주식배당과 현금배당 비교하기(AP11-4)

Chicago 기업은 당해 연말에 다음과 같은 정보를 보고했다:

보통주(액면금액 $8; 유통주식수 35,000주)	$280,000
우선주, 10%(액면금액 $15; 유통주식수 8,000주)	120,000
이익잉여금	281,000

이사회는 두 집단의 주주들에게 현금배당 배분을 고려하고 있다. 지난 2년 동안 배당이 선언된 적은 없다. 아래 세 가지 경우는 서로 독립적임을 가정하시오.

Case A: 비누적적 우선주이다; 모든 배당 총액은 $31,000이다.

Case B: 누적적 우선주이다; 모든 배당 총액은 $36,000이다.

Case C: 누적적 우선수이다; 모는 배당 총액은 $90,000이다.

요구사항:

1. 각각의 경우에 각 집단의 주주들에게 지급가능한 총배당액과 주당 배당액을 계산하시오. 계산식을 쓰시오.
2. Chicago 기업이 주당 시가가 $24였을 때 유통주식수에 30퍼센트 보통주 배당을 발행했다고 가정하자. 이 주식배당이 어떻게 Case C와 비교되는지 보이기 위해 아래 표를 완성하시오.

	증감액	
항목	**현금배당 — Case C**	**주식배당**
자산	$	$
부채	$	$
자기자본	$	$

P11-10. 재무상태표 자기자본 영역 기록하기, 배당정책 평가하기

다음은 Cascade 기업의 회계연도 말에 모든 결산정리분개 기입이 완료된 후의 계정 잔액이다:

보통주(액면금액 $0.01; 수권주식수 200,000주, 발행주식수 54,000주, 유통주식수 52,000주)	$ 540
자본잉여금	456,000
당해 선언 및 지급된 배당	22,000

당해 초 이익잉여금	312,000
원가 자기주식(2,000주)	(15,000)

당해 연도 순이익은 $95,000였다. 주가는 현재 주당 $10이다.

요구사항:

1. 당 회계연도 말에 재무상태표 자기자본 영역을 기록하시오.
2. 배당수익률을 계산하고 평가하시오. 배당액을 수취한 주식의 수를 계산하시오.

P11-11. 현금배당, 주식배당, 주식분할 기록하고 비교하기

1월 1일, Biofuel 기업은 다음과 같은 자본구조를 가지고 있다:

보통주(액면금액 $0.10)	$ 60,000
자본잉여금	1,900,000
이익잉여금	800,000
자기주식	0
재무활동 현금흐름	19,000

요구사항:

다음 세 가지 독립적인 경우에 따라 아래 표를 완성하시오:

Case 1: 이사회는 주당 $0.02의 현금배당을 선언했다.

Case 2: 이사회는 주식이 주당 $10에 팔리고 있었을 때 100퍼센트 주식배당을 선언하고 발행했다.

Case 3: 이사회는 1 : 2 주식분할을 공표했다. 주식분할 이전의 시가는 주당 $10였다.

항목	배당 이전	현금배당 이후	주식배당 이후	주식분할 이후
보통주 계정	$60,000	$	$	$
주당 액면금액	$0.10	$	$	$
유통주식수	#	#	#	#
자본잉여금	$1,900,000	$	$	$
이익잉여금	$800,000	$	$	$
총 자기자본	$	$	$	$
재무활동 현금흐름	$19,000	$	$	$

P11-12. (보론) 조직형태에 따른 자기자본 영역 비교하기

다음 각각의 독립적인 경우들은 연 회계기간이 12월 31일에 끝난다고 가정한다. 당해 수익은 $144,000였다. 당해 비용은 $164,000였다.

Case A: 소유주 A는 개인기업을 운영한다고 가정하자. 결산분개 이전에 자본계정 잔액은 $52,000이고 인출금계정 잔액은 $9,000이다.

Case B: 파트너 A와 파트너 B는 합자회사를 운영한다고 가정하자. 결산분개 이전에, 주주지분계정 잔액은 다음과 같다: A, 자본, $43,000; B, 자본, $43,000; A, 인출금, $5,000; B, 인출금, $7,000. 손익은 동일하게 분배된다.

Case C: 주식회사(corporation)를 가정하자.

요구사항:

1. 각각의 개별 경우에 따라 12월 31일의 모든 결산정리분개를 기입하시오.
2. Case A와 Case B의 12월 31일의 자본변동표를 작성하시오.

ALTERNATE **PROBLEM**

AP11-1. 누락된 금액 찾기(P11-1)

당해 연말, Duo 기업의 기록은 다음과 같이 불완전한 데이터이다:

보통주 : $1,500,000(액면금액 $1, 당해 연도 동안 계정에 변화 없음)
수권주식수 : 5,000,000주
발행주식수 : _______(모든 주식은 주당 $80에 발행되었다
자기주식으로 보유한 주식 : 100,000주(주당 $60에 재매입)
순이익 : $4,800,000
선언 및 지급된 배당액 : 주당 $2
이익잉여금 기초잔액 : $82,900,000

요구사항:

1. 다음에 답하시오:
   a. 발행주식수는 몇 주인가?
   b. 유통주식수는 몇 주인가?
2. 자본잉여금 계정 잔액은 얼마인가?
3. 주당순이익(EPS)은 얼마인가?
4. 당해 지급된 총 배당액은 얼마였는가?
5. 자기주식이 보고되어야 하는 재무상태표 영역은 어디인가? 얼마가 보고되어야 하는가?

CONTINUING **PROBLEM**

CON11-1. 자기자본 거래 기록하고 보고하기

Pool 주식회사는 세계에서 가장 큰 수영장 설비도매 유통회사이다. 이 기업은 나스닥 거래소에서 거래되는 상장법인이다. Pool의 대다수 고객은 소규모 가족경영 업체들이다. 기업은 다음과 같은 보도자료를 냈다.

COVINGTON, La., 2015년 3월 2일, (GLOBE NEWSWIRE) —Pool 기업(나스닥 : POOL)은 오늘 이사회가 분기별로 주당 $0.22의 현금배당을 선언했다고 공표했다. 배당은 2015년 3월 12일 기록에 따라 주주들에게 2015년 3월 26일 지급될 예정이다.

기업은 또한 2014년 연차보고서에 공개시장에서 자기주식 보통주 $132.3백만를 재매입했다고 밝혔다.

요구사항:

1. 모든 주식이 일시에 재매입되었다고 가정하고 Pool이 재매입한 주식을 기록하시오.
2. 이 배당과 관련된 모든 분개를 기입하시오. 배당 시에 Pool이 100백만주 발행과 43백만 유통주식수 보유를 허가받았다고 가정하자.

COMPREHENSIVE **PROBLEM (CHAPTERS 9-11)**

아래 질문에 답하시오. 각각의 경우를 다른 경우와 독립해서 생각하시오.

Case A: Rogers 주식회사 정관은 다음의 주식을 인가한다:

보통주 : 액면금액 $10, 수권주식수 103,000주
우선주 : 9%, 액면금액 $8, 수권주식수 4,000주

기업은 보통주 40,000주와 우선주 3,000주를 발행했다. 당해 연도 동안, 다음의 거래들이 순차적으로 완료되었다:

1. Rogers는 $10,000 배당을 선언하고 지급했다. 우선주 주주들에게 지급된 배당액은 얼마였는가? 보통주 주주들에게 지급된 배당액은 얼마였는가?
2. Rogers는 보통주 5,000주를 재매입했다. 이 거래 후에 몇 개의 보통주가 유통주식수인가?
3. Rogers가 자기주식 1,000주를 주당 $25에 파는 것을 가정하고 분개를 기입하시오. 자기주식은 주당 $20에 재매입되었다.
4. 만약 Rogers가 1 : 2 주식분할을 선언한다면 재무상태표 등식(자산 = 부채 + 자기자본)에 어떤 영향이 있겠는가?

Case B: Ospry 주식회사는 $960,000의 운전자본을 가지고 있다. 다음 각각의 거래에 대해 운전자본이 증가할지, 감소할지, 그대로일지 파악하시오.

1. 외상매입금 $10,000를 지급했다.
2. 미지급임차료 $22,000를 기록했다.
3. 매출채권 $5,000를 회수했다.
4. 새 재고자산을 현금 $20,000로 매입했다.

Case C: James 기업은 표시이자율 5%로 $1,000,000 채권을 발행하려 한다. 이 채권은 10년 뒤 만기이며 매년 이자를 지불한다. 모든 채권은 올해 1월 1일에 발행되었다.

요구사항:

아래 각각 독립적인 가정하에 1월 1일의 발행(판매)가격을 계산하시오(계산식을 쓰시오).

1. 연 시장이자율 5%를 가정하시오.
2. 연 시장이자율 4%를 가정하시오.
3. 연 시장이자율 6%를 가정하시오.

Case D: Miller Bikes는 국내 고급 자전거 체인점이다. 이 기업은 주요 대학 근처에 위치하는 성공전략을 따랐다. Miller가 새로운 시장으로 확장할 기회를 잡으려면 추가 자본을 키워야 한다. 따라서 다음 거래를 진행하였다:

- 추가로 보통주 45,000주를 발행했다. 액면금액은 $1이며 시가는 주당 $25이다.
- 액면금액 $1,000,000, 표시이자율 10%인 채권을 발행했다. 채권 만기는 10년 후이며 이자는 반기별로 지불한다. 현재 연 시장이자율은 8%이다.

요구사항:

1. 채권발행을 기록하시오.
2. 주식발행을 기록하시오.

CASES AND PROJECTS

사업보고서 사례

CP11-1. 재무정보 찾기

책 끝부분 부록 B의 American Eagle Outfitters 재무제표를 참고하시오. 아래 모든 문제는 부록 B에 보고된 마지막 회계연도와 관련되어 있다.

요구사항:

1. 이 기업은 자기주식을 보고하는가? 그렇다면, 보고한 자기주식은 얼마인가?
2. 이 기업은 당해 연도 동안 자기주식을 재매입했는가?
3. 이 기업은 당해 연도 동안 배당을 지급했는가? 그렇다면, 주당 얼마였는가?
4. 보통주의 액면금액은 얼마인가?

CP11-2. 재무정보 찾기

책 끝부분 부록 C의 Urban Outfitters 재무제표를 참고하시오. 아래 모든 문제는 부록 C에 보고된 마지막 회계연도와 관련되어 있다.

요구사항:

1. 보통주 중 수권주식수는 몇 주인가? 발행주식수는 몇 주인가? 유통주식수는 몇 주인가?
2. 이 기업은 당해 연도 동안 배당을 지급했는가? 그렇다면, 주당 얼마였는가?
3. 이 기업은 당해 연도 동안 자기주식 보통주를 재매입했는가?
4. 보통주의 액면금액은 얼마인가?

CP11-3. 산업 내 기업 비교하기

책 끝부분 American Eagle 재무제표(부록 B)와 Urban Outfitters 재무제표(부록 C)를 참고하시오.

요구사항:

1. 가장 최근 회계연도의 Urban Outfitters(주식의 시가는 $40라고 가정)의 배당수익률과 American Eagle(주식의 시가는 $20라고 가정)의 배당수익률을 계산하시오.
2. 투자자가 배당을 지급하지 않는 주식에 투자하는 이유는 무엇인가?
3. 아래 표의 정보를 활용하여 기재된 산업별로 배당수익률을 비교하시오. 투자자가 기업의 배당수익률을 고려하는 이유는 무엇인가?

	산업별 배당수익률		
	음료	담배	정유, 가스
배당수익	2.2%	4.8%	9.6%
예시 기업	코카콜라	필립모리스	엑손모빌

재무보고서와 분석 사례

CP11-4. 실제 기업의 배당액 계산하기

Apple 주식회사의 최근 연차보고서는 다음의 정보를 포함한다(단위 : $1,000).

자기자본	2014
보통주, 액면금액 $0.00001, 수권주식수 126억주, 발행주식수와 유통주식수 59억주	$ 0.059
자본잉여금	23,313
이익잉여금	87,152

2014년 Apple은 주당 $1.82와 동일한 배당을 선언하고 지급했다. Apple이 2014년 주주들에게 배당으로 지급한 총 현금은 대략 얼마인가?

비판적 사고 사례

CP11-5. 윤리적 딜레마 평가하기

당신은 100년 이상 역사를 가진 대기업의 이사회 임원이다. 이 기업은 사업을 지속해 온 동안 매년 배당을 지급한 사실에 대해 자랑스럽게 여긴다. 이런 안정성 때문에 많은 은퇴자들이 예금의 큰 부분을 당신의 기업 주식에 투자했다. 그러나 불행하게도 이 기업이 신제품을 도입하기 위해 지난 몇 년간 고군분투하다 보니 올해는 배당을 지급하지 않는 것을 검토하게 되었다. 회장은 올해 배당을 건너뛰고 제품개발에 더 많은 현금을 투자하기를 바라고 있다: "만약 우리가 이 돈을 지금 투자하지 않으면 회사를 구할 신제품을 시장에 적기에 내놓을 수 없게 된다. 나는 수천 명의 임직원을 걸고 위험부담을 지고 싶지 않다." 다음으로 한 시니어 이사회 임원이 의견을 냈다 : "만약 우리가 배당을 지급하지 않으면 수천 명의 은퇴자들이 재정적 고통 속에 던져지게 될 것이다. 만약 당신이 그들을 신경쓰지 않는다 해도, 그들이 주식을 모두 팔아버리게 되면 우리 주가가 폭락한다는 것은 알아두어야 한다." 회계담당자가 대안을 제시하기를 : "현금배당은 올해 건너뛰고 주식배당만 지급합시다. 그러면 올해도 우리가 매년 배당을 한다고 말할 수 있습니다." 이사회는 이제 당신에게 의견을 묻는다. 이 기업은 어떻게 해야 하는가?

CP11-6. 윤리적 딜레마 평가하기

당신은 올해 매우 높은 수익을 낸 성공한 인터넷 기업의 사장이다. 이 기업은 사업에 필요하지 않은 영업활동으로 발생한 현금 $10백만 이상을 보유하고 있음을 알았다. 당신은 이 돈을 특별배당으로 주주들에게 지급하는 것을 고려중이다. 부사장과 논의해보니 그는 이 제안에 화를 낸다 :

"우리 주가가 작년 한 해에만 200퍼센트 올랐어요. 주주들을 위해 뭘 더 해야 합니까? 실제로 그 돈을 번 사람은 회사의 성공을 위해 하루 12시간씩 주 6~7일을 일해 온 직원들입니다. 대부분 직원들은 심지어 작년에 휴가도 가지 못했어요. 그 돈은 주주들을 위한 추가 지급이 아니라 직원들 보너스로 써야 합니다."

사장으로서 당신은 이사회에 고용되어 있고, 주주들에 의해 선출된 입장이다. 이사회와 직원들, 두 집단에 대한 당신의 책임은 무엇인가? 당신은 어느 집단에 $10백만를 줄 것인가?

재무보고서와 분석 팀 과제

CP11-7. 팀 프로젝트: 연차보고서 검토하기

팀 단위로 분석할 산업 하나를 정하시오. Yahoo Finance와 Google Finance에서는 여러 산업정보를 제공하고 있다. 각 팀원들은 그 산업 내 상장법인 중 서로 다른 기업을 골라 연차보고서나 10-K를 살펴봐야 한다. 연차보고서나 10-K는 SEC EDGAR(www.sec.gov) 또는 개별 기업의 투자자 대상 홍보 사이트에서 받을 수 있다.

요구사항:

각 팀원은 개별적으로 아래 기재된 정보를 수집하여 각 문제에 답해야 한다. 이 단계를 마친 후, 팀원들은 모여서 서로의 답변을 비교하고 대조한다. 논의를 마치면 각 팀은 결과적으로 자신들이 분석하고 발견한 바를 요약해 짧은 보고서를 작성한다.

1. a. 선택한 기업의 자기자본 계정과 금액을 나열하시오.
   b. 주석에서, 앞서 나열한 계정에 대해, 잠재적인 투자로서 기업을 분석하는 사람에게 중요할 만한 추가 정보를 찾아보시오.
2. 현금흐름표와 자본변동표를 검토하시오. 가장 최근 연도에 발행된 주식이 있다면 얼마인가? 그 주식발행이 회사에 발생시킨 현금은 얼마였는가?
   a. 이 발행의 주당 평균 시가는 얼마였는가?
   b. 이 발행의 분개를 기입하시오.
3. 선택한 기업이 당해 연도 동안 재매입한 자기주식이 있다면 얼마인가? 기업은 자기주식을 재발행하기도 했는가?
4. 선택한 기업이 당해 연도 동안 선언한 배당이 있다면 어떤 배당인가? 현금지급된 배당은 얼마였는가?

현금흐름표

한때 탄산음료 'Shasta'와 'Faygo'로 가장 잘 알려져 있었던 National Beverage는 이제 그들의 혁신적인 탄산수 'LaCroix', 에너지 음료 'Rip It', 그리고 주스 'Everfresh'에 집중하고 있다. 이러한 제품들은 점차 늘어나는 건강에 관심이 많은 소비자들에게 맛의 다양성을 제공해주었다는 평가를 널리 얻도록 해주었다. 그들의 다채로운 제품군은 다양한 범주의 소비자들과 소매업자들의 음료 취향을 모두 만족시킬 수 있다. 그러나 주주들에게 이익을 벌어다주기 위해서 National Beverage는 동시에 비용효율적인 생산자이자 유통업자가 되어야 한다. 그들은 중앙집권화된 구매체계와 생산과 보틀링 시설(bottling facilities) 모두를 소유해 운영해 나감으로써 제품의 품질과 원가체계를 유지한다. 전략적으로 고객유통센터 근처에 위치하고 있는 그들의 12개의 공장은 유통비용을 줄이고 National Beverage가 지역적 취향에 맞게 그 제품과 미디어 광고를 생산할 수 있도록 해준다.

약간 어렵게 느껴질 수도 있겠지만, 수익성 있는 사업들이 증가하는 것이 항상 긍정적인 현금흐름을 보장하는 것은 아니다. 우리가 앞의 장들에서 살펴본 것과 같이, 이것은 수익과 비용의 인식 시점이 항상 현금유입 및 현금유출과 일치하지 않기 때문에 발생한다. 결과적으로, National Beverage는 이익에 더해서 현금흐름 또한 신중하게 경영해나가야 한다. 같은 맥락에서, 재무분석가는 National Beverage의 손익계산서와 재무상태표에 더해서 현금흐름표에 제공된 정보 또한 반드시 고려해야 한다.

학습목표

이번 장을 학습한 후, 여러분들은 다음을 할 수 있어야 한다.

12-1 현금흐름표에 나타난 항목들을 영업활동 순현금흐름, 투자활동 순현금흐름과 재무활동 순현금흐름으로 나누어 분류한다.

12-2 간접법을 사용해 영업활동 현금흐름을 보고하고 해석한다.

12-3 이익의 질을 분석하고 이해한다.

12-4 투자활동 현금흐름을 보고하고 이해한다.

12-5 영업활동 현금흐름 대 유형자산 투자지출 비율(capital acquisition ratio)을 분석하고 이해한다.

12-6 재무활동 현금흐름을 보고하고 이해한다.

12-7 현금흐름표의 형태와 추가적인 현금흐름 관련 공시에 대해 이해한다.

12장

FOCUS COMPANY :

National Beverage Corporation

고객들에게 더 건강한 음료를 생산해서 주주들에게 현금흐름을 창출하자

www.nationalbeverage.com

Sara Stathas/Alamy

경영에 대한 이해

물론 순이익은 중요한 것이지만, 현금흐름 또한 기업의 성공에 매우 중요하다. 현금흐름은 기업으로 하여금 사업을 확장하고, 오래된 자산을 교체하고, 새로운 투자기회를 활용하고, 그 소유주들에게 배당금을 지급할 수 있도록 해준다. 어떤 주식 전문가들은 더 나아가 “현금흐름이 최고다”라고 말하기까지 한다. 경영자와 재무분석가 모두 기업 활동과 관련된 현금의 다양한 원천과 사용에 대해 이해할 필요가 있다.

현금흐름표는 기업 내부적으로 현금을 생산해낼 수 있는 능력, 영업자산과 부채의 경영능력, 그 투자와 외부조달과 관련된 세부사항에 초점을 맞춘다. 이것은 경영자와 재무분석가들이 다음과 같은 중요한 현금 관련 문제에 대응하는 것을 도와주기 위해 고안되었다.

(1) 기업이 추가적인 부채 조달 없이 그 공급자와 채권자들에게 단기부채의무를 수행할 충분한 현금을 가지고 있는가?

(2) 기업이 그 매출채권과 재고자산을 적절하게 경영하고 있는가?

(3) 기업이 새로운 생산능력 개발에 필수적인 투자를 하고 있는가?

(4) 기업이 필요한 투자비용을 충당하기에 내부적으로 충분한 현금을 발생시키고 있는가, 아니면 외부조달에 의존하고 있는가?

(5) 기업이 그 외부조달 구조를 변동시키고 있는가?

우리는 현금흐름표에 대한 간단한 설명과 함께 우리의 논의를 시작하고자 한다. 그 후에 우리는 현금흐름표의 각각의 부분에 나타나 있는 정보들을 심도 깊게 분석해볼 것이다. 이 장은 추가적인 현금흐름 공개에 대한 논의와 함께 마무리될 것이다.

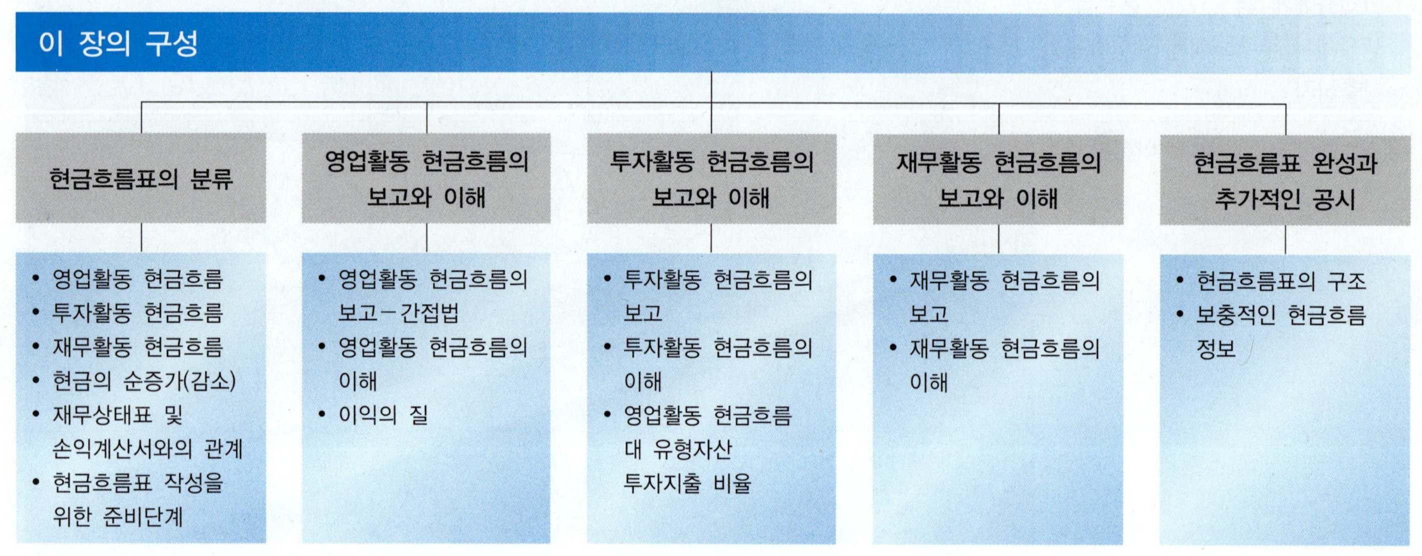

현금흐름표의 분류

학습목표 12-1
현금흐름표 항목들을 영업활동, 투자활동 및 재무활동 순현금흐름 부문으로 구분하기

기본적으로 현금흐름표는 기초에 재무상태표상에 기록되어 있던 일정 금액의 현금이 기말에 어떻게 그 금액의 현금이 되었는지를 설명해준다. 이러한 현금흐름표의 용도하에서 현금의 정의는 현금과 현금등가물을 포함한다. 현금등가물(cash equivalents)은 단기성이며,

1. 알려진 금액의 현금으로 손쉽게 전환이 가능하고
2. 이자율 변동 시 그 가치가 변동할 위험성이 적으며 만기에 매우 근접한

특징을 동시에 갖는 매우 유동성이 높은 투자자산이다.

현금등가물
최초 만기가 3개월 또는 그 이내이면서 현금으로 쉽게 전환할 수 있고 가치변동이 거의 없는 단기투자자산

일반적으로, 3개월 혹은 그보다 적은 최초 만기를 가진 투자자산만이 이러한 정의하에서 현금등가물의 자격을 갖출 수 있다. 현금등가물의 예시는 재정증권(Treasury bills, U.S. 정부의 단기성 부채), 머니마켓펀드(money market funds), 그리고 기업어음(commercial paper, 대기업에 의해 발행되는 단기지급어음)이다.

<도표 12.1>에서 볼 수 있듯이, 현금흐름표는 3개의 넓은 범주 안에서 현금유입과 현금유출을 보고한다: (1) 영업활동, (2) 투자활동, 그리고 (3) 재무활동. 동시에 이 세 가지 현금흐름 범주는 재무상태표상의 기초 잔액과 기말 잔액 간 현금의 차이를 설명해준다.

도표 12.1

연결현금흐름표

NATIONAL BEVERAGE CORP.
실제 자료에서 발췌:
연차보고서

NATIONAL BEVERAGE CORP.
연결현금흐름표*
2014년 5월 3일로 종료되는 회계연도
(단위: 천)

영업활동 현금흐름:	
당기순이익	$ 43,635
당기순이익을 영업활동에서 창출된(사용된) 순현금으로 맞추기 위한 조정:	
감가상각비와 무형자산상각비	10,063
자산과 부채의 변동:	
외상매출금	5,864
재고자산	(4,680)
선급비용	(2,699)
외상매입금	1,345
미지급비용	(259)
영업활동에서 창출된 순현금	53,269
투자활동 현금흐름:	
유형자산의 취득	(12,124)
유형자산의 처분	62
단기투자자산의 취득	(1,463)
단기투자자산의 처분	2,443
투자활동에서 사용된 순현금	(11,082)
재무활동 현금흐름:	
장기부채의 원금 상환	(22,772)
장기부채의 차입	–
자기주식의 취득	(7,024)
주식의 발행	–
현금배당의 지급	(726)
재무활동에서 사용된 순현금	(30,522)
현금 및 현금등가물의 순증가(감소)	11,665
현금 및 현금등가물－기초잔액	18,267
현금 및 현금등가물－기말잔액	$ 29,932

**일부 금액은 교육 목적상 조정되었음.*

영업활동 현금흐름

영업활동 현금흐름
정상적인 영업활동에서의 이익과 직접적으로 관련된 현금 유입과 유출.

영업활동 현금흐름(cash flows from operating activities)(영업을 통해 발생한 현금흐름)은 손익계산서상에 보고되는 수익 및 비용과 직접적으로 관련된 현금흐름 및 현금유출이다. 현금흐름표상에서 영업활동 현금흐름을 나타내기 위해 2가지 대안적인 방법을 사용할 수 있다.

직접법
현금흐름표의 영업활동 부문을 표시하는 방법 중 영업활동 현금흐름들을 총수취액과 총지급액으로 보고하는 방법.

1. 직접법(direct method)은 영업활동 현금흐름 항목들을 총수취액(gross receipt)과 총지출액(gross payment)으로 보고한다.

유입액	유출액
다음으로부터 수취한 현금	**다음을 위해 지급한 현금**
고객	용역(전기 등)과 판매를 위한 재화의 구입
투자자산에서의 배당금과 이자	급여와 임금
	법인세
	부채에 대한 이자

유입과 유출 간 차이는 **영업활동으로부터 발생한 순현금흐름**(net cash provided by operating activities)이라고 불린다. National Beverage는 2014년 5월 3일에 끝나는 회계연도 동안 영업을 통해 $53,269천의 순현금흐름을 경험하였다. FASB가 직접법을 권장하고 있기는 하나, 이것은 사실상 미국에서 매우 드물게 사용되는 방식이다. 많은 재무분야 실무진들이 직접법이 간접법에 비해 그 시행 비용이 더 많이 소요되기 때문에 그들은 그것을 사용하지 않는다고 밝혔다. FASB와 IASB 모두 이 방법을 사용하도록 하는 방안을 검토하고 있지만, 재무제표 작성자들로부터의 극심한 저항이 이어지고 있다.

간접법
현금흐름표의 영업활동 부문을 표시하는 방법 중 영업활동 현금흐름을 산출하기 위해 당기순이익을 조정하는 방법.

2. 간접법(indirect method)은 손익계산서상의 당기순이익과 함께 시작되고 그 금액에서 영업활동 순현금흐름에 도달하기 위해 비현금 항목을 제거하는 방식이다.

당기순이익
+/− 비현금 항목 조정
영업활동 순현금유입(유출)액

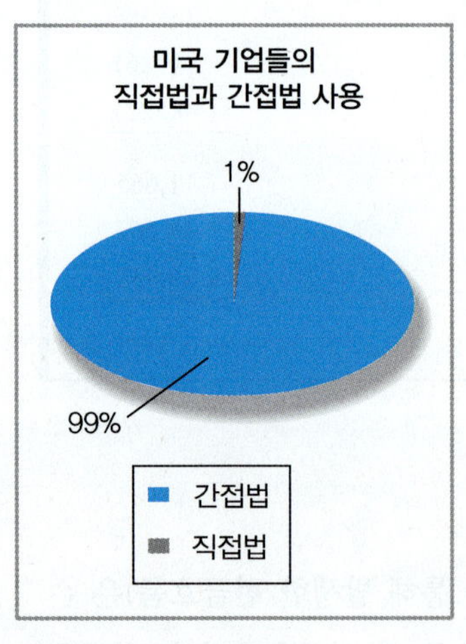

National Beverage를 포함하여 미국 대기업의 99%가 간접법을 사용한다. <도표 12.1>에서 볼 수 있듯이, National Beverage는 순이익 $43,635천를 보고했지만, 영업활동으로부터 발생한 현금흐름은 $53,269천이다. 왜 영업활동으로부터의 순이익과 영업활동으로부터의 현금흐름이 다른 것일까? 손익계산서상에서 수익은 관련된 현금유입이 언제 발생하는지와 관계없이 그들이 그 금액을 벌었을 때 기록한다는 것을 기억해라. 비슷하게, 비용은 관련된 현금유출이 언제 발생하는지와 관계없이 수익과 상응하여 기록된다.

우선, 이 2가지 방법과 관련해 기억해야 할 가장 중요한 것은 이 방법들은 동일한 수치에 도달하기 위한 간단한 대안적인 방법이라는 것이다. 아래서 볼 수 있듯이, **직접법을 사용해 계산하는지, 간접법을 사용해 계산하는지에 관계없이 영업활동으로부터 발생한 현금흐름의 총액은 항상 같다**(National Beverage의 경우에 $53,269천의 현금유입).

직접법		간접법	
고객으로부터 회수한 현금	$646,999	당기순이익	$43,635
이자 현금 지급	(1,326)	감가상각비	10,063
공급자에 대한 현금 지급	(426,815)	영업활동 자산과 부채의 변동	(429)
다른 비용들에 대한 현금 지급	(146,115)		
법인세 현금 지급	(19,474)		
영업활동에서 창출된 순현금	$ 53,269	영업활동에서 창출된 순현금	$53,269

투자활동 현금흐름

투자활동 현금흐름
생산설비 및 다른 기업유가증권에 대한 투자자산의 취득 또는 처분과 관련된 현금 유입과 유출.

투자활동 현금흐름(cash flows from investing activities)은 장기보유 생산성 자산의 구매와 처분 및 다른 기업 유가증권에의 투자와 관련된 현금유입과 현금유출이다. 일반적으로 투자활동 현금흐름은 다음을 포함한다.

유입액	유출액
다음으로부터 수취한 현금	**다음을 위해 지급한 현금**
유형자산의 처분	유형자산의 취득
투자유가증권의 처분 또는 만기 도래	투자유가증권의 취득

이러한 현금유입과 현금유출의 차이를 **투자활동에서 창출된(사용된) 순현금**(net cash provided by(used by) investing activities)이라고 부른다.

National Beverage의 경우, 2014년에 그 액수는 $11,082의 유출이었다. 대부분의 활동이 단기투자자산의 취득과 처분 및 유형자산의 취득과 처분에 관련이 있었다. 총취득액이 처분으로부터 수취한 현금을 초과했기 때문에 순현금유출이 발생하게 되었다.

재무활동 현금흐름

재무활동 현금흐름
기업 자금 조달의 외부원천(주주와 채권자)과 관련된 현금 유입과 유출.

재무활동 현금흐름(cash flows from financing activities)은 채권자와 소유주(주주)의 현금 교환을 포함한다. 재무활동으로부터 발생한 대개의 현금흐름은 다음을 포함한다.

유입액	유출액
다음으로부터 수취한 현금	**다음을 위해 지급한 현금**
(어음, 담보차입, 사채 등) 채권자로부터의 차입	채권자에게 원금 상환(이자 지급은 영업활동이므로 제외)
주주에게 주식 발행	주주로부터 자기주식 취득
	주주에게 현금배당

이러한 현금유입과 현금유출의 차이는 **재무활동에서 창출된(사용된) 순현금**(net cash provided by (used by) financing activities)이라고 불린다.

National Beverage는 2014년에 $30,522의 재무활동에서 기인한 순현금유출을 겪게 되었다. 해당 회사의 현금흐름표의 재무활동 부문은 National Beverage가 장기부채로 원금 $22,772를 지급하고, $726의 배당을 지급하였으며, 자기주식 취득을 위해 $7,024를 지급하였음을 보여준다.

현금의 순증가(순감소)

영업활동 순현금흐름, 투자활동 순현금흐름과 재무활동 순현금흐름의 합은 보고기간의 현금의 순증가액(순감소액)과 반드시 일치해야 한다. 2014년에 National Beverage는 $11,665의 현금 순증가를 보고하였는데, 이것은 재무상태표상의 현금이 기초 잔액 $18,267에서 기말 잔액 $29,932로 변동하였음을 보여준다.

영업활동에서 창출된 순현금	$53,269	
투자활동에 사용된 순현금	(11,082)	
재무활동에 사용된 순현금	(30,522)	
현금 및 현금등가액의 순증가	11,665	
기초 현금 및 현금등가물	18,267	기초 및 기말 잔액은 재무상태표에서 가져옴
기말 현금 및 현금등가물	$29,932	

STOP PAUSE FOR FEEDBACK

우리는 방금 현금흐름표의 3가지 주요한 요소에 대해서 다뤘다. 일반적 영업활동으로부터 벌어들이는 이익과 관련이 있는 영업활동 현금흐름, 생산성 자산의 취득 및 처분과 관계있는 투자활동 현금흐름, 그리고 기업의 외부 자금조달과 관련 있는 재무활동 현금흐름이 바로 그것이다. 한 해의 순현금유입 혹은 순현금유출액은 그 해의 재무상태표상에 기록된 현금 및 현금등가물 항목에서의 증가 혹은 감소액과 일치한다. 당신이 각기 다른 현금흐름의 적절한 분류방식에 대해 잘 이해하고 있는지 확인해보기 위해, 다음으로 넘어가기 전에 주어진 문제들에 답변해 보시오.

SELF-STUDY QUIZ

Dr Pepper Snapple Group은 세계에서 3번째로 큰 무알콜음료 기업이다. 아래에 나열된 항목들은 해당 기업의 현금흐름의 일부이다. 해당 항목이 현금흐름표상의 영업활동 항목에 포함되면 (O)를, 투자활동 항목에 포함되면 (I)를, 재무활동 항목에 포함되면 (F)를 쓰시오.

_____ 1. 장기부채 발행금액

_____ 2. 고객으로부터의 대금 회수

_____ 3. 부채에 대한 이자 지급

_____ 4. 유형자산의 취득

_____ 5. 투자유가증권의 처분금액

해설

1. F 2. O 3. O 4. I 5. I

당신의 현금흐름표에 대한 보다 깊은 이해를 위해, 우리는 이제 재무상태표 및 손익계산서와의 관계 속에서 National Beverage의 현금흐름표에 대해 보다 자세히 살펴보고자 한다. 그리고 우리는 현금흐름표의 각각의 부문이 어떻게 National Beverage의 경영진에 의해 이루어지는 중요한 결정들을 반영하는지에 대해 알아볼 것이다. 마지막으로, 우리는 재무분석가가 기업의 성과를 평가하기 위해 각각의 부문을 어떻게 활용하는지 살펴볼 것이다.

재무상태표 및 손익계산서와의 관계

현금흐름표의 작성과 이해를 위해서는 현금흐름표상의 3가지 부문과 관계있는 재무상태표와 손익계산서에 대한 분석이 필요하다. 이전 장에서 우리는 기업이 거래를 T계정 안에 나타나는 분개에 따라 기록하며, 이것은 손익계산서와 재무상태표의 준비에 사용된다는 것을 강조하였다. 그러나 기업들은 T계정에 기록된 금액들은 발생주의에 기초해 작성된 것이기 때문에 그것을 사용해 현금흐름표를 준비하지는 않는다. 대신에, 그들은 발생주의 방법하에서 기록된 금액들을 분석하고 그것을 현금주의로 조정해야 한다. 현금흐름표의 준비를 위해 그들은 다음과 같은 정보를 필요로 한다.

1. 모든 활동(영업, 투자, 재무)에 있어서 현금흐름을 계산하는 데 사용된 비교재무상태표
2. 영업활동에서의 현금흐름을 계산하는 데 주로 사용된 손익계산서
3. 연간 계정잔액의 총 변동금액이 현금흐름의 기본적인 내용을 설명해 주지 못하는 일부 계정들에 관한 추가적인 세부내용

현금흐름표를 작성하고 이해하기 위한 우리의 시도는 재무상태표상의 계정들에서의 변동에 주목한다. 이것은 재무상태표 등식의 간단한 조작을 기초로 한다.

자산 = 부채 + 자본

먼저, 자산은 현금과 비현금 자산으로 나눌 수 있다.

현금 + 비현금 자산 = 부채 + 자본

만약 우리가 비현금 자산을 등식의 오른쪽으로 옮긴다면, 다음과 같이 나타날 것이다.

현금 = 부채 + 자본 − 비현금 자산

이러한 관계를 고려했을 때, 기초와 기말 현금의 차이(△)는 기초와 기말의 등식 우변의 금액 차이(△)와 같다.

△현금 = △부채 + △자본 − △비현금 자산

그러므로 **현금을 변동시키는 어떤 거래든지 부채의 변동, 자본의 변동, 혹은 비현금 자산의 변동이 수반되어야 한다.** <도표 12.2>는 일부 현금거래에 대해 이러한 개념을 예시하고 있다.

현금흐름표 작성을 위한 준비단계

이 논리에 기초하여, 우리는 현금흐름표 작성을 위해 다음과 같은 준비단계를 거친다.

1. 각각의 재무상태표 계정에서의 변동액을 알아내야 한다. 이번 연도 기말 잔액으로부터 이번 연도 기초 잔액(즉, 작년 기말 잔액)을 뺀다.
2. 각각의 변동을 대응되는 문자로 표시함으로써 영업활동과 관련된 것(O), 투자활동과 관련된 것(I), 재무활동과 관련된 것(F)으로 분류한다. <도표 12.3>을 본보기로 사용하라.

도표 12.2

일부 현금거래들과 그 거래들이 재무상태표 다른 계정들에 미치는 영향

범주	거래	현금에 영향	영향을 미치는 다른 계정
영업활동	외상매출금의 회수	+ 현금	− 외상매출금(A)
	외상매입금의 지급	− 현금	− 외상매입금(L)
	임차료 선지급	− 현금	+ 선급임차료(A)
	이자 지급	− 현금	− 이익잉여금(SE)
	현금판매	+ 현금	+ 이익잉여금(SE)
투자활동	현금으로 설비자산 취득	− 현금	+ 설비자산(A)
	현금으로 투자유가증권 처분	+ 현금	− 투자자산(A)
재무활동	은행에 부채 상환	− 현금	− 단기차입금(L)
	현금으로 주식 발행	+ 현금	+ 보통주자본금과 자본잉여금(SE)

이익 창출(영업활동 항목)과 관련된 재무상태표 계정들은 O로 표시되어야 한다. 이 계정들은 주로 영업자산과 영업부채로 불린다. O로 표시되어야 하는 이 계정들은 다음과 같은 항목들을 포함한다.

1. 대부분의 유동자산 [단기투자자산(투자활동과 관련 있음)과 현금 제외]
2. 대부분의 유동부채 [투자자와 금융기관에 대한 채무(재무활동과 관련 있음) 제외]
3. 이익잉여금(당기순이익에 의해 증가되기 때문임). (이익잉여금은 또한 배당의 선언과 지급에 의해 감소되는데 이것은 F로 표시되는 재무활동 현금유출임)

<도표 12.3>에서 모든 영업자산과 영업부채는 O로 표기되어 있다. 이 항목들로는 다음과 같은 것들이 있다.

- 외상매출금
- 재고자산
- 선급비용
- 외상매입금
- 미지급비용

우리가 언급한 것과 같이, 이익잉여금 또한 영업활동과 관련이 있다.

투자활동과 관련된 재무상태표 계정은 I로 표시하여야 한다. 이것은 재무상태표에 기록된 남아 있는 자산 전체를 포함한다. <도표 12.3>에 나타난 이러한 항목들은 다음과 같다.

- 단기투자자산
- 유형자산

재무활동과 관련된 재무상태표 계정들은 F로 표시되어야 한다. 이것은 재무상태표상에 기록된 모든 잔여 부채와 자본 계정들을 포함한다. <도표 12.3>에 나타난 이러한 항목들로는 다음과 같은 것들이 있다.

도표 12.3

비교재무상태표와 당기 손익계산서

NATIONAL BEVERAGE CORP.
실제 자료에서 발췌: 연차보고서

NATIONAL BEVERAGE CORP.
연결재무상태표
(단위 : 천)

관련 현금흐름 영역		2014년 5월 3일	2013년 4월 27일	변동액
	자산			
	유동자산 :			
현금의 변동	현금 및 현금등가물	$ 29,932	$ 18,267	+11,665
I	단기투자산	2,685	3,665	−980
O	외상매출금	58,205	64,069	−5,864
O	재고자산	43,914	39,234	+4,680
O	선급비용	8,405	5,706	+2,699
	유동자산 계	143,141	130,941	
I†	유형자산(순액)	79,700	77,701	+1,999
	자산 총계	$222,841	$208,642	
	부채와 자본			
	유동부채 :			
O	외상매입금	$ 45,606	$ 44,261	+1,345
O	미지급비용	18,917	19,176	−259
	유동부채 계	64,523	63,437	
F	비유동부채	52,117	74,889	−22,772
	자본 :			
F	보통주자본금	894	1,054	−160
F	자본잉여금	24,570	31,434	−6,864
O and F	이익잉여금	80,737	37,828	+42,909
	자본 계	106,201	70,316	
	부채와 자본 총계	$222,841	$208,642	

†감가상각누계액 계정도 감가상각과 관련이 있기 때문에 영업활동과 관련된다.

NATIONAL BEVERAGE CORP.
연결손익계산서
2014년 5월 3일로 종료되는 회계연도
(단위 : 천)

매출액	$641,135
매출원가	423,480
매출총이익	217,655
영업비용 :	
판매비와일반관리비	143,157
감가상각비 및 무형자산상각비	10,063
영업비용 계	153,220
영업이익	64,435
이자비용	(1,326)
법인세비용차감전순이익	63,109
법인세비용	19,474
당기순이익	$ 43,635

특정 금액은 표시의 단순화를 위해 조정되었다.

- 장기부채
- 보통주
- 자본잉여금
- 이익잉여금(배당선언과 지급으로 인한 감소의 경우)

다음으로, 우리는 이 정보를 현금흐름표의 각각의 부문을 작성하기 위해 사용할 것이다.

영업활동 현금흐름의 보고와 이해

학습목표 12-2
간접법을 이용하여 영업활동 현금흐름을 보고하고 이해하기

위에서 언급한 것과 같이, 영업부문은 두 가지 형식으로 작성될 수 있으며, 거의 모든 미국 기업들은 간접법을 사용한다. 결과적으로, 우리는 여기서 간접법에 대해 다루고 직접법에 대해서는 이 장의 마지막 부분에 나올 보론 A에서 배우게 될 것이다.

1. 영업활동으로부터의 현금흐름은 직접법을 사용해 계산하든지 간접법을 사용해 계산하든지 항상 같다.
2. 영업활동 부문에서 어떤 형식을 사용하는가와 관계없이 투자활동과 재무활동 부문은 항상 같은 방법으로 표시된다.

영업활동 현금흐름의 보고 – 간접법

<도표 12.3>은 National Beverage의 비교재무상태표와 손익계산서를 보여준다. 간접법이 당기순이익과 함께 시작하고 그것을 영업활동 현금흐름으로 전환시킨다는 것을 기억하라. 이것은 발생주의로 기록된 순이익과 현금흐름 간의 시간적 차이를 없애기 위해 순이익 금액을 조정하는 절차를 포함한다. 영업활동 부문의 일반적인 구조는 다음과 같다.

영업활동
당기순이익
당기순이익을 영업활동에서의 현금흐름과 맞추기 위한 조정
+감가상각비와 무형자산상각비
−투자자산처분이익
+투자자산처분손실
+영업자산의 감소
+영업부채의 증가
−영업자산의 증가
−영업부채의 감소
영업활동 순현금흐름

도표 12.4

National Beverage Corp.: 영업활동 순현금흐름 산출내역서, 간접법(단위: 천)

당기순이익에서 영업활동 순현금흐름으로의 전환

항목	금액	설명
당기순이익, 발생주의	$43,635	손익계산서에서 가져옴.
현금주의로 전환하기 위한 가산(차감) :		
감가상각비 및 무형자산상각비	+10,063	감가상각비와 무형자산상각비는 현금에 영향이 없으므로 다시 가산함.
외상매출금 감소	+5,864	고객으로부터 회수한 현금이 발생주의 매출액보다 더 많기 때문에 가산함.
재고자산 증가	−4,680	매입액이 매출원가보다 더 많기 때문에 차감함.
선급비용 증가	−2,699	비용에 대한 현금 선급액이 발생주의 비용보다 더 많기 때문에 차감함.
외상매입금 증가	+1,345	공급자에 대해 현금 지급액이 외상으로 구입한 금액보다 더 적기 때문에 가산함.
미지급비용 감소	−259	비용에 대한 현금 지급액이 발생주의 비용보다 더 많기 때문에 차감함.
영업활동에서 창출된 순현금	$53,269	현금흐름표에 보고됨.

당기순이익을 영업활동 현금흐름으로 전환하기 위해 만들어진 모든 가산항목과 차감항목을 추적하기 위해, 계산내역을 기록하는 내역서를 작성하면 유용하다. 우리는 <도표 12.4>에서 National Beverage에 대한 내역서를 만들 것이다.

우리는 <도표 12.3>에 나타난 National Beverage사의 손익계산서로부터 가져온 $43,656의 당기순이익으로 <도표 12.4>에 나타난 것과 같은 산출내역서를 작성하였다. 간접법을 이용하여 영업활동 현금흐름 부문을 완성하기 위해서는 다음 두 단계가 필요하다.

1단계 : 감가상각비와 무형자산상각비, 유형자산과 투자자산의 처분이익과 손실에 대해 당기순이익을 조정하라. 감가상각비와 무형자산상각비의 기록은 현금계정(혹은 그 외의 다른 영업자산 및 영업부채)에 영향을 주지 않는다. 이것은 비유동자산(유형자산, 순액)에 영향을 미친다. **감가상각비용와 무형자산상각비가 당기순이익을 계산할 때 차감되지만 현금에 영향을 주지는 않기 때문에,** 우리는 당기순이익을 영업활동 현금흐름으로 전환하기 위해 **항상 이것을 다시 가산한다.** National Beverage의 경우에, 우리는 $10,063를 당기순이익에 다시 가산함으로써 감가상각비와 무형자산상각비의 영향을 제거해야 한다(〈도표 12.4〉).

만약 National Beverage가 유형자산을 이익이나 손실을 얻고 처분했다면, 수령한 현금의 액수는 투자활동 현금흐름으로 분류될 것이다. 수령한 현금이 모두 투자활동 현금흐름이기 때문에, 이익과 손실을 두 번 기록하는 것을 방지하기 위해 영업활동 부문에서의 조정은 반드시 이루어져야 한다. 당기순이익을 영업활동 현금흐름으로 전환하기 위해 **유형자산 처분으로 얻은 이익은 차감하고 그러한 처분으로 인한 손실은 가산한다.** 우리는 이번 장 끝부분의 보론 B에서 이와 관련 있는 계산들과 비유동자산의 처분이익 혹은 처분손실에 대한 조정에 대해 예시할 것이다.

2단계 : 영업활동(O)으로 표시된 자산과 부채에서의 변동에 대해 당기순이익을 조정한다. (현금과 단기투자자산 외의) 영업자산과 (소유주와 금융기관에 대해 빚진 금액 외의) 영업부채에서 각각의 변동은 당기순이익과 영업활동 현금흐름의 차이를 야기한다. 당기순이익을 영업활동 현금흐름으로 전환할 때, 다음과 같은 규칙을 적용하기 바란다.

- 영업자산이 감소하거나 영업부채가 증가하는 경우에 그 변동액을 가산하라.
- 영업자산이 증가하거나 영업부채가 감소할 때 그 변동액을 차감하라.

무엇이 이러한 자산과 부채를 증가시키고 감소시키는지 이해하는 것은 이러한 가산하고 차감하는 과정의 논리를 이해하는 핵심이다.

외상매출금에서의 변동

우리는 외상매출금에 대한 논리를 National Beverage의 재무상태표(<도표 12.3>)에 기록된 첫 번째 영업활동 항목(O)과 함께 설명했다. 손익계산서가 매출액을 반영하지만, 현금흐름표에 반드시 고객들로부터의 현금 회수가 반영되어야 한다는 것을 기억해라. 아래의 외상매출금 T계정에 나타난 것과 같이, 매출액이 기록될 때 외상매출금은 증가하고, 고객으로부터 현금을 회수할 때 외상매출금은 감소한다.

	외상매출금(A)			
변동액 $5,864	기초잔액	64,069		
	외상매출액	641,135	고객으로부터의 회수액	646,999
	기말잔액	58,205		

National Beverage의 예시에서, 손익계산서에 보고된 매출액은 고객으로부터 회수한 현금보다 $641,135－$646,999＝($5,864)만큼 적다. 더 많은 돈이 고객으로부터 회수되었기 때문에, 이 금액은 영업활동으로부터의 현금흐름으로 전환되기 위해 순이익에 가산해야 한다. 이 금액이 외상매출금 계정에서의 **변동액**과도 같다는 것을 기억해라.

기말잔액	$58,205
－ 기초잔액	64,069
변동액	($ 5,864)

이와 동일한 논리는 다른 영업자산과 영업부채를 위한 조정액을 결정하는 것에도 사용된다.

요약하자면, 손익계산서는 해당 기간 동안의 수익을 반영하지만, 영업활동 현금흐름은 반드시 고객으로부터 회수한 현금을 반영한다. 외상판매는 외상매출금 잔액을 증가시키고, 고객으로부터의 회수는 잔액을 감소시킨다.

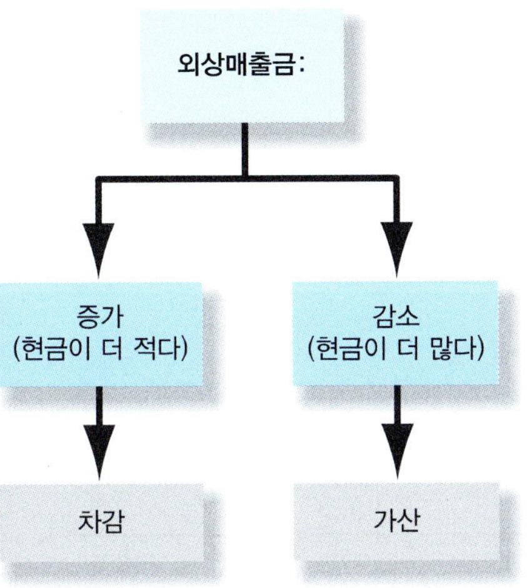

외상매출금(A)			
기초	64,069		
		감소	5,864
기말	58,205		

National Beverage사의 재무상태표는 주어진 기간 동안 $5,864의 외상매출금 **감소**를 나타내는데, 이것은 고객으로부터 회수한 현금이 매출보다 많다는 것을 의미한다. 영업활동 현금흐름으로 전환하기 위해, 감소한 금액(현금 회수 증가액)은 <도표 12.4>에서 **가산**해야 한다(증가액은 차감한다).

재고자산의 변동

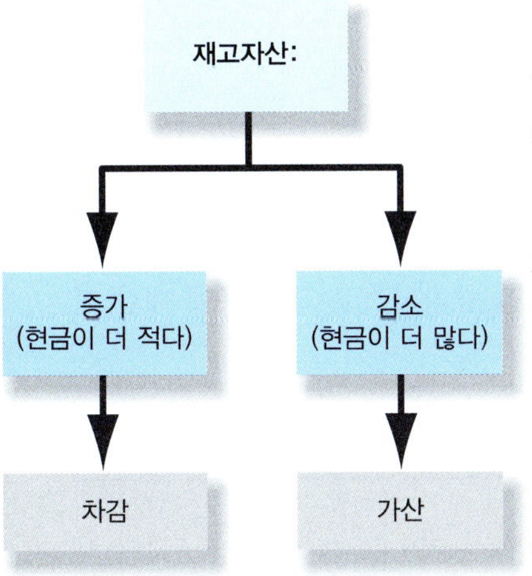

손익계산서는 주어진 기간 동안 판매된 상품을 반영하는 반면에, 영업활동 현금흐름은 현금 구매를 반영한다. 재고자산 T계정에 드러난 것과 같이, 상품의 구매는 재고자산 잔액을 증가시키고, 판매된 상품의 기록은 재고자산 잔액을 감소시킨다.

재고자산(A)	
기초잔액	
구입	매출원가
기말잔액	

재고자산(A)		
기초	39,234	
증가	4,080	
기말	43,914	

National Beverage의 재무상태표(<도표 12.3>)는 재고자산이 $4,680 **증가**했다는 것을 나타내는데, 이것은 구매금액이 판매된 상품의 금액보다 크다는 것을 의미한다. 그 증가액(잉여 상품 구매)은 <도표 12.4>에서 영업활동 현금흐름으로 전환시키기 위해 순이익으로부터 **차감**해야 한다(감소의 경우 가산한다).

선급비용의 변동

선급비용:
증가
(현금이 더 적다)
감소
(현금이 더 많다)
차감
가산

손익계산서는 해당 기간 동안의 비용을 반영하지만, 영업활동으로부터의 현금흐름은 그 현금 지급을 반영한다. 현금 선지급은 선급비용계정 잔액을 증가시키고, 비용의 기록은 선급비용계정 잔액을 감소시킨다

선급비용(A)	
기초잔액	
현금선지급	사용된 용역(비용)
기말잔액	

선급비용(A)		
기초	5,706	
증가	2,699	
기말	8,405	

National Beverage의 손익계산서(<도표 12.3>)는 $2,699의 선급비용 **증가**를 나타내는데, 이것은 새로운 현금 선지급이 비용의 액수보다 크다는 것을 의미한다. 그 증가액(추가적인 선지급)

은 <도표 12.4>에서 순이익으로부터 **차감**되어야 한다.

외상매입금의 변동

외상매입금:

감소 (현금이 더 적다) → 차감

증가 (현금이 더 많다) → 가산

영업활동 현금흐름은 현금 구매를 반영하지만, 모든 구매가 현금으로 이루어지는 것은 아니다. 신용구매는 외상매입금 계정을 증가시키고 공급자에게 지급된 현금은 외상매입금을 감소시킨다.

외상매입금(L)	
	기초잔액
현금지급	외상구입
	기말잔액

외상매입금(L)			
		기초	44,261
		증가	1,345
		기말	45,606

National Beverage의 외상매입금은 $1,345만큼 **증가**했는데, 이것은 현금 지급이 신용구매액보다 적었다는 것을 의미한다. 이러한 증가(추가적인 신용구매)는 <도표 12.4>에서 반드시 **가산**되어야 한다(감소의 경우 차감한다).

미지급비용의 변동

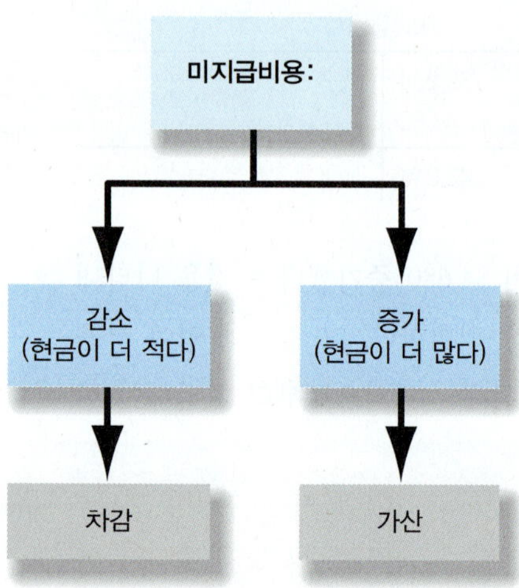

손익계산서는 모든 미지급비용을 반영하지만, 현금흐름표는 그 비용들에 대한 실제 지급을 반드시 반영한다. 미지급비용의 기록은 미지급비용 부채 잔액을 증가시키고 그 비용에 대한 현금 지급은 미지급비용을 감소시킨다.

미지급비용(L)	
	기초잔액
현금지급	발생 비용
	기말잔액

미지급비용(L)			
		기초	19,176
감소	259		
		기말	18,917

National Beverage의 미지급비용(<도표 12.3>)은 $259만큼 **감소**하였는데, 이것은 비용에 대한 현금 지급이 발생한 비용보다 많았다는 것을 의미한다. 이러한 감소액(더 많은 현금 지급)은 <도표 12.4>에서 반드시 **차감**해야 한다(증가의 경우 가산한다).

요약

우리는 당기순이익을 영업활동 현금흐름으로 조정하는 데 필요한 대표적인 가산항목과 차감항목을 다음과 같이 정리할 수 있다.

항목	당기순이익을 영업활동 현금흐름으로 조정하기 위한 가산항목과 차감항목	
	증가한 경우	감소한 경우
감가상각비와 무형자산상각비	+	NA
비유동자산 처분이익	−	NA
비유동자산 처분손실	+	NA
외상매출금	−	+
재고자산	−	+
선급비용	−	+
외상매입금	+	−
미지급비용	+	−

이 표에서 당기순이익을 영업활동 현금흐름으로 조정하기 위해, 당신이 다음을 반드시 행해야 한다는 것을 다시 한번 기억해라.

- **영업자산이 감소하거나 영업부채가 증가하는 경우에 그 변동액을 더해라.**
- **영업자산이 증가하거나 영업부채가 감소하는 경우에 그 변동액을 빼라.**

National Beverage의 현금흐름표(<도표 12.1>)는 당기순이익을 영업활동 현금흐름으로 조정하기 위해 <도표 12.4>에서 다룬 것과 동일한 가산항목과 차감항목을 보여주고 있다.

INTERNATIONAL PERSPECTIVE

현금흐름표상에서 이자의 분류

U.S. GAAP과 IFRS는 현금흐름표상에서 수취이자와 지급이자를 다루는 방식에 있어서 다음과 같은 차이가 있다.

	이자 수취액	이자 지급액
U.S. GAAP	영업활동	영업활동
IFRS	영업활동 또는 투자활동	영업활동 또는 재무활동

U.S. GAAP하에서 지급이자와 수취이자는 관계된 수익과 비용이 순이익의 계산에 들어가기 때문에 모두 영업현금흐름으로 분류된다. 이것은 순이익과 영업활동으로부터의 현금흐름을 비교하기 쉽게 만들어준다. 이것은 기업 간의 비교가능성을 보장함으로써 또한 재무제표 사용자에게도 이득이 된다.

반면에, IFRS는 수취이자를 영업 혹은 투자 부문에 분류하는 것 모두를 허용하고, 지급이자 또한 영업 혹은 재무 부문 모두로 분류될 수 있다. 이 방법은 수취이자가 투자활동의 결과인 반면에 지급이자는 배당금 지급과 같이 자금 제공자에 대한 지급을 포함한다는 것을 인식한 것이다. 그러나 대체 가능한 분류방식은 재무제표 이용자들에게 혼란을 야기할 수 있다.

STOP PAUSE FOR **FEEDBACK**

영업활동 현금흐름을 보고하기 위해 사용되는 간접법은 순이익에서 영업활동 순현금흐름으로의 전환을 보고한다. 이러한 전환은 (1) (감가상각비와 같은) 비용과 유동자산과 유동부채에 영향을 미치지 않는 수익, (2) 각각의 (현금과 단기투자자산 외의) 유동자산과 (재무활동과 관련된 유동성 단기부채와 금융기관에 대한 단기부채 외의) 유동부채에서의 변동과 관련해 가산하고 차감하는 과정을 포함하는데, 이것은 발생주의 순이익과 현금흐름의 시간적 차이를 반영한다. 당신이 이 개념에 대해 잘 이해했는지 확인하기 위해, 다음으로 넘어가기 전에 아래의 질문들에 답하시오.

SELF-STUDY **QUIZ**

Dr Pepper Snapple Group의 현금흐름표에서 발췌한 다음 항목들이 당기순이익을 영업활동 현금흐름으로 조정하는 과정에서 가산되는지(+), 차감되는지(−), 혹은 어느 쪽에도 해당하지 않는지(NA) 표시하시오.

____ 1. 재고자산의 증가 ____ 2. 지급어음 발행을 통한 차입
____ 3. 무형자산상각비 ____ 4. 외상매출금의 감소
____ 5. 외상매입금의 증가 ____ 6. 선급비용의 증가

해설

1. −, 2. NA, 3. +, 4. +, 5. +, 6. −

영업활동 현금흐름의 이해

현금흐름표의 영업활동 부문은 영업활동과 유동자산 및 유동부채(**운전자본**이라고도 불린다)의 경영을 통해 내부적으로 현금을 생산해낼 수 있는 기업의 내부적 능력에 초점을 맞춘다. 대부분의 재무분석가들은 이것이 현금흐름표에서 가장 중요한 부분이라고 믿는데, 장기적인 관점에서 보았을 때 영업활동이 현금의 유일한 원천이기 때문이다. 즉, 투자자들은 영업활동을 통해 창출한 현금으로 배당금을 지급하거나 기업을 확장할 수 없다고 생각되는 기업에 투자하지 않을 것이다. 이와 유사하게, 채권자들은 영업활동으로부터 창출되는 현금으로 채무를 상환할 수 있을 것이라고 생각되지 않을 때 돈을 빌려주지 않을 것이다. 예를 들어서, 많은 닷컴 회사(dot-com company)들은 투자자들이 그 회사들이 가지고 있는 사업적 아이디어를 통해 영업현금흐름을 창출할 능력이 있다는 믿음을 잃었을 때 많이 도산하였다.

mauritius images GmbH/Alamy

재무분석가들과 신용등급 조사원들은 흔히 순이익은 성장세이지만 영업활동으로부터의 현금흐름은 감소추세에 있는 기업을 피하라고 한다. 급격하게 증가하는 재고자산이나 수취계정은 종종 이윤의 급감을 가져오고 외부융자를 필요로 한다. 그 차이의 의미를 진정으로 이해하기 위해서는 그 원인을 상세하게 이해하는 것이 필요하다.

2014년에 National Beverage는 영업활동 현금흐름이 순이익보다 크다고 보고하였다. 무엇이 이러한 관계를 야기하였을까? 이러한 질문에 답하기 위해서, 우리는 National Beverage의 영업

활동이 그 현금흐름표에 어떻게 보고되었는지를 반드시 면밀히 분석해보아야 한다. 이 정보를 적절하게 해석하기 위해, 우리는 음료산업에 대해서도 공부해야 한다. National Beverage는 일반적으로 감가상각의 영향으로 순이익보다 더 높은 영업활동 현금흐름을 보고한다. 감가상각은 이익은 감소시키지만 현금유출은 아니다. 동시에, National Beverage는 영업활동 현금흐름의 계산에 포함되는 자산과 부채를 까다롭게 경영하고, 전체 변동액을 최소로 유지한다. 많은 재무분석가들은 **이익의 질**을 기업이 영업활동을 통해 현금을 창출하는 능력을 보여주는 보편적인 증거로 생각한다.

KEY RATIO ANALYSIS

이익의 질(quality of income ratio)

학습목표 12-3
이익의 질을 분석하고 해석하기

■ 분석적 질문

당기순이익 1달러당 얼마의 현금이 창출되는가?

■ 비율 및 비교

$$이익의\ 질 = \frac{영업활동\ 현금흐름}{당기순이익}$$

National Beverage 기업의 2014년도 비율은

$$\frac{\$53,259}{\$43,635} = 1.22(122)\%$$

연도별 비교		
National Beverage		
2012	2013	2014
0.86	0.86	1.22

경쟁업체와 비교	
Coca-Cola	PepsiCo
2014	2014
1.49	1.60

기업 간 비교

Home Depot 1.42

Starbucks 0.29

Apple 1.51

■ 해석

- **일반론 :** 이익의 질은 현금으로 창출된 이익의 비율을 측정한다. 다른 것들과 동일하게, 높은 이익의 질은 뛰어난 영업활동 현금흐름에서의 현금 조달과 재정운영능력을 나타낸다. 높은 비율은 또한 해당 기업이 순이익을 증가시키기 위해 공격적인 수익인식원칙을 사용할 확률이 적다는 것을 나타낸다. 이것은 곧 미래에 이익의 감소를 겪을 가능성이 적다는 것을 의미한다. 이 비율이 1.0이 아닐 때, 재무분석가들은 그러한 사실의 중요성을 결정하기 위해 그 차이의 원인을 반드시 밝혀야 한다. 다음은 가능성 있는 4가지의 원인이다.

1. **기업의 라이프 사이클(매출의 증가와 감소).** 매출이 증가할 때, 외상매출금과 재고자산은 일반적으로 외상매입금보다 빠르게 증가한다. 이것은 종종 영업활동 현금흐름을 순이익보다 작게 하고, 이것이 곧 비율을 감소시킨다. 매출이 감소할 때는 반대의 상황이 일어나 비율이 증가한다.
2. **계절성.** 재고자산의 구입과 판매에 있어서의 계절적(분기에서 분기로) 변동은 특정 기간 동안 그 비율을 1.0에서 벗어나게 할 수 있다.

3. **수익비용인식의 변동.** 공격적인 수익 인식 혹은 적절한 비용을 발생시키는 데 실패하는 것은 순이익을 부풀리고 비율을 감소시킬 수 있다.

4. **영업자산과 영업부채 관리에 있어서의 변동.** 비효율적인 경영은 영업자산을 증가시키고 영업부채를 줄이고, 영업현금흐름과 이익의 질을 감소시킬 수 있다. 보다 효율적인 경영은 반대의 효과를 나타낼 것이다.

- **회사에 대한 분석 결과 :** 지난 3년간 National Beverage의 이익의 질은 0.86에서 1.22로 올랐다. 이것은 Coca-Cola사나 PepsiCo사의 비율보다 낮은 수치이다. National Beverage의 낮은 비율은 재무분석가들에 의해 부정적으로 평가되고 그들로 하여금 원인을 파악하기 위해 연차보고서의 경영진단의견서를 읽도록 만들 것이다.

- **주의사항 :** 이익의 질은 해당 기업의 기업 운영과 전략에 대한 이해를 기초로 했을 때만 적절하게 해석될 수 있다. 예를 들어, 한 분기의 낮은 비율은 단순히 보편적인 계절의 변동 때문일 수 있다. 그러나 이것은 노후화된 상품, 판매 부진, 혹은 실패한 확장 계획을 나타내주는 징조가 될 수도 있다. 이 가능성을 확인해보기 위해, 재무분석가들은 종종 이 비율을 외상매출금회전율 및 재고자산회전율과 함께 분석한다.

A QUESTION OF ETHICS

부정(fraud)과 영업활동 현금흐름

현금흐름표는 외부이해관계자들에게 재무제표가 오류와 변칙사항을 포함하고 있다는 최초의 힌트를 종종 제공한다. 예측변수로서 이러한 지표의 중요성은 미국과 국제적으로 더 많은 관심을 받고 있다. Investors Chronicle은 상업신용회사에서의 회계부정을 다음과 같은 내용을 제시하면서 보고하였다.

INVESTORS CHRONICLE
실제 자료에서 발췌

> …독창적인 회계방법을 찾아내는 데 있어서 중요한 자료가 될 Versailles의 현금흐름표를 살펴보다 보면 몇 가지 의혹이 든다. 이 회사의 가장 최근 회계장부에서 Versailles는 $25,000,000의 영업이익을 보고했지만 영업활동에서 기인한 현금유출액은 $24,000,000이다. 이 수치는 경고 역할을 한다. 결국에, 회사가 절대 현금으로 전환되지 않을 회계적 이익만을 보고한다면 그게 사람들에게 무슨 소용이 있는 걸까?

앞선 장에서 언급한 것처럼, 비도덕적인 경영진들은 때때로 이익을 부풀리기 위해 수익과 비용을 조작함으로써 목표익익을 달성시키고자 한다. 이러한 조정 항목들이 현금 계정에는 영향을 미치지 않기 때문에, 현금흐름표에는 아무 영향이 없다. 순이익과 영업활동 현금흐름의 커져가는 차이는 이러한 조작의 증거가 될 수 있다. 이러한 징후는 잘 알려진 파산 사례에서도 나타났는데, 1975년의 W. T. Grant도 그 예이다. 이 회사는 회수불능 외상매출금과 진부화된 재고에 대한 비용을 이용해 이익을 부풀렸다. 더 약삭빠른 재무분석가들은 순이익과 영업활동 현금흐름의 점점 커져가는 차이에 주목하여 파산 오래 전에 주식을 처분하기를 추천하였다.

투자활동 현금흐름의 보고와 이해

학습목표 12-4
투자활동 현금흐름의 보고와 이해

투자활동 현금흐름의 보고

현금흐름표의 이 부문을 준비하기 위해서는 유형자산, 무형자산, 다른 회사의 유가증권에 대한 투자자산과 관련된 계정에 대한 분석이 필요하다. 일반적으로, 이와 관련된 재무상태표 계정에는 단기투자자산과 장기투자자산 및 유형자산과 같은 비유동자산이 있다. 다음에 나타난 관계는 당신이 가장 자주 보게 될 것 중 하나이다.

관련 재무상태표 계정	투자활동	현금흐름에의 영향
유형자산과 무형자산(특허권 등)	유형자산 또는 무형자산을 현금으로 구입	유출액
	유형자산 또는 무형자산을 현금으로 처분	유입액
단기 또는 장기 투자자산 (다른 기업의 주식 또는 채권)	투자유가증권을 현금으로 구입	유출액
	투자유가증권을 현금으로 처분(만기도래)	유입액

다음을 기억하라.

- **현금 혹은 현금등가물로 지급한 구입만 포함된다.**
- **해당 자산의 처분으로 인해 이익이 생겼는지 손실이 생겼는지와 관계없이, 자산의 처분을 통해 수령한 현금의 액수를 포함한다.**

National Beverage의 경우에, 재무상태표는 회계기간 동안 변동된 2가지 투자활동 자산(I로 표시된)을 보여주는데, 바로 유형자산(순액)과 단기투자자산이다. 이러한 변동의 원인을 밝히기 위해 회계담당자들은 관련 기록을 살펴볼 필요가 있다.

유형자산

National Beverage의 재무제표에 대한 분석은 회사가 $12,124의 현금을 지급하고 새로운 유형자산을 구입했다는 것을 나타냈으며, 이것은 현금의 유출이다. 이 회사는 또한 오래된 설비자산을 장부금액과 같은 $62의 현금을 받고 판매하였다. 이것은 현금의 유입이다. 이러한 투자활동 항목들은 <도표 12.5>의 투자활동 내역에 기록되어 있다.

이러한 항목들은 유형자산(순액)이 $1,999만큼 증가된 이유를 설명해준다. 감가상각비는 영업활동 부문에서 ($10,063)를 다시 가산해 주었으므로 제외한다.

유형자산(순액)(A)			
기초	77,701	처분	62
구입	12,124	감가상각	10,063
기말	79,700		

도표 12.5

National Beverage Corp.: 투자활동 순현금흐름 내역 (천달러)

항목	현금유입액 (유출액)	설명
유형자산의 구입	$(12,124)	설비자산에 대해 현금 지급
유형자산의 처분	62	설비자산의 처분에 따른 현금 수취
단기투자자산의 구입	(1,463)	새로운 투자자산에 대해 현금 지급
단기투자자산의 처분	2,443	투자자산의 처분에 따른 현금 수취
투자활동 순현금유입액(유출액)	$(11,082)	현금흐름표에 보고

투자자산

National Beverage의 재무제표는 해당 회계기간 동안 단기투자자산에 $1,463를 현금으로 지급하였다는 것을 나타냈는데, 이것은 곧 투자활동 현금유출이다. 이 기업은 또한 단기투자자산을 순장부금액과 같은 $2,443에 판매하였다. 이러한 투자자산은 <도표 12.5>의 투자활동에 대한 내역에 기록되어 있다. 이것은 재무상태표에 보고된 단기투자자산이 $980 감소한 이유를 설명한다. 장기투자자산에서의 변동도 동일한 방식으로 다뤄질 수 있다.

단기투자자산(A)			
기초	3,665		
구입	1,463	처분	2,443
기말	2,685		

이 4가지 항목에서 기인한 투자활동으로부터의 순현금흐름은 $11,082의 현금유출이다(<도표 12.5>를 참고해라).

투자활동 현금흐름의 이해

기업 확장을 위해 필요한 돈을 내부적으로 조달할 수 있는 기업의 능력을 평가하는 가장 흔한 2가지 방법은 **영업활동 현금흐름 대 유형자산 투자지출 비율**(capital acquisitions ratio)과 **잉여현금흐름**(free cash flow)이다.

KEY RATIO ANALYSIS

영업활동 현금흐름 대 유형자산 투자지출 비율

학습목표 12-5
영업활동 현금흐름 대 유형자산 투자지출 비율을 분석하고 해석하기

■ 분석적 질문

영업활동을 통해 창출한 현금을 이용해 유형자산을 구입하는 데 드는 자금을 어느 정도 충당할 수 있을까?

■ 비율 및 비교

$$\text{영업활동 현금흐름 대 유형자산 투자지출 비율} = \frac{\text{영업활동 현금흐름}}{\text{유형자산 구입에 지급된 현금}}$$

2014년 National Beverage의 비율은

$$\frac{\$53,269}{\$12,124} = 4.39$$

두 가지 방법을 이용해 비율을 분석해보시오.

연도별 비교		
National Beverage		
2012	2013	2014
3.81	4.15	4.39

경쟁업체와 비교	
Coca-Cola	PepciCo
2014	2014
4.41	3.67

기업 간 비교

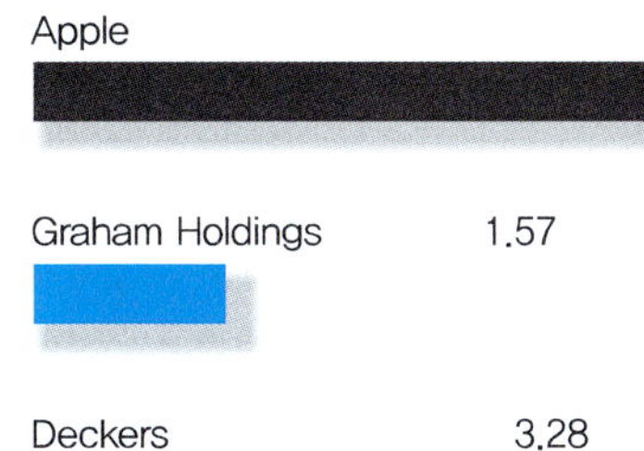

■ 해석

- **일반적 내용:** 영업활동 현금흐름 대 유형자산 투자지출 비율은 영업활동을 통해 창출한 현금으로 (외부 조달, 자기자본 조달, 다른 투자자산이나 유형자산의 처분 없이) 유형자산 구입의 몇 %를 충당하고 있는지를 보여준다. 높은 수치는 현재 그리고 앞으로의 확장에 외부조달의 필요성이 낮다는 것을 나타낸다. 이것은 기업에 긍정적으로 작용하는데, 기업에 전략적 인수의 기회를 제공하고, 추가적인 부채에 대한 비용을 지급하지 않아도 되며, 추가적인 차입에 따르는 파산의 위험을 줄여주기 때문이다(제10장을 참고하라).
- **회사에 대한 분석 결과:** National Beverage의 영업활동 현금흐름 대 유형자산 투자지출 비율은 지난 몇 년 동안 3.81에서 4.39로 증가하였다. 이것은 투자에 필요한 충분한 현금 이상을 창출해냈다. 결과적으로, 금융 붕괴로 신용대출시장이 엄격해졌을 때, National Beverage의 투자계획은 영향을 받지 않았다. National Beverage는 또한 더 큰 경쟁사인 Coca-Cola나 PepciCo와 거의 비슷하게 높거나 더 높은 수치를 유지하고 있다.
- **주의사항:** 유형자산에 대한 투자 필요 크기는 산업마다 매우 다르기 때문에(예를 들어, 항공사와 피자배달음식점), 어떤 기업의 수치는 그 전년도의 수치와만 비교하거나 같은 산업에 있는 다른 기업들과만 함께 비교해야 한다. 또한 높은 수치는 신규 유형자산으로 교체하는 데 실패했다는 것을 나타낼 수 있고, 이것은 미래에 기업의 경쟁력을 제한할 수 있다.

Financial Analysis  잉여현금흐름(free cash flow)

경영자들과 재무분석가들은 종종 잉여현금흐름을 장기투자를 추구할 수 있는 기업의 능력을 평가하는 척도로서 계산한다. 잉여현금흐름은 일반적으로 다음과 같이 계산된다.

잉여현금흐름 = 영업활동 현금흐름 − 배당금 − 자본적 지출

양(+)의 잉여현금흐름은 추가적인 자본 지출, 다른 기업에 대한 투자, 외부조달이나 주주들에 대한 배당금의 감소 필요성 없이 인수나 합병을 수행하는 데 사용될 수 있다. 잉여현금흐름은 재무적 유동성을 확보하는 데 긍정적인 것으로 여겨지지만, 동시에 주주들에 대한 숨겨진 비용을 나타낼 수 있다. 때때로 경영자들은 잉여현금흐름을 성장이나 주주들에게 이익이 되지 않는 특권(예를 들어, 화려한 회사 건물과 기업 전용기)을 얻기 위해 수익성 없는 투자를 추구하기 위한 수단으로 사용하고는 한다. 이러한 경우에 주주들은 잉여현금흐름이 추가적인 배당금으로 지급되거나 공개시장에서 기업의 주식을 재취득하는 데 사용되는 경우보다 이익이 될 것이다.

재무활동 현금흐름의 보고와 이해

학습목표 12-6
재무활동 현금흐름의 보고와 이해

재무활동 현금흐름의 보고

재무활동은 채권자나 소유주들로부터 자금을 조달하는 것과 관련이 있다. 현금흐름표의 이 부문은 장기부채와 자본계정에서의 변동뿐만 아니라 2가지 유동부채－금융기관에 대한 지급어음(종종 단기부채로 불린다)과 유동성 장기부채－에서의 변동을 반영한다. 이러한 재무상태표 계정들은 부채와 주식의 발행과 상환 및 배당금의 지급과 관계있다. 다음에 나타난 관계는 당신이 가장 자주 보게 될 것 중 하나이다.

관련 재무상태표 계정	재무활동	현금흐름에의 영향
단기부채(지급어음)	은행이나 다른 금융기관에서 차입한 현금	유입액
	차입한 원금의 상환	유출액
장기부채	현금으로 사채의 발행	유입액
	사채 원금의 상환	유출액
보통주자본금과 자본잉여금	현금으로 주식의 발행	유입액
	현금으로 주식의 재취득	유출액
이익잉여금	현금배당의 지급	유출액

다음을 기억하라.

- **원금의 현금 상환은 재무활동 현금흐름이다.**
- **이자의 지급은 영업활동 현금흐름이다.** 이자비용이 손익계산서에 보고되기 때문에 관련 현금흐름은 영업활동 부문에 나타난다.

- **배당금 지급은 재무활동 현금흐름이다.** 배당금 지급은 주주들에 대한 이익의 분배를 나타내기 때문에 손익계산서에 기록되지 않는다. 그러므로 이것은 재무활동 부문에 표시된다.
- **부채나 주식이 현금이 아닌 다른 것을 위해 발행됐을 경우, 이 재무활동 부문에 포함되지 않는다.**

재무활동 현금흐름을 계산하기 위해, 당신은 부채와 자본계정에서의 변동을 살펴봐야 한다. National Beverage의 경우에 재무상태표(<도표 12.3>)에서 이러한 변동에 대해 분석해보면 해당 기간 동안 장기부채, 보통주, 자본잉여금만 변동했다는 것을 알 수 있다(F로 표기됨).

단기부채와 장기부채

금융기관이나 투자자에게 빚진 장기부채에 대해 추가적인 차입이나 원금 상환이 발생할 경우, 그 금액은 재무활동 현금흐름이다. 적절한 금액은 장기부채계정을 분석함으로써 결정된다. 2014년에 해당 회사는 장기부채에 대해 $22,772의 원금을 상환하였다. 이 금액은 <도표 12.6>에서 재무활동 내역에 명기되어 있다. 장기부채에 대한 추가적인 차입은 없었다.

장기부채(L)			
		기초	74,889
소멸(상환)	22,772	발행(차입)	0
		기말	52,117

이 기업이 돈을 빌렸거나 금융기관에 단기부채를 상환한 경우에도, 같은 방식으로 다뤄질 것이다.

보통주와 자본잉여금

National Beverage의 보통주와 자본잉여금에서의 변동은 2가지 결정으로부터 기인한다. National Beverage는 해당 기간 동안 어떤 유통주식도 발행하지 않았다. 그러나 해당 기업은 보통주를 $7,024의 현금을 지급하고 재취득하였는데, 이것은 재무활동 현금유출이다. 이 $7,024는 보통주자본금과 자본잉여금을 감소시켰다. 이 금액은 <도표 12.6>의 재무활동 내역에서 현금

도표 12.6

National Beverage Corp.: 재무활동 순현금흐름 내역 (천달러)

항목	현금유입액 (유출액)	설명
재무활동 현금흐름 :		
장기부채의 원금 상환	(22,772)	장기부채 원금의 현금 지급
장기부채의 발행	—	장기부채 발행에 따른 현금 수취
자기주식의 취득	(7,024)	보통주의 재취득에 따른 현금 지급
주식의 발행	—	보통주 발행에 따른 현금 수취
현금배당의 지급	(726)	주주 배당금의 현금 지급
재무활동에 사용된 순현금	(30,522)	현금흐름표에 보고

유출로 기록되어 있다.

보통주자본금(SE)			
		기초	1,054
재취득	160	발행	
		기말	894

자본잉여금(SE)			
		기초	31,434
재취득	6,864	발행	
		기말	24,570

이익잉여금

마지막으로, 이익잉여금 또한 분석해야 한다. 이익잉여금은 이익이 발생했을 때 증가하고 배당선언이 이루어지고 배당금이 지급될 때 감소한다. National Beverage는 2014년에 $43,635의 이익을 벌어들였고 $726를 배당금으로 지급하였다. National Beverage의 배당금 지급은 <도표 12.6>에서 재무활동 내역에 기록되어 있다.

이익잉여금(SE)			
		기초	37,828
배당금	726	당기순이익	43,635
		기말	80,737

재무활동 현금흐름의 이해

기업의 장기적인 성장은 일반적으로 3가지 원천으로부터 재원을 조달한다. 내부적으로 발생시킨 자금(영업활동을 통해 창출한 현금), 주식의 발행, 장기적으로 빌린 돈이 바로 그것이다. 우리가 제10장에서 다뤘던 것과 마찬가지로, 기업은 다양한 자본구조(자본과 부채의 비율)를 채택할 수 있다. 경영진이 성장에 드는 자금을 조달하는 데 사용하는 재정적 원천은 기업의 위험과 회수 능력에 중대한 영향을 미치게 된다. 현금흐름표는 경영진들이 어떻게 그 성장을 재정적으로 지원하기로 선택했는지를 보여준다. 이 정보는 기업의 자본구조와 성장잠재력을 평가하고자 하는 재무분석가들에 의해 사용된다.

STOP PAUSE FOR **FEEDBACK**

우리가 다뤘던 것처럼, 현금흐름표의 투자활동 부문은 유형자산과 단기투자자산 및 장기투자자산의 취득을 위한 현금 지급과 유형자산과 단기투자자산 및 장기투자자산의 처분에 따른 현금 수취를 포함하고 있다. 재무활동으로부터의 현금유입은 단기부채 및 장기부채와 보통주의 발행을 통한 현금 수취를 포함하고 있다. 현금유출은 단기부채 및 장기부채에 대한 원금 상환, 회사 주식의 재취득을 위한 현금 지급과 현금 배당금 지급을 포함한다. 다음으로 넘어가기 전에, 아래 문제들에 답함으로써 당신이 이 개념들에 대해 잘 이해하고 있는지 점검해보시오.

SELF-STUDY **QUIZ**

Dr Pepper Snapple Group의 현금흐름표에서 발췌한 다음 항목들이 투자활동 부문에 보고되어야 하는지(I), 또는 재무활동 부문에 보고되어야 하는지(F), 그리고 그 금액이 유입(+)인지 유출(−)인지 표시하시오.

_____ 1. 단기투자자산의 구입
_____ 2. (은행에 대한) 지급어음의 발행을 통한 현금 수취
_____ 3. 현금배당금 지급
_____ 4. 보통주 발행에 따른 현금 수취
_____ 5. 유형자산의 처분에 따른 현금 수취

해설

1. I−, 2. F+, 3. F−, 4. F+, 5. I+

현금흐름표의 완성과 추가적인 공시사항

학습목표 12-7
현금흐름표의 형태와 추가적인 현금흐름 관련 공시에 대한 이해

현금흐름표의 구조

<도표 12.1>에 나타난 National Beverage의 현금흐름표를 참고해보아라. 보이는 것처럼, 계정들과 거래들에 대한 상세한 분석이 완료된 이후에 현금흐름표를 작성하는 것은 간단한 일이다(<도표 12.4, 12.5와 12.6>에서 보여지고 있다). <도표 12.7>은 영업활동 부문에서 간접법을 사용하는 기업들이 채택한 현금흐름의 일반적인 구조를 요약해 보여주고 있다. 보이는 것처럼, **현금 및 현금등가물의 순증가나 순감소**가 재무상태표의 기초 금액에 더해졌을 때, 그 값은 재무상태표에 기록된 현금 및 현금등가물의 기말잔액과 같다. 기업들은 현금흐름표와 관련된 2가지 다른 공시사항 또한 제공해야 한다.

도표 12.7

현금흐름표의 구조(간접법)

현금흐름표(간접법)
영업활동 :
당기순이익
+감가상각비와 무형자산상각비
−비유동자산 처분이익
+비유동자산 처분손실
+영업자산의 감소
+영업부채의 증가
−영업자산의 증가
−영업부채의 감소
영업활동 순현금흐름
투자활동 :
−유형자산 또는 무형자산의 구입
+유형자산 또는 무형자산의 처분
−투자유가증권의 구입
+투자유가증권의 처분(만기 도래)
투자활동 순현금흐름
재무활동 :
+은행 또는 다른 금융기관으로부터의 차입
−차입한 원금의 상환
+사채의 현금 발행
−사채 원금의 상환
+주식의 발행
−주식의 재취득
−현금배당의 지급
재무활동 순현금흐름
현금 및 현금등가물의 순증가 또는 감소
기초의 현금 및 현금등가물
기말의 현금 및 현금등가물

추가적인 현금흐름 정보

현금흐름과 관련해서 제공해야 하는 2가지 추가적인 공시사항은 일반적으로 현금흐름표의 아래쪽이나 주석에 제시되어 있다. United Airlines은 이 정보를 주석에서 공개하고 있다.

UNITED AIRLINES
실제 자료에서 발췌:
연차보고서

6. 연결현금흐름표 – 추가적인 공시사항
12월 31일로 종료되는 회계연도 동안 현금흐름 정보의 추가적인 공시사항과 비현금 투자활동 및 재무활동은 다음과 같습니다(단위 : 백만):

	12월 31일로 종료되는 회계연도		
	2014	2013	2012
회계연도 동안 지급된 현금 :			
이자비용(자본화된 금액의 순액)	748	752	766
법인세	(16)	(15)	4
비현금거래 :			
부채의 발행을 통해 취득한 순유형자산	1,114	229	544

비현금성 투자활동과 재무활동

비현금성 투자활동과 재무활동
현금흐름에 직접적인 영향이 없는 거래; 서술 혹은 내역 형태로 현금흐름표에 추가적으로 보고되어야 한다.

어떤 거래들은 중요한 투자 그리고 재무활동이지만 현금흐름에 영향을 미치지 않는다. 이것들은 '비현금성 투자활동과 재무활동(noncash investing and financing activities)'이라고 불린다. 예를 들어, 건물의 이전 소유주가 제공한 $100,000의 융자를 통한 $100,000 건물의 구입은 현금의 유입과 현금의 유출 모두 발생시키지 않는다. 결과적으로, 이러한 비현금성 활동들은 현금흐름표의 주요한 세 부문에 제시되지 않는다. 그러나 서술 혹은 내역 형태로 이러한 거래에 대한 추가적인 공시가 필요하다. National Beverage의 현금흐름표는 어떠한 비현금성 투자활동과 재무활동도 나타내고 있지 않다.

이자와 법인세의 현금 지급

영업활동 현금흐름을 나타낼 때 간접법을 사용하는 기업은 두 가지 수치 또한 제공해야 한다. **이자비용으로 지급된 현금**과 **법인세로 지급된 현금**이다.

에필로그

National Beverage의 현금흐름에 대한 우리의 보다 상세한 분석은 당기순이익과 영업활동 현금흐름 간에 발생한 차이의 원인을 보여준다. 사실, 이것은 영업자산과 영업부채에 대한 세심한 관리뿐만 아니라 감가상각비와 무형자산상각비의 정상적인 결과였다. National Beverage의 투자활동 및 재무활동에 대한 보다 심도 깊은 분석은 National Beverage가 채택하고 있는 투자전략을 유지하기 위해 필요한 현금은 영업활동을 통해 충족되는 것보다 계속해서 더 많아야 한다는 것을 알려준다. 이 정보를 갱신하기 위해 National Beverage의 가장 최근 분기보고서를 확인해보시오.

DEMONSTRATION CASE

(4월 30일에 끝나는) 이전 연도 동안 National Beverage는 $24,742의 순이익(모든 숫자는 천달러 단위)을 보고하였다. National Beverage는 다음 활동들 또한 보고하였다.

a. $6,658의 현금을 지급하여 설비자산 구매
b. 설비자산을 처분일의 순장부금액인 $167에 처분
c. $109,450에 단기투자자산 구매
d. 단기투자자산을 처분일의 순장부금액인 $112,450에 판매
e. 현금으로 $950의 주식 발행
f. 현금으로 $305의 자기주식 취득
g. 한 해 동안 설비자산의 감가상각비는 $8,891

이 회사의 비교재무상태표는 다음과 같이 나타난다.

NATIONAL BEVERAGE CORP.
재무상태표
4월 30일로 종료되는 회계연도

(단위 : 천달러)	당기	전기
자산		
유동자산 :		
현금 및 현금등가물	$ 84,140	$ 51,497
단기투자자산	–	3,000
외상매출금	53,735	49,186
재고자산	39,612	38,754
선급비용	5,552	12,009
유동자산 계	183,039	154,446
설비자산, 순액	79,381	81,781
자산 총계	$262,420	$236,227
부채와 자본		
유동부채 :		
외상매입금	$ 48,005	$ 49,803
미지급비용	44,403	41,799
유동부채 계	92,408	91,602
자본 :		
납입자본	9,803	9,158
이익잉여금	160,209	135,467
자본 계	170,012	144,625
부채와 자본 총계	$262,420	$236,227

▎요구사항:

이 정보에 기초하여, 간접법을 이용해 현금흐름표를 작성하라. 현금흐름표에 나타난 현금흐름을 평가하라.

▎해설

NATIONAL BEVERAGE CORP.
현금흐름표
4월 30일로 종료되는 회계연도
(단위 : 천달러)

영업활동 현금흐름 :	
당기순이익	$24,742
당기순이익에서 영업활동 현금흐름으로의 조정	
감가상각비와 무형자산상각비	8,891
자산과 부채의 변동:	
외상매출금	(4,549)
재고자산	(858)
선급비용	6,457
외상매입금	(1,798)
미지급비용	2,604
영업활동에 의해 창출된 순현금	35,489
투자활동 현금흐름 :	
유형자산의 구입	(6,658)
유형자산의 처분	167
단기투자자산의 구입	(109,450)
단기투자자산의 처분	112,450
투자활동에 사용된 순현금	(3,491)
재무활동 현금흐름 :	
자기주식의 구입	(305)
주식의 발행	950
재무활동에 의해 창출된 순현금	645
현금 및 현금등가물의 순증가	32,643
기초의 현금 및 현금등가물	51,497
기말의 현금 및 현금등가물	$ 84,140

National Beverage는 해당 연도에 양(+)의 이윤과 훨씬 높은 영업현금흐름을 보고했다. 이러한 두 값의 차이는 선급비용와 감가상각비용의 감소에서 가장 크게 기인하였다. 이것은 또한 National Beverage가 유동자산과 유동부채를 세심하게 관리함으로써 추가적인 자금을 빌릴 필요 없이 추가적인 설비자산 구입에 소요되는 지출에 충당할 수 있는 것보다 더 많은 현금을 수중에 보유하고 있다는 것을 나타낸다. 이러한 현금은 미래에 기업 확장이나 주주들에 대한 배당금을 지급하는 데 사용될 수 있다.

보론 A

영업활동 현금흐름의 보고-직접법

직접법은 현금의 증가나 감소를 야기하는 모든 영업상의 거래를 요약해 보여준다. 이것은 손익계산서에 나타난 각각의 항목을 발생주의에서 현금주의로 조정함으로써 준비할 수 있다. 우리는 <도표 12.3>에 나타난 National Beverage의 손익계산서에 보고된 모든 수익과 비용에 대해 이 절차를 적용하고 그것을 <도표 12.8>의 새로운 표에서 모을 것이다.

매출의 현금유입으로의 전환

매출이 기록될 때 외상매출금은 증가하고, 현금이 들어올 때 외상매출금은 감소한다. 그러므로 다음 공식은 매출액을 발생주의에서 현금주의로 전환할 것이다.

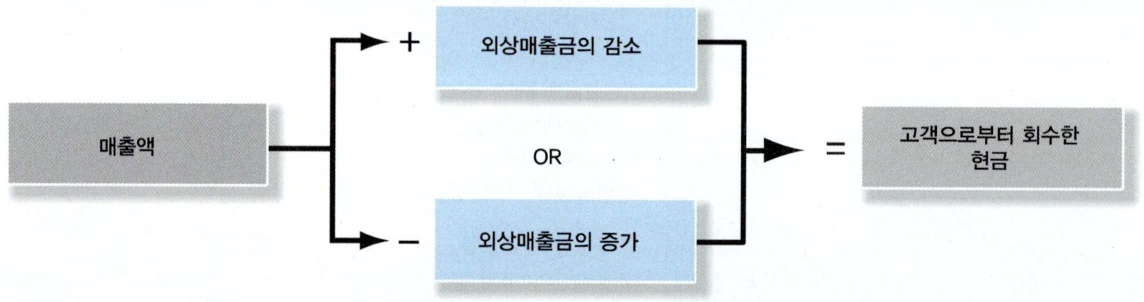

<도표 12.3>에 나타난 National Beverage의 손익계산서와 재무상태표 정보를 이용하여, 우리는 고객들로부터 받은 현금을 다음과 같이 계산할 수 있다.

순매출액	$641,135
+ 외상매출금의 감소	5,864
고객으로부터 회수한 현금	$646,999

외상매출금(A)			
기초	64,069		
		감소	5,864
기말	58,205		

도표 12.8

National Beverage Corp.: 영업활동 순현금흐름 내역, 직접법(천달러)

영업활동 현금흐름	
고객으로부터 회수한 현금	$646,999
공급자에 대한 현금지급액	(426,815)
기타비용에 대한 현금지급액	(146,115)
이자비용에 대한 현금지급액	(1,326)
법인세에 대한 현금지급액	(19,474)
영업활동에서 창출된 순현금	$ 53,269

매출원가를 공급자에게 지급한 현금으로 전환

매출원가는 해당 회계기간 동안 판매된 상품의 원가를 의미한다. 이것은 해당 기간 동안 공급자에게 지급한 현금의 액수보다 더 크거나 작을 수 있다. National Beverage의 경우, 회사가 고객에게 판매한 것보다 더 많은 상품을 공급자로부터 구입했기 때문에 해당 기간 동안 재고자산은 증가했다. 만약 이 기업이 재고자산에 대해 공급자에게 현금을 지급했다면, 매출원가보다 더 많은 현금을 공급자에게 지급했을 것이고, 따라서 재고자산의 증가액은 공급자에게 지급한 현금을 계산하는 데 반드시 가산해야 한다.

전형적으로, 기업들은 그들의 공급자들에게 돈을 빚지고 있다(외상매입금 잔액이 재무상태표에 보일 것이다). 팔린 상품의 값을 공급자에게 지급한 현금으로 전환하기 위해, 외상매입금으로 표시되는 차용과 상환 또한 반드시 고려되어야 한다. 차용은 현금과 외상매입금을 증가시키고, 상환은 현금과 외상매입금을 감소시키므로 National Beverage의 외상매입금 증가액 또한 반드시 계산에서 차감해야 한다. 팔린 상품의 값은 그러므로 다음과 같은 맥락에서 현금주의로 전환될 수 있다.

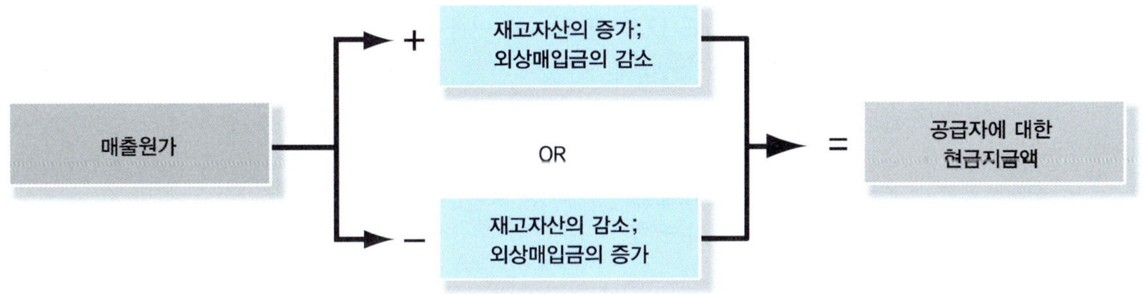

<도표 12.3>의 정보를 활용하여, 우리는 공급자에게 지급한 현금을 다음과 같이 계산할 수 있다.

재고자산(A)					외상매입금(L)	
			매출원가	$423,480		
기초	39,234	→	+ 재고자산의 증가	4,680	기초	44,261
증가	4,680		− 외상매입금의 증가	(1,345)	← 증가	1,345
기말	43,914		공급자에 대한 현금지급액	$426,815	기말	45,606

영업비용의 현금유출로의 전환

손익계산서에 나타난 비용의 총액은 그 활동과 관련된 현금유출과 다를 수 있다. 일부 비용은 비용으로 인식되기 전에 지급된다(예 : 선급임차료). 선지급이 이루어질 때, 선급비용 자산 잔액은 증가한다. 비용이 기록될 때, 선급비용 잔액은 감소한다. National Beverage의 선급비용이 회계기간 동안 $2,699 증가했을 때, National Beverage는 영업비용으로 기록된 것보다 더 많은 현금을 지급하였다. 이 증가액은 현금 비용지급액을 계산할 때 반드시 가산해야 한다.

어떤 기타비용은 그것이 인식된 이후에 비용의 지급이 이루어진다(예: 미지급비용). 이 경우에 비용이 기록될 때, 미지급비용 부채 잔액은 증가한다. 비용 지급이 이루어질 때, 미지급비용 잔액은 감소한다. National Beverage의 미지급비용이 $259 줄어들었을 때, National Beverage는 영업비용으로 기록한 것보다 더 많은 현금을 지급하였다. 이 감소액은 현금 비용지급액을 계산할 때 반드시 가산해야 한다.

일반적으로 기타비용은 다음과 같은 방식으로 발생주의에서 현금주의로 전환할 수 있다.

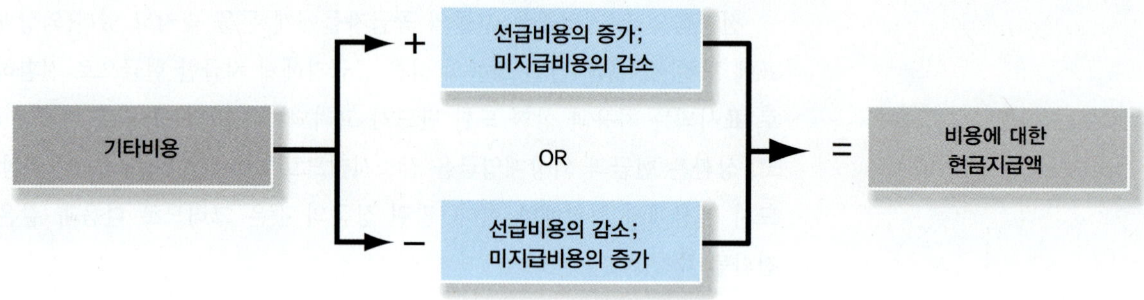

<도표 12.3>의 정보를 이용해 우리는 National Beverage의 현금 비용지급액을 다음과 같이 계산할 수 있다.

선급비용(A)				미지급비용(L)			
		판매비와일반관리비	$143,157				
기초	5,706	+ 선급비용의 증가	2,699			기초	19,176
증가	2,699	+ 미지급비용의 감소	259	감소	259		
기말	8,405	기타비용에 대한 현금지급액	$146,115			기말	18,917

National Beverage는 또한 $1,326의 이자비용을 보고하였다. 미지급이자 잔액이 없기 때문에 이자비용은 이자비용을 위해 지급한 현금의 액수와 동일하다는 것을 알 수 있다.

이자비용	$1,326
미지급이자 변동 없음	0
이자비용에 대한 현금지급액	$1,326

똑같은 논리가 법인세에도 적용될 수 있다. National Beverage는 $19,474의 법인세 비용을 보고하였다. 미지급법인세 잔액이 없기 때문에 지급한 법인세는 법인세비용과 동일할 것이다.

법인세비용	$19,474
미지급법인세 변동 없음	0
법인세에 대한 현금지급액	$19,474

이 영업현금유입과 영업현금유출액은 <도표 12.8>에 모두 나타나 있다.

요약하자면, 일반적으로 손익계산서 항목들을 관련된 영업현금흐름 총액으로 전환하기 위해서는 다음과 같은 조정이 이루어져야 한다.

손익계산서 계정	+/− 재무상태표 계정의 변동	= 영업활동 현금흐름
매출액	+ 외상매출금의 감소(A)	= 고객으로부터 회수한 현금
	− 외상매출금의 증가(A)	
이자수익/배당금수익	+ 미수이자/미수배당금의 감소(A)	= 투자자산의 이자/배당금 회수액
	− 미수이자/미수배당금의 증가(A)	
매출원가	+ 재고자산의 증가(A)	= 재고자산의 공급자에 대한 지급액
	− 재고자산의 감소(A)	
	− 외상매입금의 증가(L)	
	+ 외상매입금의 감소(L)	
기타비용	+ 선급비용의 증가(A)	= 용역의 공급자에 대한 지급액
	− 선급비용의 감소(A)	(예: 임차료, 공과금, 임금, 이자비용)
	− 미지급비용의 증가(L)	
	+ 미지급비용의 감소(L)	
법인세비용	+ 선급법인세(이연법인세자산)의 증가(A)	= 법인세 지급액
	− 선급법인세(이연법인세자산)의 감소(A)	
	− 미지급법인세(이연법인세부채)의 증가(L)	
	+ 미지급법인세(이연법인세부채)의 감소(L)	

순현금유입 혹은 순현금유출액은 직접법을 사용해 나타내든, 간접법을 사용해 나타내든 동일하다는 것은 매우 중요하다(National Beverage의 경우에 $53,269의 유입을 보고하였다). 2가지 방법은 현금흐름표에 보고되는 세부사항 측면에서 차이가 있을 뿐이다.

STOP PAUSE FOR **FEEDBACK**

SELF-STUDY **QUIZ**

직접법을 사용해 계산할 때, 영업현금흐름 계산에서 현금흐름표에 나타난 다음 내용들이 더해질지(+), 빼질지(−), 아니면 포함되지 않을지(NA) 표시하시오.

____ 1. 재고자산의 증가

____ 2. 주주들에 대한 배당금의 지급

____ 3. 고객들로부터 받은 현금

____ 4. 유형자산의 현금구매

____ 5. 채권자에 대한 이자비용 지급

____ 6. 정부에 대한 세금 납부

해설

1. NA, 2. NA, 3. +, 4. NA, 5. −, 6. −

보론 B

장기자산의 처분으로 인한 이익과 손실의 조정-간접법

앞서 말했다시피, 간접법을 이용해 작성된 현금흐름표의 영업활동부문은 손익계산서에 보고되는 장기자산의 판매로 인한 수익과 손실에 대한 조정을 포함하고 있을 수 있다. 제8장에서 다뤘던 것처럼, 원가가 $10,000이고 누적감가상각비용이 $4,000인 고정자산이 현금 $8,000에 팔렸을 때, 다음과 같이 기록될 것이다.

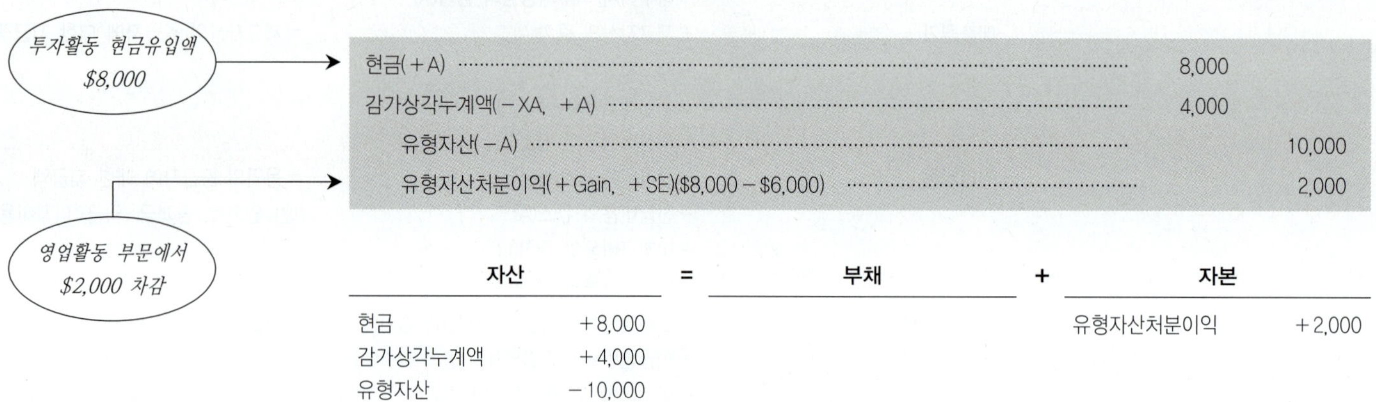

현금(+A)	8,000	
감가상각누계액(−XA, +A)	4,000	
유형자산(−A)		10,000
유형자산처분이익(+Gain, +SE)($8,000 − $6,000)		2,000

자산		=	부채	+	자본	
현금	+8,000				유형자산처분이익	+2,000
감가상각누계액	+4,000					
유형자산	−10,000					

$8,000의 현금유입은 투자활동 현금유입이지만, 보고된 $2,000의 수익 또한 손익계산서에 표시된다. 그 금액이 손익계산에 포함되기 때문에, 2번 계산되는 것을 막기 위해 현금흐름표의 영업활동부문에서 $2,000의 이익을 지우는(뺀다) 과정이 반드시 요구된다.

영업활동 현금흐름	
당기순이익	43,635
당기순이익에서 영업활동 현금흐름으로의 조정	
…	…
유형자산처분이익	(2,000)
…	…
영업활동에서 창출된 순현금흐름	…
투자활동 현금흐름	
유형자산의 구입	…
유형자산의 처분	8,000
…	…
투자활동에서 사용된 순현금	…

만약 그 회사가 동일한 자산을 현금 $5,000에 팔았다면, 다음과 같이 기록될 것이다.

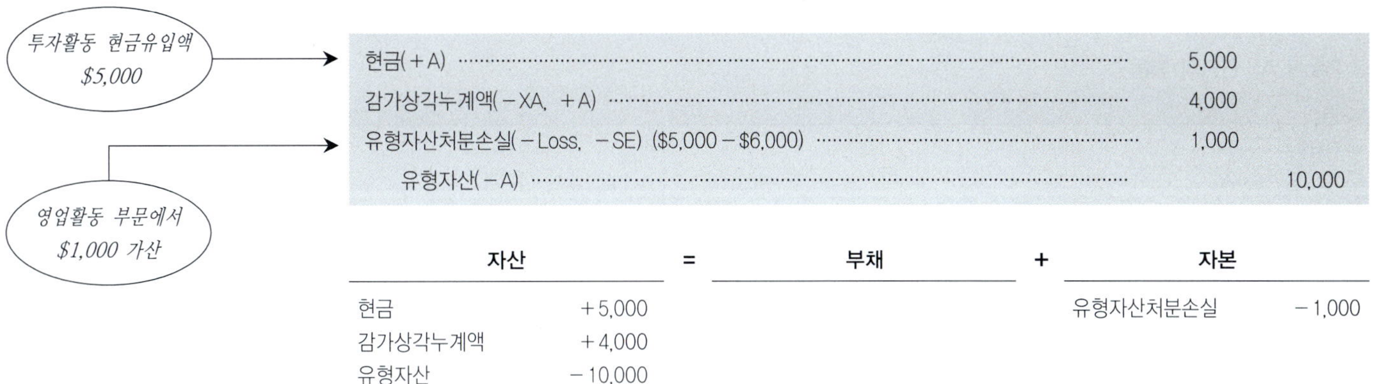

현금(+A)	5,000	
감가상각누계액(−XA, +A)	4,000	
유형자산처분손실(−Loss, −SE) ($5,000 − $6,000)	1,000	
유형자산(−A)		10,000

자산		=	부채	+	자본	
현금	+5,000				유형자산처분손실	−1,000
감가상각누계액	+4,000					
유형자산	−10,000					

현금흐름표에서 $1,000의 손실은 영업활동에서 기인한 현금의 계산에서 반드시 제거(다시 더한다)해야 하고, 받은 현금 총액 $5,000는 현금흐름표의 투자활동 부문에 표시되어야 한다.

영업활동 현금흐름	
당기순이익	43,635
당기순이익에서 영업활동 현금흐름으로의 조정	
…	…
유형자산처분손실	1,000
…	…
영업활동에서 창출된 순현금흐름	…
투자활동 현금흐름	
유형자산의 구입	…
유형자산의 처분	5,000
…	…
투자활동에서 사용된 순현금	…

보론 C

T계정 처리방법(간접법)

우리가 현금흐름표 작성에 대한 논의를 시작했을 때, 우리는 현금의 변동량은 다른 모든 재무상태표 계정에서의 변동액의 합과 같다는 것을 명시하였다. 이것에 기초하여, 우리는 현금흐름표를 작성하기 위해 다음과 같은 3단계를 사용했다.

1. 각각의 재무상태표 계정에서의 변동액을 도출한다. 올해의 기말잔액에서 올해의 기초잔액(즉, 작년의 기말잔액)을 뺀다.
2. 각각의 계정과 관련된 현금흐름 범주를 찾는다.
3. 영업활동 현금흐름, 투자활동 현금흐름과 재무활동 현금흐름을 요약해 보여주는 표를 만든다.

도표 12.9 현금흐름표(간접법) 작성을 위한 T계정 접근법

Panel A: 현금의 변동

현금(A)			
영업활동			
(1) 당기순이익	43,635	4,680	(4) 재고자산
(2) 감가상각비 및 무형자산상각비	10,063	2,699	(5) 선급비용
(3) 외상매출금	5,864	259	(7) 미지급비용
(6) 외상매입금	1,345		
영업활동에서 창출된 순현금	53,269		
투자활동			
(9) 유형자산의 처분	62	12,124	(8) 유형자산의 취득
(11) 단기투자자산의 처분	2,443	1,463	(10) 단기투자자산의 취득
		11,082	투자활동에서 사용된 순현금
재무활동			
		22,772	(12) 장기부채의 상환
		7,024	(13) 자기주식의 취득
		726	(14) 배당금 지급
		30,522	재무활동에 사용된 순현금
현금 및 현금등가물의 순증가	11,665		

Panel B: 비현금계정의 변동

외상매출금(A)			
기초	64,069		
		(3) 감소	5,864
기말	58,205		

재고자산(A)			
기초	39,234		
(4) 증가	4,680		
기말	43,914		

선급비용(A)			
기초	5,706		
(5) 증가	2,699		
기말	8,405		

외상매입금(L)			
		기초	44,261
		(6) 증가	1,345
		기말	45,606

미지급비용(L)			
		기초	19,176
(7) 증가	259		
		기말	18,917

유형자산(순액)(A)			
기초	77,701	(2) 감가상각비	10,063
(8) 취득	12,124	(9) 처분	62
기말	79,700		

단기투자자산(A)			
기초	3,665		
(10) 취득	1,463	(11) 처분	2,443
기말	2,685		

장기부채(L)			
		기초	74,889
(12) 상환	22,772	차입	0
		기말	52,117

보통주자본금(SE)			
		기초	1,054
(13) 자기주식 취득	160	주식발행	0
		기말	894

자본잉여금(SE)			
		기초	31,434
(13) 자기주식 취득	6,864	주식발행	0
		기말	24,570

이익잉여금(SE)			
		기초	37,828
(14) 배당금	726	(1) 당기순이익	43,635
		기말	80,737

현금흐름표의 각각의 항목에 대한 별도의 표를 만드는 것 대신에, 많은 재무분석가들은 현금흐름표의 3가지 부문으로 세분화되는 현금에서의 변동을 나타내는 하나의 커다란 T계정을 만드는 것을 선호한다. 이러한 형태는 <도표 12.9>의 Panel A에 나타나 있다. Panel A에서 현금 계정은 차변에서 현금 증가를, 대변에서 현금 감소를 나타낸다. 어떻게 각각의 부문이 <도표 12.4, 12.5와 12.6>에 드러난 National Beverage의 현금흐름을 작성하기 위해 작성한 3개의 표와 연결되는지에 주목하라. Panel B는 이번 장에서 현금흐름표의 각각의 부문에 대해 논의하기 위해 사용한 비현금성 재무상태표 계정에 대해 동일한 T계정을 사용한다. 어떻게 비현금성 재무상태표 계정에서 나타나는 각각의 변동이 수반되는 현금 계정에서의 변동을 나타내는 수치를 갖는지에 대해 주목할 필요가 있다. <도표 12.1>에 나타난 현금흐름표는 현금흐름 T계정에 포함된 정보에 기초하여 적절한 형태로 작성될 수 있다.

CHAPTER TAKE-AWAYS

12-1. 현금흐름표에 나타난 항목들을 영업활동 순현금흐름, 투자활동 순현금흐름과 재무활동 순현금흐름으로 나누어 분류한다.

현금흐름표는 3가지 주요 부문으로 나뉜다: 일반적 영업활동으로부터 이익을 창출하는 것과 관련된 영업활동 현금흐름, 생산성 자산의 취득과 처분과 관련된 투자활동 현금흐름, 기업 재원의 외부조달과 관련된 재무활동 현금흐름. 한 해 동안의 순현금유입이나 순현금유출액은 그 해의 재무상태표에 나타난 현금과 현금등가물의 증가 혹은 감소액과 같다. 현금등가액은 만기가 3개월 혹은 그 이하인 유동성이 매우 높은 투자자산이다.

12-2. 간접법을 사용해 영업활동 현금흐름을 보고하고 해석한다.

영업활동 현금흐름을 보고하기 위해 사용되는 간접법은 순이익의 영업활동 순현금흐름으로의 전환을 보고한다. 이러한 전환은 (1) 유동자산이나 유동부채에 영향을 미치지 않는 수익과 비용(예를 들어, 감가상각비)을 포함한 비유동 발생액과 (2) 각각의 유동자산(현금과 단기투자자산 제외)과 유동부채(재무와 관련 있는 금융기관에 대한 단기부채와 유동성장기부채 제외)에서의 변동에 대한 값을 가산하고, 차감하는 과정을 포함하고, 이것은 발생주의 순이익과 현금흐름의 시간적 차이를 반영한다.

12-3. 이익의 질을 분석하고 이해한다.

이익의 질(영업활동 현금흐름 ÷ 당기순이익)은 현금으로 창출된 수익의 비율을 측정한다. 높은 이익의 질은 영업활동 현금유입으로 영업활동과 다른 재정적 필요를 충당할 수 있는 뛰어난 능력을 나타낸다. 높은 수치는 또한 기업이 순이익을 증가시키기 위해 공격적인 수익인식법을 사용할 확률이 적다는 것을 의미한다.

12-4. 투자활동 현금흐름을 보고하고 이해한다.

현금흐름표에 보고되는 투자활동은 유형자산, 무형자산, 그리고 단기투자자산과 장기투자자산을 얻기 위한 현금 지급과 유형자산, 무형자산, 단기투자자산과 장기투자자산의 처분을 통한 현금 수익을 포함한다.

12-5. 영업활동 현금흐름 대 유형자산 투자지출액 비율을 분석하고 이해한다.

영업활동 현금흐름 대 유형자산 투자지출액 비율(영업활동 현금흐름 ÷ 유형자산 구입에 지급한 현금)은 외부 조달, 자기자본 조달, 다른 투자자산이나 유형자산의 판매 없이 영업활동에서 창출한 돈으로 유형자산 구매의 몇 퍼센트를 충당하고 있는지를 보여준다. 높은 수치는 기업에게 도움이 되는데, 기업에 전략적 인수를 할 수 있는 기회를 제공해주기 때문이다.

12-6. 재무활동 현금흐름을 보고하고 이해한다.

재무활동 현금흐름은 단기 및 장기부채와 보통주의 발행을 통한 현금 수취를 포함한다. 현금유출은 단기 및 장기부채에 대한 원금의 현금 지급, 회사 주식 재취득에 대한 현금 지급, 현금배당금 지급을 포함한다. 이자비용과 관련된 현금지급은 영업활동 현금흐름이다.

12-7. 현금흐름표의 형태와 추가적인 현금흐름 관련 정보에 대해 이해한다.

현금흐름표는 현금에 영향을 미치는 거래들을 영업활동, 투자활동과 재무활동의 3가지 범주로 나눈다. 영업활동 부문은 주로 비현금성 거래를 제거하기 위해 순이익에서 시작해 그 금액을 조정하는 간접법을 사용해 작성된다. 비현금성 투자활동과 재무활동은 현금을 포함하지 않는 투자활동이자 재무활동이다. 예를 들어, 장기부채나 주식을 이용한 유형자산의 구매, 유형자산의 교환과 부채와 주식의 교환이 이에 속한다. 이러한 거래는 간접법하에서 법인세와 이자비용에 대한 현금 지급과 함께 현금흐름표에 대한 보충내용으로만 공시된다.

이전 장들에서 우리는 회계의 개념적 기초에 대해 강조했다. 회계의 근본적인 논리에 대한 이해는 재무제표 작성자와 이용자 모두에게 중요하다. 제13장에서 우리는 재무제표의 주요 이용자와 그들이 어떻게 이러한 자료들을 분석하고 사용하는지에 대해 다룰 것이다. 우리는 앞의 장들에서 보편적으로 이용되는 다양한 분석적 기법들과 부가적인 기법들에 대해 다뤘다. 제13장을 배움으로써, 당신은 회계제도와 회계적 개념에 대한 이해가 재무제표를 효과적으로 분석하는 데 필수적이라는 사실을 알게 될 것이다.

KEY RATIOS

이익의 질은 현금으로 창출되는 이익의 비율을 나타낸다. 이것은 다음과 같이 계산된다(영업활동 현금흐름의 보고와 이해 부분의 "Key Ratio Analysis" 박스를 보아라).

$$\text{이익의 질} = \frac{\text{영업활동 현금흐름}}{\text{당기순이익}}$$

영업활동 현금흐름 대 유형자산 투자지출액 비율은 영업활동으로 유형자산 구입에 필요한 재원을 충당할 수 있는 능력을 측정한다. 이것은 다음과 같이 계산된다(투자활동 현금흐름의 보고와 이해 부분의 "Key Ratio Analysis" 박스를 보아라).

$$\text{영업활동 현금흐름 대 유형자산 투자지출액 비율} = \frac{\text{영업활동 현금흐름}}{\text{유형자산 구매에 지급한 현금}}$$

FINDING FINANCIAL INFORMATION

재무상태표
자산, 부채 및 자본의 변동

손익계산서
당기순이익 및 비유동 발생액

현금흐름표
영업활동 현금흐름
투자활동 현금흐름
재무활동 현금흐름
별도의 란(또는 주석):
비현금 투자 및 재무활동
이자 및 법인세 지급액

주석
중요한 회계정책에 대한 요약:
현금등가물의 정의
개별적인 주석(현금흐름표에 제시되지 않았다면):
비현금 투자 및 재무활동
이자 및 법인세 지급액

KEY TERMS

간접법
잉여현금흐름
투자활동 현금흐름
비현금 투자 및 재무활동
재무활동 현금흐름
현금등가물
영업활동 현금흐름
직접법

QUESTIONS

1. 손익계산서, 재무상태표와 현금흐름표의 목적을 비교하라.
2. 다른 재무제표에는 보고되지 않지만 현금흐름표에서 보고하는 정보는 무엇인가?
3. 현금등가물은 무엇인가? 현금등가물의 취득과 처분이 현금흐름표에 어떻게 보고되는가?
4. 현금흐름표에 보고되는 경영활동의 대표적인 분류는 어떻게 되는가? 각각의 활동들을 정의하시오.
5. 영업활동에서 발생하는 전형적인 현금유입으로는 어떤 것들이 있는가? 영업활동에서 발생하는 전형적인 현금유출로는 어떤 것들이 있는가?
6. 간접법하에서 감가상각비와 무형자산상각비는 영업활동 현금흐름 보고를 위해 순이익에 더해진다. 감가상각비와 무형자산상각비가 현금유입을 야기하는가?
7. 간접법하에서 매입기간과 급여지급기간 중의 현금 지급이 현금흐름표에 현금유출로 정확히 명시되지 않는 이유를 설명하시오.
8. 왜 한 해 동안 발생한 $50,000의 재고자산 증가가 간접법과 직접법 모두에서 영업활동 현금흐름을 계산하는 데 포함되어야 하는지 설명하시오.
9. 현금흐름표의 영업활동 현금흐름 부문을 보고하는 2가지 방법을 비교하시오.
10. 투자활동에서 발생하는 전형적인 현금유입으로는 어떤 것들이 있는가? 투자활동에서 발생하는 전형적인 현금유출로는 어떤 것들이 있는가?
11. 재무활동에서 발생하는 전형적인 현금유입으로는 어떤 것들이 있는가? 재무활동에서 발생하는 전형적인 현금유출로는 어떤 것들이 있는가?
12. 비현금성 투자 및 재무활동으로는 어떤 것들이 있는가? 2개의 예시를 들어보시오. 그것들이 어떻게 현금흐름표에 보고되는가?
13. 간접법하에서 설비자산의 처분이 현금흐름표에 어떻게 보고되는가?

MULTIPLE-CHOICE QUESTIONS

1. 위에서부터 아래로 글을 읽는다고 가정할 때, 현금흐름표의 세 가지 부문이 어떤 순서로 나타나는가?
   a. 재무, 투자, 영업
   b. 투자, 영업, 재무
   c. 영업, 재무, 투자
   d. 영업, 투자, 재무
2. 현금흐름표의 영업활동 총현금유입은 다음 중 어떤 것들 포함하고 있어야 하는가?
   a. 판매시점에 고객으로부터 받은 현금
   b. 고객의 외상매출채권에서 기인한 현금 수취
   c. 수익 인식 전에 미리 받은 현금(선수수익)
   d. 위의 보기 전부

3. 선급비용 잔액이 한 해 동안 증가했을 때, 간접법을 따르는 경우 현금흐름표에 어떤 조치를 취해야 하며 그 이유는 무엇인가?
   a. 계정 잔액의 변동액을 순이익으로부터 차감해야 하는데, 선급비용의 순증가액이 순이익에 영향을 미치지는 않았지만 현금 잔액을 감소시켰기 때문이다.
   b. 계정 잔액의 변동액을 순이익에 가산해야 하는데, 선급비용의 순증가액이 순이익에 영향을 미치지는 않았지만 현금 잔액을 증가시켰기 때문이다.
   c. 현금에 영향을 미치지 않는 손익계산서의 영향을 없애기 위해 선급비용의 순변동액을 순이익에서 차감해야 한다.
   d. 현금에 영향을 미치지 않는 손익계산서의 영향을 없애기 위해 선급비용의 순변동액을 순이익에 더해야 한다.

4. 순이익＝$10,000, 감가상각비용＝$2,000, 매출채권이 $800 증가하였으며, 재고가 $100 감소하였고, 외상매입금이 $500 증가하였다. 주어진 정보만을 고려하였을 때, 영업활동 현금흐름은 얼마인가?
   a. $12,000　　b. $11,800
   c. $11,600　　d. $13,400

5. 다음 중 현금흐름표의 투자활동 부문에 표시되지 않는 것은?
   a. 재고자산의 구매
   b. 공장에서 사용하던 노후화된 설비자산의 판매
   c. 새로운 회사 빌딩을 위한 부지 구매
   d. 위의 보기 모두가 투자활동 부문에 들어간다.

6. 다음 중 현금흐름표의 재무활동 부문에 표시되지 않는 것은?
   a. 자사주의 환매　　b. 배당금의 수령
   c. 부채의 상환　　d. 배당금의 지급

7. 다음 중 간접법하에서 영업활동 현금흐름을 계산할 때 순이익에 더해지지 않는 것은?
   a. 외상매입금의 순증가
   b. 매출채권의 순감소
   c. 손익계산서에 보고된 감가상각비
   d. 위의 보기 모두가 순이익에 더해진다.

8. $18,000의 보통주 발행, $1,200의 사무기기 판매, $4,000의 현금배당금 지급, $2,000의 투자상품 구매, $4,000의 외상매입금 지급. 앞의 정보를 고려하였을 때, 재무활동 순현금유입(유출)은 얼마인가?
   a. $20,000　　b. $14,000
   c. ($20,000)　　d. ($14,000)

9. $18,000의 보통주 발행, $1,200의 사무기기 판매, $4,000의 현금배당금 지급, $2,000의 투자상품 구입, $4,000의 새로운 설비자산 구매. 앞의 정보를 고려하였을 때, 투자활동 순현금유입(유출)은 얼마인가?
   a. $20,200　　b. ($2,800)
   c. ($10,800)　　d. ($4,800)

10. 한 해 동안의 현금흐름표의 아래쪽에 표시되는 현금의 총변동액은 다음 중 어떤 것과 호응하는가?
    a. 비교재무상태표를 검토할 때의 이익잉여금의 차이
    b. 손익계산서에서 발견되는 순이익이나 순손실
    c. 비교재무상태표를 검토할 때의 현금의 차이
    d. 위의 보기 중 어떤 것과도 호응하지 않는다.

MINI-EXERCISES

M12-1. (간접법) 현금흐름표의 각 부문에 맞는 항목 찾기

MillerCoors Brewing Company는 세계에서 5번째로 큰 양조회사이다. 미국 내에서 로키 산맥의 멋진 외양과 이것의 연결성은 이 회사의 가장 강력한 상징 중 하나이다. 간접법을 사용해 나타낸 이 회사의 최근 연간 연결현금흐름표에 포함된 몇 가지 항목이 여기 나열되어 있다. 해당 항목이 영업활동 부문에 공시되어 있을 경우 (O)를, 투자활동 부문에 공시되어 있을 경우 (I)를, 재무활동 부문에 공시되어 있을 경우 (F)를, 현금흐름표에 표시되지 않는 항목일 경우 (NA)를 쓰시오. (참고 : 이것은 실제 현금흐름표에서 사용되는 표현이다.)

_____ 1. 자기주식의 취득
_____ 2. 장기부채에 대한 원금 지급
_____ 3. 유형자산 처분을 통한 이익
_____ 4. 재고자산(감소)
_____ 5. 외상매입금(감소)
_____ 6. 감가상각비

M12-2. (간접법) 계정 변동이 영업활동 현금흐름에 미치는 영향 정의

각각의 항목이 간접법하에서 영업활동 현금흐름을 계산할 때 더해지는지(+) 혹은 빼지는지(−) 나타내시오.

_____ 1. 미지급비용(증가)
_____ 2. 재고자산(증가)
_____ 3. 매출채권(감소)
_____ 4. 외상매입금(감소)
_____ 5. 감가상각비

M12-3. (직접법) 현금흐름표의 각 부문에 맞는 항목 찾기

호주의 가장 큰 통신 및 미디어 회사인 Telestra는 (호주 돈으로) $260억가 넘는 순수익을 가지고 있다. 직접법을 사용해 나타낸 이 회사의 최근 연간 연결현금흐름표에 포함된 몇 가지 항목이 여기 나열되어 있다. 각 항목이 영업활동 부문에 공시되어 있을 경우 (O)를, 투자활동 부문에 공시되어 있을 경우 (I)를, 재무활동 부문에 공시되어 있을 경우 (F)를, 현금흐름표에 표시되지 않는 항목일 경우 (NA)를 쓰시오. (참고 : 이것은 실제 현금흐름표에서 사용되는 표현이다.)

_____ 1. 고객으로부터의 수취액

_____ 2. 배당금 지급

_____ 3. 자기주식 취득에 따른 지급

_____ 4. 유형자산 처분이익

_____ 5. 부채의 상환(은행에 대한 부채)

_____ 6. 법인세 지급

M12-4. 수입률의 질 분석

Casey Corporation은 $102,000의 순이익, $2,000의 감가상각비용과 $86,500의 영업활동 현금흐름을 보고했다. 이익의 질을 계산하시오. 해당 비율을 고려했을 때, 영업비용과 기타 현금 필요성을 영업활동 현금유입으로 충족시킬 수 있는 이 기업의 능력은 어떠한가?

M12-5. 투자활동 현금흐름 계산

다음 정보에 기초하여, 투자활동 현금흐름을 계산하시오.

고객들로부터의 현금 수취	$550
사용하던 설비자산의 판매	400
감가상각비용	200
단기투자상품의 구매	635

M12-6. 재무활동 현금흐름 계산

다음 정보에 기초하여, 재무활동 현금흐름을 계산하시오.

단기 투자상품의 구매	$ 500
배당금 지급	700
이자비용 지급	300
은행으로부터의 추가적인 단기부채 조달	1,200

M12-7. 비현금성 투자 및 재무활동의 보고

다음 중 어떤 것이 비현금성 투자 및 재무활동이라고 할 수 있는가?

_____ 모기지 대출을 통한 건물 구매

_____ 은행으로부터의 추가적인 단기부채 조달

_____ 현금배당금 지급

_____ 단기투자상품을 이용한 설비자산 구매

EXERCISES

E12-1. (간접법) 현금흐름표의 각 부문에 맞는 항목 찾기

Reebok International Ltd.은 신발, 의류, 액세서리를 포함한 스포츠 용품을 디자인하고 판매하는 세계적인 기업이다. 간접법을 사용해 나타낸 이 회사의 최근 연간 연결현금흐름표에 포함된 몇 가지 항목이 여기 나열되어 있다.

해당 항목이 영업활동 부문에 공시되어 있을 경우 (O)를, 투자활동 부문에 공시되어 있을 경우 (I)를, 재무활동 부문에 공시되어 있을 경우 (F)를, 현금흐름표에 표시되지 않는 항목일 경우 (NA)를 쓰시오. (**참고 :** 이것은 실제 현금흐름표에서 사용되는 표현이다.)

_____ 1. 배당금 지급
_____ 2. 장기부채의 상환
_____ 3. 감가상각
_____ 4. 직원들에 대한 보통주 발행을 통한 수익
_____ 5. 외상매입금과 미지급비용(에서의 변동)
_____ 6. 고객으로부터의 현금 수취
_____ 7. 은행에 대한 지급어음의 순상환
_____ 8. 당기순이익
_____ 9. 유형자산 획득을 위한 비용 지급
_____ 10. 재고자산(에서의 변동)

E12-2. (직접법) 현금흐름표의 각 부문에 맞는 항목 찾기

EMC Corporation은 클라우드 컴퓨팅을 사용하는 기업들이 정보를 저장하고, 관리하고, 분석하고, 보안을 유지하는 것을 돕는다. 직접법을 사용해 나타낸 이 회사의 최근 연간 연결현금흐름표에 포함된 몇 가지 항목이 여기 나열되어 있다.

해당 항목이 영업활동 부문에 공시되어 있을 경우 (O)를, 투자활동 부문에 공시되어 있을 경우 (I)를, 재무활동 부문에 공시되어 있을 경우 (F)를, 현금흐름표에 표시되지 않는 항목일 경우 (NA)를 쓰시오. (**참고 :** 이것은 실제 현금흐름표에서 사용되는 표현이다.)

_____ 1. 단기 및 장기 매도가능증권의 처분
_____ 2. 이자비용 지급
_____ 3. 유형자산의 증가
_____ 4. 법인세 지급
_____ 5. EMC의 보통주 발행
_____ 6. 장기 및 단기 채무 지급
_____ 7. 배당금 및 이자 수취
_____ 8. 고객으로부터의 현금 수취
_____ 9. 단기 및 장기 매도가능증권의 구매
_____ 10. 당기순이익

E12-3. (직접법) 현금흐름표의 각 부문에 맞는 항목 찾기

Woolworths Limited는 호주와 뉴질랜드에서 가장 큰 소매기업 중 하나이다. 직접법을 사용해 나타낸 이 회사의 최근 연간 연결현금흐름표에 포함된 몇 가지 항목이 여기 나열되어 있다.

해당 항목이 영업활동 부문에 공시되어 있을 경우 (O)를, 투자활동 부문에 공시되어 있을 경우 (I)를, 재무활동 부문에 공시되어 있을 경우 (F)를, 현금흐름표에 표시되지 않는 항목일 경우 (NA)를 쓰시오. (**참고 :** 이것은 실제 현금흐름표에서 사용되는 표현이다.)

_____ 1. 고정자산 판매를 통한 수익
_____ 2. 수취이자
_____ 3. 무형자산에 대한 비용 지급
_____ 4. 공급자와 직원에 대한 비용 지급
_____ 5. 외부조달에서의 수익
_____ 6. 배당금 지급
_____ 7. 법인세 지급
_____ 8. 고객으로부터의 수익금
_____ 9. 투자상품 구매비용 지급
_____ 10. 지분증권 발행을 통한 수익금

E12-4. 거래의 현금흐름표에의 영향 판단

Stanley Furniture Company는 버지니아를 기반으로 하는 가구제조회사이다. 다음에 나오는 첫 해 동안의 거래 내용에 대해, 그것이 영업활동 순현금유입(유출)을 나타내는지(NCFO), 투자활동 순현금유입(유출)을 나타내는지(NCFI), 재무활동 순현금유입(유출)을 나타내는지(NCFF) 표시하고 그것이 유입(+)인지, 유출(−)인지, 혹은 현금에 영향을 미치지 않는지(NE) 나타내시오. (**힌트 :** 거래를 기록한 분개를 알아내라. 거래는 현금 계정이 영향을 받았을 경우에만 순현금흐름에 영향을 미친다.)

_____ 1. 미지급급료를 기록하기 위한 수정분개 기록
_____ 2. 새로운 설비자산 구매에 대한 현금 지급
_____ 3. 고객으로부터 분할불로 물품대금 수취
_____ 4. 채권자에게 부채에 대한 이자비용의 지급 및 기록
_____ 5. 주주들에 대한 현금배당금 배당 선언 및 지급
_____ 6. 중고 설비자산을 장부가액에 현금 판매
_____ 7. 다음 기간에 대한 선급임차료 지급
_____ 8. 은행에 회전신용대출 원금 상환
_____ 9. 원재료 재고의 신용구매
_____ 10. 공급업자에게 분할로 비용 지급

E12-5. 거래의 현금흐름표에의 영향 판단

Hewlett-Packard는 도매 및 소매 시장에 컴퓨터 부품을 납품하는 선두 제조기업이다. 다음에 나오는 첫 해 동안의 거래 내용에 대해, 그것이 영업활동 순현금유입(유출)을 나타내는지(NCFO), 투자활동 순현금유입(유출)을 나타내는지(NCFI), 재무활동 순현금유입(유출)을 나타내는지(NCFF) 표시하고 그것이 유입(+)인지, 유출(−)인지, 혹은 현금에 영향을 미치지 않는지(NE) 나타내시오. (**힌트 :** 거래를 기록한 분개를 알아내라. 거래는 현금 계정이 영향을 받았을 경우에만 순현금흐름에 영향을 미친다.)

_____ 1. 원재료 재고를 신용구매했다.
_____ 2. 다음 기간 동안의 선급임차료를 지급하였다.
_____ 3. 3년짜리 어음에 서명함으로써 새로운 설비자산을 구매하였다.
_____ 4. 선급비용의 만기에 대한 수정분개를 기록했다.
_____ 5. 연방정부에 법인세를 납부하고 기록하였다.
_____ 6. 현금으로 투자증권을 구매하였다.
_____ 7. 현금으로 보통주를 발행하였다.
_____ 8. 고객으로부터 분할불을 수금하였다.
_____ 9. 장부가액에 설비자산을 현금 판매하였다.
_____ 10. 현금을 위해 장기부채를 발행하였다.

E12-6. 직접법과 간접법의 비교

직접법과 간접법하에서 작성된 현금흐름표를 비교하기 위해, 각각의 항목이 어떤 방법에서 사용되는지 표시하여라.

	현금흐름표 작성방법	
현금흐름(그리고 관련 변동)	**직접법**	**간접법**
1. 외상매입금의 증가 또는 감소		
2. 종업원에 대한 지급		
3. 고객으로부터의 현금회수액		
4. 외상매출금의 증가 또는 감소		
5. 공급자에 대한 지급		
6. 재고자산의 증가 또는 감소		
7. 미지급급여의 증가 또는 감소		
8. 감가상각비		
9. 당기순이익		
10. 영업활동 현금흐름		
11. 투자활동 현금흐름		
12. 재무활동 현금흐름		
13. 해당 기간 동안 현금의 순증가 또는 감소		

E12-7. (간접법) 영업활동 현금흐름의 보고

다음 정보는 Peaks Heights사와 관련된 것이다.

당기 손익계산서		
매출액		$93,000
비용		
매출원가	$51,875	
감가상각비	6,000	
급여	12,000	69,875
당기순이익		$23,125
부분 재무상태표	**당기**	**전기**
외상매출금	$10,500	$11,000
재고자산	13,000	8,000
미지급급여	2,250	800

요구사항:

간접법을 사용하여 Peaks Heights사 현금흐름표의 영업활동 부문을 나타내라.

E12-8. (간접법) 분석가의 관점에서 영업활동 현금흐름의 보고와 해석

Rodriguez사는 당기에 대한 손익계산서와 비교재무상태표를 완료하고 다음과 같은 정보를 제공하였다.

당기 손익계산서		
용역수익		$54,000
비용		
급여	$46,000	
감가상각비	4,500	
저작권상각비	200	
기타비용	9,700	60,400
당기순손실		$(6,400)
부분 재무상태표	**당기**	**전기**
외상매출금	$ 8,000	$13,000
미지급급여	12,000	1,000
기타미지급비용	1,000	2,800

더불어, Rodriguez사는 $5,000에 작은 서비스 설비자산을 구매하였다.

요구사항:

1. 간접법을 사용하여 Rodriguez사 현금흐름표의 영업활동 부문을 나타내라.
2. Rodriguez사가 순손실을 보고하였지만 영업활동에서 긍정적인 현금흐름을 얻을 수 있었던 주된 이유는 무엇인가? 영업활동 현금흐름과 순이익 간의 차이가 발생한 이유가 왜 재무분석가들에게 중요한지 설명하시오.

E12-10. (간접법) 설비자산의 처분으로 인한 손실과 관련된 영업활동 현금흐름의 보고와 해석

Parra사는 당기에 대한 손익계산서와 비교재무상태표를 완료하고 다음과 같은 정보를 제공하였다.

용역수익		$125,000
비용 :		
급여	$92,000	
감가상각비	8,500	
수도광열비	8,000	
설비자산 처분손실	2,500	111,000
당기순이익		$ 14,000
부분 재무상태표	**당기**	**전기**
외상매출금	$14,000	$24,000
미지급급여	19,000	8,000
기타미지급비용	7,000	9,000
토지	52,000	57,000

요구사항:

간접법을 사용하여 Parra사 현금흐름표의 영업활동 부문을 나타내시오.

E12-11. (간접법) 현금흐름표로부터 재무상태표 변동액 추정하기

Colgate-Palmolive사의 최근 현금흐름표는 다음과 같은 정보를 보고하고 있다(단위는 백만이다).

영업활동	
당기순이익	$2,554
감가상각비	421
다음의 변동으로 인한 현금에의 영향	
외상매출금	(130)
재고자산	(130)
기타유동자산	54
외상매입금	199
기타	(72)
영업활동에 의해 창출된 순현금	$2,896

요구사항:

Colgate-Palmolive사 현금흐름표에 보고된 정보에 기초하였을 때, 해당 기간 동안 다음 계정들이 증가하였을지 감소하였을지 판단하시오: 외상매출금, 재고자산, 기타유동자산, 외상매입금.

E12-13. (보론 B) 유형자산 판매의 현금흐름에의 영향 계산 및 보고

Perez Construction사는 최근 2년간 다음과 같은 유형자산을 처분하였다.

	1차 연도	2차 연도
유형자산(원가)	$ 75,000	$13,500
처분된 유형자산의 감가상각누계액	40,385	3,773
수취한 현금	17,864	12,163
처분이익(손실)	(16,751)	2,436

요구사항:

1. 현금흐름표의 투자활동 부문에 보고될 각 연도의 유형자산 처분으로부터의 현금흐름을 구하시오.
2. Perez사는 현금흐름표의 영업활동 부문에 간접법을 사용하였다. 영업과 관련하여 얼마의 금액을 각 연도의 영업활동 순현금흐름 계산에서 가산하거나 차감할 것인가?

E12-14. (보론 B) 설비자산 판매의 현금흐름에의 영향 계산 및 보고

이번 기간 동안, Sanchez사는 일부 잉여설비자산을 손해를 보고 판매하였다. 다음에 나올 정보는 이 회사의 회계기록으로부터 발췌한 것이다.

손익계산서에서	
감가상각비	$ 1,500
설비자산 처분손실	2,300
재무상태표에서	
기초 설비자산	82,500
기말 설비자산	72,000
기초 감가상각누계액	43,000
기말 감가상각누계액	41,000

이번 기간 동안 새로운 설비자산은 구매하지 않았다.

요구사항:

1. 처분한 설비자산의 원가, 감가상각누계액과 처분으로 수취한 현금을 구하시오. (처분한 설비자산의 장부금액을 알아내기 위해 설비자산의 원가와 감가상각누계액을 활용하시오.)
2. Sanchez사는 현금흐름표 영업활동 부문에서 간접법을 사용하고 있다. 영업과 관련하여 얼마의 금액을 영업활동 순현금흐름 계산에서 가산하거나 차감해야 하는가?
3. 영업과 관련하여 얼마의 금액을 투자활동 순현금흐름 계산에서 가산하거나 차감해야 하는가?

E12-15. 영업활동 현금흐름 분석; 이익의 질 해석

PepsiCo사의 최근 연차보고서는 이번 기간에 대해 다음과 같은 정보를 포함하고 있다(단위는 백만이다).

당기순이익	$6,462
감가상각비 및 무형자산상각비	2,737
외상매출금의 증가	666
재고자산의 증가	331
선급비용의 증가	27
외상매입금의 증가	520
미지급법인세의 감소	340
기타 유동부채의 증가	589
현금배당의 지급	3,157
자기주식의 구입	2,489

요구사항:

1. 간접법을 사용하여 PepsiCo사의 영업활동 현금흐름을 계산하시오.
2. 이익의 질을 계산하시오.
3. PepsiCo사의 이익의 질이 1.0이 아닌 주요 원인은 무엇인가?

E12-16. 투자활동 현금흐름과 재무활동 현금흐름의 보고

Oering's 가구회사는 버지니아를 기반으로 하는 가구제조회사이다. 당기에 이 회사는 다음과 같은 활동들을 보고하였다.

당기순이익	$ 5,135
유형자산의 구입	1,071
은행으로부터의 신용차입	1,117
주식 발행금액	11
고객으로부터 수취한 현금	37,164
장기부채의 상환액	46
시장성 유가증권의 처분	219
유형자산의 처분금액	6,894
배당금 지급	277
이자 지급액	90
자기주식의 구입	2,583

요구사항:

이 정보에 기초하였을 때, 현금흐름표의 투자활동 및 재무활동 현금흐름 부문을 나타내시오.

E12-17. (간접법) 현금흐름표의 준비

Shallow Waters사는 몇 해 전 2명의 다이빙 강사에 의해 설립되었다. 이 회사의 비교재무상태표와 손익계산서는 추가적인 정보와 함께 아래에 나타나 있다.

	당기	전기
12월 31일 현재 재무상태표		
현금	$ 3,900	$4,500
외상매출금	1,300	800
선급비용	100	250
설비자산	700	0
	$ 6,000	$5,550
미지급급여	$ 650	$1,100
납입자본	1,600	1,400
이익잉여금	3,750	3,050
	$ 6,000	$5,550
당기 손익계산서		
수강료수익	$34,550	
급여	30,200	
기타비용	3,650	
당기순이익	$ 700	

추가정보 :

a. 선급비용은 선급임차료와 관련된 것이다.

b. 기타비용은 현금으로 지급되었다.

c. 이번 해부터 사용하기 위해 지난해 말에 $700에 설비자산을 구입하였다.

d. 소유주는 현금 $200를 회사 주식과 교환하는 형태로 자본을 제공하였다.

요구사항 :

간접법을 사용하여 당기 12월 31일로 종료되는 현금흐름표를 준비하시오.

E12-19. 경영전략에 대한 논의와 함께 투자활동 및 재무활동 현금흐름의 보고와 해석

Gibraltar Industries는 뉴욕 버팔로를 기반으로 하는 고부가가치 철강제품 제조회사이다. 당기에 이 회사는 다음과 같은 활동을 보고하였다.

다른 기업에 대한 주식 취득	$(109,248)
재고자산의 증가	(10,101)
감가상각비 및 무형자산상각비	26,181
장기부채의 상환	(76,658)
영업활동에서 창출된 순현금	46,695
당기순이익	16,523
보통주의 발행	34
유형자산의 처분	1,226
장기부채의 차입	73,849

투자주식의 처분	69,368
유형자산의 구입	(11,552)

요구사항:

1. 이 정보에 기초하였을 때, 현금흐름표의 투자활동 및 재무활동 부문을 나타내시오.
2. 영업활동 현금흐름 대 유형자산 투자지출 비율을 계산하시오. 이 비율이 영업활동을 통해 얻은 현금으로 유형자산 구매비용을 충당하는 Gibraltar의 능력에 대해 어떻게 평가하고 있는가?
3. 당신은 Gibraltar의 경영진이 투자주식을 매각함으로써 창출한 현금에 대해 어떤 목적을 염두에 두고 있다고 생각하는가?

E12-20. 현금흐름표에 비현금성 거래 보고하기; 영업활동 현금흐름 대 유형자산 투자지출 비율에 미치는 영향 해석

Courtney사의 운용자산계정에 대한 분석은 다음과 같은 정보를 제공해주었다:

a. $36,000의 거대 설비자산을 취득하였다. Courtney사는 2년 만기, 12% 이자율의 이자부 어음 $15,000와 주당 액면금액이 $10이고 주당 시장가격이 $42인 보통주 500주를 제공함으로써 그 비용을 충당하였다.
b. $12,700의 작은 설비자산을 취득하였다. 장부금액 $12,700의 토지를 양도함으로써 완납하였다.

요구사항:

1. 이 정보가 현금흐름표에 어떻게 보고되어야 하는지 보여주시오.
2. 이 거래들이 영업활동 현금흐름 대 유형자산 투자지출 비율에 어떤 영향을 미칠 것인가? 이러한 거래들이 다른 사람의 영업활동 현금흐름 대 유형자산 투자지출 비율에 대한 해석을 어떻게 왜곡시킬 수 있는가?

E12-21. (보론 A) 분석가의 관점에서 영업활동 현금흐름 보고하기(직접법)

문제 E12-7에 나타난 Peaks Heights사의 정보를 참고해라.

요구사항:

직접법을 사용하여 Peaks Heights사 현금흐름표의 영업활동 부문을 나타내라.

E12-22. (보론 A) 분석가의 관점에서 본 영업활동 현금흐름의 보고와 해석(직접법)

문제 E12-8에 나타난 Rodriguez사의 정보를 참고해라.

요구사항:

1. 직접법을 사용하여 Rodriguez사 현금흐름표의 영업활동 부문을 나타내라. 이때 미지급비용은 손익계산서의 기타비용과 관련된 것으로 가정한다.
2. Rodriguez사가 순손실을 보고했지만 영업활동에서 긍정적인 현금흐름을 창출할 수 있었던 주된 원인은 무엇인가? 영업활동 현금흐름과 순이익 간의 차이가 발생한 이유가 왜 재무분석가들에게 중요한가?

E12-24. (보론 C) 현금흐름표 준비, 간접법: T계정법

Golf Universe는 지역 및 온라인 골프용품 소매회사이다. 이 회사는 당기에 다음과 같은 내용을 보고하였다.

장기투자자산을 현금으로 구입하였다, $15,000.
현금배당금을 지급하였다, $12,000.
설비자산을 $6,000의 현금에 판매하였다(원가, $21,000; 감가상각누계액, $15,000).
무액면주 500주를 주당 $12의 현금에 발행하였다.
당기순이익은 $20,200이다.
감가상각비는 $3,000이다.

이 회사의 비교재무상태표는 아래에 나타나 있다.

	당기 12/31 잔액	전기 12/31 잔액
현금	$ 19,200	$ 20,500
외상매출금	22,000	22,000
상품	75,000	68,000
투자주식	15,000	0
설비자산	93,500	114,500
감가상각누계액	(20,000)	(32,000)
계	$204,700	$193,000
외상매입금	$ 14,000	$ 17,000
미지급급여	1,500	2,500
미지급법인세	4,500	3,000
단기차입금	54,000	54,000
납입자본	106,000	100,000
이익잉여금	24,700	16,500
계	$204,700	$193,000

요구사항:

1. 보론 C에 따라 당기 현금흐름표를 준비하기 위해 사용할 T계정표를 작성하시오.
2. T계정표에 기초하여 올바른 형식으로 당기 현금흐름표를 준비하시오.

PROBLEMS

P12-1. 현금흐름표 준비하기(간접법)

Sharp Screen Films사는 당기 12월 31일에 연간 재무제표를 작성하고 있다. 현금흐름표를 제외한 모든 재무제표가 작성 완료되었다. 완성된 비교재무상태표와 손익계산서가 다음과 같이 요약된다.

	당기	전기
12월 31일 현재 재무상태표		
현금	$ 73,250	$ 63,500
외상매출금	15,250	21,350
상품	23,450	18,000
유형자산	209,250	160,350
차감 : 감가상각누계액	(57,450)	(45,750)
	$263,750	$217,450
외상매입금	$ 16,500	$ 19,000
미지급급여	2,000	2,700
장기차입금	56,300	71,000
납입자본	103,950	65,900
이익잉여금	85,000	58,850
	$263,750	$217,450
당기 손익계산서		
매출액	$205,000	
매출원가	123,500	
감가상각비	11,700	
기타비용	43,000	
당기순이익	$ 26,800	

추가정보 :

a. 현금 $48,900에 설비자산을 구매하였다.

b. 장기차입금에 대하여 $14,700를 지급하였다.

c. 새로운 주식을 $38,050의 현금에 발행하였다.

d. $650의 배당선언이 이루어지고 배당금이 지급되었다.

e. 기타비용은 전부 급여와 관련된 것으로 가정한다.

f. 외상매입금은 신용구매한 재고자산만을 포함한다.

요구사항:

1. 간접법을 사용하여 12월 31일에 종료되는 당기 현금흐름표를 준비하시오.
2. 현금흐름표에 기초하였을 때, Sharp Screen Films사가 한 해 동안 사용한 현금의 주요 원천과 주요 사용내용에 대해 짧게 쓰시오.

P12-3. (보론 A) 현금흐름표 준비하기(직접법)

다음 요구사항에 답하기 위해 문제 P12-1에서 제시된 Sharp Screen Films사에 대한 정보를 사용하시오.

요구사항:

1. 직접법을 사용하여 12월 31일에 종결되는 당기 현금흐름표를 준비하시오.
2. 현금흐름표에 기초하였을 때, Sharp Screen Films사가 한 해 동안 사용한 현금의 주요 원천과 주요 사용내용에 대해 짧게 쓰시오.

P12-4. (보론 A) 영업활동 현금흐름의 비교(직접법과 간접법)

Omega사의 재무분석가들은 방금 당기 손익계산서와 재무상태표를 마치고 다음과 같은 정보를 제공하였다(단위: 천달러)

손익계산서		
매출액		$22,600
비용		
매출원가	$10,500	
감가상각비	2,000	
급여	4,070	
임차료	3,200	
보험료	1,100	
수도광열비	850	
이자비용	450	
투자자산처분손실	650	22,820
당기순손실		$ (220)

일부 재무상태표 계정	당기	전기
상품	$ 65	$150
외상매출금	620	440
외상매입금	212	285
미지급급여	23	38
미지급임차료	10	4
선급임차료	7	6
선급보험료	4	17

기타 정보:

이 회사는 당기에 8% 이자율의 채권을 $30,000어치 발행하였다.

요구사항:

1. 직접법을 사용하여 현금흐름표의 영업활동 현금흐름 부문을 준비하시오.
2. 간접법을 사용하여 현금흐름표의 영업활동 현금흐름 부문을 준비하시오.

ALTERNATE PROBLEMS

AP12-1. 현금흐름표 준비하기(간접법)

Ingersol 건축자재 공급회사는 당기 12월 31일에 연간재무제표를 작성하고 있다. 현금흐름표를 제외한 모든 재무제표가 완성 완료되었다. 완성된 비교재무상태표와 손익계산서가 다음과 같이 요약된다.

	당기	전기
12월 31일 현재 재무상태표		
현금	$ 34,000	$ 29,000
외상매출금	45,000	28,000
상품	32,000	38,000
유형자산	121,000	100,000
차감 : 감가상각누계액	(30,000)	(25,000)
	$202,000	$170,000
외상매입금	$ 36,000	$ 27,000
미지급급여	2,200	1,400
장기차입금	40,000	46,000
납입자본	86,600	70,600
이익잉여금	37,200	25,000
	$202,000	$170,000
당기 손익계산서		
매출액	$135,000	
매출원가	70,000	
기타비용	37,800	
당기순이익	$ 27,200	

추가정보 :

a. $21,000의 현금으로 설비자산을 구입하였다.

b. 장기차입금에 대해 $6,000를 지급하였다.

c. $16,000 상당의 신규 주식을 발행하였다.

d. $15,000의 배당선언이 이루어지고 현금으로 지급되었다.

e. 감가상각비 $5,000, 급여 $20,000, 세금 $6,000와 그 외 $6,800를 포함한 기타비용

f. 외상매입금은 신용구매한 재고자산만을 포함한다. 세금이나 기타비용과 관련된 부채계정이 없기 때문에, 이 비용들은 모두 현금으로 지급한 것으로 가정한다.

요구사항 :

1. 간접법을 사용하여 당기 12월 31일에 종료되는 현금흐름표를 준비하시오.
2. 현금흐름표를 평가하시오.

AP12-3. (보론 A) 현금흐름표의 준비(직접법)

AP12-1에 나타난 Ingersol 건축자재 공급회사에 대한 정보를 활용하여 다음 요구사항에 답하시오.

요구사항:

1. 직접법을 사용하여 당기 12월 31일에 종결되는 현금흐름표를 준비하시오.
2. 현금흐름표를 평가하시오.

CONTINUING **PROBLEM**

CON12-1. 현금흐름표 준비하기(간접법)

아래에 나타나 있는 것들은 간접법을 사용해 준비된 Pool사의 최근 현금흐름표에서 발췌한 소계와 총계를 포함한 항목 정보이다. 이러한 항목들을 활용하여 <도표 12.1>에 나타난 것과 같은 형식을 따라 12월 31일에 종료되는 연간 현금흐름표를 준비하시오.

외상매입금	$ 6,402
미지급비용과 기타 유동부채	20,682
사업의 인수	(5,934)
무형자산상각비	1,559
기초의 현금 및 현금등가물	9,721
기말의 현금 및 현금등가물	17,487
현금 및 현금등가물의 변동	7,766
감가상각비	9,746
유형자산 처분손실	263
영업활동에서 창출된 순현금	75,103
재무활동에서 창출된 순현금	(41,759)
투자활동에서 창출된 순현금	(25,578)
당기순이익	71,993
기타 투자활동	944
기타 영업자산	8,635
현금배당의 지급	(26,470)
장기부채의 지급	(149)
은행 신용차입 상환	(700,749)
선급비용	(2,951)
은행 신용차입	749,349
주식기준보상으로 발행된 주식의 발행금액 수취	13,085
재고자산 생산	(35,339)
유형자산의 구입	(19,844)
자기주식의 구입	(77,769)
외상매출금	(5,887)
유형자산의 처분	200

CASES AND PROJECTS

사업보고서 사례

CP12-1. 재무정보 찾기

이 책 뒤쪽의 부록 B에 제시되어 있는 American Eagle Outfitters의 재무제표를 참조하시오.

요구사항:

1. 현금흐름표상에서 "순이익과 영업활동에서 얻은 순현금을 조화시키기 위한 조정사항"하에 있는 가장 큰 항목(절대값)은 무엇인가? 조정 시 이것의 영향의 방향에 대해 설명하시오.
2. 현금흐름표의 영업활동 부문에서 가장 큰 "자산과 부채에서의 변동"은 무엇인가? 조정 시 이것의 영향의 방향에 대해 설명하시오.
3. American Eagle Outfitters의 투자 및 재무활동에 대해 분석하시오. 지난 3년간 이 회사의 가장 큰 현금 사용분야 3가지를 나열하시오. 이러한 활동에 있어서 현금의 주요 원천 2가지를 나열하시오.

CP12-2. 재무정보 찾기

이 책 뒤쪽의 부록 C에 제시되어 있는 Urban Outfitters의 재무제표를 참조하시오.

요구사항:

1. Urban Outfitters가 영업활동 현금흐름의 보고를 위해 직접법을 사용하는가, 간접법을 사용하는가?
2. 가장 최근 보고년도에 이 회사가 지급한 법인세는 얼마인가? (**힌트:** 현금흐름표가 이 질문에 답하는 데 도움이 될 수 있다.)
3. "스톡옵션"과 "감가상각" 항목이 왜 순이익과 영업활동에서 얻은 순현금 항목의 조정 시 가산되어야 하는지 설명하시오.
4. 2015년 1월 31일에 종결되는 잉여현금흐름은 무엇인가?

CP12-3. 산업과 함께 기업 비교하기

이 책 뒤쪽의 American Eagle Outfitters의 재무제표(부록 B), Urban Outfitters의 재무제표(부록 C)와 산업비율보고서(부록 D)를 참조하시오.

요구사항:

1. 가장 최근 보고년도에 이 회사들의 이익의 질을 계산하시오. 어느 회사가 보다 높은 이익의 질을 가지고 있는가?
2. 이 회사들의 이익의 질을 산업 평균과 비교해보시오. 이 회사들이 동종 산업의 다른 회사들보다 순이익과 관련된 영업활동으로 더 많은 돈을 벌고 있는가, 아니면 더 적은 돈을 벌고 있는가?
3. 가장 최근 보고년도에 이 회사들의 영업현금흐름 대 유형자산 투자지출액 비율을 계산하시오. 영업활동을 통해 조달한 현금으로 유형자산 구매비용을 충당할 수 있는 그들의 능력을 비교해보시오.
4. 이 회사들의 영업현금흐름 대 유형자산 투자지출액 비율을 산업 평균과 비교해보시오. 영업활동을 통해 조달한 현금으로 유형자산 구매비용을 충당할 수 있는 그들 각각의 능력이 산업 내의 다른 기업들과 비교했을 때 어떠한가?

재무보고서와 분석 사례

CP12-4. 복잡한 현금흐름표의 준비(간접법)

Rocky Mountain Chocolate Factory는 미국 전역에 있는 프랜차이즈 및 직영 매장에서 판매할 다양한 종류의 프리미엄 초콜릿 제품을 생산한다. 이 회사의 당기 첫 분기 재무상태표는 일부 계정 및 거래내용에 대한 분석과 함께 나타나 있다.

ROCKY MOUNTAIN CHOCOLATE FACTORY, INC.
재무상태표

자산	5월 31일 (감사받지 않음)	2월 29일
유동자산		
현금 및 현금등가물	$ 921,505	$ 528,787
외상매출금 및 받을어음 — 상거래에서 발생, 대손충당금 차감 5월 31일 현재 $43,196 및 2월 29일 현재 $28,196	1,602,582	1,463,901
재고자산	2,748,788	2,504,908
이연법인세자산	59,219	59,219
기타	581,508	224,001
유동자산 계	5,913,602	4,780,816
유형자산 — 원가	14,010,796	12,929,675
차감 : 감가상각누계액	(2,744,388)	(2,468,084)
	11,266,408	10,461,591
기타자산		
장기 외상매출금 및 받을어음	$ 100,206	$ 111,588
영업권과 기타 무형자산, 5월 31일 현재 $259,641 및 2월 29일 현재 $253,740의 누적상각액 차감후 순액	330,359	336,260
기타	574,130	624,185
	1,004,695	1,072,033
	$18,184,705	$16,314,440
부채 및 자본		
유동부채		
단기차입금	$ 0	$ 1,000,000
유동성장기부채	429,562	134,538
외상매입금 — 상거래	1,279,455	998,520
미지급비용	714,473	550,386
미지급법인세	11,198	54,229
유동부채 계	2,434,688	2,737,673
장기차입금, 유동성 대체 차감후	4,193,290	2,183,877
이연법인세부채	275,508	275,508
자본		
보통주자본금 — 수권주식수 7,250,000주, 액면금액 $0.03; 발행주식수 5월 31일 및 2월 29일 현재 3,034,302주	91,029	91,029
자본잉여금	9,703,985	9,703,985
이익잉여금	2,502,104	2,338,267
	12,297,118	12,133,281
차감 : 자기주식, 원가 — 5월 31일 및 2월 29일 현재 129,153주	1,015,899	1,015,899
	11,281,219	11,117,382
	$18,184,705	$16,314,440

함께 포함된 주석은 이 재무제표의 일부이다.

일부 계정 및 거래내용 분석:

a. 순이익은 $163,837였다. 1년후 만기가 도래하는 받을어음과 외상매출금은 영업활동과 관련된 것이다.

b. 감가상각비는 총 $282,205이다.

c. 이 기간 동안 (투자활동과 관련된) 어떤 "다른" 비유동자산도 구매하지 않았다.

d. 이 기간 동안 어떤 유형자산도 처분하지 않았다. 어떤 영업권도 취득하거나 처분하지 않았다.

e. 장기차입금 발행금액은 $4,659,466였으며, 원금 지급액은 $2,355,029이다. (당신의 분석에서 장기차입금에 대한 유동성 대체를 결합하여라.)

f. 배당금이 선언되거나 지급되지 않았다.

g. "이연법인세 자산"과 "이연법인세" 계정은 무시하라.

요구사항:

간접법을 사용하여 이 회계연도의 현금흐름표를 준비하시오.

CP12-5. 재무분석가로서 판단 내리기: 신생회사의 현금흐름 분석

Carlyle Golf사는 작년 9월에 설립되었다. 이 회사는 남성 골프의류를 디자인하고, 제조회사와 계약을 맺고, 소비자들에게 의류를 판매한다. 이 회사의 현금흐름표의 비율은 다음과 같다.

	당기
영업활동 현금흐름	
당기순이익	$(460,089)
감가상각비	3,554
비현금 보상(주식)	254,464
공급자에 대한 계약금	(404,934)
선급자산의 증가	(42,260)
외상매입금의 증가	81,765
미지급비용의 증가	24,495
순현금흐름	$(543,005)

경영진들은 가까운 미래에 매출이 확실히 증가할 것으로 예상하고 있다. 매출의 증가를 지원하기 위해, 이 회사는 재고자산에 $220만를 더 투입하고자 계획하고 있다. 이 회사는 매출액 예측치를 공개하지는 않았다. 당기 말에, Carlyle는 $1,000 미만의 현금을 가지고 있었다. 신생회사가 초기에 손실과 부정적인 현금흐름을 겪는 일은 비경상적인 일이 아니다.

요구사항:

주요 투자은행에 최근에 고용된 재무분석가로서, 당신은 Carlyle사에 대해 직면한 문제에 대해 평가하는 짧은 글을 작성해 상사에게 올리라는 요청을 받았다. 확장을 뒷받침하기 위해 사용될 수 있는 일반적인 재정적 원천들을 강조하시오.

비판적 사고 사례

CP12-6. 윤리적 판단: 실제 사례

2004년 2월 19일에, 언론은 미국증권거래위원회가 Enron사의 경영진이 회사의 재정적 목표를 달성시키기 위해 행한 사기성 거래들을 발견해냈다고 밝혔다. 특히 잘 알려진 거래가 "나이지리아 선박" 거래로, 1999년 4분기에 행해졌다. 법원 서류에 따르면, Enron사는 나이지리아해에 정박하는 전력발전선박 3채의 매매를 준비했다. "구매자"는 투자은행회사 메릴린치사였다. Enron사는 이 거래를 자사 손익계산서에 매출로 보고하였으나, 이것이 일반적 매출이 아님이 나타났다. 메릴린치사는 실제로 선박을 원한 것이 아니라, Enron사가 비밀리에 이루어진 거래에서 첫 거래로부터 6개월 내로 메릴린치사로부터 다시 선박을 매입해올 것이라고 보장했기 때문에 단순히 선박을 구매하는 데 동의한 것이다. 추가적으로, Enron사는 그 거래에 대해 메릴린치사에 큰 돈을 지급할 것을 약속하였다. 2002년 8월 17일에 미국 공영 라디오에서 행한 인터뷰에서, 미시간주의 상원의원인 칼 레빈은 "나이지리아 선박 거래 사례는 어떻게 정의하든지 부채였다."고 말했다.

요구사항:

1. 나이지리아 선박 거래를 매출보다 부채로 보아야 하는지에 대해 논의해보시오. 논의의 일부로써, 다음 질문들에 대해 생각해보시오. 메릴린치가 처음 거래할 때 Enron사에 지급한 비용은 자동적으로 부채가 아닌 매출을 만들어내지 않는가? 이 거래의 어떠한 측면이 부채와 비슷한가? 어떠한 측면이 수익인식을 위한 4가지 기준을 충족시키지 못했다는 것을 보여주는가?
2. 부채가 아닌 매출로서 이 거래를 기록한 것이 손익계산서에 미친 영향은 꽤 명확하다: Enron사는 자사의 수익과 순이익을 증가시킬 수 있었다. 그만큼 중요하나 다소 불명확한 것은 현금흐름표에 미친 영향이다. 이 거래를 부채가 아닌 매출로 기록한 것이 어떻게 현금흐름표를 변동시켰는지에 대해 설명하시오.
3. (문제 2번의 답변에서 말한) 2가지의 다른 현금흐름표가 재무제표 이용자들에게 어떻게 영향을 미쳤는가?

재무보고서와 분석 팀 과제

CP12-7. 팀 프로젝트: 현금흐름 분석

팀으로서 분석할 산업군을 선택해라. Yahoo Finance는 biz.yahoo.com/p/industries.html에서 산업군 리스트를 제공한다. 해당 산업에 속한 기업 목록을 보려면 해당 산업을 클릭해라. 이 대신에 www.google.com/finance로 Google Finance에 접속해 당신이 흥미를 가지고 있는 회사에 대해 검색해볼 수도 있다. 해당 회사와 경쟁업체를 포함한 기업 목록이 제공될 것이다. 각각의 팀 구성원은 해당 산업에 속해 있는 한 공개상장회사의 연차보고서나 10-K를 수집하여야 하며, 구성원들은 서로 다른 기업을 선택하여야 한다.

요구사항:

개인적으로 각각의 팀 구성원은 선택한 기업과 관련해 다음 문제들에 답하는 짧은 보고서를 작성하여야 한다. 팀 단위로 관찰한 모든 기업 패턴에 대해 논의해라. 그리고 나서 한 팀으로서 여러분이 고른 기업들을 비교하고 대조하는 짧은 보고서를 작성하여라.

1. 해당 기업이 채택한 2가지의 기본적인 영업활동 현금흐름 보고방법은 무엇인가?
2. 가장 최근 해의 이익의 질은 어떠한가? 순이익과 영업활동 현금흐름 간 차이의 주요 원인은 무엇이었는가?
3. 제시된 3년 동안의 영업활동 현금흐름 대 유형자산 투자지출 비율은 총 얼마인가? 기업은 자본적 지출에 대한 자금 조달을 어떻게 하였는가?
4. 당기에 영업활동 현금흐름의 몇 퍼센트가 주주들에게 배당금의 형태로 지급되었는가?

재무제표 분석

The Home Depot는 독특한 성공 역사를 가지고 있다. 애틀란타에서 1978년 설립된 The Home Depot는 미국, 캐나다와 멕시코에 2,200개 이상의 지점을 가지고 있는 미국의 가장 큰 주택수리업체이다. The Home Dept의 재무제표들은 <도표 13.1>에 나타나 있다. 해당 자료에 나타나 있듯이, The Home Dept는 지난 3년간 매출과 순이익 모두에서 증가 추세를 보이고 있다. 이 장에서 <도표 13.1>을 분석하고 다른 관련 자료들을 읽을 때, The Home Dept의 2014 회계연도가 2015년 2월 1일에 종결된다는 것을 기억해두는 것이 도움이 될 것이다. 이와 같은 맥락에서, 2013 회계연도는 2014년 2월 2일에 종결되고, 2012 회계연도는 2013년 2월 3일에 종결된다.

최근에 보인 이 기업의 재무적 성장을 보면, 당신은 The Home Depot에 투자하고 싶지 않은가? 투자전문회사인 Jefferson Research에서 일하는 사람을 포함하여 많은 재무분석가들이 대부분 그럴 것이라고 생각한다. The Home Depot의 주식을 구입하기를 권하는 보고서에서, 그들은 "Home Dept는 높은 이익의 질, 현금흐름의 질, 영업효율성과 재무상태표의 질을 나타내고 있으며, 기업가치평가에서도 낮은 가격위험을 갖는다고 평가했다. 이 모든 사항들을 고려했을 때, Home Dept는 매수 등급에 적격하다."고 썼다.

학습목표

이번 장을 학습한 후, 여러분들은 다음을 할 수 있어야 한다.

13-1 기업의 경영전략이 어떻게 재무제표 분석에 영향을 미치는지를 설명한다.

13-2 재무제표를 분석하는 방법에 대해 논의한다.

13-3 요소구성비율을 계산하고 해석한다.

13-4 수익성 비율을 계산하고 해석한다.

13-5 자산회전율을 계산하고 해석한다.

13-6 유동성 비율을 계산하고 해석한다.

13-7 지급능력 비율을 계산하고 분석한다.

13-8 시장비율을 계산하고 해석한다.

13장

FOCUS COMPANY :

The Home Depot

재무분석 : 종합

www.homedepot.com

RiverNorthPhotography/Getty Images

재무분석가들은 Jefferson Research의 보고서에서와 같은 추천을 할 때 기업의 재무제표에 드러난 정보를 포함하여 많은 요소들을 고려한다. 이 장에서 우리는 The Home Depot와 주요 경쟁사인 Lowe's에 대해 알아보기 위해 회계정보와 다양한 분석적 도구들을 사용할 것이다.

경영에 대한 이해

기업들은 재무제표를 준비하고, 회계감사를 하고, 공시하는 데 매년 굉장히 큰 액수의 돈을 들인다. 그렇게 만들어진 이러한 재무제표들은 현재 및 잠재적 투자자들이 활용 가능하다. 대부분의 기업이 이러한 정보들을 투자자들에게 우편으로 보내는 대신, 온라인에 게시하는 방법을 택한다. The Home Depot의 재무적 정보는 그 투자자 관리 사이트인 www.homedepot.com에서 볼 수 있다.

The Home Depot와 다른 기업들이 투자자들에게 이러한 정보를 제공하기 위해 많은 돈을 쓰는 이유는 간단하다. 재무제표가 사람들로 하여금 보다 나은 경제적 결정을 하도록 도와주기 때문이다. 사실, 공시된 재무제표는 현재 그리고 잠재적 소유주, 투자분석가와 채권자를 포함한 외부의사결정자들의 요구 충족을 주된 목적으로 만들어졌다.

도표 13.1

The Home Depot 재무제표

THE HOME DEPOT, INC., AND SUBSIDIARIES
연결손익계산서
(단위: 백만, 주당순이익 자료 제외)

	종료되는 회계연도		
	2015년 2월 1일	**2014년 2월 2일**	**2013년 2월 3일**
매출액	**$83,176**	$78,812	$74,754
매출원가	**54,222**	51,422	48,912
매출총이익	**28,954**	27,390	25,842
영업비용:			
판매비와일반관리비	**16,834**	16,597	16,508
감가상각비와 무형자산상각비	**1,651**	1,627	1,568
영업비용 계	**18,485**	18,224	18,076
영업이익	**10,469**	9,166	7,766
이자비용 및 기타(이익)비용:			
이자수익 및 투자수익	**(337)**	(12)	(20)
이자비용	**830**	711	632
기타	**–**	–	(67)
이자 및 기타, 순액	**493**	699	545
법인세비용차감전순이익	**9,976**	8,467	7,221
법인세비용	**3,631**	3,082	2,686
당기순이익	**$ 6,345**	$ 5,385	$ 4,535
가중평균보통주식수	**1,338**	1,425	1,499
기본주당순이익	**$ 4.74**	$ 3.78	$ 3.03
희석가중평균보통주식수	**1,346**	1,434	1,511
희석주당순이익	**$ 4.71**	$ 3.76	$ 3.00

도표 13.1

(계속)

THE HOME DEPOT, INC., AND SUBSIDIARIES

연결재무상태표

(단위: 백만, 주식 및 주당순이익 자료 제외)

	2015년 2월 1일	2014년 2월 2일
자산		
유동자산 :		
현금 및 현금등가물	**$ 1,723**	$ 1,929
외상매출금, 순액	**1,484**	1,398
상품	**11,079**	11,057
기타 유동자산	**1,016**	895
유동자산 계	**15,302**	15,279
유형자산, 원가	**38,513**	39,064
차감 : 감가상각누계액	**15,793**	15,716
순유형자산	**22,720**	23,348
영업권	**1,353**	1,289
기타자산	**571**	602
자산 총계	**$39,946**	$40,518
부채와 자본		
유동부채 :		
단기차입금	**$ 290**	$ –
외상매입금	**5,807**	5,797
미지급급여 및 관련 비용	**1,391**	1,428
미지급부가세	**434**	396
선수수익	**1,468**	1,337
미지급법인세	**35**	12
유동성장기부채	**38**	33
기타미지급비용	**1,806**	1,746
유동부채 계	**11,269**	10,749
장기차입금, 유동성 대체 제외	**16,869**	14,691
기타 장기부채	**1,844**	2,042
이연법인세	**642**	514
부채 계	**30,624**	27,996
자본		
보통주자본금, 액면금액 $0.05; 수권주식수: 10십억 주; 발행주식수: 2015년 2월 1일 현재 1.768십억 주 및 2014년 2월 2일 현재 1.761십억 주; 유통주식수: 2015년 2월 1일 현재 1.307십억 주 및 2014년 2월 2일 현재 1.380십억 주	**88**	88
자본잉여금	**8,885**	8,402
이익잉여금	**26,995**	23,180
기타포괄이익(손실)누계액	**(452)**	46
자기주식, 원가, 2015년 2월 1일 현재 461백만 주 및 2014년 2월 2일 현재 381백만 주	**(26,194)**	(19,194)
자본 계	**9,322**	12,522
부채와 자본 총계	**$39,946**	$40,518

도표 13.1

(계속)

THE HOME DEPOT, INC., AND SUBSIDIARIES

연결현금흐름표

(단위: 백만)

	종료되는 회계연도		
	2015년 2월 1일	**2014년 2월 2일**	**2013년 2월 3일**
영업활동 현금흐름:			
당기순이익	**$6,345**	$5,385	$4,535
당기순이익을 영업활동에서 창출된 순현금으로 조정:			
감가상각비와 무형자산상각비	**1,786**	1,757	1,684
주식보상비용	**225**	228	218
투자자산처분이익	**(323)**	–	–
영업권손상차손	**–**	–	97
자산과 부채의 변동, 취득의 효과를 반영한 순액 :			
외상매출금, 순액	**$ (81)**	$ (15)	$ (143)
상품	**(124)**	(455)	(350)
기타 유동자산	**(199)**	(5)	93
외상매입금 및 미지급비용	**244**	605	698
선수수익	**146**	75	121
미지급법인세	**168**	119	87
이연법인세	**159**	(31)	107
기타 장기부채	**(152)**	13	(180)
기타	**48**	(48)	8
영업활동에서 창출된 순현금	**8,242**	7,628	6,975
투자활동 현금흐름 :			
자본적 지출, 2014, 2013 및 2012년 각각 비현금 자본적 지출 $217, $46 및 $98를 차감한 순액	**(1,442)**	(1,389)	(1,312)
투자자산 처분금액	**323**	–	–
사업 취득에 따른 지급, 순액	**(200)**	(206)	(170)
유형자산 처분금액	**48**	88	50
투자활동에 사용된 순현금	**(1,271)**	(1,507)	(1,432)
재무활동 현금흐름:			
단기차입금의 차입, 순액	**290**	–	–
장기차입금의 차입, 할인을 반영한 순액	**1,981**	5,222	–
장기차입금의 상환	**(39)**	(1,289)	(32)
보통주의 재취득	**(7,000)**	(8,546)	(3,984)
보통주의 발행	**252**	241	784
주주에게 지급된 현금배당	**(2,530)**	(2,243)	(1,743)
기타 재무활동	**(25)**	(37)	(59)
재무활동에서 사용된 순현금	**(7,071)**	(6,652)	(5,034)
현금 및 현금등가물의 변동	**(100)**	(531)	509
환율의 변동이 현금 및 현금등가물에 미친 효과	**(106)**	(34)	(2)
기초의 현금 및 현금등가물	**1,929**	2,494	1,987
기말의 현금 및 현금등가물	**$1,723**	$1,929	$2,494
다음의 현금지급에 대한 추가 공시사항:			
이자비용, 자본화된 이자비용을 반영한 순액	**$ 782**	$ 639	$ 617
법인세	**$3,435**	$2,839	$2,482

이 장의 구성

- 투자의사결정
- 기업 전략의 이해
- 재무제표 분석
  - 시계열 분석
  - 횡단면 분석
- 요소구성비율과 재무비율 분석
  - 요소구성비율
  - 재무비율 분석
  - 수익성 비율
    1. 자기자본이익률(ROE)
    2. 총자산이익률(ROA)
    3. 재무레버리지 비율
    4. 매출액순이익률
    5. 주당순이익(EPS)
    6. 이익의 질
  - 자산회전율
    7. 총자산회전율
    8. 고정자산회전율
    9. 외상매출금회전율
    10. 재고자산회전율
  - 유동성 비율
    11. 유동비율
    12. 당좌비율
    13. 현금비율
  - 지급능력 비율
    14. 이자보상배율
    15. 현금보상비율
    16. 부채-자본비율
  - 시장 비율
    17. 주가/이익(P/E) 배수
    18. 배당수익률
- 재무비율 분석과 기타 분석상의 고려
  - 기타 재무정보

투자의사결정

재무제표를 이용하는 사람들 중에, 투자자들이 아마 가장 큰 단일 그룹일 것이다. 투자자들은 전문적인 재무분석가들의 조언에 종종 의존하는데, 그들은 The Home Depot와 같이 사람들이 많이 보유하고 있는 주식에 대한 추천을 제안한 사람들이다. 분석가들의 보고서를 보는 투자자들은 그들의 추천에 매우 관심을 기울인다. 이 책이 쓰여질 때, 전문적인 재무분석가들은 다음과 같은 The Home Depot에의 투자를 권하는 글을 썼다.

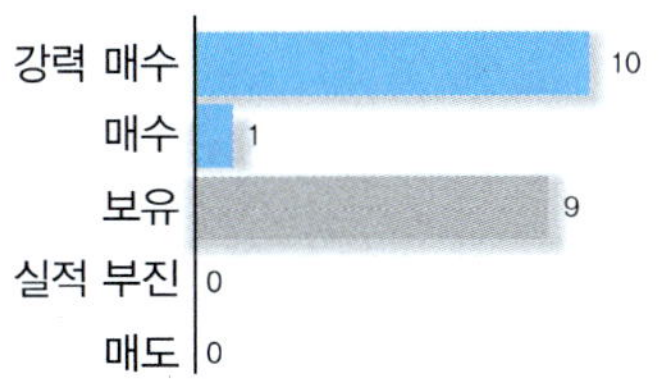

자료 : NASDAQ.com

이 투자 추천글을 볼 때 명심해야 할 가장 중요한 것은 아마 의견 불일치 정도일 것이다. 현재 10명의 분석가들은 The Home Depot의 주식을 매수할 것을 강력히 권하고 있는 반면에, 다른 9명의 분석가들은 이미 그 주식을 보유하고 있는 이들만 해당 주식을 보유할 것을 권하고 있다. 이러한 의견 불일치 정도는 재무분석은 일부는 과학이고 일부는 주관적임을 나타낸다.

주식에 대한 투자를 고려할 때, 투자자들은 다음 3가지 요소들에 근거하여 기업의 미래 이익과 성장 가능성을 평가해보아야 한다.

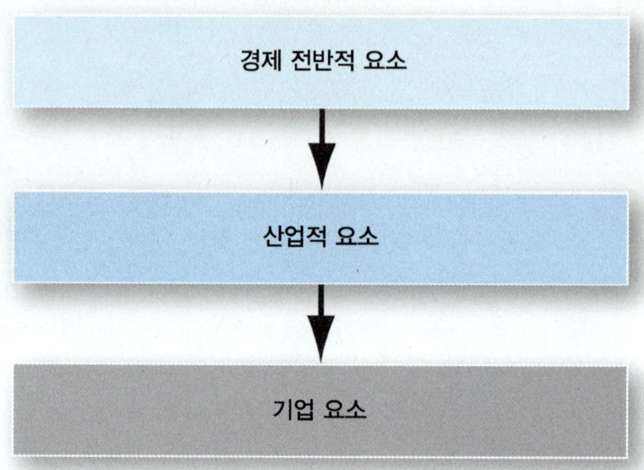

1. **경제 전반적 요소**: 종종 경제 전반의 상황은 개별 기업의 성과에 직접적인 영향을 미친다. 투자자들은 실업률, 가격상승률, 이자율의 변화와 같은 정보들을 고려해야 한다. 예를 들어, Zack Ivestment Research가 발행한 리서치 보고서에서, 한 분석가는 "높은 실업률과 신용거래 감소는 고가 상품에 대한 소비자 재량 소비의 급격한 감소를 야기하였다."고 밝혔다. (*Zacks Investment Research*, 2014.9.13)
2. **산업적 요소**: 어떤 사건들은 한 산업분야 안에 있는 기업에는 큰 영향을 미칠 수 있으나, 그 산업분야 밖의 다른 기업들에는 사소한 영향만을 미치기도 한다. 예를 들어, Zacks의 보고서에는 "주택수리산업에서, Home Depot는 Lowe's, Sherwin-Williams Company 및 다른 주택수리기업들과 치열한 경쟁을 하고 있다."고 주장했다. 이 분석보고서는 이와 함께 "이것이 기업의 성과에 영향을 줄 수 있다."고 언급했다. (*Zacks Equity Research*, 2012.3.19)
3. **개별 기업 요소**: 기업을 적절하게 분석하기 위해 훌륭한 분석가는 기업의 재무제표에 드러난 정보에만 의존하지 않는다. 그들은 해당 기업을 방문하고, 그 제품을 구입하고, 언론에 나타난 그들에 대한 정보를 읽는다. 당신이 The Home Depot에 대한 투자를 고려할 때, 당신은 그 재무제표를 분석하는 데 더해 그 상점을 방문하고 제공하고 있는 물품을 평가해보아야 한다. 기업별 정보의 예시는 Zacks의 보고서에 포함되어 있는데, 여기서는 "…이 회사는 상점을 보다 쉽고 고객친화적으로 운영하기 위해 몇 가지 중요한 변화전략을 채택했다."고 적었다.

이러한 요소들을 고려할 뿐만 아니라, 투자자들은 그 회사의 재무제표를 분석할 때 그 기업의 경영전략에 대해 이해해야 한다. 어떤 기업의 경영전략은 당신이 재무제표에서 보게 될 계정들에 직접적으로 영향을 미친다.

기업 전략 이해하기

학습목표 13-1
기업의 경영전략이 재무제표 분석에 어떠한 영향을 미치는지 설명하기

재무제표 분석은 수치 분석 그 이상을 의미한다. 수치들을 살펴보기 이전에, 당신은 당신이 살펴보고자 하는 것이 무엇인지 알고 있어야 한다. 재무제표들은 거래들을 반영하고, 각각의 거래들은 경영전략에 따른 기업의 영업의사결정의 결과이다.

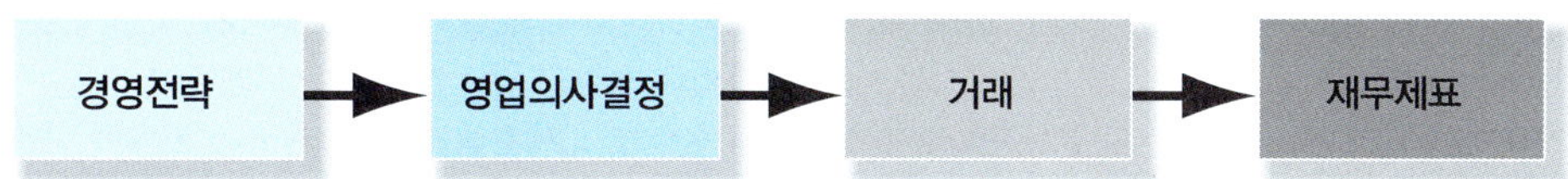

기업들은 다른 전략을 취함으로써 높은 수익률을 거둘 수 있다. 다음은 두 가지 핵심적인 전략이다.

1. **제품차별화 :** 이 전략하에서 기업은 높은 품질이나 특별한 외관 혹은 특징과 같은 독특한 강점을 지닌 제품을 제공한다. 이러한 독특한 강점은 기업으로 하여금 더 비싼 가격을 매길 수 있도록 해준다. 일반적으로, 제품차별화전략은 높은 순이익을 가져오나 낮은 재고자산회전율을 갖는다.
2. **원가차별화 :** 이 전략하에서 기업은 그들의 경쟁자들보다 더 효율적으로 운영을 해나가고자 노력하는데, 이것은 그들로 하여금 고객을 끌기 위해 보다 낮은 가격에 제품을 제공할 수 있도록 해준다. 일반적으로 원가차별화전략은 순이익은 낮으나 높은 재고자산회전율을 갖는다.

당신은 아마 이 두 전략 중 하나를 택해 실행하는 많은 기업들을 떠올릴 수 있을 것이다. 다음은 그 예시이다.

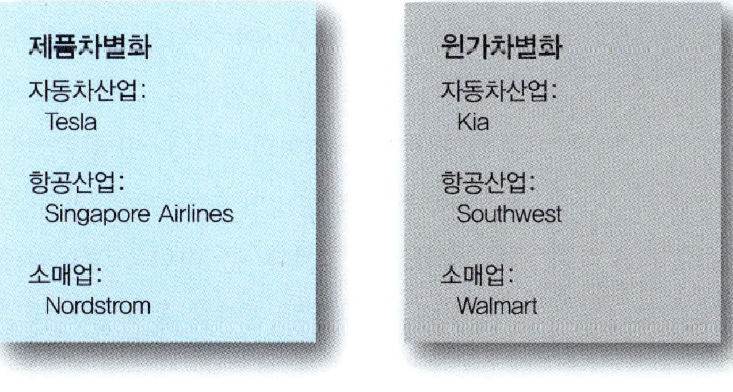

성공적인 재무분석을 위해서는 기업의 경영전략에 대한 확실한 이해가 필요하다. 기업이 얼마나 성공적으로 운영되고 있는지 평가하기 위해 당신은 경영진들이 무엇을 위해 노력하고 있는지를 알 필요가 있다. 당신은 연간재무제표나 10-K, 특히 최고경영자로부터의 서신이나 이사의 경영진단 및 분석의견(MD&A)을 읽음으로써 기업의 경영전략에 대해 많이 배울 수 있을 것이다. 경제지에 소개된 기업에 대한 기사들을 읽는 것 또한 도움이 된다.

The Home Depot의 경영전략은 10-K 보고서에 다음과 같이 묘사되어 있다.

THE HOME DEPOT
실제 자료에서 발췌: 10-K보고서

경영전략

지난 몇 년간 우리는 온-오프라인 연동 소매계획과 밀접하게 연결된 3가지 주요 계획 — 고객서비스, 제품 권위, 체계적인 자본 할당과 생산성 및 효율성 — 으로 구성된 전략적 기초를 꾸준히 유지해왔습니다. 2014 회계연도에 우리는 우리의 고객들에게 온-오프라인 연동 구매경험을 제공하는 우리의 능력을 향상시키는 데 지속적으로 초점을 맞추었습니다. 고객들이 그들이 원하는 방식으로, 그들이 원하는 때, 그들이 원하는 곳에서 물건을 구매하고자 하는 욕구가 커짐에 따라, 우리는 혁신적이고 다양한 제품 선택군을 특징으로 하여 다양한 채널에 걸쳐 유연한 쇼핑경험을 제공하는 것이 미래의 성공에 주된 열쇠가 될 것이라고 생각합니다. 동종 최고의 온-오프라인 연동 소매업자가 되는 것은 온라인 구매와 오프라인 구매 간의 경계가 흐릿해짐에 따라 더 중요해지고 있습니다. 우리의 온-오프라인 연동 소매계획은 오프라인 매장과 온라인 채널의 연결과 자사 고객과의 연결을 강화하는 종합적인 목표와 함께 자사의 장기적 전략적 체계의 3가지 주요 계획을 뒷받침합니다.

이러한 The Home Depot의 전략에 대한 묘사는 우리의 재무분석에 있어서 지침 역할을 한다. 경영진이 무엇을 성취하기 위해 노력하는지에 대해 이해함으로써, 우리는 그들의 목표 달성이 얼마나 잘 이루어졌는지에 대해 보다 효과적으로 평가할 수 있게 된다.

경영진의 공언한 목표를 새겨둠으로써, 우리는 The Home Depot의 재무제표에 포함된 정보에서 보다 깊은 의미를 찾아나갈 수 있을 것이다.

재무제표 분석

학습목표 13-2
재무제표를 분석하는 방식에 대해 논의하기

비교기준 없이 재무정보를 분석하는 것은 유용하지 않다. 예를 들어서, 당신은 작년에 $100만를 벌어들인 기업이 아주 인상 깊게 다가오는가? 당신은 아마 “상황에 따라 달라요”라고 생각할 것이다. $100만의 순이익은 그 전년도에 손실을 봤던 기업에게는 굉장히 좋은 것일 수 있으나, 그 전년도에 $5억의 이익을 벌어들였던 기업에게는 좋지 않은 결과일 수 있다. 그리고 이것은 같은 해에 그 산업의 다른 모든 기업들이 손실을 입었다면 좋은 결과로 간주될 수 있으나, 다른 기업들이 그보다 큰 이익을 벌어들였다면 좋지 않은 결과로 여겨질 수 있다.

당신이 이 간단한 예시를 통해 살펴본 것처럼, 재무적 성과는 그 수치 자체만으로는 평가될 수 없다. 재무제표에 보고된 정보를 적절하게 평가하기 위해서, 당신은 적절한 비교기준을 세워야 한다. 적절한 비교기준을 찾는 일은 판단을 필요로 하고 이것은 항상 쉽지는 않다. 재무분석은 섬세한 작업이고, 기계적인 과정이 아니다.

재무적 비교기준을 세우기 위해서 일반적으로 사용되는 방법으로는 2가지가 있다. 첫 번째는 그 회사의 이전 연도의 기록과 비교하는 것이다. 두 번째는 그 회사의 성과를 같은 시기의 다른 회사들과 비교하는 것이다.

1. **기간별 비교 :** 종종 "시계열 분석(time-series analysis)"이라고 불리는 이러한 분석법에서는 한 기업에 대한 정보가 시간의 흐름에 걸쳐 비교분석된다. 예를 들어, 대부분의 기업에 있어서 성과를 측정하는 주된 지표는 각 연도의 매출의 변화이다. 아래에 나타난 시계열표는 The Home Dept의 매출이 해마다 그 퍼센트에 있어서는 차이가 있지만 대체적으로 상승추세라는 것을 보여준다. 재무제표의 주석은 그 해의 매출의 증가에 대해 이해할 수 있도록 도와준다.

THE HOME DEPOT
실제 자료에서 발췌:
10-K보고서

2014 회계연도의 비교매장 매출액의 증가는 우리의 주요 계획의 실행, 우리의 유지 및 보수 부문의 꾸준한 성과와 미국 주택수리시장의 호전을 포함해 몇 가지 요소들을 반영하는 것이다. 우리의 모든 부문들은 2014 회계연도에 긍정적인 비교매장 매출을 기록했다. 더불어 우리의 비교매장 고객 거래는 2014 회계연도에 3.5% 증가하였으며, 비교매장 평균매출은 전자제품, 온수기와 용역사업 매출성장과 같은 고가상품 구매가 좋은 매출을 냄에 따라 2014 회계연도에 1.8% 증가했다.

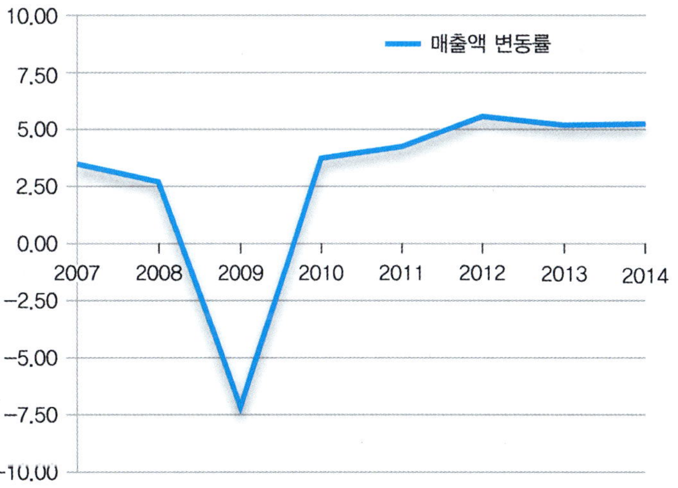

현재와 같은 환경에서 The Home Depot는 점포에서 더 많은 고객들을 받고 있으며, 그러한 고객들은 그들의 평균 구매에 더 많은 돈을 쓰고 있다. 보고된 수치에 대한 이해는 The Home Depot의 경영전략에 대한 이해와 직결된다는 것을 기억해라.

2. **기업간 비교 :** 종종 "횡단면 분석(cross-sectional analysis)"이라고 불리는 이러한 분석법에서는 한 시점에 여러 기업에 대한 정보의 비교가 이루어진다. 우리는 재무적 결과가 종종 산업과 경제전반적 요소들에 의해 영향을 받는다는 것을 보았다. 같은 산업군에 있는 다른 기업들과의 비교를 통해, 분석가는 그 성과에 대한 보다 깊은 통찰을 얻을 수 있다. 예를 들어, 아래의 그래프는 2014 회계연도 동안 The Home Dept와 그와 유사한 규모의 경쟁사 중 하나인 Lowe's의 성과를 비교한 것이다. 총수익률과 매출증가율은 두 기업이 거의 같지만, 매출에서의 순이익률은 The Home Depot가 더 높은데, 이것은 The Home Depot가 보다 효율적인 기업 운영을 하고 있음을 보여준다.

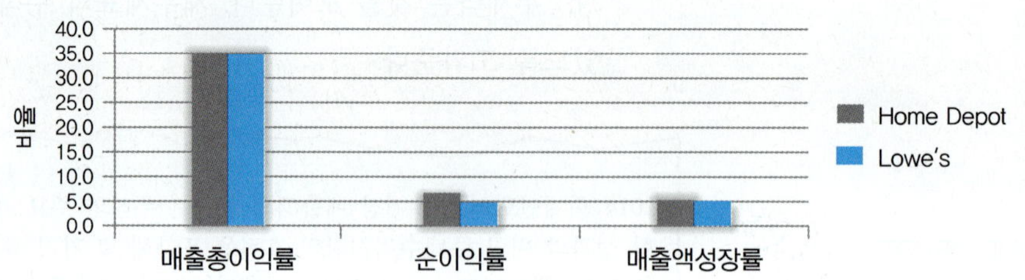

비교할 만한 기업을 찾는 것은 대체로 어렵다. 몇몇 기업들만이 그들의 경쟁사와 완전히 같은 일을 한다. 예를 들어서, American Apparel, Gap, Nordstrom, Target과 Walmart는 모두 의류 소매업자이지만, 모두가 재무분석적 목적으로 비교할만한 기업이 될 수는 없다. 이러한 소매업자들은 상이한 품질의 제품을 제공하고 다른 층의 소비자들을 대상으로 한다.

연방정부는 경제적 데이터의 보고에서 사용할 목적으로 북미산업분류체계(North American Industry Classification System)를 개발하였다. 이 체계는 그 기업운영에 기초하여 각각의 기업에 특정한 산업코드를 부여한다. 분석가들은 종종 이러한 6자리 코드를 비슷한 기업활동을 하는 기업들을 찾기 위해 사용한다. 추가적으로, 당신은 구글 파이낸스나 야후 파이낸스와 같은 다양한 산업군에 걸쳐 많은 재무비율의 평균을 제공하는 많은 온라인 홈페이지들을 사용할 수 있다. 한 산업분류에 속해 있는 기업의 다양성과 비율 계산방법에서 존재할 수 있는 차이 때문에, 이러한 정보는 신중히 사용되어야 한다. 이러한 이유에서, 일부 분석가들은 산업 전반적 비교 대신에 매우 유사한 두 기업들을 비교하는 방법을 선호한다.

요소구성비율과 재무비율 분석

학습목표 13-3
요소구성비율을 계산하고 해석하기

요소구성비율
특정 재무제표에서 각 항목을 단일의 기준금액에 대한 비율로 나타내는 것.

요소구성비율

모든 분석가들은 기업의 재무제표를 분석하기 위해 다양한 도구들을 사용한다. 많이 사용되는 2가지 도구는 요소구성비율(component percentages)과 재무비율 분석(ratio analysis)이다. 요소구성비율은 재무제표에 나타난 각각의 항목을 하나의 기준금액(base amount)의 퍼센트로 나타낸다. 손익계산서에서의 기준금액은 순매출액이다. 손익계산서에서 요소구성비율을 계산하

도표 13.2

Home Depot의 요소구성비율

손익계산서	요소구성비율*		
	2015년 2월 1일	2014년 2월 2일	2013년 2월 3일
	(2014 회계연도)	*(2013 회계연도)*	*(2012 회계연도)*
매출액	100.00 %	100.00 %	100.00 %
매출원가	65.19	65.25	65.43
매출총이익	34.81	34.75	34.57
영업비용 :			
판매비와일반관리비	20.24	21.06	22.08
감가상각비와 무형자산상각비	1.98	2.06	2.10
영업비용 계	22.22	23.12	24.18
영업이익	12.59	11.63	10.39
이자비용 및 기타(이익)비용 :			
이자수익 및 투자수익	(0.41)	(0.01)	(0.03)
이자비용	1.00	0.90	0.85
기타	0.00	0.00	(0.09)
이자 및 기타, 순액	0.59	0.89	0.73
법인세비용차감전순이익	12.00	10.74	9.66
법인세비용	4.37	3.91	3.59
당기순이익	7.63	6.83	6.07

**수치는 반올림되었음.*

기 위해 보고된 각각의 금액은 순매출액에 따라 나눠진다. 재무상태표의 기준금액은 자산총액이다. 재무상태표에서의 요소구성비율을 계산하기 위해 각각의 금액은 자산총액으로 나눠진다.

재무비율 분석
두 가지의 재무제표 금액 간의 비례적인 관계를 측정하는 분석도구.

<도표 13.2>는 The Home Depot의 손익계산서에 대한 요소구성비율 분석을 보여준다. <도표 13.2>에 보고된 비율들은 <도표 13.1>에 드러난 The Home Depot의 손익계산서에 보고된 달러 금액을 가져오고 그것을 순매출액으로 나눔으로써 계산된 것이다. 만약 당신이 손익계산서의 달러 금액들을 단순히 훑기만 했다면, 당신은 아마 중요한 통찰을 놓쳤을 것이다. 예를 들어, 2014 회계연도에 판매관리비는 $2억 3,700만 증가했다. 이러한 증가는 이것이 매출생산성과 비교되기 전까지 영업효율성의 감소를 반영하는 듯 보였다. 요소구성비율 분석은 중요한 통찰을 제공한다. 이 비용 카테고리는 그 기간 동안 매출에서 차지하는 비율이 감소하였다(2013 회계연도에 21.06%에서 2014 회계연도에 20.24%로). 다시 말하자면, The Home Depot는 사실상 판매활동과 같은 선에서 그 판매관리비를 잘 유지한 것이다.

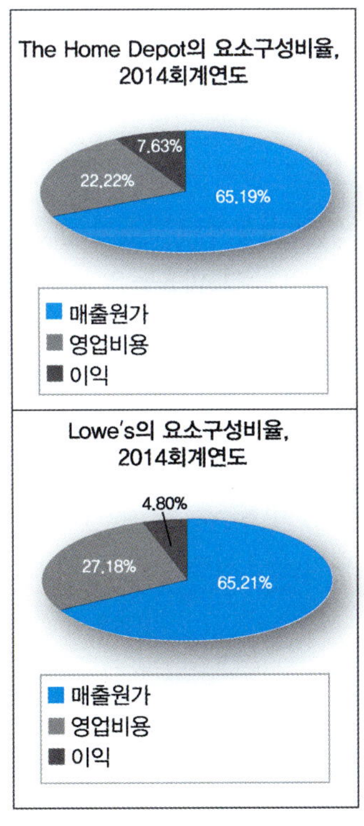

(<도표 13.2>의) 구성요소 분석은 동시에 매출에서의 순이익률이 2012 회계연도부터 2014 회계연도까지 성장했다는 것을 반영한다. 일반적으로, 이것은 The Home Depot가 지난 시간 동안 보다 효율적으로 운영되어 왔음을 반영한다. 당신은 지난 3년간 매출에서의 운영비용 비율의 감소를 분석함으로써 이러한 운영효율성의 향상을 볼 수 있다.

많은 분석가들이 기업 분석을 위해 그래픽 소프트웨어를 사용한다. 그래픽 묘사는 회의나 인쇄물에서 조사결과에 대해 이야기 나눌 때 특히 유용하게 쓰일 수 있다. 옆의 파이그래프는 주요 경쟁자인 Lowe's의 비교가능한 형태의 정보와 함께 <도표 13.2>의 2014년 핵심 정보를 요약해 보여준다.

재무비율 분석

요소구성비율은 비율의 하나이다. 재무비율은 두 값 사이에 비례하는 관계를 간단히 보여준다. 요소구성비율에서 비율의 분자와 분모는 모두 손익계산서나 재무상태표 중 같은 재무제표로부터 나온다. 이것은 사실 그러하지 않다. 예를 들어, 당신이 어떤 기업이 순이익을 창출하기 위해 그 자산을 얼마나 효과적으로 사용하는지 알고자 한다고 가정해보자. 당신이 단지 그 기업이 $50만의 순이익을 낸다는 것만 알고 있다면 이 질문에 답을 하는 것은 어려울 것이다. 이익을 총자산액과 비교하는 것은 추가적인 통찰을 제공한다. 만약 총자산이 $5백만이라면, 이익 대 자산의 관계는 $500,000 ÷ $5,000,000 = 10%이다. 이 방법은 총자산액이 $2억 5,000만일 때 다른 수준의 성과를 나타낼 것이다. 재무비율 분석은 의사결정자들로 하여금 중요한 관계들을 찾아내고 기업들 간에 의미 있는 비교를 하도록 도와준다.

기업의 재무제표를 사용해 계산될 수 있는 많은 비율들 중에서, 분석가들은 주어진 상황에서 유용하게 쓰일 수 있는 것들만 사용한다. 매출원가와 유형자산을 비교하는 것은 둘 사이에 당연히 이루어지는 관계성이 없으므로 의미가 없다. 대신에, 분석가는 종종 널리 사용되는 몇 개의 비율을 계산하고 어떤 추가적인 비율이 어떤 결정과 연관이 있을지를 결정한다. 판매비 중 연구개발비의 비중은 어떤 기업들에 있어서는 크게 중요한 비율이 아닐 수 있으나, 제약회사와 같은 신제품이 중요한 기업을 분석할 때는 유용하게 사용된다.

비율을 계산할 때, 재무제표에 대한 기본적인 사실을 기억해라. 재무상태표 금액은 특정한 시점의 것인 반면 손익계산서 금액은 특정한 기간과 관계있다. 손익계산서 금액과 재무상태표 금액을 비교할 때, 당신은 재무상태표를 기초와 기말 잔액의 평균으로 나타내야 한다. 실제로, 어떤 분석가들은 단순히 기말잔액을 사용하는데, 이러한 접근법은 기초잔액과 기말잔액 간에 큰 차이가 없을 때만 적절할 수 있다. 일관성을 위해 우리는 항상 평균 금액을 사용한다.

재무제표 분석은 많은 판단을 포함한다. 그러므로 모든 비율이 주어진 상황에서 유용한 것은 아니다. 우리는 대부분의 상황에서 적절한 몇 가지 비율에 대해 다룰 것이다. 그 비율들은 <도표 13.3>에 나타난 카테고리 안으로 나누어질 수 있다.[1)]

수익성 비율

학습목표 13-4
수익성 비율을 계산하고 해석하기

수익성은 기업의 전체적인 성공을 판단하는 주요한 척도이다. 수익성 비율(profitability ratios)은 순이익과 이것이 재무제표에 보고된 다른 금액과 비교했을 때 어떤지에 초점을 맞춘다. 자기자본이익률은 널리 사용되는 수익성 판단 척도이다.

1) 다음의 예시들에서 사용된 The Home Depot의 수치들은 <도표 13.1>에 나타난 재무제표에서 발췌한 것이다.

도표 13.3

주로 사용되는 회계 비율들

비율	기본적인 계산*
수익성 비율	
1. 자기자본이익률(ROE)	$\frac{\text{당기순이익}}{\text{평균 자기자본}}$
2. 총자산이익률(ROA)	$\frac{\text{당기순이익}}{\text{평균 총자산}}$
3. 재무레버리지 비율	자기자본이익률 − 자산이익률
4. 매출액순이익률	$\frac{\text{당기순이익}}{\text{순매출액}}$
5. 주당순이익(EPS)	$\frac{\text{당기순이익}}{\text{가중평균유통보통주식수}}$
6. 이익의 질	$\frac{\text{영업활동 현금흐름}}{\text{당기순이익}}$
자산회전율	
7. 총자산회전율	$\frac{\text{순매출액}}{\text{평균 총자산}}$
8. 고정자산회전율	$\frac{\text{순매출액}}{\text{평균 순유형자산}}$
9. 외상매출금회전율	$\frac{\text{순외상매출액}}{\text{평균 순외상매출금}}$
10. 재고자산회전율	$\frac{\text{매출원가}}{\text{평균 재고자산}}$
유동성 비율	
11. 유동비율	$\frac{\text{유동자산}}{\text{유동부채}}$
12. 당좌비율	$\frac{\text{현금 및 현금등가물} + \text{순외상매출금} + \text{시장성 유가증권}}{\text{유동부채}}$
13. 현금비율	$\frac{\text{현금 및 현금등가물}}{\text{유동부채}}$
지급능력 비율	
14. 이자보상배율	$\frac{\text{당기순이익} + \text{이자비용} + \text{법인세비용}}{\text{이자비용}}$
15. 현금보상비율	$\frac{\text{영업활동 현금흐름}}{\text{이자비용 지급액}}$
16. 부채−자본 비율	$\frac{\text{총부채}}{\text{총자기자본}}$
시장성 비율	
17. 주가/이익(P/E)비율	$\frac{\text{주당 시장가격}}{\text{주당순이익}}$
18. 배당수익률	$\frac{\text{주당 배당금}}{\text{주당 시장가격}}$

**우리는 기본적인 계산방법을 제시하였다. 재무분석가들은 때때로 그들이 하려는 분석에 따라 기본적인 계산방법을 조정하기도 한다.*

수익성 비율
이익과 하나 또는 그 이상의 주요 활동들을 비교하는 비율.

1. 자기자본이익률(ROE)

자기자본이익률은 벌어들인 이익과 주주들에 의한 투자를 연관시킨다. 이 비율은 투자자들이 그들이 기업에 투자한 돈에 대하여 수익을 벌어들이기를 원한다는 단순한 사실을 반영한다. 자기자본이익률은 다음과 같이 계산된다.

$$\text{자기자본이익률(ROE)} = \frac{\text{당기순이익}}{\text{평균 자기자본}}$$

$$\text{Home Depot 2014} = \frac{\$6,345}{\$10,922^{*}} = 58.09\%$$

$$\frac{{}^{*}(\$9,322 + \$12,522)}{2} = \$10,922$$

The Home Depot는 주주들의 투자에 대하여 58.09%를 벌어들였다. 이 수치를 또 다르게 해석하자면 평균적으로 2014 회계연도에 The Home Depot의 모든 $1 자본 투자자들에 대해 기업이 58센트를 벌어들였다고 말할 수 있다. 이것이 좋은가 나쁜가? 이 질문에 답하기 위해서, 우리는 58.09%를 The Home Depot의 이전 자기자본이익률과 비교해보거나, 2014 회계연도에 그 경쟁사인 Lowe's의 자기자본이익률이 어땠는지를 비교해보아야 한다. Lowe's의 자기자본이익률은 2014 회계연도에 24.73%였다. 명확하게, The Home Depot가 그 주요 경쟁사보다 더 나은 수익을 벌어들이고 있다.

Justin Sullivan/Getty Images

우리는 2012 회계연도부터 2014 회계연도의 The Home Depot의 자기자본이익률을 분석함으로써 보다 깊은 통찰을 얻을 수 있다.

	2014	2013	2012
ROE	58.09%	35.55%	25.42%

이러한 비교는 자기자본이익률 면에서 보았을 때 The Home Depot의 성과가 꾸준히 향상되고 있음을 나타낸다.

2. 총자산이익률(ROA)

또 다른 수익성 검사법은 수익을 수익 발생을 위해 사용되는 총자산과 비교한다. 총자산이익률은 다음과 같이 계산될 수 있다.

$$\text{총자산이익률(ROA)} = \frac{\text{당기순이익}}{\text{평균 총자산}}$$

$$\text{Home Depot 2014} = \frac{\$6,345}{\$40,232^{*}} = 15.77\%$$

$$\frac{{}^{*}(\$39,946 + \$40,518)}{2} = \$40,232$$

이것은 평균적으로 2014 회계연도에 The Home Depot의 재무상태표에 보고된 자산 $1당 기업이 16센트를 벌어들였음을 나타낸다. Lowe's의 총자산이익률은 8.36%로, The Home Depot의 총자산이익률과 비교했을 때 상대적으로 낮았다. 이러한 비교는 The Home Depot가 Lowe's보다 그 자산을 보다 효과적으로 잘 사용하고 있음을 나타낸다.

어떤 분석가들은 위에 나타난 기본 총자산이익률 공식에서 비율의 분자에 이자비용(세금공제후)을 더하는 방식으로 수정을 한 공식을 사용한다. 이러한 조정을 하는 논리는 비율의 분모가 주주와 채권자 모두로부터 제공된 자원(자산)을 포함하므로, 분자는 두 그룹 모두가 이용 가능한 수익을 포함해야 한다는 것이다. 이자비용은 이전에 순이익의 계산에서 제하였으므로 다시 더해져야 한다. 이러한 조정을 할 때, 이자비용은 세금공제후 값으로 측정된다는 것을 기억해라. 이자비용이 과세 용도로 공제될 수 있기 때문에 세금공제후 금액이 사용되므로, 우리는 채무의 사용과 관련된 절세를 위해 이자비용을 조정할 필요가 있다.

3. 재무레버리지 비율

재무레버리지 비율은 기업의 자기자본이익률이 그 총자산이익률과 다를 때 발생하는 이익이나 손실을 측정한다. 이 비율은 자기자본이익률(ROE)에서 총자산이익률(ROA)을 뺌으로써 계산할 수 있다. 재무레버리지 비율은 기업이 부채를 활용해 부채에 대해 지급하는 이자율을 초과하는 이익을 벌어들였을 때 긍정적인 수치를 띤다. 대부분의 기업이 양(positive)의 레버리지를 가지고 있지만, 그들이 돈을 빌리거나 부적절한 투자를 할 경우 음(negative)의 레버리지를 가질 수도 있다.

재무레버리지 비율은 다음과 같이 계산된다.

$$\text{재무레버리지 비율} = \text{자기자본이익률} - \text{총자산이익률}$$

$$\text{Home Depot 2014} = 58.09\% - 5.77\% = 42.32\%$$

The Home Depot의 재무레버리지 비율은 이 회사가 부채를 빌린 데 대하여 지급하는 것보다 훨씬 더 많은 이익을 그 부채를 통해 벌어들이고 있다는 것을 보여준다. 기업의 재무레버리지 비율은 효과적인 투자(즉, 투자에 대해 높은 이익을 벌어들이는 것)나 효과적인 차입(즉, 낮은 이자율을 내는 것)을 통해 향상될 수 있다는 것을 기억해라.

Lowe's의 재무레버리지 비율(16.37%)은 The Home Depot의 재무레버리지 비율보다 낮다. Lowe's의 자기자본이익률과 총자산이익률이 The Home Depot보다 낮았으므로 이것은 놀라운 일도 아니다.

4. 매출액순이익률

매출액순이익률은 매출액 중 순이익이 차지하는 비율을 반영한다. 이것은 다음과 같이 계산된다.

$$\text{매출액순이익률} = \frac{\text{당기순이익}}{\text{순매출액}}$$

$$\text{Home Depot 2014} = \frac{\$6,345}{\$83,176} = 7.63\%$$

2014 회계연도에 The Home Depot는 매출액 $1당 8센트 이하의 수익을 창출하였다. 이와 대비되게, Lowe's는 매출액 $1당 5센트 이하의 수익을 벌어들였다. 이 수치는 매출액 $1당 Lowe's는 대략 95센트의 비용을 제한 반면 The Home Depot는 대략 92센트의 비용을 제했다는 것을 반영한다.

매출액이익률이 영업효율성을 판단하는 좋은 척도이기는 하지만, 이것은 수익을 벌어들이기 위해 필요한 자원들을 고려하고 있지 않으므로 당신은 이 수치를 단독으로 분석하지 않도록 주의해야 한다. 다른 산업에 속해 있는 기업들의 매출액이익률을 비교하는 것은 매우 어렵다. 예를 들어, 식품산업의 매출액이익률은 낮은 반면 보석산업의 매출액이익률은 높다. 그러나 두 산업 모두 꽤 수익성이 있다고 볼 수 있는데, 왜냐하면 높은 매출액이 낮은 이익률을 보완해줄 수 있기 때문이다. 식료품점은 낮은 매출액이익률을 가지나, 그들은 비교적 저렴한 상점과 재고자산으로부터 높은 매출액을 창출해낸다. 보석가게가 각 달러에 대해 비교적 더 많은 이익을 벌어들이기는 하지만, 그들은 고급스러운 매장에 큰 투자를 해야 하고 아주 비싼 재고품을 갖는다.

매출액이익률과 매출액 간의 균형은 단순한 말로 설명할 수 있다. 당신은 $1,000,000에 대해 5%의 이익을 취할 것인가, $100,000에 대해 10%의 이익을 취할 것인가? 이처럼 더 높은 매출액이익률이 벌어들이는 달러 총액 면에서 항상 더 나은 결과를 내는 것은 아니다.

5. 주당순이익(EPS)

주당순이익비율은 유통보통주식수에 기초한 투자수익률의 판단 척도이다. 주당순이익은 다음과 같이 계산된다.

$$\text{주당순이익(EPS)} = \frac{\text{당기순이익}}{\text{가중평균유통보통주식수}}$$

$$\text{Home Depot 2014} = \frac{\$6,345}{1,338} = \text{주당 } \$4.74$$

당신은 기업의 손익계산서의 아래쪽(<도표 13.1>을 보라)에서 가중평균유통보통주식수에 대해 알 수 있다. 주당순이익은 아마 가장 널리 보고되는 단일 비율일 것이고, GAAP이 요구하는 유일한 재무비율이다. 재무분석가는 그들의 주당순이익 추정치를 내며, 실질 주당순이익과 추정치가 다를 경우 기업의 주가는 크게 변동될 수 있다.

6. 이익의 질

일부 회계절차가 더 높은 이익을 보고하는 데 사용될 수 있기 때문에 대부분의 재무분석가들은 기업의 이익의 질에 대해 관심을 갖는다. 예를 들어, 후입선출법과 감가상각자산에 대한 짧은 내용연수를 사용하는 기업은 선입선출법과 그보다 긴 내용연수를 사용하는 다른 기업보다 낮은 이익을 보고할 것이다. 기업의 이익의 질을 평가하는 한 가지 방법은 다음과 같이 회계이익과 영업활동 현금흐름을 비교하는 것이다.

$$\text{이익의 질} = \frac{\text{영업활동 현금흐름}}{\text{순이익}}$$

$$\text{Home Depot 2014} = \frac{\$8,242}{\$6,345} = 1.30$$

일반적으로 경험상 1보다 큰 이익의 질은 높은 질의 이익을 나타내는 것으로 간주되는데, 이것은 이익 1달러가 현금흐름 1달러 혹은 그 이상으로부터 지원받고 있기 때문이다. 1 이하의 비율은 낮은 질의 이익을 나타낸다.

투자자문회사 Jefferson Research의 연구보고서는 The Home Depot의 이익의 질에 대해 다음과 같이 다뤘다.

THE HOME DEPOT
실제 자료에서 발췌:
Jefferson Research

> 이익의 질은 오랜 기간 분석의 대상이 되어 왔으며, 투자자들에게 기업의 가치와 미래 전망을 판단하는 척도로 여겨졌다. 기업은 회계이익을 증가시키는 일부 항목들을 포함하고 있을 수 있으며 종종 이익을 뒷받침하는 현금흐름의 액수는 더 적을 수 있다. Jefferson은 Home Depot의 현재 경영기반을 보다 정확하게 반영할 수 있는 조정된 회계이익을 찾기 위해 이러한 종류의 항목들과 그 외 다른 변칙들을 소성했다. 회계이익은 이익의 질을 측정하기 위한 수단으로서 Jefferson의 조정회계이익과 함께 비교되었다. 더불어 측정된 것은 수익을 뒷받침하는 현금흐름의 크기이다.

PAUSE FOR FEEDBACK

SELF-STUDY QUIZ

우리는 몇 가지 수익성 판단 척도들에 대해 다뤘다. 다음에 우리는 자산회전율에 대해 다룰 것이다. 다음으로 넘어가기 전에, 우리가 앞에서 다룬 개념들을 잘 이해하고 있는지 확인하기 위해 다음 질문들에 답하시오.

다음 비율들을 어떻게 계산하는지 보여주시오.

1. 자기자본이익률 =
2. 총자산이익률 =
3. 매출액순이익률 =

해설

1. $\text{자기자본이익률} = \frac{\text{당기순이익}}{\text{평균 자기자본}}$
2. $\text{총자산이익률} = \frac{\text{당기순이익}}{\text{평균 총자산}}$
3. $\text{매출액순이익률} = \frac{\text{당기순이익}}{\text{순매출액}}$

자산회전율

학습목표 13-5
자산회전율을 계산하고 해석하기

자산회전율
기업이 자산을 얼마나 효율적으로 사용하는지 나타내는 비율.

자산회전율(asset turnover ratios)은 기업이 얼마나 그 자산을 효율적으로 사용하고 있는지를 보여주는 데 초점을 맞춘다. 예를 들어, 상품을 매입하고 판매하는 것은 많은 기업들에 있어서 주요 활동이라고 할 수 있다. 재고자산회전율은 분석가가 기업이 그 재고자산을 판매할 능력을 평가할 수 있도록 도와준다. 또 다른 예시는 외상매출금회전율로, 이것은 분석가들이 기업이 그 외상매출금을 회수할 수 있는 능력을 평가하는 데 도움을 준다. 이것과 다른 자산회전율에 대한 내용이 다음에서 다루어질 것이다.

7. 총자산회전율

총자산회전율은 기업이 수익을 창출하기 위해 그 자산을 얼마나 잘 사용하였는가를 보여준다. 이 비율은 다음과 같이 계산된다.

$$\text{총자산회전율} = \frac{\text{순매출액}}{\text{평균 총자산}}$$

$$\text{Home Depot 2014} = \frac{\$83,176}{\$40,232^*} = 2.07$$

$$\frac{^*(\$39,946 + \$40,518)}{2} = \$40,232$$

2.07의 총자산회전율은 평균적으로 The Home Depot의 재무상태표에 보고된 자산 $1당 $2.07의 수익을 창출했음을 의미한다. Lowe's의 총자산회전율은 1.74이다. 두 수치를 비교하였을 때, 수익 창출을 위한 자산 활용 측면에서 The Home Depot가 Lowe's보다 더 효과적인 운영을 하고 있다는 것을 알 수 있다. 아래의 표에서 볼 수 있듯이, The Home Depot는 2012 회계연도부터 2014 회계연도까지 그 총자산회전율을 향상시켜왔다.

	2014	2013	2012
총자산회전율	2.07	1.93	1.83

8. 고정자산회전율

총자산회전율이 기업이 수익 창출을 위해 전체 자산을 얼마나 잘 사용하고 있는지를 보여준다면, 고정자산회전율은 더 세세한 측면에서 기업이 수익 창출을 위해 자사가 보유하고 있는 **고정자산**(fixed assets)을 얼마나 잘 사용하고 있는지에 초점을 맞춘다. 고정자산은 유형자산과 동의어이다. 이 비율은 다음과 같이 계산된다.

$$\text{고정자산회전율} = \frac{\text{순매출액}}{\text{평균 순고정자산}}$$

$$\text{Home Depot 2014} = \frac{\$83,176}{\$23,034^*} = 3.61$$

$$\frac{^*(\$22,720 + \$23,348)}{2} = \$23,034$$

2014 회계연도에 Lowe's의 고정자산회전율은 2.75이다. 또 The Home Depot의 비율이 더 높은데, 이것은 The Home Depot가 수익 창출을 위한 고정자산 활용 측면에 있어서 보다 효율성이 높다는 것을 나타낸다. Lowe's가 고정자산에 투자한 금액 $1당 고작 $2.75의 매출액만을 창출할 수 있었던 데 반해, The Home Depot는 고정자산에 투자한 금액 $1당 $3.61의 매출액을 창출할 수 있었던 것이다.

9. 외상매출금회전율

외상매출금을 유효하게 회수하는 것은 기업에 있어서 매우 중요하다. 분석가들은 이것을 알고 있기 때문에 기업의 외상매출금회전율에 매우 집중한다. 외상매출금회전율은 다음과 같이 계산된다.

$$\text{외상매출금회전율} = \frac{\text{순외상매출}^*}{\text{평균 순외상매출금}}$$

$$\text{Home Depot 2014} = \frac{\$83,176}{\$1,441^{\dagger}} = 57.72\text{회}$$

$$\frac{^{\dagger}(\$1,484 + \$1,398)}{2} = \$1,441$$

**순외상매출액이 별도로 보고되지 않은 경우 (일반적인 경우), 총순매출액을 근사값으로 사용하라.*

높은 외상매출금회전율은 기업이 한 해 동안 그 외상매출금을 여러 번 회수하고 있다는 것을 보여준다. The Home Depot는 평균적으로 1년에 57번 이상 그 외상매출금을 회수한다. 낮은 신용을 가진 고객에게 신용판매를 하는 것과 효과적이지 않은 회수 노력은 낮은 외상매출금회전율을 야기할 수 있다. 아주 낮은 외상매출금회전율은 명백히 문제이지만, 아주 높은 외상매출금회전율 또한 문제가 될 수 있는데 이것이 매출액과 이익의 손실을 야기할 수 있는 지나치게 엄격한 신용정책을 가지고 있음을 나타내기 때문이다.

외상매출금회전율은 종종 **평균 외상매출금회수기간**(average days to collect)으로 알려진 시간 기준 형태로 변형된다. 계산법은 다음과 같다.

$$\text{평균 외상매출금회수기간} = \frac{\text{1년의 일수}}{\text{외상매출금회전율}}$$

$$\text{Home Depot 2014} = \frac{365}{57.72} = 6.32\text{일}$$

The Home Depot의 평균 외상매출금회수기간은 이 회사가 외상매출금을 회수하는 데 평균적으로 6일이 걸린다는 것을 의미한다. 외상매출금회전율이 일반적으로 유용한 통찰을 제공하기는 하지만, The Home Depot의 외상매출금회전율은 그다지 의미 있지 않다. The Home Depot가 그 신용고객으로부터 6일 안에 현금을 수취할 거라고는 매우 믿기 힘들다. 왜냐하면 우리는 The Home Depot의 외상매출액을 몰라 그 근사값으로서 총매출액을 사용했기 때문이다. 이러한 경우에 근사값은 적절한 것으로 볼 수 없다. 대부분의 고객은 마스터카드나 비자카드와 같은

Scott Olson/Getty Images

은행신용카드를 사용한다. The Home Depot의 경우에 은행신용카드를 포함한 매출거래는 현금판매로 기록되는데, 신용카드회사가 The Home Depot에 빠르게 현금을 전송하고 그 이후에 고객들로부터 현금을 수취하는 역할을 맡고 있기 때문이다. 결과적으로 The Home Depot의 많은 매출은 사실상 현금매출이며, 이것은 총매출액이 외상매출액의 적절한 대리값이라는 가정이 틀렸다는 것이다. 이러한 상황은 재무비율 분석이 단순한 숫자계산 그 이상의 것을 포함하고 있다는 것을 나타낸다. 분석가들은 그들의 기업에 대한 이해에 기초하여 재무비율 분석 결과들을 평가해야 한다.

10. 재고자산회전율

외상매출금회전율과 마찬가지로 재고자산회전율은 영업효율성의 판단 척도이다. 이것은 다음과 같이 계산된다.

$$\text{재고자산회전율} = \frac{\text{매출원가}}{\text{평균 재고액}}$$

$$\text{Home Depot 2014} = \frac{\$54,222}{\$11,068^*} = 4.90\text{회}$$

$$\frac{^*(\$11,079 + \$11,057)}{2} = \$11,068$$

기업이 일반적으로 재고가 팔릴 때마다 수익을 인식하기 때문에, 이 비율의 상승은 종종 긍정적으로 여겨진다. 하지만 이 비율이 지나치게 높다면, 이것은 사람들이 원하는 제품들이 재고로 있지 않기 때문에 매출을 올리지 못했다는 것을 나타낼 수 있다. 기업은 재고 보관비용과 매출을 얻지 못함으로써 생길 수 있는 비용 간의 균형을 잘 맞추어야 한다.

평균적으로 The Home Depot의 재고는 1년에 4.9번 채워지고 고객들에 대한 판매가 이루어진다. 재고자산회전율은 The Home Depot의 경영전략 때문에 이 회사에 있어서 중요하게 작용한다. 이 회사가 고객이 원하는 바로 그 제품을 고객이 원할 때 경쟁력 있는 가격에 제공할 수 있길 원하기 때문이다. Lowe's의 재고자산회전율은 4.07이다. 그동안 The Home Depot는 재고자산 관리 측면에 있어서 Lowe's보다 더 이점을 누려왔다. The Home Depot의 재고자산 관리에 있어서의 효율성은 Lowe's와 비교했을 때 재고를 가져가는 데 있어서 더 적은 돈만을 투입해도 된다는 것을 의미한다.

재고자산회전율은 산업마다 상당히 다르다. 식품산업에 속해 있는 기업들(식료품점과 레스토랑)은 재고의 가치하락이 빠르기 때문에 높은 재고자산회전율을 가진다. 비싼 상품을 판매하는 기업들(자동차회사와 명품의류)은 재고의 판매는 자주 발생하지 않지만, 고객들이 그들이 그 상품을 구입하고자 할 때 많은 선택권을 가지기를 원하기 때문에 훨씬 낮은 회전율을 갖는다.

외상매출금회전율과 마찬가지로, 재고자산회전율 또한 시간을 기초로 한 공식으로 변형되어 사용된다. 공식은 다음과 같다.

$$\textbf{평균 재고자산회전일수} = \frac{\textbf{1년의 일수}}{\textbf{재고자산회전율}}$$

$$\text{Home Depot 2014} = \frac{365}{4.90} = 74.49\text{일}$$

영업주기 분석을 위한 비율의 사용

제3장에서 우리는 기업의 영업주기 개념에 대해 소개했는데, 이것은 기업이 그 공급자들에게 현금을 지급하고, 물건을 고객들에게 판매하여 고객들로부터 현금을 수취하는 데 걸리는 시간이다. 영업주기는 기업의 현금필요성을 평가하는 데 도움을 주며 영업효율성을 판단할 수 있는 유용한 지표이기 때문에 분석가들은 영업주기에 관심을 갖는다.

대부분의 기업에서 영업주기는 3가지 뚜렷한 단계를 포함한다. 재고자산의 획득, 재고자산의 판매와 고객으로부터의 현금 수취이다. 우리는 기업의 영업주기를 평가할 때 유용한 몇 가지 비율에 대해서 다뤘다.

비율*	영업활동
외상매입금회전율	재고자산의 구매
재고자산회전율	재고자산의 판매
외상매출금회전율	고객으로부터의 현금 회수

우리는 제9장에서 외상매입금회전율에 대해 다루었다. 재고자산회전율과 외상매출금회전율은 이 장에서 다룬다.

각각의 비율들은 영업활동을 완료하기 위해 소요되는 평균 일수를 측정한다. 우리는 이미 The Home Depot에 필요한 비율 2개를 계산하였으므로, 외상매입금회전율만 계산한다면 이 회사의 영업주기를 분석할 수 있을 것이다.

$$\textbf{외상매입금회전율} = \frac{\textbf{매출원가}}{\textbf{평균 외상매입금}}$$

$$\text{Home Depot 2014} = \frac{\$54,222}{\$5,802^{*}} = 9.35\text{회}$$

$$\frac{^{*}(\$5,807+\$5,797)}{2} = \$5,802$$

$$\textbf{평균 외상매입금지불일수} = \frac{\textbf{1년의 일수}}{\textbf{외상매입금회전율}}$$

$$\text{Home Depot 2014} = \frac{365}{9.35} = 39.04\text{일}$$

The Home Depot가 영업주기의 각각의 단계를 마치는 데 소요한 일수는 다음과 같다.

비율	일수
평균 외상매입금지불일수	39.04일
평균 재고자산회전일수	74.49일
평균 외상매출금회수일수	6.32일

영업주기의 각 단계를 분석하는 것은 기업이 필요로 하는 현금의 액수를 알아내는 데 도움을 준다. The Home Depot는 평균적으로 재고자산을 획득하고 39일 후에 그에 대한 비용을 지불한다. 평균적으로 그 재고자산을 판매하고 고객으로부터 현금을 수취하는 데는 81일(74.49+6.32)이 소요된다. 그러므로 The Home Depot는 기업이 공급자에게 비용을 지급하는 시기와 고객으로부터 현금을 수취하는 시기 사이의 42일(81일−39일)간의 영업활동에 현금을 투자해야 한다. 기업은 공급자에게 비용을 제공하는 시기와 고객으로부터 현금을 수취하는 시기 사이의 기간을 최소화하고자 하는데, 이것이 현금을 다른 생산적 목적에 쓸 수 있게 하기 때문이다. The Home Depot는 채권자에게 느리게 비용을 지급하거나 재고자산을 회전하는 속도를 높임으로써 이 기간을 줄일 수 있다.

Financial Analysis

듀퐁 모형(DuPont Model)

듀퐁 모형은 우리가 앞에서 다뤘던 몇 개의 비율들을 모두 사용하여 이 비율들이 서로 얼마나 관계 있는지를 보여준다. 이 모형은 다음과 같다.

$$\text{자기자본이익률} = \text{매출액순이익률} \times \text{총자산회전율} \times \text{재무레버리지 비율}$$

$$\frac{\text{당기순이익}}{\text{평균 자기자본}} = \frac{\text{당기순이익}}{\text{순매출액}} \times \frac{\text{순매출액}}{\text{평균 총자산}} \times \frac{\text{평균 총자산}}{\text{평균 자기자본}}$$

수학적으로 위의 공식의 오른쪽에 있는 같은 항목들을 지우는 것은 오른쪽과 왼쪽변이 동일하다는 것을 보여준다. 듀퐁 모형의 오른쪽에 대한 추가적인 정보를 분석하는 것은 분석가로 하여금 단순히 자기자본이익률을 분석할 때보다 기업의 수익성에 대해 더 값진 이야기를 들을 수 있게 만들어준다. 예를 들어, 기업은 순이익률을 높이거나 그 회사의 자산을 기초로 창출되는 수익을 증가시키는 방법을 통해 자기자본이익률을 증가시킬 수 있다. 또한 기업은 자금을 빌리고 그것을 빌린 비용을 초과하는 수익을 내는 곳에 투자함으로써 주주들에게 더 많은 수익을 얻게 해줄 수 있다. 이러한 지렛대효과는 재무레버리지 비율로 확인할 수 있다.

듀퐁 모형은 기업의 활동을 평가할 수 있는 유용한 방법이다. 이것을 이해하는 것은 다른 비율들 간의 관계를 이해하는 데도 도움을 줄 것이다. 예를 들어, 순이익률과 총자산회전율을 곱하면 기업의 총자산이익률을 알 수 있다.

유동성 비율

학습목표 13-6
유동성 비율을 계산하고 해석하기

유동성 비율
회사가 유동부채를 상환할 수 있는 능력을 측정하는 비율.

유동성(liquidity)은 단기 의무를 충족시킬 수 있는 기업의 능력을 보여준다. 대부분의 단기 의무들이 유동자산을 통해 지불되기 때문에, 유동성 비율(liquidity ratios)은 유동자산과 유동부채 간의 관계에 초점을 맞춘다. 유동부채 지불 능력은 기업의 단기 자본력을 평가하는 중요한 지표이다. 이 부분에서 우리는 유동성을 알아보기 위해 사용되는 3가지 비율인 유동비율, 당좌비율과 현금비율에 대해 다룰 것이다.

11. 유동비율

유동비율은 특정한 날에 기업이 보유하고 있는 총유동자산을 활용해 총유동부채를 얼마나 충당할 수 있는지를 측정한다. 이것은 다음과 같이 계산된다.

$$\text{유동비율} = \frac{\text{유동자산}}{\text{유동부채}}$$

$$\text{Home Depot 2014} = \frac{\$15{,}302}{\$11{,}269} = 1.36$$

1보다 큰 비율은 기업이 보유하고 있는 유동자산이 그 유동부채를 감당하기에 충분하다는 것을 보여준다. 만약 기업의 유동비율이 1보다 적다면, 분석가들은 그 기업이 그 단기의무를 어떻게 충족시킬 것인지 알고자 할 것이다. 2014 회계연도 말에 The Home Depot는 유동부채 $1.00당 $1.36의 유동자산을 가지고 있었다. 대부분의 분석가들은 이 수치가 꽤 크다고 평가할 것이다.

유동비율을 적절하게 사용하기 위해, 분석가들은 기업의 사업 유형에 대해 이해하고 있어야 한다. 많은 제조회사들이 그들이 보유하고 있는 재고의 크기를 최소화하기 위해 체계적인 시스템을 개발하고 있다. **재고 적시생산**(just-in-time inventory)이라고 불리는 이러한 시스템은 그들이 필요로 할 때 바로 재고품을 받을 수 있도록 하기 위해 고안되었다. 이 시스템이 제조과정에서 유용하게 쓰이고 있기는 하지만, 이것이 소매업에서도 유용한 것은 아니다. 고객은 그들이 원할 때 상점에서 그 물건을 찾을 수 있기를 바라고, 고객의 소비행동을 정확히 예측하는 것이 어렵다는 것은 알려진 사실이다. 결과적으로, 대부분의 소매업자들은 많은 재고품들을 보유하고 있어야 하므로 비교적 높은 유동비율을 가진다. 일례로, The Home Depot는 상점에 40,000가지의 물품을 재고로 보유한다.

최적의 유동비율은 그 회사가 운영되고 있는 사업환경에 따라 다르다. 만약 현금흐름이 예측 가능하고 안정적이라면, 유동비율은 1보다도 낮을 수 있다. 예를 들어, 건실하고 회계적으로 보수적인 Procter & Gamble은 0.94의 유동비율을 가진다. 현금흐름의 변동이 심한 경우에는 더 높은 유동비율이 바람직하다.

분석가들은 기업의 유동비율이 같은 산업에 속해 있는 다른 기업과 비교했을 때 높은 편인지에 관심을 갖는다. 재고자산이나 외상매출금에 지나치게 많은 돈을 묶어두는 기업은 비효율적인 운영을 하는 것이라고 볼 수 있다. 현금이 아닌 유동자산이 현재 의무를 충족시키는 데 현금을 사용되기 전에 현금으로 바뀌어야 한다는 것을 기억하는 것 또한 중요하다.

12. 당좌비율

Erik S. Lesser/Bloomberg/Getty Images

당좌비율은 유동비율보다 더 엄격하게 단기유동성을 측정하는 방법이다. 당좌비율은 **현금과 현금등가물**(cash and near-cash assets)로 정의되는 당좌자산을 유동부채와 비교한다. 당좌자산은 현금, 순외상매출금과 시장성 유가증권을 포함한다. 재고자산은 당좌자산에 포함되지 않는데, 판매를 통해 현금흐름이 창출되는 시기가 불명확하기 때문이다. 선급비용 또한 당좌자산에서 제외된다. 당좌비율은 다음과 같이 계산된다.

$$\text{당좌비율} = \frac{\text{현금 및 현금등가물} + \text{순외상매출금} + \text{시장성 유가증권}}{\text{유동부채}}$$

$$\text{Home Depot 2014} = \frac{(\$1{,}723 + \$1{,}484 + \$0)}{\$11{,}269} = 0.28$$

당좌비율은 현금으로 빠르게 전환될 수 있는 기업의 유동성이 매우 높은 자산이 유동부채를 충당하기에 충분한지를 평가하는 척도이다. The Home Depot는 유동부채 $1.00마다 28센트의 현금 및 현금등가물을 가지고 있다. 이러한 수치는 소매업 분야에서 일반적인 것이며 The Home Depot가 그 영업활동으로부터 창출하는 엄청난 액수의 현금(82억 달러)을 고려했을 때 꽤 긍정적인 것으로 볼 수 있다. 대조적으로, Lowe's의 당좌비율은 상당히 낮다(0.06).

13. 현금비율

현금은 기업의 생명줄이다. 기업은 현금 없이 직원들에게 임금을 지급하거나 채권자에 대한 의무를 수행할 수 없다. 수익성 있는 기업 또한 충분한 현금 없이는 파산할 수 있다. 사용 가능한 현금의 적절성을 판단하는 하나의 방법인 **현금비율**(cash ratio)은 다음과 같이 계산된다.

$$\text{현금비율} = \frac{\text{현금 및 현금등가물}}{\text{유동부채}}$$

$$\text{Home Depot 2014} = \frac{\$1{,}723}{\$11{,}269} = 0.15$$

2014 회계연도에 Lowe's의 현금비율은 0.05로, The Home Depot의 0.15보다 상당히 낮았다. The Home Depot의 현금비율은 이 회사가 유동부채 $1.00당 15센트의 사용 가능한 현금을 수중에 가지고 있다는 것을 나타낸다. 분석가들이 이 수치에 관심을 기울일까? 그럴 것 같지는 않다. The Home Depot의 유동부채 전부가 당장 지급되어야 하는 것은 아니라는 것을 기억해라. 따라서 어떤 시점에 가지고 있는 모든 단기의무를 충족시키기에 충분한 현금을 수중에 가지고 있을 필요는 없다. 더 큰 맥락에서, The Home Depot의 현금흐름표는 이 기업이 영업활동으로부터 $82억의 현금을 창출했다는 것을 보여준다. 결과적으로, The Home Depot는 어떤 유동부채 의무를 수행해야 할 때 그것을 지불하기에 충분한 현금을 가지고 있을 확률이 매우 높다. 많은 분석가들은 지나친 현금을 보유하고 있는 것은 종종 경제적이지 않으므로 현금비율이 너무 높을

필요는 없다고 믿는다. 대신에 그 현금을 생산적 자산이나 부채를 줄이는 데 투자하는 것이 훨씬 낫다.

STOP PAUSE FOR **FEEDBACK**

SELF-STUDY **QUIZ**

우리는 몇 가지 유동성 측정 척도에 대하여 다뤘다. 다음에 우리는 지불여력비율에 대해 배울 것이다. 다음으로 넘어가기 전에, 우리가 지금까지 다뤘던 개념들을 당신이 잘 이해하고 있는지 점검하기 위해 다음 문제들을 풀어보시오.

다음 비율들을 어떻게 계산하는지 보여주시오.

1. 유동비율 =
2. 당좌비율 =
3. 현금비율 =

해설

1. 유동비율 = $\frac{\text{유동자산}}{\text{유동부채}}$

2. 당좌비율 = $\frac{\text{현금 및 현금등가물} + \text{순외상매출금} + \text{시장성 유가증권}}{\text{유동부채}}$

3. 현금비율 = $\frac{\text{현금 및 현금등가물}}{\text{유동부채}}$

지급능력 비율

학습목표 13-7
지급능력 비율을 계산하고 해석하기

지급능력 비율
회사가 장기부채를 상환할 수 있는 능력을 측정하는 비율.

지급능력은 장기의무를 충족시킬 수 있는 기업의 능력이다. 지급능력 비율(solvency ratios)은 이 능력을 측정하며 이자보상배율, 현금보상비율과 부채비율을 포함한다.

14. 이자보상배율

이자 지급은 고정된 의무이다. 기업이 지급해야 하는 이자를 지불하는 데 실패하면, 채권자는 그 기업을 파산에 이르도록 압력을 행사할 수 있다. 이자 지불의 중요성 때문에 분석가들은 종종 이자보상배율(times interest earned)이라고 불리는 비율을 계산한다.

$$\text{이자보상배율} = \frac{\text{순이익} + \text{이자비용} + \text{법인세비용}}{\text{이자비용}}$$

$$\text{Home Depot 2014} = \frac{(\$6,345 + \$830 + \$3,631)}{\$830} = 13.02 \text{ Times}$$

이자보상배율은 주어진 기간에 이자를 지급하는 데 사용할 수 있는 수익과 같은 기간 기업의 이자지급의무를 비교한다. 이자비용과 법인세비용은 분자에 다시 더해지는데, 이 금액들이 이자비용을 지급하는 데 사용될 수 있기 때문이다. 이자보상배율은 채권자 보호의 폭을 보여준다. 2014 회계연도에 The Home Depot는 이자비용 $1.00당 $13.02의 수익을 창출했는데, 높은 이자보상배율은 채권자들이 안전한 상태에 있음을 나타낸다.

어떤 분석가들은 이자보상배율이 결함이 있다고 믿는데, 이자비용이 현금으로 지급되지 순이익으로 지급되는 것이 아니기 때문이다. 이런 분석가들은 현금보상비율을 사용하는 것을 택한다.

15. 현금보상비율

이자 지급에 필요한 현금을 수중에 가지고 있는 것의 중요성을 고려하였을 때, 많은 분석가들이 현금보상비율을 사용하는 이유를 쉽게 이해할 수 있다. 현금보상비율(cash coverage ratio)은 다음과 같이 계산된다.

$$\text{현금보상비율} = \frac{\text{영업활동 현금흐름}}{\text{지급이자}}$$

$$\text{Home Depot 2014} = \frac{\$8,242}{\$782} = 10.54\ \text{Times}$$

The Home Depot의 현금보상비율은 이 회사가 지급이자 $1.00당 $10.54의 현금을 창출했다는 것을 보여주는데, 이것은 매우 높은 수치이다. 일부 분석가들은 기본 현금보상비율 공식을 분자에 지급이자와 지급법인세를 다시 더하는 식으로 수정해 사용한다. 이러한 금액은 <도표 13.1>에 나타난 The Home Depot의 경우와 같이 일반적으로 해당 기업 현금흐름표의 하단에 각기 공개되어 있다.

16. 부채비율

부채비율(debt-to-equity ratio)은 자본 대비 기업의 부채가 차지하고 있는 비율을 나타낸다. 이것은 다음과 같이 계산된다.

$$\text{부채비율} = \frac{\text{부채총액}}{\text{자본총액}}$$

$$\text{Home Depot 2014} = \frac{\$30,624}{\$9,322} = 3.29$$

2014 회계연도에 The Home Depot는 자본 $1.00당 $3.29의 부채를 가지고 있었다. 이때 Lowe's의 부채비율은 2.19였다.

기업이 이자비용을 지급하기에 충분한 수익을 벌어들이지 못했더라도 부채에 대한 이자 지급은 이루어져야 하므로 부채는 기업에 있어서 굉장히 위험성이 있다. 대조적으로, 배당금 지급은 언제나 기업의 재량이고 이사회에 의해 선언되기 전까지 법적으로 강제할 수 없다. 그래서 자기자본은 부채보다 계약된 금액 지불과 관련이 적다.

부채와 관련된 위험성에도 불구하고, 앞에서 다뤘던 재무레버리지의 이점 때문에 대부분의 기업들이 채권자로부터 상당한 양의 자원을 조달한다. 더불어, 이자비용은 기업의 법인세 신고에서 공제될 수 있는 비용이다. 부채와 동반되는 계약의무에 반하는 이러한 이점들에 무게를 두는 것은 기업이 부채와 자기자본조달을 함께 사용하는 결과를 가져온다. 분석가들은 이러한 혼합체를 부채비율을 계산함으로써 평가한다.

시장비율

학습목표 13-8
시장비율을 계산하고 해석하기

시장비율
회사 주식의 현재 주가를 주주에게 발생한 수익에 관련시키는 비율.

종종 시장비율(market ratios)이라고 불리는 몇 가지 비율은 기업의 현재 주가를 주주들 앞으로 누적되는 수익과 관련시킨다. 분석가들은 이러한 비율로부터 도움을 받곤 하는데, 이것이 기업에 대한 주주의 투자의 현재가치에 기초하고 있기 때문이다.

17. 주가/이익(P/E) 배수

주가/이익 배수는 기업의 현재 시장주가와 그 주당순이익 간의 관계를 측정한다. 2014 회계연도 말에 The Home Depot의 주식은 주당 \$104.43에 거래되었다. 2014 회계연도의 주당순이익은 \$4.74였다. 이 정보를 활용하여 우리는 The Home Depot의 주가/이익 배수를 다음과 같이 계산할 수 있다.

$$\text{주가/이익 배수} = \frac{\text{주당 시장가격}}{\text{주당순이익}}$$

$$\text{Home Depot 2014} = \frac{\$104.43}{\$4.74} = 22.03$$

이러한 주가/이익 배수는 The Home Depot의 주식이 그 주당순이익의 22배가 넘는 가격에 판매되고 있다는 것을 보여준다. 주가/이익 배수는 기업의 미래전망에 대한 주식시장의 평가를 반영한다. 높은 주가/이익 배수는 수익이 급격히 성장할 것으로 기대된다는 의미이다. Lowe's의 주가/이익 배수는 25.00이다. The Home Depot와 Lowe's의 주가/이익 배수는 시장이 그들이 미래에도 좋은 성과를 낼 것으로 기대하고 있다는 것을 나타낸다.

경제학적으로 주식의 가치는 기업의 미래수익의 현재가치를 계산함으로써 결정된다. 그러므로 미래에 수익이 증가할 것으로 예상되는 기업은 미래에 수익을 성장시킬 수 없는 기업보다 더 큰 가치를 갖는다(다른 조건들이 동일하다고 가정한다). 높은 주가/이익 배수와 좋은 미래전망이 긍정적인 것으로 여겨지기는 하지만, 여전히 위험성은 존재한다. 높은 주가/이익 배수를 가진 기업이 시장이 기대하는 수익 수준을 달성하지 못할 때, 그것이 해당 기업의 주식에 미치는 부정적인 영향은 엄청날 것이다.

18. 배당수익률

투자자가 주식을 구매할 때, 그들은 배당이나 가격상승을 통해 그들의 투자에 대한 수익을 벌어들일 수 있다. 배당수익률은 자본의 가치변동이 없는 경우의 투자수익, 다시 말해 오직 기업이 지급하는 배당금을 통해서 얻는 수익만을 반영한다. 모든 기업이 그들의 손익계산서나 현금흐름표에 그들이 주당 지급하는 현금배당금을 보고하는 것은 아니므로, 당신은 그 정보를 찾기 위해 10-K를 살펴보아야 할 것이다. The Home Depot는 2014 회계연도에 주당 $1.16의 배당금을 지급하였다. 2014 회계연도 말에 이 회사의 주가는 주당 $104.43였다. 이 회사의 배당수익률은 다음과 같이 계산될 수 있다.

$$\text{배당수익률} = \frac{\text{주당 배당금}}{\text{주당 시장가격}}$$

$$\text{Home Depot 2014} = \frac{\$1.16}{\$104.43} = 1.11\%$$

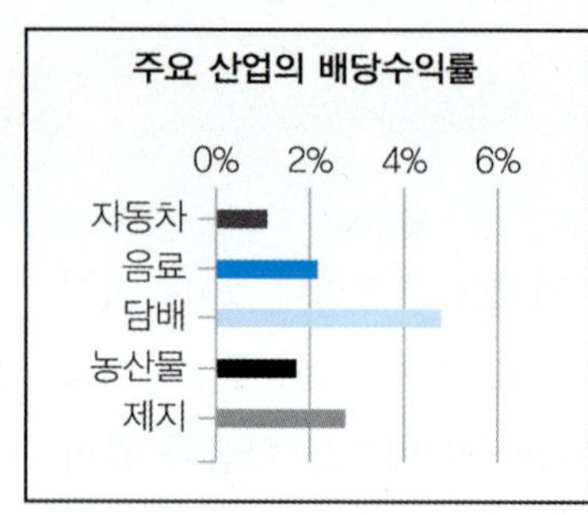

최근 몇 년 동안 The Home Depot의 배당수익률은 2% 미만이었다. 대부분의 주식에 대한 배당수익률은 다른 대안적인 투자들에 비하여 높지 않다. 투자자들은 그들이 주식을 소유하는 동안 주식의 가격이 오를 것으로 예상되는 경우 낮은 배당수익률을 기꺼이 수용한다. The Home Depot의 주식을 구매한 투자자들 또한 배당금을 지급받을 걸 알고 있었겠지만, 동시에 이 회사의 주가가 오를 것으로 기대하여 그러한 결정을 했을 것이다. 대조적으로, 낮은 성장잠재력을 가진 주식은 높은 성장잠재력을 가진 주식보다 훨씬 높은 배당수익률을 지급하는 경향이 있다. 높은 배당수익률을 가진 주식은 주로 미래성장잠재력보다 당장의 수입을 필요로 하는 은퇴한 투자자들에게 매력적인 것으로 여겨진다.

Lowe's의 배당수익률은 The Home Depot와 비슷한 정도로, 2014 회계연도에 1.28%이다. 옆의 차트는 몇몇 산업에서의 평균 배당수익률을 보여준다.

STOP PAUSE FOR **FEEDBACK**

SELF-STUDY **QUIZ**

우리는 몇 가지 지급능력비율과 시장비율에 대해 배웠다. 다음으로 우리는 중요한 분석적 고려사항에 대해 다룰 것이다. 다음으로 넘어가기 전에, 우리가 앞에서 다룬 개념들을 잘 이해하고 있는지 확인하기 위해 다음 질문들에 답하시오.

다음 비율들을 어떻게 계산하는지 보여주시오.

1. 현금보상비율 =
2. 부채비율 =
3. 주가/이익 배수 =

[GUIDED HELP 13-1] 재무비율 계산에 대한 추가적인 단계별 비디오 강좌는 다음의 사이트를 이용하시오: http://www.mhhe.com/libby9e_gh13

| 해설

1. 현금보상비율 = $\frac{\text{영업활동 현금흐름}}{\text{지급이자}}$

2. 부채비율 = $\frac{\text{부채총액}}{\text{자본총액}}$

3. 주가/이익 배수 = $\frac{\text{주당 시장가격}}{\text{주당순이익}}$

비율의 해석과 다른 분석적 고려사항

주당순이익을 제외하고, 재무비율의 계산법은 전문 분석가들에 의해 표준화되어 있지 않다. 따라서 분석가들은 그들의 판단 목적에 기초하여 어떤 재무비율을 사용할 것인지와 그것을 어떻게 계산할 것인지를 결정해야 한다. 다른 사람들이 계산한 재무비율을 사용할 때, 분석가들은 각각의 비율이 어떻게 계산되었는지에 주의를 기울여야 한다.

우리가 봐왔던 것처럼, 재무비율은 그 비율을 다른 비율이나 벤치마크 값과 비교하는 방법으로만 해석될 수 있다. 일부 재무비율은 본질적으로 너무 높거나 너무 낮은 값을 가질 때 긍정적이지 않은 것으로 여겨진다. 예를 들어, 지나치게 낮은 유동비율은 단기의무를 충족시킬 능력이 없다는 증거가 되는 반면, 지나치게 높은 유동비율은 과도한 유동자산을 보유하고 있음을 나타낼 수 있다. 게다가 한 기업에 있어서 적절한 비율은 다른 기업에서는 적절한 것으로 평가되지 않을 수 있다. 두 기업의 비율을 비교하는 것은 그들이 속해 있는 산업, 영업활동과 회계원칙 측면에서 비교가 가능할 때만 적절하다.

재무비율은 정보의 집합체에 기초하고 있기 때문에 분석가들이 흥미를 가질만한 내재된 사실들이 겉으로 쉽게 드러나지 않을 수도 있다. 예를 들어, 긍정적으로 평가되는 유동비율은 많은 양의 재고를 가지고 있지만 단기의무를 충족시킬 아주 적은 현금만을 가지고 있는 기업에서는 단기 유동성 문제를 내포하고 있을 수 있다. 당좌비율과 현금비율을 유동비율과 함께 사용하는 식으로 몇 가지 비율들을 함께 분석하는 것은 이러한 유형의 문제들을 발견하는 것을 도와줄 수 있다.

어떤 경우에 분석가들은 기저에 있는 문제점들을 밝혀낼 수 없다. 예를 들어, 연결재무제표는 모기업과 그 자회사들에 대한 재무정보를 포함한다. 모기업은 낮은 유동비율을 갖고 자회사는 높은 유동비율을 가질 수 있지만, 그 회사들의 재무제표가 종합적으로 표시될 때 그 유동비율은 평균으로 계산되고 수용 가능한 범위 내에 들어갈 수 있다. 모기업이 심각한 유동성 문제를 가지고 있을 수 있다는 사실은 숨겨지는 것이다.

기업의 회계정책 선택은 그 재무비율에 영향을 미칠 수 있다. 서로 다른 기업들이 완전히 같은 회계정책을 사용하는 경우는 매우 드물기 때문에 이것은 중요하게 고려되어야 한다. 예를 들어, 동일한 자산을 구입한 두 기업은 한쪽이 가속 감가상각법을 사용하고 다른 한쪽이 정액법을 사용하는 경우 다른 순이익 금액을 보고할 것이다. 이러한 금액의 차이는 순이익을 포함한 어떤 재무비율에나 영향을 미칠 수 있다. 기업의 회계정책 선택이 그 재무비율에 어떻게 영향을 미치는지 이해하지 못한 분석가는 부적절한 결론을 도출해낼 수 있다. 따라서 분석가들은 재무비율을 해석하기 전에 해당 기업의 회계정책에 대해 이해하는 것이 중요하다. 기업의 회계정책은 재무제표의 각주에 명시되어 있다.

다른 재무정보

기업의 운영이 이루어지는 보다 넓은 경제적 환경을 이해하는 것은 그 회사의 비율을 해석할 때 중요하게 작용한다. 분석가들이 종종 고려하는 사항으로 다음과 같은 것들이 있다.

1. 빠른 성장

총매출액의 성장이 언제나 그 기업이 성공적으로 운영되고 있다는 것을 나타내는 것은 아니다. 총매출액은 기업이 가지고 있는 매장에서 더 많은 판매를 기록하거나 기업이 새로운 매장을 열었을 때 그 결과로써 증가할 수 있다. 새로운 매장의 개업으로 인한 성장은 기존의 매장이 고객의 요구를 충족시키지 못하고 매출 감소를 겪고 있다는 사실을 감추고 있을지도 모른다. 재무분석가들이 무엇이 매출성장을 야기하였는지 알아내는 것을 돕기 위해 기업은 종종 "비교매장 매출성장"이라 불리는 수치를 보고한다. 이 수치는 일반적으로 13개월 혹은 그 이상의 일정 기간 동안 운영된 매장의 매출성장을 보여준다. The Home Depot는 2014 10-K에서 비교매장 매출에 대해 다루고 있다.

THE HOME DEPOT
실제 자료에서 발췌:
10-K보고서

순이익은 2013 회계연도의 $788억에서 2014 회계연도에 $832억로 5.5% 상승하였다. 우리의 총비교매장 매출은 2014 회계연도에 5.3% 증가하였으며, 이것은 비교매장 고객거래의 3.5% 성장과 비교매장 평균 매출의 1.8% 성장에서 기인한 것이다.

2. 비경제적인 확장

성장을 추구하는 흐름 속에서 일부 기업은 수요가 많지 않은 장소에 매장을 열 것이다. 이러한 부적절한 위치 선정은 기업의 평균 생산성을 떨어뜨릴 수 있다. 소매업계에서 생산성을 측정하는 하나의 척도는 평당 매출액이다. The Home Depot는 그 10-K 보고서에서 평당 매출액을 보고하고 있다.

연도	평당 매출액
2014	$352
2013	334
2012	319
2011	299
2010	289

표에서 나타나듯이 평당 매출액은 지난 5년간 증가해왔으며, 이것은 The Home Depot가 수요가 적은 곳에는 매장을 열지 않는다는 좋은 증거이다.

3. 주관적 요인

기업을 분석하는 것은 단순히 재무제표와 재무비율을 분석하는 것 이상의 활동이라는 것을 기억해라. 기업이 어떻게 그 전략을 실행하고 있는지에 대해 감을 잡기 위해서 분석가들은 종종 개별 상점에 방문하고 고객들과 공급자들과 이야기를 나누어볼 것이다. 이러한 방문을 통해 얻은 정보는 분석가들이 기업의 전략이 그 매장에서 실제로 어떻게 실현되고 있는지를 더 잘 이해할 수 있게 해준다. 이러한 이해를 통해 분석가들은 해당 기업의 미래성과에 대해 보다 유용한 예측을 할 수 있을 뿐만 아니라 기업의 현재 재무정보를 더 잘 해석할 수 있다.

A QUESTION OF ETHICS

내부정보

기업의 회계사들은 종종 중요한 재무정보가 대중에게 공개되기 전에 그 정보에 대해 알게 된다. 이것은 **내부정보**(insider information)라고 불린다. 어떤 사람들은 이러한 내부정보에 기초하여 주식을 사거나 팔고 싶어 할 수도 있지만, 이렇게 하는 것은 심각한 위법이다. 증권거래위원회는 내부정보에 기초하여 주식을 거래한 수많은 사람들을 상대로 소송을 제기해왔다. 그들에 대한 유죄선고는 어마어마한 벌금이나 복역이라는 결과를 초래하였다.

어떤 경우에는 이 정보가 내부정보인지 아닌지를 판단하는 것이 어렵다. 예를 들어, 어떤 사람은 회사 엘리베이터에서 두 명의 임원이 나눈 이야기를 우연히 들었을 수 있다. 이것을 내부정보라고 할 수 있는가? 저명한 월스트리트의 투자전문가는 이러한 상황에 대해 좋은 조언을 건넸다. "당신이 어떤 것이 옳은지 그른지 판단이 분명히 서지 않는다면, '신문 1면 검사'를 적용해보세요. 당신의 가족과 친구들이 당신이 한 일에 대해 신문에서 읽게 된다면 당신이 어떻게 느낄지 당신 스스로에게 물어보세요." 흥미롭게도, 내부정보를 이용한 주식거래 때문에 복역을 하고 벌금을 낸 많은 사람들이 이 과정에서 가장 힘든 것이 그들의 가족에게 말하는 것이었다고 말했다.

높은 도덕적 수준을 유지하기 위해, 많은 회계법인이 그들의 직원으로 하여금 그들이 회계감사한 기업에 투자하지 못하도록 하는 원칙을 적용했다. 이러한 원칙은 기업의 회계사가 내부자 거래와 관련된 문제에 얽히는 일이 없도록 하고자 고안되었다.

CHAPTER TAKE-AWAYS

13-1. 기업의 경영전략이 어떻게 재무제표 분석에 영향을 미치는지를 설명한다.

재무제표는 상거래들을 반영한다. 상거래들은 한 기업이 지침으로 하고 있는 경영전략에 따라 영업적 결정을 수행한 결과이다. 따라서 기업의 경영전략을 이해하는 것은 재무제표 분석과 관련한 전후맥락을 제공해줄 것이다.

13-2. 재무제표를 분석하는 방법에 대해 논의한다.

분석가들은 기업의 미래전망을 예측하고 현재와 과거의 성과를 이해하기 위해 재무제표를 사용한다. 기업의 재무제표에 보고된 정보는 시계열 분석(한 기업을 기간별로 비교)과 횡단면 분석(같은 시점에 비슷한 기업들을 비교) 모두에서 사용할 수 있다.

13-3. 요소구성비율을 계산하고 해석한다.

요소구성비율은 재무제표에 나타난 각각의 항목을 표준값의 비율로서 나타낸다. 손익계산서의 표준값은 순매출이다. 손익계산서상에서의 요소구성비율을 계산하기 위해 보고된 각각의 금액은 순매출에 따라 나누어진다. 재무상태표에서의 표준값은 총자산이다. 재무상태표에서의 요소구성비율을 계산하기 위해 각각의 금액은 총자산으로 나누어진다. 요소구성비율은 한 기업을 기간별로 비교하거나 한 시점에 비슷한 기업들의 비율과 함께 비교함으로써 평가할 수 있다.

13-4. 수익성 비율을 계산하고 해석한다.

수익성 비율은 순이익과 이것이 재무제표상에 보고된 다른 금액들과 비교했을 때 어떠한지에 초점을 맞춘다. <도표 13.3>은 이러한 비율들을 나열하고 이것을 어떻게 계산하는지를 보여준다. 수익성 비율은 한 기업을 기간별로 비교하거나 한 시점에 비슷한 기업들의 비율과 함께 비교함으로써 평가할 수 있다.

13-5. 자산회전율을 계산하고 해석한다.

자산회전율은 기업이 보유하고 있는 자산을 얼마나 효율적으로 사용하고 있는지를 포착하는 데 초점을 맞춘다. <도표 13.3>은 이러한 비율들을 나열하고 이것을 어떻게 계산하는지를 보여준다. 자산회전율은 한 기업을 기간별로 비교하거나 한 시점에 비슷한 기업들의 비율과 함께 비교함으로써 평가할 수 있다.

13-6. 유동성 비율을 계산하고 해석한다.

유동성 비율은 단기의무를 충족시킬 수 있는 기업의 능력을 평가하는 데 초점을 맞춘다. <도표 13.3>은 이러한 비율들을 나열하고 이것을 어떻게 계산하는지를 보여준다. 유동성 비율은 한 기업을 기간별로 비교하거나 한 시점에 비슷한 기업들의 비율과 함께 비교함으로써 평가할 수 있다.

13-7. 지급능력비율을 계산하고 분석한다.

지급능력비율은 장기의무를 충족시킬 수 있는 기업의 능력을 평가하는 데 초점을 맞춘다. <도표 13.3>은 이러한 비율들을 나열하고 이것을 어떻게 계산하는지를 보여준다. 지급능력

비율은 한 기업을 기간별로 비교하거나 한 시점에 비슷한 기업들의 비율과 함께 비교함으로써 평가할 수 있다.

13-8. 시장비율을 계산하고 해석한다.

시장비율은 기업의 현재 주가를 주주들 앞으로 누적되는 수익과 관련시킨다. <도표 13.3>은 이러한 비율들을 나열하고 이것을 어떻게 계산하는지를 보여준다. 시장비율은 한 기업을 기간별로 비교하거나 한 시점에 비슷한 기업들의 비율과 함께 비교함으로써 평가할 수 있다.

FINDING **FINANCIAL INFORMATION**

재무상태표

재무비율들은 재무상태표상에 보고되지 않는다. 하지만 분석가들은 일부 재무비율을 계산하는 데 재무상태표 정보를 이용한다. 대부분의 분석가들은 재무상태표 금액을 손익계산서 금액과 비교할 때 기초와 기말 재무상태표 금액의 평균값을 이용한다.

손익계산서

주당순이익은 재무제표에 보고되어야 하는 유일한 재무비율이다. 이것은 손익계산서의 하단에 보고된다.

현금흐름표

재무비율들은 현금흐름표상에 보고되지 않는다. 그러나 분석가들은 일부 재무비율을 계산하는 데 현금흐름표 정보를 이용한다.

자본변동표

재무비율들은 자본변동표상에 보고되지 않는다. 그러나 분석가들은 일부 재무비율을 계산하는 데 자본변동표상에 보고된 금액들을 이용한다.

주석

중요한 회계정책에 대한 요약

이 주석은 기업의 회계원칙에 대해 설명해준다. 기업의 회계원칙을 이해하는 것은 재무비율의 해석, 특히 기업 간 재무비율을 비교하는 경우에 중요하게 작용한다.

개별적인 주석

기업의 각주에는 어마어마한 양의 정보들이 보고되어 있다. 때때로 당신은 특정한 재무비율을 계산하기 위해 주석으로부터 정보를 얻어올 필요가 있을 것이다.

KEY **TERMS**

수익성 비율
유동성 비율
지급능력 비율
시장비율
자산회전율
요소구성비율
재무비율 분석

QUESTIONS

1. 재무제표의 주요 이용자는 누구인가?
2. 주식투자를 고려할 때, 투자자들은 어떤 3가지 요소에 근거하여 해당 기업의 미래 수익과 성장가능성을 측정해야 하는가?
3. 제품차별화가 가격차별화와 어떻게 다른가?
4. 재무 비교 시 일반적으로 사용하는 방법 2가지는 무엇인가?
5. 요소구성비율은 무엇인가? 왜 이것이 유용한가?
6. 재무비율 분석이란 무엇인가? 왜 이것이 유용한가?
7. 수익성 비율은 무엇에 초점을 맞추고 있는가? 수익성 비율의 예시는 무엇이며, 이것이 어떻게 계산되는가?
8. 회전율은 무엇에 초점을 맞추고 있는가? 회전율의 예시는 무엇이며, 이것이 어떻게 계산되는가?
9. 유동성 비율은 무엇에 초점을 맞추고 있는가? 유동성 비율의 예시는 무엇이며, 이것이 어떻게 계산되는가?
10. 지불능력비율은 무엇에 초점을 맞추고 있는가? 지불능력비율의 예시는 무엇이며, 이것이 어떻게 계산되는가?
11. 시장비율은 무엇에 초점을 맞추고 있는가? 시장비율의 예시는 무엇이며, 이것이 어떻게 계산되는가?
12. 기업의 회계방식 선택이 어떻게 그 재무비율에 영향을 미칠 수 있는지 설명하시오.
13. 총매출액의 급격한 증가가 어떤 기업에 있어서는 반드시 좋은 것으로 여겨지지 않는 이유를 설명하시오.

MULTIPLE-CHOICE QUESTIONS

1. 한 기업이 $500,000의 총자산과 $400,000의 비유동자산을 가지고 있다. 유동부채는 $40,000이다. 유동비율은 어떻게 되는가?
   a. 12.5　　b. 10.0
   c. 2.5　　d. 추가적인 정보 없이 계산할 수 없다.
2. 다음 중 소매기업에서의 외상매출금회전율을 변화시키지 않는 것은?
   a. 재고품의 소매가격 상승　　b. 신용정책의 변화
   c. 재고품 구매비용 증가　　d. 위의 보기 모두 아니다.
3. 다음 비율 중 유동성 분석에 사용되는 것은?
   a. 주당순이익　　b. 부채비율
   c. 유동비율　　d. (a)와 (c) 모두

4. 긍정적인 재무레버리지는 다음을 나타낸다.
   a. 긍정적인 재무활동 현금흐름
   b. 부채비율이 1보다 크다.
   c. 총자산이익률이 부채에 대한 이자율보다 더 크다.
   d. 한 해의 순이익이 지난해의 순이익보다 크다.

5. 잠재적 투자자가 동일한 산업 내의 세 기업을 분석하고 그 중 한 기업에 투자하고자 할 때, 다음 중 어떤 비율이 투자자의 결정에 영향을 미칠 가능성이 가장 낮은가?
   a. 주당순이익
   b. 주가수익비율
   c. 배당수익률
   d. 위의 보기 모두 투자자의 결정에 영향을 미칠 가능성이 높다.

6. 한 기업이 $300,000의 당좌자산과 $150,000의 유동부채를 가지고 있다. 이 기업은 $50,000 상당의 재고품을 신용구매하였다. 이 구매 이후에 당좌비율은 얼마가 되겠는가?
   a. 2.0
   b. 2.3
   c. 1.5
   d. 1.75

7. Natural Food Stores의 재고자산회전율은 14.6이다. 이 기업은 $1,500,000의 매출원가와 $2,500,000의 총매출액을 보고하였다. Natural Foods의 평균 재고량은 어떻게 되는가?
   a. $102,740
   b. $171,233
   c. $100,000
   d. $60,000

8. 다음에 주어진 네 기업에 대한 재무비율을 고려하였을 때, 어떤 기업이 유동부채를 즉각적으로 갚는 데 있어서 문제를 겪을 확률이 가장 낮은가?

	당좌비율	외상매출금회전율
a.	1.2	57
b.	1.2	25
c.	1.0	55
d.	0.5	60

9. 판매관리비의 감소는 어떤 비율에 영향을 미치는가?
   a. 고정자산회전율
   b. 이자보상배율
   c. 부채비율
   d. 유동비율

10. 장기로 자금을 빌린 기업을 분석할 때 채권자가 사용할 가능성이 가장 낮은 비율은?
   a. 현금보상비율
   b. 부채비율
   c. 이자보상배율
   d. 배당수익률

MINI-EXERCISES

M13-1. 요소구성비율을 이용한 재무정보 추론

거대 소매기업이 $1,665,000의 수익을 보고하였다. 이 기업의 총수익률은 44%이다. 이 기업이 매출원가로 얼마를 보고해야 하는가?

M13-2. 요소구성비율을 이용한 재무정보 추론

소비재 회사가 두 번째 해에 첫 번째 해에 비해 5.4%의 매출 상승을 보고하였다. 두 번째 해에 이 회사는 매출원가로 $9,107를 보고하였다. 두 번째 해의 총수익률은 얼마인가?

M13-3. 자기자본수익률 계산

주어진 정보를 고려하여 두 번째 해의 자기자본수익률을 계산하시오.

	두 번째 해	첫 번째 해
순이익	$ 183,000	$ 159,000
자본	1,100,000	1,250,000
총자산	2,460,000	2,630,000
이자비용	42,000	32,000

M13-4. 재무레버리지 비율 계산

주어진 정보를 고려하여 두 번째 해의 재무레버리지 비율을 계산하시오.

	두 번째 해	첫 번째 해
자기자본수익률	21.00%	26.00%
총자산이익률	6.00	8.00
순이익	12.00	12.00

M13-5. 재고자산회전율 분석

제조업자가 지난해 동안 8.6의 재고자산회전율을 보고하였다. 올해에 경영진은 매출에 영향을 미치지 않으면서 평균 재고자산 수준을 25%까지 낮출 수 있는 새로운 재고자산 관리시스템을 도입하였다. 이 추정치를 고려하였을 때, 당신은 올해의 재고자산회전율이 작년과 비교했을 때 상대적으로 증가했을 것으로 예상하는가, 감소했을 것으로 예상하는가? 설명해보시오.

M13-6. 재무정보 추론을 위한 유동비율의 활용

Stacy사는 $1,400,000의 총자산과 $480,000의 비유동자산을 보고하였다. 이 회사는 동시에 3.5의 유동비율을 보고하였다. 이 회사가 보고한 유동부채의 액수는 얼마일까?

M13-7. 재무관계 분석

Ramesh사는 현재 회계사들에 의해 검토되고 있는 예비 재무보고서를 준비해왔다. 당신은 유동비율이 2.4이고 당좌비율이 3.7이라는 것을 확인하였다. 당신은 이것이 흔한 경우가 아니라는 것을 인지하였다. 이것이 실수가 있었다는 것을 의미하는가? 설명해보시오.

M13–8. 이자보상배율 계산

금년에 Pringle사는 매출 $1,420,000, 이자비용 $12,000, 법인세비용 $13,000와 순이익 $52,000를 보고하였다. 이 회사의 이자보상배율은 어떻게 되는가?

M13–9. 비율을 이용한 재무정보 추론

인터넷 회사가 주당 $6.50를 벌어들이고 배당금으로 주당 $3.50를 지급하였다. 이 회사는 5%의 배당수익을 보고하였다. 주가는 어떻게 되는가?

M13–10. 회계방법 변경의 영향 분석

Youngstown사는 자사의 재고관리 시스템을 선입선출법에서 후입선출법으로 변경하는 것을 고려하고 있다. 재고가격은 증가 중인 것으로 가정하자. 다른 조건들이 모두 동일할 때, 이 변화가 매출액순이익률, 고정자산회전율, 유동비율과 당좌비율에 어떤 영향을 미칠 것으로 예상하는가?

EXERCISES

E13–1. 기업을 알아내기 위해 재무정보 활용하기

다음에 나타난 재무정보들은 4개의 기업과 관련이 있다.

	기업			
	1	2	3	4
재무상태표 정보(구성비율)				
현금	3.5%	4.7%	8.2%	11.7%
외상매출금	16.9	28.9	16.8	51.9
재고자산	46.8	35.6	57.3	0.0
고정자산	18.3	21.7	7.6	18.7
손익계산서 정보(구성비율)				
매출원가	78.0%	77.5%	55.8%	0.0%
세금공제 전 이익	2.1	0.7	1.2	3.2
선택된 비율				
유동비율	1.3	1.5	1.6	1.2
재고자산회전율	3.6	9.8	1.5	적용불가

위의 재무정보는 다음 기업들과 관련이 있다.

a. 고급의류상점　　b. 광고회사
c. 사탕도매회사　　d. 자동차제조회사

요구사항:

각각의 기업에 맞는 재무정보를 찾으시오.

E13-5. 구성비율 계산

아래에 나타난 Lowe's 손익계산서의 구성비율을 계산하시오. 당신이 발견한 경향에 대해 설명해 보시오.

LOWE'S COMPANIES, INC.
연결손익계산서
(단위 : 백만, 주식수 및 비율 자료 제외)

	종료되는 회계연도					
	2015년 1월 30일	매출액 대비 %	2014년 1월 31일	매출액 대비 %	2013년 2월 1일	매출액 대비 %
매출액	**$56,223**	**100.00%**	**$53,417**	**100.00%**	**$50,521**	**100.00%**
매출원가	36,665		34,941		33,194	
매출총이익	**19,558**		**18,476**		**17,327**	
비용 :						
판매비와관리비	13,281		12,865		12,244	
감가상각비	1,485		1,462		1,523	
이자비용－순액	516		476		423	
총비용	**15,282**		**14,803**		**14,190**	
법인세비용차감전순이익	4,276		3,673		3,137	
법인세비용	1,578		1,387		1,178	
당기순이익	**$ 2,698**		**$ 2,286**		**$ 1,959**	

E13-6. 각각의 비율과 그 계산식 연결하기

각각의 비율 혹은 확률을 그와 걸맞은 계산식과 연결하시오.

비율 혹은 확률	정의
1. 순이익률	A. 순이익 ÷ 순매출수익
2. 재고자산회전율	B. 365일 ÷ 외상매출금회전율
3. 평균 외상매출금 회수일	C. 순이익 ÷ 평균 총자본
4. 배당수익률	D. 순이익 ÷ 가중평균유통보통주식수
5. 자기자본수익률	E. 자기자본수익률－총자산이익률
6. 유동비율	F. (현금 및 현금등가물＋순외상매출금＋시장성 증권) ÷ 유동부채
7. 부채비율	G. 유동자산 ÷ 유동부채
8. 주가/이익 배수	H. 매출원가 ÷ 평균 재고자산
9. 재무레버리지 비율	I. 순외상매출 ÷ 평균 순외상매출금
10. 외상매출금회전율	J. 365일 ÷ 재고자산회전율
11. 재고자산평균판매일수	K. 총부채 ÷ 총자본
12. 주당순이익	L. 주당 배당금 ÷ 주당 시장가격
13. 총자산이익률	M. 주당 시장가격 ÷ 주당순이익
14. 당좌비율	N. 순이익 ÷ 평균 총자산
15. 이자보상배율	O. 영업활동 현금흐름 ÷ 지급이자
16. 현금보상비율	P. 순판매수익 ÷ 평균 순고정자산
17. 고정자산회전율	Q. (순이익＋이자비용＋법인세) ÷ 이자비용

E13-7. 회전율 계산

Procter & Gamble은 다양한 가정용품을 제조하고 판매하는 다국적기업이다. 지난해에 이 회사의 매출은 $83,062였다(단위: 백만). 이 회사의 연차보고서에는 외상매출액이 공개되어 있지 않기 때문에, 우리는 매출의 90%가 신용판매되었다고 가정할 것이다. 평균 총매출이익은 49%이다. 추가적인 계정잔액은 다음과 같다.

	기말	기초
(순)외상매출금	$6,386	$6,508
재고자산	6,759	6,909

요구사항:

Procter & Gamble의 외상매출금회전율과 재고자산회전율을 계산하시오. 평균적으로 이 회사가 외상매출금을 회수하고 재고자산을 판매하는 데 며칠이 걸리는가?

E13-9. 해당 거래가 유동비율에 미치는 영향 분석

아래의 독립된 쌍거래가 이루어지기 전에 유동자산이 총 $120,000, 유동비율이 1.5였다고 가정해보자.

(1) $40,000의 상품을 단기 신용구매하였다.

(2) 운송트럭을 $25,000에 구입하였다. $3,000의 현금을 지급하고 잔액에 대해서는 2년 만기 이자부 약속어음에 서명하였다.

요구사항:

각각의 거래 이후의 유동비율을 계산하시오.

E13-11. 비율로부터 재무정보 추론하기

Dollar General Corporation은 질 좋은 상품을 저렴한 가격에 제공하는 종합소매점들을 운영하고 있다. 모든 지점이 미국 내에 위치해 있으며, 대개 24개의 중서부 및 남동부 주의 작은 마을에 위치하고 있다. 금년에 이 회사는 $1,668백만의 평균 재고자산과 8.0의 재고자산회전율을 보고하였다. 평균 고정자산은 $2,098백만이고, 고정자산회전율은 9.0이다. Dollar General사는 금년에 얼마의 총수익을 보고하였는가?

E13-12. 유동성과 지불능력비율 계산

Cintas사는 미국과 캐나다에 위치한 기업의 유니폼을 디자인하고 제조한다. 이 회사의 주식은 나스닥에서 거래된다. 아래에 나타난 정보는 이 회사의 재무제표에서 발췌한 것이다.

CINTAS (단위 : 백만)		
	당기	전기
일부 손익계산서 정보		
매출액	$4,552	$4,316
매출원가	2,637	2,529

판매비와관리비	1,303	1,222
이자비용	72	70
법인세비용	233	184
당기순이익	374	315
일부 현금흐름표 정보		
이자비용으로 지급된 현금	65	69
영업활동 현금흐름	608	553
일부 재무상태표 정보		
현금 및 현금등가물	513	352
시장성 유가증권	–	6
외상매출금	508	505
재고자산	251	240
선급비용 및 기타 유동자산	26	25
외상매입금	150	121
유동성 미지급비용	377	342
유동성 장기부채	1	8
기타 유동부채	102	85
장기차입금	1,300	1,301

요구사항:

다음 비율을 계산하시오.

- 외상매출금회전율 (모든 매출이 신용매출이라고 가정한다)
- 재고자산회전율
- 유동비율
- 현금비율
- 이자보상배율
- 현금보상비율

E13-13. 시장비율을 이용한 재무정보 추론

Wakon사는 주당 $3.25를 벌어들이고 있으며 주당 $0.75를 배당금으로 지급하고 있다. 이 회사는 3%의 배당수익을 보고하였다. Wakon사의 주가는 얼마일까?

PROBLEMS

P13-1. 재무비율 분석(AP13-1)

X사와 Y사는 소매산업분야의 선두기업들이다. 두 회사는 모두 모든 종류의 적절한 가격대의 상품을 판매한다. 지난 회계연도에 X사의 연매출은 총 $530억이었으며, Y사의 연매출은 총 $200억이었다. 다음 비율에 근거하여 잠재적 투자 측면에서 두 회사를 비교하시오.

금년 비율	X사	Y사
주가수익비율	11.0	12.9
총이익	28.6	39.3
순이익	2.8	5.7
유동비율	2.0	1.4
현금보상비율	0.7	2.2
부채비율	1.4	2.0
자기자본이익률	12.0	27.8
총자산이익률	5.2	9.3
배당수익률	적용불가	1.4
주당순이익	$5.17	$5.20

P13-2. 재무비율 비교를 통한 투자 검토(AP13-2)

당신은 두 회사 중 한 회사에 $1,000를 투자할 기회가 있다. 당신이 가지고 있는 유일한 정보는 아래와 같다. 당신은 어떤 회사를 선택할 것인가? 당신의 선택의 정당성을 보여주시오.

금년 재무비율	A사	B사	산업평균
유동비율	1.30	1.00	1.20
당좌비율	0.80	0.75	0.80
부채비율	0.90	3.45	1.10
재고자산회전율	18.20	12.00	12.20
주가/수익비율	22.01	19.20	21.25
배당수익률	1.84	1.02	1.04

P13-3. 수익성, 회전율, 유동성과 지불능력비율의 계산(AP13-3)

<도표 13.1>에 나타난 재무정보를 사용하여 The Home Depot의 다음 비율을 계산해보시오.

- 자기자본이익률
- 총자산이익률
- 총자산회전율
- 재고자산회전율
- 유동비율
- 당좌비율
- 현금보상비율
- 부채비율

P13-4. 비율 계산과 대안 투자기회와의 비교(AP13-4)

Blue Water와 Prime Fish의 당기 재무제표들이 아래에 나타나 있다.

	Blue Water	Prime Fish
재무상태표		
현금	$ 41,000	$ 21,000
외상매출금(순액)	38,000	31,000
재고자산	99,000	40,000
유형자산(순액)	140,000	401,000
기타자산	84,000	305,000
자산 총계	$ 402,000	$ 798,000
유동부채	$ 99,000	$ 49,000
장기차입금(이자율: 10%)	65,000	60,000
보통주자본금(액면금액 $10)	148,000	512,000
자본잉여금	29,000	106,000
이익잉여금	61,000	71,000
부채와 자본 총계	$ 402,000	$ 798,000
손익계산서		
매출액(1/3은 외상매출)	$ 447,000	$ 802,000
매출원가	(241,000)	(400,000)
영업비용	(161,000)	(311,000)
당기순이익	$ 45,000	$ 91,000
기타 자료		
당기 말 주가	$ 22	$ 15
평균법인세율	30%	30%
당기에 선언되고 지급된 배당금	$ 33,000	$ 148,000

두 회사는 모두 어획 및 어류 가공산업에 속해 있다. 두 회사는 이 분야에 10년 정도 속해 있었으며, 꾸준한 성장을 보이고 있다. 두 회사의 경영진은 다양한 부분에서 각기 다른 관점을 가지고 있다. 블루워터는 보다 보수적이고, 그 회사의 회장이 말한 것처럼 "우리는 지나치게 위험하다고 생각되는 것을 피한다." 둘 중 어느 회사도 상장회사가 아니다.

요구사항:

1. <도표 13.3>으로부터 가능한 한 많은 재무비율을 계산해보시오. 당신은 아마 모든 비율을 계산할 수는 없을 것이다. 당신은 모든 비율에 대해 (평균이 아닌) 기말잔액을 사용해야 할 것이다.
2. 당신이 계산한 재무비율에 기초했을 때, 어느 회사가 외상매출금 회수와 재고자산 회전 측면에서 더 효율적인가?

P13-5. 차이 계산과 백분율을 이용한 재무제표 비교(AP13-5)

Prince사의 비교재무제표는 다음과 같다.

	2차 연도	1차 연도
손익계산서		
매출	$190,000	$167,000
매출원가	112,000	100,000
매출총이익	78,000	67,000
영업비용 및 이자비용	56,000	53,000
법인세비용차감전순이익	22,000	14,000
법인세비용	8,000	4,000
당기순이익	$ 14,000	$ 10,000
재무상태표		
현금	$ 4,000	$ 7,000
외상매출금(순액)	14,000	18,000
재고자산	40,000	34,000
유형자산(순액)	45,000	38,000
총자산	$103,000	$ 97,000
유동부채(이자비용 없음)	$ 16,000	$ 17,000
장기차입금(이자율: 10%)	45,000	45,000
보통주자본금(액면금액 $5, 유통주식수 6,000주)	30,000	30,000
이익잉여금	12,000	5,000
부채와 자본 총계	$103,000	$ 97,000

요구사항:

1. 위의 비교재무제표에 나타난 각각의 항목을 아래 빈칸에 알맞게 넣으시오.

1차 연도에서 2차 연도로의 증가값(감소값)	
금액	비율

2. 어떤 금액이 1차 연도에서 2차 연도로의 유동비율을 변화시켰는가?

P13-6. 비교재무제표와 듀퐁비율의 계산(AP13-6)

P13-5에 주어진 Prince사의 정보를 활용하시오.

요구사항:

1. 2차 연도의 구성비율을 계산하시오.
2. 2차 연도에 대해 듀퐁모델로 비율을 계산하시오.

P13-7. 재무비율을 통한 재무제표 분석

P13-5에 나타난 Prince사의 정보를 활용하시오. 1주당 주가가 $28이고 그 배당금 $3.50는 2기에 지급되었다. 다음 재무비율을 계산하시오.

- 주당순이익
- 유동비율
- 당좌비율
- 현금비율
- 주가수익비율
- 배당수익률

P13-8. 일부 재무비율에 대해 대안적인 재고자산관리법을 사용할 때의 영향 분석

A사는 재고자산 관리를 위해 선입선출법을 사용하고, B사는 후입선출법을 사용한다. 두 회사는 재고자산 원가 추정의 차이를 제외하고는 모든 측면에서 완전히 동일하다. 두 회사의 재고비용은 최근 몇 년간 꾸준히 오르고 있으며, 각각의 회사는 매년 그 재고를 증가시키고 있다. 법인세효과는 무시하라.

요구사항:

어느 회사가 아래의 각각의 비율에 대해 더 높은 수치를 보고할 것인지 알아보라. 그것이 불가능하다면, 그 이유를 설명해라.

1. 순이익률
2. 주당순이익
3. 재고자산회전율
4. 유동비율
5. 당좌비율
6. 부채비율

P13-10. 주가/수익비율에 기초하여 알맞은 기업 찾기

주가/수익비율은 해당 기업의 잠재력에 대한 주식시장의 평가와 관련된 중요한 정보를 제공한다. 다음은 일부 기업의 주가/수익비율이다. 해당 기업과 적절한 비율을 짝짓고, 당신이 왜 그렇게 선택했는지 그 이유를 설명하시오. 만약 당신이 이 기업에 대해서 잘 모른다면, 이 기업의 홈페이지에 방문해보아야 할 것이다.

기업명	주가/수익비율
1. 아메리칸 항공	A. 77
2. 페이스북	B. 29
3. 스타벅스	C. 10
4. 야후	D. 1
5. Patriot Coal	E. 5

ALTERNATE PROBLEMS

AP13-1. 재무비율 분석(P13-1)

Coca-Cola와 PepsiCo는 잘 알려진 세계적인 브랜드들이다. PepsiCo사의 상품 연매출이 $670억를 초과하는 반면, Coca-Cola는 매년 $460억 상당의 상품을 판매한다. 다음 재무비율에 기초하여 두 기업을 잠재투자 관점에서 비교하시오.

비율	Coca-Cola	PepsiCo
주가/수익비율	65.0	26.5
총이익	69.3	58.4
순이익률	12.2	8.8
당좌비율	0.4	0.7
유동비율	0.6	1.1
부채비율	0.7	0.4
자기자본수익률	27.4	29.1
총자산이익률	28.0	16.1
배당수익률	1.0	1.6

AP13-3. 수익성, 회전율, 유동성, 지급능력 및 시장비율 계산(P13-3)

<도표 13.1>에 나타난 재무정보를 이용하여 The Home Depot의 다음 재무비율을 계산하시오.

- 순이익률
- 이익의 질
- 외상매출금회전율
- 현금비율
- 이자보상배율
- 주가/수익비율 (주당 시가는 $100라고 가정한다)

AP13-4. 재무비율의 계산과 해석(P13-4)

Tabor사는 아래의 금년도 비교재무제표를 준비하였다.

TABOR COMPANY
비교손익계산서
12월 31일로 종료되는 회계연도

	당기	전기
매출액(절반은 외상)	$110,000	$99,000
외상매출금	52,000	48,000
매출총이익	$ 58,000	$51,000
비용(각 연도의 이자비용 $4,000 포함)	40,000	37,000
법인세비용차감전순이익	$ 18,000	$14,000
법인세비용(30%)	5,400	4,200
당기순이익	$ 12,600	$ 9,800

TABOR COMPANY 비교재무상태표 12월 31일 현재	당기	전기
자산		
현금	$ 49,500	$ 18,000
외상매출금	37,000	32,000
재고자산	25,000	38,000
유형자산(순액)	95,000	105,000
자산 총계	$206,500	$193,000
부채		
외상매입금	$ 42,000	$ 35,000
미지급법인세	1,000	500
장기차입금	40,000	40,000
자본		
보통주자본금(액면금액 $5)	90,000	90,000
이익잉여금	33,500	27,500
부채와 자본 총계	$206,500	$193,000

요구사항:

1. 금년도에 대하여, <도표 13.3>의 회전율, 유동성 및 지불능력비율을 계산하시오. 영업활동 현금흐름은 $14,600이고 현금지급 이자비용은 $3,800라고 가정하자.
2. 회전율에 대해 논평해보시오. 우려되는 부분이 있는가?

CONTINUING **PROBLEM**

CON13-1. 재무비율 계산

Pool사는 세계에서 가장 큰 수영장 관련 물품 및 기계 도매업자이다. 이 회사는 POOL이라는 이름으로 나스닥시장에서 교환이 이루어지는 상장회사이다. Pool의 고객 대부분은 작은 가족경영 형태의 사업체이다.

요구사항:

1. www.see.gov의 SEC EDGAR 서비스를 이용해, Pool사의 금년도 연차보고서를 다운받으시오.
2. 다음 재무비율들을 계산하시오.
   a. 총자산이익률
   b. 순이익률
   c. 재고자산회전율
   d. 유동비율
   c. 현금보상비율
   f. 부채비율
   g. 주가/이익비율 (**힌트 :** 당신은 주가에 대한 정보를 얻기 위해 구글 파이낸스와 같은 다른 정보원천을 사용해야 할 것이다.)

CASES **AND PROJECTS**

사업보고서 사례

CP13-1. 재무비율 계산

이 책의 뒤쪽에 있는 부록 B에 주어진 American Eagle Outfitters의 재무제표들을 참고하여라. 2014 회계연도에 대해 다음 재무비율들을 계산하여라: 자기자본이익률, 기본주당수익, 순이익률, 재고자산회전율, 유동비율, 부채비율, 주가/이익비율과 배당수익률. 주가는 $16로 가정한다.

CP13-2. 재무비율 계산

이 책의 뒤쪽에 있는 부록 C에 주어진 Urban Outfitters의 재무제표들을 참고하여라. 2014 회계연도에 대해 다음 재무비율들을 계산하여라: 자기자본이익률, 기본주당수익, 순이익률, 재고자산회전율, 유동비율, 부채비율, 주가/이익비율과 배당수익률. 주가는 $40로 가정한다.

CP13-3. 동종산업 내 기업 비교

이 책 뒤쪽에 있는 American Eagle의 재무제표(부록 B), Urban Outfitters의 재무제표(부록 C)와 산업비율보고서(부록 D)를 참고하여라. 2014 회계연도에 대해 다음 재무비율들을 계산하여라: 자기자본이익률, 기본주당수익, 순이익률, 재고자산회전율, 유동비율, 부채비율, 주가/이익비율과 배당수익률. Urban Outfitters의 주가는 $40, American Eagle의 주가는 $16로 가정한다. 각 기업의 비율을 산업평균과 비교해보아라.

재무보고서와 분석 사례

CP13-4. 기업 전략에 기초하여 재무적 결과 해석하기

이 장에서 우리는 기업의 경영전략에 대한 이해를 바탕으로 재무적 결과를 분석하는 것의 중요성에 대해 논의하였다.

듀퐁모델을 이용하여, 우리는 어떻게 다양한 전략들이 투자자들에게 높은 수익을 벌어들이게 할 수 있는지를 보여주었다. 같은 산업 내의 두 기업이 근본적으로 다른 전략을 채택하였다고 가정해보자. 한 회사는 고가의 가전제품을 생산한다. 그 제품들은 최신 기술을 사용하였으며, 회사는 제품 구매 전후에 대하여 수준 높은 고객 서비스를 제공하고 있다. 다른 회사는 좋은 성능을 가진 제품을 저가에 제공하는 것을 강조한다. 이 회사의 제품은 안정된 기술을 사용하고 있으나, 절대 혁신적인 것은 아니다. 고객들은 이러한 제품을 대형 셀프 서비스 창고매장에서 구매하고, 이러한 제품을 인쇄된 브로슈어 속에 있는 정보를 이용해 설치할 것으로 예상된다. 듀퐁모델 비율 중 어떤 것이 이 기업들의 각기 다른 경영전략 채택의 결과로 차이를 보일 것으로 예상되는가?

CP13-5. 듀퐁모델 비율로부터 정보 추론하기

이 장에서 우리는 듀퐁모델에 대하여 다뤘다. 이 모델을 이용하여 다음 사례에서 밝혀지지 않은 값을 찾아보시오.

사례 1: 자기자본이익률은 10%이다; 순이익은 $200,000이다; 총자산회전율은 5이다; 그리고 순매출은 $1,000,000이다. 평균 자본비용은 얼마인가?

사례 2: 순이익은 $1,500,000이다; 순매출은 $8,000,000이다; 평균 자본비용은 $12,000,000이다; 자기자본이익률은 22%이다; 그리고 총자산회전율은 8이다. 평균 총자산은 얼마인가?

사례 3: 자기자본이익률은 15%이다; 순이익률은 10%이다; 총자산회전율은 5이다; 그리고 평균 총자산은 $1,000,000이다. 평균 자본비용은 얼마인가?

사례 4: 순이익은 $500,000이다; 자기자본이익률은 15%이다; 총자산회전율은 5이다; 순매출은 $1,000,000이다; 그리고 재무레버리지는 2이다. 평균 총자산은 얼마인가?

비판적 사고 사례

CP13-6. 도덕적 딜레마 평가

Barton사는 향후 확장을 위한 부지 구매를 위해 제일연방은행에 거액의 대출을 요청하였다. Barton사는 유동자산 $1,900,000(이 중 현금 $430,000)와 유동부채 $1,075,000를 보고하였다. 제일연방은행은 유동비율이 2:1 미만이라는 사실을 포함한 몇 가지 이유를 근거로 대출 요청을 거절하였다. Barton사가 대출 요청 거절에 대해 알게 되었을 때, 회사의 관리자는 몇몇 무역상의 채권자들에게 빚진 $420,000를 즉시 지급하였다. 관리자는 그 이후에 제일연방은행에 대출신청을 재검토해줄 것을 요청하였다. 이 요약된 사실들에 기초하였을 때, 당신은 제일연방은행이 대출신청을 승인하는 것을 추천하는가? 이유는 무엇인가? 관리자의 조치는 윤리적이었나?

재무보고서와 분석 팀 과제

CP13-7. 팀 프로젝트: 연차보고서 분석

팀으로서 분석할 산업분야를 선택하여라. Yahoo Finance와 Google Finance 모두 주어진 회사의 산업분야에 대한 정보를 제공한다. 각각의 팀 구성원은 해당 산업분야에 속해 있는 한 공개상장회사의 연차보고서나 10-K를 수집하여야 하며, 구성원들은 서로 다른 기업을 선택하여야 한다. 연차보고서나 10-K는 SEC EDGAR 홈페이지(www.sec.gov)나 개별 기업의 투자 관련 홈페이지로부터 다운받을 수 있다.

요구사항:

각각의 팀 구성원은 개별적으로 아래에 설명된 정보를 수집하고 각각의 문제에 답하도록 한다. 이 개별 단계를 완료한 이후에, 팀들은 각각의 문제에 대한 그들의 답을 비교하고 대조하기 위해 모여야 한다. 이 토론의 결론으로, 각각의 팀은 그들의 분석과 도출내용을 요약한 짧은 보고서를 작성하여야 한다.

<도표 13.3>의 각각의 비율들을 계산하고 해석하여라. 일부 정보는 각주나 경영자에 의한 검토와 분석 항목에 있을지 모르지만, 당신이 필요로 하는 정보 대부분은 재무제표에 있을 것이다.

타 기업에 대한 투자의 보고 및 해석

2013년 Amazon.com의 설립자인 Jeffrey Bezos는 The Washington Post Company가 소유한 *The Washington Post*와 그 밖의 자산을 $2억 5,000만에 인수함으로써, Graham 가족에 의한 80년간의 신문에 대한 통제력은 끝을 맺게 되었다. Washington Post Company는 남은 자산들로 Graham Holdings Company라는 새로운 이름을 채택하였고, 이를 통해 Graham Holdings Company의 투자를 확대했다. 이들 중 가장 잘 알려진 것이 입학시험 및 SAT, GMAT, LSAT, 공인회계사 또는 공인재무분석가 시험 준비에 도움을 주는 서비스업계의 거물인 Kaplan, Inc.에 대한 투자이다. Kaplan은 시험 대비 외에도 Kaplan Higher Education을 통해 어린이, 중등교육 및 전문교육을 위한 K-12 서비스를 제공하고 있다. Graham Holdings는 다각화된 회사로서 텔레비전 방송 및 *Slate*, *The Root* 및 *Foreign Policy* 잡지 등 미디어; Facebook, Twitter, Pinterest, Instagram과 같은 기업을 위해 마케팅 기술 및 솔루션을 제공하는 회사인 SocialCode; 가정용 건강관리 서비스에서부터 산업제품 제조에 이르는 다양한 소규모 사업에 이르기까지 다양한 사업을 운영하고 있다.

회사는 다른 회사 주식에 대한 투자와 다른 사업의 인수를 통해 다각화를 달성했다. 2014년에는 9개 기업을 $2억 1,000만에 인수했으며 $4,990만 규모의 다른 기업에 대한 투자를 수행하였다. Graham Holdings는 장기 투자전략으로 인수에 관심이 있는 기업 경영진의 강점과 이익 잠재력을 분석한다. 이러한 결과로 다각화된 비즈니스 그룹임에도 불구하고, 공통의 목표와 가치를 가지게 되었다. 인수한 각 사업은 고유의 정체성, 직장문화 및 자체 운영을 책임지는 경영진을 보유하고 있다.*

학습목표

이번 장을 학습한 후, 여러분들은 다음을 할 수 있어야 한다.

A-1 만기까지 보유하는 채무증권에 대한 투자를 분석하고 보고한다.

A-2 공정가치법을 적용하여 유가증권에 대한 소극적 투자를 분석하고 보고한다.

---

*Graham Holdings Company, "Investor Relations"(July 3, 2014)의 정보에 근거하였음.

FOCUS COMPANY :

Graham Holdings Company

다각화된 회사의 투자전략

www.ghco.com

Kristoffer Tripplaar/Alamy

경영에 대한 이해

많은 전략적 요소가 경영자들로 하여금 유가증권에 투자하도록 동기를 부여하고 있다. 유휴자금이 있고 이를 통해 수익을 얻고자 하는 회사는 장기 또는 단기간 동안 다른 회사의 주식 및 채권에 자금을 투자할 수 있다. 이러한 투자를 **소극적 투자**(passive investments)라고 하는데, 이렇게 부르는 이유는 경영자가 다른 회사에 영향력을 행사하거나 다른 회사를 지배하는 데에는 관심이 없기 때문이다. <도표 A.1>에 제시된 Graham Holdings의 2014년 및 2013년 비교식 재무상태표에는 단기자산 계정으로 "매도가능증권에 대한 투자"가 포함되어 있다.

때때로 회사는 다른 회사의 정책과 활동에 영향력을 행사할 목적으로 투자를 결정하기도 한다. Graham Holdings의 재무상태표는 이러한 유형의 투자자산을 "관계기업에 대한 투자"로 보고하고 있다. 마지막으로 경영자는 다른 회사를 직접 취득하거나 과점주주가 되어 이들을 지배하는 것이 바람직하다고 판단할 수도 있다. 피취득회사가 소멸하는 경우 이들의 자산과 부채는 공정가치로 취득회사의 자산과 부채에 가산된다. 피취득회사가 별도의 법인체로 사업을 계속 수행하는 경우에는 Graham Holdings는 두 회사의 재무제표를 연결재무제표로 통합하게 된다(재무제표의 제목이 **연결**재무상태인 점 참조).

도표 A.1

Graham Holdings Company 연결재무상태표(요약)

Graham Holdings Company 연결재무상태표(요약)		
(단위 : $백만)	2014년 12월 31일	2013년 12월 31일
자산		
유동자산		
현금및현금성자산	$1,464	$1,180
매도가능증권에 대한 투자	227	522
총유동자산	1,691	1,702
유형자산, 순액 및 기타 비유동자산	2,070	2,224
관계기업에 대한 투자	20	16
영업권 및 기타 무형자산, 순액	1,971	1,869
총자산	$5,752	$5,811
부채와 자본		
총부채와 상환우선주	$2,611	$2,511
보통주자본 :		
보통주와 주식발행초과금	324	308
이익잉여금	6,009	4,783
기타포괄손익누계액, 세후		
매도가능증권평가이익(손실)	52	174
기타	402	526
자기주식	(3,646)	(2,491)
총자본	3,141	3,300
총부채와 자본	$5,752	$5,811

이 부록에서 우리는 두 가지 유형의 투자자산에 대해 논의한다. 첫째, 사채에 대한 소극적 투자를 회계처리하는 방법인 상각후원가법에 대해 논의한다. 둘째, 소극적 투자에 대한 회계처리 방법인 공정가치법에 대해 살펴본다.

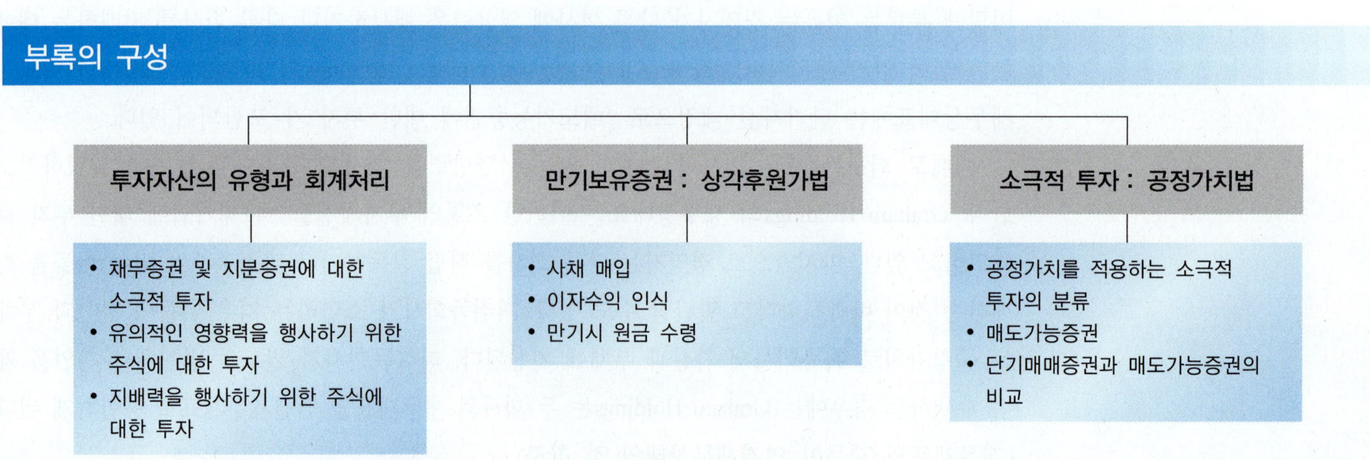

투자자산의 유형과 회계처리

투자자산을 기록하는 데 사용되는 회계처리방법은 얼마의 지분을 보유하고 있는지와 얼마의 기간 동안 투자자산을 보유할 것인지와 직접적인 관련이 있다. 투자자산의 분류 및 적절한 측정 및 보고방법을 요약하면 다음과 같다.[1]

채무증권 및 지분증권에 대한 소극적 투자

미래 단기 혹은 장기적 목적에 소요될 자금에 대한 수익을 얻기 위해 **소극적 투자**(passive investments)가 이루어진다. 이 범주에는 채무증권(사채 및 어음) 및 지분증권(주식)에 대한 투자가 모두 포함된다. 채무증권에 대한 투자는 항상 소극적 투자로 간주된다. 회사가 만기까지 유가증권을 보유하려는 경우, 해당 투자는 상각후원가로 측정되고 보고된다. 만약 만기가 되기 전에 매각될 경우, 해당 유가증권은 공정가치법을 적용하여 보고된다.

지분증권에 대한 투자의 경우, 투자회사가 다른 회사의 의결권 있는 유통주식의 20% 미만을 소유하는 경우에는 소극적 투자로 본다. 이러한 투자자산을 측정하고 보고하는 데에는 공정가치법(fair value method)이 적용된다.

유의적인 영향력을 행사하기 위한 주식에 대한 투자

유의적인 영향력(significant influence)은 다른 회사의 영업, 투자 및 재무정책에 중요한 영향을 미칠 수 있는 능력을 말한다. 투자회사가 다른 회사의 의결권 있는 유통주식의 20～50%를 소유하는 경우 유의적인 영향력이 있는 것으로 본다. 그러나 다른 회사의 이사회 구성원이거나 의사결정 과정에 참여, 두 회사 간에 중요한 거래, 경영진의 상호 교류 및 기술적 의존성 등 그 밖의 다른 요소도 유의적인 영향력이 있는 징후가 될 수 있다. 이러한 범주의 투자는 지분법(equity method)을 적용하여 측정하고 보고된다.

지배력을 행사하기 위한 주식에 대한 투자

지배력(control)은 의결권 있는 주식의 소유를 통해 다른 회사의 영업 및 재무정책을 결정할 수 있는 능력을 말한다. 다른 회사의 의결권 있는 유통주식의 50%를 초과하여 소유하는 경우 지배력이 있는 것으로 본다. 취득법(acquisition accounting)과 연결(consolidation)은 이들 회사를 결합하기 위해 적용된다.

---

1) **역자 주:** 여기에 제시된 회계처리 중 지분법(유의적인 영향력을 행사하는 경우)과 연결(지배력을 행사하는 경우)에 대한 회계처리는 본서의 범위를 벗어나므로 구체적으로 다루지 않겠다. 이들 주제에 대해서는 향후 중급회계와 고급회계과정에서 중요하게 다루게 될 것이다.

	타 기업의 채무증권에 투자		타 기업의 의결권 있는 보통주식에 투자		
투자	소극적		소극적	유의적인 영향력	지배력
보유 수준	만기보유	만기 전 매도	유통주식의 20% 미만	유통주식의 20~50%	유통주식의 50% 이상
측정 및 보고방법	상각후원가법	공정가치법		지분법	취득법 및 연결

만기보유증권 : 상각후원가법

학습목표 A-1
만기까지 보유하는 채무증권에 대한 투자를 분석하고 보고한다.

만기보유증권
경영진이 만기까지 보유할 수 있는 능력과 의도가 있는 채무증권에 대한 투자.

상각후원가법
원가에 할증발행차금을 차감하거나 할인발행차금을 가산하여 만기보유증권을 보고하는 방법.

경영진이 만기일(원금 지급일)까지 채무증권(예를 들어, 사채 또는 어음)을 보유할 계획인 경우, 이는 만기보유증권(held-to-maturity investments)으로 보고된다. 경영진이 채무증권을 만기까지 보유할 의도와 능력이 있는 경우, 이 채무증권은 만기보유증권으로 분류되어야 한다. 이러한 채무증권에 대한 투자는 공정가치가 아닌 할인 또는 할증발행차금 상각에 대한 조정이 이루어진 원가(상각후원가법, amortized cost method)로 표시된다. 우리는 이제 다른 회사가 발행한 사채에 투자한 경우의 회계처리를 살펴볼 것이다.

사채 매입

매입시점에 사채는 만기금액(**액면발행**), 만기금액보다 적은 금액(**할인발행**) 또는 만기금액보다 큰 금액(**할증발행**)으로 취득될 수 있다.[2] 매매수수료 및 중개수수료와 같은 모든 취득부대비용을 포함하여 채권의 총원가는 만기보유증권이라는 계정으로 차변에 기록된다.

이러한 사채 투자에 대한 회계처리를 설명하기 위해 2016년 7월 1일에 Graham Holdings가 2021년 6월 30일 만기인 액면이자율 8% 사채에 대해 액면금액인 $100,000를 지불했다고 가정해 보자.[3] 8% 이자는 6월 30일과 12월 31일 각각 지급된다. 경영진은 만기가 될 때까지 5년간 채권을 보유할 계획이다.

사채 매입을 기록하는 분개는 다음과 같다:

계정	차변	대변
만기보유증권(+A)	100,000	
현금(−A)		100,000

자산		=	부채	+	자본
만기보유증권	+100,000				
현금	−100,000				

2) 사채의 가격결정은 제9장에서 논의된 현재가치 개념을 기반으로 한다. 많은 재무분석가들은 사채의 가격을 **액면금액의 백분율**로 나타낸다. 예를 들어, *The Wall Street Journal*은 액면가 $1,000인 ExxonMobil 사채가 $82.97에 거래되고 있다고 보고할 수 있다. 이는 해당 사채를 매입하는 데 $829.70($1,000의 82.97%)가 든다는 것을 의미한다.

3) 투자자가 사채에 대한 액면이자율과 동일한 채권투자에 대한 수익률을 받아들이는 경우 사채는 액면금액으로 거래된다(즉, 액면금액의 100%).

이자수익 인식

이 사례에서 사채는 액면금액(par value, face value)으로 매입되었다. 할증발행차금이나 할인발행차금을 상각할 필요가 없기 때문에 장부금액은 보유기간 동안 일정하게 유지가 된다. 이 상황에서 매 회계연도마다 투자수익은 현금으로 받거나 연말까지 발생된 이자금액으로 측정된다. 다음은 12월 31일 이자수령을 기록하는 분개이다:

현금(+A) [$100,000 × 0.08 × 6/12]	4,000	
이자수익(+R, +SE)		4,000

자산		=	부채	+	자본	
현금	+4,000				이자수익(+R)	+4,000

이후 이자지급일에도 동일한 회계처리가 이루어진다.

만기시 원금 수령

2021년 6월 30일에 사채의 만기가 도래하게 되면, 다음과 같은 원금 수령에 대한 분개를 하게 될 것이다:

현금(+A)	100,000	
만기보유증권(−A)		100,000

자산		=	부채	+	자본
현금	+100,000				
만기보유증권	−100,000				

해당 채무증권이 만기가 되기 전에 매각되는 경우, 시가(매각대금)와 순장부금액의 차이는 처분이익 또는 손실로 보고된다. 경영진이 만기가 되기 전에 해당 사채를 매각하려는 **의도**가 있는 경우, 해당 채무증권은 매도가능증권으로 분류되는 지분증권과 동일한 회계처리를 하게 되는데, 이에 대해서는 다음 섹션에서 논의하도록 하겠다.

소극적 투자 : 공정가치법

학습목표 A-2
공정가치법을 적용하여 유가증권에 대한 소극적 투자를 분석하고 보고한다.

투자회사가 채무증권 또는 다른 회사의 의결권 있는 주식 20% 미만을 소유하고 있는 경우, 이는 소극적 투자로 간주된다. 재무상태표의 자산과 부채 중 유가증권(만기보유증권 제외)에 대한 소극적 투자만이 재무상태표일에 공정가치법(fair value method)을 적용하여 보고되도록 **요구된다**. 공정가치는 해당 증권의 현행시장가치(current market value, 정상적인 거래에서 수령하게 될 금액)를 의미한다. 이러한 투자에 대한 구체적인 회계처리를 논의하기 전에 공정가치를 사용하는 의미에 대해 생각해 보아야 한다:

공정가치법
유가증권을 현행시장가치(정상적인 거래에서 수령하게 될 금액)로 보고 하는 방법.

1. **소극적 투자가 재무상태표에 공정가치로 보고되는 이유는 무엇인가?** 이 질문에 대한 답은 두 가지 주요 요인에 의해 결정된다:

   - **목적적합성**(relevance) : 재무제표를 분석하는 재무분석가는 흔히 회사의 미래 현금흐름을 예측하고자 한다. 그들은 사업 확장, 배당금 지급 또는 장기적인 경기침체기의 생존과 같은 목적으로 현금을 창출할 수 있는 방법을 알고 싶어 한다. 현금의 한 가지 원천은 소극적 투자 포트폴리오를 통한 유가증권 매매이다. 이러한 유가증권의 매각으로 발생할 수 있는 현금에 대한 최선의 추정치는 현행 공정가치이다.
   - **측정가능성**(measurability) : 회계담당자는 높은 수준의 신뢰성으로 화폐 단위를 측정할 수 있는 항목만을 기록한다(편의가 없고 검증가능한 측정치). 대부분의 자산은 활발하게 거래가 되지 않기 때문에 공정가치를 결정하는 것이 매우 어렵다. 예를 들어, Graham Holdings는 본사건물에 대한 객관적인 공정가치를 결정하기가 어렵기 때문에, 재무상태표에 원가에서 감가상각누계액을 차감한 금액으로 해당 건물을 보고한다. 이처럼 건물의 가치를 결정하는 것이 어려운 것은 Graham Holdings가 소유하고 있는 Berkshire Hathaway의 가치를 쉽게 결정할 수 있는 것과 대조를 이룬다. 이들 증권은 매일 증권거래소에서 거래가 이루어지기 때문에, *The Wall Street Journal*이나 인터넷 금융서비스에서 제공되는 간략한 정보만으로도 쉽게 현행가격을 결정할 수 있다.

미실현보유손익
현재 보유 중인 유가증권의 가격 변동과 관련된 금액.

2. **투자자산 계정이 공정가치의 변동을 반영하여 조정될 때, 해당 자산 계정의 증가 또는 감소로 인해 영향을 받는 다른 계정은 무엇인가?** 복식부기 시스템에서는 모든 분개가 두 개 이상의 계정에 영향을 미치게 된다. 하나의 계정은 투자자산 계정이다. 영향을 받는 다른 계정은 투자자산의 공정가치가 변동될 때마다 기록되는 미실현보유손익(unrealized holding gains or losses)이다. 실제 매각이 된 것은 아니기 때문에 이들은 실현되지 않았다; 단지 이 증권들을 보유함으로써 가치만 변동되는 것이다. 1년 동안 투자자산의 가치가 $100,000만큼 증가하면 투자자산과 미실현보유이익 계정을 $100,000만큼 증가시키는 분개를 한다. 해당 연도의 투자자산 가치가 $75,000만큼 감소하면 투자자산과 미실현보유손실 계정을 $75,000만큼 감소시키는 분개를 한다. 재무제표에 미실현보유손익을 어떻게 보고할 것인지는 소극적 투자의 분류에 달려 있다.

공정가치를 적용하는 소극적 투자의 분류

경영진의 의도에 따라 공정가치로 표시된 소극적 투자는 단기매매증권이나 매도가능증권으로 분류할 수 있다.

단기매매증권

단기매매증권
가까운 미래에 활발히 매매(사고파는)할 것을 주된 목적으로 보유하는 모든 지분증권 및 채무증권(단기로 분류).

단기매매증권(trading securities)은 단기적 가격 변동을 통해 매매차익을 얻을 것을 목적으로 활발하게 매매하는 증권이다. 이러한 접근방식은 많은 뮤추얼펀드가 취하고 있는 방식과 유사하다. 포트폴리오 관리자는 적극적으로 해당 증권의 매매기회를 찾으려 노력한다. 단기매매증권은 재무상태표에 **유동자산**으로 분류된다.

매도가능증권

매도가능증권
단기매매증권과 만기보유증권을 제외한 모든 소극적 투자(단기 혹은 장기로 분류).

대부분의 회사는 다른 회사의 유가증권을 활발하게 거래하지는 않는다. 그 대신 그들은 미래의 영업상의 목적을 위해 필요할 수도 있는 자금에 대한 수익을 얻기 위해 투자를 한다. 만기보유증권 이외의 채무증권 및 지분증권은 매도가능증권(available-for-sale securities)이라고 부른다. 이들 증권은 경영진이 다음 연도에 매각할 의도가 있는지 여부에 따라 재무상태표에 유동자산이나 비유동자산으로 분류된다.

단기매매증권(약자로 TS)은 수익을 극대화하기 위해 단기적으로 투자자산을 활발하게 사고파는 금융기관에서 일반적으로 보고된다. 그러나 대부분의 기업은 단기 혹은 장기로 매도가능증권(약자로 AFS)에 투자하고 있다. 우리는 다음 섹션에서 Graham Holdings의 투자활동을 분석하여 이들 범주에 초점을 맞춰 살펴볼 것이다.

매도가능증권

Graham Holdings의 연차보고서에는 이들 투자 포트폴리오에 관하여 다음의 정보가 포함되어 있다:

GRAHAM HOLDINGS COMPANY
실제 자료에서 발췌:
연차보고서

2. 중요한 회계정책의 요약

매도가능증권에 대한 투자. 회사의 시장성 있는 지분증권에 대한 투자는 매도가능증권으로 분류되어 연결재무제표에 공정가치로 기록되며, 당기의 공정가치 변동은 당기순이익이 아닌 기타포괄손익이라는 별도의 구성요소로 하여 세후금액으로 보고됩니다. 시장성 있는 지분증권의 당기 공정가치가 원가보다 하락하고 그러한 하락이 일시적이 아닌 경우, 회사는 이를 감액하여 당기순이익에 반영합니다.

설명의 단순화를 위해 2014년 말 현재 Graham Holdings의 소극적 투자는 없다고 가정하자. 다음 사례에서 우리는 2015년, 2016년 및 2017년에 Graham Holdings에서 사용한 회계정책을 적용해 볼 것이다.

증권 매입

2015년 초 Graham Holdings는 Internet News[4](약자로 INews)의 보통주 15,000주를 주당 $10(총 $150,000)에 취득하였다. 유통주식수가 100,000주였으므로 Graham Holdings는 INews 주

식의 15%를 소유하게 되었으며(15,000주 ÷ 100,000주), 이는 소극적 투자로 간주된다. 이러한 투자자산은 최초에 원가로 기록된다:

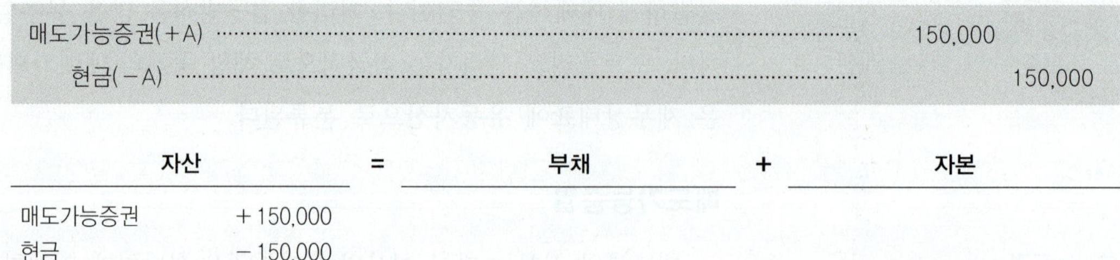

매도가능증권(+A)	150,000	
현금(−A)		150,000

자산		=	부채	+	자본	
매도가능증권	+150,000					
현금	−150,000					

배당금수익 인식

지분증권에 대한 투자는 두 가지 원천에서 수익을 얻게 된다: (1) 배당금수익과 (2) 가격 상승. 배당금수익은 손익계산서의 투자수익으로 보고되며 당기순이익 계산에 포함된다. Graham Holdings는 INews로부터 주당 \$1, 총 \$15,000(\$1 × 15,000주)의 현금배당을 받았다.

현금(+A)	15,000	
배당금수익(+R, +SE)		15,000

자산		=	부채	+	자본	
현금	+15,000				배당금수익(+R)	+15,000

이 분개는 단기매매증권과 매도가능증권 모두에서 동일하다. 연도 말과 해당 증권이 매각되는 시점 모두에서 가격 상승(또는 하락) 여부를 파악하여야 한다.

기말 평가

회계연도 말에 이들 소극적 투자는 공정가치로 재무상태표에 보고되는데, 공정가치는 정상적인 거래에서 수령하게 될 금액을 말한다.

2015년 말 INews 주식의 공정가치가 주당 \$8라고 가정하자. 즉, 해당 투자자산은 그 가치가 하락했다(\$10−\$8=주당 \$2). 그러나 아직 투자자산이 매각되지 않았기 때문에 해당 손실은 실현손실이 아니라 미실현손실이다.

AFS를 공정가치로 보고하는 경우 매기말 AFS 공정가치의 **상승 또는 하락**을 조정해야 한다.[5] 손실은 차변에, 이익은 대변에 미실현보유손익 계정으로 분개를 한다. 매도가능증권의 경우 미실현손익 계정은 재무상태표상 자본에 **기타포괄손익누계액**(Accumulated Other Comprehensive Income, OCI로 표시)으로 보고된다. 이렇게 함으로써 재무상태표의 대차가 균형을 유지

4) Internet News는 가상의 회사이다.

5) 기업은 종종 자산가액은 원가 그대로를 유지하면서, 공정가치의 변동을 자산에 가산하거나 차감하는 평가충당금(valuation allowance)으로 기록하기도 한다. 이렇게 해도 재무제표 표시에는 변동이 없다.

하게 된다. 해당 증권은 매각된 경우에만 손익이 실현되어 당기순이익에 포함된다.

다음 도표는 AFS 포트폴리오의 미실현손익을 계산하는 데 사용된다:

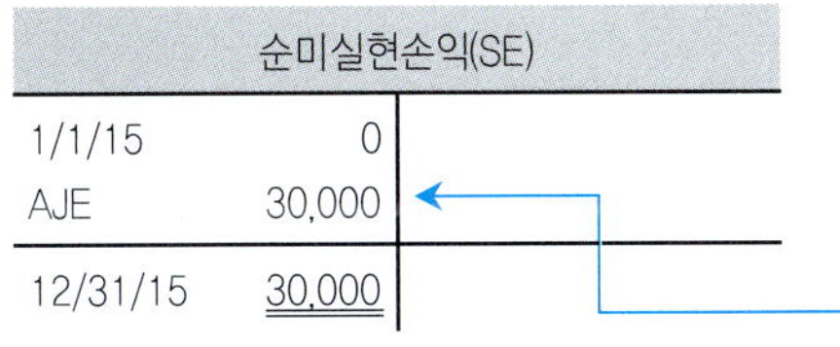

연도	공정가치	−	조정전 장부금액	=	조정대상 금액
2015	$120,000 ($8 × 15,000)	−	$150,000 ($10 × 15,000)	=	($30,000) 당기 **미실현손실**

2015년 말 기말수정분개(AJE)는 다음과 같다:

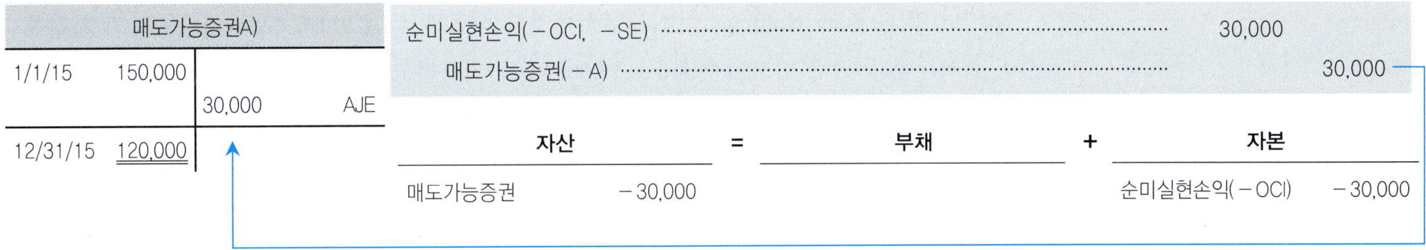

2015년 재무상태표
자산
매도가능증권 $120,000
자본
기타포괄손익누계액 (30,000)

Graham Holdings는 2015년 재무상태표에 $120,000의 매도가능증권을 보고하게 될 것이다. 또한 기타포괄손익누계액에는 순미실현손실로 $30,000를 보고하게 될 것이다. 2015년 손익계산서에 보고될 항목은 배당금수익으로 인한 $15,000의 투자수익만이 보고될 것이다.

2016년 이제 INews 주식을 다음 연도인 2016년까지 보유하였다고 가정해 보자. 2016년 말에 주식의 주당 공정가치는 $11이다. 2016년 말 조정은 다음과 같이 계산된다:

순미실현손익(SE)

1/1/15	0		
AJE	30,000		
12/31/15	30,000		
		45,000	AJE
		15,000	12/31/16

연도	공정가치	−	조정전 장부금액	=	조정대상 금액
2016	$165,000 ($11 × 15,000)	−	$120,000 ($8 × 15,000)	=	$45,000 당기 **미실현이익**

2016년 말 기말수정분개는 다음과 같을 것이다:

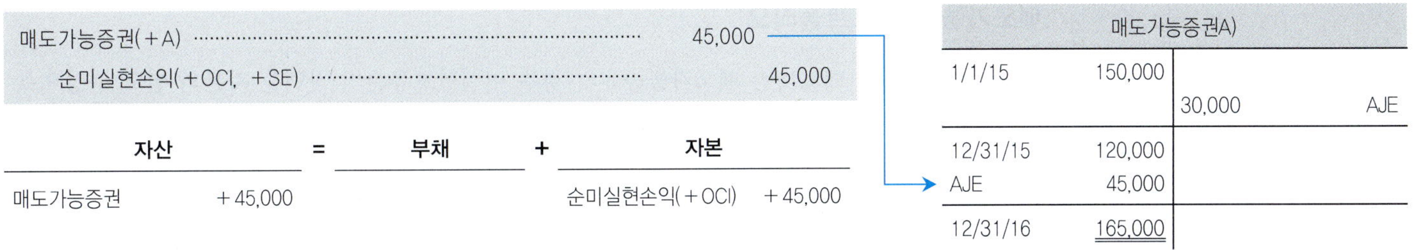

2016년 재무상태표	
자산	
매도가능증권	$165,000
자본	
기타포괄손익누계액	15,000

2016년 재무상태표에 Graham Holdings는 매도가능증권 $165,000를 자산으로 보고하고, 매도가능증권에 대한 순미실현이익으로 $15,000(공정가치 − 원가)를 기타포괄손익누계액으로 보고하게 된다.

증권의 매각

매도가능증권을 매각하는 경우, 현금이 증가하고 재무상태표상의 두 계정이 제거된다:

- 매도가능증권(A)
- 순미실현손익(OCI, SE)

2017년 말 Graham Holdings가 INews에 투자한 AFS를 주당 $13에 모두 매각했다고 가정해 보자. 회사는 2015년에 $150,000($10 × 15,000주)를 지급하고 취득한 주식에 대해 $195,000($13 × 15,000주)를 받게 될 것이다. 처분손익은 다음과 같이 계산된다:

매각대금 − 투자자산 원가 = 양(+)인 경우 이익[음(−)인 경우 손실]

이 사례에서는 손익계산서에 $45,000의 처분이익(매각대금 $195,000 − 원가 $150,000)이 기록되고 보고될 것이다. $165,000의 AFS와 $15,000의 순미실현손익 대변 잔액이 제거될 것이다:

계정	차변	대변
현금(+A)	195,000	
순미실현손익(−OCI, −SE)	15,000	
매도가능증권(−A)		165,000
처분이익(+Gain, +SE)		45,000

자산		=	부채	+	자본	
매도가능증권	−165,000				순미실현손익(−OCI)	−15,000
현금	+195,000				처분이익(+Gain)	+45,000

단기매매증권과 매도가능증권의 비교

미실현보유손익의 보고로 인한 효과는 투자자산이 매도가능증권으로 분류되는지 혹은 단기매매증권으로 분류되는지에 따라 다르게 나타난다.

매도가능증권 포트폴리오

이전 섹션에서 배웠듯이 매도가능증권의 경우 미실현보유손익 잔액은 **자본의 별도 구성요소**로 표시된다(<도표 A.1> Graham Holdings Company의 사례와 같이 기타포괄손익누계액).

손익계산서에는 보고되지 않기 때문에 당기순이익에는 영향을 미치지 않는다. 매각시 매각대금과 **최초 취득원가**의 차이만큼이 처분손익으로 기록된다. 동시에 AFS 및 미실현손익 계정이 제거된다.

단기매매증권 포트폴리오

단기매매증권의 경우 미실현보유손익 금액이 **손익계산서의 당기순이익에 포함**된다. 순보유이익은 당기순이익을 증가시키고 순보유손실은 당기순이익을 감소시킨다. 이는 또한 단기매매증권의 순미실현손익이 이익잉여금으로 마감된다는 것을 의미한다. 따라서 단기매매증권을 매각하는 경우 현금과 하나의 재무상태표 계정만이 영향을 받는다: TS. 또한 매각대금과 TS의 **장부금액**(원가가 아닌)의 차이만이 단기매매증권의 매각으로 인한 손익으로 보고된다. 앞의 사례에서 해당 투자자산이 단기매매증권이라고 가정하면, 2017년 매각으로 실현된 이익은 $30,000(매각대금 $195,000 − 장부금액 $165,000)가 된다. **3년 동안 보고되는 총이익은 단기매매증권과 매도가능증권 모두 $60,000로 동일하다는 점에 주목하자. 3년 동안 배분되는 금액만 서로 다르다.** <도표 A.2>는 2015년에서 2017년까지 Graham Holdings의 거래로 제시된 사례에 대한 분개와 재무제표 잔액을 제시하고 있다.

도표 A.2 단기매매증권과 매도가능증권 회계처리의 비교

PART A: 분개	단기매매증권			매도가능증권		
2015:						
• 취득(현금 $150,000)	TS(+A)	150,000		AFS(+A)	150,000	
	현금(−A)		150,000	현금(−A)		150,000
• 배당금(현금 $15,000)	현금(+A)	15,000		현금(+A)	15,000	
	배당금수익(+R, +SE)		15,000	배당금수익(+R, +SE)		15,000
• 기말 공정가치 평가 (=$120,000)	순미실현손실(+Loss, −SE)	30,000		순미실현손익(−OCI, −SE)	30,000	
	TS(−A)		30,000	AFS(−A)		30,000
2016:						
• 기말 공정가치 평가 (=$165,000)	TS(+A)	45,000		AFS(+A)	45,000	
	순미실현이익(+Gain, +SE)		45,000	순미실현손익(+OCI, +SE)		45,000
2017:						
• 매각($195,000)	*하나의 재무상태표 계정 제거:*			*두 개의 재무상태표 계정 제거:*		
	현금(+A)	195,000		현금(+A)	195,000	
				순미실현손익(−OCI, −SE)	15,000	
	TS(−A)		165,000	AFS(−A)		165,000
	처분이익(+Gain, +SE)		30,000	처분이익(+Gain, +SE)		45,000

PART B: 재무보고	단기매매증권				매도가능증권			
• 재무상태표	**자산**	**2017**	**2016**	**2015**	**자산**	**2017**	**2016**	**2015**
	TS	0	165,000	120,000	AFS	0	165,000	120,000
					자본			
					기타포괄손익누계액	0	15,000	(30,000)
• 손익계산서		**2017**	**2016**	**2015**		**2017**	**2016**	**2015**
	배당금수익	0	0	15,000	배당금수익	0	0	15,000
	처분이익	30,000	–	–	처분이익	45,000	–	–
	순미실현손익		45,000	(30,000)				

이익	단기매매증권		매도가능증권	
2015	$15,000	배당금수익	$15,000	배당금수익
	(30,000)	미실현손실	–	
2016	45,000	미실현이익	–	
2017	30,000	실현이익	45,000	실현이익
합계	$60,000		$60,000	

보론

한국채택국제회계기준에 따른 유가증권의 분류

한편 한국채택국제회계기준에서는 기업이 보유하고 있는 금융자산이 계약상 현금흐름 특성을 가지고 있는지, 그리고 기업의 사업모형이 무엇인지에 따라 상각후원가 측정 금융자산, 기타포괄손익－공정가치 측정 금융자산, 그리고 당기손익－공정가치 측정 금융자산으로 분류한다.

계약상 현금흐름 특성이란 계약에 따라 특정일에 정해진 원금과 이자지급만의 현금흐름이 발생함을 의미한다. 계약상 현금흐름 특성을 갖는 금융자산의 예로는 채무상품, 대여금, 수취채권을 들 수 있으며, 주식의 경우는 계약상 현금흐름 특성을 갖지 않는다. 계약상 현금흐름 특성을 갖지 않는 금융자산은 당기손익－공정가치 측정 금융자산으로 분류한다.

계약상 현금흐름 특성을 갖는 채무상품은 기업의 사업모형에 따라 분류하는데, 사업모형은 다음과 같이 3가지로 구분한다.

사업 모형	구분
① 계약상 현금흐름의 수취	상각후원가 측정 금융자산
② 계약상 현금흐름의 수취와 매도	기타포괄손익－공정가치 측정 금융자산
③ 기타 (①, ② 외의 목적)	당기손익－공정가치 측정 금융자산

금융자산의 분류에 따른 회계처리의 차이를 간략히 요약하면 다음과 같다.

구분	최초 측정	취득 부대비용	평가손익
당기손익－공정가치 측정 금융자산	공정가치	당기비용	당기손익 인식
기타포괄손익－공정가치 측정 금융자산	공정가치	취득원가에 가산	기타포괄손익 인식
상각후원가 측정 금융자산	공정가치	취득원가에 가산	해당 없음

한국채택국제회계기준에 의한 금융자산 회계처리의 세부 내용은 중급회계에서 학습할 것을 권한다. 참고로 당기손익－공정가치 측정 금융자산에 대한 회계처리는 앞에서 설명한 단기매매증권과 유사하며, 기타포괄손익－공정가치 측정 금융자산에 대한 회계처리는 앞에서 설명한 매도가능증권과 유사하며, 상각후원가 측정 금융자산에 대한 회계처리는 앞에서 설명한 만기보유증권과 유사하다.

부 록 B

UNITED STATES SECURITIES AND EXCHANGE COMMISSION
Washington, D.C. 20549

Form 10-K

☑ **ANNUAL REPORT PURSUANT TO SECTION 13 OR 15(d) OF THE SECURITIES EXCHANGE ACT OF 1934**

For the Fiscal Year Ended January 31, 2015

OR

☐ **TRANSITION REPORT PURSUANT TO SECTION 13 OR 15(d) OF THE SECURITIES EXCHANGE ACT OF 1934**

Commission File Number: 1-33338

American Eagle Outfitters, Inc.

(Exact name of registrant as specified in its charter)

Delaware	**No. 13-2721761**
(State or other jurisdiction of incorporation or organization)	*(I.R.S. Employer Identification No.)*
77 Hot Metal Street, Pittsburgh, PA	**15203-2329**
(Address of principal executive offices)	*(Zip Code)*

Registrant's telephone number, including area code:
(412) 432-3300

Securities registered pursuant to Section 12(b) of the Act:

Common Shares, $0.01 par value	New York Stock Exchange
(Title of class)	*(Name of each exchange on which registered)*

Securities registered pursuant to Section 12(g) of the Act:
None

Indicate by check mark if the registrant is a well-known seasoned issuer, as defined in Rule 405 of the Securities Act. YES ☑ NO ☐

Indicate by check mark if the registrant is not required to file reports pursuant to Section 13 or Sections 15(d) of the Act. YES ☐ NO ☑

Indicate by check mark whether the registrant (1) has filed all reports required to be filed by Section 13 or 15(d) of the Securities Exchange Act of 1934 during the preceding 12 months (or for such shorter period that the registrant was required to file such reports), and (2) has been subject to the filing requirements for at the past 90 days. YES ☑ NO ☐

Indicate by check mark whether the registrant has submitted electronically and posted on its corporate Web site, if any, every Interactive Data File required to be submitted and posted pursuant to Rule 405 of Regulation S-T (§232.405 of this chapter) during the preceding 12 months (or for such shorter period that the registrant was required to submit and post such files). YES ☑ NO ☐

Indicate by check mark if disclosure of delinquent filers pursuant to Item 405 of Regulation S-K (§229.405 of this chapter) is not contained herein, and will not be contained, to the best of registrant's knowledge, in definitive proxy or information statements incorporated by reference in Part III of this Form 10-K or any amendment to this Form 10-K. ☐

Indicate by check mark whether the registrant is a large accelerated filer, an accelerated filer, a non-accelerated filer, or a smaller reporting company. See the definitions of "large accelerated filer," "accelerated filer" and "smaller reporting company" in Rule 12b-2 of the Exchange Act. (Check one):

Large accelerated filer ☑ Accelerated filer ☐ Non-accelerated filer ☐ (Do not check if a smaller reporting company) Smaller reporting company ☐

Indicate by check mark whether the registrant is a shell company (as defined in Rule 12b-2 of the Act). YES ☐ NO ☑

The aggregate market value of voting and non-voting common equity held by non-affiliates of the registrant as of August 2, 2014 was $1,874,117,608.

Indicate the number of shares outstanding of each of the registrant's classes of common stock, as of the latest practicable date: 195,022,073 Common Shares were outstanding at March 9, 2015.

DOCUMENTS INCORPORATED BY REFERENCE

Part III — Proxy Statement for 2015 Annual Meeting of Stockholders, in part, as indicated.

ITEM 1. ***BUSINESS.***

General

American Eagle Outfitters, Inc., a Delaware corporation (the "Company"), operates under the American Eagle Outfitters ® and aerie ® by American Eagle Outfitters ® brands. Founded in 1977, American Eagle Outfitters is a leading apparel and accessories retailer that operates more than 1,000 retail stores in the U.S. and internationally, online at ae.com and aerie.com and international store locations managed by third-party operators. Through its brands, the Company offers high quality, on-trend clothing, accessories and personal care products at affordable prices. The Company's online business, AEO Direct, ships to 81 countries worldwide.

We have company operated stores in the United States, Canada, Mexico, Hong Kong, China and the United Kingdom. American Eagle Outfitters ® and aerie ® merchandise is also available at international store locations managed by third party operators. As of January 31, 2015, we operated 955 American Eagle Outfitters stores and 101 aerie stand-alone stores. Our third party operated store base has grown to 99 stores in 16 countries and products purchased through our online business, AEO Direct, ship to 81 countries worldwide.

We operated the 77kids by American Eagle Outfitters ® brand until the exit of the business during Fiscal 2012. Our Consolidated Financial Statements reflect the results of 77kids as discontinued operations for all periods presented.

As used in this report, all references to "we," "our" and the "Company" refer to American Eagle Outfitters, Inc. and its wholly owned subsidiaries. "American Eagle Outfitters," "AEO" and the "AEO Brand" refer to our company operated American Eagle Outfitters stores. "aerie" refers to our aerie ® by American Eagle Outfitters ® stores. "AEO Direct" refers to our e-commerce operations, ae.com and aerie.com.

Our financial year is a 52/53 week year that ends on the Saturday nearest to January 31. As used herein, "Fiscal 2015" refers to the 52 week period ending January 30, 2016. "Fiscal 2014" and "Fiscal 2013" refer to the 52 week period ended January 31, 2015 and February 1, 2014, respectively. "Fiscal 2012" refers to the 53 week period ended February 2, 2013. "Fiscal 2011" and "Fiscal 2010" refer to the 52 week periods ended January 28, 2012 and January 29, 2011, respectively.

Information concerning our segments and certain geographic information is contained in Note 2 of the Consolidated Financial Statements included in this Form 10-K and is incorporated herein by reference. Additionally, a five-year summary of certain financial and operating information can be found in Part II, Item 6, Selected Consolidated Financial Data, of this Form 10-K. See also Part II, Item 8, Financial Statements and Supplementary Data.

Brands

American Eagle Outfitters Brand

The American Eagle Outfitters ® brand targets 15 to 25 year old men and women. Denim is the cornerstone of the American Eagle Outfitters ® product assortment, which is complemented by other key categories including pants, shorts, sweaters, fleece, outerwear, graphic t-shirts, footwear and accessories. American Eagle Outfitters ® is honest, real, individual and fun. American Eagle Outfitters ® is priced to be worn by everyone, everyday, delivering value through quality and style.

Gaining market share through differentiated fashion, product innovation, and having the right product, in the right size for every customer are the main focuses within the AEO Brand. Delivering value, variety and versatility to our customers remains a top priority. We strive to offer quality and value at all levels of the assortment, punctuated with promotions.

aerie

The aerie ® brand is a collection of intimates and personal care products for women that want to feel good about who they are, inside and out. The collection is available in 101 stand-alone aerie stores throughout the United States and Canada, online at aerie.com and at select American Eagle Outfitters ® stores. aerie, with bras and undies at the core, and offerings in sleep, swim and apparel is beautiful, feminine, soft, sensuous, yet comfortable and real.

Business Priorities & Strategy

We are focused on delivering results through four near-term priorities: (1) pursuing revenue and profit improvement in both the American Eagle Outfitters and aerie brands through more compelling product assortments, product focused marketing messages and unique customer experiences digitally and in stores; (2) continued evolution of our omni-channel capabilities (flexible fulfilment, full utilization of our omni-channel distribution center and maximizing our investments in technologies and tools); (3) growing our digital business through further site enhancements, expanded product line, improved customer engagement and continued upgrades to our mobile site; and (4) improvement in profitability of our stores and repositioning the store fleet.

AEO Direct & Omni-Channel Capabilities

We sell merchandise via ae.com and aerie.com, which are the digital manifestation of the lifestyle that our brands represent. In addition to purchasing items directly from our digital channels, customers can experience AEO Direct in-store through our Store-to-Door program. This program enables store associates to sell any item available online to an in-store customer in a single transaction. Customers are taking advantage of Store-to-Door by purchasing extended sizes that are not available in-store, as well as finding a certain size or color that happens to be out-of-stock at the time of their visit. The ordered items are shipped to the customer's home free of charge. Additionally, in Fiscal 2014, we began fulfilling online orders at stores through our Buy Online Ship-from-Store program and we plan to further enhance our websites, increase CRM capabilities through personalization, segmentation and customer lifecycle management.

We are focused on delivering an omni-channel approach to customer engagement, which will eventually lead to a single view of the customer and inventory. We have made investments including a re-launched mobile app and enhanced websites. We will continue to invest in initiatives geared towards integration of our shopping channels as well as expanded product line offerings.

Real Estate

We remain focused on real-estate strategies to grow our business and strengthen our financial performance utilizing our most productive formats in the right markets, including underpenetrated markets, AEO Factory stores and aerie side-by-side locations. Also, we will selectively close stores and maintain flexibility within our real estate portfolio through short-term lease extensions.

At the end of Fiscal 2014, we operated in all 50 states, Puerto Rico, Canada, Mexico, Hong Kong, China and the United Kingdom. During Fiscal 2014, we opened 60 new stores, consisting largely of AEO Factory stores and international store openings. These store openings, offset by 70 store closings, brought our total store base to 1,056 stores at the end of Fiscal 2014.

Our stores average approximately 6,200 gross square feet and approximately 5,000 on a selling square foot basis. Our gross square footage increased by approximately 2% during Fiscal 2014.

During Fiscal 2014, we renovated a total of 44 AEO stores through remodels, refurbishes and refreshes. We evaluate each store and determine the appropriate capital spend based on financial performance and non-financial factors including the location and condition of the store, the center and competitors. Remodels result in a newly constructed store, sometimes larger in size, in the most current store design including new storefront, floors, fixtures, marketing and lighting. Refurbishes consist of selective changes that include new store front, floors and fixtures. Refreshes include certain aspects of our current store format, including paint and new fixtures.

In Fiscal 2015, we plan to open approximately 20 to 25 AEO stores primarily in the Factory store format and continue our international expansion. We also plan to remodel and refurbish approximately 25 existing AEO stores and close approximately 50 AEO stores and 20 aerie stores. Our square footage is expected to decline slightly in Fiscal 2015.

The table below shows certain information relating to our historical store growth from continuing operations.

	Fiscal 2014	Fiscal 2013	Fiscal 2012	Fiscal 2011	Fiscal 2010
Consolidated stores at beginning of period	1,066	1,044	1,069	1,077	1,075
Consolidated stores opened during the period	60	64	16	21	25
Consolidated stores closed during the period	(70)	(42)	(41)	(29)	(23)
Total consolidated stores at end of period	**1,056**	**1,066**	**1,044**	**1,069**	**1,077**

	Fiscal 2014	Fiscal 2013	Fiscal 2012	Fiscal 2011	Fiscal 2010
AEO Brand stores at beginning of period	944	893	911	929	938
AEO Brand stores opened during the period	60	64	16	11	14
AEO Brand stores closed during the period	(49)	(13)	(34)	(29)	(23)
Total AEO Brand stores at end of period	**955**	**944**	**893**	**911**	**929**

	Fiscal 2014	Fiscal 2013	Fiscal 2012	Fiscal 2011	Fiscal 2010
aerie stores at beginning of period	122	151	158	148	137
aerie stores opened during the period	—	—	—	10	11
aerie stores closed during the period	(21)	(29)	(7)	—	—
Total aerie stores at end of period	**101**	**122**	**151**	**158**	**148**

Consolidated Store Locations

As of January 31, 2015, we operated 1,056 wholly-owned stores under the American Eagle Outfitters and aerie brands as shown below:

United States, including the Commonwealth of Puerto Rico—920 stores

Alabama	15	Indiana	22	Nebraska	6	Rhode Island	3
Alaska	5	Iowa	11	Nevada	5	South Carolina	15
Arizona	12	Kansas	9	New Hampshire	10	South Dakota	3
Arkansas	8	Kentucky	14	New Jersey	27	Tennessee	25
California	59	Louisiana	14	New Mexico	3	Texas	68
Colorado	11	Maine	6	New York	64	Utah	9
Connecticut	14	Maryland	19	North Carolina	27	Vermont	2
Delaware	5	Massachusetts	28	North Dakota	4	Virginia	27
Florida	57	Michigan	27	Ohio	37	Washington	20
Georgia	31	Minnesota	18	Oklahoma	11	West Virginia	8
Hawaii	4	Mississippi	9	Oregon	11	Wisconsin	20
Idaho	3	Missouri	16	Pennsylvania	59	Wyoming	1
Illinois	30	Montana	2	Puerto Rico	6		

***Canada*—101 stores**

Alberta	11	New Brunswick	3	Ontario	55
British Columbia	12	Newfoundland	1	Quebec	12
Manitoba	2	Nova Scotia	3	Saskatchewan	2

***International*—35 stores**

China	9	Hong Kong	5	Mexico	18	United Kingdom	3

International Operations

As of January 31, 2015, we had 101 company-operated stores in Canada, 18 in Mexico, nine in China, six in Puerto Rico, five in Hong Kong and three in the United Kingdom. We continue to evaluate further opportunities to expand internationally, which may include additional company-operated stores as well as stores operated by third party operators under license, franchise and/or joint venture agreements.

We have agreements with multiple third party operators to expand our brands internationally. Through these agreements, a series of franchised, licensed or other brand-dedicated American Eagle Outfitters stores have opened and expect to continue to open in areas including Eastern Europe, the Middle East, Central and South America, Northern Africa and parts of Asia. These agreements do not involve a significant capital investment or operational involvement from the Company. We plan to continue to increase the number of countries in which we enter into these types of arrangements as part of our strategy for profitable international expansion. As of January 31, 2015, we had 99 stores operated by our third party operators in 16 countries. International third party operated stores are not included in the consolidated store data or the total gross square feet calculation.

Purchasing

We design our merchandise and source its manufacture from third-party factories. During Fiscal 2014, we purchased substantially all of our merchandise from non-North American suppliers.

All of our merchandise suppliers must agree to the terms and conditions of our Master Purchase Agreement (MPA) and to conduct business with us in accordance with the policies and procedures set forth in our Corporate Vendor Manual (the "Manual"). The Manual includes, but is not limited to, policies and procedures covering the following topics: social responsibility; quality assurance; product safety and testing; product labeling and other regulatory requirements; supply chain security; our intellectual property; and our shipping process.

We maintain a quality control department at our distribution centers to inspect incoming merchandise shipments for uniformity of sizes and colors and for overall quality of manufacturing. Periodic inspections are also made by our employees and agents at manufacturing facilities to identify quality issues prior to shipment of merchandise.

Corporate Responsibility

We are firmly committed to the principle that the people who make our clothes should be treated with dignity and respect. We seek to work with apparel suppliers throughout the world who share our commitment to providing safe and healthy workplaces. At a minimum, we require our suppliers to maintain a workplace environment that complies with local legal requirements and meets universally-accepted human rights standards.

Our Vendor Code of Conduct (the "Code"), which is based on universally-accepted human rights principles, sets forth our expectations for suppliers. The Code must be posted in every factory that manufactures our clothes in the local language of the workers. All suppliers must agree to abide by the terms of our Code before we will place production with them.

We maintain an extensive factory inspection program to monitor compliance with our Code. New garment factories must pass an initial inspection in order to do business with us. Once new factories are approved, we continue to review their social compliance performance both through internal audits by our compliance team, and through the use of third-party monitors. We review the outcome of these inspections with factory management with the goal of helping them to continuously improve their performance. Although our primary goal is to remediate issues and build long term relationships with our vendors, in cases where a factory is unable or unwilling to meet our standards, we will take steps up to and including the severance of our business relationship.

In Fiscal 2013, AEO signed the Accord on Fire and Building Safety, aligning with nearly 100 brands, non-governmental organizations (NGOs) and trade unions, to improve workplace safety in Bangladesh. The International Labor Organization (ILO), an organization that gives equal voice to workers, employers and unions, is Chair of the Steering Committee of the Accord. The Accord is a five-year program that will establish in-factory training; facilitate the creation of factory health and safety committees; review existing building regulations and enforcement; and develop a worker complaint process and mechanism for workers to report health and safety risks. AEO is also engaged with the ILO on Better Work programs in Cambodia, Haiti, Indonesia and Vietnam and is a member of the Better Work Buyers Partners.

Security Compliance

During recent years, there has been an increasing focus within the international trade community on concerns related to global terrorist activity and protecting the supply chain. Various security issues and other terrorist threats have brought increased demands from the Bureau of Customs and Border Protection ("CBP") and other agencies within the Department of Homeland Security that importers take responsible action to secure their supply chains. We have been a certified member of the Customs — Trade Partnership Against Terrorism program ("C-TPAT") since 2004. C-TPAT is a voluntary program offered by CBP in which an importer agrees to work with CBP to strengthen overall supply chain security. As part of this program, we are subject to validations by CBP.

Historically, we took significant steps to expand the scope of our security procedures, including, but not limited to: a significant increase in the number of factory audits performed; a revision of the factory audit format to include a review of all critical security issues as defined by CBP; a requirement that all of our international logistics partners, including forwarders, consolidators, shippers and brokers be certified members of C-TPAT; and inspections of all potential production facilities. Additionally, we also evaluate additional oversight options for high-risk security countries and among other things, implemented full third-party audits on an annual basis. In Fiscal 2013, we took the audits one step further, and conducted security audits of our own to validate the results we receive from the third-party audits, and continue with this practice today. We also implemented security training for our domestic logistics partners, along with conducting periodic audits on their facilities as well.

Trade Compliance

We act as the importer of record for substantially all of the merchandise we purchase overseas from foreign suppliers. Accordingly, we have an affirmative obligation to comply with the rules and regulations established for importers by the CBP regarding issues such as merchandise classification, valuation and country of origin. We have developed and implemented a comprehensive series of trade compliance procedures to assure that we adhere to all CBP requirements. In its most recent review and audit of our import operations and procedures, CBP found no material, unacceptable risks of non-compliance.

In addition to CBP requirements, we also ensure compliance with all other government agencies and their corresponding regulations including but not limited to the Federal Trade Commission (FTC), the Consumer Product Safety Commission (CPSC), the Food and Drug Administration (FDA) and U.S. Fish and Wildlife services. We have policies and procedures in place for labeling, packaging, product testing, obtaining required documentation and making appropriate declarations to reduce the risk of non-compliance.

Product Safety

We are strongly committed to the safety and well being of our customers. We require our products to meet applicable laws and regulations. In certain cases, we also voluntarily adopt industry standards and best practices that may be higher than legally required or where no clear laws exist.

To ensure compliance with our product safety standards, we maintain an extensive set of testing protocols for each category of products. All of the products we sell are tested by an independent testing laboratory in accordance with applicable regulatory requirements. In rare cases where a safety issue has been discovered in a product that has reached our store shelves, we respond with a comprehensive recall process.

Merchandise Inventory, Replenishment and Distribution

Merchandise is generally shipped directly from our vendors and routed through third-party transloaders at key ports of entry to our U.S. distribution centers in Warrendale, Pennsylvania, Ottawa, Kansas and most recently Hazelton, Pennsylvania, or to our Canadian distribution center in Mississauga, Ontario. Additionally, an increasing amount of product is shipped directly to stores from our transloaders, by-passing our distribution centers which reduces transit times and lowers operating costs. In 2014, we opened a third-party distribution center in the Netherlands to support our European international store and e-commerce growth. We also operate third-party distribution centers in Mexico

City, Hong Kong and Shanghai. Additionally, we opened a new 1,000,000 square foot omni-channel distribution center in Hazleton, Pennsylvania in July 2014, and will phase out our distribution center in Warrendale, Pennsylvania in Fiscal 2015.

Upon receipt at one of our distribution centers, merchandise is processed and prepared for shipment to the stores or forwarded to a warehouse holding area to be used for store sales replenishment. The allocation of merchandise among stores varies based upon a number of factors, including geographic location, customer demographics and store size. Merchandise is shipped to our stores two to five times per week depending upon the season and store requirements. Our current e-commerce distribution center, located in Ottawa, Kansas, ships merchandise directly to customers in all 50 states and 81 countries worldwide.

Customer Credit

We offer co-branded credit cards (the "AEO or aerie Visa Credit Card") and private label credit cards (the "AEO or aerie Credit Card") under the AEO and aerie brands. These credit cards are issued by a third-party bank (the "Bank") and we have no liability to the Bank for bad debt expense, provided that purchases are made in accordance with the Bank's procedures. Once a customer is approved to receive a Visa Credit Card or private label Credit Card and the card is activated, the customer is eligible to participate in our credit card rewards program. Customers who make purchases at AEO and aerie earn discounts in the form of savings certificates when certain purchase levels are reached. Also, AEO and aerie Visa Credit Card customers who make purchases at other retailers where the card is accepted earn additional reward points to be used at American Eagle Outfitters and aerie. AEO and aerie Credit Card holders will also receive advance notice of American Eagle Outfitters sales events offered throughout the year. The AEO and aerie Credit Cards are accepted at all of our U.S. stores and at ae.com and aerie.com. The AEO Visa and aerie Visa Cards are accepted in all of our stores and AEO Direct sites as well as merchants worldwide that accept Visa ®.

Competition

The retail apparel industry is highly competitive both in stores and on-line. We compete with various individual and chain specialty stores, as well as the casual apparel and footwear departments of department stores and discount retailers, primarily on the basis of quality, fashion, service, selection and price.

Trademarks and Service Marks

We have registered AMERICAN EAGLE OUTFITTERS ®, AMERICAN EAGLE ®, AE ®, AEO ®, LIVE YOUR LIFE ®, aerie ® and the Flying Eagle Design with the United States Patent and Trademark Office. We also have registered or have applied to register these trademarks with the registries of the foreign countries in which our stores and/or manufacturers are located and/or where our product is shipped.

We have registered AMERICAN EAGLE OUTFITTERS ®, AMERICAN EAGLE ®, AEO ®, LIVE YOUR LIFE ®, aerie ® and the Flying Eagle Design with the Canadian Intellectual Property Office. In addition, we have acquired rights in AE tm for clothing products and registered AE ® in connection with certain non-clothing products.

In the United States and in other countries around the world, we also have registered, or have applied to register, a number of other marks used in our business, including our pocket stitch designs.

These registered trademarks are renewable indefinitely, and their registrations are properly maintained in accordance with the laws of the country in which they are registered. We believe that the recognition associated with these trademarks makes them extremely valuable and, therefore, we intend to use and renew our trademarks in accordance with our business plans.

Employees

As of January 31, 2015, we had approximately 38,000 employees in the United States, Canada, Mexico, Hong Kong, China and the United Kingdom of whom approximately 31,000 were part-time and seasonal hourly employees. We consider our relationship with our employees to be good.

Executive Officers of the Registrant

Mary M. Boland, age 57, has served us as Executive Vice President, Chief Financial and Administrative Officer, and Principal Financial Officer since July 2012. Prior to joining the Company, Ms. Boland served Levi Strauss & Co. as Senior Vice President Finance of Global Levi's from 2011 to 2012 and as Senior Vice President Finance of the Americas from 2006 to 2011. Prior to that time, Ms. Boland held a variety of finance positions with General Motors Corporation from 1979 to 2006 including Vice President and Chief Financial Officer, North America from 2003 to 2006.

Jennifer M. Foyle, age 48, has served as our Global Brand President — aerie since January 2015. Prior thereto, Ms. Foyle served as Executive Vice President, Chief Merchandising Officer — aerie from February 2014 to January 2015 and Senior Vice President, Chief Merchandising Officer — aerie from August 2010 to February 2014. Prior to joining the Company, Ms. Foyle was President of Calypso St. Barth from 2009 to 2010. In addition, she held various positions at J. Crew Group, Inc., including Chief Merchandising Officer, from 2003 to 2009.

Charles F. Kessler, age 42, has served as our Global Brand President – American Eagle Outfitters since January 2015. Prior thereto, he served as our Executive Vice President, Chief Merchandising and Design Officer — American Eagle Outfitters from February 2014 to January 2015. Prior to joining us, Mr. Kessler served as Chief Merchandising Officer at Urban Outfitters, Inc. from October 2011 to November 2013 and as Senior Vice President, Corporate Merchandising at Coach, Inc. from July 2010 to October 2011. Prior to that time, Mr. Kessler held various positions with Abercrombie & Fitch Co. from 1994 to 2010, including Executive Vice President, Female Merchandising from 2008 to 2010.

Roger S. Markfield , age 73, has served as Vice Chairman, Executive Creative Director since February 2009 and as a Director since March 1999. From February 2007 to February 2009, Mr. Markfield served as a non-executive officer employee of the Company. Prior to February 2007, he served us as Vice Chairman since November 2003, as President from February 1995 to February 2006, and as Co-Chief Executive Officer of the Company from December 2002 to November 2003. Mr. Markfield also served the Company and its predecessors as Chief Merchandising Officer from February 1995 to December 2002. Mr. Markfield was formerly on the Board of Directors of DSW Inc. from 2008 to 2012.

Simon R. Nankervis , age 48, has served as our Executive Vice President, Global Commercial Operations since January 2015. Prior thereto, he served as our Executive Vice President, Americas and Global Country Licensing from February 2014 to January 2015, Senior Vice President, Americas and Global Country Licensing from April 2013 to February 2014 and as Vice President, International Franchising and Global Business Development from October 2011 to March 2013. Prior to joining us, Mr. Nankervis was Managing Director at Busbrand Pty Ltd, an Australian based international brand management company, from 2002 to 2011.

Michael R. Rempell , age 41, has served as our Executive Vice President and Chief Operations Officer since June 2012. Prior thereto, he served as our Executive Vice President and Chief Operating Officer, New York Design Center, from April 2009 to June 2012, as Senior Vice President and Chief Supply Chain Officer from May 2006 to April 2009, and in various other positions since joining us in February 2000.

Jay L. Schottenstein , age 60, has served as Interim Chief Executive Officer since January 2014. He has also served as Chairman of the Company and its predecessors since March 1992. He served the Company as Chief Executive Officer from March 1992 until December 2002 and prior to that time, he served as a Vice President and Director of the Company's predecessors since 1980. He has also served as Chairman of the Board and Chief Executive Officer of Schottenstein Stores Corporation ("SSC") since March 1992 and as President since 2001. Prior thereto, Mr. Schottenstein served as Vice Chairman of SSC from 1986 to 1992. He has been a Director of SSC since 1982. Mr. Schottenstein also served as Chief Executive Officer from March 2005 to April 2009 and as Chairman of the Board since March 2005 of DSW Inc., a company traded on the New York Stock Exchange. He has also served as an officer and director of various other entities owned or controlled by members of his family since 1976. Mr. Schottenstein also serves as Executive Chairman and Director on the Board of Directors of DSW Inc.

Available Information

Our Annual Reports on Form 10-K, Quarterly Reports on Form 10-Q, Current Reports on Form 8-K and amendments to those reports are available under the "About AEO, Inc." section of our website at www.ae.com. These reports are available as soon as reasonably practicable after such material is electronically filed with the Securities and Exchange Commission (the "SEC").

Our corporate governance materials, including our corporate governance guidelines, the charters of our audit, compensation, and nominating and corporate governance committees, and our code of ethics may also be found under the "About AEO, Inc." section of our website at www.ae.com. Any amendments or waivers to our code of ethics will also be available on our website. A copy of the corporate governance materials is also available upon written request.

Additionally, our investor presentations are available under the "About AEO, Inc." section of our website at www.ae.com. These presentations are available as soon as reasonably practicable after they are presented at investor conferences.

Certifications

As required by the New York Stock Exchange ("NYSE") Corporate Governance Standards Section 303A.12(a), on June 9, 2014 our Chief Executive Officer submitted to the NYSE a certification that he was not aware of any violation by the Company of NYSE corporate governance listing standards. Additionally, we filed with this Form 10-K, the Principal Executive Officer and Principal Financial Officer certifications required under Sections 302 and 906 of the Sarbanes-Oxley Act of 2002.

ITEM 1A. *RISK FACTORS*

Our ability to anticipate and respond to changing consumer preferences, fashion trends and a competitive environment in a timely manner

Our future success depends, in part, upon our ability to identify and respond to fashion trends in a timely manner. The specialty retail apparel business fluctuates according to changes in the economy and customer preferences, dictated by fashion and season. These fluctuations especially affect the inventory owned by apparel retailers because merchandise typically must be ordered well in advance of the selling season. While we endeavor to test many merchandise items before ordering large quantities, we are still susceptible to changing fashion trends and fluctuations in customer demands.

In addition, the cyclical nature of the retail business requires that we carry a significant amount of inventory, especially during our peak selling seasons. We enter into agreements for the manufacture and purchase of our private label apparel well in advance of the applicable selling season. As a result, we are vulnerable to changes in consumer demand, pricing shifts and the timing and selection of merchandise purchases. The failure to enter into agreements for the manufacture and purchase of merchandise in a timely manner could, among other things, lead to a shortage of inventory and lower sales. Changes in fashion trends, if unsuccessfully identified, forecasted or responded to by us, could, among other things, lead to lower sales, excess inventories and higher markdowns, which in turn could have a material adverse effect on our results of operations and financial condition.

The effect of economic pressures and other business factors

The success of our operations depends to a significant extent upon a number of factors relating to discretionary consumer spending, including economic conditions affecting disposable consumer income such as payroll taxes, employment, consumer debt, interest rates, increases in energy costs and consumer confidence. There can be no assurance that consumer spending will not be further negatively affected by general, local or international economic conditions, thereby adversely impacting our business and results of operations.

Seasonality

Historically, our operations have been seasonal, with a large portion of total net revenue and operating income occurring in the third and fourth fiscal quarters, reflecting increased demand during the back-to-school and year-end holiday selling seasons, respectively. As a result of this seasonality, any factors negatively affecting us during the third and fourth fiscal quarters of any year, including adverse weather or unfavorable economic conditions, could have a material adverse effect on our financial condition and results of operations for the entire year. Our quarterly results of operations also may fluctuate based upon such factors as the timing of certain holiday seasons, the number and timing of new store openings, the acceptability of seasonal merchandise offerings, the timing and level of markdowns, store closings and remodels, competitive factors, weather and general economic conditions.

Our ability to react to raw material cost, labor and energy cost increases

Increases in our costs, such as raw materials, labor and energy may reduce our overall profitability. Specifically, fluctuations in the cost associated with the manufacture of merchandise we purchase from our suppliers impacts our cost of sales. We have strategies in place to help mitigate these costs and our overall profitability depends on the success of those strategies. Additionally, increases in other costs, including labor and energy, could further reduce our profitability if not mitigated.

Our ability to rebalance our store fleet and drive improved performance through new store openings, selective closings and existing store remodels and expansions

Our ability to drive improved performance will depend in part on our ability to rebalance our store fleet and expand and remodel existing stores on a timely and profitable basis. During Fiscal 2015, we plan to open approximately 20 to 25 new American Eagle Outfitters stores primarily in the Factory store format in North America and continue our international expansion. Additionally, we plan to remodel and refurbish 25 existing American Eagle Outfitters stores and close approximately 70 stores during Fiscal 2015. Accomplishing our store rebalancing and expansion goals will depend upon a number of factors, including the ability to obtain suitable sites for new and expanded stores at acceptable costs, the hiring and training of qualified personnel, particularly at the store management level, the integration of new stores into existing operations and the expansion of our buying and inventory capabilities. There can be no assurance that we will be able to achieve our store expansion and rebalancing goals, manage our growth effectively, successfully integrate the planned new stores into our operations or operate our new and remodeled stores profitably.

Our efforts to expand internationally

We are actively pursuing additional international expansion initiatives, which include wholly-owned stores and stores operated by third parties in select international markets. The effect of these arrangements on our business and results of operations is uncertain and will depend upon various factors, including the demand for our products in new markets internationally. Furthermore, although we provide store operation training, literature and support, to the extent that the franchisee, licensee or other operator does not operate its stores in a manner consistent with our requirements regarding our brand and customer experience standards, our business results and the value of our brand could be negatively impacted.

A failure to properly implement our expansion initiatives, or the adverse impact of political or economic risks in these international markets, could have a material adverse effect on our results of operations and financial condition. We have limited prior experience operating internationally, where we face established competitors. In many of these locations, the real estate, labor and employment, transportation and logistics and other operating requirements differ dramatically from those in the locations where we have more experience. Consumer demand and behavior, as well as tastes and purchasing trends, may differ substantially, and as a result, sales of our products may not be successful, or the margins on those sales may not be in line with those we currently anticipate. Any differences that we encounter as we expand internationally may divert financial, operational and managerial resources from our existing operations, which could adversely impact our financial condition and results of operations. In addition, we are increasingly exposed to foreign currency exchange rate risk with respect to our revenue, profits, assets, and liabilities denominated in currencies other than the U.S. dollar. We may in the future use instruments to hedge certain foreign currency risks; however, these measures may not succeed in offsetting all of the negative impact of foreign currency rate movements on our business and results of operations.

As we pursue our international expansion initiatives, we are subject to certain laws, including the Foreign Corrupt Practices Act, as well as the laws of the foreign countries in which we operate. Violations of these laws could subject us to sanctions or other penalties that could have an adverse effect on our reputation, operating results and financial condition.

Our ability to achieve planned store financial performance

The results achieved by our stores may not be indicative of long-term performance or the potential performance of stores in other locations. The failure of stores to achieve acceptable results could result in additional store asset impairment charges, which could adversely affect our results of operations and financial condition.

Our international merchandise sourcing strategy

Our merchandise is manufactured by suppliers worldwide. Although we purchase a significant portion of our merchandise through a single international buying agent, we do not maintain any exclusive commitments to purchase from any one vendor. Because we have a global supply chain, any event causing the disruption of imports, including the insolvency of a significant supplier or a major labor slow-down, strike or dispute including any such actions involving ports, transloaders, consolidators or shippers, could have an adverse effect on our operations. Given the volatility and risk in the current markets, our reliance on external vendors leaves us subject to certain risks should one or more of these external vendors become insolvent. Although we monitor the financial stability of our key vendors and plan for contingencies, the financial failure of a key vendor could disrupt our operations and have an adverse effect on our cash flows, results of operations and financial condition. Other events that could also cause a disruption of imports include the imposition of additional trade law provisions or import restrictions, such as increased duties, tariffs, anti-dumping provisions, increased United States Customs and Border Protection (CBP) enforcement actions, or political or economic disruptions.

We have a Vendor Code of Conduct (the "Code") that provides guidelines for all of our vendors regarding working conditions, employment practices and compliance with local laws. A copy of the Code is posted on our website, www.ae.com , and is also included in our vendor manual in English and multiple other languages. We have a factory compliance program to audit for compliance with the Code. However, there can be no assurance that all violations can be eliminated in our supply chain. Publicity regarding violation of our Code or other social responsibility standards by any of our vendor factories could adversely affect our reputation, sales and financial performance.

We believe that there is a risk of terrorist activity on a global basis. Such activity might take the form of a physical act that impedes the flow of imported goods or the insertion of a harmful or injurious agent to an imported shipment. We have instituted policies and procedures designed to reduce the chance or impact of such actions. Examples include, but are not limited to, factory audits and self-assessments, including audit protocols on all critical security issues; the review of security procedures of our other international trading partners, including forwarders, consolidators, shippers and brokers; and the cancellation of agreements with entities who fail to meet our security requirements. In addition, CBP has recognized us as a validated participant of the Customs — Trade Partnership Against Terrorism program, a voluntary program in which an importer agrees to work with customs to strengthen overall supply chain security. However, there can be no assurance that terrorist activity can be prevented entirely and we cannot predict the likelihood of any such activities or the extent of their adverse impact on our operations.

Our reliance on our ability to implement and sustain information technology systems

We regularly evaluate our information technology systems and are currently implementing modifications and/or upgrades to the information technology systems that support our business. Modifications include replacing legacy systems with successor systems, making changes to legacy systems or acquiring new systems with new functionality. We are aware of inherent risks associated with operating, replacing and modifying these systems, including inaccurate system information and system disruptions. We believe we are taking appropriate action to mitigate the risks through testing, training, staging implementation and in-sourcing certain processes, as well as securing appropriate commercial contracts with third-party vendors supplying such replacement and redundancy technologies; however, there is a risk that information technology system disruptions and inaccurate system information, if not anticipated and/or promptly and appropriately mitigated, could have a material adverse effect on our results of operations.

Our ability to safeguard against security breaches with respect to our information technology systems

Our business employs systems and websites that allow for the storage and transmission of proprietary or confidential information regarding our business, customers and employees including credit card information. Security breaches could expose us to a risk of loss or misuse of this information and potential liability. We may not be able to anticipate or prevent rapidly evolving types of cyber-attacks. Actual or anticipated attacks may cause us to incur increasing costs including costs to deploy additional personnel and protection technologies, train employees and engage third party experts and consultants. Advances in computer capabilities, new technological discoveries or other developments may result in the technology used by us to protect transaction or other data being breached or compromised. Data and security breaches can also occur as a result of non-technical issues including intentional or inadvertent breach by employees or persons with whom we have commercial relationships that result in the unauthorized release of personal or confidential information. Any compromise or breach could result in a violation of applicable privacy and other laws, significant financial exposure and a loss of confidence in our security measures, which could have an adverse effect on our results of operations and our reputation.

Our reliance on key personnel

Our success depends to a significant extent upon our ability to attract and retain qualified key personnel, including senior management. Collective or individual changes in our senior management and other key personnel could have an adverse effect on our ability to determine and execute our strategies, which could adversely affect our business and results of operations. There is a high level of competition for senior management and other key personnel, and we cannot be assured we will be able to attract, retain and develop a sufficient number of qualified senior managers and other key personnel.

Failure to comply with regulatory requirements

As a public company, we are subject to numerous regulatory requirements, including those imposed by the Sarbanes-Oxley Act of 2002, the SEC and the NYSE. In addition, we are subject to numerous domestic and foreign laws and regulations affecting our business, including those related to labor, employment, worker health and safety, competition, privacy, consumer protection, import/export and anti-corruption, including the Foreign Corrupt Practices Act. Although we have put into place policies and procedures aimed at ensuring legal and regulatory compliance, our employees, subcontractors, vendors and suppliers could take actions that violate these requirements, which could have a material adverse effect on our reputation, financial condition and on the market price of our common stock. In addition, recent regulatory developments regarding the use of "conflict minerals," certain minerals originating from the Democratic Republic of Congo and adjoining countries, could affect the sourcing and availability of raw materials used by suppliers and subject us to costs associated with the regulations, including for the diligence pertaining to the presence of any conflict minerals used in our products, possible changes to products, processes or sources of our inputs, and reporting requirements.

Fluctuations in foreign currency exchange rates could adversely impact our financial condition and results of operations

We have foreign currency exchange rate risk with respect to revenues, expenses, assets and liabilities denominated in currencies other than the U.S. dollar. We currently do not utilize hedging instruments to mitigate foreign currency exchange risks. Specifically, fluctuations in the value of the Canadian Dollar, Mexican Peso, Chinese Yuan, Hong Kong Dollar, British Pound and Euro against the U.S. Dollar could have a material adverse effect on our results of operations, financial condition and cash flows.

Other risk factors

Additionally, other factors could adversely affect our financial performance, including factors such as: our ability to successfully acquire and integrate other businesses; any interruption of our key infrastructure systems, including exceeding capacity in our distribution centers; any disaster or casualty resulting in the interruption of service from our distribution centers or in a large number of our stores; any interruption of our business related to an outbreak of a pandemic disease in a country where we source or market our merchandise; extreme weather conditions or changes in climate conditions or weather patterns; the effects of changes in current exchange rates and interest rates; and international and domestic acts of terror.

The impact of any of the previously discussed factors, some of which are beyond our control, may cause our actual results to differ materially from expected results in these statements and other forward-looking statements we may make from time-to-time.

ITEM 5. *MARKET FOR THE REGISTRANT'S COMMON EQUITY, RELATED STOCKHOLDER MATTERS AND ISSUER PURCHASES OF EQUITY SECURITIES.*

Our common stock is traded on the NYSE under the symbol "AEO". As of March 9, 2015, there were 520 stockholders of record. However, when including associates who own shares through our employee stock purchase plan, and others holding shares in broker accounts under street name, we estimate the stockholder base at approximately 55,000. The following table sets forth the range of high and low closing prices of the common stock as reported on the NYSE during the periods indicated.

	Market Price		Cash Dividends per Common Share
For the Quarters Ended	**High**	**Low**	
January 31, 2015	$ 14.63	$ 11.91	$ 0.125
November 1, 2014	$ 14.81	$ 10.42	$ 0.125
August 2, 2014	$ 11.97	$ 10.28	$ 0.125
May 3, 2014	$ 14.85	$ 10.95	$ 0.125
February 1, 2014	$ 16.52	$ 12.77	$ 0.125
November 2, 2013	$ 19.97	$ 13.24	$ 0.125
August 3, 2013	$ 20.48	$ 17.62	$ 0.125
May 4, 2013	$ 22.55	$ 18.38	$ 0.00

During Fiscal 2014 and Fiscal 2013, we paid quarterly dividends as shown in the table above. No cash dividends per common share were paid for the quarter ended May 4, 2013 as the dividend payment was accelerated into the previous quarter. The payment of future dividends is at the discretion of our Board of Directors (the "Board") and is based on future earnings, cash flow, financial condition, capital requirements, changes in U.S. taxation and other relevant factors. It is anticipated that any future dividends paid will be declared on a quarterly basis.

ITEM 6. *SELECTED CONSOLIDATED FINANCIAL DATA.*

The following Selected Consolidated Financial Data should be read in conjunction with "Management's Discussion and Analysis of Financial Condition and Results of Operations," included under Item 7 below and the Consolidated Financial Statements and Notes thereto, included in Item 8 below. Most of the selected Consolidated Financial Statements data presented below is derived from our Consolidated Financial Statements, if applicable, which are filed in response to Item 8 below. The selected Consolidated Statement of Operations data for the years ended January 28, 2012 and January 29, 2011 and the selected Consolidated Balance Sheet data as of February 2, 2013, January 28, 2012, and January 29, 2011 are derived from audited Consolidated Financial Statements not included herein.

(In thousands, except per share amounts, ratios and other financial information)	For the Years Ended(1)									
		January 31, 2015		February 1, 2014		February 2, 2013		January 28, 2012		January 29, 2011
***Summary of Operations* (2)**										
Total net revenue	$	3,282,867	$	3,305,802	$	3,475,802	$	3,120,065	$	2,945,294
Comparable sales increase (decrease)(3)		(5)%		(6)%		9%		4%		(1)%
Gross profit	$	1,154,674	$	1,113,999	$	1,390,322	$	1,144,594	$	1,182,151
Gross profit as a percentage of net sales		35.2%		33.7%		40.0%		36.7%		40.1%
Operating income	$	155,765	$	141,055	$	394,606	$	269,335	$	339,552
Operating income as a percentage of net sales		4.7%		4.3%		11.4%		8.6%		11.5%
Income from continuing operations	$	88,787	$	82,983	$	264,098	$	175,279	$	195,731
Income from continuing operations as a percentage of net sales		2.6%		2.5%		7.6%		5.6%		6.7%
Per Share Results										
Income from continuing operations per common share-basic	$	0.46	$	0.43	$	1.35	$	0.90	$	0.98
Income from continuing operations per common share-diluted	$	0.46	$	0.43	$	1.32	$	0.89	$	0.97
Weighted average common shares outstanding — basic		194,437		192,802		196,211		194,445		199,979
Weighted average common shares outstanding — diluted		195,135		194,475		200,665		196,314		201,818
Cash dividends per common share	$	0.50	$	0.375	$	2.05	$	0.44	$	0.93
Balance Sheet Information										
Total cash and short-term investments	$	410,697	$	428,935	$	630,992	$	745,044	$	734,695
Long-term investments	$	—	$	—	$	—	$	847	$	5,915
Total assets	$	1,696,908	$	1,694,164	$	1,756,053	$	1,950,802	$	1,879,998
Short-term debt	$	—	$	—	$	—	$	—	$	—
Long-term debt	$	—	$	—	$	—	$	—	$	—
Stockholders' equity	$	1,139,746	$	1,166,178	$	1,221,187	$	1,416,851	$	1,351,071
Working capital	$	431,420	$	512,513	$	705,898	$	882,087	$	786,573
Current ratio		1.94		2.23		2.62		3.18		3.03
Average return on stockholders' equity		7.7%		7.0%		17.6%		11.0%		9.6%
***Other Financial Information* (2)**										
Total stores at year-end		1,056		1,066		1,044		1,069		1,077
Capital expenditures	$	245,002	$	278,499	$	93,939	$	89,466	$	75,904
Net sales per average selling square foot(4)	$	525	$	547	$	602	$	547	$	526
Total selling square feet at end of period		5,294,744		5,205,948		4,962,923		5,028,493		5,026,144

Net sales per average gross square foot(4)	$	420	$	444	$	489	$	438	$	422
Total gross square feet at end of period		6,613,100		6,503,486		6,023,278		6,290,284		6,288,425
Number of employees at end of period		38,000		40,400		40,100		39,600		39,900

(1) Except for the fiscal year ended February 2, 2013, which includes 53 weeks, all fiscal years presented include 52 weeks.

(2) All amounts presented are from continuing operations for all periods presented. Refer to Note 15 to the accompanying Consolidated Financial Statements for additional information regarding the discontinued operations of 77kids.

(3) The comparable sales increase for the period ended February 2, 2013 is compared to the corresponding 53 week period in Fiscal 2011. Additionally, comparable sales for all periods include AEO Direct sales.

(4) Total net revenue per average square foot is calculated using retail store sales for the year divided by the straight average of the beginning and ending square footage for the year.

ITEM 8. ***FINANCIAL STATEMENTS AND SUPPLEMENTARY DATA.***

Report of Independent Registered Public Accounting Firm

The Board of Directors and Stockholders of
American Eagle Outfitters, Inc.

We have audited the accompanying consolidated balance sheets of American Eagle Outfitters, Inc. as of January 31, 2015 and February 1, 2014, and the related consolidated statements of operations, comprehensive income, stockholders' equity, and cash flows for each of the three years in the period ended January 31, 2015. These financial statements are the responsibility of the Company's management. Our responsibility is to express an opinion on these financial statements based on our audits.

We conducted our audits in accordance with the standards of the Public Company Accounting Oversight Board (United States). Those standards require that we plan and perform the audit to obtain reasonable assurance about whether the financial statements are free of material misstatement. An audit includes examining, on a test basis, evidence supporting the amounts and disclosures in the financial statements. An audit also includes assessing the accounting principles used and significant estimates made by management, as well as evaluating the overall financial statement presentation. We believe that our audits provide a reasonable basis for our opinion.

In our opinion, the financial statements referred to above present fairly, in all material respects, the consolidated financial position of American Eagle Outfitters, Inc. at January 31, 2015 and February 1, 2014, and the consolidated results of its operations and its cash flows for each of the three years in the period ended January 31, 2015, in conformity with U.S. generally accepted accounting principles.

We also have audited, in accordance with the standards of the Public Company Accounting Oversight Board (United States), American Eagle Outfitters, Inc.'s internal control over financial reporting as of January 31, 2015, based on criteria established in Internal Control — Integrated Framework issued by the Committee of Sponsoring Organizations of the Treadway Commission (2013 framework) and our report dated March 11, 2015 expressed an unqualified opinion thereon.

/s/ Ernst & Young LLP

Pittsburgh, Pennsylvania
March 11, 2015

AMERICAN EAGLE OUTFITTERS, INC.
CONSOLIDATED BALANCE SHEETS

(In thousands, except per share amounts)		January 31, 2015		February 1, 2014
Assets				
Current assets:				
Cash and cash equivalents	$	410,697	$	418,933
Short-term investments		—		10,002
Merchandise inventory		278,972		291,541
Accounts receivable		67,894		73,882
Prepaid expenses and other		73,848		88,155
Deferred income taxes		59,102		45,478
Total current assets		890,513		927,991
Property and equipment, at cost, net of accumulated depreciation		694,856		632,986
Intangible assets, at cost, net of accumulated amortization		47,206		49,271
Goodwill		13,096		13,530
Non-current deferred income taxes		14,035		24,835
Other assets		37,202		45,551
Total assets	$	1,696,908	$	1,694,164
Liabilities and Stockholders' Equity				
Current liabilities:				
Accounts payable	$	191,146	$	203,872
Accrued compensation and payroll taxes		44,884		23,560
Accrued rent		78,567		76,397
Accrued income and other taxes		33,110		5,778
Unredeemed gift cards and gift certificates		47,888		47,194
Current portion of deferred lease credits		12,969		13,293
Other liabilities and accrued expenses		50,529		45,384
Total current liabilities		459,093		415,478
Non-current liabilities:				
Deferred lease credits		54,516		59,510
Non-current accrued income taxes		10,456		16,543
Other non-current liabilities		33,097		36,455
Total non-current liabilities		98,069		112,508
Commitments and contingencies		—		—
Stockholders' equity:				
Preferred stock, $0.01 par value; 5,000 shares authorized; none issued and outstanding		—		—
Common stock, $0.01 par value; 600,000 shares authorized; 249,566 shares issued; 194,516 and 193,149 shares outstanding, respectively		2,496		2,496
Contributed capital		569,675		573,008
Accumulated other comprehensive income		(9,944)		12,157
Retained earnings		1,543,085		1,569,851
Treasury stock, 55,050 and 56,417 shares, respectively, at cost		(965,566)		(991,334)
Total stockholders' equity		1,139,746		1,166,178
Total liabilities and stockholders' equity	$	1,696,908	$	1,694,164

Refer to Notes to Consolidated Financial Statements

AMERICAN EAGLE OUTFITTERS, INC.
CONSOLIDATED STATEMENTS OF OPERATIONS

(In thousands, except per share amounts)	For the Years Ended January 31, 2015	February 1, 2014	February 2, 2013
Total net revenue	$ 3,282,867	$ 3,305,802	$ 3,475,802
Cost of sales, including certain buying, occupancy and warehousing expenses	2,128,193	2,191,803	2,085,480
Gross profit	1,154,674	1,113,999	1,390,322
Selling, general and administrative expenses	806,498	796,505	834,601
Restructuring charges	17,752	—	—
Loss on impairment of assets	33,468	44,465	34,869
Depreciation and amortization expense	141,191	131,974	126,246
Operating income	155,765	141,055	394,606
Other income, net	3,737	1,022	7,432
Income before income taxes	159,502	142,077	402,038
Provision for income taxes	70,715	59,094	137,940
Income from continuing operations	88,787	82,983	264,098
Loss from discontinued operations, net of tax	(8,465)	—	(31,990)
Net income	$ 80,322	$ 82,983	$ 232,108
Basic income per common share:			
Income from continuing operations	$ 0.46	$ 0.43	$ 1.35
Loss from discontinued operations	(0.04)	—	(0.16)
Basic net income per common share	$ 0.42	$ 0.43	$ 1.19
Diluted income per common share:			
Income from continuing operations	$ 0.46	$ 0.43	$ 1.32
Loss from discontinued operations	(0.04)	—	(0.16)
Diluted net income per common share	$ 0.42	$ 0.43	$ 1.16
Weighted average common shares outstanding — basic	194,437	192,802	196,211
Weighted average common shares outstanding — diluted	195,135	194,475	200,665

Refer to Notes to Consolidated Financial Statements

AMERICAN EAGLE OUTFITTERS, INC.
CONSOLIDATED STATEMENTS OF COMPREHENSIVE INCOME

	For the Years Ended		
(In thousands)	January 31, 2015	February 1, 2014	February 2, 2013
Net income	$ 80,322	$ 82,983	$ 232,108
Other comprehensive (loss) income:			
Foreign currency translation (loss) gain	(22,101)	(17,140)	638
Other comprehensive (loss) income	(22,101)	(17,140)	638
Comprehensive income	$ 58,221	$ 65,843	$ 232,746

Refer to Notes to Consolidated Financial Statements

AMERICAN EAGLE OUTFITTERS, INC.
CONSOLIDATED STATEMENTS OF STOCKHOLDERS' EQUITY

(In thousands, except per share amounts)	Shares Outstanding (1)	Common Stock	Contributed Capital	Retained Earnings	Treasury Stock(2)	Accumulated Other Comprehensive Income (Loss)	Stockholders' Equity
Balance at January 28, 2012	**193,848**	**$ 2,496**	**$ 552,797**	**$ 1,771,464**	**$ (938,565)**	**$ 28,659**	**$ 1,416,851**
Stock awards	—	—	76,108	—	—	—	76,108
Repurchase of common stock as part of publicly announced programs	(8,407)	—	—	—	(173,554)	—	(173,554)
Repurchase of common stock from employees	(280)	—	—	—	(4,125)	—	(4,125)
Reissuance of treasury stock	7,443	—	(11,054)	(36,213)	125,515	—	78,248
Net income	—	—	—	232,108	—	—	232,108
Other comprehensive income	—	—	—	—	—	638	638
Cash dividends and dividend equivalents ($2.05 per share)	—	—	9,214	(414,301)	—	—	(405,087)
Balance at February 2, 2013	**192,604**	**$ 2,496**	**$ 627,065**	**$ 1,553,058**	**$ (990,729)**	**$ 29,297**	**$ 1,221,187**
Stock awards	—	—	1,184	—	—	—	1,184
Repurchase of common stock as part of publicly announced programs	(1,600)	—	—	—	(33,051)	—	(33,051)
Repurchase of common stock from employees	(1,059)	—	—	—	(23,385)	—	(23,385)
Reissuance of treasury stock	3,204	—	(56,706)	6,090	55,831	—	5,215
Net income	—	—	—	82,983	—	—	82,983
Other comprehensive income	—	—	—	—	—	(17,140)	(17,140)
Cash dividends and dividend equivalents ($0.375 per share)	—	—	1,465	(72,280)	—	—	(70,815)
Balance at February 1, 2014	**193,149**	**$ 2,496**	**$ 573,008**	**$ 1,569,851**	**$ (991,334)**	**$ 12,157**	**$ 1,166,178**
Stock awards	—	—	12,372	—	—	—	12,372
Repurchase of common stock from employees	(517)	—	—	—	(7,464)	—	(7,464)
Reissuance of treasury stock	1,884	—	(17,988)	(7,503)	33,232	—	7,741
Net income	—	—	—	80,322	—	—	80,322
Other comprehensive income	—	—	—	—	—	(22,101)	(22,101)

Cash dividends and dividend equivalents ($0.50 per share)	—	—	2,283	(99,585)	—	—	(97,302)
Balance at January 31, 2015	**194,516**	**$ 2,496**	**$ 569,675**	**$ 1,543,085**	**$ (965,566)**	**$ (9,944)**	**$ 1,139,746**

(1) 600,000 authorized, 249,566 issued and 194,516 outstanding, $0.01 par value common stock at January 31, 2015; 600,000 authorized, 249,566 issued and 193,149 outstanding, $0.01 par value common stock at February 1, 2014; 600,000 authorized, 249,566 issued and 192,604 outstanding, $0.01 par value common stock at February 2, 2013. The Company has 5,000 authorized, with none issued or outstanding, $0.01 par value preferred stock at January 31, 2015, February 1, 2014 and February 2, 2013.

(2) 55,050 shares, 56,417 shares, and 56,962 shares at January 31, 2015, February 1, 2014 and February 2, 2013, respectively. During Fiscal 2014, Fiscal 2013, and Fiscal 2012, 1,884 shares, 3,204 shares, and 7,443 shares, respectively, were reissued from treasury stock for the issuance of share-based payments.

Refer to Notes to Consolidated Financial Statements

AMERICAN EAGLE OUTFITTERS, INC.
CONSOLIDATED STATEMENTS OF CASH FLOWS

(In thousands)	For the Years Ended January 31, 2015	February 1, 2014	February 2, 2013
Operating activities:			
Net income	$ 80,322	$ 82,983	$ 232,108
Loss from discontinued operations, net of tax	8,465	—	31,990
Income from continuing operations	$ 88,787	$ 82,983	$ 264,098
Adjustments to reconcile net income to net cash provided by operating activities			
Depreciation and amortization	142,351	134,047	128,397
Share-based compensation	16,070	(6,541)	66,349
Deferred income taxes	(2,279)	20,100	(30,647)
Foreign currency transaction loss (gain)	(495)	1,378	100
Loss on impairment of assets	33,468	44,465	34,869
Changes in assets and liabilities:			
Merchandise inventory	8,586	40,148	35,202
Accounts receivable	3,084	(29,511)	(6,664)
Prepaid expenses and other	14,282	(10,844)	404
Other assets	6,612	(36,089)	(8,165)
Accounts payable	(5,280)	28,568	(10,468)
Unredeemed gift cards and gift certificates	1,238	1,269	1,473
Deferred lease credits	(4,528)	583	(11,073)
Accrued compensation and payroll taxes	20,716	(42,465)	23,018
Accrued income and other taxes	24,826	(25,840)	(7,408)
Accrued liabilities	(9,012)	27,605	20,186
Total adjustments	249,639	146,873	235,573
Net cash provided by operating activities from continuing operations	**338,426**	**229,856**	**499,671**
Investing activities:			
Capital expenditures for property and equipment	(245,002)	(278,499)	(93,939)
Purchase of long-lived assets in a business combination	—	(20,751)	—
Acquisition of intangible assets	(1,264)	(6,835)	(1,123)
Purchase of available-for-sale securities	—	(52,065)	(111,086)
Sale of available-for-sale securities	10,002	162,785	15,500
Net cash (used for) provided by investing activities from continuing operations	**(236,264)**	**(195,365)**	**(190,650)**
Financing activities:			
Payments on capital leases and other	(7,143)	(2,839)	(3,066)
Repurchase of common stock as part of publicly announced programs	—	(33,051)	(173,554)
Repurchase of common stock from employees	(7,464)	(23,386)	(4,125)
Net proceeds from stock options exercised	7,305	6,197	76,401
Excess tax benefit from share-based payments	742	8,833	13,279
Cash used to net settle equity awards	—	—	—
Cash dividends paid	(97,224)	(72,280)	(403,490)
Net cash used for financing activities from continuing operations	**(103,784)**	**(116,526)**	**(494,555)**
Effect of exchange rates on cash	(7,578)	(8,151)	504
Cash flows of discontinued operations			
Net cash provided by (used for) operating activities	963	—	(24,616)
Net cash used for investing activities	—	—	(780)
Net cash used for financing activities	—	—	—
Effect of exchange rates on cash	—	—	—
Net cash provided by (used for) discontinued operations	**963**	—	**(25,396)**
Net decrease in cash and cash equivalents	**(8,237)**	**(90,186)**	**(210,426)**
Cash and cash equivalents — beginning of period	$ 418,933	$ 509,119	719,545
Cash and cash equivalents — end of period	$ 410,697	$ 418,933	$ 509,119

Refer to Notes to Consolidated Financial Statements

AMERICAN EAGLE OUTFITTERS, INC.

NOTES TO CONSOLIDATED FINANCIAL STATEMENTS
FOR THE YEAR ENDED JANUARY 31, 2015

1. Business Operations

American Eagle Outfitters, Inc. (the "Company"), a Delaware corporation, operates under the American Eagle Outfitters ® ("AEO") and aerie ® by American Eagle Outfitters ® ("aerie") brands. The Company operated 77kids by American Eagle Outfitters ® ("77kids") until its exit in Fiscal 2012.

Founded in 1977, American Eagle Outfitters is a leading apparel and accessories retailer that operates more than 1,000 retail stores in the U.S. and internationally, online at ae.com and aerie.com and international store locations managed by third-party operators. Through its brands, the Company offers high quality, on-trend clothing, accessories and personal care products at affordable prices. The Company's online business, AEO Direct, ships to 81 countries worldwide.

Merchandise Mix

The following table sets forth the approximate consolidated percentage of total net revenue from continuing operations attributable to each merchandise group for each of the periods indicated:

	For the Years Ended		
	January 31, 2015	February 1, 2014	February 2, 2013
Men's apparel and accessories	39%	40%	39%
Women's apparel and accessories (excluding aerie)	53%	52%	52%
aerie	8%	8%	9%
Total	100%	100%	100%

2. Summary of Significant Accounting Policies

Principles of Consolidation

The Consolidated Financial Statements include the accounts of the Company and its wholly-owned subsidiaries. All intercompany transactions and balances have been eliminated in consolidation. At January 31, 2015, the Company operated in one reportable segment.

The Company exited its 77kids brand in Fiscal 2012. These Consolidated Financial Statements reflect the results of 77kids as discontinued operations for all periods presented.

Fiscal Year

Our financial year is a 52/53 week year that ends on the Saturday nearest to January 31. As used herein, "Fiscal 2015" refers to the 52 week period ending January 30, 2016. "Fiscal 2014" and "Fiscal 2013" refer to the 52 week period ended January 31, 2015 and February 1, 2014, respectively. "Fiscal 2012" refers to the 53 week period ended February 2, 2013. "Fiscal 2011" and "Fiscal 2010" refer to the 52 week periods ended January 28, 2012 and January 29, 2011, respectively.

Estimates

The preparation of financial statements in conformity with accounting principles generally accepted in the United States of America ("GAAP") requires the Company's management to make estimates and assumptions that affect the reported amounts of assets and liabilities and disclosure of contingent assets and liabilities at the date of the financial statements and the reported amounts of revenues and expenses during the reporting period. Actual results could differ from those estimates. On an ongoing basis, our management reviews its estimates based on currently available information. Changes in facts and circumstances may result in revised estimates.

Recent Accounting Pronouncements

In May 2014, the Financial Accounting Standard Board ("FASB") issued Accounting Standards Update ("ASU") No. 2014-09, *Revenue from Contracts with Customers* ("ASU 2014-09"). ASU 2014-09 is a comprehensive new revenue recognition model that expands disclosure requirements and requires a company to recognize revenue to depict the transfer of goods or services to a customer at an amount that reflects the consideration it expects to receive in exchange for those goods or services. ASU 2014-09 is effective for annual reporting periods beginning after December 15, 2016 and early adoption is not permitted. Accordingly, the Company will adopt ASU 2014-09 on January 29, 2017. The Company does not expect a material impact of the adoption of this guidance on the Company's consolidated financial condition, results of operations and cash flows.

AMERICAN EAGLE OUTFITTERS, INC.

NOTES TO CONSOLIDATED FINANCIAL STATEMENTS — (Continued)

In July 2013, the FASB issued ASU No. 2013-11, *Income Taxes (Topic 740): Presentation of an Unrecognized Tax Benefit When a Net Operating Loss Carryforward, a Similar Tax Loss, or a Tax Credit Carryforward Exists* ("ASU 2013-11"). ASU 2013-11 requires an entity to present an unrecognized tax benefit, or a portion of an unrecognized tax benefit, in the financial statements as a reduction to a deferred tax asset for a net operating loss carryforward, a similar tax loss, or a tax credit carryforward. To the extent a net operating loss carryforward, a similar tax loss, or a tax credit carryforward is not available at the reporting date under the tax law of the applicable jurisdiction to settle any additional income taxes that would result from the disallowance of a tax position or the tax law of the applicable jurisdiction does not require the entity to use, and the entity does not intend to use, the deferred tax asset for such purpose, the unrecognized tax benefit should be presented in the financial statements as a liability and should not be combined with deferred tax assets. ASU No. 2013-11 is effective for financial statements issued for annual reporting periods beginning after December 15, 2013 and interim periods within those years. The Company adopted ASU 2013-11 on February 2, 2014 with no significant impact to its Consolidated Financial Statements.

Foreign Currency Translation

In accordance with Accounting Standards Codification ("ASC") 830, *Foreign Currency Matters* , assets and liabilities denominated in foreign currencies were translated into United States dollars ("USD") (the reporting currency) at the exchange rates prevailing at the balance sheet date. Revenues and expenses denominated in foreign currencies were translated into USD at the monthly average exchange rates for the period. Gains or losses resulting from foreign currency transactions are included in the results of operations, whereas, related translation adjustments are reported as an element of other comprehensive income in accordance with ASC 220, *Comprehensive Income* (refer to Note 11 to the Consolidated Financial Statements).

Cash and Cash Equivalents, Short-term Investments and Long-term Investments

Cash includes cash equivalents. The Company considers all highly liquid investments purchased with a remaining maturity of three months or less to be cash equivalents.

As of February 1, 2014, short-term investments include treasury bills and term-deposits purchased with a maturity of greater than three months, but less than one year.

Long-term investments are included within other assets on the Company's Consolidated Balance Sheets. As of January 31, 2015 and February 1, 2014, the Company held no long-term investments.

Refer to Note 3 to the Consolidated Financial Statements for information regarding cash and cash equivalents and investments.

Other-than-Temporary Impairment

The Company evaluates its investments for impairment in accordance with ASC 320, *Investments — Debt and Equity Securities* ("ASC 320"). ASC 320 provides guidance for determining when an investment is considered impaired, whether impairment is other-than-temporary, and measurement of an impairment loss. An investment is considered impaired if the fair value of the investment is less than its cost. If, after consideration of all available evidence to evaluate the realizable value of its investment, impairment is determined to be other-than-temporary, then an impairment loss is recognized in the Consolidated Statement of Operations equal to the difference between the investment's cost and its fair value. Additionally, ASC 320 requires additional disclosures relating to debt and equity securities both in the interim and annual periods as well as requires the Company to present total OTTI with an offsetting reduction for any non-credit loss impairment amount recognized in other comprehensive income ("OCI").

There was no net impairment loss recognized in earnings for all years presented.

Merchandise Inventory

Merchandise inventory is valued at the lower of average cost or market, utilizing the retail method. Average cost includes merchandise design and sourcing costs and related expenses. The Company records merchandise receipts at the time which both title and risk of loss for the merchandise transfers to the Company.

The Company reviews its inventory levels to identify slow-moving merchandise and generally uses markdowns to clear merchandise. Additionally, the Company estimates a markdown reserve for future planned permanent markdowns related to current inventory. Markdowns may occur when inventory exceeds customer demand for reasons of style, seasonal adaptation, changes in customer preference, lack of consumer acceptance of fashion items, competition, or if it is determined that the inventory in stock will not sell at its currently ticketed price. Such markdowns may have a material adverse impact on earnings, depending on the extent and amount of inventory affected. The Company also estimates a shrinkage reserve for the period between the last physical count and the balance sheet date. The estimate for the shrinkage reserve, based on historical results, can be affected by changes in merchandise mix and changes in actual shrinkage trends.

AMERICAN EAGLE OUTFITTERS, INC.
NOTES TO CONSOLIDATED FINANCIAL STATEMENTS — (Continued)

Property and Equipment

Property and equipment is recorded on the basis of cost with depreciation computed utilizing the straight-line method over the assets' estimated useful lives. The useful lives of our major classes of assets are as follows:

Buildings	25 years
Leasehold improvements	Lesser of 10 years or the term of the lease
Fixtures and equipment	5 years

In accordance with ASC 360, *Property, Plant, and Equipment* , the Company's management evaluates the value of leasehold improvements and store fixtures associated with retail stores, which have been open for a period of time sufficient to reach maturity. The Company evaluates long-lived assets for impairment at the individual store level, which is the lowest level at which individual cash flows can be identified. Impairment losses are recorded on long-lived assets used in operations when events and circumstances indicate that the assets might be impaired and the undiscounted cash flows estimated to be generated by those assets are less than the carrying amounts of the assets. When events such as these occur, the impaired assets are adjusted to their estimated fair value and an impairment loss is recorded separately as a component of operating income under loss on impairment of assets.

During Fiscal 2014, the Company recorded pre-tax asset impairment charges of $33.5 million that includes $25.1 million for the impairment of 79 retail stores recorded as a loss on impairment of assets in the Consolidated Statements of Operations. Based on the Company's evaluation of current and future projected performance, it was determined that these stores would not be able to generate sufficient cash flow over the expected remaining lease term to recover the carrying value of the respective stores' assets. Additionally, the Company recorded $8.4 million of impairment charges related to corporate assets.

During Fiscal 2013, the Company recorded asset impairment charges of $44.5 million consisting of $25.2 million for the impairment of 69 retail stores and $19.3 million for the Company's Warrendale, Pennsylvania Distribution Center, recorded as a loss on impairment of assets in the Consolidated Statements of Operations. The retail store impairments were recorded based on the results of the Company's evaluation of stores that considered performance during the holiday selling season and a significant portfolio review in the fourth quarter of Fiscal 2013 that considered current and future performance projections and strategic real estate initiatives. The Company determined that these stores would not be able to generate sufficient cash flow over the expected remaining lease term to recover the carrying value of the respective stores assets.

During Fiscal 2012, the Company recorded asset impairment charges of $34.9 million consisting of the impairment of 52 retail stores, which is recorded as a loss on impairment of assets in the Consolidated Statements of Operations. This impairment was recorded based on the results of the Company's evaluation of stores that considered performance during the holiday selling season and strategic decisions made in the fourth quarter of Fiscal 2012 regarding the rebalancing of our store fleet. The Company determined that these stores would not be able to generate sufficient cash flow over the expected remaining lease term to recover the carrying value of the respective stores assets. Additionally, the Company recorded $16.6 million of store asset impairment charges related to 77kids stores, which is included in Discontinued Operations.

Refer to Note 15 to the Consolidated Financial Statements for additional information regarding the discontinued operations for 77kids.

When the Company closes, remodels or relocates a store prior to the end of its lease term, the remaining net book value of the assets related to the store is recorded as a write-off of assets within depreciation and amortization expense.

Refer to Note 7 to the Consolidated Financial Statements for additional information regarding property and equipment.

Goodwill

The Company's goodwill is primarily related to the acquisition of its importing operations, Canadian business and recently acquired operations in Hong Kong and China. In accordance with ASC 350, *Intangibles- Goodwill and Other* ("ASC 350"), the Company evaluates goodwill for possible impairment on at least an annual basis and last performed an annual impairment test as of January 31, 2015. As a result of the Company's annual goodwill impairment test, the Company concluded that its goodwill was not impaired.

Intangible Assets

Intangible assets are recorded on the basis of cost with amortization computed utilizing the straight-line method over the assets' estimated useful lives. The Company's intangible assets, which primarily include trademark assets, are amortized over 15 to 25 years.

The Company evaluates intangible assets for impairment in accordance with ASC 350 when events or circumstances indicate that the carrying value of the asset may not be recoverable. Such an evaluation includes the estimation of undiscounted future cash flows to be generated by those assets. If the sum of the estimated future undiscounted cash flows are less than the carrying amounts of the assets, then the assets are impaired and are adjusted to their estimated fair value. No intangible asset impairment charges were recorded during Fiscal 2014, Fiscal 2013 or Fiscal 2012.

Refer to Note 8 to the Consolidated Financial Statements for additional information regarding intangible assets.

AMERICAN EAGLE OUTFITTERS, INC.

NOTES TO CONSOLIDATED FINANCIAL STATEMENTS — (Continued)

Deferred Lease Credits

Deferred lease credits represent the unamortized portion of construction allowances received from landlords related to the Company's retail stores. Construction allowances are generally comprised of cash amounts received by the Company from its landlords as part of the negotiated lease terms. The Company records a receivable and a deferred lease credit liability at the lease commencement date (date of initial possession of the store). The deferred lease credit is amortized on a straight-line basis as a reduction of rent expense over the term of the original lease (including the pre-opening build-out period). The receivable is reduced as amounts are received from the landlord.

Self-Insurance Liability

The Company is self-insured for certain losses related to employee medical benefits and worker's compensation. Costs for self-insurance claims filed and claims incurred but not reported are accrued based on known claims and historical experience. Management believes that it has adequately reserved for its self-insurance liability, which is capped through the use of stop loss contracts with insurance companies. However, any significant variation of future claims from historical trends could cause actual results to differ from the accrued liability.

Co-branded Credit Card and Customer Loyalty Program

The Company offers a co-branded credit card (the "AEO Visa Card") and a private label credit card (the "AEO Credit Card") under the AEO and aerie brands. These credit cards are issued by a third-party bank (the "Bank") in accordance with a credit card agreement ("the Agreement"). The Company has no liability to the Bank for bad debt expense, provided that purchases are made in accordance with the Bank's procedures. We receive cash from the Bank in accordance with the Agreement and based on card activity. We recognize revenue for such cash receipts when the amounts are fixed or determinable and collectability is reasonably assured. The revenue is recorded in other revenue, which is a component of total net revenue in our Consolidated Statements of Operations.

Once a customer is approved to receive the AEO Visa Card or the AEO Credit Card and the card is activated, the customer is eligible to participate in the credit card rewards program. Customers who make purchases at AEO and aerie earn discounts in the form of savings certificates when certain purchase levels are reached. Also, AEO Visa Card customers who make purchases at other retailers where the card is accepted earn additional discounts. Savings certificates are valid for 90 days from issuance.

Points earned under the credit card rewards program on purchases at AEO and aerie are accounted for by analogy to ASC 605-25, Revenue Recognition, *Multiple Element Arrangements* ("ASC 605-25"). The Company believes that points earned under its point and loyalty programs represent deliverables in a multiple element arrangement rather than a rebate or refund of cash. Accordingly, the portion of the sales revenue attributed to the award points is deferred and recognized when the award is redeemed or when the points expire. Additionally, credit card reward points earned on non-AEO or aerie purchases are accounted for in accordance with ASC 605-25. As the points are earned, a current liability is recorded for the estimated cost of the award, and the impact of adjustments is recorded in cost of sales.

The Company offers its customers the AEREWARDS ® loyalty program (the "Program"). Under the Program, customers accumulate points based on purchase activity and earn rewards by reaching certain point thresholds during three-month earning periods. Rewards earned during these periods are valid through the stated expiration date, which is approximately one month from the mailing date of the reward. These rewards can be redeemed for a discount on a purchase of merchandise. Rewards not redeemed during the one-month redemption period are forfeited. The Company determined that rewards earned using the Program should be accounted for in accordance with ASC 605-25. Accordingly, the portion of the sales revenue attributed to the award credits is deferred and recognized when the awards are redeemed or expire.

Income Taxes

The Company calculates income taxes in accordance with ASC 740, *Income Taxes* ("ASC 740"), which requires the use of the asset and liability method. Under this method, deferred tax assets and liabilities are recognized based on the difference between the Consolidated Financial Statement carrying amounts of existing assets and liabilities and their respective tax bases as computed pursuant to ASC 740. Deferred tax assets and liabilities are measured using the tax rates, based on certain judgments regarding enacted tax laws and published guidance, in effect in the years when those temporary differences are expected to reverse. A valuation allowance is established against the deferred tax assets when it is more likely than not that some portion or all of the deferred taxes may not be realized. Changes in the Company's level and composition of earnings, tax laws or the deferred tax valuation allowance, as well as the results of tax audits, may materially impact the Company's effective income tax rate.

The Company evaluates its income tax positions in accordance with ASC 740 which prescribes a comprehensive model for recognizing, measuring, presenting and disclosing in the financial statements tax positions taken or expected to be taken on a tax return, including a decision whether to file or not to file in a particular jurisdiction. Under ASC 740, a tax benefit from an uncertain position may be recognized only if it is "more likely than not" that the position is sustainable based on its technical merits.

The calculation of the deferred tax assets and liabilities, as well as the decision to recognize a tax benefit from an uncertain position and to establish a valuation allowance require management to make estimates and assumptions. The Company believes that its assumptions and

AMERICAN EAGLE OUTFITTERS, INC.

NOTES TO CONSOLIDATED FINANCIAL STATEMENTS — (Continued)

estimates are reasonable, although actual results may have a positive or negative material impact on the balances of deferred tax assets and liabilities, valuation allowances or net income.

Revenue Recognition

Revenue is recorded for store sales upon the purchase of merchandise by customers. The Company's e-commerce operation records revenue upon the estimated customer receipt date of the merchandise. Shipping and handling revenues are included in total net revenue. Sales tax collected from customers is excluded from revenue and is included as part of accrued income and other taxes on the Company's Consolidated Balance Sheets.

Revenue is recorded net of estimated and actual sales returns and deductions for coupon redemptions and other promotions. The Company records the impact of adjustments to its sales return reserve quarterly within total net revenue and cost of sales. The sales return reserve reflects an estimate of sales returns based on projected merchandise returns determined through the use of historical average return percentages.

	For the Years Ended		
(In thousands)	January 31, 2015	February 1, 2014	February 2, 2013
Beginning balance	$ 2,205	$ 4,481	$ 2,929
Returns	(79,813)	(85,871)	(86,895)
Provisions	80,857	83,595	88,447
Ending balance	$ 3,249	$ 2,205	$ 4,481

Revenue is not recorded on the purchase of gift cards. A current liability is recorded upon purchase, and revenue is recognized when the gift card is redeemed for merchandise. Additionally, the Company recognizes revenue on unredeemed gift cards based on an estimate of the amounts that will not be redeemed ("gift card breakage"), determined through historical redemption trends. Gift card breakage revenue is recognized in proportion to actual gift card redemptions as a component of total net revenue. For further information on the Company's gift card program, refer to the Gift Cards caption below.

The Company recognizes royalty revenue generated from its franchise agreements based upon a percentage of merchandise sales by the franchisee. This revenue is recorded as a component of total net revenue when earned.

Cost of Sales, Including Certain Buying, Occupancy and Warehousing Expenses

Cost of sales consists of merchandise costs, including design, sourcing, importing and inbound freight costs, as well as markdowns, shrinkage and certain promotional costs (collectively "merchandise costs") and buying, occupancy and warehousing costs.

Design costs are related to the Company's Design Center operations and include compensation, travel, supplies and samples for our design teams, as well as rent and depreciation for the Company's Design Center. These costs are included in cost of sales as the respective inventory is sold.

Buying, occupancy and warehousing costs consist of compensation, employee benefit expenses and travel for the Company's buyers and certain senior merchandising executives; rent and utilities related to the Company's stores, corporate headquarters, distribution centers and other office space; freight from the Company's distribution centers to the stores; compensation and supplies for the Company's distribution centers, including purchasing, receiving and inspection costs; and shipping and handling costs related to our e-commerce operation. Gross profit is the difference between total net revenue and cost of sales.

Selling, General and Administrative Expenses

Selling, general and administrative expenses consist of compensation and employee benefit expenses, including salaries, incentives and related benefits associated with the Company's stores and corporate headquarters. Selling, general and administrative expenses also include advertising costs, supplies for our stores and home office, communication costs, travel and entertainment, leasing costs and services purchased. Selling, general and administrative expenses do not include compensation, employee benefit expenses and travel for the Company's design, sourcing and importing teams, the Company's buyers and the Company's distribution centers as these amounts are recorded in cost of sales.

Advertising Costs

Certain advertising costs, including direct mail, in-store photographs and other promotional costs are expensed when the marketing campaign commences. As of January 31, 2015 and February 1, 2014, the Company had prepaid advertising expense of $6.6 million and $9.0 million, respectively. All other advertising costs are expensed as incurred. The Company recognized $94.2 million, $87.0 million and $90.0 million in advertising expense during Fiscal 2014, Fiscal 2013 and Fiscal 2012, respectively.

AMERICAN EAGLE OUTFITTERS, INC.
NOTES TO CONSOLIDATED FINANCIAL STATEMENTS — (Continued)

Store Pre-Opening Costs

Store pre-opening costs consist primarily of rent, advertising, supplies and payroll expenses. These costs are expensed as incurred.

Other Income, Net

Other income, net consists primarily of interest income/expense, foreign currency transaction gain/loss and realized investment gains/losses.

Gift Cards

The value of a gift card is recorded as a current liability upon purchase and revenue is recognized when the gift card is redeemed for merchandise. The Company estimates gift card breakage and recognizes revenue in proportion to actual gift card redemptions as a component of total net revenue. The Company determines an estimated gift card breakage rate by continuously evaluating historical redemption data and the time when there is a remote likelihood that a gift card will be redeemed. The Company recorded gift card breakage of $7.0 million, $7.3 million and $8.9 million during Fiscal 2014, Fiscal 2013 and Fiscal 2012, respectively.

Legal Proceedings and Claims

The Company is subject to certain legal proceedings and claims arising out of the conduct of its business. In accordance with ASC 450, *Contingencies* ("ASC 450"), the Company records a reserve for estimated losses when the loss is probable and the amount can be reasonably estimated. If a range of possible loss exists and no anticipated loss within the range is more likely than any other anticipated loss, the Company records the accrual at the low end of the range, in accordance with ASC 450. As the Company believes that it has provided adequate reserves, it anticipates that the ultimate outcome of any matter currently pending against the Company will not materially affect the consolidated financial position, results of operations or consolidated cash flows of the Company.

Supplemental Disclosures of Cash Flow Information

The table below shows supplemental cash flow information for cash amounts paid during the respective periods:

	For the Years Ended		
(In thousands)	January 31, 2015	February 1, 2014	February 2, 2013
Cash paid during the periods for:			
Income taxes	$ 38,501	$ 65,496	$ 142,009
Interest	$ 638	$ 387	$ 348

Segment Information

In accordance with ASC 280, *Segment Reporting* ("ASC 280"), the Company has identified three operating segments (American Eagle Outfitters ® Brand retail stores, aerie ® by American Eagle Outfitters ® retail stores and AEO Direct) that reflect the Company's operational structure as well as the business's internal view of analyzing results and allocating resources. All of the operating segments have been aggregated and are presented as one reportable segment, as permitted by ASC 280.

The following tables present summarized geographical information:

	For the Years Ended		
(In thousands)	January 31, 2015	February 1, 2014	February 2, 2013
Total net revenue:			
United States	$ 2,895,310	$ 2,954,635	$ 3,131,233
Foreign(1)	387,557	351,167	344,569
Total net revenue	$ 3,282,867	$ 3,305,802	$ 3,475,802

(1) Amounts represent sales from American Eagle Outfitters and aerie international retail stores, AEO Direct sales that are billed to and/or shipped to foreign countries and international franchise revenue.

AMERICAN EAGLE OUTFITTERS, INC.

NOTES TO CONSOLIDATED FINANCIAL STATEMENTS — (Continued)

(In thousands)	January 31, 2015	February 1, 2014
Long-lived assets, net:		
United States	$ 664,734	$ 614,284
Foreign	90,424	81,503
Total long-lived assets, net	$ 755,158	$ 695,787

Reclassifications

Certain reclassifications have been made to the Consolidated Financial Statements for prior periods in order to conform to the current period presentation.

3. Cash and Cash Equivalents, Short-term Investments and Long-term Investments

The following table summarizes the fair market value of our cash and marketable securities, which are recorded on the Consolidated Balance Sheets:

(In thousands)	January 31, 2015	February 1, 2014
Cash and cash equivalents:		
Cash	370,692	$ 330,013
Money-market	40,005	25,696
Treasury bills	—	63,224
Total cash and cash equivalents	410,697	$ 418,933
Short-term investments:		
Treasury bills	—	$ 10,002
Total short-term investments	—	$ 10,002
Total	410,697	$ 428,935

Proceeds from the sale of available-for-sale securities were $10.0 million, $162.8 million and $15.5 million for Fiscal 2014, Fiscal 2013 and Fiscal 2012, respectively. Purchases of available-for-sale securities for Fiscal 2013 and Fiscal 2012 were $52.1 million and $111.1 million, respectively. At January 31, 2015 and February 1, 2014, the fair value of all available for sale securities approximated par, with no gross unrealized holding gains or losses.

4. Fair Value Measurements

ASC 820, *Fair Value Measurement Disclosures* ("ASC 820"), defines fair value, establishes a framework for measuring fair value in accordance with GAAP, and expands disclosures about fair value measurements. Fair value is defined under ASC 820 as the exit price associated with the sale of an asset or transfer of a liability in an orderly transaction between market participants at the measurement date.

Financial Instruments

Valuation techniques used to measure fair value under ASC 820 must maximize the use of observable inputs and minimize the use of unobservable inputs. In addition, ASC 820 establishes this three-tier fair value hierarchy, which prioritizes the inputs used in measuring fair value. These tiers include:

- *Level 1* — Quoted prices in active markets for identical assets or liabilities.
- *Level 2* — Inputs other than Level 1 that are observable, either directly or indirectly, such as quoted prices for similar assets or liabilities; quoted prices in markets that are not active; or other inputs that are observable or can be corroborated by observable market data for substantially the full term of the assets or liabilities.
- *Level 3* — Unobservable inputs (i.e., projections, estimates, interpretations, etc.) that are supported by little or no market activity and that are significant to the fair value of the assets or liabilities.

As of January 31, 2015 and February 1, 2014, the Company held certain assets that are required to be measured at fair value on a recurring basis. These include cash equivalents and investments.

AMERICAN EAGLE OUTFITTERS, INC.
NOTES TO CONSOLIDATED FINANCIAL STATEMENTS — (Continued)

In accordance with ASC 820, the following tables represent the fair value hierarchy for the Company's financial assets (cash equivalents and investments) measured at fair value on a recurring basis as of January 31, 2015 and February 1, 2014:

(In thousands)	Carrying Amount	Fair Value Measurements at January 31, 2015 Quoted Market Prices in Active Markets for Identical Assets (Level 1)	Significant Other Observable Inputs (Level 2)	Significant Unobservable Inputs (Level 3)
Cash and cash equivalents				
Cash	$ 370,692	$ 370,692	$ —	$ —
Money-market	40,005	40,005	—	—
Total cash and cash equivalents	$ 410,697	$ 410,697	$ —	$ —
Total short-term investments	—	—	—	—
Total	$ 410,697	$ 410,697	$ —	$ —

(In thousands)	Carrying Amount	Fair Value Measurements at February 1, 2014 Quoted Market Prices in Active Markets for Identical Assets (Level 1)	Significant Other Observable Inputs (Level 2)	Significant Unobservable Inputs (Level 3)
Cash and cash equivalents				
Cash	$ 330,013	$ 330,013	$ —	$ —
Treasury bills	63,224	63,224	—	—
Money-market	25,696	25,696	—	—
Total cash and cash equivalents	$ 418,933	$ 418,933	$ —	$ —
Short-term investments				
Treasury bills	$ 10,002	$ 10,002	$ —	$ —
Total short-term investments	$ 10,002	$ 10,002	$ —	$ —
Total	$ 428,935	$ 428,935	$ —	$ —

In the event the Company holds Level 3 investments, a discounted cash flow model is used to value those investments. There were no Level 3 investments at January 31, 2015 or February 1, 2014.

Non-Financial Assets

The Company's non-financial assets, which include goodwill, intangible assets and property and equipment, are not required to be measured at fair value on a recurring basis. However, if certain triggering events occur, or if an annual impairment test is required and the Company is required to evaluate the non-financial instrument for impairment, a resulting asset impairment would require that the non-financial asset be recorded at the estimated fair value. As a result of the Company's annual goodwill impairment test performed as of January 31, 2015, the Company concluded that its goodwill was not impaired.

Certain long-lived assets were measured at fair value on a nonrecurring basis using Level 3 inputs as defined in ASC 820. During Fiscal 2014 and Fiscal 2013, certain long-lived assets related to the Company's retail stores and corporate assets were determined to be unable to recover their respective carrying values and were written.

AMERICAN EAGLE OUTFITTERS, INC.

NOTES TO CONSOLIDATED FINANCIAL STATEMENTS — (Continued)

5. Earnings per Share

The following is a reconciliation between basic and diluted weighted average shares outstanding:

(In thousands, except per share amounts)	For the Years Ended January 31, 2015	February 1, 2014	February 2, 2013
Weighted average common shares outstanding:			
Basic number of common shares outstanding	194,437	192,802	196,211
Dilutive effect of stock options and non-vested restricted stock	698	1,673	4,454
Dilutive number of common shares outstanding	195,135	194,475	200,665

Equity awards to purchase approximately 2.3 million, 1.7 million and 1.5 million shares of common stock during the Fiscal 2014, Fiscal 2013 and Fiscal 2012, respectively, were outstanding, but were not included in the computation of weighted average diluted common share amounts as the effect of doing so would have been anti-dilutive.

Additionally, for Fiscal 2014, approximately 1.9 million of performance-based restricted stock awards were not included in the computation of weighted average diluted common share amounts because the number of shares ultimately issued is contingent on the Company's performance compared to pre-established performance goals. For Fiscal 2013, approximately 1.8 million of performance-based restricted stock awards were not included in the computation of weighted average diluted common share amounts because the number of shares ultimately issued is contingent on the Company's performance compared to pre-established performance goals.

Refer to Note 12 to the Consolidated Financial Statements for additional information regarding share-based compensation.

6. Accounts Receivable

Accounts receivable are comprised of the following:

(In thousands)	January 31, 2015	February 1, 2014
Franchise and license receivable	$ 24,945	$ 22,943
Merchandise sell-offs and vendor receivables	12,953	16,106
Credit card program receivable	9,637	15,000
Marketing cost reimbursements	4,640	6,063
Gift card receivable	4,453	986
Landlord construction allowances	3,354	11,626
Other Items	7,912	1,158
Total	$ 67,894	$ 73,882

7. Property and Equipment

Property and equipment consists of the following:

(In thousands)	January 31, 2015	February 1, 2014
Land	$ 17,495	$ 17,986
Buildings	201,024	140,600
Leasehold improvements	571,312	600,572
Fixtures and equipment	852,408	732,228
Construction in progress	42,470	102,974
Property and equipment, at cost	$ 1,684,709	$ 1,594,360
Less: Accumulated depreciation	(989,853)	(961,374)
Property and equipment, net	$ 694,856	$ 632,986

AMERICAN EAGLE OUTFITTERS, INC.
NOTES TO CONSOLIDATED FINANCIAL STATEMENTS — (Continued)

Depreciation expense is summarized as follows:

	For the Years Ended		
(In thousands)	January 31, 2015	February 1, 2014	February 2, 2013
Depreciation expense	$ 132,529	$ 116,761	$ 122,756

Additionally, during Fiscal 2014, Fiscal 2013 and Fiscal 2012, the Company recorded $6.4 million, $14.6 million and $3.7 million, respectively, related to asset write-offs within depreciation and amortization expense.

8. Intangible Assets

Intangible assets include costs to acquire and register the Company's trademark assets. The following table represents intangible assets as of January 31, 2015 and February 1, 2014:

(In thousands)	January 31, 2015	February 1, 2014
Trademarks, at cost	$ 59,385	$ 58,121
Less: Accumulated amortization	(12,179)	(8,850)
Intangible assets, net	$ 47,206	$ 49,271

Amortization expense is summarized as follows:

	For the Years Ended		
(In thousands)	January 31, 2015	February 1, 2014	February 2, 2013
Amortization expense	$ 3,465	$ 2,714	$ 1,952

The table below summarizes the estimated future amortization expense for intangible assets existing as of January 31, 2015 for the next five Fiscal Years:

(In thousands)	Future Amortization
2015	3,404
2016	3,473
2017	3,472
2018	3,452
2019	3,433

9. Other Credit Arrangements

In December 2014, the Company entered into a new Credit Agreement ("Credit Agreement") for five-year, syndicated, asset-based revolving credit facilities (the "Credit Facilities"). The Credit Agreement provides senior secured revolving credit for loans and letters of credit up to $400 million, subject to customary borrowing base limitations. The Credit Facilities provide increased financial flexibility and take advantage of a favorable credit environment.

All obligations under the Credit Facilities are unconditionally guaranteed by certain subsidiaries. The obligations under the Credit Agreement are secured by a first-priority security interest in certain working capital assets of the borrowers and guarantors, consisting primarily of cash, receivables, inventory and certain other assets, and will be further secured by first-priority mortgages on certain real property.

As of January 31, 2015, the Company was in compliance with the terms of the Credit Agreement and had $8.1 million outstanding in stand-by letters of credit. No loans were outstanding under the Credit Agreement on January 31, 2015.

The Credit Facilities replace the Company's syndicated, unsecured, revolving credit facility in the amount of $150.0 million.

Additionally, the Company has borrowing agreements with two separate financial institutions under which it may borrow an aggregate of $155.0 million USD for the purposes of trade letter of credit issuances. The availability of any future borrowings under the trade letter of credit facilities is subject to acceptance by the respective financial institutions.

As of January 31, 2015, the Company had outstanding trade letters of credit of $13.7 million.

AMERICAN EAGLE OUTFITTERS, INC.

NOTES TO CONSOLIDATED FINANCIAL STATEMENTS — (Continued)

10. Leases

The Company leases all store premises, some of its office space and certain information technology and office equipment. The store leases generally have initial terms of 10 years and are classified as operating leases. Most of these store leases provide for base rentals and the payment of a percentage of sales as additional contingent rent when sales exceed specified levels. Additionally, most leases contain construction allowances and/or rent holidays. In recognizing landlord incentives and minimum rent expense, the Company amortizes the items on a straight-line basis over the lease term (including the pre-opening build-out period).

A summary of fixed minimum and contingent rent expense for all operating leases follows:

	For the Years Ended		
(In thousands)	January 31, 2015	February 1, 2014	February 2, 2013
Store rent:			
Fixed minimum	$ 279,640	$ 260,668	$ 250,844
Contingent	6,733	6,576	9,758
Total store rent, excluding common area maintenance charges, real estate taxes and certain other expenses	$ 286,373	$ 267,244	$ 260,602
Offices, distribution facilities, equipment and other	15,449	17,153	14,960
Total rent expense	$ 301,822	$ 284,397	$ 275,562

In addition, the Company is typically responsible under its store, office and distribution center leases for tenant occupancy costs, including maintenance costs, common area charges, real estate taxes and certain other expenses.

The table below summarizes future minimum lease obligations, consisting of fixed minimum rent, under operating leases in effect at January 31, 2015:

(In thousands)	Future Minimum Lease Obligations
Fiscal years:	
2015	287,091
2016	259,106
2017	229,489
2018	199,208
2019	173,388
Thereafter	549,046
Total	1,697,328

11. Other Comprehensive Income

The accumulated balances of other comprehensive income included as part of the Consolidated Statements of Stockholders' Equity follow:

(In thousands)	Before Tax Amount	Tax Benefit (Expense)	Accumulated Other Comprehensive Income
Balance at January 28, 2012	**$ 28,659**	**—**	**$ 28,659**
Foreign currency translation gain	638	—	638
Balance at February 2, 2013	**$ 29,297**	**—**	**$ 29,297**
Foreign currency translation loss	(17,140)	—	(17,140)
Balance at February 1, 2014	**$ 12,157**	**—**	**$ 12,157**
Foreign currency translation loss	(22,101)	—	(22,101)
Balance at January 31, 2015	**$ (9,944)**	**—**	**$ (9,944)**

AMERICAN EAGLE OUTFITTERS, INC.
NOTES TO CONSOLIDATED FINANCIAL STATEMENTS — (Continued)

12. Share-Based Payments

The Company accounts for share-based compensation under the provisions of ASC 718, *Compensation — Stock Compensation* ("ASC 718"), which requires the Company to measure and recognize compensation expense for all share-based payments at fair value. Total share-based compensation expense included in the Consolidated Statements of Operations for Fiscal 2014 and Fiscal 2012 was $16.1 million ($9.9 million, net of tax) and $66.3 million ($40.9 million, net of tax), respectively. Total share-based compensation expense included in the Consolidated Statements of Operations for Fiscal 2013 was a net benefit of $6.5 million ($4.1 million, net of tax).

ASC 718 requires recognition of compensation cost under a non-substantive vesting period approach for awards containing provisions that accelerate or continue vesting upon retirement. Accordingly, for awards with such provisions, the Company recognizes compensation expense over the period from the grant date to the date retirement eligibility is achieved, if that is expected to occur during the nominal vesting period. Additionally, for awards granted to retirement eligible employees, the full compensation cost of an award must be recognized immediately upon grant.

At January 31, 2015, the Company had awards outstanding under three share-based compensation plans, which are described below.

Share-based compensation plans

2014 Stock Award and Incentive Plan

The 2014 Plan was approved by the stockholders on May 29, 2014. The 2014 Plan authorized 11.5 million shares for issuance, in the form of options, stock appreciation rights ("SARS"), restricted stock, restricted stock units, bonus stock and awards, performance awards, dividend equivalents and other stock based awards. The 2014 Plan provides that the maximum number of shares awarded to any individual may not exceed 4.0 million shares per year for options and SARS and no more than 1.5 million shares may be granted with respect to each of restricted shares of stock and restricted stock units plus any unused carryover limit from the previous year. The 2014 Plan allows the Compensation Committee of the Board to determine which employees receive awards and the terms and conditions of the awards that are mandatory under the 2014 Plan. The 2014 Plan provides for grants to directors who are not officers or employees of the Company, which are not to exceed in value $300,000 in any single calendar year ($500,000 in the first year a person becomes a non-employee director). Through January 31, 2015, approximately 46,700 shares of restricted stock and approximately 23,400 shares of common stock had been granted under the 2014 Plan to employees and directors. Approximately 62% of the restricted stock awards are performance-based and are earned if the Company meets established performance goals. The remaining 38% of the restricted stock awards are time-based and vest over three years.

2005 Stock Award and Incentive Plan

The 2005 Plan was approved by the stockholders on June 15, 2005. The 2005 Plan authorized 18.4 million shares for issuance, of which 6.4 million shares are available for full value awards in the form of restricted stock awards, restricted stock units or other full value stock awards and 12.0 million shares are available for stock options, SAR, dividend equivalents, performance awards or other non-full value stock awards. The 2005 Plan was subsequently amended in Fiscal 2009 to increase the shares available for grant to 31.9 million without taking into consideration 9.1 million non-qualified stock options, 2.9 million shares of restricted stock and 0.2 million shares of common stock that had been previously granted under the 2005 plan to employees and directors (without considering cancellations as of January 31, 2009 of awards for 2.9 million shares). The 2005 Plan provides that the maximum number of shares awarded to any individual may not exceed 6.0 million shares per year for options and SAR and no more than 4.0 million shares may be granted with respect to each of restricted shares of stock and restricted stock units plus any unused carryover limit from the previous year. The 2005 Plan allows the Compensation Committee of the Board to determine which employees receive awards and the terms and conditions of the awards that are mandatory under the 2005 Plan. The 2005 Plan provides for grants to directors who are not officers or employees of the Company, which are not to exceed 20,000 shares per year (not to be adjusted for stock splits). Through January 31, 2015, 17.1 million non-qualified stock options, 10.4 million shares of restricted stock and 0.4 million shares of common stock had been granted under the 2005 Plan to employees and directors (without considering cancellations to date of awards for 13.1 million shares). Approximately 95% of the options granted under the 2005 Plan vest over three years, 4% vest over one year and 1% vest over five years. Options were granted for ten and seven year terms. Approximately 62% of the restricted stock awards are performance-based and are earned if the Company meets established performance goals. The remaining 38% of the restricted stock awards are time-based and vest over three years. The 2005 Plan terminated on May 29, 2014 with all rights of the awardees and all unexpired awards continuing in force and operation after the termination.

1999 Stock Incentive Plan

The 1999 Stock Option Plan (the "1999 Plan") was approved by the stockholders on June 8, 1999. The 1999 Plan authorized 18.0 million shares for issuance in the form of stock options, stock appreciation rights ("SAR"), restricted stock awards, performance units or performance shares. The 1999 Plan was subsequently amended to increase the shares available for grant to 33.0 million. Additionally, the 1999 Plan provided that the maximum number of shares awarded to any individual may not exceed 9.0 million shares. The 1999 Plan allowed the Compensation Committee to determine which employees and consultants received awards and the terms and conditions of these awards. The 1999 Plan provided for a grant of 1,875 stock options quarterly (not to be adjusted for stock splits) to each director who is not an officer or employee of the Company starting in August 2003. The Company ceased making these quarterly stock option grants in June 2005. Under this

AMERICAN EAGLE OUTFITTERS, INC.

NOTES TO CONSOLIDATED FINANCIAL STATEMENTS — (Continued)

plan, 33.2 million non-qualified stock options and 6.7 million shares of restricted stock were granted to employees and certain non-employees (without considering cancellations to date of awards for 9.7 million shares). Approximately 33% of the options granted were to vest over eight years after the date of grant but were accelerated as the Company met annual performance goals. Approximately 34% of the options granted under the 1999 Plan vest over three years, 23% vest over five years and the remaining grants vest over one year. All options expire after 10 years. Performance-based restricted stock was earned if the Company met established performance goals. The 1999 Plan terminated on June 15, 2005 with all rights of the awardees and all unexpired awards continuing in force and operation after the termination.

Stock Option Grants

The Company grants both time-based and performance-based stock options under the 2005 Plan. Time-based stock option awards vest over the requisite service period of the award or to an employee's eligible retirement date, if earlier. Performance-based stock option awards vest over three years and are earned if the Company meets pre-established performance goals during each year.

A summary of the Company's stock option activity under all plans for Fiscal 2014 follows:

	For the Year Ended January 31, 2015			
	Options	Weighted-Average Exercise Price	Weighted-Average Remaining Contractual Term	Aggregate Intrinsic Value
	(In thousands)		*(In years)*	*(In thousands)*
Outstanding — February 1, 2014	3,925	$ 17.65		
Granted	126	$ 14.50		
Exercised(1)	(613)	$ 12.07		
Cancelled	(1,048)	$ 23.66		
Outstanding — January 31, 2015	2,390	$ 16.28	1.8	$ 514
Vested and expected to vest — January 31, 2015	2,380	$ 16.29	1.8	$ 514
Exercisable — January 31, 2015(2)	509	$ 13.03	3.5	$ 513

(1) Options exercised during Fiscal 2014 ranged in price from $8.09 to $14.05.

(2) Options exercisable represent "in-the-money" vested options based upon the weighted average exercise price of vested options compared to the Company's stock price at January 31, 2015.

The weighted-average grant date fair value of stock options granted during Fiscal 2014, Fiscal 2013 and Fiscal 2012 was $3.99, $4.17 and $3.72, respectively. The aggregate intrinsic value of options exercised during Fiscal 2014, Fiscal 2013 and Fiscal 2012 was $1.3 million, $3.9 million and $57.4 million, respectively. Cash received from the exercise of stock options and the actual tax benefit realized from share-based payments was $7.3 million and ($0.5) million, respectively, for Fiscal 2014. Cash received from the exercise of stock options and the actual tax benefit realized from share-based payments was $6.2 million and $8.7 million, respectively, for Fiscal 2013. Cash received from the exercise of stock options and the actual tax benefit realized from share-based payments was $76.4 million and $14.1 million, respectively, for Fiscal 2012.

The fair value of stock options was estimated at the date of grant using a Black-Scholes option pricing model with the following weighted-average assumptions:

	For the Years Ended		
Black-Scholes Option Valuation Assumptions	January 31, 2015	February 1, 2014	February 2, 2013
Risk-free interest rates(1)	1.5%	0.3%	0.6%
Dividend yield	3.1%	2.0%	2.8%
Volatility factors of the expected market price of the Company's common stock(2)	41.2%	34.4%	41.2%
Weighted-average expected term(3)	4.5 years	2.5 years	4.0 years
Expected forfeiture rate(4)	8.0%	8.0%	8.0%

(1) Based on the U.S. Treasury yield curve in effect at the time of grant with a term consistent with the expected life of our stock options.

(2) Based on a combination of historical volatility of the Company's common stock and implied volatility.

(3) Represents the period of time options are expected to be outstanding. The weighted average expected option terms were determined based on historical experience.

AMERICAN EAGLE OUTFITTERS, INC.

NOTES TO CONSOLIDATED FINANCIAL STATEMENTS — (Continued)

(4) Based on historical experience.

As of January 31, 2015, there was $0.4 million of unrecognized compensation expense related to nonvested stock option awards that is expected to be recognized over a weighted average period of 2.1 years.

Restricted Stock Grants

Time-based restricted stock awards are comprised of time-based restricted stock units. These awards vest over three years. Time-based restricted stock units receive dividend equivalents in the form of additional time-based restricted stock units, which are subject to the same restrictions and forfeiture provisions as the original award.

Performance-based restricted stock awards include performance-based restricted stock units. These awards cliff vest at the end of a three year period based upon the Company's achievement of pre-established goals throughout the term of the award. Performance-based restricted stock units receive dividend equivalents in the form of additional performance-based restricted stock units, which are subject to the same restrictions and forfeiture provisions as the original award.

The grant date fair value of all restricted stock awards is based on the closing market price of the Company's common stock on the date of grant.

A summary of the activity of the Company's restricted stock is presented in the following tables:

	Time-Based Restricted Stock Units		Performance-Based Restricted Stock Units	
	For the year ended January 31, 2015		For the year ended January 31, 2015	
(Shares in thousands)	Shares	Weighted-Average Grant Date Fair Value	Shares	Weighted-Average Grant Date Fair Value
Nonvested — February 1, 2014	1,155	$ 20.13	2,395	$ 16.85
Granted	1,506	14.11	1,314	14.21
Vested	(648)	18.08	(604)	15.34
Cancelled/Forfeited	(417)	17.56	(670)	16.05
Nonvested — January 31, 2015	1,596	15.95	2,435	16.02

As of January 31, 2015, there was $16.2 million of unrecognized compensation expense related to nonvested time-based restricted stock unit awards that is expected to be recognized over a weighted average period of 1.9 years. Additionally, there was $2.8 million of unrecognized compensation expense related to performance-based restricted stock unit awards which will be recognized as achievement performance goals are probable over a one to three year period.

As of January 31, 2015, the Company had 8.9 million shares available for all equity grants.

13. Retirement Plan and Employee Stock Purchase Plan

The Company maintains a profit sharing and 401(k) plan (the "Retirement Plan"). Under the provisions of the Retirement Plan, full-time employees and part-time employees are automatically enrolled to contribute 3% of their salary if they have attained 20 1/2 years of age. In addition, full-time employees need to have completed 60 days of service and part-time employees must complete 1,000 hours worked to be eligible. Individuals can decline enrollment or can contribute up to 50% of their salary to the 401(k) plan on a pretax basis, subject to IRS limitations. After one year of service, the Company will match 100% of the first 3% of pay plus an additional 50% of the next 3% of pay that is contributed to the plan. Contributions to the profit sharing plan, as determined by the Board, are discretionary. The Company recognized $10.5 million, $9.6 million and $15.8 million in expense during Fiscal 2014, Fiscal 2013 and Fiscal 2012, respectively, in connection with the Retirement Plan. In Fiscal 2014, the Company announced a change to the Retirement Plan effective January 1, 2015. The Company will match 100% of the first 3% of pay plus an additional 25% of the next 3% of pay that is contributed to the plan.

The Employee Stock Purchase Plan is a non-qualified plan that covers all full-time employees and part-time employees who are at least 18 years old and have completed 60 days of service. Contributions are determined by the employee, with the Company matching 15% of the investment up to a maximum investment of $100 per pay period. These contributions are used to purchase shares of Company stock in the open market.

AMERICAN EAGLE OUTFITTERS, INC.

NOTES TO CONSOLIDATED FINANCIAL STATEMENTS — (Continued)

14. Income Taxes

The components of income before income taxes from continuing operations were:

(In thousands)	For the Years Ended January 31, 2015	February 1, 2014	February 2, 2013
U.S.	$ 193,167	$ 157,669	$ 381,131
Foreign	(33,665)	(15,592)	20,907
Total	$ 159,502	$ 142,077	$ 402,038

The significant components of the Company's deferred tax assets and liabilities were as follows:

(In thousands)	January 31, 2015	February 1, 2014
Deferred tax assets:		
Rent	$ 28,323	$ 27,458
Deferred compensation	16,109	22,654
Foreign tax credits	15,546	13,436
Accruals not currently deductible	9,899	9,059
Employee compensation and benefits	9,609	2,799
Net Operating Loss	9,179	4,226
State tax credits	7,595	6,215
Inventories	6,939	11,234
Deferred Revenue	5,150	124
Foreign and state income taxes	3,774	3,255
Loyalty Reserve	2,908	3,196
Capital loss carryforward	—	16,207
Other	3,871	844
Gross deferred tax assets	118,902	120,707
Valuation allowance	(10,563)	(20,601)
Total deferred tax assets	$ 108,339	$ 100,106
Deferred tax liabilities:		
Property and equipment	$ (30,054)	$ (23,595)
Prepaid expenses	(3,227)	(4,544)
Other	(1,921)	(1,654)
Total deferred tax liabilities	$ (35,202)	$ (29,793)
Total deferred tax assets, net	$ 73,137	$ 70,313
Classification in the Consolidated Balance Sheet:		
Current deferred tax assets	$ 59,102	$ 45,478
Noncurrent deferred tax assets	14,035	24,835
Total deferred tax assets	$ 73,137	$ 70,313

The net decrease in deferred tax assets and liabilities was primarily due to an increase in the deferred tax liability for property and equipment basis differences.

AMERICAN EAGLE OUTFITTERS, INC.

NOTES TO CONSOLIDATED FINANCIAL STATEMENTS — (Continued)

Significant components of the provision for income taxes from continuing operations were as follows:

	For the Years Ended		
(In thousands)	January 31, 2015	February 1, 2014	February 2, 2013
Current:			
Federal	$ 66,229	$ 29,794	$ 143,612
Foreign taxes	(792)	(50)	6,939
State	9,447	9,162	18,845
Total current	74,884	38,906	169,396
Deferred:			
Federal	$ (1,178)	$ 20,611	$ (26,063)
Foreign taxes	(85)	695	(1,486)
State	(2,906)	(1,118)	(3,907)
Total deferred	(4,169)	20,188	(31,456)
Provision for income taxes	$ 70,715	$ 59,094	$ 137,940

At February 1, 2014, the Company had a valuation allowance of $16.2 million related to capital loss carryforwards. During the fiscal year ended January 31, 2015, the Company utilized all of its capital loss carryforwards and released the $16.2 million valuation allowance associated with the capital loss carryforward.

As a result of additional tax deductions related to share-based payments, tax benefits have been recognized as contributed capital for Fiscal 2014, Fiscal 2013 and Fiscal 2012 in the amounts of ($0.5 million), $8.7 million and $14.1 million, respectively.

The Company repatriated the earnings of its Canadian subsidiaries as of January 31, 2015. Upon distribution of the earnings, the Company was subject to income and withholding taxes offset by U.S. foreign tax credits resulting in no material impact on tax expense. It is Management's position to indefinitely reinvest accumulated earnings of our Canadian subsidiaries outside of the United States to the extent not repatriated in Fiscal 2014.

As of January 31, 2015, the Company had state and foreign net operating loss carryovers that could be utilized to reduce future years' tax liabilities, totaling $10.3 million. A portion of these net operating loss carryovers begin expiring in the year 2018 and some have an indefinite carryforward period. Management believes it is more likely than not that the foreign net operating loss carryovers will not reduce future years' tax liabilities in certain foreign jurisdictions. As such a valuation allowance of $7.2 million has been recorded on the deferred tax assets related to the cumulative foreign net operating loss carryovers.

As of January 31, 2015, the gross amount of unrecognized tax benefits was $12.6 million, of which $9.1 million would affect the effective income tax rate if recognized. The gross amount of unrecognized tax benefits as of February 1, 2014 was $14.6 million, of which $9.7 million would affect the effective income tax rate if recognized.

The following table summarizes the activity related to our unrecognized tax benefits:

	For the Years Ended		
(In thousands)	January 31, 2015	February 1, 2014	February 2, 2013
Unrecognized tax benefits, beginning of the year balance	$ 14,601	$ 17,250	$ 31,578
Increases in current period tax positions	2,166	2,294	2,458
Increases in tax positions of prior periods	—	440	—
Settlements	(73)	—	(4,809)
Lapse of statute of limitations	(471)	(453)	(1,592)
Decreases in tax positions of prior periods	(3,614)	(4,930)	(10,385)
Unrecognized tax benefits, end of the year balance	$ 12,609	$ 14,601	$ 17,250

Unrecognized tax benefits decreased by $2.0 million during Fiscal 2014, decreased $2.6 million during Fiscal 2013 and decreased by $14.3 million during Fiscal 2012. The unrecognized tax benefit changes were primarily related to federal and state income tax settlements and other changes in income tax reserves. Over the next twelve months the Company believes it is reasonably possible the unrecognized tax

AMERICAN EAGLE OUTFITTERS, INC.

NOTES TO CONSOLIDATED FINANCIAL STATEMENTS — (Continued)

benefits could decrease by as much as $5.6 million as the result of federal and state tax settlements, statute of limitations lapses, and other changes to the reserves.

The Company records accrued interest and penalties related to unrecognized tax benefits in income tax expense. Accrued interest and penalties related to unrecognized tax benefits included in the Consolidated Balance Sheet were $1.6 million and $1.9 million as of January 31, 2015 and February 1, 2014, respectively. During Fiscal 2012, the Company recognized a net benefit of $4.8 million in the provision for income taxes related to the reversal of accrued interest and penalties primarily due to federal and state income tax settlements. An immaterial amount of interest and penalties were recognized in the provision for income taxes during Fiscal 2014 and Fiscal 2013.

The Company and its subsidiaries file income tax returns in the U.S. federal jurisdiction and various state and foreign jurisdictions. The Internal Revenue Service ("IRS") examination of the Company's U.S. federal income tax return for the tax year ended January 2012 was completed in February 2014. Accordingly, all years prior to the tax year ended January 2013 are no longer subject to U.S. federal income tax examinations by tax authorities. Additionally, the Company is participating in the IRS's Compliance Assurance Process (CAP) for the years ended February 1, 2014 and January 31, 2015. The Company does not anticipate that any adjustments will result in a material change to its financial position, results of operations or cash flow. With respect to state and local jurisdictions and countries outside of the United States, with limited exceptions, generally, the Company and its subsidiaries are no longer subject to income tax audits for tax years before 2008. Although the outcome of tax audits is always uncertain, the Company believes that adequate amounts of tax, interest and penalties have been provided for any adjustments that are expected to result from these years.

The Company has foreign tax credit carryovers in the amount of $19.3 million and $13.4 million as of January 31, 2015 and February 1, 2014, respectively. The foreign tax credit carryovers begin to expire in Fiscal 2019 to the extent not utilized. No valuation allowance has been recorded on the foreign tax credit carryovers as the Company believes it is more likely than not that the foreign tax credits will be utilized prior to expiration.

The Company has state income tax credit carryforwards of $11.7 million and $10.7 million as of January 31, 2015 and February 1, 2014, respectively. These income tax credits can be utilized to offset future state income taxes and have a carryforward period of 10 to16 years. They will begin to expire in Fiscal 2018.

A reconciliation between the statutory federal income tax rate and the effective income tax rate from continuing operations follows:

	For the Years Ended		
	January 31, 2015	February 1, 2014	February 2, 2013
Federal income tax rate	35%	35%	35%
State income taxes, net of federal income tax effect	4	4	3
Valuation allowance changes, net	6	4	(1)
Tax settlements	(1)	(2)	(3)
Other	—	1	—
	44%	42%	34%

15. Discontinued Operations

In Fiscal 2012, the Company exited the 77kids business. These Consolidated Financial Statements reflect the results of 77kids as a discontinued operation for all periods presented.

In connection with the exit of the 77kids business, the Company became secondarily liable for obligations under lease agreements for 21 store leases assumed by the third party purchaser. In Fiscal 2014, the third party purchaser did not fulfill its obligations under the leases, resulting in the Company becoming primarily liable. The Company was required to make rental and lease termination payments and received reimbursement from the $11.5 million stand-by letter of credit provided by the third party purchaser. The Company has incurred $13.7 million in expense above the letter of credit proceeds to terminate store leases. The cash outflow for termination costs are expected to be paid in the first quarter of Fiscal 2015.

In accordance with ASC 460, *Guarantees* ("ASC 460"), as the Company became primarily liable under the leases upon the third party purchaser's default, the remaining amounts to exit the lease agreements have been accrued in our Consolidated Financial Statements related to these guarantees.

Costs associated with exit or disposal activities are recorded when incurred. A summary of the pre-tax exit and disposal costs recognized within Loss from Discontinued Operations on the Consolidated Income Statement for 77kids are as follows. There were no exit or disposal costs recognized in Fiscal 2013 related to 77kids.

AMERICAN EAGLE OUTFITTERS, INC.

NOTES TO CONSOLIDATED FINANCIAL STATEMENTS — (Continued)

(In thousands)	For the Years Ended January 31, 2015	February 1, 2014	February 2, 2013
Non-cash charges			
Asset impairments	$ —	$ —	$ 16,623
Cash charges			
Lease-related charges	$ 13,673	$ —	$ 7,768
Inventory charges	—	—	10,237
Severence charges	—	—	3,439
Total charges	$ 13,673	$ —	$ 38,067

A rollforward of the liabilities for the exit of the 77kids brand recognized in the Consolidated Balance Sheets is as follows:

(In thousands)	January 31, 2015
Accrued liability as of February 1, 2014	$ —
Add: Costs incurred	25,173
Less: Cash payments	(10,537)
Accrued liability as of January 31, 2015	$ 14,636

The tables below present the significant components of 77kids' results included in Loss from Discontinued Operations on the Consolidated Statements of Operations for the years ended January 31, 2015, February 1, 2014 and February 2, 2013.

	For the Years Ended January 31, 2015	February 1, 2014	February 2, 2013
Total net revenue	$ —	$ —	$ 20,117
Loss from discontinued operations, before income taxes(1)	$ (13,673)	$ —	$ (51,839)
Income tax benefit	5,208	—	19,849
Loss from discontinued operations, net of tax	$ (8,465)	$ —	$ (31,990)
Loss per common share from discontinued operations:			
Basic	$ (0.04)	$ —	$ (0.16)
Diluted	$ (0.04)	$ —	$ (0.16)

(1) Loss from discontinued operations is presented net of the reversal of non-cash lease credits for Fiscal 2012

16. Restructuring Charges

During the 13 weeks ended November 1, 2014, the Company undertook restructuring aimed at strengthening the store portfolio and reducing corporate overhead, including severance and office space consolidation. These changes are aimed at driving efficiencies and aligning investments in areas that help fuel the business.

Costs associated with restructuring activities are recorded when incurred. A summary of costs recognized within Restructuring Charges on the Consolidated Income Statement for Fiscal 2014 are included in the table as follows.

(In thousands)	For the year ended January 31, 2015
Cash restructuring charges	
Office space consolidation charges	$ 8,571
Severance and related employee costs	7,816
Other corporate items	1,365
Total restructuring charges	$ 17,752

AMERICAN EAGLE OUTFITTERS, INC.
NOTES TO CONSOLIDATED FINANCIAL STATEMENTS — (Continued)

The Company also incurred non-cash corporate office and other asset impairment charges of $8.4 million. This charge is included within Loss on Impairment of Assets on the Consolidated Income Statement. Also included in Loss on Impairment of Assets is $25.1 million of store asset impairments resulting from evaluation of current and future projected performance.

A rollforward of the liabilities recognized in the Consolidated Balance Sheet is as follows:

(In thousands)	January 31, 2015
Accrued liability as of February 1, 2014	$ —
Add: Costs incurred, excluding non-cash charges	17,752
Less: Cash payments	(5,296)
Accrued liability as of January 31, 2015	$ 12,456

17. Quarterly Financial Information — Unaudited

The sum of the quarterly EPS amounts may not equal the full year amount as the computations of the weighted average shares outstanding for each quarter and the full year are calculated independently.

	Fiscal 2014 Quarters Ended			
(In thousands, except per share amounts)	May 3, 2014	August 2, 2014	November 1, 2014	January 31, 2015
Total net revenue	$ 646,129	$ 710,595	$ 854,290	$ 1,071,853
Gross profit	$ 225,845	$ 237,547	$ 315,472	$ 375,810
Income from continuing operations	3,866	5,813	9,035	70,073
Loss from discontinued operations, net of tax	—	—	—	(8,465)
Net income	$ 3,866	$ 5,813	$ 9,035	$ 61,608
Basic per common share amounts:				
Income from continuing operations	$ 0.02	$ 0.03	$ 0.05	$ 0.36
Loss from discontinued operations, net of tax	—	—	—	(0.04)
Basic net income per common share	$ 0.02	$ 0.03	$ 0.05	$ 0.32
Diluted per common share amounts:				
Income from continuing operations	$ 0.02	$ 0.03	$ 0.05	$ 0.36
Loss from discontinued operations, net of tax	—	—	—	(0.04)
Diluted net income per common share	$ 0.02	$ 0.03	$ 0.05	$ 0.32

(In thousands, except per share amounts)	Fiscal 2013 Quarters Ended May 4, 2013	August 3, 2013	November 2, 2013	February 1, 2014
Total net revenue	$ 679,477	$ 727,313	$ 857,305	$ 1,041,707
Gross profit	$ 263,609	$ 245,495	$ 298,875	$ 306,020
Income from continuing operations	27,976	19,594	24,903	10,510
Loss from discontinued operations, net of tax	—	—	—	—
Net income	$ 27,976	$ 19,594	$ 24,903	$ 10,510
Basic per common share amounts:				
Income from continuing operations	$ 0.14	$ 0.10	$ 0.13	$ 0.05
Loss from discontinued operations, net of tax	—	—	—	—
Basic net income per common share	$ 0.14	$ 0.10	$ 0.13	$ 0.05
Diluted per common share amounts:				
Income from continuing operations	$ 0.14	$ 0.10	$ 0.13	$ 0.05
Loss from discontinued operations, net of tax	—	—	—	—
Diluted net income per common share	$ 0.14	$ 0.10	$ 0.13	$ 0.05

부 록 C

UNITED STATES
SECURITIES AND EXCHANGE COMMISSION

Washington, DC 20549

FORM 10-K

☒ **ANNUAL REPORT PURSUANT TO SECTION 13 OR 15(d) OF THE SECURITIES EXCHANGE ACT OF 1934**

For the fiscal year ended January 31, 2015

☐ **TRANSITION REPORT PURSUANT TO SECTION 13 OR 15(d) OF THE SECURITIES EXCHANGE ACT OF 1934**

For the transition period from to

Commission File No. 000-22754

URBAN OUTFITTERS, INC.

(Exact Name of Registrant as Specified in Its Charter)

Pennsylvania **(State or Other Jurisdiction of Incorporation or Organization)**	**23-2003332** **(I.R.S. Employer Identification No.)**
5000 South Broad Street, Philadelphia, PA **(Address of Principal Executive Offices)**	**19112-1495** **(Zip Code)**

Registrant's telephone number, including area code: (215) 454-5500

Securities registered pursuant to Section 12(b) of the Act:

Title of Each Class	Name of Exchange on Which Registered
Common Shares, $.0001 par value	**The NASDAQ Global Select Market LLC**

Securities registered pursuant to Section 12(g) of the Act: None

Indicate by checkmark if the registrant is a well-known seasoned issuer, as defined in Rule 405 of the Securities Act. Yes ☒ No ☐

Indicate by checkmark if the registrant is not required to file reports pursuant to Section 13 or Section 15(d) of the Act. Yes ☐ No ☒

Indicate by checkmark whether the registrant (1) has filed all reports required to be filed by Section 13 or 15(d) of the Securities Exchange Act of 1934 during the preceding 12 months (or for such shorter period that the registrant was required to file such reports), and (2) has been subject to such filing requirements for the past 90 days. Yes ☒ No ☐

Indicate by check mark whether the registrant has submitted electronically and posted on its corporate website, if any, every Interactive Data File required to be submitted and posted pursuant to Rule 405 of Regulation S-T during the preceding 12 months (or for such shorter period that the registrant was required to submit and post such files). Yes ☒ No ☐

Indicate by checkmark if disclosure of delinquent filers pursuant to Item 405 of Regulation S-K is not contained herein, and will not be contained, to the best of Registrant's knowledge, in definitive proxy or information statements incorporated by reference in Part III of this Form 10-K or any amendment to this Form 10-K. ☒

Indicate by checkmark whether the registrant is a large accelerated filer, an accelerated filer, a non-accelerated filer, or a smaller reporting company. See the definitions of "large accelerated filer," "accelerated filer" and "smaller reporting company" in Rule 12b-2 of the Exchange Act.

Large accelerated filer ☒ Accelerated filer ☐

Non-accelerated filer ☐ (Do not check if a smaller reporting company) Smaller reporting company ☐

Indicate by a checkmark whether the registrant is a shell company (as defined in Rule 12b-2 of the Act). Yes ☐ No ☒

The aggregate market value of the voting and non-voting common equity held by non-affiliates computed by reference to the price at which the common equity was last sold, or the average bid and asked price of such common equity, as of the last business day of the registrant's most recently completed second fiscal quarter, was $3,614,766,155.

The number of shares outstanding of the registrant's common stock on March 25, 2015 was 131,723,233.

DOCUMENTS INCORPORATED BY REFERENCE

Certain information required by Items 10, 11, 12, 13 and 14 is incorporated by reference into Part III hereof from portions of the Proxy Statement for the registrant's 2015 Annual Meeting of Shareholders.

Item 5. Market for Registrant's Common Equity, Related Shareholder Matters and Issuer Purchases of Equity Securities

Our common shares are traded on the NASDAQ Global Select Market under the symbol "URBN." The following table sets forth, for the periods indicated below, the reported high and low sale prices for our common shares as reported on the NASDAQ Global Select Market.

Market Information

	High	Low
Fiscal 2015		
Quarter ended April 30, 2014	$ 38.84	$ 33.95
Quarter ended July 31, 2014	$ 37.40	$ 32.23
Quarter ended October 31, 2014	$ 40.67	$ 29.11
Quarter ended January 31, 2015	$ 36.99	$ 27.89
Fiscal 2014		
Quarter ended April 30, 2013	$ 44.15	$ 38.18
Quarter ended July 31, 2013	$ 44.96	$ 38.11
Quarter ended October 31, 2013	$ 44.15	$ 35.00
Quarter ended January 31, 2014	$ 40.45	$ 35.26

Holders of Record

On March 25, 2015 there were 120 holders of record of our common shares.

Dividend Policy

Our current credit facility includes certain limitations on the payment of cash dividends on our common shares. We have not paid any cash dividends since our initial public offering and do not anticipate paying any cash dividends on our common shares in the foreseeable future.

Securities Authorized for Issuance Under Equity Compensation Plans

All equity compensation plans have been approved by security holders of the Company. See Note 9, "Share-Based Compensation," for details of the Company's equity compensation plans and outstanding awards.

Item 6. Selected Financial Data

The following table sets forth selected consolidated income statement and balance sheet data for the periods indicated. The selected consolidated income statement and balance sheet data for each of the five fiscal years presented below is derived from our consolidated financial statements. The data presented below should be read in conjunction with Item 7: Management's Discussion and Analysis of Financial Condition and Results of Operations and the Consolidated Financial Statements of the Company and the related notes thereto, which appear elsewhere in this Annual Report on Form 10-K. The results of operations for past accounting periods are not necessarily indicative of the results to be expected for any future accounting period.

	Fiscal Year Ended January 31,				
	2015	2014	2013	2012	2011
	(in thousands, except share amounts and per share data)				
Income Statement Data:					
Net sales	$ 3,323,077	$ 3,086,608	$ 2,794,925	$ 2,473,801	$ 2,274,102
Gross profit	1,174,930	1,161,342	1,031,531	860,536	936,620
Income from operations	365,385	426,831	374,285	284,725	414,203
Net income	232,428	282,360	237,314	185,251	272,958
Net income per common share—basic	$ 1.70	$ 1.92	$ 1.63	$ 1.20	$ 1.64
Weighted average common shares outstanding—basic	136,651,899	147,014,869	145,253,691	154,025,589	166,896,322
Net income per common share—diluted	$ 1.68	$ 1.89	$ 1.62	$ 1.19	$ 1.60
Weighted average common shares outstanding—diluted	138,192,734	149,225,906	146,663,731	156,191,289	170,333,550
Balance Sheet Data:					
Working capital	$ 455,377	$ 663,150	$ 622,089	$ 363,526	$ 592,953
Total assets	1,888,741	2,221,214	1,797,211	1,483,708	1,794,321
Total liabilities	560,772	527,044	442,623	417,440	382,773
Total shareholders' equity	$ 1,327,969	$ 1,694,170	$ 1,354,588	$ 1,066,268	$ 1,411,548

REPORT OF INDEPENDENT REGISTERED PUBLIC ACCOUNTING FIRM

To the Board of Directors and Shareholders of
Urban Outfitters, Inc.
Philadelphia, Pennsylvania

We have audited the accompanying consolidated balance sheets of Urban Outfitters, Inc. and subsidiaries (the "Company") as of January 31, 2015 and 2014, and the related consolidated statements of income, comprehensive income, shareholders' equity, and cash flows for each of the three years in the period ended January 31, 2015. These financial statements are the responsibility of the Company's management. Our responsibility is to express an opinion on these financial statements based on our audits.

We conducted our audits in accordance with the standards of the Public Company Accounting Oversight Board (United States). Those standards require that we plan and perform the audit to obtain reasonable assurance about whether the financial statements are free of material misstatement. An audit includes examining, on a test basis, evidence supporting the amounts and disclosures in the financial statements. An audit also includes assessing the accounting principles used and significant estimates made by management, as well as evaluating the overall financial statement presentation. We believe that our audits provide a reasonable basis for our opinion.

In our opinion, such consolidated financial statements present fairly, in all material respects, the financial position of Urban Outfitters, Inc. and subsidiaries as of January 31, 2015 and 2014, and the results of their operations and their cash flows for each of the three years in the period ended January 31, 2015, in conformity with accounting principles generally accepted in the United States of America.

We have also audited, in accordance with the standards of the Public Company Accounting Oversight Board (United States), the Company's internal control over financial reporting as of January 31, 2015, based on the criteria established in *Internal Control—Integrated Framework (2013)* issued by the Committee of Sponsoring Organizations of the Treadway Commission and our report dated April 1, 2015, expressed an unqualified opinion on the Company's internal control over financial reporting.

/s/ DELOITTE & TOUCHE LLP

Philadelphia, Pennsylvania
April 1, 2015

URBAN OUTFITTERS, INC.

Consolidated Balance Sheets
(in thousands, except share and per share data)

	January 31, 2015	January 31, 2014
ASSETS		
Current assets:		
Cash and cash equivalents	$ 154,558	$ 242,058
Marketable securities	104,246	281,813
Accounts receivable, net of allowance for doubtful accounts of $850 and $1,711, respectively	70,458	55,161
Inventories	358,237	311,207
Prepaid expenses and other current assets	102,863	75,968
Deferred income taxes	18,755	28,773
Total current assets	809,117	994,980
Property and equipment, net	889,232	806,909
Marketable securities	104,448	366,422
Deferred income taxes and other assets	85,944	52,903
Total Assets	$ 1,888,741	$ 2,221,214
LIABILITIES AND SHAREHOLDERS' EQUITY		
Current liabilities:		
Accounts payable	$ 156,090	$ 137,036
Accrued compensation	45,007	41,085
Accrued expenses and other current liabilities	152,643	153,709
Total current liabilities	353,740	331,830
Deferred rent and other liabilities	207,032	195,214
Total Liabilities	560,772	527,044
Commitments and contingencies (see Note 13)		
Shareholders' equity:		
Preferred shares; $.0001 par value, 10,000,000 shares authorized, none issued	—	—
Common shares; $.0001 par value, 200,000,000 shares authorized, 130,502,864 and 147,309,575 shares issued and outstanding, respectively	13	15
Additional paid-in-capital	—	97,684
Retained earnings	1,343,383	1,597,439
Accumulated other comprehensive loss	(15,427)	(968)
Total Shareholders' Equity	1,327,969	1,694,170
Total Liabilities and Shareholders' Equity	$ 1,888,741	$ 2,221,214

The accompanying notes are an integral part of these consolidated financial statements.

URBAN OUTFITTERS, INC.

Consolidated Statements of Income
(in thousands, except share and per share data)

	Fiscal Year Ended January 31,		
	2015	2014	2013
Net sales	$ 3,323,077	$ 3,086,608	$ 2,794,925
Cost of sales	2,148,147	1,925,266	1,763,394
Gross profit	1,174,930	1,161,342	1,031,531
Selling, general and administrative expenses	809,545	734,511	657,246
Income from operations	365,385	426,831	374,285
Interest income	2,319	2,713	2,126
Other income	580	1,088	862
Other expenses	(4,834)	(3,114)	(1,701)
Income before income taxes	363,450	427,518	375,572
Income tax expense	131,022	145,158	138,258
Net income	$ 232,428	$ 282,360	$ 237,314
Net income per common share:			
Basic	$ 1.70	$ 1.92	$ 1.63
Diluted	$ 1.68	$ 1.89	$ 1.62
Weighted-average common shares outstanding:			
Basic	136,651,899	147,014,869	145,253,691
Diluted	138,192,734	149,225,906	146,663,731

The accompanying notes are an integral part of these consolidated financial statements.

URBAN OUTFITTERS, INC.

Consolidated Statements of Comprehensive Income
(in thousands)

	Fiscal Year Ended January 31,		
	2015	2014	2013
Net income	$ 232,428	$ 282,360	$ 237,314
Other comprehensive (loss) income:			
Foreign currency translation	(14,128)	7,194	1,455
Change in unrealized (losses) gains on marketable securities, net of tax	(331)	620	1,275
Total other comprehensive (loss) income	(14,459)	7,814	2,730
Comprehensive income	$ 217,969	$ 290,174	$ 240,044

The accompanying notes are an integral part of these consolidated financial statements.

URBAN OUTFITTERS, INC.

Consolidated Statements of Shareholders' Equity
(in thousands, except share data)

	Common Shares			Additional Paid-in Capital		Retained Earnings		Accumulated Other Compre-hensive Loss	Total
	Number of Shares		Par Value						
Balances as of January 31, 2012	144,633,007	$	15	$	—	$ 1,077,765	$	(11,512)	$ 1,066,268
Comprehensive income	—		—		—	237,314		2,730	240,044
Share-based compensation	—		—		10,892	—		—	10,892
Stock options and awards	1,382,760		—		30,671	—		—	30,671
Excess tax benefit from share-based awards	—		—		6,713	—		—	6,713
Balances as of January 31, 2013	146,015,767	$	15	$	48,276	$ 1,315,079	$	(8,782)	$ 1,354,588
Comprehensive income	—		—		—	282,360		7,814	290,174
Share-based compensation	—		—		15,742	—		—	15,742
Stock options and awards	1,603,628		—		35,218	—		—	35,218
Excess tax benefit from share-based awards	—		—		9,540	—		—	9,540
Share repurchases	(309,820)		—		(11,092)	—		—	(11,092)
Balances as of January 31, 2014	147,309,575	$	15	$	97,684	$ 1,597,439	$	(968)	$ 1,694,170
Comprehensive income	—		—		—	232,428		(14,459)	217,969
Share-based compensation	—		—		16,736	—		—	16,736
Stock options and awards	723,083		—		10,693	—		—	10,693
Excess tax benefit from share-based awards	—		—		3,822	—		—	3,822
Share repurchases	(17,529,794)		(2)		(128,935)	(486,484)		—	(615,421)
Balances as of January 31, 2015	130,502,864	$	13	$	—	$ 1,343,383	$	(15,427)	$ 1,327,969

The accompanying notes are an integral part of these consolidated financial statements.

URBAN OUTFITTERS, INC.

Consolidated Statements of Cash Flows
(in thousands)

	Fiscal Year Ended January 31,		
	2015	2014	2013
Cash flows from operating activities:			
Net income	$ 232,428	$ 282,360	$ 237,314
Adjustments to reconcile net income to net cash provided by operating activities:			
Depreciation and amortization	138,110	132,664	118,664
(Benefit) provision for deferred income taxes	(2,221)	(28,505)	22,248
Excess tax benefits from stock option exercises	(3,822)	(9,540)	(6,713)
Share-based compensation expense	16,736	15,742	10,892
Loss on disposition of property and equipment, net	3,189	2,368	616
Changes in assets and liabilities:			
Receivables	(18,393)	(15,368)	(2,917)
Inventories	(68,992)	(27,713)	(32,237)
Prepaid expenses and other assets	(23,257)	2,985	16,057
Payables, accrued expenses and other liabilities	48,543	68,162	31,756
Net cash provided by operating activities	322,321	423,155	395,680
Cash flows from investing activities:			
Cash paid for property and equipment	(229,804)	(186,101)	(168,875)
Cash paid for marketable securities	(405,659)	(727,987)	(372,689)
Sales and maturities of marketable securities	830,297	451,866	207,576
Net cash provided by (used in) investing activities	194,834	(462,222)	(333,988)
Cash flows from financing activities:			
Proceeds from the exercise of stock options	10,693	35,218	30,671
Excess tax benefits from stock option exercises	3,822	9,540	6,713
Share repurchases related to share repurchase program	(611,475)	(10,695)	—
Share repurchases related to taxes for share-based awards	(3,947)	(397)	—
Net cash (used in) provided by financing activities	(600,907)	33,666	37,384
Effect of exchange rate changes on cash and cash equivalents	(3,748)	2,132	978
(Decrease) increase in cash and cash equivalents	(87,500)	(3,269)	100,054
Cash and cash equivalents at beginning of period	242,058	245,327	145,273
Cash and cash equivalents at end of period	$ 154,558	$ 242,058	$ 245,327
Supplemental cash flow information:			
Cash paid during the year for:			
Income taxes	$ 144,892	$ 159,628	$ 103,006
Non-cash investing activities—Accrued capital expenditures	$ 18,771	$ 20,889	$ 15,055

The accompanying notes are an integral part of these consolidated financial statements.

URBAN OUTFITTERS, INC.

NOTES TO CONSOLIDATED FINANCIAL STATEMENTS
(in thousands, except share and per share data)

1. Nature of Business

Urban Outfitters, Inc. (the "Company" or "Urban Outfitters"), which was founded in 1970, was incorporated in the Commonwealth of Pennsylvania in 1976. The principal business activity of the Company is the operation of a general consumer product retail and wholesale business selling to customers through various channels including retail stores, websites, catalogs and mobile applications. As of January 31, 2015 and 2014, the Company operated 546 and 511 stores, respectively. Stores located in the United States totaled 464 as of January 31, 2015 and 442 as of January 31, 2014. Operations in Europe and Canada included 50 stores and 32 stores as of January 31, 2015, respectively, and 44 stores and 25 stores as of January 31, 2014, respectively. In addition, the Company's Wholesale segment sold and distributed apparel to approximately 1,600 better department and specialty retailers worldwide.

2. Summary of Significant Accounting Policies

Fiscal Year-End

The Company operates on a fiscal year ending January 31 of each year. All references to fiscal years of the Company refer to the fiscal years ended on January 31 in those years. For example, the Company's fiscal 2015 ended on January 31, 2015.

Principles of Consolidation

The Consolidated Financial Statements include the accounts of the Company and all of its subsidiaries. All inter-company transactions and accounts have been eliminated in consolidation.

Use of Estimates

The preparation of financial statements, in conformity with accounting principles generally accepted in the United States, requires management to make estimates and assumptions that affect the reported amounts of assets and liabilities and disclosure of contingent assets and liabilities at the date of the financial statements and the reported amounts of net sales and expenses during the reporting period. Actual results could differ from those estimates.

Cash and Cash Equivalents

Cash and cash equivalents are defined as cash and short-term highly liquid investments with maturities of less than three months at the time of purchase. These short-term highly liquid investments are both readily convertible to known amounts of cash and so near their maturity that they present insignificant risk of changes in value because of changes in interest rates. As of January 31, 2015 and 2014, cash and cash equivalents included cash on hand, cash in banks, money market accounts and marketable securities with maturities of less than three months at the time of purchase.

Marketable Securities

All of the Company's marketable securities as of January 31, 2015 and January 31, 2014 are classified as available-for-sale and are carried at fair value, which approximates amortized cost. Interest on these securities, as well as the amortization of discounts and premiums, is included in interest income in the Consolidated Statements of Income. Unrealized gains and losses on these securities (other than mutual funds held in the rabbi trust) are considered temporary and therefore are excluded from earnings and are reported as a component of "Other comprehensive (loss) income" in the Consolidated Statements of Comprehensive Income and in accumulated other comprehensive loss in shareholders' equity until realized. Mutual funds held in the rabbi trust have been accounted for under the fair value option, which results in all unrealized gains and losses being recorded in "Interest income" in the Consolidated Statements of Income. Other than temporary impairment losses related to credit losses are considered to be realized losses. When available-for-sale securities are sold, the cost of the securities is specifically identified and is used to determine the realized gain or loss. Securities classified as current assets have maturity dates of less than one year from the balance sheet date. Securities classified as non-current assets have maturity dates greater than one year from the balance sheet date.

During the first quarter of fiscal 2014, the Company sold all of its remaining auction rate securities ("ARS") for approximately $4,580 in cash. The Company's ARS had a par value and a recorded fair value of $4,925 and $4,330, respectively, prior to the sale.

Accounts Receivable

Accounts receivable primarily consists of amounts due from our wholesale customers as well as credit card receivables outstanding with third-party credit card vendors. The activity of the allowance for doubtful accounts for the years ended January 31, 2015, 2014 and 2013 was as follows:

	Balance at beginning of year	Additions	Deductions	Balance at end of year
Year ended January 31, 2015	$ 1,711	4,666	(5,527)	$ 850
Year ended January 31, 2014	$ 1,681	4,400	(4,370)	$ 1,711
Year ended January 31, 2013	$ 1,614	5,019	(4,952)	$ 1,681

Inventories

Inventories, which consist primarily of general consumer merchandise held for sale, are valued at the lower of cost or market. Cost is determined on the first-in, first-out method and includes the cost of merchandise and import related costs, including freight, import taxes and agent commissions. A periodic review of inventory is performed in order to determine if inventory is properly stated at the lower of cost or market. Factors related to current inventories such as future expected consumer demand and fashion trends, current aging, current and anticipated retail markdowns or wholesale discounts, and class or type of inventory are analyzed to determine estimated net realizable value.

URBAN OUTFITTERS, INC.

NOTES TO CONSOLIDATED FINANCIAL STATEMENTS—(Continued)
(in thousands, except share and per share data)

Criteria utilized by the Company to quantify aging trends include factors such as average selling cycle and seasonality of merchandise, the historical rate at which merchandise has sold below cost during the average selling cycle, and the value and nature of merchandise currently priced below original cost. A provision is recorded to reduce the cost of inventories to the estimated net realizable values, if appropriate. The Company's estimates generally have been accurate and its reserve methods have been applied on a consistent basis. The Company expects the amount of its reserves and related inventories to increase over time as it increases its sales. The majority of inventory at January 31, 2015 and 2014 consisted of finished goods. Unfinished goods and work-in-process were not material to the overall net inventory value.

Property and Equipment

Property and equipment are stated at cost and primarily consist of store related leasehold improvements, buildings and furniture and fixtures. Depreciation is typically computed using the straight-line method over five years for furniture and fixtures, the lesser of the lease term or useful life for leasehold improvements, three to ten years for other operating equipment and 39 years for buildings. Major renovations or improvements that extend the service lives of our assets are capitalized over the extension period or life of the improvement, whichever is less.

The Company reviews long-lived assets for possible impairment whenever events or changes in circumstances indicate the carrying amount may not be recoverable. This determination includes evaluation of factors such as future asset utilization and future net undiscounted cash flows expected to result from the use of the assets.

Deferred Rent

Rent expense from leases is recorded on a straight-line basis over the lease period. The net excess of rent expense over the actual cash paid is recorded as deferred rent. In addition, certain store leases provide for contingent rentals when sales exceed specified break-point levels that are weighted based upon historical cyclicality. For leases where achievement of these levels is considered probable based on cumulative lease year revenue versus the established breakpoint at any given point in time, the Company accrues a contingent rent liability and a corresponding rent expense.

Operating Leases

The Company leases its retail stores under operating leases. Many of the lease agreements contain rent holidays, rent escalation clauses and contingent rent provisions or some combination of these items.

The Company recognizes rent expense on a straight-line basis over the lease period commencing on the date that the premises are available from the landlord. The lease period includes the construction period required to make the leased space suitable for operating during which time the Company is not permitted to occupy the space. For purposes of calculating straight-line rent expense, the commencement date of the lease term reflects the date the Company takes possession of the building for initial construction and setup.

The Company classifies tenant improvement allowances in its consolidated financial statements under deferred rent and amortizes them on a straight-line basis over the related lease period. Tenant improvement allowance activity is presented as part of cash flows from operating activities in the accompanying Consolidated Statements of Cash Flows.

Revenue Recognition

Revenue is recognized by the Retail segment at the point-of-sale for merchandise the customer takes possession of at the retail store or when merchandise is shipped to the customer, net of estimated customer returns. Revenue is recognized by the Wholesale segment when merchandise is shipped to the customer, net of estimated customer returns. Revenue is presented on a net basis and does not include any tax assessed by a governmental or municipal authority. Payment for merchandise in the Company's Retail segment is tendered by cash, check, credit card, debit card or gift card. Therefore, the Company's need to collect outstanding accounts receivable for its Retail segment is negligible and mainly results from returned checks or unauthorized credit card transactions. The Company maintains an allowance for doubtful accounts for its Wholesale segment accounts receivable, which management reviews on a regular basis and believes is sufficient to cover potential credit losses and billing adjustments.

The Company accounts for a gift card transaction by recording a liability at the time the gift card is issued to the customer in exchange for consideration from the customer. A liability is established and remains on the Company's books until the card is redeemed by the customer, at which time the Company records the redemption of the card for merchandise as a sale, or when it is determined the likelihood of redemption is remote. The Company determines the probability of the gift cards being redeemed to be remote based on historical redemption patterns. Revenues attributable to the reduction of gift card liabilities for which the likelihood of redemption becomes remote are included in sales and are not material. The Company's gift cards do not expire.

Sales Return Reserve

The Company records a reserve for estimated product returns where the sale has occurred during the period reported, but the return is likely to occur subsequent to the period reported. The reserve for estimated product returns is based on the Company's most recent historical return trends. If the actual return rate or experience is materially higher than the Company's estimate, additional sales returns would be recorded in the future. The activity of the sales returns reserve for the years ended January 31, 2015, 2014 and 2013 was as follows:

	Balance at beginning of year	Additions	Deductions	Balance at end of year
Year ended January 31, 2015	$ 17,089	80,390	(77,675)	$ 19,804
Year ended January 31, 2014	$ 14,448	64,313	(61,672)	$ 17,089
Year ended January 31, 2013	$ 10,967	49,412	(45,931)	$ 14,448

Cost of Sales

Cost of sales includes the following: the cost of merchandise; obsolescence and shrink provisions; store occupancy costs including rent and depreciation; delivery expense; inbound and outbound freight; customs related taxes and duties; inventory acquisition and purchasing costs; design costs; warehousing and handling costs and other inventory acquisition related costs.

URBAN OUTFITTERS, INC.

NOTES TO CONSOLIDATED FINANCIAL STATEMENTS—(Continued)
(in thousands, except share and per share data)

Selling, General and Administrative Expenses

Selling, general and administrative expenses includes expenses such as: direct selling and selling supervisory expenses; marketing expenses; various corporate expenses such as information systems, finance, loss prevention, talent acquisition, home office and executive management expenses; share-based compensation expense; and other associated general expenses.

Shipping and Handling Revenues and Costs

The Company includes shipping and handling revenues in net sales and shipping and handling costs in cost of sales. The Company's shipping and handling revenues consist of amounts billed to customers for shipping and handling merchandise. Shipping and handling costs include shipping supplies, related labor costs and third-party shipping costs.

Advertising

The Company expenses the costs of advertising when the advertising occurs, except for direct-to-consumer advertising, which is capitalized and amortized over its expected period of future benefit. Advertising costs primarily relate to our Retail segment marketing expenses which are comprised of web marketing, catalog printing, paper, postage and other costs related to production of photographic images used in our catalogs and on our websites and mobile applications. The catalog printing, paper, postage and other costs are amortized over the period in which the customer responds to the marketing material determined based on historical customer response trends to a similar season's advertisement. Amortization rates are reviewed on a regular basis during the fiscal year and may be adjusted if the predicted customer response appears materially different than the historical response rate. The Company has the ability to measure the response rate to direct marketing early in the course of the advertisement based on its customers' reference to a specific catalog or by product placed and sold. The average amortization period for a catalog and related items are typically one to two months. If there is no expected future benefit, the cost of advertising is expensed when incurred. Advertising costs reported as prepaid expenses were $2,146 and $2,067 as of January 31, 2015 and 2014, respectively. Advertising expenses were $103,882, $91,615 and $81,944 for fiscal 2015, 2014 and 2013, respectively.

Start-up Costs

The Company expenses all start-up and organization costs as incurred, including travel, training, recruiting, salaries and other operating costs, and are included in selling, general and administrative expenses in the Consolidated Statements of Income.

Website Development Costs

The Company capitalizes applicable costs incurred during the application and infrastructure development stage and expenses costs incurred during the planning and operating stage. During fiscal 2015, 2014 and 2013, the Company did not capitalize any internally generated internal-use software development costs because substantially all costs were incurred during the planning and operating stages, and costs incurred during the application and infrastructure development stage were not material.

Income Taxes

The Company utilizes a balance sheet approach to provide for income taxes. Under this method, deferred tax assets and liabilities are recognized for the expected future tax consequences of net operating loss carryforwards and temporary differences between the carrying amounts and the tax bases of assets and liabilities. Investment tax credits or grants are accounted for in the period earned. The Company files a consolidated United States federal income tax return (see Note 8, "Income Taxes," for a further discussion of income taxes). The effect of a change in tax rates on deferred tax assets and liabilities is recognized in income in the period that includes the enactment date.

Net Income Per Common Share

Basic net income per common share is computed by dividing net income by the weighted-average number of common shares outstanding. Diluted net income per common share is computed by dividing net income by the weighted-average number of common shares and common share equivalents outstanding. Common share equivalents include the effect of stock options, stock appreciation rights ("SAR's"), restricted stock units ("RSU's") and performance stock units ("PSU's").

Comprehensive Income and Accumulated Other Comprehensive Loss

Comprehensive income is comprised of two subsets—net income and other comprehensive income/loss. Amounts included in accumulated other comprehensive loss relate to foreign currency translation adjustments and unrealized gains or losses on marketable securities. The foreign currency translation adjustments are not adjusted for income taxes because these adjustments relate to non-U.S. subsidiaries for which foreign earnings have been designated as permanently reinvested. Accumulated other comprehensive loss consisted of foreign currency translation losses of ($15,516) and ($1,388) as of January 31, 2015 and January 31, 2014, respectively, and unrealized gains, net of tax, on marketable securities of $89 and $420 as of January 31, 2015 and January 31, 2014, respectively. The tax effect of the unrealized (losses) on marketable securities recorded in comprehensive income was ($201), ($378) and ($672) during fiscal 2015, 2014 and 2013, respectively. Gross realized gains and losses are included in other income in the Consolidated Statements of Income and were not material to the Company's Consolidated Financial Statements for all three years presented.

Foreign Currency

The financial statements of the Company's foreign operations are translated into U.S. dollars. Assets and liabilities are translated at current exchange rates as of the balance sheet date, equity accounts at historical exchange rates, while income statement accounts are translated at the average rates in effect during the year. Translation adjustments are not included in determining net income, but are included in "Accumulated other comprehensive loss" within shareholders' equity. Remeasurement gains and losses included in operating results for fiscal years 2015, 2014 and 2013 were not material.

Concentration of Credit Risk

Financial instruments that potentially subject the Company to concentrations of credit risk consist principally of cash, cash equivalents, marketable securities and accounts receivable. The Company manages the credit risk associated with cash, cash equivalents and marketable securities by investing in high-quality securities held with reputable trustees and, by policy, limiting the amount of credit exposure to any one issuer or issue, as well as providing limitations on investment maturities. The Company's investment policy requires that its cash, cash equivalents and marketable securities are invested in corporate and municipal bonds rated "BBB" or better, commercial paper and federally insured or guaranteed investment vehicles such as certificates of deposit, United States treasury bills and federal government agencies. Receivables from third-party credit cards are processed by financial institutions, which are monitored for financial stability. The Company regularly evaluates the financial condition of its Wholesale segment customers. The Company's allowance for doubtful accounts reflects current market conditions and management's

URBAN OUTFITTERS, INC.

NOTES TO CONSOLIDATED FINANCIAL STATEMENTS—(Continued)
(in thousands, except share and per share data)

assessment regarding the collectability of its accounts receivable. The Company maintains cash accounts that, at times, may exceed federally insured limits. The Company has not experienced any losses from maintaining cash accounts in excess of such limits. Management believes that it is not exposed to any significant risks related to its cash accounts.

Recently Issued Accounting Pronouncements

In May 2014, the Financial Accounting Standards Board issued an accounting standards update that clarifies the principles for recognizing revenue from contracts with customers. The update outlines a single comprehensive model for entities to use in accounting for revenue arising from contracts with customers and supersedes most current revenue recognition guidance, including industry-specific guidance. The update states that an entity should recognize revenue to depict the transfer of promised goods or services to customers in the amount that reflects the consideration to which the entity expects to be entitled in exchange for those goods and services. Entities are required to apply the following steps when recognizing revenue under the update: (1) identify the contract(s) with a customer; (2) identify the performance obligation in the contract; (3) determine the transaction price; (4) allocate the transaction price to the performance obligations in the contract; and (5) recognize revenue when (or as) the entity satisfies a performance obligation. The update is effective for the Company beginning February 1, 2017. The update allows for a "full retrospective" adoption, meaning the update is applied to all periods presented, or a "modified retrospective" adoption, meaning the update is applied only to the most current period presented in the financial statements. Early adoption is not permitted. The Company is currently evaluating the adoption method to apply and the impact that the update will have on its financial position, results of operations, cash flows and financial statement disclosures.

3. Marketable Securities

During all periods shown, marketable securities are classified as available-for-sale. The amortized cost, gross unrealized gains (losses) and fair values of available-for-sale securities by major security type and class of security as of January 31, 2015 and 2014 are as follows:

	Amortized Cost	Unrealized Gains	Unrealized (Losses)	Fair Value
As of January 31, 2015				
Short-term Investments:				
Corporate bonds	$ 56,594	$ 20	$ (24)	$ 56,590
Municipal and pre-refunded municipal bonds	30,509	41	(2)	30,548
Certificates of deposit	11,127	5	—	11,132
Treasury bills	2,033	3	—	2,036
Commercial paper	3,938	2	—	3,940
	104,201	71	(26)	104,246
Long-term Investments:				
Corporate bonds	46,754	22	(40)	46,736
Municipal and pre-refunded municipal bonds	42,840	113	(6)	42,947
Certificates of deposit	3,066	—	—	3,066
Treasury bills	7,111	9	—	7,120
Mutual funds, held in rabbi trust	3,816	16	(54)	3,778
Federal government agencies	799	2	—	801
	104,386	162	(100)	104,448
	$ 208,587	$ 233	$ (126)	$ 208,694
As of January 31, 2014				
Short-term Investments:				
Corporate bonds	$ 100,856	$ 56	$ (41)	$ 100,871
Municipal and pre-refunded municipal bonds	85,000	98	(2)	85,096
Certificates of deposit	35,844	13	(1)	35,856
Treasury bills	24,873	10	—	24,883
Commercial paper	35,101	7	(1)	35,107
	281,674	184	(45)	281,813
Long-term Investments:				
Corporate bonds	208,446	268	(162)	208,552
Municipal and pre-refunded municipal bonds	125,934	415	(8)	126,341
Certificates of deposit	4,000	—	(2)	3,998
Treasury bills	21,551	21	—	21,572
Mutual funds, held in rabbi trust	1,591	108	(33)	1,666
Federal government agencies	4,287	6	—	4,293
	365,809	818	(205)	366,422
	$ 647,483	$ 1,002	$ (250)	$ 648,235

URBAN OUTFITTERS, INC.

NOTES TO CONSOLIDATED FINANCIAL STATEMENTS—(Continued)
(in thousands, except share and per share data)

Proceeds from the sale and maturities of available-for-sale securities were $830,297, $451,866 and $207,576 in fiscal 2015, 2014 and 2013, respectively. The Company included in "Interest income," in the Consolidated Statements of Income, a net realized gain of $237 during fiscal 2015, a net realized loss of $101 during fiscal 2014 and a net realized gain of $248 during fiscal 2013. Amortization of discounts and premiums, net, resulted in a reduction of "Interest income" of $6,696, $10,932 and $5,276 for fiscal years 2015, 2014 and 2013, respectively. Mutual funds represent assets held in an irrevocable rabbi trust for the Company's Non-qualified Deferred Compensation Plan ("NQDC"). These assets are a source of funds to match the funding obligations to participants in the NQDC but are subject to the Company's general creditors. The Company elected the fair value option for financial assets for the mutual funds held in the rabbi trust resulting in all unrealized gains and losses being recorded in "Interest income" in the Consolidated Statements of Income and not as a component of accumulated Other comprehensive (loss) income.

The following tables show the gross unrealized losses and fair value of the Company's marketable securities with unrealized losses that are not deemed to be other-than-temporarily impaired aggregated by the length of time that individual securities have been in a continuous unrealized loss position, at January 31, 2015 and January 31, 2014, respectively.

	January 31, 2015					
	Less Than 12 Months		12 Months or Greater		Total	
Description of Securities	Fair Value	Unrealized Losses	Fair Value	Unrealized Losses	Fair Value	Unrealized Losses
Corporate bonds	$ 55,384	$ (63)	$ 383	$ (1)	$ 55,767	$ (64)
Municipal and pre-refunded municipal bonds	4,672	(8)	—	—	4,672	(8)
Certificates of deposit	1,600	—	—	—	1,600	—
Treasury bills	—	—	—	—	—	—
Commercial paper	747	—	—	—	747	—
Mutual funds, held in rabbi trust	3,778	(54)	—	—	3,778	(54)
Federal government agencies	—	—	—	—	—	—
Total	$ 66,181	$ (125)	$ 383	$ (1)	$ 66,564	$ (126)

	January 31, 2014					
	Less Than 12 Months		12 Months or Greater		Total	
Description of Securities	Fair Value	Unrealized Losses	Fair Value	Unrealized Losses	Fair Value	Unrealized Losses
Corporate bonds	$ 147,731	$ (203)	$ —	$ —	$ 147,731	$ (203)
Municipal and pre-refunded municipal bonds	6,291	(10)	—	—	6,291	(10)
Certificates of deposit	12,746	(3)	—	—	12,746	(3)
Treasury bills	6,606	—	—	—	6,606	—
Commercial paper	6,640	(1)	—	—	6,640	(1)
Mutual funds, held in rabbi trust	1,666	(33)	—	—	1,666	(33)
Federal government agencies	1,753	—	—	—	1,753	—
Total	$ 183,433	$ (250)	$ —	$ —	$ 183,433	$ (250)

As of January 31, 2015 and 2014, there were a total of 172 and 219 securities with unrealized loss positions within the Company's portfolio, respectively.

4. Fair Value

The Company utilizes a hierarchy that prioritizes fair value measurements based on the types of inputs used for the various valuation techniques (market approach, income approach and cost approach that relate to its financial assets and financial liabilities). The levels of the hierarchy are described as follows:

- Level 1: Observable inputs such as quoted prices in active markets for identical assets or liabilities.
- Level 2: Inputs other than quoted prices that are observable for the asset or liability, either directly or indirectly; these include quoted prices for similar assets or liabilities in active markets and quoted prices for identical or similar assets or liabilities in markets that are not active.
- Level 3: Unobservable inputs that reflect the Company's own assumptions.

Management's assessment of the significance of a particular input to the fair value measurement requires judgment and may affect the valuation of financial assets and liabilities and their placement within the fair value hierarchy. The Company's financial assets that are accounted for at fair value on a recurring basis are presented in the table below:

	Marketable Securities Fair Value as of January 31, 2015			
	Level 1	Level 2	Level 3	Total
Assets:				
Corporate bonds	$ 103,326	$ —	$ —	$ 103,326
Municipal and pre-refunded municipal bonds	—	73,495	—	73,495
Certificates deposit	—	14,198	—	14,198
Treasury bills	9,156	—	—	9,156
Commercial paper	—	3,940	—	3,940
Mutual funds, held in rabbi trust	3,778	—	—	3,778
Federal government agencies	801	—	—	801
	$ 117,061	$ 91,633	$ —	$ 208,694

URBAN OUTFITTERS, INC.
NOTES TO CONSOLIDATED FINANCIAL STATEMENTS—(Continued)
(in thousands, except share and per share data)

	Marketable Securities Fair Value as of January 31, 2014			
	Level 1	Level 2	Level 3	Total
Assets:				
Corporate bonds	$ 309,423	$ —	$ —	$ 309,423
Municipal and pre-refunded municipal bonds	—	211,437	—	211,437
Certificates deposit	—	39,854	—	39,854
Treasury bills	46,455	—	—	46,455
Commercial paper	—	35,107	—	35,107
Mutual funds, held in rabbi trust	1,666	—	—	1,666
Federal government agencies	4,293	—	—	4,293
	$ 361,837	$ 286,398	$ —	$ 648,235

Level 1 assets consist of financial instruments whose value has been based on inputs that use, as their basis, readily observable market data that are actively quoted and are validated through external sources, including third-party pricing services and brokers.

Level 2 assets consist of financial instruments whose value has been based on quoted prices for similar assets and liabilities in active markets as well as quoted prices for identical or similar assets or liabilities in markets that are not active.

Level 3 assets consist of financial instruments where there is no active market. The Company has no Level 3 assets as of January 31, 2015. During the first quarter of fiscal 2014, the Company sold all of its remaining ARS for $4,580 in cash. The Company's ARS had a par value and a recorded fair value of $4,925 and $4,330, respectively, prior to the sale in April 2013. Accordingly, the level 3 rollforward for fiscal 2015 and 2014 is not presented.

The fair value of cash and cash equivalents (Level 1) approximate carrying value since cash and cash equivalents consist of short-term highly liquid investments with maturities of three months or less. As of January 31, 2015 and 2014, cash and cash equivalents included cash on hand, cash in banks, money market accounts and marketable securities with maturities of less than three months at the time of purchase.

5. Property and Equipment

Property and equipment is summarized as follows:

	January 31,	
	2015	2014
Land	$ 15,197	$ 15,042
Buildings	239,115	185,605
Furniture and fixtures	410,265	375,429
Leasehold improvements	794,995	809,789
Other operating equipment	180,397	161,933
Construction-in-progress	182,595	93,240
	1,822,564	1,641,038
Accumulated depreciation	(933,332)	(834,129)
Total	$ 889,232	$ 806,909

Depreciation expense for property and equipment for fiscal years ended 2015, 2014 and 2013 was $131,414, $121,732 and $113,388, respectively.

6. Accrued Expenses and Other Current Liabilities

Accrued expenses and other current liabilities consist of the following:

	January 31,	
	2015	2014
Gift certificates and merchandise credits	$ 47,943	$ 44,311
Sales return reserves	19,804	17,089
Accrued construction	18,717	20,939
Accrued sales taxes	12,171	12,379
Accrued rents and estimated property taxes	11,121	10,850
Other current liabilities	42,887	48,141
Total	$ 152,643	$ 153,709

7. Line of Credit Facility

On March 27, 2014, the Company amended and restated its existing line of credit facility with Wells Fargo Bank, National Association (the "Line"). The Line is a five-year $175.0 million revolving credit facility with an accordion feature allowing for an increase of up to $50.0 million at our discretion. The Line contains a sub-limit for borrowings by the Company's subsidiaries that are guaranteed by the Company. Under the terms of the Line, at the Company's option, the aggregate principal balance of the amounts advanced or portions thereof will bear interest at (a) the base rate, or (b) the applicable LIBOR Rate plus a margin that can range from 0.50% to 1.50%. The Line subjects

URBAN OUTFITTERS, INC.

NOTES TO CONSOLIDATED FINANCIAL STATEMENTS—(Continued)
(in thousands, except share and per share data)

the Company to various restrictive covenants, including maintenance of certain financial covenants. As of January 31, 2015, there were no borrowings under the Line and the Company was in compliance with all covenants. Outstanding letters of credit under the Line totaled approximately $83,533 as of January 31, 2015.

8. Income Taxes

The components of income before income taxes are as follows:

	Fiscal Year Ended January 31,		
	2015	2014	2013
Domestic	$ 328,479	$ 375,793	$ 340,536
Foreign	34,971	51,725	35,036
	$ 363,450	$ 427,518	$ 375,572

The components of the provision for income tax expense/ (benefit) are as follows:

	Fiscal Year Ended January 31,		
	2015	2014	2013
Current:			
Federal	$ 109,978	$ 139,848	$ 93,625
State	19,665	20,530	15,746
Foreign	3,600	13,285	6,639
	$ 133,243	$ 173,663	$ 116,010
Deferred:			
Federal	$ (3,295)	$ (15,171)	$ 23,285
State	1,372	(6,225)	(722)
Foreign	(298)	(7,109)	(315)
	(2,221)	(28,505)	22,248
	$ 131,022	$ 145,158	$ 138,258

The Company's effective tax rate was different than the statutory U.S. federal income tax rate for the following reasons:

	Fiscal Year Ended January 31,		
	2015	2014	2013
Expected provision at statutory U.S. federal tax rate	35.0%	35.0%	35.0%
State and local income taxes, net of federal tax benefit	3.7	2.2	3.1
Foreign taxes	(2.4)	(2.7)	(1.7)
Other	(0.3)	(0.5)	0.4
Effective tax rate	36.0%	34.0%	36.8%

The significant components of deferred tax assets and liabilities as of January 31, 2015 and 2014 are as follows:

	January 31,	
	2015	2014
Deferred tax liabilities:		
Prepaid expense	$ (3,732)	$ (2,813)
Depreciation	(51,774)	(48,362)
Other temporary differences	(1,728)	(634)
Gross deferred tax liabilities	(57,234)	(51,809)
Deferred tax assets:		
Deferred rent	70,023	66,579
Inventories	8,137	5,624
Accounts receivable	2,844	3,063
Net operating loss carryforwards	4,003	2,601
Tax uncertainties	3,363	3,372
Accrued salaries and benefits	31,747	28,045
Other temporary differences	5,839	9,413
Gross deferred tax assets, before valuation allowances	125,956	118,697
Valuation allowances	(45)	(54)
Net deferred tax assets	$ 68,677	$ 66,834

URBAN OUTFITTERS, INC.

NOTES TO CONSOLIDATED FINANCIAL STATEMENTS—(Continued)
(in thousands, except share and per share data)

Net deferred tax assets are attributed to the jurisdictions in which the Company operates. As of January 31, 2015 and 2014, respectively, $43,330 and $39,513 were attributable to U.S. federal, $16,097 and $17,092 were attributed to state jurisdictions and $9,250 and $10,229 were attributed to foreign jurisdictions.

As of January 31, 2015, certain non-U.S. subsidiaries of the Company had net operating loss carryforwards for tax purposes of approximately $853 that expire from 2016 through 2033 and approximately $12,866 that do not expire. Certain U.S. subsidiaries of the Company had state net operating loss carryforwards for tax purposes of approximately $1,307 that expire from 2018 through 2031. As of January 31, 2015, the Company had a full valuation allowance for certain foreign net operating loss carryforwards where it was uncertain the carryforwards would be utilized. The Company had no valuation allowance for certain other foreign and state net operating loss carryforwards where management believes it is more likely than not the tax benefit of these carryforwards will be realized. As of January 31, 2015 and 2014, the non-current portion of net deferred tax assets aggregated $49,922 and $38,061, respectively.

The cumulative amount of the Company's share of undistributed earnings of non-U.S. subsidiaries for which no deferred taxes have been provided was $240,704 as of January 31, 2015. These earnings are deemed to be permanently re-invested to finance growth programs. It is not practical to estimate the income tax liability that might be incurred if such earnings were remitted to the United States.

A reconciliation of the beginning and ending balances of the total amounts of gross unrecognized tax benefits is as follows:

Tax Benefit Reconciliation	January 31, 2015	2014	2013
Balance at the beginning of the period	$ 4,835	$ 7,895	$ 8,664
Increases in tax positions for prior years	2,518	1,026	419
Decreases in tax positions for prior years	(12)	(305)	(929)
Increases in tax positions for current year	352	521	635
Settlements	(620)	(3,190)	(13)
Lapse in statute of limitations	(184)	(1,112)	(881)
Balance at the end of the period	$ 6,889	$ 4,835	$ 7,895

The total amount of net unrecognized tax benefits that, if recognized, would impact the Company's effective tax rate were $4,952 and $2,416 as of January 31, 2015 and 2014, respectively. The Company accrues interest and penalties related to unrecognized tax benefits in income tax expense in the Consolidated Statements of Income, which is consistent with the recognition of these items in prior reporting periods. During the years ended January 31, 2015, 2014 and 2013, the Company recognized expense/(benefit) of $408, ($1,992) and $541, respectively, related to interest and penalties. The Company accrued $1,486 and $1,078 for the payment of interest and penalties as of January 31, 2015 and 2014, respectively.

The Company files income tax returns in the U.S. federal jurisdiction and various state and foreign jurisdictions. Certain federal, foreign and state jurisdictions are subject to audit from fiscal 2005 to 2014. It is possible that a state or foreign examination may be resolved within twelve months. Due to the potential for resolution of federal and foreign audit and state examinations, and the expiration of various statutes of limitation, it is possible that the Company's gross unrecognized tax benefits balance may change within the next twelve months by a range of zero to $2,450.

9. Share-Based Compensation

The Company's 2008 Stock Incentive Plan can authorize up to 10,000,000 common shares, which can be granted as RSU's, unrestricted shares, incentive stock options, nonqualified stock options, PSU's or SAR's. Awards under this plan generally expire seven or ten years from the date of grant, thirty days after termination of employment or six months after the date of death or termination due to disability of the grantee. As of January 31, 2015, there were 5,102,199 common shares available to grant under the 2008 Stock Incentive Plan.

A lattice binomial pricing model ("the Model") was used to estimate the fair value of stock options and SAR's. The Model allows for assumptions such as the risk-free rate of interest, volatility and exercise rate to vary over time reflecting a more realistic pattern of economic and behavioral occurrences. The Company uses historical data on exercise timing to determine the expected life assumption. The risk-free rate of interest for periods within the contractual life of the award is based on U.S. Government Securities Treasury Constant Maturities over the expected term of the equity instrument. The expected volatility is based on a weighted-average of the implied volatility and the Company's most recent historical volatility.

Based on the Company's historical experience, it has assumed an annualized forfeiture rate of 5% for its unvested share-based awards granted during the fiscal years ended January 31, 2015, 2014 and 2013. For share-based awards granted in previous years that remain unvested, an annualized forfeiture rate of 5% has been assumed. The Company will record additional expense if the actual forfeiture rate is lower than it estimated, and will record a recovery of prior expense if the actual forfeiture is higher than estimated.

Share-based compensation expense, included in "Selling, general and administrative expenses" in the Consolidated Statements of Income, for the fiscal years ended January 31, 2015, 2014 and 2013 was as follows:

	Fiscal Year Ended January 31, 2015	2014	2013
Stock Options	$ 1,377	$ 2,621	$ 2,214
Stock Appreciation Rights	2,244	2,918	2,578
Performance Stock Units (1)(2)	12,991	9,956	6,124
Restricted Stock Units	124	247	(24)
Total	$ 16,736	$ 15,742	$ 10,892

(1) Includes the reversal of $1,396 of previously recognized compensation expense in fiscal 2015, related to 163,336 PSU's that will not vest as the achievement of the related performance target is not probable.

(2) Includes the reversal of $3,418 of previously recognized compensation expense in fiscal 2013, related to 320,200 PSU's that will not vest as the achievement of the related performance target is not probable.

URBAN OUTFITTERS, INC.

NOTES TO CONSOLIDATED FINANCIAL STATEMENTS—(Continued)
(in thousands, except share and per share data)

The total tax benefit associated with share-based compensation expense for the fiscal years ended January 31, 2015, 2014 and 2013 was $6,367, $5,976 and $3,921, respectively.

Stock Options

The Company may grant stock options which generally vest over a period of three to five years. Stock options become exercisable over the vesting period in installments determined by the administrator, which can vary depending upon each individual grant. Stock options granted to non-employee directors generally vest over a period of one year. The following weighted-average assumptions were used in the Model to estimate the fair value of stock options at the date of grant:

	Fiscal Year Ended January 31,		
	2015	2014	2013
Expected life, in years	3.4	3.5	3.6
Risk-free interest rate	1.1%	0.6%	0.5%
Volatility	33.0%	36.0%	45.0%
Dividend rate	—	—	—

The following table summarizes the Company's stock option activity for the fiscal year ended January 31, 2015:

	Shares	Weighted-Average Exercise Price	Weighted-Average Contractual Terms (years)	Aggregate Intrinsic Value
Awards outstanding at beginning of year	2,813,194	$ 31.55	2.3	14,502
Granted	100,000	35.85		
Exercised	(422,187)	25.33		
Forfeited or Expired	(26,617)	40.56		
Awards outstanding at end of year	2,464,390	32.69	1.6	$ 8,547
Awards outstanding expected to vest	2,458,921	32.69	1.6	$ 8,120
Awards exercisable at end of year	2,355,015	$ 32.54	1.6	$ 8,538

The following table summarizes other information related to stock options during the years ended January 31, 2015, 2014 and 2013:

	Fiscal Year Ended January 31,		
	2015	2014	2013
Weighted-average grant date fair value—per share	$ 7.02	$ 9.67	$ 7.71
Intrinsic value of awards exercised	$ 4,852	$ 30,450	$ 19,544
Net cash proceeds from the exercise of stock options	$ 10,693	$ 35,218	$ 30,671

The Company recognized tax benefits related to stock options of $1,898, $10,312 and $6,532 for the fiscal years ended January 31, 2015, 2014 and 2013, respectively. Total unrecognized compensation cost of stock options granted but not yet vested, as of January 31, 2015, was $254, which is expected to be recognized over the weighted-average period of 0.3 year.

Stock Appreciation Rights

The Company may grant SAR's which generally vest over a five year period. Each vested SAR entitles the holder the right to the differential between the value of the Company's common share price at the date of exercise and the value of the Company's common share price at the date of grant. There were no SAR's granted during the fiscal year ended January 31, 2015. The following weighted-average assumptions were used in the Model to estimate the fair value of SAR's at the date of grant:

	Fiscal Year Ended January 31,		
	2015	2014	2013
Expected life, in years	—	5.6	5.0
Risk-free interest rate	—	1.0%	0.9%
Volatility	—	46.0%	48.2%
Dividend rate	—	—	—

The following table summarizes the Company's SAR activity for the fiscal year ended January 31, 2015:

URBAN OUTFITTERS, INC.

NOTES TO CONSOLIDATED FINANCIAL STATEMENTS—(Continued)
(in thousands, except share and per share data)

	Awards	Weighted-Average Exercise Price	Weighted-Average Remaining Contractual Term (years)	Aggregate Intrinsic Value
Awards outstanding at beginning of year	1,102,475	$ 31.33	5.7	
Granted	—	—		
Exercised	(75,650)	28.87		
Forfeited or Expired	(133,417)	35.70		
Awards outstanding at end of year	893,408	30.89	4.6	$ 3,990
Awards outstanding expected to vest	873,671	30.89	4.6	$ 3,791
Awards exercisable at end of year	498,675	$ 30.57	4.6	$ 2,164

The following table summarizes other information related to SAR's during the years ended January 31, 2015, 2014 and 2013:

	Fiscal Year Ended January 31,		
	2015	2014	2013
Weighted-average grant date fair value—per share	$ —	$ 14.11	$ 11.85
Intrinsic value of awards exercised	$ 654	$ 848	$ —

The Company recognized tax benefit related to SAR's of $66 and $305 for the fiscal years ended January 31, 2015 and 2014, respectively. There were no tax benefits related to SAR's for the fiscal year ended January 31, 2013. Total unrecognized compensation cost of SAR's granted, but not yet vested, as of January 31, 2015, was $1,998, which is expected to be recognized over the weighted-average period of 1.7 years.

Performance Stock Units

The Company may grant PSU's which vest based on the achievement of various company performance targets and external market conditions. The fair value of the PSU's are determined using a Monte Carlo simulation. Once the Company determines that it is probable that the performance targets will be met, compensation expense is recorded for these awards. If any of these performance targets are not met, the awards are forfeited. Each PSU is equal to one common share with varying maximum award value limitations. PSU's typically vest over a five year period.

The following table summarizes the Company's PSU activity for the fiscal year ended January 31, 2015:

	Shares	Weighted-Average Fair Value
Non-vested awards outstanding at beginning of year	3,709,225	$ 20.48
Granted	867,500	23.40
Vested	(278,324)	17.12
Forfeited	(306,192)	20.69
Non-vested awards outstanding at end of year	3,992,209	$ 21.32

The weighted-average grant date fair value of PSU's awarded during the fiscal years ended January 31, 2015, 2014 and 2013 was $23.40, $25.13 and $18.22, per share, respectively. No PSU's vested during the fiscal years ended January 31, 2014 and 2013. Unrecognized compensation cost related to unvested PSU's as of January 31, 2015 was $40,917, which is expected to be recognized over a weighted-average period of 3.1 years.

Restricted Stock Units

The Company may grant RSU's which vest based on the achievement of specified service and external market conditions. RSU's typically vest over a three to five year period.

The following table summarizes the Company's RSU activity for the fiscal year ended January 31, 2015:

	Shares	Weighted-Average Fair Value
Non-vested awards outstanding at beginning of year	10,000	$ 39.06
Granted	—	—
Vested	(5,000)	39.06
Forfeited	—	—
Non-vested awards outstanding at end of year	5,000	$ 39.06

URBAN OUTFITTERS, INC.

NOTES TO CONSOLIDATED FINANCIAL STATEMENTS—(Continued)
(in thousands, except share and per share data)

The Company recognized tax benefits related to RUS's of $7 for the fiscal year ended January 31, 2015. There were no tax benefits related to RSU's for the fiscal years ended January 31, 2014 and 2013, respectively. There were no RSU's granted during the fiscal years ended January 31, 2015 and January 31, 2013. The weighted-average grant date fair value of RSU's awarded during the fiscal year ended January 31, 2014 was $39.06 per share. No RSU's vested during the fiscal year ended January 31, 2014. Unrecognized compensation cost related to unvested RSU's as of January 31, 2015 was $13, which is expected to be recognized over a weighted-average period of 0.1 year.

10. Shareholders' Equity

On May 27, 2014, the Company's Board of Directors authorized the repurchase of 10,000,000 common shares under a new share repurchase program. Under this authorization, the Company repurchased and subsequently retired 7,718,531 common shares at a total cost of $258,160 during fiscal 2015. The average cost per share of these repurchases for fiscal 2015 was $33.45, including commissions.

On August 27, 2013, the Company's Board of Directors authorized the repurchase of 10,000,000 common shares under a share repurchase program. The Company repurchased and subsequently retired all of the remaining 9,699,700 outstanding shares available under this authorization during the first quarter of fiscal 2015 at a total cost of $353,315 for an average cost per share of $36.43, including commissions.

In addition to the shares repurchased under the share repurchase programs, during the fiscal years ended January 31, 2015 and January 31, 2014 the Company acquired and subsequently retired 111,563 and 9,520 common shares at a total cost of $3,947 and $397, respectively, from employees to meet minimum statutory tax withholding requirements.

As a result of the share repurchase activity during fiscal 2015, the Company reduced the balance of additional paid-in-capital by $128,935, which resulted in a reduction of retained earnings of $486,484.

On February 23, 2015, the Company's Board of Directors authorized the repurchase of 20,000,000 common shares under a new share repurchase program.

11. Other Comprehensive Income (Loss) and Accumulated Other Comprehensive Income (Loss)

The following tables present the change in accumulated other comprehensive income (loss), by component, net of tax, for the fiscal years ended January 31, 2015 and 2014, respectively:

	Fiscal Year Ended January 31, 2015		
	Foreign Currency Translation	Unrealized Gains and (Losses) on Available for Sale Securities	Total
Beginning Balance	$ (1,388)	$ 420	$ (968)
Other comprehensive income (loss) before reclassifications	(14,128)	(568)	(14,696)
Amounts reclassified from accumulated other comprehensive income (loss)	—	237	237
Net current-period other comprehensive income/(loss)	(14,128)	(331)	(14,459)
Ending Balance	$ (15,516)	$ 89	$ (15,427)

	Fiscal Year Ended January 31, 2014		
	Foreign Currency Translation	Unrealized Gains and (Losses) on Available-for-Sale Securities	Total
Beginning Balance	$ (8,582)	$ (200)	$ (8,782)
Other comprehensive income (loss) before reclassifications	7,194	519	7,713
Amounts reclassified from accumulated other comprehensive income (loss)	—	101	101
Net current-period other comprehensive income/(loss)	7,194	620	7,814
Ending Balance	$ (1,388)	$ 420	$ (968)

All unrealized gains and losses on available-for-sale securities reclassified from accumulated other comprehensive loss were recorded in "Interest income" in the Consolidated Statements of Income.

12. Net Income Per Common Share

The following is a reconciliation of the weighted-average common shares outstanding used for the computation of basic and diluted net income per common share:

	Fiscal Year Ended January 31,		
	2015	2014	2013
Basic weighted-average common shares outstanding	136,651,899	147,014,869	145,253,691
Effect of dilutive options, stock appreciation rights, restricted stock units and performance stock units	1,540,835	2,211,037	1,410,040
Diluted weighted-average shares outstanding	138,192,734	149,225,906	146,663,731

URBAN OUTFITTERS, INC.

NOTES TO CONSOLIDATED FINANCIAL STATEMENTS—(Continued)
(in thousands, except share and per share data)

For the fiscal years ended January 31, 2015, 2014 and 2013, awards to purchase 1,015,895 common shares ranging in price from $35.12 to $46.02, 151,625 common shares ranging in price from $37.65 to $46.02 and 2,440,525 common shares ranging in price from $28.49 to $39.58, respectively, were excluded from the calculation of diluted net income per common share because the impact would be anti-dilutive.

As of January 31, 2015 and 2014, 2,216,899 and 1,752,200 contingently issuable awards, respectively, were excluded from the calculation of diluted net income per common share as they did not meet certain performance criteria.

13. Commitments and Contingencies

Leases

The Company leases its stores, certain fulfillment and distribution facilities, and offices under non-cancelable operating leases. The following is a schedule by year of the future minimum lease payments for operating leases with original terms in excess of one year:

Fiscal Year	
2016	$ 254,733
2017	241,639
2018	226,884
2019	207,603
2020	184,806
Thereafter	720,574
Total minimum lease payments	$ 1,836,239

Amounts noted above include commitments for 22 executed leases for stores not opened as of January 31, 2015. The majority of our leases allow for renewal options between five and ten years upon expiration of the initial lease term. The store leases generally provide for payment of direct operating costs including real estate taxes. Certain store leases provide for contingent rentals when sales exceed specified levels. Additionally, the Company has entered into store leases that require a percentage of total sales to be paid to landlords in lieu of minimum rent.

Rent expense consisted of the following:

	Fiscal Year Ended January 31,		
	2015	2014	2013
Minimum and percentage rentals	$ 234,982	$ 205,759	$ 186,804
Contingent rentals	3,901	5,542	5,714
Total	$ 238,883	$ 211,301	$ 192,518

The Company also has commitments for un-fulfilled purchase orders for merchandise ordered from our vendors in the normal course of business, which are liquidated within 12 months, of $466,008. The majority of the Company's merchandise commitments are cancellable with no or limited recourse available to the vendor until the merchandise shipping date. The Company also has commitments related to contracts with construction contractors, fully liquidated upon the completion of construction, which is typically within 12 months, of $12,056.

Benefit Plans

Full and part-time U.S. based employees who are at least 18 years of age are eligible after three months of employment to participate in the Urban Outfitters 401(k) Savings Plan (the "Plan"). Under the Plan, employees can defer 1% to 25% of compensation as defined. The Company makes matching contributions in cash of $0.25 per employee contribution dollar on the first 6% of the employee contribution. The employees' contribution is 100% vested while the Company's matching contribution vests at 20% per year of employee service. The Company's contributions were $1,708, $1,770 and $1,483 for fiscal years 2015, 2014 and 2013, respectively.

On November 27, 2012, the Company's Board of Directors approved the terms of the NQDC, which became effective as of February 1, 2013. The NQDC provides certain employees who are limited in their participation under the Plan the opportunity to defer compensation as defined within the NQDC. The Company's matching contributions are calculated to provide $0.25 per employee contribution dollar on the first 6% of total compensation deferred under the combination of both the Plan and the NQDC. Employee contributions are 100% vested on the contribution date and the Company's matching contribution is 100% vested upon crediting to participants' accounts on an annual basis. The Company made a matching contribution of $100 during fiscal 2015. The NQDC obligation was $3,778 as of January 31, 2015. The Company has purchased investments to fund the NQDC obligation. The investments had an aggregate market value of $3,778 as of January 31, 2015, and are included in "Marketable securities" in the Consolidated Balance Sheets (see Note 3, "Marketable Securities").

Contingencies

The Company is party to various legal proceedings arising from normal business activities. Management believes that the ultimate resolution of these matters will not have a material adverse effect on the Company's financial position, results of operations or cash flows.

URBAN OUTFITTERS, INC.

NOTES TO CONSOLIDATED FINANCIAL STATEMENTS—(Continued)
(in thousands, except share and per share data)

14. Related Party Transactions

Drinker Biddle & Reath LLP ("DBR"), a law firm, provided general legal services to the Company. Fees paid to DBR during fiscal 2015, 2014 and 2013 were $2,752, $2,637 and $1,902, respectively. Harry S. Cherken, Jr., a director of the Company, is a partner at DBR. Amounts due to DBR as of January 31, 2015 and 2014 were approximately $203 and $380, respectively.

The McDevitt Company, a real estate company, acted as a broker in substantially all of the Company's new real estate transactions during fiscal 2015 in the United States. The Company has not paid any compensation to The McDevitt Company, but the Company has been advised that The McDevitt Company has received commissions from other parties to such transactions. Wade L. McDevitt is the brother-in-law of Scott Belair, one of the Company's directors, and is president and the sole shareholder of The McDevitt Company. Mr. McDevitt's wife, Wendy McDevitt, is an employee of the Company. In addition, Mr. McDevitt owns McDevitt Corporation Limited, a United Kingdom entity, and McDevitt Netherlands BV, a Dutch entity. During fiscal 2015 and 2014, the Company paid real estate commissions of $295 and $518 to West St. Consulting a United Kingdom entity owned by an employee of McDevitt Corporation Limited. The Company also paid commissions of $300 and $562 during fiscal 2015 and 2014 to HED Real Estate BV, a Dutch entity owned by three employees of McDevitt Netherlands BV. There were no amounts paid to West St. Consulting or HED Real Estate BV during fiscal 2013. The Company has been advised that West St. Consulting and HED Real Estate BV have entered into arrangements to share a portion of these commissions with McDevitt Corporation Limited and McDevitt Netherlands BV.

The Addis Group ("Addis"), an insurance brokerage and risk management consulting company, acted as the Company's commercial insurance broker and risk management consultant for the years ended January 31, 2015, 2014 and 2013. The Company has not paid any compensation to Addis for such services, but has been advised that Addis has received commissions from other parties to such transactions. Scott Addis, the brother-in-law of Richard A. Hayne, Chairman of the Board of the Company, Chief Executive Officer and President, is the President of The Addis Group. There were no amounts due to or from Addis as of January 31, 2015 and January 31, 2014.

15. Segment Reporting

The Company is a global retailer of lifestyle-oriented general merchandise with two reportable segments—"Retail" and "Wholesale." The Company's Retail segment consists of the aggregation of its five brands operating through 546 stores under the retail names "Urban Outfitters," "Anthropologie," "Free People," "Terrain" and "Bhldn" and includes their direct-to-consumer channels. Each of the Company's brands, which include the retail stores and direct-to-consumer channels, are considered an operating segment. Net sales from the Retail segment accounted for more than 93% of total consolidated net sales for the fiscal years ended, January 31, 2015, 2014 and 2013, respectively. The remaining net sales are derived from the Company's Wholesale segment that distributes apparel to its Retail segment and to approximately 1,600 better department and specialty retailers worldwide.

The Company has aggregated its brands into the Retail segment based upon their shared management, customer base and economic characteristics. Reporting in this format provides management with the financial information necessary to evaluate the success of the segments and the overall business. The Company evaluates the performance of the segments based on the net sales and pre-tax income from operations (excluding intercompany charges) of the segment. Corporate expenses include expenses incurred and directed by the corporate office that are not allocated to segments. The principal identifiable assets for each reporting segment are inventories and property and equipment.

Other assets are comprised primarily of general corporate assets, which principally consist of cash and cash equivalents, marketable securities, deferred taxes and prepaid expenses, which are typically not allocated to the Company's segments. The Company accounts for intersegment sales and transfers as if the sales and transfers were made to third parties making similar volume purchases.

The Company's omni-channel strategy enhances its customers' brand experience by providing a seamless approach to the customer shopping experience. The Company has substantially integrated all available shopping channels, including stores, websites (online and through mobile devices) and catalogs. The Company's investments in areas such as marketing campaigns and technology advancements are designed to generate demand for the omni-channel and not the separate store or direct-to-consumer channels. Store sales are primarily fulfilled from that store's inventory, but may also be shipped from any of the Company's fulfillment centers or from a different store location if an item is not available at the original store. Direct-to-consumer orders are primarily shipped to the Company's customers through its fulfillment centers, but may also be shipped from any store, or a combination of fulfillment centers and stores depending on the availability of a particular item. Direct-to-consumer orders may also be picked up at a store location. As the Company's customers continue to shop across multiple channels, the Company has adapted its approach towards meeting this demand. Due to the availability of like product in a variety of shopping channels, the Company now sources these products utilizing single stock keeping units based on the omni-channel demand rather than the demand of the separate channels. These and other technological capabilities allow the Company to better serve its customers and help it to complete a sale that otherwise may not have occurred due to out-of-stock positions. As a result of changing customer behavior and the substantial integration of the operations of the Company's store and direct-to-consumer channels, the Company manages and analyzes its performance based on a single omni-channel rather than separate channels and believes that the omni-channel results present the most meaningful and appropriate measure of the Company's performance.

The accounting policies of the reportable segments are the same as the policies described in Note 2, "Summary of Significant Accounting Policies." Both the Retail and Wholesale segments are highly diversified. No one customer constitutes more than 10% of the Company's total consolidated net sales. A summary of the information about the Company's operations by segment is as follows:

URBAN OUTFITTERS, INC.

NOTES TO CONSOLIDATED FINANCIAL STATEMENTS—(Continued)
(in thousands, except share and per share data)

	Fiscal Year		
	2015	2014	2013
Net sales			
Retail operations	$ 3,097,274	$ 2,908,981	$ 2,646,284
Wholesale operations	237,491	185,792	154,957
Intersegment elimination	(11,688)	(8,165)	(6,316)
Total net sales	$ 3,323,077	$ 3,086,608	$ 2,794,925
Income from operations			
Retail operations	$ 354,326	$ 414,734	$ 366,139
Wholesale operations	55,403	42,191	35,783
Intersegment elimination	(1,079)	(837)	(610)
Total segment operating income	408,650	456,088	401,312
General corporate expenses	(43,265)	(29,257)	(27,027)
Total income from operations	$ 365,385	$ 426,831	$ 374,285
Depreciation expense for property and equipment			
Retail operations	$ 130,383	$ 120,960	$ 112,645
Wholesale operations	1,031	772	743
Total depreciation expense for property and equipment	$ 131,414	$ 121,732	$ 113,388
Inventories			
Retail operations	$ 314,940	$ 282,590	
Wholesale operations	43,297	28,617	
Total inventories	$ 358,237	$ 311,207	
Property and equipment, net			
Retail operations	$ 885,200	$ 802,965	
Wholesale operations	4,032	3,944	
Total property and equipment, net	$ 889,232	$ 806,909	
Cash paid for property and equipment			
Retail operations	$ 228,682	$ 184,255	$ 168,530
Wholesale operations	1,122	1,846	345
Total cash paid for property and equipment	$ 229,804	$ 186,101	$ 168,875

The Company has foreign operations in Europe and Canada. Revenues and long-lived assets, based upon the Company's domestic and foreign operations, are as follows:

	Fiscal Year		
	2015	2014	2013
Net Sales			
Domestic operations	$ 2,870,140	$ 2,685,042	$ 2,423,155
Foreign operations	452,937	401,566	371,770
Total net sales	$ 3,323,077	$ 3,086,608	$ 2,794,925
Property and equipment, net			
Domestic operations	$ 745,504	$ 655,866	
Foreign operations	143,728	151,043	
Total property and equipment, net	$ 889,232	$ 806,909	

부 록 D

INDUSTRY RATIO REPORT

Retail Family Clothing Stores

Liquidity

Current Ratio	2.03
Quick Ratio	0.98

Activity

Inventory Turnover	5.03
Days to Sell Inventory	87.02 days
Receivables Turnover	78.20
Average Collection Period	10.02 days
Fixed Asset Turnover	6.60
Total Asset Turnover	2.02
Accounts Payable Turnover	11.19

Profitability

Gross Profit Margin	35.15%
Operating Profit Margin	7.62%
Net Profit Margin	3.75%
Return on Equity	11.34%
Return on Assets	6.86%
Quality of Income	2.01

Leverage

Times Interest Earned	71.24981
Total Debt/Total Equity	0.43
Total Assets/Total Equity	2.45

Dividends

Dividend Payout	34.95%
Dividend Yield	1.41%

Other

Advertising-to-Sales	3.97%
Sales Growth	1.6%
Capital Acquisitions Ratio	2.46
Price/Earnings	22.06

COMPANIES USED IN INDUSTRY ANALYSIS

Company Name	Ticker Symbol
Abercrombie & Fitch Co.	ANF
Aeropostale, Inc.	ARO
American Eagle Outfitters, Inc.	AEO
Buckle, Inc.	BKE
Children's Place, Inc.	PLCE
Destination XL Group, Inc.	DXLG
Gap, Inc.	GPS
Lands' End, Inc.	LE
Nordstrom, Inc.	JWN
Ross Stores, Inc.	ROST
Stage Stores, Inc.	SSI
Stein Mart, Inc.	SMRT
TJX Companies, Inc.	TJX
Urban Outfitters, Inc.	URBN

부 록 E

TABLE E.1

Present Value of $1

Periods	1.0%	2.0%	3.0%	3.75%	4.0%	4.25%	5.0%	6.0%	7.0%
1	0.99010	0.98039	0.97087	0.96386	0.96154	0.95923	0.95238	0.94340	0.93458
2	0.98030	0.96117	0.94260	0.92902	0.92456	0.92013	0.90703	0.89000	0.87344
3	0.97059	0.94232	0.91514	0.89544	0.88900	0.88262	0.86384	0.83962	0.81630
4	0.96098	0.92385	0.88849	0.86307	0.85480	0.84663	0.82270	0.79209	0.76290
5	0.95147	0.90573	0.86261	0.83188	0.82193	0.81212	0.78353	0.74726	0.71299
6	0.94205	0.88797	0.83748	0.80181	0.79031	0.77901	0.74622	0.70496	0.66634
7	0.93272	0.87056	0.81309	0.77283	0.75992	0.74725	0.71068	0.66506	0.62275
8	0.92348	0.85349	0.78941	0.74490	0.73069	0.71679	0.67684	0.62741	0.58201
9	0.91434	0.83676	0.76642	0.71797	0.70259	0.68757	0.64461	0.59190	0.54393
10	0.90529	0.82035	0.74409	0.69202	0.67556	0.65954	0.61391	0.55839	0.50835

Present Value of $1

Periods	1.0%	2.0%	3.0%	3.75%	4.0%	4.25%	5.0%	6.0%	7.0%
11	0.89632	0.80426	0.72242	0.66701	0.64958	0.63265	0.58468	0.52679	0.47509
12	0.88745	0.78849	0.70138	0.64290	0.62460	0.60686	0.55684	0.49697	0.44401
13	0.87866	0.77303	0.68095	0.61966	0.60057	0.58212	0.53032	0.46884	0.41496
14	0.86996	0.75788	0.66112	0.59726	0.57748	0.55839	0.50507	0.44230	0.38782
15	0.86135	0.74301	0.64186	0.57568	0.55526	0.53562	0.48102	0.41727	0.36245
16	0.85282	0.72845	0.62317	0.55487	0.53391	0.51379	0.45811	0.39365	0.33873
17	0.84438	0.71416	0.60502	0.53481	0.51337	0.49284	0.43630	0.37136	0.31657
18	0.83602	0.70016	0.58739	0.51548	0.49363	0.47275	0.41552	0.35034	0.29586
19	0.82774	0.68643	0.57029	0.49685	0.47464	0.45348	0.39573	0.33051	0.27651
20	0.81954	0.67297	0.55368	0.47889	0.45639	0.43499	0.37689	0.31180	0.25842
25	0.77977	0.60953	0.47761	0.39838	0.37512	0.35326	0.29530	0.23300	0.18425
30	0.74192	0.55207	0.41199	0.33140	0.30832	0.28689	0.23138	0.17411	0.13137

Present Value of $1

Periods	8.0%	9.0%	10.0%	11.0%	12.0%	13.0%	14.0%	15.0%	20.0%	25.0%
1	0.92593	0.91743	0.90909	0.90090	0.89286	0.88496	0.87719	0.86957	0.83333	0.80000
2	0.85734	0.84168	0.82645	0.81162	0.79719	0.78315	0.76947	0.75614	0.69444	0.64000
3	0.79383	0.77218	0.75131	0.73119	0.71178	0.69305	0.67497	0.65752	0.57870	0.51200
4	0.73503	0.70843	0.68301	0.65873	0.63552	0.61332	0.59208	0.57175	0.48225	0.40960
5	0.68058	0.64993	0.62092	0.59345	0.56743	0.54276	0.51937	0.49718	0.40188	0.32768
6	0.63017	0.59627	0.56447	0.53464	0.50663	0.48032	0.45559	0.43233	0.33490	0.26214
7	0.58349	0.54703	0.51316	0.48166	0.45235	0.42506	0.39964	0.37594	0.27908	0.20972
8	0.54027	0.50187	0.46651	0.43393	0.40388	0.37616	0.35056	0.32690	0.23257	0.16777
9	0.50025	0.46043	0.42410	0.39092	0.36061	0.33288	0.30751	0.28426	0.19381	0.13422
10	0.46319	0.42241	0.38554	0.35218	0.32197	0.29459	0.26974	0.24718	0.16151	0.10737

Present Value of $1

Periods	8.0%	9.0%	10.0%	11.0%	12.0%	13.0%	14.0%	15.0%	20.0%	25.0%
11	0.42888	0.38753	0.35049	0.31728	0.28748	0.26070	0.23662	0.21494	0.13459	0.08590
12	0.39711	0.35553	0.31863	0.28584	0.25668	0.23071	0.20756	0.18691	0.11216	0.06872
13	0.36770	0.32618	0.28966	0.25751	0.22917	0.20416	0.18207	0.16253	0.09346	0.05498
14	0.34046	0.29925	0.26333	0.23199	0.20462	0.18068	0.15971	0.14133	0.07789	0.04398
15	0.31524	0.27454	0.23939	0.20900	0.18270	0.15989	0.14010	0.12289	0.06491	0.03518
16	0.29189	0.25187	0.21763	0.18829	0.16312	0.14150	0.12289	0.10686	0.05409	0.02815
17	0.27027	0.23107	0.19784	0.16963	0.14564	0.12522	0.10780	0.09293	0.04507	0.02252
18	0.25025	0.21199	0.17986	0.15282	0.13004	0.11081	0.09456	0.08081	0.03756	0.01801
19	0.23171	0.19449	0.16351	0.13768	0.11611	0.09806	0.08295	0.07027	0.03130	0.01441
20	0.21455	0.17843	0.14864	0.12403	0.10367	0.08678	0.07276	0.06110	0.02608	0.01153
25	0.14602	0.11597	0.09230	0.07361	0.05882	0.04710	0.03779	0.03038	0.01048	0.00378
30	0.09938	0.07537	0.05731	0.04368	0.03338	0.02557	0.01963	0.01510	0.00421	0.00124

TABLE E.2

Present Value of Annuity of $1

Periods	1.0%	2.0%	3.0%	3.75%	4.0%	4.25%	5.0%	6.0%	7.0%
1	0.99010	0.98039	0.97087	0.96386	0.96154	0.95923	0.95238	0.94340	0.93458
2	1.97040	1.94156	1.91347	1.89287	1.88609	1.87936	1.85941	1.83339	1.80802
3	2.94099	2.88388	2.82861	2.78831	2.77509	2.76198	2.72325	2.67301	2.62432
4	3.90197	3.80773	3.71710	3.65138	3.62990	3.60861	3.54595	3.46511	3.38721
5	4.85343	4.71346	4.57971	4.48326	4.45182	4.42073	4.32948	4.21236	4.10020
6	5.79548	5.60143	5.41719	5.28507	5.24214	5.19974	5.07569	4.91732	4.76654
7	6.72819	6.47199	6.23028	6.05790	6.00205	5.94699	5.78637	5.58238	5.38929
8	7.65168	7.32548	7.01969	6.80280	6.73274	6.66378	6.46321	6.20979	5.97130
9	8.56602	8.16224	7.78611	7.52077	7.43533	7.35135	7.10782	6.80169	6.51523
10	9.47130	8.98259	8.53020	8.21279	8.11090	8.01089	7.72173	7.36009	7.02358

Present Value of Annuity of $1

Periods	1.0%	2.0%	3.0%	3.75%	4.0%	4.25%	5.0%	6.0%	7.0%
11	10.36763	9.78685	9.25262	8.87979	8.76048	8.64354	8.30641	7.88687	7.49867
12	11.25508	10.57534	9.95400	9.52269	9.38507	9.25039	8.86325	8.38384	7.94269
13	12.13374	11.34837	10.63496	10.14236	9.98565	9.83251	9.39357	8.85268	8.35765
14	13.00370	12.10625	11.29607	10.73962	10.56312	10.39090	9.89864	9.29498	8.74547
15	13.86505	12.84926	11.93794	11.31530	11.11839	10.92652	10.37966	9.71225	9.10791
16	14.71787	13.57771	12.56110	11.87017	11.65230	11.44031	10.83777	10.10590	9.44665
17	15.56225	14.29187	13.16612	12.40498	12.16567	11.93315	11.27407	10.47726	9.76322
18	16.39827	14.99203	13.75351	12.92046	12.65930	12.40590	11.68959	10.82760	10.05909
19	17.22601	15.67846	14.32380	13.41731	13.13394	12.85938	12.08532	11.15812	10.33560
20	18.04555	16.35143	14.87747	13.89620	13.59033	13.29437	12.46221	11.46992	10.59401
25	22.02316	19.52346	17.41315	16.04320	15.62208	15.21734	14.09394	12.78336	11.65358
30	25.80771	22.39646	19.60044	17.82925	17.29203	16.77902	15.37245	13.76483	12.40904

Present Value of Annuity of $1

Periods	8.0%	9.0%	10.0%	11.0%	12.0%	13.0%	14.0%	15.0%	20.0%	25.0%
1	0.92593	0.91743	0.90909	0.90090	0.89286	0.88496	0.87719	0.86957	0.83333	0.80000
2	1.78326	1.75911	1.73554	1.71252	1.69005	1.66810	1.64666	1.62571	1.52778	1.44000
3	2.57710	2.53129	2.48685	2.44371	2.40183	2.36115	2.32163	2.28323	2.10648	1.95200
4	3.31213	3.23972	3.16987	3.10245	3.03735	2.97447	2.91371	2.85498	2.58873	2.36160
5	3.99271	3.88965	3.79079	3.69590	3.60478	3.51723	3.43308	3.35216	2.99061	2.68928
6	4.62288	4.48592	4.35526	4.23054	4.11141	3.99755	3.88867	3.78448	3.32551	2.95142
7	5.20637	5.03295	4.86842	4.71220	4.56376	4.42261	4.28830	4.16042	3.60459	3.16114
8	5.74664	5.53482	5.33493	5.14612	4.96764	4.79877	4.63886	4.48732	3.83716	3.32891
9	6.24689	5.99525	5.75902	5.53705	5.32825	5.13166	4.94637	4.77158	4.03097	3.46313
10	6.71008	6.41766	6.14457	5.88923	5.65022	5.42624	5.21612	5.01877	4.19247	3.57050

Present Value of Annuity of $1

Periods	8.0%	9.0%	10.0%	11.0%	12.0%	13.0%	14.0%	15.0%	20.0%	25.0%
11	7.13896	6.80519	6.49506	6.20652	5.93770	5.68694	5.45273	5.23371	4.32706	3.65640
12	7.53608	7.16073	6.81369	6.49236	6.19437	5.91765	5.66029	5.42062	4.43922	3.72512
13	7.90378	7.48690	7.10336	6.74987	6.42355	6.12181	5.84236	5.58315	4.53268	3.78010
14	8.24424	7.78615	7.36669	6.98187	6.62817	6.30249	6.00207	5.72448	4.61057	3.82408
15	8.55948	8.06069	7.60608	7.19087	6.81086	6.46238	6.14217	5.84737	4.67547	3.85926
16	8.85137	8.31256	7.82371	7.37916	6.97399	6.60388	6.26506	5.95423	4.72956	3.88741
17	9.12164	8.54363	8.02155	7.54879	7.11963	6.72909	6.37286	6.04716	4.77463	3.90993
18	9.37189	8.75563	8.20141	7.70162	7.24967	6.83991	6.46742	6.12797	4.81219	3.92794
19	9.60360	8.95011	8.36492	7.83929	7.36578	6.93797	6.55037	6.19823	4.84350	3.94235
20	9.81815	9.12855	8.51356	7.96333	7.46944	7.02475	6.62313	6.25933	4.86958	3.95388
25	10.67478	9.82258	9.07704	8.42174	7.84314	7.32998	6.87293	6.46415	4.94759	3.98489
30	11.25778	10.27365	9.42691	8.69379	8.05518	7.49565	7.00266	6.56598	4.97894	3.99505

TABLE E.3

Future Value of $1

Periods	1.0%	2.0%	3.0%	3.75%	4.0%	4.25%	5.0%	6.0%	7.0%
1	1.01000	1.02000	1.03000	1.03750	1.04000	1.04250	1.05000	1.06000	1.07000
2	1.02010	1.04040	1.06090	1.07641	1.08160	1.08681	1.10250	1.12360	1.14490
3	1.03030	1.06121	1.09273	1.11677	1.12486	1.13300	1.15763	1.19102	1.22504
4	1.04060	1.08243	1.12551	1.15865	1.16986	1.18115	1.21551	1.26248	1.31080
5	1.05101	1.10408	1.15927	1.20210	1.21665	1.23135	1.27628	1.33823	1.40255
6	1.06152	1.12616	1.19405	1.24718	1.26532	1.28368	1.34010	1.41852	1.50073
7	1.07214	1.14869	1.22987	1.29395	1.31593	1.33824	1.40710	1.50363	1.60578
8	1.08286	1.17166	1.26677	1.34247	1.36857	1.39511	1.47746	1.59385	1.71819
9	1.09369	1.19509	1.30477	1.39281	1.42331	1.45440	1.55133	1.68948	1.83846
10	1.10462	1.21899	1.34392	1.44504	1.48024	1.51621	1.62889	1.79085	1.96715

Future Value of $1

Periods	1.0%	2.0%	3.0%	3.75%	4.0%	4.25%	5.0%	6.0%	7.0%
11	1.11567	1.24337	1.38423	1.49923	1.53945	1.58065	1.71034	1.89830	2.10485
12	1.12683	1.26824	1.42576	1.55545	1.60103	1.64783	1.79586	2.01220	2.25219
13	1.13809	1.29361	1.46853	1.61378	1.66507	1.71786	1.88565	2.13293	2.40985
14	1.14947	1.31948	1.51259	1.67430	1.73168	1.79087	1.97993	2.26090	2.57853
15	1.16097	1.34587	1.55797	1.73709	1.80094	1.86699	2.07893	2.39656	2.75903
16	1.17258	1.37279	1.60471	1.80223	1.87298	1.94633	2.18287	2.54035	2.95216
17	1.18430	1.40024	1.65285	1.86981	1.94790	2.02905	2.29202	2.69277	3.15882
18	1.19615	1.42825	1.70243	1.93993	2.02582	2.11529	2.40662	2.85434	3.37993
19	1.20811	1.45681	1.75351	2.01268	2.10685	2.20519	2.52695	3.02560	3.61653
20	1.22019	1.48595	1.80611	2.08815	2.19112	2.29891	2.65330	3.20714	3.86968
25	1.28243	1.64061	2.09378	2.51017	2.66584	2.83075	3.38635	4.29187	5.42743
30	1.34785	1.81136	2.42726	3.01747	3.24340	3.48564	4.32194	5.74349	7.61226

Future Value of $1

Periods	8.0%	9.0%	10.0%	11.0%	12.0%	13.0%	14.0%	15.0%	20.0%	25.0%
1	1.08000	1.09000	1.10000	1.11000	1.12000	1.13000	1.14000	1.15000	1.20000	1.25000
2	1.16640	1.18810	1.21000	1.23210	1.25440	1.27690	1.29960	1.32250	1.44000	1.56250
3	1.25971	1.29503	1.33100	1.36763	1.40493	1.44290	1.48154	1.52088	1.72800	1.95313
4	1.36049	1.41158	1.46410	1.51807	1.57352	1.63047	1.68896	1.74901	2.07360	2.44141
5	1.46933	1.53862	1.61051	1.68506	1.76234	1.84244	1.92541	2.01136	2.48832	3.05176
6	1.58687	1.67710	1.77156	1.87041	1.97382	2.08195	2.19497	2.31306	2.98598	3.81470
7	1.71382	1.82804	1.94872	2.07616	2.21068	2.35261	2.50227	2.66002	3.58318	4.76837
8	1.85093	1.99256	2.14359	2.30454	2.47596	2.65844	2.85259	3.05902	4.29982	5.96046
9	1.99900	2.17189	2.35795	2.55804	2.77308	3.00404	3.25195	3.51788	5.15978	7.45058
10	2.15892	2.36736	2.59374	2.83942	3.10585	3.39457	3.70722	4.04556	6.19174	9.31323

Future Value of $1

Periods	8.0%	9.0%	10.0%	11.0%	12.0%	13.0%	14.0%	15.0%	20.0%	25.0%
11	2.33164	2.58043	2.85312	3.15176	3.47855	3.83586	4.22623	4.65239	7.43008	11.64153
12	2.51817	2.81266	3.13843	3.49845	3.89598	4.33452	4.81790	5.35025	8.91610	14.55192
13	2.71962	3.06580	3.45227	3.88328	4.36349	4.89801	5.49241	6.15279	10.69932	18.18989
14	2.93719	3.34173	3.79750	4.31044	4.88711	5.53475	6.26135	7.07571	12.83918	22.73737
15	3.17217	3.64248	4.17725	4.78459	5.47357	6.25427	7.13794	8.13706	15.40702	28.42171
16	3.42594	3.97031	4.59497	5.31089	6.13039	7.06733	8.13725	9.35762	18.48843	35.52714
17	3.70002	4.32763	5.05447	5.89509	6.86604	7.98608	9.27646	10.76126	22.18611	44.40892
18	3.99602	4.71712	5.55992	6.54355	7.68997	9.02427	10.57517	12.37545	26.62333	55.51115
19	4.31570	5.14166	6.11591	7.26334	8.61276	10.19742	12.05569	14.23177	31.94800	69.38894
20	4.66096	5.60441	6.72750	8.06231	9.64629	11.52309	13.74349	16.36654	38.33760	86.73617
25	6.84848	8.62308	10.83471	13.58546	17.00006	21.23054	26.46192	32.91895	95.39622	264.69780
30	10.06266	13.26768	17.44940	22.89230	29.95992	39.11590	50.95016	66.21177	237.37631	807.79357

TABLE E.4

Future Value of Annuity of $1

Periods	1.0%	2.0%	3.0%	3.75%	4.0%	4.25%	5.0%	6.0%	7.0%
1	1.00000	1.00000	1.00000	1.00000	1.00000	1.00000	1.00000	1.00000	1.00000
2	2.01000	2.02000	2.03000	2.03750	2.04000	2.04250	2.05000	2.06000	2.07000
3	3.03010	3.06040	3.09090	3.11391	3.12160	3.12931	3.15250	3.18360	3.21490
4	4.06040	4.12161	4.18363	4.23068	4.24646	4.26230	4.31013	4.37462	4.43994
5	5.10101	5.20404	5.30914	5.38933	5.41632	5.44345	5.52563	5.63709	5.75074
6	6.15202	6.30812	6.46841	6.59143	6.63298	6.67480	6.80191	6.97532	7.15329
7	7.21354	7.43428	7.66246	7.83861	7.89829	7.95848	8.14201	8.39384	8.65402
8	8.28567	8.58297	8.89234	9.13255	9.21423	9.29671	9.54911	9.89747	10.25980
9	9.36853	9.75463	10.15911	10.47503	10.58280	10.69182	11.02656	11.49132	11.97799
10	10.46221	10.94972	11.46388	11.86784	12.00611	12.14622	12.57789	13.18079	13.81645

Future Value of Annuity of $1

Periods	1.0%	2.0%	3.0%	3.75%	4.0%	4.25%	5.0%	6.0%	7.0%
11	11.56683	12.16872	12.80780	13.31288	13.48635	13.66244	14.20679	14.97164	15.78360
12	12.68250	13.41209	14.19203	14.81212	15.02581	15.24309	15.91713	16.86994	17.88845
13	13.80933	14.68033	15.61779	16.36757	16.62684	16.89092	17.71298	18.88214	20.14064
14	14.94742	15.97394	17.08632	17.98135	18.29191	18.60879	19.59863	21.01507	22.55049
15	16.09690	17.29342	18.59891	19.65565	20.02359	20.39966	21.57856	23.27597	25.12902
16	17.25786	18.63929	20.15688	21.39274	21.82453	22.26665	23.65749	25.67253	27.88805
17	18.43044	20.01207	21.76159	23.19497	23.69751	24.21298	25.84037	28.21288	30.84022
18	19.61475	21.41231	23.41444	25.06478	25.64541	26.24203	28.13238	30.90565	33.99903
19	20.81090	22.84056	25.11687	27.00471	27.67123	28.35732	30.53900	33.75999	37.37896
20	22.01900	24.29737	26.87037	29.01739	29.77808	30.56250	33.06595	36.78559	40.99549
25	28.24320	32.03030	36.45926	40.27112	41.64591	43.07648	47.72710	54.86451	63.24904
30	34.78489	40.56808	47.57542	53.79924	56.08494	58.48553	66.43885	79.05819	94.46079

Future Value of Annuity of $1

Periods	8.0%	9.0%	10.0%	11.0%	12.0%	13.0%	14.0%	15.0%	20.0%	25.0%
1	1.00000	1.00000	1.00000	1.00000	1.00000	1.00000	1.00000	1.00000	1.00000	1.00000
2	2.08000	2.09000	2.10000	2.11000	2.12000	2.13000	2.14000	2.15000	2.20000	2.25000
3	3.24640	3.27810	3.31000	3.34210	3.37440	3.40690	3.43960	3.47250	3.64000	3.81250
4	4.50611	4.57313	4.64100	4.70973	4.77933	4.84980	4.92114	4.99337	5.36800	5.76563
5	5.86660	5.98471	6.10510	6.22780	6.35285	6.48027	6.61010	6.74238	7.44160	8.20703
6	7.33593	7.52333	7.71561	7.91286	8.11519	8.32271	8.53552	8.75374	9.92992	11.25879
7	8.92280	9.20043	9.48717	9.78327	10.08901	10.40466	10.73049	11.06680	12.91590	15.07349
8	10.63663	11.02847	11.43589	11.85943	12.29969	12.75726	13.23276	13.72682	16.49908	19.84186
9	12.48756	13.02104	13.57948	14.16397	14.77566	15.41571	16.08535	16.78584	20.79890	25.80232
10	14.48656	15.19293	15.93742	16.72201	17.54874	18.41975	19.33730	20.30372	25.95868	33.25290

Future Value of Annuity of $1

Periods	8.0%	9.0%	10.0%	11.0%	12.0%	13.0%	14.0%	15.0%	20.0%	25.0%
11	16.64549	17.56029	18.53117	19.56143	20.65458	21.81432	23.04452	24.34928	32.15042	42.56613
12	18.97713	20.14072	21.38428	22.71319	24.13313	25.65018	27.27075	29.00167	39.58050	54.20766
13	21.49530	22.95338	24.52271	26.21164	28.02911	29.98470	32.08865	34.35192	48.49660	68.75958
14	24.21492	26.01919	27.97498	30.09492	32.39260	34.88271	37.58107	40.50471	59.19592	86.94947
15	27.15211	29.36092	31.77248	34.40536	37.27971	40.41746	43.84241	47.58041	72.03511	109.68684
16	30.32428	33.00340	35.94973	39.18995	42.75328	46.67173	50.98035	55.71747	87.44213	138.10855
17	33.75023	36.97370	40.54470	44.50084	48.88367	53.73906	59.11760	65.07509	105.93056	173.63568
18	37.45024	41.30134	45.59917	50.39594	55.74971	61.72514	68.39407	75.83636	128.11667	218.04460
19	41.44626	46.01846	51.15909	56.93949	63.43968	70.74941	78.96923	88.21181	154.74000	273.55576
20	45.76196	51.16012	57.27500	64.20283	72.05244	80.94683	91.02493	102.44358	186.68800	342.94470
25	73.10594	84.70090	98.34706	114.41331	133.33387	155.61956	181.87083	212.79302	471.98108	1054.79118
30	113.28321	136.30754	164.49402	199.02088	241.33268	293.19922	356.78685	434.74515	1181.88157	3227.17427

찾아보기(INDEX)

역자 소개

이은철

연세대학교 경영학 박사
현) 동덕여자대학교 경영학과 교수
전) 현대경제연구원 재무전략실 연구원
동덕여자대학교에서 회계원리, 원가 및 관리회계, 중급회계 등을 강의하고 있음.
관심 연구 분야는 회계정보의 유용성 향상과 관련한 재무회계 분야임.

박석진

연세대학교 경영학 석사, 동국대학교 경영학 박사
현) 인덕대학교 세무회계학과 교수
전) 이촌회계법인 세무사, 미국공인회계사
인덕대학교에서 회계 및 세무 관련 과목을 강의하고 있음.
관심 연구 분야는 조세회피와 관련한 세무회계 분야임.

오명전

연세대학교 경영학 박사
현) 숙명여자대학교 경영학부 교수
전) 딜로이트 안진회계법인 공인회계사
숙명여자대학교에서 회계원리, 재무회계, 회계감사 등을 강의하고 있음.
관심 연구 분야는 회계규제와 관련한 재무회계·회계감사 분야임.

LIBBY의 **회계원리** FINANCIAL ACCOUNTING, 9th edition

인 쇄 2018년 8월 22일
발 행 2018년 8월 31일

저 자 Robert Libby · Patricia A. Libby · Frank Hodge
역 자 이은철 · 박석진 · 오명전
발 행 자 한헌주
발 행 처 도서출판 경문사
주 소 서울특별시 서대문구 독립문로 21-9
전 화 738-7035 FAX. 722-4678
이 메 일 kmsp@korea.com
홈페이지 http://www.kmsp.co.kr
등 록 1995년 11월 9일 제300-1995-138호

정가 40,000원

ISBN 978 89-420-0891-9 93320